PROCESSAMENTO DIGITAL DE IMAGENS 3.ª edição

PROCESSAMENTO DIGITAL DE IMAGENS 3ª edição

Rafael C. Gonzalez
Richard E. Woods

Tradução
Cristina Yamagami e Leonardo Piamonte

Revisão Técnica
Marcelo Andrade da Costa Vieira
Formado em engenharia elétrica pela Escola de Engenharia de São Carlos da Universidade de São Paulo (EESC/USP)
Mestre e doutor em engenharia elétrica pela EESC/USP na área de análise e processamento de imagens médicas
Professor de graduação e pós-graduação do Departamento de Engenharia Elétrica da EESC/USP

Mauricio Cunha Escarpinati
Formado em matemática pela Universidade Federal de São Carlos (UFSCar)
Mestre e doutor em engenharia elétrica pela EESC/USP na área de análise e processamento de imagens médicas
Professor do Departamento de Tecnologia da Universidade Estadual de Feira de Santana (UEFS)

© 2010 Pearson Education do Brasil
© 2008 Pearson Education, Inc.
Tradução autorizada a partir da edição original em inglês, Digital image processing, 3rd ed. publicada pela
Pearson Education, Inc., sob o selo Prentice Hall.

Todos os direitos reservados. Nenhuma parte desta publicação poderá ser reproduzida ou transmitida de qualquer modo ou por qualquer outro meio, eletrônico ou mecânico, incluindo fotocópia, gravação ou qualquer outro tipo de sistema de armazenamento e transmissão de informação, sem prévia autorização,
por escrito, da Pearson Education do Brasil.

Diretor editorial: Roger Trimer
Gerente editorial: Sabrina Cairo
Supervisor de produção editorial: Marcelo Françozo
Editora: Gabriela Trevisan
Preparação: Renata Siqueira Campos
Revisão: Renata Truyts e Maria Alice Costa
Capa: Alexandre Mieda
Diagramação: Globaltec Artes Gráficas Ltda.

Dados Internacionais de Catalogação na Publicação (CIP)
(Câmara Brasileira do Livro, SP, Brasil)

Gonzalez, Rafael C.
　　Processamento digital de imagens / Rafael C. Gonzalez e
Richard C. Woods ; revisão técnica : Marcelo Vieira e Mauricio Escarpinati ;
[tradução Cristina Yamagami e Leonardo Piamonte]. -- 3. ed. -- São Paulo : Pearson
Prentice Hall, 2010.

　　Título original: Digital image processing
　　Bibliografia.
　　ISBN 978-85-7605-401-6

　　1. Processamento de imagem - Técnicas digitais
I. Woods, Richard E. II. Vieira, Marcelo.
III. Título.

09-10021　　　　　　　　　　　　　　　　　　　　　　　　　　　　　　　CDD-621.367

Índices para catálogo sistemático:
1. Imagens digitais : Processamento : Tecnologia　621.367
2. Processamento digital de imagens : Tecnologia　621.367

Direitos exclusivos cedidos à
Pearson Education do Brasil Ltda.,
uma empresa do grupo Pearson Education
Avenida Francisco Matarazzo, 1400
Torre Milano – 7o andar
CEP: 05033-070 -São Paulo-SP-Brasil
Telefone 19 3743-2155
pearsonuniversidades@pearson.com

Distribuição
Grupo A Educação
www.grupoa.com.br
Fone: 0800 703 3444

Para Samantha
e
Para Janice, David e Jonathan

Sumário

1 Introdução 1

1.1 O que é processamento digital de imagens? 1

1.2 As origens do processamento digital de imagens 2

1.3 Exemplos de áreas que utilizam o processamento digital de imagens 5

    1.3.1 Imagens formadas por raios gama 6
    1.3.2 Imagens formadas por raios X 6
    1.3.3 Imagens na banda ultravioleta 7
    1.3.4 Imagens na banda visível e na banda infravermelha 8
    1.3.5 Imagens na banda de micro-ondas 12
    1.3.6 Imagens na banda de rádio 12
    1.3.7 Exemplos nos quais outras modalidades de imagem são utilizadas 13

1.4 Passos fundamentais em processamento digital de imagens 15

1.5 Componentes de um sistema de processamento de imagens 18

2 Fundamentos da imagem digital 22

2.1 Elementos da percepção visual 22

    2.1.1 A estrutura do olho humano 22
    2.1.2 Formação da imagem no olho 24
    2.1.3 Adaptação ao brilho e discriminação 25

2.2 A luz e o espectro eletromagnético 27

2.3 Sensores e aquisição de imagens 29

    2.3.1 Aquisição de imagens utilizando um único sensor 30
    2.3.2 Aquisição de imagens utilizando sensores por varredura de linha 31
    2.3.3 Aquisição de imagens utilizando sensores matriciais 32
    2.3.4 Um modelo simples de formação de imagem 33

2.4 Amostragem e quantização de imagens 34

    2.4.1 Os conceitos básicos da amostragem e da quantização 34
    2.4.2 Representação de imagens digitais 35
    2.4.3 Resolução espacial e de intensidade 38
    2.4.4 Interpolação de imagens 42

2.5 Alguns relacionamentos básicos entre pixels 44

    2.5.1 Vizinhos de um pixel 44
    2.5.2 Adjacência, conectividade, regiões e fronteiras 44
    2.5.3 Medidas de distância 46

2.6 Uma introdução às ferramentas matemáticas utilizadas no processamento digital de imagens 46

    2.6.1 Operações de arranjos matriciais *versus* matrizes 47
    2.6.2 Operações lineares *versus* não lineares 47
    2.6.3 Operações aritméticas 48
    2.6.4 Operações com conjuntos e operações lógicas 51
    2.6.5 Operações espaciais 55
    2.6.6 Operações com vetores e matrizes 59
    2.6.7 Transformadas de imagens 60
    2.6.8 Métodos probabilísticos 62

3 Transformações de intensidade e filtragem espacial 68

3.1 Fundamentos 68

    3.1.1 Os fundamentos das transformações de intensidade e filtragem espacial 68
    3.1.2 Sobre os exemplos deste capítulo 70

3.2 Algumas funções básicas de transformação de intensidade 70

3.2.1 Negativos de imagem 70
3.2.2 Transformações logarítmicas 71
3.2.3 Transformações de potência (gama) 71
3.2.4 Funções de transformação linear definidas por partes 74

3.3 Processamento de histograma 78
3.3.1 Equalização de histograma 79
3.3.2 Especificação de histograma 84
3.3.3 Processamento local de histograma 90
3.3.4 Utilizando estatísticas de histograma para o realce da imagem 91

3.4 Fundamentos da filtragem espacial 94
3.4.1 O funcionamento da filtragem espacial 94
3.4.2 Convolução e correlação espacial 96
3.4.3 Representação vetorial da filtragem linear 99
3.4.4 Gerando máscaras de filtragem espacial 99

3.5 Filtros espaciais de suavização 100
3.5.1 Filtros lineares de suavização 100
3.5.2 Filtros de estatística de ordem (não lineares) 101

3.6 Filtros espaciais de aguçamento 102
3.6.1 Fundamentos 103
3.6.2 Utilizando a segunda derivada para o aguçamento de imagens – o laplaciano 105
3.6.3 Máscara de nitidez e filtragem *high-boost* 107
3.6.4 Utilização de derivadas de primeira ordem para o aguçamento (não linear) de imagens – o gradiente 108

3.7 Combinando métodos de realce espacial 110

3.8 Utilização de técnicas *fuzzy* para transformações de intensidade e filtragem espacial 112
3.8.1 Introdução 112
3.8.2 Princípios da teoria dos conjuntos *fuzzy* 113
3.8.3 Utilização dos conjuntos *fuzzy* 116
3.8.4 Utilização de conjuntos *fuzzy* para transformações de intensidade 122
3.8.5 Utilização de conjuntos *fuzzy* para filtragem espacial 124

4 Filtragem no domínio da frequência 131

4.1 Fundamentos 131
4.1.1 Uma breve história da série e da transformada de Fourier 131
4.1.2 Sobre os exemplos deste capítulo 132

4.2 Conceitos preliminares 133
4.2.1 Números complexos 133
4.2.2 Série de Fourier 133
4.2.3 Impulsos e sua propriedade de peneiramento (*sifting*) 133
4.2.4 A transformada de Fourier de funções de uma variável contínua 134
4.2.5 Convolução 137

4.3 Amostragem e a transformada de Fourier de funções amostradas 137
4.3.1 Amostragem 138
4.3.2 A transformada de Fourier de funções amostradas 138
4.3.3 O teorema da amostragem 140
4.3.4 *Aliasing* 141
4.3.5 Reconstrução (recuperação) da função a partir dos dados amostrados 143

4.4 A transformada discreta de Fourier (DFT) de uma variável 143
4.4.1 Obtenção da DFT a partir da transformada contínua de uma função amostrada 144
4.4.2 Relacionamento entre intervalos de frequência e amostragem 145

4.5 Extensão para funções de duas variáveis 146
4.5.1 O impulso 2-D e sua propriedade de peneiramento 146
4.5.2 O par contínuo de transformadas de Fourier 2-D 147
4.5.3 Amostragem bidimensional e teorema da amostragem 2-D 147
4.5.4 *Aliasing* em imagens 148
4.5.5 A transformada discreta de Fourier 2-D e sua inversa 152

4.6 Algumas propriedades da transformada discreta de Fourier 2-D 153
4.6.1 Relacionamentos entre intervalos no espaço e na frequência 153
4.6.2 Translação e rotação 153

4.6.3 Periodicidade 154
4.6.4 Propriedades de simetria 155
4.6.5 Espectro de Fourier e ângulo de fase 158
4.6.6 O teorema de convolução 2-D 160
4.6.7 Resumo das propriedades da transformada discreta de Fourier 2-D 163

4.7 Os fundamentos da filtragem no domínio da frequência 166
4.7.1 Características adicionais do domínio da frequência 166
4.7.2 Fundamentos da filtragem do domínio da frequência 167
4.7.3 Resumo dos passos da filtragem no domínio da frequência 171
4.7.4 Correspondência entre a filtragem no domínio do espaço e da frequência 171

4.8 Suavização de imagens utilizando filtros no domínio da frequência 175
4.8.1 Filtros passa-baixa ideais 176
4.8.2 Filtros passa-baixa Butterworth 177
4.8.3 Filtros passa-baixa gaussianos 179
4.8.4 Exemplos adicionais de filtragem passa-baixa 181

4.9 Aguçamento de imagens utilizando filtros no domínio da frequência 183
4.9.1 Filtros passa-alta ideais 184
4.9.2 Filtros passa-alta Butterworth 186
4.9.3 Filtros passa-alta gaussianos 186
4.9.4 O laplaciano no domínio da frequência 187
4.9.5 Máscara de nitidez, filtragem *high-boost* e filtragem de ênfase de alta frequência 188
4.9.6 Filtragem homomórfica 190

4.10 Filtragem seletiva 192
4.10.1 Filtros rejeita-banda e passa-banda 192
4.10.2 Filtros *notch* 193
4.11.1 Separabilidade da DFT 2-D 196
4.11.2 Cálculo da IDFT utilizando um algoritmo DFT 196
4.11.3 A transformada rápida de Fourier (FFT) 197
4.11.4 Alguns comentários sobre o design de filtros 199

5 Restauração e reconstrução de imagens 204

5.1 Modelo de processo de degradação/restauração de imagens 205

5.2 Modelos de ruído 205
5.2.1 Propriedades espaciais e de frequência do ruído 205
5.2.2 Algumas importantes funções densidade de probabilidade de ruído 206
5.2.3 Ruído periódico 208
5.2.4 Estimativa de parâmetros de ruído 210

5.3 Restauração na presença somente de ruído — filtragem espacial 211
5.3.1 Filtros de média 211
5.3.2 Filtros de estatística de ordem 213
5.3.3 Filtros adaptativos 217

5.4 Redução de ruído periódico pela filtragem no domínio da frequência 220
5.4.1 Filtros rejeita-banda 220
5.4.2 Filtros passa-banda 221
5.4.3 Filtros *notch* 222
5.4.4 Filtragem *notch* ótima 222

5.5 Degradações lineares, invariantes no espaço 225

5.6 Estimativa da função de degradação 227
5.6.1 Estimativa pela observação da imagem 227
5.6.2 Estimativa por experimentação 228
5.6.3 Estimativa por modelamento 228

5.7 Filtragem inversa 230

5.8 Filtragem de mínimo erro quadrático médio (Wiener) 232

5.9 Filtragem por mínimos quadráticos com restrição 235

5.10 Filtro de média geométrica 237

5.11 Reconstrução de imagens a partir de projeções 238

5.11.1 Introdução 238
5.11.2 Princípios da tomografia computadorizada (CT) 240
5.11.3 Projeções e a transformada de Radon* 242
5.11.4 O teorema da fatia de Fourier 246
5.11.5 Reconstrução utilizando retroprojeções filtradas por feixes paralelos 246
5.11.6 Reconstrução utilizando retroprojeções filtradas por feixes em formato de leque 250

6 Processamento de imagens coloridas 259

6.1 Fundamentos das cores 259
6.2 Modelos de cores 264
   6.2.1 O modelo RGB de cores 265
   6.2.2 Os modelos de cores CMY e CMYK 268
   6.2.3 O modelo HSI de cores 268
6.3 Processamento de imagens em pseudocores 274
   6.3.1 Fatiamento por intensidades 274
   6.3.2 Transformações de intensidade para cores 276
6.4 Fundamentos do processamento de imagens coloridas 280
6.5 Transformações de cores 281
   6.5.1 Formulação 281
   6.5.2 Complementos de cor 283
   6.5.3 Fatiamento de cores 284
   6.5.4 Correções de tonalidades e cores 286
   6.5.5 Processamento de histogramas 288
6.6 Suavização e aguçamento 290
   6.6.1 Suavização de imagens coloridas 291
   6.6.2 Aguçamento de imagens coloridas 292
6.7 Segmentação de imagens baseada na cor 292
   6.7.1 Segmentação no espaço de cores HSI 292
   6.7.2 Segmentação no espaço de vetores RGB 294
   6.7.3 Detecção de bordas em imagens coloridas 296
6.8 Ruído em imagens coloridas 298
6.9 Compressão de imagens coloridas 301

7 Processamento com *wavelets* e multirresolução 306

7.1 Fundamentos 307
   7.1.1 Pirâmides de imagem 307
   7.1.2 Codificação em sub-bandas 310
   7.1.3 A transformada de Haar 315
7.2 Expansões multirresolução 317
   7.2.1 Expansões em séries 317
   7.2.2 Funções de escala 318
   7.2.3 Funções *wavelet* 321
7.3 Transformadas *wavelet* em uma dimensão 323
   7.3.1 As expansões de séries *wavelet* 323
   7.3.2 A transformada *wavelet* discreta 324
   7.3.3 A transformada *wavelet* contínua 326
7.4 A transformada rápida de *wavelet* 327
7.5 Transformadas wavelet em duas dimensões 333
7.6 Pacotes wavelet 338

8 Compressão de imagens 348

8.1 Fundamentos 349
   8.1.1 Redundância de codificação 349
   8.1.2 Redundância espacial e temporal 351
   8.1.3 Informações irrelevantes 351
   8.1.4 Medindo as informações da imagem 352
   8.1.5 Critérios de fidelidade 354
   8.1.6 Modelos de compressão de imagens 355
   8.1.7 Padrões de formatos de imagem, contêineres e compressão 356
8.2 Alguns métodos básicos de compressão 358
   8.2.1. Codificação de Huffman 358
   8.2.2 Codificação de Golomb 360
   8.2.3 Codificação aritmética 362
   8.2.4 Codificação de LZW 364
   8.2.5 Codificação *run-length* 366
   8.2.6 Codificação baseada em símbolos 369
   8.2.7 Codificação de planos de bits 372
   8.2.8 Codificação por transformada em blocos 374
   8.2.9 Codificação preditiva 386
   8.2.10 Codificação *wavelet* 399
8.3 Marca d'água em imagens digitais 405

9 Processamento morfológico de imagens 415

9.1 Algumas definições básicas 415

9.2 Erosão e dilatação 417
- 9.2.1 Erosão 417
- 9.2.2 Dilatação 418
- 9.2.3 Dualidade 419

9.3 Abertura e fechamento 420

9.4 A transformada *hit-or-miss* 423

9.5 Alguns algoritmos morfológicos básicos 424
- 9.5.1 Extração de fronteiras 424
- 9.5.2 Preenchimento de buracos 424
- 9.5.3 Extração de componentes conexos 425
- 9.5.4 Fecho convexo 426
- 9.5.5 Afinamento 428
- 9.5.6 Espessamento 428
- 9.5.7 Esqueletos 429
- 9.5.8 Poda 430
- 9.5.9 Reconstrução morfológica 433
- 9.5.10 Resumo das operações morfológicas em imagens binárias 437

9.6 Morfologia em imagens em níveis de cinza 437
- 9.6.1 Erosão e dilatação 440
- 9.6.2 Abertura e fechamento 441
- 9.6.3 Alguns algoritmos morfológicos básicos em níveis de cinza 443
- 9.6.4 Reconstrução morfológica em níveis de cinza 447

10 Segmentação de imagens 454

10.1 Fundamentos 455

10.2 Detecção de ponto, linha e borda 456
- 10.2.1 Fundamentos 456
- 10.2.2 Detecção de pontos isolados 459
- 10.2.3 Detecção de linhas 462
- 10.2.4 Modelos de borda 464
- 10.2.5 Detecção básica de bordas 456
- 10.2.6 Técnicas mais avançadas para detecção de bordas 470
- 10.2.7 Ligação de bordas e detecção de fronteiras 478

10.3 Limiarização 486
- 10.3.1 Fundamentos 486
- 10.3.2 Limiarização global simples 488
- 10.3.3 Limiarização global ótima utilizando o método de Otsu 489
- 10.3.4 Usando a suavização da imagem para melhorar a limiarização global 492
- 10.3.5 Usando as bordas para melhorar a limiarização global 494
- 10.3.6 Limiares múltiplos 496
- 10.3.7 Limiarização variável 498
- 10.3.8 Limiarização baseada em diversas variáveis 501

10.4 Segmentação baseada na região 502
- 10.4.1 Crescimento de região 502
- 10.4.2 Divisão e fusão de região 504

10.5 Segmentação usando *watersheds* Morfológicas 506
- 10.5.1 Apresentação 506
- 10.5.2 Construção das barragens 508
- 10.5.3 Algoritmo de segmentação de *watersheds* 509
- 10.5.4 O uso de marcadores 510

10.6 O uso do movimento na segmentação 511
- 10.6.1 Técnicas no domínio do espaço 511
- 10.6.2 Técnicas no domínio da frequência 513

11 Representação e descrição 523

11.1 Representação 523
- 11.1.1 Seguidor de fronteira (contorno) 523
- 11.1.2 Códigos da cadeia 525
- 11.1.3 Aproximações poligonais utilizando polígonos de perímetro mínimo 527
- 11.1.4 Outras abordagens de aproximação poligonal 531
- 11.1.5 Assinaturas 532
- 11.1.6 Segmentos de fronteira 533
- 11.1.7 Esqueletos 535

11.2 Descritores de fronteira 536
- 11.2.1 Alguns descritores simples 537
- 11.2.2 Números do formato 537
- 11.2.3 Descritores de Fourier 538
- 11.2.4 Momentos estatísticos 541

11.3 Descritores regionais 541
- 11.3.1 Alguns descritores simples 541
- 11.3.2 Descritores topológicos 543
- 11.3.3 Textura 545
- 11.3.4 Momentos invariantes 552

11.4 Utilização de componentes principais na descrição   555

11.5 Descritores relacionais   561

12 Reconhecimento de objetos   568

12.1 Padrões e classes de padrões   568

12.2 Reconhecimento com base no método de decisão teórica   570

    12.2.1 Casamento *matching*   558
    12.2.2 Classificadores estatísticos ótimos   575
    12.2.3 Redes neurais   580

12.3 Métodos estruturais   593

    12.3.1 Casamento de números de formas   593
    12.3.2 Casamento de *Strings*   594

Apêndice A   599

Bibliografia   604

Glossário   614

Índice remissivo   616

Sobre o autor   623

Prefácio

Quando um texto pode ser lido sem esforço, muito empenho foi dedicado a escrevê-lo.
Enrique Jardiel Poncela

Esta edição de *Processamento digital de imagens* representa uma grande revisão do livro. Como nas edições de 1977 e 1987, de Gonzalez e Wintz, e nas edições de 1992 e 2002, de Gonzalez e Woods, esta edição da quinta geração foi preparada tendo em mente alunos e professores. Os principais objetivos do livro continuam sendo apresentar uma introdução às metodologias e aos conceitos básicos do processamento digital de imagens e desenvolver bases para estudos e pesquisas posteriores na área. Para atingir esses objetivos, mais uma vez nos concentramos no conteúdo que acreditamos ser fundamental e cujo escopo de aplicação não se limita à solução de problemas especializados. A complexidade matemática do livro continua em um nível que pode ser facilmente dominado, tanto por estudantes no último ano do ensino médio, quanto por alunos do primeiro ano do ensino superior que tenham uma preparação introdutória em análise matemática, vetores, matrizes, probabilidade, estatística, sistemas lineares e programação de computadores. O site do livro na Internet traz tutoriais em inglês para ajudar os leitores que necessitem de uma revisão desse conteúdo básico.

Uma das principais razões pelas quais este livro tem sido o líder mundial na área por mais de 30 anos é o nível de atenção que dedicamos às necessidades educacionais de nossos leitores. A edição atual se baseia no mais extenso levantamento que já conduzimos. O levantamento envolveu professores, alunos e leitores independentes do livro em 134 instituições de 32 países. As principais conclusões da pesquisa indicaram uma necessidade de:

- uma introdução mais abrangente no início do livro às ferramentas matemáticas utilizadas no processamento de imagens;
- uma explicação mais aprofundada das técnicas de processamento de histogramas;
- explicação dos algoritmos mais complexos com resumos passo a passo;
- uma explicação mais profunda da convolução e correlação espaciais;
- uma introdução à teoria de conjuntos *fuzzy* e sua aplicação ao processamento de imagens;
- uma revisão do conteúdo sobre o domínio da frequência, começando com os princípios básicos e demonstrando como a transformada discreta de Fourier resulta da amostragem de dados;
- uma cobertura sobre a tomografia computadorizada (CT, de *computerized tomography*);
- esclarecimentos dos conceitos básicos no capítulo sobre as *wavelets*;
- uma revisão do capítulo sobre a compressão de dados para incluir mais técnicas de compressão de vídeo, padrões atualizados e marcas d'água;
- uma expansão do capítulo sobre morfologia para incluir a reconstrução morfológica e uma revisão da morfologia em níveis de cinza;
- uma expansão da cobertura sobre a segmentação de imagens para incluir técnicas mais avançadas de detecção de bordas, como o algoritmo de Canny, e um tratamento mais abrangente da limiarização de imagens;
- uma atualização do capítulo sobre a descrição e representação de imagens;
- uma simplificação do conteúdo sobre reconhecimento estrutural de objetos.

O novo e reorganizado material resultante, apresentado nesta edição, representa a nossa tentativa de proporcionar um grau razoável de equilíbrio entre rigor, clareza de apresentação e as conclusões da pesquisa de mercado, enquanto, ao mesmo tempo, mantemos a extensão do livro em um nível aceitável. As principais mudanças desta edição do livro são relacionadas a seguir.

Capítulo 1: algumas figuras foram atualizadas e parte do texto foi rescrito para corresponder às alterações realizadas nos capítulos posteriores.

Capítulo 2: aproximadamente 50 por cento desse capítulo foi revisto para incluir novas imagens e explicações mais claras. As principais revisões incluem uma nova seção sobre a interpolação de imagens e uma nova seção abrangente resumindo as principais ferramentas matemáticas utilizadas no livro. Em vez de apresentar conceitos matemáticos "isolados", um após o outro, contudo, aproveitamos a oportunidade para agregar no Capítulo 2 uma série de aplicações de processamento de imagens que antes estavam espalhadas por todo o livro. Por exemplo, a média de imagens e a subtração de imagens foram transferidas para esse capítulo para ilustrar operações aritméticas. Isso segue uma tendência que inauguramos na segunda edição do livro, de apresentar o maior número possível de aplicações no início do texto, não somente a título de exemplo, mas também como uma motivação para os alunos. Depois de concluir o recém-organizado Capítulo 2, o leitor terá um conhecimento básico de como as imagens digitais são manipuladas e processadas. Isso constitui uma base sólida que fundamenta o restante do livro.

Capítulo 3: as principais revisões desse capítulo incluem uma análise detalhada da convolução e correlação espacial e sua aplicação à filtragem de imagens utilizando máscaras espaciais. A pesquisa de mercado também sugeriu a inclusão de exemplos numéricos para ilustrar a especificação e a equalização de histogramas, de forma que incluímos vários desses exemplos para ilustrar o funcionamento dessas ferramentas de processamento. O material sobre conjuntos *fuzzy* e sua aplicação no processamento de imagens também foi solicitado com frequência em nosso levantamento. Incluímos nesse capítulo uma nova seção sobre as bases da teoria dos conjuntos *fuzzy* e sua aplicação nas transformações de intensidade e filtragem espacial, duas das principais utilizações dessa teoria no processamento de imagens.

Capítulo 4: o que mais ouvimos nos comentários e sugestões durante os quatro últimos anos dizia respeito às mudanças que fizemos no Capítulo 4 da primeira para a segunda edição. Nosso objetivo ao fazer essas mudanças foi simplificar a apresentação da transformada de Fourier e do domínio da frequência. Nós claramente fomos longe demais e muitos leitores reclamaram que o novo conteúdo era muito superficial. Corrigimos esse problema na edição atual. O conteúdo agora começa com a transformada de Fourier de uma variável contínua e prossegue deduzindo a transformada discreta de Fourier comedida com os conceitos básicos da amostragem e da convolução. Um resultado do fluxo desse material é uma dedução intuitiva do teorema da amostragem e suas implicações. O conteúdo 1-D é então estendido para 2-D, quando apresentamos vários exemplos para ilustrar os efeitos da amostragem em imagens digitais, incluindo o *aliasing* e os padrões moiré. A transformada discreta de Fourier 2-D é, então, exemplificada e várias propriedades importantes são deduzidas e resumidas. Esses conceitos são então utilizados como a base para a filtragem no domínio da frequência. Por fim, analisamos questões de implementação, como a decomposição da transformada e a dedução do algoritmo da transformada rápida de Fourier. Ao final desse capítulo, o leitor terá progredido da amostragem de funções 1-D até um desenvolvimento claro dos fundamentos da transformada discreta de Fourier e algumas das mais importantes aplicações no processamento digital de imagens.

Capítulo 5: a principal revisão neste capítulo foi o acréscimo de uma seção sobre a reconstrução de imagens a partir de projeções, com foco na tomografia computadorizada (CT). Iniciamos nossa análise da CT com um exemplo intuitivo dos princípios básicos da reconstrução de imagens a partir de projeções e as várias modalidades de aquisição de imagens utilizadas na prática. Depois, deduzimos o teorema da fatia de Fourier e a transformada de Radon e os utilizamos como a base para formular o conceito de retroprojeções filtradas. A reconstrução, tanto por feixes paralelos quanto por feixes em formato de leque, é discutida e ilustrada com a utilização de vários exemplos. A inclusão desse material foi adiada por tempo demais e representa um importante acréscimo ao livro.

Capítulo 6: as revisões desse capítulo se limitaram a esclarecimentos e algumas correções na notação. Nenhum novo conceito foi incluído.

Capítulo 7: recebemos diversos comentários sobre o fato de os iniciantes apresentarem dificuldades na transição dos capítulos anteriores até as *wavelets*. Várias das seções de fundamentação foram reelaboradas na tentativa de esclarecer o conteúdo.

Capítulo 8: esse capítulo foi totalmente rescrito e atualizado. Novas técnicas de codificação, cobertura expandida de vídeos, uma revisão da seção sobre padrões e uma introdução à inserção de marcas d'água em imagens estão entre as principais alterações. A nova organização facilitará aos estudantes iniciantes acompanhar o material.

Capítulo 9: as principais alterações nesse capítulo foram a inclusão de uma nova seção sobre a reconstrução morfológica e uma revisão completa da seção sobre morfologia em níveis de cinza. A inclusão da reconstrução morfológica, tanto para imagens binárias quanto em níveis de cinza, possibilitou o desenvolvimento de algoritmos morfológicos mais complexos e úteis do que antes.

Capítulo 10: esse capítulo também passou por uma grande revisão. A organização continua a mesma, mas o novo conteúdo inclui uma ênfase maior nos princípios básicos, bem como uma análise de técnicas de segmentação mais avançadas. Modelos de borda são discutidos e exemplificados em mais detalhes, bem como as propriedades do gradiente. Os detectores de bordas de Marr-Hildreth e de Canny foram incluídos para ilustrar técnicas mais avançadas de detecção de bordas. A seção sobre a limiarização também foi rescrita para incluir o método de Otsu, uma técnica de limiarização ótima cuja popularidade tem aumentado significativamente ao longo dos últimos anos. Incluímos essa técnica no lugar da limiarização ótima baseada na regra de classificação de Bayes, não só por ser de compreensão e implementação mais fácil, mas também por ser utilizada relativamente com mais frequência na prática. O método de Bayes foi transferido para o Capítulo 12, no qual a regra de decisão de Bayes é analisada em mais detalhes. Também incluímos uma discussão sobre como utilizar as informações de bordas para melhorar a limiarização e vários novos exemplos de limiarização adaptativa. Com exceção de pequenos esclarecimentos, as seções sobre *watersheds* morfológicos e a utilização de movimento para a segmentação foram mantidas como na edição anterior.

Capítulo 11: as principais alterações nesse capítulo foram a inclusão de um algoritmo de seguidor de fronteira, uma dedução detalhada de um algoritmo para encaixar um polígono de perímetro mínimo em uma fronteira digital e uma nova seção sobre matrizes de co-ocorrência para a descrição de texturas. Vários exemplos das seções 11.2 e 11.3 são novos, bem como todos os exemplos da Seção 11.4.

Capítulo 12: as alterações nesse capítulo incluem uma nova seção sobre o casamento por correlação e um novo exemplo sobre a utilização do classificador de Bayes para reconhecer regiões de interesse em imagens multiespectrais. A seção sobre a classificação estrutural agora se limita apenas ao casamento de *strings*.

Todas as revisões mencionadas acima resultaram em mais de 400 novas imagens, mais de 200 novas ilustrações e tabelas e mais de 80 novos exercícios. Sempre que apropriado, procedimentos de processamento de imagens mais complexos foram resumidos na forma da dedução passo a passo de algoritmos. As referências ao final de todos os capítulos também foram atualizadas.

Esta edição de *Processamento digital de imagens* reflete como as necessidades educacionais dos nossos leitores mudaram desde 2002. Como costuma ser o caso em um projeto como este, a área continua progredindo depois da conclusão do manuscrito. Uma das razões pelas quais este livro tem tamanha aceitação desde sua primeira edição, em 1977, é sua ênfase continuada nos conceitos fundamentais — uma abordagem que, entre outros fatores, tenta proporcionar uma medida de estabilidade em uma área de conhecimento em rápida evolução. Tentamos seguir o mesmo princípio na preparação desta edição do livro.

R. C. G.
R. E. W.

Material de apoio do livro

No site www.grupoa.com.br professores e alunos podem acessar os seguintes materiais adicionais:

Para o leitor independente ou estudante, o site contém:

- revisões em áreas como probabilidade, estatística, vetores e matrizes (em inglês);
- respostas dos exercícios selecionados;
- projetos computacionais (em inglês);
- dezenas de tutoriais (em inglês) para a maioria dos tópicos cobertos no livro;

Para o professor, o site contém:

- um manual do professor (em inglês), com soluções completas para todos os exercícios do livro, bem como orientações para o curso teórico e para as aulas práticas;
- materiais em PowerPoint para apresentação em sala de aula;
- vários links para outras fontes educativas.

Para o profissional, o site contém tópicos especializados adicionais, como:

- novas referências selecionadas;
- links para banco de dados de imagens comerciais.

Agradecimentos

Somos gratos a várias pessoas do meio acadêmico, bem como da indústria e do governo, que cooperaram para esta edição do livro. Suas contribuições foram importantes de formas tão variadas que tivemos dificuldades em agradecê-las de outro modo que não fosse em ordem alfabética. Mais especificamente, gostaríamos de estender nossos agradecimentos aos nossos colegas Mongi A. Abidi, Steven L. Eddins, Yongmin Kim, Bryan Morse, Andrew Oldroyd, Ali M. Reza, Edgardo Felipe Riveron, Jose Ruiz Shulcloper e Cameron H. G. Wright pelas várias sugestões para melhorar a apresentação e/ou o escopo do livro.

Várias pessoas e organizações nos ajudaram muito durante a elaboração desta edição. Mais uma vez, as apresentamos em ordem alfabética. Somos particularmente gratos a Courtney Esposito e Naomi Fernandes, da The Mathworks, por nos proporcionar o software Matlab e o apoio que nos foi tão importante na criação e no esclarecimento de muitos dos exemplos e resultados experimentais incluídos nesta edição do livro. Uma porcentagem significativa das novas imagens utilizadas nesta edição (e, em alguns casos, também sua história e interpretação) foi obtida por meio dos esforços de pessoas às quais somos profundamente gratos. Em particular, gostaríamos de reconhecer os esforços de Serge Beucher, Melissa D. Binde, James Blankenship, Uwe Boos, Ernesto Bribiesca, Michael E. Casey, Michael W. Davidson, Susan L. Forsburg, Thomas R. Gest, Lalit Gupta, Daniel A. Hammer, Zhong He, Roger Heady, Juan A. Herrera, John M. Hudak, Michael Hurwitz, Chris J. Johannsen, Rhonda Knighton, Don P. Mitchell, Ashley Mohamed, A. Morris, Curtis C. Ober, Joseph E. Pascente, David. R. Pickens, Michael Robinson, Barrett A. Schaefer, Michael Shaffer, Pete Sites, Sally Stowe, Craig Watson, David K. Wehe e Robert A. West. Também gostaríamos de agradecer outras pessoas e organizações, citadas nas legendas de várias figuras ao longo do livro, pela permissão para utilizarmos o material.

Nossos agradecimentos especiais a Vince O'Brien, Rose Kernan, Scott Disanno, Michael McDonald, Joe Ruddick, Heather Scott e Alice Dworkin, da Prentice Hall. A criatividade, a assistência e a paciência dessas pessoas durante a produção deste livro são verdadeiramente apreciadas.

R. C. G.
R. E. W.

Capítulo 1 Introdução

Uma imagem vale mais do que mil palavras.
Anônimo

Apresentação

O interesse nos métodos de processamento digital de imagens provém de duas áreas principais de aplicação: melhora das informações visuais para a interpretação humana e processamento de dados de imagens para armazenamento, transmissão e representação, considerando a percepção automática por máquinas. Este capítulo tem vários objetivos: (1) definir o escopo da área que chamamos de processamento de imagens; (2) apresentar uma perspectiva histórica das origens dessa área; (3) dar uma ideia do que há de mais avançado em processamento de imagens analisando algumas das principais áreas nas quais ele é aplicado; (4) analisar brevemente as principais abordagens utilizadas no processamento digital de imagens; (5) mostrar uma visão geral dos componentes contidos em um sistema de processamento de imagens típico; e (6) oferecer um referencial bibliográfico e outras fontes nas quais o trabalho relativo ao processamento de imagens normalmente é relatado.

1.1 O que é processamento digital de imagens?

Uma imagem pode ser definida como uma função bidimensional, $f(x, y)$, em que x e y são coordenadas *espaciais* (plano), e a amplitude de f em qualquer par de coordenadas (x, y) é chamada de *intensidade* ou *nível de cinza* da imagem nesse ponto. Quando x, y e os valores de intensidade de f são quantidades finitas e discretas, chamamos de *imagem digital*. O campo do *processamento digital de imagens* se refere ao processamento de imagens digitais por um computador digital. Observe que uma imagem digital é composta de um número finito de elementos, cada um com localização e valor específicos. Esses elementos são chamados de *elementos pictóricos*, *elementos de imagem*, *pels* e *pixels*. *Pixel* é o termo mais utilizado para representar os elementos de uma imagem digital. Analisaremos essas definições em termos mais formais no Capítulo 2.

A visão é o mais avançado dos nossos sentidos, de forma que não é de surpreender que as imagens exerçam o papel mais importante na percepção humana. No entanto, diferentemente dos seres humanos, que são limitados à banda visual do espectro eletromagnético (EM), os aparelhos de processamento de imagens cobrem quase todo o espectro EM, variando de ondas gama a ondas de rádio. Eles podem trabalhar com imagens geradas por fontes que os humanos não estão acostumados a associar com imagens. Essas fontes incluem ultrassom, microscopia eletrônica e imagens geradas por computador. Dessa forma, o processamento digital de imagens inclui um amplo e variado campo de aplicações.

Não existe um acordo geral entre os autores em relação ao ponto em que o processamento de imagens termina e outras áreas relacionadas, como a análise de imagens e a visão computacional, começam. Algumas vezes, uma distinção é traçada definindo o processamento de imagens como uma disciplina na qual tanto a entrada quanto a saída de um processo são imagens. Acreditamos que essa fronteira é restritiva e, de certa forma, artificial. Por exemplo, nessa definição, até a tarefa trivial de calcular a intensidade média de uma imagem (que resulta em um único número) não seria considerada uma operação de processamento de imagens. Por outro lado, existem campos como o da visão computacional, cuja meta é utilizar computadores para emular a visão humana, incluindo o aprendizado e a capacidade de fazer inferências e agir com base em informações visuais. Essa área representa um ramo da inteligência artificial (AI, de *artificial intelligence*) cujo objetivo é emular a inteligência humana. A área da AI ainda está em seus estágios iniciais de desenvolvimento e o progresso tem sido muito mais lento do que o originalmente previsto. A área da análise de imagens (também chamada de compreensão de imagens) está situada entre o processamento de imagens e a visão computacional.

Não existem limites claros se considerarmos uma linha contínua com o processamento de imagens em um extremo e a visão computacional no outro. No entanto, um paradigma útil seria levar em consideração três tipos de processos computacionais nessa linha contínua: processos de níveis baixo, médio e alto. Os processos de nível baixo envolvem operações primitivas, como o pré-processamento de imagens para reduzir o ruído, o realce de contraste e o aguçamento de imagens. Um processo de nível baixo é caracterizado pelo fato de tanto a entrada quanto a saída serem imagens. O processamento de imagens de nível médio envolve tarefas como a segmentação (separação de uma imagem em regiões ou objetos), a descrição desses objetos para reduzi-los a uma forma adequada para o processamento computacional e a classificação (reconhecimento) de objetos individuais. Um processo de nível médio é caracterizado pelo fato de suas entradas, em geral, serem imagens, mas as saídas são atributos extraídos dessas imagens (isto é, bordas, contornos e a identidade de objetos individuais). Por fim, o processamento de nível alto envolve "dar sentido" a um conjunto de objetos reconhecidos, como na análise de imagens e, no extremo dessa linha contínua, realizar as funções cognitivas normalmente associadas à visão.

Com base nos comentários anteriores, vemos que um ponto lógico de sobreposição entre o processamento e a análise de imagens é a área de reconhecimento de regiões ou objetos individuais em uma imagem. Dessa forma, o que chamamos neste livro de *processamento digital de imagens* envolve processos cujas entradas e saídas são imagens e, além disso, envolve processos de extração de atributos de imagens até — e inclusive — o reconhecimento de objetos individuais. Como exemplo para esclarecer esses conceitos, considere a área de análise automática de textos. Os processos de aquisição de uma imagem da área que contém o texto, o pré-processamento dessa imagem, a extração (segmentação) dos caracteres individuais, a descrição dos caracteres em uma forma adequada para o processamento computacional e o reconhecimento desses caracteres individuais estão no escopo do que chamamos, neste livro, de processamento digital de imagens. Dar sentido ao conteúdo da página pode ser considerado no âmbito da análise de imagem e até mesmo da visão computacional, dependendo do nível de complexidade envolvido na expressão "dar sentido". Como ficará claro em breve, o processamento digital de imagens, na nossa definição, é utilizado com sucesso em uma ampla variedade de áreas de excepcionais valores social e econômico. Os conceitos desenvolvidos nos capítulos a seguir compõem o fundamento dos métodos utilizados nessas áreas de aplicação.

1.2 As origens do processamento digital de imagens

Uma das primeiras aplicações das imagens digitais ocorreu na indústria dos jornais, quando as imagens eram enviadas por cabo submarino entre Londres e Nova York. A implementação do sistema de transmissão de imagens por cabo submarino (cabo Bartlane) no início da década de 1920 reduziu de mais de uma semana para menos de três horas o tempo necessário para transportar uma fotografia pelo oceano Atlântico. Um equipamento de impressão especializado codificava as imagens para a transmissão a cabo e depois as reconstruía no recebimento. A Figura 1.1 foi transmitida dessa forma e reproduzida em uma impressora telegráfica, equipada com fontes tipográficas para a simulação de padrões de tons intermediários.

Alguns dos problemas iniciais na melhora da qualidade visual dessas primeiras figuras digitais se relacionavam

Figura 1.1 Fotografia digital produzida em 1921 com base em uma fita codificada por uma impressora telegráfica com fontes tipográficas especiais. (McFarlane.*)

---

* As referências na Bibliografia no final do livro estão organizadas em ordem alfabética pelo sobrenome dos autores.

à seleção de procedimentos de impressão e à distribuição dos níveis de intensidade. O método de impressão utilizado para obter a Figura 1.1 foi substituído no final de 1921 por uma técnica baseada na reprodução fotográfica com base em fitas perfuradas no terminal receptor telegráfico. A Figura 1.2 mostra uma imagem obtida utilizando esse método. As melhoras em relação à Figura 1.1 são claras, tanto na qualidade tonal quanto na resolução.

Os primeiros sistemas Bartlane eram capazes de codificar imagens em cinco níveis de cinza distintos. Essa capacidade aumentou para 15 níveis em 1929. A Figura 1.3 mostra um exemplo típico de imagens que poderiam ser obtidas utilizando o equipamento de 15 níveis de cinza. Durante esse período, a introdução de um sistema para revelação de uma chapa fotográfica por meio de feixes de luz modulados pela fita de imagem codificada melhorou consideravelmente o processo de reprodução.

Apesar de os exemplos que acabamos de citar envolverem imagens digitais, não são considerados resultados de processamento digital de imagens no contexto de nossa definição porque sua criação não envolvia o uso de computadores. Dessa forma, a história do processamento digital de imagens tem estreita relação com o desenvolvimento do computador digital. Na verdade, imagens digitais necessitam tanto de capacidade de armazenamento e desempenho computacional que o progresso na área de processamento digital de imagens tem dependido do desenvolvimento de computadores digitais e tecnologias relacionadas, incluindo armazenamento de dados, visualização e transmissão.

O conceito de computador remonta à invenção do ábaco na Ásia Menor, mais de 5 mil anos atrás. Mais recentemente, nos últimos dois séculos, avanços formaram as bases para o desenvolvimento do que hoje denominamos computador. No entanto, a base do que chamamos computador digital *moderno* remonta só à década de 1940, com a introdução, por John von Neumann, de dois conceitos-chave: (1) uma memória para armazenamento de programa e dados; e (2) a ramificação condicional. Essas duas ideias constituem os fundamentos de uma unidade central de processamento (CPU, de *central processing unit*), que está no coração dos computadores atuais. Desde von Neumann, uma série de importantes avanços foi realizada levando a computadores poderosos o suficiente para serem utilizados no processamento digital de imagens. Em resumo, esses avanços podem ser descritos como: (1) a invenção do transistor na Bell Laboratories em 1948; (2) o desenvolvimento, nas décadas de 1950 e 1960, das linguagens de programação de alto nível Cobol (*Common Business-Oriented Language*) e Fortran (*Formula Translator*); (3) a invenção do circuito integrado (CI) na Texas Instruments em 1958; (4) o desenvolvimento de sistemas operacionais no início da década de 1960; (5) o desenvolvimento do microprocessador (um único chip consistindo em uma unidade central de processamento, memória e controles de entrada e saída) pela Intel no início da década de 1970; (6) o lançamento, pela IBM, do computador pessoal em 1981; e (7) a miniaturização progressiva de componentes, a começar pela integração em larga escala (LSI, de *large scale integration*) no final da década de 1970, seguida da integração em muito larga escala (VLSI, de *very large scale integration*) na década de 1980, à utilização atual de integração em ultralarga escala (ULSI, de *ultra large scale integration*). Paralelamente a esses avanços ocorreram desenvolvimentos nas áreas do armazenamento em massa e

Figura 1.3 Fotografia sem retoques dos generais Pershing e Foch, transmitida por cabo em 1929 de Londres a Nova York por um equipamento de 15 níveis de cinza. (McFarlane.)

Figura 1.2 Fotografia digital de 1922 com base em uma fita perfurada depois que os sinais cruzaram duas vezes o oceano Atlântico. (McFarlane.)

de sistemas de visualização, ambos considerados requisitos fundamentais para o processamento digital de imagens.

Os primeiros computadores poderosos o suficiente para realizar tarefas de processamento de imagens significativas foram desenvolvidos no início da década de 1960. O advento do processamento digital de imagens dependeu da disponibilidade dessas máquinas e do início do programa espacial durante esse período. Foi necessária a combinação desses dois avanços para chamar a atenção ao potencial dos conceitos de processamento digital de imagens. O emprego de técnicas computacionais para melhoramento de imagens produzidas por uma sonda espacial teve início no Jet Propulsion Laboratory (Pasadena, Califórnia) em 1964, quando figuras da Lua transmitidas pelo *Ranger* 7 foram processadas por um computador para corrigir vários tipos de distorções de imagem inerentes à câmera de televisão a bordo. A Figura 1.4 mostra a primeira imagem da Lua, capturada pelo *Ranger* 7 no dia 31 de julho de 1964 às 9h09 (horário EDT dos Estados Unidos), cerca de 17 minutos antes do impacto na superfície lunar (os marcadores, chamados marcas *reseau*, são utilizados para correções geométricas, como veremos no Capítulo 2). Essa também é a primeira imagem da Lua tirada por uma espaçonave norte-americana. As lições aprendidas com o *Ranger* 7 serviram como base para os métodos avançados de realce e restauração de imagens utilizados nas missões do *Surveyor* à Lua, na série de voos da *Mariner* ao redor de Marte, nos voos tripulados da *Apollo* à Lua, entre outros.

Paralelamente a essas aplicações espaciais, técnicas de processamento digital de imagens começaram a ser desenvolvidas no final da década de 1960 e início da década de 1970 para serem utilizadas em imagens médicas, nas observações remotas de recursos da Terra e na astronomia. A invenção, no início da década de 1970, da tomografia axial computadorizada (CAT, de *computerized axial tomography*), também chamada de tomografia computadorizada (CT, de *computerized tomography*), representa um dos eventos mais importantes na aplicação do processamento de imagens no diagnóstico médico. A tomografia axial computadorizada é um processo no qual um anel de detectores circunda um objeto (ou paciente) e uma fonte de raios X, concêntrica com o anel de detecção, gira ao redor do objeto. Os raios X passam através do objeto e são coletados na extremidade oposta do anel pelos detectores correspondentes. À medida que a fonte gira, esse procedimento é repetido. A tomografia consiste em algoritmos que utilizam os dados coletados para construir uma imagem que representa uma "fatia" do objeto. O movimento do objeto em uma direção perpendicular ao anel de detectores produz uma série de fatias, que constituem uma representação tridimensional (3-D) do interior do objeto. A tomografia foi inventada simultaneamente, mas de forma independente, por Sir Godfrey N. Hounsfield e pelo professor Allan M. Cormack, que dividiram o Prêmio Nobel de Medicina em 1979 pela invenção. É interessante notar que os raios X foram descobertos em 1895 por Wilhelm Conrad Roentgen, que recebeu por isso o Prêmio Nobel de Física em 1901. Essas duas invenções, com quase 100 anos de diferença, levaram a algumas das aplicações mais importantes do processamento de imagens hoje.

Da década de 1960 até os dias de hoje, a área de processamento de imagens cresceu rapidamente. Além das aplicações na medicina e em programas espaciais, as técnicas de processamento digital de imagens, atualmente, são utilizadas em uma ampla variedade de aplicações. Procedimentos computacionais são utilizados para realçar o contraste ou para codificar os níveis de intensidade em cores para facilitar a interpretação de imagens radiográficas e outras imagens utilizadas na indústria, na medicina e nas ciências biológicas. Geógrafos utilizam as mesmas técnicas, ou técnicas similares, para estudar padrões de poluição a partir de imagens aéreas e de satélite. Procedimentos de restauração e realce de imagens são utilizados para processar imagens degradadas de objetos que não podem ser recuperados ou de resultados experimentais muito caros para serem repetidos. Na arqueologia, métodos de processamento de imagens têm restaurado com sucesso imagens fotográficas borradas, que eram os únicos registros disponíveis de artefatos raros que foram perdidos ou danificados após serem fotografados. Na física

Figura 1.4 A primeira foto da Lua tirada por uma espaçonave norte-americana. O *Ranger* 7 capturou essa imagem no dia 31 de julho de 1964 às 9h09 (horário EDT dos Estados Unidos), cerca de 17 minutos antes do impacto na superfície lunar. (Cortesia da Nasa.)

e em áreas relacionadas, técnicas computacionais rotineiramente realçam imagens de experimentos em áreas como plasmas de alta energia e microscopia eletrônica. De maneira similar, aplicações bem-sucedidas dos conceitos de processamento de imagens podem ser encontradas em astronomia, biologia, medicina nuclear, aplicação da lei (segurança pública), defesa e indústria.

Esses exemplos ilustram resultados de processamento destinados à interpretação humana. A segunda principal área de aplicação das técnicas de processamento digital de imagens, mencionada no início deste capítulo, é a resolução de problemas relativos à percepção por máquinas. Nesse caso, o interesse se concentra em procedimentos para extrair informação de uma imagem de uma forma adequada para o processamento computacional. Muitas vezes, essas informações têm pouca semelhança com as características visuais que os seres humanos utilizam na interpretação do conteúdo de uma imagem. Exemplos do tipo de informações utilizadas na percepção por máquina são os momentos estatísticos, os coeficientes da transformada de Fourier e as medidas multidimensionais de distância. Problemas típicos em percepção por máquina que costumam utilizar técnicas de processamento de imagens são o reconhecimento automático de caracteres, o sistema de visão computacional industrial para inspeção e montagem de produtos, reconhecimento militar, processamento automático de impressões digitais, rastreamento de resultados de imagens radiográficas e amostras de sangue e o processamento computacional de imagens aéreas e de satélites para previsão do tempo e avaliação ambiental. A redução progressiva da razão entre o preço e o desempenho dos computadores e a expansão das redes de comunicação via Internet criaram oportunidades sem precedentes para o desenvolvimento contínuo do processamento digital de imagens. Algumas dessas áreas de aplicação são ilustradas na seção a seguir.

1.3 Exemplos de áreas que utilizam o processamento digital de imagens

Hoje em dia, não existe praticamente mais nenhuma área de empreendimento técnico que não seja impactada de uma forma ou de outra pelo processamento digital de imagens. Podemos analisar apenas algumas dessas aplicações, dados o contexto e o espaço disponível para esta discussão. No entanto, apesar de restrito, o material apresentado nesta seção não deixará nenhuma dúvida no que se refere à amplitude e à importância do processamento digital de imagens. Mostraremos, nesta seção, várias áreas de aplicação que utilizam rotineiramente técnicas de processamento digital de imagens que analisaremos nos capítulos a seguir. Muitas das imagens mostradas nesta seção serão utilizadas mais adiante em um ou mais exemplos apresentados neste livro. Todas as imagens mostradas são digitais.

As áreas de aplicação do processamento digital de imagens são tão variadas que requerem alguma forma de organização para que todo seu escopo seja incluído. Uma das formas mais fáceis de desenvolver uma compreensão básica da extensão das aplicações do processamento de imagens é categorizar as imagens de acordo com sua fonte (por exemplo, visual, raios X e assim por diante). A principal fonte de energia para imagens utilizada atualmente é o espectro eletromagnético de energia. Outras importantes fontes de energia incluem a acústica, a ultrassônica e a eletrônica (na forma de feixes de elétrons utilizados na microscopia eletrônica). Imagens sintéticas, utilizadas para modelagem e visualização, são geradas por computador. Nesta seção, discutiremos resumidamente como as imagens são geradas nessas várias categorias e as áreas nas quais elas são aplicadas. Métodos para converter imagens em formato digital serão discutidos no próximo capítulo.

Imagens baseadas na radiação do espectro EM são as mais familiares, especialmente as imagens nas bandas visuais e de raios X do espectro. Ondas eletromagnéticas podem ser interpretadas como ondas senoidais, de vários comprimentos, que propagam, ou também podem ser vistas como um fluxo de partículas sem massa, cada uma se deslocando em um padrão ondulatório e se movendo na velocidade da luz. Cada partícula sem massa contém uma certa quantidade de energia, denominada *fóton*. Se as bandas espectrais forem agrupadas de acordo com a energia por fóton, obtemos o espectro mostrado na Figura 1.5, variando de raios gama (mais alta energia) em um extremo a ondas de rádio (mais baixa energia) no outro.

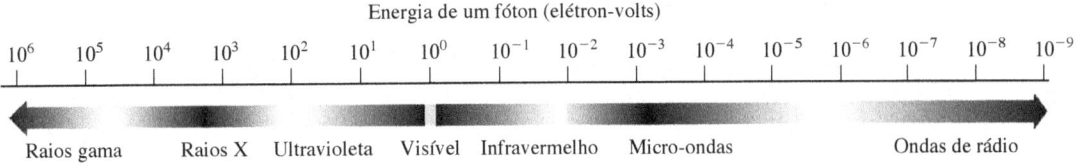

Figura 1.5 Espectro eletromagnético organizado de acordo com a energia por fóton.

As bandas do espectro EM são mostradas com sombreamento para realçar o fato de que elas não são distintas, mas sim representam uma transição suave de uma à outra.

1.3.1 Imagens formadas por raios gama

As principais utilidades da formação de imagens por raios gama incluem a medicina nuclear e as observações astronômicas. Na medicina nuclear, o procedimento é feito pela injeção de um isótopo radioativo (ou radioisótopo) no paciente, que emite raios gama à medida que se desintegra. As imagens são produzidas a partir das emissões coletadas por detectores de raios gama. A Figura 1.6(a) mostra a imagem de um escaneamento ósseo completo formada pela emissão de raios gama. Imagens desse tipo são utilizadas para localizar pontos de doenças ósseas, como infecções ou tumores. A Figura 1.6(b) mostra outra importante modalidade de imagem nuclear, chamada de tomografia por emissão de pósitrons (PET, de *positron emission tomography*). O princípio é o mesmo que o da tomografia por raios X, explicado rapidamente na Seção 1.2. No entanto, em vez de utilizar uma fonte externa de energia de raios X, o paciente recebe um isótopo radioativo que emite pósitrons à medida que vai se desintegrando. Quando um pósitron colide com um elétron, ambos são destruídos e dois raios gama são emitidos. Eles são detectados, e uma imagem tomográfica é criada utilizando os princípios básicos da tomografia. A Figura 1.6(b) é uma amostra de uma sequência que constitui uma representação em 3-D do paciente. A imagem mostra um tumor no cérebro e outro no pulmão, facilmente visíveis como pequenos nódulos brancos.

Uma estrela na constelação de Cygnus explodiu cerca de 15 mil anos atrás, gerando uma nuvem de gás estacionária e superaquecida (conhecida como o Cygnus Loop) que brilha em uma espetacular variedade de cores. A Figura 1.6(c) mostra uma imagem do Cygnus Loop na faixa eletromagnética dos raios gama. Diferentemente dos exemplos apresentados nas figuras 1.6(a) e (b), essa imagem foi obtida utilizando a radiação natural do objeto. Finalmente, a Figura 1.6(d) mostra uma imagem de radiação gama de uma válvula de um reator nuclear. Uma área de intensa radiação é vista no canto inferior esquerdo da imagem.

1.3.2 Imagens formadas por raios X

Os raios X estão entre as fontes mais antigas de radiação EM utilizada para a formação de imagens. A mais conhecida utilização dos raios X é no diagnóstico médico, mas eles também são amplamente utilizados na indústria e em outras áreas, como a astronomia. Os raios X para a formação de imagens médicas e industriais são gerados utilizando um tubo a vácuo com um catodo e um anodo. O catodo é aquecido, fazendo com que elétrons sejam liberados. Esses elétrons se movimentam em alta velocidade na direção do anodo positivamente carregado. Quando os elétrons atingem um núcleo, a energia é liberada na forma de radiação de raios X. A energia (capacidade de penetração) dos raios X é controlada por uma tensão aplicada entre os elétrodos e por uma corrente no filamento do catodo. A Figura 1.7(a) mostra uma típica radiografia de tórax gerada pelo simples posicionamento do paciente entre uma fonte de raios X e um filme sensível à energia na faixa dos raios X. A intensidade dos raios X é modificada pela absorção à medida que passam através do paciente, e o filme é revelado pela energia re-

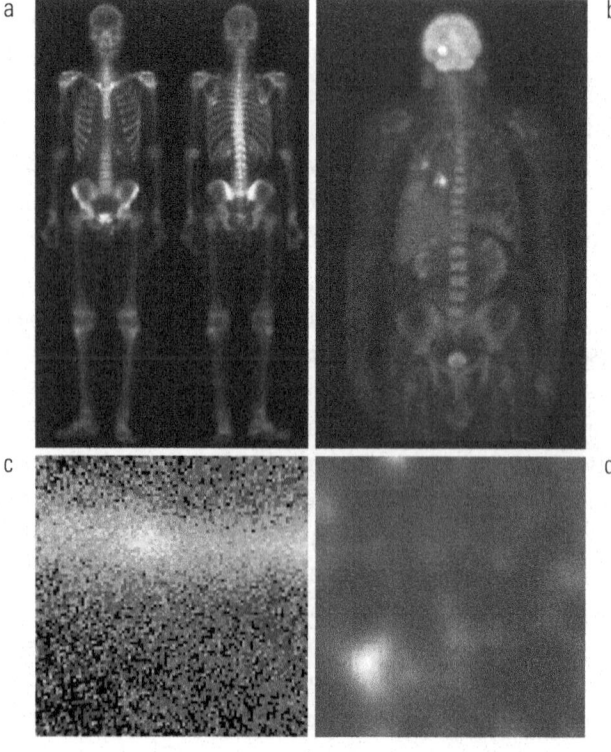

Figura 1.6 Exemplos de imagens geradas por raios gama. (a) Escaneamento ósseo. (b) Imagem de tomografia por emissão de pósitrons (PET). (c) Cygnus Loop. (d) Radiação gama (ponto luminoso) de uma válvula de um reator. (Cortesia de (a) G.E. Medical Systems; (b) dr. Michael E. Casey, CTI PET Systems; (c) Nasa; (d) Professores Zhong He e David K. Wehe, Universidade de Michigan.)

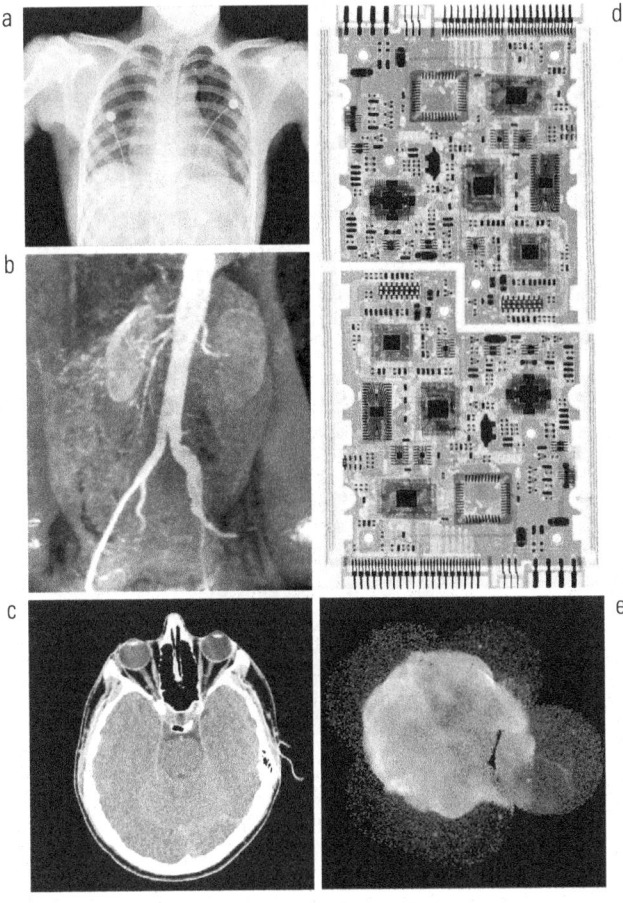

Figura 1.7 Exemplos de imagens de raios X. (a) Radiografia de tórax. (b) Angiograma da aorta. (c) Tomografia computadorizada da cabeça. (d) Placa de circuito impresso. (e) Cygnus Loop. (Cortesias de: (a) e (c) dr. David R. Pickens, Departamento de Radiologia e Ciências Radiológicas, Centro Médico da Universidade Vanderbilt, (b) dr. Thomas R. Gest, Divisão de Ciências Anatômicas, Faculdade de Medicina da Universidade de Michigan; (d) Joseph E. Pascente, Lixi, Inc.; e (e) Nasa.)

sultante que o atinge, de forma similar à luz que revela um filme fotográfico. Na radiografia digital, as imagens digitais são obtidas por um dos dois métodos a seguir: (1) pela digitalização de filmes radiográficos; ou (2) fazendo com que os raios X que atravessam um paciente atinjam diretamente dispositivos (como uma tela fluorescente) que convertem raios X em luz. O sinal luminoso é, por sua vez, captado por um sistema de digitalização sensível à luz. Discutiremos a digitalização em mais detalhes nos capítulos 2 e 4.

A angiografia é outra importante aplicação em uma área chamada de radiografia por realce de contraste. Esse procedimento é utilizado para obter imagens (chamadas de *angiogramas*) de vasos sanguíneos. Um cateter (um pequeno tubo flexível) é inserido, por exemplo, em uma artéria ou veia na virilha. O cateter é inserido no vaso sanguíneo até a área a ser analisada. Quando ele atinge o ponto de investigação, um meio de contraste de raios X é injetado pelo tubo. Isso aumenta o contraste dos vasos sanguíneos e permite ao radiologista ver quaisquer irregularidades ou obstruções. A Figura 1.7(b) mostra um exemplo de um angiograma da aorta. O cateter pode ser visto inserido no vaso sanguíneo maior, localizado na parte inferior esquerda da figura. Observe o alto contraste do vaso sanguíneo à medida que o meio de contraste flui na direção dos rins, que também são visíveis na imagem. Como veremos no Capítulo 2, a angiografia é uma importante área do processamento digital de imagens, na qual a técnica de subtração de imagens é utilizada para realçar ainda mais a imagem dos vasos sanguíneos que estão sendo estudados.

Outra importante utilização dos raios X em imagens médicas é a tomografia axial computadorizada (CAT). Em razão de sua resolução e dos recursos tridimensionais, os tomógrafos axiais computadorizados revolucionaram a medicina assim que foram disponibilizados, no início dos anos 1970. Como observado na Seção 1.2, cada imagem CAT é uma "fatia" perpendicular do paciente. Várias fatias são geradas à medida que o paciente é movido em uma direção longitudinal. O conjunto dessas imagens constitui uma representação 3-D do interior do corpo, com a resolução longitudinal sendo proporcional ao número de imagens (fatias). A Figura 1.7(c) mostra uma imagem típica de uma fatia de uma tomografia axial computadorizada.

Técnicas similares às que acabamos de discutir, mas em geral envolvendo raios X de alta energia, são aplicáveis em processos industriais. A Figura 1.7(d) mostra uma imagem radiográfica de uma placa de circuito impresso eletrônico. Imagens como essas, que representam centenas de aplicações industriais dos raios X, são utilizadas para analisar circuitos impressos em busca de defeitos na fabricação, como falta de componentes ou trilhas interrompidas. Os aparelhos CAT industriais são úteis quando as peças podem ser atravessadas por raios X, como em montagens com plástico ou até mesmo em peças grandes, como motores de foguetes de combustível sólido. A Figura 1.7(e) mostra um exemplo de uma imagem de raios X na astronomia. Essa imagem é do Cygnus Loop da Figura 1.6(c), mas desta vez criada utilizando a banda de raios X.

1.3.3 Imagens na banda ultravioleta

As aplicações da "luz" ultravioleta são várias. Elas incluem litografia, inspeção industrial, microscopia, lasers, imagens biológicas e observações astronômicas. Ilustramos a formação de imagens nessa banda com exemplos da microscopia e da astronomia.

A luz ultravioleta é utilizada na microscopia de fluorescência, uma das áreas de mais rápido crescimento da microscopia. A fluorescência é um fenômeno descoberto na metade do século XIX, quando foi observado pela primeira vez que o mineral fluorita fluoresce quando a luz ultravioleta é direcionada a ele. A luz ultravioleta em si não é visível, mas, quando um fóton de radiação ultravioleta colide com um elétron em um átomo de um material fluorescente, o nível de energia do elétron é elevado. Depois disso, o elétron excitado cai para um nível mais baixo e emite luz na forma de um fóton de energia mais baixa na região de luz visível (vermelha). A tarefa básica do microscópio de fluorescência é utilizar uma luz de excitação para irradiar um espécime preparado e depois separar a luz fluorescente irradiante, muito mais fraca, da luz de excitação, mais intensa. Dessa forma, só a luz de emissão atinge o olho ou outro detector. As áreas fluorescentes resultantes brilham contra um fundo escuro com contraste suficiente para permitir a detecção. Quanto mais escuro for o fundo do material não fluorescente, mais eficiente é o instrumento.

A microscopia de fluorescência é um excelente método para analisar materiais que podem fluorescer, seja em sua forma natural (fluorescência primária) ou quando tratados com substâncias químicas capazes de fluorescer (fluorescência secundária). As figuras 1.8(a) e (b) mostram resultados típicos da microscopia de fluorescência. A Figura 1.8(a) mostra uma imagem do milho normal vista com um microscópio de fluorescência e a Figura 1.8(b) mostra o milho infectado por uma doença de cereais, milho, grama, cebola e sorgo, que pode ser causada por qualquer uma das mais de 700 espécies de fungos parasitas. O fungo do milho é particularmente prejudicial porque o milho é uma das principais fontes de alimento do mundo. Como um exemplo adicional, a Figura 1.8(c) mostra uma imagem do Cygnus Loop, vista utilizando a região de alta energia da banda ultravioleta.

1.3.4 Imagens na banda visível e na banda infravermelha

Considerando que a banda visual do espectro eletromagnético é a mais rotineira em todas as nossas atividades, não é de surpreender que a criação de imagens nessa banda supere em muito todas as outras em termos de variação de aplicações. A banda infravermelha costuma ser utilizada em conjunção com a banda visível na

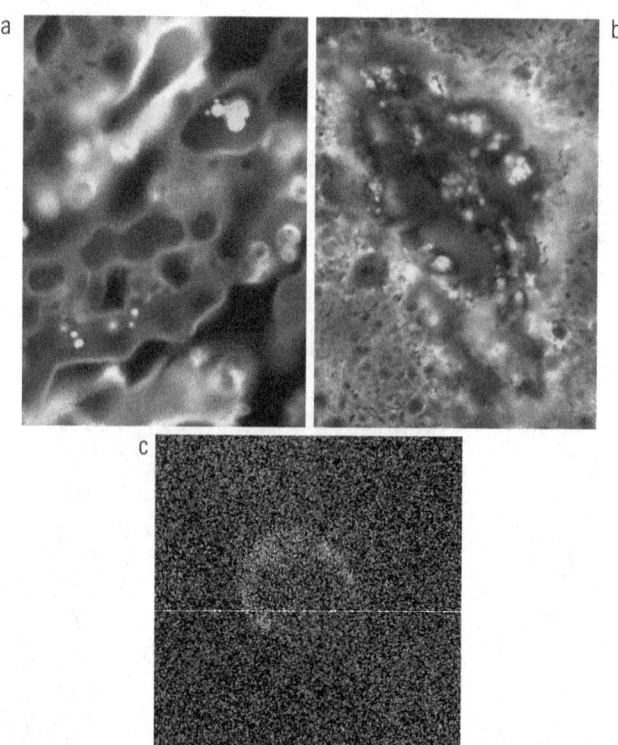

Figura 1.8 Exemplos de imagens na banda ultravioleta. (a) Milho normal. (b) Milho infectado por fungos. (c) Cygnus Loop. Cortesia de (a) e (b) dr. Michael W. Davidson, Universidade Estadual da Flórida, (c) Nasa.

formação de imagens, de forma que agrupamos as bandas visível e infravermelha nesta seção para fins de exemplificação. Consideramos, na discussão seguinte, aplicações na microscopia ótica, astronomia, sensoriamento remoto, indústria e policiamento.

A Figura 1.9 mostra vários exemplos de imagens obtidas com um microscópio ótico. Os exemplos variam de produtos farmacêuticos e microinspeção à caracterização de materiais. Mesmo se considerarmos apenas a microscopia, as áreas de aplicação são numerosas demais para detalharmos aqui. Não é difícil definir os tipos de processos que podem ser aplicados a essas imagens, variando do realce a medições na imagem.

Outra importante área de processamento visual é o sensoriamento remoto, que normalmente inclui várias bandas nas regiões visual e infravermelha do espectro eletromagnético. A Tabela 1.1 mostra as chamadas *bandas temáticas* no satélite Landsat, da Nasa. A principal função do Landsat é obter e transmitir imagens da Terra a partir do espaço para fins de monitoramento das condições ambientais do planeta. As bandas são expressas em termos de comprimento de onda, com 1 μm equivalendo a 10^{-6} m (analisaremos as regiões de comprimento de onda do espectro eletromagnético

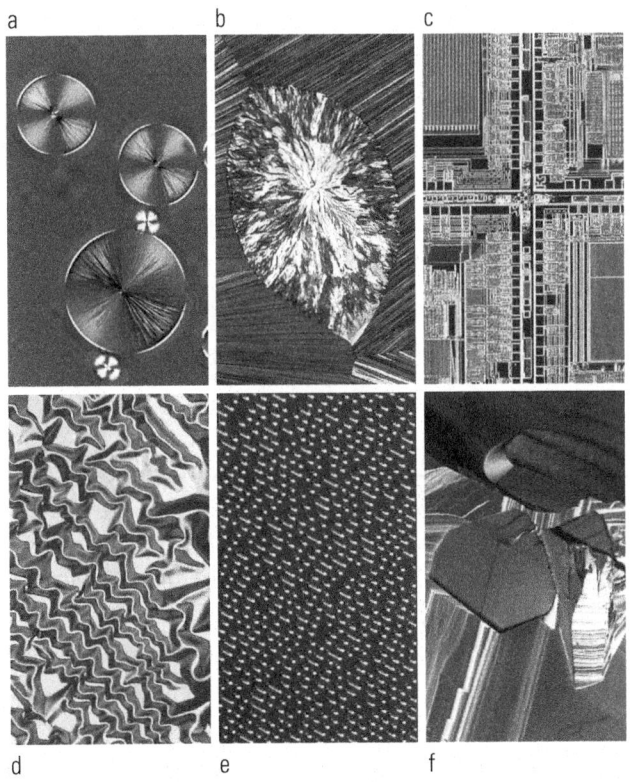

Figura 1.9 Exemplos de imagens da microscopia ótica. (a) Taxol (agente anticancerígeno), ampliado 250x. (b) Colesterol – 40x. (c) Microprocessador – 60x. (d) Filme de óxido de níquel – 600x. (e) Superfície de um CD de áudio – 1750x. (f) Supercondutor orgânico – 450x. (Cortesia do dr. Michael W. Davidson, Universidade Estadual da Flórida.)

em mais detalhes no Capítulo 2). Veja as características e utilizações de cada banda na Tabela 1.1.

Para ter uma ideia do poder desse tipo de técnica *multiespectral* de formação de imagens, veja a Figura 1.10, que mostra uma imagem para cada uma das bandas espectrais apresentadas na Tabela 1.1. A área mostrada nas imagens é Washington, D.C., incluindo prédios, estradas e ruas, vegetação e um rio (o Potomac) que cruza a cidade. Imagens de centros populacionais são utilizadas rotineiramente (depois de algum tempo) para analisar o crescimento populacional e os padrões de deslocamento, além de poluição e outros fatores prejudiciais ao ambiente. As diferenças entre as características de uma imagem visual e infravermelha são bastante evidentes nessas imagens. Observe, por exemplo, como o rio é bem definido em relação aos arredores nas bandas 4 e 5.

A observação e previsão do tempo também representam importantes aplicações da imagem multiespectral dos satélites. Por exemplo, a Figura 1.11 é uma imagem do furacão Katrina, um dos furacões mais devastadores dos últimos tempos no hemisfério ocidental. A imagem foi tirada por um satélite da Administração Oceanográfica e Atmosférica Nacional (Noaa, National Oceanographic and Atmospheric Administration) utilizando sensores nas bandas visível e infravermelha. O olho do furacão é claramente visível na imagem.

As figuras 1.12 e 1.13 mostram uma aplicação da aquisição de imagens na banda infravermelha. Essas imagens fazem parte do conjunto de dados Nighttime Lights of the World, que fornece um inventário global de assentamentos humanos. As imagens foram geradas pelo sistema de imagem por banda infravermelha montado em um satélite do Programa de Satélites Meteorológicos e de Defesa (DMSP, Defense Meteorological Satellite Program) da Noaa. O sistema de imagem por banda infravermelha opera na banda 10,0 a 13,4 μm e tem a capacidade

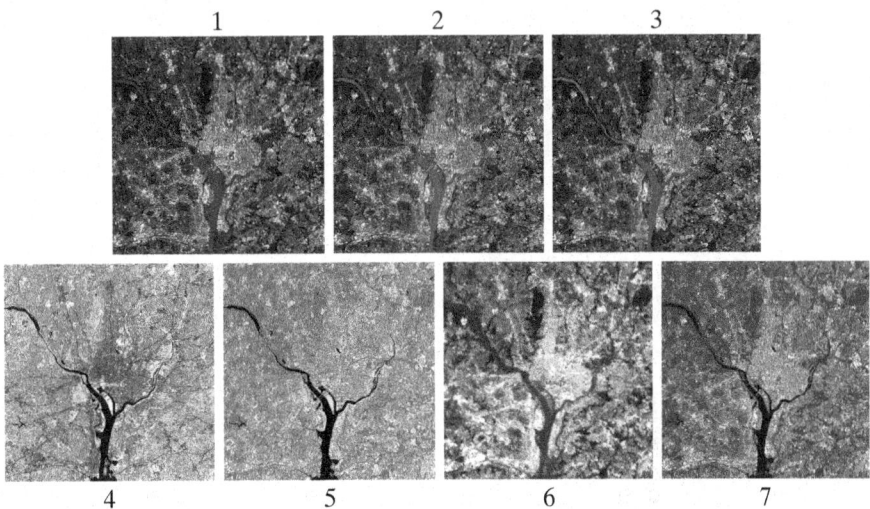

Figura 1.10 Imagens da área de Washington, D.C., vistas pelo satélite Landsat. Os números se referem às bandas temáticas da Tabela 1.1. (Cortesia da Nasa.)

Tabela 1.1 Bandas temáticas no satélite Landsat, da Nasa.

Número da banda	Nome	Comprimento de onda (µm)	Características e utilizações
1	Azul visível	0,45-0,52	Máxima penetração na água
2	Verde visível	0,52-0,60	Bom para a mensuração do vigor de plantas
3	Vermelho visível	0,63-0,69	Discriminação de vegetação
4	Infravermelho próximo	0,76-0,90	Mapeamento de biomassa e linha costeira
5	Infravermelho médio	1,55-1,75	Conteúdo de umidade do solo e vegetação
6	Infravermelho termal	10,4-12,5	Umidade do solo, mapeamento térmico
7	Infravermelho médio	2,08-2,35	Mapeamento mineral

única de observar fontes fracas de emissões visíveis de infravermelho próximo presentes na superfície da Terra, incluindo cidades, vilas, aldeias, chamas de gás e incêndios. Mesmo sem treinamento formal em processamento de imagens, não é difícil imaginar a criação de um programa de computador que utilizaria essas imagens para estimar a porcentagem da energia elétrica total utilizada pelas várias regiões do mundo.

Uma importante área da formação de imagens na banda visível é a inspeção visual automatizada de produtos manufaturados. A Figura 1.14 apresenta alguns exemplos. A Figura 1.14(a) mostra uma placa controladora de um drive de CD-ROM. Uma típica tarefa de processamento de imagens com produtos como esse consiste em inspecioná-los em busca de partes faltantes (o quadrado preto no quadrante superior direito da imagem é um exemplo de componente faltando).

A Figura 1.14(b) é a imagem de uma cartela de comprimidos. O objetivo aqui é fazer com que uma máquina inspecione as cartelas em busca de comprimidos

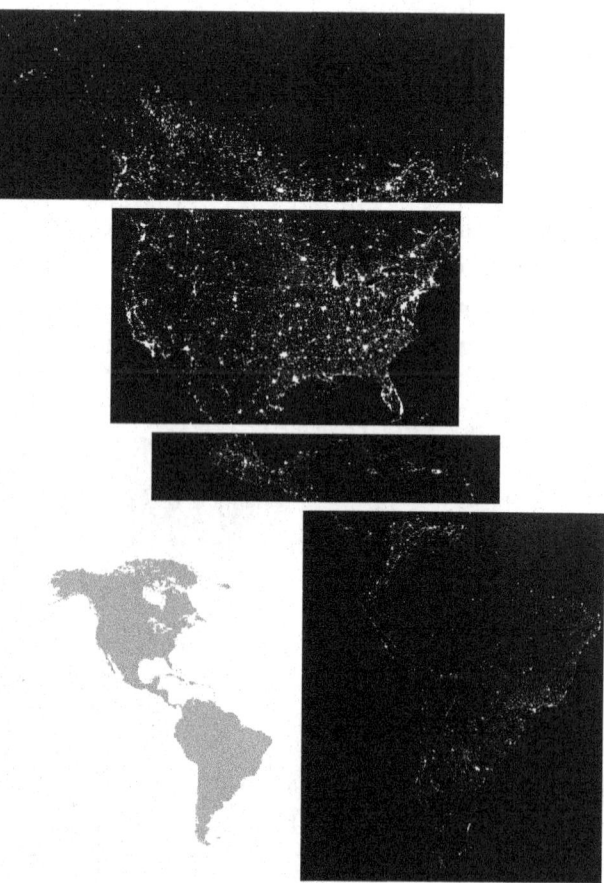

Figura 1.11 Imagem de satélite do Furacão Katrina tirada no dia 29 de agosto de 2005. (Cortesia da Noaa.)

Figura 1.12 Imagens do continente americano obtidas por um satélite na banda infravermelha. O pequeno mapa cinza foi incluído como referência. (Cortesia da Noaa.)

faltando. A Figura 1.14(c) mostra uma aplicação na qual o processamento de imagens é utilizado para procurar garrafas que não estão cheias até um nível adequado. A Figura 1.14(d) mostra uma peça de plástico transparente com um número inaceitável de bolhas de ar. Detectar irregularidades como essas é de extrema importância na inspeção industrial, que inclui outros produtos, como madeira e tecido. A Figura 1.14(e) apresenta um lote de cereais durante a inspeção por coloração e por presença de anormalidades, como flocos queimados. Por fim, a Figura 1.14(f) traz a imagem de um implante intraocular (substituindo a lente do olho humano). Uma técnica de iluminação de "luz estruturada" foi utilizada para destaque, visando à detecção mais fácil de deformações no centro da lente plana. As marcações à 1 hora e às 5 horas mostram danos feitos com pinça. Os outros pequenos pontos presentes na imagem são, na maior parte, fragmentos. O objetivo desse tipo de inspeção é encontrar automaticamente implantes danificados ou incorretamente manufaturados, antes de serem embalados.

Uma última ilustração do processamento de imagens no espectro de luz visível é representada pela Figura 1.15. A Figura 1.15(a) mostra a impressão digital de um polegar. Imagens de impressões digitais são rotineiramente

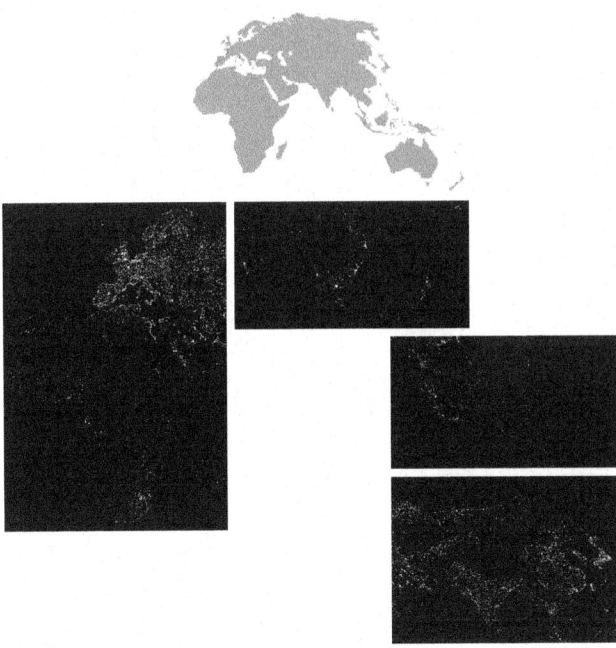

Figura 1.13 Imagens das áreas mais populosas do mundo, obtidas por um satélite na banda infravermelha. O pequeno mapa cinza foi incluído como referência. (Cortesia da Noaa.)

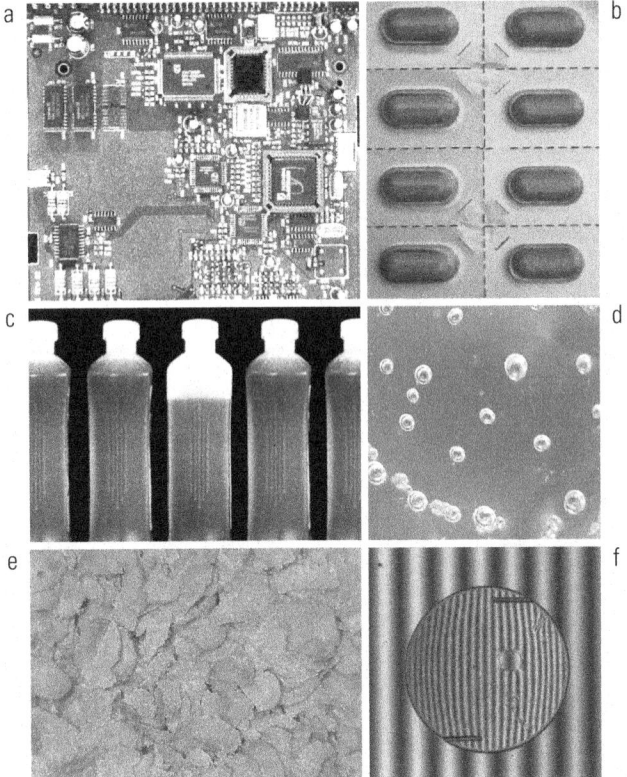

Figura 1.14 Exemplos de alguns produtos manufaturados frequentemente verificados por meio de técnicas de processamento digital de imagens. (a) Circuito impresso de um controlador de CD-ROM. (b) Cartela de comprimidos. (c) Garrafas. (d) Bolhas de ar em um produto de plástico transparente. (e) Cereais. (f) Imagem de um implante intraocular. (Figura (f) cortesia de Pete Sites, Perceptics Corporation.)

Figura 1.15 Exemplos adicionais de imagens no espectro de luz visível. (a) Impressão digital do polegar. (b) Nota de dinheiro. (c) e (d) Leitura automática de placas de identificação de veículos. (Figura (a) cortesia do National Institute of Standards and Technology. Figuras (c) e (d) cortesia do dr. Juan Herrera, Perceptics Corporation.)

processadas por computador, para realçá-las ou para encontrar características que auxiliem na busca automatizada em um banco de dados por similaridade. A Figura 1.15(b) mostra a imagem de uma nota de dinheiro. Aplicações do processamento digital de imagens nessa área incluem a contagem e a leitura automatizada do número de série para rastreamento e identificação das notas, considerando a área de aplicação da lei (ou segurança pública). As duas imagens de veículos mostradas nas figuras 1.15(c) e (d) são exemplos de leitura automática de placas de identificação de veículos. Os retângulos claros indicam a área na qual o sistema de imagem detectou a placa. Os retângulos escuros mostram os resultados da leitura automática do conteúdo da placa pelo sistema. A leitura de placas de veículos e outras aplicações de reconhecimento de caracteres são utilizadas extensivamente para o monitoramento e o controle de tráfego.

1.3.5 Imagens na banda de micro-ondas

A principal aplicação da obtenção de imagens na banda de micro-ondas é o radar. A característica singular da aquisição de imagens por radar é sua capacidade de coletar dados em praticamente qualquer região a qualquer momento, independentemente do clima ou das condições de iluminação do ambiente. Algumas ondas de radar podem penetrar nuvens e, em certas condições, também podem ver através de vegetação, gelo e areia seca. Em muitos casos, o radar é a única forma de explorar regiões inacessíveis da superfície da Terra. Um sistema de imagem por radar funciona como uma câmera equipada com flash que fornece a própria iluminação (pulsos de micro-ondas) para iluminar uma área no solo e obter uma imagem instantânea. Em vez de uma lente de câmera, o radar utiliza uma antena e o processamento computacional para gravar suas imagens. Em uma imagem de radar, é possível ver apenas a energia na faixa de micro-ondas que foi refletida de volta para a antena do radar.

A Figura 1.16 mostra uma imagem obtida com um radar espacial cobrindo uma área montanhosa e acidentada do sudeste do Tibete, cerca de 90 quilômetros a leste da cidade de Lhasa. No canto inferior direito, é possível ver o extenso vale do Rio Lhasa, onde vivem fazendeiros e criadores de iaques tibetanos e que inclui a aldeia de Menba. As montanhas dessa área chegam a atingir cerca de 5.800 metros acima do nível do mar, enquanto o vale está a cerca de 4.300 metros acima do nível do mar. Observe a clareza e os detalhes da imagem, livres de nuvens ou outras condições atmosféricas que normalmente interferem nas imagens no espectro de luz visível.

Figura 1.16 Imagem das montanhas no sudeste do Tibete obtidas de um radar espacial. (Cortesia da Nasa.)

1.3.6 Imagens na banda de rádio

Como no caso da aquisição de imagens no outro extremo do espectro (raios gama), as principais aplicações das imagens obtidas na banda de rádio situam-se na medicina e na astronomia. Na medicina, ondas de rádio são utilizadas em imagens por ressonância magnética (MRI, de *magnetic resonance imaging*). Essa técnica consiste em posicionar um paciente em um poderoso ímã e fazer com que ondas de rádio passem através de seu corpo em pulsos curtos. Cada pulso de ondas de rádio emitido provoca um pulso de resposta correspondente, que é emitido pelos tecidos do paciente. O local onde esses sinais se originam e sua intensidade são determinados por um computador, que produz uma imagem bidimensional de uma seção do paciente. A MRI pode produzir imagens em qualquer plano. A Figura 1.17 mostra imagens de MRI de um joelho e da coluna vertebral de um ser humano.

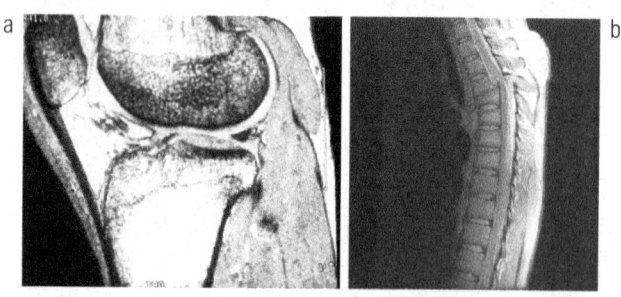

Figura 1.17 Imagens de MRI de partes do corpo humano: (a) joelho e (b) coluna vertebral. (Cortesias de: (a) dr. Thomas R. Gest, Divisão de Ciências Anatômicas, Faculdade de Medicina da Universidade de Michigan e (b) David R. Pickens, Departamento de Radiologia e Ciências Radiológicas, Centro Médico da Universidade Vanderbilt.)

A última imagem à direita na Figura 1.18 mostra uma imagem de um "pulsar" gerado por uma estrela de nêutrons (*Crab Pulsar*) obtida na banda de rádio. Também mostramos, para uma comparação interessante, imagens da mesma região obtidas na maioria das bandas discutidas até aqui. Observe que cada imagem dá uma "visão" totalmente diferente do pulsar.

1.3.7 Exemplos nos quais outras modalidades de imagem são utilizadas

Apesar de a obtenção de imagens no espectro eletromagnético ser de longe a mais utilizada, há várias outras modalidades também importantes. Mais especificamente, discutiremos nesta seção a imagem acústica, a microscopia eletrônica e a imagem sintética (gerada por computador).

A formação de imagem utilizando "sons" encontra aplicação na exploração geológica, na indústria e na medicina. Aplicações geológicas utilizam o som no extremo inferior do espectro sonoro (centenas de Hz), ao passo que a obtenção de imagens em outras áreas utiliza o ultrassom (milhões de Hz). As aplicações comerciais mais importantes do processamento de imagens na geologia encontram-se na exploração de minérios e petróleo. Para a aquisição de imagens a partir da superfície do solo, uma das principais abordagens consiste em utilizar um grande caminhão com uma grande placa de aço plana. A placa é pressionada no chão pelo caminhão, que sofre vibração por um espectro de frequência de até 100 Hz. A intensidade e a velocidade das ondas sonoras que retornam são definidas pela composição do solo abaixo da superfície. Esses dados são analisados por computador e as imagens são geradas a partir dos resultados dessa análise.

Para a aquisição marinha, a fonte de energia normalmente consiste em duas espingardas de ar comprimido rebocadas por um navio. As ondas sonoras refletidas são detectadas por hidrofones instalados em cabos rebocados atrás do navio, parados no fundo do mar, ou suspensos por boias (cabos verticais). As duas espingardas de ar comprimido são alternadamente pressurizadas até aproximadamente 2.000 psi e, então, acionadas. O movimento constante do navio proporciona uma direção transversal de movimento que, com as ondas sonoras refletidas, é utilizado para gerar um mapa 3-D da composição da Terra abaixo do fundo do oceano.

A Figura 1.19 mostra uma imagem da seção transversal de um conhecido modelo tridimensional com o qual o desempenho de algoritmos de formação de imagem sísmica é testado. A seta indica um bolsão de hidrocarbonetos (petróleo e/ou gás). Esse alvo é mais claro do que as camadas ao redor porque a mudança de densidade nessa região é maior. Os intérpretes sísmicos procuram esses "pontos claros" para encontrar petróleo e gás. As camadas acima também são claras, mas o brilho não varia com tanta intensidade entre elas. Muitos algoritmos de reconstrução de imagem sísmica apresentam dificuldades na visualização desse alvo em virtude das outras falhas acima dele.

Apesar de a produção de imagens por ultrassom ser utilizada rotineiramente na manufatura, as aplicações mais conhecidas dessa técnica estão na medicina, especialmente na obstetrícia, em que bebês em gestação (fetos) são visualizados para verificar seu desenvolvimento

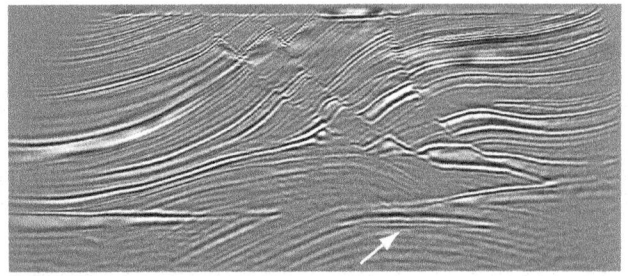

Figura 1.19 Imagem de seção transversal de um modelo de formação de imagem sísmica. A seta indica um bolsão de hidrocarbonetos (petróleo e/ou gás). (Cortesia do dr. Curtis Ober, Sandia National Laboratories.)

Figura 1.18 Imagens de um "pulsar" gerado por uma estrela de nêutrons (*Crab Pulsar*) (no centro de cada imagem) cobrindo o espectro eletromagnético. (Cortesia da Nasa.)

e saúde. Um produto secundário desse exame consiste na descoberta do sexo do bebê. Imagens de ultrassom são geradas utilizando o procedimento básico seguinte:

1. O sistema de ultrassom (um computador, uma sonda de ultrassom consistindo em uma fonte, um receptor e um monitor) transmite pulsos sonoros de alta frequência (1 a 5 MHz) ao corpo.
2. As ondas sonoras percorrem o corpo e atingem uma fronteira entre tecidos (por exemplo, entre fluido e tecido mole ou entre tecido mole e osso). Algumas das ondas sonoras são refletidas de volta à sonda, ao passo que outras continuam o percurso até atingir outra fronteira e serem refletidas.
3. As ondas refletidas são captadas pela sonda e transmitidas ao computador.
4. A máquina calcula a distância da sonda até as fronteiras de tecido ou órgãos utilizando a velocidade do som no tecido (1.540 m/s) e o tempo de retorno de cada eco.
5. O sistema exibe as distâncias e as intensidades dos ecos na tela, formando uma imagem bidimensional.

Em uma imagem de ultrassom típica, milhões de pulsos e ecos são enviados e recebidos a cada segundo. A sonda pode ser deslocada ao longo da superfície do corpo e inclinada para obter várias vistas. A Figura 1.20 mostra diversos exemplos.

Continuaremos a discussão sobre as modalidades de imagem com alguns exemplos de microscopia eletrônica. Os microscópios eletrônicos funcionam como seus correspondentes óticos, mas utilizam um feixe concentrado de elétrons em vez de luz para criar a imagem de uma amostra. A operação dos microscópios eletrônicos envolve os seguintes passos básicos: um fluxo de elétrons é produzido por uma fonte de elétrons e acelerado na direção do espécime utilizando um potencial elétrico positivo. Esse fluxo é confinado e focado por meio de aberturas de metal e lentes magnéticas para formar um feixe fino e monocromático. Esse feixe é focado na amostra utilizando uma lente magnética. Interações ocorrem dentro da amostra irradiada, afetando o feixe de elétrons. Essas interações e efeitos são detectados e transformados em uma imagem, de modo muito similar à luz que é refletida de objetos em uma cena ou absorvida por eles. Esses passos básicos são executados em todos os microscópios eletrônicos.

Um *microscópio eletrônico de transmissão* (TEM, de *transmission electron telescope*) funciona de forma bastante parecida com um projetor de slides. Um projetor transmite um feixe de luz através de um slide e, à medida que a luz o atravessa, é modulada pelo conteúdo daquele slide. Esse feixe transmitido é, então, projetado na tela de projeção, formando uma imagem do slide ampliada. Os TEMs funcionam da mesma forma, mas emitem um feixe de elétrons através de uma amostra (como se fosse o slide). A fração do feixe que é transmitida através da amostra é projetada em uma tela fluorescente. A interação dos elétrons com o material fluorescente produz luz e, assim, uma imagem visível. Um *microscópio eletrônico de varredura* (SEM, de *scanning electron telescope*), por outro lado, escaneia o feixe de elétrons e registra a interação do feixe e da amostra em cada ponto. Isso produz um ponto em uma tela fluorescente. Uma imagem completa é formada pela varredura do feixe pela amostra, de forma bastante similar a uma câmera de TV. Os elétrons interagem com uma tela fluorescente e produzem luz. Os SEMs são apropriados para amostras volumosas, ao passo que os TEMs requerem amostras muito finas.

Os microscópios eletrônicos são capazes de gerar grandes ampliações. Apesar de a microscopia ótica ser limitada a magnificações da ordem de 1.000x, os microscópios eletrônicos podem atingir uma magnificação de 10.000x ou mais. A Figura 1.21 mostra duas imagens SEM de amostras com defeito causado por sobrecarga térmica.

Concluímos esta discussão das modalidades de formação de imagem analisando brevemente as imagens que não são obtidas de objetos físicos. Em vez disso, elas são geradas por computador. Os *fractais* são excelentes exemplos de imagens geradas por computador (Lu [1997]). Basicamente, um fractal não passa de uma reprodução interativa de um padrão básico de acordo com algumas regras matemáticas. Por exemplo,

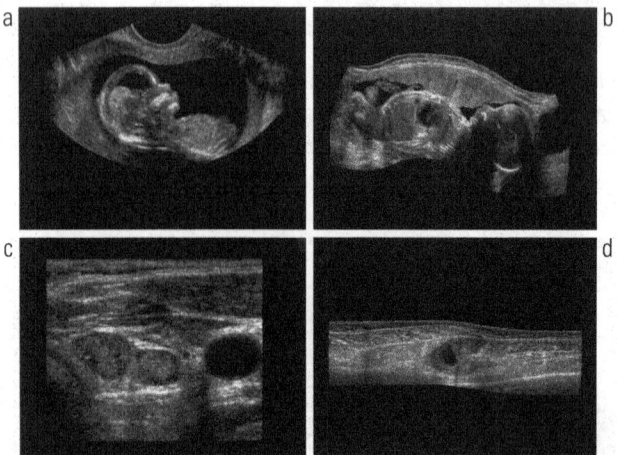

Figura 1.20 Exemplos de imagens por ultrassom. (a) Feto. (b) Outra vista de um feto. (c) Tireoides. (d) Camadas musculares mostrando uma lesão. (Cortesia da Siemens Medical Systems, Inc., Ultrasound Group.)

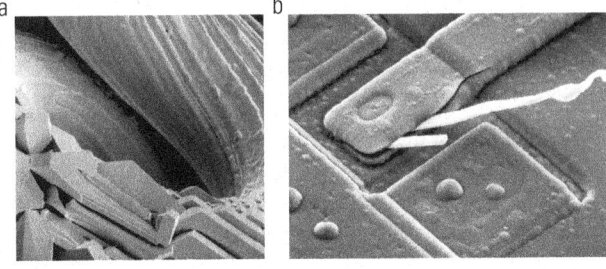

Figura 1.21 (a) Imagem SEM (250x) de um filamento de tungstênio após uma falha térmica (observe os pedaços fragmentados no canto inferior esquerdo). (b) Imagem SEM (2.500x) de um circuito integrado danificado. As fibras brancas são óxidos resultantes da destruição térmica. (Cortesias de: (a) Michael Shaffer, Departamento de Ciências Geológicas, Universidade do Oregon, Eugene; (b) dr. J. M. Hudak, Universidade McMaster, Hamilton, Ontário, Canadá.)

a repetição de padrões é uma das formas mais simples de gerar uma imagem fractal. Um quadrado pode ser subdividido em quatro sub-regiões quadradas, e cada uma pode ser subdividida em quatro regiões quadradas menores e assim por diante. Dependendo da complexidade das regras de divisão de cada subquadrado, algumas belas imagens de padrões repetitivos podem ser geradas com esse método. Obviamente, a geometria pode ser arbitrária. Por exemplo, a imagem fractal pode ser desenvolvida de forma radial a partir de um ponto central. A Figura 1.22(a) mostra um fractal criado dessa forma. A Figura 1.22(b) mostra um outro fractal (um "cenário lunar") que proporciona uma analogia interessante com as imagens espaciais utilizadas como ilustrações em algumas das seções anteriores.

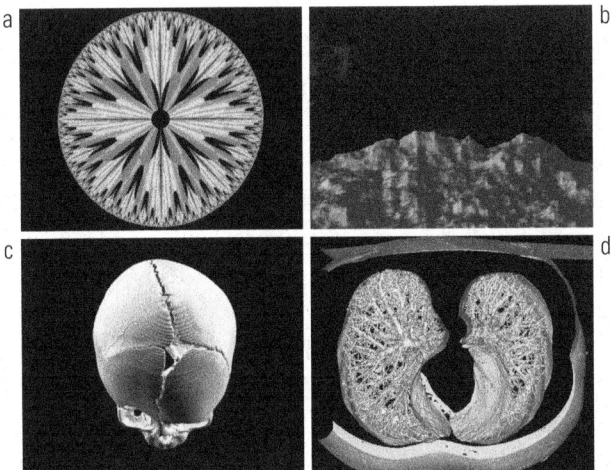

Figura 1.22 (a) e (b) Imagens fractais. (c) e (d) Imagens geradas a partir de modelos computacionais 3-D dos objetos mostrados. (Cortesia de: (a) e (b) Melissa D. Binde, Swarthmore College; (c) e (d) Nasa.)

Imagens fractais aproximam-se de formulações artísticas e matemáticas do "crescimento" de elementos de subimagem de acordo com um conjunto de regras. Algumas vezes, são úteis na formação de texturas aleatórias. Uma abordagem mais estruturada para a geração de imagens por computador reside na modelagem 3-D. Essa é uma área que proporciona importante interseção entre o processamento de imagens e a computação gráfica e constitui a base para muitos sistemas de visualização 3-D (por exemplo, simuladores de voo). As figuras 1.22(c) e (d) mostram exemplos de imagens geradas por computador. Como o objeto original é criado em 3-D, as imagens podem ser geradas de qualquer perspectiva a partir de projeções planas do volume 3-D. Imagens desse tipo podem ser utilizadas para o treinamento médico e para uma série de outras aplicações, como nas investigações criminais em laboratório e em efeitos especiais.

1.4 Passos fundamentais em processamento digital de imagens

É útil dividir o material que será abordado nos capítulos a seguir nas duas categorias mais amplas definidas na Seção 1.1: métodos cuja entrada e saída são imagens e métodos cujas entradas podem ser imagens, mas cujas saídas são atributos extraídos dessas imagens. Essa organização é resumida na Figura 1.23. O diagrama não significa que todo processo se aplique a uma imagem. Em vez disso, a intenção é transmitir uma ideia de todas as metodologias que podem ser aplicadas a imagens para diferentes propósitos e, possivelmente, com diferentes objetivos. Esta seção pode ser vista como uma breve visão geral do material exposto no restante deste livro.

A *aquisição de imagens* é o primeiro processo da Figura 1.23. A Seção 1.3 deu uma ideia da origem das imagens digitais. Esse tópico é analisado muito mais detalhadamente no Capítulo 2, no qual também apresentaremos uma série de conceitos básicos de imagens digitais utilizados ao longo do livro. Observe que a aquisição pode ser tão simples quanto receber uma imagem que já esteja em formato digital. Em geral, o estágio de aquisição de imagens envolve um pré-processamento, por exemplo, o redimensionamento de imagens.

O *realce de imagens* é o processo de manipular uma imagem de forma que o resultado seja mais adequado do que o original para uma aplicação específica. A palavra *específica* é importante neste contexto, porque estabelece desde o início que as técnicas de realce são orientadas de acordo com o problema. Dessa forma, por exemplo, um

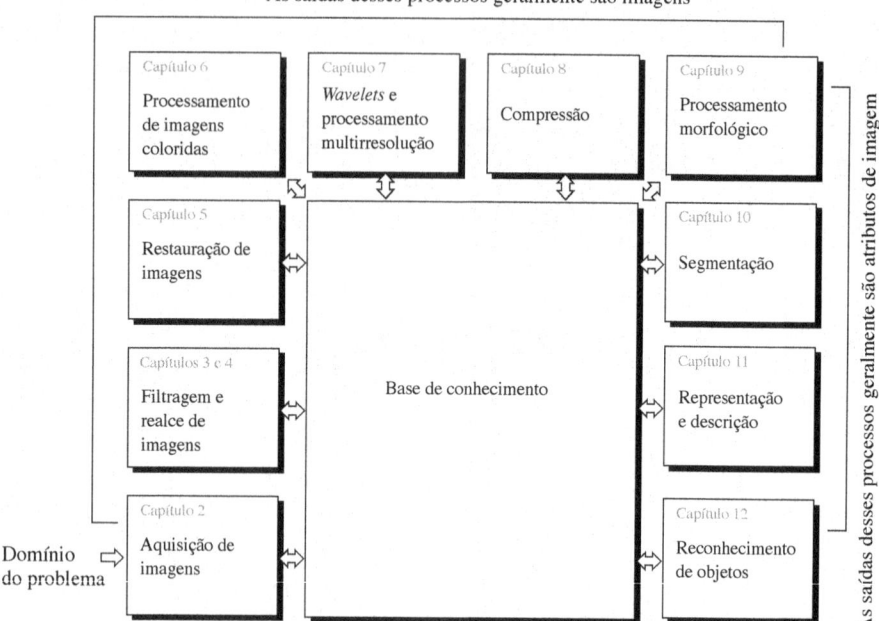

Figura 1.23 Passos fundamentais em processamento digital de imagens. Os capítulos nos quadros indicam onde o assunto é abordado no livro.

método bastante útil para realçar imagens radiográficas pode não ser a melhor abordagem para realçar imagens de satélite capturadas na banda infravermelha do espectro eletromagnético.

Não existe uma "teoria" geral de realce de imagens. Quando uma imagem é processada para a interpretação visual, o observador é o juiz final do bom funcionamento de um método particular. As técnicas de realce são tão variadas e utilizam tantas abordagens de processamento de imagens diferentes que é difícil agrupar um número significativo de técnicas apropriadas de realce de imagens em um único capítulo sem uma extensa explicação prévia. Por essa razão, e também porque os iniciantes na área de processamento de imagens geralmente consideram as aplicações de realce visualmente interessantes, agradáveis e de compreensão relativamente simples, utilizamos o realce de imagens como exemplos ao apresentar novos conceitos em algumas partes do Capítulo 2 e nos capítulos 3 e 4. O conteúdo dos dois últimos capítulos inclui vários métodos tradicionalmente utilizados para o realce de imagens. Assim, utilizando exemplos de realce para apresentar novos métodos de processamento de imagens explicados nesses primeiros capítulos, não apenas nos poupa de ter um capítulo adicional no livro dedicado exclusivamente ao realce de imagens, como também, e o mais importante, constitui uma abordagem eficaz para apresentar aos iniciantes os detalhes de técnicas de processamento logo no início do livro. No entanto, como veremos ao longo do livro, o material desenvolvido nesses capítulos se aplica a uma classe muito mais ampla de problemas do que simplesmente o realce de imagens.

A *restauração de imagens* também é uma área que lida com a melhora visual de uma imagem. No entanto, diferentemente do realce, que é subjetivo, a restauração de imagens é objetiva, no sentido de que as técnicas de restauração tendem a se basear em modelos matemáticos ou probabilísticos de degradação de imagens. O realce, por outro lado, baseia-se em preferências humanas subjetivas em relação ao que constitui uma imagem "boa".

O *processamento de imagens coloridas* é uma área que tem ganhado importância em virtude do aumento significativo da utilização de imagens digitais na Internet. O Capítulo 6 aborda uma série de conceitos fundamentais de processamento básico de cores e modelos de cores em um ambiente digital. A cor também é utilizada em capítulos posteriores como base para a extração de características de interesse em uma imagem.

As *wavelets* constituem os fundamentos para a representação de imagens em vários níveis de resolução. Em particular, esse material é utilizado neste livro para a compressão de dados de imagens e para a representação piramidal, na qual as imagens são subdivididas sucessivamente em regiões menores.

A *compressão*, como o nome sugere, lida com as técnicas de redução do armazenamento necessário para salvar uma imagem, ou a largura de banda necessária para transmiti-la. Apesar de a tecnologia de armazenamento ter avançado significativamente ao longo da última década, o mesmo não pode ser dito em relação à capacidade de transmissão. Isso se aplica particularmente nas utilizações da Internet, que é caracterizada por um expressivo conteúdo visual. A compressão de imagens é bem conhecida (talvez inadvertidamente) pela maioria dos usuários de computadores na forma de extensões de arquivos de imagem, como a extensão *.jpg*, utilizada no padrão de compressão de imagens JPEG (Joint Photographic Experts Group).

O *processamento morfológico* lida com ferramentas para a extração de componentes de imagens úteis na representação e descrição da forma. O material contido neste capítulo dá início a uma transição de processos nos quais as saídas são imagens para os processos nos quais as saídas passam a ser atributos de imagens, como indicado na Seção 1.1.

Os procedimentos de *segmentação* dividem uma imagem em suas partes ou objetos constituintes. Em geral, a segmentação autônoma é uma das tarefas mais difíceis do processamento digital de imagens. Um procedimento de segmentação de imagens bem-sucedido aumenta as chances de sucesso na solução de problemas que requerem que os objetos sejam individualmente identificados. Por outro lado, algoritmos de segmentação fracos ou inconsistentes quase sempre asseguram falha no processamento. Em geral, quanto mais precisa for a segmentação, maiores irão as chances de sucesso no reconhecimento dos objetos.

A *representação* e a *descrição* quase sempre partem do resultado de um estágio de segmentação, que normalmente são dados primários em forma de pixels, correspondendo tanto à fronteira de uma região (por exemplo, o conjunto de pixels que separa uma região da imagem de outra) como a todos os pontos dentro dela. De qualquer forma, em ambos os casos é necessário converter os dados a uma forma adequada para o processamento computacional. A primeira decisão que deve ser tomada é se os dados devem ser representados como fronteiras ou como regiões completas. A representação por fronteira é apropriada quando o interesse se concentra nas características externas de forma, como vértices e pontos de inflexão. A representação por região é apropriada quando o foco é direcionado às propriedades internas do objeto, como a textura ou a forma do esqueleto. Em algumas aplicações, essas representações se complementam. Escolher uma representação constitui apenas uma parte da solução para transformar dados primários em uma forma apropriada para o subsequente processamento computacional. Um método também deve ser especificado para descrever os dados de modo que as características de interesse sejam enfatizadas. O processo de *descrição*, também chamado de *seleção de características*, lida com a extração de atributos que resultam em alguma informação quantitativa de interesse ou que possam ser utilizados para diferenciar uma classe de objetos de outra.

O *reconhecimento* é o processo que atribui um rótulo (por exemplo, "veículo") a um objeto com base em seus descritores. Como detalhamos na Seção 1.1, concluímos nossa abordagem do processamento digital de imagens com o desenvolvimento de métodos para o reconhecimento de objetos individuais.

Até agora não mencionamos nada a respeito da necessidade de conhecimento prévio ou da interação entre a *base de conhecimento* e os módulos de processamento apresentados na Figura 1.23. O conhecimento sobre o domínio do problema está codificado em um sistema de processamento de imagens na forma de uma base (banco de dados) de conhecimento. Esse conhecimento pode ser tão simples quanto o detalhamento de regiões de uma imagem na qual se sabe que a informação de interesse pode ser localizada, limitando, dessa forma, a busca que precisa ser conduzida na procura daquela informação. A base de conhecimento também pode ser bastante complexa, como, por exemplo, uma lista inter-relacionada de todos os principais defeitos possíveis em um problema de inspeção de materiais ou um banco de imagens contendo imagens de satélite de alta resolução de uma região em conexão com aplicações de detecção de mudanças. Além de orientar a operação de cada módulo de processamento, a base de conhecimento também controla a interação entre os módulos. Essa distinção é feita na Figura 1.23 pela utilização de setas bidirecionais entre os módulos de processamento e a base de conhecimento, ao contrário das setas unidirecionais que ligam os módulos de processamento.

Embora ainda não tenhamos discutido a exibição de imagens explicitamente neste ponto, é importante ter em mente que a visualização dos resultados do processamento de imagens pode ocorrer na saída de qualquer estágio da Figura 1.23. Também observamos que nem todas as aplicações de processamento de imagens requerem a complexidade das interações representadas na Figura 1.23. Na verdade, nem todos esses módulos são necessários em muitos casos. Por exemplo, o realce de imagens para a interpretação visual humana raramente requer a utilização dos outros estágios da Figura 1.23. Contudo, em geral, à medida que a complexidade de uma tarefa envolvendo o processamento de imagens aumenta, o número de processos necessários para solucionar o problema também aumenta.

1.5 Componentes de um sistema de processamento de imagens

Em meados da década de 1980, diversos modelos de sistemas de processamento de imagens vendidos ao redor do mundo consistiam em dispositivos periféricos bastante substanciais, que se conectavam a computadores *host* igualmente substanciais. No final da década de 1980 e no começo da década de 1990, o mercado se transferiu para o hardware de processamento de imagens na forma de uma placa única, desenvolvida para ser compatível com os padrões de barramentos da indústria, e para se encaixar em gabinetes de estações de trabalho e de computadores pessoais. Além de reduzir os custos, essa transição também serviu como um catalisador para um número significativo de novas empresas especializadas no desenvolvimento de software especificamente para o processamento de imagens.

Apesar de os sistemas de processamento de imagens em grande escala ainda serem vendidos para grandes aplicações envolvendo imagens, como o processamento de imagens de satélite, a tendência continua sendo a miniaturização e a combinação de pequenos computadores de uso geral com hardware para o processamento de imagens. A Figura 1.24 mostra os componentes básicos que constituem um sistema de *uso geral* típico para o processamento digital de imagens. A função de cada componente é discutida nos parágrafos a seguir, começando com o sensoriamento de imagens.

No que se refere ao *sensoriamento*, dois elementos são necessários para a aquisição de imagens digitais. O primeiro é um dispositivo físico sensível à energia irradiada pelo objeto cuja imagem desejamos capturar. O segundo, chamado de *digitalizador*, é um dispositivo utilizado para converter a saída do dispositivo físico de sensoriamento em formato digital. Por exemplo, em uma filmadora digital, os sensores produzem uma saída elétrica proporcional à intensidade da luz. O digitalizador converte essa saída em dados digitais. Esses tópicos serão abordados no Capítulo 2.

O *hardware especializado em processamento de imagens* normalmente consiste no digitalizador que acabamos de mencionar, além de um hardware capaz de desempenhar outras operações primárias, como uma unidade lógica e aritmética (ALU, de *arithmetic logic unit*), que realiza ope-

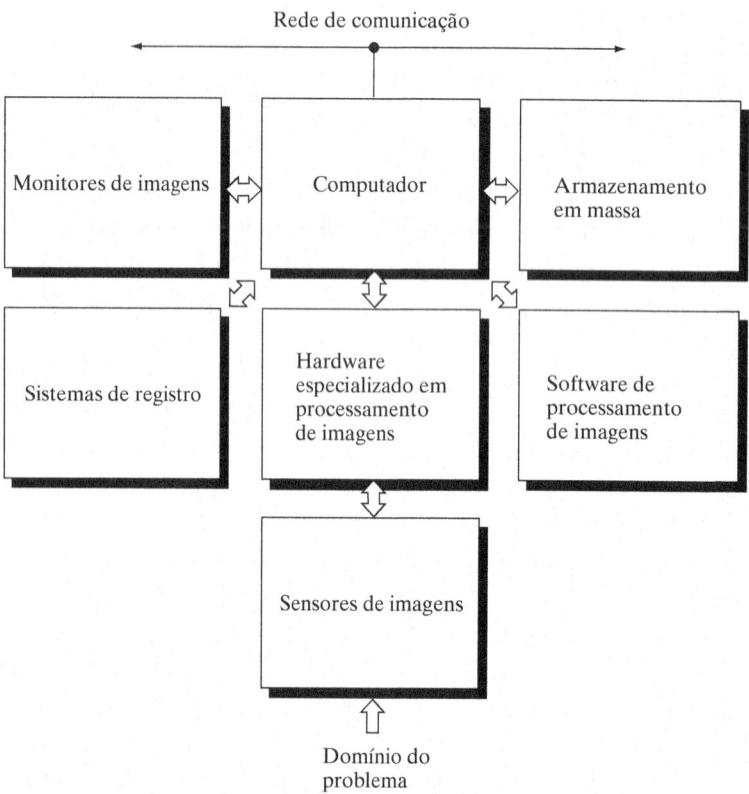

Figura 1.24 Componentes de um sistema de processamento de imagens de uso geral.

rações aritméticas e lógicas em paralelo em toda a imagem. Um exemplo de como uma ALU pode ser utilizada está no cálculo da média de uma imagem à medida que ela é digitalizada, com o propósito de redução de ruídos. Esse tipo de hardware algumas vezes é chamado de *subsistema de front-end* e sua característica mais peculiar é a velocidade. Em outras palavras, essa unidade realiza funções que requerem um rápido processamento de dados (como, por exemplo, a digitalização e o cálculo da média de imagens de vídeo a 30 quadros/s) que um computador comum não pode processar.

O *computador* em um sistema de processamento de imagens é um computador de uso geral, que pode variar de um computador pessoal a um supercomputador. Em aplicações especiais, algumas vezes computadores especializados são utilizados para atingir o nível necessário de desempenho, mas o nosso interesse aqui está relacionado a sistemas de processamento de imagens de uso geral. Nesses sistemas, praticamente qualquer computador pessoal bem equipado é suficiente para as tarefas de processamento de imagens off-line.

O software para o processamento de imagens consiste em módulos especializados que realizam tarefas específicas. Um bom pacote computacional também inclui a possibilidade de o usuário escrever códigos que, no mínimo, utilizem os módulos especializados. Os pacotes de aplicativos mais sofisticados permitem a integração desses módulos e dos comandos gerais de software a partir de pelo menos uma linguagem computacional.

A capacidade de *armazenamento em massa* é indispensável em aplicações de processamento de imagens. Uma imagem do tamanho de 1.024 × 1.024 pixels, na qual a intensidade de cada pixel requer 8 bits, necessita de um espaço de armazenamento de 1 megabyte, se a imagem não for comprimida. Ao lidar com milhares, ou até milhões, de imagens, o armazenamento adequado em um sistema de processamento de imagens pode ser um desafio. O armazenamento digital para aplicações de processamento de imagens se divide em três categorias principais: (1) armazenamento de curto prazo para utilização durante o processamento, (2) armazenamento on-line para acesso relativamente rápido e (3) armazenamento em arquivo para acesso com pouca frequência. O armazenamento é medido em bytes (8 bits), Kbytes (mil bytes), Mbytes (um milhão de bytes), Gbytes (de "giga", ou um bilhão de bytes) e Tbytes (de "tera", ou um trilhão de bytes).

Um método para proporcionar armazenamento de curto prazo é utilizar a memória do computador. Outro método é a utilização de placas de vídeo especializadas, chamadas de *frame buffers*, que armazenam uma ou mais imagens e podem ser acessadas rapidamente, normalmente em velocidades de vídeo (por exemplo, em 30 imagens completas por segundo). Este método permite zoom de imagem praticamente instantâneo, além de *scroll* (deslocamentos verticais) e *pan* (deslocamentos horizontais). Os *frame buffers* normalmente estão localizados no módulo de hardware especializado em processamento de imagens, mostrado na Figura 1.24. O armazenamento on-line geralmente utiliza discos magnéticos ou mídias óticas. O principal fator que caracteriza o armazenamento on-line é o acesso frequente aos dados armazenados. Por fim, o armazenamento em arquivo é caracterizado por requisitos de armazenamento em massa, mas com baixa frequência de acesso. Fitas magnéticas e discos óticos alojados em "jukeboxes" são as mídias mais utilizadas para aplicações de arquivamento de imagens.

Os *monitores de imagem* utilizados hoje em dia são, em sua maioria, monitores de TV em cores (preferencialmente de tela plana). Os monitores são controlados pelas placas de vídeo (gráficas ou de imagens), que são parte integral de um sistema computacional. Raramente os requisitos das aplicações de visualização de imagens não podem ser satisfeitos pelas placas de vídeo disponíveis comercialmente como parte do sistema computacional. Em alguns casos, é necessária a visualização estereoscópica (3-D), implementada a partir de um tipo de "capacete" contendo dois pequenos monitores de vídeo acoplados em um óculos, que deve ser utilizado pelo usuário.

Os *sistemas de registro* para as imagens incluem impressoras a laser, filmes fotográficos, impressora térmica, impressoras a jato de tinta e mídias digitais, como os discos óticos e de CD-ROM. O filme proporciona a mais alta resolução possível, mas o papel é o meio preferido para o material escrito. Para apresentações, as imagens são exibidas em transparências ou na forma digital se for utilizado um equipamento de projeção de imagens. A última abordagem está se tornando o padrão para apresentações de imagens.

A *rede de comunicação* é quase um componente padrão de qualquer sistema computacional em uso hoje em dia. Em razão do grande volume de dados inerente às aplicações de processamento de imagens, a principal preocupação na transmissão de imagens é a largura de banda. Em redes dedicadas, isso normalmente não constitui um problema, mas as comunicações com sites remotos pela Internet nem sempre são eficientes. Felizmente, essa situação está melhorando rapidamente como resultado do advento da fibra ótica e de outras tecnologias de banda larga.

Resumo

O principal objetivo do material apresentado neste capítulo é proporcionar uma visão geral das origens do processamento digital de imagens e, o mais importante, sobre as áreas de aplicação dessa tecnologia atuais e futuras. Apesar de a abordagem desses tópicos neste capítulo ter sido necessariamente incompleta por limitações de espaço, você agora deve ter uma ideia clara da amplitude e do objetivo prático do processamento digital de imagens. À medida que prosseguirmos nos capítulos seguintes com o desenvolvimento da teoria e das aplicações em processamento de imagens, vários exemplos serão mostrados para manter o foco em relação à utilidade e ao compromisso dessas técnicas. Na conclusão do estudo, no capítulo final, o leitor terá atingido um nível básico de compreensão da maior parte do trabalho que atualmente tem sido desenvolvido na área.

Referências e leituras complementares

As referências apresentadas no final dos próximos capítulos incluem tópicos específicos neles discutidos e que são vinculados à Bibliografia no final do livro. No entanto, neste capítulo, usamos um formato diferente para resumir em um único local uma lista de periódicos que publicam conteúdo sobre processamento de imagens e tópicos relacionados. Também fornecemos uma lista de livros com os quais o leitor pode desenvolver prontamente uma perspectiva histórica e atualizada das atividades na área. Dessa forma, o material de referência mencionado neste capítulo foi elaborado para ser utilizado como um guia de uso geral e acessível da literatura sobre processamento de imagens.

Os principais periódicos que publicam artigos sobre processamento de imagens e tópicos relacionados incluem: *IEEE Transactions on Image Processing*; *IEEE Transactions on Pattern Analysis and Machine Intelligence*; *Computer Vision, Graphics, and Image Processing* (antes de 1991); *Computer Vision and Image Understanding*; *IEEE Transactions on Systems, Man and Cybernetics*; *Artificial Intelligence*; *Pattern Recognition*; *Pattern Recognition Letters*; *Journal of the Optical Society of America* (antes de 1984); *Journal of the Optical Society of America – A: Optics, Image Science and Vision*; *Optical Engineering*; *Applied Optics – Information Processing*; *IEEE Transactions on Medical Imaging*; *Journal of Electronic Imaging*; *IEEE Transactions on Information Theory*; *IEEE Transactions on Communications*; *IEEE Transactions on Acoustics, Speech and Signal Processing*; *Proceedings of the IEEE* e edições da *IEEE Transactions on Computers* antes de 1980. Também sugerimos as publicações da International Society for Optical Engineering (SPIE).

Os livros a seguir, organizados em ordem cronológica reversa (com um maior número de livros sendo publicações mais recentes), contêm material que complementa nossa abordagem do processamento digital de imagens. Eles representam uma visão geral de fácil acesso da área nos últimos 30 anos ou mais e foram selecionados por apresentar uma grande variedade de abordagens. Variam de livros universitários, que cobrem o conteúdo básico, passando por manuais, que apresentam uma visão geral das técnicas, até livros que contenham material representantivo das pesquisas atuais na área.

PRINCE, J. L. e LINKS, J. M. *Medical Imaging, Signals, and Systems*. Upper Saddle River: Prentice Hall, 2006.

BEZDEK, J. C. et al. *Fuzzy Models and Algorithms for Pattern Recognition and Image Processing*. Nova York: Springer, 2005.

DAVIES, E. R. *Machine Vision: Theory, Algorithms; Practicalities*. San Francisco: Morgan Kaufmann, 2005.

RANGAYYAN, R. M. *Biomedical Image Analysis*. Boca Raton: CRC Press, 2005.

UMBAUGH, S. E. *Computer Imaging: Digital Image Analysis and Processing*. Boca Raton: CRC Press, 2005.

GONZALEZ, R. C.; WOODS, R. E. e EDDINS, S. L. *Digital Image Processing Using MATLAB*. Upper Saddle River: Prentice Hall, 2004.

SNYDER, W. E. e QI, Hairong. *Machine Vision*. Nova York: Cambridge University Press, 2004.

KLETTE, R. e ROSENFELD, A. [*Digital Geometry-Geometric Methods for Digital Picture Analysis*. San Francisco: Morgan Kaufmann, 2004.

WON, C. S. e GRAY, R. M. *Stochastic Image Processing*. Nova York: Kluwer Academic/Plenum Publishers, 2004.

SOILLE, P. *Morphological Image Analysis: Principles and Applications*. 2. ed. Nova York: Springer-Verlag, 2003.

DOUGHERTY, E. R. e LOTUFO, R. A. *Hands-on Morphological Image Processing*. Bellingham: SPIE — The International Society for Optical Engineering, 2003.

GONZALEZ, R. C. e WOODS, R. E. *Digital Image Processing*. 2. ed. Upper Saddle River: Prentice Hall, 2002.

FORSYTH, D. F. e PONCE, J. *Computer Vision — A Modern Approach*. Upper Saddle River: Prentice Hall, 2002.

DUDA, R. O.; HART, P. E. e STORK, D. G. *Pattern Classification*. 2. ed. Nova York: John Wiley & Sons, 2001.

PRATT, W. K. *Digital Image Processing*. 3. ed. Nova York: John Wiley & Sons, 2001.

RITTER, G. X. e WILSON, J. N. *Handbook of Computer Vision Algorithms in Image Algebra*. Boca Raton: CRC Press, 2001.

SHAPIRO, L. G. e STOCKMAN, G. C. *Computer Vision*. Upper Saddle River: Prentice Hall, 2001.

DOUGHERTY, E. R. (ed.). *Random Processes for Image and Signal Processing*. Nova York: IEEE Press, 2000.

ETIENNE, E. K. e NACHTEGAEL, M. (eds.). *Fuzzy Techniques in Image Processing*. Nova York: Springer-Verlag, 2000.

GOUTSIAS, J.; VINCENT, L. e BLOOMBERG, D. S. (eds.). *Mathematical Morphology and Its Applications to Image and Signal Processing*. Boston: Kluwer Academic Publishers, 2000.

MALLOT, A. H. *Computational Vision*. Cambridge: The MIT Press, 2000.

MARCHAND-MAILLET, S. e SHARAIHA, Y. M. *Binary Digital Image Processing: A Discrete Approach*. Nova York: Academic Press, 2000.

MITRA, S. K. e SICURANZA, G. L. (eds.). *Nonlinear Image Processing*. Nova York: Academic Press, 2000.

EDELMAN, S. *Representation and Recognition in Vision*. Cambridge: The MIT Press, 1999

LILLESAND, T. M. e KIEFER, R. W. *Remote Sensing and Image Interpretation*. Nova York: John Wiley & Sons, 1999.

MATHER, P. M. *Computer Processing of Remotely Sensed Images: An Introduction*. Nova York: John Wiley & Sons, 1999.

PETROU, M. e BOSDOGIANNI, P. *Image Processing: The Fundamentals*. Reino Unido: John Wiley & Sons, 1999.

RUSS, J. C. *The Image Processing Handbook*. 3. ed. Boca Raton: CRC Press, 1999.

SMIRNOV, A. *Processing of Multidimensional Signals*. Nova York: Springer-Verlag, 1999.

SONKA, M.; HLAVAC, V. e BOYLE, R. *Image Processing, Analysis, and Computer Vision*. Nova York: PWS Publishing, 1999.

HASKELL, B. G. e NETRAVALI, A. N. *Digital Pictures: Representation, Compression, and Standards*. Nova York: Perseus Publishing, 1997.

JAHNE, B. *Digital Image Processing: Concept., Algorithm., and Scientific Applications*. Nova York: Springer-Verlag, 1997.

CASTLEMAN, K. R. *Digital Image Processing*. 2. ed. Upper Saddle River: Prentice Hall, 1996.

GELADI, P. e GRATIN, H. *Multivariate Image Analysis*. Nova York: John Wiley & Sons, 1996.

BRACEWELL, R. N. *Two-Dimensional Imaging*. Upper Saddle River: Prentice Hall, 1995.

SID-AHMED, M. A. *Image Processing: Theory, Algorithm., and Architectures*. Nova York: McGraw-Hill, 1995.

JAIN, R.; RANGACHAR, K. e SCHUNK, B. *Computer Vision*. Nova York: McGraw-Hill, 1995.

MITICHE, A. *Computational Analysis of Visual Motion*. Nova York: Perseus Publishing, 1994.

BAXES, G. A. *Digital Image Processing: Principles and Applications*. Nova York: John Wiley & Sons, 1994.

GONZALEZ, R. C. e WOODS, R. E. *Digital Image Processing*. Reading: Addison-Wesley, 1992.

HARALICK, R. M. e SHAPIRO, L. G. *Computer and Robot Vision*. vols. 1 e 2. Reading: Addison-Wesley, 1992.

PRATT, W. K. *Digital Image Processing*. 2. ed. Nova York: Wiley-Interscience, 1991.

LIM, J. S. *Two-Dimensional Signal and Image Processing*. Upper Saddle River: Prentice Hall, 1990.

JAIN, A. K. *Fundamentals of Digital Image Processing*. Upper Saddle River: Prentice Hall, 1989.

SCHALKOFF, R. J. *Digital Image Processing and Computer Vision*. Nova York: John Wiley & Sons, 1989.

GIARDINA, C. R. e DOUGHERTY, E. R. *Morphological Methods in Image and Signal Processing*. Upper Saddle River: Prentice Hall, 1988.

LEVINE, M. D. *Vision in Man and Machine*. Nova York: McGraw-Hill, 1985.

SERRA, J. *Image Analysis and Mathematical Morphology*. Nova York: Academic Press, 1982.

BALLARD, D. H. e BROWN, C. M. *Computer Vision*. Upper Saddle River: Prentice Hall, 1982.

FU, K. S. *Syntactic Pattern Recognition and Applications*. Upper Saddle River: Prentice Hall, 1982.

NEVATIA, R. *Machine Perception*. Upper Saddle River: Prentice Hall, 1982.

PAVLIDIS, T. *Algorithms for Graphics and Image Processing*. Rockville: Computer Science Press, 1982.

ROSENFELD, A. e KAK, A. C. *Digital Picture Processing*. 2. ed. vols. 1 e 2. Nova York: Academic Press, 1982.

HALL, E. L. *Computer Image Processing and Recognition*. Nova York: Academic Press, 1979.

GONZALEZ, R. C. e THOMASON, M. G. *Syntactic Pattern Recognition: An Introduction*. Reading: Addison-Wesley, 1978.

ANDREWS, H. C. e HUNT, B. R. *Digital Image Restoration*. Upper Saddle River: Prentice Hall, 1977.

PAVLIDIS, T. *Structural Pattern Recognition*. Nova York: Springer-Verlag, 1977.

TOU, J. T e GONZALEZ, R. C. *Pattern Recognition Principles*. Reading: Addison-Wesley, 1974.

ANDREWS, H. C. *Computer Techniques in Image Processing*. Nova York: Academic Press, 1970.

Capítulo 2
Fundamentos da imagem digital

Quem deseja o sucesso deve fazer as perguntas preliminares certas.
Aristóteles

Apresentação

O objetivo deste capítulo é apresentar uma série de conceitos básicos do processamento digital de imagens que serão utilizados ao longo do livro. A Seção 2.1 resume a mecânica do sistema visual humano, incluindo a formação de imagens no olho e os recursos de discriminação e adaptação ao brilho. A Seção 2.2 analisa a luz, outros componentes do espectro eletromagnético e suas características de formação de imagens. A Seção 2.3 discute os sensores de imagens e como eles são utilizados para gerar imagens digitais. A Seção 2.4 apresenta os conceitos da amostragem de imagens e quantização de intensidade. Tópicos adicionais discutidos nessa seção incluem representação da imagem digital, os efeitos da variação do número de amostras e níveis de intensidade em uma imagem, os conceitos da resolução espacial e de intensidade e os princípios da interpolação de imagens. A Seção 2.5 lida com uma variedade de relações básicas entre pixels. Por fim, a Seção 2.6 constitui uma introdução às principais ferramentas matemáticas que utilizaremos no livro todo. Um segundo objetivo dessa seção é ajudá-lo a começar a desenvolver uma "ideia" de como essas ferramentas são utilizadas em uma variedade de tarefas básicas de processamento de imagens. O escopo dessas ferramentas e sua aplicação serão explicados mais detalhadamente conforme for necessário no restante do livro.

2.1 Elementos da percepção visual

Apesar de o processamento digital de imagens se basear em fórmulas matemáticas e probabilísticas, a intuição e a análise humana desempenham um papel central na escolha de uma técnica em detrimento de outra, e a escolha, muitas vezes, se baseia em critérios visuais subjetivos. Dessa forma, é apropriado desenvolver uma compreensão básica da percepção visual humana como um primeiro passo da nossa jornada. Dada a complexidade e o alcance desse tópico, só temos como cobrir os aspectos mais rudimentares da visão humana. Em particular, nosso interesse se concentrará na mecânica e nos parâmetros relacionados à formação e percepção das imagens pelos humanos. Estamos interessados em conhecer as limitações físicas da visão humana em relação aos fatores que também são utilizados em nosso trabalho com imagens digitais. Assim, fatores como de que forma os humanos e os dispositivos eletrônicos de formação de imagem se comparam em termos de resolução e a capacidade de se adaptar a mudanças na iluminação não são apenas interessantes, mas também importantes do ponto de vista prático.

2.1.1 A estrutura do olho humano

A Figura 2.1 mostra um corte transversal simplificado do olho humano. O olho é praticamente uma esfera, com um diâmetro médio de aproximadamente 20 mm. Três membranas o revestem: a *córnea* e a cobertura externa da *esclera*; a *coroide*; e a *retina*. A córnea é um tecido resistente e transparente que cobre a superfície anterior do olho. Como um prolongamento da córnea, temos a esclera, uma membrana opaca que reveste o restante do globo ocular.

A coroide situa-se diretamente abaixo da esclera. Essa membrana contém uma rede de vasos sanguíneos que atua como a principal fonte de nutrição para o olho.

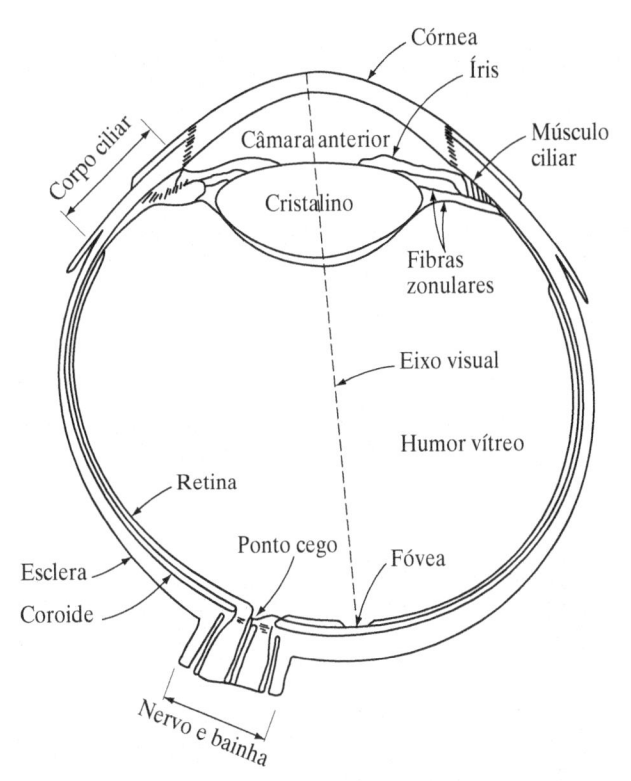

Figura 2.1 Diagrama simplificado de um corte transversal do olho humano.

Até mesmo um dano superficial na coroide, muitas vezes não considerado sério, pode levar a um grave dano ocular como resultado de uma inflamação que reduz o fluxo sanguíneo. O revestimento da coroide é substancialmente pigmentado, ajudando a reduzir a quantidade de luz indesejável que entra no olho e se espalha pelo globo ocular. Em seu extremo anterior, a coroide se divide em *corpo ciliar* e *íris*. A íris se contrai ou se expande para controlar a quantidade de luz que entra no olho. A abertura central da íris (a pupila) varia em diâmetro de aproximadamente 2 a 8 mm. A parte frontal da íris contém o pigmento visível do olho, ao passo que a parte de trás contém um pigmento negro.

O *cristalino* é composto de camadas concêntricas de células fibrosas e é suspenso por fibras que se ligam ao corpo ciliar. Ele contém entre 60 e 70% de água, cerca de 6% de gordura e mais proteína do que qualquer outro tecido do olho. É colorido por uma pigmentação ligeiramente amarelada, que se intensifica com a idade. Em casos extremos, a opacidade excessiva do cristalino, provocada pela doença comumente chamada de *catarata*, pode levar a problemas de discriminação de cores e perda de nitidez da visão. O cristalino absorve aproximadamente 8% do espectro da luz visível, com uma absorção relativamente superior de comprimentos de onda mais curtos. Tanto a luz infravermelha quanto a ultravioleta são absorvidas consideravelmente por proteínas contidas na estrutura do cristalino e, em quantidades excessivas, podem danificar o olho.

A membrana mais interna do olho é a *retina*, que se estende por toda a porção posterior da parede do olho. Quando o olho está adequadamente focalizado, a luz de um objeto externo ao olho forma uma imagem na retina. A visão de padrões é obtida pela distribuição de receptores discretos de luz ao longo da superfície da retina. Há duas classes de receptores: *cones* e *bastonetes*. Cada olho possui cerca de 6 a 7 milhões de cones. Eles se localizam principalmente na porção central da retina, chamada de *fóvea*, e são muito sensíveis à cor. Os humanos podem distinguir pequenos detalhes com esses cones, em grande parte porque cada um deles está conectado à sua própria terminação nervosa. Os músculos que controlam o olho giram o globo ocular até que a imagem de um objeto de interesse incida na fóvea. A visão pelos cones é chamada de visão *fotópica* ou visão de luz clara.

O número de bastonetes é muito maior: cerca de 75 a 150 milhões são distribuídos pela superfície da retina. A ampla área de distribuição e o fato de vários bastonetes serem conectados a uma única terminação nervosa reduzem a quantidade de detalhes discerníveis por esses receptores. Os bastonetes servem para dar uma imagem geral do campo de visão. Eles não estão envolvidos na visualização de cores e são sensíveis a baixos níveis de iluminação. Por exemplo, objetos que aparecem brilhantemente coloridos à luz do Sol, aparecem como formas descoloridas quando iluminados pela luz de uma lua cheia, porque só os bastonetes são estimulados. Esse fenômeno é conhecido como visão *escotópica* ou visão de luz escura.

A Figura 2.2 mostra a densidade de bastonetes e cones em um corte transversal do olho direito, passando pela região de saída do nervo ótico. A ausência de receptores nessa área resulta no assim chamado *ponto cego* (veja a Figura 2.1). Com exceção dessa região, a distribuição de receptores é radialmente simétrica em torno da fóvea. A densidade de receptores é medida em função do ângulo formado pelo eixo visual e a linha que passa através do centro do cristalino e cruza a retina. Observe, na Figura 2.2, que os cones são mais densos no centro da retina (na área central da fóvea). Observe, também, que os bastonetes aumentam em densidade a partir do centro até aproximadamente 20° do eixo e, então, diminuem em densidade até a periferia extrema da retina.

A fóvea é uma depressão circular na retina de cerca de 1,5 mm de diâmetro. Entretanto, para futuras considerações neste livro, é mais útil falarmos em termos de arranjos quadrados ou retangulares de elementos sen-

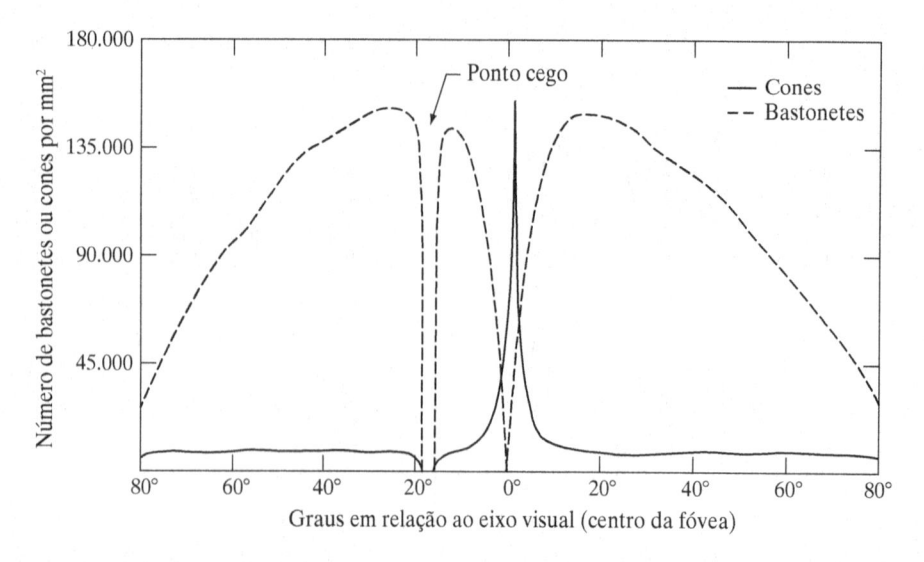

Figura 2.2 Distribuição de bastonetes e cones na retina.

sores. Dessa forma, com alguma liberdade interpretativa, podemos entender a fóvea como uma matriz sensora quadrada de tamanho 1,5 mm × 1,5 mm. A densidade de cones nessa região da retina é de aproximadamente 150.000 elementos por mm². Com base nessas aproximações, o número de cones na região de maior acuidade visual no olho é de aproximadamente 337.000 elementos. Considerando apenas o poder de resolução, um chip de aquisição de imagens do tipo CCD (dispositivo de carga acoplada) de média resolução pode conter esse número de elementos em uma matriz receptora de até 5 mm × 5 mm. Apesar de a habilidade dos seres humanos de integrar a inteligência e a experiência com a visão tornar esse tipo de comparação numérica de certa forma superficial, tenha em mente que a capacidade básica do olho de distinguir detalhes é, sem dúvida, comparável aos atuais sensores eletrônicos de aquisição de imagem.

2.1.2 Formação da imagem no olho

Em uma câmera fotográfica comum, a lente tem uma distância focal fixa, e a focalização para diferentes distâncias é obtida variando a distância entre a lente e o plano-imagem, onde o filme (ou o chip de captura de imagem, no caso de uma câmera digital) se localiza. No olho humano, ocorre o oposto: a distância entre a lente e o plano-imagem (a retina) é fixa, e a distância focal necessária para atingir uma focalização adequada é obtida variando o formato do cristalino (que equivale a uma lente flexível). Isso é realizado pelas fibras zonulares, que achatam ou espessam o cristalino para focalização de objetos distantes ou próximos, respectivamente. A distância entre o centro do cristalino e a retina ao longo do eixo visual é de aproximadamente 17 mm. A distância focal varia de 14 mm a 17 mm aproximadamente, e a última variação ocorre quando o olho está relaxado e focado em distâncias maiores do que cerca de 3 m.

A disposição geométrica apresentada na Figura 2.3 ilustra como calcular as dimensões de uma imagem formada na retina. Por exemplo, suponha que uma pessoa esteja olhando para uma árvore de 15 m de altura a uma distância de 100 m. Se h for a altura do objeto na imagem formada na retina, a disposição geométrica da Figura 2.3 nos leva a $15/100 = h/17$ ou $h = 2,55$ mm. Como observamos na Seção 2.1.1, a imagem na retina é focalizada principalmente na área da fóvea. A percepção ocorre, então, pela excitação relativa dos receptores de luz, que transformam a energia radiante em impulsos elétricos, que são posteriormente decodificados pelo cérebro.

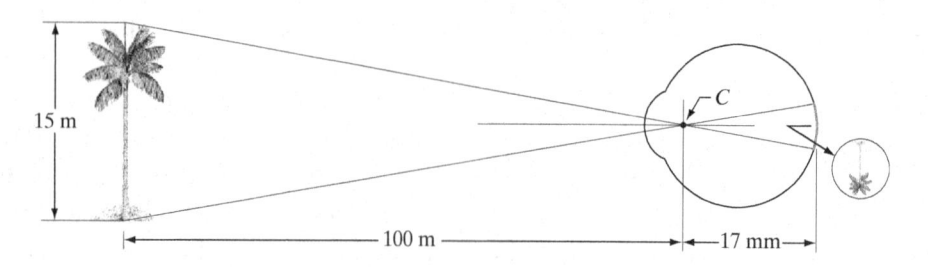

Figura 2.3 Representação gráfica do olho focalizando uma árvore. O ponto C é o centro ótico do cristalino.

2.1.3 Adaptação ao brilho e discriminação

Como as imagens digitais são exibidas em níveis discretos de intensidades, a capacidade do olho para discriminar diferentes níveis de intensidade é uma consideração importante na apresentação de resultados de processamento de imagens. A escala de níveis de intensidade luminosa aos quais o sistema visual humano pode se adaptar é enorme — da ordem de 10^{10} — do limiar escotópico ao limite de ofuscamento. Consideráveis evidências experimentais indicam que o *brilho subjetivo* (o brilho *percebido* pelo sistema visual humano) é uma função logarítmica da intensidade de luz incidente no olho. A Figura 2.4, um gráfico da intensidade da luz em relação ao brilho subjetivo, ilustra essa característica. A longa curva sólida representa a escala de níveis de intensidade à qual o sistema visual pode se adaptar. Considerando apenas a visão fotópica, a escala é de cerca de 10^6. A transição da visão escotópica para fotópica é gradual ao longo da escala, aproximadamente de 0,001 a 0,1 mililambert (−3 a −1 mL na escala logarítmica), como mostra a dupla ramificação da curva de adaptação nessa escala.

O ponto crucial ao interpretar a impressionante escala dinâmica mostrada na Figura 2.4 é que o sistema visual não pode operar *simultaneamente* ao longo dessa escala. Pelo contrário, essa grande variação é obtida por meio de mudanças na sensibilidade global, um fenômeno conhecido como *adaptação ao brilho*. A escala total de níveis distintos de intensidade que podem ser simultaneamente discriminados pelo olho é bastante pequena quando comparada à escala total de adaptação. Para qualquer conjunto de condições, o nível atual de sensibilidade do sistema visual é denominado *nível de adaptação ao brilho*, e pode corresponder, por exemplo, ao brilho B_a na Figura 2.4. A curva mais curta representa a escala de brilho subjetivo que o olho pode perceber quando adaptado a esse nível. Essa variação é bastante restrita, com um nível B_b abaixo do qual todos os estímulos são percebidos como variações indistinguíveis de preto. A porção superior (tracejada) da curva não é de fato restrita mas, quando muito estendida, perde seu significado, porque intensidades muito mais altas simplesmente elevariam o nível de adaptação para cima de B_a.

A habilidade do olho para discriminar *mudanças* de intensidade da luz em qualquer nível específico de adaptação também é de considerável interesse. Um experimento clássico, usado para determinar a capacidade do sistema visual humano na discriminação de brilho, consiste em fazer uma pessoa olhar para uma área plana e uniformemente iluminada que seja grande o bastante para ocupar todo o campo visual. Essa área é tipicamente um difusor, tal como um vidro opaco iluminado por trás por uma fonte de luz, cuja intensidade, I, pode ser variada. A esse campo é acrescentado um incremento de iluminação, ΔI, na forma de um "flash" de curta duração que aparece como um círculo no centro do campo uniformemente iluminado, como mostra a Figura 2.5.

Se ΔI não for brilhante o suficiente, a pessoa diz "não", indicando que a mudança não foi percebida. Assim que ΔI for ficando mais forte, pode haver a resposta "sim", indicando uma mudança percebida. Finalmente, quando ΔI for suficientemente forte, a pessoa responderá sempre "sim". A quantidade $\Delta I_c / I$, em que ΔI_c é o incremento de iluminação, o qual é discriminável em 50% das vezes com iluminação de fundo I, é chamada de *razão de Weber*. Um baixo valor de $\Delta I_c / I$ significa que uma pequena mudança percentual de intensidade é discriminável. Isso representa uma "boa" discriminação de brilho. Por outro lado, um alto valor de $\Delta I_c / I$ indica que uma grande mudança percentual de intensidade é necessária. Isso representa uma discriminação "ruim" de brilho.

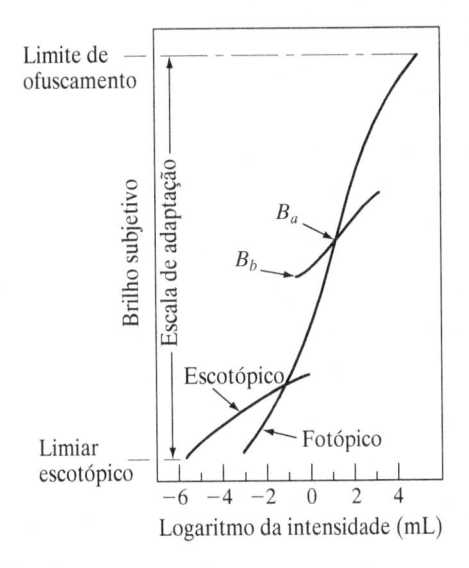

Figura 2.4 Escala de sensações subjetivas ao brilho mostrando um nível particular de adaptação.

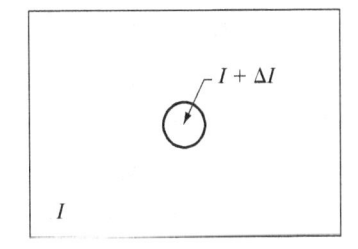

Figura 2.5 Configuração experimental básica utilizada para caracterizar a discriminação de brilho.

A forma geral do gráfico de log $\Delta I_c/I$ como uma função de log I é apresentada na Figura 2.6. Essa curva mostra que a discriminação de brilho é ruim (a razão de Weber é grande) em baixos níveis de iluminação e melhora significativamente (a razão de Weber diminui) com o aumento da iluminação de fundo. As duas ramificações na curva refletem o fato de que, em baixos níveis de iluminação, a visão é desempenhada pela atividade dos bastonetes, ao passo que, em níveis elevados (apresentando melhor discriminação), a visão é função dos cones.

Se a iluminação de fundo for mantida constante e a intensidade da outra fonte agora puder variar de forma incremental do imperceptível ao sempre perceptível, em vez de piscar como um flash, o observador típico poderá discernir um total de uma a duas dúzias de variações de intensidade. *De uma forma geral*, esse resultado está relacionado ao número de diferentes níveis de cinza que uma pessoa pode ver em qualquer ponto de uma imagem monocromática. Esse resultado não significa que uma imagem poderá ser representada por um número tão pequeno de valores de intensidade porque, à medida que o olho se desloca pela imagem, a intensidade média do fundo varia, permitindo, assim, que um conjunto *diferente* de mudanças incrementais seja detectado a cada novo nível de adaptação. Por conseguinte, o olho se torna capaz de discriminar uma escala *geral* de níveis de intensidade muito mais ampla. De fato, mostramos na Seção 2.4.3 que o olho é capaz de detectar efeitos de contorno indesejados em imagens monocromáticas se a intensidade geral for representada por menos que aproximadamente duas dúzias de níveis de cinza.

Dois fenômenos demonstram claramente que o brilho percebido não é uma simples função da intensidade. O primeiro se baseia no fato de o sistema visual tender a subestimar ou superestimar os contornos entre as regiões de diferentes intensidades. A Figura 2.7(a) ilustra um exemplo notável desse fenômeno. Embora o nível de cinza das linhas seja constante, na realidade percebe-se um padrão de brilho que é fortemente alterado próximo às bordas (Figura 2.7(c)). Essas linhas aparentemente recortadas são chamadas de *bandas de Mach*, em homenagem a Ernst Mach, quem primeiro descreveu esse fenômeno, em 1865.

O segundo fenômeno, chamado de *contraste simultâneo*, está relacionado ao fato de o brilho percebido de uma região não depender simplesmente de sua intensidade, como demonstra a Figura 2.8. Todos os quadrados centrais têm exatamente o mesmo nível de cinza. Entretanto, eles parecem se tornar mais escuros à medida que o fundo se torna mais claro. Um exemplo mais comum é um pedaço de papel que parece branco quando está sobre uma mesa, mas pode parecer totalmente negro quando utilizado para proteger os olhos enquanto se olha diretamente para um céu brilhante.

Outros exemplos de fenômenos da percepção humana são as ilusões de ótica, nas quais o olho preenche lacunas de informação ou percebe propriedades geométricas de objetos de maneira equivocada. A Figura 2.9 mostra alguns exemplos. Na Figura 2.9(a), o contorno de um quadrado é visto claramente, apesar do fato de que nenhuma linha definindo um quadrado faz parte da imagem. O mesmo efeito, dessa vez com um círculo, pode ser visto na Figura 2.9(b);

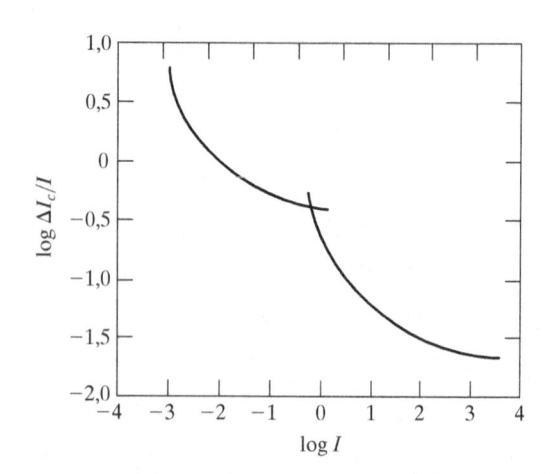

Figura 2.6 Razão de Weber típica como uma função da intensidade.

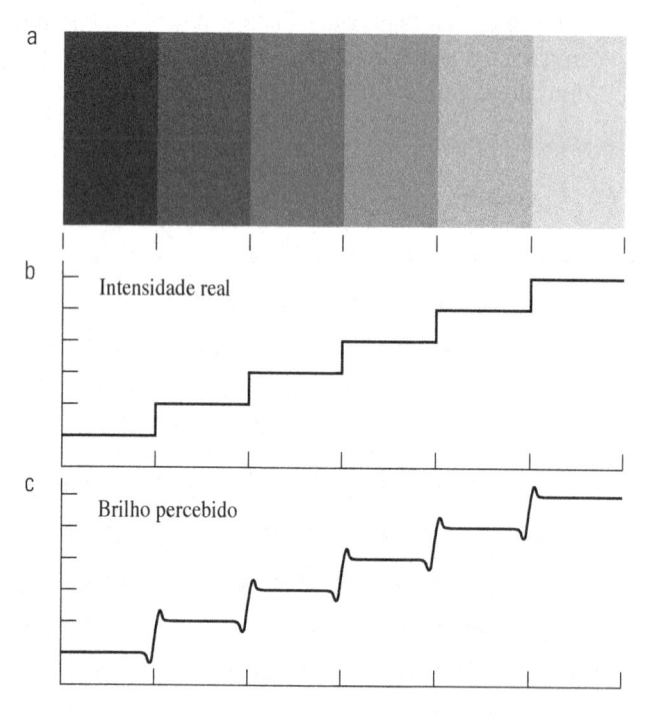

Figura 2.7 Ilustração do efeito de bandas de Mach. O brilho percebido não é uma simples função da intensidade real.

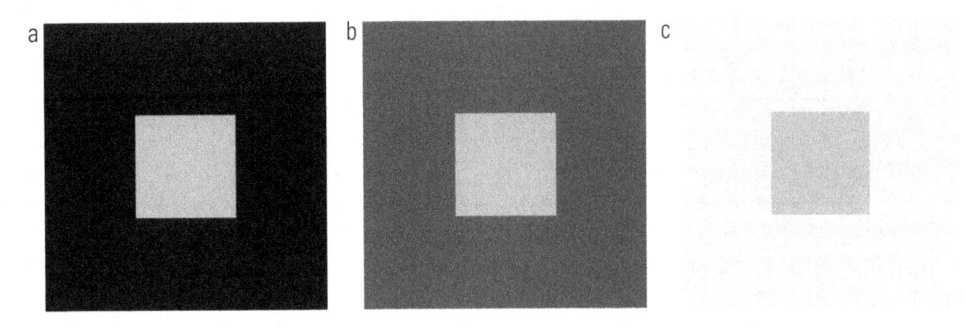

Figura 2.8 Exemplos de contraste simultâneo. Todos os quadrados menores possuem exatamente o mesmo nível de cinza, mas parecem progressivamente mais escuros à medida que o fundo da imagem fica mais claro.

observe como apenas algumas linhas bastam para dar a ilusão de um círculo completo. Os dois segmentos de linha horizontal na Figura 2.9(c) têm o mesmo comprimento, mas um deles parece ser mais curto do que o outro. Por fim, todas as linhas da Figura 2.9(d) orientadas a 45° são equidistantes e paralelas. No entanto, o padrão de linhas cruzadas cria a ilusão de que essas linhas estão longe de ser paralelas. As ilusões de óptica são uma característica do sistema visual humano que ainda não é totalmente compreendida.

2.2 A luz e o espectro eletromagnético

O espectro eletromagnético foi apresentado na Seção 1.3. Nesta seção, vamos analisar esse tópico em mais detalhes. Em 1666, Sir Isaac Newton descobriu que, quando um feixe de luz solar passa através de um prisma de vidro, o feixe de luz emergente não é branco, mas consiste em um espectro contínuo de cores, que varia do violeta em uma extremidade ao vermelho na outra. Como mostra a Figura 2.10, a variedade de cores que percebemos na luz visível representa uma parcela muito pequena do espectro eletromagnético. Em uma extremidade do espectro estão as ondas de rádio, com comprimentos de onda bilhões de vezes maiores que os da luz visível. Na outra extremidade do espectro estão os raios gama, com comprimentos de onda bilhões de vezes menores que os da luz visível. O espectro eletromagnético pode ser expresso em termos de comprimento de onda, frequência ou energia. O comprimento de onda (λ) e a frequência (v) se relacionam por meio da expressão:

$$\lambda = \frac{c}{v} \quad (2.2\text{-}1)$$

onde c é a velocidade da luz (2.998×10^8 m/s). A energia dos vários componentes do espectro eletromagnético é dada pela expressão:

$$E = hv \quad (2.2\text{-}2)$$

onde h é a constante de Planck. As unidades de comprimento de onda são metros, com os termos *mícrons* (simbolizados por μm e equivalentes a 10^{-6} m) e *nanômetros* (simbolizados por nm e equivalentes a 10^{-9} m) também sendo utilizados constantemente. A frequência é medida em Hertz (Hz), com um Hertz sendo igual a um ciclo de onda senoidal por segundo. Uma unidade de energia comumente utilizada é o elétron-volt.

As ondas eletromagnéticas podem ser visualizadas como ondas senoidais que se propagam com o comprimento de onda λ (Figura 2.11), ou podem ser vistas como um fluxo de partículas sem massa, cada uma se deslocando em um padrão similar ao de uma onda e se movendo na velocidade da luz. Cada partícula sem massa contém uma certa quantidade (ou *quantum*) de energia. Cada quantum de energia é chamado de *fóton*. Vemos na Equação 2.2-2 que a energia é proporcional à frequência, de forma que os fenômenos eletromagnéticos de frequência

Figura 2.9 Algumas ilusões de ótica conhecidas.

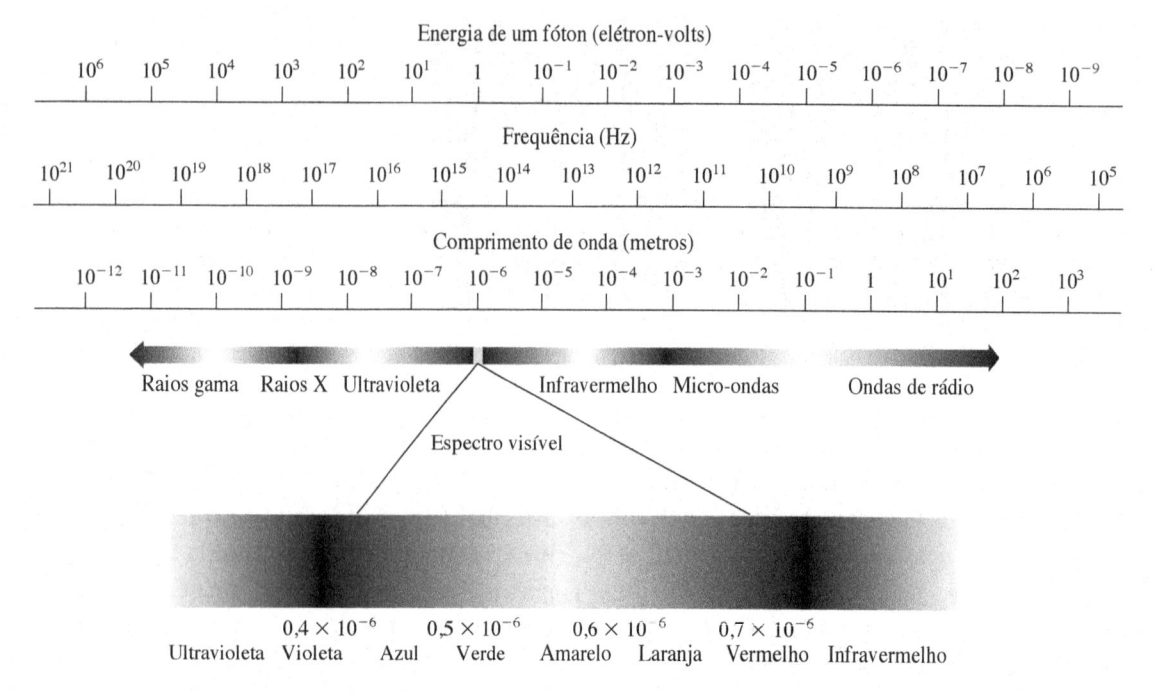

Figura 2.10 Espectro eletromagnético. O espectro visível foi ampliado na figura para facilitar a explicação, mas observe que o espectro visível representa uma parcela relativamente estreita do espectro EM.

mais alta (comprimento de onda mais curto) apresentam mais energia por fóton. Dessa forma, as ondas de rádio possuem fótons de baixa energia, as micro-ondas têm mais energia que as ondas de rádio, o infravermelho tem ainda mais energia, seguido do espectro visível, ultravioleta, raios X e, finalmente, os raios gama, os que possuem energia mais alta entre todos. Essa é a razão pela qual os raios gama são tão perigosos aos organismos vivos.

A luz é um tipo particular de radiação eletromagnética que pode ser percebida pelo olho humano. O espectro visível (de cores) é mostrado expandido na Figura 2.10 para fins desta discussão (analisaremos as cores em muito mais detalhes no Capítulo 6). A banda visível do espectro eletromagnético cobre a faixa que vai de 0,43 μm (violeta) até 0,79 μm (vermelho) aproximadamente. Por conveniência, o espectro de cores é dividido em seis grandes regiões: violeta, azul, verde, amarelo, laranja e vermelho. Nenhuma cor (ou outro componente do espectro eletromagnético) termina abruptamente, mas cada faixa se mistura gradativamente à próxima, como mostra a Figura 2.10.

As cores percebidas pelos humanos em um objeto são determinadas pela natureza da luz *refletida* pelo objeto. Um corpo que reflete uma luz relativamente equilibrada em todos os comprimentos de onda visíveis é percebido como branco pelo observador. No entanto, um corpo que favorece a refletância em uma faixa limitada do espectro visível exibe alguns tons de cor. Por exemplo, objetos verdes refletem principalmente a luz com comprimentos de onda na faixa entre 500 e 570 nm, enquanto absorvem a maior parte da energia em outros comprimentos de onda.

A luz sem cor é chamada de *luz monocromática* (ou *acromática*). O único atributo da luz monocromática é sua *intensidade* ou quantidade. Pelo fato de a intensidade da luz monocromática ser percebida como variações de preto a tons de cinza até chegar ao branco, o termo *nível de cinza* costuma ser utilizado para denotar a intensidade monocromática. Utilizamos os termos *intensidade* e *nível de cinza* como sinônimos nas discussões subsequentes. A variedade de valores mensurados de luz monocromática do preto ao branco costuma ser chamada de *escala de cinza*, e as imagens monocromáticas são comumente chamadas de *imagens em escala de cinza*.

A *luz cromática* (*colorida*) cobre o espectro de energia eletromagnética na faixa de 0,43 a 0,79 μm, aproximadamente, como observado anteriormente. Além da fre-

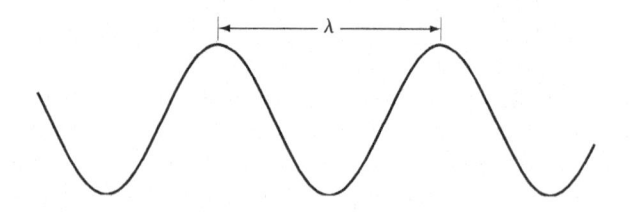

Figura 2.11 Representação gráfica de um comprimento de onda.

quência, três medidas básicas são utilizadas para descrever a qualidade de uma fonte de luz cromática: radiância, luminância e brilho. A *radiância* é a quantidade total de energia que é emitida pela fonte de luz e é normalmente medida em watts (W). A *luminância*, medida em lumens (lm), mede a quantidade de energia que um observador *percebe* de uma fonte de luz. Por exemplo, a luz emitida de uma fonte operando na região infravermelha do espectro pode ter uma energia significativa (radiância), mas um observador mal a perceberia; sua luminância seria praticamente igual a zero. Por fim, como discutimos na Seção 2.1, o *brilho* é um descritor subjetivo da percepção da luz que é praticamente impossível de mensurar. Ele incorpora a noção acromática de intensidade e é um dos principais fatores na descrição da sensação de cores.

Prosseguindo com a análise da Figura 2.10, notamos que, no extremo dos comprimentos de onda curtos do espectro eletromagnético, temos os raios gama e os raios X. Como vimos na Seção 1.3.1, a radiação gama é importante para a geração de imagens na área médica e na astronomia e para a geração de imagens por radiação em ambientes nucleares. Raios X de alta energia são utilizados em aplicações industriais. Imagens de raios X de tórax e de raios X odontológicos estão no extremo de energia mais baixa da banda de raios X. A banda de raios X de baixa energia faz a transição para a região de ultravioleta que, por sua vez, se mistura ao espectro visível em comprimentos de onda maiores. Passando para comprimentos de onda ainda maiores, encontramos a banda infravermelha, que irradia calor, um fato que faz com que ela seja útil em aplicações de geração de imagens baseadas em "assinaturas de calor". A parte da banda infravermelha mais próxima do espectro visível é chamada de região de *infravermelho próximo*. O extremo oposto dessa banda é chamado de região de *infravermelho distante*. Esta última região se mistura à banda de micro-ondas, a qual é bem conhecida como a fonte de energia dos fornos de micro-ondas, mas tem muitas outras utilizações, incluindo a área das comunicações e radares. Por fim, a banda de ondas de rádio inclui a televisão, além do rádio AM e FM. Nos níveis de energia mais altos, sinais de rádio emanando de alguns corpos estelares são úteis em observações astronômicas. Exemplos de imagens na maioria das bandas que acabamos de discutir são dados na Seção 1.3.

Em princípio, se um sensor capaz de detectar energia irradiada por uma banda do espectro eletromagnético puder ser desenvolvido, é possível criar imagens de eventos de interesse nessa banda. É importante notar, contudo, que o comprimento de onda de uma onda eletromagnética que é necessário para "ver" um objeto deve ser do mesmo tamanho ou menor que o objeto. Por exemplo, uma molécula de água tem um diâmetro na ordem de 10^{-10} m. Dessa forma, para estudar as moléculas, precisaríamos de uma fonte capaz de emitir na região do ultravioleta distante ou na região de raios X de baixa energia. Essa limitação, além das propriedades físicas do material do sensor, define os limites fundamentais da capacidade dos sensores de aquisição de imagens, como os sensores de luz visível, o infravermelho e outros sensores utilizados hoje em dia.

Apesar de a aquisição de imagens se basear predominantemente na energia irradiada por ondas eletromagnéticas, esse não é o único método para gerar imagens. Por exemplo, como vimos na Seção 1.3.7, o som refletido de um objeto pode ser utilizado para formar imagens de ultrassom. Outras importantes fontes de imagens digitais são feixes de elétrons para a microscopia eletrônica e imagens sintéticas utilizadas em elementos gráficos e visualização.

2.3 Sensores e aquisição de imagens

A maioria das imagens nas quais estamos interessados é gerada pela combinação de uma fonte de "iluminação" e a reflexão ou absorção de energia dessa fonte pelos elementos da "cena" cuja imagem está sendo gerada. Colocamos *iluminação* e *cena* entre aspas para enfatizar o fato de que elas são consideravelmente mais genéricas que a situação habitual na qual uma fonte de luz visível ilumina uma cena 3-D (tridimensional) comum. Por exemplo, a iluminação pode se originar de uma fonte de energia eletromagnética, como um sistema de raios X, de radar ou infravermelho. Mas, como observado anteriormente, ela pode se originar de fontes menos tradicionais, como ultrassom ou até mesmo um padrão de iluminação gerado por computador. De forma similar, os elementos da cena poderiam ser objetos cotidianos, mas também poderiam ser moléculas, formações rochosas subterrâneas ou um cérebro humano. Dependendo da natureza da fonte, a energia da iluminação é refletida dos objetos ou transmitida através deles. Um exemplo da primeira categoria é a luz refletida de uma superfície plana. Um exemplo da segunda categoria é quando raios X passam através do corpo de um paciente para gerar uma imagem radiográfica para diagnóstico. Em algumas aplicações, a energia refletida ou transmitida é direcionada para um fotoconversor (por exemplo, uma tela fluorescente), que converte a energia recebida em luz visível. A microscopia eletrônica e algumas aplicações da geração de imagens na faixa de raios gama utilizam esse método.

A Figura 2.12 mostra os três principais arranjos de sensores utilizados para transformar a *energia* de iluminação em imagens digitais. A ideia é simples: a energia que entra é transformada em tensão pela combinação da energia elétrica de entrada e do material do sensor, sensível a um tipo específico de energia que está sendo detectado. A forma de onda da tensão de saída é a resposta do(s) sensor(es), e uma quantidade digital é obtida de cada sensor por meio da digitalização de sua resposta. Nesta seção, analisaremos as principais modalidades de sensores e de aquisição de imagens. A digitalização de imagens será discutida na Seção 2.4.

2.3.1 Aquisição de imagens utilizando um único sensor

A Figura 2.12(a) mostra os componentes de um único sensor. Talvez o sensor mais conhecido desse tipo seja o fotodiodo, construído com materiais semicondutores cuja forma de onda da tensão de saída é proporcional à intensidade da luz. A utilização de um filtro na entrada de um sensor melhora sua seletividade. Por exemplo, um filtro passa-banda para a luz verde, colocado na entrada de um sensor de luz, favorece a luz na banda verde do espectro de cores. Em consequência, a saída do sensor será mais intensa para a luz verde que para outros componentes do espectro visível.

Para gerar uma imagem bidimensional (2-D) utilizando um único sensor, deve haver deslocamentos relativos, tanto na direção *x* quanto na *y* entre o sensor e a área de aquisição da imagem. A Figura 2.13 mostra um arranjo utilizado no escaneamento de alta precisão, no qual um filme negativo é montado em um tambor cuja rotação mecânica realiza o deslocamento em uma dimensão. Um único sensor é montado em um eixo que realiza o movimento na direção perpendicular. Como o movimento mecânico pode ser controlado com alto nível de precisão, esse método representa uma forma acessível (apesar de lenta) de obter imagens de alta resolução. Outros arranjos mecânicos similares utilizam uma base plana com o sensor se movimentando em duas direções

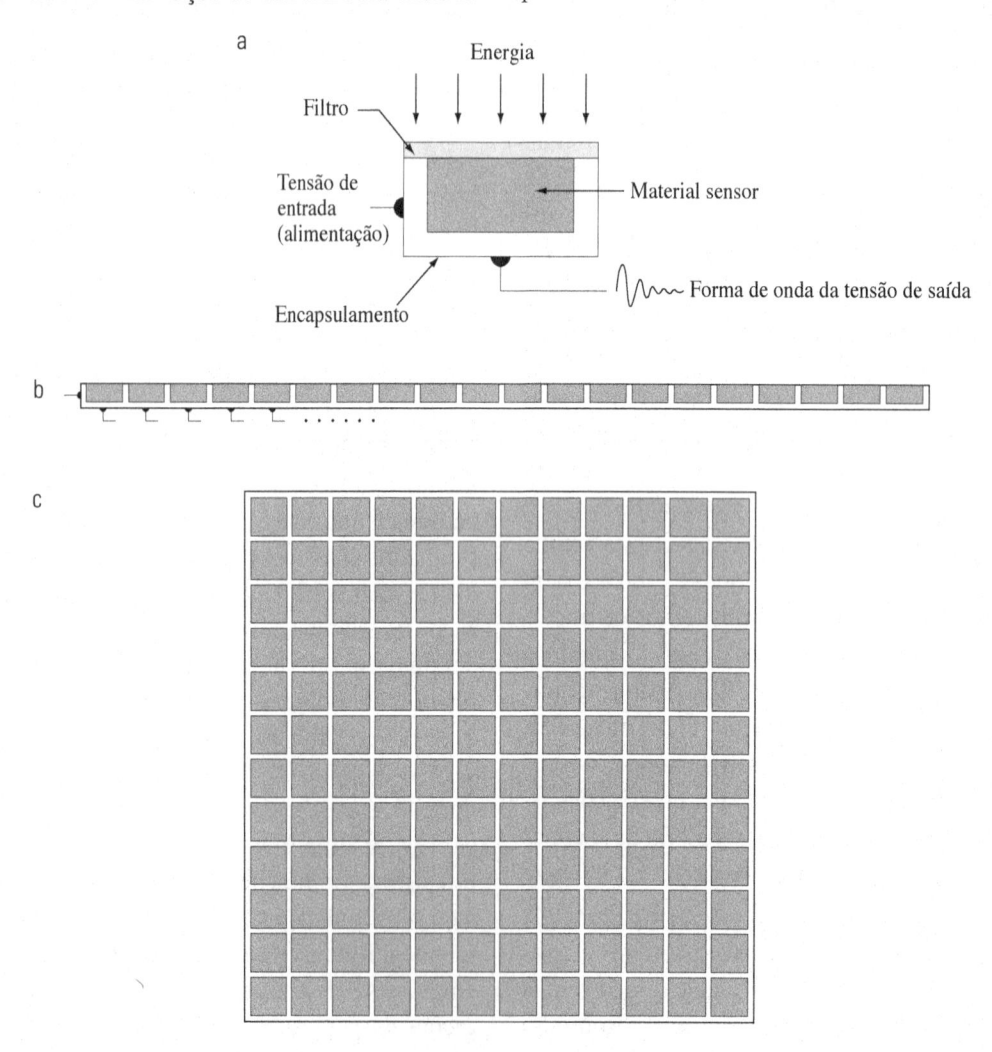

Figura 2.12 (a) Um único sensor de aquisição de imagens. (b) Sensores de linha. (c) Sensores de área (matricial).

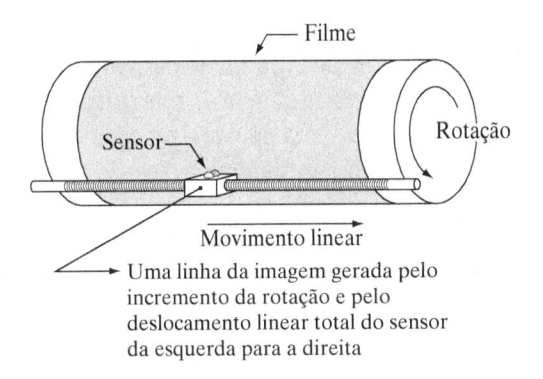

Figura 2.13 Combinação de um único sensor com movimento para gerar uma imagem bidimensional (2-D).

lineares. Esses tipos de digitalizadores mecânicos são algumas vezes chamados de *microdensitômetros*.

Outro exemplo de aquisição de imagens com um único sensor utiliza uma fonte de raio laser que coincide com o sensor. Espelhos móveis são utilizados para controlar o feixe de saída em um padrão de escaneamento e para direcionar o raio laser refletido ao sensor. Esse arranjo também pode ser utilizado na aquisição de imagens utilizando sensores por varredura de linha e sensores de área ou matriciais, que discutiremos nas duas seções a seguir.

2.3.2 Aquisição de imagens utilizando sensores por varredura de linha

Uma disposição geométrica utilizada com muito mais frequência que os sensores únicos consiste em um arranjo linear de sensores na forma de uma faixa de sensores, como mostra a Figura 2.12(b). O arranjo linear dos sensores fornece elementos para a aquisição de imagens em uma direção. Movimentos na direção perpendicular à linha de sensores geram imagens na outra direção, como mostra a Figura 2.14(a). Esse é o tipo de arranjo utilizado na maioria dos scanners de mesa. É possível construir dispositivos de varredura de linha com 4.000 ou mais sensores alinhados. Os sensores por varredura de linha costumam ser utilizados em aplicações de aquisição de imagens aéreas, nas quais o sistema de geração de imagens é montado em um avião que voa em uma altitude e velocidade constantes sobre a área geográfica cuja imagem será gerada. Sensores por varredura de linha, unidimensionais, sensíveis a diversas bandas do espectro eletromagnético, são instalados perpendicularmente à direção do voo. Eles fornecem uma linha de uma imagem por vez e o movimento do arranjo de sensores completa a outra dimensão de uma imagem bidimensional. Lentes ou outros dispositivos de focalização são utilizados para projetar nos sensores a região a ser escaneada.

Os sensores por varredura de linha instalados em uma configuração em forma de anel são utilizados na aquisição de imagens médicas e industriais, com o intuito de obter imagens de corte transversal ("fatias" de objetos tridimensionais), como mostra a Figura 2.14(b). Uma fonte giratória de raios X fornece a radiação, e os sensores opostos à fonte coletam a energia dos raios X que passa através do objeto (os sensores obviamente precisam ser sensíveis à energia dos raios X). Essa é a base da geração de imagens pela tomografia axial com-

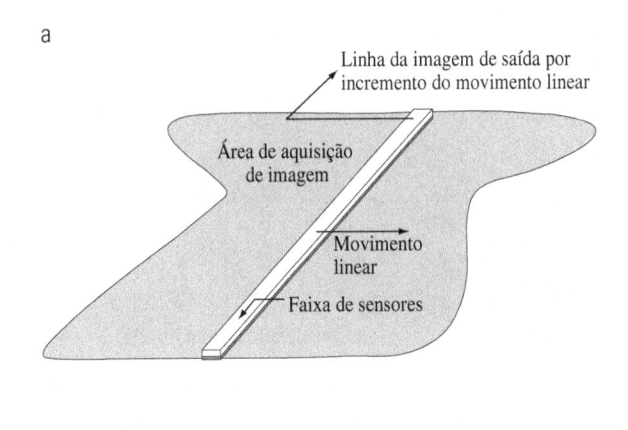

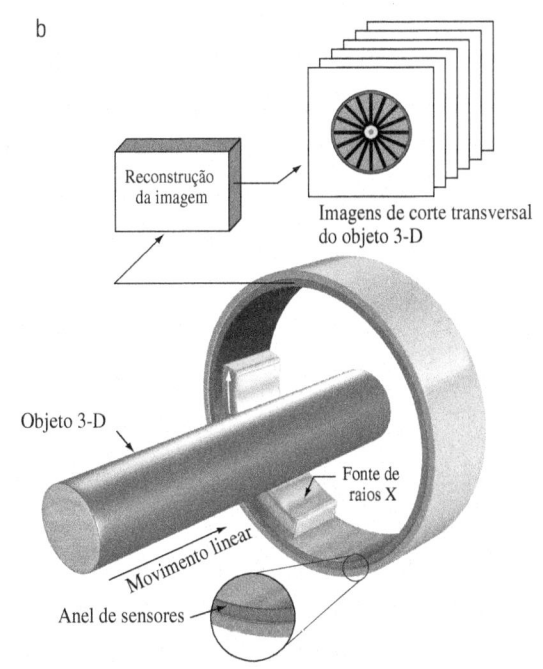

Figura 2.14 (a) Aquisição de imagens utilizando um arranjo plano de sensores por varredura de linha. (b) Aquisição de imagens utilizando um arranjo circular de sensores por varredura de linha.

putadorizada (CAT, de *computerized axial tomography*) médica e industrial, como mostrado nas seções 1.2 e 1.3.2. É importante notar que a saída dos sensores deve ser processada por algoritmos de reconstrução cujo objetivo é transformar os dados coletados em imagens de corte transversal que possam ser compreendidas (veja a Seção 5.11). Em outras palavras, as imagens não são obtidas diretamente dos sensores somente pelo movimento; elas requerem extensivo processamento computacional. Um volume digital 3-D que consiste de diversas imagens empilhadas é gerado à medida que o objeto é deslocado em uma direção perpendicular ao anel de sensores. Outras modalidades de aquisição de imagens baseadas no princípio CAT incluem a geração de imagens por ressonância magnética (MRI, de *magnetic resonance imaging*) e a tomografia por emissão de pósitrons (PET, de *pósitron emission tomography*). As fontes de radiação, os sensores e os tipos de imagens são diferentes, mas conceitualmente são muito similares ao procedimento básico de aquisição de imagens mostrado na Figura 2.14(b).

2.3.3 Aquisição de imagens utilizando sensores matriciais

A Figura 2.12(c) mostra sensores individuais dispostos em forma de uma matriz bidimensional. Numerosos dispositivos sensores eletromagnéticos e alguns ultrassônicos são frequentemente dispostos na forma matricial. Esse também é o arranjo predominante encontrado nas câmeras digitais. Um sensor típico para essas câmeras é uma matriz CCD, que pode ser fabricada com uma grande variedade de propriedades sensoras e dispostas em arranjos matriciais de 4.000 × 4.000 elementos ou mais. Os sensores CCD são amplamente utilizados em câmeras digitais e outros instrumentos que utilizam sensores de luz. A resposta de cada sensor é proporcional à integral da energia luminosa projetada sobre a superfície do sensor, uma propriedade que é utilizada em aplicações astronômicas e outras que requerem imagens de baixo nível de ruído. A redução de ruídos é realizada fazendo com que o sensor integre o sinal luminoso de entrada em um intervalo de minutos ou mesmo horas. Pelo fato de a matriz de sensores da Figura 2.12(c) ser bidimensional, sua principal vantagem é que uma imagem completa pode ser obtida projetando o padrão de energia na superfície da matriz. Obviamente, o movimento não é necessário, como é o caso dos arranjos de sensores discutidos nas duas seções anteriores.

A principal forma na qual os sensores matriciais são utilizados é mostrada na Figura 2.15. Essa figura mostra a energia de uma fonte de iluminação sendo refletida de um elemento de uma cena (como mencionado no início desta seção, a energia também poderia ser transmitida através dos elementos da cena).* A primeira função realizada pelo sistema de aquisição de imagens da Figura 2.15(c) é coletar a

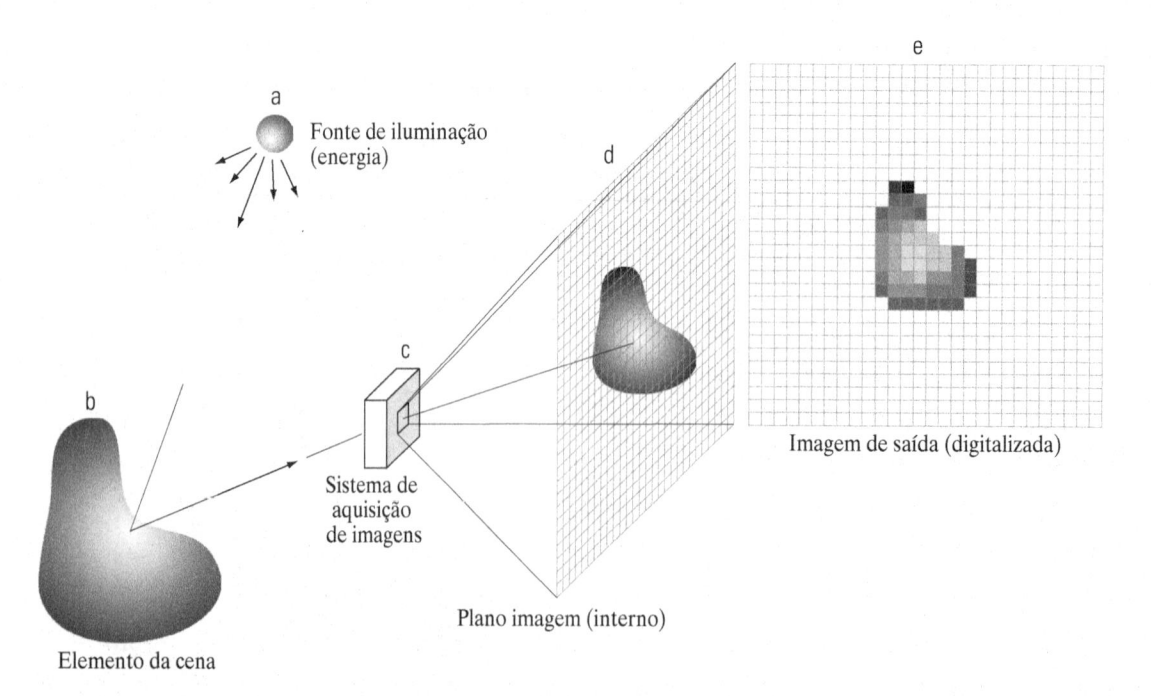

Figura 2.15 Exemplo do processo de aquisição de uma imagem digital (a) Fonte de energia ("iluminação"). (b) Um elemento de uma cena. (c) Sistema de aquisição de imagens. (d) Projeção da cena no plano imagem. (e) Imagem digitalizada.

---

* Em alguns casos, geramos a imagem diretamente da fonte, como na obtenção de imagens do Sol.

energia de entrada e projetá-la em um plano imagem. Se a iluminação for luz, a entrada frontal do sistema de aquisição de imagens é uma lente ótica que projeta a cena vista sobre o plano focal da lente, como mostra a Figura 2.15(d). O arranjo de sensores, que coincide com o plano focal, produz saídas proporcionais à integral da luz recebida em cada sensor. Circuitos digitais e analógicos realizam uma varredura nessas saídas e as convertem em um sinal analógico, que é então digitalizado por um outro componente do sistema de aquisição de imagens. A saída é uma imagem digital, como mostra o esquema da Figura 2.15(e). A conversão de uma imagem em formato digital será explicada na Seção 2.4.*

2.3.4 Um modelo simples de formação de imagem

Como vimos na Seção 1.1, expressamos imagens como funções bidimensionais na forma $f(x, y)$. O valor ou a amplitude de f nas coordenadas espaciais (x, y) é uma quantidade escalar positiva cujo significado físico é determinado pela origem da imagem. Quando uma imagem é gerada a partir de um processo físico, seus valores de intensidade são proporcionais à energia irradiada por uma fonte real (por exemplo, ondas eletromagnéticas). Em consequência, $f(x, y)$ deve ser diferente de zero e finito; ou seja,

$$0 < f(x, y) < \infty \quad (2.3\text{-}1)$$

A função $f(x, y)$ pode ser caracterizada por dois componentes: (1) a quantidade de iluminação da fonte que incide na cena que está sendo vista; e (2) a quantidade de iluminação refletida pelos objetos na cena. Esses elementos são chamados de componentes de *iluminação* e *refletância* e são expressos por $i(x, y)$ e $r(x, y)$, respectivamente. As duas funções se combinam como um produto para formar $f(x, y)$:

$$f(x, y) = i(x, y) r(x, y) \quad (2.3\text{-}2)$$

onde

$$0 < i(x, y) < \infty \quad (2.3\text{-}3)$$

e

$$0 < r(x, y) < 1 \quad (2.3\text{-}4)$$

A Equação 2.3-4 indica que a refletância está entre 0 (absorção total) e 1 (refletância total). A natureza de $i(x, y)$ é determinada pela fonte de iluminação, e $r(x, y)$ é determinado pelas características dos objetos da cena. Note que essas expressões também são aplicáveis a imagens formadas pela transmissão de iluminação através de um objeto, como uma radiografia de tórax. Nesse caso, teríamos uma função de *transmissividade* em vez de *refletividade*, mas os limites seriam iguais aos da Equação 2.3-4 e a função que definiria a imagem formada seria representada como o produto na Equação 2.3-2.

Exemplo 2.1 Alguns valores típicos de iluminação e refletância.

Os valores dados nas equações 2.3-3 e 2.3-4 são limites teóricos. As *médias* a seguir ilustram algumas faixas típicas de $i(x, y)$ para a luz visível. Em um dia claro, o Sol pode produzir mais do que 90.000 lm/m² de iluminação sobre a superfície da Terra. Esse número cai para menos de 10.000 lm/m² em um dia nublado. Em uma noite clara, a Lua cheia gera uma iluminação de cerca de 0,1 lm/m². O nível típico de iluminação em um escritório comercial é de cerca de 1.000 lm/m². De forma similar, veja a seguir valores típicos de $r(x, y)$: 0,01 para o veludo preto; 0,65 para o aço inoxidável; 0,80 para a tinta branca em uma parede plana; 0,90 para o metal prateado; e 0,93 para a neve.

Expressamos a intensidade (nível de cinza) de uma imagem monocromática em quaisquer coordenadas (x_0, y_0) por:

$$\ell = f(x_0, y_0) \quad (2.3\text{-}5)$$

A partir das equações 2.3-2 a 2.3-4, fica claro que ℓ está na faixa:

$$L_{mín} \leq \ell \leq L_{máx} \quad (2.3\text{-}6)$$

Teoricamente, o único requisito para $L_{mín}$ é que ele seja positivo e para $L_{máx}$ é que ele seja finito. Na prática, $L_{mín} = i_{mín} r_{mín}$ e $L_{máx} = i_{máx} r_{máx}$. Utilizando o valor médio mostrado anteriormente para a iluminação de escritório e a faixa de valores de refletância como diretrizes, podemos esperar que os limites típicos para valores em recintos fechados sem iluminação adicional seja $L_{mín} \approx 10$ e $L_{máx} \approx 1.000$.

O intervalo $[L_{mín}, L_{máx}]$ é chamado de *escala* (ou *intensidade*) *de cinza*. Costuma-se deslocar numericamente esse intervalo para o intervalo $[0, L-1]$, onde $\ell = 0$ é considerado preto, e $\ell = L-1$ é considerado branco na escala de cinza. Todos os valores intermediários são tons de cinza variando do preto ao branco.

---

* As intensidades da imagem podem se tornar negativas durante o processamento ou como um resultado da interpretação. Por exemplo, em imagens de radar, os objetos que se aproximam de um sistema de radar muitas vezes são interpretados como tendo velocidades negativas ao passo que objetos que se distanciam são interpretados como tendo velocidades positivas. Dessa forma, a velocidade da imagem pode ser codificada como tendo valores tanto positivos quanto negativos. Ao armazenar e exibir imagens, nós normalmente ajustamos as intensidades de forma que o menor valor negativo seja igual a 0 (veja a Seção 2.6.3 sobre o ajuste de intensidades).

2.4 Amostragem e quantização de imagens*

Da discussão feita na seção anterior, vemos que existem várias formas de aquisição de imagens, mas nosso objetivo em todas elas é o mesmo: gerar imagens digitais a partir de dados captados por sensores. A saída da maioria dos sensores consiste de uma forma de onda de tensão contínua cuja amplitude e o comportamento no espaço estão relacionados ao fenômeno físico que está sendo captado pelos sensores. Para criar uma imagem digital, precisamos converter os dados contínuos que foram captados para o formato digital. Isso envolve dois processos: *amostragem* e *quantização*.

2.4.1 Os conceitos básicos da amostragem e da quantização

A ideia básica por trás da amostragem e da quantização é ilustrada na Figura 2.16. A Figura 2.16(a) mostra uma imagem contínua *f* que queremos converter em formato digital. Uma imagem pode ser contínua em relação às coordenadas *x* e *y* e também em relação à amplitude. Para convertê-la ao formato digital, temos de fazer a amostragem da função em ambas a coordenadas e na amplitude. A digitalização dos valores de coordenada é chamada de *amostragem*. A digitalização dos valores de amplitude é chamada de *quantização*.

A função unidimensional da Figura 2.16(b) é um gráfico que representa os valores de amplitude (nível de intensidade) da imagem contínua ao longo do segmento de reta *AB* na Figura 2.16(a). As variações aleatórias se devem ao ruído da imagem. Para realizar a amostragem dessa função, colhemos amostras igualmente espaçadas ao longo da linha *AB*, como mostra a Figura 2.16(c). A posição de cada amostra no espaço é indicada por uma pequena marca vertical na parte inferior da figura. As amostras são representadas por pequenos quadrados brancos superpostos na função. O conjunto dessas localizações discretas nos dá a função de amostragem. No entanto, os valores das amostras ainda cobrem (verticalmente) uma faixa contínua de valores de intensidade. Para formar uma função digital, os valores de intensidade também devem ser convertidos (*quantizados*) em quantidades discretas. O lado direito da Figura 2.16(c) mostra a escala de intensidade dividida em oito intervalos discretos, variando do preto ao branco. As marcas verticais indicam o valor específico atribuído a cada um dos oito níveis de intensidade. Os níveis de intensidade contínuos são quantizados atribuindo um dos oito valores para cada amostra. Essa atribuição é feita dependendo da proximidade vertical de uma amostra a uma marca indicadora. As amostras digitais resultantes da amostragem e

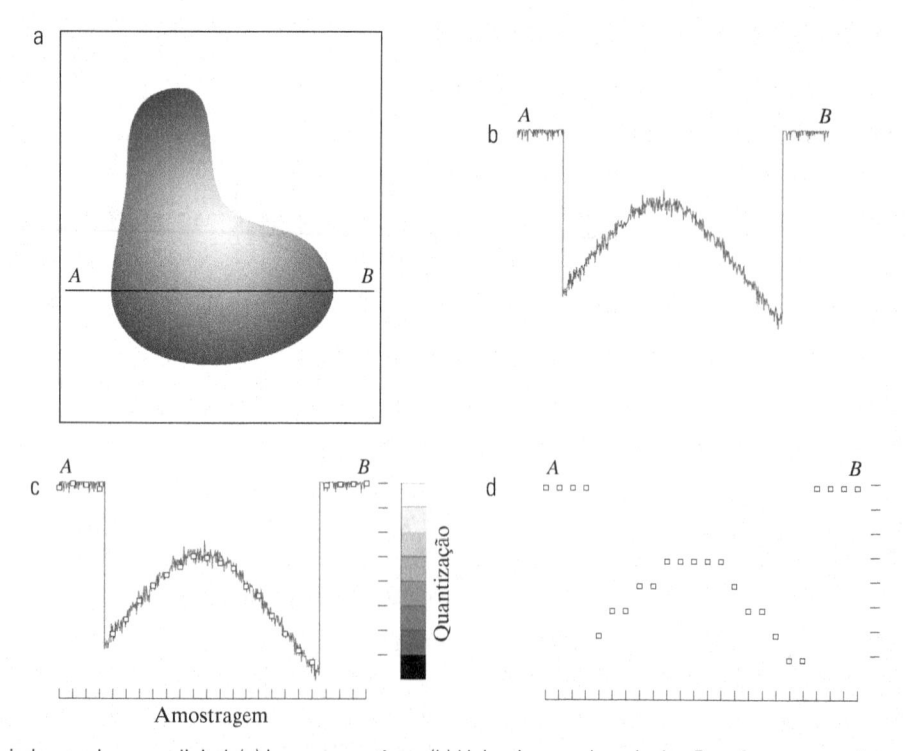

Figura 2.16 Produzindo uma imagem digital. (a) Imagem contínua. (b) Linha de varredura de A a B na imagem contínua utilizada para ilustrar os conceitos de amostragem e quantização. (c) Amostragem e quantização. (d) Linha de varredura digital.

---
* A discussão sobre a amostragem nesta seção é de uma natureza intuitiva. Analisaremos esse tópico com mais profundidade no Capítulo 4.

da quantização são mostradas na Figura 2.16(d). Ao começar na parte superior da imagem e realizar esse procedimento linha por linha, produz-se uma imagem digital bidimensional. Está implícito na Figura 2.16 que, além do número discreto de níveis utilizados, a precisão atingida na quantização depende muito do conteúdo de ruído do sinal da amostragem.

A amostragem da forma que acabamos de descrever presume que temos uma imagem contínua em ambas as direções das coordenadas, bem como na amplitude. Na prática, o método de amostragem é determinado pelo arranjo dos sensores utilizados para gerar a imagem. Quando uma imagem é gerada por um único elemento sensor combinado com um movimento mecânico, como na Figura 2.13, a saída do sensor é quantizada da forma descrita anteriormente. No entanto, a amostragem espacial é realizada selecionando-se o número de incrementos mecânicos individuais em que o sensor será ativado para a coleta de dados. O movimento mecânico pode ser muito exato, de forma que, em princípio, praticamente não existe um limite da precisão com a qual podemos amostrar uma imagem com esse procedimento. Na prática, os limites da precisão de amostragem são determinados por outros fatores, como a qualidade dos componentes óticos do sistema.

Quando sensores por varredura de linha são utilizados para a aquisição da imagem, o número de sensores da linha define as limitações da amostragem na direção da imagem. O movimento mecânico na outra direção pode ser controlado com mais precisão, mas faz pouco sentido tentar atingir uma densidade de amostragem em uma direção que exceda os limites de amostragem definidos pelo número de sensores na outra. A quantização das saídas do sensor completa o processo de formação de uma imagem digital.

Quando uma matriz de sensores é utilizada para a aquisição de imagem, não há movimento, e o número de sensores na matriz determina os limites da amostragem em ambas as direções. A quantização das saídas do sensor é realizada como no exemplo anterior. A Figura 2.17 ilustra esse conceito. A Figura 2.17(a) mostra uma imagem contínua projetada sobre o plano de uma matriz de sensores. A Figura 2.17(b) mostra a imagem após a amostragem e a quantização. A qualidade da imagem digital é claramente determinada, em grande parte, pelo número de amostras e de níveis discretos de intensidade utilizados na amostragem e na quantização. No entanto, como mostraremos na Seção 2.4.3, o conteúdo da imagem também é um fator importante na escolha desses parâmetros.

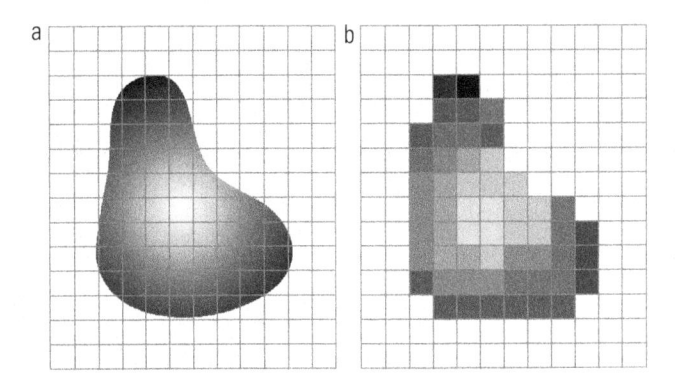

Figura 2.17 (a) Imagem contínua projetada em uma matriz de sensores. (b) Resultado da amostragem e quantização da imagem.

2.4.2 Representação de imagens digitais

Fazemos com que $f(s, t)$ represente uma função de imagem contínua de duas variáveis contínuas, s e t. Convertemos essa função em uma *imagem digital* por meio da amostragem e quantização, como explicado na seção anterior. Suponha que realizemos a amostragem da imagem contínua em uma matriz 2-D, $f(x, y)$, contendo M linhas e N colunas, sendo que (x, y) são coordenadas discretas. Para fins de praticidade e clareza na notação, utilizamos números inteiros para essas coordenadas discretas: $x = 0, 1, 2,..., M-1$ e $y = 0, 1, 2,..., N-1$. Dessa forma, por exemplo, o valor da imagem digital na origem é $f(0, 0)$, e o próximo valor de coordenada ao longo da primeira linha é $f(0, 1)$. No caso, a notação $(0, 1)$ é utilizada para representar a segunda amostra ao longo da primeira linha. Isso *não* significa que esses são os valores físicos das coordenadas quando a imagem foi amostrada. Em geral, o valor da imagem em quaisquer coordenadas (x, y) é expresso por $f(x, y)$, onde x e y são números inteiros. A seção do plano real que se expande pelas coordenadas de uma imagem é chamada de *domínio espacial*, com x e y sendo chamadas de *variáveis espaciais* e *coordenadas espaciais*.

Como mostra a Figura 2.18, há três formas básicas de representar $f(x, y)$. A Figura 2.18(a) é uma representação gráfica da imagem, com dois eixos determinando a localização espacial e o terceiro eixo representando os valores de f (intensidades) como uma função das duas variáveis espaciais x e y. Apesar de ser possível conhecer a estrutura da imagem nesse exemplo analisando essa representação gráfica, imagens complexas em geral são muito detalhadas e de difícil interpretação a partir dessas representações. A representação gráfica é útil ao trabalhar com conjuntos em escala de cinza cujos elementos são expressos em um grupo de três variáveis na forma (x, y, z), onde x e y são coordenadas espaciais e z é o valor da

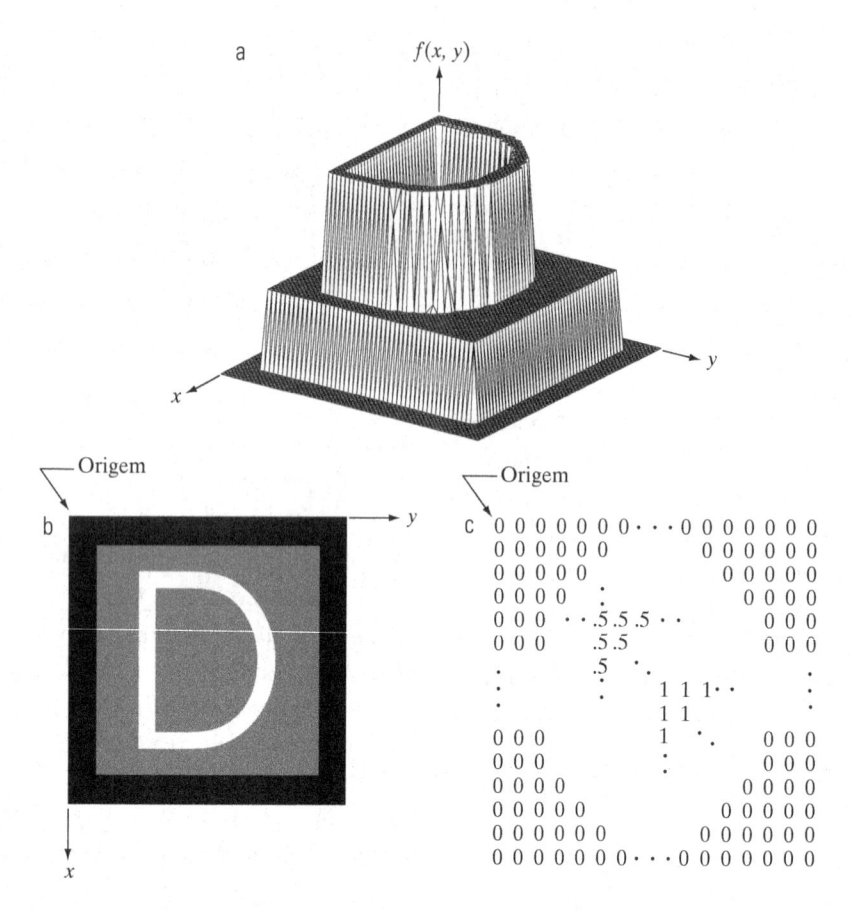

Figura 2.18 (a) Imagem representada graficamente como uma superfície. (b) Imagem representada como uma matriz de intensidade visual. (c) Imagem representada como uma matriz numérica 2-D (0, .5 e 1 correspondem ao preto, cinza e branco, respectivamente).

intensidade f nas coordenadas (x, y). Trabalharemos com essa representação na Seção 2.6.4.

A representação da Figura 2.18(b) é muito mais comum. Ela mostra $f(x, y)$ como uma imagem seria visualizada em um monitor ou uma fotografia. Aqui, o nível de cinza de cada ponto é proporcional ao valor da intensidade f desse ponto. Nessa figura, temos apenas três valores de intensidade igualmente espaçados. Se a intensidade for normalizada para o intervalo [0, 1], cada ponto da imagem tem o valor 0, 0,5 ou 1. Um monitor ou impressora simplesmente converte esses três valores em preto, cinza ou branco, respectivamente, como mostra a Figura 2.18(b). A terceira representação é somente para mostrar os valores numéricos $f(x, y)$ na forma de uma matriz. Nesse exemplo, o tamanho de f é de 600 × 600 elementos, ou 360.000 números. Claramente, imprimir a matriz inteira seria inconveniente e transmitiria pouca informação. No entanto, no desenvolvimento de algoritmos essa representação é bastante útil quando apenas algumas partes da imagem são impressas e analisadas como valores numéricos. A Figura 2.18(c) representa esse conceito.

Do parágrafo anterior podemos concluir que as representações das figuras 2.18(b) e (c) são as mais úteis. As imagens nos permitem ver rapidamente os resultados. Matrizes numéricas são utilizadas para processamento e desenvolvimento de algoritmos. Na forma de equação, escrevemos a representação de uma matriz numérica $M \times N$ como

$$f(x,y) = \begin{bmatrix} f(0,0) & f(0,1) & \cdots & f(0,N-1) \\ f(1,0) & f(1,1) & \cdots & f(1,N-1) \\ \vdots & \vdots & & \vdots \\ f(M-1,0) & f(M-1,1) & \cdots & f(M-1,N-1) \end{bmatrix}$$

(2.4-1)

Os dois lados dessa equação são formas equivalentes de representar quantitativamente uma imagem digital. O lado direito é uma matriz de números reais. Cada elemento dessa matriz é chamado de *elemento de imagem*, *elemento pictórico*, *pixel* ou *pel*. Os termos *imagem* e *pixel* são utilizados ao longo deste livro para expressar uma imagem digital e seus elementos.

Em algumas discussões é vantajoso utilizar uma notação matricial mais tradicional para expressar uma imagem digital e seus elementos:

$$\mathbf{A} = \begin{bmatrix} a_{0,0} & a_{0,1} & \cdots & a_{0,N-1} \\ a_{1,0} & a_{1,1} & \cdots & a_{1,N-1} \\ \vdots & \vdots & & \vdots \\ a_{M-1,0} & a_{M-1,1} & \cdots & a_{M-1,N-1} \end{bmatrix} \quad (2.4\text{-}2)$$

Claramente, $a_{ij} = f(x=i, y=j) = f(i,j)$, de forma que as equações 2.4-1 e 2.4-2 são matrizes idênticas. Podemos até representar uma imagem como um vetor, **v**. Por exemplo, um vetor coluna de tamanho $MN \times 1$ é formado fazendo com que os primeiros M elementos de **v** correspondam à primeira coluna de **A**, os próximos M elementos correspondam à segunda coluna e assim por diante. Da mesma forma, também podemos utilizar as linhas em vez das colunas de **A** para formar um vetor desse tipo. As duas representações são válidas desde que sejam consistentes.

Retomando rapidamente a Figura 2.18, observe que a origem de uma imagem digital se localiza na parte superior esquerda, com o eixo x positivo se estendendo para baixo e o eixo y positivo se estendendo para a direita. Essa é uma representação convencional baseada no fato de que muitos dispositivos de visualização de imagem (por exemplo, monitores de TV) varrem uma imagem começando do canto superior esquerdo e se movendo para direita, uma linha por vez. Mais importante é o fato de que o primeiro elemento de uma matriz é, por convenção, o elemento do canto superior esquerdo, de forma que a escolha da origem de $f(x, y)$ nesse ponto faz sentido matematicamente. Tenha em mente que essa representação é o sistema padrão de coordenadas cartesianas que você já conhece.[*] Nós simplesmente mostramos os eixos apontando para baixo e para a direita, em vez de para a direita e para cima.

Expressar a amostragem e a quantização em termos matemáticos mais formais pode ser útil algumas vezes. Considere Z e R um conjunto de números inteiros e um conjunto de números reais respectivamente. O processo de amostragem pode ser entendido como uma divisão do plano xy em relação a uma grade, com as coordenadas do centro de cada elemento dessa grade representando um par de elementos do produto cartesiano Z^2, que é o conjunto de todos os pares ordenados (z_i, z_j), com z_i e z_j sendo elementos de Z. Dessa forma, $f(x, y)$ é uma imagem digital se (x, y) forem elementos de Z^2 e f for uma função que atribui um valor de intensidade (isto é, um número real do conjunto R) a cada par distinto de coordenadas (x, y). Essa atribuição funcional é o processo de quantização descrito anteriormente. Se os níveis de intensidade também forem números inteiros (como geralmente é o caso neste e em capítulos subsequentes), Z substitui R e uma imagem digital se torna uma função bidimensional cujas coordenadas e valores de amplitude são números inteiros.

Esse processo de digitalização requer que decisões sejam tomadas em relação aos valores de M, N e para o número, L, de níveis discretos de intensidade. Não há restrições para M e N, além do fato de que eles precisam ser números inteiros positivos. No entanto, em virtude de algumas considerações de hardware no processo de armazenamento e quantização, o número de níveis de intensidade costuma ser uma potência inteira de 2:[**]

$$L = 2^k \quad (2.4\text{-}3)$$

Assumimos que os níveis discretos sejam igualmente espaçados e que sejam números inteiros no intervalo $[0, L-1]$. Algumas vezes, a faixa de valores cobertos pela escala de cinza é chamada informalmente de faixa dinâmica. Esse é um termo utilizado de forma distinta em diferentes áreas. Aqui, definimos a *faixa dinâmica* de um sistema de aquisição de imagens como a razão da intensidade máxima mensurável pela intensidade mínima detectável no sistema. Como regra, o limite superior é determinado pela *saturação* e o limite inferior pelo *ruído* (veja a Figura 2.19). Basicamente, a faixa dinâmica define os níveis inferior e superior de intensidade que um sistema pode representar e, consequentemente, que uma imagem pode ter. Estreitamente associado a esse conceito temos o *contraste* da imagem, que definimos como a diferença entre os níveis superior e inferior de intensidade presentes em uma imagem. Quando um número significativo de pixels em uma imagem possui uma alta faixa dinâmica, podemos esperar que a imagem tenha um alto contraste. Por outro lado, uma imagem com baixa faixa dinâmica normalmente tem uma aparência embaçada, sem brilho. Discutiremos esses conceitos em mais detalhes no Capítulo 3.

O número, b, de bits necessários para armazenar uma imagem digitalizada é

$$b = M \times N \times k \quad (2.4\text{-}4)$$

Quando $M = N$, essa equação passa a ser

$$b = N^2 k \quad (2.4\text{-}5)$$

---

[*] Lembre-se de que um sistema de coordenadas destro é aquele cujo dedo indicador da mão direita aponta para a direção do eixo positivo x, o dedo médio aponta para a direção (perpendicular) do eixo positivo y e o polegar aponta para cima. Conforme a Figura 2.18(a) demonstra, esse é o caso do nosso sistema de coordenadas de imagem.

[**] Muitas vezes, é útil para fins computacionais o no desenvolvimento de algoritmos ajustar os valores de intensidade de L para o intervalo $[0, 1]$, caso no qual eles deixam de ser números inteiros. No entanto, na maioria dos casos, esses valores são novamente ajustados para o intervalo de números inteiros $[0, L-1]$ para o armazenamento e a exibição de imagens.

Figura 2.19 Uma imagem ilustrando a saturação e o ruído. A saturação é o valor mais alto além do qual todos os níveis de intensidade são cortados (observe como toda a área saturada tem um nível de intensidade constante e alto). O ruído nesse caso aparece com um padrão de textura granulada. O ruído, especialmente nas regiões mais escuras de uma imagem (por exemplo, o caule da rosa) mascara o menor nível real de intensidade detectável.

A Tabela 2.1 mostra o número de bits necessário para armazenar imagens quadradas com vários valores de N e k. O número de níveis de intensidade correspondente a cada valor de k é mostrado entre parênteses. Quando uma imagem pode ter 2^k níveis de intensidade, é comum nos referirmos a ela como uma "imagem de k bits". Por exemplo, uma imagem com 256 valores discretos possíveis de intensidade é chamada de uma imagem de 8 bits. Observe que os requisitos de armazenamento para imagens de 8 bits de tamanho 1.024 × 1.024 ou superior são significativos.

2.4.3 Resolução espacial e de intensidade

Intuitivamente, a resolução espacial é uma medida do menor detalhe discernível em uma imagem. Quantitativamente, a *resolução espacial* pode ser expressa em várias formas, sendo que as mais comuns são *pares de linha por unidade de distância* e *pontos* (*pixels*) *por unidade de distância*. Suponha que elaboremos um diagrama com linhas verticais pretas e brancas dispostas alternadamente, cada uma com uma largura de W unidades (W pode ser menor que 1). A largura de um *par de linhas* é, dessa forma, igual a $2W$ e há $1/2W$, e pares de linha por unidade de distância. Por exemplo, se a largura de uma linha for 0,1 mm, temos 5 pares de linha por unidade de distância (mm). Uma definição amplamente utilizada de resolução de imagem é o maior número de pares de linha *discerníveis* por unidade de distância (por exemplo, 100 pares de linha por mm). Pontos por unidade de distância é uma medida de resolução de imagem comumente utilizada por editores e industrias gráficas. Nos Estados Unidos, essa medida é normalmente expressa como *dots per inch* (pontos por polegada ou dpi). Para dar uma ideia de qualidade, jornais são impressos com uma resolução de 75 dpi, as revistas, com 133 dpi, brochuras em papel couchê em 175 dpi e a página do livro que você está lendo agora é impressa com 2.400 dpi.

O ponto principal do parágrafo anterior é que, para serem significativas, as medidas de resolução espacial devem ser expressas com relação a unidades espaciais. O tamanho da imagem por si só não diz tudo. Dizer que uma imagem tem, digamos, uma resolução de 1.024 × 1.024 pixels não faz muito sentido se as dimensões espaciais da imagem não forem especificadas. O tamanho sozinho só é útil ao fazer comparações entre capacidade de sistemas de aquisição de imagens. Por exemplo, é possível esperar que uma câmera digital com uma placa de aquisição de

Tabela 2.1 Número de bits de armazenamento para vários valores de N e k. L é o número de níveis de intensidade.

N/k	1 (L = 2)	2 (L = 4)	3 (L = 8)	4 (L = 16)	5 (L = 32)	6 (L = 64)	7 (L = 128)	8 (L = 256)
32	1.024	2.048	3.072	4.096	5.120	6.144	7.168	8.192
64	4.096	8.192	12.288	16.384	20.480	24.576	28.672	32.768
128	16.384	32.768	49.152	65.536	81.920	98.304	114.688	131.072
256	65.536	131.072	196.608	262.144	327.680	393.216	458.752	524.288
512	262.144	524.288	786.432	1.048.576	1.310.720	1.572.864	1.835.008	2.097.152
1.024	1.048.576	2.097.152	3.145.728	4.194.304	5.242.880	6.291.456	7.340.032	8.388.608
2.048	4.194.304	8.388.608	12.582.912	16.777.216	20.971.520	25.165.824	29.369.128	33.554.432
4.096	16.777.216	33.554.432	50.331.648	67.108.864	83.886.080	100.663.296	117.440.512	134.217.728
8.192	67.108.864	134.217.728	201.326.592	268.435.456	335.544.320	402.653.184	469.762.048	536.870.912

imagens CCD de 20 megapixels tenha mais capacidade de distinguir detalhes do que uma câmera de 8 megapixels, presumindo que as duas câmeras sejam equipadas com lentes similares e que as imagens de comparação sejam obtidas à mesma distância.

De forma similar, a *resolução de intensidade* refere-se à menor variação discernível de nível de intensidade na imagem. Temos considerável liberdade de decisão em relação ao número de amostras utilizadas para gerar uma imagem digital, mas o mesmo não se aplica em relação ao número de níveis de intensidade. Com base em algumas considerações relativas ao hardware, o número de níveis de intensidade normalmente é igual a 2^k, sendo k um número inteiro, como mencionado na seção anterior. O número mais comum é 8 bits, com 16 bits sendo utilizados em algumas aplicações nas quais o realce em determinadas faixas de intensidade é necessária. A quantização de intensidade utilizando 32 bits é rara. Algumas vezes, é possível encontrar sistemas capazes de digitalizar os níveis de intensidade de uma imagem utilizando 10 ou 12 bits, mas essas são as exceções, e não a regra. Diferentemente da resolução espacial, que deve se referir a uma unidade de distância para fazer sentido, é comum se referir ao número de bits utilizados para quantizar a intensidade como *resolução de intensidade*. Por exemplo, é comum dizer que uma imagem cuja intensidade é quantizada em 256 níveis tem 8 bits de resolução de intensidade. Pelo fato de as variações reais de níveis de intensidade discerníveis em uma imagem serem influenciadas não apenas pelo ruído e pela saturação, mas também pelos recursos da percepção humana (veja a Seção 2.1), dizer que uma imagem tem 8 bits de resolução de intensidade não é nada mais do que uma afirmação referente à capacidade de um sistema de 8 bits de quantizar a intensidade em incrementos fixos de 1/256 unidades de amplitude de intensidade.

Os dois exemplos a seguir ilustram individualmente um comparativo dos efeitos do tamanho e da resolução de intensidade da imagem em relação aos detalhes discerníveis. Mais adiante, nesta seção, discutiremos como esses dois parâmetros interagem na determinação da qualidade percebida da imagem.

Exemplo 2.2 Exemplo dos efeitos da redução da resolução espacial da imagem.

A Figura 2.20 mostra os efeitos da redução da resolução espacial em uma imagem. As imagens das figuras 2.20(a) a (d) são mostradas em 1.250, 300, 150 e 72 dpi, respectivamente. Naturalmente, as imagens de resolução mais baixa são menores do que a original. Por exemplo, o tamanho da imagem original é de 3.692 × 2.812 pixels, mas a imagem de 72 dpi é uma matriz de tamanho 213 × 162. Para facilitar as comparações, todas as imagens menores foram ampliadas (*zoom*) de volta ao tamanho original (o método utilizado para o redimensionamento é discutido na Seção 2.4.4). Isso de certa forma equivale a "se aproximar" das imagens menores para fazer afirmações comparativas sobre os detalhes visíveis.

Observamos algumas pequenas diferenças visuais entre as figuras 2.20(a) e (b), sendo que a mais perceptível é uma ligeira distorção no ponteiro grande preto. Na maior parte, contudo, a Figura 2.20(b) é relativamente aceitável. Com efeito, 300 dpi é a mínima resolução espacial típica de imagem utilizada na publicação de livros, de forma que não se esperaria ver muita diferença aqui. A Figura 2.20(c) começa a mostrar uma degradação visível (veja, por exemplo, as bordas arredondadas do cronômetro e o pequeno ponteiro apontando para o número 60 no lado direito). A Figura 2.20(d) mostra uma degradação visível na maioria dos elementos da imagem. Como discutiremos na Seção 4.5.4, ao imprimir em resoluções tão baixas, as editoras e indústrias gráficas utilizam uma série de "truques" (como variar o tamanho dos pixels localmente) para produzir resultados muito melhores do que os da Figura 2.20(d). Além disso, como mostraremos na Seção 2.4.4, é possível melhorar os resultados da Figura 2.20 escolhendo um método de interpolação para ser utilizado.

Exemplo 2.3 Efeitos típicos da variação do número de níveis de intensidade em uma imagem digital.

Neste exemplo, mantemos constante o número de amostras e reduzimos o número de níveis de cinza (intensidade) de 256 a 2, em potências de 2 com números inteiros. A Figura 2.21(a) é uma imagem de projeção de tomografia computadorizada (CT) de 452 × 374 pixels, exibida com $k = 8$ (256 níveis de cinza). Imagens como essas são obtidas fixando a fonte de raios X em uma posição e produzindo, dessa forma, uma imagem 2-D em qualquer direção desejada. As imagens de projeção são utilizadas como guias para configurar os parâmetros de um scanner de CT, incluindo a inclinação, o número de fatias e o intervalo.

As figuras 2.21(b) a (h) foram obtidas reduzindo o número de bits de $k = 7$ a $k = 1$ enquanto o tamanho da imagem foi mantido constante em 452 × 374 pixels. As imagens de 256, 128 e 64 níveis são visualmente idênticas para todas as aplicações práticas. A imagem de 32 níveis mostrada na Figura 2.21(d), entretanto, apresenta uma série imperceptível de pequenos sulcos em áreas de intensidade constante ou praticamente constante (particularmente no crânio). Esse efeito, causado pela utilização de um número insuficiente de níveis de intensidade em áreas suaves de uma imagem digital, é chamado de *falso contorno*, expressão que se deve

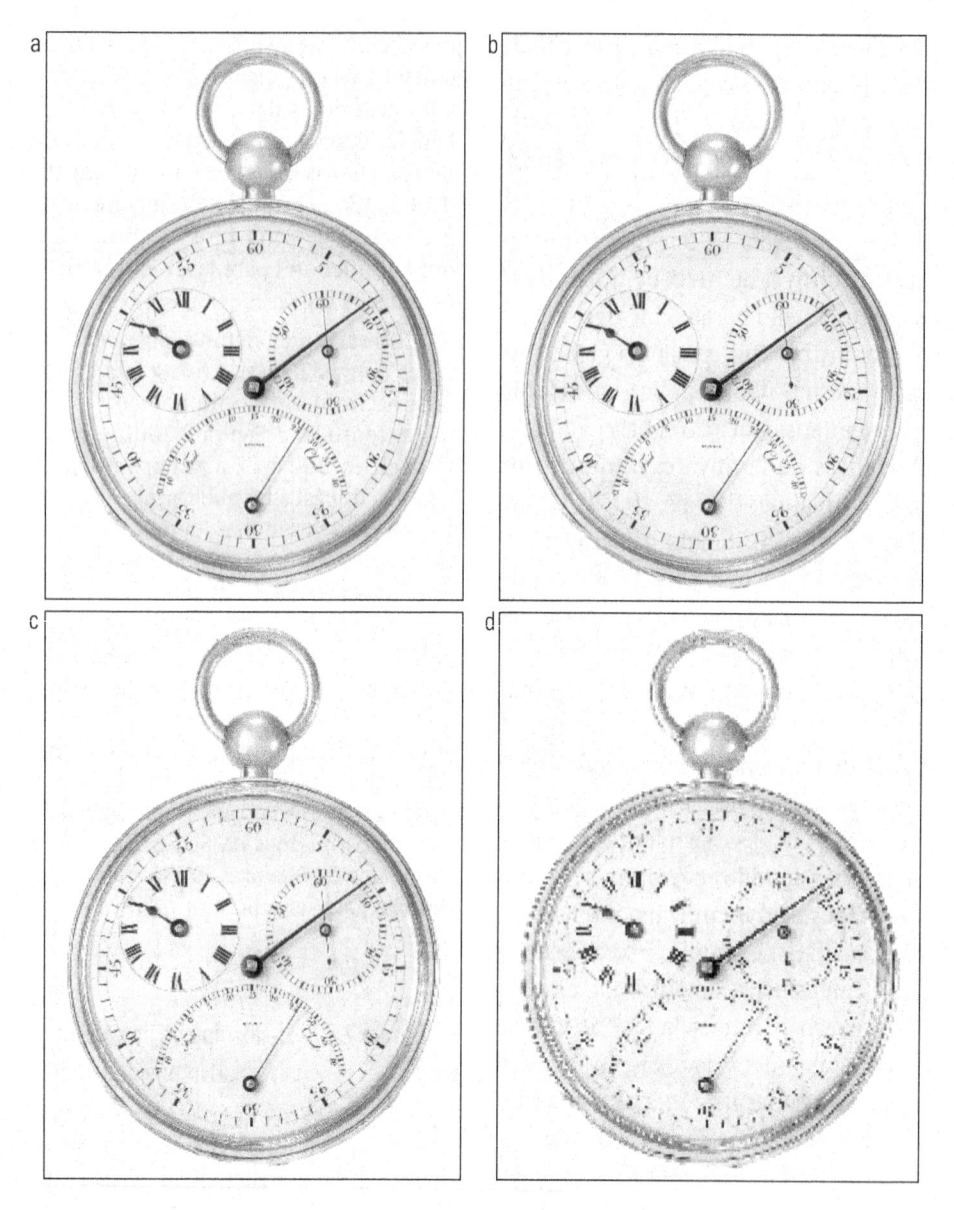

Figura 2.20 Efeitos típicos da redução da resolução espacial. Imagens mostradas em: (a) 1.250 dpi, (b) 300 dpi, (c) 150 dpi e (d) 72 dpi. Os quadros foram acrescentados para melhor visualização. Eles não fazem parte dos dados.

ao fato de os sulcos se parecerem com contornos topográficos em um mapa. O falso contorno costuma ser bastante visível em imagens exibidas utilizando 16 níveis ou menos níveis de intensidade uniformemente espaçados, como mostram as imagens das figuras 2.21(c) a (h).

Como uma regra bastante aproximada e presumindo, por conveniência, potências inteiras de 2, imagens de tamanho 256 × 256 pixels com 64 níveis de intensidade e impressas em um formato de tamanho 5 × 5 cm são praticamente as imagens de menor resolução espacial e de intensidade que é possível se obter razoavelmente livres de falso contorno e do efeito "quadriculado" na amostragem.

Os resultados nos exemplos 2.2 e 2.3 ilustram os efeitos produzidos sobre a qualidade de imagem variando N e

k independentemente. No entanto, esses resultados só respondem parcialmente à questão de como a variação de N e k afeta as imagens, porque ainda não levamos em consideração nenhum relacionamento que possa existir entre esses dois parâmetros. Um estudo preliminar conduzido por Huang [1965] tentou quantificar experimentalmente os efeitos sobre a qualidade da imagem produzidos por meio da variação simultânea de N e k. O experimento consistiu em uma série de testes subjetivos. Foram utilizadas imagens similares às mostradas na Figura 2.22. A face da mulher é representativa de imagens com relativamente poucos detalhes; a imagem do cinegrafista contém uma quantidade intermediária de detalhes; e a fotografia da multidão contém, em comparação, uma grande quantidade de detalhes.

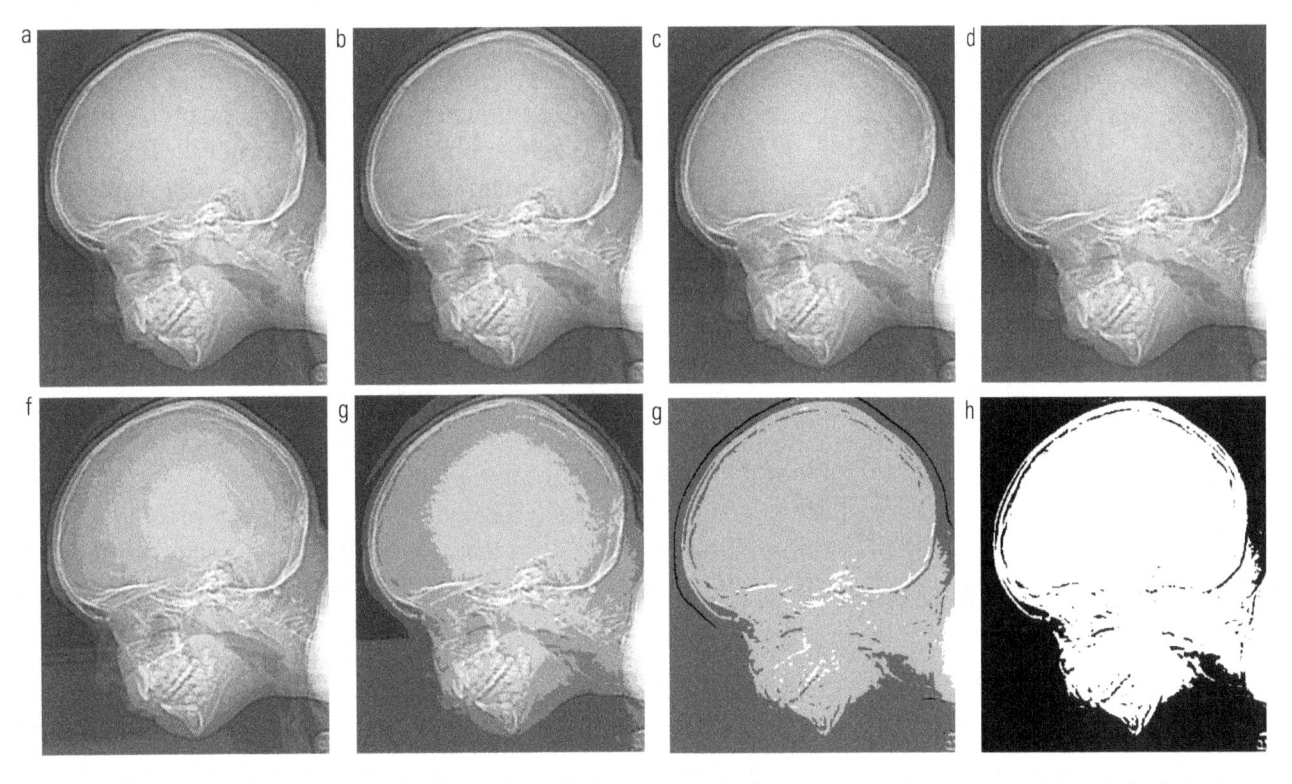

Figura 2.21 (a) Imagem de 452 ×374 com 256 níveis de cinza (intensidade). (b)-(d) Imagem exibida em 128, 64 e 32 níveis de cinza enquanto o tamanho da imagem é mantido constante. (e)-(h) Imagem exibida em 16, 8, 4 e 2 níveis de cinza. (Cortesia original do Dr. David R. Pickens, Departamento de Radiologia e Ciências Radiológicas, Centro Médico da Universidade de Vanderbilt.)

Grupos desses três tipos de imagens foram gerados por meio da variação de N e k, e solicitou-se que os observadores as classificassem de acordo com sua qualidade subjetiva. Os resultados foram resumidos na forma de *curvas de isopreferência* no plano Nk. (A Figura 2.23 mostra curvas de isopreferência média representativas das curvas correspondentes às imagens da Figura 2.22.) Cada ponto do plano Nk representa uma imagem com valores de N e k iguais às coordenadas desse ponto. Os pontos na curva de isopreferência correspondem a imagens de mesma qualidade subjetiva. Durante os experimentos, descobriu-se que as curvas de isopreferência tendiam a se deslocar para a direita e para cima, mas suas formas em cada uma das três categorias de imagem eram similares às da Figura 2.23. Esse não é um resultado inesperado, já que um deslocamento para cima e para direita nas curvas significa simplesmente valores maiores de N e k, o que implica uma melhor qualidade de imagem.

Figura 2.22 (a) Imagem com baixo nível de detalhes. (b) Imagem com nível médio de detalhes. (c) Imagem com uma quantidade relativamente grande de detalhes. (Imagem (b) cortesia do Instituto de Tecnologia de Massachusetts.)

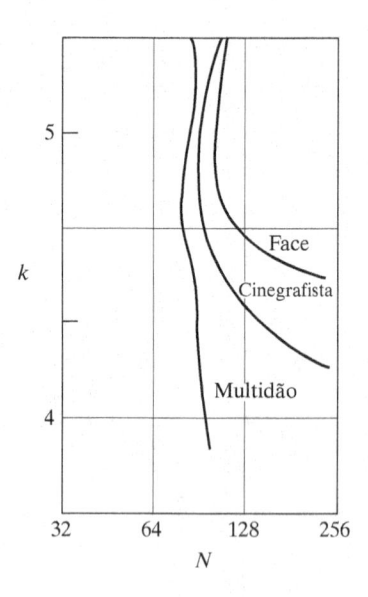

Figura 2.23 Curvas de isopreferência típicas para os três tipos de imagens da Figura 2.22.

O principal ponto de interesse no contexto desta discussão é que as curvas de isopreferência tendem a se tornar mais verticais à medida que os detalhes da imagem aumentam. Esse resultado sugere que, para imagens com um grande número de detalhes, só alguns poucos níveis de intensidade podem ser necessários. Por exemplo, a curva de isopreferência da Figura 2.23 correspondente à multidão é praticamente vertical. Isso indica que, para um valor fixo de N, a qualidade percebida desse tipo de imagem é praticamente independente do número de níveis de intensidade utilizados (para a faixa de níveis de cinza mostrada na Figura 2.23). Também é interessante notar que a qualidade percebida nas outras duas categorias de imagem permaneceu a mesma em alguns intervalos nos quais o número de amostras foi aumentado, mas o número de níveis de intensidade na verdade diminuiu. A razão mais provável para esse resultado é que uma redução de k tende a aumentar o contraste aparente, um efeito visual que os humanos muitas vezes percebem como uma melhoria na qualidade de uma imagem.

2.4.4 Interpolação de imagens

A interpolação é uma ferramenta básica utilizada extensivamente em tarefas como ampliação, redução, rotação e correções geométricas. Nosso principal objetivo nesta seção é apresentar a interpolação e aplicá-la ao redimensionamento de imagens (redução e ampliação), que são basicamente métodos de *reamostragem* de imagens. As utilizações da interpolação em aplicações como rotação e correções geométricas serão discutidas na Seção 2.6.5. Retomaremos esse tópico também no Capítulo 4, quando discutiremos a reamostragem de imagens em mais detalhes.

Essencialmente, a *interpolação* é o processo que utiliza dados conhecidos para estimar valores em pontos desconhecidos. Damos início à discussão desse tópico com um exemplo simples. Suponha que uma imagem de tamanho 500 × 500 pixels deva ser ampliada uma vez e meia, resultando em uma imagem de 750 × 750 pixels (ampliação de 1,5 ×). Uma maneira simples de visualizar a ampliação é criar uma grade imaginária 750 × 750 com o mesmo espaçamento de pixels da imagem original e, então, reduzi-la de forma que se encaixe exatamente sobre a imagem original. Obviamente, o espaçamento de pixels na grade 750 × 750 após a redução será menor que o espaçamento de pixels na imagem original. Para realizar a atribuição de nível de intensidade para os pontos da imagem sobreposta, procuramos o pixel mais próximo na imagem original e atribuímos a intensidade desse pixel ao novo pixel na grade 750 × 750 reduzida. Quando terminamos de atribuir as intensidades a todos os pontos da grade sobreposta, nós a expandimos para o tamanho original a fim de obter a imagem ampliada.

O método que acabamos de discutir é chamado de *interpolação por vizinho mais próximo* porque atribui a cada nova posição a intensidade de seu vizinho mais próximo na imagem original (as vizinhanças de pixels serão descritas formalmente na Seção 2.5). Esse método é simples, mas, como mostraremos mais adiante nesta seção, tem a tendência de produzir artefatos indesejáveis na imagem, como uma grande distorção nas bordas retas. Por essa razão, ela é pouco utilizada na prática. Uma abordagem mais apropriada é a *interpolação bilinear*, na qual utilizamos os quatro vizinhos mais próximos para estimar a intensidade de uma dada posição. Digamos que (x, y) expresse as coordenadas da posição na qual queremos atribuir um valor de intensidade (pense nela como um ponto da grade descrita anteriormente), e que $v(x, y)$ expresse o valor da intensidade. Para a interpolação bilinear* o valor atribuído é obtido utilizando a equação:

$$v(x, y) = ax + by + cxy + d \qquad (2.4\text{-}6)$$

onde os quatro coeficientes são determinados a partir das quatro equações de quatro incógnitas que podem ser escritas utilizando os quatro vizinhos mais próximos do ponto (x, y). Como veremos em breve, a interpolação bi-

---

* Ao contrário do que o nome sugere, observe que a interpolação bilinear *não* é linear em virtude do termo xy.

linear proporciona resultados muito melhores do que a interpolação por vizinho mais próximo, com um pequeno aumento de custo computacional.

O próximo nível de complexidade é a *interpolação bicúbica*, que inclui os 16 vizinhos mais próximos de um ponto. O valor da intensidade atribuído ao ponto (x, y) é obtido utilizando a equação:

$$v(x, y) = \sum_{i=0}^{3} \sum_{j=0}^{3} a_{ij} x^i y^j \quad (2.4\text{-}7)$$

onde os 16 coeficientes são determinados a partir das 16 equações de 16 incógnitas que podem ser escritas utilizando os 16 vizinhos mais próximos do ponto (x, y). Observe que a Equação 2.4-7 tem sua forma reduzida à Equação 2.4-6 se os limites de ambos os somatórios da equação anterior forem de 0 a 1. Em geral, a interpolação bicúbica é melhor na preservação de detalhes finos em comparação com a interpolação bilinear. A interpolação bicúbica é o padrão utilizado em programas comerciais de edição de imagens, como o Adobe Photoshop e o Corel Photopaint.

Exemplo 2.4 Comparação dos métodos de interpolação para a redução e a ampliação de imagens.

A Figura 2.24(a) mostra a mesma imagem da Figura 2.20(d), que foi obtida reduzindo a resolução da imagem de 1.250 dpi da Figura 2.20(a) para 72 dpi (o tamanho foi reduzido do tamanho original de 3.692 × 2.812 para 213 × 162 pixels) e depois ampliando a imagem reduzida de volta a seu tamanho original. Para gerar a Figura 2.20(d), utilizamos a interpolação por vizinho mais próximo tanto para reduzir quanto para ampliar a imagem. Como observado anteriormente, o resultado da Figura 2.24(a) é relativamente insatisfatório. As figuras 2.24(b) e (c) são os resultados da repetição do mesmo procedimento, mas desta vez utilizando, respectivamente, a interpolação bilinear e bicúbica tanto para a redução quanto para a ampliação. O resultado obtido pela utilização da interpolação bilinear representa uma melhoria significativa em relação à interpolação por vizinho mais próximo. O resultado da interpolação bicúbica é ligeiramente mais nítido que a imagem bilinear. A Figura 2.24(d) mostra a mesma imagem que a Figura 2.20(c), que foi obtida utilizando a interpolação por vizinho mais próximo tanto para a redução quanto para a ampliação. Comentamos na discussão dessa figura que a redução da resolução

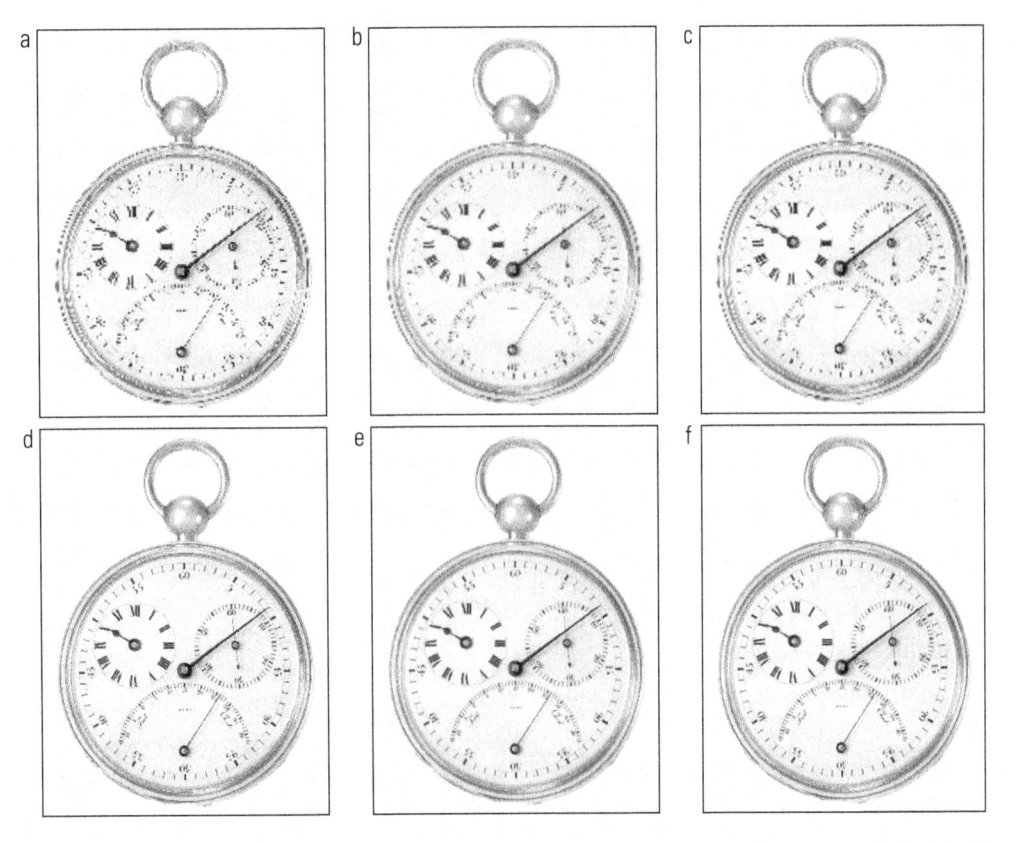

Figura 2.24 (a) Imagem com resolução reduzida para 72 dpi e tamanho ampliado de volta ao original (3.692 × 2.812 pixels) utilizando a interpolação por vizinho mais próximo. A figura mostra a mesma imagem que a Figura 2.20(d). (b) Imagem reduzida e ampliada utilizando a interpolação bilinear. (c) O mesmo que (b), mas utilizando a interpolação bicúbica. (d)-(f) Mesma sequência, mas reduzindo a resolução para 150 dpi em vez de 72 dpi (A Figura 2.24(d) é a mesma que a Figura 2.20(c)). Compare as figuras 2.24(e) e (f), especialmente a última, com a imagem original na Figura 2.20(a).

para 150 dpi começou a mostrar degradações na imagem. As figuras 2.24(e) e (f) mostram os resultados da utilização da interpolação bilinear e bicúbica, respectivamente, para reduzir e ampliar essa imagem. Apesar de uma redução de resolução de 1.250 a 150 dpi, essas duas últimas imagens se comparam de forma razoavelmente favorável com a original, demonstrando mais uma vez o poder desses dois métodos de interpolação. Como no caso anterior, a interpolação bicúbica gerou resultados ligeiramente mais nítidos.

É possível utilizar mais vizinhos na interpolação e existem técnicas mais complexas, como a utilização de *splines* e *wavelets*, que, em alguns casos, podem gerar resultados melhores do que os métodos que acabamos de discutir. Apesar de a preservação dos detalhes finos ser um fator excepcionalmente importante na geração de imagens para gráficos 3-D (Watt [1993], Shirley [2002]) e no processamento de imagens médicas (Lehmann et al. [1999]), o custo computacional adicional raramente se justifica para o processamento digital de imagens de uso geral, no qual a interpolação bilinear ou bicúbica normalmente são os métodos preferidos.

2.5 Alguns relacionamentos básicos entre pixels

Nesta seção, levaremos em consideração várias relações importantes entre pixels em uma imagem digital. Como mencionado anteriormente, uma imagem é expressa por $f(x, y)$. Nesta seção, ao nos referirmos a um pixel particular, utilizaremos letras minúsculas, como p e q.

2.5.1 Vizinhos de um pixel

Um pixel p na coordenada (x, y) tem quatro vizinhos *horizontais* e *verticais* cujas coordenadas são dadas por:

$$(x + 1, y), (x - 1, y), (x, y + 1), (x, y - 1)$$

Esse conjunto de pixels, chamado de *vizinhança-4* de p, é expresso por $N_4(p)$. Cada pixel é uma unidade de distância de (x, y), e alguns vizinhos de p ficarão para fora da imagem digital se (x, y) estiver na borda da imagem. Lidaremos com esta questão no Capítulo 3.

Os quatro vizinhos *diagonais* de p têm coordenadas:

$$(x + 1, y + 1), (x + 1, y - 1), (x - 1, y + 1), (x - 1, y - 1)$$

que são expressas por $N_D(p)$. Esses pontos, junto com a vizinhança-4, são chamados de *vizinhança-8* de p, expressos por $N_8(p)$. Como no caso anterior, alguns vizinhos em $N_D(p)$ e $N_8(p)$ ficarão para fora da imagem se (x, y) se localizar na borda da imagem.

2.5.2 Adjacência, conectividade, regiões e fronteiras

Expressamos por V o conjunto de valores de intensidade utilizados para definir a adjacência. Em uma imagem binária, $V = \{1\}$, se estivermos nos referindo à adjacência de pixels com valor igual a 1. Em uma imagem de escala de cinza, a ideia é a mesma, mas o conjunto V normalmente contém mais elementos. Por exemplo, na adjacência de pixels com uma variação de possíveis valores de nível de cinza de 0 a 255, o conjunto V poderia ser qualquer subconjunto desses 256 valores. Consideramos três tipos de adjacência:[*]

(a) *Adjacência-4*. Dois pixels p e q com valores pertencendo a V são adjacentes-4 se q estiver no conjunto $N_4(p)$.

(b) *Adjacência-8*. Dois pixels p e q com valores pertencendo a V são adjacentes-8 se q estiver no conjunto $N_8(p)$.

(c) *Adjacência-m* (adjacência mista). Dois pixels p e q com valores pertencendo a V são adjacentes-m se

  (i) q estiver em $N_4(p)$, *ou*

  (ii) q estiver em $N_D(p)$ e o conjunto $N_4(p) \cap N_4(q)$ não contiver nenhum pixel cujos valores pertençam a V.

A adjacência mista é uma modificação da adjacência-8. Ela foi criada para eliminar as ambiguidades que muitas vezes surgem com a utilização da adjacência-8. Por exemplo, considere o arranjo de pixels mostrado na Figura 2.25(a) para $V = \{1\}$. Os três pixels da parte superior da Figura 2.25(b) mostram uma adjacência-8 múltipla (ambígua), como indica as linhas tracejadas. Essa ambiguidade é eliminada utilizando a adjacência-m, como mostra a Figura 2.25(c).

Um *caminho* (ou *curva*) *digital* do pixel p com coordenadas (x, y) ao pixel q com coordenadas (s, t) é uma sequência de pixels distintos com coordenadas:

$$(x_0, y_0), (x_1, y_1), ..., (x_n, y_n)$$

onde $(x_0, y_0) = (x, y)$, $(x_n, y_n) = (s, t)$, e os pixels (x_i, y_i) e (x_{i-1}, y_{i-1}) são adjacentes para $1 \leq i \leq n$. Nesse caso, n é o *comprimento* do caminho. Se $(x_0, y_0) = (x_n, y_n)$, o caminho é *fechado*. Podemos definir caminhos –4, –8 ou –m, dependendo do tipo da adjacência especificada. Por exemplo, os caminhos mostrados na Figura 2.25(b) entre os pontos

---

[*] Utilizamos os símbolos ∩ e ∪, para expressar interseção e união, respectivamente. Dados os conjuntos A e B, lembre-se que a *interseção* entre eles equivale ao conjunto de elementos pertencentes tanto a A quanto a B. A *união* desses dois conjuntos é o conjunto de elementos que pertencem a A, a B ou a ambos. Discutiremos os conjuntos em mais detalhes na Seção 2.6.4.

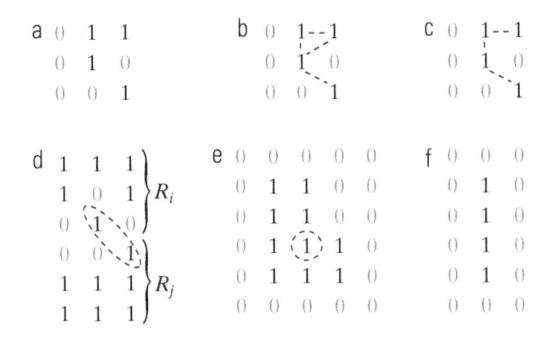

```
a  0  1  1        b  0  1--1       c  0  1--1
   0  1  0           0  1  0          0  1  0
   0  0  1           0  0  1          0  0  1

d  1  1  1  ⎫    e  0  0  0  0  0   f  0  0  0
   1  0  1  ⎬ R_i   0  1  1  0  0      0  1  0
   0  1  0  ⎭       0  1  1  0  0      0  1  0
   0  0  1  ⎫       0  1 (1) 1  0      0  1  0
   1  1  1  ⎬ R_j   0  1  1  1  0      0  1  0
   1  1  1  ⎭       0  0  0  0  0      0  0  0
```

Figura 2.25 (a) Um arranjo de pixels. (b) Pixels que são adjacentes-8 (a adjacência é mostrada em linhas tracejadas; observe a ambiguidade). (c) adjacência-m. (d) Duas regiões (de 1s) que são adjacentes se a adjacência-8 for utilizada. (e) O ponto circulado é parte da fronteira dos pixels de valor 1 somente se a adjacência-8 entre a região e o fundo for utilizada. (f) A fronteira interna da região de valor 1 não forma um caminho fechado, mas sua fronteira externa, sim.

superior direito e inferior direito são caminhos –8 e o caminho na Figura 2.25(c) é um caminho-*m*.

Com *S* representando um subconjunto de pixels em uma imagem, dizemos que dois pixels *p* e *q* são *conexos* em *S* se houver um caminho entre eles consistindo inteiramente de pixels em *S*. Para qualquer pixel *p* em *S*, o *conjunto* de pixels que são conectados a ele em *S* é chamado de um *componente conexo* de *S*. Se existir apenas um componente conectado, o conjunto *S* é chamado de um *conjunto conexo*.

Com *R* representando um subconjunto de pixels em uma imagem, chamamos de *R* uma *região* da imagem se *R* for um conjunto conexo. Dizemos que duas regiões, R_i e R_j, são consideradas *adjacentes* se sua união formar um conjunto conexo. Dizemos que as regiões que não são adjacentes são *disjuntas*. Consideramos a adjacência-4 e -8 ao nos referirmos a regiões. Para que nossa definição faça sentido, o tipo de adjacência utilizada deve ser especificado. Por exemplo, as duas regiões (de 1 s) na Figura 2.25(d) são adjacentes somente se a adjacência-8 for utilizada (de acordo com a definição apresentada no parágrafo anterior, não existe um caminho-4 entre as duas regiões, de forma que sua união não é um conjunto conexo).

Suponha que uma imagem contenha *K* regiões disjuntas, R_k, $k = 1, 2, \ldots, K$, nenhuma das quais toca a borda da imagem.* Expressamos por R_u a união de todas as regiões *K* e por $(R_u)^c$, seu complemento (lembre que o *complemento* de um conjunto *S* é o conjunto de pontos que não estão em *S*). Chamamos todos os pontos em R_u de *frente* (*foreground*) e todos os pontos em $(R_u)^c$ de *fundo* (*background*) da imagem.

A *fronteira* (também chamada de *borda* ou *contorno*) de uma região *R* é o conjunto de pontos adjacentes aos pontos do complemento de *R*. Dito de outra forma, a fronteira de uma região é o conjunto de pixels da região que tem pelo menos um vizinho no fundo da imagem. Mais uma vez, devemos especificar a conectividade sendo utilizada para definir a adjacência. Por exemplo, o ponto circulado na Figura 2.25(e) não pertence à fronteira da região de valor 1 se a conectividade-4 for utilizada entre a região e seu fundo. Como regra, a adjacência entre pontos em uma região e seu fundo é definida em termos de conectividade-8 para lidar com situações como essas.

A definição anterior algumas vezes é chamada de *contorno interno* da região, para distingui-la do *contorno externo*, que é o contorno correspondente no fundo. Essa distinção é importante no desenvolvimento de algoritmos chamados de seguidores de contorno (*border following*). Esses algoritmos costumam ser formulados para seguir o contorno externo de uma região de modo a garantir que o resultado formará um caminho fechado. Por exemplo, o contorno interno da região de valor 1 da Figura 2.25(f) é a própria região. Esse contorno não satisfaz a definição de um caminho fechado apresentada anteriormente. Por outro lado, o contorno externo da região acaba formando um caminho fechado ao redor dessa região.

Se *R* for a imagem inteira (que, lembramos, é um conjunto retangular de pixels), sua fronteira será definida como o conjunto de pixels da primeira e última linha e da primeira e última coluna da imagem. Essa definição adicional é necessária porque uma imagem não tem vizinhos além de sua fronteira. Normalmente, quando nos referimos a uma região, estamos nos referindo a um subconjunto de uma imagem e quaisquer pixels na fronteira da região que coincidirem com a fronteira da imagem são incluídos implicitamente como parte da fronteira da região.

O conceito de *borda* é encontrado com frequência em discussões sobre regiões e fronteiras. No entanto, existe uma importante diferença entre esses conceitos. A *fronteira* de uma região finita forma um caminho fechado e, assim, é um conceito "global". Como discutiremos em detalhes no Capítulo 10, as *bordas* são formadas por pixels com valores cujas derivadas excedem um limiar pré-definido. Dessa maneira, a ideia de uma borda é um conceito "local" baseado em uma medida de descontinuidade de

---

* Usamos essa premissa para evitar ter de lidar com casos especiais. Isso é feito sem perda de generalidade porque, se uma ou mais regiões tocarem a fronteira de uma imagem, podemos simplesmente preencher a imagem com uma borda de 1 pixel de largura com valores do fundo.

nível de intensidade em um ponto. É possível ligar os pontos da borda em segmentos de borda e, algumas vezes, esses segmentos são ligados de modo a corresponder a uma fronteira, mas nem sempre esse é o caso. A única exceção na qual as bordas e as fronteiras se correspondem é em imagens binárias. Dependendo do tipo da conectividade e dos operadores de borda utilizados (discutiremos esses fatores no Capítulo 10), a borda extraída de uma região binária será a mesma que a fronteira da região.

Isso é intuitivo. Conceitualmente, até chegarmos ao Capítulo 10, é útil pensar nas bordas como descontinuidade de intensidade e nas fronteiras como caminhos fechados.

2.5.3 Medidas de distância

Para os pixels p, q e z, com coordenadas (x, y), (s, t) e (v, w), respectivamente, D é uma *função distância* ou *medida de distância* se

(a) $D(p, q) \geq 0$ ($D(p, q) = 0$ se $p = q$),
(b) $D(p, q) = D(q, p)$ e
(c) $D(p, z) \leq D(p, q) + D(q, z)$.

A *distância euclidiana* entre p e q é definida como:

$$D_e(p, q) = \left[(x - s)^2 + (y - t)^2\right]^{\frac{1}{2}} \quad (2.5\text{-}1)$$

Para essa medida de distância, os pixels que possuem distância de (x, y) menor ou igual a um valor r são os pontos contidos em um disco de raio r centrado em (x, y).

A *distância D_4* (chamada de *distância city block*) entre p e q é definida como:

$$D_4(p, q) = |x - s| + |y - t| \quad (2.5\text{-}2)$$

Neste caso, os pixels que têm uma distância D_4 de (x, y) menor ou igual a um valor r formam um losango centrado em (x, y). Por exemplo, os pixels com uma distância $D_4 \leq 2$ de (x, y) (o ponto central) formam os seguintes contornos de distância constante:

```
        2
      2 1 2
    2 1 0 1 2
      2 1 2
        2
```

Os pixels com $D_4 = 1$ são os vizinhos-4 de (x, y).

A *distância D_8* (chamada de *distância chessboard*) entre p e q é definida como:

$$D_8(p, q) = \max(|x - s|, |y - t|) \quad (2.5\text{-}3)$$

Neste caso, os pixels que têm uma distância D_8 de (x, y) menor ou igual a um valor r formam um quadrado centrado em (x, y). Por exemplo, os pixels com uma distância $D_8 \leq 2$ de (x, y) (o ponto central) formam os seguintes contornos de distância constante:

```
2 2 2 2 2
2 1 1 1 2
2 1 0 1 2
2 1 1 1 2
2 2 2 2 2
```

Os pixels com $D_8 = 1$ são os vizinhos-8 de (x, y).

Observe que as distâncias D_4 e D_8 entre p e q são independentes de quaisquer caminhos que possam existir entre os pontos porque essas distâncias envolvem apenas as coordenadas dos pontos. Se optarmos por considerar a adjacência-m, contudo, a distância D_m entre dois pontos é definida como o caminho-m mais curto entre os pontos. Nesse caso, a distância entre dois pixels dependerá dos valores dos pixels ao longo do caminho, bem como dos valores dos pixels vizinhos. Por exemplo, para o arranjo de pixels mostrado a seguir, assuma que p, p_2 e p_4 tenham valor 1 e que p_1 e p_3 possam ter valor 0 ou 1:

```
    p_3  p_4
    p_1  p_2
p
```

Suponha que consideremos que o valor da adjacência de pixels seja igual a 1 (isto é, $V = \{1\}$). Se p_1 e p_3 são 0, a extensão do caminho-m mais curto (a distância D_m) entre p e p_4 é igual a 2. Se p_1 é 1, então p_2 e p não serão mais adjacentes-m (veja a definição da adjacência-m) e a extensão do caminho-m mais curto passa a ser 3 (o caminho passa pelos pontos $pp_1p_2p_4$). O mesmo ocorre se p_3 for 1 (e p_1 for 0); então, a extensão do caminho-m mais curto também é 3. Finalmente, se tanto p_1 quanto p_3 forem iguais a 1, a extensão do caminho-m mais curto entre p e p_4 é igual a 4. Nesse caso, o caminho passa pela sequência de pontos $pp_1p_2p_3p_4$.

2.6 Uma introdução às ferramentas matemáticas utilizadas no processamento digital de imagens*

Esta seção tem dois objetivos principais: (1) apresentar as várias ferramentas matemáticas que utilizamos ao longo

---

* Antes de continuar, pode ser útil para você baixar e estudar o material de revisão disponível na seção de Tutoriais no site do livro. A revisão cobre o material introdutório sobre matrizes e vetores, sistemas lineares, teoria de conjuntos e probabilidade.

deste livro; e (2) ajudá-lo a começar a ter uma "ideia" de como essas ferramentas são utilizadas aplicando-as a uma série de tarefas básicas de processamento de imagens, algumas das quais serão utilizadas várias vezes em discussões subsequentes. Expandiremos o escopo das ferramentas e suas aplicações quando necessário nos capítulos a seguir.

2.6.1 Operações de arranjos matriciais *versus* matrizes

Uma operação de *arranjo matricial* envolvendo uma ou mais imagens é realizada *pixel a pixel*. Mencionamos anteriormente, neste capítulo, que as imagens podem ser vistas de modo equivalente como matrizes. De fato, há muitas situações nas quais as operações entre as imagens são realizadas utilizando a teoria das matrizes (veja a Seção 2.6.6). É por essa razão que deve ser feita uma distinção clara entre operações de arranjos matriciais e matrizes. Por exemplo, vejamos as seguintes imagens 2 × 2:

$$\begin{bmatrix} a_{11} & a_{12} \\ a_{21} & a_{22} \end{bmatrix} \quad \text{e} \quad \begin{bmatrix} b_{11} & b_{12} \\ b_{21} & b_{22} \end{bmatrix}$$

O *produto do arranjo matricial* dessas duas imagens é:

$$\begin{bmatrix} a_{11} & a_{12} \\ a_{21} & a_{22} \end{bmatrix} \begin{bmatrix} b_{11} & b_{12} \\ b_{21} & b_{22} \end{bmatrix} = \begin{bmatrix} a_{11}b_{11} & a_{12}b_{12} \\ a_{21}b_{21} & a_{22}b_{22} \end{bmatrix}$$

Por outro lado, o *produto da matriz* é dado por:

$$\begin{bmatrix} a_{11} & a_{12} \\ a_{21} & a_{22} \end{bmatrix} \begin{bmatrix} b_{11} & b_{12} \\ b_{21} & b_{22} \end{bmatrix}$$

$$= \begin{bmatrix} a_{11}b_{11} + a_{12}b_{21} & a_{11}b_{12} + a_{12}b_{22} \\ a_{21}b_{11} + a_{22}b_{21} & a_{21}b_{12} + a_{22}b_{22} \end{bmatrix}$$

Utilizaremos as operações de arranjo matricial ao longo deste livro, a não ser que seja especificado de outra forma. Por exemplo, quando nos referimos a elevar uma imagem a uma potência, queremos dizer que cada pixel individual é elevado a essa potência; quando nos referimos a dividir uma imagem por outra, queremos dizer que a divisão é feita entre os pares de pixels correspondentes, e assim por diante.

2.6.2 Operações lineares *versus* não lineares

Uma das classificações mais importantes de um método de processamento de imagens é em *linear* ou *não linear*. Considere um operador geral, H, que produz uma imagem de saída, $g(x, y)$, para uma dada imagem de entrada, $f(x, y)$:

$$H[f(x, y)] = g(x, y) \quad (2.6\text{-}1)$$

Diz-se que H é um *operador linear* se

$$H\left[a_i f_i(x, y) + a_j f_j(x, y)\right]$$
$$= a_i H\left[f_i(x, y)\right] + a_j H\left[f_j(x, y)\right]$$
$$= a_i g_i(x, y) + a_j g_j(x, y) \quad (2.6\text{-}2)$$

onde a_i, a_j, $f_i(x, y)$ e $f_j(x, y)$ são, respectivamente, constantes e imagens arbitrárias (do mesmo tamanho). A Equação 2.6-2 indica que a saída de uma operação linear em decorrência da soma de duas entradas é o mesmo que realizar essa operação para as entradas individualmente e depois somar os resultados. Além disso, a saída de uma operação linear da multiplicação de uma constante por uma entrada é igual à saída da operação em virtude da entrada original multiplicada por essa constante. A primeira propriedade é chamada de propriedade de *aditividade* e a segunda é chamada de propriedade da *homogeneidade*.

A título de um exemplo simples, suponha que H seja o operador de somatória, Σ; isto é, que a função desse operador seja simplesmente somar suas entradas. Para testar a linearidade, começamos com o lado esquerdo da Equação 2.6-2 e tentamos provar que ele é igual ao lado direito:*

$$\sum\left[a_i f_i(x, y) + a_j f_j(x, y)\right] = \sum a_i f_i(x, y) + \sum a_j f_j(x, y)$$

$$= a_i \sum f_i(x, y) + a_j \sum f_j(x, y)$$

$$= a_i g_i(x, y) + a_j g_j(x, y)$$

sendo que o primeiro passo resulta do fato de que o somatório é distributivo. Dessa forma, uma expansão do lado esquerdo é igual ao lado direito da Equação 2.6-2 e concluímos que o operador de soma é linear.

Por outro lado, considere a operação *máx*, cuja função é calcular o valor máximo dos pixels em uma imagem. Para nossos propósitos aqui, a forma mais simples de provar que esse operador é não linear é encontrar um exemplo que não passe no teste da Equação 2.6-2. Consideremos as duas imagens a seguir

$$f_1 = \begin{bmatrix} 0 & 2 \\ 2 & 3 \end{bmatrix} \quad \text{e} \quad f_2 = \begin{bmatrix} 6 & 5 \\ 4 & 7 \end{bmatrix}$$

e suponha que $a_1 = 1$ e $a_2 = -1$. Para testar a linearidade, mais uma vez começamos com o lado esquerdo da Equação 2.6-2:

---

* Esses são somatórios de arranjo, não as somas de todos os elementos das imagens. Dessa forma, a soma de uma única imagem é a própria imagem.

$$\text{máx}\left\{(1)\begin{bmatrix} 0 & 2 \\ 2 & 3 \end{bmatrix} + (-1)\begin{bmatrix} 6 & 5 \\ 4 & 7 \end{bmatrix}\right\}$$

$$= \text{máx}\left\{\begin{bmatrix} -6 & -3 \\ -2 & -4 \end{bmatrix}\right\} = -2$$

Passando em seguida para o lado direto, temos

$$(1)\text{máx}\left\{\begin{bmatrix} 0 & 2 \\ 2 & 3 \end{bmatrix}\right\} + (-1)\text{máx}\left\{\begin{bmatrix} 6 & 5 \\ 4 & 7 \end{bmatrix}\right\}$$

$$= 3 + (-1)7 = -4$$

Os lados esquerdo e direito da Equação 2.6-2 não são iguais neste caso, logo provamos que em geral o operador *máx* é não linear.

Como veremos nos três capítulos a seguir, especialmente nos capítulos 4 e 5, as operações lineares são extremamente importantes porque se baseiam em um grande volume de resultados teóricos e práticos aplicáveis ao processamento de imagens. Os sistemas não lineares não são tão bem compreendidos, de forma que seu escopo de aplicação é mais limitado. No entanto, veremos nos capítulos seguintes vários operadores não lineares de processamento de imagens cujo desempenho excede significativamente o que pode ser realizado pelos operadores lineares correspondentes.

2.6.3 Operações aritméticas

As operações aritméticas entre imagens são operações de arranjo matricial que, como discutimos na Seção 2.6.1, significam que as operações aritméticas são realizadas entre pares de pixels correspondentes. As quatro operações aritméticas são expressas como

$$s(x, y) = f(x, y) + g(x, y)$$
$$d(x, y) = f(x, y) - g(x, y)$$
$$p(x, y) = f(x, y) \times g(x, y)$$
$$v(x, y) = f(x, y) \div g(x, y) \quad (2.6\text{-}3)$$

Sabe-se que as operações são realizadas entre pares de pixels correspondentes em f e g para $x = 0, 1, 2,..., M-1$ e $y = 0, 1, 2,..., N-1$, sendo M e N, respectivamente, os tamanhos de linha e coluna das imagens. Claramente, s, d, p e v também são imagens de tamanho $M \times N$. Observe que a aritmética de imagem da forma que acabamos de definir envolve imagens do mesmo tamanho. Os exemplos a seguir indicam o importante papel exercido pelas operações aritméticas no processamento digital de imagens.

Exemplo 2.5 Adição (para cálculo da média) de imagens ruidosas para a redução de ruídos.*

Com $g(x, y)$ expressando uma imagem corrompida formada pela adição de ruído, $\eta(x, y)$, a uma imagem sem ruído $f(x, y)$, isto é:

$$g(x,y) = f(x,y) + \eta(x,y) \quad (2.6\text{-}4)$$

onde assumimos que, para cada par de coordenadas (x, y), o ruído não tem correlação** e tem valor médio zero. O objetivo do procedimento a seguir é reduzir o ruído por meio da adição de um conjunto de imagens ruidosas, $\{g_i(x,y)\}$. Esta é uma técnica utilizada frequentemente para o realce de imagens.

Se o ruído satisfizer as condições mencionadas anteriormente, pode ser demonstrado (Exercício 2.20) que, se uma imagem $\bar{g}(x,y)$ for formada pela média de K diferentes imagens ruidosas:

$$\bar{g}(x, y) = \frac{1}{K} \sum_{i=1}^{K} g_i(x, y) \quad (2.6\text{-}5)$$

segue-se que

$$E\{\bar{g}(x, y)\} = f(x, y) \quad (2.6\text{-}6)$$

e

$$\sigma^2_{\bar{g}(x,y)} = \frac{1}{K} \sigma^2_{\eta(x,y)} \quad (2.6\text{-}7)$$

onde $E\{\bar{g}(x,y)\}$ é o valor esperado de $\bar{g}$, e $\sigma^2_{\bar{g}(x,y)}$ e $\sigma^2_{\eta(x,y)}$ são, respectivamente, as variâncias de $\bar{g}$ e η, todas nas coordenadas (x, y). O desvio padrão (raiz quadrada da variância) em qualquer ponto da imagem média é

$$\sigma_{\bar{g}(x,y)} = \frac{1}{\sqrt{K}} \sigma_{\eta(x,y)} \quad (2.6\text{-}8)$$

As equações 2.6-7 e 2.6-8 indicam que, à medida que K aumenta, a variabilidade (medida pela variância ou pelo desvio padrão) dos valores de pixels em cada posição (x, y) diminui. Como $E\{\bar{g}(x,y)\} = f(x,y)$, isso significa que $\bar{g}(x, y)$ se aproxima de $f(x,y)$ à medida que o número de imagens ruidosas utilizadas no processo de cálculo da média aumenta. Na prática, as imagens $g_i(x, y)$ devem ser *registradas* (alinhadas) para evitar o acréscimo de borramento e outros artefatos na imagem de saída.

Uma importante aplicação da média de imagens é realizada no campo da astronomia, no qual a aquisição de imagens

---

* As imagens mostradas neste exemplo são de um par de galáxias chamado de NGC 3314, capturadas pelo telescópio espacial Hubble, da Nasa. O NGC 3314 se localiza a cerca de 140 milhões de anos-luz da Terra, na direção do hemisfério sul da constelação Hydra. As estrelas brilhantes que formam um cata-vento próximo ao centro da galáxia central são formadas de gás e poeira interestelar.

** Lembre-se de que a variância de uma variável aleatória z com média m é definida como $E[(z-m)^2]$, onde $E\{\cdot\}$ é o valor esperado do argumento. A covariância de duas variáveis aleatórias z_i e z_j é definida como $E[(z_i - m_i)(z_j - m_j)]$. Se as variáveis não têm correlação, sua covariância é 0.

em níveis muito baixos de iluminação frequentemente provoca ruído de sensores, que faz com que a representação por imagens isoladas seja praticamente inútil para a análise. A Figura 2.26(a) mostra uma imagem de 8 bits na qual a corrupção foi simulada com a adição de ruído gaussiano de média zero e desvio padrão de 64 níveis de intensidade. Essa imagem, típica de imagens com ruído obtidas em condições de baixa iluminação, é inútil para quaisquer objetivos práticos. As figuras 2.26(b) a (f) mostram os resultados da média de 5, 10, 20, 50 e 100 imagens, respectivamente. Vemos que o resultado da Figura 2.26(e), obtida com $K = 50$, é relativamente limpo. A imagem da Figura 2.26(f), resultante do cálculo da média de 100 imagens ruidosas, representa apenas uma pequena melhoria em relação à imagem da Figura 2.26(e).

A adição é uma versão discreta de uma integração contínua. Em observações astronômicas, um processo equivalente ao método que acabamos de descrever é utilizar os recursos de integração do CCD (veja a Seção 2.3.3) ou sensores similares para a redução de ruído observando a mesma cena por longos períodos. O resfriamento também é utilizado para reduzir o ruído do sensor. O efeito geral, entretanto, é análogo ao cálculo da média de um conjunto de imagens digitais com ruído.

Exemplo 2.6 Subtração de imagens para realce de diferenças.

Uma aplicação frequente da subtração de imagens é no realce de *diferenças* entre as imagens. Por exemplo, a imagem da Figura 2.27(b) foi obtida zerando os bits menos significativos de todos os pixels da Figura 2.27(a). Visualmente, essas imagens são exatamente iguais. Contudo, como mostra a Figura 2.27(c), subtrair uma imagem da outra mostra claramente suas diferenças. Valores em preto (0) nessa imagem de diferença indicam pontos nos quais não há nenhuma diferença entre as imagens das figuras 2.27(a) e (b).

Como outro exemplo, analisaremos rapidamente uma área das imagens médicas chamada de *radiografia em modo máscara*, uma utilização comercialmente bem-sucedida e extremamente benéfica da subtração de imagens.* Consideramos a diferença entre duas imagens da forma:

$$g(x, y) = f(x, y) - h(x, y) \quad (2.6\text{-}9)$$

Neste caso, $h(x, y)$, a *máscara*, é uma imagem de raios X de uma região do corpo do paciente, capturada por um intensificador de imagens e uma câmera de TV (em vez de um filme de raios X tradicional) localizada na frente de uma fonte de raios X. O procedimento consiste em injetar uma substância de contraste para raios X na corrente sanguínea do paciente, capturando uma série de imagens chamada de *imagens*

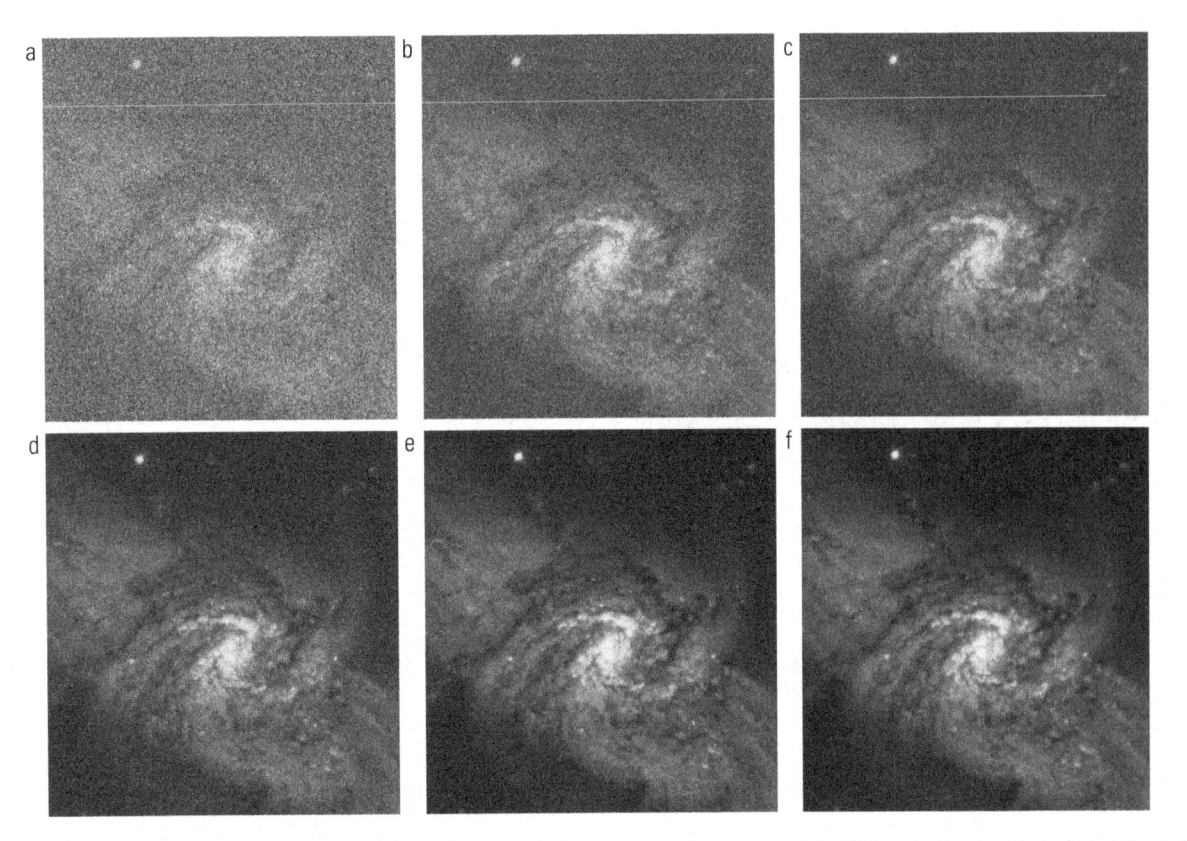

Figura 2.26 (a) Imagem do par de galáxias NGC 3314 corrompida pelo ruído gaussiano aditivo. (b) a (f) Resultados do cálculo da média de 5, 10, 20, 50 e 100 imagens ruidosas, respectivamente. (Imagem original: cortesia da Nasa.)

---

* A detecção de mudanças por meio da subtração de imagens também é utilizada na segmentação de imagens, que analisaremos no Capítulo 10.

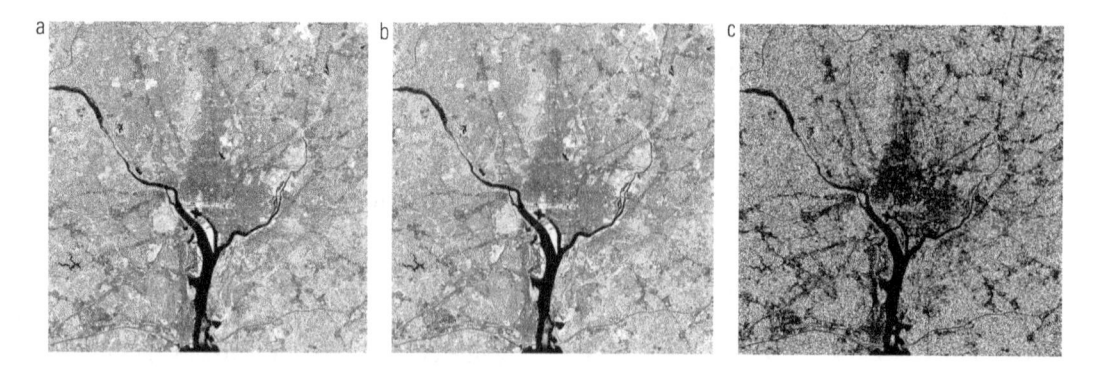

Figura 2.27 (a) Imagem em infravermelho da área de Washington, D.C. (b) Imagem obtida zerando o bit menos significativo de todos os pixels de (a). (c) Diferença entre as duas imagens ajustada para a faixa [0, 255] para melhor visualização.

ativas [amostras que são expressas como $f(x, y)$] da mesma região anatômica que $h(x, y)$ e subtraindo a máscara da série de imagens ativas recebidas após a injeção do contraste. O efeito final da subtração da máscara a partir de cada amostra de imagem ativa é que as áreas entre $f(x, y)$ e $h(x, y)$, que são diferentes, são exibidas na imagem de saída, $g(x, y)$, como detalhes realçados. Como as imagens podem ser capturadas em velocidade de TV, esse procedimento basicamente resulta em um filme mostrando como a substância de contraste se propaga através das várias artérias na área em observação.

A Figura 2.28(a) mostra uma imagem de raios X (máscara) da parte superior da cabeça de um paciente antes da injeção de uma substância à base de iodo (contraste) na corrente sanguínea, e a Figura 2.28(b) é uma amostra de uma imagem ativa obtida depois que o contraste foi injetado. A Figura 2.28(c) mostra a diferença entre (a) e (b). Algumas estruturas detalhadas do vaso sanguíneo são visíveis nessa imagem. A diferença fica clara na Figura 2.28(d), que foi obtida realçando o contraste em (c) (discutiremos o realce do contraste no próximo capítulo). A Figura 2.28(d) apresenta um "mapa" claro de como a substância de contraste se propaga pelos vasos sanguíneos no cérebro do paciente.

Exemplo 2.7 Utilização da multiplicação e divisão de imagens para a correção de sombreamento.

Uma importante aplicação da multiplicação (e divisão) de imagens é a *correção de sombreamento*. Suponha que um sensor de aquisição de imagens produza imagens que possam ser modeladas como o produto de uma "imagem perfeita", expressa por $f(x, y)$, por uma função de sombreamento $h(x, y)$, isto é, $g(x, y) = f(x, y)h(x, y)$. Se $h(x, y)$ for conhecido, podemos obter $f(x, y)$ multiplicando a imagem capturada pelo inverso de $h(x, y)$ (isto é, dividindo g por h). Se $h(x, y)$ não for conhecido, mas o acesso ao sistema de aquisição de imagens for possível, podemos obter uma aproximação da função de sombreamento obtendo uma imagem de um objeto de intensidade constante. Quando o sensor não está disponível, podemos muitas vezes estimar o padrão de sombreamento diretamente da imagem, como veremos na Seção 9.6. A Figura 2.29 mostra um exemplo de correção de sombreamento.

Uma outra utilização comum da multiplicação de imagens é no *mascaramento*, também chamado de *região de interesse* (ROI, de *region of interest*). O processo, ilustrado na Figura 2.30, consiste simplesmente em multiplicar uma determinada imagem por uma imagem máscara que tem 1s na ROI e 0s em outras regiões. Pode haver mais de uma ROI na imagem máscara e a forma da ROI pode ser arbitrária, apesar de formatos retangulares serem utilizados com mais frequência para facilitar a implementação.

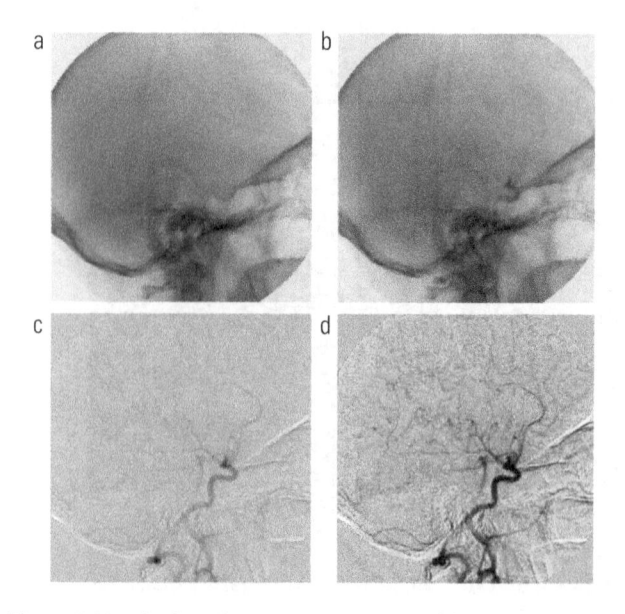

Figura 2.28 Angiografia por subtração digital. (a) Imagem máscara. (b) Uma imagem ativa. (c) Diferença entre (a) e (b). (d) Imagem da diferença realçada. (Figuras (a) e (b): cortesia do Instituto de Ciência de Imagem, Centro Médico da Universidade de Utrecht, Holanda.)

Antes de concluirmos esta seção, alguns comentários sobre a utilização de operações aritméticas em imagens

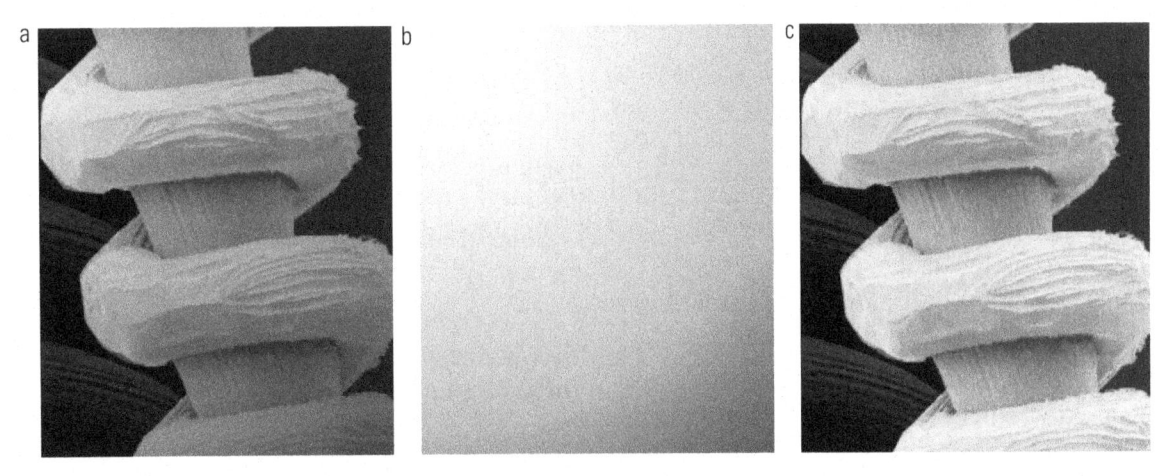

Figura 2.29 Correção de sombreamento. (a) Imagem sombreada de um filamento de tungstênio e suporte gerada por um microscópio eletrônico por varredura, ampliada aproximadamente 130 vezes. (b) O padrão de sombreamento. (c) Produto de (a) pelo inverso de (b). (Imagem original: cortesia de Michael Shaffer, Departamento de Ciências Geológicas, Universidade de Oregon, Eugene.)

são apropriados. Na prática, a maioria das imagens é exibida utilizando 8 bits (mesmo as imagens coloridas de 24 bits consistem em três canais separados de 8 bits). Dessa forma, esperamos que os valores das imagens estejam no intervalo de 0 a 255. Quando as imagens são salvas em um formato padrão, como TIFF ou JPEG, a conversão para esse intervalo é automática. Contudo, o método utilizado para a conversão depende do sistema utilizado. Por exemplo, os valores da diferença de duas imagens de 8 bits pode variar de um mínimo de –255 a um máximo de 255 e os valores de uma imagem obtida a partir de uma soma podem variar de 0 a 510. Muitos aplicativos computacionais, ao converter imagens para 8 bits, simplesmente transformam todos os valores negativos em 0 e todos os valores que excedem esse limite são transformados em 255. Considerando uma imagem f, apresentamos abaixo uma metodologia que garante que todo intervalo de uma operação aritmética entre imagens seja "capturado" em um número fixo de bits. Para começar, realizamos a operação:

$$f_m = f - \text{mín}(f) \qquad (2.6\text{-}10)$$

o que cria uma imagem cujo valor mínimo é 0. Depois, realizamos a operação

$$f_s = K[f_m / \text{máx}(f_m)] \qquad (2.6\text{-}11)$$

o que cria uma imagem ajustada, f_s, cujos valores estão no intervalo [0, K]. Ao trabalhar com imagens de 8 bits, definir $K = 255$ nos dá uma imagem ajustada às intensidades que cobrem toda a escala de 8 bits, de 0 a 255. Comentários similares se aplicam a imagens de 16 bits ou mais. Essa metodologia pode ser utilizada por todas as operações aritméticas. Ao realizar uma divisão, temos o requisito adicional de que um número pequeno deve ser acrescentado aos pixels da imagem do divisor para evitar a divisão por 0.

2.6.4 Operações com conjuntos e operações lógicas

Nesta seção, apresentamos brevemente algumas importantes operações com conjuntos e operações lógicas. Também apresentamos o conceito de um conjunto *fuzzy*.

Figura 2.30 (a) Imagem digital de uma radiografia odontológica. (b) Máscara com duas regiões de interesse para isolar dentes com obturações (branco corresponde a 1 e preto corresponde a 0). (c) Produto de (a) com (b).

Operações básicas com conjuntos

Seja A um conjunto composto de *pares ordenados* de números reais. Se $a = (a_1, a_2)$ for um *elemento* de A, temos

$$a \in A \qquad (2.6\text{-}12)$$

Da mesma forma, se *a* não for um elemento de A, temos

$$a \notin A \qquad (2.6\text{-}13)$$

O conjunto que não contém elementos é chamado de *conjunto nulo* ou *conjunto vazio* e é expresso pelo símbolo ∅.

Um conjunto é especificado pelo conteúdo de duas chaves: { · }. Por exemplo, quando escrevemos uma expressão da forma $C = \{w | w = -d, d \in D\}$, queremos dizer que o conjunto C é o conjunto de elementos, *w*, de forma que *w* é formado multiplicando cada um dos elementos do conjunto D por –1. Uma forma na qual os conjuntos são utilizados em processamento de imagens é fazer com que os elementos dos conjuntos sejam *coordenadas* de pixels (pares ordenados de números inteiros) representando regiões (objetos) em uma imagem.

Se cada elemento de um conjunto A também for um elemento de um conjunto B, então se diz que A é um *subconjunto* de B, expresso como

$$A \subseteq B \qquad (2.6\text{-}14)$$

A *união* dos dois conjuntos A e B é expressa por

$$C = A \cup B \qquad (2.6\text{-}15)$$

que é o conjunto de elementos que pertencem ou ao conjunto A, ou ao B ou a ambos. De forma similar, a *interseção* de dois conjuntos A e B é expressa por

$$D = A \cap B \qquad (2.6\text{-}16)$$

que é o conjunto de elementos que pertencem a ambos os conjuntos. Diz-se que dois conjuntos A e B são *disjuntos* ou *mutuamente exclusivos* se não tiverem elementos em comum. Nesse caso:

$$A \cap B = \varnothing \qquad (2.6\text{-}17)$$

O *conjunto universo*, U, é o conjunto de todos os elementos de uma dada aplicação. Por definição, todos os elementos do conjunto em uma dada aplicação pertencem ao universo definido para essa aplicação. Por exemplo, se você estiver trabalhando com o conjunto de números reais, o conjunto universo é a reta real, que contém todos os números reais. No processamento de imagens, normalmente definimos o conjunto universo como o retângulo que contém todos os pixels de uma imagem.

O *complemento* de um conjunto A é o conjunto de elementos que não estão em A:

$$A^c = \{w | w \notin A\} \qquad (2.6\text{-}18)$$

A *diferença* entre dois conjuntos A e B, expressa por $A - B$, é definida como

$$A - B = \{w | w \in A, w \notin B\} = A \cap B^c \qquad (2.6\text{-}19)$$

Vemos que esse é o conjunto de elementos que pertence a A, mas não pertence a B. Poderíamos, por exemplo, definir A^c em termos de U e da operação de diferença: $A^c = U - A$.

A Figura 2.31 ilustra os conceitos apresentados anteriormente, nos quais o universo é o conjunto de coordenadas contidas no retângulo mostrado e os conjuntos A e B são os conjuntos de coordenadas que estão dentro das regiões mostradas na figura. O resultado da operação com conjuntos indicado em cada figura é mostrado em cinza.*

Na discussão anterior, pertencer ao conjunto depende da posição (coordenadas). Uma premissa implícita ao trabalhar com imagens é que a intensidade de todos os pixels dos conjuntos é a mesma, já que não definimos as operações de conjuntos envolvendo valores de intensidade (por exemplo, não especificamos quais são as intensidades na interseção de dois conjuntos). A única forma de as operações ilustradas na Figura 2.31 fazerem sentido é se as imagens que contêm os conjuntos forem

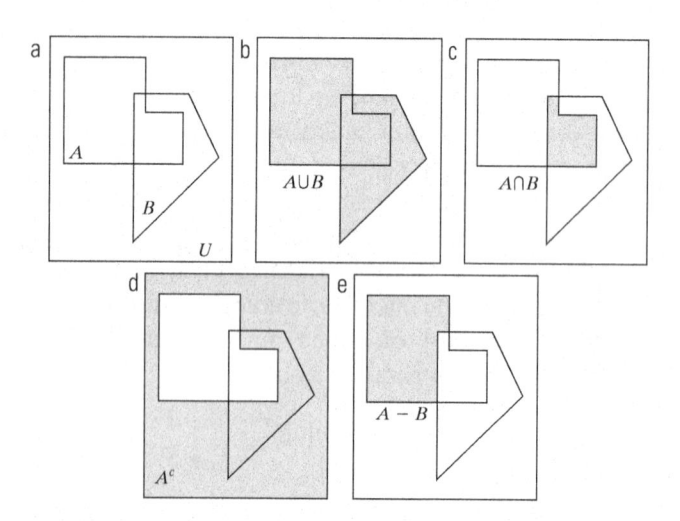

Figura 2.31 (a) Dois conjuntos de coordenadas, A e B, em um espaço 2-D. (b) A união de A e B. (c) A interseção de A e B. (d) O complemento de A. (e) A diferença entre A e B. Em (b)-(e) as áreas em cinza representam os elementos resultantes da operação de conjuntos indicada.

---

* As operações apresentadas nas equações 2.6-12 a 2.6-19 formam a base para a álgebra dos conjuntos, que começa com propriedades como as *leis comutativas*: $A \cup B = B \cup A$ e $A \cap B = B \cap A$ e, a partir delas, desenvolve uma ampla teoria baseada em operações de conjuntos. Uma explicação da álgebra dos conjuntos está além do escopo da presente discussão, mas você deve estar ciente de sua existência.

binárias e, nesse caso, podemos falar em pertencer ou não ao conjunto dependendo apenas das coordenadas, considerando que todos os elementos dos conjuntos têm a mesma intensidade. Discutiremos isso em mais detalhes na subseção a seguir.

Ao lidar com imagens em escala de cinza, os conceitos anteriores não se aplicam, porque precisamos especificar as intensidades de todos os pixels resultantes de uma operação com conjuntos. Com efeito, como veremos nas seções 3.8 e 9.6, as operações de união e interseção para valores em escala de cinza normalmente são definidas como o valor máximo e o valor mínimo entre cada par de pixel correspondente, respectivamente, ao passo que o complemento é definido como as diferenças entre uma constante e a intensidade de cada pixel em uma imagem. O fato de lidarmos com pares de pixels correspondentes nos informa que as operações com conjuntos em escala de cinza são operações de arranjo matricial, como definido na Seção 2.6.1. O exemplo a seguir é uma breve ilustração de operações de conjuntos envolvendo imagens em escala de cinza. Discutiremos esses conceitos em mais detalhes nas duas seções já mencionadas.

Exemplo 2.8 Operações de conjuntos envolvendo intensidades de imagem.

Sejam os elementos de uma imagem em escala de cinza representada por um conjunto A cujos elementos são expressos em um grupo de três variáveis na forma (x, y, z), onde x e y são coordenadas espaciais e z expressa a intensidade, como mencionamos na Seção 2.4.2. Podemos definir o *complemento* de A como o conjunto $A^c = \{(x, y, K-z) \mid (x, y, z) \in A\}$, o que simplesmente expressa o conjunto de pixels de A cujas intensidades foram subtraídas de uma constante K. Essa constante é igual a $2^k - 1$, sendo k o número de bits por pixel utilizado para representar a intensidade z. Seja A a imagem em escala de cinza de 8 bits da Figura 2.32(a), e suponha que queiramos formar o negativo de A utilizando operações com conjuntos. Nós simplesmente formamos o conjunto $A_n = A^c = \{(x, y, 255-z) \mid (x, y, z) \in A\}$. Observe que as coordenadas são mantidas na mesma posição, de forma que A_n é uma imagem do mesmo tamanho que A. A Figura 2.32(b) mostra o resultado.

A união dos dois conjuntos em escala de cinza A e B pode ser definida com o conjunto

$$A \cup B = \left\{ \max_z (a, b) \mid a \in A, b \in B \right\}$$

Em outras palavras, a união de dois conjuntos em escala de cinza (imagens) é um arranjo matricial formado a partir da intensidade máxima entre os pares de elementos de mesma coordenada espacial. Mais uma vez, observe que as coordenadas são mantidas na mesma posição, de forma que a união de A e B é uma imagem do mesmo tamanho que essas duas imagens. A título de exemplo, suponha que A novamente represente a imagem da Figura 2.32(a), e digamos que B expresse um arranjo matricial retangular, do mesmo tamanho que A, no qual todos os valores de z são iguais a 3 vezes a intensidade média, m, dos elementos de A. A Figura 2.32(c) mostra o resultado ao realizar a união dos conjuntos, na qual todos os valores que excedem $3m$ aparecem como valores de A e todos os outros pixels têm valor $3m$, que corresponde a um nível de cinza médio.

Operações lógicas

Quando lidamos com imagens binárias, podemos pensar em grupos de pixels de *frente* (valor 1) e de *fundo* (valor 0). Então, se definirmos regiões (objetos) como sendo compostos de pixels de frente, as operações de conjuntos ilustradas na Figura 2.31 se tornam operações entre as coordenadas dos objetos em uma imagem binária. Ao lidar com imagens binárias, costuma-se referir a união, interseção e complemento como as operações *lógicas* OU (*OR*), E (*AND*) e NÃO (*NOT*), onde "lógicas" provêm da lógica matemática na qual 1 e 0 expressam verdadeiro e falso, respectivamente.

Considere duas regiões (conjuntos) A e B compostas de pixels de frente. A operação OU entre esses dois conjuntos é o conjunto de elementos (coordenadas) pertencentes a A ou a B ou aos dois. A operação E é o conjunto de elementos que são comuns a A e a B. A operação NÃO de um conjunto A é o conjunto de elementos que não pertencem a A. Como estamos lidando com imagens, se A for um dado conjunto de pixels

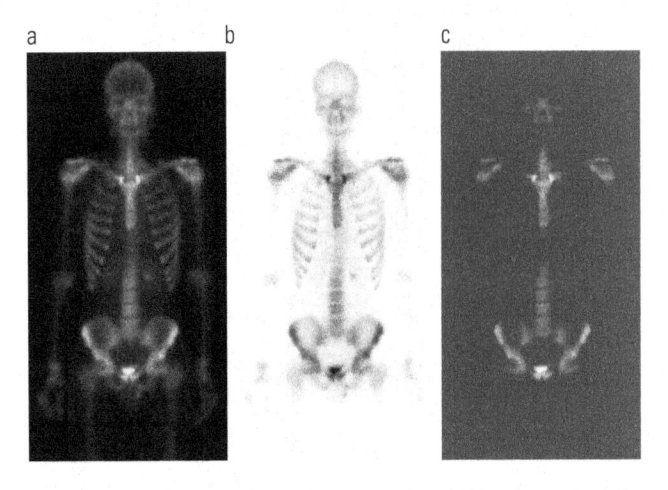

Figura 2.32 Conjunto de operações envolvendo imagens em escala de cinza. (a) Imagem original. (b) Negativo obtido da complementação do conjunto. (c) União de (a) com uma imagem constante. (Imagem original: cortesia da G.E. Medical Systems.)

de frente, NÃO(A) é o conjunto de todos os pixels da imagem que não pertencem a A, sendo que esses pixels são os pixels de fundo e possivelmente outros pixels de frente. Podemos pensar nessa operação como a transformação de todos os elementos de A em 0 (preto) e todos os elementos não pertencentes a A em 1 (branco). A Figura 2.33 ilustra essas operações. Observe na quarta linha que o resultado da operação é o conjunto de pixels de frente que pertencem a A mas não a B, o que é a definição da diferença de conjuntos da Equação 2.6-19. A última linha da figura mostra a operação OU exclusivo (X-OU ou X-OR), que é o conjunto de pixels de frente que pertencem a A ou a B, mas não a ambos. Observe que as operações anteriores são realizadas entre regiões, que claramente podem ser irregulares e de tamanhos diferentes. Isso é o oposto das operações em escala de cinza discutidas anteriormente, que são operações de arranjo matricial e, dessa forma, requerem conjuntos cujas dimensões espaciais são as mesmas. Em outras palavras, as operações com conjuntos em escala de cinza envolvem imagens completas, diferente das operações com regiões de imagens.

Teoricamente, precisamos nos preocupar apenas com a capacidade de implementar os operadores lógicos E, OU ou NÃO, porque esses três operadores são *funcionalmente completos*. Em outras palavras, qualquer outro operador lógico pode ser implementado a partir dessas três funções básicas, como na quarta linha da Figura 2.33, onde implementamos a operação de diferença de conjuntos utilizando os operadores E e NÃO. As operações lógicas são amplamente utilizadas em morfologia de imagens, o tema do Capítulo 9.

Conjuntos *fuzzy*

O conjunto e os resultados lógicos anteriores são conceitos *clássicos*, no sentido de que os elementos ou pertencem ou não pertencem a um conjunto. Isso representa uma séria limitação em algumas aplicações. Considere um exemplo simples. Suponha que queiramos categorizar todas as pessoas do mundo como jovens ou não jovens. Utilizando os conjuntos clássicos, U expressa o conjunto de todas as pessoas, e A é um subconjunto de U, que chamaremos de *conjunto dos jovens*. Para formar o conjunto A, precisamos de uma *função de pertinência* que atribua um valor 1 ou 0 a cada elemento (pessoa) de U. Se o valor atribuído a um elemento de U for 1, então o elemento pertencerá a A; caso contrário, o elemento não pertencerá a A. Como estamos lidando com uma lógica de dois valores, a função de pertinência simplesmente define um limiar no qual ou abaixo do qual uma pessoa é considerada jovem, e acima do qual uma pessoa é considerada não jovem. Suponha que definamos como jovem qualquer pessoa com 20 anos de idade ou menos. Vemos imediatamente uma dificuldade. Uma pessoa com 20 anos e 1 segundo de idade não pertenceria ao conjunto de jovens. Essa limitação surge independentemente do limiar de idade utilizado para classificar uma pessoa como jovem. O que precisamos é de mais flexibilidade no que queremos dizer com "jovem", isto é, precisamos de uma transição *gradual* de jovem a não jovem. A teoria dos *conjuntos fuzzy* implementa esse conceito utilizando funções de pertinência que são graduais entre os valores-limite de 1 (definitivamente jovem) a 0 (definitivamente não jovem). Utilizando conjuntos *fuzzy*, podemos dizer, por exemplo, que uma pessoa é 50% jovem (no meio da transição entre jovem e não jovem). Em outras palavras, a idade é um conceito impreciso, e a lógica *fuzzy* nos fornece as ferramentas para lidar com conceitos como esses. Analisaremos os conjuntos *fuzzy* em detalhes na Seção 3.8.

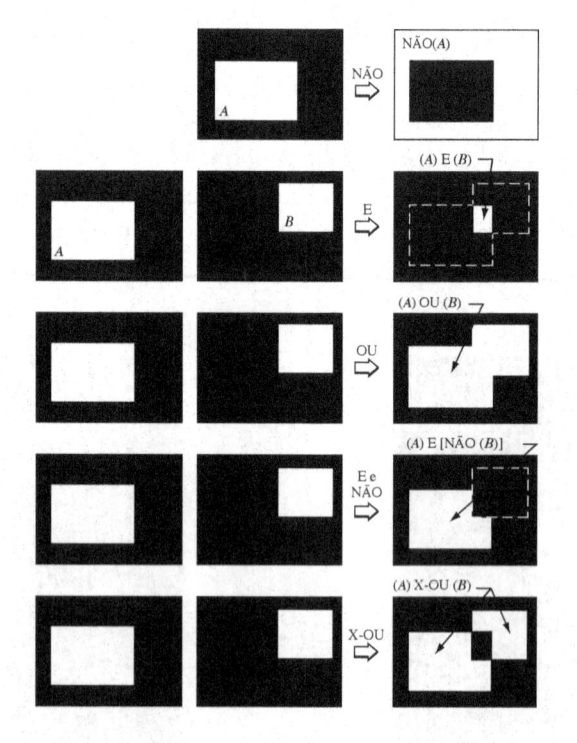

Figura 2.33 Ilustração de operações lógicas envolvendo pixels de frente (brancos). O preto representa binários "0s" e o branco, binários "1s". As linhas tracejadas são mostradas somente para referência. Elas não fazem parte dos resultados.

2.6.5 Operações espaciais

As operações espaciais são realizadas diretamente sobre os pixels de uma determinada imagem. Classificamos as operações espaciais em três categorias amplas: (1) operações ponto a ponto; (2) operações por vizinhança; e (3) transformações geométricas.

Operações ponto a ponto

A operação mais simples realizada em uma imagem digital consiste em alterar os valores de seus pixels individuais com base em sua intensidade. Esse tipo de processo pode ser expresso como uma função de transformação, T, com a forma:

$$s = T(z) \qquad (2.6\text{-}20)$$

onde z é a intensidade de um pixel na imagem original e s é a intensidade (mapeada) do pixel correspondente na imagem processada. Por exemplo, a Figura 2.34 mostra a transformação utilizada para obter o negativo de uma imagem de 8 bits, como mostrado na imagem da Figura 2.32(b), que obtivemos utilizando operações com conjuntos. Discutiremos no Capítulo 3 uma série de técnicas para especificar as funções de transformação de intensidade.

Operações por vizinhança

Seja S_{xy} o conjunto de coordenadas de uma vizinhança centrada em um ponto arbitrário (x, y) em uma imagem f. O processamento por vizinhança gera um pixel correspondente nas mesmas coordenadas em uma imagem de saída (processada), g, de forma que o valor desse pixel é determinado por uma operação específica envolvendo os pixels da imagem de entrada com coordenadas em S_{xy}. Por exemplo, suponha que a operação especificada consista em calcular o valor médio dos pixels em uma vizinhança retangular de tamanho $m \times n$ centrada em (x, y).

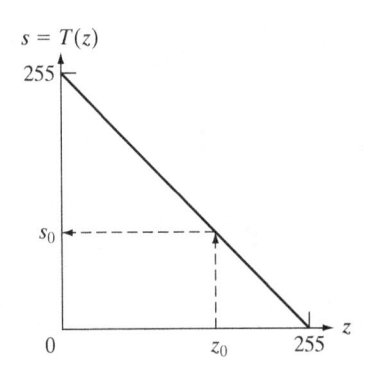

Figura 2.34 Função de transformação de intensidade utilizada para obter o negativo de uma imagem de 8 bits. As setas tracejadas mostram a transformação de um valor arbitrário de entrada com intensidade z_0 em um valor correspondente de saída s_0.

As posições dos pixels nessa região constituem o conjunto S_{xy}. As figuras 2.35(a) e (b) ilustram o processo. Podemos expressar essa operação na forma de equação como:

$$g(x, y) = \frac{1}{mn} \sum_{(r,c) \in S_{xy}} f(r, c) \qquad (2.6\text{-}21)$$

onde r e c são as coordenadas de linha e coluna dos pixels que pertencem ao conjunto S_{xy}. A imagem g é criada variando-se as coordenadas (x, y), de forma que o centro da vizinhança se mova de pixel a pixel na imagem f repetindo a operação por vizinhança em cada nova posição. Por exemplo, a imagem da Figura 2.35(d) foi criada dessa maneira utilizando uma vizinhança de tamanho 41×41. O efeito final é um borramento local na imagem original. Esse tipo de processo é utilizado, por exemplo, para eliminar detalhes e representar como "borrões" as regiões maiores de uma imagem. Discutiremos o processamento por vizinhança nos capítulos 3 e 5 e em vários outros locais ao longo do livro.

Transformações geométricas e registro de imagens

As transformações geométricas modificam a relação espacial entre os pixels de uma imagem. Essas transformações costumam ser chamadas de transformações do tipo *rubber sheet* (superfície de borracha), porque podem ser vistas de forma análoga à "impressão" de uma imagem em uma superfície de borracha que possa ser esticada de acordo com um conjunto de regras predefinidas. Em termos de processamento de imagens digitais, uma transformação geométrica consiste em duas operações básicas: (1) uma transformação espacial de coordenadas e (2) interpolação de intensidade que atribui níveis de intensidade aos pixels transformados espacialmente.

A transformação das coordenadas pode ser expressa como:

$$(x, y) = T\{(v, w)\} \qquad (2.6\text{-}22)$$

onde (v, w) são coordenadas de um pixel na imagem original, e (x, y) são as coordenadas do pixel correspondente na imagem transformada. Por exemplo, a transformação $(x, y) = T\{(v, w)\} = (v/2, w/2)$ reduz a dimensão (*shrink*) da imagem original à metade de seu tamanho em ambas as direções espaciais. Uma das transformações em coordenadas espaciais mais comumente utilizadas é a *transformação afim* (Wolberg [1990]), que assume a forma geral:

$$\begin{aligned}
[x \ y \ 1] &= [v \ w \ 1] \, \mathbf{T} \\
&= [v \ w \ 1] \begin{bmatrix} t_{11} & t_{12} & 0 \\ t_{21} & t_{22} & 0 \\ t_{31} & t_{32} & 1 \end{bmatrix}
\end{aligned} \qquad (2.6\text{-}23)$$

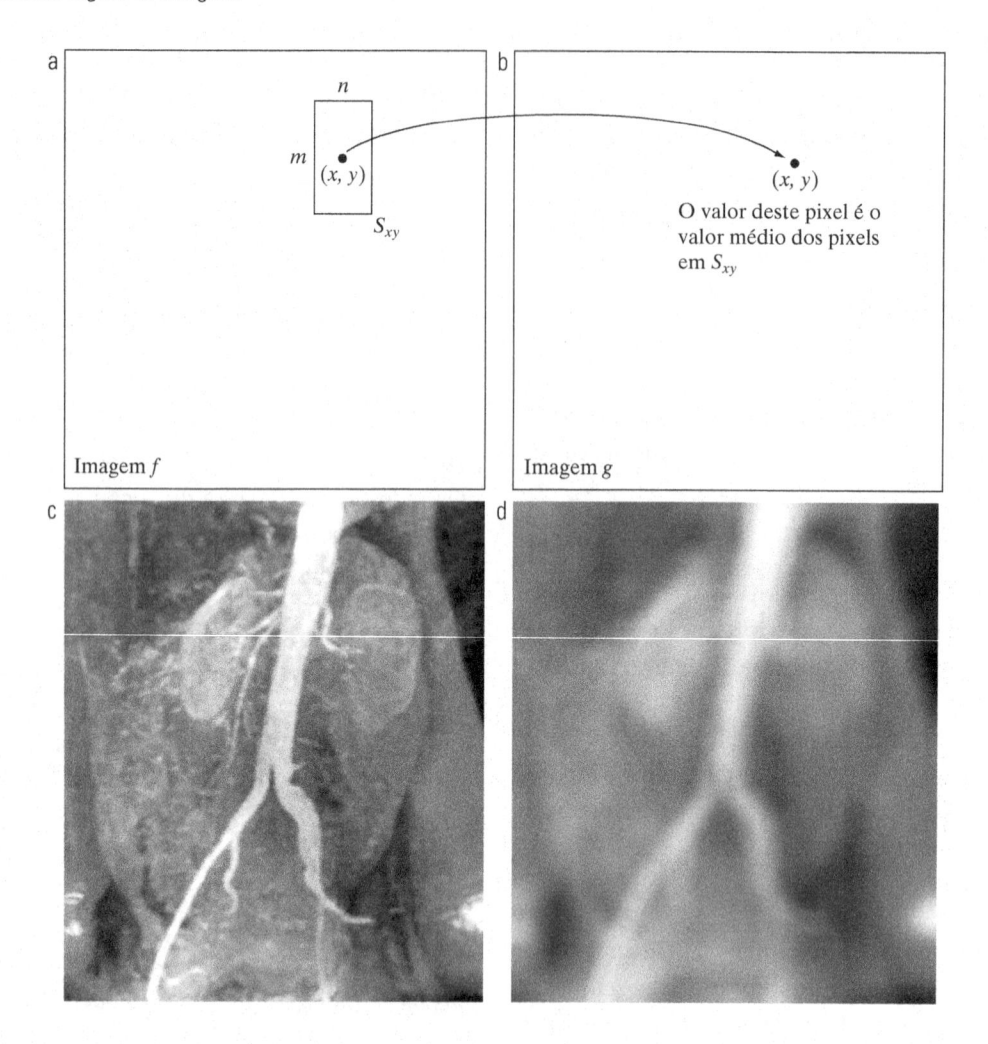

Figura 2.35 Cálculo da média local utilizando processamento por vizinhança. O procedimento é ilustrado em (a) e (b) para uma vizinhança retangular. (c) O angiograma da aorta discutido na Seção 1.3.2. (d) O resultado da utilização da Equação 2.6-21 com $m = n = 41$. As imagens estão no tamanho 790 × 686 pixels.

Essa transformação pode realizar a operação de escala, rotação, translação ou cisalhamento em um conjunto de pontos coordenados, dependendo do valor escolhido para os elementos da matriz **T**. A Tabela 2.2 ilustra os valores da matriz utilizados para implementar essas transformações. A grande vantagem da representação matricial da Equação 2.6-23 é que ela proporciona a estrutura para concatenar uma sequência de operações. Por exemplo, se quisermos redimensionar uma imagem, rotacioná-la e transferir o resultado para alguma posição, simplesmente formamos uma matriz 3 × 3 igual ao produto das matrizes de escala, rotação e translação da Tabela 2.2.

As transformações relocam os pixels de uma imagem para novas posições. Para concluir o processo, precisamos atribuir valores de intensidade a essas posições. Essa tarefa é realizada utilizando a interpolação de intensidade. Nós já discutimos esse tópico na Seção 2.4.4. Iniciamos aquela seção com um exemplo de ampliação (*zoom*) de uma imagem e discutimos a questão da atribuição de intensidade a novas posições dos pixels. A ampliação não passa de uma operação de escala, como detalhado na segunda linha da Tabela 2.2, e uma análise similar à desenvolvida para a ampliação é aplicável ao problema da atribuição de valores de intensidade aos pixels relocados que resultaram das outras transformações da Tabela 2.2. Como na Seção 2.4.4, consideramos as técnicas de interpolação bilinear, bicúbica e por vizinho mais próximo ao trabalhar com essas transformações.

Na prática, podemos utilizar a Equação 2.6-23 de duas formas básicas. A primeira, chamada de *mapeamento direto*, consiste na varredura dos pixels da imagem de entrada e, para cada posição (v, w), calcular a nova localização espacial (x, y) do pixel correspondente na imagem de saída utilizando diretamente a Equação 2.6-23. Um problema com o método do mapeamento direto é que dois ou mais pixels da imagem de entrada podem ser transforma-

Tabela 2.2 Transformações afins baseadas na Equação 2.6-23.

Nome da transformação	Matriz afim, T	Equações coordenadas	Exemplo
Identidade	$\begin{bmatrix} 1 & 0 & 0 \\ 0 & 1 & 0 \\ 0 & 0 & 1 \end{bmatrix}$	$x = v$ $y = w$	
Escala	$\begin{bmatrix} c_x & 0 & 0 \\ 0 & c_y & 0 \\ 0 & 0 & 1 \end{bmatrix}$	$x = c_x v$ $y = c_y w$	
Rotação	$\begin{bmatrix} \cos\theta & \sin\theta & 0 \\ -\sin\theta & \cos\theta & 0 \\ 0 & 0 & 1 \end{bmatrix}$	$x = v\cos\theta - w\sin\theta$ $y = v\sin\theta + w\cos\theta$	
Translação	$\begin{bmatrix} 1 & 0 & 0 \\ 0 & 1 & 0 \\ t_x & t_y & 1 \end{bmatrix}$	$x = v + t_x$ $y = w + t_y$	
Cisalhamento (vertical)	$\begin{bmatrix} 1 & 0 & 0 \\ s_v & 1 & 0 \\ 0 & 0 & 1 \end{bmatrix}$	$x = v + s_v w$ $y = w$	
Cisalhamento (horizontal)	$\begin{bmatrix} 1 & s_h & 0 \\ 0 & 1 & 0 \\ 0 & 0 & 1 \end{bmatrix}$	$x = v$ $y = s_h v + w$	

dos para a mesma posição na imagem de saída, levantando a questão de como combinar vários valores de saída em um único pixel de saída. Além disso, é possível que algumas posições de saída não sejam atribuídas a nenhum pixel. A segunda abordagem, chamada de *mapeamento inverso*, realiza uma varredura nas posições dos pixels de saída e, a cada posição (x, y), calcula a posição correspondente na imagem de entrada utilizando $(v, w) = T^{-1}(x, y)$. Depois realiza a interpolação (utilizando uma das técnicas discutidas na Seção 2.4.4) entre os pixels de entrada mais próximos para determinar a intensidade do pixel de saída. Os mapeamentos inversos são de implementação mais eficiente do que os mapeamentos diretos e são utilizados em várias aplicações comerciais de transformações espaciais (por exemplo, o Matlab utiliza essa abordagem).

■

Exemplo 2.9 Rotação da imagem e interpolação de intensidade.

O objetivo deste exemplo é ilustrar a rotação de imagens utilizando uma transformação afim. A Figura 2.36(a) mostra uma imagem de 300 dpi e as figuras 2.36(b) a (d) são os resultados da rotação da imagem original em 21° utilizando a interpolação por vizinho mais próximo, a interpolação bilinear e a interpolação bicúbica, respectivamente. A rotação é uma das transformações geométricas mais exigentes em termos da preservação das características de linhas retas. Como vemos na figura, a interpolação por vizinho mais próximo produziu bordas mais irregulares e, do mesmo modo que na Seção 2.4.4, a interpolação bilinear gerou resultados significativamente melhores. Como antes, a interpolação bicúbica produziu resultados ligeiramente mais nítidos. Na verdade, se você comparar o detalhe ampliado nas figuras 2.36(c) e (d), notará no centro das subimagens que o número de "blocos" verticais em cinza que proporcionam a transição de intensidade do claro ao escuro na Figura 2.36(c) é maior que o número correspondente de blocos em (d), indicando que, neste último caso, a borda é mais nítida. Resultados similares seriam obtidos com outras transformações espaciais da Tabela 2.2 que requerem interpolação (nem a identidade nem a translação requerem interpolação se os incrementos forem números inteiros de pixels). Esse exemplo foi implementado utilizando o método de mapeamento inverso discutido no parágrafo anterior.

■

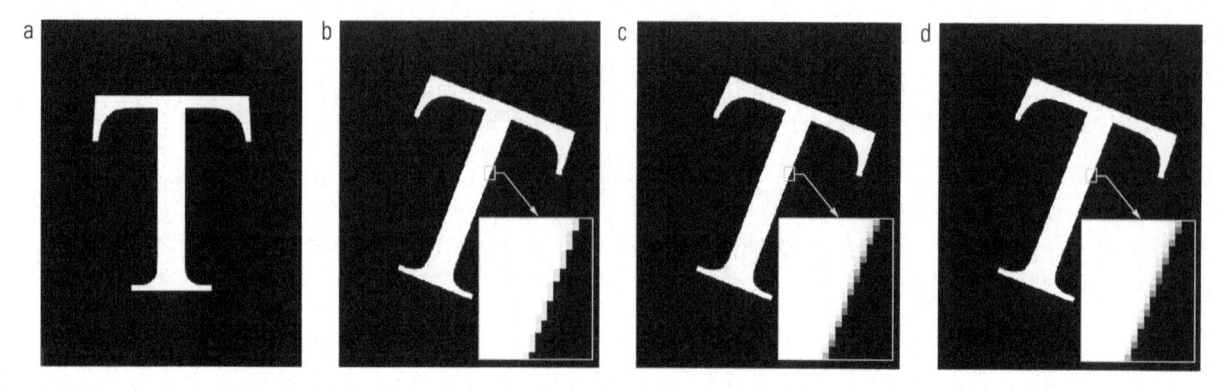

Figura 2.36 (a) Uma imagem de 300 dpi da letra T. (b) Imagem rotacionada a 21° utilizando a interpolação do vizinho mais próximo para atribuir valores de intensidade aos pixels transformados espacialmente. (c) Imagem rotacionada a 21° utilizando a interpolação bilinear. (c) Imagem rotacionada a 21° utilizando a interpolação bicúbica. As seções ampliadas mostram detalhes de borda para os três métodos de interpolação.

O registro de imagens é uma importante aplicação do processamento de imagens digitais utilizada para alinhar duas ou mais imagens da mesma cena. Na discussão anterior, o formato da função de transformação necessária para atingir uma transformação geométrica desejada era conhecido. No registro de imagens, temos disponíveis as imagens de entrada e saída, mas a transformação específica que produziu a imagem de saída a partir da entrada, em geral, é desconhecida. O problema, então, é estimar a função de transformação e utilizá-la para registrar as duas imagens. Para esclarecer a terminologia, a imagem de entrada é a imagem que desejamos transformar, e o que chamamos de imagem de *referência* é a imagem em relação à qual queremos registrar a entrada.

Por exemplo, pode ser útil alinhar (registrar) duas ou mais imagens capturadas aproximadamente ao mesmo tempo, mas utilizando diferentes sistemas de aquisição de imagens, como a ressonância magnética e a PET. Ou, talvez, as imagens tenham sido capturadas em diferentes momentos utilizando o mesmo instrumento, por exemplo imagens de satélite de uma determinada localização obtidas com vários dias, meses ou até anos de diferença. Em qualquer caso, combinar as imagens ou realizar análises quantitativas e comparações entre elas requer a compensação de distorções geométricas provocadas por diferenças no ângulo de visão, distância e orientação; resolução do sensor; deslocamento nas posições do objeto; e outros fatores.

Uma das principais abordagens para solucionar o problema que acabamos de discutir é utilizar *pontos de controle* (*tie points*), que são pontos correspondentes cujas localizações são conhecidas com exatidão nas imagens de entrada e de referência. Existem várias formas de selecionar os pontos de controle, variando da seleção interativa à aplicação de algoritmos que tentam detectar automaticamente esses pontos. Em algumas aplicações, os sistemas de aquisição de imagens possuem artefatos físicos (como pequenos objetos metálicos) incorporados aos sensores de imagem. Eles produzem um conjunto de pontos *conhecidos* (chamados de *marcas reseau*) diretamente em todas as imagens coletadas pelo sistema, que podem ser utilizados como guias para definir os pontos de controle.

O problema em estimar a função de transformação está na modelagem. Por exemplo, suponha que tenhamos um conjunto de quatro pontos de controle em uma entrada e em uma imagem de referência. Um modelo simples baseado na aproximação bilinear é dado por:

$$x = c_1 v + c_2 w + c_3 vw + c_4 \qquad (2.6\text{-}24)$$

e

$$x = c_5 v + c_6 w + c_7 vw + c_8 \qquad (2.6\text{-}25)$$

sendo que, durante a fase de estimativa, (v, w) e (x, y) são as coordenadas dos pontos de controle das imagens de entrada e de referência, respectivamente. Se tivermos quatro pares de pontos de controle correspondentes em ambas as imagens, podemos escrever oito equações utilizando as equações 2.6-24 e 2.6-25 e utilizá-las para calcular os oito coeficientes desconhecidos, $c_1, c_2, \ldots, c_8$. Esses coeficientes constituem o modelo que transforma os pixels de uma imagem nas posições dos pixels da outra imagem para realizar o registro.

Uma vez que temos os coeficientes, as equações 2.6-24 e 2.6-25 se tornam o nosso veículo para transformar todos os pixels na imagem de entrada para gerar a nova imagem desejada, que, se os pontos de controle forem selecionados corretamente, deve ser registrada com a imagem de referência. Em situações nas quais quatro pontos de controle não são suficientes para obter um registro satisfatório, um método frequentemente utilizado consiste em selecionar um número maior de pontos de controle e tratar os quadriláteros formados por grupos de quatro pontos de controle como subimagens. As subimagens são processadas como explicado anteriormente, com todos os pixels de um quadrilátero sendo transformados, utilizando os coeficientes determinados a partir desses pontos de controle. Depois, passamos para um outro conjunto de quatro pontos de controle e repetimos o procedimento até que todas as regiões quadriláteras tenham sido processadas. Sem dúvida, é possível usar regiões que sejam mais complexas do que os quadriláteros e empregar modelos mais complexos, como a regressão polinomial pelo método dos mínimos quadrados. Em geral, o número de pontos de controle e a sofisticação do modelo necessário para solucionar um problema dependem da gravidade da distorção geométrica. Por fim, tenha em mente que a transformação definida pelas equações 2.6-24 e 2.6-25, ou por qualquer outro modelo, simplesmente mapeia as coordenadas espaciais dos pixels na imagem de entrada. Ainda precisamos realizar a interpolação de intensidade utilizando qualquer um dos métodos discutidos anteriormente para atribuir valores de intensidade a esses pixels.

Exemplo 2.10 Registro de imagens.

A Figura 2.37(a) mostra uma imagem de referência, e a Figura 2.37(b) mostra a mesma imagem, mas geometricamente distorcida pelo cisalhamento vertical e horizontal. Nosso objetivo é utilizar a imagem de referência para obter pontos de controle e, em seguida, utilizar os pontos de controle para registrar a imagem. Os pontos de controle selecionados (manualmente) são mostrados como pequenos quadrados brancos próximos aos cantos das imagens (só precisamos de quatro pontos de controle porque a distorção é de cisalhamento linear em ambas as direções). A Figura 2.37(c) mostra o resultado da utilização desses pontos de controle no procedimento discutido nos parágrafos anteriores para realizar o registro. Observamos que o registro não foi perfeito, como fica claro pelas bordas pretas na Figura 2.37(c). A imagem da diferença mostrada na Figura 2.37(d) mostra mais claramente um ligeiro desvio de registro entre a imagem de referência e a imagem corrigida. O motivo dessas discrepâncias é um erro na seleção manual dos pontos de controle. É difícil realizar uma relação perfeita entre os pontos de controle quando a distorção é tão acentuada.

2.6.6 Operações com vetores e matrizes*

O processamento de imagens multiespectrais é uma área típica na qual as operações com vetores e matrizes são utilizadas rotineiramente. Por exemplo, veremos no Capítulo 6 que as imagens coloridas são formadas no espaço de cores RGB utilizando imagens de componentes vermelhos, verdes e azuis, como ilustra a Figura 2.38. Aqui, veremos que *cada* pixel de uma imagem RGB possui três componentes, que podem ser organizados na forma de um *vetor coluna*

$$\mathbf{z} = \begin{bmatrix} z_1 \\ z_2 \\ z_3 \end{bmatrix}$$

(2.6-26)

sendo z_1 a intensidade de pixels na imagem vermelha e os outros dois elementos as intensidades do pixel correspondente nas imagens verde e azul, respectivamente. Dessa forma, uma imagem colorida RGB de tamanho $M \times N$ pode ser representada pelas três imagens componentes de mesmo tamanho ou por um total de MN vetores 3-D. Um caso multiespectral geral envolvendo n imagens componentes (por exemplo, veja a Figura 1.10) resultará em vetores n-dimensionais. Utilizamos esse tipo de representação vetorial em partes dos capítulos 6, 10, 11 e 12.

Uma vez que os pixels foram representados como vetores, temos à nossa disposição as ferramentas da teoria vetor-matriz. Por exemplo, a *distância euclidiana*, D, entre um pixel representado pelo vetor **z** e um ponto arbitrário **a** em um espaço n-dimensional é definida como o produto vetorial:

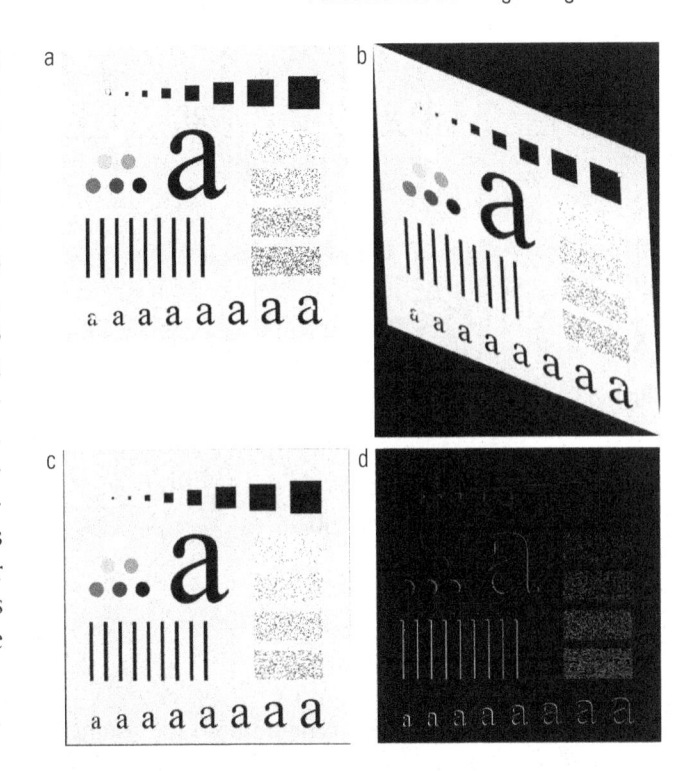

Figura 2.37 Registro de imagens. (a) Imagem de referência. (b) Entrada (imagem geometricamente distorcida). Pontos de controle correspondentes são mostrados como pequenos quadrados brancos próximos aos cantos da imagem. (c) Imagem registrada (observe os erros nas bordas externas). (d) Diferença entre (a) e (c), mostrando mais erros de registro.

---
* Consulte os tutoriais (em inglês) no site do livro para uma breve visão sobre vetores e matrizes.

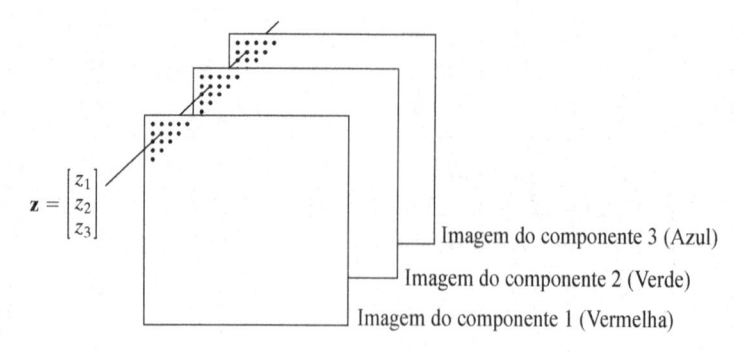

Figura 2.38 Formação de um vetor a partir de valores de pixels correspondentes em três imagens de componentes RGB.

$$D(\mathbf{z}, \mathbf{a}) = \left[(\mathbf{z} - \mathbf{a})^T (\mathbf{z} - \mathbf{a}) \right]^{\frac{1}{2}}$$
$$= \left[(z_1 - a_1)^2 + (z_2 - a_2)^2 + \cdots + (z_n - a_n)^2 \right]^{\frac{1}{2}} \quad (2.6\text{-}27)$$

Vemos que essa é uma generalização da distância euclidiana 2-D definida na Equação 2.5-1. A Equação 2.6-27 por vezes é chamada de *norma vetorial*, expressa por $\|\mathbf{z} - \mathbf{a}\|$. Utilizaremos cálculos de distância inúmeras vezes nos capítulos seguintes.

Outra importante vantagem dos pixels em forma de vetores está nas transformações lineares, representadas como:

$$\mathbf{w} = \mathbf{A}(\mathbf{z} - \mathbf{a}) \quad (2.6\text{-}28)$$

onde $\mathbf{A}$ é uma matriz de tamanho $m \times n$ e $\mathbf{z}$ e $\mathbf{a}$ são vetores coluna de tamanho $n \times 1$. Como veremos mais adiante, transformações desse tipo têm várias aplicações úteis no processamento de imagens.

Como observado na Equação 2.4-2, imagens inteiras podem ser tratadas como matrizes (ou, de forma equivalente, como vetores), um fato que tem importantes implicações na resolução de vários problemas de processamento de imagens. Por exemplo, podemos expressar uma imagem de tamanho $M \times N$ como um vetor de dimensão $MN \times 1$ fazendo com que a primeira linha da imagem seja composta pelos primeiros N elementos do vetor, a segunda linha pelos próximos N elementos, e assim por diante. Com imagens formadas dessa maneira, podemos expressar uma ampla variedade de processos lineares aplicados a uma imagem utilizando a notação:

$$\mathbf{g} = \mathbf{H}\mathbf{f} + \mathbf{n} \quad (2.6\text{-}29)$$

onde $\mathbf{f}$ é um vetor $MN \times 1$ representando uma imagem de entrada, $\mathbf{n}$ é um vetor $MN \times 1$ representando um padrão de ruído $M \times N$, $\mathbf{g}$ é um vetor $MN \times 1$ representando uma imagem processada e $\mathbf{H}$ é uma matriz $MN \times MN$ representando um processo linear aplicado à imagem de entrada (veja a Seção 2.6.2 sobre os processos lineares).

É possível, por exemplo, desenvolver toda uma série de técnicas generalizadas para a restauração de imagens a partir da Equação 2.6-29, como veremos na Seção 5.9. Retomaremos a utilização de matrizes na seção a seguir e mostraremos outras utilizações de matrizes para o processamento de imagens nos capítulos 5, 8, 11 e 12.

2.6.7 Transformadas de imagens

Todas as metodologias de processamento de imagens discutidas até agora operam diretamente sobre os pixels da imagem de entrada, isto é, elas funcionam diretamente no *domínio espacial*. Em alguns casos, tarefas de processamento de imagens são mais bem formuladas transformando as imagens de entrada, transferindo a tarefa especificada para o *domínio da transformada* e aplicando a transformada inversa para retornar ao domínio espacial. Veremos uma série de transformadas diferentes à medida que avançarmos ao longo do livro. Uma classe particularmente importante de transformadas lineares bidimensionais, $T(u, v)$, pode ser expressa na forma geral

$$T(u, v) = \sum_{x=0}^{M-1} \sum_{y=0}^{N-1} f(x, y) r(x, y, u, v) \quad (2.6\text{-}30)$$

onde $f(x, y)$ é a imagem de entrada, $r(x, y, u, v)$ é chamado de *kernel de transformação direta* e a Equação 2.6-30 é calculada para $u = 0, 1, 2, \ldots, M-1$ e $v = 0, 1, 2, \ldots, N-1$. Como antes, x e y são variáveis espaciais, enquanto M e N são as dimensões de linha e coluna de f. As variáveis u e v são chamadas de *variáveis da transformada*. $T(u, v)$ é chamada de *transformada direta* de $f(x, y)$. Dado $T(u, v)$, podemos recuperar $f(x, y)$ utilizando a *transformada inversa* de $T(u, v)$,

$$f(x, y) = \sum_{u=0}^{M-1} \sum_{v=0}^{N-1} T(u, v) s(x, y, u, v) \quad (2.6\text{-}31)$$

para $x = 0, 1, 2, \ldots, M-1$ e $y = 0, 1, 2, \ldots, N-1$, onde $s(x, y, u, v)$ é chamada de *kernel de transformação inversa*.

Juntas, as equações 2.6-30 e 2.6-31 são chamadas de um *par de transformadas*.

A Figura 2.39 mostra os passos básicos para realizar o processamento de imagens no domínio da transformada linear. Em primeiro lugar, a imagem de entrada é transformada, a imagem transformada é então modificada por uma operação predefinida, e, finalmente, a imagem de saída é obtida pelo cálculo da transformada inversa. Dessa forma, vemos que o processo passa do domínio espacial ao domínio da transformada e de volta ao domínio espacial.

Exemplo 2.11 Processamento de imagens no domínio da transformada.

A Figura 2.40 mostra um exemplo dos passos apresentados na Figura 2.39. Neste caso, a transformada utilizada foi a de Fourier, que mencionaremos de maneira breve mais adiante nesta seção e discutiremos em detalhes no Capítulo 4. A Figura 2.40(a) é uma imagem corrompida por uma interferência senoidal e a Figura 2.40(b) é a magnitude de sua transformada de Fourier, que é a saída do primeiro estágio na Figura 2.39. Como veremos no Capítulo 4, a interferência senoidal no domínio espacial é vista como pontos brilhantes (de intensidade alta) no domínio da transformada. Neste caso, os pontos brilhantes ocorrem em um padrão circular que pode ser visto na Figura 2.40(b). A Figura 2.40(c) mostra uma imagem máscara (chamada de *filtro*) com branco e preto representando 1 e 0, respectivamente. Para esse exemplo, a operação R mostrada no segundo quadro da Figura 2.39 consiste em multiplicar a máscara pela imagem no domínio da transformada eliminando, dessa forma, os pontos brilhantes responsáveis pela interferência senoidal. A Figura 2.40(d) mostra o resultado final, obtido pelo cálculo da transformada inversa da imagem modificada. A interferência não é mais visível e os detalhes importantes estão relativamente nítidos. Na verdade, é até possível ver as *marcas fiduciais* (pequenas cruzes quase imperceptíveis) utilizadas para alinhamento de imagem.

Diz-se que o *kernel* de transformação direta é *separável* se

$$r(x, y, u, v) = r_1(x, u)r_2(y, v) \quad (2.6\text{-}32)$$

Além disso, diz-se que o *kernel* é *simétrico* se $r_1(x, y)$ for funcionalmente igual a $r_2(x, y)$, de forma que

$$r(x, y, u, v) = r_1(x, u)r_1(y, v) \quad (2.6\text{-}33)$$

Comentários idênticos se aplicam ao *kernel* inverso substituindo r por s nas equações mencionadas.

A transformada bidimensional de Fourier discutida no Exemplo 2.11 tem os seguintes *kernels* direto e inverso:

$$r(x, y, u, v) = e^{-j2\pi(ux/M + vy/N)} \quad (2.6\text{-}34)$$

e

$$s(x, y, u, v) = \frac{1}{MN} e^{j2\pi(ux/M + vy/N)} \quad (2.6\text{-}35)$$

respectivamente, sendo $j = \sqrt{-1}$, de forma que esses *kernels* são complexos. Substituindo tais *kernels* nas fórmulas gerais de transformada apresentadas nas equações 2.6-30 e 2.6-31, temos o *par de transformadas discretas de Fourier*:

$$T(u, v) = \sum_{x=0}^{M-1} \sum_{y=0}^{N-1} f(x, y) e^{-j2\pi(ux/M + vy/N)} \quad (2.6\text{-}36)$$

e

$$f(x, y) = \frac{1}{MN} \sum_{u=0}^{M-1} \sum_{v=0}^{N-1} T(u, v) e^{j2\pi(ux/M + vy/N)} \quad (2.6\text{-}37)$$

Essas equações são de fundamental importância no processamento de imagens digitais, e dedicamos grande parte do Capítulo 4 para deduzi-las, começando dos princípios básicos e, depois, utilizando-as em uma ampla variedade de aplicações.

Não é difícil demonstrar que os *kernels* de Fourier são separáveis e simétricos (Exercício 2.25) e que os *kernels* separáveis e simétricos permitem que transformadas bidimensionais sejam computadas utilizando transformadas unidimensionais (Exercício 2.26). Quando os *kernels* direto e inverso de um par de transformadas satisfizerem essas duas condições e $f(x, y)$ for uma imagem quadrada de tamanho $M \times M$, as equações 2.6-30 e 2.6-31 poderão ser expressas na forma matricial:

$$\mathbf{T} = \mathbf{AFA} \quad (2.6\text{-}38)$$

onde **F** é uma matriz $M \times M$ contendo os elementos de $f(x, y)$ (veja a Equação 2.4-2), **A** é uma matriz $M \times M$ com elementos $a_{ij} = r_1(i, j)$ e **T** é a transformada $M \times M$ resultante, com valores $T(u, v)$ para $u, v = 0, 1, 2, \ldots, M - 1$.

Para obter a transformada inversa, multiplicamos antes e depois a Equação 2.6-38 por uma matriz de transformação inversa **B**:

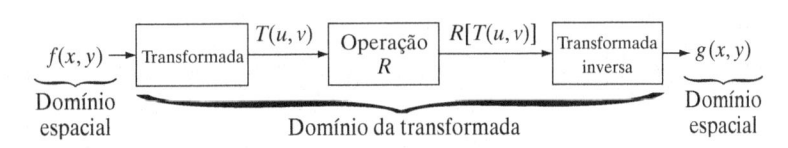

$$\mathbf{BTB} = \mathbf{BAFAB} \quad (2.6\text{-}39)$$

Figura 2.39 Abordagem geral para operar no domínio de uma transformada linear.

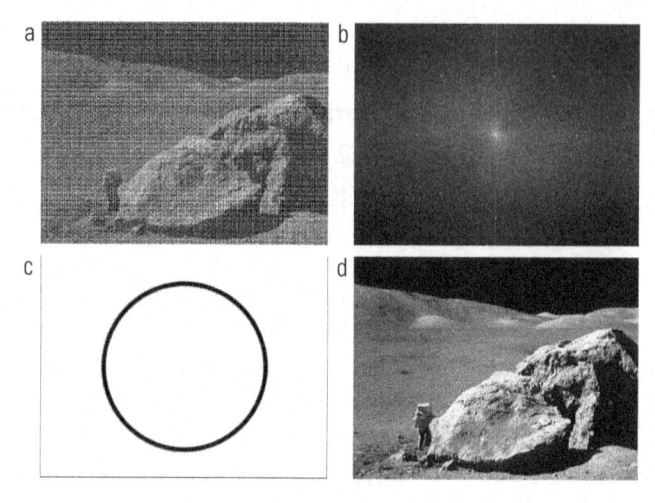

Figura 2.40 (a) Imagem corrompida por uma interferência senoidal. (b) Magnitude da transformada de Fourier mostrando pontos brilhantes de energia responsáveis pela interferência. (c) Máscara utilizada para eliminar os pontos brilhantes de energia. (d) Resultado obtido pelo cálculo da transformada da inversa de Fourier modificada. (Cortesia da Nasa).

Se $\mathbf{B} = \mathbf{A}^{-1}$,

$$\mathbf{F} = \mathbf{BTB} \qquad (2.6\text{-}40)$$

indicando que $\mathbf{F}$ [cujos elementos são iguais à imagem $f(x, y)$] pode ser completamente recuperada a partir de sua transformada direta. Se $\mathbf{B}$ não for igual a $\mathbf{A}^{-1}$, o uso da Equação 2.6-40 gera uma aproximação:

$$\hat{\mathbf{F}} = \mathbf{BAFAB} \qquad (2.6\text{-}41)$$

Além da transformada de Fourier, várias transformadas importantes, incluindo a de Walsh, de Hadamard, discreta de cosseno, de Haar e transformadas de slant, podem ser expressas na forma das equações 2.6-30 e 2.6-31 ou, de modo equivalente, na forma das equações 2.6-38 e 2.6-40. Discutiremos várias dessas transformadas de imagem, além de outros tipos de transformadas, em capítulos posteriores.

2.6.8 Métodos probabilísticos[*]

A probabilidade influencia o trabalho do processamento de imagens de várias formas. A mais simples é quando tratamos os valores de intensidade como variáveis aleatórias. Por exemplo, seja z_i, $i = 0, 1, 2,\ldots, L-1$ os valores de todas as intensidades possíveis em uma imagem digital $M \times N$. A probabilidade, $p(z_k)$, de vo nível de intensidade z_k ocorrer em uma determinada imagem é estimada como:

$$p(z_k) = \frac{n_k}{MN} \qquad (2.6\text{-}42)$$

onde n_k é o número de vezes em que a intensidade z_k ocorre na imagem e MN é o número total de pixels. Naturalmente,

$$\sum_{k=0}^{L-1} p(z_k) = 1 \qquad (2.6\text{-}43)$$

Calculado $p(z_k)$, podemos determinar uma série de características importantes da imagem. Por exemplo, a intensidade média é dada por

$$m = \sum_{k=0}^{L-1} z_k p(z_k) \qquad (2.6\text{-}44)$$

De forma similar, a variância das intensidades é

$$\sigma^2 = \sum_{k=0}^{L-1} (z_k - m)^2 p(z_k) \qquad (2.6\text{-}45)$$

A variância é uma medida de dispersão dos valores de z em relação à média, de forma que se trata de uma medida útil do contraste da imagem. Em geral, o n-ésimo momento da variável aleatória z em relação à média é definido como:

$$\mu_n(z) = \sum_{k=0}^{L-1} (z_k - m)^n p(z_k) \qquad (2.6\text{-}46)$$

Vemos que $\mu_0(z) = 1$, $\mu_1(z) = 0$ e $\mu_2(z) = \sigma^2$.[**] Enquanto a média e a variância têm uma relação imediatamente óbvia com as propriedades visuais de uma imagem, momentos de ordem superior são mais sutis. Por exemplo, um terceiro momento positivo indica que as intensidades têm uma tendência a apresentar valores maiores do que a média; um terceiro momento negativo indicaria a condição oposta; e um terceiro momento zero indicaria que as intensidades são distribuídas de forma aproximadamente igual em ambos os lados do valor médio. Essas características são úteis para fins computacionais, mas não nos dizem muito sobre a aparência de uma imagem em geral.

---

[*] Consulte os tutoriais (em inglês) no site do livro para uma breve visão geral da teoria da probabilidade.

[**] As unidades de variância são em valores de intensidade elevados ao quadrado. Ao comparar valores de contraste, no entanto, normalmente utilizamos o desvio padrão, (raiz quadrada da variância), porque suas dimensões são diretamente em termos de valores de intensidade.

Exemplo 2.12 Comparação dos valores de desvio padrão como medidas de contraste da intensidade da imagem.

A Figura 2.41 apresenta três imagens de 8 bits mostrando baixo, médio e alto contraste, respectivamente. Os desvios padrão dos níveis de cinza dos pixels nas três imagens são 14,3; 31,6; e 49,2, respectivamente. Os valores de variância correspondentes são 204,3; 997,8; e 2.424,9, respectivamente. Os dois conjuntos de valores contam a mesma história, mas, considerando que o intervalo de possíveis valores de níveis de cinza nessas imagens seja [0, 255], os valores de desvio padrão se relacionam com esse intervalo de forma muito mais intuitiva do que a variância.

Como veremos ao longo deste livro, os conceitos da probabilidade exercem um papel central no desenvolvimento de algoritmos de processamento de imagens. Por exemplo, no Capítulo 3, utilizaremos a medida de probabilidade da Equação 2.6-42 para obter os algoritmos de transformação de intensidade. No Capítulo 5, utilizaremos formulações da probabilidade e de matriz para desenvolver algoritmos de restauração de imagens. No Capítulo 10, a probabilidade será utilizada para a segmentação de imagens e, no Capítulo 11, ela será utilizada para a descrição de texturas. No Capítulo 12, obteremos técnicas de reconhecimento de objetos com base em uma formulação probabilística.

Até agora, abordamos a questão da aplicação da probabilidade a uma única variável aleatória (intensidade) em uma única imagem 2-D. Se considerarmos sequências de imagens, podemos interpretar a terceira variável como sendo o tempo. As ferramentas necessárias para lidar com essa complexidade adicional são técnicas *estocásticas* de processamento de imagens (a palavra *estocástico* vem de uma palavra grega que significa, de modo genérico, "mirar em um alvo", sugerindo a aleatoriedade do resultado de um processo). Podemos ir um passo além e considerar uma imagem *inteira* (em oposição a um ponto) como o evento espacial aleatório. As ferramentas necessárias para lidar com as formulações baseadas nesse conceito são técnicas desenvolvidas a partir de *campos aleatórios*. Damos um exemplo na Seção 5.8 de como tratar imagens inteiras como eventos aleatórios, mas discussões mais aprofundadas de processos estocásticos e campos aleatórios estão além do escopo deste livro. As referências no final deste capítulo proporcionam um ponto de partida para a leitura sobre esses tópicos.

Resumo

O conteúdo deste capítulo constitui, em sua maior parte, uma base para as discussões subsequentes. Nossa abordagem do sistema visual humano, apesar de breve, dá uma ideia básica da capacidade de o olho perceber as informações visuais. A discussão sobre a luz e o espectro eletromagnético é fundamental para a compreensão da origem das várias imagens que utilizamos neste livro. De forma similar, o modelo de imagem desenvolvido na Seção 2.3.4 é utilizado no Capítulo 4 como a base para uma técnica de realce de imagem chamada de *filtragem homomórfica*.

Os conceitos de amostragem e interpolação apresentados na Seção 2.4 constituem as bases para muitos dos fenômenos de digitalização que você provavelmente encontrará na prática. Retomaremos a questão da amostragem e muitas de suas ramificações no Capítulo 4, depois de você ter dominado a transformada de Fourier e o domínio de frequência.

Os conceitos apresentados na Seção 2.5 são os elementos constitutivos básicos das técnicas de processamento baseadas nas vizinhanças de pixels. Por exemplo, como mostraremos no capítulo seguinte e no Capítulo 5, os métodos de processamento por vizinhanças estão no centro de muitos procedimentos de realce e restauração de imagens. No Capítulo 9, utilizaremos as operações por vizinhança na morfologia de imagens; no Capítulo 10, as utilizaremos para a segmentação de imagens; e, no Capítulo 11, para a descrição de imagens. Quando aplicável, o processamento por vizinhança é favorecido em usos comerciais de processamento de imagens em virtude de sua

Figura 2.41 Imagens mostrando (a) baixo contraste, (b) médio contraste e (c) alto contraste.

velocidade operacional e simplicidade de implementação em hardware e/ou firmware.

O material da Seção 2.6 será útil em sua jornada ao longo deste livro. Apesar de o nível da discussão ter sido estritamente introdutório, agora você pode conceitualizar o que significa processar uma imagem digitalmente. Como mencionamos naquela seção, as ferramentas apresentadas são expandidas nos capítulos seguintes conforme necessário. Em vez de dedicar todo um capítulo ou apêndice para apresentar um tratamento abrangente dos conceitos matemáticos em um único local, fará mais sentido aprender as extensões necessárias das ferramentas matemáticas da Seção 2.6 em capítulos posteriores, no contexto de como elas são aplicadas para solucionar problemas de processamento de imagens.

Referências e leituras complementares

Leituras adicionais para o conteúdo da Seção 2.1, considerando a estrutura do olho humano, podem ser encontradas em Atchison e Smith (2000) e Oyster (1999). Para saber mais sobre a percepção visual, veja Regan (2000) e Gordon (1997). O livro de Hubel (1988) e o livro clássico de Cornsweet (1970) também são de interesse. Born e Wolf (1999) é uma referência básica que discute a luz em termos da teoria eletromagnética. A propagação da energia eletromagnética é coberta com algum detalhe em Felsen e Marcuvitz (1994).

A área de sensores de imagens é relativamente ampla e muito dinâmica. Uma excelente fonte de informações sobre sensores óticos e outros sensores de geração de imagens é a Sociedade de Engenharia Ótica (SPIE — *Society for Optical Engineering*). Sugerimos estas publicações representativas da SPIE nessa área: Blouke et al. (2001), Hoover e Doty (1996) e Freeman (1987).

O modelo de imagens apresentado na Seção 2.3.4 é de Oppenheim, Schafer e Stockham (1968). Uma referência para os valores de iluminação e refletância utilizados nesta seção é o *IESNA Lighting Handbook* (2000). Para saber mais sobre amostragem de imagens e alguns de seus efeitos, como o *aliasing*, veja Bracewell (1995). Discutiremos esse tópico em mais detalhes no Capítulo 4. Os primeiros experimentos mencionados na Seção 2.4.3 sobre a qualidade percebida da imagem como uma função da amostragem e quantização foram relatados por Huang (1965). A questão da redução do número de amostras e níveis de intensidade de uma imagem enquanto a degradação resultante é minimizada continua sendo de interesse atual, como exemplificado por Papamarkos e Atsalakis (2000). Para saber mais sobre a redução e a ampliação de imagens veja Sid-Ahmed (1995), Unser et al. (1995), Umbaugh (2005) e Lehmann et al. (1999). Para leituras adicionais sobre os tópicos cobertos na Seção 2.5, veja Rosenfeld e Kak (1982), Marchand-Maillet e Sharaiha (2000) e Ritter e Wilson (2001).

Leituras adicionais sobre sistemas lineares no contexto do processamento de imagens (Seção 2.6.2) podem ser encontradas em Castleman (1996). O método de redução de ruídos por meio da média de múltiplas imagens (Seção 2.6.3) foi proposto pela primeira vez por Kohler e Howell (1963). Veja Peebles (1993) em relação ao valor esperado da média e da variância de uma soma de variáveis aleatórias. A subtração de imagens (Seção 2.6.3) é uma ferramenta genérica de processamento de imagens utilizada em grande parte para a detecção de mudanças. Para que a subtração de imagens faça sentido, é necessário que as imagens subtraídas sejam registradas ou, de forma alternativa, que quaisquer artefatos causados pelo movimento sejam identificados. Dois artigos de Meijering et al. [1999, 2001] são representativos dos tipos de técnicas utilizadas para atingir esses objetivos.

Uma referência básica para o conteúdo apresentado na Seção 2.6.4 é Cameron (2005). Para leituras mais avançadas sobre o assunto, veja Tourlakis (2003). Para uma introdução aos conjuntos *fuzzy*, veja a Seção 3.8 e as referências correspondentes no Capítulo 3. Para mais detalhes sobre o processamento ponto a ponto e processamento por vizinhança (Seção 2.6.5), veja as seções 3.2 a 3.4 e as referências para esses tópicos no Capítulo 3. Para transformações espaciais geométricas, veja Wolberg (1990).

Noble e Daniel (1988) é uma referência básica para operações com matrizes e vetores (Seção 2.6.6). Veja o Capítulo 4 para uma discussão detalhada sobre a transformada de Fourier (Seção 2.6.7) e os capítulos 7, 8 e 11 para exemplos de outros tipos de transformadas utilizadas no processamento de imagens digitais. Peebles (1993) é uma introdução básica à probabilidade e variáveis aleatórias (Seção 2.6.8) e Papoulis (1991) apresenta uma metodologia mais avançada do tema. Para textos fundamentais sobre a utilização de áreas estocásticas e aleatórias no processamento de imagens, veja Rosenfeld e Kak (1982), Jähne (2002) e Won e Gray (2004).

Para detalhes sobre a implementação em aplicativos computacionais de muitas das técnicas ilustradas neste capítulo, veja Gonzalez, Woods e Eddins (2004).

Exercícios*

*2.1 Utilizando as informações apresentadas na Seção 2.1 e pensando puramente em termos geométricos, estime o diâmetro do menor ponto impresso que o olho é capaz de discernir se a página na qual o ponto foi impresso estiver a 0,2 metros de distância dos olhos. Suponha, para fins de simplificação, que o sistema visual deixe de detectar o ponto quando a imagem do ponto na fóvea ficar menor do que o diâmetro de um receptor (cone) nessa área da retina. Suponha também que a fóvea possa ser modelada em um arranjo matricial quadrado de dimensões 1,5 mm × 1,5 mm e que os cones e espaços entre eles sejam distribuídos uniformemente ao longo desse arranjo.

2.2 Quando você entra em uma sala de cinema escura em um dia claro, leva um tempo antes de conseguir enxergar bem o suficiente para encontrar um lugar vago. Quais dos processos visuais explicados na Seção 2.1 ocorrem nessa situação?

*2.3 Apesar de não ser mostrado na Figura 2.10, a corrente alternada com certeza faz parte do espectro eletromagnético. A corrente alternada comercial nos Estados Unidos tem uma frequência de 60 Hz. Qual é o comprimento de onda em quilômetros desse componente do espectro?

2.4 Você foi contratado para desenvolver um dispositivo de entrada de um sistema de aquisição de imagens para estudar os formatos dos contornos de células, bactérias, vírus e proteínas. O dispositivo de entrada consiste, neste caso, na(s) fonte(s) de iluminação e câmera(s) de aquisição de imagens correspondente(s). Os diâmetros dos círculos necessários para incluir espécimes individuais em cada uma dessas categorias são 50; 1; 0,1; e 0,001 μm, respectivamente.

(a) Você consegue solucionar os aspectos relativos à aquisição de imagens desse problema com um único sensor e câmera? Se a sua resposta for sim, especifique a banda do espectro eletromagnético (em comprimentos de onda) da iluminação e o tipo de câmera necessário. Por "tipo" queremos dizer a banda do espectro eletromagnético à qual a câmera é mais sensível (por exemplo, o infravermelho).

(b) Se a sua resposta para (a) for não, que tipo de fontes de iluminação e sensores correspondentes de aquisição de imagens você recomendaria? Especifique as fontes de luz e câmeras como solicitado na parte (a). Utilize o número *mínimo* de fontes de iluminação e câmeras necessário para resolver o problema.

Por "resolver o problema", queremos dizer conseguir detectar detalhes circulares de diâmetro 50; 1; 0,1; e 0,001 μm, respectivamente.

2.5 Um chip de câmera CCD de dimensões 7 × 7 mm contém 1.024 × 1.024 elementos e se concentra em uma área plana e quadrada, localizada a 0,5 m de distância. Quantos pares de linha por mm essa câmera será capaz de resolver? A câmera está equipada com lentes de 35 mm. (*Dica*: modele o processo de aquisição de imagens como na Figura 2.3, com a distância focal das lentes da câmera substituindo a distância focal do olho.)

*2.6 Um fabricante de automóveis está automatizando as substituições de alguns componentes dos para-choques de uma linha de edição limitada de carros esportivos. Os componentes são coordenados de acordo com as cores, de forma que os robôs precisam saber a cor de cada carro para selecionar o componente apropriado dos para-choques. Os carros são fabricados em apenas quatro cores: azul, verde, vermelho e branco. Você foi contratado para propor uma solução baseada na aquisição de imagens. Como solucionaria o problema de determinar automaticamente a cor de cada carro, tendo em mente que o *custo* é o fator mais importante na sua escolha dos componentes?

2.7 Suponha que uma área plana com centro em (x_0, y_0) seja iluminada por uma fonte de luz com distribuição de intensidade

$$i(x, y) = Ke^{-[(x-x_0)^2 + (y-y_0)^2]}$$

Suponha, para fins de simplificação, que a refletância da área seja constante e igual a 1,0 e que $K = 255$. Se a imagem resultante for digitalizada com k bits de resolução de intensidade e o olho puder detectar uma mudança súbita de oito níveis de intensidade entre pixels adjacentes, qual valor de k causará um falso contorno visível?

2.8 Esboce a imagem do Exercício 2.7 para $k = 2$.

*2.9 Uma medida comum de transmissão de dados digitais é o *baud rate*, definido como o número de bits transmitidos por segundo. Em geral, a transmissão é feita em pacotes consistindo em um bit de início (*start bit*, que marca o início da transmissão), um byte (8 bits) de informação e um bit de parada (*stop bit*, que indica o fim da transmissão).

Dados esses fatos, responda as seguintes perguntas:

(a) Quantos minutos levaria para transmitir uma imagem de 1.024 × 1.024 com 256 níveis de cinza utilizando um modem de 56K bauds?

(b) Quanto tempo levaria em 3.000K bauds, uma velocidade representativa de uma linha telefônica do tipo DSL (*Digital Subscriber Line*)?

2.10 Uma televisão de alta definição (HDTV) gera imagens com 1.125 linhas horizontais de TV entrelaçadas (onde o campo das linhas pares e das linhas ímpares são pintados alternadamente na entrada do tubo, e cada campo tem 1/60 segundos de duração). A proporção largura por altura da imagem (razão de aspecto) é de 16:9. O fato de o número de linhas horizontais ser fixo determina a resolução vertical das imagens. Uma empresa

---

* Soluções detalhadas dos exercícios marcados com um asterisco podem ser encontradas no site do livro. O site também contém projetos sugeridos com base no conteúdo deste capítulo.

projetou um sistema de captura de imagens que gera imagens digitais a partir de imagens de HDTVs. A resolução de cada linha da TV (horizontal) nesse sistema é proporcional à resolução vertical, com a proporção sendo a razão de aspecto das imagens. Cada pixel na imagem colorida tem 24 bits de resolução de intensidade, 8 bits para cada imagem componente de cor: vermelha, verde e azul. Essas três imagens "primárias" formam uma imagem colorida. Quantos bits seriam necessários para armazenar um filme de 2 horas em HDTV?

*2.11 Considere os dois subconjuntos de imagens, S_1 e S_2 mostrados na figura a seguir. Para $V = \{1\}$, determine se esses dois subconjuntos são (a) adjacentes-4, (b) adjacentes-8 ou (c) adjacentes-m.

```
       S₁              S₂
  0 ┌ 0  0  0  0 ┬ 0  0  1  1 ┐ 0
  1 │ 0  0  1  0 │ 0  1  0  0 │ 1
  1 │ 0  0  1  0 │ 1  1  0  0 │ 0
  0 └ 0  1  1  1 ┴ 0  0  0  0 ┘ 0
  0   0  1  1  1   0  0  1  1   1
```

*2.12 Desenvolva um algoritmo para converter um caminho-8 de 1 pixel de espessura em um caminho-4.

2.13 Desenvolva um algoritmo para converter um caminho-m de 1 pixel de espessura em um caminho-4.

2.14 Releia a discussão no final da Seção 2.5.2, na qual definimos o fundo como $(R_u)^c$, que é o complemento da união de todas as regiões de uma imagem. Em algumas aplicações, é vantajoso definir o fundo como o subconjunto de pixels $(R_u)^c$ que não são "buracos" (pense, informalmente, nos buracos como conjuntos de pixels de fundo cercados de pixels de região). Como você modificaria a definição para excluir os pixels nulos de $(R_u)^c$? Uma resposta do tipo "o fundo é o subconjunto de pixels de $(R_u)^c$ que não são buracos" não é aceitável. (*Dica:* use o conceito de conectividade.)

2.15 Considere o segmento de imagem mostrado.

*(a) Se $V = \{0, 1\}$, calcule os comprimentos dos caminhos -4, -8 e $-m$ mais curtos entre p e q. Se um caminho específico não existir entre esses dois pontos, explique por quê.

(b) Faça o mesmo para $V = \{1, 2\}$

```
        3  1  2  1(q)
        2  2  0  2
        1  2  1  1
    (p) 1  0  1  2
```

2.16 *(a) Defina a(s) condição(ões) sob as quais a distância D_4 entre dois pontos p e q é igual ao caminho-4 mais curto entre esses pontos.

(b) Esse caminho é único?

2.17 Repita o Exercício 2.16 para a distância D_8.

*2.18 No próximo capítulo, abordaremos dois operadores cuja função é calcular a soma dos valores de pixels em uma pequena área de subimagem, S. Demonstre que estes são operadores lineares.

2.19 A mediana, ζ, de um conjunto de números é tal que a metade dos valores do conjunto está abaixo de ζ e a outra metade está acima dela. Por exemplo, a mediana do conjunto de valores $\{2, 3, 8, 20, 21, 25, 31\}$ é 20. Demonstre que um operador que calcula a mediana de uma área de subimagem, S, é não linear.

*2.20 Prove a validade das equações 2.6-6 e 2.6-7. [*Dica:* comece com a Equação 2.6-4 e use o fato de que o valor esperado de uma soma é a soma dos valores esperados.]

2.21 Considere duas imagens de 8 bits cujos níveis de cinza cobrem todo o intervalo de 0 a 255.

(a) Discuta o efeito limitador de subtrair repetidamente a imagem (2) da imagem (1). Suponha que o resultado também seja representado em 8 bits.

(b) Inverter a ordem das imagens levaria a um resultado diferente?

*2.22 A subtração de imagens costuma ser utilizada em aplicações industriais para detectar componentes faltantes na montagem de um produto. A metodologia é armazenar uma imagem "ótima" que corresponda à montagem correta; essa imagem é então subtraída das imagens do mesmo produto. Teoricamente, as diferenças serão zero se os novos produtos forem montados corretamente. As imagens da diferença para os produtos com componentes faltantes seriam diferentes de zero na área onde diferem da imagem ótima. Quais condições você acha que deveriam ser atendidas na prática para esse método funcionar?

2.23 *(a) Consultando a Figura 2.31, esboce o conjunto $(A \cap B) \cup (A \cup B)^c$.

(b) Dê as expressões para os conjuntos mostrados em cinza na figura a seguir em termos dos conjuntos A, B e C. As áreas em cinza em cada figura constituem um conjunto, de forma que cada uma das três figuras deve ter uma expressão correspondente.

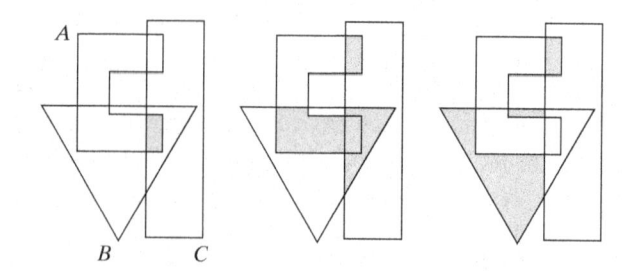

2.24 Quais seriam as equações análogas às equações 2.6-24 e 2.6-25, que resultariam da utilização de regiões triangulares em vez de quadriláteras?

2.25 Prove que os *kernels* de Fourier nas equações 2.6-34 e 2.6-35 são separáveis e simétricos.

*2.26 Mostre que transformadas bidimensionais com *kernels* separáveis e simétricos podem ser determinadas (1) calculando as transformadas unidimensionais ao longo das linhas (colunas) individuais da entrada e depois (2) calculando as transformadas unidimensionais ao longo das colunas (linhas) do resultado do passo (1).

2.27 Uma fábrica produz uma linha de quadrados de polímeros miniaturizados e translúcidos. Rigorosos padrões de qualidade requerem 100% de inspeção visual e a gerente da fábrica percebe que a utilização de inspetores humanos é cada vez mais dispendiosa. A inspeção é semiautomatizada. Em cada estação de inspeção, um mecanismo robótico posiciona cada quadrado de polímero sobre uma luz localizada abaixo de um sistema ótico que produz uma imagem ampliada do quadrado. A imagem preenche completamente o monitor de imagem, de dimensões 80 × 80 mm. Os defeitos aparecem como borrões circulares escuros e o trabalho do inspetor é olhar para a tela e rejeitar qualquer amostra que tenha um ou mais desses borrões escuros com diâmetro igual ou maior do que 0,8 mm, de acordo com a medida de uma régua na tela. A gerente acredita que, se conseguir encontrar uma maneira de automatizar completamente o processo, ela aumentará os lucros em 50%. Ela também acredita que o sucesso desse projeto a ajudará a subir na pirâmide corporativa da empresa. Depois de muita investigação, a gerente decide que a forma de solucionar o problema é visualizar cada tela de inspeção com uma câmera CCD de TV e alimentar a saída da câmera com um sistema de processamento de imagens capaz de detectar os borrões, medir seu diâmetro e ativar os botões aceitar/rejeitar que antes eram operados por um inspetor. Ela consegue encontrar um sistema capaz de realizar o trabalho, contanto que o menor defeito ocupe uma área de pelo menos 2 × 2 pixels na imagem digital. A gerente contrata você para ajudá-lo a escolher o sistema de câmera e lentes, mas requer que você utilize componentes que já estão fora de linha. Para as lentes, presuma que essa restrição implique qualquer múltiplo inteiro de 25 mm ou 35 mm, até 200 mm. Para as câmeras, a limitação significa resoluções de 512 × 512, 1.024 × 1.024 ou 2.048 × 2.048 pixels. Os elementos *individuais* de aquisição de imagens dessas câmeras são quadrados medindo 8 × 8 μm e os espaços entre os elementos são de 2 μm. Para essa aplicação, as câmeras custam muito mais do que as lentes, de forma que o problema deve ser solucionado com a câmera de menor resolução possível, com base na escolha das lentes. Como consultor, você deve fornecer uma recomendação por escrito, demonstrando com razoável nível de detalhes a análise que levou à sua conclusão. Utilize a mesma geometria de aquisição de imagens sugerida no Exercício 2.5.

Capítulo 3
Transformações de intensidade e filtragem espacial

Faz toda a diferença enxergar a escuridão através da luz ou a claridade através das sombras.
David Lindsay

Apresentação

A expressão *domínio espacial* se refere ao próprio plano imagem, e os métodos de processamento de imagens nessa categoria se baseiam na manipulação direta de pixels em uma imagem. Isso se contrasta com o processamento de imagens em um *domínio da transformada*, que, como vimos rapidamente na Seção 2.6.7 e discutiremos em mais detalhes no Capítulo 4, envolve primeiro transformar uma imagem no domínio da transformada, realizar o processamento nesse domínio e obter a transformada inversa para retornar os resultados ao domínio espacial. As duas principais categorias do processamento espacial são transformações de intensidade e filtragem espacial. Como veremos neste capítulo, as transformações de intensidade operam individualmente nos pixels de uma imagem, principalmente para fins de manipulação de contraste e limiarização de imagem. A filtragem espacial lida com a realização de operações como o realce de imagens, trabalhando na vizinhança de cada pixel de uma imagem. Nas seções a seguir, discutiremos várias técnicas "clássicas" de transformações de intensidade e filtragem espacial. Também veremos em alguns detalhes técnicas *fuzzy* (difusas) que nos permitem incorporar informações imprecisas, baseadas em conhecimento, na formulação de algoritmos de transformações de intensidade e filtragem espacial.

3.1 Fundamentos

3.1.1 Os fundamentos das transformações de intensidade e filtragem espacial

Todas as técnicas de processamento de imagem discutidas nesta seção são implementadas no *domínio espacial*, que, como sabemos com base na análise da Seção 2.4.2, se trata simplesmente do plano contendo os pixels de uma imagem. Como observado na Seção 2.6.7, as técnicas de domínio espacial atuam diretamente nos pixels de uma imagem em oposição, por exemplo, ao domínio de frequência (o tópico do Capítulo 4), no qual as operações são realizadas na transformada de Fourier de uma imagem, e não na própria imagem. Como veremos ao longo do livro, algumas tarefas de processamento de imagens são mais fáceis ou fazem mais sentido se implementadas no domínio espacial, ao passo que outras são mais adequadas para outras abordagens. Em geral, as técnicas no domínio espacial são computacionalmente mais eficientes e requerem menos recursos de processamento para serem realizadas.

Os processos no domínio espacial que discutiremos neste capítulo podem ser expressos por:

$$g(x, y) = T[f(x, y)] \qquad (3.1\text{-}1)$$

onde $f(x, y)$ é a imagem de entrada, $g(x, y)$ é a imagem de saída, e T é um operador em f definido em uma vizinhança do ponto (x, y). O operador pode ser aplicado a uma única imagem (nosso principal foco neste capítulo) ou a um conjunto de imagens, como no procedimento de soma pixel por pixel de uma sequência de imagens para a redução de ruídos, como discutimos na Seção 2.6.3. A Figura 3.1 mostra a aplicação básica da Equação 3.1-1 em uma única imagem. O ponto (x, y) mostrado é uma posição arbitrária na imagem, e a pequena região contendo o ponto é uma vizinhança de (x, y), como explicado na Seção 2.6.5. Em geral, a vizinhança é retangular, centrada em (x, y) e tem tamanho muito menor que a imagem.*

O processo ilustrado na Figura 3.1 consiste em mover a origem da vizinhança de um pixel ao outro e aplicar o operador *T* aos pixels na vizinhança para gerar a saída nessa posição. Dessa forma, para qualquer posição específica (x, y), o valor da imagem de saída *g* nessas coordenadas é igual ao resultado da aplicação de *T* à vizinhança com origem em (x, y) na imagem *f*. Por exemplo, suponha que a vizinhança seja um quadrado de tamanho 3 × 3 e que o operador *T* seja definido como "calcular a intensidade média da vizinhança". Considere uma posição arbitrária em uma imagem, digamos (100, 150). Supondo que a origem da vizinhança seja no seu centro, o resultado, *g*(100, 150), nessa posição é calculado como a soma de *f*(100, 150) e seus vizinhos-8, dividida por 9 (isto é, a intensidade média dos pixels contidos na vizinhança).

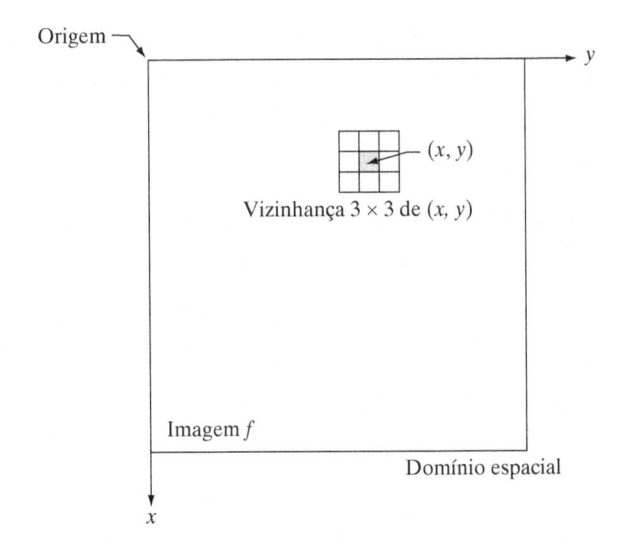

Figura 3.1 Uma vizinhança 3 × 3 ao redor de um ponto (x, y) em uma imagem no domínio espacial. A vizinhança é movida pixel a pixel na imagem para gerar uma imagem de saída.

---

* Outros formatos de vizinhança, com aproximações digitais de círculos, por vezes são utilizados, mas os formatos retangulares são os mais comuns por serem muito mais fáceis de serem implementados computacionalmente.

A origem da vizinhança é, então, movida para a próxima posição e o procedimento é repetido para gerar o próximo valor da imagem de saída *g*. Normalmente, o processo tem início no canto superior esquerdo da imagem de entrada e avança pixel por pixel em uma varredura horizontal, uma linha por vez. Quando a origem da vizinhança se localizar na borda da imagem, parte da vizinhança ficará fora dela. O procedimento consiste em ignorar os vizinhos externos nos cálculos especificados por *T* ou preencher a imagem com uma borda de 0s ou outros valores de intensidade predefinidos. A espessura da borda de preenchimento depende do tamanho da vizinhança. Retomaremos esse ponto na Seção 3.4.1.

Como discutiremos em detalhes na Seção 3.4, o procedimento que acabamos de descrever é chamado de *filtragem espacial*, no qual a vizinhança, acompanhada de uma operação predefinida, é chamada de *filtro espacial* (também denominada *máscara espacial*, *kernel*, *template* ou *janela*). O tipo de operação realizada na vizinhança determina a natureza do processo de filtragem.

A menor vizinhança possível tem tamanho 1 × 1. Nesse caso, *g* depende apenas do valor de *f* em um único ponto (x, y), e *T* na Equação 3.1-1 se torna uma *função de transformação de intensidade* (também chamada de *função de transformação de níveis de cinza* ou de *função de mapeamento*) da forma:

$$s = T(r) \qquad (3.1\text{-}2)$$

onde, para simplificar a notação, *s* e *r* são variáveis que indicam, respectivamente, a intensidade de *g* e *f* em qualquer ponto (x, y). Por exemplo, se *T*(*r*) tiver a forma da Figura 3.2(a), o efeito da aplicação da transformação a cada pixel de *f* para gerar os pixels correspondentes em *g* seria produzir uma imagem de maior contraste do que a original, escurecendo os níveis de intensidade abaixo de *k* e clareando os níveis acima de *k*. Nessa técnica, algumas vezes chamada de *alargamento de contraste* (veja a Seção 3.2.4), os valores de *r* menores que *k* são comprimidos pela função de transformação em uma faixa estreita de *s*, na direção do nível mais escuro. O oposto se aplica a valores de *r* maiores que *k*. Observe como um valor de intensidade r_0 é mapeado para obter o valor correspondente s_0. No caso limite mostrado na Figura 3.2(b), *T*(*r*) produz uma imagem de dois níveis (binária). Um mapeamento dessa forma é chamado de função de *limiarização* (*thresholding*). Algumas metodologias de processamento relativamente simples, ainda que poderosas, podem ser formuladas com base nas funções de transformação de intensidade. Neste capítulo, utilizaremos as transforma-

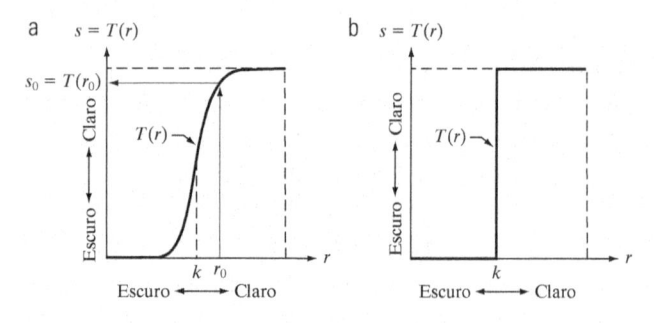

Figura 3.2 Funções de transformação de intensidade. (a) Função de alargamento de contraste. (b) Função de limiarização.

ções de intensidade principalmente para o realce de imagens. No Capítulo 10, elas são utilizadas na segmentação de imagens. Procedimentos cujos resultados dependem somente da intensidade em um ponto são, por vezes, chamadas de técnicas de *processamento ponto a ponto*, em oposição a técnicas de *processamento por vizinhança*, discutidas anteriormente nesta seção.

3.1.2 Sobre os exemplos deste capítulo

Apesar de as transformações de intensidade e filtragem espacial cobrirem uma ampla variedade de aplicações, a maioria dos exemplos apresentados neste capítulo é de aplicações para o realce de imagens. *Realce* é o processo de manipular uma imagem de forma que o resultado seja mais adequado do que o original para uma aplicação específica. A palavra *específica* é importante neste contexto, porque reconhece desde o início que as técnicas de realce são orientadas ao problema. Dessa forma, por exemplo, um método bastante útil para realçar imagens de raios X pode não ser a melhor técnica para realçar imagens de satélite capturadas na banda infravermelha do espectro eletromagnético. Não existe uma "teoria" geral para o realce de imagens. Quando uma imagem é processada para a interpretação visual, o observador é o juiz em relação ao desempenho de um método particular. Ao lidar com a percepção por máquina, é mais fácil quantificar uma determinada técnica. Por exemplo, em um sistema de reconhecimento automático de caracteres, o método de realce mais apropriado é aquele que resulta na melhor taxa de reconhecimento, desconsiderando outros fatores, como os requisitos computacionais de um método em relação a outro.

Independentemente da aplicação ou do método utilizado, contudo, o realce de imagens é uma das áreas mais visualmente interessantes do processamento de imagens. Por sua própria natureza, os iniciantes no processamento de imagens costumam considerar as aplicações de realce interessantes e de compreensão relativamente simples.

Dessa forma, utilizar exemplos de realce de imagens para ilustrar os métodos de processamento espacial abordados neste capítulo, não apenas evita termos um capítulo adicional no livro dedicado exclusivamente ao realce de imagens, como também, e o mais importante, constitui um método eficaz para apresentar aos iniciantes os detalhes das técnicas de processamento no domínio espacial. Como você verá ao longo do livro, o material básico explicado neste capítulo se aplica a um escopo muito mais amplo do que somente o realce de imagens.

3.2 Algumas funções básicas de transformação de intensidade

As transformações de intensidade estão entre as mais simples de todas as técnicas de processamento de imagens. Os valores dos pixels antes e depois do processamento serão representados por r e s, respectivamente. Como indicado na seção anterior, esses valores estão relacionados por uma expressão da forma $s = T(r)$, onde T é uma transformação que mapeia um valor de pixel r em um valor de pixel s. Como estamos lidando com variáveis digitais, os valores de uma função de transformação normalmente são armazenados em um arranjo unidimensional e os mapeamentos de r em s são implementados por meio de buscas em tabelas indexadas (*table lookups*). Para um ambiente de 8 bits, uma tabela indexada contendo os valores de T terá 256 entradas.

Como uma introdução às transformações de intensidade, vejamos a Figura 3.3, que mostra três tipos básicos de funções frequentemente utilizadas para o realce de imagens: linear (transformações de negativo e de identidade), logarítmica (transformações de log e log inverso) e de potência (transformações de n-ésima potência e n-ésima raiz). A função identidade é o caso trivial no qual as intensidades de saída são idênticas às intensidades de entrada. Ela foi incluída no gráfico só para uma abrangência completa.

3.2.1 Negativos de imagem

O negativo de uma imagem com níveis de intensidade na faixa $[0, L-1]$ é obtido utilizando a transformação de negativo mostrada na Figura 3.3, dada pela expressão:

$$s = L - 1 - r \qquad (3.2\text{-}1)$$

Reverter os níveis de intensidade de uma imagem dessa maneira produz o equivalente a um negativo fotográfico. Esse tipo de processamento é particularmente adequado para realçar detalhes brancos ou cinza incorporados a regiões escuras de uma imagem, especialmente

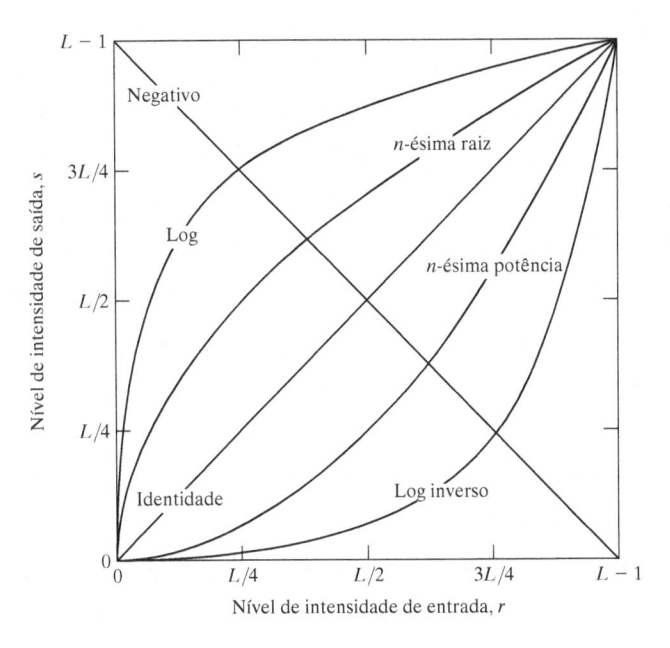

Figura 3.3 Algumas funções básicas de transformação de intensidade. Todas as curvas foram ajustadas para o intervalo mostrado.

de níveis de saída. O oposto se aplica aos valores mais altos de níveis de intensidade de entrada. Utilizamos uma transformação desse tipo para expandir os valores de pixels mais escuros em uma imagem ao mesmo tempo em que comprimimos os valores de nível mais alto. O oposto se aplica à transformação logarítmica inversa.

Qualquer curva que tenha o formato geral das funções logarítmicas mostradas na Figura 3.3 realizaria essa expansão/compressão dos níveis de intensidade em uma imagem, mas as transformações de potência discutidas na próxima seção são muito mais versáteis para esse propósito. A função logarítmica tem a importante característica de comprimir a faixa dinâmica das imagens com grandes variações de valores de pixels. Uma ilustração clássica de uma aplicação na qual os valores de pixels têm uma grande faixa dinâmica é o espectro de Fourier, que discutiremos no Capítulo 4. Por ora, nos concentraremos apenas nas características das imagens dos espectros. Não é incomum encontrarmos valores de espectro variando de 0 a 10^6 ou mais. Apesar de o processamento de números como esses não apresentar problemas para o computador, os sistemas de exibição de imagens geralmente não são capazes de reproduzir com fidelidade uma variedade tão ampla de valores de intensidade. O efeito final é que um grau significativo de detalhes de intensidade pode se perder na exibição de um espectro de Fourier típico.

Como uma ilustração das transformações logarítmicas, a Figura 3.5(a) mostra um espectro de Fourier com valores variando de 0 a $1,5 \times 10^6$. Quando esses valores são linearmente ajustados para serem exibidos em um sistema de 8 bits, os pixels mais claros dominam a exibição em detrimento dos valores mais baixos (e tão importantes quanto) do espectro. O efeito dessa dominância é ilustrado pela área relativamente pequena da imagem na Figura 3.5(a) que não é percebida como preta. Se, em vez de exibir os valores dessa maneira, aplicarmos inicialmente a Equação 3.2-2 (com $c = 1$ neste caso) aos valores do espectro, a faixa de valores do resultado passa a ser de 0 a 6,2, que é a mais apropriada. A Figura 3.5(b) mostra o resultado de ajustar linearmente essa nova faixa e exibir o espectro no mesmo monitor de 8 bits. A riqueza de detalhes visíveis nessa imagem em comparação com uma exibição não modificada do espectro fica clara nessas imagens. A maior parte dos espectros de Fourier vistos em publicações de processamento de imagens foi ajustada dessa forma.

quando as áreas escuras são dominantes em termos de tamanho. A Figura 3.4 mostra um exemplo. A imagem original é uma mamografia digital mostrando uma pequena lesão. Apesar de o conteúdo visual ser o mesmo nas duas imagens, observe como é mais fácil analisar o tecido mamário no negativo da imagem neste caso particular.

3.2.2 Transformações logarítmicas

A forma geral da transformação logarítmica na Figura 3.3 é:

$$s = c \log (1 + r) \quad (3.2\text{-}2)$$

onde c é uma constante e considera-se que $r \geq 0$. O formato da curva logarítmica na Figura 3.3 mostra que essa transformação mapeia uma faixa estreita de baixos valores de intensidade de entrada em uma faixa mais ampla

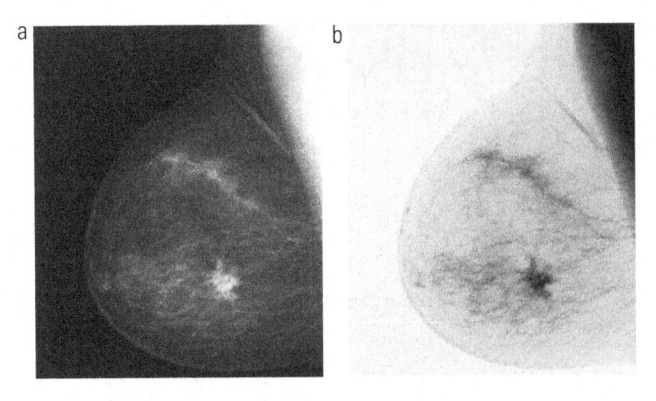

Figura 3.4 (a) Mamografia digital original. (b) Negativo da imagem obtido utilizando a função de transformação da Equação 3.2-1. (Cortesia da G.E. Medical Systems.)

3.2.3 Transformações de potência (gama)

As transformações de potência apresentam a forma básica:

$$s = cr^\gamma \quad (3.2\text{-}3)$$

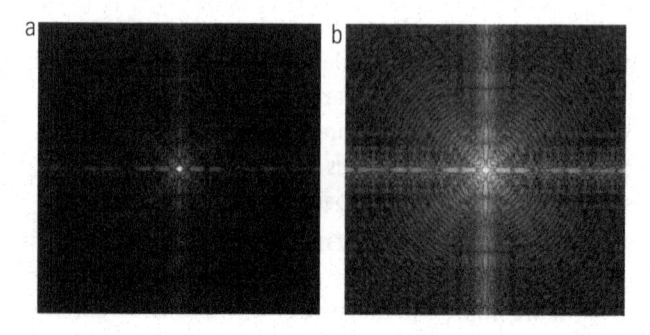

Figura 3.5 (a) Espectro de Fourier. (b) Resultado da aplicação da transformação logarítmica da Equação 3.2-2 com $c = 1$.

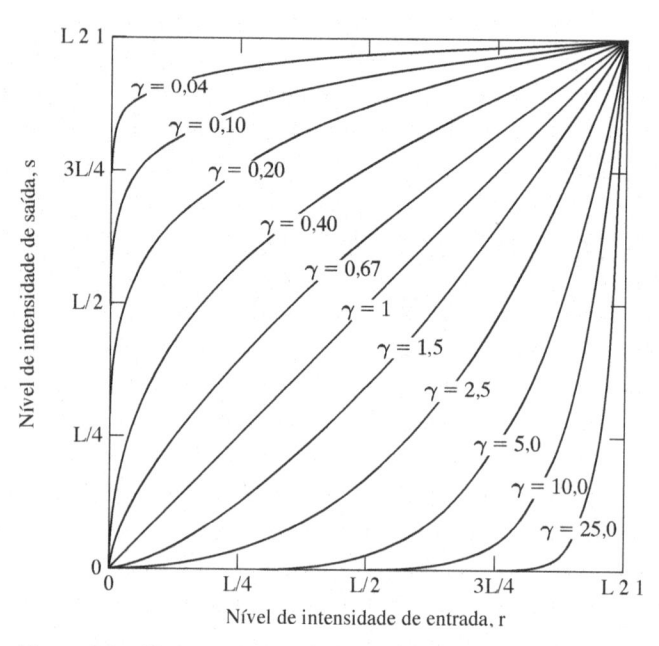

Figura 3.6 Plotagens da equação $s = cr^\gamma$ para vários valores de γ ($c = 1$ em todos os casos). Todas as curvas foram ajustadas para se adequar à faixa mostrada.

sendo c e γ constantes positivas. Algumas vezes a Equação 3.2-3 é escrita como $s = c\,(r + \varepsilon)^\gamma$ para incluir uma compensação ou *offset* (isto é, uma saída mensurável quando a entrada for zero). No entanto, as compensações costumam ser um problema na calibração de monitores e, como resultado, costumam ser ignoradas na Equação 3.2-3. Plotagens de *s* versus *r* para vários valores de γ são mostradas na Figura 3.6. Como no caso da transformação logarítmica, curvas de transformação de potência com valores de γ menores que 1 (fração) mapeiam uma faixa estreita de valores escuros de entradas em uma faixa mais ampla de valores de saída, com o oposto se aplicando a valores mais altos de níveis de entrada. Diferentemente da função logarítmica, contudo, notamos aqui toda uma classe de curvas de transformação possíveis obtidas simplesmente por meio da variação de γ. Como esperávamos, vemos na Figura 3.6 que essas curvas geradas com valores de $\gamma > 1$ têm o efeito exatamente oposto que as geradas com valores de $\gamma < 1$. Por fim, notamos que a Equação 3.2-3 é reduzida à transformação de identidade quando $c = \gamma = 1$.

Uma série de dispositivos utilizados para a captura, impressão e exibição de imagens funciona de acordo com uma lei de potência. Por convenção, o expoente na equação de potência é chamado de *gama* (daí a utilização desse símbolo na Equação 3.2-3). O processo utilizado para corrigir esses fenômenos de resposta à lei de potência é chamado de *correção gama*. Por exemplo, dispositivos de tubo de raios catódicos (CRT, de *cathode ray tube*) apresentam uma resposta de intensidade em relação à tensão que é uma função de potência, com expoentes variando de aproximadamente 1,8 a 2,5. No que se refere à curva para $\gamma = 2,5$ na Figura 3.6, vemos que sistemas de exibição de imagens como esses tenderiam a produzir imagens mais escuras que o pretendido. Esse efeito é ilustrado na Figura 3.7. A Figura 3.7(a) mostra uma imagem de variação gradativa de intensidade (gradiente) exibida em um monitor. Como esperado, a imagem de saída no monitor parece mais escura que a imagem original de entrada, como mostra a Figura 3.7(b). A correção gama nesse caso é direta. Tudo o que precisamos fazer é pré-processar a imagem de entrada antes de exibi-la no monitor, realizando a transformação $s = r^{1/2,5} = r^{0,4}$. O resultado é mostrado na Figura 3.7(c). Quando exibida no mesmo monitor, a entrada transformada pela corre-

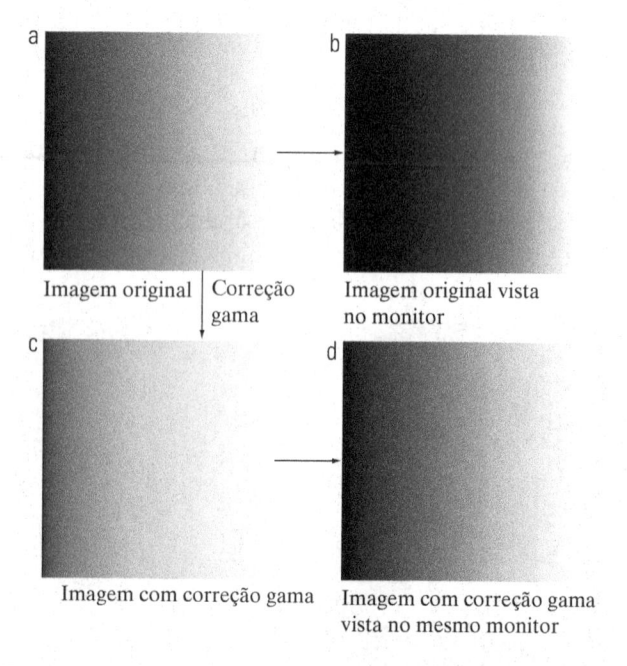

Figura 3.7 (a) Imagem com variação gradativa de intensidade (gradiente). (b) Imagem vista em um monitor simulado com gama igual a 2,5. (c) Imagem com correção gama. (d) Imagem corrigida vista no mesmo monitor. Compare (d) e (a).

ção gama produz uma saída mais parecida com a imagem original, como mostra a Figura. 3.7(d). Uma análise similar pode ser aplicada a outros dispositivos de geração de imagens, como digitalizadores e impressoras. A única diferença seria o valor de gama, que depende do dispositivo (Poynton, 1996).

A correção gama é importante quando uma imagem precisa ser exibida na tela de um computador como exatidão. Imagens que não são adequadamente corrigidas podem ter uma aparência desbotada ou, o que é mais provável, escura demais. Tentar reproduzir as cores com exatidão também requer algum conhecimento da correção gama porque a variação do valor de gama altera não apenas a intensidade como também as proporções de vermelho, verde e azul em uma imagem colorida. A correção gama tem se tornado cada vez mais relevante nos últimos anos, à medida que o uso de imagens digitais para fins comerciais na Internet tem aumentado. Não é incomum que imagens criadas para um site popular da rede sejam vistas por milhões de pessoas, a maioria das quais com diferentes monitores e/ou configurações de monitor. Alguns sistemas de computador chegam a incorporar correção gama parcial. Além disso, padrões atuais de imagens não contêm o valor de gama com o qual uma imagem foi criada, complicando ainda mais a questão. Dadas essas limitações, uma metodologia razoável para armazenar imagens em um site na Internet é pré-processar as imagens com um valor gama que represente uma "média" dos tipos de monitores e sistemas computacionais disponíveis comercialmente naquele determinado momento.

Exemplo 3.1 Realce de contraste utilizando transformações de potência.

Além da correção gama, as transformações de potência são úteis para a manipulação de contraste para uso geral. A Figura 3.8(a) mostra uma imagem de ressonância magnética (MRI) de uma coluna vertebral humana na região torácica superior com uma fratura-luxação e pinçamento medular. A fratura é visível perto do centro vertical da medula, aproximadamente um quarto para baixo em relação à borda superior da imagem. Como a imagem é predominantemente escura, uma expansão dos níveis de intensidade é desejável. Isso pode ser feito com uma transformação de potência utilizando um expoente fracionário ($\gamma < 1$). As outras imagens mostradas na figura foram obtidas por meio do processamento da Figura 3.8(a) com a função de transformação de potência da Equação 3.2-3. Os valores de gama correspondentes às imagens (b) a (d) são 0,6, 0,4 e 0,3, respectivamente (o valor de c é 1 em todos os casos). Notamos que, à medida que gama foi reduzido de 0,6 a 0,4, mais detalhes se tornaram visíveis. Uma redução adicional de gama para 0,3

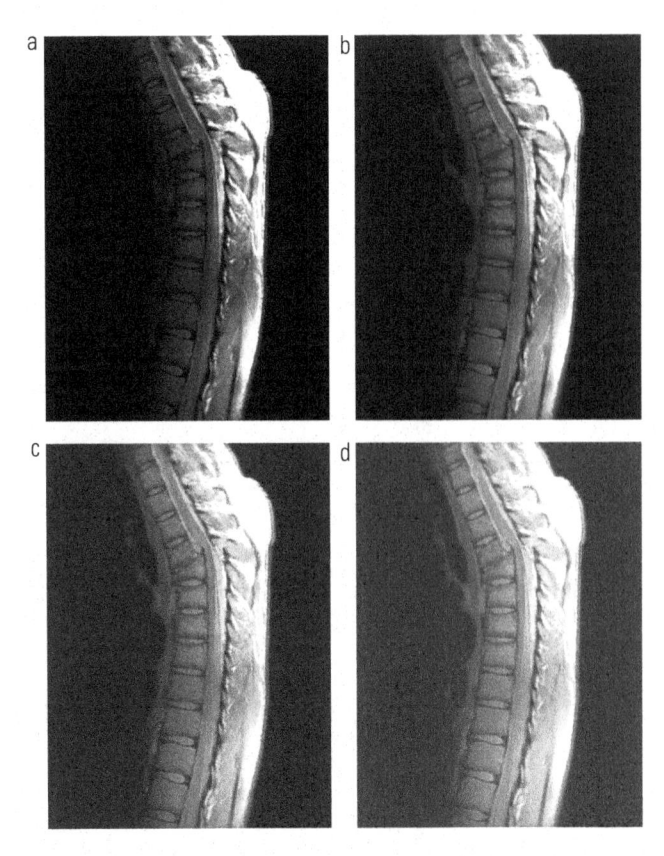

Figura 3.8 (a) Imagem de ressonância magnética (MRI) de uma coluna vertebral humana fraturada. (b) a (d) Resultados da aplicação da transformação na Equação 3.2-3 com $c = 1$ e $\gamma = 0,6$, 0,4 e 0,3, respectivamente. (Imagem original: cortesia do Dr. David R. Pickens, Departamento de Radiologia e Ciências Radiológicas, Centro Médico da Universidade de Vanderbilt.)

aumentou um pouco mais os detalhes do fundo da imagem, mas já começou a reduzir o contraste, de modo que a imagem passou a ter uma aparência ligeiramente "desbotada", sem brilho, especialmente no fundo. Ao comparar todos os resultados, vemos que o maior realce em termos de contraste e detalhes discerníveis foi obtido com $\gamma = 0,4$. Um valor de $\gamma = 0,3$ é um limite aproximado abaixo do qual o contraste para essa imagem especificamente seria reduzido a um nível inaceitável.

Exemplo 3.2 Uma outra ilustração das transformações de potência.

A Figura 3.9(a) mostra o problema oposto ao da Figura 3.8(a). A imagem a ser processada agora tem uma aparência desbotada, indicando que a compressão dos níveis de intensidade é desejável. Isso pode ser realizado com a Equação 3.2-3 utilizando valores de γ maiores do que 1. Os resultados do processamento da Figura 3.9(a) com $\gamma = 3,0$, 4,0 e 5,0 são mostrados nas figuras 3.9(b) a (d). Resultados adequados foram obtidos com valores de gama iguais a 3,0 e 4,0, e o último apresentou uma aparência ligeiramente

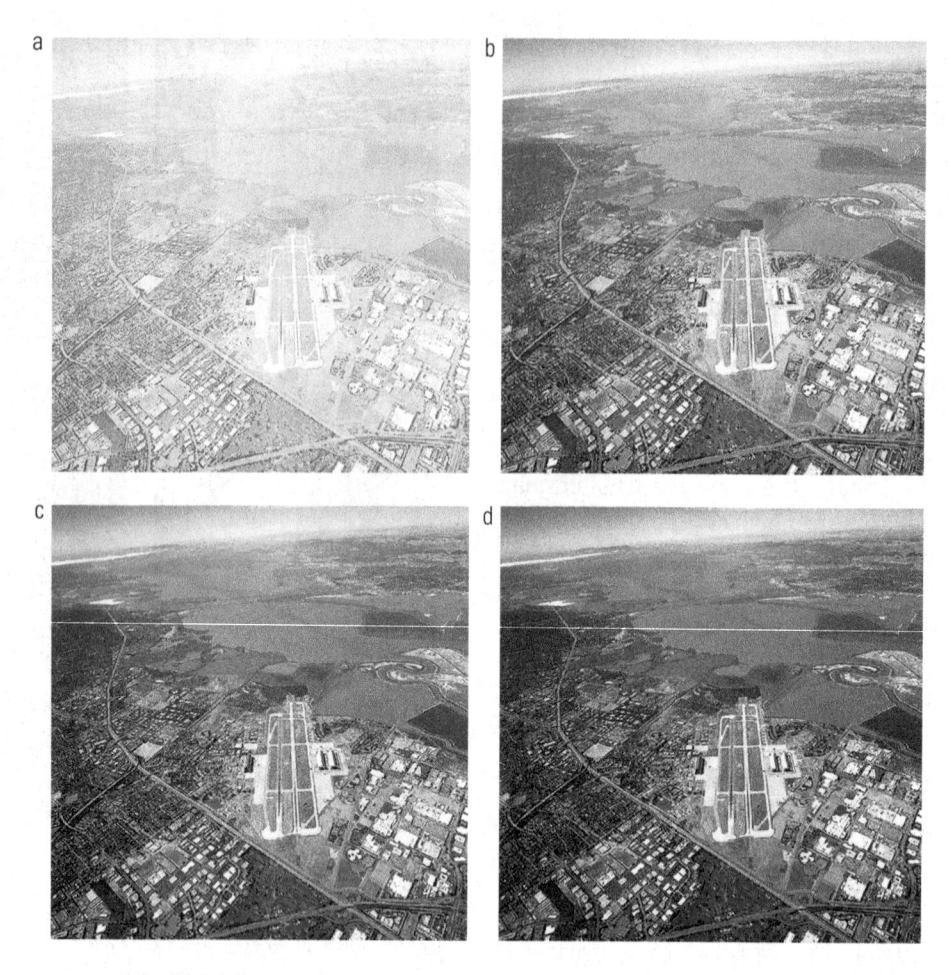

Figura 3.9 (a) Imagem aérea. (b) a (d) Resultados da aplicação da transformação na Equação 3.2-3 com $c = 1$ e $\gamma = 3,0$, $4,0$ e $5,0$, respectivamente. (Imagem original: cortesia da Nasa.)

melhor graças ao maior contraste. O resultado obtido com $\gamma = 5,0$ apresenta áreas muito escuras, nas quais alguns detalhes são perdidos. A região escura à esquerda da estrada principal no quadrante superior esquerdo é um exemplo de uma área assim.

3.2.4 Funções de transformação linear definidas por partes

Uma abordagem complementar aos métodos discutidos nas três seções anteriores consiste na utilização de funções lineares definidas por partes. A principal vantagem das funções lineares por partes sobre os tipos de funções que discutimos até agora é que a forma das funções por partes pode ser arbitrariamente complexa. De fato, como veremos em breve, a implementação prática de algumas transformações importantes só pode ser formulada como funções por partes. A principal desvantagem das funções por partes consiste no fato de sua especificação requerer consideravelmente mais dados de entrada do usuário.

Alargamento de contraste

Uma das mais simples funções lineares definidas por partes é a transformação de alargamento de contraste. Imagens de baixo contraste podem resultar de uma iluminação ruim, de uma faixa dinâmica insuficiente no sensor de imagem ou até mesmo de uma configuração errada da abertura de uma lente no momento da aquisição da imagem. O *alargamento de contraste* é um processo que expande a faixa de níveis de intensidade de uma imagem de modo a incluir todo o intervalo de intensidades do meio de gravação ou do dispositivo de exibição.

A Figura 3.10(a) mostra uma transformação típica utilizada para o alargamento de contraste. As posições dos pontos (r_1, s_1) e (r_2, s_2) controlam o formato da função de transformação. Se $r_1 = s_1$ e $r_2 = s_2$, a transformação é uma função linear que não produz nenhuma alteração nos níveis de intensidade. Se $r_1 = r_2$, $s_1 = 0$ e $s_2 = L - 1$, a transformação se torna uma *função de limiarização* que cria uma imagem binária, como ilustrado na Figura 3.2(b). Os valores intermediários de (r_1, s_1) e (r_2, s_2) produzem vários

Figura 3.10 Alargamento de contraste. (a) Forma da função de transformação. (b) Uma imagem de baixo contraste. (c) Resultado do alargamento de contraste. (d) Resultado da limiarização. (Imagem original: cortesia do Dr. Roger Heady, Faculdade de Pesquisas em Ciências Biológicas, Universidade Nacional Australiana, Camberra, Austrália.)

graus de expansão dos níveis de intensidade da imagem de saída, afetando, assim, seu contraste. Em geral, pressupõe-se que $r_1 \leq r_2$ e $s_1 \leq s_2$, de forma que a função tenha um valor único e seja monotonicamente crescente. Essa condição mantém a ordem dos níveis de intensidade, prevenindo, assim a criação de artefatos de intensidade na imagem processada.

A Figura 3.10(b) mostra uma imagem de 8 bits com baixo contraste. A Figura 3.10(c) mostra o resultado do alargamento de contraste, obtido definindo $(r_1, s_1) = (r_{mín}, 0)$ e $(r_2, s_2) = (r_{máx}, L-1)$, onde $r_{mín}$ e $r_{máx}$ são os níveis mínimo e máximo de intensidade da imagem, respectivamente. Dessa forma, a função de transformação alargou linearmente os níveis de seu intervalo original para o intervalo completo $[0, L-1]$. Por fim, a Figura 3.10(d) mostra o resultado da aplicação da função de limiarização definida anteriormente, com $(r_1, s_1) = (m, 0)$ e $(r_2, s_2) = (m, L-1)$, sendo m o nível médio de intensidade da imagem. A imagem original na qual esses resultados se baseiam é uma imagem de grãos de pólen, gerada por microscópio eletrônico de varredura e ampliada aproximadamente 700 vezes.

Fatiamento de níveis de intensidade

Frequentemente, pode ser interessante enfatizar um intervalo específico de intensidades em uma imagem. As aplicações incluem realce de características como massas de água em imagens de satélite e realce de falhas em imagens de raios X. O processo, muitas vezes chamado de *fatiamento de níveis de intensidade*, pode ser implementado de várias formas, mas a maioria constitui uma variação de dois temas básicos. Uma metodologia consiste em exibir em um valor (digamos, o branco), todos os valores na faixa de interesse e, em outro (digamos, o preto), todas as outras intensidades. Essa transformação, mostrada na Figura 3.11(a), produz uma imagem binária. A segunda metodologia, baseada na transformação da Figura 3.11(b), clareia (ou escurece) a faixa desejada de intensidades, mas mantém inalterados todos os outros níveis de intensidade da imagem.

Exemplo 3.3 Fatiamento de níveis de intensidade.

A Figura 3.12(a) é um angiograma da aorta próximo da região dos rins (veja a Seção 1.3.2 para uma explicação mais detalhada dessa imagem). O objetivo desse exemplo é

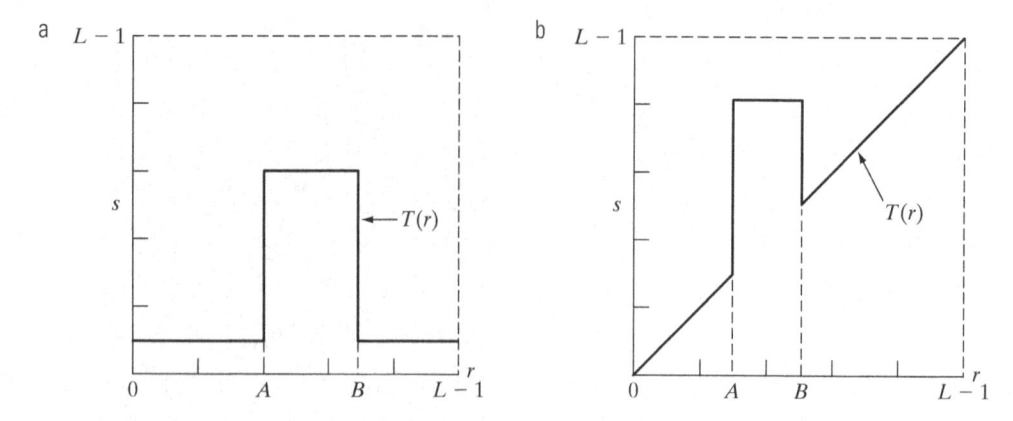

Figura 3.11 (a) Essa transformação enfatiza a faixa de intensidades [A, B] e reduz todas as outras intensidades a um nível mais baixo. (b) Essa transformação enfatiza a faixa [A, B] e preserva todos os outros níveis de intensidade.

utilizar o fatiamento de níveis de intensidade para enfatizar os principais vasos sanguíneos que parecem mais claros como resultado de uma substância de contraste que foi injetada. A Figura 3.12(b) mostra o resultado da utilização de uma transformação da forma da Figura 3.11(a), com a faixa selecionada próxima ao topo da escala, já que a faixa de interesse é mais clara que o fundo. O resultado final dessa transformação é que o vaso sanguíneo e partes dos rins parecem brancos, ao passo que todas as outras intensidades são pretas. Esse tipo de realce produz uma imagem binária e é útil para estudar a *forma* do fluxo da substância de contraste (para detectar, por exemplo, pontos de obstrução).

Se, por outro lado, quisermos nos concentrar nos valores reais de intensidade da região de interesse, podemos utilizar a transformação da Figura 3.11(b). A Figura 3.12(c) mostra o resultado da utilização de uma transformação como essa, na qual uma faixa de intensidades na região do cinza médio em torno da intensidade média da imagem foi definida como preto, ao passo que todas as outras intensidades foram mantidas inalteradas. Neste exemplo, vemos que a tonalidade do nível de cinza dos principais vasos sanguíneos e parte da área do rim foram mantidas intactas. Um resultado assim pode ser útil quando o interesse é medir o fluxo real da substância de contraste em função do tempo em uma série de imagens.

Fatiamento por planos de bits

Os pixels são números digitais compostos de bits. Por exemplo, a intensidade de cada pixel em uma imagem em escala de cinza de 256 níveis é composta de 8 bits (isto é, um byte). Em vez de enfatizar faixas de intensidade, poderíamos enfatizar a contribuição feita à aparência final da imagem por bits específicos. Como ilustra a Figura 3.13, uma imagem de 8 bits pode ser considerada composta de oito planos de 1 bit, com o plano 1 contendo o bit menos significativo de todos os pixels da imagem, e o plano 8, todos os bits mais significativos.

A Figura 3.14(a) mostra uma imagem em escala de cinza de 8 bits, e as figuras 3.14(b) a (i) são seus oito pla-

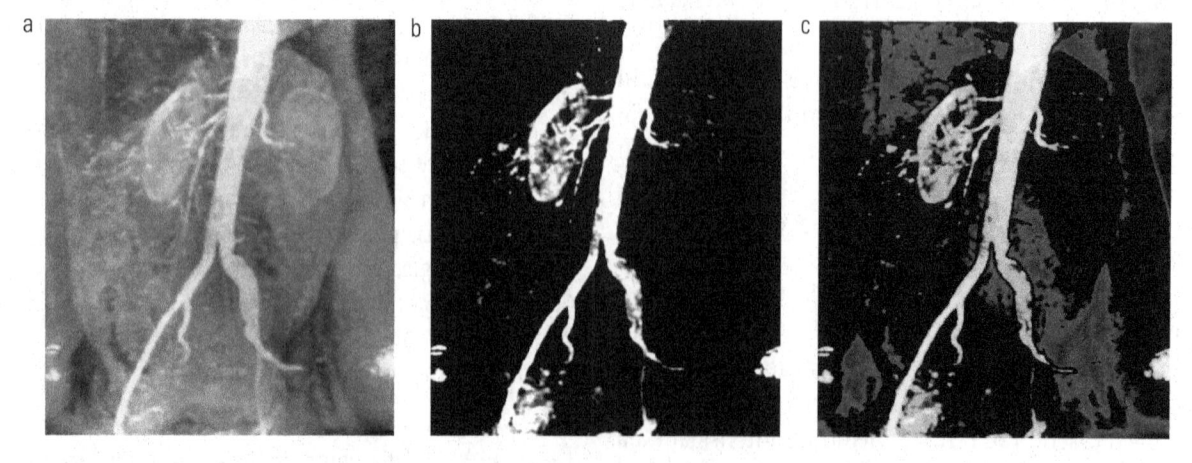

Figura 3.12 (a) Angiograma da aorta. (b) Resultado da utilização da transformação de fatiamento do tipo ilustrado na Figura 3.11(a) com a faixa de intensidades de interesse selecionada no extremo superior da escala de cinza. (c) Resultado da utilização da transformação na Figura 3.11(b) com a área selecionada ajustada para o preto, de forma que os níveis de cinza na área dos vasos sanguíneos e rins foram preservados. (Imagem original: cortesia do Dr. Thomas R. Gest, Faculdade de Medicina da Universidade de Michigan.)

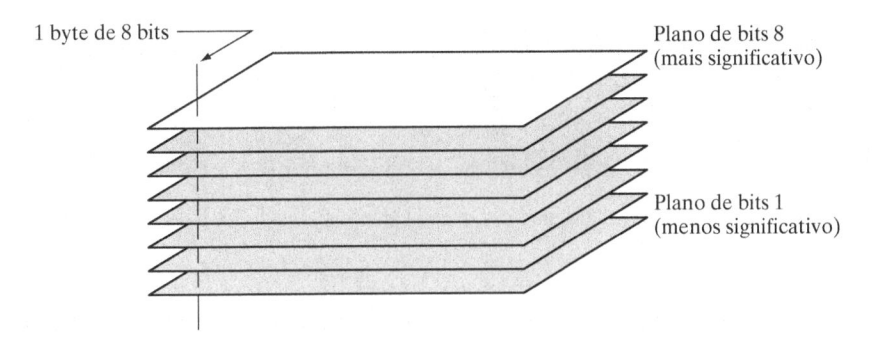

Figura 3.13 Representação em planos de bits de uma imagem de 8 bits.

nos de 1 bit, com a Figura 3.14(b) correspondendo ao bit menos significativo. Observe que os quatro planos de bits mais significativos, especialmente os dois últimos, contêm uma boa quantidade dos dados visualmente significativos. Os planos menos significativos contribuem com detalhes de intensidades mais sutis na imagem. A imagem original tem uma borda cinza cuja intensidade é 194. Observe que essa mesma borda é preta (0) em alguns dos planos de bits, ao passo que é branca (1) em outros. Para entender por que, considere um pixel, digamos, no meio da borda inferior da Figura 3.14(a). Os pixels correspondentes nos planos de bits, começando com o plano mais significativo, têm valores 1 1 0 0 0 0 1 0, que correspondem à representação binária do decimal 194. O valor de qualquer pixel na imagem original pode ser reconstruído de forma similar a partir de seus pixels correspondentes de valor binário nos planos de bits.

Em termos de funções de transformação de intensidade, não é difícil demonstrar que a imagem binária do oitavo plano de bits de uma imagem de 8 bits pode ser obtida pelo processamento da imagem de entrada com uma função de limiarização que mapeia todas as intensidades entre 0 e 127 em 0 e todas as intensidades entre 128 e 255 em 1. A imagem binária da Figura 3.14(i) foi obtida exatamente dessa forma. Deixamos como um exercício (Exercício 3.4) a obtenção das funções de transformação de intensidade para gerar outros planos de bits.

Costuma ser útil decompor uma imagem em planos de bits para analisar a importância relativa de cada bit na imagem, um processo que ajuda a determinar a adequação do número de bits utilizados para quantizar a imagem. Além disso, esse tipo de decomposição é útil para a compressão de imagens (o tópico do Capítulo 8), no qual não são utilizados todos os planos na reconstrução de uma imagem. Por exemplo, a Figura 3.15(a) mostra uma imagem reconstruída utilizando os planos de bits 8 e 7. A reconstrução é realizada multiplicando os pixels do n-ésimo plano pela constante 2^{n-1}. Isso representa apenas converter o n-ésimo bit significativo em um decimal. Cada plano utilizado é multiplicado pela constante correspondente, e todos os planos utilizados são somados para obter a imagem em escala de cinza. Dessa forma,

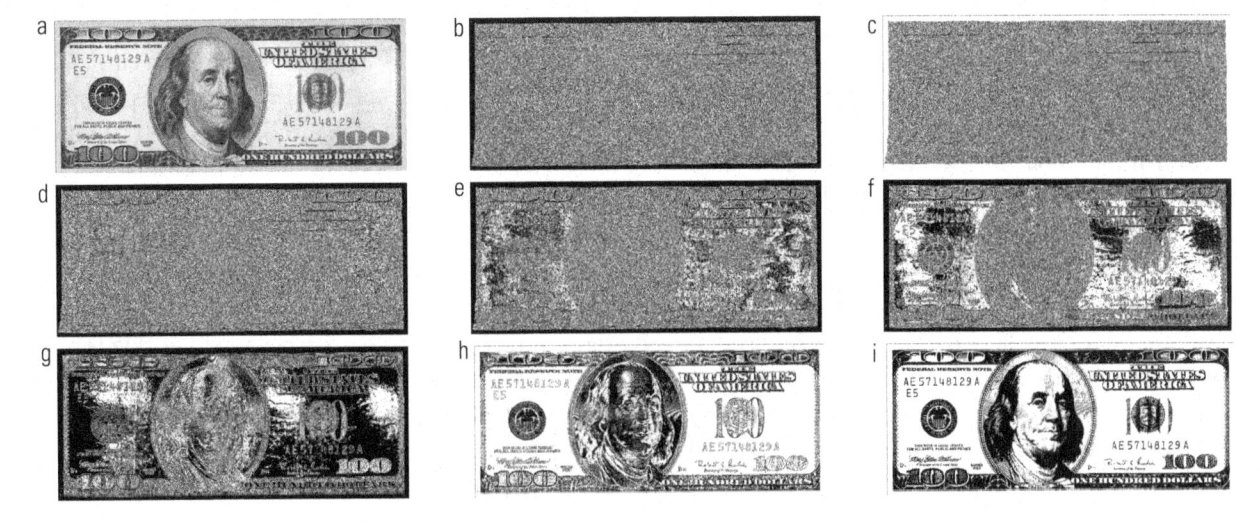

Figura 3.14 (a) Uma imagem em escala de cinza de 8 bits com dimensões 500 × 1.192 pixels. (b) a (i) Planos de bits 1 a 8, com o plano de bits 1 correspondendo ao bit menos significativo. Cada plano de bits é uma imagem binária.

Figura 3.15 Imagens reconstruídas utilizando (a) planos de bits 8 e 7; (b) planos de bits 8, 7 e 6; e (c) planos de bits 8, 7, 6 e 5. Compare (c) com a Figura 3.14(a).

para obter a Figura 3.15(a), multiplicamos o plano de bits 8 por 128, o plano de bits 7 por 64, e somamos os dois planos. Apesar de as principais características da imagem original serem restauradas, a imagem reconstruída parece ter pouco contraste, especialmente no fundo. Isso não é de surpreender, já que dois planos podem produzir apenas quatro níveis de intensidade distintos. Adicionar o plano 6 à reconstrução melhorou a situação, como mostra a Figura 3.15(b). Observe que o fundo dessa imagem tem um falso contorno perceptível. Esse efeito é significativamente reduzido acrescentando o quinto plano à reconstrução, como ilustra a Figura 3.15(c). Utilizar mais planos na reconstrução não contribuiria de maneira importante para a aparência dessa imagem. Dessa forma, concluímos que armazenar os quatro planos de bits mais relevantes nos permitiria reconstruir a imagem original em detalhes aceitáveis. Armazenar esses quatro planos em vez da imagem original requer 50% menos espaço de armazenamento (ignorando considerações sobre arquitetura de memória).

3.3 Processamento de histograma

O *histograma* de uma imagem digital com níveis de intensidade no intervalo [0, $L - 1$] é uma função discreta $h(r_k) = n_k$, onde r_k é o k-ésimo valor de intensidade e n_k é o número de pixels da imagem com intensidade r_k. Costuma-se normalizar um histograma dividindo cada um desses componentes pelo número total de pixels da imagem, expresso pelo produto MN, onde, geralmente, M e N são as dimensões de linha e coluna da imagem. Dessa forma, um histograma normalizado é dado por $p(r_k) = r_k/MN$ para $k = 0, 1, 2, \ldots, L - 1$. De modo geral, $p(r_k)$ é uma estimativa da probabilidade de ocorrência do nível de intensidade r_k em uma imagem. A soma de todos os componentes de um histograma normalizado é igual 1.*

Histogramas são a base para várias técnicas de processamento no domínio espacial. A manipulação de histogramas pode ser utilizada para o realce de imagens, como mostrado nesta seção. Além de fornecer estatísticas úteis da imagem, veremos em capítulos subsequentes que as informações inerentes a histogramas também são bastante úteis em outras aplicações de processamento de imagens, como compressão e segmentação. Histogramas são fáceis de serem calculados utilizando-se um aplicativo computacional, e eles também podem ser calculados em implementações econômicas de hardware, sendo, dessa forma, uma ferramenta popular para o processamento de imagens em tempo real.

Como uma introdução ao processamento de histogramas para transformações de intensidade, observe a Figura 3.16, que é a imagem dos grãos de pólen da Figura 3.10 mostrada em quatro características básicas em relação à intensidade da imagem: escura, clara, baixo contraste e alto contraste. O lado direito da figura mostra os histogramas correspondentes a essas imagens. O eixo horizontal de cada histograma corresponde a valores de intensidade, r_k. O eixo vertical corresponde a valores de $h(r_k) = n_k$ ou $p(r_k) = n_k/MN$ se os valores forem normalizados. Dessa forma, os histogramas podem ser vistos como gráficos de $h(r_k) = n_k$ versus r_k ou $p(r_k) = n_k/MN$ versus r_k.

Notamos na imagem escura que os componentes do histograma estão concentrados no lado inferior (escuro) da escala de intensidades. De forma similar, os componentes do histograma da imagem clara tendem à direção do lado superior da escala. Uma imagem com baixo contraste tem um histograma estreito normalmente localizado no meio da escala de intensidades. Para uma imagem monocromática, isso implica uma aparência cinza, desbotada e sem brilho. Finalmente, vemos que os componentes do histograma na imagem de alto contraste cobrem uma faixa bem ampla da escala de intensidades e, também, que a distribuição de pixels não está muito longe de ser uniforme, com poucas linhas verticais sendo muito mais altas do que as outras. Intuitivamente, é razoável concluir que uma imagem cujos pixels tendem a ocupar todo o intervalo de níveis possíveis de intensidade e, além disso, tendem a ser distribuídos uniformemente terá uma aparência de alto contraste e exibirá uma grande variedade de tons de cinza. O resultado final será uma imagem que mostra boa correspondência em relação aos detalhes de nível de cinza e tem uma ampla faixa dinâmica. Em breve veremos que é possível desenvolver uma função

---
* Consulte o site do livro para uma revisão da teoria elementar das probabilidades.

Figura 3.16 Quatro tipos básicos de imagem: escura, clara, baixo contraste, alto contraste e seus histogramas correspondentes.

de transformação que pode automaticamente atingir esse efeito, com base apenas em informações disponíveis no histograma da imagem de entrada.

3.3.1 Equalização de histograma

Considere por um momento valores contínuos de intensidade, com a variável r expressando as intensidades de uma imagem a ser processada. Como de costume, consideramos que r esteja no intervalo $[0, L-1]$, com $r = 0$ representando o preto, e $r = L - 1$ representando o branco. Para que r satisfaça essas condições, nos concentraremos nas transformações (mapeamentos de intensidade) da fórmula:

$$s = T(r) \quad 0 \leq r \leq L-1 \quad (3.3\text{-}1)$$

que produz um nível de intensidade de saída s para todos os pixels da imagem de entrada que têm intensidade r. Consideramos que:

(a) $T(r)$ é uma função monotonicamente* crescente no intervalo $0 \leq r \leq L-1$; e

(b) $0 \leq T(r) \leq L-1$ para $0 \leq r \leq L-1$.

Em algumas formulações que discutiremos mais adiante, utilizamos o inverso:

$$r = T^{-1}(s) \quad 0 \leq s \leq L-1 \quad (3.3\text{-}2)$$

neste caso, alteramos a condição (a) para

(a′) $T(r)$ é uma função estritamente monotonicamente crescente no intervalo $0 \leq r \leq L-1$.

O requisito da condição (a), de que $T(r)$ deve ser monotonicamente crescente, assegura que os valores de intensidade da saída nunca serão invertidos em relação aos valores correspondentes de entrada, impedindo, dessa forma, a criação de artefatos por reversões de intensidade. A condição (b) assegura que o intervalo de intensidades da saída seja o mesmo que o da entrada. Por fim, a condição (a′) assegura que o mapeamento inverso de s em r será um para um, impedindo, dessa forma, ambiguidades. A Figura 3.17(a) mostra uma função que satisfaz as condições (a) e (b). No caso, vemos que é possível que múltiplos valores sejam mapeados em um valor único e, mesmo assim, satisfaçam essas duas condições. Isto é, uma função de transformação monotônica executa um mapeamento um para um ou muitos para um. Não há problema algum no mapeamento de r em s. No entanto, a Figura 3.17(a) apresenta um problema se quisermos recuperar os valores de r unicamente a partir dos valores mapeados (o mapeamento inverso pode ser visualizado invertendo o sentido das setas). Isso seria possível para o mapeamento inverso de s_k na Figura 3.17(a), mas o mapeamento inverso de s_q é um *intervalo* de valores, o que, é claro, em geral nos impede de recuperar o valor original de r que resultou em s_q. Como mostra a Figura 3.17(b), requerer que $T(r)$ seja estritamente monotônico assegura que os mapeamentos inversos tenham um *valor único* (isto é, o mapeamento é um para um nas duas direções). Esse é um requisito teórico que nos permitirá deduzir algumas técnicas importantes de processamento de histogramas mais adiante neste capítulo. Como na prática lidamos com valores inteiros de intensidade, somos forçados a arredondar todos os resultados a seus valores inteiros mais próximos. Dessa forma, quando a condição de "estritamente monotônico" não for satisfeita, lidaremos com o problema de uma transformação inversa não única procurando as correspondências inteiras mais próximas. O Exemplo 3.8 apresenta uma ilustração acerca do assunto.

Os níveis de intensidade em uma imagem podem ser vistos como variáveis aleatórias no intervalo $[0, L-1]$. Um descritor fundamental de uma variável aleatória é sua função densidade de probabilidade (PDF, de *probability density function*). Sejam $p_r(r)$ e $p_s(s)$ as PDFs de r e s, respectivamente, onde os subscritos em p são utilizados para indicar que, em geral, p_r e p_s são funções diferentes. Um resultado fundamental da teoria elementar das probabilidades é que, se $p_r(r)$ e $T(r)$ são conhecidas e $T(r)$ é contínua e diferenciável ao longo do intervalo de valores

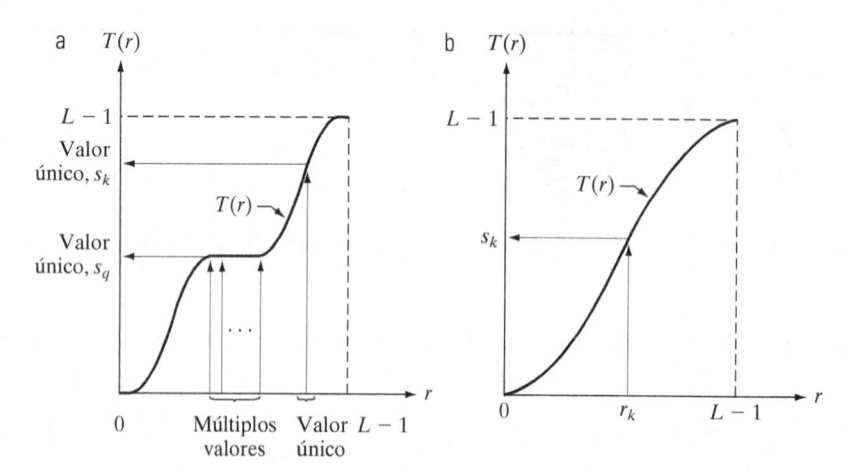

Figura 3.17 (a) Função monotonicamente crescente, mostrando como múltiplos valores podem ser mapeados em um único valor. (b) Função estritamente monotonicamente crescente. Esse é um mapeamento um para um, em ambas as direções.

---

* Lembre-se de que uma função $T(r)$ é monotonicamente crescente se $T(r_2) \geq T(r_1)$ para $r_2 > r_1$. $T(r)$ é uma função estritamente monotonicamente crescente se $T(r_2) > T(r_1)$ para $r_2 > r_1$. Definições similares se aplicam a funções monotonicamente decrescentes.

de interesse, então a PDF da variável transformada (mapeada) s pode ser obtida utilizando a simples fórmula:

$$p_s(s) = p_r(r)\left|\frac{dr}{ds}\right| \quad (3.3\text{-}3)$$

Dessa forma, vemos que a PDF da variável de intensidade da saída s é determinada pela PDF das intensidades da entrada e pela função de transformação utilizada [lembre-se de que r e s se relacionam por meio de $T(r)$].

Uma função de transformação de especial importância no processamento de imagens tem a forma:

$$s = T(r) = (L-1)\int_0^r p_r(w)\,dw \quad (3.3\text{-}4)$$

sendo w uma variável local da integração. O lado direito dessa equação é reconhecido como a função de distribuição acumulada (CDF, de *cumulative distribution function*) da variável aleatória r. Como as PDFs são sempre positivas, e lembrando que a integral de uma função corresponde à área sob a função, segue-se que a função de transformação da Equação 3.3-4 satisfaz a condição (a) porque a área sob a função não pode diminuir à medida que r aumenta. Quando o limite superior dessa equação for $r = (L-1)$, a integral será calculada como 1 (a área sob uma curva PDF é sempre 1), de forma que o valor máximo de s é $(L-1)$ e a condição (b) também é satisfeita.

Para encontrar a $p_s(s)$ correspondente à transformação que acabamos de analisar, utilizamos a Equação 3.3-3. Sabemos, com base na regra de Leibniz do cálculo elementar, que a derivada de uma integral definida em relação a seu limite superior é o integrando calculado nesse limite. Isto é:

$$\begin{aligned}\frac{ds}{dr} &= \frac{dT(r)}{dr} \\ &= (L-1)\frac{d}{dr}\left[\int_0^r p_r(w)\,dw\right] \\ &= (L-1)p_r(r) \quad (3.3\text{-}5)\end{aligned}$$

Substituindo esse resultado por dr/ds na Equação 3.3-3 e tendo em mente que todos os valores de probabilidade são positivos, temos

$$\begin{aligned}p_s(s) &= p_r(r)\left|\frac{dr}{ds}\right| \\ &= p_r(r)\left|\frac{1}{(L-1)p_r(r)}\right| \\ &= \frac{1}{L-1} \quad 0 \leq s \leq L-1 \quad (3.3\text{-}6)\end{aligned}$$

Reconhecemos a forma de $p_s(s)$ na última linha dessa equação como uma função densidade de probabilidade *uniforme*. Em resumo, demonstramos que realizar a transformação de intensidade na Equação 3.3-4 gera uma variável aleatória, s, caracterizada por uma PDF uniforme. É importante notar, a partir dessa equação, que $T(r)$ depende de $p_r(r)$, mas, como mostra a Equação 3.3-6, a $p_s(s)$ resultante é *sempre* uniforme, *independentemente* da forma de $p_r(r)$. A Figura 3.18 ilustra esses conceitos.

Exemplo 3.4 Ilustração das equações 3.3-4 e 3.3-6.

Para explicar os conceitos, vejamos o exemplo simples a seguir. Suponha que os valores de intensidade (contínuos) em uma imagem tenham a PDF

$$p_r(r) = \begin{cases} \dfrac{2r}{(L-1)^2} & \text{para } 0 \leq r \leq L-1 \\ 0 & \text{para todos os outros intervalos} \end{cases}$$

Da Equação 3.3-4:

$$\begin{aligned}s = T(r) &= (L-1)\int_0^r p_r(w)\,dw \\ &= \frac{2}{L-1}\int_0^r w\,dw = \frac{r^2}{L-1}\end{aligned}$$

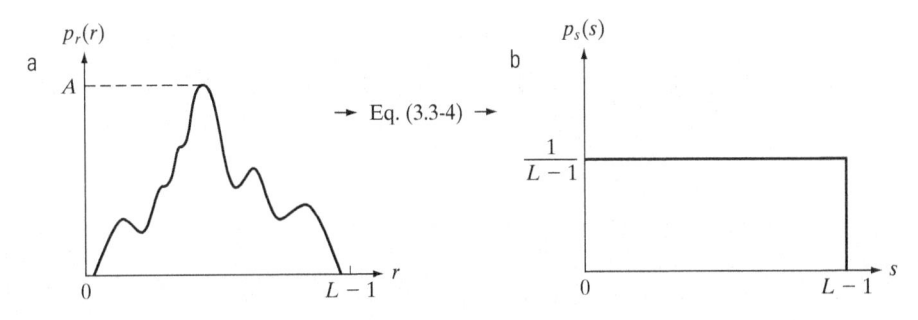

Figura 3.18 (a) Uma PDF arbitrária. (b) Resultado da aplicação da transformação na Equação 3.3-4 a todos os níveis de intensidade, r. As intensidades resultantes, s, têm uma PDF uniforme, independentemente da forma da PDF das intensidades r.

Suponha em seguida que formemos uma nova imagem com intensidades, s, obtida utilizando essa transformação; isto é, os valores de s são formados elevando ao quadrado os valores de intensidade correspondentes da imagem de entrada e dividindo-os por $(L-1)$. Por exemplo, considere uma imagem na qual $L = 10$ e suponha que um pixel em uma posição arbitrária (x, y) na imagem de entrada tenha intensidade $r = 3$. Então, o pixel nessa posição da nova imagem é $s = T(r) = r^2/9 = 1$. Podemos verificar que a PDF das intensidades na nova imagem é uniforme simplesmente substituindo $p_r(r)$ na Equação 3.3-6 e utilizando o fato de que $s = r^2/(L-1)$; isto é:

$$p_s(s) = p_r(r)\left|\frac{dr}{ds}\right| = \frac{2r}{(L-1)^2}\left|\frac{ds}{dr}\right|^{-1}$$

$$= \frac{2r}{(L-1)^2}\left|\frac{d}{dr}\frac{r^2}{L-1}\right|^{-1}$$

$$= \frac{2r}{(L-1)^2}\left|\frac{(L-1)}{2r}\right| = \frac{1}{L-1}$$

sendo que o último passo resulta do fato de r ser não negativo e considerarmos $L > 1$. Como era esperado, o resultado é uma PDF uniforme.

Para valores discretos, lidamos com probabilidades (valores de histograma) e somatórios em vez de funções densidade de probabilidade e integrais*. Como mencionado anteriormente, a probabilidade de ocorrência do nível de intensidade r_k em uma imagem digital é calculada por:

$$p_r(r_k) = \frac{n_k}{MN} \quad K = 0, 1, 2, 3, ..., L-1 \quad (3.3\text{-}7)$$

onde MN é o número total de pixels da imagem, n_k é o número de pixels com intensidade r_k, e L é o número de níveis de intensidade possíveis na imagem (por exemplo, 256 para uma imagem de 8 bits). Como observamos no início dessa seção, um gráfico de $p_r(r_k)$ versus r_k costuma ser chamado de *histograma*.

A forma discreta da transformação na Equação 3.3-4 é:

$$s_k = T(r_k) = (L-1)\sum_{j=0}^{k} p_r(r_j) = \frac{(L-1)}{MN}\sum_{j=0}^{k} n_j$$
$$k = 0, 1, 2, ..., L-1 \quad (3.3\text{-}8)$$

Dessa forma, uma imagem processada (de saída) é obtida mapeando cada pixel da imagem de entrada com intensidade r_k em um pixel correspondente com nível s_k na imagem de saída, utilizando a Equação 3.3-8. A transformação (mapeamento) $T(r_k)$ nessa equação é chamada de *equalização de histograma* ou *linearização de histograma*. Não é difícil demonstrar (Exercício 3.10) que essa transformação satisfaz as condições (a) e (b) definidas anteriormente nesta seção.

Exemplo 3.5 Uma ilustração simples da equalização de histograma.

Antes de prosseguirmos, será útil analisarmos um exemplo simples. Suponha que uma imagem de 3 bits ($L = 8$) de dimensões 64 × 64 pixels ($MN = 4096$) tenha a distribuição de intensidade mostrada na Tabela 3.1, na qual os níveis de intensidade são números inteiros no intervalo $[0, L-1] = [0, 7]$.

O histograma de nossa imagem hipotética é esboçado na Figura 3.19(a). Os valores da função de transformação de equalização de histograma são obtidos utilizando a Equação 3.3-8. Por exemplo:

$$s_0 = T(r_0) = 7\sum_{j=0}^{0} p_r(r_j) = 7p_r(r_0) = 1,33$$

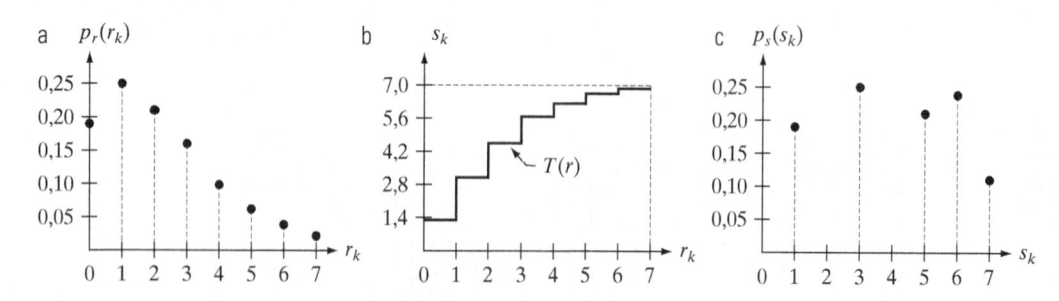

Figura 3.19 Ilustração da equalização de histograma de uma imagem de 3 bits (8 níveis de intensidade). (a) Histograma original. (b) Função de transformação. (c) Histograma equalizado.

---

* As condições de monotonicidade definidas anteriormente também se aplicam no caso discreto. Nós simplesmente restringimos os valores das variáveis para que elas sejam discretas.

Tabela 3.1 Distribuição de intensidades e valores de histograma para uma imagem digital de 3 bits, 64 × 64 pixels.

r_k	n_k	$p_r(r_k) = n_k/MN$
$r_0 = 0$	790	0,19
$r_1 = 1$	1.023	0,25
$r_2 = 2$	850	0,21
$r_3 = 3$	656	0,16
$r_4 = 4$	329	0,08
$r_5 = 5$	245	0,06
$r_6 = 6$	122	0,03
$r_7 = 7$	81	0,02

De forma similar:

$$s_1 = T(r_1) = 7\sum_{j=0}^{1} p_r(r_j) = 7p_r(r_0) + 7p_r(r_1) = 3,08$$

e $s_2 = 4,55$; $s_3 = 5,67$; $s_4 = 6,23$; $s_5 = 6,65$; $s_6 = 6,86$; $s_7 = 7,00$. Essa função de transformação tem o formato de uma escada, como mostra a Figura 3.19(b).

Nesse ponto, os valores de s ainda terão frações porque foram gerados pela soma de valores de probabilidade, de forma que os arredondamos para o número inteiro mais próximo:

$S_0 = 1,33 \to 1$ $S_4 = 6,23 \to 6$
$S_1 = 3,08 \to 3$ $S_5 = 6,65 \to 7$
$S_2 = 4,55 \to 5$ $S_6 = 6,86 \to 7$
$S_3 = 5,67 \to 6$ $S_7 = 7,00 \to 7$

Esses são os valores do histograma equalizado. Observe que há apenas cinco níveis de intensidade distintos. Como $r_0 = 0$ foi mapeado em $s_0 = 1$, há 790 pixels na imagem equalizada do histograma com esse valor (Tabela 3.1). Além disso, há nessa imagem 1.023 pixels com um valor de $s_1 = 3$ e 850 pixels com um valor de $s_2 = 5$. Contudo, tanto r_3 quanto r_4 foram mapeados no mesmo valor, 6, de forma que há (656 + 329) = 985 pixels na imagem equalizada com esse valor. De forma similar, há (245 + 122 + 81) = 448 pixels com valor 7 no histograma da imagem equalizada. Dividir esses números por $MN = 4.096$ gerou o histograma equalizado da Figura 3.19(c).

Como um histograma é uma aproximação de uma PDF, e nenhum novo nível de intensidade é criado no processo, histogramas perfeitamente uniformes são raros em aplicações práticas da equalização de histograma. Assim, diferentemente de seu equivalente contínuo, não pode ser provado (em geral) que a equalização de um histograma discreto resulta em um histograma uniforme. No entanto, como veremos em breve, utilizar a Equação 3.3-8 tende a espalhar o histograma da imagem de entrada, de forma que os níveis de intensidade da imagem equalizada cubram um intervalo maior da escala de intensidade. O resultado final é o realce do contraste.

Discutimos anteriormente nesta seção as várias vantagens de ter valores de intensidade que cubram toda a escala de cinza. Além de produzir intensidades que tenham essa tendência, o método que acabamos de definir tem a vantagem adicional de ser totalmente "automático". Em outras palavras, dada uma imagem, o processo de equalização de histograma consiste simplesmente na implementação da Equação 3.3-8, que se baseia em informações que podem ser extraídas diretamente da imagem em questão, sem a necessidade da especificação de outros parâmetros. Também notamos a simplicidade dos cálculos necessários para implementar a técnica.

A *transformação inversa* de s de volta a r é expressa por:

$$r_k = T^{-1}(s_k) \qquad k = 0, 1, 2, \dots, L-1 \qquad (3.3\text{-}9)$$

Pode ser demonstrado (Exercício 3.10) que essa transformação inversa satisfaz as condições (a') e (b) somente se nenhum dos níveis, r_k, $k = 0, 1, 2, \dots, L-1$, estiver faltando da imagem de entrada, o que, por sua vez, significa que nenhum dos componentes do histograma da imagem é zero. Apesar de a transformação inversa não ser utilizada na equalização de histograma, ela exerce um papel central no processo de especificação de histograma que será desenvolvido na próxima seção.

Exemplo 3.6 Equalização de histograma.

A coluna da esquerda na Figura 3.20 mostra as quatro imagens da Figura 3.16, e a coluna central mostra o resultado da aplicação da equalização de histograma em cada uma dessas imagens. Os três primeiros resultados de cima para baixo mostram uma melhora significativa. Como esperado, a equalização de histograma não teve muito efeito na quarta imagem porque as intensidades dessa imagem já cobriam toda a escala de intensidade. A Figura 3.21 mostra as funções de transformação utilizadas para gerar as imagens equalizadas da Figura 3.20. Essas funções foram geradas utilizando a Equação 3.3-8. Observe que a transformação (4) tem um formato praticamente linear, indicando que as entradas foram mapeadas em saídas praticamente iguais.

A terceira coluna da Figura 3.20 mostra os histogramas das imagens equalizadas. É interessante notar que, apesar de todos esses histogramas serem diferentes, as imagens do histograma equalizado são visualmente muito similares. Isso não surpreende porque a diferença básica entre as imagens da coluna da esquerda se dá em termos de contraste, não de conteúdo. Em outras palavras, como as imagens têm o mesmo conteúdo, o aumento de contraste resultante da equalização de histograma foi o suficiente para fazer com que quaisquer diferenças de intensidade nas imagens

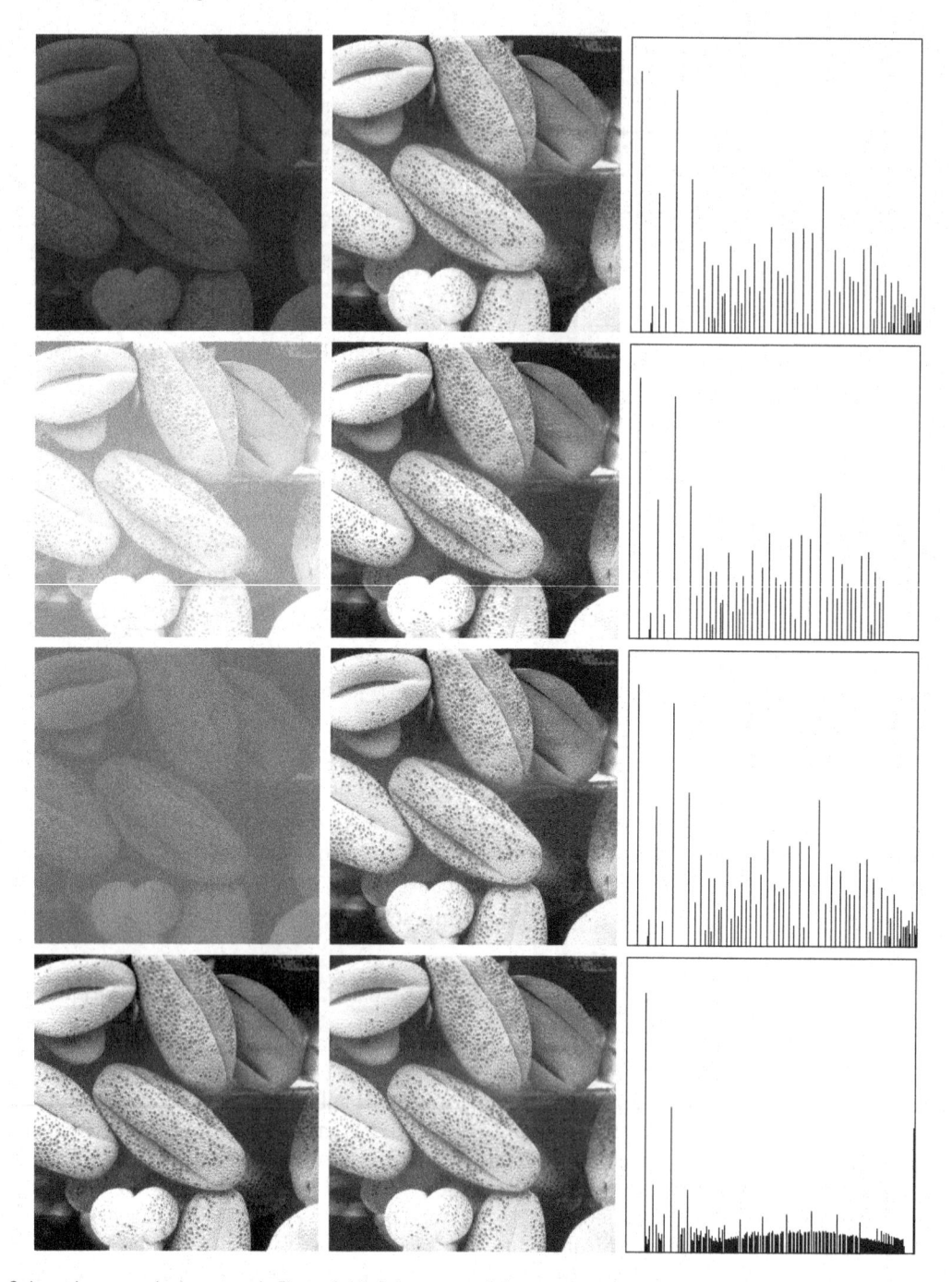

Figura 3.20 Coluna da esquerda: imagens da Figura 3.16. Coluna central: imagens que correspondem aos histogramas equalizados. Coluna da direita: histogramas das imagens da coluna central.

equalizadas fossem visualmente imperceptíveis. Considerando as significativas diferenças de contraste entre as imagens originais, esse exemplo ilustra o poder da equalização de histograma como uma ferramenta adaptável de realce de contraste.

3.3.2 Especificação de histograma

Como sugerido na análise anterior, a equalização de histograma automaticamente determina uma função de transformação que busca produzir uma imagem de saída que tenha um histograma uniforme. Quando um realce automático é desejado, essa é uma boa abordagem porque os resultados dessa técnica são previsíveis, e sua implementação é fácil. Mostraremos, nesta seção, que há aplicações nas quais o realce baseado em um histograma uniforme não é a melhor metodologia. Em particular, algumas vezes é útil poder especificar o formato do histograma que desejamos que a imagem processada tenha.

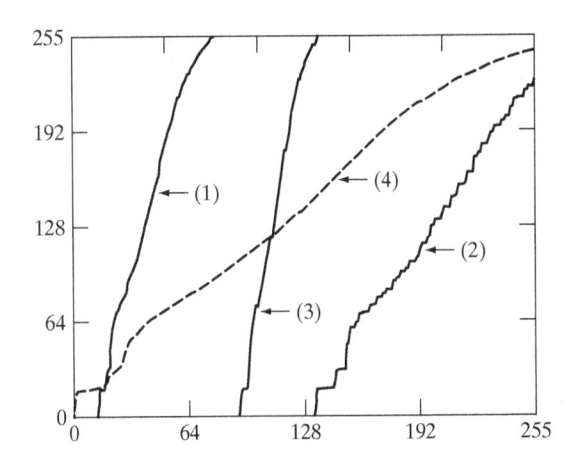

Figura 3.21 Funções de transformação para a equalização de histograma. As transformações de (1) a (4) foram obtidas a partir dos histogramas das imagens (de cima para baixo) na coluna esquerda da Figura 3.20 utilizando a Equação 3.3-8.

O método utilizado para gerar uma imagem processada que tenha um histograma específico é chamado de *casamento de histogramas* ou *especificação de histograma*.

Vamos retomar por um momento as intensidades contínuas r e z (consideradas variáveis aleatórias contínuas), com $p_r(r)$ e $p_z(z)$ expressando suas funções densidade de probabilidade contínua correspondentes. Nessa notação, r e z expressam os níveis de intensidade das imagens de entrada e saída (processada), respectivamente. Podemos estimar $p_r(r)$ a partir da imagem de entrada, ao passo que $p_z(z)$ é a função densidade de probabilidade *especificada* que desejamos que a imagem de saída tenha.

Seja s uma variável aleatória com a propriedade

$$s = T(r) = (L-1)\int_0^r p_r(w)dw \quad (3.3\text{-}10)$$

onde, como antes, w é uma variável local de integração. Reconhecemos essa expressão como a versão contínua da equalização de histograma dada na Equação 3.3-4.

Suponha, em seguida, que definamos uma variável aleatória z com a propriedade:

$$G(z) = (L-1)\int_0^z p_z(t)dt = s \quad (3.3\text{-}11)$$

onde t é uma variável local de integração. Segue, dessas duas equações, que $G(z) = T(r)$ e, portanto, z deve satisfazer a condição:

$$z = G^{-1}[T(r)] = G^{-1}(s) \quad (3.3\text{-}12)$$

A transformação $T(r)$ pode ser obtida com a Equação 3.3-10, uma vez que $p_r(r)$ foi estimada a partir da imagem de entrada. De forma similar, a função de transformação $G(z)$ pode ser obtida utilizando a Equação 3.3-11, já que $p_z(z)$ é dada.

As equações 3.3-10 a 3.3-12 mostram que uma imagem, cujos níveis de intensidade têm uma função densidade de probabilidade especificada, pode ser obtida a partir de uma dada imagem utilizando o seguinte procedimento:

1. Obtenha $p_r(r)$ a partir da imagem de entrada e aplique a Equação 3.3-10 para obter os valores de s.
2. Utilize a PDF especificada na Equação 3.3-11 para obter a função de transformação $G(z)$.
3. Obtenha a transformação inversa $z = G^{-1}(s)$; pelo fato de z ser obtida de s, esse processo é um *mapeamento* de s em z, sendo z os valores desejados.
4. Obtenha a imagem de saída equalizando, inicialmente, a imagem de entrada por meio da Equação 3.3-10; os valores dos pixels dessa imagem são os valores s. Para cada pixel com valor s na imagem equalizada, realize o mapeamento inverso $z = G^{-1}(s)$ para obter o pixel correspondente na imagem de saída. Quando todos os pixels forem processados dessa forma, a PDF da imagem de saída será igual à PDF especificada.

Exemplo 3.7 Especificação de histograma.

Considerando valores contínuos de intensidade, suponha que a intensidade de uma imagem tenha uma PDF $p_r(r) = 2r/(L-1)^2$ para $0 \le r \le (L-1)$ e $p_r(r) = 0$ para outros valores de r. Encontre a função de transformação que produzirá uma imagem cuja PDF da intensidade seja $p_z(z) = 3z^2/(L-1)^3$ para $0 \le z \le (L-1)$ e $p_z(z) = 0$ para outros valores de z.

Inicialmente, calculamos a transformação de equalização de histograma para o intervalo $[0, L-1]$:

$$s = T(r) = (L-1)\int_0^r p_r(w)dw$$
$$= \frac{2}{(L-1)}\int_0^r w\,dw = \frac{r^2}{(L-1)}$$

Por definição, essa transformação é 0 para valores fora do intervalo $[0, L-1]$. Elevar ao quadrado os valores das intensidades de entrada e dividi-los por $(L-1)^2$ produzirá uma imagem cujas intensidades, s, têm uma PDF uniforme, porque se trata de uma transformação de equalização de histograma, como discutido anteriormente.

Estamos interessados em uma imagem com um histograma especificado, de forma que calculamos:

$$G(z) = (L-1)\int_0^z p_z(w)dw$$
$$= \frac{3}{(L-1)^2}\int_0^z w^2\,dw = \frac{z^3}{(L-1)^2}$$

ao longo do intervalo $[0, L-1]$; essa função, por definição, é 0 em todos os outros pontos. Por fim, é necessário que $G(z) = s$, mas $G(z) = z^3/(L-1)^2$; então $z^3/(L-1)^2 = s$, e temos:

$$z = \left[(L-1)^2 s\right]^{1/3}$$

Assim, se multiplicarmos todo pixel do histograma equalizado por $(L-1)^2$ e elevarmos o produto à potência 1/3, o resultado será uma imagem cujas intensidades, z, têm a PDF $p_z(z) = 3z^2/(L-1)^3$ no intervalo $[0, L-1]$, como desejado.

Como $s = r^2/(L-1)$, podemos gerar as intensidades, z, diretamente das intensidades, r, da imagem de entrada:

$$z = \left[(L-1)^2 s\right]^{1/3} = \left[(L-1)^2 \frac{r^2}{(L-1)}\right]^{1/3} = \left[(L-1)r^2\right]^{1/3}$$

Dessa forma, elevar ao quadrado o valor de cada pixel da imagem original, multiplicar o resultado por $(L-1)$ e elevar o produto à potência 1/3 resultará em uma imagem cujos níveis de intensidade, z, têm a PDF especificada. Vemos que o passo intermediário de equalizar a imagem de entrada pode ser pulado; tudo o que precisamos é obter a função de transformação $T(r)$ que mapeia r em s. Então, os dois passos podem ser combinados em uma única transformação de r para z.

■

Como mostrou o exemplo anterior, a especificação de histograma em princípio é direta. Na prática, uma dificuldade comum é encontrar expressões analíticas significativas para $T(r)$ e G^{-1}. Felizmente, o problema é bastante simplificado quando lidamos com quantidades discretas. O trabalho é o mesmo que na equalização de histograma, na qual somente uma aproximação para o histograma desejado é obtida. Apesar disso, contudo, alguns resultados muito úteis podem ser obtidos, mesmo com aproximações grosseiras.

A fórmula discreta da Equação 3.3-10 é a transformação da equalização de histograma da Equação 3.3-8, que repetiremos aqui por conveniência:

$$s_k = T(r_k) = (L-1)\sum_{j=0}^{k} p_r(r_j) = \frac{(L-1)}{MN}\sum_{j=0}^{k} n_j \quad (3.3\text{-}13)$$
$$k = 0, 1, 2, \ldots, L-1$$

onde, como antes, MN é o número total de pixels da imagem, n_j é o número de pixels com intensidade r_j e L é o número total de níveis de intensidade possíveis na imagem. De forma similar, dado um valor específico de s_k, a formulação discreta da Equação 3.3-11 envolve o cálculo da função de transformação:

$$G(z_q) = (L-1)\sum_{i=0}^{q} p_z(z_i) \quad (3.3\text{-}14)$$

para um valor de q, de forma que:

$$G(z_q) = s_k \quad (3.3\text{-}15)$$

sendo $p_z(z_i)$ o i-ésimo valor do histograma especificado. Como antes, calculamos o valor desejado de z_q obtendo a transformação inversa:

$$z_q = G^{-1}(s_k) \quad (3.3\text{-}16)$$

Em outras palavras, essa operação nos dá um valor de z para cada valor de s; assim, ela realiza um *mapeamento* de s em z.

Na prática, não precisamos calcular o inverso de G. Como lidamos com níveis de intensidade que são números inteiros (por exemplo, de 0 a 255 para uma imagem de 8 bits), basta calcular todos os valores possíveis de G utilizando a Equação 3.3-14 para $q = 0, 1, 2, \ldots, L-1$. Esses valores são ajustados e arredondados para os valores inteiros mais próximos cobrindo o intervalo $[0, L-1]$. Os valores são organizados em uma tabela. Então, dado um determinado valor de s_k, procuramos a melhor correspondência nos valores armazenados na tabela. Se, por exemplo, a 64ª entrada da tabela for a mais próxima de s_k, então $q = 63$ (lembre-se que começamos a contagem a partir de 0), e z_{63} é a melhor solução para a Equação 3.3-15. Dessa forma, o determinado valor s_k seria associado a z_{63} (isto é, aquele valor específico de s_k seria *mapeado* em z_{63}). Como z representa as intensidades utilizadas como base para especificar o histograma $p_z(z)$, segue-se que $z_0 = 0$, $z_1 = 1, \ldots, z_{L-1} = L-1$, de forma que z_{63} teria o valor de intensidade 63. Repetindo esse procedimento, podemos calcular o mapeamento de cada valor de s_k no valor de z_q, que é a solução mais próxima para a Equação 3.3-15. Esses mapeamentos são a solução para o problema de especificação de histograma.

Lembrando que s_k são os valores da imagem do histograma equalizado, podemos resumir o procedimento de especificação de histograma como se segue:

1. Calcule o histograma $p_r(r)$ da imagem em questão e utilize-o para calcular a transformação de equalização de histograma na Equação 3.3-13. Arredonde os valores resultantes, s_k, para o intervalo de números inteiros $[0, L-1]$.

2. Calcule todos os valores da função de transformação G utilizando a Equação (3.3-14) para $q = 0, 1, 2, \ldots, L-1$, onde $p_z(z_i)$ são os valores do histograma es-

pecificado. Arredonde os valores de G para números inteiros no intervalo [0, L − 1]. Anote os valores de G em uma tabela.

3. Para cada valor de s_k = 0, 1, 2, ..., L − 1, utilize os valores de G obtidos no passo 2 para encontrar o valor correspondente de z_q, de forma que $G(z_q)$ seja o mais próximo de s_k e grave esses mapeamentos de s em z. Quando mais de um valor de z_q satisfizer um determinado s_k (isto é, o mapeamento não é único), escolha o menor valor por convenção.

4. Forme a imagem especificada primeiro equalizando o histograma da imagem de entrada e depois mapeando todos os valores dos pixels equalizados, s_k, dessa imagem no valor correspondente z_q na imagem especificada utilizando os mapeamentos do passo 3. Como no caso contínuo, o passo intermediário de equalizar a imagem de entrada é conceitual. Esse passo pode ser pulado combinando as duas funções de transformação, T e G^{-1}, como demonstra o Exemplo 3.8.

Como mencionamos anteriormente, para que G^{-1} satisfaça as condições (a') e (b), G deve ser estritamente monotônica, o que, de acordo com a Equação 3.3-14, significa que nenhum dos valores $p_z(z_i)$ do histograma especificado pode ser zero (Exercício 3.10). Ao trabalhar com quantidades discretas, o fato de essa condição não poder ser satisfeita não representa um problema sério de implementação, como sugere o passo 3. O exemplo a seguir ilustra numericamente esse ponto.

Exemplo 3.8 Um exemplo simples da especificação de histograma.

Vejamos novamente a imagem hipotética 64 × 64 do Exemplo 3.5, cujo histograma é repetido na Figura 3.22(a). Deseja-se transformar esse histograma de forma que ele tenha os valores especificados na segunda coluna da Tabela 3.2. A Figura 3.22(b) mostra um esboço desse histograma.

O primeiro passo do procedimento é obter os valores ajustados do histograma equalizado, o que fizemos no Exemplo 3.5:

$s_0 = 1$ $s_2 = 5$ $s_4 = 6$ $s_6 = 7$
$s_1 = 3$ $s_3 = 6$ $s_5 = 7$ $s_7 = 7$

No próximo passo, calculamos todos os valores da função de transformação, G, utilizando a Equação 3.3-14:

$$G(z_0) = 7\sum_{j=0}^{0} p_z(z_j) = 0{,}00$$

De forma similar:

$$G(z_1) = 7\sum_{j=0}^{1} p_z(z_j) = 7[p(z_0) + p(z_1)] = 0{,}00$$

e

$G(z_2) = 0{,}00$ $G(z_4) = 2{,}45$ $G(z_6) = 5{,}95$
$G(z_3) = 1{,}05$ $G(z_5) = 4{,}55$ $G(z_7) = 7{,}00$

Como no Exemplo 3.5, esses valores fracionários são convertidos em números inteiros no nosso intervalo válido, [0, 7]. Os resultados são:

$G(z_0) = 0{,}00 \to 0$ $G(z_4) = 2{,}45 \to 2$
$G(z_1) = 0{,}00 \to 0$ $G(z_5) = 4{,}55 \to 5$
$G(z_2) = 0{,}00 \to 0$ $G(z_6) = 5{,}95 \to 6$
$G(z_3) = 1{,}05 \to 1$ $G(z_7) = 7{,}00 \to 7$

Esses resultados são resumidos na Tabela 3.3 e a função de transformação é esboçada na Figura 3.22(c). Observe que G não é estritamente monotônica, de forma que a condição (a') é violada. Assim, utilizamos a abordagem descrita no passo 3 do algoritmo para lidar com essa situação.

No terceiro passo do procedimento, calculamos o menor valor de z_q, de modo que o valor $G(z_q)$ seja o mais próximo possível de s_k. Fazemos isso para todos os valores de s_k para criar os mapeamentos necessários de s em z. Por exemplo, $s_0 = 1$, e vemos que $G(z_3) = 1$, o que representa uma associação perfeita nesse caso, de forma que temos a correspondência $s_0 \to z_3$. Em outras palavras, cada pixel cujo valor e 1 na imagem equalizada do histograma seria mapeado em um pixel com valor igual a 3 (na posição correspondente) na imagem do histograma especificado. Prosseguindo dessa forma, chegamos aos mapeamentos da Tabela 3.4.

No passo final do procedimento, utilizamos os mapeamentos da Tabela 3.4 para mapear cada pixel na imagem do histograma equalizado em um pixel correspondente na imagem do histograma especificado recém-criado. Os valores do

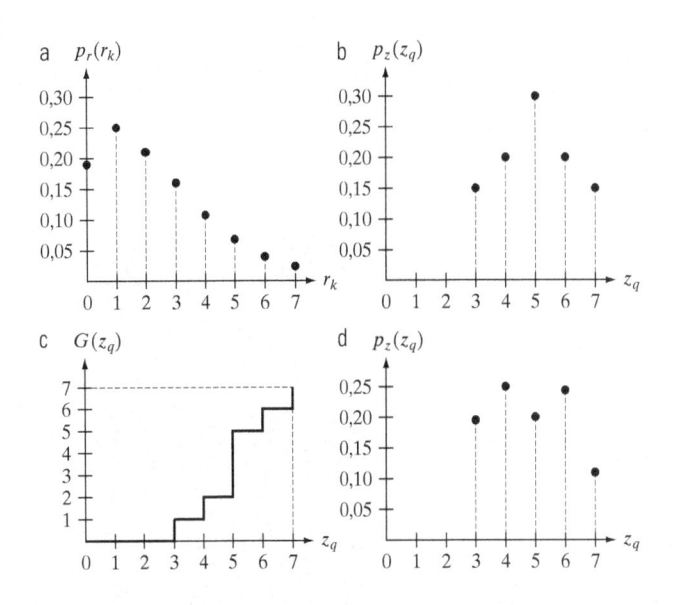

Figura 3.22 (a) Histograma de uma imagem de 3 bits. (b) Histograma especificado desejado. (c) Função de transformação obtida a partir do histograma especificado desejado. (d) Resultado da especificação do histograma. Compare (b) e (d).

Tabela 3.2 Histograma especificado e histograma real (os valores da terceira coluna são provenientes dos cálculos realizados no Exemplo 3.8).

z_q	Especificado $p_z(z_q)$	Real $p_z(z_q)$
$z_0 = 0$	0,00	0,00
$z_1 = 1$	0,00	0,00
$z_2 = 2$	0,00	0,00
$z_3 = 3$	0,15	0,19
$z_4 = 4$	0,20	0,25
$z_5 = 5$	0,30	0,21
$z_6 = 6$	0,20	0,24
$z_7 = 7$	0,15	0,11

Tabela 3.3 Todos os valores possíveis da função de transformação G ajustados, arredondados e ordenados em relação a z.

z_q	$G(z_q)$
$z_0 = 0$	0
$z_1 = 1$	0
$z_2 = 2$	0
$z_3 = 3$	1
$z_4 = 4$	2
$z_5 = 5$	5
$z_6 = 6$	6
$z_7 = 7$	7

histograma resultante são relacionados na terceira coluna da Tabela 3.2, e o histograma é esboçado na Figura 3.22(d). Os valores de $p_z(z_q)$ foram obtidos utilizando o mesmo procedimento do Exemplo 3.5. Por exemplo, vemos na Tabela 3.4 que $s = 1$ é mapeado em $z = 3$, e que há 790 pixels na imagem do histograma equalizado com o valor de 1. Dessa forma, $p_z(z_3) = 790/4.096 = 0,19$.

Apesar de o resultado final mostrado na Figura 3.22(d) não corresponder exatamente ao histograma especificado, a tendência geral de mover as intensidades da imagem para a extremidade superior da escala de intensidade do histograma definitivamente se concretizou. Como mencionamos anteriormente, obter a imagem do histograma equalizado como um passo intermediário é útil para explicar o procedimento, mas não necessário. Em vez disso, poderíamos relacionar os mapeamentos dos valores de r em s e de s em z em uma tabela de três colunas. Então, poderíamos utilizar esses mapeamentos para mapear diretamente os pixels originais nos pixels da imagem do histograma especificado.

Exemplo 3.9 Comparação entre a equalização de histograma e a especificação de histograma.

A Figura 3.23(a) mostra uma imagem da lua de Marte, Fobos, obtida pelo *Mars Global Surveyor*, da Nasa. A Figura 3.23(b) mostra o histograma da Figura 3.23(a). A imagem é dominada por áreas extensas e escuras, resultando em um histograma caracterizado por uma grande concentração de pixels na extremidade mais escura da escala de cinza. À primeira vista, seria possível concluir que a equalização de histograma seria uma boa abordagem para melhorar essa imagem, de forma que os detalhes nas áreas escuras se tornariam mais visíveis. Demonstraremos na análise a seguir que isso não ocorre neste caso.

A Figura 3.24(a) mostra a função de transformação da equalização de histograma (Equação 3.3-8 ou 3.3-13) obtida a partir do histograma da Figura 3.23(b). A característica mais relevante dessa função de transformação é a rapidez na qual ela sobe do nível de intensidade 0 a um nível próximo de 190. Isso é causado pela grande concentração de pixels no histograma de entrada com níveis próximos de 0. Quan-

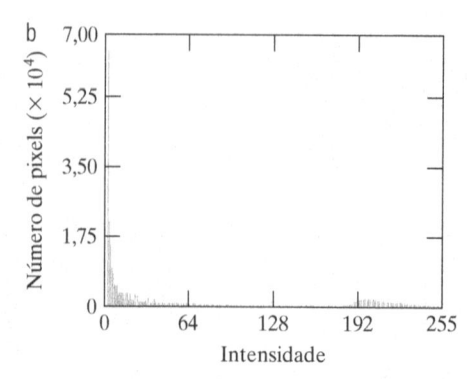

Figura 3.23 (a) Imagem da lua de Marte, Fobos, obtida pelo *Mars Global Surveyor*, da Nasa. (b) Histograma. (Imagem original: cortesia da Nasa.)

Tabela 3.4 Mapeamentos de todos os valores de s_k nos valores correspondentes de z_q.

s_k	$\rightarrow$	z_q
1	$\rightarrow$	3
3	$\rightarrow$	4
5	$\rightarrow$	5
6	$\rightarrow$	6
7	$\rightarrow$	7

do essa transformação é aplicada aos níveis da imagem de entrada para obter o resultado do histograma equalizado, o efeito final é o mapeamento de um intervalo muito estreito de pixels escuros na extremidade superior da escala de cinza da imagem de saída. Como vários pixels da imagem de entrada apresentam níveis justamente nesse intervalo, esperaríamos que o resultado fosse uma imagem com uma aparência clara e desbotada. Como mostra a Figura 3.24(b), de fato é o que acontece. O histograma dessa imagem é mostrado na Figura 3.24(c). Observe como todos os níveis de intensidade tendem para a metade superior da escala de cinza.

Como o problema com a função de transformação da Figura 3.24(a) foi causado por uma grande concentração de pixels na imagem original com níveis próximos de 0, uma metodologia razoável consiste em modificar o histograma dessa imagem de forma que ela não apresente essa propriedade. A Figura 3.25(a) mostra uma função *manualmente especificada* que preserva o formato geral do histograma original, mas apresenta uma transição mais suave para os níveis da região escura da escala de cinza. A amostragem dessa função em 256 valores discretos igualmente espaçados produziu o histograma especificado desejado. A função de transformação $G(z)$, obtida a partir desse histograma utilizando a Equação 3.3-14, é indicada como a transformação (1) na Figura 3.25(b). De forma similar, a transformação inversa $G^{-1}(s)$ da Equação 3.3-16 (obtida utilizando o procedimento passo a passo discutido anteriormente) é indicada como a transformação (2) na Figura 3.25(b). A imagem realçada da Figura 3.25(c) foi obtida aplicando a transformação (2) aos pixels da imagem do histograma equalizado na Figura 3.24(b). A melhora na imagem do histograma especificado em relação ao resultado obtido pela equalização de histograma se evidencia na comparação dessas duas imagens. É interessante notar que bastou uma alteração relativamente pequena no histograma original para se obter uma melhora significativa na aparência. A Figura 3.25(d) mostra o histograma da Figura 3.25(c). A característica mais perceptível desse histograma é o fato de que sua extremidade inferior se deslocou para a direita na direção da região mais clara da escala de cinza (mas não excessivamente), como desejado.

Apesar de provavelmente já estar claro, salientamos, antes de concluir esta seção, que a especificação de histo-

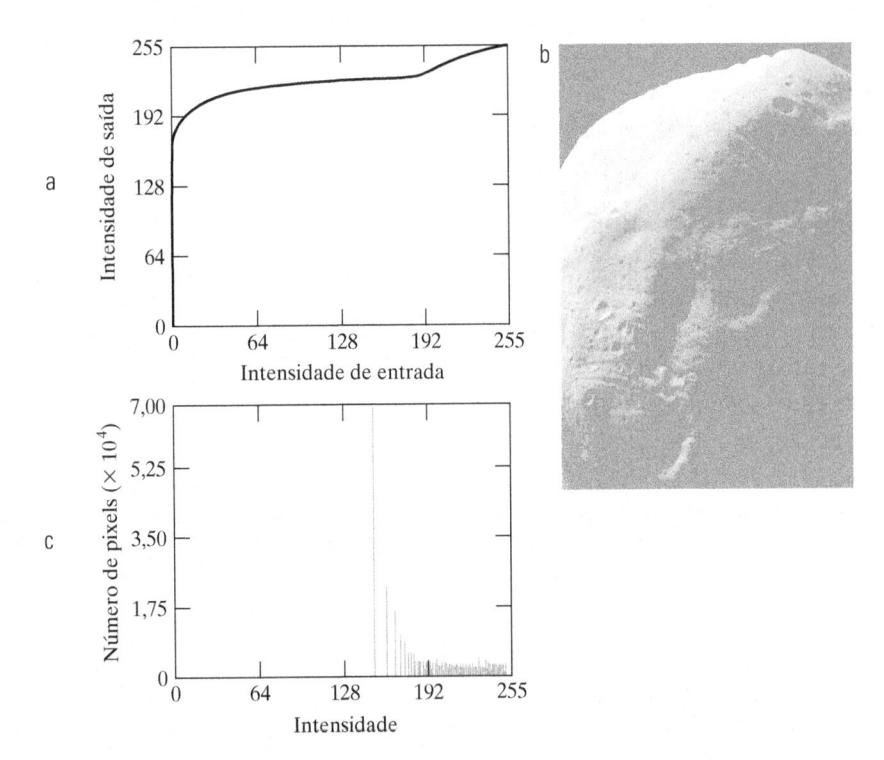

Figura 3.24 (a) Função de transformação para a equalização de histograma. (b) Imagem do histograma equalizado (observe a aparência desbotada e sem brilho). (c) Histograma de (b).

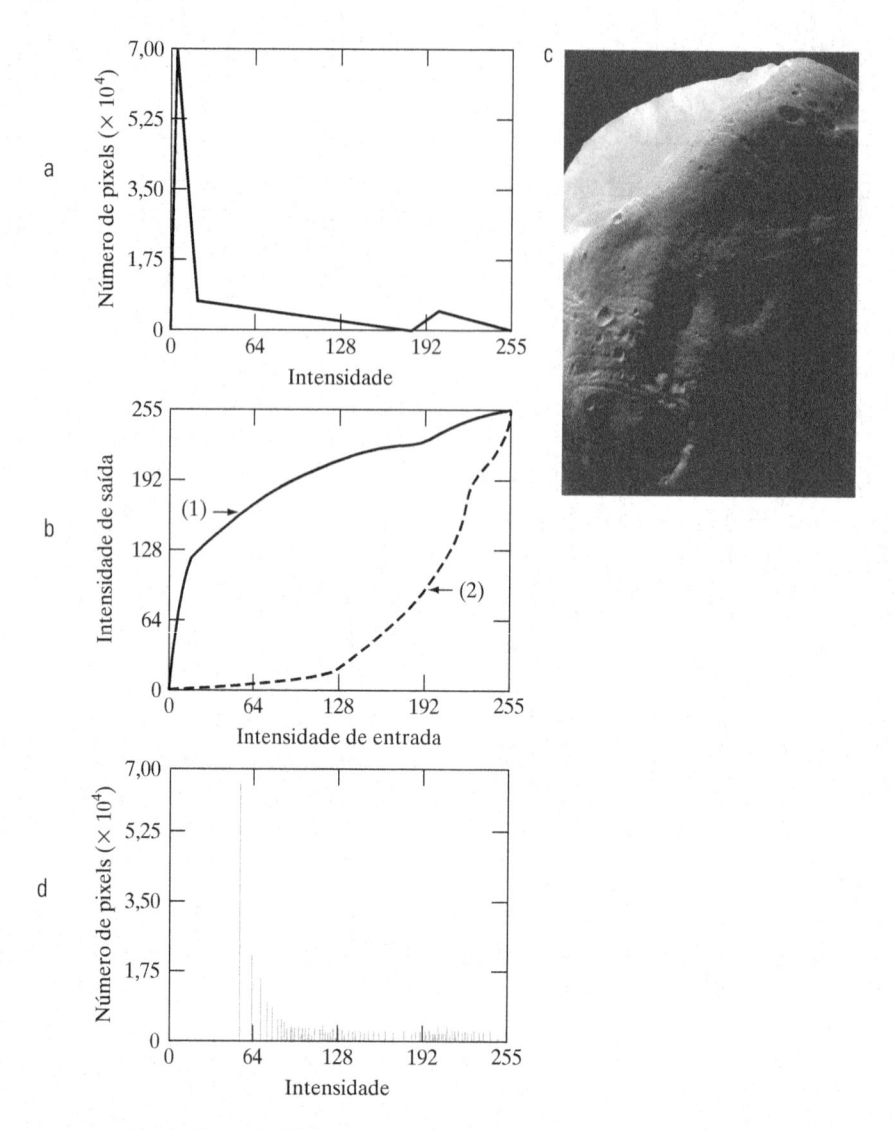

Figura 3.25 (a) Histograma especificado desejado. (b) Transformações. (c) Imagem realçada utilizando os mapeamentos da curva (2). (d) Histograma de (c).

grama é, em grande parte, um processo de tentativa e erro. É possível utilizar as orientações aprendidas no exercício em questão, com fizemos no exemplo anterior. Pode haver casos nos quais é possível determinar como um histograma "aproximado" deve parecer e usar isso como o histograma especificado. Em casos como esses, a especificação de histograma passa a ser um processo direto. Em geral, contudo, não há regras para especificar histogramas, e deve-se recorrer à análise caso a caso para qualquer tarefa de realce dada.

3.3.3 Processamento local de histograma

Os métodos de processamento de histograma discutidos nas duas seções anteriores são *globais*, no sentido de que os pixels são modificados por uma função de transformação com base na distribuição de intensidade de toda uma imagem. Apesar de esse método global ser apropriado para o realce geral da imagem, há casos nos quais é necessário realçar detalhes em pequenas áreas de uma imagem. O número de pixels dessas áreas pode ter uma influência desprezível sobre o cálculo de uma transformação global cujo formato não necessariamente garante o realce local desejado. A solução é elaborar funções de transformação com base na distribuição de intensidade em uma vizinhança de cada pixel da imagem.

As técnicas de processamento de histograma previamente descritas são facilmente adaptadas ao realce local. O procedimento consiste em definir uma vizinhança e mover seu centro de um pixel ao outro. Em cada posição, o histograma dos pontos da vizinhança é calculado e uma função de equalização de histograma ou de especificação de histograma é obtida. Depois disso, essa função é utilizada para mapear a intensidade do pixel central da vizinhança. O centro da região da vizinhança é, então, movido para a posição do pixel adjacente e o procedimento é repetido. Como apenas uma linha ou coluna da vizinhança muda durante uma translação pixel a pixel da vizinhança, é possível atualizar o histograma obtido na posição anterior com os novos dados em cada passo do movimento (Exercício 3.12). Esse método tem claras vantagens em relação ao cálculo repetido do histograma para todos os pixels da região da vizinhança a cada vez que a região é movida uma posição. Outro método geralmente usado para reduzir os cálculos é o de utilizar regiões que não se sobreponham, mas esse método normalmente produz um efeito "xadrez" não desejado.

Exemplo 3.10 Equalização local de histograma.

A Figura 3.26(a) mostra uma imagem de 8 bits, 512 × 512, que à primeira vista parece conter cinco quadrados pretos sobre um fundo cinza. A imagem apresenta um ligeiro ruído, que é imperceptível. A Figura 3.26(b) mostra o resultado da equalização global de histograma. Como costuma ser o caso da equalização de histograma de regiões suaves e com ruído, essa imagem mostra um realce significativo do ruído. Além do ruído, contudo, a Figura 3.26(b) não revela quaisquer novos detalhes relevantes em relação à original, além de uma leve indicação de que o quadrado superior esquerdo e o inferior direito contêm um objeto. A Figura 3.26(c) foi obtida utilizando a equalização local de histograma com uma vizinhança de dimensões 3 × 3. No caso, vemos detalhes significativos contidos nos quadrados escuros. Os valores de intensidade desses objetos eram muito próximos da intensidade dos quadrados grandes, e suas dimensões eram pequenas demais para influenciar a equalização global de histograma o suficiente para mostrar esse detalhe.

3.3.4 Utilizando estatísticas de histograma para o realce da imagem

Estatísticas obtidas diretamente do histograma de uma imagem podem ser utilizadas para o realce da imagem. Seja r uma variável aleatória discreta representando os valores de intensidade no intervalo $[0, L-1]$ e $p(r_i)$ indicando o componente do histograma normalizado correspondente ao valor r_i. Como indicado anteriormente, podemos considerar $p(r_i)$ uma estimativa da probabilidade de a intensidade r_i ocorrer na imagem da qual o histograma foi obtido.

Como discutimos na Seção 2.6.8, o n-ésimo momento de r em relação à sua média é definido como:

$$\mu_n(r) = \sum_{i=0}^{L-1} (r_i - m)^n p(r_i) \quad (3.3\text{-}17)$$

onde m é o valor médio (intensidade média) de r (isto é, a intensidade média dos pixels da imagem):[*]

$$m = \sum_{i=0}^{L-1} r_i p(r_i) \quad (3.3\text{-}18)$$

O segundo momento é particularmente importante:

$$\mu_2(r) = \sum_{i=0}^{L-1} (r_i - m)^2 p(r_i) \quad (3.3\text{-}19)$$

Reconhecemos essa expressão como a variância da intensidade, normalmente expressa por σ^2 (lembre que o desvio padrão é a raiz quadrada da variância). Enquanto a média é uma medida da intensidade média, a variância (ou desvio padrão) é uma medida do contraste de uma imagem. Observe que todos os momentos são facilmen-

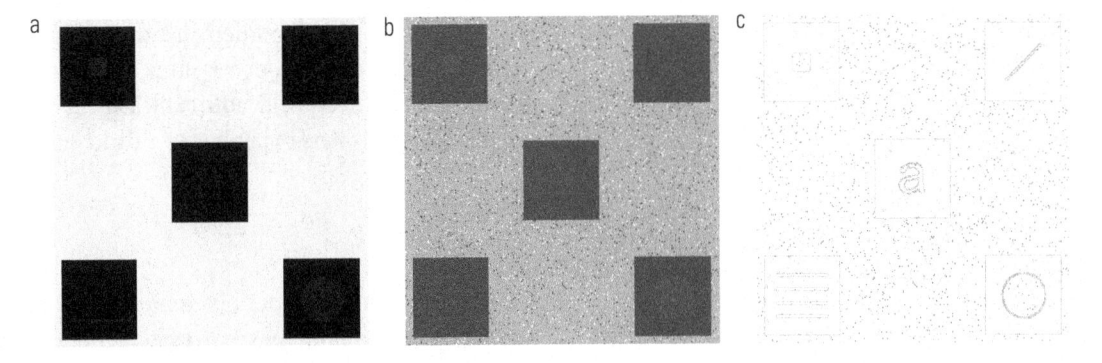

Figura 3.26 (a) Imagem original. (b) Resultado da equalização global de histograma. (c) Resultado da equalização local de histograma aplicada em (a), utilizando uma vizinhança de dimensões 3 × 3.

---

[*] Seguimos a convenção na utilização de m para o valor médio. Não confunda com o mesmo símbolo utilizado para expressar o número de linhas em uma vizinhança $m \times n$, na qual também utilizamos a convenção notacional.

te calculados utilizando as expressões apresentadas, uma vez que o histograma tenha sido obtido a partir de uma determinada imagem.

Ao trabalhar apenas com a média e a variância, costuma-se estimá-las diretamente dos valores amostrados, sem considerar o histograma. Apropriadamente, essas estimativas são chamadas de *média da amostra* e *variância da amostra*. Elas são dadas pelas expressões a seguir, conhecidas do campo da estatística básica:

$$m = \frac{1}{MN}\sum_{x=0}^{M-1}\sum_{y=0}^{N-1} f(x,y) \quad (3.3\text{-}20)$$

e

$$\sigma^2 = \frac{1}{MN}\sum_{x=0}^{M-1}\sum_{y=0}^{N-1}[f(x,y)-m]^2 \quad (3.3\text{-}21)$$

para $x = 0, 1, 2, ..., M - 1$ e $y = 0, 1, 2, ..., N - 1$*. Em outras palavras, como já sabemos, a intensidade média de uma imagem pode ser obtida pela simples soma dos valores de todos os seus pixels, dividindo a soma pelo número total de pixels na imagem. Uma interpretação similar se aplica à Equação 3.3-21. Como ilustramos no exemplo a seguir, os resultados obtidos utilizando essas duas equações são idênticos aos resultados obtidos utilizando as equações 3.3-18 e 3.3-19, contanto que o histograma utilizado nessas equações seja calculado a partir da mesma imagem utilizada para as equações 3.3-20 e 3.3-21.

■

Exemplo 3.11 Calculando estatísticas de histograma.

Antes de prosseguir, será útil analisar um simples exemplo numérico para consolidar os conceitos. Considere a imagem a seguir, de 2 bits e tamanho 5 × 5:

```
0 0 1 1 2
1 2 3 0 1
3 3 2 2 0
2 3 1 0 0
1 1 3 2 2
```

os pixels são representados por 2 bits; dessa forma, $L = 4$ e os níveis de intensidade estão no intervalo [0, 3]. O número total de pixels é 25, de forma que o histograma tem os componentes:

$$p(r_0) = \frac{6}{25} = 0,24; \; p(r_1) = \frac{7}{25} = 0,28;$$

$$p(r_2) = \frac{7}{25} = 0,28; \; p(r_3) = \frac{5}{25} = 0,20$$

onde o numerador em $p(r_i)$ é o número de pixels na imagem com nível de intensidade r_i. Podemos calcular o valor médio das intensidades da imagem utilizando a Equação 3.3-18:

$$\begin{aligned}m &= \sum_{i=0}^{3} r_i p(r_i) \\ &= (0)(0,24)+(1)(0,28)+(2)(0,28)+(3)(0,20) \\ &= 1,44\end{aligned}$$

Sendo $f(x, y)$ o arranjo matricial anterior 5 × 5 e utilizando a Equação 3.3-20, obtemos:

$$\begin{aligned}m &= \frac{1}{25}\sum_{x=0}^{4}\sum_{y=0}^{4} f(x,y) \\ &= 1,44\end{aligned}$$

Como esperado, os resultados conferem. Do mesmo modo, o resultado para a variância é o mesmo (1,1264) utilizando a Equação 3.3-19 ou a Equação 3.3-21.

■

Consideramos dois usos da média e da variância para fins de realce de imagens. A média e a variância *globais* são calculadas ao longo de toda a imagem e são úteis para ajustes mais gerais em termos de intensidade e contraste. Uma utilização mais poderosa desses parâmetros está no realce local, no qual a média e a variância *locais* são utilizadas como a base para fazer alterações que dependem das características da vizinhança ao redor de cada pixel de uma imagem.

Sejam (x, y) as coordenadas de qualquer pixel de uma determinada imagem e S_{xy} uma vizinhança (subimagem) de tamanho especificado, centrada em (x, y). O valor médio dos pixels dessa vizinhança é dado pela expressão:

$$ms_{xy} = \sum_{i=0}^{L-1} r_i p_{S_{xy}}(r_i) \quad (3.3\text{-}22)$$

onde S_{xy} é o histograma dos pixels na região S_{xy}. Esse histograma tem L componentes, correspondendo aos L valores de intensidade possíveis na imagem de entrada. Contudo, muitos dos componentes são 0, dependendo do tamanho de S_{xy}. Por exemplo, se a vizinhança tiver dimensões 3 × 3 e $L = 256$, apenas entre 1 e 9 dos 256 componentes do histograma da vizinhança serão diferentes de zero. Esses valores diferentes de zero corresponderão ao número

---

* O denominador da Equação 3.3-21 algumas vezes é escrito como $MN - 1$ em vez de MN. Isso é feito para obter uma estimativa imparcial da variância. No entanto, estamos mais interessados que as equações 3.3-21 e 3.3-19 se correspondam quando o histograma da Equação 3.3-19 é calculado a partir da mesma imagem utilizada na Equação 3.3-21. Para isso, precisamos do termo MN. A diferença é desprezível para qualquer imagem de dimensões práticas.

de diferentes intensidades em S_{xy} (o número máximo de diferentes intensidades possíveis em uma região 3 × 3 é 9, e o mínimo é 1).

De forma similar, a variância dos pixels na vizinhança é dada por:

$$\sigma^2_{S_{xy}} = \sum_{i=0}^{L-1} \left(r_i - m_{S_{xy}}\right)^2 p_{S_{xy}}\left(r_i\right) \qquad (3.3\text{-}23)$$

Como antes, a média local é uma medida de intensidade média na vizinhança S_{xy}, e a variância local (ou o desvio padrão) é uma medida de contraste de intensidade nessa vizinhança. Expressões análogas às equações 3.3-20 e 3.3-21 podem ser escritas para vizinhanças. Simplesmente utilizamos os valores dos pixels das vizinhanças nos somatórios e o número de pixels da vizinhança no denominador.

Como o exemplo a seguir ilustra, um aspecto importante do processamento de imagens utilizando a média e a variância locais consiste na flexibilidade proporcionada para o desenvolvimento de técnicas simples, porém poderosas, de realce com base em medidas estatísticas que têm relação próxima e previsível com a aparência da imagem.

Exemplo 3.12 Realce local utilizando estatísticas de histograma.

A Figura 3.27(a) mostra uma imagem gerada por um microscópio eletrônico de varredura de um filamento de tungstênio enrolado em um suporte. O filamento está no centro da imagem e seu suporte está bastante claro e fácil de analisar. Há uma outra estrutura de filamento no lado direito e escuro da imagem, mas é quase imperceptível, e seu tamanho e outras características não são facilmente discerníveis. O realce local pela manipulação do contraste é uma abordagem ideal para problemas como este, no qual partes de uma imagem podem conter elementos ocultos.

Neste caso específico, o problema é realçar as áreas escuras ao mesmo tempo em que se deixa a área clara o mais inalterada possível, já que não precisa de realce. Podemos utilizar os conceitos apresentados nesta seção para formular um método de realce capaz de distinguir a diferença entre escuro e claro e, ao mesmo tempo, capaz de realçar somente as áreas escuras. Uma medida para saber se uma área é relativamente clara ou escura em um ponto (x, y) é comparar a intensidade média local, $M_{S_{xy}}$ com a intensidade média da imagem, chamada de *média global* e expressa por m_G. Este valor é obtido com a Equação 3.3-18 ou com a Equação 3.3-20, utilizando a imagem inteira. Dessa forma, temos o primeiro elemento do nosso esquema de realce: consideraremos o pixel em um ponto (x, y) como um candidato para o processamento se $M_{S_{xy}} \leq k_0 m_G$, onde k_0 é uma constante positiva com valor menor que 1,0.

Como estamos interessados em realçar áreas com baixo contraste, também precisamos de uma medida para definir se o contraste de uma área faz com que ela seja uma candidata ao realce. Consideraremos o pixel em um ponto (x, y) como um candidato para o realce se $\sigma_{S_{xy}} \leq k_2 \sigma_G$ sendo σ_G o *desvio padrão global* obtido utilizando as equações 3.3-19 ou 3.3-21 e k_2 uma constante positiva. O valor dessa constante será maior que 1,0 se estivermos interessados em realçar as áreas claras e menor que 1,0 para as áreas escuras.

Por fim, precisamos definir os menores valores de contraste que estamos dispostos a aceitar; caso contrário, o procedimento tentaria realçar áreas constantes, cujo desvio padrão é zero. Dessa forma, também definimos um limite inferior para o desvio padrão local exigindo que $k_1 \sigma_G \leq \sigma_{S_{xy}}$, com $k_1 < k_2$. Um pixel em (x, y) que satisfaça todas as condições para o realce local é processado simplesmente multiplicando-o por uma constante especificada, E, para aumentar (ou diminuir) o valor de seu nível de intensidade relativo ao restante da imagem. Os pixels que não satisfazem as condições de realce não são alterados.

Resumimos a metodologia anterior como se segue. Temos $f(x, y)$ representando o valor de uma imagem de quais-

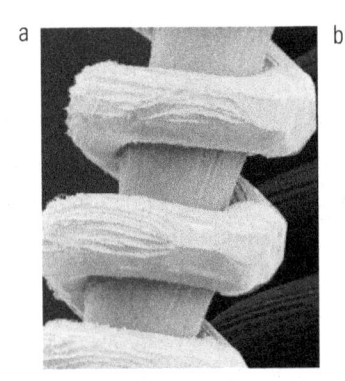

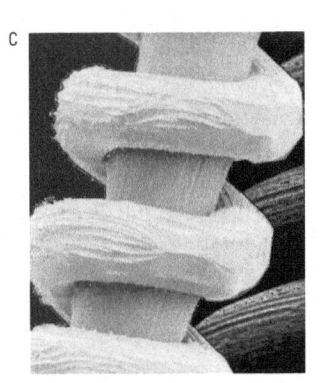

Figura 3.27 (a) Imagem gerada por um microscópio eletrônico de varredura de um filamento de tungstênio ampliado aproximadamente 130× (b) Resultado da equalização global do histograma. (c) Imagem realçada utilizando estatísticas locais de histograma. (Imagem original: cortesia do Dr. Michael Shaffer, Departamento de Ciências Geológicas, Universidade de Oregon, Eugene.)

quer coordenadas (x, y) da imagem e $g(x, y)$ representando o valor realçado correspondente dessas coordenadas. Então:

$$g(x,y) = \begin{cases} E \cdot f(x,y) & \text{se } m_{S_{xy}} \leq k_0 m_G \\ & \text{e } k_1 \sigma_G \leq \sigma_{S_{xy}} \leq k_2 \sigma_G \\ f(x,y) & \text{para todos os outros intervalos} \end{cases}$$

(3.3-24)

para $x = 0, 1, 2, \ldots, M-1$ e $y = 0, 1, 2, \ldots, N-1$, sendo que, como indicado acima, E, k_0, k_1 e k_2 são parâmetros especificados, m_G é a média global da imagem de entrada e σ_G é seu desvio padrão. Os parâmetros $m_{S_{xy}}$ e $\sigma_{S_{xy}}$ são a média e o desvio padrão locais, respectivamente. M e N são as dimensões da imagem em termos de linhas e colunas.

Escolher os parâmetros na Equação 3.3-24 geralmente requer alguma experimentação para se familiarizar com uma determinada imagem ou categoria de imagens. Nesse caso, os valores a seguir foram selecionados: $E = 4{,}0$, $k_0 = 0{,}4$, $k_1 = 0{,}02$ e $k_2 = 0{,}4$. O valor relativamente baixo de $4{,}0$ para E foi escolhido de forma que, ao ser multiplicado pelos níveis nas áreas que serão realçadas (que são escuras), o resultado ainda tenderia ao extremo mais escuro da escala e, dessa forma, preservaria o equilíbrio visual da imagem. O valor de k_0 foi escolhido como menos da metade da média global porque podemos ver na imagem que as áreas que requerem realce definitivamente são escuras o suficiente para estarem abaixo da metade do valor da média global. Uma análise similar levou à escolha dos valores para k_1 e k_2. A escolha dessas constantes em geral não é difícil, mas deve ser orientada por uma análise lógica do problema de realce em questão. Por fim, o tamanho da área local S_{xy} deve ser o menor possível para preservar detalhes e manter o custo computacional o menor possível. Escolhemos uma região de tamanho 3×3.

Como uma base para a comparação, realçamos a imagem utilizando a equalização global de histograma. A Figura 3.27(b) mostra o resultado. A área escura foi melhorada, mas ainda é difícil perceber detalhes, e as áreas claras foram alteradas, o que não queríamos fazer. A Figura 3.27(c) mostra o resultado da utilização do método de estatísticas locais explicado nesta seção. Ao comparar essa imagem com a original na Figura 3.27(a) ou com o resultado da equalização de histograma na Figura 3.27(b), observamos os detalhes que passaram a ser perceptíveis no lado direito da Figura 3.27(c). Observe, por exemplo, a nitidez dos contornos dos filamentos escuros. Cabe notar que as áreas de intensidade mais clara à esquerda foram mantidas intactas, um dos nossos objetivos iniciais.

3.4 Fundamentos da filtragem espacial

Nesta seção, apresentaremos vários conceitos básicos que fundamentam a utilização de filtros espaciais para o processamento de imagens. A filtragem espacial é uma das principais ferramentas utilizadas na área para uma ampla gama de aplicações, de forma que recomendamos fortemente que você desenvolva uma sólida compreensão desses conceitos. Como mencionamos no início deste capítulo, os exemplos desta seção lidam, em grande parte, com a utilização de filtros espaciais para o realce de imagem. Outras aplicações da filtragem espacial serão discutidas em capítulos posteriores.

O termo *filtro* foi emprestado do processamento no domínio da frequência, que é o tópico do próximo capítulo, no qual "filtragem" se refere a aceitar (passar) ou rejeitar certos componentes de frequência. Por exemplo, um filtro que aceita baixas frequências é chamado de filtro *passa-baixa*. O efeito final produzido por um filtro passa-baixa é borrar (suavizar) uma imagem. Podemos obter uma suavização similar diretamente na própria imagem utilizando filtros espaciais (também chamados de *máscaras*, *kernels*, *templates* e *janelas*). De fato, como mostraremos no Capítulo 4, existe uma correspondência um a um entre os filtros espaciais lineares e filtros no domínio da frequência.[*] No entanto, os filtros espaciais oferecem consideravelmente mais versatilidade porque, como veremos posteriormente, eles também podem ser utilizados para a filtragem não linear, algo que não é possível fazer no domínio da frequência.

3.4.1 O funcionamento da filtragem espacial

Na Figura 3.1, explicamos brevemente que um filtro espacial consiste em (1) uma *vizinhança* (normalmente um pequeno retângulo), (2) uma *operação predefinida* realizada sobre os pixels da imagem incluídos na vizinhança. A filtragem cria um novo pixel com coordenadas iguais às coordenadas do centro da vizinhança, e cujo valor é o resultado da operação de filtragem.[**] Uma imagem processada (filtrada) é gerada à medida que o centro do filtro percorre cada pixel na imagem de entrada. Se a operação realizada sobre os pixels da imagem for linear, o filtro é chamado de *filtro espacial linear*. Caso contrário, o filtro é *não linear*. Concentraremos a nossa atenção primeiro em filtros lineares e depois ilustraremos alguns filtros não lineares simples. A Seção 5.3 apresenta uma lista mais abrangente de filtros não lineares e suas aplicações.

A Figura 3.28 ilustra o funcionamento da filtragem espacial linear utilizando uma vizinhança 3×3. Em qual-

---

[*] Veja a Seção 2.6.2, sobre linearidade.

[**] O valor do pixel filtrado normalmente é atribuído a uma posição correspondente em uma nova imagem criada para receber os resultados da filtragem. Raramente ocorre de os pixels filtrados substituírem os valores da posição correspondente na imagem original, já que isso alteraria o conteúdo da imagem enquanto a filtragem ainda continua sendo realizada.

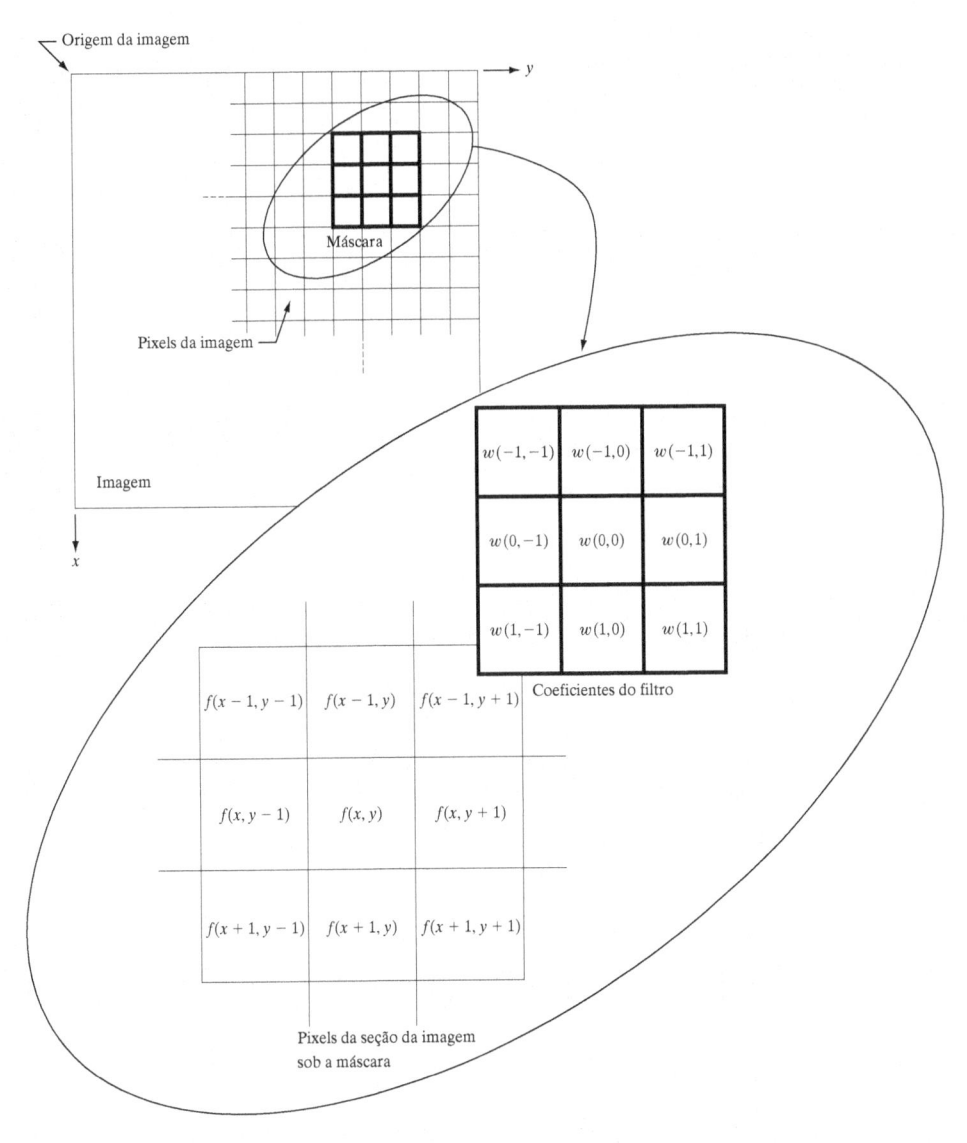

Figura 3.28 O funcionamento da filtragem espacial linear utilizando uma máscara 3 × 3. A forma escolhida para expressar as coordenadas dos coeficientes da máscara simplifica a escrita de expressões para a filtragem linear.

quer ponto (x, y) da imagem, a resposta, g(x, y), do filtro é a soma dos produtos dos coeficientes do filtro com os pixels da imagem englobados pelo filtro:

g(x,y) = w(−1, −1)f(x − 1, y − 1) + w(−1,0)f(x − 1, y)
+ ... + w(0,0)f(x,y) + ... + w(1,1)f(x + 1, y + 1)

Observe que o coeficiente central do filtro, w(0, 0), se alinha com o pixel da posição (x, y). Para um tamanho de máscara m × n, consideramos que m = 2a + 1 e n = 2b + 1, sendo a e b números inteiros positivos. Isso significa que nosso foco na discussão a seguir será em filtros de tamanho ímpar, e o menor é de tamanho 3 × 3*. Em geral, a filtragem espacial linear de uma imagem de dimensões M × N com um filtro de dimensões m × n é dada pela expressão:

$$g(x,y) = \sum_{s=-a}^{a} \sum_{t=-b}^{b} w(s,t) f(x+s, y+t)$$

onde x e y variam de forma que cada pixel em w percorre todos os pixels em f.

---

* Certamente é possível trabalhar com filtros de tamanho misto (par e ímpar). No entanto, trabalhar com tamanhos ímpares simplifica a indexação e também é mais intuitivo, porque os filtros têm centros que encontram valores inteiros.

3.4.2 Convolução e correlação espacial

Há dois conceitos estreitamente relacionados que devem ser bem compreendidos ao realizar a filtragem espacial linear. Um consiste na *correlação*, e o outro na *convolução*. A correlação é o processo de mover uma máscara pela imagem e calcular a soma dos produtos em cada posição, exatamente como explicado na seção anterior. O funcionamento da convolução é o mesmo, exceto o fato de o primeiro filtro ser rotacionado a 180°. A melhor forma de explicar as diferenças entre os dois conceitos é pelo exemplo. Começamos com uma ilustração unidimensional.

A Figura 3.29(a) mostra uma função unidimensional, f, e um filtro, w, e a Figura 3.29(b) mostra a posição inicial para realizar a correlação. A primeira coisa que observamos é que há partes das funções que não se sobrepõem. A solução para esse problema é preencher f em cada lado com 0s suficientes para permitir que cada pixel de w percorra todos os pixels de f.* Se o filtro for de tamanho m, precisamos de $m - 1$ 0s em cada lado de f. A Figura 3.29(c) mostra uma função preenchida com 0s de modo apropriado. O primeiro valor da correlação é a soma dos produtos de f com w para a posição inicial mostrada na Figura 3.29(c) (a soma dos produtos é 0). Isso corresponde à primeira posição, ou seja, ao deslocamento $x = 0$. Para obter o segundo valor da correlação, deslocamos w uma posição de pixel para a direita (deslocamento $x = 1$) e calculamos a soma dos produtos. O resultado, mais uma vez, é 0. Na verdade, o primeiro resultado di-

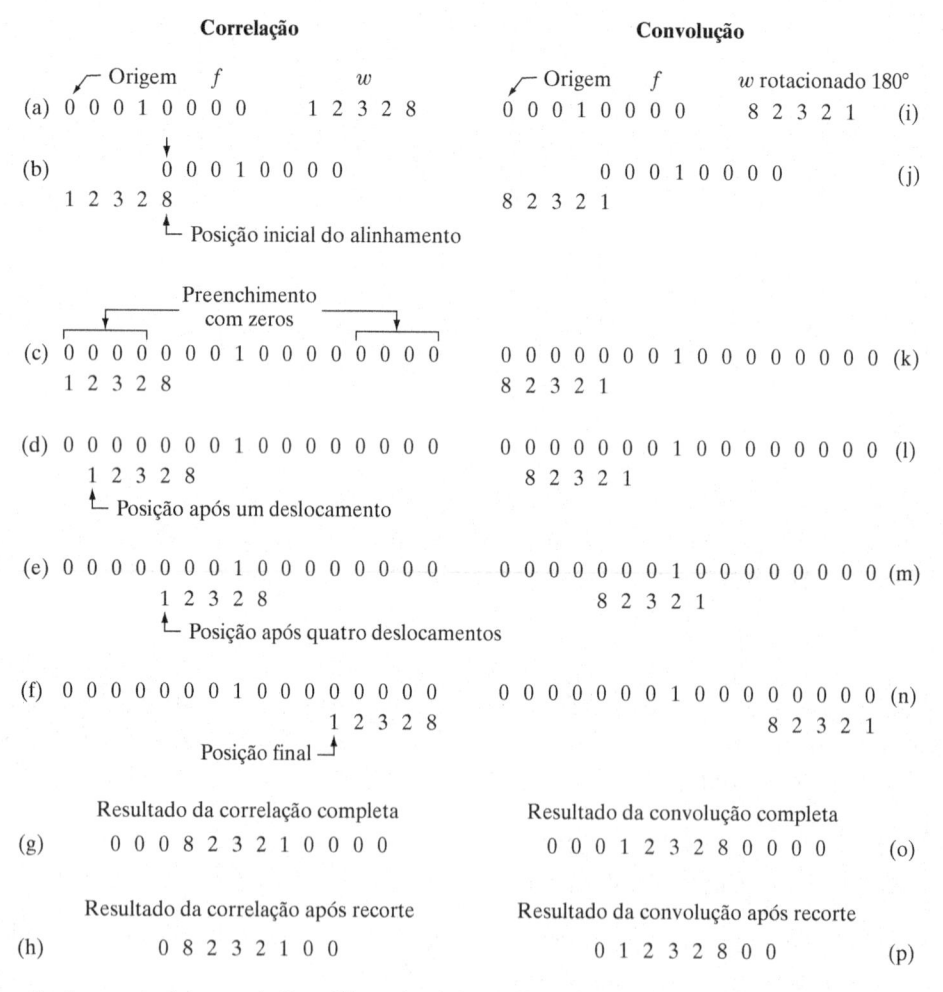

Figura 3.29 Ilustração de convolução e correlação unidimensional de um filtro com impulso unitário discreto. Observe que a correlação e a convolução são funções de *deslocamento*.

---

* Preencher a imagem com zeros não é a única opção. Por exemplo, poderíamos duplicar o valor do primeiro e do último elemento $m - 1$ vezes em cada lado de f, ou espelhar o primeiro e o último elemento $m - 1$ e utilizar os valores espelhados para fazer o preenchimento.

ferente de zero se dá quando $x = 3$, que é o caso no qual o valor 8 de w se sobrepõe ao valor 1 de f e o resultado da correlação é 8. Procedendo dessa forma, obtemos todo o resultado da correlação na Figura 3.29(g). Observe que foram necessários 12 valores de x (isto é, $x = 0, 1, 2, \ldots, 11$) para deslocar totalmente w através de f, de forma que cada pixel de w percorresse cada pixel de f. Em muitas ocasiões, gostamos de trabalhar com arranjos de correlação do mesmo tamanho que f, caso no qual recortamos a correlação completa para corresponder ao tamanho da função original, como mostra a Figura 3.29(h).

Devemos observar dois pontos importantes na discussão do parágrafo anterior. Em primeiro lugar, a correlação é uma função de *deslocamento* do filtro. Em outras palavras, o primeiro valor da correlação corresponde ao deslocamento zero do filtro, o segundo corresponde ao deslocamento de uma unidade, e assim por diante. O segundo ponto a ser observado é que correlacionar um filtro w com uma função que contenha apenas 0s e um único 1 resulta em uma cópia de w, mas *rotacionada* a 180°. Chamamos uma função que contém um único 1, e o restante é composto de 0s de um *impulso unitário discreto*. Dessa forma, concluímos que a correlação de uma função com um impulso unitário discreto gera uma versão rotacionada da função exatamente na posição que estava o impulso.

O conceito da convolução é fundamental na teoria dos sistemas lineares. Como veremos no Capítulo 4, uma propriedade fundamental da convolução é que realizar a convolução de uma função com um impulso unitário gera uma cópia da função na posição do impulso. Vimos no parágrafo anterior que a correlação também gera uma cópia da função, mas rotacionada a 180°.[*] Dessa forma, se *pré-rotacionarmos* o filtro e realizarmos a mesma operação de soma dos produtos de cada deslocamento, devemos ser capazes de obter o resultado desejado. Como mostra a coluna da direita da Figura 3.29, isso é de fato o que acontece. Assim, vemos que, para realizar a convolução, tudo o que fazemos é rotacionar a 180° uma função e realizar as mesmas operações que na correlação. Na verdade, não faz diferença qual das duas funções rotacionamos.

Os conceitos anteriores se estendem facilmente a imagens, como mostra a Figura 3.30. Para um filtro de dimensões $m \times n$, preenchemos com zeros a imagem com um mínimo de $m - 1$ linhas acima e abaixo e $n - 1$ colunas à esquerda e à direita. Neste caso, m e n são iguais a 3, de forma que preenchemos f com duas linhas de 0s acima e abaixo e duas colunas de 0s à esquerda e direita, como mostra a Figura 3.30(b). A Figura 3.30(c) mostra a posição inicial da máscara para realizar a correlação, e a Figura 3.30(d) mostra o resultado da correlação completa. A Figura 3.30(e) mostra o resultado correspondente após o recorte. Observe mais uma vez que o resultado é rotacionado a 180°.[**] Para a convolução, pré-rotacionamos a máscara como antes e repetimos a operação de soma dos produtos de cada deslocamento como acabamos de explicar. As figuras 3.30(f) a (h) mostram o resultado. Vemos novamente que a convolução de uma função com um impulso copia a função na posição do impulso. Deve ficar claro que, se a máscara for simétrica, a correlação e a convolução geram o mesmo resultado.

Se, em vez de conter apenas um 1, a imagem f da Figura 3.30 contivesse uma região idêntica a w, o valor da função de correlação (após a normalização) teria sido máximo quando w estivesse centrado nessa região de f. Dessa forma, como veremos no Capítulo 12, a correlação também pode ser utilizada para encontrar *correspondências* entre imagens.

Resumindo a discussão anterior na forma de equação, temos que a correlação de um filtro $w(x, y)$ de tamanho $m \times n$ com uma imagem $f(x, y)$, expressa como $w(x, y) \star f(x, y)$, é dada pela equação mostrada no final da última seção, que repetimos aqui por conveniência:

$$w(x,y) \star f(x,y) = \sum_{s=-a}^{a} \sum_{t=-b}^{b} w(s,t) f(x+s, y+t) \quad (3.4\text{-}1)$$

Essa equação é calculada para todos os valores das variáveis de deslocamento x e y, de forma que todos os elementos de w percorram cada um dos pixels de f, onde presumimos que f foi apropriadamente preenchida. Como explicamos anteriormente, $a = (m-1)/2$, $b = (n-1)/2$, e consideramos, para praticidade de notação, que m e n são números inteiros ímpares.

De forma similar, a convolução de $w(x, y)$ e $f(x, y)$, expressa por $w(x, y) \star f(x, y)$,[***] é dada pela expressão:[****]

---

[*] Observe que a rotação de 180° equivale a inverter horizontalmente a função.

[**] Em imagens 2-D, a rotação a 180° equivale a inverter a máscara em relação a um eixo e, depois, em relação ao outro.

[***] Como a convolução é comutativa, temos que $w(x, y) \star f(x, y) = f(x, y) \star w(x, y)$. Isso não é verdade para a correlação, como pode ser visto, por exemplo, invertendo a ordem das funções na Figura 3.29(a).

[****] Muitas vezes, quando o significado é claro, expressamos o resultado de uma correlação ou convolução por uma função $g(x, y)$, em vez de escrever $w(x, y) \star f(x, y)$ ou $w(x, y) \star f(x, y)$. Por exemplo, veja a equação no final da seção anterior e a Equação (3.5-1).

$$w(x,y) \; f(x,y) = \sum_{s=-a}^{a} \sum_{t=-b}^{b} w(s,t) f(x-s, y-t) \quad (3.4\text{-}2)$$

onde o sinal de menos à direita inverte f (isto é, a rotaciona a 180°). Inverter e deslocar f em vez de w são processos realizados para fins de simplicidade de notação e também para seguir a forma convencional. O resultado é o mesmo. Como no caso da correlação, essa equação é calculada para todos os valores das variáveis de deslocamento x e y, de forma que todos os elementos de w percorram cada um dos os pixels de f, que presumimos ter sido apropriadamente preenchidos. Podemos expandir a Equação 3.4-2 para uma máscara 3 × 3 e nos convencermos de que o resultado de utilizar essa equação é idêntico ao exemplo da Figura 3.30. Na prática, costuma-se trabalhar com um algoritmo que implementa a Equação 3.4-1. Se quisermos realizar a correlação, incluímos w no algoritmo; para a convolução, incluímos w rotacionado em 180°. O oposto se aplica caso, em vez disso, um algoritmo que implementa a Equação 3.4-2 esteja disponível.

Como mencionamos anteriormente, a convolução é fundamental na teoria dos sistemas lineares. Como veremos no Capítulo 4, a propriedade de que a convolução de uma função com um impulso unitário copia a função na posição do impulso tem um papel central em uma série de importantes derivações. Retomaremos a convolução no Capítulo 4 no contexto da transformada de Fourier e do teorema da convolução. Diferentemente da Equação 3.4-2, contudo, estaremos lidando com a convolução de funções que são do mesmo tamanho. A forma da equação é a mesma, mas os limites do somatório são diferentes.

Utilizar a correlação ou a convolução para realizar a filtragem espacial é uma questão de preferência. Na verdade, como tanto a Equação 3.4-1 quanto a Equação 3.4-2 são capazes de realizar a função uma da outra por uma simples rotação do filtro, o importante é que a máscara do filtro utilizada em uma dada tarefa de filtragem seja especificada de forma a corresponder com a operação pretendida. Todos os resultados da filtragem espacial linear deste capítulo se baseiam na Equação 3.4-1.

Finalmente, é importante dizer que você provavelmente encontrará os termos *filtro de convolução*, *máscara de convolução* ou *kernel de convolução* na literatura sobre

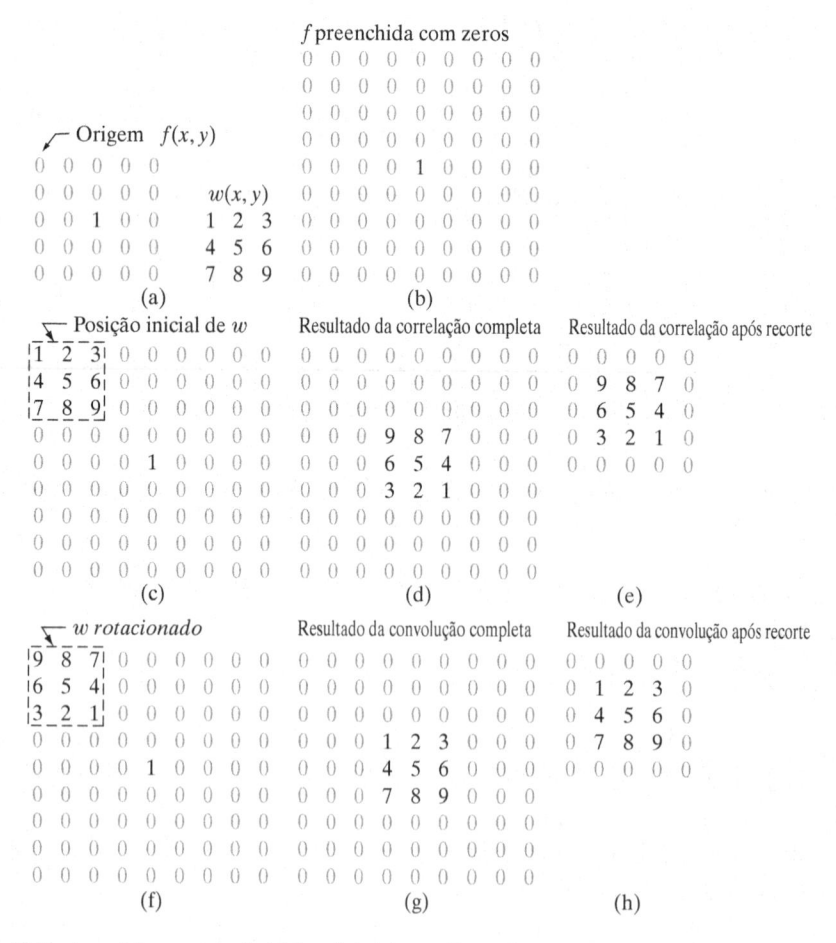

Figura 3.30 Correlação (linha do meio) e convolução (última linha) de um filtro 2-D com um impulso unitário discreto 2-D. Os zeros são mostrados em cinza para simplificar a análise visual.

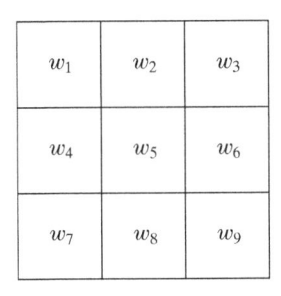

Figura 3.31 Outra representação de uma máscara 3 × 3.

processamento de imagens. Como regra, esses termos são utilizados para expressar um filtro espacial, e não necessariamente o filtro será utilizado verdadeiramente para uma convolução. De forma similar, a expressão "realizar a convolução de uma máscara com uma imagem" costuma ser utilizada para expressar o processo de deslocamento e soma dos produtos que acabamos de explicar, e não necessariamente diferencia entre a correlação e a convolução. Em vez disso, ela é utilizada de forma genérica para expressar uma dessas duas operações. Essa terminologia imprecisa costuma ser fonte de confusão.

3.4.3 Representação vetorial da filtragem linear

Quando o interesse for a resposta característica, R, de uma máscara para a correlação ou a convolução, algumas vezes pode ser útil expressar a soma dos produtos como:*

$$R = w_1 z_1 + w_2 z_2 + \cdots + w_{mn} z_{mn}$$
$$= \sum_{k=1}^{mn} w_k z_k \qquad (3.4\text{-}3)$$
$$= \mathbf{w}^T \mathbf{z}$$

onde os valores de w são os coeficientes de um filtro $m \times n$ e os valores de z são as intensidades correspondentes da imagem que estão cobertas pelo filtro. Se estivermos interessados em utilizar a Equação 3.4-3 para a correlação, devemos utilizar a máscara sem alterações. Para utilizar a mesma equação para a convolução, basta rotacionar a máscara em 180°, como explicamos na seção anterior. Está implícito que a Equação 3.4-3 se aplica a um par específico de coordenadas (x, y). Você verá na próxima seção por que esta notação é útil para explicar as características de um dado filtro linear.

A título de exemplo, a Figura 3.31 mostra uma máscara genérica 3 × 3 com os coeficientes definidos. Neste caso, a Equação 3.4-3 passa a ser:

$$R = w_1 z_1 + w_2 z_2 + \cdots + w_9 z_9$$
$$= \sum_{k=1}^{9} w_k z_k \qquad (3.4\text{-}4)$$
$$= \mathbf{w}^T \mathbf{z}$$

---
* Consulte a seção Tutoriais no site do livro para uma breve revisão sobre vetores e matrizes.

onde $\mathbf{w}$ e $\mathbf{z}$ são vetores 9-dimensionais formados a partir dos coeficientes da máscara e das intensidades de imagem cobertas pela máscara, respectivamente.

3.4.4 Gerando máscaras de filtragem espacial

Para gerar um filtro espacial *linear* $m \times n$, devemos especificar os coeficientes da máscara mn. Esses coeficientes, por sua vez, são selecionados com base no que o filtro deve fazer, tendo em mente que tudo o que podemos fazer com a filtragem linear é implementar uma soma de produtos. Por exemplo, suponha que queiramos substituir os pixels de uma imagem pela intensidade média de uma vizinhança 3 × 3 centrada nesses pixels. O valor médio de qualquer posição (x, y) na imagem é a soma dos nove valores de intensidade da vizinhança 3 × 3 centrada em (x, y) dividida por 9. Com z_i, $i = 1, 2, \ldots, 9$, indicando essas intensidades, a média é:

$$R = \frac{1}{9} \sum_{i=1}^{9} z_i$$

Mas isso é o mesmo que a Equação 3.4-4 com valores de coeficiente $w_i = 1/9$. Em outras palavras, uma operação de filtragem linear com uma máscara 3 × 3 cujos coeficientes são 1/9 implementa o cálculo desejado da média. Como discutiremos na próxima seção, essa operação resulta na suavização de imagens. Analisaremos nas seções a seguir uma série de outras máscaras de filtragem com base nessa abordagem.

Em algumas aplicações, temos uma função contínua de duas variáveis, e o objetivo é obter uma máscara de filtragem espacial com base nessa função. Por exemplo, uma função gaussiana de duas variáveis tem a forma básica:

$$h(x, y) = e^{-\frac{x^2 + y^2}{2\sigma^2}}$$

onde σ é o desvio padrão e, como sempre, consideramos que as coordenadas x e y sejam números inteiros. Para gerar, digamos, uma máscara 3 × 3 a partir dessa função, fazemos uma amostragem ao redor de seu centro. Assim, $w_1 = h(-1, -1)$, $w_2 = h(-1, 0)$, ..., $w_9 = h(1, 1)$. Uma máscara $m \times n$ é gerada de forma similar. Lembre-se que uma função gaussiana bidimensional tem o formato de um sino e que o desvio padrão controla o quanto o sino é "aberto".

Gerar um filtro *não linear* requer especificar as dimensões de uma vizinhança e a(s) operação(ões) a ser(em) executada(s) nos pixels da imagem contidos na vizinhança. Por exemplo, lembrando que a operação *máx* é não linear (veja a Seção 2.6.2), um filtro *máx* 5 × 5 centrado em um ponto arbitrário (x, y) de uma imagem obtém o máximo valor de intensidade dos 25 pixels e atribui esse valor à posição (x, y) na imagem processada. Filtros não lineares são bastante poderosos e, em algumas aplicações, podem realizar funções que estão além das possibilidades dos filtros lineares, como veremos mais adiante neste capítulo e também no Capítulo 5.

3.5 Filtros espaciais de suavização

Os filtros de suavização são utilizados para borramento e redução de ruído. O borramento é aplicado em tarefas de pré-processamento, como remoção de pequenos detalhes da imagem antes da extração de objetos (grandes) e conexão de pequenas descontinuidades em linhas ou curvas. A redução de ruído pode ser obtida pelo borramento com um filtro linear e também pela filtragem não linear.

3.5.1 Filtros lineares de suavização

A saída (resposta) de um filtro espacial linear de suavização é simplesmente a média dos pixels contidos na vizinhança da máscara de filtragem. Esses filtros por vezes são chamados de *filtros de média*. Como mencionado na seção anterior, eles também podem ser chamados de *filtros passa-baixa*.

A ideia por trás dos filtros de suavização é direta. Ao substituir o valor de cada pixel de uma imagem pela média dos níveis de intensidade da vizinhança definida pela máscara, o processo resulta em uma imagem com perda da nitidez, ou seja, com redução das transições "abruptas" nas intensidades. Pelo fato de o ruído aleatório normalmente consistir em transições abruptas nos níveis de intensidade, a aplicação mais evidente da suavização é a redução de ruído. No entanto, as bordas (que quase sempre são características desejáveis de uma imagem) também são caracterizadas por transições abruptas de intensidade, de forma que os filtros de média apresentam o efeito colateral indesejável de borrar as bordas. Uma outra aplicação desse tipo de processo inclui a suavização de falsos contornos resultantes da utilização de um número insuficiente de níveis de intensidade, como discutido na Seção 2.4.3. Uma importante utilização dos filtros de média é a redução de detalhes "irrelevantes" em uma imagem. Por "irrelevantes" queremos dizer regiões da imagem que são menores que o tamanho da máscara utilizada na filtragem. Esta última aplicação é ilustrada mais adiante nesta seção.

A Figura 3.32 mostra dois filtros de suavização 3 × 3. A utilização do primeiro filtro gera a média aritmética simples dos pixels cobertos pela máscara. Isso pode ser visto com mais facilidade substituindo os coeficientes da máscara na Equação 3.4-4:

$$R = \frac{1}{9}\sum_{i=1}^{9} z_i$$

que é a média dos níveis de intensidade dos pixels na vizinhança 3 × 3 definida pela máscara, como discutimos anteriormente. Observe que, em vez de 1/9, os coeficientes do filtro são todos 1s. A ideia aqui é que é computacionalmente mais eficiente ter coeficientes com valor 1. Ao final do processo de filtragem, toda a imagem é dividida por 9. Uma máscara $m \times n$ teria uma constante de normalização igual a $1/mn$. Um filtro espacial de média no qual todos os coeficientes são iguais é chamado, algumas vezes, de filtro retangular (*box filter*).

A segunda máscara da Figura 3.32 é um pouco mais interessante. Essa máscara gera a chamada *média ponderada*, terminologia utilizada para indicar que os pixels são multiplicados por diferentes coeficientes, atribuindo, dessa forma, mais importância (peso) a alguns pixels à custa de outros. Na máscara mostrada na Figura 3.32(b), o pixel no centro da máscara é multiplicado por um valor mais alto do que qualquer outro, atribuindo, assim, mais importância a esse pixel no cálculo da média. Os outros pixels são inversamente ponderados em função de sua distância ao centro da máscara. Os termos diagonais estão mais distantes do centro do que os vizinhos ortogonais (por um fator de $\sqrt{2}$) e, portanto, têm um peso menor que os vizinhos imediatos do pixel central. A estratégia básica por trás do processo de atribuir o maior peso ao ponto central e, depois, reduzir o valor dos coeficientes em função do aumento da distância da origem, é simplesmente uma tentativa de reduzir o borramento no processo de suavização. Poderíamos ter escolhido outros pesos para atingir o mesmo objetivo geral. No entanto, a soma de todos os coeficientes da máscara da Figura 3.32(b) é igual a 16, o que é uma característica interessante para a implementação computacional por ser um número inteiro e potência de 2. Na prática, em geral é difícil ver as diferenças entre as imagens suavizadas utilizando uma das máscaras mostradas na Figura 3.32, ou arranjos similares, porque a área coberta por essas máscaras em qualquer posição de uma imagem é muito pequena.

No que se refere à Equação 3.4-1, a implementação geral para a filtragem de uma imagem $M \times N$ com um filtro de média ponderada de tamanho $m \times n$ (m e n ímpares) é dada pela expressão:

$$g(x,y) = \frac{\sum_{s=-a}^{a}\sum_{t=-b}^{b} w(s,t) f(x+s, y+t)}{\sum_{s=-a}^{a}\sum_{t=-b}^{b} w(s,t)}$$

(3.5-1)

Os parâmetros nessa equação são iguais aos definidos na Equação 3.4-1. Como antes, considera-se que a imagem completamente filtrada seja obtida aplicando a Equação 3.5-1 para $x = 0, 1, 2, \ldots, M-1$ e $y = 0, 1, 2, \ldots, N-1$. O denominador da Equação 3.5-1 é simplesmente a soma dos coeficientes da máscara; logo, é uma constante que só precisa ser calculada uma vez.

Exemplo 3.13 Suavização de imagens com máscaras de vários tamanhos.

Os efeitos da suavização como uma função do tamanho do filtro são ilustrados na Figura 3.33, que apresenta uma imagem original e os resultados suavizados correspondentes obtidos com a utilização de filtros de média quadrados de tamanhos $m = 3, 5, 9, 15$ e 35 pixels, respectivamente. As principais características desses resultados são: para $m = 3$, observamos um ligeiro borramento em toda a imagem, mas, como esperado, os detalhes que são aproximadamente do mesmo tamanho que a máscara são consideravelmente mais afetados. Por exemplo, os quadrados pretos 3×3 e 5×5 na parte superior da imagem, a pequena letra "a" e o ruído granulado fino mostram um borramento significativo em comparação com o restante da imagem. Observe que o ruído é menos acentuado e os contornos irregulares dos caracteres foram agradavelmente suavizados.

O resultado para $m = 5$ é de certa forma similar, com um ligeiro aumento do borramento. Para $m = 9$, vemos consideravelmente mais borramento, e o círculo 20% preto não é tão distinguível do fundo da imagem quanto nas três imagens anteriores, ilustrando o efeito de mesclagem que o borramento tem sobre objetos cujas intensidades se aproximam das intensidades dos pixels vizinhos. Observe a significativa suavização adicional dos retângulos com ruído. Os resultados para $m = 15$ e 35 são extremos no que diz respeito às dimensões dos objetos da imagem. Esse tipo de borramento agressivo geralmente é utilizado para eliminar pequenos objetos de uma imagem. Por exemplo, os três quadrados pequenos, dois dos círculos e a maioria das áreas retangulares com ruído foram mesclados ao fundo da imagem na Figura 3.33(f). Observe também nessa figura a borda preta acentuada. Esse é um resultado do preenchimento da borda da imagem original com 0s (preto) e o recorte da área preenchida após a filtragem. Parte do preto foi misturada em todas as imagens filtradas, mas o efeito só ficou realmente inaceitável nas imagens suavizadas com os filtros maiores.

Como já mencionamos, uma importante aplicação da média espacial consiste em borrar uma imagem para obter uma representação mais geral dos objetos de interesse, já que a intensidade dos objetos menores se mistura ao fundo, e os objetos maiores se tornam "borrões", que são mais fáceis de serem detectados. O tamanho da máscara define o tamanho relativo dos objetos que serão mesclados ao fundo. A título de exemplo, vejamos a Figura 3.34(a), que é uma imagem gerada pelo telescópio Hubble em órbita ao redor da Terra. A Figura 3.34(b) mostra o resultado da aplicação de um filtro de média 15×15 a essa imagem. Vemos que vários objetos foram mesclados ao fundo ou tiveram a intensidade consideravelmente reduzida. É comum uma operação como essa ser seguida da limiarização para eliminar objetos com base em sua intensidade. O resultado da utilização da função de limiarização da Figura 3.2(b) com um valor de limiar igual a 25% da maior intensidade da imagem borrada é mostrado na Figura 3.34(c). Comparando esse resultado à imagem original, vemos que ele é uma representação razoável do que consideraríamos os maiores e mais claros objetos da imagem.

3.5.2 Filtros de estatística de ordem (não lineares)

Os filtros de estatística de ordem são filtros espaciais não lineares cuja resposta se baseia na ordenação (classificação) dos pixels contidos na área da imagem coberta pelo filtro e substituindo o valor do pixel central pelo valor determinado pelo resultado da classificação. O filtro mais conhecido dessa categoria é o *filtro de mediana*, o qual, como o nome sugere, substitui o valor de um pixel pela mediana dos valores de intensidade na vizinhança desse pixel (o valor original do pixel é incluído no cálculo da mediana). Os filtros de mediana são bastante populares, porque, para certos tipos de ruído aleatório, proporcionam excelentes resultados na redução de ruído, com borramento consideravelmente menor do que filtros lineares de suavização de tamanho similar. Os filtros de mediana são particularmente eficazes na presença de ruído impulsivo, também chamado de *ruído sal e pimenta*, em razão de sua aparência, como pontos brancos e pretos sobrepostos em uma imagem.

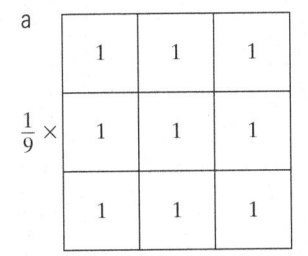

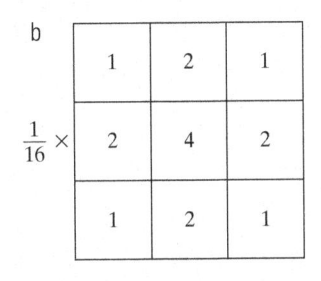

a
1	1	1
1	1	1
1	1	1

$\frac{1}{9} \times$

b
1	2	1
2	4	2
1	2	1

$\frac{1}{16} \times$

Figura 3.32 Duas máscaras 3×3 (de média) para suavização. A constante de multiplicação diante de cada máscara é igual a 1 dividido pela soma dos valores de seus coeficientes, o que é necessário para calcular uma média.

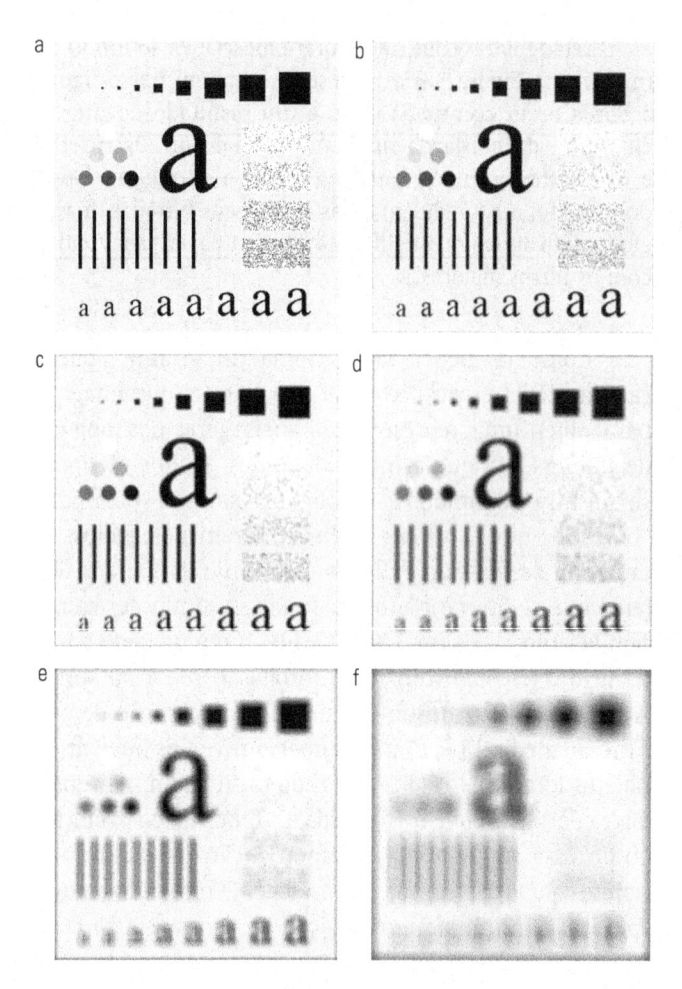

Figura 3.33 (a) Imagem original de 500 × 500 pixels. (b) a (f) Resultados da suavização com filtros de média, quadrados, de tamanhos $m = 3, 5, 9, 15$ e 35, respectivamente. Os quadrados pretos no alto das imagens têm tamanhos 3, 5, 9, 15, 25, 35, 45 e 55 pixels, respectivamente; suas bordas estão distantes 25 pixels umas das outras. O tamanho das letras na parte inferior varia de 10 a 24 pontos, em incrementos de 2 pontos; a letra maior na parte superior tem 60 pontos. As barras verticais têm 5 pixels de largura e 100 pixels de altura; sua separação é de 20 pixels. O diâmetro dos círculos é de 25 pixels e suas bordas estão distantes 15 pixels; seus níveis de intensidade variam de 0% a 100% de preto em incrementos de 20%. O fundo da imagem é 10% preto. Os retângulos com ruído têm 50 × 120 pixels.

A mediana, ξ, de um conjunto de valores é tal que metade dos valores do conjunto é menor ou igual a ξ, e a outra metade é maior ou igual a ξ. Para realizar a filtragem por mediana em um ponto de uma imagem, primeiro ordenamos os valores dos pixels da vizinhança, calculamos sua mediana e atribuímos esse valor ao pixel correspondente na imagem filtrada. Por exemplo, em uma vizinhança 3 × 3, a mediana é o quinto maior valor, em uma vizinhança 5 × 5, é o 13º valor, e assim por diante. Quando vários valores de uma vizinhança são iguais, todos os valores iguais são agrupados. Por exemplo, suponha que uma vizinhança 3 × 3 tenha valores (10, 20, 20, 20, 15, 20, 20, 25, 100). Esses valores são ordenados como (10, 15, 20, 20, 20, 20, 20, 25, 100), o que resulta em uma mediana igual a 20. Dessa forma, a principal função dos filtros de mediana é forçar pontos com níveis de intensidade distintos para serem mais semelhantes aos seus vizinhos. De fato, agrupamentos isolados de pixels que são claros ou escuros em relação aos seus vizinhos, e cuja área é menor que $m^2/2$ (metade da área do filtro), são eliminados por um filtro de mediana $m \times m$. Neste caso, "eliminado" significa forçado a receber a intensidade mediana dos vizinhos. Grandes agrupamentos são consideravelmente menos afetados.

Apesar de o filtro de mediana definitivamente ser o filtro de estatística de ordem mais útil no processamento de imagens, ele não é o único. A mediana representa o 50º percentil de um conjunto de valores ordenados, mas devemos lembrar, com base nos fundamentos da estatística, que a ordenação tem muitas outras possibilidades.* Por exemplo, utilizar o 100º percentil resulta no chamado *filtro máx*, útil para identificar os pontos mais claros de uma imagem. A resposta de um filtro máx 3 × 3 é dada por R = máx $\{z_k | k = 1, 2, ...,9\}$ O filtro de 0º percentil é o *filtro mín*, utilizado para fazer o oposto. Os filtros de mediana, *máx*, *mín* e vários outros filtros não lineares serão analisados em mais detalhes na Seção 5.3.

Exemplo 3.14 Utilização da filtragem de mediana para a redução de ruído.

A Figura 3.35(a) mostra uma imagem de raios X de uma placa de circuito fortemente corrompida pelo ruído sal e pimenta. Para ilustrar a questão da superioridade da filtragem de mediana sobre a filtragem de média em situações como essas, mostraremos, na Figura 3.35(b), o resultado do processamento da imagem com ruído pelo filtro de média 3 × 3 e, na Figura 3.35(c), o resultado da utilização de um filtro de mediana 3 × 3. O filtro de média borrou a imagem e seu desempenho na redução do ruído foi baixo. A superioridade da filtragem de mediana sobre a filtragem de média é evidente em todos os aspectos. Em geral, a filtragem de mediana é muito mais adequada do que a filtragem de média para a remoção do ruído sal e pimenta.

3.6 Filtros espaciais de aguçamento

O principal objetivo do aguçamento é salientar transições de intensidade para o aumento da nitidez de uma imagem. As utilizações do aguçamento de imagens são

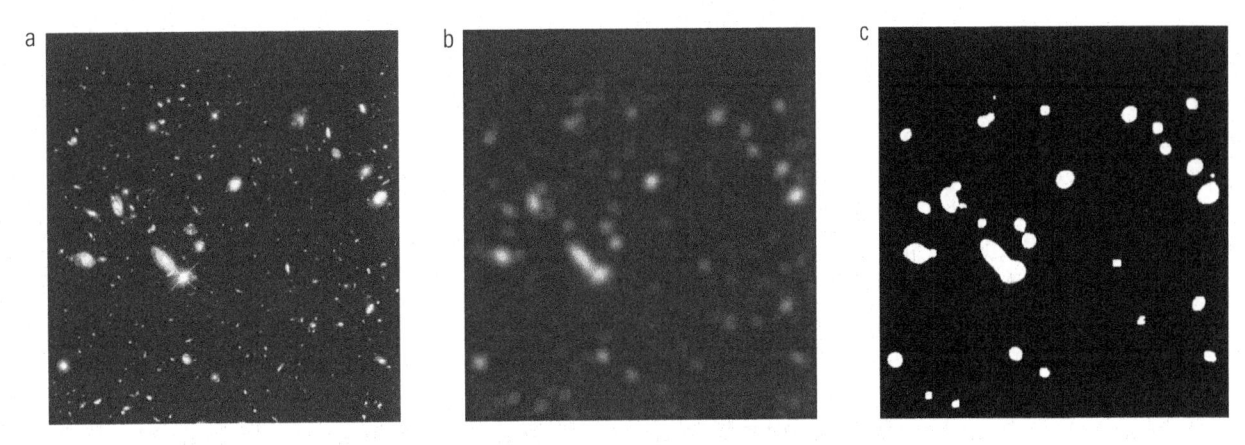

Figura 3.34 (a) Imagem de 528 × 485 pixels obtida com o telescópio espacial Hubble. (b) Imagem filtrada com um filtro de média de tamanho 15 × 15. (c) Resultado da limiarização de (b). (Imagem original: cortesia da Nasa.)

variadas e incluem aplicações como impressão eletrônica, imagens médicas, inspeção industrial e navegação autônoma em sistemas militares. Na última seção, vimos que o borramento de imagens poderia ser realizado no domínio do espaço pela média dos pixels em uma vizinhança. Como o cálculo da média é análogo à integração, é lógico concluir que o aguçamento pode ser realizado pela diferenciação no domínio do espaço. Este de fato é o caso, e a análise desta seção lida com as várias formas de definir e implementar operadores para o aguçamento por diferenciação digital. Fundamentalmente, a força da resposta de um operador derivativo é proporcional ao nível de descontinuidade da intensidade da imagem no ponto no qual o operador é aplicado. Dessa forma, a diferenciação de uma imagem realça as bordas e outras descontinuidades (como o ruído) e atenua as áreas com intensidades de variação mais suave.

3.6.1 Fundamentos

Nas duas seções seguintes, analisaremos em detalhes os filtros de aguçamento baseados em derivadas de primeira e segunda ordem, respectivamente. Antes de prosseguir com esta discussão, contudo, vamos parar para examinar algumas propriedades fundamentais dessas derivadas no contexto digital. Para simplificar a explicação, nos concentraremos inicialmente nas derivadas unidimensionais. Em particular, estamos interessados no comportamento dessas derivadas nas áreas de intensidade constante, no início e no final de descontinuidades (descontinuidades de degrau e rampa) e ao longo de rampas de intensidade. Como veremos no Capítulo 10, esses tipos de descontinuidades podem ser utilizados para modelar pontos de ruído, linhas e bordas em uma imagem. O comportamento das derivadas durante transições para essas características de imagem e a partir dessas características também é de interesse.

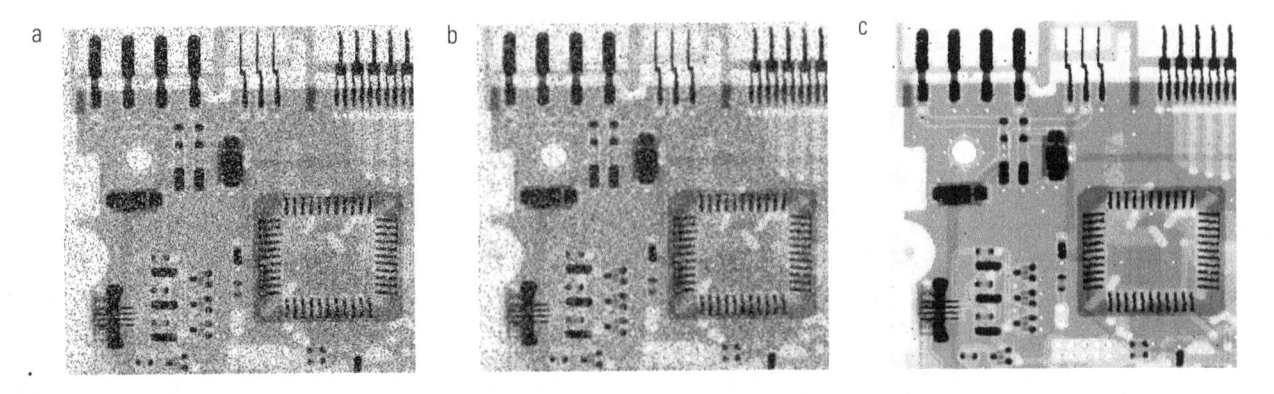

Figura 3.35 (a) Imagem de raios X de uma placa de circuito corrompida pelo ruído sal e pimenta. (b) Redução de ruído com um filtro de média 3 × 3. (c) Redução de ruído com um filtro de mediana 3 × 3. (Imagem original: cortesia do Sr. Joseph E. Pascente, Lixi, Inc.)

---

* Veja a Seção 10.3.5 sobre os percentis.

As derivadas de uma função digital são definidas em termos de diferenças. Há várias maneiras de defini-las. No entanto, é preciso que qualquer definição utilizada para a *primeira derivada* (1) seja zero em áreas de intensidade constante; (2) seja diferente de zero no início de um degrau ou rampa de intensidade; e (3) seja diferente de zero ao longo das rampas. De forma similar, qualquer definição de uma *segunda derivada* (1) deve ser zero em áreas constantes; (2) deve ser diferente de zero no início *e* no final de um degrau ou rampa de intensidade; e (3) deve ser zero ao longo de rampas de inclinação constante. Como estamos lidando com quantidades digitais cujos valores são finitos, a máxima variação possível de intensidade também é finita e a distância mais curta na qual essa mudança pode ocorrer é a distância entre pixels adjacentes.

Uma definição básica da derivada de primeira ordem de uma função unidimensional $f(x)$ é a diferença:*

$$\frac{\partial f}{\partial x} = f(x+1) - f(x) \qquad (3.6\text{-}1)$$

Utilizamos uma derivada parcial para manter a mesma notação quando considerarmos uma imagem como uma função de duas variáveis, $f(x, y)$, ocasião na qual estaremos lidando com derivadas parciais ao longo dos dois eixos espaciais. A utilização de uma derivada parcial na presente discussão não afeta de forma alguma a natureza do nosso objetivo. Certamente, $\partial f / \partial x = df / dx$ quando houver apenas uma variável na função; o mesmo se aplica à segunda derivada.

Definimos a derivada de segunda ordem de $f(x)$ como a diferença:

$$\frac{\partial^2 f}{\partial x^2} = f(x+1) + f(x-1) - 2f(x) \qquad (3.6\text{-}2)$$

É fácil verificar que essas duas definições satisfazem as condições mencionadas. Para ilustrar isso, e para analisar as semelhanças e diferenças entre as derivadas de primeira e segunda ordem de uma função digital, vejamos o exemplo da Figura 3.36.

A Figura 3.36(b) (centro da figura) mostra uma seção de uma linha de varredura (perfil de intensidade). Os valores dentro dos pequenos quadrados são de intensidade na linha de varredura, que são plotados acima deles como pontos pretos na Figura 3.36(a). A linha tracejada que liga os pontos foi incluída para facilitar a visualização.

Como mostra a figura, a linha de varredura contém uma rampa de intensidade, três seções de intensidade constante e um degrau de intensidade. Os círculos indicam o início ou o fim de transições de intensidade. As derivadas de primeira e segunda ordem calculadas com a utilização das duas definições anteriores são incluídas abaixo da linha de varredura na Figura 3.36(b), e são plotadas na Figura 3.36(c). Ao calcular a primeira derivada na posição x, subtraímos o valor da função nessa posição do valor do próximo ponto. Dessa maneira, trata-se de uma operação de "olhar adiante". De maneira similar, para calcular a segunda derivada em x, utilizamos os pontos anterior e seguinte no cálculo. Para evitar uma situação na qual o ponto anterior ou seguinte estejam fora do alcance da linha de varredura, mostraremos os cálculos de derivadas na Figura 3.36 a partir do segundo até o penúltimo ponto na sequência.

Vamos considerar as propriedades da primeira e da segunda derivada à medida que percorremos o perfil da esquerda para a direita. Em primeiro lugar, encontramos uma área de intensidade constante e, como mostram as Figuras 3.36(b) e (c), as duas derivadas são zero, de modo que a condição (1) é satisfeita para ambas. Em seguida, encontramos uma rampa de intensidade seguida de um degrau e notamos que a derivada de primeira ordem é diferente de zero no início da rampa e no início do degrau; de forma similar, a segunda derivada é diferente de zero no início *e* no final, tanto da rampa quanto do degrau; assim, a propriedade (2) é satisfeita para as duas derivadas. Por fim, verificamos que a propriedade (3) também é satisfeita para as duas derivadas porque a primeira derivada é diferente de zero, e a segunda é zero ao longo da rampa. Observe que o sinal da segunda derivada muda no início e no final de um degrau ou de uma rampa. Com efeito, vemos na Figura 3.36(c) que, em uma transição de degrau, uma linha ligando esses dois valores cruza o eixo horizontal na metade do caminho entre os dois extremos. Essa propriedade de *cruzamento por zero* é bastante útil para localizar bordas, como veremos no Capítulo 10.

As bordas nas imagens digitais, muitas vezes, são transições parecidas com rampas em termos de intensidade, caso no qual a primeira derivada da imagem resultaria em bordas espessas pelo fato de a derivada ser diferente de zero ao longo de uma rampa. Por outro lado, a segunda derivada produziria uma dupla borda, com espessura de um pixel, separada por zeros. Com isso, concluímos que a segunda derivada realça muito mais os detalhes finos do que a primeira derivada, uma propriedade que é muito adequada para o aguçamento de imagens. Além disso,

---

* Retomaremos a Equação 3.6-1 na Seção 10.2.1 e mostraremos como ela resulta de uma expansão da série de Taylor. Por enquanto, essa será a definição aceita.

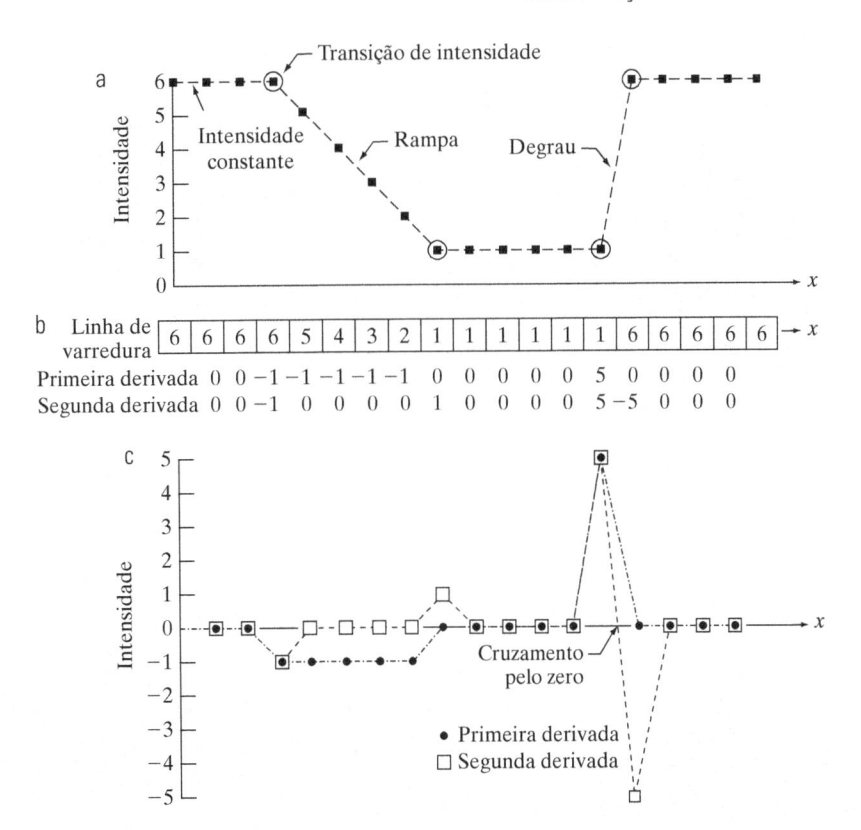

Figura 3.36 Ilustração do primeiro e do segundo derivativo de uma função digital unidimensional representando uma seção de um perfil de intensidade horizontal de uma imagem. Em (a) e (c), os pontos de dados são ligados por linhas tracejadas para facilitar a visualização.

como veremos mais adiante nesta seção, os segundas derivadas são muito mais fáceis de implementar do que as primeiras derivadas, de forma que nos concentraremos inicialmente nas segundas derivadas.

3.6.2 Utilizando a segunda derivada para o aguçamento de imagens – o laplaciano

Nesta seção, analisaremos a implementação de derivadas bidimensionais de segunda ordem e sua utilização para o aguçamento de imagens. Retomaremos essa derivada no Capítulo 10, onde a utilizaremos extensivamente para a segmentação de imagens. A metodologia consiste basicamente em definir uma fórmula discreta da derivada de segunda ordem e construir uma máscara de filtragem com base nessa formulação. Estamos interessados em filtros *isotrópicos*, cuja resposta independe da direção das descontinuidades da imagem à qual o filtro é aplicado. Em outras palavras, os filtros isotrópicos são *invariantes em rotação*, no sentido de que rotacionar a imagem e depois aplicar o filtro fornece o mesmo resultado que aplicar o filtro à imagem primeiro e depois rotacionar o resultado.

Pode ser demonstrado (Rosenfeld e Kak, 1982) que o operador derivativo isotrópico mais simples é o laplaciano, que, para uma função (imagem) $f(x, y)$ de duas variáveis, é definido como:

$$\nabla^2 f = \frac{\partial^2 f}{\partial x^2} + \frac{\partial^2 f}{\partial y^2} \quad (3.6\text{-}3)$$

Como as derivadas de qualquer ordem são operações lineares, o laplaciano é um operador linear. Para expressar essa equação na forma discreta, utilizamos a definição da Equação 3.6-2, tendo em mente que precisamos considerar uma segunda variável. Na direção x, temos

$$\frac{\partial^2 f}{\partial x^2} = f(x+1, y) + f(x-1, y) - 2f(x, y) \quad (3.6\text{-}4)$$

e, de forma similar, na direção y, temos:

$$\frac{\partial^2 f}{\partial y^2} = f(x, y+1) + f(x, y-1) - 2f(x, y) \quad (3.6\text{-}5)$$

Dessa forma, segue-se, a partir das três equações anteriores, que o laplaciano discreto de duas variáveis é:

$$\nabla^2 f = f(x+1, y) + f(x-1, y) + f(x, y+1) + \\ f(x, y-1) - 4f(x, y) \quad (3.6\text{-}6)$$

Essa equação pode ser implementada utilizando a máscara de filtragem da Figura 3.37(a), a qual gera um resultado isotrópico para rotações em incrementos de 90°.

a			b		
0	1	0	1	1	1
1	−4	1	1	−8	1
0	1	0	1	1	1

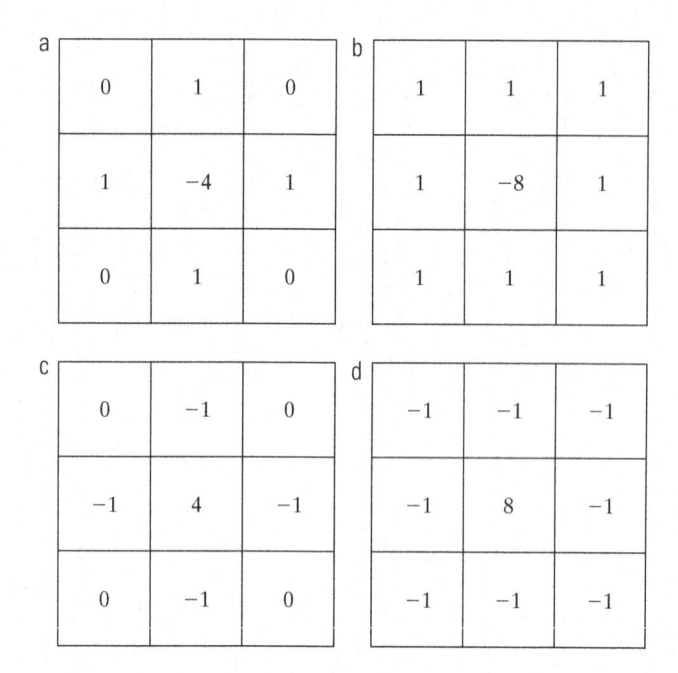

c			d		
0	−1	0	−1	−1	−1
−1	4	−1	−1	8	−1
0	−1	0	−1	−1	−1

Figura 3.37 (a) Máscara de filtragem utilizada para implementar a Equação 3.6-6. (b) Máscara utilizada para implementar uma extensão dessa equação que inclui os termos diagonais. (c) e (d) Duas outras implementações do laplaciano frequentemente encontradas na prática.

O funcionamento da implementação é similar ao da Seção 3.5.1 para filtros lineares de suavização. Nós simplesmente estamos utilizando coeficientes diferentes aqui.

As direções diagonais podem ser incorporadas à definição do laplaciano digital com o acréscimo de mais dois termos à Equação 3.6-6, um para cada direção diagonal. A forma de cada novo termo é a mesma que a Equação 3.6-4 ou a Equação 3.6-5, mas as coordenadas estão ao longo das diagonais. Como cada termo de diagonal também contém um termo $-2f(x, y)$, o total subtraído dos termos da diferença agora seria $-8f(x, y)$. A Figura 3.37(b) mostra a máscara utilizada para implementar essa nova definição. Essa máscara gera resultados isotrópicos em incrementos de 45°. Você provavelmente verá na prática as máscaras laplacianas mostradas nas figuras 3.37(c) e (d). Elas são obtidas a partir das definições das segundas derivadas que são os negativos das derivadas utilizadas nas equações 3.6-4 e 3.6-5. Dessa forma, eles geram resultados equivalentes, mas a diferença do sinal deve ser levada em consideração ao combinar (pela soma ou subtração) uma imagem filtrada pelo laplaciano com outra imagem.

Como o laplaciano é um operador diferencial, sua utilização realça as descontinuidades de intensidade em uma imagem e atenua as regiões com níveis de intensidade de variação mais suave. Isso tenderá a produzir imagens nas quais as linhas de borda e outras descontinuidades aparecerão em tons de cinza sobrepostos a um fundo escuro e uniforme. As características do fundo podem ser "recuperadas" enquanto se preserva o efeito de aguçamento do laplaciano simplesmente adicionando a imagem laplaciana à original. Como observamos no parágrafo anterior, é importante levar em consideração qual definição de laplaciano está sendo utilizada. Se a definição em uso tiver um coeficiente de centro negativo, então *subtraímos*, em vez de adicionar, a imagem laplaciana para obter o resultado de aguçamento. Assim, a forma básica na qual utilizamos o laplaciano para o aguçamento de imagens é

$$g(x, y) = f(x, y) + c\left[\nabla^2 f(x, y)\right] \quad (3.6\text{-}7)$$

onde $f(x, y)$ e $g(x, y)$ são as imagens de entrada e aguçada, respectivamente. A constante é $c = -1$ se os filtros laplacianos na Figura 3.37(a) ou (b) forem utilizados e $c = 1$ se qualquer um dos outros filtros for utilizado.

Exemplo 3.15 Aguçamento de imagens utilizando o laplaciano.

A Figura 3.38(a) mostra uma imagem ligeiramente borrada do polo norte da Lua. A Figura 3.38(b) mostra o resultado da filtragem dessa imagem com a máscara laplaciana da Figura 3.37(a). Várias regiões dessa imagem são pretas porque o laplaciano contém valores tanto positivos quanto negativos, e todos os valores negativos são ajustados para 0 pelo sistema de exibição.

Uma forma típica de ajustar a escala de uma imagem laplaciana é somar seu valor mínimo a ela para levar o novo mínimo a zero e ajustar o resultado para o intervalo total de intensidade $[0, L-1]$, como explicamos nas equações (2.6-10) e (2.6-11). A imagem da Figura 3.38(c) foi ajustada dessa forma. Observe que as características dominantes da imagem são as bordas e as descontinuidades acentuadas de intensidade. O fundo, antes preto, agora é cinza em razão do ajuste. A aparência acinzentada é típica de imagens laplacianas que foram adequadamente ajustadas. A Figura 3.38(d) mostra o resultado obtido utilizando a Equação 3.6-7 com $c = -1$. Os detalhes dessa imagem são evidentemente mais claros e nítidos do que na imagem original. Adicionar a imagem original à laplaciana restaurou as variações globais de intensidade da imagem, com o laplaciano aumentando o contraste nos pontos de descontinuidade de intensidade. O resultado final é uma imagem na qual pequenos detalhes foram realçados e a tonalidade do fundo foi razoavelmente preservada. Por fim, a Figura 3.38(e) mostra o resultado da repetição do procedimento anterior com o filtro na Figura 3.37(b). Aqui, notamos uma melhoria significativa em termos de aguçamento em relação à Figura 3.38(d). Isso não é inesperado porque utilizar o filtro da Figura 3.37(b) proporciona uma diferenciação adicional (aguçamento) nas

Com $\overline{f}(x,y)$ denotando a imagem borrada, a máscara de nitidez é expressa na forma de equação como segue. Em primeiro lugar, obtemos a máscara:

$$g_{\text{máscara}}(x,y) = f(x,y) - \overline{f}(x,y) \qquad (3.6\text{-}8)$$

Depois, adicionamos uma porção ponderada da máscara de volta à imagem original:

$$g(x,y) = f(x,y) + k * g_{\text{máscara}}(x,y) \qquad (3.6\text{-}9)$$

onde incluímos um peso, $k(k \geq 0)$, para generalização. Quando $k = 1$, temos a máscara de nitidez, como definido anteriormente. Quando $k > 1$, o processo é chamado de *filtragem high-boost* (ou filtragem "alto-reforço"). Escolher $k < 1$ atenua a contribuição da máscara de nitidez.

A Figura 3.39 explica como a máscara de nitidez funciona. O perfil de intensidade da Figura 3.39(a) pode ser interpretado como uma linha de varredura horizontal que atravessa uma borda vertical que faz a transição de uma região escura a uma clara em uma imagem. A Figura 3.39(b) mostra o resultado da suavização, sobreposta ao sinal original (tracejado). A Figura 3.39(c) é a máscara de nitidez, obtida subtraindo o sinal borrado do original. Ao comparar esse resultado com a seção da Figura 3.36(c) que corresponde à rampa da Figura 3.36(a), observamos que a máscara de nitidez da Figura 3.39(c) é muito similar à que obteríamos utilizando uma derivada de segunda ordem. A Figura 3.39(d) é o resultado final realçado pelo

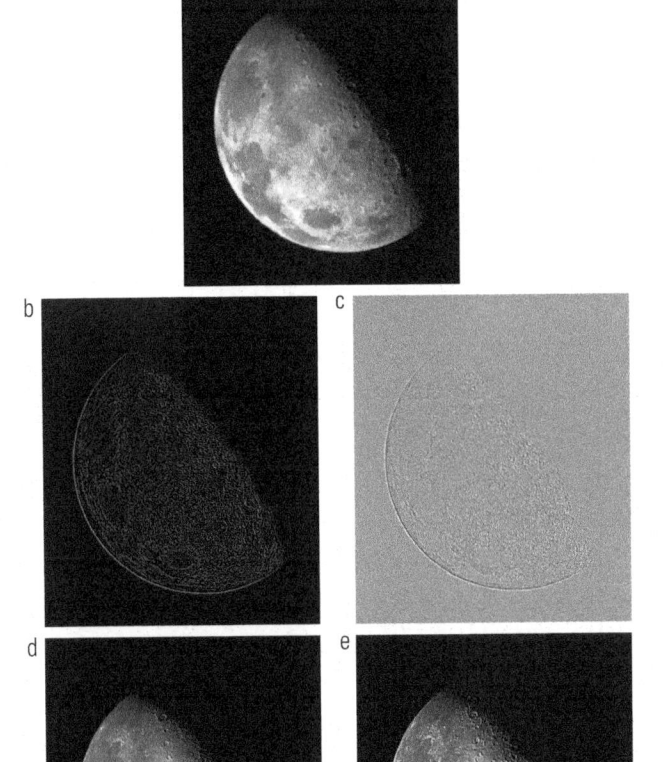

Figura 3.38 (a) Imagem borrada do polo norte da Lua. (b) Laplaciano sem ajuste. (c) Laplaciano com ajuste. (d) Imagem aguçada utilizando a máscara da Figura 3.37(a). (e) Resultado da utilização da máscara da Figura 3.37(b). (Imagem original: cortesia da Nasa.)

direções diagonais. Resultados como os das figuras 3.38(d) e (e) têm feito do laplaciano uma das ferramentas preferidas para o aguçamento de imagens digitais.

3.6.3 Máscara de nitidez e filtragem *high-boost*

Um processo que tem sido utilizado por muitos anos pela indústria gráfica e de publicações para aumentar a nitidez de imagens (aguçamento) consiste em subtrair uma versão não nítida (suavizada) de uma imagem da imagem original. Esse processo, chamado de *máscara de nitidez* (*unsharp masking*), consiste nos seguintes passos:

1. Borrar a imagem original.
2. Subtrair a imagem borrada da original (a diferença resultante é chamada de *máscara*.)
3. Adicionar a máscara à imagem original.

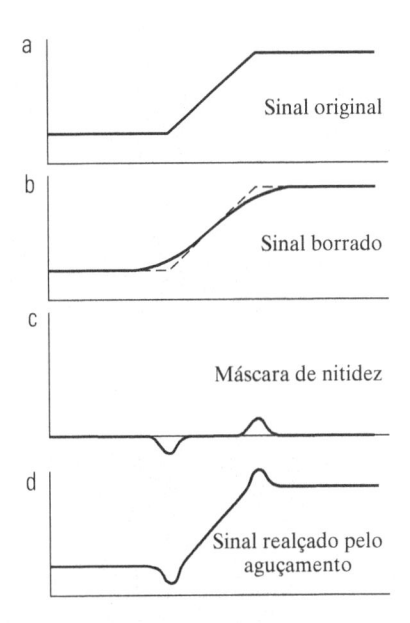

Figura 3.39 Ilustração unidimensional do funcionamento da máscara de nitidez. (a) Sinal original. (b) Sinal borrado com o original tracejado para referência. (c) Máscara de nitidez. (d) Sinal realçado pelo aguçamento obtido pelo acréscimo de (c) a (a).

aguçamento, que foi obtido somando-se a máscara ao sinal original. Os pontos nos quais ocorrem uma mudança de inclinação da intensidade no sinal agora são enfatizados (aguçados). Observe que valores negativos foram adicionados ao sinal original. Assim, é possível que o resultado final tenha intensidades negativas se a imagem original tiver valores zero ou se o valor escolhido de *k* for muito alto, o suficiente para que os picos da máscara sejam enfatizados a um nível mais alto que o valor mínimo da imagem original. Os valores negativos podem gerar uma auréola (halo) escura ao redor das bordas, o que, se *k* for suficientemente alto, pode produzir resultados indesejáveis.

Exemplo 3.16 Aguçamento de imagens utilizando a máscara de nitidez.

A Figura 3.40(a) mostra uma imagem ligeiramente borrada de um texto branco sobre um fundo cinza-escuro. A Figura 3.40(b) foi obtida utilizando um filtro de suavização do tipo gaussiano (veja a Seção 3.4.4) de dimensões 5 × 5 com σ = 3. A Figura 3.40(c) é a máscara de nitidez, obtida com a Equação 3.6-8. A Figura 3.40(d) foi obtida utilizando a máscara de nitidez (Equação 3.6-9 com *k* = 1). Essa imagem apresenta uma ligeira melhora em relação à original, mas é possível melhorar ainda mais. A Figura 3.40(e) mostra o resultado da utilização da Equação (3.6-9) com *k* = 4,5, o maior valor possível que poderíamos utilizar para manter todos os valores no resultado final positivos. A melhora dessa imagem em relação à original é significativa.

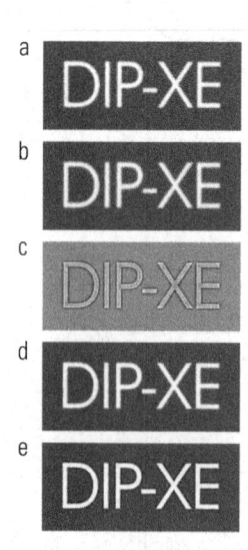

Figura 3.40 (a) Imagem original. (b) Resultado do borramento com um filtro gaussiano. (c) Máscara de nitidez. (d) Resultado da utilização de uma máscara de nitidez. (e) Resultado da filtragem *high-boost*.

3.6.4 Utilização de derivadas de primeira ordem para o aguçamento (não linear) de imagens – o gradiente

As derivadas de primeira ordem em processamento de imagens são implementadas utilizando a magnitude do gradiente. Para uma função *f*(*x*, *y*), o gradiente de *f* nas coordenadas (*x*, *y*) é definido como o *vetor* coluna bidimensional:*

$$\nabla f \equiv \operatorname{grad}(f) \equiv \begin{bmatrix} g_x \\ g_y \end{bmatrix} = \begin{bmatrix} \dfrac{\partial f}{\partial x} \\ \dfrac{\partial f}{\partial y} \end{bmatrix} \quad (3.6\text{-}10)$$

Esse vetor tem a importante propriedade geométrica de apontar na direção da maior taxa de variação de *f* na posição (*x*, *y*).

O *módulo* ou *magnitude* (*tamanho*) do vetor ∇f é expresso como *M*(*x*, *y*), sendo que:

$$M(x, y) = \operatorname{mag}(\nabla f) = \sqrt{g_x^2 + g_y^2} \quad (3.6\text{-}11)$$

é o *valor* em (*x*, *y*) da taxa de variação na direção do vetor gradiente. Observe que *M*(*x*, *y*) é uma imagem do mesmo tamanho que a original, criada quando *x* e *y* podem variar ao longo de todas as posições de pixels em *f*. É comum referir-se a essa imagem como a *imagem gradiente* (ou apenas *gradiente* quando o significado é claro).

Como os componentes do vetor gradiente são derivadas, eles são operadores lineares. No entanto, a magnitude desse vetor não é linear, em virtude das operações de potência e raiz quadrada. Por outro lado, as derivadas parciais da Equação 3.6-10 não são invariantes em rotação (isotrópicas), mas a magnitude do vetor gradiente é. Em algumas implementações, é mais adequado computacionalmente aproximar as operações de potência e raiz quadrada para valores absolutos:

$$M(x, y) \approx |g_x| + |g_y| \quad (3.6\text{-}12)$$

Essa expressão ainda preserva as mudanças relativas na intensidade, mas a propriedade isotrópica é, em geral, perdida. No entanto, como no caso do laplaciano, as propriedades isotrópicas do gradiente discreto definido no próximo parágrafo são preservadas somente para um número limitado de incrementos de rotação que dependem das máscaras de filtragem aplicadas para aproximar as derivadas. As máscaras mais populares utilizadas como uma aproximação do gradiente são isotrópicas em múlti-

---

* Discutiremos o gradiente com mais detalhes na Seção 10.2.5. Aqui, estamos interessados apenas na utilização da magnitude do gradiente para o aguçamento de imagens.

plos de 90°. Esses resultados independem de utilizarmos a Equação 3.6-11 ou a Equação 3.6-12, de forma que nada significativo é perdido utilizando a última equação se optarmos por isso.

Como no caso do laplaciano, agora definiremos aproximações discretas para as equações anteriores e, a partir daí, formularemos as máscaras de filtragem apropriadas. Para simplificar a discussão que se segue, utilizaremos a notação da Figura 3.41(a) para indicar as intensidades dos pontos da imagem em uma região 3 × 3. Por exemplo, o ponto central, z_5, expressa $f(x, y)$ em uma posição arbitrária, (x, y); z_1 expressa $f(x - 1, y - 1)$ e assim por diante, utilizando a notação apresentada na Figura 3.28. Como mostrado na Seção 3.6.1, as aproximações mais simples de uma derivada de primeira ordem que satisfaz as condições definidas nessa seção são $g_x = (z_8 - z_5)$ e $g_y = (z_6 - z_5)$. Duas outras definições propostas por Roberts (1965) no início do desenvolvimento do processamento digital de imagens utilizam diferenças diagonais:

$$g_x = (z_9 - z_5) \quad \text{e} \quad g_y = (z_8 - z_6) \qquad (3.6\text{-}13)$$

Se utilizarmos as equações 3.6-11 e 3.6-13, calcularemos a imagem gradiente como:

$$M(x, y) = \left[(z_9 - z_5)^2 + (z_8 - z_6)^2 \right]^{1/2} \qquad (3.6\text{-}14)$$

Se utilizarmos as equações (3.6-12) e (3.6-13), então:

$$M(x, y) \approx |z_9 - z_5| + |z_8 - z_6| \qquad (3.6\text{-}15)$$

onde se entende que x e y variam ao longo da imagem, como já descrito anteriormente. Os termos das derivadas parciais necessárias na Equação 3.6-13 podem ser implementados utilizando as duas máscaras lineares das figuras 3.41(b) e (c). Essas máscaras são chamadas de *operadores gradientes diagonais de Roberts*.

As máscaras de tamanhos pares são mais difíceis de implementar por não terem um centro de simetria. As menores máscaras nas quais estamos interessados são de dimensões 3 × 3. As aproximações para g_x e g_y utilizando uma vizinhança 3 × 3 centrada em z_5 são:

$$g_x = \frac{\partial f}{\partial x} = (z_7 + 2z_8 + z_9) - (z_1 + 2z_2 + z_3) \qquad (3.6\text{-}16)$$

e

$$g_y = \frac{\partial f}{\partial y} = (z_3 + 2z_6 + z_9) - (z_1 + 2z_4 + z_7) \qquad (3.6\text{-}17)$$

Essas equações podem ser implementadas utilizando as máscaras das figuras 3.41(d) e (e). A diferença entre a terceira e a primeira linha da região da imagem 3 × 3

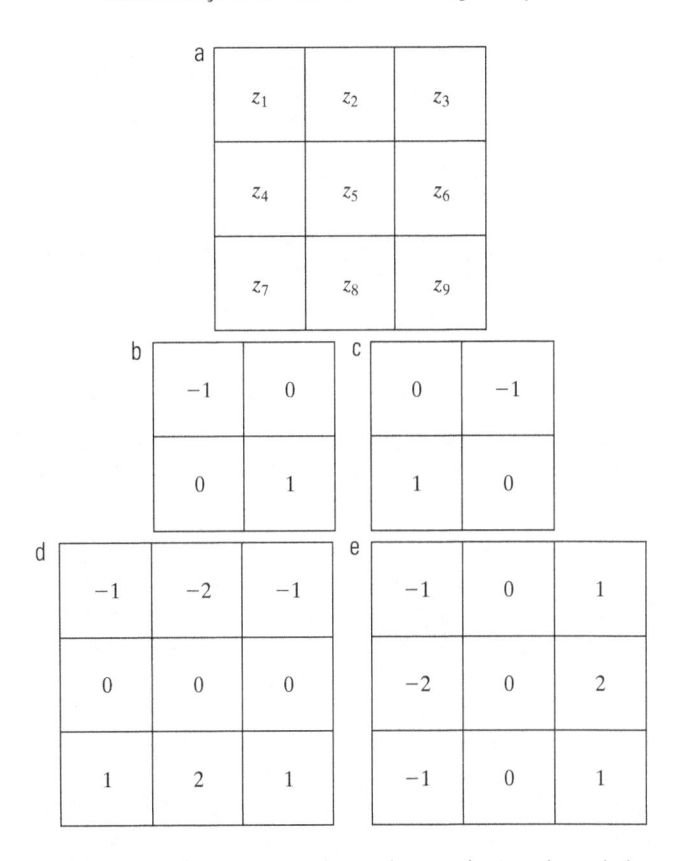

Figura 3.41 (a) Região 3 × 3 de uma imagem (z são valores de intensidade). (b) a (c) Operadores gradientes diagonais de Roberts. (d) a (e) Operadores de Sobel. Somando todos os coeficientes da máscara o resultado é zero, como se espera de um operador derivativo.

implementada pela máscara da Figura 3.41(d) aproxima a derivada parcial na direção x, e a diferença entre a terceira e a primeira coluna na outra máscara aproxima a derivada na direção y. Depois de calcular as derivadas parciais com essas máscaras, obtemos a magnitude do gradiente como antes. Por exemplo, substituir g_x e g_y na Equação 3.6-12 resulta em

$$M(x, y) \approx |(z_7 + 2z_8 + z_9) - (z_1 + 2z_2 + z_3)| \\ + |(z_3 + 2z_6 + z_9) - (z_1 + 2z_4 + z_7)| \qquad (3.6\text{-}18)$$

As máscaras das figuras 3.41(d) e (e) são chamadas de *operadores de Sobel*. O objetivo da utilização do valor 2 no coeficiente central é atingir alguma suavização atribuindo mais importância ao ponto central (discutiremos esse conceito em mais detalhes no Capítulo 10). Observe que a soma dos coeficientes de todas as máscaras mostradas na Figura 3.41 resulta em 0, indicando que eles geram uma resposta 0 em áreas de intensidade constante, como esperado para um operador derivativo.

Como mencionamos anteriormente, os cálculos de g_x e g_y são operações lineares pois envolvem derivadas e, dessa forma, podem ser implementadas como uma soma de produtos utilizando as máscaras espaciais da Figura 3.41. O aspecto não linear do aguçamento com o gradiente é o cálculo de $M(x, y)$ envolvendo operações de potência e de raiz quadrada, ou a utilização de valores absolutos, todas operações não lineares. Essas operações são realizadas *depois* do processo linear que calcula g_x e g_y.

Exemplo 3.17 Utilização de gradiente para realce de borda.

O gradiente é frequentemente utilizado em processos de inspeção industrial, para ajudar as pessoas na detecção de defeitos ou, o mais comum, como uma etapa de pré-processamento na inspeção automatizada. Teremos mais a dizer a respeito nos capítulos 10 e 11. No entanto, será útil neste ponto analisaremos um exemplo simples para mostrar como o gradiente pode ser utilizado para realçar defeitos e eliminar características de fundo com transição suave. Neste exemplo, o realce é utilizado como uma etapa de pré-processamento para a inspeção automatizada, e não para a análise humana.

A Figura 3.42(a) mostra uma imagem ótica de uma lente de contato, iluminada por um arranjo de luz elaborado para salientar imperfeições, como os dois defeitos de borda no contorno da lente vistos nas posições de 4 e 5 horas. A Figura 3.42(b) mostra o gradiente obtido utilizando a Equação 3.6-12 com as duas máscaras de Sobel das figuras 3.41(d) e (e). Os defeitos da borda também são bastante visíveis nessa imagem, mas com a vantagem adicional de os tons de cinza constantes ou com transição suave terem sido eliminados, simplificando consideravelmente os cálculos necessários para a inspeção automatizada. O gradiente também pode ser utilizado para enfatizar pequenos espículos que podem não ser imediatamente visíveis em uma imagem na escala de cinza (esses pontos podem representar elementos estranhos, bolsas de ar em uma solução líquida ou minúsculas imperfeições da lente). A capacidade de realçar pequenas descontinuidades em uma área cinza uniforme representa outra importante característica do gradiente.

3.7 Combinando métodos de realce espacial

Com algumas poucas exceções, como a combinação de suavização com limiarização (Figura 3.34), nos concentramos até agora em métodos individuais. Frequentemente, uma dada tarefa demandará a aplicação de várias técnicas complementares para atingir um resultado aceitável. Nesta seção, ilustraremos um exemplo de como a combinação de várias metodologias desenvolvidas até agora neste capítulo pode realizar uma difícil tarefa de realce de imagem.

A imagem da Figura 3.43(a) mostra uma varredura nuclear óssea de corpo inteiro, utilizada para detectar doenças como infecções ósseas e tumores. Nosso objetivo é realçar essa imagem aumentando sua nitidez (aguçamento) e salientando os detalhes do esqueleto. A faixa dinâmica estreita dos níveis de intensidade e o grande conteúdo de ruído fazem com que essa imagem seja difícil de ser realçada. A estratégia que seguiremos consiste em utilizar o laplaciano para salientar os detalhes finos e o gradiente para realçar as bordas proeminentes. Por razões que explicaremos em breve, uma versão suavizada da imagem do gradiente será aplicada para mascarar a imagem laplaciana (veja a Figura 2.30 em relação ao mascaramento). Por fim, tentaremos ampliar a faixa dinâmica dos níveis de intensidade utilizando uma transformação de intensidade.

A Figura 3.43(b) mostra o laplaciano da imagem original obtido com a utilização do filtro da Figura 3.37(d). Essa imagem foi ajustada (somente para a exibição) utilizando a mesma técnica que na Figura 3.38(c). Podemos obter uma imagem realçada, em um primeiro momento, simplesmente adicionando as figuras 3.43(a) e (b), de acordo com a Equação 3.6-7. Só de olhar o nível de ruído da Figura 3.43(b), esperaríamos uma imagem realçada com bastante ruído adicionando as figuras 3.43(a) e (b), um fato confirmado pelo resultado na Figura 3.43(c). Uma ideia que imediatamente nos ocorre para reduzir o ruído é utilizar um filtro de mediana. No entanto, a filtragem de mediana é um processo não linear que pode eliminar caraterísticas importantes da imagem, o que é inaceitável no processamento de imagens médicas.

Uma abordagem alternativa baseia-se em utilizar uma máscara formada a partir de uma versão suavizada do gradiente da imagem original. A razão por trás dessa escolha é direta e está calcada nas propriedades das derivadas de primeira e segunda ordem explicadas na Seção

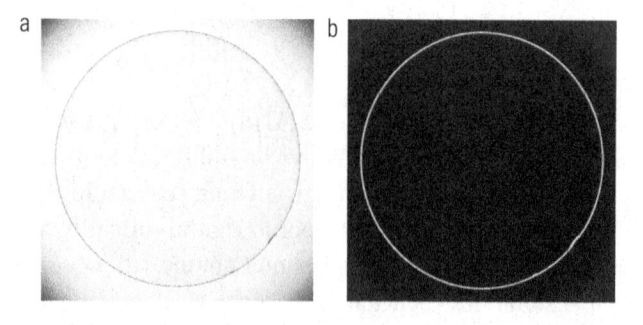

Figura 3.42 (a) Imagem ótica de uma lente de contato (observe os defeitos de contorno nas posições de 4 e 5 horas). (b) Gradiente de Sobel. (Imagem original: cortesia de Pete Sites, Perceptics Corporation.)

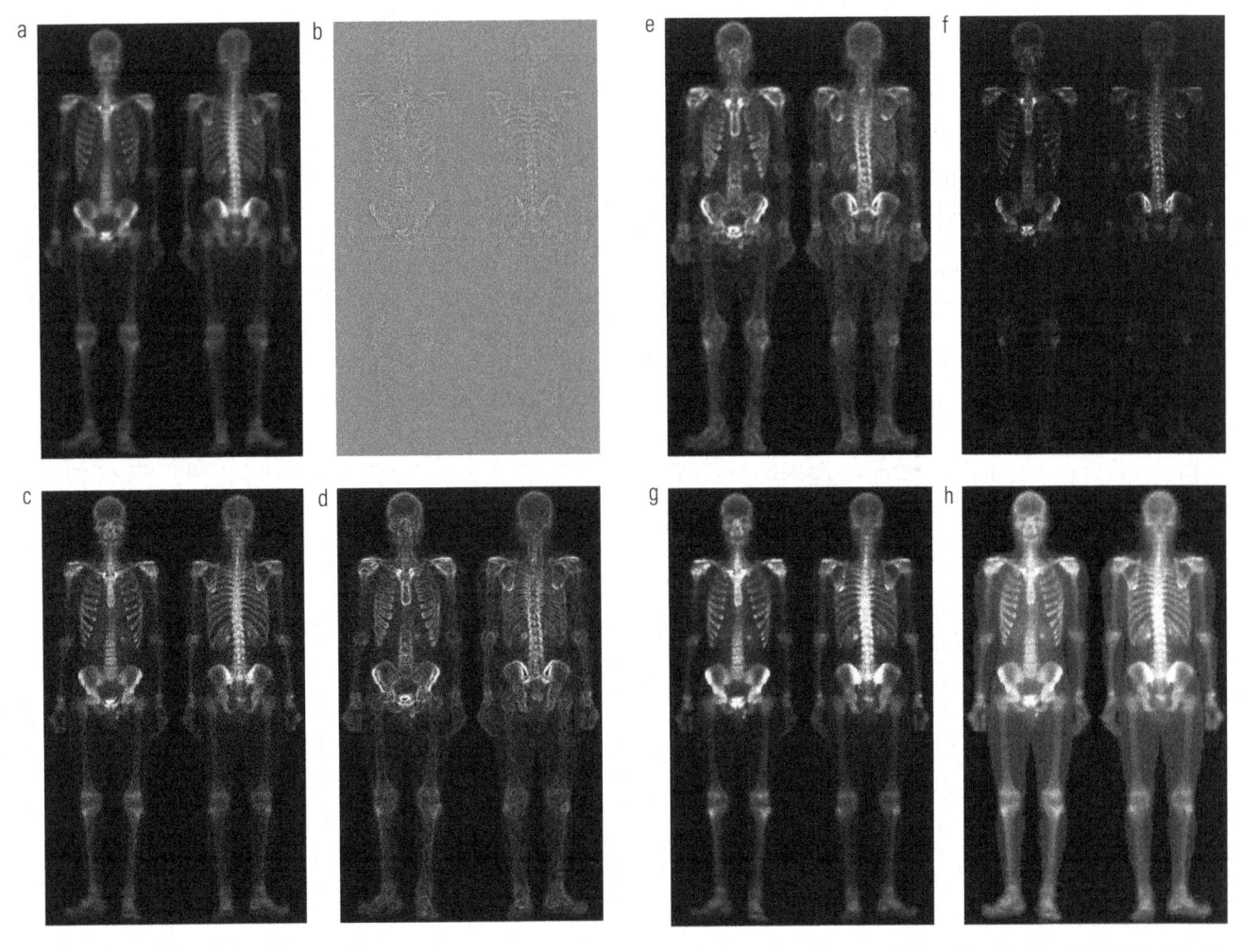

Figura 3.43 (a) Imagem de varredura óssea de corpo inteiro. (b) Laplaciano de (a). (c) Imagem após o aguçamento, obtida adicionando (a) e (b). (d) Gradiente de Sobel de (a). (e) Imagem de Sobel suavizada com um filtro de média 5 × 5. (f) Imagem de máscara formada pelo produto de (c) e (e). (g) Imagem realçada, obtida pela soma de (a) e (f). (h) Resultado final obtido pela aplicação da transformação de potência em (g). Compare (g) e (h) com (a). (Imagem original: cortesia da G.E. Medical Systems.)

3.6.1. O laplaciano, por ser um operador de derivada de segunda ordem, tem a grande vantagem de ser mais eficaz para realçar detalhes finos. Contudo, isso faz com que produza resultados com mais ruído do que o gradiente. O ruído é mais indesejado em áreas suaves, onde tende a ser mais visível. O gradiente tem uma resposta média mais poderosa em áreas de transições significativas de intensidade (rampas e degraus) em comparação ao laplaciano. A resposta do gradiente ao ruído e detalhes finos é mais baixa do que a do laplaciano e pode ser reduzida ainda mais pela suavização do gradiente com um filtro de média. A ideia, então, é suavizar o gradiente e multiplicá-lo pela imagem laplaciana. Nesse contexto, podemos considerar o gradiente suavizado como uma imagem de máscara. O produto preservará os detalhes nas áreas de transição acentuada enquanto reduzirá o ruído nas áreas relativamente uniformes. Esse processo pode ser interpretado de forma generalizada como a combinação dos melhores recursos do laplaciano e do gradiente. O resultado é adicionado à imagem original para obter uma imagem final realçada.

A Figura 3.43(d) mostra o gradiente de Sobel da imagem original, calculado com a Equação 3.6-12. Os componentes g_x e g_y foram obtidos utilizando as máscaras das figuras 3.41(d) e (e), respectivamente. Como esperávamos, as bordas são muito mais acentuadas nessa imagem do que na imagem laplaciana. A imagem suavizada do gradiente na Figura 3.43(e) foi obtida utilizando um filtro de média 5 × 5. As duas imagens gradiente foram ajustadas para exibição da mesma forma como a imagem laplaciana. Pelo fato de que o menor valor possível em uma imagem gradiente é 0, o fundo nas imagens ajustadas do gradiente é preto, em vez de cinza, como no laplaciano ajustado. O fato de as figuras 3.43(d) e (e) serem muito mais claras do que a Figura 3.43(b) comprova, mais uma vez, que o gradiente de uma imagem com um conteúdo de borda significativo tem valores mais altos em geral do que uma imagem laplaciana.

O produto da imagem laplaciana com a imagem gradiente suavizada é mostrado na Figura 3.43(f). Observe a dominância das bordas mais acentuadas e a relativa falta de ruído visível, o que representa o principal objetivo do mascaramento do laplaciano com uma imagem gradiente suavizada. Adicionar a imagem resultante à original levou à imagem realçada mostrada na Figura 3.43(g). O aumento significativo na nitidez dos detalhes nessa imagem em relação à original fica claro na maior parte da imagem, incluindo costelas, medula espinhal, pelve e crânio. Esse tipo de realce não teria sido possível utilizando exclusivamente o laplaciano ou o gradiente.

O procedimento de aguçamento que acabamos de discutir não afeta, de forma significativa, a faixa dinâmica dos níveis de intensidade de uma imagem. Assim, o último passo de nossa tarefa de realce é alargar a faixa dinâmica da imagem realçada. Como discutimos com relativo detalhamento nas seções 3.2 e 3.3, existem várias funções de transformação de intensidade capazes de atingir esse objetivo. Sabemos, com base nos resultados da Seção 3.3.2, que a equalização de histogramas provavelmente não funcionará bem com imagens com distribuições de intensidade na faixa mais escura da escala, como as nossas imagens neste caso. A especificação de histogramas poderia ser uma solução, mas a característica das imagens com as quais estamos lidando, ser mais escura, adequa-se muito melhor a uma transformação de potência. Como desejamos distribuir os níveis de intensidade ao longo de toda a escala, o valor de γ na Equação 3.2-3 deve ser menor do que 1. Após algumas tentativas com essa equação, chegamos ao resultado da Figura 3.43(h), obtido com $\gamma = 0,5$ e $c = 1$. Comparando essa imagem com a Figura 3.43(g), vemos que detalhes significativos passam a ser visíveis na Figura 3.43(h). As áreas na região dos pulsos, mãos, tornozelos e pés são bons exemplos disso. A estrutura óssea também está muito mais acentuada, incluindo os ossos dos braços e pernas. Observe também a suave definição do contorno do corpo e do tecido corporal. Realçar detalhes dessa natureza por meio da expansão da faixa dinâmica dos níveis de intensidade também realçou o ruído, mas a Figura 3.43(h) representa uma melhora visual significativa em relação à imagem original.

A abordagem que acabamos de discutir é representativa dos tipos de processos que podem ser combinados para atingir resultados que seriam impossíveis com uma técnica isolada. A forma na qual os resultados são utilizados depende da aplicação. O usuário final do tipo de imagem mostrada neste exemplo provavelmente seria um radiologista. Por uma série de razões que estão além do escopo da nossa discussão, os médicos têm um certo receio de se basear em resultados realçados para chegar a um diagnóstico. No entanto, imagens realçadas são bastante úteis para salientar detalhes que podem servir como indicativos para análises posteriores da imagem original ou da sequência de imagens. Em outras áreas, o resultado realçado pode ser o produto final. Exemplos são encontrados na indústria gráfica, na inspeção de produtos baseada em imagens, em investigações criminais, na microscopia, na área de segurança e em uma série de outras áreas nas quais o principal objetivo do realce é obter uma imagem com um maior conteúdo de detalhes visuais.

3.8 Utilização de técnicas *fuzzy* para transformações de intensidade e filtragem espacial

Concluiremos este capítulo com uma introdução aos conjuntos *fuzzy* (difusos) e sua aplicação para as transformações de intensidade e filtragem espacial, que são os principais tópicos de discussão nas seções anteriores. Essas duas aplicações estão entre as áreas mais frequentes nas quais as técnicas *fuzzy* são aplicadas para o processamento de imagens. As referências no final deste capítulo fornecem um ponto de partida para a literatura sobre conjuntos *fuzzy* e outras aplicações de técnicas *fuzzy* no processamento de imagens. Como veremos nas discussões a seguir, os conjuntos *fuzzy* proporcionam suporte para a incorporação do conhecimento humano à resolução de problemas cuja formulação se baseia em conceitos imprecisos.

3.8.1 Introdução

Como observamos na Seção 2.6.4, um *conjunto* é uma coletânea de objetos (elementos), e a *teoria dos conjuntos* representa a série de ferramentas que lidam com operações envolvendo conjuntos. A teoria dos conjuntos, combinada à lógica matemática, é um dos axiomas fundamentais da matemática clássica. No centro da teoria dos conjuntos, encontramos a noção de pertinência do conjunto. Estamos acostumados a lidar com os chamados conjuntos *crisp* (rígidos), cuja pertinência só pode ser verdadeira ou falsa no sentido tradicional da lógica booleana de dois valores, com 1 normalmente indicando verdadeiro e 0 indicando falso. Por exemplo, suponha que tenhamos Z expressando o conjunto de todas as pessoas e que queiramos definir um subconjunto, A, de Z, chamado de "conjunto de pessoas jovens". Para formar esse subconjunto, precisamos definir uma *função de pertinência** que atribua um valor 1 ou 0 a cada elemento, z, de Z. Como estamos lidando com uma lógica de dois valores, a função de pertinência simplesmente define um limiar no qual ou abaixo do qual uma pessoa é considerada jovem, e acima do qual uma pessoa é considerada não jovem. A Figura 3.44(a) resume esse conceito utilizando um limiar de idade de 20 anos e com $\mu_A(z)$ expressando a função de pertinência que acabamos de discutir.

Vemos uma dificuldade imediata com essa formulação: uma pessoa de 20 anos de idade é considerada jovem, mas uma pessoa cuja idade é 20 anos e 1 segundo não pertence ao conjunto de pessoas jovens. Esse é um problema fundamental dos conjuntos *crisp* que limita a utilização da teoria clássica dos conjuntos em várias aplicações práticas. O que precisamos é de mais flexibilidade no que queremos dizer com "jovem", isto é, precisamos de uma transição *gradual* de jovem para não jovem. A Figura 3.44(b) mostra uma possibilidade. A principal característica dessa função é que ela possui um número infinito de valores, permitindo, assim, uma transição contínua entre jovem e não jovem. Isso possibilita ter *graus* de "juventude". Agora podemos afirmar, por exemplo, que uma pessoa é jovem (extremidade plana superior da curva), relativamente jovem (mais para o começo da rampa), 50% jovem (no meio da rampa), não tão jovem (mais para o final da rampa) e assim por diante (observe que a inclinação descendente da curva na Figura 3.44(b) faz com que nosso conceito de "jovem" seja menos preciso). Esses tipos de afirmações vagas (*fuzzy*) estão mais de acordo com o que as pessoas utilizam quando falam de forma imprecisa sobre a idade. Dessa maneira, podemos interpretar infinitos valores das funções de pertinência como o fundamento de uma *lógica fuzzy*, e os conjuntos gerados utilizando essas funções podem ser considerados *conjuntos fuzzy*. Esses conceitos serão formalizados na próxima seção.

3.8.2 Princípios da teoria dos conjuntos *fuzzy*

A teoria dos conjuntos *fuzzy* foi apresentada por L. A. Zadeh em um artigo há mais de quatro décadas (Zadeh, 1965). Como a discussão a seguir demonstra, os conjuntos *fuzzy* proporcionam uma forma de lidar com informações imprecisas.

Definições

Seja Z um conjunto de elementos (objetos) e z um elemento genérico de Z; isto é, Z = {z}.** Esse conjunto é chamado de *universo de discurso*. Um *conjunto fuzzy**** A em Z é caracterizado por uma *função de pertinência*, $\mu_A(z)$, que associa a cada elemento de Z um número real no intervalo [0, 1]. O valor de $\mu_A(z)$ em z representa o *grau de pertinência* de z em A. Quanto mais próximo de 1 for o valor de $\mu_A(z)$, maior é o grau de pertinência de z em A, e o contrário ocorre quando o valor de $\mu_A(z)$ for mais próximo de 0. O conceito de "pertence a", tão utilizado em conjuntos comuns, não tem o mesmo significado na teoria dos conjuntos *fuzzy*. Com conjuntos comuns, dizemos que um elemento pertence ou não pertence a um conjunto. Com os conjuntos *fuzzy*, dizemos que todos os valores de z para os quais $\mu_A(z) = 1$ são membros *totais* do conjunto, todos os valores de z para os quais $\mu_A(z) = 0$ *não* são membros do conjunto, e todos os valores de z para os quais $\mu_A(z)$ estão entre 0 e 1 são membros *parciais* do conjunto. Dessa forma, um conjunto *fuzzy* é um *par ordenado* consistindo de valores de z e uma função de pertinência correspondente que atribui um grau de pertinência a cada z. Isto é:

$$A = \{z, \mu_A(z) | z \in Z\} \quad (3.8\text{-}1)$$

Quando as variáveis são contínuas, o conjunto A nessa equação pode ter um número infinito de elementos. Quando os valores de z são discretos, podemos mostrar

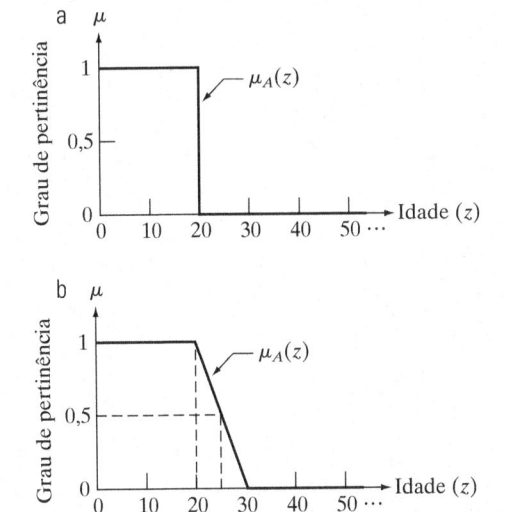

Figura 3.44 Funções de pertinência utilizadas para gerar (a) um conjunto *crisp* (rígido) e (b) um conjunto *fuzzy* (difuso).

---

* As funções de pertinência também são chamadas de *funções características*.

** Seguimos a notação convencional dos conjuntos *fuzzy* utilizando Z, em vez da notação de conjuntos mais tradicional U, para indicar o conjunto universo de uma dada aplicação.

*** A expressão subconjunto *fuzzy* também é utilizada na literatura, indicando que A é um subconjunto de Z. No entanto, a expressão conjunto *fuzzy* é utilizada com mais frequência.

os elementos de *A* explicitamente. Por exemplo, se os incrementos de idade da Figura 3.44 fossem limitados a anos inteiros, teríamos:

$$A = \{(1,1),(2,1),(3,1),...,(20,1),(21, 0.9),$$
$$(22, 0.8),...,(25, 0.5)(24, 0.4),...(29, 0.1)\}$$

onde, por exemplo, o elemento (22, 0,8) indica que a idade 22 tem um grau de pertinência 0,8 no conjunto. Todos os elementos com idades de 20 ou menos são membros totais do conjunto e aqueles com idades de 30 ou mais não são membros do conjunto. Observe que um gráfico desse conjunto seria simplesmente um conjunto de pontos discretos sobre a curva da Figura 3.44(b), de forma que $\mu_A(z)$ definiria *A* completamente. Considerado de outra forma, vemos que um conjunto *fuzzy* discreto não é nada mais do que o conjunto de pontos de uma função que mapeia cada elemento do domínio do problema (universo de discurso) em um número maior que 0 e menor ou igual a 1. Dessa forma, geralmente encontramos os termos *conjunto fuzzy* e *função de pertinência* sendo utilizados como sinônimos.

Quando $\mu_A(z)$ pode ter somente dois valores, digamos, 0 e 1, a função de pertinência se reduz à função característica conhecida de um conjunto comum (*crisp*) *A*. Assim, conjuntos comuns podem ser considerados um caso especial de conjuntos *fuzzy*. Em seguida, analisaremos várias definições envolvendo conjuntos *fuzzy* que são extensões das definições correspondentes dos conjuntos comuns.

- *Conjunto vazio:* um conjunto *fuzzy* é *vazio* se, e somente se, sua função de pertinência for exatamente igual a 0 em *Z*.
- *Igualdade:* dois conjuntos *fuzzy A* e *B* são *iguais*, indicados por *A* = *B*, se, e somente se, $\mu_A(z) = \mu_B(z)$ para todo $z \in Z$.*
- *Complemento:* o *complemento* (NÃO) de um conjunto *fuzzy A*, indicado por $\overline{A}$ ou NÃO(*A*), é definido como o conjunto cuja função de pertinência é:

$$\mu_{\overline{A}}(z) = 1 - \mu_A(z) \qquad (3.8\text{-}2)$$

para todo $z \in Z$.

- *Subconjunto:* um conjunto *fuzzy A* é um *subconjunto* de um conjunto *fuzzy B* se, e somente se:

$$\mu_A(z) \leq \mu_B(z) \qquad (3.8\text{-}3)$$

para todo $z \in Z$.

- *União:* a *união* (OU) de dois conjuntos *fuzzy A* e *B*, indicada por A ∪ B, ou *A* OU *B*, é um conjunto *fuzzy U* com função de pertinência:

$$\mu_U(z) = \text{máx}\left[\mu_A(z), \mu_B(z)\right] \qquad (3.8\text{-}4)$$

para todo $z \in Z$.

- *Interseção:* a interseção (E) de dois conjuntos *fuzzy A* e *B*, indicada por *A* ∩ *B*, ou *A* E *B*, é um conjunto *fuzzy I* com função de pertinência:

$$\mu_I(z) = \text{mín}\left[\mu_A(z), \mu_B(z)\right] \qquad (3.8\text{-}5)$$

para todo $z \in Z$.

Observe que os termos NÃO, OU e E são utilizados de forma equivalente ao trabalhar com os conjuntos *fuzzy* para indicar complementação, união e interseção, respectivamente.

Exemplo 3.18 Ilustração das definições de conjuntos *fuzzy*.

A Figura 3.45 ilustra algumas das definições citadas anteriormente. A Figura 3.45(a) mostra as funções de pertinência de dois conjuntos, *A* e *B*, e a Figura 3.45(b) mostra a função de pertinência do complemento de *A*. A Figura 3.45(c) mostra a função de pertinência da união de *A* e *B*, e a Figura 3.45(d) mostra o resultado correspondente da interseção desses dois conjuntos. Observe que essas figuras são compatíveis com a nossa noção habitual de complemento, união e interseção dos conjuntos *crisp*.**

Apesar de a probabilidade e a lógica *fuzzy* operarem ao longo do mesmo intervalo [0, 1], uma distinção significativa deve ser feita entre as duas. Vejamos o exemplo da Figura 3.44. Uma afirmação probabilística poderia ser formulada como: "Existe 50% de chances de uma pessoa ser jovem", ao passo que uma afirmação *fuzzy* seria "O grau de pertinência de uma pessoa dentro do conjunto de pessoas jovens é 0,5". É importante notar a diferença entre essas duas afirmações. Na primeira afirmação, uma pessoa é considerada como parte do conjunto de pessoas jovens ou do conjunto de pessoas não

---

* A notação "para todo $z \in Z$" significa: "para todos os valores de *z* que pertencem a *Z*".

** Você provavelmente encontrará exemplos na literatura nos quais a área sob a curva da função de pertinência de, digamos, a interseção de dois conjuntos *fuzzy*, é sombreada para indicar o resultado da operação. Isso representa uma influência negativa das operações de conjuntos comuns e é incorreto. Somente os pontos ao longo da própria função de pertinência são aplicáveis quando lidamos com conjuntos *fuzzy*.

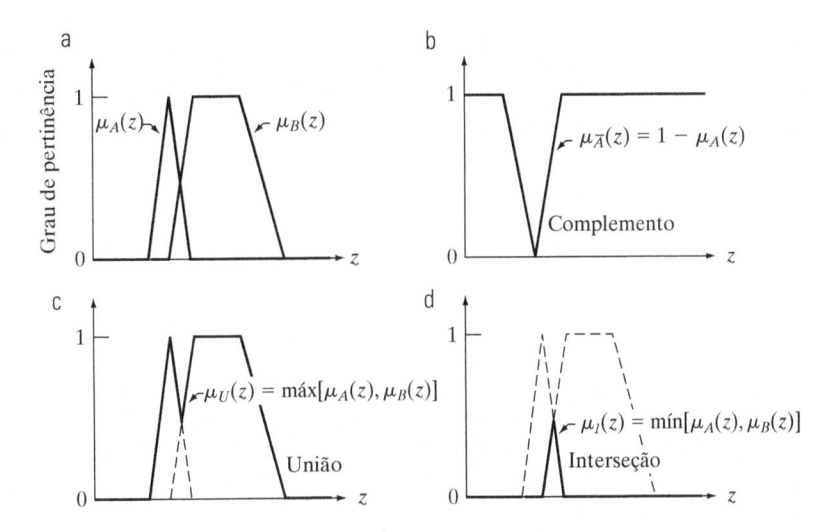

Figura 3.45 (a) Função de pertinência de dois conjuntos, A e B. (b) Função de pertinência do complemento de A. (c) e (d) funções de pertinência da união e interseção dos dois conjuntos.

jovens; temos apenas 50% de chances de saber a qual conjunto a pessoa pertence. A segunda afirmação pressupõe que a pessoa é jovem em algum nível – no caso, esse nível é de 0,5. Uma outra interpretação é dizer que se trata de uma pessoa "meio" jovem: não realmente jovem, mas longe de ser não jovem. Em outras palavras, a lógica *fuzzy* não é probabilística; ela só lida com graus de pertinência em um conjunto. Nesse sentido, vemos que os conceitos da lógica difusa encontram aplicação em situações caracterizadas pela imprecisão e incerteza, e não pela aleatoriedade.

Algumas funções de pertinência comuns

Os tipos de funções de pertinência utilizadas na prática incluem os seguintes.

Triangular:

$$\mu(z) = \begin{cases} 1-(a-z)/b & a-b \leq z < a \\ 1-(z-a)/c & a \leq z \leq a+c \\ 0 & \text{caso contrário} \end{cases} \quad (3.8\text{-}6)$$

Trapezoidal:

$$\mu(z) = \begin{cases} 1-(a-z)/c & a-c \leq z < a \\ 1 & a \leq z < b \\ 1-(z-b)/d & b \leq z \leq b+d \\ 0 & \text{caso contrário} \end{cases} \quad (3.8\text{-}7)$$

Sigma:

$$\mu(z) = \begin{cases} 1-(a-z)/b & a-b \leq z \leq a \\ 1 & z > a \\ 0 & \text{caso contrário} \end{cases} \quad (3.8\text{-}8)$$

Formato de S:

$$S(z;a,b,c) = \begin{cases} 0 & z < a \\ 2\left(\dfrac{z-a}{c-a}\right)^2 & a \leq z \leq b \\ 1-2\left(\dfrac{z-c}{c-a}\right)^2 & b < z \leq c \\ 1 & z > c \end{cases} \quad (3.8\text{-}9)$$

Formato de sino:[*]

$$\mu(z) = \begin{cases} S(z;c-b,c-b/2,c) & z \leq c \\ 1-S(z;c,c+b/2,c+b) & z > c \end{cases} \quad (3.8\text{-}10)$$

A função formato de sino algumas vezes é chamada de função Π (ou π).

Gaussiana truncada:

$$\mu(z) = \begin{cases} e^{-\dfrac{(z-a)^2}{2b^2}} & a-c \leq z \leq a+c \\ 0 & \text{caso contrário} \end{cases} \quad (3.8\text{-}11)$$

---
[*] A função formato de sino algumas vezes é chamada de função Π (ou π).

Normalmente, só a variável independente, z, é incluída na expressão $\mu(z)$ para simplificar as equações. Abrimos uma exceção na Equação 3.8-9 para utilizar sua forma na Equação 3.8-10. A Figura 3.46 mostra exemplos das funções de pertinência que acabamos de discutir. As três primeiras funções são lineares por partes em relação a um conjunto de variáveis, as duas funções seguintes são suaves e a última função é uma função gaussiana truncada. A Equação 3.8-9 descreve uma importante função em formato de S utilizada frequentemente ao trabalhar com conjuntos *fuzzy*. O valor de $z = b$ no qual $S = 0{,}5$, nessa equação é chamado de *ponto de inflexão*. Como mostra a Figura 3.46(d), esse é o ponto no qual a curva muda de direção. Não é difícil demonstrar (Exercício 3.31) que $b = (a + c)/2$. Na curva em formato de sino da Figura 3.46(e), o valor de b define a *largura de banda* da curva.

3.8.3 Utilização dos conjuntos *fuzzy*

Nesta seção, definimos as bases da utilização dos conjuntos *fuzzy* e ilustramos os conceitos resultantes com exemplos de situações simples e bem conhecidas. Depois aplicaremos os resultados ao processamento de imagens nas seções 3.8.4 e 3.8.5. Abordar a apresentação dessa forma facilita a compreensão do material, especialmente para leitores não familiarizados com a área.

Suponha que estejamos interessados em utilizar cores para categorizar um determinado tipo de fruta em três grupos: não madura, meio madura e madura. Vamos supor que observações de frutas em vários estágios de maturidade levaram à conclusão de que a fruta não madura é verde, a meio madura é amarela e a madura é vermelha. Os indicativos *verde*, *amarelo* e *vermelho* são descrições vagas da sensação de cor. Como um ponto de partida, essas indicações devem ser expressas em um formato *fuzzy*. Isto é, elas precisam ser *fuzzificadas*. Isso é feito definindo a pertinência como uma função da cor (comprimento de onda da luz), como mostra a Figura 3.47(a). Nesse contexto, a *cor* é uma *variável linguística* e uma cor específica (por exemplo, *vermelho* em um comprimento de onda fixo) é um *valor linguístico*. Um valor linguístico, z_0, é fuzzificado utilizando funções de pertinência para mapeá-lo no intervalo [0, 1], como mostra a Figura 3.47(b).

O *conhecimento* específico do problema que acabamos de explicar pode ser formalizado na forma das *regras fuzzy SE-ENTÃO (IF-THEN)* a seguir:[*]

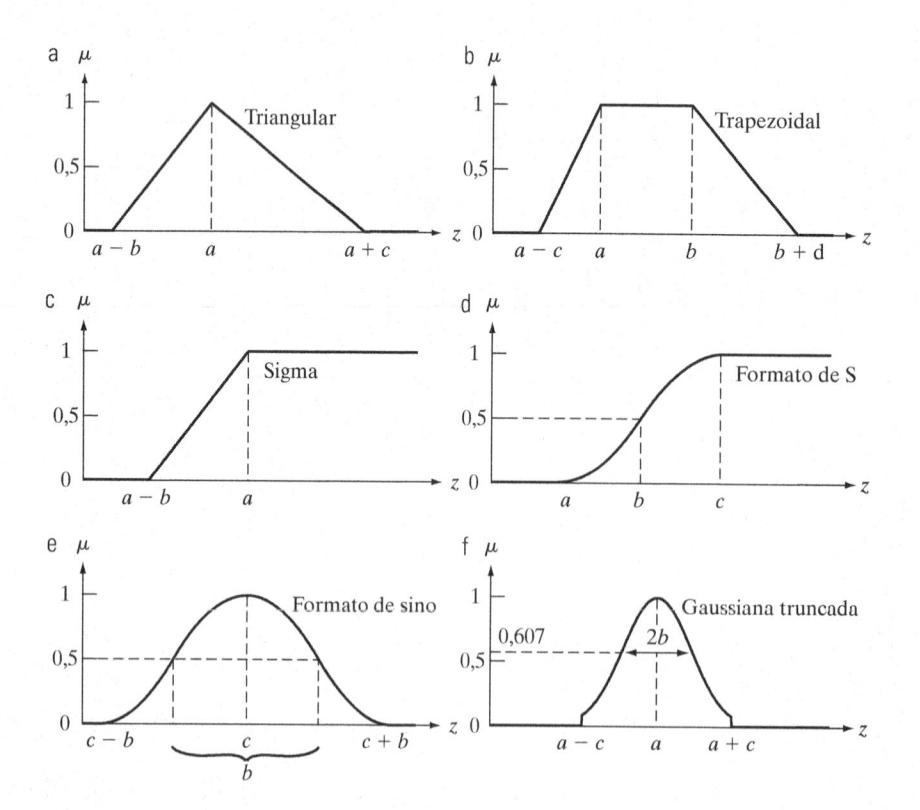

Figura 3.46 Funções de pertinência correspondentes às equações 3.8-6 a 3.8-11.

---

[*] A parte de uma regra SE-ENTÃO à esquerda de ENTÃO costuma ser chamada de *antecedente* (ou *premissa*). A parte à direita é chamada de consequente (ou *conclusão*).

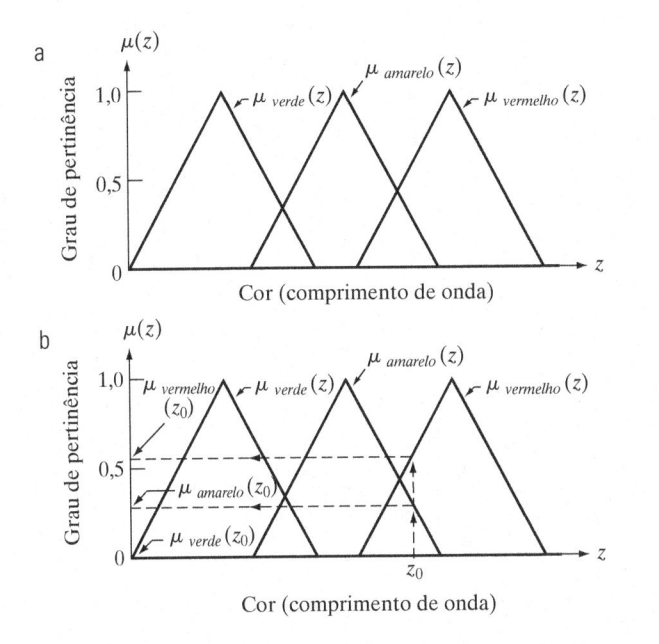

Figura 3.47 (a) Funções de pertinência utilizadas para fuzzificar a cor. (b) Fuzzificação de uma cor específica (curvas descrevendo a sensação de cor têm formato de sino; veja um exemplo na Seção 6.1. Entretanto, costuma-se utilizar formatos triangulares como uma aproximação ao trabalhar com conjuntos *fuzzy*).

R_1: SE a cor for *verde*, ENTÃO a fruta está *não madura*.

OU

R_2: SE a cor for *amarela*, ENTÃO a fruta está *meio madura*.

OU

R_3: SE a cor for *vermelha*, ENTÃO a fruta está *madura*.

Essas regras representam a soma total do nosso conhecimento sobre o problema; elas nada mais são do que um formalismo para um processo de pensamento.

O próximo passo do procedimento consiste em encontrar uma forma de utilizar as informações de entrada (cores) e a base de conhecimento representada pelas regras SE-ENTÃO para gerar o resultado de saída do sistema *fuzzy*. Esse processo é conhecido como *implicação* ou *inferência*. No entanto, antes de a implicação poder ser aplicada, o antecedente de cada regra precisa ser processado para resultar em um *único* valor. Como mostraremos no final desta seção, várias partes de um antecedente estão ligadas por Es e OUs. Com base nas definições da Seção 3.8.2, isso significa realizar operações *mín* e *máx*. Para simplificar a explicação, lidamos inicialmente com regras cujos antecedentes contêm apenas uma parte.

Como estamos lidando com informações *fuzzy*, os resultados também serão *fuzzy*, de forma que funções de pertinência também precisam ser definidas para os resultados. A Figura 3.48 mostra as funções de pertinência dos resultados *fuzzy* que utilizaremos neste exemplo. Observe que a variável independente dos resultados é a *maturidade*, que é diferente da variável independente dos dados de entrada.

As figuras 3.47 e 3.48, junto com a base de regras, contêm todas as informações necessárias para relacionar os dados de entrada com os de saída. Por exemplo, observamos que a expressão *vermelho* E *maduro* nada mais é do que a operação de interseção (E) definida anteriormente. Neste caso, as variáveis independentes das funções de pertinência de entrada e de saída são diferentes, de forma que o resultado será bidimensional. Por exemplo, as figuras 3.49(a) e (b) mostram as funções de pertinência de *vermelho* e *maduro*, e a Figura 3.49(c) mostra como elas se relacionam nas duas dimensões. Para encontrar o resultado da operação E entre essas duas funções, lembre, com base na Equação 3.8-5, que E é definido como o mínimo das duas funções de pertinência, isto é:

$$\mu_3(z,v) = \min \{ \mu_{verm}(z), \mu_{mad}(v)\} \quad (3.8\text{-}12)$$

sendo que o 3 subscrito denota que esse é o resultado da regra R_3 da base de conhecimento. A Figura 3.49(d) mostra o resultado da operação E.*

A Equação 3.8-12 é um resultado geral envolvendo duas funções de pertinência. Na prática, estamos interessados na saída resultante de uma entrada *específica*. Seja z_0 um valor específico de *vermelho*. O grau de pertinência do componente da cor vermelha em resposta a esse dado de entrada é simplesmente um valor escalar, μ_{verm}

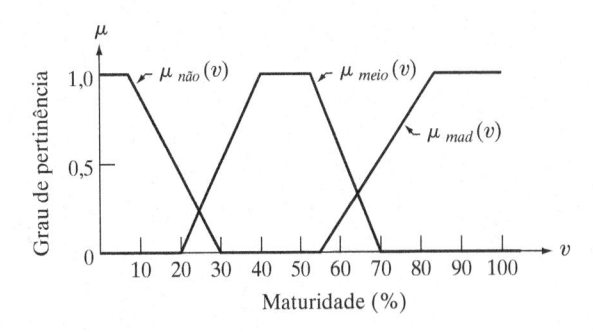

Figura 3.48 Funções de pertinência caracterizando os resultados de saída *não maduro*, *meio maduro* e *maduro*.

---

* Observe que a Equação 3.8-12 é formada de pares ordenados de valores $\{\mu_{verm}(z), \mu_{mad}(v)\}$ e lembre que um conjunto de pares ordenados normalmente é chamado de um produto *cartesiano*, indicado por $X \times V$, sendo X um conjunto de valores $\{\mu_{verm}(z_1), \mu_{verm}(z_2),..., \mu_{verm}(z_n)\}$ gerados a partir de $\mu_{vermelho}(z)$ pela variação de z, e V é um conjunto similar de n valores gerados a partir de $\mu_{meio}(v)$ por meio da variação de v. Dessa forma, $X \times V$ $=\{(\mu_{verm}(z_1), \mu_{meio}(v_1)),..., (\mu_{verm}(z_n), \mu_{meio}(v_1))\}$, e vimos na Figura 3.49(d) que a operação E envolvendo duas variáveis pode ser expressa como um mapeamento de $X \times V$ no limite [0, 1], indicado por $X \times V \to [0,1]$. Apesar de não utilizarmos essa notação nesta discussão, a mencionamos aqui porque você provavelmente irá encontrá-la na literatura sobre conjuntos *fuzzy*.

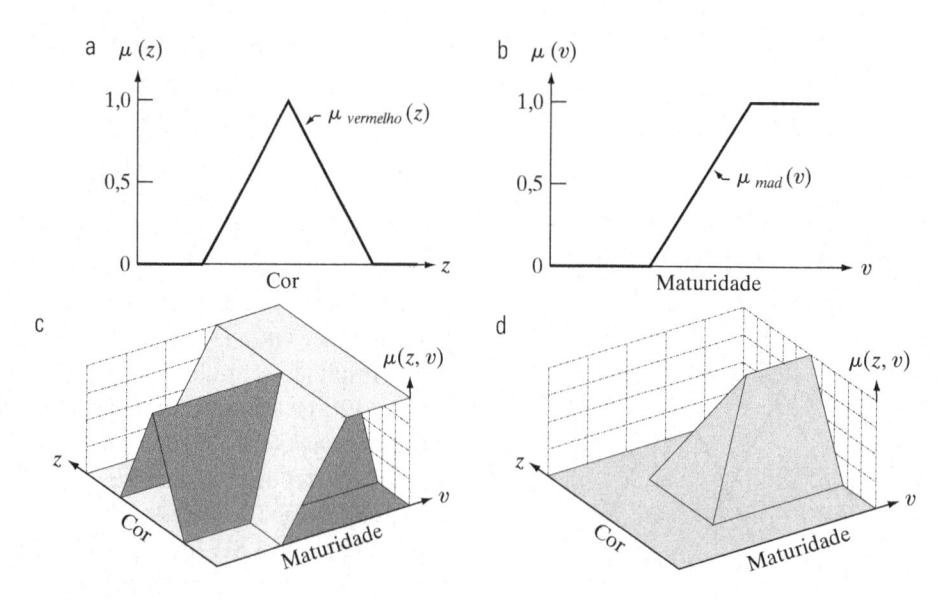

Figura 3.49 (a) Formato da função de pertinência associada à cor vermelha e (b) função de pertinência da função de saída. Essas duas funções são associadas pela regra R_3. (c) Representação combinada das duas funções. A representação é 2-D porque as variáveis independentes em (a) e (b) são diferentes. (d) A operação E de (a) e (b), como definida na Equação 3.8-5.

(z_0). Encontramos o resultado correspondente à regra R_3 para esse dado específico realizando a operação E entre $\mu_{verm}(z_0)$ e o resultado geral, $\mu_3(z,v)$, calculado também em z_0. Como observamos antes, a operação E é implementada utilizando a operação mínima:

$$Q_3(v) = \text{mín}\{\mu_{verm}(z_0), \mu_3(z_0,v)\} \quad (3.8\text{-}13)$$

onde $Q_3(v)$ indica o resultado *fuzzy* em razão da regra R_3 e uma entrada específica. A única variável em Q_3 é a variável de saída, v, como esperado.

Para interpretar graficamente a Equação 3.8-13, vamos retomar a Figura 3.49(d), que mostra a função geral $\mu_3(z,v)$. Realizar a operação mínima de uma constante positiva, c, com essa função recortaria todos os valores de $\mu_3(z,v)$ acima dessa constante, como mostra a Figura 3.50(a). Contudo, estamos interessados apenas em um valor (z_0) ao longo do eixo da cor, de forma que o resultado relevante é uma seção transversal da função truncada ao longo do eixo da maturidade, com a seção transversal posicionada em z_0, como mostra a Figura 3.50(b) [como a Figura 3.50(a) corresponde à regra R_3, segue-se que $c = \mu_{verm}(z_0)$]. A Equação 3.8-13 é a expressão para essa seção transversal.

Utilizando a mesma linha de raciocínio, obtemos as respostas *fuzzy* em razão das outras duas regras e da entrada específica z_0, como segue:

$$Q_2(v) = \text{mín}\{\mu_{amar}(z_0), \mu_3(z_0,v)\} \quad (3.8\text{-}14)$$

e

$$Q_1(v) = \text{mín}\{\mu_{verde}(z_0), \mu_1(z_0,v)\} \quad (3.8\text{-}15)$$

Cada uma dessas equações corresponde ao resultado de saída associado a uma regra particular e a um dado de entrada específico. Em outras palavras, elas representam o resultado do processo de implicação mencionado alguns parágrafos atrás. Tenha em mente que cada uma dessas três respostas é um conjunto *fuzzy*, apesar de a entrada ser um valor escalar.

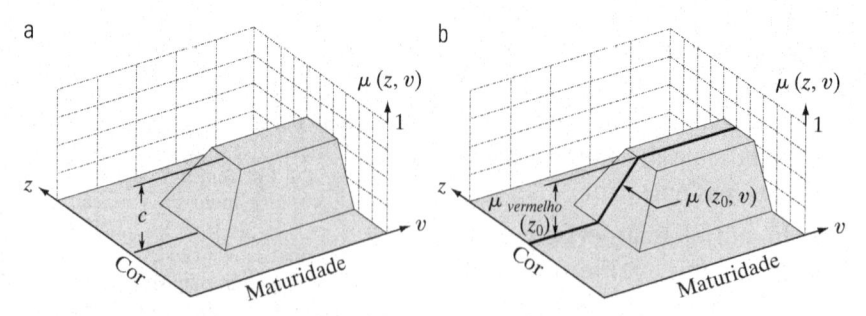

Figura 3.50 (a) Resultado do cálculo da operação de mínimo entre uma constante arbitrária, c, e a função $\mu_3(z,v)$ a partir da Equação 3.8-12. O mínimo equivale a uma operação E. (b) Seção transversal (linha escura) em uma cor específica, z_0.

Para obter a resposta geral, *agregamos* as respostas individuais. No conjunto de regras definido no início desta seção, as três regras estão associadas pela operação OU. Dessa forma, o resultado *fuzzy* completo (agregado) é dado por:

$$Q = Q_1 \text{ OR } Q_2 \text{ OR } Q_3 \quad (3.8\text{-}16)$$

e vemos que a resposta geral é a união de três conjuntos *fuzzy* individuais. Como OU é definido como uma operação *máx*, podemos escrever esse resultado como:

$$Q(v) = \max_r \{\min_s \{\mu_s(z_0), \mu_r(z_0, v)\}\} \quad (3.8\text{-}17)$$

para $r = \{1, 2, 3\}$ e $s = \{verde, amarelo, vermelho\}$. Apesar de ter sido desenvolvida no contexto de um exemplo, essa expressão é perfeitamente genérica; para estendê-la a n regras, simplesmente fazemos com que $r = \{1, 2, ..., n\}$; de forma similar, podemos expandir s para incluir qualquer número finito de funções de pertinência. As equações 3.8-16 e 3.8-17 afirmam a mesma coisa: a resposta, Q, do nosso sistema *fuzzy*, é a união de conjuntos *fuzzy* individuais resultantes de cada regra por meio do processo de implicação.

A Figura 3.51 resume graficamente a discussão até este ponto. A Figura 3.51(a) mostra as três funções de pertinência de entrada calculadas em z_0, e a Figura 3.51(b) mostra as saídas em resposta à entrada z_0. Esses conjuntos *fuzzy* correspondem às seções transversais recortadas discutidas em relação à Figura 3.50(b). Observe que, numericamente, Q_1 consiste só em 0s porque $\mu_{verde}(z_0) = 0$; isto é, Q_1 é *vazio*, de acordo com a definição da Seção 3.8.2. A Figura 3.51(c) mostra o resultado final, Q, que também é um conjunto *fuzzy*, formado a partir da união de Q_1, Q_2 e Q_3.

Conseguimos obter com sucesso a saída completa correspondente a uma entrada específica, mas ainda estamos lidando com um conjunto *fuzzy*. O último passo é obter um resultado *crisp*, v_0, a partir do conjunto *fuzzy* Q utilizando um processo chamado de *defuzzificação*. Há várias maneiras de defuzzificar Q para obter um resultado *crisp*. Uma das metodologias utilizadas com mais frequência consiste em calcular o centro de gravidade desse conjunto (as referências citadas no final deste capítulo mencionam outras). Dessa forma, se $Q(v)$ na Equação 3.8-17 pode ter K valores possíveis, $Q(1), Q(2), ... Q(K)$, seu centro de gravidade é dado por

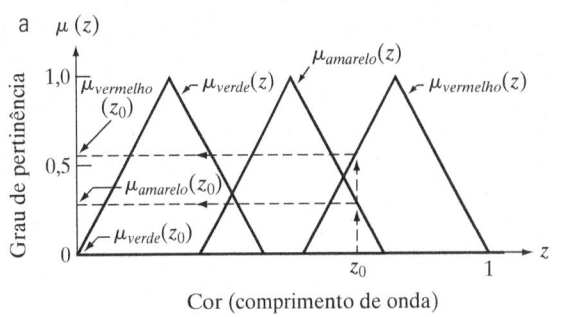

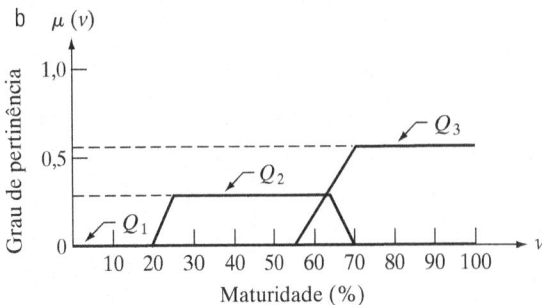

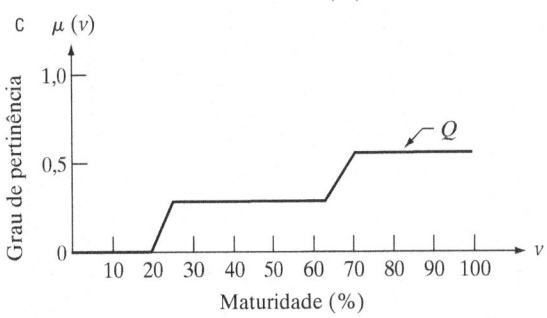

$$v_0 = \frac{\sum_{v=1}^{K} v Q(v)}{\sum_{v=1}^{K} Q(v)} \quad (3.8\text{-}18)$$

Figura 3.51 (a) Funções de pertinência com uma cor específica, z_0, selecionada. (b) Conjuntos *fuzzy* individuais obtidos a partir das equações 3.8-13 a 3.8-15. (c) Conjunto *fuzzy* final obtido com a utilização da Equação 3.8-16 ou 3.8-17.

Calcular essa equação com os valores (discretos)* de Q na Figura 3.51(c) resulta em $v_0 = 72,3$, indicando que a determinada cor z_0 implica uma maturidade de aproximadamente 72%.

Até este ponto, consideramos regras SE-ENTÃO cujos antecedentes têm apenas uma parte, como "SE a cor for *vermelha*". Regras contendo mais de uma parte devem ser combinadas para resultar em um *único* número representando todos os antecedentes para essa regra. Por exemplo, suponha que temos a regra: SE a cor for *vermelha* OU a consistência for *macia*, ENTÃO a fruta está *madura*. Uma função de pertinência teria de ser definida

---

* O conjunto *fuzzy* Q da Figura 3.51(c) é mostrado como uma curva sólida para facilitar a visualização, mas tenha em mente que estamos lidando com valores digitais neste livro, de forma que Q é uma função digital.

para a variável linguística *macia*. Então, para obter um único número para essa regra que leve em consideração as duas partes do antecedente, primeiro avaliamos um determinado valor de cor de entrada para o *vermelho*, utilizando a função de pertinência *vermelho* e um determinado valor de *consistência* utilizando a função de pertinência *macio*. Como as duas partes estão vinculadas por OU, utilizamos o máximo dos dois valores resultantes[*]. Esse valor é então utilizado no processo de implicação para "recortar" a função de pertinência de saída *maduro*, que é a função associada a essa regra. O restante do procedimento é igual ao descrito anteriormente, como mostra o resumo a seguir.

A Figura 3.52 mostra o exemplo da fruta utilizando duas entradas: *cor* e *consistência*. Podemos utilizar essa figura e as informações anteriores para resumir os principais passos a serem seguidos na aplicação da lógica *fuzzy* baseada em regras:

1. *Fuzzificar a entrada:* para cada entrada escalar, encontre os valores *fuzzy* correspondentes mapeando essa entrada no intervalo [0, 1], utilizando as funções de pertinência aplicáveis em cada regra, como mostram as duas primeiras colunas da Figura 3.52.

2. *Realizar quaisquer operações de lógica* fuzzy *necessárias:* as saídas de todas as partes de um antecedente devem ser combinadas para gerar um *único* valor utilizando a operação *máx* ou *mín*, dependendo de as partes estarem conectadas por OUs ou por Es.

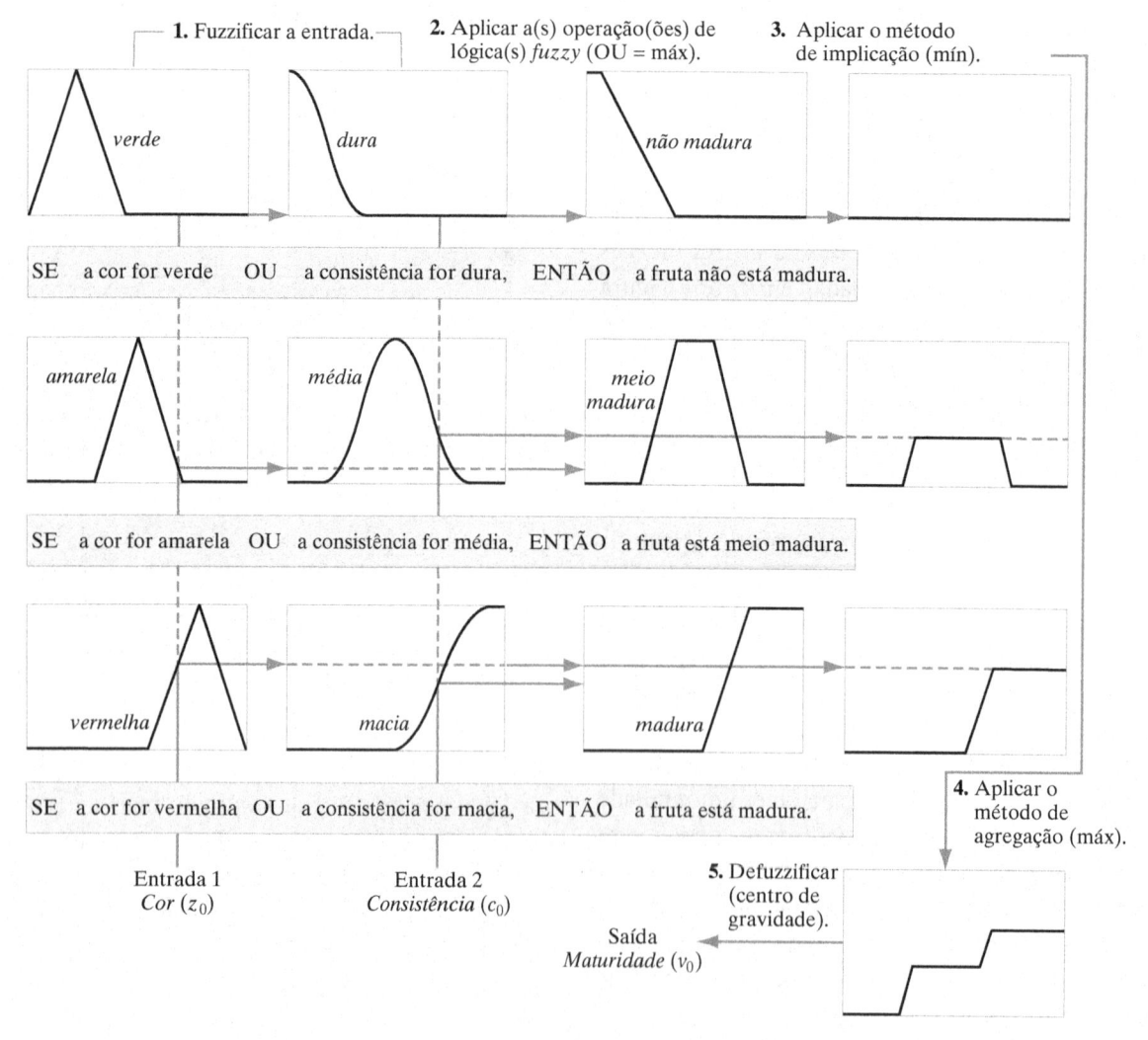

Figura 3.52 Exemplo ilustrando os cinco passos básicos normalmente utilizados para implementar um sistema *fuzzy* baseado em regras: (1) fuzzificação, (2) operações lógicas (somente OU foi utilizado neste exemplo), (3) implicação, (4) agregação e (5) defuzzificação.

---

[*] Antecedentes cujas partes são conectadas por Es são calculados de forma similar utilizando a operação mín.

Na Figura 3.52, todas as partes dos antecedentes são conectadas por OUs, de forma que utilizamos a operação *máx*. O número de partes de um antecedente e o tipo de operador lógico utilizado para conectá-los difere de uma regra a outra.

3. *Aplicar um método de implicação:* uma única saída do antecedente de cada regra é utilizada para proporcionar a saída correspondente a essa regra. Utilizamos E para a implicação, que é definida como a operação *mín*. Isso recorta a função de pertinência correspondente de saída no valor fornecido pelo antecedente, como mostram a terceira e a quarta colunas da Figura 3.52.

4. *Aplicar um método de agregação aos conjuntos* fuzzy *do passo 3:* como mostra a última coluna da Figura 3.52, o resultado de cada regra é um conjunto *fuzzy*. Eles devem ser combinados para levar a um único conjunto *fuzzy* de saída. A metodologia utilizada aqui consiste em aplicar o OU para as saídas individuais, para que a operação *máx* seja empregada.

5. *Defuzzificar o conjunto* fuzzy *de saída final:* neste passo final, obtemos uma saída escalar *crisp*. Isso é feito calculando o centro de gravidade do conjunto *fuzzy* agregado do passo 4.

Quando o número de variáveis for grande, costuma-se utilizar a notação resumida (variável, conjunto *fuzzy*) para relacionar a variável à sua função de pertinência correspondente. Por exemplo, a regra "SE a cor for *verde*, ENTÃO a fruta está *não madura*" seria escrita como "SE (z, *verde*) ENTÃO (v, *não madura*)", sendo que, como antes, as variáveis z e v representam cor e grau de maturidade, respectivamente, ao passo que *verde* e *não maduro* são os dois conjuntos *fuzzy* definidos pelas funções de pertinência $\mu_{verde}(z)$ e $\mu_{não}(v)$, respectivamente.

Em geral, ao lidar com M regras SE-ENTÃO, N variáveis de entrada, $z_1, z_2, \ldots z_N$, e uma variável de saída, v, o tipo de formulação de regra *fuzzy* utilizado com mais frequência no processamento de imagens tem a forma

SE (z_1, A_{11}) E (z_2, A_{12}) E ... E (z_N, A_{1N}), ENTÃO (v, B_1)
SE (z_1, A_{21}) E (z_2, A_{22}) E ... E (z_N, A_{2N}), ENTÃO (v, B_2)
... ...
SE (z_1, A_{M1}) E (z_2, A_{M2}) E ... E (z_N, A_{MN}), ENTÃO (v, B_M)
SENÃO (v, B_E)

(3.8-19)

onde A_{ij} é o conjunto *fuzzy* associado à *i*-ésima regra e à *j*-ésima variável de entrada, B_i é o conjunto *fuzzy* associado à saída da *i*-ésima regra e consideramos que os componentes dos antecedentes da regra sejam conectados por Es. Observe que introduzimos uma regra SENÃO (*ELSE*), associada ao conjunto *fuzzy* B_E. Essa regra é executada quando nenhuma das regras anteriores for completamente satisfeita; sua saída é explicada a seguir.

Como indicado anteriormente, todos os elementos do antecedente de cada regra devem ser calculados para gerar um único valor escalar. Na Figura 3.52, utilizamos a operação *máx* porque as regras se baseavam em OUs *fuzzy*. A formulação da Equação 3.8-19 utiliza Es, de forma que precisamos utilizar o operador *mín*.* Calcular os antecedentes da *i*-ésima regra na Equação 3.8-19 produz uma saída escalar, λ_i, dada por:

$$\lambda_i = \text{mín}\{\mu_{A_{ij}}(z_j); \quad j = 1, 2, \ldots, N\} \quad (3.8\text{-}20)$$

para $i = 1, 2, \ldots, M$, sendo $\mu_{A_{ij}}(z_j)$ a função de pertinência do conjunto *fuzzy* A_{ij} calculada no valor da *j*-ésima entrada. Muitas vezes, λ é chamado de *nível de força* (ou *nível de ativação*) da *i*-ésima regra. No que se refere à discussão anterior, λ é simplesmente o valor utilizado para recortar a função de saída da *i*-ésima regra.

A regra SENÃO é executada quando as condições das regras ENTÃO são satisfeitas de forma fraca (damos um exemplo detalhado de como as regras SENÃO são utilizadas na Seção 3.8.5). Sua resposta deve ser forte quando todas as outras são fracas. Em certo sentido, é possível considerar uma regra SENÃO como uma operação NÃO sobre os resultados das outras regras. Sabemos, a partir da Seção 3.8.2, que $\mu_{\text{não}(A)} = \mu_{\bar{A}}(z) = 1 - \mu_A(z)$. Dessa forma, aplicar essa ideia de combinar (efetuar as operações E) todos os níveis das regras ENTÃO leva ao seguinte nível de ativação para a regra SENÃO:

$$\lambda_E = \text{mín}\{1 - \lambda_i; \quad i = 1, 2, \ldots, M\} \quad (3.8\text{-}21)$$

Vemos que, se todas as regras ENTÃO forem ativadas em "força máxima" (todas as suas respostas forem 1), a resposta da regra SENÃO é 0, como o esperado. À medida que as respostas das regras ENTÃO tornam-se mais fracas, a força da regra SENÃO aumenta. Esse é o equivalente *fuzzy* das regras SE-ENTÃO-SENÃO, muito utilizadas em linguagem de programação de computadores.

Ao lidar com OUs nos antecedentes, simplesmente substituímos os Es na Equação 3.8-19 por OUs e a *mín* na Equação 3.8-20 por uma *máx*; a Equação 3.8-21 permanece inalterada. Apesar de ser possível formular antece-

---

* A utilização de OU ou E no conjunto de regras depende de como as regras são formuladas, o que, por sua vez, depende do problema em questão. Utilizamos OUs na Figura 3.52 e Es na Equação 3.8-19 para que você se familiarize com as duas formulações.

dentes e consequentes mais complexos do que os discutidos aqui, as formulações que desenvolvemos utilizando apenas Es e OUs são bastante genéricas e utilizadas em uma ampla variedade de aplicações de processamento de imagens. As referências no final deste capítulo contêm definições adicionais (mas menos utilizadas) de operadores de lógica *fuzzy* e abordam outros métodos para a implicação (incluindo saídas múltiplas) e defuzzificação. A introdução apresentada nesta seção é fundamental e serve como uma base sólida para leituras mais avançadas sobre assunto. Nas duas seções seguintes, mostraremos como aplicar os conceitos *fuzzy* ao processamento de imagens.

3.8.4 Utilização de conjuntos *fuzzy* para transformações de intensidade

Vamos analisar o problema geral de realce de contraste, uma das principais aplicações das transformações de intensidade. Podemos expressar o processo de realce de contraste de uma imagem em escala de cinza utilizando as seguintes regras:

SE um pixel for *escuro*, ENTÃO faça com que ele fique *mais escuro*.

SE um pixel for *cinza*, ENTÃO faça com que ele fique *cinza*.

SE um pixel for *claro*, ENTÃO faça com que ele fique *mais claro*.

Tendo em mente que esses são termos *fuzzy*, podemos expressar os conceitos de *escuro*, *cinza* e *claro* por meio das funções de pertinência da Figura 3.53(a).

Em termos da saída, podemos considerar *mais escuro* como sendo graus de um valor de intensidade escura (100% preto sendo o tom limitador de escuro), *mais claro* como graus de um tom mais claro (100% branco sendo o valor limitador) e *cinza* como sendo graus de uma intensidade no meio da escala de cinza. Neste caso, por "graus" nos referimos à quantidade de uma intensidade específica. Por exemplo, 80% preto é um cinza muito escuro. Quando interpretadas como intensidades *constantes* cuja força é modificada, as funções de pertinência de saída são *singulares* (funções de pertinência constantes), como mostra a Figura 3.53(b). Os vários níveis de uma intensidade no intervalo [0, 1] ocorrem quando as funções singulares são recortadas pela força da resposta de suas regras correspondentes, como mostra a quarta coluna da Figura 3.52 (mas mantenha em mente que estamos trabalhando aqui apenas com uma entrada, não duas, como na figura). Como estamos lidando com constantes nas funções de pertinência de saída, segue-se, da Equação 3.8-18, que a saída, v_0, para qualquer entrada, z_0, é dada por

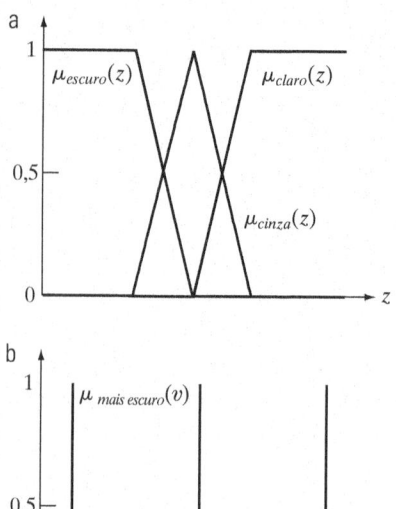

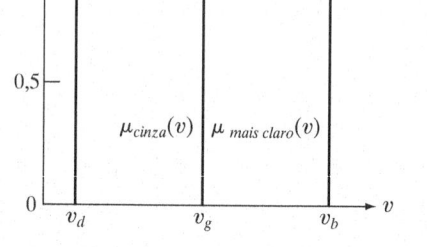

Figura 3.53 (a) Entrada e (b) funções de pertinência de saída para realce de contraste *fuzzy*, baseado em regras.

$$v_0 = \frac{\mu_{escuro}(Z_0) \times v_d + \mu_{cinza}(Z_0) \times v_g + \mu_{claro}(Z_0) \times v_b}{\mu_{escuro}(Z_0) + \mu_{cinza}(Z_0) + \mu_{claro}(Z_0)} \quad (3.8\text{-}22)$$

Os somatórios do numerador e do denominador dessas expressões são mais simples do que na Equação 3.8-18 porque as funções de pertinência de saída são constantes modificadas (recortadas) pelos valores fuzzificados.

O processamento de imagens por lógica *fuzzy* é computacionalmente intensivo porque todo o processo de fuzzificação, processando os antecedentes de todas as regras, implicação, agregação e defuzzificação, deve ser aplicado a *cada* pixel da imagem de entrada. Dessa forma, utilizar funções singulares como na Equação 3.8-22 reduz significativamente os requisitos de processamento computacional, simplificando a implicação, a agregação e a defuzzificação. Essa redução pode ser significativa em aplicações nas quais a velocidade do processamento é um requisito importante.

Exemplo 3.19 Ilustração do realce de imagens utilizando modificação de contraste por lógica *fuzzy* baseada em regras.

A Figura 3.54(a) mostra uma imagem cujas intensidades cobrem uma faixa estreita da escala de cinza (veja o histograma da imagem na Figura 3.55(a)), dando à imagem uma aparência de baixo contraste. Como uma base para comparação, a Figura 3.54(b) mostra o resultado da equalização de histograma. Como mostra o histograma da imagem

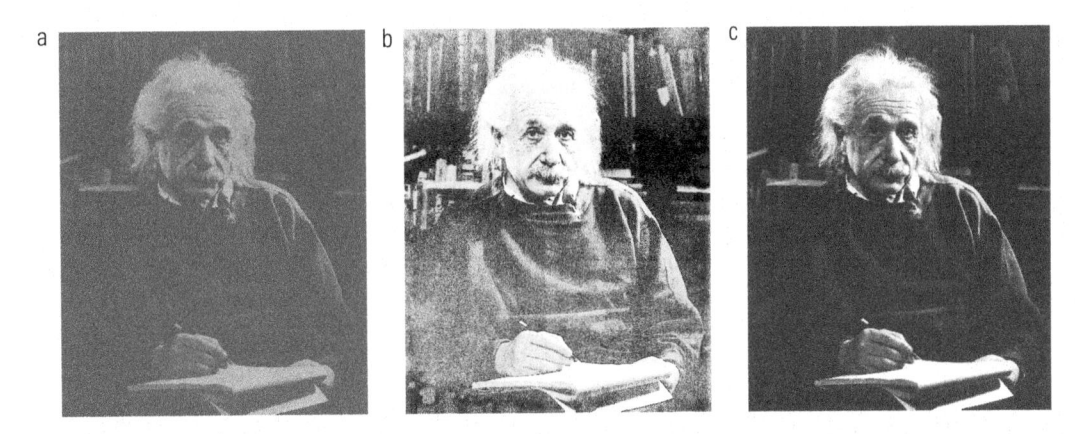

Figura 3.54 (a) Uma imagem de baixo contraste. (b) Resultado da equalização de histograma. (c) Resultado da utilização do realce de contraste por lógica *fuzzy* baseada em regras.

equalizada (Figura 3.55(b)), expandir toda a escala de cinza de fato aumenta o contraste, mas acrescenta intensidades na extremidade superior e inferior que dão à imagem uma aparência de "superexposição". Por exemplo, os detalhes da testa e dos cabelos do professor Einstein são, na maior parte, perdidos. A Figura 3.54(c) mostra o resultado da utilização da metodologia de modificação de contraste baseada em regras discutidas nos parágrafos anteriores. A Figura 3.55(c) mostra as funções de pertinência de entrada utilizadas, sobrepostas no histograma da imagem original. As saídas singulares foram selecionadas em $v_d = 0$ (preto), $v_g = 127$ (cinza médio) e $v_b = 255$ (branco).

Comparando as figuras 3.54(b) e 3.54(c), nesta última vemos uma considerável melhora da tonalidade. Observe, por exemplo, o nível de detalhes na testa e nos cabelos, em comparação com as mesmas regiões na Figura 3.54(b). A razão para a melhora pode ser facilmente explicada analisando o histograma da Figura 3.54(c), mostrada na Figura 3.55(d). Diferentemente do histograma da imagem equalizada, esse histograma manteve as mesmas características básicas do histograma da imagem original. Entretanto, é evidente que os níveis escuros (os picos na extremidade baixa do histograma) foram movidos para a esquerda, escurecendo os níveis. O oposto aplica-se aos níveis claros. Os tons de cinza médios foram ligeiramente espalhados, muito menos do que na equalização do histograma.

O preço dessa melhora do desempenho é uma complexidade de processamento consideravelmente maior. Uma

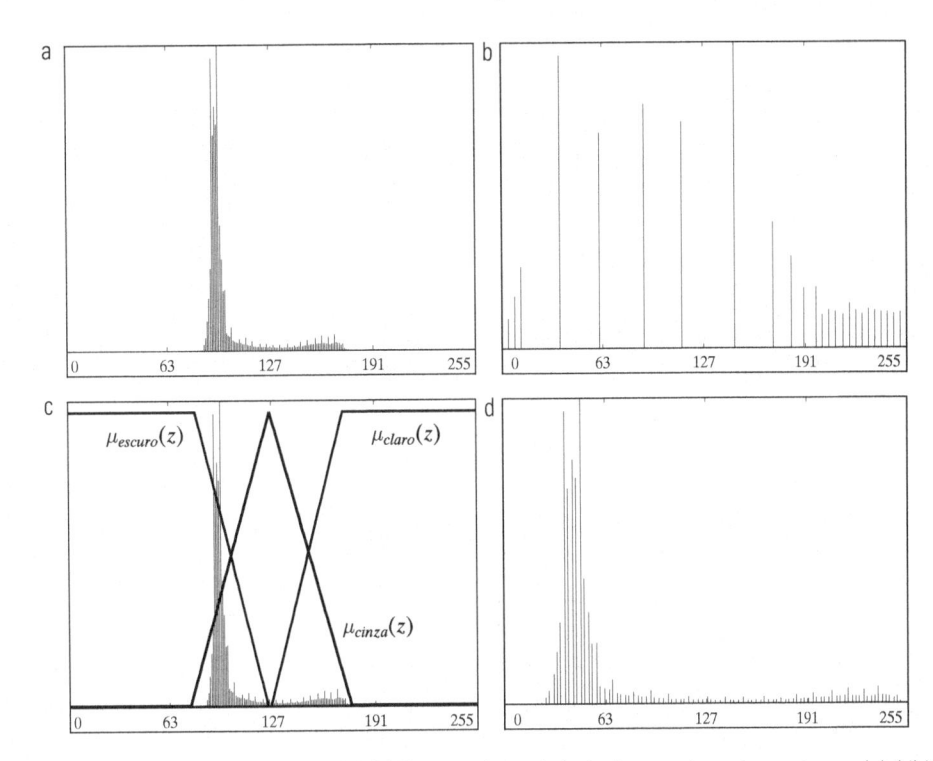

Figura 3.55 (a) e (b) Histograma das figuras 3.54(a) e (b). (c) Funções de pertinência de entradas sobrepostas em (a). (d) Histograma da Figura 3.54(c).

abordagem prática a ser seguida quando a velocidade de processamento e o resultado final da imagem forem fatores importantes consiste em utilizar técnicas *fuzzy* para definir como deveria ser a aparência dos histogramas de imagens bem equilibradas. Então, técnicas mais rápidas, como a especificação de histograma, podem ser utilizadas para atingir resultados similares mapeando os histogramas das imagens de entrada em um ou mais histogramas "ideais" determinados com a utilização da metodologia *fuzzy*.

3.8.5 Utilização de conjuntos *fuzzy* para filtragem espacial

Ao aplicar conjuntos *fuzzy* à filtragem espacial, a metodologia básica é definir propriedades de vizinhança que "capturem" a essência do que os filtros devem detectar. Por exemplo, vamos analisar o problema da detecção de fronteiras entre regiões de uma imagem. Isso é importante em várias aplicações de processamento de imagens, como o aguçamento, que discutimos anteriormente nesta seção, e na segmentação de imagens, que discutiremos no Capítulo 10.

Podemos desenvolver um algoritmo de extração de fronteiras com base em um simples conceito *fuzzy*: *Se um pixel pertencer a uma região uniforme, faça com que ele seja branco; senão, faça com que ele seja preto*, onde *preto* e *branco* são conjuntos *fuzzy*. Para expressar o conceito de uma "região uniforme" em termos *fuzzy*, podemos levar em consideração as diferenças de intensidade entre o pixel central de uma vizinhança e seus vizinhos. Para a vizinhança 3 × 3 da Figura 3.56(a), as diferenças entre o pixel central (definido como z_5) e cada um dos vizinhos formam a subimagem de tamanho 3 × 3 na Figura 3.56(b), sendo que d_i indica a diferença de intensidade entre o *i*-ésimo vizinho e o ponto central (isto é, $d_i = z_i - z_5$, onde os valores de *z* correspondem à intensidade). Um conjunto simples de quatro regras SE-ENTÃO e uma

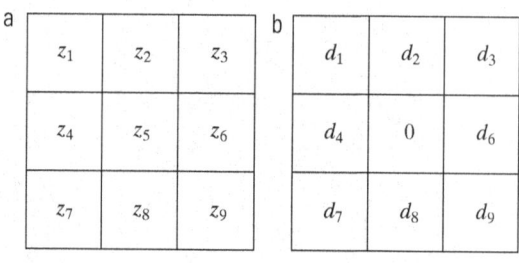

Figura 3.56 (a) Vizinhança de pixel 3 × 3. (b) Diferenças de intensidade correspondentes entre o pixel central e seus vizinhos. Somente d_2, d_4, d_6 e d_8 foram utilizados na presente aplicação para simplificar a análise.

regra SENÃO implementa a essência do conceito *fuzzy* mencionado no início deste parágrafo:[*]

SE d_2 for *zero* E d_6 for *zero*, ENTÃO z_5 é *branco*
SE d_6 for *zero* E d_8 for *zero*, ENTÃO z_5 é *branco*
SE d_8 for *zero* E d_4 for *zero*, ENTÃO z_5 é *branco*
SE d_4 for *zero* E d_2 for *zero*, ENTÃO z_5 é *branco*
SENÃO z_5 é *preto*

onde *zero* também é um conjunto *fuzzy*. A consequente de cada regra define os valores nos quais a intensidade do pixel central (z_5) é mapeada. Isto é, a afirmação "ENTÃO z_5 é branco" significa que a intensidade do pixel localizado no centro da máscara é mapeada em branco. Essas regras simplesmente afirmam que o pixel central é considerado parte de uma região uniforme se as diferenças de intensidade que acabamos de mencionar forem zero (em um sentido *fuzzy*); de outra forma, ele é considerado como um pixel de fronteira.

A Figura 3.57 mostra possíveis funções de pertinência para os conjuntos *fuzzy zero*, *preto* e *branco*, respectivamente, onde utilizamos ZE, PR e BR para simplificar a notação. Observe que o intervalo da variável independentemente do conjunto *fuzzy* ZE para uma imagem com *L* possíveis

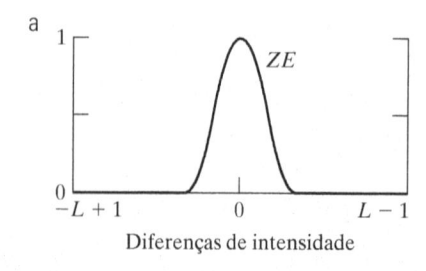

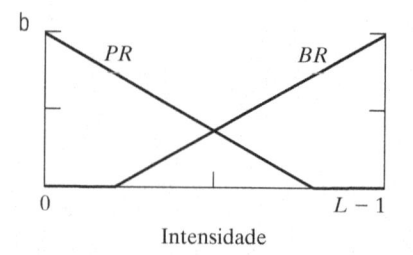

Figura 3.57 (a) Função de pertinência do conjunto *fuzzy zero*. (b) Funções de pertinência dos conjuntos *fuzzy preto* e *branco*.

---

[*] Utilizamos apenas as diferenças de intensidade entre os vizinhos-4 e o ponto central para simplificar o exemplo. A utilização dos vizinhos-8 seria uma extensão direta da abordagem demonstrada aqui.

níveis de intensidade é $[-L + 1, L - 1]$ porque as diferenças de intensidade podem variar entre $-(L - 1)$ e $(L - 1)$. Por outro lado, o intervalo das intensidades de saída é $[0, L - 1]$, como na imagem original. A Figura 3.58 mostra graficamente as regras citadas, onde o quadro indicado por z_5 mostra que a intensidade do pixel central é mapeada no valor de saída *BR* ou *PR*.

Exemplo 3.20 Ilustração do realce de fronteira utilizando a filtragem espacial *fuzzy* baseada em regras.

A Figura 3.59(a) mostra uma imagem 512 × 512 de uma cabeça humana, gerada por tomografia computadorizada, e a Figura 3.59(b) é o resultado da aplicação da metodologia de filtragem espacial *fuzzy* que acabamos de discutir. Observe a eficácia do método na extração das fronteiras entre as regiões, inclusive o contorno do cérebro (região cinza interna). As regiões constantes na imagem aparecem como cinza porque, quando as diferenças de intensidade discutidas anteriormente são próximas de zero, as regras ENTÃO têm uma resposta mais forte. Essas respostas, por sua vez, recortam a função *BR*. A saída (o centro de gravidade das regiões triangulares recortadas) é uma constante entre $(L - 1)/2$ e $(L - 1)$ produzindo, dessa forma, o tom acinzentado visto na imagem. O contraste dessa imagem pode ser significativamente melhorado por meio da expansão da escala de cinza. Por exemplo, a Figura 3.59(c) foi obtida por meio do ajuste de intensidade definido nas equações 2.6-10 e 2.6-11, com $K = L - 1$. O resultado final é que os valores de intensidade da Figura 3.59(c) cobrem toda a escala de cinza de 0 a $(L - 1)$.

Resumo

O material que acabamos de analisar é representativo das técnicas atuais utilizadas para as transformações de intensidade e filtragem espacial. Os tópicos incluídos neste capítulo foram selecionados por seu valor como material fundamental que deve servir de base para uma área em constante evolução. Apesar de a maioria dos exemplos utilizados neste capítulo estar relacionada ao realce de imagens, as técnicas apresentadas são perfeitamente genéricas e serão retomadas ao longo dos capítulos seguintes em contextos não relacionados ao realce. No capítulo seguinte, voltaremos a analisar o processo de filtragem, mas utilizando conceitos do domínio da frequência. Veremos uma correspondência um a um entre os filtros espaciais lineares estudados aqui e os filtros no domínio da frequência.

Referências e leituras complementares

O material apresentado na Seção 3.1 é proveniente de Gonzalez (1986). Leituras adicionais para o material da Seção 3.2 podem ser encontradas em Schowengerdt (1983), Poyton (1996) e Russ (1999). Veja também o artigo de Tsujii et al. (1998) sobre as otimização de monitores de imagens. Algumas referências sobre o pro-

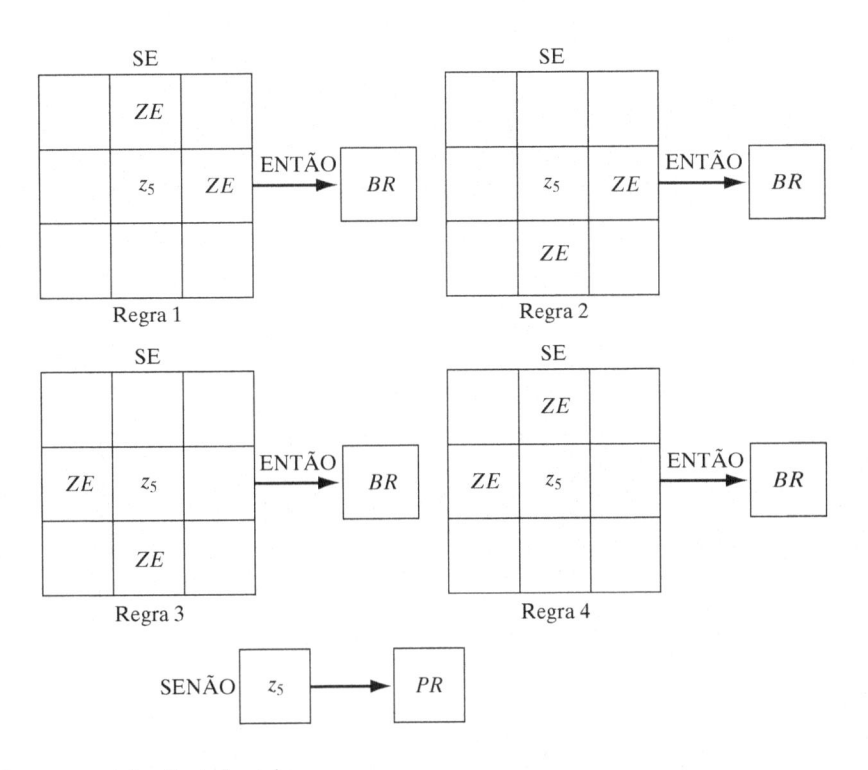

Figura 3.58 Regras *fuzzy* para a detecção de fronteiras.

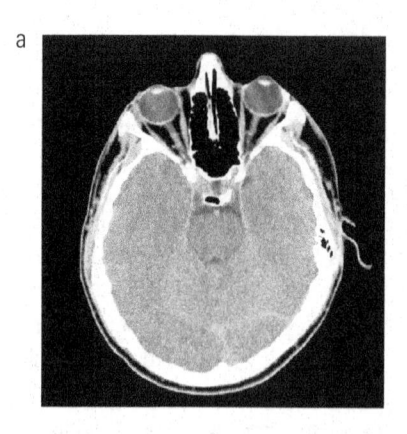

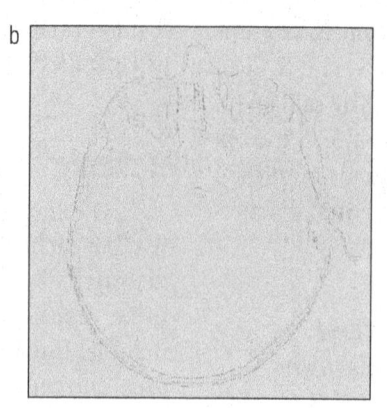

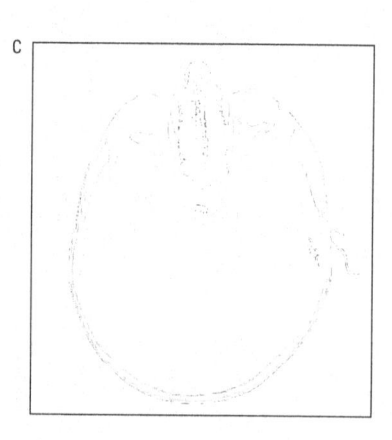

Figura 3.59 (a) Tomografia computadorizada de uma cabeça humana. (b) Resultado da filtragem espacial *fuzzy* utilizando as funções de pertinência da Figura 3.57 e as regras da Figura 3.58. (c) Resultado após o ajuste de intensidade. Os quadros pretos delimitando a imagem em (b) e (c) foram acrescentados para facilitar a visualização e não fazem parte dos dados. (Imagem original: cortesia do Dr. David R. Pickens, Universidade de Vanderbilt.)

cessamento de histogramas são Hummel (1974), Gonzalez e Fittes (1977) e Woods e Gonzalez (1981). Stark (2000) apresenta generalizações interessantes da equalização de histogramas para realce de contraste adaptativo. Outras abordagens para o realce de contraste são exemplificadas por Centeno e Haertel (1997) e Cheng e Xu (2000). Para leituras adicionais sobre a especificação exata de histogramas, veja Coltuc, Bolon e Chassery (2006). Para extensões do método de equalização local de histograma, veja Caselles et al. (1999) e Zhu et al. (1999). Veja Narendra e Fitch (1981) sobre a utilização e implementação de estatísticas locais para o processamento de imagens. Kim et al. (1997) apresentam uma abordagem interessante combinando o gradiente com estatísticas locais para realce de imagens.

Para leituras adicionais sobre filtros espaciais lineares e sua implementação, veja Umbaugh (2005), Jain (1989) e Rosenfeld e Kak (1982). Filtros de ordenação (classificação) também são discutidos nessas referências. Wilburn (1998) analisa generalizações dos filtros de ordenação. O livro de Pitas e Venetsanopoulos (1990) também lida com o filtro de mediana e outros filtros espaciais não lineares. Uma edição especial de *IEEE Transactions in Image Processing* (1996) é dedicada ao processamento não linear de imagens. O material sobre filtragem *high-boost* é de Schowengerdt (1983). Retomaremos muitos dos filtros espaciais apresentados neste capítulo em discussões sobre a restauração de imagens (Capítulo 5) e detecção de bordas (Capítulo 10).

Referências fundamentais para a Seção 3.8 são três artigos sobre a lógica *fuzzy* de L. A. Zadeh (Zadeh, 1965, 1973, 1976). Esses artigos são muito bem escritos e vale a pena estudá-los em detalhes, já que estabeleceram os fundamentos para a lógica *fuzzy* e algumas de suas aplicações. Uma visão geral de uma ampla variedade de aplicações da lógica *fuzzy* no processamento de imagens pode ser encontrada no livro de Kerre e Nachtegael (2000). O exemplo da Seção 3.8.4 baseia-se em uma aplicação similar descrita por Tizhoosh (2000). O exemplo da Seção 3.8.5 é basicamente de Russo e Ramponi (1994). Para exemplos adicionais de aplicações dos conjuntos *fuzzy* às transformações de intensidade e filtragem de imagens, veja Patrascu (2004) e Nie e Barner (2006), respectivamente. Essas referências, que variam de 1965 a 2006, representam um bom ponto de partida para um estudo mais detalhado das várias formas nas quais os conjuntos *fuzzy* podem ser utilizados no processamento de imagens. A implementação computacional da maioria dos métodos discutidos neste capítulo pode ser encontrada em Gonzalez, Woods e Eddins (2004).

Exercícios[*]

*3.1 Elabore uma função de transformação de intensidade para distribuir (expandir) as intensidades de uma imagem de forma que a menor intensidade seja 0, e a maior seja $L - 1$.

3.2 Exponenciais na forma $e^{-\alpha r^2}$, sendo α uma constante positiva, são úteis para construir funções de transformação de intensidade suaves. Comece com essa função básica e construa funções de transformação que tenham os formatos gerais mostrados nas figuras a seguir. As constantes mostradas são parâmetros de *entrada*, e suas transformações propostas devem incluí-las na especificação. (Para simplificar suas respostas, L_0 não é um parâmetro necessário na terceira curva.)

---

[*] Soluções detalhadas dos exercícios marcados com um asterisco podem ser encontradas no site do livro. O site também inclui projetos sugeridos com base no conteúdo deste capítulo.

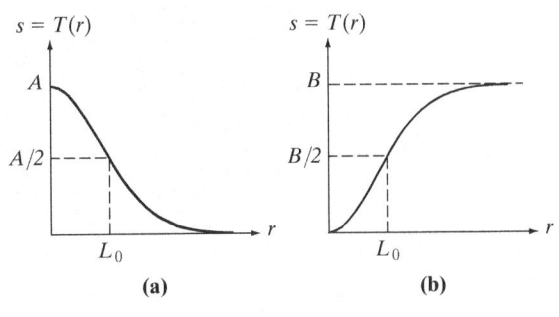

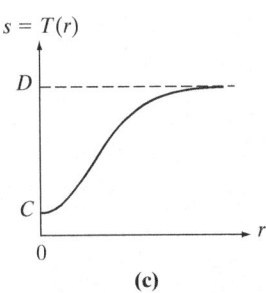

3.3 *(a) Elabore uma função contínua para implementar a transformação de alargamento de contraste mostrada na Figura 3.2(a). Além de *m*, sua função deve incluir um parâmetro, *E*, para controlar a inclinação da função à medida que ela faz a transição de valores de intensidade baixa para alta. Sua função deve ser normalizada, de forma que seus valores mínimo e máximo sejam 0 e 1, respectivamente.

(b) Esboce uma família de transformações como uma função do parâmetro *E*, para um valor fixo $m = L/2$, sendo *L* o número de níveis de intensidade da imagem.

(c) Qual é o menor valor de *E* que fará com que sua função tenha um desempenho *efetivamente* igual ao da função da Figura 3.2(b)? Em outras palavras, sua função não precisa ser idêntica à Figura 3.2(b). Ela só precisa gerar o mesmo resultado na produção de uma imagem binária. Considere que você esteja trabalhando com imagens de 8 bits e faça $m = 128$. Faça com que *C* seja o menor número positivo representável no computador que está sendo utilizado.

3.4 Proponha um conjunto de transformações de fatiamento de intensidade capazes de produzir todos os planos de bits individuais de uma imagem monocromática de 8 bits. (Por exemplo, uma função de transformação com a propriedade $T(r) = 0$ para *r* no intervalo [0, 127], e $T(r) = 255$ para *r* no intervalo [128, 255] produz uma imagem do oitavo plano de bits em uma imagem de 8 bits.)

3.5 *(a) Qual seria o efeito geral no histograma de uma imagem de zerar todos os planos de bits de baixa ordem?

(b) Qual seria o efeito sobre o histograma se zerássemos os planos de bits de alta ordem?

3.6 Explique por que a técnica de equalização de histograma discreto não resulta, em geral, em um histograma uniforme.

3.7 Suponha que uma imagem digital passe por um processo de equalização de histograma. Mostre que um segundo passo do processo de equalização de histograma (na imagem já equalizada) produzirá exatamente o mesmo resultado que o primeiro.

3.8 Em algumas aplicações é útil modelar o histograma das imagens de entrada como funções de densidade de probabilidade gaussiana na forma:

$$Pr(r) = \frac{1}{\sqrt{2\pi}\sigma} e^{-\frac{(r-m)^2}{2\sigma^2}}$$

onde *m* e σ são a média e o desvio padrão da função de densidade de probabilidade gaussiana. A metodologia é fazer com que *m* e σ sejam medidas da intensidade média e contraste de uma determinada imagem. Qual é a função de transformação que você utilizaria para a equalização de histograma?

3.9 Considerando valores contínuos, mostre, por meio de um exemplo, que é possível ter um caso no qual a função de transformação dada na Equação 3.3-4 satisfaça as condições (a) e (b) da Seção 3.3.1, mas seu inverso pode deixar de satisfazer a condição (a').

3.10 (a) Mostre que a função de transformação discreta dada pela Equação 3.3-8 para a equalização de histograma satisfaz as condições (a) e (b) da Seção 3.3.1.

*(b) Mostre que a transformação inversa discreta da Equação 3.3-9 satisfaz as condições (a') e (b) da Seção 3.3.1 somente se nenhum dos níveis de intensidade de r_k, $k = 0, 1, \ldots, L-1$ estiverem faltando.

3.11 Uma imagem com intensidades no intervalo [0, 1] tem a PDF (função densidade de probabilidade) $p_r(r)$ mostrada no diagrama a seguir. Deseja-se transformar os níveis de intensidade dessa imagem de forma que eles tenham o $p_z(z)$ especificado mostrado na figura. Considere quantidades contínuas e descubra a transformação (em termos de *r* e *z*) que realizará isso.

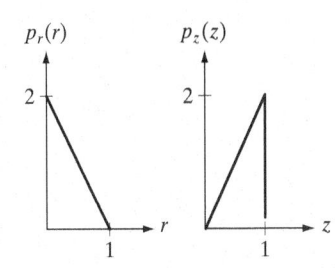

*3.12 Proponha um método para atualizar o histograma local para a utilização na técnica de realce local discutida na Seção 3.3.3.

3.13 Duas imagens, $f(x, y)$ e $g(x, y)$, têm histogramas h_f e h_g. Dê as condições nas quais é possível obter os histogramas de

*(a) $f(x, y) + g(x, y)$
(b) $f(x, y) - g(x, y)$
(c) $f(x, y) \times g(x, y)$
(d) $f(x, y) \div g(x, y)$

em termos de h_f e h_g. Explique como obter o histograma em cada caso.

3.14 As imagens mostradas a seguir são bastante diferentes, mas seus histogramas são idênticos. Suponha que cada imagem seja borrada com um filtro de média 3 × 3.

(a) Os histogramas das imagens borradas continuariam iguais? Explique.
(b) Se sua resposta for não, esboce os dois histogramas.

3.15 A implementação de filtros espaciais lineares requer o procedimento de mover o centro de uma máscara pela imagem e, em cada posição, calcular a soma dos produtos dos coeficientes da máscara com os pixels correspondentes nessa posição (veja a Seção 3.4). Um filtro passa-baixa pode ser implementado definindo todos os coeficientes como 1, permitindo a utilização do algoritmo filtro retangular ou de *média móvel*, que consiste em atualizar apenas a parte do cálculo que muda de uma posição à seguinte.

*(a) Formule um algoritmo como esse para um filtro $n \times n$, mostrando a natureza dos cálculos envolvidos e a sequência de varredura utilizada para mover a máscara por toda a imagem.
(b) A razão entre o número de cálculos realizados por uma implementação de força bruta e o número de cálculos realizados pelo algoritmo filtro retangular é chamada de *vantagem computacional*. Obtenha a vantagem computacional neste caso plotando-a como uma função de n para $n > 1$. O fator de escala $1/n^2$ é comum aos dois métodos, de forma que você não precisa levá-lo em consideração no cálculo da vantagem computacional. Considere que a imagem tenha uma borda externa de zeros grande o suficiente para permitir que os efeitos de borda sejam ignorados em sua análise.

3.16 *(a) Suponha você filtre uma imagem, $f(x, y)$, com uma máscara de filtragem espacial, $w(x, y)$, utilizando a convolução, como definido na Equação 3.4-2, na qual a máscara é menor que a imagem nas duas direções. Demonstre a importante propriedade de, se a soma dos coeficientes da máscara for zero, a soma de todos os elementos no arranjo resultante da convolução (imagem filtrada) também será zero (você pode ignorar imprecisões computacionais). Você também pode presumir que a borda da imagem foi preenchida com o número apropriado de zeros.

(b) O resultado de (a) será o mesmo se a filtragem for implementada utilizando a correlação, como definida na Equação 3.4-1?

3.17 Discuta o efeito limitador da aplicação repetida de um filtro espacial passa-baixa 3 × 3 a uma imagem digital. Você pode ignorar os efeitos da borda.

3.18 (a) Foi definido na Seção 3.5.2 que agrupamentos isolados de pixels escuros ou claros (em relação ao fundo), cuja área seja menor que metade da área de um filtro de mediana, são eliminados (forçados a se aproximar do valor da mediana dos vizinhos) pelo filtro. Considere um filtro de tamanho $n \times n$, com n ímpar, e explique por que isso ocorre.

(b) Considere uma imagem que contenha vários conjuntos de agrupamentos de pixels. Considere que todos os pontos em um agrupamento sejam mais claros ou mais escuros do que o fundo (mas não os dois simultaneamente no mesmo agrupamento), e que a área de cada agrupamento seja menor ou igual a $n^2/2$. Em termos de n, em que condição um ou mais desses agrupamentos deixariam de ser isolados no sentido descrito na parte (a)?

*3.19 (a) Desenvolva um procedimento para calcular a mediana de uma vizinhança $n \times n$.

(b) Proponha uma técnica para atualizar o valor da mediana à medida que o centro da vizinhança se move de um pixel ao outro.

3.20 (a) Em um aplicativo de reconhecimento de caracteres, páginas de texto são reduzidas à forma binária utilizando uma função de transformação de limiarização da forma mostrada na Figura 3.2(b). Isso é seguido de um procedimento que reduz os caracteres até que eles se tornem sequências de 1s binários sobre um fundo de 0s. Em razão do ruído, os processos de binarização e redução resultam em sequências interrompidas de caracteres, com lacunas variando de 1 a 3 pixels. Uma forma de "reparar" as lacunas é aplicar uma máscara de média sobre a imagem binária para borrá-la e, assim, criar junções de pixels diferentes de zero entre as lacunas. Calcule o tamanho (ímpar) da menor máscara de média capaz de realizar essa tarefa.

(b) Depois de preencher as lacunas, deseja-se limiarizar a imagem para convertê-la de volta à forma binária. Para sua resposta em (a), qual é o valor mínimo do limiar necessário para fazer isso, sem provocar novas interrupções dos segmentos?

3.21 As três imagens mostradas aqui foram borradas utilizando máscaras de média quadradas de tamanhos $n = 23$, 25 e 45, respectivamente. As barras verticais na parte inferior esquerda de (a) e (c) estão borradas, mas há uma clara separação entre elas. Contudo, as barras na imagem (b) acabaram se mesclando, apesar do fato de a máscara que produziu essa imagem ser significativamente menor do que a máscara que produziu a imagem (c). Explique por que isso acontece.

(a)   (b)

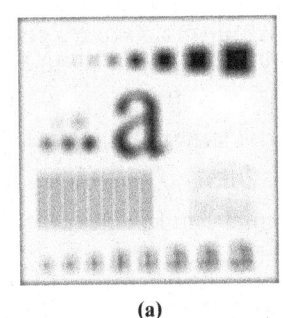

(c)

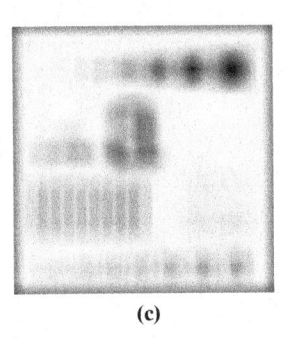

3.22 Considere uma aplicação como a mostrada na Figura 3.34, na qual se deseja eliminar objetos menores do que os englobados por um quadrado de tamanho $q \times q$ pixels. Suponha que queiramos reduzir a intensidade média desses objetos a um décimo de seu valor médio original. Dessa forma, esses objetos se aproximarão da intensidade do plano de fundo e poderão ser eliminados por meio de uma limiarização. Calcule o tamanho (ímpar) do menor filtro de média que realizará a redução desejada na intensidade média passando a máscara sobre a imagem apenas uma vez.

3.23 Em uma dada aplicação, um filtro de média é aplicado a imagens de entrada para reduzir o ruído, e um filtro laplaciano é aplicado para realçar pequenos detalhes. O resultado seria o mesmo se a ordem dessas operações fosse invertida?

*3.24 Mostre que o laplaciano definido na Equação 3.6-3 é isotrópico (invariante em rotação). Você precisará das equações a seguir relacionando as coordenadas para a rotação do eixo por um ângulo θ:

$$x = x' \cos\theta - y' \sin\theta$$
$$y = x' \sin\theta + y' \cos\theta$$

onde (x, y) são as coordenadas não rotacionadas e (x', y') são as coordenadas rotacionadas.

*3.25 Você viu na Figura 3.38 que o laplaciano com um –8 no centro gera resultados mais nítidos (maior aguçamento) do que o laplaciano com um –4 no centro. Explique detalhadamente por que isso acontece.

3.26 Com referência ao Exercício 3.25:

(a) Utilizar uma máscara "similar ao laplaciano", mas de tamanho maior, digamos, de tamanho 5×5 com um –24 no centro, levaria a um resultado ainda mais nítido? Explique em detalhes.

(b) Como esse tipo de filtragem se comporta de acordo com o tamanho da máscara?

3.27 Construa um filtro 3×3 para realizar a máscara de nitidez passando uma única vez por uma imagem. Considere que a imagem média seja obtida utilizando o filtro da Figura 3.32(a).

*3.28 Demonstre que subtrair o laplaciano de uma imagem é equivalente a utilizar a máscara de nitidez. Utilize a definição para o laplaciano apresentada na Equação 3.6-6.

3.29 (a) Demonstre que a magnitude do gradiente dada na Equação 3.6-11 é uma operação isotrópica. (Veja o Exercício 3.24.)

(b) Mostre que a propriedade isotrópica é em geral perdida se o gradiente for calculado utilizando a Equação 3.6-12.

3.30 Uma câmera de TV do tipo CCD é utilizada para realizar um estudo de longo prazo observando a mesma área 24 horas por dia, durante 30 dias. Imagens digitais são capturadas e transmitidas a uma central a cada 5 minutos. A iluminação da cena varia entre a luz diurna natural e iluminação artificial. Em momento algum a cena fica sem iluminação, de forma que é sempre possível obter uma imagem. Como a variação da iluminação é tal que se mantém sempre na faixa linear de operação da câmera, decide-se não empregar nenhum mecanismo de compensação na própria câmera. Em vez disso, foi decidido utilizar técnicas de processamento de imagens para o pós-processamento, normalizando as imagens ao equivalente de uma iluminação constante. Proponha um método para fazer isso. Você pode utilizar qualquer método que quiser, mas explique claramente todos as considerações feitas para chegar a seu objetivo.

3.31 Demonstre que o ponto de cruzamento da Figura 3.46(d) é dado por $b = (a + c)/2$.

3.32 Utilize as definições de conjunto *fuzzy* da Seção 3.8.2 e as funções de pertinência básicas da Figura 3.46 para formar as funções de pertinência mostradas a seguir.

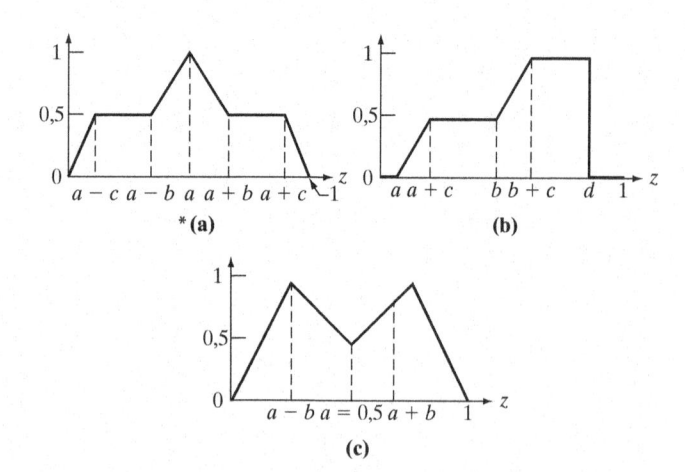

3.33 Qual seria o efeito de aumentar o tamanho da vizinhança na metodologia de filtragem *fuzzy* discutida na Seção 3.8.5? Explique em detalhes a sua resposta (você pode utilizar um exemplo para sustentar sua resposta).

3.34 Elabore um sistema *fuzzy*, baseado em regras, para reduzir os efeitos do ruído impulsivo em uma imagem ruidosa com valores de intensidade no intervalo $[0, L-1]$. Como na Seção 3.8.5, utilize apenas as diferenças d_2, d_4, d_6 e d_8 em uma vizinhança 3×3 para simplificar o exercício. Seja z_5 a intensidade no centro da vizinhança, em qualquer ponto da imagem. Os valores de intensidade de saída correspondentes devem ser $z_5' = z_5 + v$, onde v é a saída para seu sistema *fuzzy*. Em outras palavras, a saída de seu sistema *fuzzy* é um fator de correção utilizado para *reduzir* o efeito de um ruído espiculado que pode estar presente no centro da vizinhança 3×3. Considere que os picos de ruído ocorrem com distâncias suficientes entre eles, de forma que você não precise se preocupar com a presença de múltiplos picos de ruído na mesma vizinhança. Os picos podem ser escuros ou claros. Utilize funções de pertinência triangulares.

*(a) Elabore uma abordagem *fuzzy* para esse problema.

*(b) Especifique as regras SE-ENTÃO e SENÃO.

(c) Especifique graficamente as funções de pertinência, como na Figura 3.57.

(d) Mostre uma representação gráfica do conjunto de regras, como na Figura 3.58.

(e) Esboce um diagrama resumindo seu sistema *fuzzy*, similar ao da Figura 3.52.

Capítulo 4
Filtragem no domínio da frequência

> Filtro: um dispositivo ou material para suprimir ou minimizar ondas ou oscilações de determinadas frequências.
> Frequência: o número de vezes que uma função periódica repete a mesma sequência de valores durante uma variação unitária da variável independente.
> *Webster's New Collegiate Dictionary*

Apresentação

Apesar de termos dedicado significativa atenção, no capítulo anterior, à filtragem espacial, um conhecimento aprofundado dessa área é impossível sem a compreensão de como a transformada de Fourier e o domínio da frequência podem ser utilizados na filtragem de imagens. Pode-se desenvolver uma sólida compreensão desse tema sem precisar tornar-se um especialista em processamento de sinais. A chave é se concentrar nos fundamentos e na sua relevância para o processamento digital de imagens. A notação, normalmente uma fonte de dificuldades para os iniciantes, é significativamente esclarecida neste capítulo, e mostra a relação entre as características da imagem e as ferramentas matemáticas utilizadas para representá-las. Este capítulo se ocupa especialmente de formar as bases para a compreensão da transformada de Fourier e como ela é utilizada na filtragem básica de imagens. Mais adiante, nos capítulos 5, 8, 10 e 11, analisaremos outras aplicações da transformada de Fourier. Abriremos a discussão com uma breve explicação das origens da transformada de Fourier e sua influência sobre inúmeras áreas da matemática, ciência e engenharia. Depois, veremos os princípios básicos da amostragem de funções e prosseguiremos passo a passo para derivar as transformadas discretas de Fourier uni e bidimensionais, que são os elementos fundamentais do processamento no domínio da frequência. Ao longo desta análise, também veremos vários aspectos importantes da amostragem, como o *aliasing*, cujo tratamento requer conhecimento do domínio da frequência, que, por esse motivo, é tratado neste capítulo. Em seguida, veremos uma formulação da filtragem no domínio da frequência e o desenvolvimento de seções análogas às técnicas de filtragem para aguçamento e suavização no domínio do espaço, discutidas no Capítulo 3. Concluiremos o capítulo discutindo questões relacionadas ao uso da transformada de Fourier no contexto do processamento de imagens. Como o conteúdo das seções 4.2 a 4.4 apresenta informações básicas, leitores familiarizados com os conceitos do processamento de sinais unidimensionais, incluindo a transformada de Fourier, amostragem, *aliasing* e o teorema da convolução, podem prosseguir para a Seção 4.5, na qual daremos início à discussão a respeito da transformada de Fourier bidimensional e sua aplicação no processamento digital de imagens.

4.1 Fundamentos

4.1.1 Uma breve história da série e da transformada de Fourier

O matemático francês Jean Baptiste Joseph Fourier nasceu em 1768 na pequena cidade de Auxerre, aproximadamente a meio caminho entre Paris e Dijon. A contribuição pela qual ele é mais lembrado foi esboçada em um texto biográfico em 1807 e publicada em 1822 em seu livro, *La théorie analitique de la chaleur* (A teoria analítica do calor). Esse livro foi traduzido para o inglês 55 anos mais tarde por Freeman (veja Freeman, 1878). Basicamente, a contribuição de Fourier neste campo afirma que qualquer função periódica pode ser expressa como a soma de senos e/ou cossenos de diferentes frequências, cada uma multiplicada por um coeficiente diferente (essa soma passou a ser conhecida como *série de Fourier*). Não importa o nível de complexidade da função; se ela for periódica e satisfizer algumas pequenas condições matemáticas, ela pode ser representada por essa soma. Podemos não pensar muito a respeito hoje em dia, mas, na época em que foi elaborado, o conceito de que funções complicadas poderiam ser representadas como uma soma de simples senos e cossenos não era tão evidente (Figura 4.1), de forma que não é de surpreender que as ideias de Fourier tenham sido inicialmente recebidas com ceticismo.

Até funções não periódicas (mas cuja área sob a curva é finita) podem ser expressas como uma integral de senos e/ou cossenos multiplicada por uma função de ponderação. A formulação nesse caso é a *transformada de Fourier*, e sua utilidade é ainda maior do que a série de Fourier em muitas disciplinas teóricas e aplicadas. Ambas as representações têm em comum a importante característica de que uma função, expressa em uma série ou em uma transformada de Fourier, pode ser totalmente reconstruída (recuperada) por meio de um processo inverso, sem perda de informação. Essa é uma das características mais importantes das representações, porque nos permite trabalhar no "domínio de Fourier" e, depois, retornar ao domínio original da função sem perder qualquer informação. Foi a utilidade da série e da transformada de Fourier para solucionar problemas práticos que acabou fazendo com que elas fossem amplamente estudadas e utilizadas como ferramentas fundamentais.

Inicialmente, as ideias de Fourier foram aplicadas na área de difusão de calor, na qual elas permitiram a formulação de equações diferenciais que representavam o fluxo de calor, de modo que as soluções puderam ser obtidas pela primeira vez. Durante o século passado, e especialmente nos últimos 50 anos, indústrias e disciplinas acadêmicas inteiras prosperaram com base nas ideias de Fourier. O advento dos computadores digitais e a "descoberta" do algoritmo da transformada rápida de Fourier (FFT, de *fast Fourier transform*) no início da década de 1960 (leia mais a respeito mais adiante) revolucionaram a área do processamento de sinais. Essas duas tecnologias básicas permitiram pela primeira vez o processamento prático de uma série de sinais de excepcional importância, que variam dos monitores e digitalizadores médicos até as modernas comunicações eletrônicas.

Abordaremos apenas funções (imagens) de duração finita, de forma que nosso interesse se concentrará na transformada de Fourier. A próxima seção apresenta a transformada de Fourier e o domínio da frequência. Mostraremos que as técnicas de Fourier proporcionam uma forma relevante e prática de estudar e implementar uma série de metodologias de processamento de imagens. Em alguns casos, essas metodologias são similares às que analisamos no Capítulo 3.

4.1.2 Sobre os exemplos deste capítulo

Assim como no Capítulo 3, a maioria dos exemplos de filtragem de imagens deste capítulo se refere ao realce de imagens. Por exemplo, a suavização e o aguçamento são tradicionalmente associados ao realce de imagens, bem como às técnicas de manipulação de contraste. Por sua própria natureza, o realce é considerado interessante e de compreensão relativamente simples pelos iniciantes no processamento digital de imagens. Dessa forma, utilizar exemplos de realce de imagens neste capítulo não apenas nos poupa de um capítulo adicional como também, e o mais importante, constitui uma metodologia eficaz para apresentar aos iniciantes as técnicas de filtragem no domínio da frequência. Utilizaremos métodos de

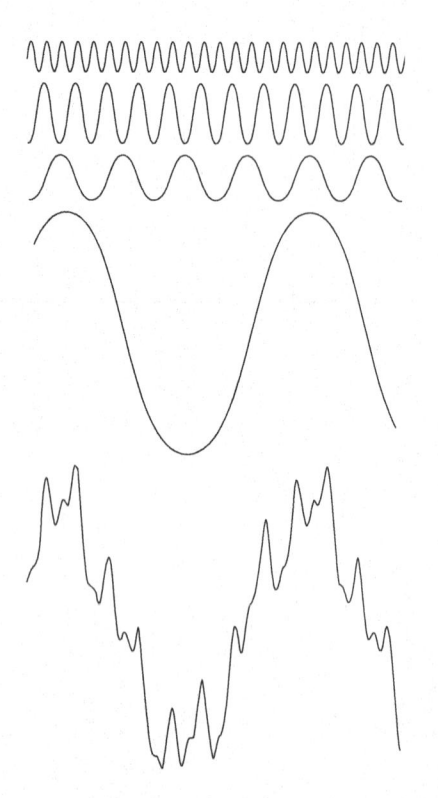

Figura 4.1 A função mais abaixo é a soma das quatro funções acima dela. A ideia de Fourier, desenvolvida em 1807, de que as funções periódicas poderiam ser representadas como uma soma ponderada de senos e cossenos foi recebida com ceticismo.

processamento de domínio da frequência em outras aplicações nos capítulos 5, 8, 10 e 11.

4.2 Conceitos preliminares

Para simplificar o desenvolvimento das ideias apresentadas neste capítulo, faremos uma breve pausa para apresentar vários conceitos básicos que fundamentam o conteúdo das seções subsequentes.

4.2.1 Números complexos

Um número complexo, C, é definido como

$$C = R + jI \quad (4.2\text{-}1)$$

onde R e I são números reais, e j é um número imaginário igual à raiz quadrada de -1, isto é, $i = \sqrt{-1}$. Aqui, R expressa a *parte real* do número complexo, e I é sua *parte imaginária*. Os números reais são um subconjunto dos números complexos, no qual $I = 0$. O *conjugado* de um número complexo C, expresso por C^*, é definido como

$$C^* = R - jI \quad (4.2\text{-}2)$$

Os números complexos podem ser vistos geometricamente como pontos em um plano (chamado de *plano complexo*), cuja abscissa é o *eixo real* (valores de R), e cuja ordenada é o *eixo imaginário* (valores de I). Isto é, o número complexo $R + jI$ é o ponto (R, I) no sistema coordenado retangular do plano complexo.

Algumas vezes, é útil representar os números complexos em coordenadas polares,

$$C = |C|(\cos\theta + j\,\text{sen}\,\theta) \quad (4.2\text{-}3)$$

sendo que $|C| = \sqrt{R^2 + I^2}$ é o tamanho do vetor que se estende da origem do plano complexo ao ponto (R, I), e θ é o ângulo entre o vetor e o eixo real. Traçando um diagrama simples dos eixos real e complexo com o vetor no primeiro quadrante, será revelado que $\tan\theta = (I/R)$ ou $\theta = \arctan(I/R)$. A função *arco-tangente* (*arctan*) retorna ângulos no intervalo $[-\pi/2, \pi/2]$. Contudo, como I e R podem ser positivos e negativos de forma independente, precisamos ser capazes de obter ângulos em todo o intervalo $[-\pi, \pi]$. Isso é realizado simplesmente rastreando o sinal de I e de R ao calcular θ. Muitas linguagens de programação fazem isso automaticamente por meio das funções chamadas de *arco-tangente de quatro quadrantes*. Por exemplo, o Matlab inclui a função `atan(Imag,Real)` para essa finalidade.

Utilizando a fórmula de Euler,

$$e^{j\theta} = \cos\theta + j\,\text{sen}\,\theta \quad (4.2\text{-}4)$$

onde $e = 2,71828...$, temos a seguinte representação familiar de números complexos em coordenadas polares,

$$C = |C|e^{j\theta} \quad (4.2\text{-}5)$$

considerando $|C|$ e θ definidos anteriormente. Por exemplo, a representação polar do número complexo $1 + j2$ é $\sqrt{5}e^{j\theta}$, onde $\theta = 64,4°$ ou 1,1 radiano. As equações anteriores também são aplicáveis a funções complexas. Por exemplo, uma função complexa, $F(u)$, de uma variável u, pode ser expressa como a soma $F(u) = R(u) + jI(u)$, onde $R(u)$ e $I(u)$ são as funções componentes real e imaginária. Como observamos anteriormente, o conjugado complexo é $F^*(u) = R(u) - jI(u)$, a magnitude é $|F(u)| = \sqrt{R(u)^2 + I(u)^2}$, e o ângulo é $\theta(u) = \arctan[I(u)/R(u)]$. Retomaremos as funções complexas em várias ocasiões neste e no próximo capítulo.

4.2.2 Série de Fourier

Como indicado na Seção 4.1.1, uma função $f(t)$ de uma variável contínua t periódica com o período, T, pode ser expressa como a soma dos senos e cossenos multiplicada por coeficientes apropriados. Essa soma, conhecida como *série de Fourier*, tem a forma

$$f(t) = \sum_{n=-\infty}^{\infty} c_n e^{j\frac{2\pi n}{T}t} \quad (4.2\text{-}6)$$

sendo

$$c_n = \frac{1}{T}\int_{-T/2}^{T/2} f(t) e^{-j\frac{2\pi n}{T}t}\,dt$$

para

$$n = 0, \pm 1, \pm 2, ... \quad (4.2\text{-}7)$$

os coeficientes. O fato de a Equação 4.2-6 ser uma expansão de senos e cossenos resulta da fórmula de Euler, Equação 4.2-4. Retomaremos a série de Fourier mais adiante nesta seção.

4.2.3 Impulsos e sua propriedade de peneiramento (*sifting*)

Fundamental no estudo dos sistemas lineares e da transformada de Fourier é o conceito de um impulso[*] e sua propriedade de peneiramento (*sifting*). Um *impulso unitário* de uma variável contínua t localizada em $t = 0$, expresso por $t = 0$, é *definido* como:

---

[*] Um impulso não é uma função no sentido comum. Um termo mais preciso seria *função generalizada* ou *de distribuição*. No entanto, é comum encontrar na literatura termos como *função impulso*, *função delta* e *função delta de Dirac*, apesar da nomenclatura incorreta.

$$\delta(t) = \begin{cases} \infty & \text{se } t = 0 \\ 0 & \text{se } t \neq 0 \end{cases} \quad (4.2\text{-}8a)$$

e também é restrito para satisfazer a identidade

$$\int_{-\infty}^{\infty} \delta(t)dt = 1 \quad (4.2\text{-}8b)$$

Fisicamente, se interpretamos t como tempo, um impulso pode ser visto como um pico de amplitude infinita e duração zero, tendo área unitária. Um impulso tem a chamada *propriedade de peneiramento*[*] no que se refere à integração,

$$\int_{-\infty}^{\infty} f(t)\delta(t)dt = f(0) \quad (4.2\text{-}9)$$

considerando que $f(t)$ é contínua em $t = 0$, que é uma condição normalmente satisfeita na prática. O peneiramento simplesmente nos informa o *valor* da função $f(t)$ na *posição* do impulso (isto é, a origem, $t = 0$, na equação anterior). Uma afirmação mais geral sobre a propriedade de peneiramento envolve um impulso localizado em um ponto arbitrário t_0, expresso por $\delta(t - t_0)$. Nesse caso, a propriedade de peneiramento passa a ser

$$\int_{-\infty}^{\infty} f(t)\delta(t - t_0)dt = f(t_0) \quad (4.2\text{-}10)$$

que resulta no valor da função na posição do impulso, t_0. Por exemplo, se $f(t) = \cos(t)$, utilizando o impulso $\delta(t - \pi)$ na Equação 4.2-10, temos o resultado $f(\pi) = \cos(\pi) = -1$. O poder do conceito de peneiramento será demonstrado em breve.

Seja x uma variável *discreta*. O *impulso unitário discreto*, $\delta(x)$, atende a todos os propósitos no contexto dos sistemas discretos como faz o impulso $\delta(t)$ ao trabalhar com variáveis contínuas. Ele é definido como

$$\delta(x) = \begin{cases} 1 & x = 0 \\ 0 & x \neq 0 \end{cases} \quad (4.2\text{-}11a)$$

Claramente, essa definição também satisfaz o equivalente discreto da Equação 4.2-8(b):

$$\sum_{x=-\infty}^{\infty} \delta(x) = 1 \quad (4.2\text{-}11b)$$

A propriedade de peneiramento para variáveis discretas tem a fórmula

$$\sum_{x=-\infty}^{\infty} f(x)\delta(x) = f(0) \quad (4.2\text{-}12)$$

ou, em termos mais gerais, utilizando um impulso discreto localizado em $x = x_0$,

$$\sum_{x=-\infty}^{\infty} f(x)\delta(x - x_0) = f(x_0) \quad (4.2\text{-}13)$$

Como antes, vimos que a propriedade de peneiramento simplesmente resulta no valor da função na posição do impulso. A Figura 4.2 mostra graficamente um impulso unitário discreto. Diferentemente de sua contraparte contínua, o impulso discreto é uma função ordinária.

De particular interesse, analisaremos mais adiante nesta seção um *trem de impulsos*, $s_{\Delta T}(t)$, definido como a soma de um número infinito de impulsos *periódicos* espaçados de ΔT:

$$s_{\Delta T}(t) = \sum_{n=-\infty}^{\infty} \delta(t - n\Delta T) \quad (4.2\text{-}14)$$

A Figura 4.3 mostra um trem de impulsos. Os impulsos podem ser contínuos ou discretos.

4.2.4 A transformada de Fourier de funções de uma variável contínua

A *transformada de Fourier* de uma função contínua $f(t)$ de uma variável contínua, t, expressa por $\Im\{f(t)\}$, é *definida* pela equação[**]

$$\Im\{f(t)\} = \int_{-\infty}^{\infty} f(t)e^{-j2\pi\mu t}dt \quad (4.2\text{-}15)$$

sendo que μ é também uma variável contínua. Como t é eliminado pela integração, $\Im\{f(t)\}$ é uma função apenas de μ. Denotamos explicitamente esse fato formulando a transformada de Fourier como $\Im\{f(t)\} = F(\mu)$; isto é, a transformada de Fourier de $f(t)$ pode ser expressa convenientemente como

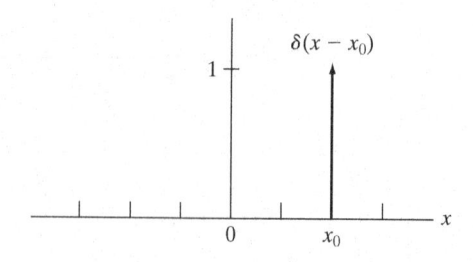

Figura 4.2 Um impulso unitário discreto posicionado em $x = x_0$. A variável x é discreta e δ é 0 em qualquer ponto, exceto em $x = x_0$.

---

[*] *Sifting* significa, literalmente, separar, ou separar passando através de uma peneira.

[**] Em geral, é complicado descrever as condições para a existência da transformada de Fourier (Champeney, 1987), mas uma condição suficiente para sua existência é que a integral do valor absoluto de $f(t)$, ou a integral do quadrado de $f(t)$, seja finita. Na prática, a condição de existência raramente é levada em consideração, exceto no caso de sinais idealizados, como senoides que se estendem eternamente. Lidamos com esses sinais utilizando funções impulso generalizadas. Nosso principal interesse é no par de transformadas discretas de Fourier, que, como veremos em breve, tem sua existência garantida para todas as funções finitas.

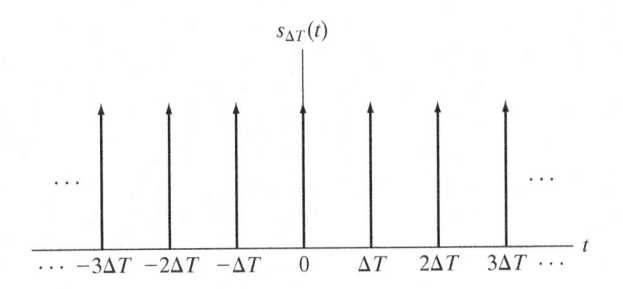

Figura 4.3 Um trem de impulsos.

$$F(\mu) = \int_{-\infty}^{\infty} f(t)e^{-j2\pi\mu t}dt \quad (4.2\text{-}16)$$

Inversamente, dada $F(\mu)$, podemos obter novamente $f(t)$ utilizando a *transformada inversa de Fourier*, $f(t) = \Im^{-1}\{F(\mu)\}$, expressa como

$$f(t) = \int_{-\infty}^{\infty} F(\mu)e^{j2\pi\mu t}d\mu \quad (4.2\text{-}17)$$

na qual nos utilizamos do fato de que a variável μ é eliminada por meio da integração na transformada inversa e expressa simplesmente como $f(t)$, em vez da notação menos prática $f(t) = \Im^{-1}\{F(\mu)\}$. As equações 4.2-16 e 4.2-17 consistem no chamado *par de transformadas de Fourier*. Elas indicam o importante fato mencionado na Seção 4.1 de que uma função pode ser recuperada a partir de sua transformada.

Utilizando a fórmula de Euler, podemos expressar a Equação 4.2-16 como

$$F(\mu) = \int_{-\infty}^{\infty} f(t)\cos(2\pi\mu t) - j\,\text{sen}(2\pi\mu t)dt \quad (4.2\text{-}18)$$

Se $f(t)$ é real, vemos que sua transformada em geral é complexa. Observe que a transformada de Fourier é uma extensão de $f(t)$ multiplicada por termos senoidais cujas frequências são definidas pelos valores de μ (a variável t é eliminada pela integração, como mencionamos anteriormente). Como a única variável restante após a integração é a frequência, dizemos que o domínio da transformada de Fourier é o *domínio da frequência*. Discutiremos o domínio da frequência e suas propriedades em mais detalhes mais adiante neste capítulo. Na nossa análise, t^* pode representar qualquer variável contínua e as unidades da variável da frequência μ dependem das unidades de t. Por exemplo, se t representar tempo em segundos, as unidades de μ serão ciclos/s. ou Hertz (Hz). Se t representar a distância em metros, as unidades de μ serão ciclos/metro, e assim por diante. Em outras palavras, as unidades do domínio da frequência são ciclos por unidades da variável independente da função de entrada.

Exemplo 4.1 Obtenção da transformada de Fourier de uma função simples.

A transformada de Fourier da função da Figura 4.4(a) resulta da Equação 4.2-16:

$$\begin{aligned}F(\mu) &= \int_{-\infty}^{\infty} f(t)e^{-j2\pi\mu t}\,dt = \int_{-W/2}^{W/2} Ae^{-j2\pi\mu t}\,dt \\ &= \frac{-A}{j2\pi\mu}\left[e^{-j2\pi\mu t}\right]_{-W/2}^{W/2} = \frac{-A}{j2\pi\mu}\left[e^{-j\pi\mu W} - e^{j\pi\mu W}\right] \\ &= \frac{A}{j2\pi\mu}\left[e^{j\pi\mu W} - e^{-j\pi\mu W}\right] \\ &= AW\frac{\text{sen}(\pi\mu W)}{(\pi\mu W)}\end{aligned}$$

na qual utilizamos a identidade trigonométrica $\text{sen}\,\theta = (e^{j\theta} - e^{-j\theta})/2j$. Neste caso, os termos complexos da transformada de Fourier se combinam perfeitamente com uma função seno real. O resultado no último passo da expressão anterior é conhecido como função *sinc*:

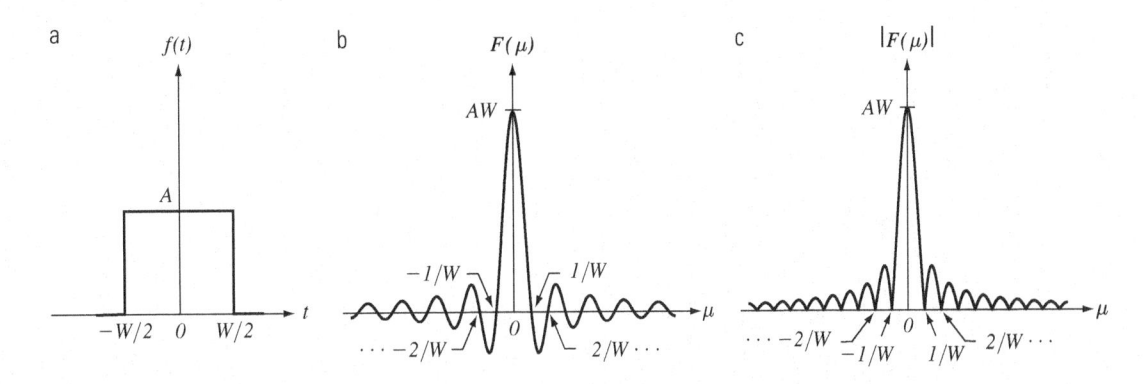

Figura 4.4 (a) Uma função simples; (b) sua transformada de Fourier; e (c) o espectro. Todas as funções se estendem ao infinito em ambas as direções.

---

* Para fins de padronização com a terminologia utilizada nos dois capítulos anteriores, e para sua utilização posterior neste capítulo em relação a imagens, nos referimos ao domínio da variável t em geral como o *domínio do espaço*.

$$\text{sinc}(m) = \frac{\text{sen}(\pi m)}{(\pi m)} \qquad (4.2\text{-}19)$$

na qual $sinc(0) = 1$ e $sinc(m) = 0$ para qualquer outro valor *inteiro* de m. A Figura 4.4(b) mostra o gráfico de $F(\mu)$.

Em geral, a transformada de Fourier contém termos complexos, e costuma-se, para fins de visualização, trabalhar com a magnitude da transformada (um valor real), chamada de *espectro de Fourier* ou *espectro de frequência*:

$$|F(\mu)| = AW \left| \frac{\text{sen}(\pi \mu W)}{(\pi \mu W)} \right|$$

A Figura 4.4(c) mostra um gráfico de $|F(\mu)|$ como uma função da frequência. As propriedades-chave a serem observadas são que as posições dos zeros, tanto de $F(\mu)$ quanto de $|F(\mu)|$ são *inversamente* proporcionais à largura, W, da função "retangular" (*box*), que a altura dos "lóbulos" diminui em função da distância da origem e que a função se estende até o infinito, para valores de μ tanto positivos quanto negativos. Como veremos mais adiante, essas propriedades são bastante úteis na interpretação do espectro de transformadas de Fourier 2-D de imagens.

Exemplo 4.2 Transformada de Fourier de um impulso e de um trem de impulsos.

A transformada de Fourier de um impulso unitário localizado na origem provém da Equação 4.2-16:

$$\begin{aligned} F(\mu) &= \int_{-\infty}^{\infty} \delta(t) e^{-j2\pi\mu t} dt \\ &= \int_{-\infty}^{\infty} e^{-j2\pi\mu t} \delta(t) dt \\ &= e^{-j2\pi\mu 0} = e^0 \\ &= 1 \end{aligned}$$

sendo que o terceiro passo resulta da propriedade de peneiramento da Equação 4.2-9. Dessa forma, vemos que a transformada de Fourier de um impulso posicionado na origem do domínio do espaço é uma constante no domínio da frequência. De forma similar, a transformada de Fourier de um impulso posicionado em $t = t_0$ é

$$\begin{aligned} F(\mu) &= \int_{-\infty}^{\infty} \delta(t-t_0) e^{-j2\pi\mu t} dt \\ &= \int_{-\infty}^{\infty} e^{-j2\pi\mu t} \delta(t-t_0) dt \\ &= e^{-j2\pi\mu t_0} \\ &= \cos(2\pi\mu t_0) - j\,\text{sen}(2\pi\mu t_0) \end{aligned}$$

sendo que a terceira linha resulta da propriedade de peneiramento da Equação 4.2-10, e a última linha resulta da fórmula de Euler. Essas duas últimas linhas são representações equivalentes de um círculo unitário centrado na origem do plano complexo.

Na Seção 4.3, nos utilizaremos da transformada de Fourier de um trem de impulsos periódicos. A obtenção dessa transformada não é tão simples quanto acabamos de demonstrar para impulsos individuais. Contudo, entender como deduzir a transformada de um trem de impulsos é muito importante, de forma que tomaremos um tempo nessa dedução detalhada aqui. Começaremos observando que a única diferença na *fórmula* das equações 4.2-16 e 4.2-17 é o sinal do exponencial. Dessa forma, se uma função $f(t)$ tem a transformada de Fourier $F(\mu)$, essa última função calculada em t, isto é, $F(t)$, deve ter a transformada $f(-\mu)$. Utilizando essa propriedade de *simetria* e considerando, como demonstramos anteriormente, que a transformada de Fourier de um impulso $\delta(t-t_0)$ é $e^{-j2\pi\mu t_0}$, segue-se que a função $e^{-j2\pi\mu t_0}$ tem a transformada $\delta(-\mu - t_0)$. Supondo que $-t_0 = a$, segue-se que a transformada de $e^{j2\pi a t}$ é $\delta(-\mu + a) = \delta(\mu - a)$, onde o último passo é verdadeiro porque $\mu = a$ é diferente de zero somente para $\mu = a$, que é o mesmo resultado para $\delta(-\mu + a)$ ou para $\delta(\mu - a)$, de modo que as duas formas são equivalentes.

O trem de impulsos $s_{\Delta T}(t)$ na Equação 4.2-14 é periódico com período ΔT, de forma que sabemos, com base na Seção 4.2.2, que ela pode ser expressa como uma série de Fourier:

$$s_{\Delta T}(t) = \sum_{n=-\infty}^{\infty} c_n e^{j\frac{2\pi n}{\Delta T}t}$$

sendo

$$c_n = \frac{1}{\Delta T} \int_{-\Delta T/2}^{\Delta T/2} s_{\Delta T}(t) e^{-j\frac{2\pi n}{\Delta T}t} dt$$

Com referência à Figura 4.3, vemos que a integral no intervalo $[-\Delta T/2, \Delta T/2]$ engloba apenas o impulso de $s_{\Delta T}(t)$ localizado na origem. Dessa forma, a equação anterior se torna

$$\begin{aligned} c_n &= \frac{1}{\Delta T} \int_{-\Delta T/2}^{\Delta T/2} \delta(t) e^{-j\frac{2\pi n}{\Delta T}t} dt \\ &= \frac{1}{\Delta T} e^0 \\ &= \frac{1}{\Delta T} \end{aligned}$$

Assim, a expansão da série de Fourier se torna

$$s_{\Delta T}(t) = \frac{1}{\Delta T} \sum_{n=-\infty}^{\infty} e^{j\frac{2\pi n}{\Delta T}t}$$

Nosso objetivo é obter a transformada de Fourier dessa expressão. Como o somatório é um processo linear, a obtenção da transformada de Fourier de uma soma equivale a obter a soma das transformadas dos componentes individuais. Esses componentes são exponenciais, e definimos anteriormente neste exemplo que

$$\Im\left\{ e^{j\frac{2\pi n}{\Delta T}t} \right\} = \delta\left(\mu - \frac{n}{\Delta T} \right)$$

Assim, $S(\mu)$, a transformada de Fourier do trem de impulsos periódicos $s_{\Delta T}(t)$, é

$$S(\mu) = \Im\{s_{\Delta T}(t)\}$$
$$= \Im\left\{\frac{1}{\Delta T}\sum_{n=-\infty}^{\infty} e^{j\frac{2\pi n}{\Delta T}t}\right\}$$
$$= \frac{1}{\Delta T}\Im\left\{\sum_{n=-\infty}^{\infty} e^{j\frac{2\pi n}{\Delta T}t}\right\}$$
$$= \frac{1}{\Delta T}\sum_{n=-\infty}^{\infty} \delta\left(\mu - \frac{n}{\Delta T}\right)$$

Esse resultado fundamental nos informa que a transformada de Fourier de um trem de impulsos com período ΔT também é um trem de impulsos, cujo período é $1/\Delta T$. Essa proporcionalidade inversa entre os períodos de $s_{\Delta T}(t)$ e $S(\mu)$ é análoga ao que vimos na Figura 4.4 em relação à função retangular e sua transformada. Tal propriedade exerce papel fundamental no restante deste capítulo.

4.2.5 Convolução

Precisamos analisar mais um elemento fundamental antes de prosseguirmos. Apresentamos a ideia de convolução na Seção 3.4.2. Vimos que a convolução de duas funções envolve a rotação de uma função em 180° sobre sua origem e seu deslocamento passando pela outra. Em cada reposicionamento no processo de deslocamento, realizamos um cálculo, que, no caso do Capítulo 3, foi uma soma de produtos. Na presente análise, estamos interessados na convolução de duas funções contínuas, $f(t)$ e $h(t)$, de uma variável *contínua*, t, de forma que precisamos utilizar a integração em vez de um somatório. A convolução dessas duas funções, expressa, como antes, pelo operador ★, é *definida* como

$$f(t) \star h(t) = \int_{-\infty}^{\infty} f(\tau)h(t-\tau)d\tau \qquad (4.2\text{-}20)$$

na qual o sinal de menos representa a rotação de 180° que acabamos de mencionar, t é o *deslocamento* necessário para reposicionar uma função passando pela outra, e τ é uma variável local que é eliminada pela integração. Por enquanto, consideramos que as funções se estendem de $-\infty$ a ∞.

Ilustramos o funcionamento básico de uma convolução na Seção 3.4.2 e faremos o mesmo mais adiante neste capítulo e no Capítulo 5. Por enquanto, nosso interesse é calcular a transformada de Fourier da Equação 4.2-20. Comecemos com a Equação 4.2-15:

$$\Im\{f(t)\star h(t)\} = \int_{-\infty}^{\infty}\left[\int_{-\infty}^{\infty} f(\tau)h(t-\tau)d\tau\right]e^{-j2\pi\mu t}dt$$
$$= \int_{-\infty}^{\infty} f(\tau)\left[\int_{-\infty}^{\infty} h(t-\tau)e^{-j2\pi\mu t}dt\right]d\tau$$

O termo entre colchetes é a transformada de Fourier de $h(t - \tau)$. Demonstramos mais adiante neste capítulo que $\Im\{h(t-\tau)\} = H(\mu)e^{-j2\pi\mu\tau}$, sendo $H(\mu)$ a transformada de Fourier de $h(t)$. Aplicando esse fato à equação anterior, temos

$$\Im\{f(t)\star h(t)\} = \int_{-\infty}^{\infty} f(\tau)\left[H(\mu)e^{-j2\pi\mu\tau}\right]d\tau$$
$$= H(\mu)\int_{-\infty}^{\infty} f(\tau)e^{-j2\pi\mu\tau}d\tau$$
$$= H(\mu)F(\mu)^*$$

Lembrando da Seção 4.2.4, que nos referimos ao domínio de t como o domínio do espaço e ao domínio de μ como o domínio da frequência, a equação anterior nos informa que a transformada de Fourier da convolução de duas funções no domínio do espaço é igual ao produto, no domínio da frequência, das transformadas de Fourier das duas funções. Inversamente, se tivermos o produto das duas transformadas, podemos obter a convolução no domínio do espaço calculando a transformada inversa de Fourier. Em outras palavras, $f(t) \star h(t)$ e $H(\mu)F(\mu)$ são um par de transformadas de Fourier. Esse resultado representa metade do *teorema da convolução* e é expresso como

$$f(t) \star h(t) \Leftrightarrow H(\mu)F(\mu) \qquad (4.2\text{-}21)$$

A seta dupla é utilizada para indicar que a expressão à direita é obtida pela transformada de Fourier da expressão à esquerda, ao passo que a expressão à esquerda é obtida pela transformada *inversa* de Fourier da expressão à direita.

Seguindo uma lógica similar, poderia resultar na outra metade do teorema da convolução:

$$f(t)h(t) \Leftrightarrow H(\mu) \star F(\mu) \qquad (4.2\text{-}22)$$

que afirma que a convolução no domínio da frequência é análoga à multiplicação no domínio do espaço, e as duas são relacionadas pelas transformadas direta e inversa de Fourier, respectivamente. Como veremos mais adiante neste capítulo, o teorema da convolução constitui a base para a filtragem do domínio da frequência.

4.3 Amostragem e a transformada de Fourier de funções amostradas

Nesta seção, utilizaremos os conceitos da Seção 4.2 para formular as bases para expressar matematicamente a amostragem. Isso nos levará, partindo de princípios básicos, à transformada de Fourier de funções amostradas.

---

* O mesmo resultado seria obtido se a ordem de $f(t)$ e $h(t)$ fosse invertida. Então, a convolução é comutativa.

4.3.1 Amostragem

As funções contínuas devem ser convertidas em uma sequência de valores discretos antes de poderem ser processadas em um computador. Isso é realizado utilizando a amostragem e a quantização, como apresentamos brevemente na Seção 2.4. Na análise seguinte, examinaremos a amostragem em mais detalhes.

Com referência à Figura 4.5, considere uma função contínua, $f(t)$, que desejamos obter amostras em intervalos uniformes de (ΔT) da variável independente t. Consideramos que a função se estenda de $-\infty$ a ∞ em relação a t. Uma forma de modelar a amostragem é multiplicar $f(t)$ por uma *função de amostragem* equivalente a um trem de impulsos espaçados de ΔT, como vimos na Seção 4.2.3.* Isto é,

$$\tilde{f}(t) = f(t)s_{\Delta T}(t) = \sum_{n=-\infty}^{\infty} f(t)\delta(t - n\Delta T) \quad (4.3\text{-}1)$$

onde $\tilde{f}(t)$ expressa a função amostrada. Cada componente dessa somatória é um impulso ponderado pelo valor de $f(t)$ na posição do impulso, como mostra a Figura 4.5(c). O *valor* de cada amostra é, portanto, determinado pela "força" do impulso ponderado que obtemos por integração. Isto é, o valor, f_k de uma amostra arbitrária na sequência é dado por

$$\begin{aligned}f_k &= \int_{-\infty}^{\infty} f(t)\delta(t - k\Delta T)dt \\ &= f(k\Delta T)\end{aligned} \quad (4.3\text{-}2)$$

onde utilizamos a propriedade de peneiramento de δ da Equação 4.2-10. A Equação 4.3-2 se aplica a qualquer valor inteiro $k = ..., -2, -1, 0, 1, 2,...$. A Figura 4.5(d) mostra o resultado que consiste em amostras igualmente espaçadas da função original.

4.3.2 A transformada de Fourier de funções amostradas

Seja $F(\mu)$ a transformada de Fourier de uma função contínua $f(t)$. Como vimos na seção anterior, a função amostrada correspondente, $\tilde{f}(t)$, é o produto de $f(t)$ com um trem de impulsos. Sabemos, com base no teorema da convolução apresentado na Seção 4.2.5, que a transformada de Fourier do produto de duas funções no domínio do espaço é a convolução das transformadas das duas funções no domínio da frequência. Dessa forma, a transformada de Fourier, $\tilde{F}(\mu)$, da função amostrada $\tilde{f}(t)$ é:

$$\begin{aligned}\tilde{F}(\mu) &= \Im\{\tilde{f}(t)\} \\ &= \Im\{f(t)s_{\Delta T}(t)\} \\ &= F(\mu) \star S(\mu)\end{aligned} \quad (4.3\text{-}3)$$

sendo que, do Exemplo 4.2,

$$S(\mu) = \frac{1}{\Delta T} \sum_{n=-\infty}^{\infty} \delta\left(\mu - \frac{n}{\Delta T}\right) \quad (4.3\text{-}4)$$

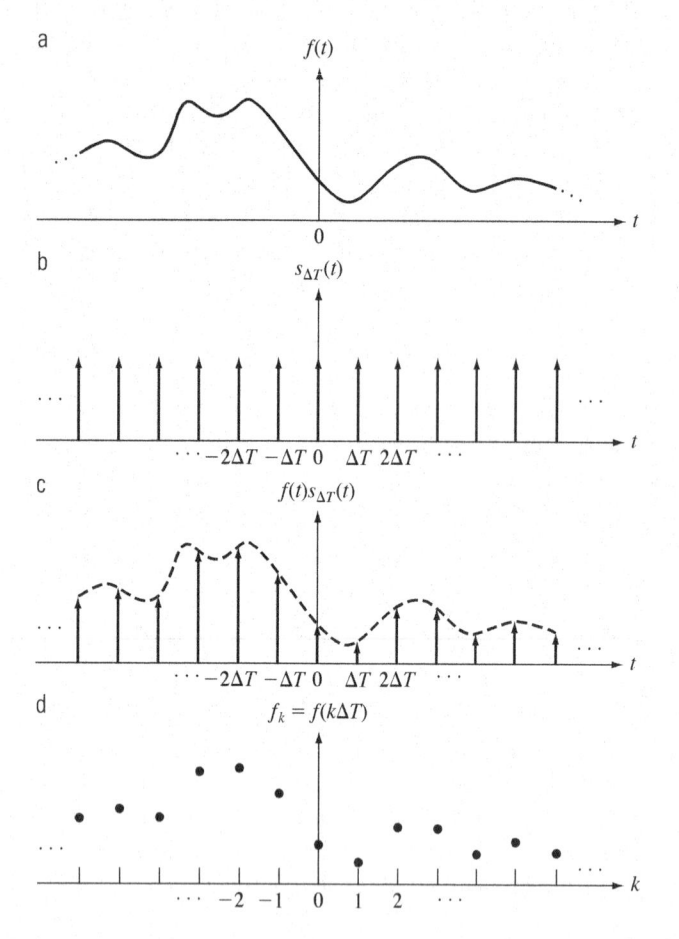

Figura 4.5 (a) Função contínua. (b) Trem de impulsos utilizado para modelar o processo de amostragem. (c) Função amostrada formada pelo produto de (a) e (b). (d) Amostras obtidas pela integração e pelo uso da propriedade de peneiramento do impulso. (A linha tracejada em (c) foi incluída para referência. Ela não faz parte dos dados.)

é a transformada de Fourier do trem de impulsos $s_{\Delta T}(t)$. Obtemos a convolução de $F(\mu)$ e $S(\mu)$ diretamente da definição da Equação 4.2-20:

$$\begin{aligned}\tilde{F}(\mu) &= F(\mu) \star S(\mu) \\ &= \int_{-\infty}^{\infty} F(\tau)S(\mu - \tau)d\tau \\ &= \frac{1}{\Delta T}\int_{-\infty}^{\infty} F(\tau)\sum_{n=-\infty}^{\infty}\delta\left(\mu - \tau - \frac{n}{\Delta T}\right)d\tau\end{aligned}$$

---

* Obter amostras em intervalos de ΔT implica uma *taxa de amostragem* equivalente a $1/\Delta T$. Se as unidades de ΔT forem segundos, então a taxa de amostragem é em amostras/s. Se as unidades de ΔT forem metros, então a taxa de amostragem é em amostras/m, e assim por diante.

$$= \frac{1}{\Delta T} \sum_{n=-\infty}^{\infty} \int_{-\infty}^{\infty} F(\tau)\delta\left(\mu - \tau - \frac{n}{\Delta T}\right)d\tau$$

$$= \frac{1}{\Delta T} \sum_{n=-\infty}^{\infty} F\left(\mu - \frac{n}{\Delta T}\right) \qquad (4.3\text{-}5)$$

onde o passo final resulta da propriedade de peneiramento do impulso, como determinado na Equação 4.2-10.

O somatório da última linha da Equação 4.3-5 mostra que a transformada de Fourier $\tilde{F}(\mu)$ da função amostrada $\tilde{f}(t)$ é uma sequência *infinita e periódica* de *cópias* de $F(\mu)$, que é a transformada da função original contínua. O intervalo entre as cópias é determinado pelo valor de $1/\Delta T$. Observe que, apesar de $\tilde{f}(t)$ ser uma função amostrada, sua transformada $\tilde{F}(\mu)$ é *contínua*, pois consiste de cópias de $F(\mu)$, que é uma função contínua.

A Figura 4.6 apresenta um resumo gráfico dos resultados anteriormente apresentados.* A Figura 4.6(a) é um esboço da transformada de Fourier, $F(\mu)$, de uma função $f(t)$, e a Figura 4.6(b) mostra a transformada, $\tilde{F}(\mu)$, da função amostrada. Como mencionamos na seção anterior, o valor $1/\Delta T$ é a taxa de amostragem utilizada para gerar a função amostrada. Dessa forma, na Figura 4.6(b) a taxa de amostragem foi alta o suficiente para proporcionar separação suficiente entre os períodos e, portanto, preservar a integridade de $F(\mu)$. Na Figura 4.6(c), a taxa de amostragem foi suficiente apenas para preservar a $F(\mu)$, mas, na Figura 4.6(d), a taxa de amostragem estava abaixo do mínimo necessário para manter cópias distintas de $F(\mu)$ e, portanto, não pôde preservar a transformada original. A Figura 4.6(b) é o resultado da *sobreamostragem* de um sinal (*over-sampling*), ao passo que as figuras 4.6(c) e (d) são os resultados da *amostragem crítica* (*critically-sampling*) e da *subamostragem* (*under-sampling*) do sinal, respectivamente. Esses conceitos formam as bases para o conteúdo a ser desenvolvido na próxima seção.

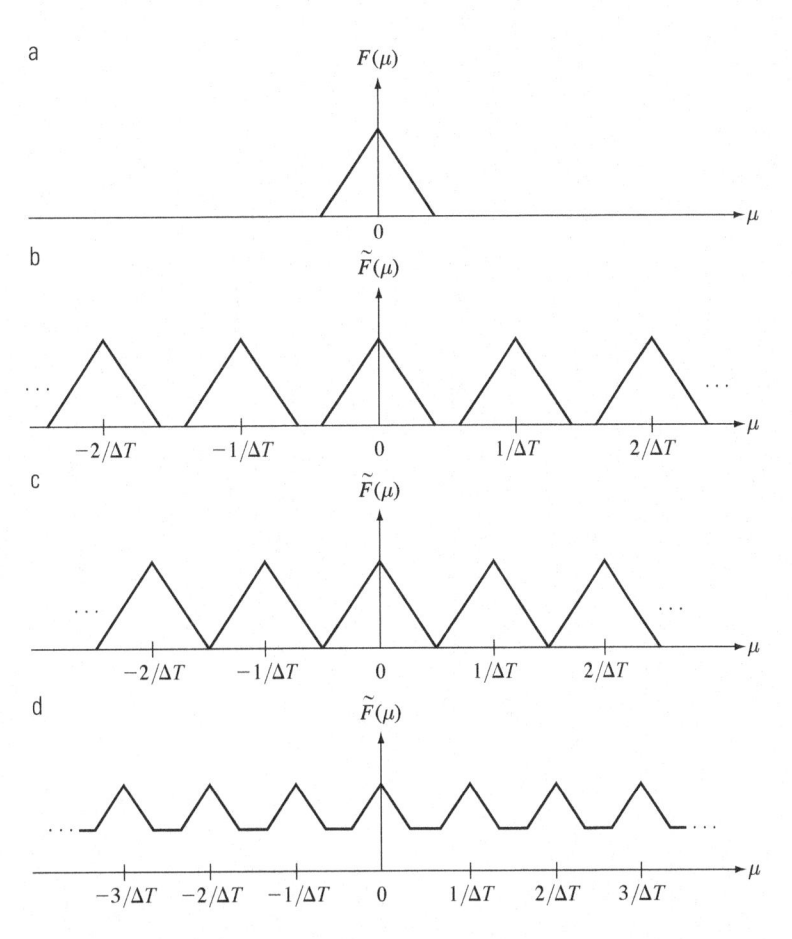

Figura 4.6 (a) Transformada de Fourier de uma função de banda limitada. (b) a (d) Transformadas da função amostrada correspondente sob as condições de sobreamostragem, amostragem crítica e subamostragem, respectivamente.

---

* Para fins de clareza das ilustrações, dos esboços das transformadas de Fourier na Figura 4.6 e de outras figuras similares neste capítulo, ignore o fato de que as transformadas normalmente são funções complexas.

4.3.3 O teorema da amostragem

Apresentamos intuitivamente a ideia da amostragem na Seção 2.4. Agora, analisaremos formalmente o processo de amostragem e definiremos as condições nas quais uma função contínua pode ser *unicamente recuperada* a partir do conjunto de suas amostras.

Uma função *f(t)* cuja transformada de Fourier é zero para valores de frequências fora de um intervalo finito (banda) $[-\mu_{máx}, \mu_{máx}]$ em relação à origem é chamada de função de *banda limitada*. A Figura 4.7(a), que é uma secção ampliada da Figura 4.6(a), representa uma função como essa. De forma similar, a Figura 4.7(b) apresenta uma visão mais detalhada da transformada de uma função criticamente amostrada, ilustrada na Figura 4.6(c). Um valor mais baixo de $1/\Delta T$ faria com que os períodos em $\tilde{F}(\mu)$ se mesclassem; um valor mais alto proporcionaria uma separação clara entre os períodos.

É possível recuperar *f(t)* a partir de sua versão amostrada se pudermos isolar uma cópia de $F(\mu)$ a partir da sequência periódica de cópias dessa função contida em $\tilde{F}(\mu)$, a transformada da função amostrada $\tilde{f}(t)$. Lembre, com base na discussão da seção anterior, que $\tilde{F}(\mu)$ é uma função *periódica* e *contínua*, com período $1/\Delta T$. Dessa forma, só precisamos de um período completo para caracterizar toda a transformada. Isso significa que podemos recuperar *f(t)* com base nesse único período, utilizando a transformada inversa de Fourier.

É possível extrair a partir de um único período igual a $F(\mu)$ se a separação entre as cópias for suficiente (veja a Figura 4.6). Em termos da Figura 4.7(b), a separação suficiente é garantida se $1/2\Delta T > \mu_{máx}$ ou

$$\frac{1}{\Delta T} > 2\mu_{máx} \quad (4.3-6)$$

Essa equação indica que uma função de banda limitada, contínua, pode ser totalmente recuperada a partir de um conjunto de suas amostras se estas forem adquiridas em uma taxa maior que o dobro da frequência mais alta contida na função*. Esse resultado é conhecido como *teorema da amostragem***. Podemos dizer, com base nesse

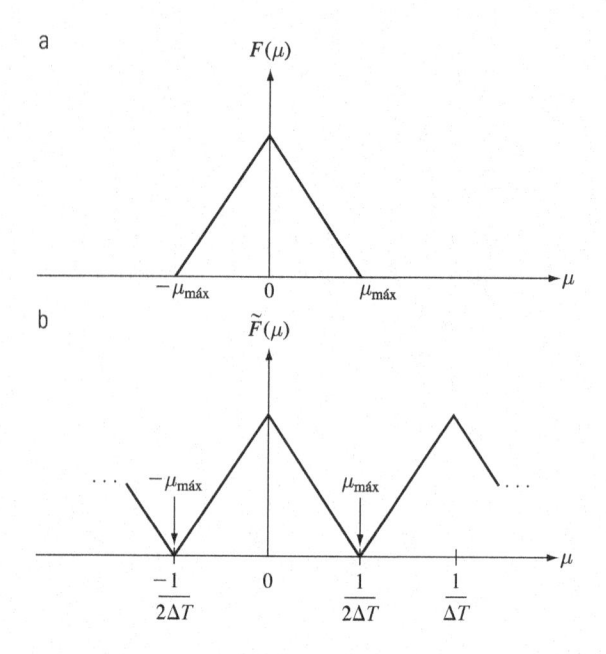

Figura 4.7 (a) Transformada de uma função de banda limitada. (b) Transformada resultante da amostragem crítica da mesma função.

resultado, que nenhuma informação é perdida se uma função de banda limitada, contínua, for representada por amostras obtidas em uma taxa maior que o dobro da frequência mais alta da função. Inversamente, podemos dizer que a frequência *máxima* que pode ser "capturada" pela amostragem de um sinal em uma taxa $1/\Delta T$ é $\mu_{máx} = 1/2\Delta T$. A amostragem na taxa de Nyquist algumas vezes é suficiente para a recuperação perfeita da função, mas há casos nos quais isso leva a dificuldades, como ilustraremos mais adiante no Exemplo 4.3. Dessa forma, o teorema da amostragem especifica que a amostragem deve exceder a taxa de Nyquist.

Para ver como é possível, em princípio, recuperar $F(\mu)$ a partir de $\tilde{F}(\mu)$, veja a Figura 4.8, que mostra a transformada de Fourier de uma função amostrada em uma taxa ligeiramente maior que a taxa de Nyquist. A função na Figura 4.8(b) é definida pela equação***

$$H(\mu) = \begin{cases} \Delta T & -\mu_{máx} \leq \mu \leq \mu_{máx} \\ 0 & \text{caso contrário} \end{cases} \quad (4.3-7)$$

Quando multiplicada pela sequência periódica da Figura 4.8(a), essa função isola o período centrado na origem. Então, como mostra a Figura 4.8(c), obtemos $F(\mu)$ multiplicando $\tilde{F}(\mu)$ por $H(\mu)$:

$$F(\mu) = H(\mu)\tilde{F}(\mu) \quad (4.3-8)$$

Uma vez que temos $F(\mu)$, podemos recuperar *f(t)* utilizando a transformada inversa de Fourier:

---

* Uma taxa de amostragem equivalente a *exatamente* o dobro da frequência mais alta é chamada de *taxa de Nyquist*.

** O teorema da amostragem é uma teoria fundamental do processamento de sinais digitais. Ele foi formulado pela primeira vez em 1928 por Harry Nyquist, um cientista e engenheiro da Bell Laboratories. Claude E. Shannon, também da Bell Labs, comprovou formalmente o teorema em 1949. O interesse renovado no teorema da amostragem no fim dos anos 1940 foi motivado pelo advento dos primeiros sistemas de computação digital e comunicações modernas, que criaram uma necessidade de métodos que lidassem com dados digitais (de amostragem).

*** O valor ΔT na Equação 4.3-7 anula o $1/\Delta T$ na Equação 4.3-5.

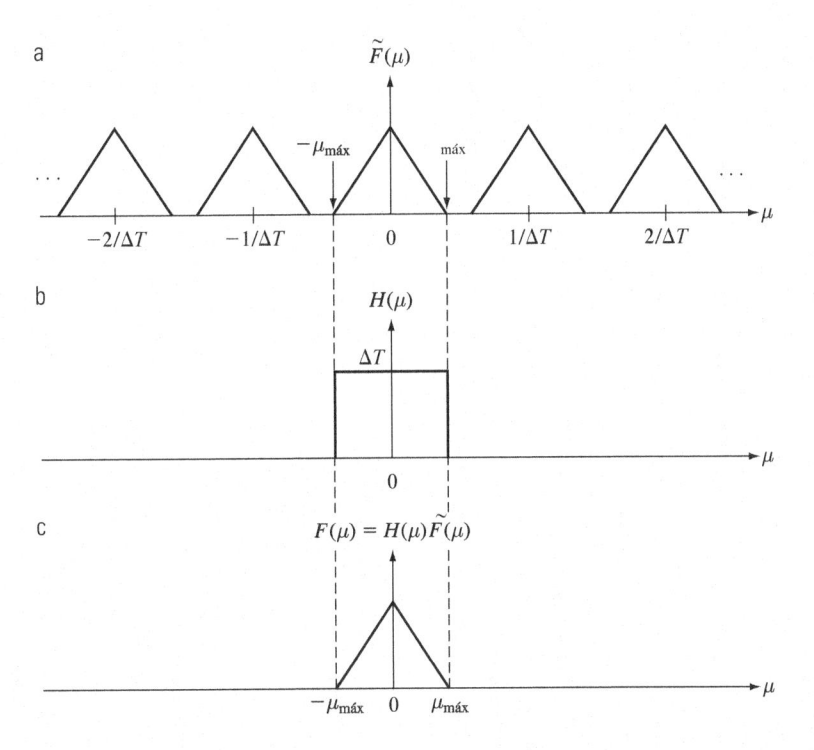

Figura 4.8 Extração de um período da transformada de uma função de banda limitada utilizando um filtro passa-baixa ideal.

$$f(t) = \int_{-\infty}^{\infty} F(\mu)e^{j2\pi\mu t}d\mu \qquad (4.3\text{-}9)$$

As equações 4.3-7 a 4.3-9 comprovam que, teoricamente, é possível recuperar uma função de banda limitada a partir de amostras da função obtida em uma taxa maior que o dobro da frequência mais alta da função. Como veremos na próxima seção, o requisito de que $f(t)$ deve ser de banda limitada em geral implica que $f(t)$ deve se estender de $-\infty$ a ∞, uma condição que não pode ser satisfeita na prática. Como veremos em breve, limitar a duração de uma função impossibilita a recuperação perfeita da função, exceto em alguns casos especiais.

A função $H(\mu)$ é chamada de *filtro passa-baixa* porque passa frequências na extremidade inferior do intervalo de frequência, mas elimina (por meio do filtro) todas as frequências mais altas. Ela também é um filtro passa-baixa *ideal* em razão de suas transições infinitamente rápidas de amplitude (entre 0 e ΔT na posição $-\mu_{máx}$ e o inverso em $\mu_{máx}$), uma característica que não pode ser obtida com componentes eletrônicos físicos. Podemos simular filtros ideais em *software*, mas, mesmo assim, teremos limitações, como explicaremos na Seção 4.7.2. Teremos muito mais a dizer sobre a filtragem mais adiante neste mesmo capítulo. Por serem instrumentos na recuperação (reconstrução) da função original a partir de suas amostras, os filtros utilizados para a finalidade que acabamos de discutir são chamados de *filtros de reconstrução*.

4.3.4 Aliasing

Uma pergunta lógica neste ponto é: o que acontece se uma função de banda limitada é amostrada em uma taxa menor que o dobro de sua frequência mais alta? Isso corresponde ao caso da subamostragem que discutimos na seção anterior. A Figura 4.9(a) é a mesma que a Figura 4.6(d), que ilustra essa condição. O efeito final da redução da taxa de amostragem abaixo da taxa de Nyquist é que os períodos agora se sobrepõem, e passa a ser impossível isolar um único período da transformada, independentemente do filtro utilizado. Por exemplo, utilizar o filtro passa-baixa ideal na Figura 4.9(b) resultaria em uma transformada corrompida pelas frequências dos períodos adjacentes, com mostra a Figura 4.9(c). A transformada inversa, então, geraria uma função corrompida de t. Esse efeito, provocado pela subamostragem de uma função, é conhecido como *aliasing de frequência* ou simplesmente *aliasing*. Em outras palavras, o *aliasing* é um processo no qual componentes de alta frequência de uma função contínua se "mascaram" como frequências mais baixas na função amostrada. Isso está de acordo com a utilização comum do termo *alias*, que significa "falsa identidade".

Infelizmente, exceto em alguns casos especiais mencionados a seguir, o *aliasing* está sempre presente em sinais amostrados porque, mesmo se a função amostrada original for de banda limitada, componentes de frequência infinita são introduzidos no momento em que limitamos a duração da função, o que sempre precisamos fazer na prática. Por exemplo, suponha que queiramos limitar a duração de uma função de banda limitada $f(t)$ a um intervalo, digamos, de $[0, T]$. Podemos fazer isso multiplicando $f(t)$ pela função

$$h(t) = \begin{cases} 1 & 0 \leq t \leq T \\ 0 & \text{caso contrário} \end{cases} \quad (4.3\text{-}10)$$

Essa função tem o mesmo formato básico que a Figura 4.4(a), cuja transformada, $H(\mu)$, tem componentes de frequência que se estendem ao infinito, como mostra a Figura 4.4(b). Com base no teorema da convolução, sabemos que a transformada do produto de $h(t)f(t)$ é a convolução das transformadas das funções. Mesmo que a transformada de $f(t)$ seja de banda limitada, a convolução com $H(\mu)$, que envolve deslocar uma função sobre a outra, produzirá um resultado com componentes de frequência se estendendo ao infinito. Dessa forma, nenhuma função de duração finita pode ser de banda limitada. Inversamente, uma função de banda limitada deve se estender de $-\infty$ a ∞.*

Concluímos que o *aliasing* é um resultado inevitável ao trabalharmos com sinais amostrados de tamanho finito pelas razões explicadas no parágrafo anterior. Na prática, os efeitos do *aliasing* podem ser *reduzidos* pela suavização da função de entrada para atenuar suas frequências mais altas (por exemplo, por meio do borramento no caso de uma imagem). Esse processo, chamado de *antialiasing*, precisa ser realizado *antes* da amostragem da função porque o *aliasing* é um problema de amostragem que não pode ser desfeito utilizando técnicas computacionais.

Exemplo 4.3 *Aliasing.*

A Figura 4.10 mostra um exemplo clássico de *aliasing*. Uma onda senoidal pura se estendendo infinitamente em ambas as direções tem uma frequência única de modo que, obviamente, é uma função de banda limitada. Suponha que a onda senoidal da figura (ignore os pontos por enquanto) tenha a equação sen(πt) e que o eixo horizontal corresponda ao tempo, t, em segundos. A função cruza o eixo em $t = \ldots -1, 0, 1, 2, 3 \ldots$.

O período, P, de sen(πt) é 2 s, e sua frequência é $1/P$, ou 1/2 ciclo/s.** De acordo com o teorema da amostragem, podemos recuperar esse sinal a partir de um conjunto de suas amostras se a taxa de amostragem, $1/\Delta T$, for maior que

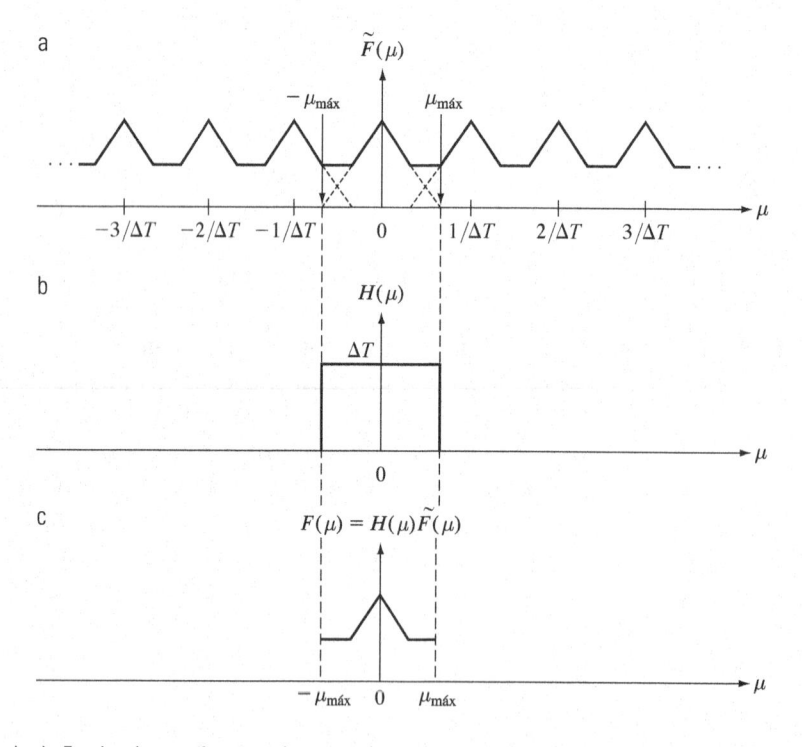

Figura 4.9 (a) Transformada de Fourier de uma função subamostrada e de banda limitada. (A interferência dos períodos adjacentes é mostrada tracejada na figura.) (b) O mesmo filtro passa-baixa ideal utilizado na Figura 4.8(b). (c) O produto de (a) e (b). A interferência proveniente dos períodos adjacentes resulta em *aliasing*, que impede a recuperação perfeita da função original, contínua e de banda limitada. Compare com a Figura 4.8.

---

* Um importante caso especial é quando uma função que se estende de $-\infty$ a ∞ é de banda limitada e periódica. Nesse caso, a função pode ser truncada e ainda será de banda limitada, contanto que o truncamento inclua exatamente um número inteiro de períodos. Um único período truncado (e, dessa forma, a função) pode ser representado por um conjunto de amostras discretas satisfazendo o teorema da amostragem retiradas do intervalo truncado.

** Lembre-se que 1 ciclo/s é definido como 1 Hz.

o dobro da mais alta frequência do sinal. Isso significa que uma taxa de amostragem maior que 1 amostra/s [2 × (1/2) = 1] ou $\Delta T < 1$ é necessária para recuperar o sinal. Observe que a amostragem desse sinal *exatamente* no dobro da frequência (1 amostra/s), com amostras de $t = \ldots -1, 0, 1, 2, 3 \ldots$, resulta em $\ldots$ sen$(-\pi)$, sen(0), sen(π), sen$(2\pi),\ldots$, que são todos 0. Isso explica a razão pela qual o teorema da amostragem requer uma taxa de amostragem maior que o dobro da frequência mais alta, como mencionado anteriormente.

Os pontos pretos da Figura 4.10 são amostras retiradas uniformemente em uma taxa menor do que 1 amostra/s (na verdade, o intervalo entre as amostras excede 2 s, o que resulta em uma taxa de amostragem menor que 1/2 amostra/s). O sinal amostrado se *parece* com uma onda senoidal, mas sua frequência é de cerca de *um décimo* da frequência do sinal original. Esse sinal amostrado, que tem uma frequência muito menor do que qualquer elemento presente na função contínua original, é um exemplo de *aliasing*. Dadas apenas as amostras na Figura 4.10, o problema do *aliasing* em um caso como esse é que não teríamos como saber que essas amostras não são uma representação real da função original. Como veremos mais adiante neste capítulo, o *aliasing* em imagens pode produzir, similarmente, resultados de forma enganosa.

4.3.5 Reconstrução (recuperação) da função a partir dos dados amostrados

Nesta seção, mostraremos que a reconstrução de uma função a partir de um conjunto de suas amostras corresponde, na prática, à interpolação entre as amostras. Até o simples ato de visualizar uma imagem requer a reconstrução da imagem a partir de suas amostras pelo sistema de exibição. Dessa forma, é importante compreender os fundamentos da reconstrução dos dados amostrados. A convolução é fundamental para desenvolver essa compreensão, mostrando mais uma vez a importância deste conceito.

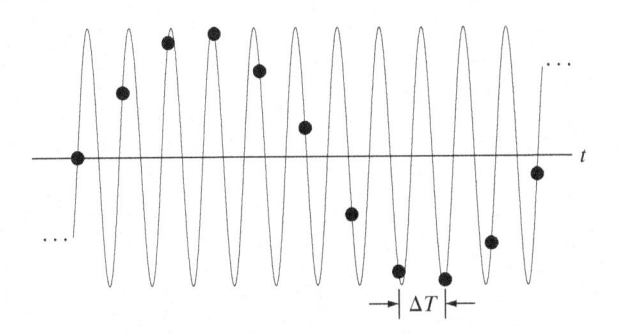

Figura 4.10 Ilustração do *aliasing*. A função subamostrada (pontos pretos) se parece com uma onda senoidal, com uma frequência muito menor que a frequência do sinal contínuo. O período da onda senoidal é 2 s, de forma que os cruzamentos por zero do eixo horizontal ocorrem a cada segundo. ΔT é o intervalo entre as amostras.

A análise da Figura 4.8 e da Equação 4.3-8 esboça o procedimento para a perfeita recuperação de uma função de banda limitada a partir de suas amostras utilizando métodos de domínio da frequência. Por meio do teorema da convolução podemos obter o resultado equivalente no domínio do espaço. Da Equação 4.3-8, $F(\mu) = H(\mu)\tilde{F}(\mu)$, segue-se, então, o que

$$\begin{aligned} f(t) &= \Im^{-1}\{F(\mu)\} \\ &= \Im^{-1}\{H(\mu)\tilde{F}(\mu)\} \\ &= h(t) \star \tilde{f}(t) \end{aligned} \quad (4.3\text{-}11)$$

sendo que o último passo resulta do teorema da convolução da Equação 4.2-21. É possível demonstrar (Exercício 4.6) que substituir a Equação 4.3-1 por $\tilde{f}(t)$ na Equação 4.3-11 e depois utilizar a Equação 4.2-20 leva à seguinte expressão no *domínio do espaço* para $f(t)$:

$$f(t) = \sum_{n=-\infty}^{\infty} f(n\Delta T)\text{sinc}\left[(t - n\Delta T)/\Delta T\right] \quad (4.3\text{-}12)$$

na qual a função *sinc* é definida na Equação 4.2-19. Esse resultado não surpreende porque a transformada inversa de Fourier do filtro retangular (*box filter*), $H(\mu)$, é uma função *sinc* (veja o Exemplo 4.1). A Equação 4.3-12 mostra que a função perfeitamente reconstruída é uma soma infinita de funções *sinc* ponderadas pelos valores da amostra e tem a importante propriedade na qual a função reconstruída é igual aos valores de amostra nos incrementos múltiplos inteiros de ΔT. Em outras palavras, para qualquer $t = k\Delta T$, onde k é um inteiro, $f(t)$ é igual à k-ésima amostra $f(k\Delta T)$. Isso resulta da Equação 4.3-12 porque $sinc(0) = 1$ e $sinc(m) = 0$ para qualquer outro valor inteiro de m. Entre os pontos de amostra, valores de $f(t)$ são *interpolações* formadas pela soma das funções *sinc*.

A Equação 4.3-12 requer um número infinito de termos para as interpolações entre amostras. Na prática, isso significa que precisamos procurar aproximações que sejam interpolações finitas entre as amostras. Como discutimos na Seção 2.4.4, os principais métodos de interpolação utilizados no processamento de imagens são a interpolação pelo vizinho mais próximo, bilinear e bicúbica. Veremos os efeitos da interpolação sobre as imagens na Seção 4.5.4.

4.4 A transformada discreta de Fourier (DFT) de uma variável

Um dos principais objetivos deste capítulo é a dedução da *transformada discreta de Fourier* (DFT, de *discrete Fourier transform*) começando dos princípios básicos. O conteúdo até este ponto pode ser visto como os fundamentos desses princípios básicos, de forma que agora já temos as ferramentas necessárias para deduzir a DFT.

4.4.1 Obtenção da DFT a partir da transformada contínua de uma função amostrada

Como discutimos na Seção 4.3.2, a transformada de Fourier de uma função amostrada de banda limitada se estendendo de $-\infty$ a ∞ é uma função *periódica*, *contínua*, que também se estende de $-\infty$ a ∞. Na prática, trabalhamos com um número finito de amostras, e o objetivo desta seção é deduzir a DFT correspondente a esses conjuntos de amostras.

A Equação 4.3-5 nos dá a transformada, $\tilde{F}(\mu)$, dos dados amostrados em termos da transformada da função original, mas não nos dá uma expressão para $\tilde{F}(\mu)$ em termos da função amostrada $\tilde{f}(t)$ em si. Calculamos essa expressão diretamente da definição da transformada de Fourier na Equação 4.2-16:

$$\tilde{F}(\mu) = \int_{-\infty}^{\infty} \tilde{f}(t)e^{-j2\pi\mu t}dt \qquad (4.4\text{-}1)$$

Substituindo a Equação 4.3-1 por $\tilde{f}(t)$, obtemos

$$\begin{aligned}\tilde{F}(\mu) &= \int_{-\infty}^{\infty} \tilde{f}(t)e^{-j2\pi\mu t}dt \\ &= \int_{-\infty}^{\infty} \sum_{n=-\infty}^{\infty} f(t)\delta(t-n\Delta T)e^{-j2\pi\mu t}dt \\ &= \sum_{n=-\infty}^{\infty} \int_{-\infty}^{\infty} f(t)\delta(t-n\Delta T)e^{-j2\pi\mu t}dt \\ &= \sum_{n=-\infty}^{\infty} f_n e^{-j2\pi\mu n\Delta T} \end{aligned} \qquad (4.4\text{-}2)$$

onde o último passo resulta da Equação 4.3-2. Apesar de f_n ser uma função discreta, sua transformada de Fourier $\tilde{F}(\mu)$ é contínua e infinitamente periódica com período $1/\Delta T$, como já sabemos, com base na Equação 4.3-5. Dessa forma, para caracterizar só precisamos de um período, e a amostragem de um período é a base para a DFT.

Suponha que queiramos obter M amostras igualmente espaçadas de $\tilde{F}(\mu)$ retiradas ao longo do período $\mu = 0$ a $\mu = 1/\Delta T$. Isso é feito realizando a amostragem nas seguintes frequências:

$$\mu = \frac{m}{M\Delta T}$$

$$m = 0, 1, 2, \ldots, M-1 \qquad (4.4\text{-}3)$$

Substituindo esse resultado por μ na Equação 4.4-2, com F_m expressando o resultado, temos

$$F_m = \sum_{n=0}^{M-1} f_n e^{-j2\pi mn/M}$$

$$m = 0, 1, 2, \ldots, M-1 \qquad (4.4\text{-}4)$$

Essa expressão é a transformada discreta de Fourier que estamos buscando.* Dado um conjunto $\{f_n\}$ que consiste em M amostras de $f(t)$, a Equação 4.4-4 resulta em um conjunto de amostras $\{F_m\}$ de M valores discretos complexos que correspondam à transformada discreta de Fourier do conjunto de amostras de entrada. Inversamente, dado $\{F_m\}$, podemos recuperar o conjunto de amostras $\{f_n\}$ utilizando a *transformada discreta de Fourier inversa* (IDFT, de *inverse discrete Fourier transform*)

$$f_n = \frac{1}{M}\sum_{m=0}^{M-1} F_m e^{j2\pi mn/M}$$

$$n = 0, 1, 2, \ldots, M-1 \qquad (4.4\text{-}5)$$

Não é difícil demonstrar (Exercício 4.8) que, substituindo a Equação 4.4-5 pelo termo f_n da Equação 4.4-4 tem-se a identidade $F_m \equiv F_m$. De forma similar, substituir F_m da Equação 4.4-5 pela Equação 4.4-4 resulta em $f_n \equiv f_n$. Isso implica que as equações 4.4-4 e 4.4-5 constituem um *par de transformadas discretas de Fourier*. Além disso, essas identidades indicam que as transformadas direta e inversa de Fourier existem para qualquer conjunto de amostras cujos valores são finitos. Observe que nenhuma expressão depende explicitamente do intervalo de amostragem ΔT nem dos intervalos de frequência da Equação 4.4-3. Dessa forma, o par DFT é aplicável a *qualquer* conjunto finito de amostras discretas colhidas uniformemente.

Utilizamos m e n na dedução anterior para expressar variáveis discretas por ser o mais comum para derivações. No entanto, é mais natural, especialmente em duas dimensões, utilizar a notação x e y para variáveis de coordenadas de imagem e u e v para variáveis de frequência, onde se entende que elas sejam *inteiras*.** Então, as equações 4.4-4 e 4.4-5 se tornam

---

* Note, na Figura 4.6(b), que o intervalo $[0, 1/\Delta T]$ cobre dois meios períodos consecutivos da transformada. Isso significa que os dados em F_m requerem uma nova ordenação para obter amostras que sejam classificadas da mais baixa à mais alta frequência de um período. Este é o preço pago pela praticidade de notação, na qual colhemos as amostras em $m = 0, 1, \ldots, M-1$, em vez de utilizar amostras em ambos os lados da origem, o que demandaria o uso de notação negativa. O procedimento para ordenar os dados da transformada é discutido na Seção 4.6.3.

** Tomamos o cuidado de utilizar t para variáveis espaciais contínuas e μ para as variáveis de frequência contínuas correspondentes. Deste ponto em diante, utilizaremos x e u para expressar variáveis discretas unidimensionais no domínio do espaço e da frequência, respectivamente. Ao lidar com funções bidimensionais, utilizaremos (t, z) e (μ, v) para expressar variáveis *contínuas* no domínio do espaço e da frequência, respectivamente. De forma similar, utilizaremos (x, y) e (u, v) para expressar seus equivalentes *discretos*.

$$f(u) = \sum_{x=0}^{M-1} f(x) e^{-j2\pi ux/M}$$

$$u = 0, 1, 2, \ldots, M-1 \quad (4.4\text{-}6)$$

e

$$f(x) = \frac{1}{M} \sum_{u=0}^{M-1} F(u) e^{j2\pi ux/M}$$

$$x = 0, 1, 2, \ldots, M-1 \quad (4.4\text{-}7)$$

nas quais usamos a notação funcional em vez de subscritos para fins de simplificação. Claramente, $F(u) \equiv F_m$ e $f(x) \equiv f_n$. A partir de agora, utilizaremos as equações 4.4-6 e 4.4-7 para expressar o par DFT unidimensional. Alguns autores incluem o termo $1/M$ na Equação 4.4-6 em vez da forma como mostramos na Equação 4.4-7. Isso não altera a comprovação de que as duas equações formam um par de transformadas de Fourier.

Pode-se demonstrar (Exercício 4.9) que tanto a transformada discreta direta quanto a inversa são infinitamente periódicas, com período M. Isto é,

$$F(u) = F(u + kM) \quad (4.4\text{-}8)$$

e

$$f(x) = f(x + kM) \quad (4.4\text{-}9)$$

sendo k é um número inteiro.*

O equivalente discreto da convolução na Equação 4.2-20 é

$$f(x) \; h(x) = \sum_{m=0}^{M-1} f(m) h(x-m) \quad (4.4\text{-}10)$$

para $x = 0, 1, 2, \ldots, M-1$. Como nas formulações anteriores as funções são periódicas, sua convolução também é periódica. A Equação 4.4-10 nos fornece um período da convolução periódica. Por isso, o processo inerente a essa equação muitas vezes é chamado de *convolução circular* e é um resultado direto da periodicidade da DFT e sua inversa. Isso contrasta com a convolução que estudamos na Seção 3.4.2, na qual os valores do deslocamento, x, eram determinados pelo requisito de deslocar uma função passando completamente pela outra e não se restringiam ao intervalo [0, $M-1$], como na convolução circular. Analisaremos essa diferença e sua importância na Seção 4.6.3 e na Figura 4.28.

Por fim, observamos que o teorema da convolução determinado nas equações 4.2-21 e 4.2-22 também é aplicável às variáveis discretas (Exercício 4.10).

4.4.2 Relacionamento entre intervalos de frequência e amostragem

Se $f(x)$ consiste em M amostras de uma função $f(t)$ obtidas em intervalos de ΔT, a duração do sinal que compõe o conjunto $\{f(x)\}$, $x = 0, 1, 2, \ldots, M-1$, é

$$T = M\Delta T \quad (4.4\text{-}11)$$

O espaçamento correspondente, $\Delta\mu$ no domínio da frequência discreta resulta da Equação 4.4-3:

$$\Delta u = \frac{1}{M\Delta T} = \frac{1}{T} \quad (4.4\text{-}12)$$

Todo o intervalo de frequência coberto pelos M componentes da DFT é

$$\Omega = M\Delta u = \frac{1}{\Delta T} \quad (4.4\text{-}13)$$

Dessa forma, vemos, a partir das equações 4.4-12 e 4.4-13, que a resolução em termos de frequência, Δu, da DFT depende da duração T ao longo da qual a função contínua, $f(t)$, é amostrada, e o intervalo de frequências coberto pela DFT depende do intervalo de amostragem ΔT. Observe que ambas as expressões apresentam relacionamentos *inversos* em relação a T e ΔT.

Exemplo 4.4 A mecânica do cálculo da DFT.

A Figura 4.11(a) mostra quatro amostras de uma função contínua, $f(t)$, obtidas em intervalos de ΔT. A Figura 4.11(b) mostra os valores da amostragem no domínio de x. Observe que os valores de x são 0, 1, 2 e 3, indicando que poderíamos nos referir a quaisquer quatro amostras de $f(t)$.

Da Equação 4.4-6,

$$F(0) = \sum_{x=0}^{3} f(x) = \left[f(0) + f(1) + f(2) + f(3) \right]$$
$$= 1 + 2 + 4 + 4 = 11$$

O próximo valor de $F(u)$ é

$$F(1) = \sum_{x=0}^{3} f(x) e^{-j2\pi(1)x/4}$$
$$= 1e^{0} + 2e^{-j\pi/2} + 4e^{-j\pi} + 4e^{-j3\pi/2} = -3 + 2j$$

---

* Não é óbvio por que a função discreta $f(x)$ deveria ser periódica, considerando que a função contínua da qual ela foi amostrada pode não ser. Uma maneira informal de entender isso é ter em mente que a amostragem resulta em uma DFT periódica. É lógico que $f(x)$, que é a DFT inversa, também deve ser periódica para que o par DFT possa existir.

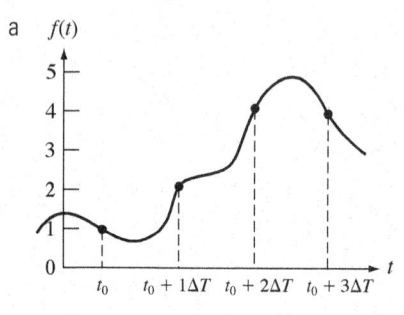

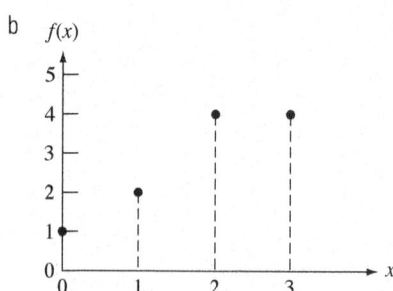

Figura 4.11 (a) Uma função e (b) amostras no domínio de x. Em (a), t é uma variável contínua; em (b), x representa valores inteiros.

De forma similar, $F(2) = -(1 + 0j)$ e $F(3) = -(3 + 2j)$. Observe que *todos* os valores de $f(x)$ são usados no cálculo de *cada* termo de $F(u)$.

Se, em vez disso, tivéssimos $F(u)$ e precisássemos calcular sua inversa, o procedimento seria o mesmo, mas utilizando a transformada inversa. Por exemplo,

$$f(0) = \frac{1}{4}\sum_{u=0}^{3} F(u)e^{j2\pi u(0)}$$
$$= \frac{1}{4}\sum_{u=0}^{3} F(u)$$
$$= \frac{1}{4}[11 - 3 + 2j - 1 - 3 - 2j]$$
$$= \frac{1}{4}[4] = 1$$

o que está de acordo com a Figura 4.11(b). Os outros valores de $f(x)$ são obtidos de modo similar.

4.5 Extensão para funções de duas variáveis

Nesta seção, estendemos para duas variáveis os conceitos apresentados nas seções 4.2 a 4.4.

4.5.1 O impulso 2-D e sua propriedade de peneiramento

O impulso, $\delta(t, z)$ de duas variáveis contínuas, t e z, é definido como na Equação 4.2-8:

$$\delta(t,z) = \begin{cases} \infty & \text{se } t = z = 0 \\ 0 & \text{caso contrário} \end{cases} \quad (4.5\text{-}1\text{a})$$

e

$$\int_{-\infty}^{\infty}\int_{-\infty}^{\infty} \delta(t,z)dt\,dz = 1 \quad (4.5\text{-}1\text{b})$$

Como no caso 1-D, o impulso 2-D apresenta a *propriedade de peneiramento (sifting)* em relação à integração,

$$\int_{-\infty}^{\infty}\int_{-\infty}^{\infty} f(t,z)\delta(t,z)dt\,dz = f(0,0) \quad (4.5\text{-}2)$$

ou, de forma mais geral, para um impulso localizado nas coordenadas (t_0, z_0),

$$\int_{-\infty}^{\infty}\int_{-\infty}^{\infty} f(t,z)\delta(t-t_0, z-z_0)dt\,dz = f(t_0, z_0) \quad (4.5\text{-}3)$$

Como antes, vemos que a propriedade de peneiramento resulta no valor da função $f(t, z)$ na posição do impulso.

Para variáveis discretas x e y, o impulso discreto 2-D é definido como

$$\delta(x,y) = \begin{cases} 1 & \text{se } x = y = 0 \\ 0 & \text{caso contrário} \end{cases} \quad (4.5\text{-}4)$$

e sua propriedade de peneiramento é

$$\sum_{x=-\infty}^{\infty}\sum_{y=-\infty}^{\infty} f(x,y)\delta(x,y) = f(0,0) \quad (4.5\text{-}5)$$

sendo $f(x, y)$ uma função das variáveis discretas x e y. Para um impulso localizado nas coordenadas (x_0, y_0) (veja a Figura 4.12), a propriedade de peneiramento é

$$\sum_{x=-\infty}^{\infty}\sum_{y=-\infty}^{\infty} f(x,y)\delta(x-x_0, y-y_0) = f(x_0, y_0) \quad (4.5\text{-}6)$$

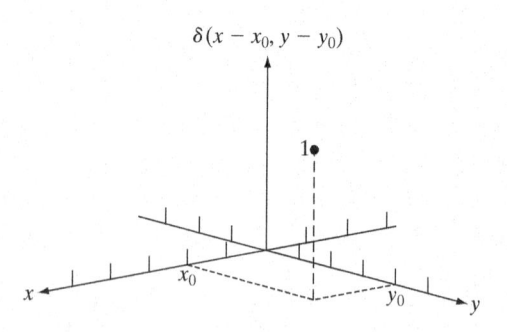

Figura 4.12 Impulso unitário discreto bidimensional. As variáveis x e y são discretas e δ é zero em todos os pontos, exceto nas coordenadas (x_0, y_0).

Como antes, a propriedade de peneiramento de um impulso discreto resulta no valor da função discreta $f(x, y)$ na posição do impulso.

4.5.2 O par contínuo de transformadas de Fourier 2-D

Seja $f(t, z)$ uma função contínua de duas variáveis contínuas, t e z. O par contínuo de transformadas de Fourier bidimensional é dado pelas expressões

$$F(\mu, v) = \int_{-\infty}^{\infty} \int_{-\infty}^{\infty} f(t,z) e^{-j2\pi(\mu t + vz)} \, dt \, dz \quad (4.5\text{-}7)$$

e

$$f(t,z) = \int_{-\infty}^{\infty} \int_{-\infty}^{\infty} F(\mu, v) e^{j2\pi(\mu t + vz)} \, d\mu \, dv \quad (4.5\text{-}8)$$

onde μ e v são variáveis de frequência. No que se refere às imagens, t e z são interpretadas como variáveis *espaciais* contínuas. E, no caso 1-D, o domínio das variáveis μ e v define o *domínio da frequência contínua*.

Exemplo 4.5 Obtenção da transformada de Fourier 2-D de uma função simples.

A Figura 4.13(a) mostra uma função 2-D análoga ao caso 1-D do Exemplo 4.1. Seguindo um procedimento similar ao utilizado nesse exemplo, temos o resultado

$$F(\mu, v) = \int_{-\infty}^{\infty} \int_{-\infty}^{\infty} f(t,z) e^{-j2\pi(\mu t + vz)} \, dt \, dz$$
$$= \int_{-T/2}^{T/2} \int_{-Z/2}^{Z/2} A e^{-j2\pi(\mu t + vz)} \, dt \, dz$$
$$= ATZ \left[\frac{\text{sen}(\pi \mu T)}{(\pi \mu T)} \right] \left[\frac{\text{sen}(\pi v Z)}{(\pi v Z)} \right]$$

A magnitude (espectro) é dada pela expressão

$$|F(\mu, v)| = ATZ \left[\frac{\text{sen}(\pi \mu T)}{(\pi \mu T)} \right] \left[\frac{\text{sen}(\pi v Z)}{(\pi v Z)} \right]$$

A Figura 4.13(b) mostra uma porção do espectro nas proximidades da origem. Como no caso 1-D, as posições dos zeros no espectro são inversamente proporcionais aos valores de T e Z. Dessa forma, quanto maiores forem T e Z, mais "contraído" se tornará o espectro e vice-versa.

4.5.3 Amostragem bidimensional e teorema da amostragem 2-D

De forma similar ao caso 1-D, a amostragem em duas dimensões pode ser modelada utilizando a função de amostragem (trem de impulsos 2-D):

$$s_{\Delta T \Delta Z}(t,z) =$$
$$\sum_{m=-\infty}^{\infty} \sum_{n=-\infty}^{\infty} \delta(t - m\Delta T, z - n\Delta Z) \quad (4.5\text{-}9)$$

onde ΔT e ΔZ correspondem aos intervalos entre as amostras ao longo do eixo t e z da função contínua $f(t, z)$. A Equação 4.5-9 descreve um conjunto de impulsos periódicos que se estendem infinitamente ao longo dos dois eixos (Figura 4.14). Como no caso 1-D ilustrado na Figura 4.5, multiplicar $f(t, z)$ por $s_{\Delta T \Delta Z}(t, z)$ resulta na função amostrada.

Diz-se que a função $f(t, z)$ é de *banda limitada* se sua transformada de Fourier tiver valor 0 fora de um retângulo definido pelos intervalos $[-\mu_{\text{máx}}, \mu_{\text{máx}}]$ e $[-v_{\text{máx}}, v_{\text{máx}}]$; isto é,

$$F(\mu, v) = 0 \text{ para } |\mu| \geq \mu_{\text{máx}} \text{ e } |v| \geq v_{\text{máx}} \quad (4.5\text{-}10)$$

O *teorema da amostragem bidimensional* estabelece que uma função contínua e de banda limitada $f(t, z)$ pode ser recuperada sem erro a partir de um conjunto de suas amostras se os intervalos de amostragem forem

$$\Delta T < \frac{1}{2\mu_{\text{máx}}} \quad (4.5\text{-}11)$$

e

$$\Delta z < \frac{1}{2v_{\text{máx}}} \quad (4.5\text{-}12)$$

ou, em termos da taxa de amostragem, se

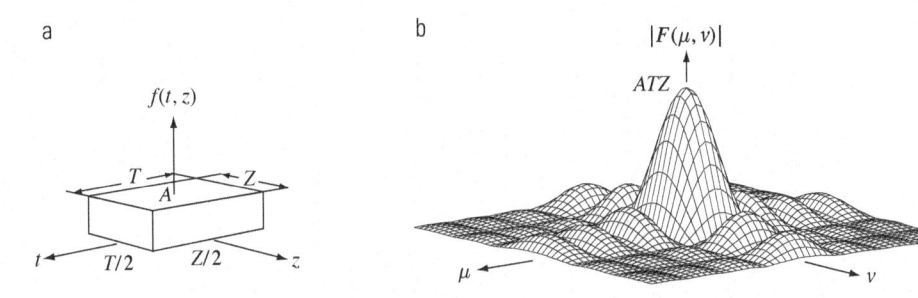

a b

Figura 4.13 (a) Uma função 2-D e (b) uma seção de seu espectro (fora de escala). O bloco é mais longo no eixo t, de forma que o espectro é mais "contraído" ao longo do eixo μ. Compare com a Figura 4.4.

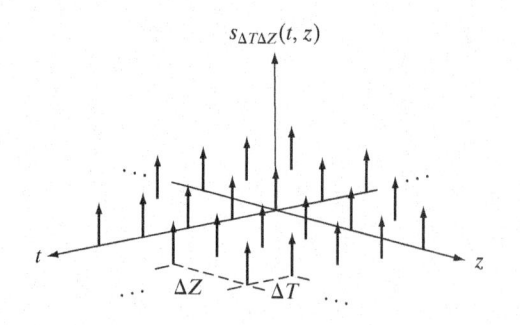

Figura 4.14 Trem de impulsos bidimensional.

$$\frac{1}{\Delta T} > 2\mu_{máx} \qquad (4.5\text{-}13)$$

e

$$\frac{1}{\Delta Z} > 2\nu_{máx} \qquad (4.5\text{-}14)$$

Dito de outra forma, nenhuma informação é perdida se uma função 2-D de banda limitada, contínua, for representada por amostras obtidas em taxas maiores do que o dobro do mais alto conteúdo de frequência da função em ambas as direções, μ e ν.

A Figura 4.15 mostra os equivalentes 2-D das figuras 4.6(b) e (d). Um filtro retangular ideal 2-D tem a forma ilustrada na Figura 4.13(a). A região tracejada da Figura 4.15(a) mostra a posição do filtro para atingir o isolamento necessário de um único período da transformada para a reconstrução de uma função de banda limitada a partir de suas amostras, como fizemos na Seção 4.3.3. Com base na Seção 4.3.4, sabemos que, se a função for subamostrada, os períodos se sobrepõem e é impossível isolar um período único, como mostra a Figura 4.15(b). Essas condições resultariam em *aliasing*.

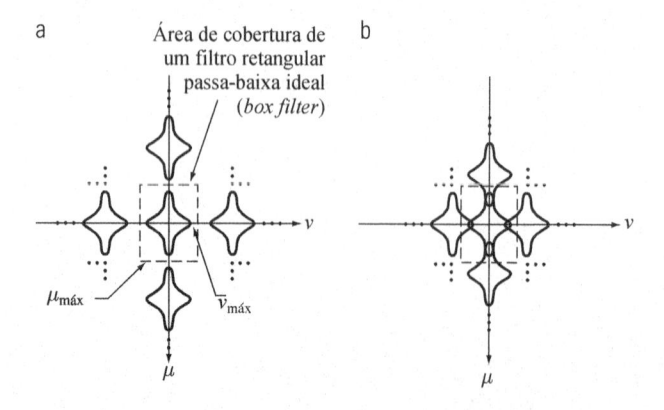

Figura 4.15 (a) Transformadas bidimensionais de Fourier de uma função de banda limitada (a) com sobreamostragem e (b) com subamostragem.

4.5.4 *Aliasing* em imagens

Nesta seção, estendemos o conceito do *aliasing* para imagens e analisamos vários aspectos relativos à amostragem e reamostragem de imagens.

Extensão do *aliasing* 1-D

Como no caso 1-D, uma função contínua $f(t, z)$ de duas variáveis contínuas, t e z, pode ser de banda limitada em geral somente no caso de se estender infinitamente em ambas as direções coordenadas. O próprio ato de limitar a duração da função apresenta componentes de frequência corruptores se estendendo ao infinito no domínio da frequência, como explicado na Seção 4.3.4. Como não podemos amostrar infinitamente uma função, o *aliasing* está sempre presente em imagens digitais, da mesma forma como está presente nas funções 1-D amostradas. Em geral, o *aliasing* se manifesta em imagens de duas formas: *aliasing* espacial e *aliasing* temporal. O *aliasing* espacial se deve à subamostragem, como vimos na Seção 4.3.4. O *aliasing* temporal diz respeito a intervalos de tempo entre as imagens em uma sequência de imagens. Um dos exemplos mais comuns de *aliasing* temporal é o efeito de "roda de carroça", no qual rodas com raios em uma sequência de imagens (por exemplo, em um filme) parecem estar girando para trás. Esse efeito é provocado pelo fato de a velocidade de projeção ser baixa demais em relação à velocidade da rotação da roda na sequência.

Nosso foco neste capítulo é no *aliasing* espacial. Os principais problemas no *aliasing* espacial em imagens são a inserção de artefatos como *jaggies* (serrilhados) nas linhas, saliências falsas e o aparecimento de padrões de frequência ausentes na imagem original. O exemplo a seguir ilustra o *aliasing* em imagens.

Exemplo 4.6 *Aliasing* em imagens.

Suponha que tenhamos um sistema perfeito de aquisição de imagens, no sentido de ser livre de ruído e produzir uma imagem digital exatamente igual a que é observada,[*] mas o número de amostras possíveis é fixo em 96 × 96 pixels. Se utilizarmos esse sistema para digitalizar padrões de "tabuleiro de dama", ele poderá resolver padrões de até 96 × 96 quadrados, nos quais o tamanho de cada quadrado é de 1 × 1 pixel. Nesse caso restritivo, cada pixel na imagem resultante corresponderá a um quadrado no padrão. Nosso interesse é analisar o que acontece quando o detalhe (o tamanho dos quadrados do tabuleiro de dama) é menor que o tamanho de um *pixel* da câmera; isto é, quando o sistema de

---

[*] Esse exemplo não deve ser interpretado como não realista. A amostragem de uma cena "perfeita", em condições livres de ruído e distorção, é comum quando se convertem modelos gerados por computador e imagens vetoriais em imagens digitais.

aquisição de imagens deve digitalizar padrões de tabuleiro de dama com mais de 96 × 96 quadrados no campo de visão.

A figuras 4.16(a) e (b) mostram o resultado da amostragem de tabuleiros de dama cujos lados dos quadrados são de tamanho 16 e 6 pixels, respectivamente. Esses resultados são os esperados. No entanto, quando o tamanho dos quadrados é reduzido a um valor ligeiramente menor que o tamanho do pixel da câmera de aquisição, o resultado é uma imagem com alto grau de *aliasing*, como mostra a Figura 4.16(c). Por fim, a redução do tamanho dos lados dos quadrados a um pouco menos que 0,5 pixel gerou a imagem da Figura 4.16(d). Neste caso, o resultado com *aliasing* tem a aparência de um padrão normal de tabuleiro de dama. De fato, essa imagem resultaria da amostragem de uma imagem com "tabuleiro de dama", cujos quadrados têm lados de tamanho 12 pixels. Essa última imagem é um bom lembrete de que o *aliasing* pode gerar resultados bastante enganosos.

Os efeitos do *aliasing* podem ser *reduzidos* com um ligeiro desfoque da cena a ser digitalizada, de forma que as altas frequências sejam atenuadas. Como explicamos na Seção 4.3.4, a filtragem *antialiasing* precisa ser feita *antes* da amostragem da imagem. Não existe um aplicativo computacional com filtros *antialiasing* "após o fato" que possa ser utilizado para reduzir os efeitos do *aliasing* causados por violações do teorema da amostragem. A maioria dos pacotes comerciais de manipulação de imagens digitais inclui um recurso chamado "*antialiasing*". No entanto, como mostramos nos exemplos 4.7 e 4.8, esse termo se relaciona ao borramento de uma imagem *digital* para reduzir os artefatos adicionais de *aliasing* causados pela reamostragem. O termo não se aplica à redução do *aliasing* na imagem amostrada original. Um número significativo de câmeras digitais comerciais incorpora recursos de filtragem *antialiasing* real, na lente ou na superfície do próprio sensor. Por isso, é difícil exemplificar o *aliasing* utilizando imagens obtidas com essas câmeras.

Interpolação de imagens e reamostragem

Como no caso 1-D, a reconstrução perfeita de uma função de imagem de banda limitada a partir de um conjunto de suas amostras requer a convolução 2-D no domínio do espaço com uma função *sinc*. Como explicamos na Seção 4.3.5, essa reconstrução teoricamente perfeita requer interpolação utilizando infinitos somatórios que, na prática, nos forçam a buscar aproximações. Uma das aplicações mais comuns da interpolação 2-D no processamento de imagens é no redimensionamento de imagens (ampliação e redução). A ampliação pode ser vista como uma sobreamostragem, ao passo que a redução pode ser vista como uma subamostragem. A principal diferença entre essas duas operações e os conceitos de amostragem discutidos nas seções anteriores é que a ampliação e a redução são aplicadas a imagens *digitais*.

A interpolação foi explicada na Seção 2.4.4. Nosso interesse na ocasião era ilustrar a interpolação por vizinho mais próximo, bilinear e bicúbica. Nesta seção, apresentamos alguns exemplos adicionais com foco em questões de amostragem e *antialiasing*. Um caso especial de interpolação de vizinho mais próximo que se relaciona estreitamente com a sobreamostragem é a ampliação pela *replicação de pixels*, aplicável quando queremos aumentar o tamanho de uma imagem um determinado número inteiro de vezes. Por exemplo, para dobrar o tamanho de uma imagem, dobramos cada coluna. Isso dobra o tamanho da imagem na direção horizontal. Depois, duplicamos cada linha da imagem ampliada para dobrar o tamanho na direção vertical. O mesmo procedimento é utilizado

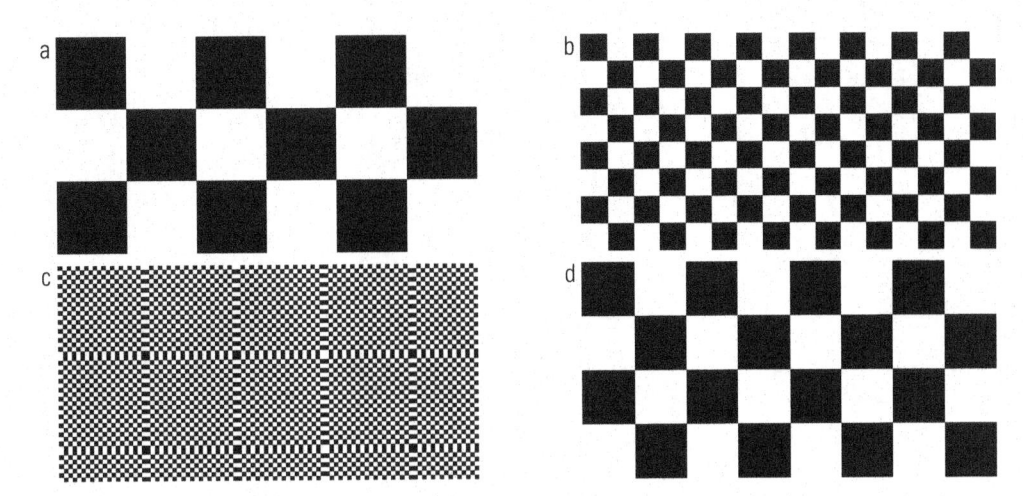

Figura 4.16 *Aliasing* em imagens. Em (a) e (b), os tamanhos dos lados dos quadrados são 16 e 6 pixels, respectivamente, e o *aliasing* é visualmente desprezível. Em (c) e (d), os lados dos quadrados são 0,9174 e 0,4798 pixels, respectivamente, e os resultados mostram um *aliasing* significativo. Observe que (d) é mascarada como uma imagem "normal".

para ampliar a imagem qualquer determinado número inteiro de vezes. A atribuição do nível de intensidade de cada pixel é predeterminada pelo fato de que novas posições são duplicatas exatas de antigas posições.

A redução de imagens é realizada de modo similar à ampliação. A subamostragem é obtida pela exclusão linha-coluna (por exemplo, para reduzir uma imagem pela metade, excluímos uma linha sim e outra não e uma coluna sim e outra não). Podemos utilizar a analogia da grade de ampliação apresentada na Seção 2.4.4 para visualizarmos o conceito de redução por um fator não inteiro, exceto que agora expandimos a grade para se encaixar sobre a imagem original, realizamos a interpolação de nível de intensidade e voltamos a reduzir a grade a seu tamanho especificado. Para reduzir o *aliasing*, uma boa ideia é borrar ligeiramente uma imagem antes de reduzi-la* (discutiremos o borramento no domínio da frequência na Seção 4.8). Uma técnica alternativa é realizar uma superamostragem (*super-sampling*) da cena original e reduzir (reamostrar) seu tamanho por meio da exclusão linha-coluna. Isso pode gerar resultados mais nítidos do que a suavização, mas obviamente requer acesso à cena original. Claramente, se não tivermos acesso à cena original (como costuma ser o caso na prática), a superamostragem não é uma opção.

Exemplo 4.7 Ilustração do *aliasing* em imagens reamostradas.

Os efeitos do *aliasing* em geral são piorados quando o tamanho de uma imagem digital é reduzido. A Figura 4.17(a) é uma imagem criada propositadamente para ilustrar os efeitos do *aliasing* (observe, nas roupas, as linhas paralelas com pouco espaço entre si). Não há artefatos indesejados na Figura 4.17(a), indicando que a taxa de amostragem inicialmente utilizada foi suficiente para evitar um *aliasing* visível. Na Figura 4.17(b), a imagem foi reduzida para 50% de seu tamanho original utilizando a exclusão linha-coluna. Os efeitos do *aliasing* são bem visíveis nessa imagem (veja, por exemplo, as áreas ao redor dos joelhos). O "equivalente" digital da filtragem *antialiasing* de imagens contínuas é atenuar as altas frequências de uma imagem digital suavizando-a antes da reamostragem. A Figura 4.17(c) mostra o resultado da suavização da imagem na Figura 4.17(a) com um filtro de média 3 × 3 (veja a Seção 3.5) antes de reduzir seu tamanho. As melhorias em relação à Figura 4.17(b) são claras. As imagens (b) e (c) foram redimensionadas até suas dimensões originais por meio da replicação de pixels para simplificar as comparações.

Quando se trabalha com imagens com alto conteúdo de borda, os efeitos do *aliasing* são vistos como componentes serrilhados na imagem, chamados de *jaggies*. O exemplo a seguir ilustra esse fenômeno.

Exemplo 4.8 Ilustração de *jaggies* na redução de imagem.

A Figura 4.18(a) mostra uma imagem digital 1.024 × 1.024 de uma cena gerada por computador na qual o *aliasing* é desprezível. A Figura 4.18(b) é o resultado da redução do tamanho de (a) em 75% para 256 × 256 pixels utilizando a interpolação bilinear e depois utilizando a replicação de pixels para recuperar o tamanho original da imagem, para tornar os efeitos do *aliasing* (no caso, os *jaggies*) mais visíveis. Como

a b c

Figura 4.17 Ilustração do *aliasing* em imagens reamostradas. (a) Imagem digital com *aliasing* visual desprezível. (b) Resultado do redimensionamento da imagem para 50% de seu tamanho original por meio da exclusão de pixels. O *aliasing* é claramente visível. (c) Resultado do borramento da imagem em (a) com um filtro de média 3 × 3 antes do redimensionamento. A imagem é ligeiramente mais borrada do que (b), mas o *aliasing* deixa de ser visível. (Imagem original: cortesia de Laboratório de Compressão de Sinal, Universidade da Califórnia, Santa Barbara.)

---
* O processo de reamostragem de uma imagem sem usar o barramento de banda limitada é chamado *decimation*.

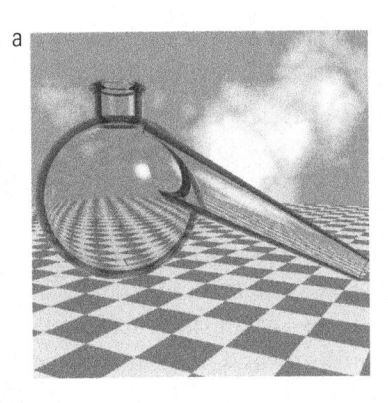

Figura 4.18 Exemplo de *jaggies* (serrilhado). (a) Imagem digital 1.024 × 1.024 de uma cena gerada por computador com *aliasing* desprezível. (b) Resultado da redução de (a) para 25% de seu tamanho original utilizando a interpolação bilinear. (c) Resultado do borramento da imagem em (a) com um filtro de média 5 × 5 antes do redimensionamento para 25% utilizando a interpolação bilinear. (Imagem original: cortesia de D. P. Mitchell, Mental Landscape, LLC.)

no Exemplo 4.7, os efeitos do *aliasing* podem ser atenuados pela suavização da imagem antes da reamostragem. A Figura 4.18(c) é o resultado da utilização de um filtro de média 5 × 5 antes da redução do tamanho da imagem. Como mostra essa figura, os *jaggies* foram significativamente reduzidos. A redução do tamanho e a ampliação para o tamanho original na Figura 4.18(c) foram realizadas aplicando a mesma abordagem utilizada para gerar a Figura 4.18(b).

Exemplo 4.9 Ilustração de *jaggies* na ampliação de imagem.

Nos dois exemplos anteriores, utilizamos a replicação de pixels para ampliar as pequenas imagens após a reamostragem. Em geral, essa não é uma abordagem preferencial, como ilustra a Figura 4.19. A Figura 4.19(a) mostra uma imagem ampliada 1.024 × 1.024 gerada pela replicação de pixels a partir de uma seção 256 × 256 retirada do centro da imagem na Figura 4.18(a). Observe as bordas "serrilhadas". A imagem ampliada na Figura 4.19(b) foi gerada a partir da mesma seção 256 × 256, mas utilizando a interpolação bilinear. As bordas nesse resultado são consideravelmente mais suaves. Por exemplo, as bordas do gargalo e os grandes quadrados do tabuleiro não são tão serrilhados em (b) quanto em (a).

Padrões *moiré*

Antes de concluirmos esta seção, vamos analisar um outro tipo de artefato, chamado *padrões moiré*,[*] que algumas vezes resulta da amostragem de cenas com componentes periódicos ou quase periódicos. Em ótica, os padrões moiré se referem a padrões de sobreposição produzidos entre duas grades com espaçamento aproximadamente igual. Esses padrões são uma ocorrência cotidiana comum. Nós os vemos, por exemplo, ao sobrepor telas mosquiteiras ou na interferência entre as linhas de varredura da TV (*raster lines*) e imagens listradas. No processamento digital de imagens, o problema surge rotineiramente ao digitalizar mídia impressa, como jornais

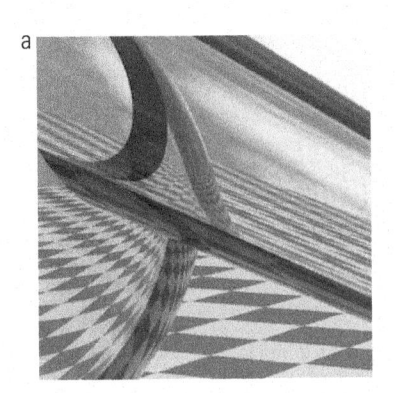

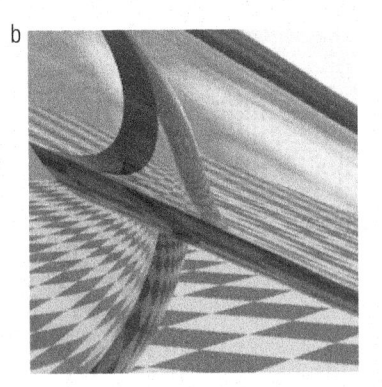

Figura 4.19 Ampliação de imagem. (a) Uma imagem digital 1024 × 1024 gerada pela replicação de pixels a partir de uma imagem 256 × 256 extraída da região central da Figura 4.18(a). (b) Imagem gerada utilizando a interpolação bilinear, mostrando uma redução significativa dos *jaggies*.

---

[*] O termo *moiré* é uma palavra francesa (não o nome de uma pessoa) que parece ter se originado com os tecelões que notaram pela primeira vez os padrões de interferência visíveis em alguns tecidos; o termo tem raízes na palavra *mohair*, um tecido feito de pelos de cabras de Angola.

e revistas, ou em imagens com componentes periódicos cujo espaçamento é comparável ao espaçamento entre as amostras. É importante notar que os padrões moiré são mais gerais do que os artefatos de amostragem. Por exemplo, a Figura 4.20 mostra o efeito *moiré* utilizando desenhos a tinta que não foram digitalizados. Separadamente, os padrões são limpos e livres de interferência. No entanto, ao sobrepor um padrão no outro, cria-se um padrão cujas frequências não se encontram em nenhum dos padrões originais. Observe em particular o efeito *moiré* produzido por dois padrões de pontos, já que esse é o efeito de interesse na análise a seguir.

Jornais e outros materiais impressos utilizam os chamados *pontos em meio-tom* (*halftone*), que são pontos pretos (ou elipses) cujos tamanhos e diferentes esquemas de combinação são utilizados para simular tons de cinza.[*] Como regra, os valores a seguir são os mais utilizados: jornais são impressos utilizando 75 pontos de meio-tom por polegada (ou 75 dpi, de *dots per inch*), revistas usam 133 dpi, e brochuras de alta qualidade utilizam 175 dpi. A Figura 4.21 mostra o que acontece quando uma imagem de jornal é amostrada em 75 dpi. A malha de amostragem (orientada vertical e horizontalmente) e os padrões de pontos na imagem de jornal (orientados a ±45°) interagem para criar um padrão *moiré* uniforme que faz com que a imagem tenha uma aparência manchada. (Discutiremos uma técnica na Seção 4.10.2 para reduzir os padrões moiré de interferência.)

Como um ponto de interesse relacionado, a Figura 4.22 mostra uma imagem de jornal amostrada a 400 dpi para evitar efeitos *moiré*. A ampliação da região ao redor do olho esquerdo na foto ilustra como os pontos de meio-tom são utilizados para criar tons de cinza. O tamanho do ponto é inversamente proporcional à intensidade da imagem. Nas áreas claras, os pontos são pequenos ou totalmente ausentes (veja, por exemplo, a parte branca do olho). Em áreas cinza-claro, os pontos são maiores (por exemplo, abaixo do olho). Nas áreas mais escuras, quando o tamanho do ponto excede um valor especificado (normalmente 50%), permite-se que os pontos se unam ao longo de duas direções especificadas para formar uma malha interconectada (veja, por exemplo, a parte esquerda do olho). Em alguns casos, os pontos se unem ao longo de apenas uma direção, como a área superior direita abaixo da sobrancelha.

4.5.5 A transformada discreta de Fourier 2-D e sua inversa[**]

Cálculos similares aos apresentados nas seções 4.3 e 4.4 resultariam na seguinte *transformada discreta de Fourier* (DFT) 2-D:

$$F(u,v) = \sum_{x=0}^{M-1} \sum_{y=0}^{N-1} f(x,y) e^{-j2\pi(ux/M + vy/N)} \quad (4.5\text{-}15)$$

sendo $f(x, y)$ uma imagem digital de tamanho $M \times N$. Como no caso 1-D, a Equação 4.5-15 deve ser avaliada

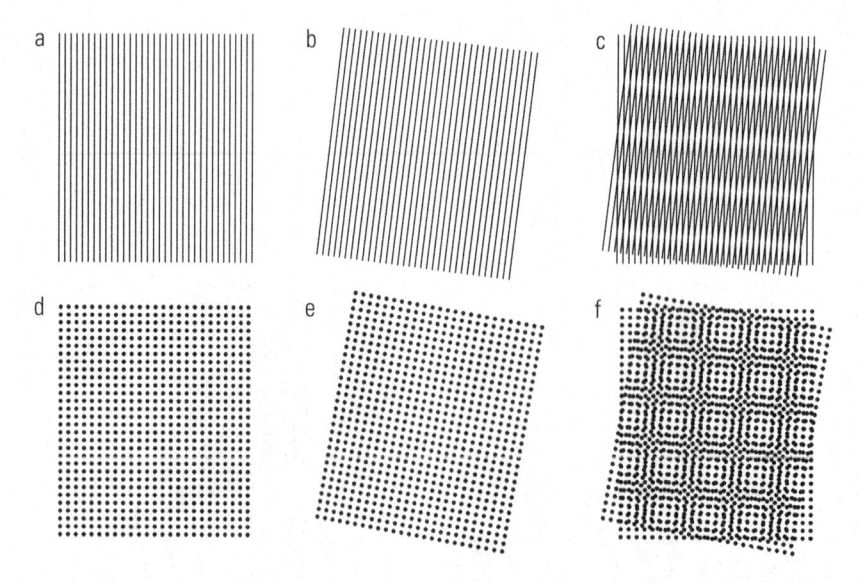

Figura 4.20 Exemplos do efeito *moiré*. Esses são desenhos a tinta, padrões não digitalizados. Sobrepor um padrão no outro equivale matematicamente a multiplicar os padrões.

---

[*] A impressão em cores usa pontos vermelhos, verdes e azuis para produzir aos olhos a sensação de uma cor contínua.

[**] Algumas vezes, você verá na literatura a constante $1/MN$ diante da DFT em vez da IDFT. Por vezes, a constante é expressa como $1/\sqrt{MN}$ e é incluída diante das transformadas direta e inversa, criando, assim, um par mais simétrico. Qualquer uma dessas formulações é correta, contanto que sejam consistentes.

Figura 4.21 Uma imagem de jornal de tamanho 246 × 168 pixels amostrada em 75 dpi mostrando um padrão *moiré*. O padrão *moiré* nessa imagem é o padrão de interferência criado entre a orientação ±45° dos pontos em meio-tom e a orientação norte-sul da grade de amostragem utilizada para digitalizar a imagem.

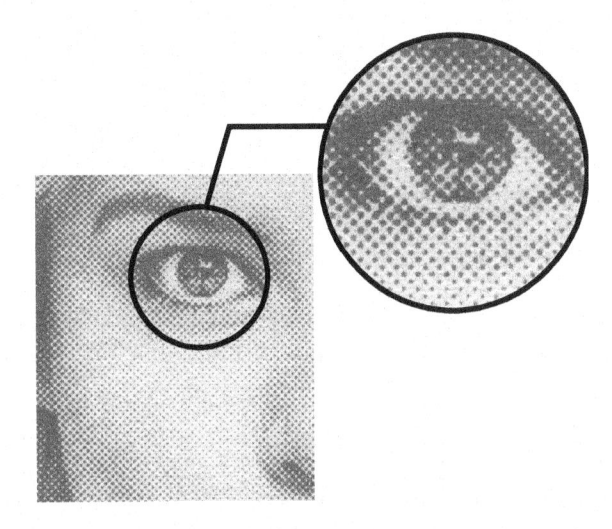

Figura 4.22 Imagem de jornal e ampliação mostrando como os pontos em meio-tom são arranjados para representar tons de cinza.

em termos dos valores das variáveis discretas u e v nos intervalos $u = 0, 1, 2, \ldots, M-1$ e $v = 0, 1, 2, \ldots, N-1$.*

Dada a transformada $F(u, v)$, podemos obter $f(x, y)$ utilizando a *transformada discreta de Fourier inversa* (IDFT):

$$f(x,y) = \frac{1}{MN}\sum_{u=0}^{M-1}\sum_{v=0}^{N-1} F(u,v)e^{j2\pi(ux/M + vy/N)} \quad (4.5\text{-}16)$$

para $x = 0, 1, 2, \ldots, M-1$ e $y = 0, 1, 2, \ldots, N-1$. As equações 4.5-15 e 4.5-16 constituem o par de *transformadas discretas de Fourier* 2-D. O restante deste capítulo se baseia em propriedades dessas duas equações e sua utilização na filtragem de imagens no domínio da frequência.

4.6 Algumas propriedades da transformada discreta de Fourier 2-D

Nesta seção, apresentamos várias propriedades da transformada discreta de Fourier 2-D e sua inversa.

4.6.1 Relacionamentos entre intervalos no espaço e na frequência

As relações entre a amostragem no domínio do espaço e os intervalos correspondentes no domínio da frequên-

cia são como explicadas na Seção 4.4.2. Suponha que uma função contínua $f(t, z)$ seja amostrada para formar uma imagem digital, $f(x, y)$, consistindo em $M \times N$ amostras obtidas nas direções t e z, respectivamente. Sejam ΔT e ΔZ os intervalos entre as amostras (veja a Figura 4.14). Então, os intervalos entre as variáveis discretas correspondentes no domínio da frequência são determinadas por

$$\Delta u = \frac{1}{M\Delta T} \quad (4.6\text{-}1)$$

e

$$\Delta v = \frac{1}{N\Delta Z} \quad (4.6\text{-}2)$$

respectivamente. Observe que os intervalos entre as amostras no domínio da frequência são inversamente proporcionais, tanto para o espaçamento entre amostras no domínio do espaço quanto para o número de amostras.

4.6.2 Translação e rotação

Pode ser demonstrado, pela substituição direta nas equações 4.5-15 e 4.5-16, que o par de transformadas de Fourier satisfaz as seguintes propriedades de translação (Exercício 4.16):

$$f(x,y)e^{j2\pi(u_0 x/M + v_0 y/N)} \Leftrightarrow F(u - u_0, v - v_0) \quad (4.6\text{-}3)$$

e

$$f(x - x_0, y - y_0) \Leftrightarrow F(u,v)e^{-j2\pi(x_0 u/M + y_0 v/N)} \quad (4.6\text{-}4)$$

Isto é, multiplicar $f(x, y)$ pelo exponencial mostrado desloca a origem da DFT para (u_0, v_0) e, inversamente, multiplicar $F(u, v)$ pelo negativo desse exponencial desloca a origem de $f(x, y)$ para (x_0, y_0). Como ilustramos no

---

* Como mencionamos na Seção 4.4.1, tenha em mente que, neste capítulo, utilizamos (t, z) e (μ, ν) para expressar variáveis contínuas 2-D no domínio do espaço e da frequência, respectivamente. No caso discreto 2-D, utilizamos (x, y) para as variáveis espaciais e (u, v) para variáveis no domínio da frequência.

Exemplo 4.13, a translação não tem efeito algum sobre a magnitude (espectro) de $F(u, v)$.

A utilização das coordenadas polares

$$x = r \cos \theta \quad y = r \, \text{sen} \, \theta \quad u = \omega \cos \varphi \quad v = \omega \, \text{sen} \, \varphi$$

resulta no seguinte par de transformadas:

$$f(r, \theta + \theta_0) \Leftrightarrow F(\omega, \varphi + \theta_0) \qquad (4.6\text{-}5)$$

o que indica que rotacionar $f(x, y)$ em um ângulo θ_0 rotaciona $F(u, v)$ no mesmo ângulo. Inversamente, rotacionar $F(u, v)$ rotaciona $f(x, y)$ no mesmo ângulo.

4.6.3 Periodicidade

Como no caso 1-D, a transformada de Fourier 2-D e sua inversa são infinitamente periódicas nas direções u e v; isto é,

$$\begin{aligned} F(u, v) &= F(u + k_1 M, v) = F(u, v + k_2 N) \\ &= F(u + k_1 M, v + k_2 N) \end{aligned} \qquad (4.6\text{-}6)$$

e

$$\begin{aligned} f(x, y) &= f(x + k_1 M, y) = f(x, y + k_2 N) \\ &= f(x + k_1 M, y + k_2 N) \end{aligned} \qquad (4.6\text{-}7)$$

sendo k_1 e k_2 números inteiros.

As periodicidades da transformada e de sua inversa representam importantes questões na implementação dos algoritmos baseados em DFT. Vejamos o espectro 1-D da Figura 4.23(a). Como explicado na Seção 4.4.1, os dados da transformada no intervalo de 0 a $M - 1$ consistem em dois meio períodos consecutivos se encontrando no ponto $M/2$. Para fins de exibição e filtragem, é mais prático ter, nesse intervalo, um período completo da

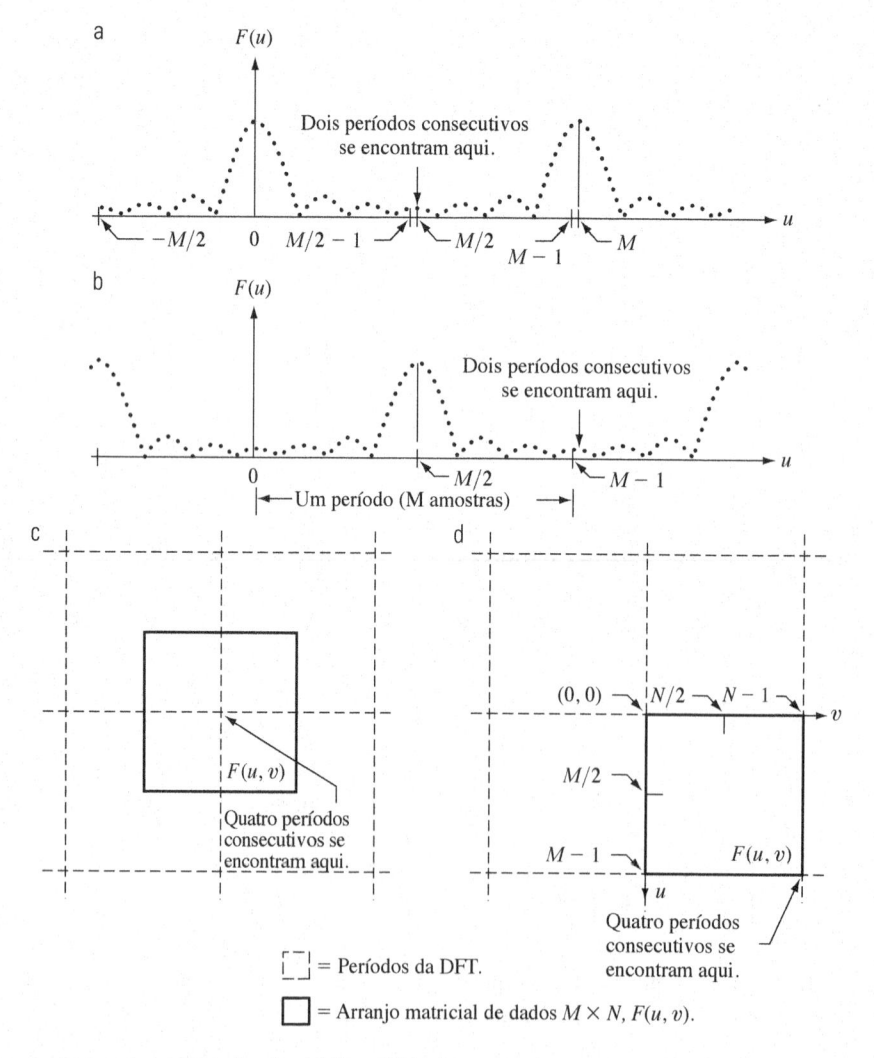

Figura 4.23 Centralização da transformada de Fourier. (a) Uma DFT 1-D mostrando um número infinito de períodos. (b) DFT deslocada obtida multiplicando $f(x)$ por $(-1)^x$ antes do cálculo de $F(u)$. (c) Uma DFT 2-D mostrando um número infinito de períodos. A área sólida é o arranjo matricial de dados $M \times N$, $F(u, v)$, obtido com a Equação 4.5-15. Esse arranjo consiste em quatro parcelas de um quarto de período. (d) Uma DFT deslocada obtida multiplicando $f(x, y)$ por $(-1)^{x+y}$ antes do cálculo de $F(u, v)$. Agora, os dados contêm um período completo e centralizado, como em (b).

transformada no qual os dados são contíguos, como na Figura 4.23(b). Segue-se da Equação 4.6-3 que

$$f(x)e^{j2\pi(u_0x/M)} \Leftrightarrow F(u - u_0)$$

Em outras palavras, multiplicar $f(x)$ pelo termo exponencial mostrado desloca os dados de forma que a origem $F(0)$ fica localizada em μ_0. Se fizermos $\mu_0 = M/2$, o termo exponencial passa a ser $e^{j\pi x}$, que equivale a $(-1)^x$ porque x é um número inteiro. Nesse caso,

$$f(x)(-1)^x \Leftrightarrow F(u - M/2)$$

Isto é, multiplicar $f(x)$ por $(-1)^x$ desloca os dados de forma que $F(0)$ fica no *centro* do intervalo $[0, M - 1]$, o que corresponde à Figura 4.23(b), como desejado.

No caso 2-D, a situação é mais difícil de representar graficamente, mas o princípio é o mesmo, como mostra a Figura 4.23(c). Em vez de dois meio períodos, agora temos quatro parcelas de um quarto de período se encontrando no ponto $(M/2, N/2)$. Os retângulos tracejados correspondem ao número infinito de períodos da DFT 2-D. Como no caso 1-D, a visualização é simplificada se deslocarmos os dados de forma que $F(0, 0)$ se posicione em $(M/2, N/2)$. Determinar $(u_0, v_0) = (M/2, N/2)$ na Equação 4.6-3 resulta na expressão

$$f(x, y)(-1)^{x+y} \Leftrightarrow F(u - M/2, v - N/2) \quad (4.6\text{-}8)$$

Utilizar essa equação desloca os dados de forma que $F(0, 0)$ se posicione no centro do *retângulo de frequências* definido pelos intervalos $[0, M - 1]$ e $[0, N - 1]$, como desejado. A Figura 4.23(d) mostra o resultado. Ilustraremos esses conceitos mais adiante nesta seção como parte do Exemplo 4.11 e da Figura 4.24.

4.6.4 Propriedades de simetria

Um importante resultado da análise funcional é que qualquer função real *ou* complexa, $w(x, y)$, pode ser expressa como a soma de uma parte par e uma ímpar (*sendo que cada uma delas pode ser real ou complexa*):

$$\omega(x, y) = \omega_p(x, y) + \omega_i(x, y) \quad (4.6\text{-}9)$$

onde as partes par e ímpar são definidas como

$$\omega_p(x, y) \triangleq \frac{\omega(x, y) + \omega(-x, -y)}{2} \quad (4.6\text{-}10a)$$

e

$$\omega_i(x, y) \triangleq \frac{\omega(x, y) - \omega(-x, -y)}{2} \quad (4.6\text{-}10b)$$

Substituindo as equações 4.6-10(a) e 4.6-10(b) na Equação 4.6-9, temos a identidade $w(x, y) \equiv w(x, y)$, provando, dessa forma, a validade da última equação. Segue-se das definições precedentes que

$$\omega_p(x, y) = \omega_p(-x, -y) \quad (4.6\text{-}11a)$$

e que

$$\omega_i(x, y) = -\omega_i(-x, -y) \quad (4.6\text{-}11b)$$

Diz-se que funções pares são *simétricas*, e que funções ímpares são *antissimétricas*. Como todos os índices na DFT e na IDFT são positivos, quando falamos de simetria (antissimetria), estamos nos referindo à simetria (antissimetria) em relação ao *ponto central* de uma sequência. Em termos da Equação 4.6-11, os índices à direita do ponto central de um arranjo 1-D são considerados positivos, e os índices à esquerda são considerados negativos (e, de forma similar, no caso 2-D). Em nosso trabalho, é mais prático pensar somente em termos de índices não negativos, caso no qual as definições de paridade e imparidade passam a ser:

$$\omega_p(x, y) = \omega_p(M - x, N - y) \quad (4.6\text{-}12a)$$

e

$$\omega_i(x, y) = -\omega_i(M - x, N - y) \quad (4.6\text{-}12b)$$

onde, como sempre, M e N são o número de linhas e colunas de um arranjo matricial 2-D.

Sabemos, com base na análise matemática elementar, que o produto de duas funções pares ou duas funções ímpares é par e que o produto de uma função par e uma ímpar é ímpar. Além disso, a única forma de uma função discreta ser ímpar é se todas as suas amostras somadas resultarem em zero.[*] Essas propriedades levam à importante conclusão que

$$\sum_{x=0}^{M-1}\sum_{y=0}^{N-1} \omega_p(x, y)\omega_i(x, y) = 0 \quad (4.6\text{-}13)$$

para quaisquer duas funções discretas par e ímpar ω_p e ω_i. Em outras palavras, como o argumento da Equação 4.6-13 é ímpar, o resultado dos somatórios é 0. As funções podem ser reais ou complexas.

Exemplo 4.10 Funções pares e ímpares.

Apesar de a paridade e a imparidade serem facilmente visualizadas no caso de funções contínuas, esses conceitos não são tão intuitivos ao lidar com sequências discretas. As ilustrações a seguir ajudarão a esclarecer as ideias desenvolvidas nesta seção. Considere a sequência 1-D

$$f = \{f(0) \quad f(1) \quad f(2) \quad f(3)\}$$
$$= \{2 \quad 1 \quad 1 \quad 1\}$$

---

[*] Para se convencer de que o somatório das amostras de uma função ímpar é igual a zero, esboce um período de uma onda senoidal 1-D ao redor da origem ou qualquer outro intervalo de um período.

na qual $M = 4$. Para testar a paridade, a condição $f(x) = f(4 - x)$ deve ser satisfeita; isto é, precisamos que

$$f(0) = f(4), f(2) = f(2), f(1) = f(3), f(3) = f(1)$$

Como $f(4)$ está fora do intervalo de análise e pode ter qualquer valor, o valor de $f(0)$ é irrelevante no teste da paridade. Vemos que as próximas três condições são satisfeitas pelos valores do arranjo, de forma que a sequência é par. Com efeito, concluímos que *qualquer* sequência par de 4 pontos deve ter a fórmula

$$\{a \quad b \quad c \quad b\}$$

Isto é, só o segundo e o último pontos devem ser iguais em uma sequência par de 4 pontos.

Uma sequência ímpar apresenta a interessante propriedade de que seu primeiro termo, $w_i(0, 0)$, é sempre 0, um fato que se resulta diretamente da Equação 4.6-10b. Considere a sequência 1-D

$$g = \{g(0) \quad g(1) \quad g(2) \quad g(3)\}$$
$$= \{0 \quad -1 \quad 0 \quad 1\}$$

Podemos facilmente confirmar que se trata de uma sequência ímpar observando que seus termos satisfazem a condição $g(x) = -g(4 - x)$. Por exemplo, $g(1) = -g(3)$.

Qualquer sequência ímpar de 4 pontos tem a fórmula

$$\{0 \quad -b \quad 0 \quad b\}$$

Isto é, quando M é um número par, uma sequência ímpar 1-D apresenta a propriedade de que os pontos nas posições 0 e $M/2$ são sempre iguais a zero. Quando M é ímpar, o primeiro termo ainda é igual a 0, mas os outros termos formam pares com valores iguais, mas sinais opostos.

A análise citada indica que a paridade e a imparidade de sequências também dependem do tamanho das sequências. Por exemplo, já mostramos que a sequência $\{0\ -1\ 0\ 1\}$ é ímpar. No entanto, a sequência $\{0\ -1\ 0\ 1\ 0\}$ não é par nem ímpar, apesar de a estrutura "básica" aparentar ser ímpar. Essa é uma importante questão na interpretação dos resultados da DFT. Veremos mais adiante nesta seção que as DFTs de funções pares e ímpares apresentam algumas características importantes. Dessa forma, saber quando uma função é ímpar ou par tem um papel fundamental na nossa capacidade de interpretar os resultados de imagem com base nas DFTs.

As mesmas considerações básicas se aplicam também no caso 2-D. Por exemplo, a sequência 6 × 6 2-D[*]

$$\begin{array}{cccccc} 0 & 0 & 0 & 0 & 0 & 0 \\ 0 & 0 & 0 & 0 & 0 & 0 \\ 0 & 0 & -1 & 0 & 1 & 0 \\ 0 & 0 & -2 & 0 & 2 & 0 \\ 0 & 0 & -1 & 0 & 1 & 0 \\ 0 & 0 & 0 & 0 & 0 & 0 \end{array}$$

é ímpar. No entanto, adicionar mais uma linha ou coluna de 0s nos daria um resultado que não é ímpar nem par. Observe que a estrutura interna desse arranjo é uma máscara de Sobel, como discutimos na Seção 3.6.4. Retomaremos a essa máscara no Exemplo 4.15.

Munidos dos conceitos anteriores, podemos estabelecer um conjunto de importantes propriedades de simetria da DFT e sua inversa. Uma propriedade utilizada frequentemente é que a transformada de Fourier de uma função *real*, $f(x, y)$, é *conjugada simétrica*:

$$F^*(u, v) = F(-u, -v) \qquad (4.6\text{-}14)$$

Se $f(x, y)$ é *imaginária*, sua transformada de Fourier é *conjugada antissimétrica*:[**] $F^*(-u, -v) = -F(u, v)$. A comprovação da Equação 4.6-14 é:

$$F^*(u,v) = \left[\sum_{x=0}^{M-1}\sum_{y=0}^{N-1} f(x,y)e^{-j2\pi(ux/M+vy/N)}\right]^*$$
$$= \sum_{x=0}^{M-1}\sum_{y=0}^{N-1} f^*(x,y)e^{j2\pi(ux/M+vy/N)}$$
$$= \sum_{x=0}^{M-1}\sum_{y=0}^{N-1} f(x,y)e^{-j2\pi([-u]x/M+[-v]y/N)}$$
$$= F(-u,-v)$$

sendo que o terceiro passo resulta do fato de $f(x, y)$ ser real. Uma abordagem similar pode ser utilizada para comprovar a antissimetria conjugada apresentada pela transformada de funções imaginárias.

A Tabela 4.1 apresenta simetrias e propriedades relacionadas das DFT úteis no processamento digital de imagens. Lembrando que as setas duplas indicam os pares de transformadas de Fourier; isto é, para qualquer linha da tabela, as propriedades à direita são satisfeitas pela transformada de Fourier da função que apresenta as propriedades listadas à esquerda, e vice-versa. Por exemplo, a linha 5 é lida da seguinte forma: a DFT de uma função real $f(x, y)$ na qual (x, y) é substituído por $(-x, -y)$ é $F^*(u, v)$, onde $F(u, v)$, a DFT de $f(x, y)$, é uma função complexa e vice-versa.

Exemplo 4.11 **Ilustrações 1-D das propriedades da Tabela 4.1.**

No que diz respeito aos conceitos de par e ímpar explicados anteriormente e ilustrados no Exemplo 4.10, as sequências 1-D a seguir e suas transformadas são breves exemplos das propriedades relacionadas na Tabela 4.1.

---

[*] A título de exercício, você pode utilizar a Equação 4.6-12(b) para comprovar se essa sequência 2-D é ímpar.

[**] A simetria conjugada também é chamada de *simetria hermitiana*. O termo *anti-hermitiana* é, por vezes, utilizado para se referir à antissimetria conjugada.

Tabela 4.1 Algumas propriedades de simetria da DFT 2-D e sua inversa. $R(u, v)$ e $I(u, v)$ são as partes real e imaginária de $F(u, v)$, respectivamente. O termo **complexo** indica que uma função tem as partes imaginária e real diferentes de zero.

	Domínio do espaço*		Domínio da frequência*
1	$f(x, y)$ real	⇔	$F^*(u, v) = F(-u, -v)$
2	$f(x, y)$ imaginária	⇔	$F^*(-u, -v) = -F(u, v)$
3	$f(x, y)$ real	⇔	$R(u, v)$ par; $I(u, v)$ ímpar
4	$f(x, y)$ imaginária	⇔	$R(u, v)$ ímpar; $I(u, v)$ par
5	$f(-x, -y)$ real	⇔	$F^*(u, v)$ complexa
6	$f(-x, -y)$ complexa	⇔	$F(-u, -v)$ complexa
7	$f^*(x, y)$ complexa	⇔	$F^*(-u, -v)$ complexa
8	$f(x, y)$ real e par	⇔	$F(u, v)$ real e par
9	$f(x, y)$ real e ímpar	⇔	$F(u, v)$ imaginária e ímpar
10	$f(x, y)$ imaginária e par	⇔	$F(u, v)$ imaginária e par
11	$f(x, y)$ imaginária e ímpar	⇔	$F(u, v)$ real e ímpar
12	$f(x, y)$ complexa e par	⇔	$F(u, v)$ complexa e par
13	$f(x, y)$ complexa e ímpar	⇔	$F(u, v)$ complexa e ímpar

Os números entre parênteses à direita são os elementos individuais de $F(u)$, e o mesmo se aplica a $f(x)$ às duas últimas propriedades.

Propriedade	$f(x)$	$F(u)$
3	$\{1\ 2\ 3\ 4\}$	⇔ $\{(10)(-2 + 2j)$ $(-2)(-2 - 2j)\}$
4	$j\{1\ 2\ 3\ 4\}$	⇔ $\{(2,5j)(0,5 - 0,5j)$ $(-0,5j)(-0,5 - 0,5j)\}$
8	$\{2\ 1\ 1\ 1\}$	⇔ $\{(5)(1)(1)(1)\}$
9	$\{0\ -1\ 0\ 1\}$	⇔ $\{(0)(2j)(0)(-2j)\}$
10	$j\{2\ 1\ 1\ 1\}$	⇔ $\{(5j)(j)(j)(j)\}$
11	$j\{0\ -1\ 0\ 1\}$	⇔ $\{(0)(-2)(0)(2)\}$
12	$\{(4+4j)(3+2j) \cdot$ $\cdot (0+2j)(3+2j)\}$	⇔ $\{(10+10j)(4+2j) \cdot$ $\cdot (-2+2j)(4+2j)\}$
13	$\{(0+0j)(1+1j) \cdot$ $\cdot (0+0j)(-1-j)\}$	⇔ $\{(0+0j)(2-2j) \cdot$ $\cdot (0+0j)(-2+2j)\}$

Por exemplo, na propriedade 3, vemos que uma função real com elementos {1 2 3 4} apresenta a transformada de Fourier cuja parte real, {10 −2 −2 −2}, é par e cuja parte imaginária, {0 2 0 −2}, é ímpar. A propriedade 8 informa que uma função real par apresenta uma transformada que também é real e par. A propriedade 12 indica que uma função complexa par apresenta uma transformada que também é complexa e par. Os outros exemplos são analisados de forma similar.

---

* Lembre-se x, y, u e v são variáveis discretas (inteiras), com x e u no intervalo $[0, M-1]$, e y e v no intervalo $[0, N-1]$. Dizer que uma função complexa é *par* significa que suas partes real e imaginária são pares e o mesmo se aplica a uma função complexa ímpar.

Exemplo 4.12 Comprovação de várias propriedades de simetria da DFT da Tabela 4.1.

Neste exemplo, comprovamos várias das propriedades apresentadas na Tabela 4.1 para nos familiarizar com a manipulação dessas importantes propriedades e formar uma base para solucionar alguns dos exercícios propostos no final do capítulo. Comprovamos apenas as propriedades à direita a partir das propriedades da esquerda. O oposto é comprovado de forma similar às provas apresentadas aqui.

Consideremos a propriedade 3, que diz que: se $f(x, y)$ for uma função real, a parte real de sua DFT é par e a parte imaginária é ímpar; de forma similar, se uma DFT tiver partes real e imaginária que sejam par e ímpar, respectivamente, sua IDFT é uma função real. Comprovamos formalmente essa propriedade como se segue. $F(u, v)$ é em geral complexa, de forma que pode ser expressa como a soma de uma parte real e uma parte imaginária: $F(u, v) = R(u, v) + jI(u, v)$. Assim, $F^*(u, v) = R(u, v) - jI(u, v)$. Além disso, $F(-u, -v) = R(-u, -v) + jI(-u, -v)$. Mas, como comprovado anteriormente, se $f(x, y)$ for real, então $F^*(u, v) = F(-u, -v)$, o que, com base nas duas equações anteriores, significa que $R(u, v) = R(-u, -v)$ e $I(u, v) = -I(-u, -v)$. Como resultado das equações 4.6-11(a) e (b), isso prova que R é uma função par e que I é uma função ímpar.

Em seguida, comprovamos a propriedade 8. Se $f(x, y)$ for real, sabemos, com base na propriedade 3, que a parte real de $F(u, v)$ é par, de forma que, para comprovar a propriedade 8, tudo o que precisamos fazer é demonstrar que, se $f(x, y)$ for real *e* par, então a parte imaginária de $F(u, v)$ é 0 (isto é, F é real). Os passos são os seguintes:

$$F(u, v) = \sum_{x=0}^{M-1}\sum_{y=0}^{N-1} f(x, y) e^{-j2\pi(ux/M + vy/N)}$$

que podemos escrever como

$$\begin{aligned}F(u, v) &= \sum_{x=0}^{M-1}\sum_{y=0}^{N-1} [f_r(x, y)] e^{-j2\pi(ux/M + vy/N)} \\ &= \sum_{x=0}^{M-1}\sum_{y=0}^{N-1} [f_r(x, y)] e^{-j2\pi(ux/M)} e^{-j2\pi(vy/N)} \\ &= \sum_{x=0}^{M-1}\sum_{y=0}^{N-1} [\text{par}][\text{par} - j\,\text{ímpar}][\text{par} - j\,\text{ímpar}] \\ &= \sum_{x=0}^{M-1}\sum_{y=0}^{N-1} [\text{par}][\text{par} \cdot \text{par} - 2j\,\text{par} \cdot \text{ímpar} - \\ &\quad \text{ímpar} \cdot \text{ímpar}] \\ &= \sum_{x=0}^{M-1}\sum_{y=0}^{N-1} [\text{par} \cdot \text{par}] - 2j \sum_{x=0}^{M-1}\sum_{y=0}^{N-1} [\text{par} \cdot \text{ímpar}] - \\ &\quad \sum_{x=0}^{M-1}\sum_{y=0}^{N-1} [\text{par} \cdot \text{par}] \\ &= \text{real}\end{aligned}$$

O quarto passo resulta da equação de Euler e do fato de o *cosseno* e o *seno* serem funções par e ímpar, respectivamente. Também sabemos, com base na propriedade 8, que, além de ser real, f é uma função par. O único termo na penúltima linha contendo componentes imaginários é o segundo termo, que é 0 de acordo com a Equação 4.6-14. Dessa forma, se f for real e par, então F é real. Como observamos anteriormente, F também é par porque f é real. Isto conclui a comprovação.

Finalmente, comprovamos a validade da propriedade 6. A partir da definição da DFT,*

$$\Im\{f(-x,-y)\} = \sum_{x=0}^{M-1}\sum_{y=0}^{N-1} f(-x,-y)e^{-j2\pi(ux/M+vy/N)}$$

Em razão da periodicidade, $f(-x, -y) = f(M - x, N - y)$. Se agora definirmos $m = M - x$ e $n = N - y$, então

$$\Im\{f(-x,-y)\} = \sum_{m=0}^{M-1}\sum_{n=0}^{N-1} f(m,n)e^{-j2\pi(u[M-m]/M+v[N-n]/N)}$$

(Se quiser comprovar que os somatórios estão corretos, tente uma transformada 1-D e expanda alguns termos à mão.) Como $\exp[-j2\pi(\text{número inteiro})] = 1$, segue-se que

$$\Im\{f(-x,-y)\} = \sum_{m=0}^{M-1}\sum_{n=0}^{N-1} f(m,n)e^{j2\pi(um/M+vn/N)}$$
$$= F(-u,-v)$$

Isso conclui a comprovação.

4.6.5 Espectro de Fourier e ângulo de fase

Como a DFT 2-D é em geral complexa, ela pode ser expressa na fórmula polar:

$$F(u, v) = |F(u, v)|e^{j\phi(u,v)} \quad (4.6\text{-}15)$$

sendo que a magnitude

$$|F(u, v)| = [R^2(u, v) + I^2(u, v)]^{1/2} \quad (4.6\text{-}16)$$

é chamada de *espectro de Fourier* (ou *de frequência*) e

$$\phi(u,v) = \arctan\left[\frac{I(u,v)}{R(u,v)}\right] \quad (4.6\text{-}17)$$

é o *ângulo de fase*. Lembre-se, com base na análise da Seção 4.2.1, que o *arctan* deve ser calculado utilizando o arco-tangente de quatro quadrantes, como a função atan2(Imag, Real) do Matlab.

Por fim, o *espectro de potência* é definido como

$$P(u, v) = |F(u, v)|^2$$
$$= R^2(u, v) + I^2(u, v) \quad (4.6\text{-}18)$$

---

* Observe que não estamos realizando uma mudança de variável aqui. Estamos avaliando a DFT de $f(-x, -y)$, de forma que simplesmente incluímos essa função na equação, como faríamos com qualquer outra função.

Como antes, R e I são as partes real e imaginária de $F(u, v)$ e todos os cálculos são realizados para as variáveis discretas $u = 0, 1, 2, \ldots, M - 1$ e $v = 0, 1, 2, \ldots, N - 1$. Dessa forma, $F(u, v)$, $\phi(u, v)$ e $P(u, v)$ são arranjos matriciais de tamanho $M \times N$.

A transformada de Fourier de uma função real é conjugada simétrica (Equação 4.6-14), isso quer dizer que o espectro apresenta simetria *par* em relação à origem:

$$|F(u, v)| = |F(-u, -v)| \quad (4.6\text{-}19)$$

O ângulo de fase apresenta a seguinte simetria *ímpar* em relação à origem:

$$\phi(u, v) = -\phi(-u, -v) \quad (4.6\text{-}20)$$

Segue-se da Equação 4.5-15 que

$$F(0,0) = \sum_{x=0}^{M-1}\sum_{y=0}^{N-1} f(x,y)$$

o que indica que o termo de frequência zero é proporcional ao valor médio de $f(x, y)$. Isto é,

$$F(0,0) = MN \frac{1}{MN} \sum_{x=0}^{M-1}\sum_{y=0}^{N-1} f(x,y)$$
$$= MN\overline{f}(x,y) \quad (4.6\text{-}21)$$

onde $\overline{f}$ expressa o valor médio de f. Então,

$$|F(0,0)| = MN|\overline{f}(x,y)| \quad (4.6\text{-}22)$$

Como a constante de proporcionalidade MN costuma ser grande, normalmente $|F(0, 0)|$ é o maior componente do espectro por um fator que pode ser várias ordens de magnitude maior que os outros termos. Como os componentes de frequência u e v são zero na origem, $F(0, 0)$ algumas vezes é chamado de *componente dc* da transformada. Essa terminologia provém da engenharia elétrica, em que "dc" significa corrente contínua (*direct current*), isto é, corrente de frequência zero.

Exemplo 4.13 O espectro de Fourier 2-D de uma função simples.

A Figura 4.24(a) mostra uma imagem simples, e a Figura 4.24(b) mostra seu espectro, cujos valores foram ajustados para o intervalo [0, 255] e exibidos na forma de uma imagem. As origens tanto do domínio do espaço quanto da frequência se posicionam no canto superior esquerdo. Duas características são evidentes na Figura 4.22(b). Como esperado, a área ao redor da origem da transformada contém os valores mais altos (que aparece mais clara na imagem). No entanto, observe que os quatro cantos do espectro similarmente contêm valores altos. A razão para isso é a propriedade de periodicidade discutida na seção anterior. Para centralizar

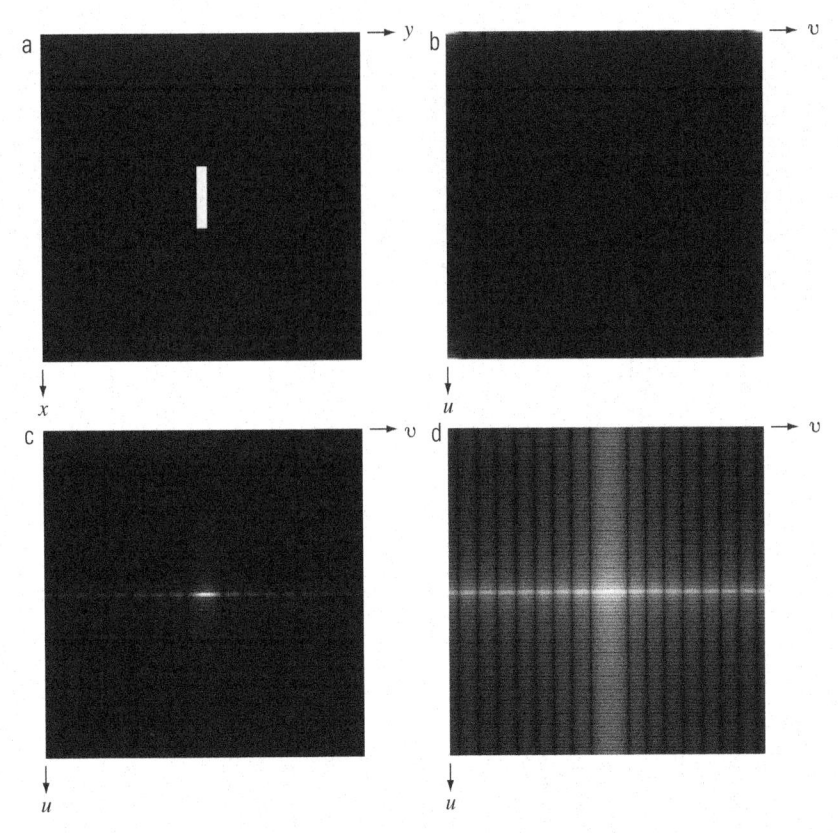

Figura 4.24 (a) Imagem. (b) Espectro mostrando regiões com pontos claros nos quatro cantos. (c) Espectro centralizado. (d) Resultado mostrando detalhes realçados após uma transformação logarítmica. Os cruzamentos por zero do espectro são mais próximos na direção vertical porque o retângulo em (a) é maior nessa direção. A convenção de coordenadas utilizada neste livro posiciona a origem dos domínios do espaço e da frequência no canto superior esquerdo.

o espectro, simplesmente multiplicamos a imagem em (a) por $(-1)^{x+y}$ antes de calcular a DFT, como indicado na Equação 4.6-8. A Figura 4.24(c) mostra o resultado, que é claramente muito mais fácil de visualizar (observe a simetria em relação ao ponto central). Como o termo dc domina os valores do espectro, a faixa dinâmica das outras intensidades da imagem exibida é comprimida. Para mostrar esses detalhes, realizamos uma transformação logarítmica, como descrito na Seção 3.2.2. A Figura 4.24(d) mostra a exibição de $(1 + \log |F(u, v)|)$. O maior nível de detalhamento é evidente. A maioria dos espectros mostrados neste e nos capítulos subsequentes é ajustada dessa forma.

Segue-se das equações 4.6-4 e 4.6-5 que o espectro é insensível à translação da imagem (o valor absoluto do termo exponencial é 1), mas se rotaciona no mesmo ângulo de uma imagem rotacionada. A Figura 4.25 ilustra essas propriedades. O espectro da Figura 4.25(b) é idêntico ao espectro da Figura 4.24(d). Claramente as imagens das figuras 4.24(a) e 4.25(a) são diferentes, de forma que, se seus espectros de Fourier são os mesmos, então, com base na Equação 4.6-15, seus ângulos de fase devem ser diferentes. A Figura 4.26 confirma isso. As figuras 4.26(a) e (b) são os arranjos de ângulo de fase (mostrados como imagens) das DFTs das figuras 4.24(a) e 4.25(a). Observe a ausência de semelhança entre as imagens da fase, apesar do fato de que a única diferença entre suas imagens correspondentes é a simples translação. Em geral, a análise visual

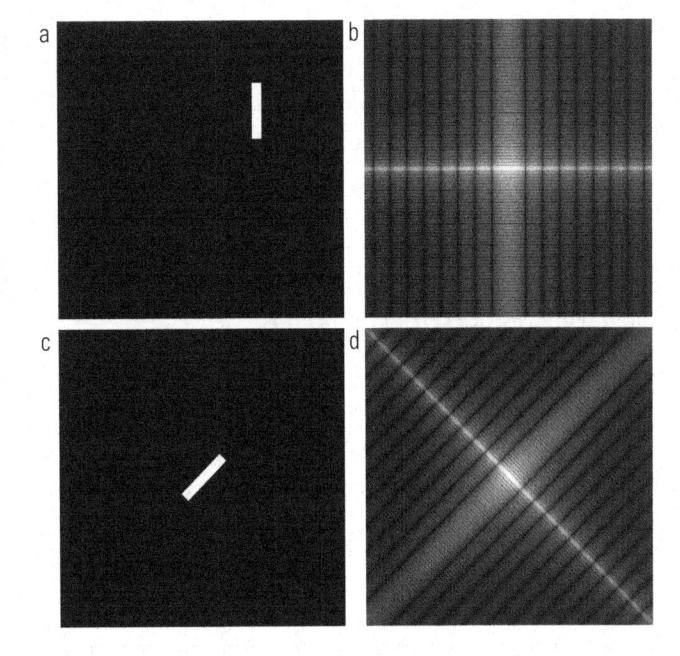

Figura 4.25 (a) O retângulo da Figura 4.24(a) transladado e (b) o espectro correspondente. (c) Retângulo rotacionado e (d) o espectro correspondente. O espectro correspondente ao retângulo transladado é idêntico ao espectro correspondente à imagem original na Figura 4.24(a).

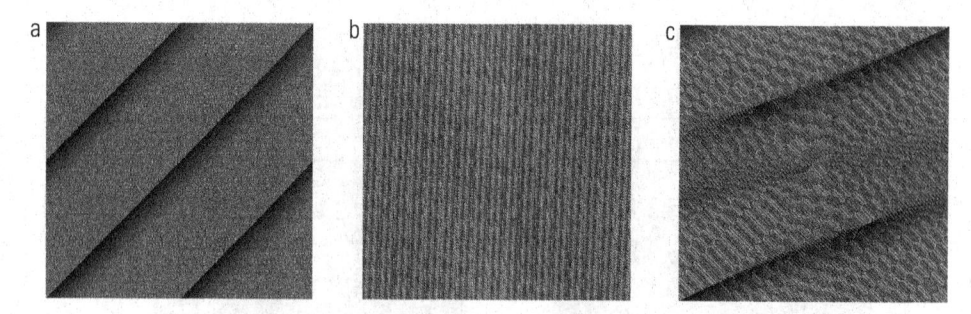

Figura 4.26 Ângulo de fase correspondente (a) à imagem do retângulo centralizado na Figura 4.24(a), (b) à imagem transladada na Figura 4.25(a) e (c) à imagem rotacionada na Figura 4.25(c).

das imagens de ângulo de fase resulta em pouca informação intuitiva. Por exemplo, em virtude de sua orientação de 45°, seria possível esperar intuitivamente que o ângulo de fase da Figura 4.26(a) correspondesse à imagem rotacionada da Figura 4.25(c), e não à imagem da Figura 4.24(a). Com efeito, como mostra a Figura 4.26(c), o ângulo de fase da imagem rotacionada tem uma intensa orientação que é muito menor que 45°.

Os componentes do espectro da DFT determinam as amplitudes das senoides que se combinam para formar a imagem resultante. Em qualquer frequência dada na DFT de uma imagem, uma grande amplitude implica uma maior proeminência de uma senoide dessa frequência na imagem. Inversamente, uma pequena amplitude implica que menos dessa senoide está presente na imagem. Apesar de, como mostra a Figura 4.26, a contribuição dos componentes de fase ser menos intuitiva, ela é tão importante quanto o espectro. A fase é uma medida do deslocamento das várias senoides em relação à sua origem. Dessa forma, apesar de a magnitude da DFT 2-D ser um arranjo matricial cujos componentes determinam as intensidades na imagem, a fase correspondente é um arranjo de ângulos que apresentam grande parte das informações sobre a localização dos objetos discerníveis na imagem. O exemplo a seguir esclarece esses conceitos.

Exemplo 4.14 Ilustração das propriedades do espectro de Fourier e ângulo de fase.

A Figura 4.27(b) é o ângulo de fase da DFT da Figura 4.27(a). Não há detalhes nesse arranjo que nos levariam, por meio da análise visual, a associá-lo às características de sua imagem correspondente (nem mesmo a simetria do ângulo de fase é visível). Contudo, a importância da fase na determinação das características de formato é evidente na Figura 4.27(c), obtida pelo cálculo da DFT inversa da Equação 4.6-15 utilizando apenas as informações de fase (isto é, com $|F(u, v)| = 1$ na equação). Apesar de as informações de intensidade terem sido perdidas (lembre-se de que as informações estão contidas no espectro), as principais carac-

terísticas de forma dessa imagem são, sem a menor dúvida, provenientes da Figura 4.27(a).

A Figura 4.27(d) foi obtida utilizando-se apenas o espectro da Equação 4.6-15 e calculando a DFT inversa. Isso significa definir o termo exponencial como igual a 1, o que, por sua vez, implica definir o ângulo de fase como igual a 0. O resultado não surpreende. Ele contém apenas informações de intensidade, com o termo dc sendo o mais dominante. Não há informações de forma na imagem porque a fase foi determinada como zero.

Por fim, as figuras 4.27(e) e (f) mostram novamente a dominância da fase na determinação do conteúdo de atributos de uma imagem. A Figura 4.27(e) foi obtida calculando a IDFT da Equação 4.6-15 utilizando o espectro do retângulo da Figura 4.24(a) e o ângulo de fase correspondente à imagem da mulher. A forma da mulher domina claramente esse resultado. Inversamente, o retângulo domina a Figura 4.27(f), que foi calculada utilizando o espectro da mulher e o ângulo de fase do retângulo.

4.6.6 O teorema de convolução 2-D

Estender a Equação 4.4-10 para duas variáveis resulta na seguinte expressão para a *convolução circular* 2-D:

$$f(x,y) \star h(x,y) = \sum_{m=0}^{M-1} \sum_{n=0}^{N-1} f(m,n)h(x-m, y-n) \quad (4.6\text{-}23)$$

para $x = 0, 1, 2, \ldots, M - 1$ e $y = 0, 1, 2, \ldots, N - 1$. Como na Equação 4.4-10, a Equação 4.6-23 nos dá um período de uma sequência periódica 2-D. O teorema da convolução 2-D é dado pelas expressões

$$f(x, y) \star h(x, y) \Leftrightarrow F(u, v)H(u, v) \quad (4.6\text{-}24)$$

e, inversamente,

$$f(x, y)h(x, y) \Leftrightarrow F(u, v) \star H(u, v) \quad (4.6\text{-}25)$$

onde F e H são obtidos utilizando a Equação 4.5-15 e, como antes, a seta dupla é utilizada para indicar que os lados esquerdo e direito das expressões constituem um par de transformadas de Fourier. Nosso interesse no res-

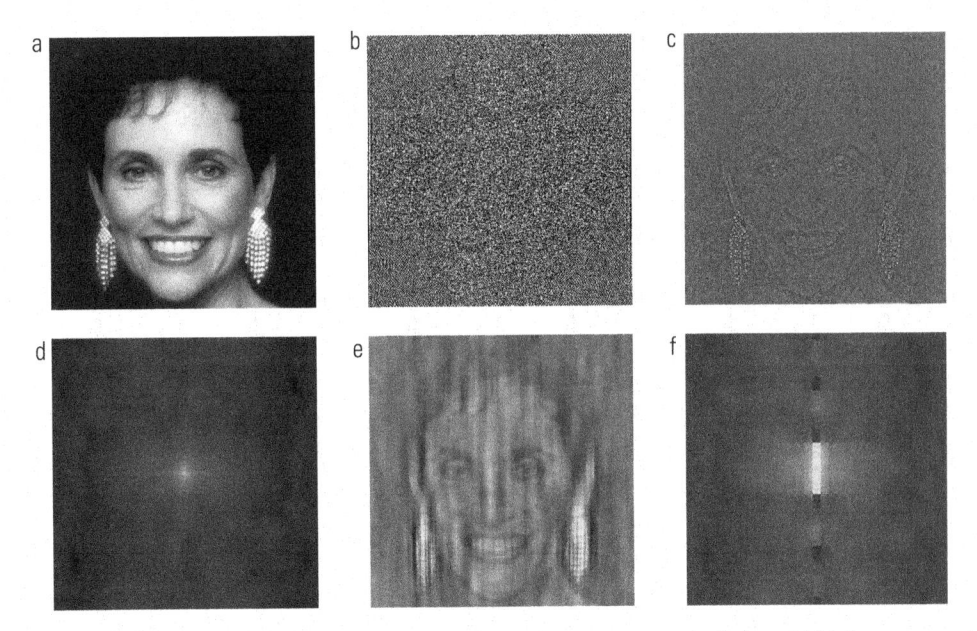

Figura 4.27 (a) Mulher. (b) Ângulo de fase. (c) Mulher reconstruída utilizando apenas o ângulo de fase. (c) Mulher reconstruída utilizando apenas o espectro. (e) Reconstrução utilizando o ângulo de fase correspondente à mulher e o espectro correspondente ao retângulo da Figura 4.24(a). (f) Reconstrução utilizando a fase do retângulo e o espectro da mulher.

tante deste capítulo está na Equação 4.6-24, que afirma que a DFT inversa do produto $F(u, v)H(u, v)$ nos dá $f(x,y) \star h(x,y)$, a convolução espacial 2-D de f e h. De forma similar, a DFT da convolução no domínio do espaço gera o produto das transformadas no domínio da frequência. A Equação 4.6-24 é a base da filtragem linear e, como explicamos na Seção 4.7, é a base para todas as técnicas de filtragem discutidas neste capítulo.

Como estamos lidando com valores discretos, o cálculo das transformadas de Fourier é realizado com um algoritmo DFT.* Se escolhermos calcular a convolução espacial utilizando a IDFT do produto das duas transformadas, as questões de periodicidade discutidas na Seção 4.6.3 devem ser levadas em consideração. Daremos um exemplo 1-D disso e, depois, estenderemos as conclusões para duas variáveis. A coluna da esquerda da Figura 4.28 implementa a convolução de duas funções, f e h, utilizando o equivalente 1-D da Equação 3.4-2, que, pelo fato de as duas funções serem do mesmo tamanho, são escritas como

$$f(x) \; h(x) = \sum_{m=0}^{399} f(x)h(x-m)$$

Essa equação é idêntica à Equação 4.4-10, *mas* o requisito para o deslocamento x é que ele seja grande o suficiente para fazer com que a versão rotacionada de h se desloque passando completamente por f. Em outras palavras, o procedimento consiste em (1) espelhamento de h em relação à origem (isto é, rotacioná-la 180°) [Figura 4.28(c)], (2) translação da função espelhada por uma quantidade x [Figura 4.28(d)] e (3) para *cada* valor x da translação, o cálculo *total* da soma de produtos do lado direito da equação precedente. Em termos da Figura 4.28, isso significa multiplicar a função da Figura 4.28(a) pela função da Figura 4.28(d) para *cada* valor de x. O deslocamento x abrange todos os valores necessários para deslocar completamente h por f. A Figura 4.28(e) mostra a convolução dessas duas funções. Note que a convolução é função da variável de deslocamento, x, e que o intervalo de x necessário nesse exemplo para deslocar h completamente por f vai de 0 a 799.

Se utilizarmos a DFT e o teorema de convolução para obter o mesmo resultado que na coluna esquerda da Figura 4.28, devemos levar em consideração a periodicidade inerente na expressão para a DFT. Isso equivale a convoluir as duas funções periódicas nas figuras 4.28(f) e (g). O procedimento de convolução é igual ao que acabamos de discutir, mas as duas funções agora são periódicas. Proceder com essas duas funções como no parágrafo anterior levaria ao resultado da Figura 4.28(j), que é obviamente incorreto. Como estamos convoluindo duas funções periódicas, a convolução em si é periódica. A proximidade dos períodos na Figura 4.28 é tal que eles interferem um no outro, provocando o que costuma ser chamado de *erro de wraparound* (efeito de borda). De acordo com o teorema da convolução, se tivermos calculado a DFT das duas funções de 400 pontos, f e h, multiplicado as duas

---
* Discutiremos formas eficientes para calcular a DFT na Seção 4.11.

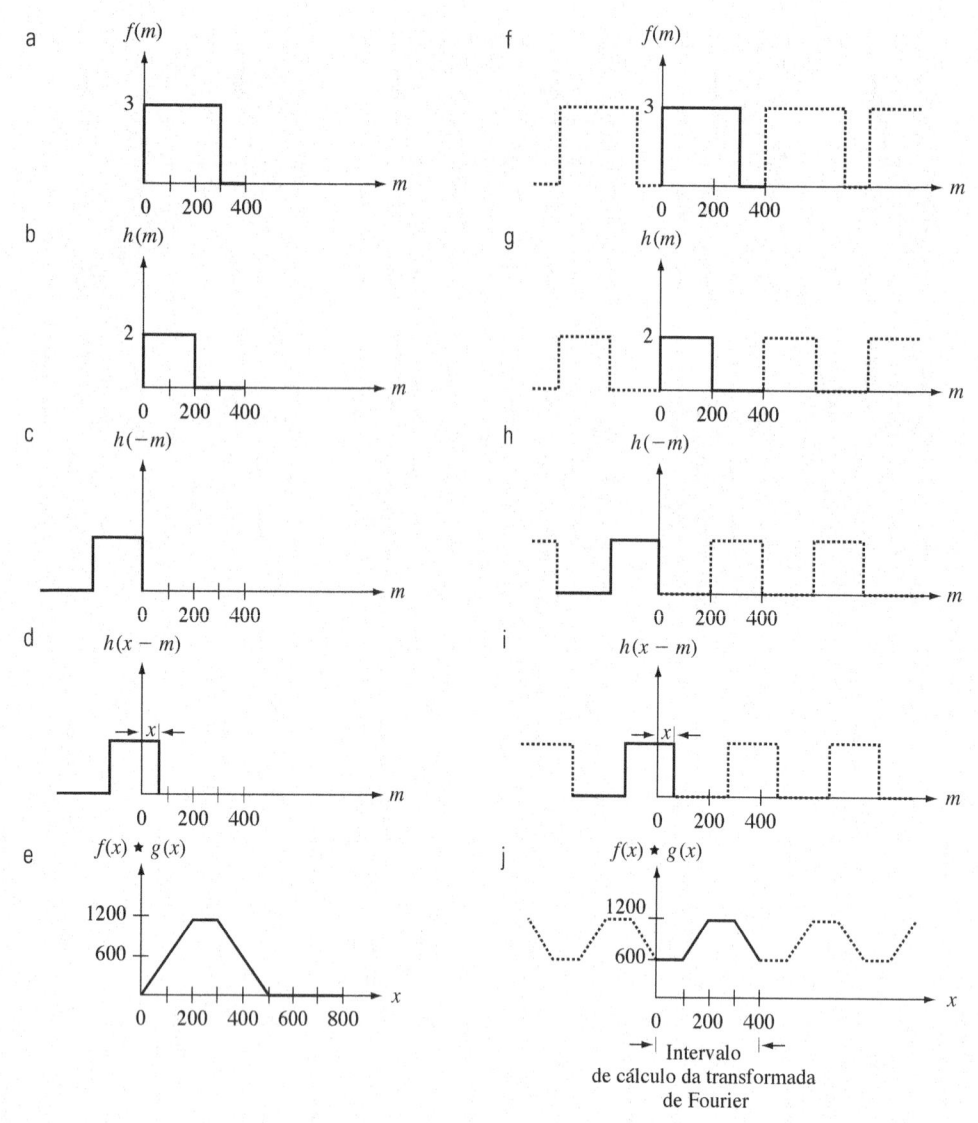

Figura 4.28 Coluna da esquerda: convolução de duas funções discretas obtidas utilizando a abordagem discutida na Seção 3.4.2. O resultado em (e) é correto. Coluna da direita: convolução das mesmas funções, mas levando em consideração a periodicidade decorrente da DFT. Observe em (j) como os dados de períodos adjacentes produzem o erro de *wraparound*, levando a um resultado incorreto de convolução. Para obter o resultado correto, a função deve ser preenchida.

transformadas e depois calculado a DFT inversa, teremos obtido o segmento errôneo de 400 pontos da convolução mostrada na Figura 4.28(j).

Felizmente, a solução para o problema do erro de *wraparound* é simples. Considere duas funções, $f(x)$ e $h(x)$, compostas de amostras A e B, respectivamente. É possível demonstrar (Brigham, 1988) que, se acrescentarmos zeros às duas funções de forma que elas tenham o mesmo tamanho, expresso por P, o erro de *wraparound* é evitado escolhendo*

$$P \geq A + B - 1 \qquad (4.6\text{-}26)$$

No nosso exemplo, cada função tem 400 pontos, de forma que o valor mínimo que poderíamos utilizar é $P = 799$, o que implica o acréscimo de 399 zeros ao fim de cada função. Esse processo é chamado de *preenchimento com zeros* (*zero padding*). A título de exercício, você pode demonstrar que, se os períodos das funções nas figuras 4.28(f) e (g) fossem expandidos acrescentando a cada período pelo menos 399 zeros, o resultado seria uma convolução periódica na qual *cada* período seria idêntico ao resultado correto da Figura 4.28(e). Utilizar a DFT por meio do teorema da convolução resultaria em uma função no domínio do espaço de 799 pontos idêntica à Figura 4.28(e). A conclusão, portanto, é que, para obter o mesmo

---

* Os zeros também podem ser acrescentados ao início das funções, ou podem ser divididos entre o começo e o fim das funções. É mais simples acrescentá-los no fim.

resultado de convolução entre a representação "direta" pelo método da equação de convolução apresentado no Capítulo 3 e pelo método da DFT, as funções pelo último método devem ser preenchidas antes do cálculo de suas transformadas.

Seria mais difícil visualizar um exemplo similar em duas dimensões, mas chegaríamos à mesma conclusão em relação ao erro de *wraparound* e à necessidade de preencher as funções com zeros. Suponha dois arranjos de imagem $f(x, y)$ e $h(x, y)$ de tamanhos $A \times B$ e $C \times D$ pixels, respectivamente. O erro de *wraparound* em sua convolução circular pode ser evitado preenchendo essas funções com zeros, como se segue:

$$f_p(x,y) = \begin{cases} f(x,y) & 0 \leq x \leq A-1 \text{ e } 0 \leq y \leq B-1 \\ 0 & A \leq x \leq P \text{ ou } B \leq y \leq Q \end{cases}$$
(4.6-27)

e

$$h_p(x,y) = \begin{cases} h(x,y) & 0 \leq x \leq C-1 \text{ e } 0 \leq y \leq D-1 \\ 0 & C \leq x \leq P \text{ ou } D \leq y \leq Q \end{cases}$$
(4.6-28)

com

$$P \geq A + C - 1 \quad (4.6\text{-}29)$$

e

$$Q \geq B + D - 1 \quad (4.6\text{-}30)$$

As imagens preenchidas resultantes são de tamanho $P \times Q$. Se os dois arranjos matriciais forem do mesmo tamanho, $M \times N$, precisamos que

$$P \geq 2M - 1 \quad (4.6\text{-}31)$$

e

$$Q \geq 2N - 1 \quad (4.6\text{-}32)$$

Damos um exemplo na Seção 4.7.2 mostrando os efeitos do erro de *wraparound* em imagens. Como uma regra, algoritmos DFT tendem a executar mais rapidamente com arranjos de tamanho par, de forma que se costuma selecionar P e Q como os menores números inteiros pares que satisfaçam as equações anteriores. Se os dois arranjos forem do mesmo tamanho, isso significa que P e Q são selecionados como o dobro do tamanho do arranjo.

As duas funções das figuras 4.28(a) e (b) convenientemente se tornam zero antes do fim do intervalo de amostragem. Se uma função ou as duas funções não forem zero no final do intervalo, uma descontinuidade seria criada quando zeros forem acrescentados à função para eliminar o erro de *wraparound*. Isso é análogo a multiplicar uma função por uma função retangular (*box function*), que, no domínio da frequência, implicaria a convolução da transformada original com uma função *sinc* (veja o Exemplo 4.1). Isso, por sua vez, criaria o chamado *espalhamento de frequência* (*leakage*), provocado pelos componentes de alta frequência da função *sinc*. O espalhamento produz um efeito serrilhado nas imagens. Apesar de o espalhamento nunca poder ser totalmente eliminado, ele pode ser significativamente reduzido multiplicando a função amostrada por outra função que diminui suavemente até próximo de zero nas duas extremidades da função amostrada para atenuar as transições abruptas (e, portanto, os componentes de alta frequência) da função retangular. Essa abordagem, chamada de *janelamento* ou *apodização*, é uma importante opção quando se deseja a fidelidade da reconstrução da imagem (como em gráficos de alta definição).* Se você estiver diante da necessidade de realizar esse janelamento, uma boa metodologia é utilizar uma função gaussiana 2-D (veja a Seção 4.8.3). Uma vantagem dessa função é que sua transformada de Fourier também é gaussiana, produzindo, dessa forma, pouco espalhamento de frequência.

4.6.7 Resumo das propriedades da transformada discreta de Fourier 2-D

A Tabela 4.2 resume as principais definições de DFT apresentadas neste capítulo. A separabilidade é discutida na Seção 4.11.1 e a obtenção da transformada inversa utilizando um algoritmo de transformada direta é discutida na Seção 4.11.2. A correlação é discutida no Capítulo 12.

A Tabela 4.3 resume alguns importantes pares de DFTs. Apesar do nosso foco estar em funções discretas, as duas últimas entradas da tabela são pares de transformadas de Fourier que podem ser deduzidos somente para variáveis contínuas (observe a utilização da notação de variáveis contínuas). Nós as incluímos aqui porque, com uma interpretação adequada, elas são bastante úteis no processamento digital de imagens. O par de diferenciação pode ser utilizado para deduzir o equivalente no domínio de frequência do laplaciano definido na Equação 3.6-3 (Exercício 4.26). O par gaussiano é discutido na Seção 4.7.4.

---
* Uma função simples de apodização é um triângulo, centralizado na amostra de dados, que diminuiu até 0 em ambas as extremidades da amostra. Isso é chamado de janela de *Bartlett*. Outras janelas comuns são a de *Hamming* e a de *Hann*. Podemos até mesmo utilizar uma função gaussiana. Retomaremos a questão do janelamento na Seção 5.11.5.

Tabela 4.2 Resumo das definições de DFT e expressões correspondentes.

Nome	Expressão(ões)
1. Transformada discreta de Fourier (DFT) de $f(x, y)$	$F(u,v) = \sum_{x=0}^{M-1} \sum_{y=0}^{N-1} f(x,y) e^{-j2\pi(ux/M + vy/N)}$
2. Transformada discreta de Fourier inversa (IDFT) de $F(u, v)$	$f(x,y) = \frac{1}{MN} \sum_{u=0}^{M-1} \sum_{v=0}^{N-1} F(u,v) e^{j2\pi(ux/M + vy/N)}$
3. Representação polar	$F(u, v) = \|F(u, v)\| e^{j\phi(u, v)}$
4. Espectro	$\|F(u, v)\| = [R^2(u, v) + I^2(u, v)]^{1/2}$ $R = \text{Real}(F); I = \text{Im}(F)$
5. Ângulo de fase	$\phi(u,v) = \text{tg}^{-1}\left[\dfrac{I(u,v)}{R(u,v)}\right]$
6. Espectro de potência	$P(u, v) = \|F(u, v)\|^2$
7. Valor médio	$\bar{f}(x,y) = \dfrac{1}{MN} \sum_{x=0}^{M-1} \sum_{y=0}^{N-1} f(x,y) = \dfrac{1}{MN} F(0,0)$
8. Periodicidade (k_1 e k_2 são inteiros)	$F(u, v) = F(u + k_1 M, v) = F(u, v + k_2 N)$ $= F(u + k_1 M, v + k_2 N)$ $f(x, y) = f(x + k_1 M, y) = f(x, y + k_2 N)$ $= f(x + k_1 M, y + k_2 N)$
9. Convolução	$f(x,y) \star h(x,y) = \sum_{m=0}^{M-1} \sum_{n=0}^{N-1} f(m,n) h(x-m, y-n)$
10. Correlação	$f(x,y) \star h(x,y) = \sum_{m=0}^{M-1} \sum_{n=0}^{N-1} f^*(m,n) h(x+m, y+n)$
11. Separabilidade	A DFT 2-D pode ser deduzida calculando as transformadas DFT 1-D ao longo das colunas (ou linhas) da imagem, seguidas das transformadas 1-D ao longo das linhas (ou colunas) do resultado. Veja a Seção 4.11.1.
12. Obtenção da transformada inversa de Fourier utilizando algoritmo de transformada direta	$MNf^*(x,y) = \sum_{u=0}^{M-1} \sum_{v=0}^{N-1} F^*(u,v) e^{-j2\pi(ux/M + vy/N)}$ Essa equação indica que aplicar $F^*(u, v)$ a um algoritmo que calcula a transformada direta (lado direito da equação anterior) resulta em $MNf^*(x, y)$. Dividir o conjugado complexo por MN resulta na inversa desejada. Veja a Seção 4.11.2.

Tabela 4.3 Resumo dos pares de DFT. As expressões na forma fechada em 12 e 13 são válidas somente para variáveis contínuas. Elas podem ser utilizadas com variáveis discretas por meio da amostragem das expressões contínuas na forma fechada.

Nome	Pares de DFT
1. Propriedades de simetria	Veja a Tabela 4.1
2. Linearidade	$af_1(x,y) + bf_2(x,y) \Leftrightarrow aF_1(u,v) + bF_2(u,v)$
3. Translação (geral)	$f(x,y)e^{j2\pi(u_0 x/M + v_0 y/N)} \Leftrightarrow F(u-u_0, v-v_0)$ $f(x-x_0, y-y_0) \Leftrightarrow F(u,v)e^{-j2\pi(ux_0/M + vy_0/N)}$
4. Translação ao centro do retângulo de frequência, $(M/2, N/2)$	$f(x,y)(-1)^{x+y} \Leftrightarrow F(u-M/2, v-N/2)$ $f(x-M/2, y-N/2) \Leftrightarrow F(u,v)(-1)^{u+v}$
5. Rotação	$f(r, \theta + \theta_0) \Leftrightarrow F(\omega, \varphi + \theta_0)$ $x = r\cos\theta \quad y = r\,\text{sen}\,\theta \quad u = \omega\cos\varphi \quad v = \omega\,\text{sen}\,\varphi$
6. Teorema de convolução*****	$f(x,y) \star h(x,y) \Leftrightarrow F(u,v)H(u,v)$ $f(x,y)h(x,y) \Leftrightarrow F(u,v) \star H(u,v)$
7. Teorema de correlação	$f(x,y) \star h(x,y) \Leftrightarrow F^*(u,v)H(u,v)$ $f^*(x,y)h(x,y) \Leftrightarrow F(u,v) \star H(u,v)$
8. Impulso unitário discreto	$\delta(x,y) \Leftrightarrow 1$
9. Retângulo	$\text{rect}[a,b] \Leftrightarrow ab \dfrac{\text{sen}(\pi ua)}{(\pi ua)} \dfrac{\text{sen}(\pi vb)}{(\pi vb)} e^{-j\pi(ua+vb)}$
10. Seno	$\text{sen}(2\pi u_0 x + 2\pi v_0 y)$ $j\dfrac{1}{2}[\delta(u + Mu_0, v + Nv_0) - \delta(u - Mu_0, v - Nv_0)]$
11. Cosseno	$\cos(2\pi u_0 x + 2\pi v_0 y) \Leftrightarrow$ $\dfrac{1}{2}[\delta(u + Mu_0, v + Nv_0) + \delta(u - Mu_0, v - Nv_0)]$

Os pares de transformadas de Fourier a seguir só são deduzidos para as variáveis contínuas, expressas, como antes, por t e z para variáveis espaciais e por μ e ν para variáveis de frequência. Esses resultados podem ser utilizados para trabalhar com as DFT por meio da amostragem das formas contínuas.

12. *Diferenciação* (as expressões à direita presumem que $f(\pm\infty, \pm\infty) = 0$.)	$\left(\dfrac{\partial}{\partial t}\right)^m \left(\dfrac{\partial}{\partial t}\right)^n f(t,z) \Leftrightarrow (j2\pi\mu)^m (j2\pi\nu)^n F(\mu,\nu)$ $\dfrac{\partial^m f(t,z)}{\partial t^m} \Leftrightarrow (j2\pi\mu)^m F(\mu,\nu); \dfrac{\partial^n f(t,z)}{\partial z^n} \Leftrightarrow (j2\pi\nu)^n F(\mu,\nu)$
13. Gaussiana	$A2\pi\sigma^2 e^{-2\pi^2\sigma^2(t^2+z^2)} \Leftrightarrow Ae^{-(\mu^2+\nu^2)/2\sigma^2}$ (A é uma constante)

---

* Presume-se que as funções foram expandidas pelo preenchimento por zeros. A convolução e a correlação são associativas, comutativas e distributivas.

As tabelas 4.1 a 4.3 apresentam um resumo das propriedades, úteis para trabalhar com a DFT. Muitas delas são elementos-chave no desenvolvimento do material no restante deste capítulo e algumas são utilizadas em capítulos subsequentes.

4.7 Os fundamentos da filtragem no domínio da frequência

Nesta seção, apresentaremos os fundamentos para todas as técnicas de filtragem discutidas no restante do capítulo.

4.7.1 Características adicionais do domínio da frequência

Começamos observando na Equação 4.5-15 que *cada* termo de $F(u, v)$ contém *todos* os valores de $f(x, y)$, modificados pelos valores dos termos exponenciais. Dessa forma, exceto em casos triviais, em geral costuma ser impossível fazer associações diretas entre componentes específicos de uma imagem e sua transformada. No entanto, é possível fazer algumas afirmações gerais sobre o relacionamento entre os componentes de frequência da transformada de Fourier e os aspectos espaciais de uma imagem. Por exemplo, como a frequência é diretamente relacionada a taxas espaciais de variação, não é difícil associar intuitivamente frequências na transformada de Fourier com padrões de variações de intensidade em uma imagem. Mostramos na Seção 4.6.5 que o componente de frequência de variação mais lenta ($u = v = 0$) é proporcional à intensidade média de uma imagem. À medida que nos distanciamos da origem da transformada, as baixas frequências correspondem aos componentes de intensidade de variação lenta em uma imagem. Em uma imagem de uma sala, por exemplo, isso poderia corresponder a variações suaves de intensidade nas paredes e no piso. À medida que nos distanciamos da origem, as frequências mais altas começam a corresponder a variações de intensidade cada vez mais rápidas na imagem. Essas são as bordas de objetos e outros componentes de uma imagem caracterizados por mudanças abruptas de intensidade.

As técnicas de filtragem no domínio da frequência se baseiam na modificação da transformada de Fourier para atingir um objetivo específico e calcular a DFT inversa para retornar ao domínio da imagem, como vimos na Seção 2.6.7. Segue-se da Equação 4.6-15 que os dois componentes da transformada aos quais temos acesso são a magnitude (espectro) e o ângulo de fase. A Seção 4.6.5 abordou as propriedades básicas desses dois componentes da transformada. Vimos que a análise visual do componente de fase em geral não é muito útil. O espectro, contudo, proporciona algumas informações úteis a respeito das características gerais da imagem a partir das quais o espectro foi gerado. Vejamos, por exemplo, a Figura 4.29(a), uma imagem de um circuito integrado obtida por um microscópio eletrônico de varredura, ampliada aproximadamente 2.500 vezes. Sem mencionar a interessante construção do próprio dispositivo, observamos duas características principais: bordas fortes em um ângulo de aproximadamente 45° e duas protuberâncias brancas de um óxido, resultantes de uma falha induzida termicamente. O espectro de Fourier na Figura 4.29(b) mostra componentes proeminentes ao longo das direções 45° que correspondem às bordas que acabamos de mencionar. Olhando com atenção ao longo do eixo vertical, vemos um componente vertical que está ligeiramente inclinado para a esquerda em relação ao eixo. Esse componente foi causado pelas bordas das protuberâncias causadas pelo óxido. Observe como o ângulo do componente de frequência em relação ao eixo vertical corresponde à inclinação (com relação ao eixo horizontal) do longo elemento branco, e observe também os zeros no componente vertical de frequência, correspondente à extensão vertical estreita das protuberâncias do óxido.

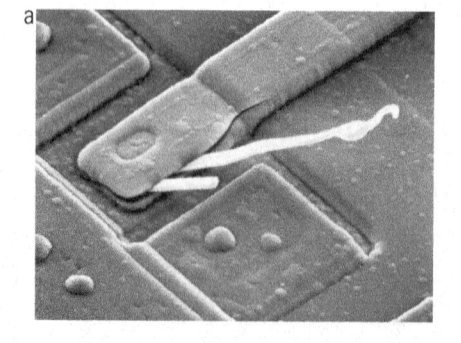

Figura 4.29 (a) Imagem de um circuito integrado danificado obtida com um microscópio eletrônico de varredura. (b) Espectro de Fourier de (a). (Imagem original: cortesia do Dr. J. M. Hudak, Instituto Brockhouse para Materiais de Pesquisa, Universidade McMaster, Hamilton, Ontário, Canadá.)

Isso corresponde aos tipos comuns de associações que podem ser feitas em geral entre os domínios da frequência e do espaço. Como veremos mais adiante neste capítulo, até mesmo esses tipos de associações gerais, aliados aos relacionamentos mencionados anteriormente entre o conteúdo de frequência e a taxa de variação dos níveis de intensidade de uma imagem, podem levar a alguns resultados muito úteis. Na próxima seção, mostraremos os efeitos das modificações de vários intervalos de frequência na transformada da Figura 4.29(a).

4.7.2 Fundamentos da filtragem do domínio da frequência

A filtragem no domínio da frequência consiste em modificar a transformada de Fourier de uma imagem e depois calcular a transformada inversa para obter o resultado processado. Dessa forma, dada uma imagem digital, $f(x, y)$, de tamanho $M \times N$, a equação básica de filtragem na qual estamos interessados tem a seguinte forma:*

$$g(x, y) = \Im^{-1}[H(u, v)F(u, v)] \quad (4.7\text{-}1)$$

na qual $\Im^{-1}$ é a IDFT, $F(u, v)$ é a DFT da imagem de entrada, $f(x, y)$, $H(u, v)$ é uma *função filtro* (também chamada apenas de *filtro* ou de *função de transferência de filtro*) e $g(x, y)$ é a imagem filtrada (de saída). As funções F, H e g são arranjos de tamanho $M \times N$, o mesmo que a imagem de entrada. O produto $H(u, v)F(u, v)$ é formado utilizando a multiplicação de arranjos matriciais, como definido na Seção 2.6.1. A função filtro modifica a transformada da imagem de entrada para gerar uma saída processada, $g(x, y)$. A especificação de $H(u, v)$ é consideravelmente simplificada utilizando funções simétricas em relação ao centro, o que requer que $F(u, v)$ também seja centralizada. Como explicamos na Seção 4.6.3, isso é feito multiplicando a imagem de entrada por $(-1)^{x+y}$ antes de calcular sua transformada.**

---

* Se H for real e simétrico e f for real (como costuma ser o caso), então a IDFT na Equação 4.7-1 deve, teoricamente, gerar valores reais. Na prática, o inverso geralmente contém termos complexos parasitas, resultantes do arredondamento e outras imprecisões do cálculo computacional. Dessa forma, costuma-se utilizar a parte real da IDFT para formar g.

** Muitas implementações computacionais da DFT 2-D (por exemplo, o Matlab) não centralizam a transformada. Isso implica que as funções-filtro devem ser organizadas para corresponder ao mesmo formato de dados que a transformada não centralizada (isto é, com a origem no canto superior esquerdo). O resultado final é que é mais difícil gerar e exibir os filtros. Utilizamos a centralização nas nossas discussões para ajudar na visualização, o que é crucial no desenvolvimento de uma boa compreensão dos conceitos de filtragem. Os dois métodos podem ser utilizados na prática, contanto que a coerência seja mantida.

Agora podemos analisar o processo de filtragem em mais detalhes. Um dos filtros mais simples que podemos construir é um filtro $H(u, v)$ que é 0 no centro da transformada e 1 em todos os outros pontos. Esse filtro rejeitaria o termo dc e "passaria" (isto é, deixaria inalterados) todos os outros termos de $F(u, v)$ quando formamos o produto $H(u, v)F(u, v)$. Sabemos, com base na Equação 4.6-21, que o termo dc é responsável pela intensidade média de uma imagem, de forma que multiplicá-lo por zero reduzirá a intensidade média da imagem de saída a zero. A Figura 4.30 mostra o resultado dessa operação utilizando a Equação 4.7-1. Como esperado, a imagem ficou muito mais escura. (Uma média zero implica a existência de intensidades negativas. Portanto, apesar de ilustrar o princípio, a Figura 4.30 não é uma verdadeira representação da original, já que todas as intensidades negativas são recortadas (definidas como 0) para fins de exibição.)

Como observamos anteriormente, baixas frequências na transformada são relacionadas a componentes de intensidade de variação lenta (suave) de uma imagem, como as paredes de uma sala ou um céu sem nuvens em uma cena externa. Por outro lado, altas frequências são causadas por transições abruptas de intensidade, como bordas e ruídos. Dessa forma, esperaríamos que um filtro $H(u, v)$ que atenua altas frequências enquanto passa baixas frequências (apropriadamente chamado *filtro passa-baixa*) borraria uma imagem, ao passo que um filtro com a propriedade oposta (chamado *filtro passa-alta*) realçaria detalhes abruptos, mas provocaria uma redução no contraste da imagem. A Figura 4.31 ilustra esses efeitos. Observe a semelhança entre as Figuras 4.30 e 4.31(e). A razão é que o filtro passa-alta mostrado elimina o termo dc, resultando no mesmo efeito básico que levou à Figura 4.30. Adicionar uma pequena constante ao filtro não afeta significativamente o aguçamento, mas impede a eliminação

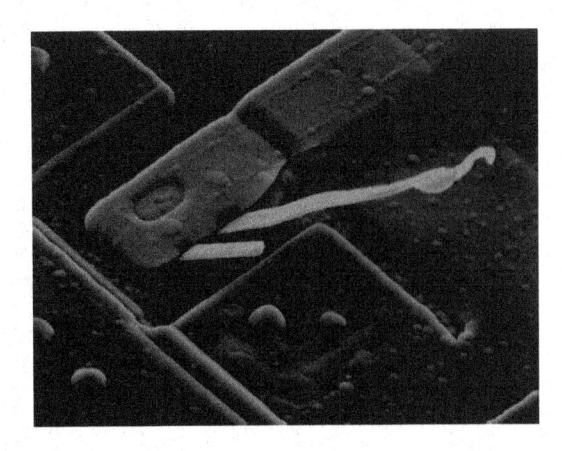

Figura 4.30 Resultado da filtragem da imagem da Figura 4.29(a) zerando o termo $F(M/2, N/2)$ na transformada de Fourier.

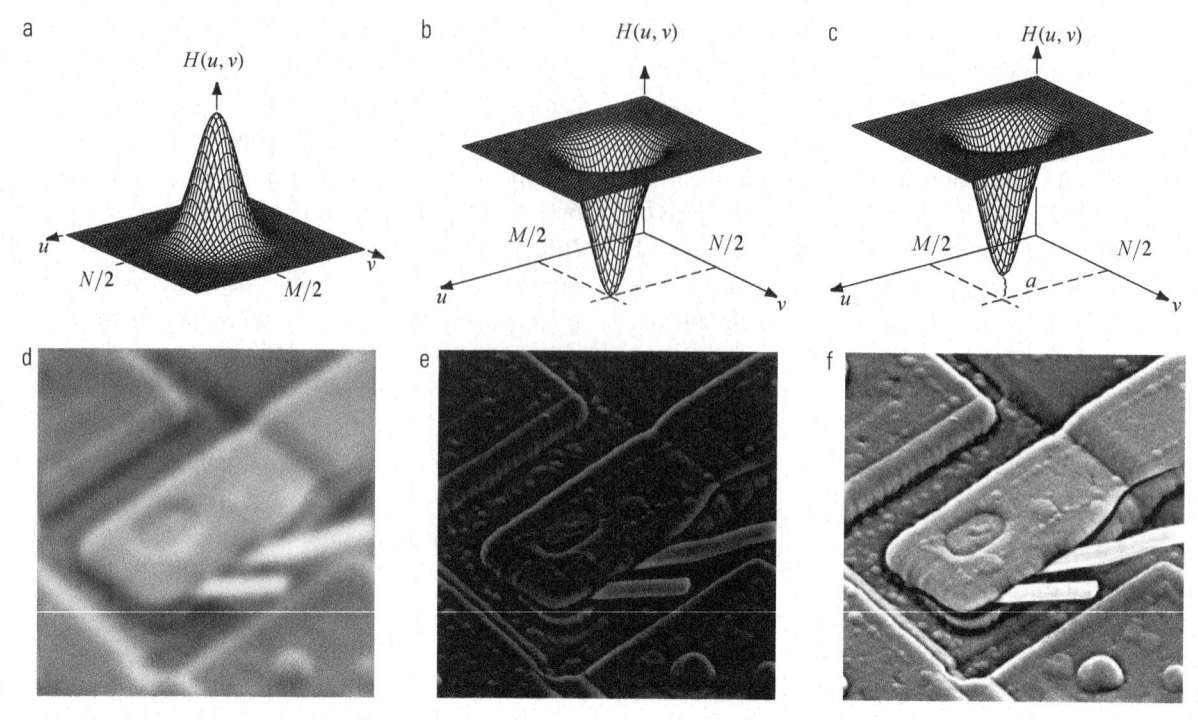

Figura 4.31 Linha superior: filtros no domínio da frequência. Linha inferior: imagens filtradas correspondentes obtidas com a aplicação da Equação 4.7-1. Utilizamos $a = 0,85$ em (c) para obter (f) (a altura do filtro é 1). Compare (f) com a Figura 4.29(a).

do termo dc e, dessa forma, preserva a tonalidade, como mostra a Figura 4.31(f).

A Equação 4.7-1 envolve o produto de duas funções no domínio da frequência que, pelo teorema da convolução, implica a convolução no domínio do espaço. Sabemos, com base na análise da Seção 4.6.6, que, se as funções em questão não forem preenchidas, podemos esperar a ocorrência do erro de *wraparound*. Vejamos o que acontece quando aplicamos a Equação 4.7-1 sem preenchimento. A Figura 4.32(a) mostra uma imagem simples, e a Figura 4.32(b) é o resultado da filtragem passa-baixa da imagem com um filtro passa-baixa gaussiano da forma mostrada na Figura 4.31(a). Como esperado, a imagem é borrada. No entanto, o borramento não é uniforme; a borda branca superior é borrada, mas as bordas brancas laterais não são. Preencher a imagem de entrada de acordo com as equações 4.6-31 e 4.6-32 antes de aplicar a Equação 4.7-1 resulta na imagem filtrada da Figura 4.32(c). Esse resultado é o que esperávamos.

A Figura 4.33 ilustra a razão para a discrepância entre as figuras 4.32(b) e (c). As áreas tracejadas da Figura 4.33 correspondem à imagem da Figura 4.32(a). A Figura 4.33(a) mostra a periodicidade implícita na utilização da DFT, como explicamos na Seção 4.6.3. Imagine convoluir a representação *espacial* do filtro de borramento com essa imagem. Quando o filtro está passando por cima da imagem tracejada, ele engloba parte da imagem assim como também parte da região inferior da imagem periódica imediatamente acima dele. Quando o filtro passa por uma região escura e uma clara, o resultado é uma saída cinza-médio, borrada. No entanto, quando o filtro passa pela lateral superior direita da imagem, o filtro engloba apenas áreas claras da imagem e de seu vizinho à direita. A média de uma constante é a mesma constante, de forma que a filtragem não terá efeito algum nessa área, gerando o resultado da Figura 4.32(b). O preenchimento da imagem com zeros cria um contorno uniforme ao redor da sequência periódica, como mostra a Figura 4.33(b). Convoluir a função de borramento com o "mosaico" preenchido da Figura 4.33(b) leva ao resultado correto da Figura 4.32(c). Podemos ver nesse exemplo que deixar de preencher uma imagem pode levar a resultados errôneos. Se a filtragem for realizada só para fins de análise visual aproximada, o passo de preenchimento pode ser pulado.

Até agora, a discussão se concentrou no preenchimento da imagem de entrada, mas a Equação 4.7-1 também envolve um filtro que pode ser especificado tanto no domínio do espaço como no da frequência. No entanto, o preenchimento é realizado no domínio do espaço, o que levanta uma importante questão sobre o relacionamento entre o preenchimento *espacial* e os filtros especificados diretamente no domínio da frequência.

À primeira vista, seria possível concluir que a melhor maneira de lidar com o preenchimento de um filtro

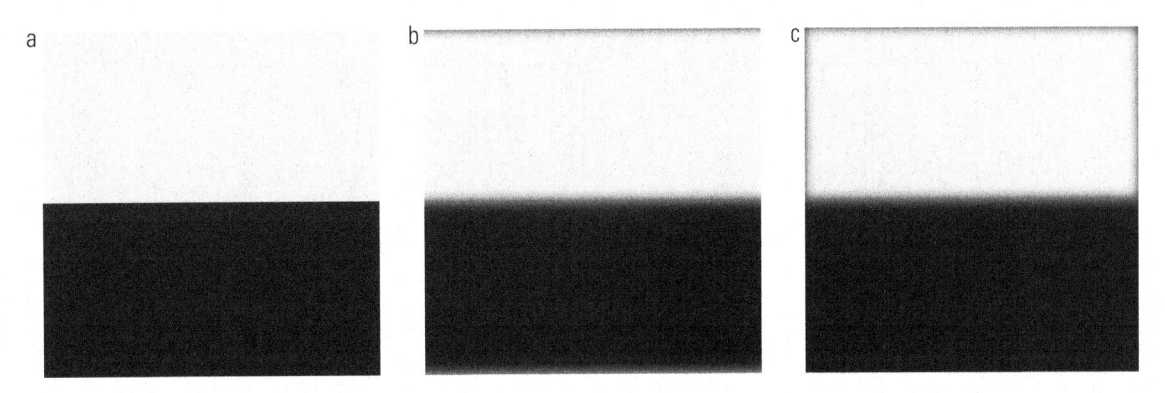

Figura 4.32 (a) Imagem simples. (b) Resultado do borramento com um filtro passa-baixa gaussiano sem o preenchimento. (c) Resultado da filtragem passa-baixa com o preenchimento. Compare a área clara das bordas laterais em (b) e (c).

de domínio da frequência é construir o filtro que seja do mesmo tamanho que a imagem, calcular a IDFT do filtro para obter o filtro espacial correspondente, preencher esse filtro no domínio do espaço, e depois, calcular sua DFT para retornar ao domínio da frequência. O exemplo 1-D da Figura 4.34 ilustra os problemas dessa abordagem. A Figura 4.34(a) mostra um filtro passa-baixa 1-D ideal no domínio da frequência. O filtro é real e tem simetria par, então sabemos, com base na propriedade 8 da Tabela 4.1, que sua IDFT também será real e simétrica. A Figura 4.34(b) mostra o resultado de multiplicar os elementos do filtro no domínio da frequência por $(-1)^u$ e calcular sua IDFT para obter o filtro espacial correspondente. Os extremos dessa função espacial não são zero; então, como mostra a Figura 4.34(c), o preenchimento da função com zeros cria duas descontinuidades (preencher as duas extremidades da função é o mesmo que preencher uma extremidade, contanto que o número total de zeros utilizado seja igual).

Para voltar ao domínio da frequência, calculamos a DFT do filtro preenchido no domínio espacial. A Figura 4.34(d) mostra o resultado. As descontinuidades no filtro espacial criaram o efeito de *ringing* (ondulações em forma de anel) em seu equivalente no domínio da frequência, como esperado pelos resultados no Exemplo 4.1. Visto de outra forma, sabemos com base nesse exemplo que a transformada de Fourier de uma função retangular é uma função *sinc* com componentes de frequência se estendendo ao infinito, e devemos esperar o mesmo comportamento da transformada inversa de uma função retangular. Em outras palavras, a representação espacial de um filtro ideal* (*box*) no domínio da frequência tem componentes que se estendem ao infinito. Dessa forma, qualquer truncamento do filtro no domínio do espaço para implementar o preenchimento com zeros apresentará descontinuidades, o que, em geral, resultará, no efeito de *ringing* no domínio da frequência

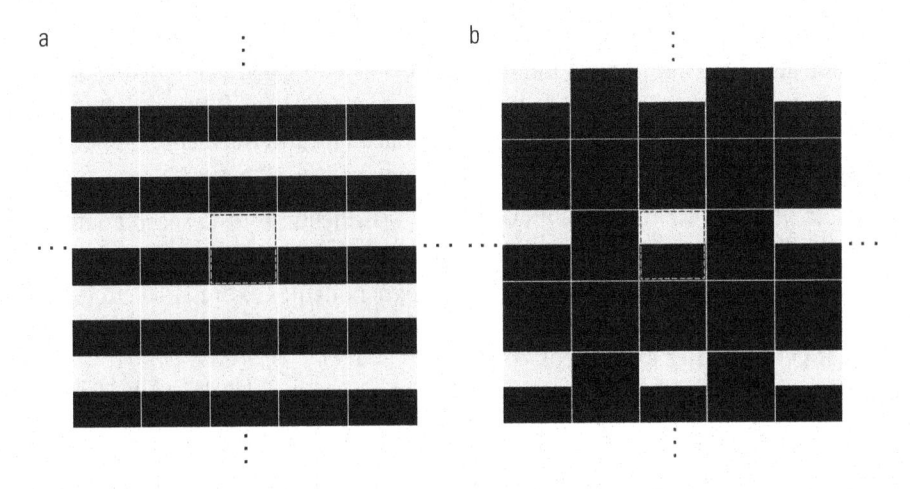

Figura 4.33 Periodicidade inerente às imagens 2-D na utilização da DFT. (a) Periodicidade sem o preenchimento da imagem. (b) Periodicidade após o preenchimento com zeros (preto). As áreas tracejadas no centro correspondem à imagem da Figura 4.32(a). (As linhas brancas finas nas duas imagens são sobrepostas para fins de clareza e não fazem parte dos dados.)

---
* Veja a definição de um filtro ideal no final da Seção 4.3.3.

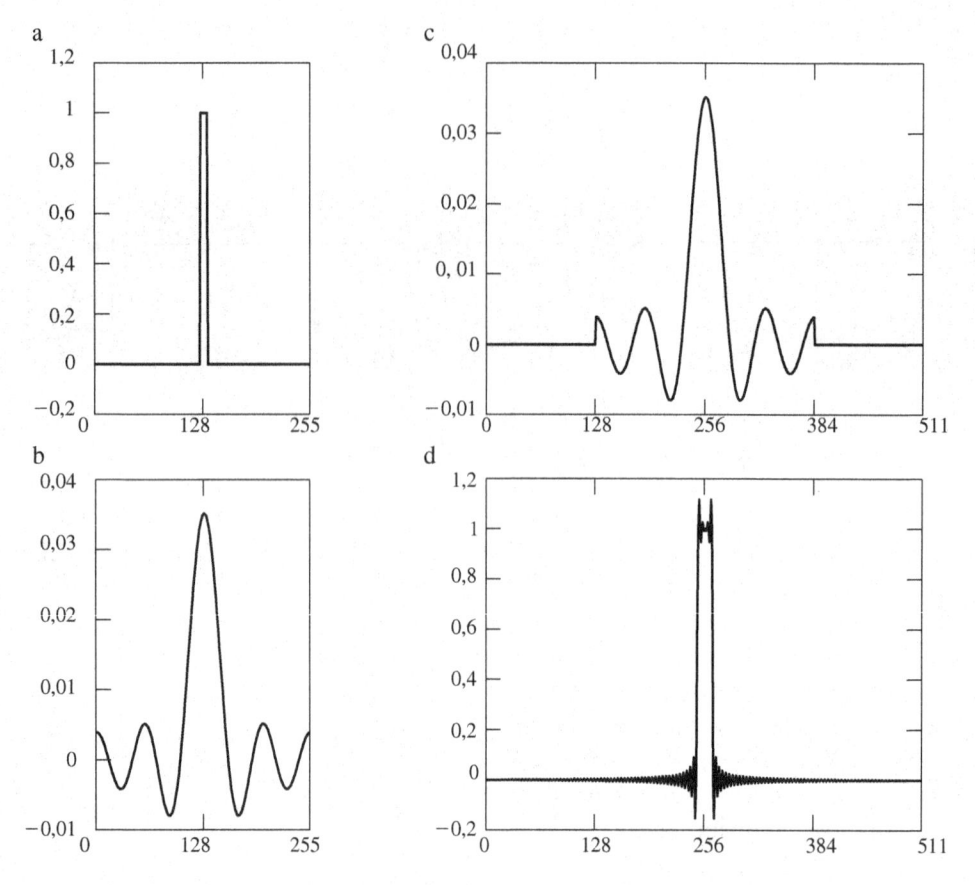

Figura 4.34 (a) Filtro original especificado no domínio da frequência (centralizado). (b) Representação espacial obtida pelo cálculo da IDFT de (a). (c) Resultado do preenchimento (b) para o dobro de seu tamanho (observe as descontinuidades). (d) Filtro correspondente no domínio da frequência obtido pelo cálculo da DFT de (c). Observe o efeito de *ringing* (ondulações em forma de anel) causado pelas descontinuidades em (c). (As curvas parecem ser contínuas porque os pontos foram unidos para simplificar a análise visual.)

(o truncamento pode ser evitado neste caso se realizado nos cruzamentos por zero, mas estamos interessados aqui em procedimentos gerais, e nem todos os filtros têm cruzamentos por zero).

O que os resultados anteriores nos informam é que, como não temos como trabalhar com um número infinito de componentes, não podemos utilizar um filtro ideal no domínio da frequência (como na Figura 4.34(a)) e simultaneamente utilizar o preenchimento com zeros para evitar o erro de *wraparound*. É preciso decidir qual limitação aceitar. Nosso objetivo é trabalhar com formatos específico de filtros no domínio da frequência (incluindo filtros ideais) sem ter de nos preocupar com questões de truncamento. Uma abordagem é preencher as imagens com zeros e criar filtros no domínio da frequência para serem do mesmo tamanho que as imagens preenchidas (lembre que imagens e filtros devem ser do mesmo tamanho ao utilizar a DFT). Isso, é claro, resultará em erro de *wraparound* porque nenhum preenchimento é utilizado para o filtro, mas, na prática, esse erro é significativamente reduzido pela separação proporcionada pelo preenchimento da imagem, e é preferível ao *ringing*. Filtros de suavização (como os da Figura 4.31) ainda apresentam menos problemas. Mais especificamente, então, a abordagem que seguiremos neste capítulo para trabalhar com filtros de um formato especificado diretamente no domínio da frequência é preencher imagens até o tamanho $P \times Q$ e construir filtros das mesmas dimensões. Como explicamos anteriormente, P e Q são determinados pelas equações 4.6-29 e 4.6-30.

Concluímos esta seção analisando o ângulo de fase da transformada filtrada. Como a DFT é um arranjo complexo, podemos expressá-la em termos de suas partes real e imaginária:

$$F(u, v) = R(u, v) + jI(u, v) \quad (4.7\text{-}2)$$

A Equação 4.7-1, então, se torna

$$g(x, y) = \mathfrak{I}^{-1}\left[H(u, v)R(u, v) + jH(u, v)I(u, v)\right] \quad (4.7\text{-}3)$$

O ângulo de fase não é alterado pela filtragem da forma como acabamos de descrever porque $H(u, v)$ é cancelado quando a razão entre as partes imaginária e real é formada na Equação 4.6-17. Os filtros que afetam igualmente as partes real e imaginária e, portanto, não têm efeito algum sobre a fase, são apropriadamente chamados de filtros de *deslocamento de fase zero*. Esses são os únicos tipos de filtros analisados neste capítulo.

Até mesmo pequenas mudanças no ângulo de fase podem ter efeitos dramáticos (normalmente indesejados) sobre o resultado filtrado. A Figura 4.35 ilustra o efeito de algo tão simples quanto uma variação escalar. A Figura 4.35 mostra uma imagem resultante da multiplicação do arranjo com os ângulos de fase na Equação 4.6-15 por 0,5, sem alterar |$F(u, v)$|, seguida do cálculo da IDFT. Os formatos permanecem inalterados, mas a distribuição de intensidade é bastante distorcida. A Figura 4.35(b) mostra o resultado de se multiplicar a fase por 0,25. A imagem é quase irreconhecível.

4.7.3 Resumo dos passos da filtragem no domínio da frequência

O conteúdo das duas seções anteriores pode ser resumido como segue:

1. Dada uma imagem de entrada $f(x, y)$ de tamanho $M \times N$, obtenha os parâmetros de preenchimento P e Q a partir das equações 4.6-31 e 4.6-32. Normalmente, optamos por $P = 2M$ e $Q = 2N$.
2. Construa uma imagem preenchida, $f_p(x, y)$, de tamanho $P \times Q$, acrescentando o número necessário de zeros em $f(x, y)$.
3. Multiplique $f_p(x, y)$ por $(-1)^{x+y}$ para centralizar sua transformada.*
4. Calcule a DFT, $F(u, v)$, da imagem do passo 3.
5. Gere uma função filtro real e simétrica, $H(u, v)$, de tamanho $P \times Q$ com centro nas coordenadas $(P/2, Q/2)$.** Calcule o produto $G(u, v) = H(u, v)F(u, v)$ utilizando a multiplicação de arranjo matricial; isto é, $G(i, k) = H(i, k)F(i, k)$.
6. Obtenha a imagem processada:

$$g_p(x, y) = \{\text{real}[\Im^{-1}[G(u, v)]]\}(-1)^{x+y}$$

na qual a parte real é selecionada para eliminar os componentes complexos parasitas resultantes de imprecisões nos cálculos e o subscrito p indica que estamos lidando com arranjos preenchidos.

7. Obtenha o resultado processado final, $g(x, y)$, extraindo a região $M \times N$ do quadrante superior esquerdo de $g_p(x, y)$.

A Figura 4.36 ilustra os passos descritos anteriormente. A legenda da figura explica a fonte de cada imagem. Se fosse ampliada, a Figura 4.36(c) mostraria pontos pretos intercalados na imagem porque as intensidades negativas são recortadas e definidas como nível zero para fins de exibição. Observe, na Figura 4.36(h), o contorno escuro característico exibido nas imagens filtradas pelo filtro passa-baixa utilizando o preenchimento com zeros.

4.7.4 Correspondência entre a filtragem no domínio do espaço e da frequência

A relação entre a filtragem no domínio do espaço e da frequência é o teorema de convolução. Na Seção 4.7.2, definimos a filtragem no domínio da frequência como a

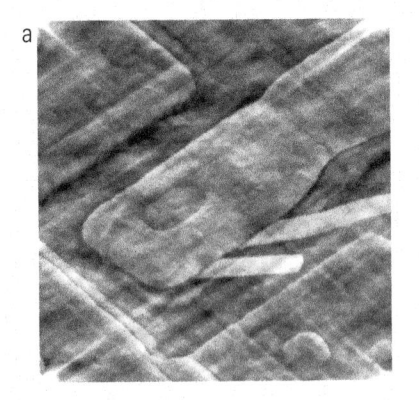

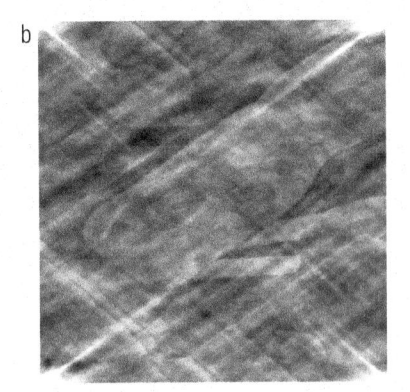

Figura 4.35 (a) Imagem resultante da multiplicação por 0,5 do ângulo de fase na Equação 4.6-15, seguido do cálculo da IDFT. (b) O resultado da multiplicação da fase por 0,25. O espectro não foi alterado em nenhum dos dois casos.

---
* Como observamos anteriormente, a centralização ajuda na visualização do processo de filtragem e na geração do próprio filtro, mas não é um requisito fundamental.

** Para calcular $H(u, v)$ a partir de um determinado filtro espacial, $h(x, y)$, preenchemos o filtro no domínio do espaço até o tamanho $P \times Q$, multiplicamos a arranjo expandido pot $(-1)^{x+y}$, e calculamos a DFT do resultado para obter um $H(u,v)$ centralizado. O Exemplo 4.15 ilustra esse procedimento.

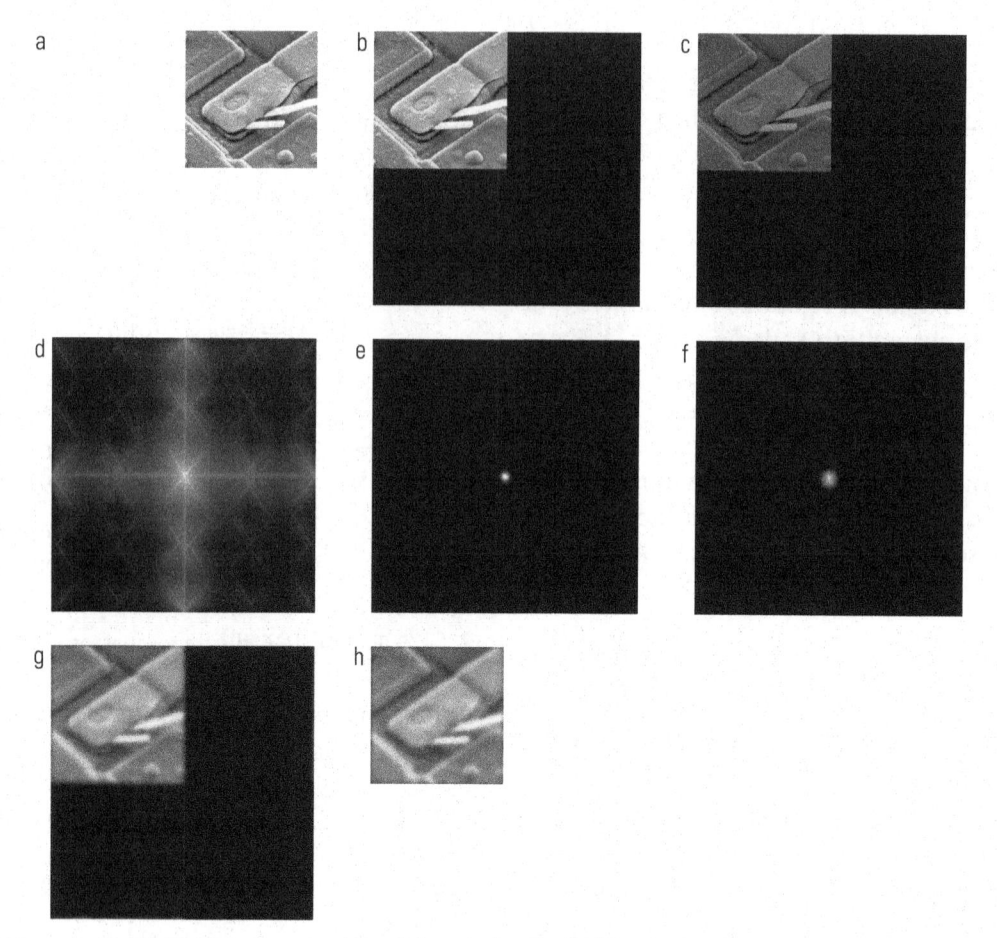

Figura 4.36 (a) Imagem $M \times N$, f. (b) Imagem preenchida, f_p de tamanho $P \times Q$. (c) Resultado da multiplicação de f_p por $(-1)^{x+y}$. (d) Espectro de F_p. (e) Filtro passa-baixa gaussiano centralizado, H, de tamanho $P \times Q$. (f) Espectro do produto HF_p. (g) g_p, o produto de $(-1)^{x+y}$ com a parte real da IDFT de HF_p. (h) Resultado final, g, obtido pelo recorte das primeiras M linhas e N colunas de g_p.

multiplicação de uma função filtro, $H(u, v)$, por $F(u, v)$, a transformada de Fourier da imagem de entrada. Dado um filtro $H(u, v)$, suponha que queiramos descobrir sua representação equivalente no domínio do espaço. Com $f(x, y) = \delta(x, y)$, segue-se da Tabela 4.3 que $F(u, v) = 1$. Então, a partir da Equação 4.7-1, a saída filtrada é $\Im^{-1}\{H(u, v)\}$. Mas essa é a transformada inversa do filtro no domínio da frequência, que é o filtro correspondente no domínio do espaço. Inversamente, segue-se de uma análise similar e do teorema da convolução que, dado um filtro no domínio do espaço, obtemos sua representação no domínio da frequência calculando sua transformada de Fourier.

Dessa forma, os dois filtros formam um par de transformadas de Fourier:

$$h(x, y) \Leftrightarrow H(u, v) \quad (4.7\text{-}4)$$

sendo $h(x, y)$ um filtro espacial. Como esse filtro pode ser obtido a partir da resposta de um filtro no domínio da frequência a um impulso, $h(x, y)$, algumas vezes ele é chamado de *resposta ao impulso* de $H(u, v)$. Além disso, como todos os valores de uma implementação discreta da Equação 4.7-4 são finitos, esses filtros são chamados de filtros de *resposta ao impulso finita* (FIR, de *finite impulse response*). Esses são os únicos tipos de filtros espaciais lineares analisados neste livro.

Apresentamos a convolução espacial na Seção 3.4.1 e analisamos sua implementação em relação à Equação 3.4-2, o que envolveu a convolução de funções de diferentes tamanhos. Quando falamos de convolução espacial em termos do teorema da convolução e da DFT, está implícito que estamos convoluindo funções periódicas, como explicado na Figura 4.28. Por esse motivo, como explicamos anteriormente, a Equação 4.6-23 é chamada de *convolução circular*. Além disso, a convolução no contexto da DFT envolve funções do mesmo tamanho, ao passo que, na Equação 3.4-2, as funções normalmente são de tamanhos diferentes.

Na prática, preferimos implementar a filtragem de convolução utilizando a Equação 3.4-2 com pequenas máscaras de filtragem em virtude da velocidade e da facilidade de implementação em *hardware* e/ou *firmware*. Entretanto, os conceitos de filtragem são mais intuitivos no domínio da frequência. Uma forma de nos aproveitarmos das propriedades dos dois domínios é especificar um filtro no domínio da frequência, calcular sua IDFT e depois utilizar o filtro espacial de tamanho integral resultante como um *guia* para construir máscaras espaciais menores (métodos mais formais são mencionados na Seção 4.11.4). Isso será ilustrado em seguida. Mais adiante, também ilustraremos o inverso, no qual temos um pequeno filtro espacial e cuja representação de tamanho integral obteremos no domínio da frequência. Essa abordagem é útil para analisar o comportamento de pequenos filtros espaciais no domínio da frequência. Tenha em mente, durante a análise a seguir, que a transformada de Fourier e sua inversa são processos lineares (Exercício 4.14), de forma que a discussão se limite à filtragem linear.

Na discussão a seguir, utilizaremos filtros gaussianos para ilustrar como os filtros no domínio da frequência podem ser utilizados para orientar a especificação dos coeficientes de algumas das pequenas máscaras discutidas no Capítulo 3. Os filtros baseados em funções gaussianas são de particular interesse porque, como observamos na Tabela 4.3, tanto a transformada de Fourier direta quanto a inversa de uma função gaussiana são funções gaussianas reais. Limitamos a discussão para 1-D para ilustrar os princípios básicos. Os filtros gaussianos 2-D serão discutidos mais adiante neste capítulo.

Com $H(u)$ expressando o filtro gaussiano 1-D no domínio da frequência, temos:

$$H(u) = Ae^{-u^2/2\sigma^2} \quad (4.7\text{-}5)$$

sendo σ o desvio padrão da curva gaussiana. O filtro correspondente no domínio do espaço é obtido calculando a transformada inversa de Fourier de $H(u)$ (Exercício 4.31):

$$h(x) = \sqrt{2\pi}\sigma Ae^{-2\pi^2\sigma^2 x^2} \quad (4.7\text{-}6)$$

Essas equações* são importantes por duas razões: (1) Elas constituem um par de transformadas de Fourier, e os dois componentes são gaussianos e *reais*. Isso facilita a análise porque não precisamos nos preocupar com números complexos. Além disso, as curvas gaussianas são intuitivas e de fácil manipulação. (2) As funções se comportam reciprocamente. Quando $H(u)$ apresenta um perfil aberto (valor alto de σ), $h(x)$ tem um perfil fechado e vice-versa.

---

* Como mencionamos na Tabela 4.3, as formas fechadas para as transformadas diretas e inversa de Fourier de uma gaussiana são válidas somente para funções contínuas. Para utilizar formulações discretas, simplesmente amostramos as transformadas gaussianas contínuas. Nosso uso de variáveis discretas aqui implica que estamos lidando com transformadas amostras.

Na verdade, à medida que se aproxima do infinito, $H(u)$ tende à direção de uma função constante e $h(x)$ tende à direção de um impulso, o que não implica qualquer filtragem nos domínios da frequência e do espaço, respectivamente.

As figuras 4.37(a) e (b) mostram gráficos de um filtro passa-baixa gaussiano no domínio da frequência e o filtro passa-baixa correspondente no domínio do espaço. Suponha que queiramos utilizar o formato de $h(x)$ na Figura 4.37(b) como *guia* para a especificação dos coeficientes de uma pequena máscara espacial. A principal semelhança entre os dois filtros é que todos os seus valores são positivos. Dessa forma, concluímos que podemos implementar a filtragem passa-baixa no domínio do espaço utilizando uma máscara com todos os coeficientes positivos (como fizemos na Seção 3.5.1). Para referência, a Figura 4.37(b) mostra duas das máscaras discutidas na seção. Observe o relacionamento recíproco entre a largura dos filtros, como discutimos no parágrafo anterior. Quanto mais estreito for o filtro de domínio da frequência, mais ele atenuará as baixas frequências, resultando em mais borramento. No domínio do espaço, isso significa que uma máscara maior deve ser utilizada para aumentar o borramento, com ilustra o Exemplo 3.13.

Mais filtros complexos podem ser construídos utilizando a função gaussiana básica da Equação 4.7-5. Por exemplo, podemos construir um filtro passa-alta como a *diferença* entre as gaussianas:

$$H(u) = Ae^{-u^2/2\sigma_1^2} - Be^{-u^2/2\sigma_2^2} \quad (4.7\text{-}7)$$

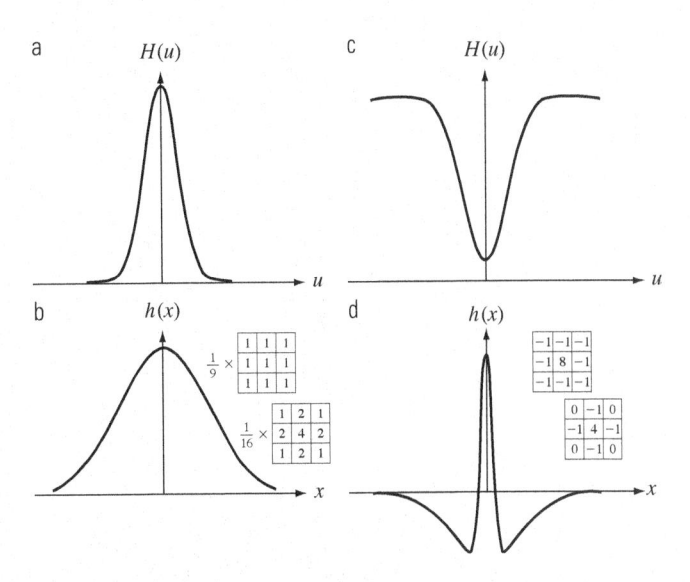

Figura 4.37 (a) Filtro passa-baixa gaussiano 1-D no domínio da frequência. (b) Filtro passa-baixa no domínio do espaço correspondente a (a). (c) Filtro passa-alta gaussiano no domínio da frequência. (d) Filtro passa-alta no domínio do espaço correspondente a (c). As pequenas máscaras 2-D mostradas são filtros espaciais que utilizamos no Capítulo 3.

com $A \geq B$ e $\sigma_1 > \sigma_2$. O filtro correspondente no domínio do espaço é

$$h(x) = \sqrt{2\pi}\sigma_1 A e^{-2\pi^2\sigma_1^2 x^2}$$
$$-\sqrt{2\pi}\sigma_2 B e^{-2\pi^2\sigma_2^2 x^2} \qquad (4.7\text{-}8)$$

As figuras 4.37(c) e (d) mostram gráficos dessas duas equações. Mais uma vez, notamos reciprocidade em termos de largura, mas o aspecto mais importante aqui é que $h(x)$ tem um termo centralizado positivo com termos negativos em cada lado. As duas pequenas máscaras mostradas na Figura 4.37(d) "capturam" essa propriedade. Ambas foram utilizadas no Capítulo 3 como filtros de aguçamento, que agora sabemos serem filtros passa-alta.

Apesar de termos nos esforçado significativamente para chegar até aqui, esteja certo de que é impossível compreender a filtragem no domínio da frequência sem as bases que acabamos de desenvolver. Na prática, o domínio da frequência pode ser visto como um "laboratório" no qual nos beneficiamos da correspondência entre o conteúdo de frequência e a aparência da imagem. Como demonstraremos várias vezes mais adiante neste capítulo, algumas tarefas que seriam excepcionalmente difíceis ou impossíveis de formular diretamente no domínio do espaço se tornam quase triviais no domínio da frequência. Uma vez que selecionamos um filtro específico por meio de experimentações no domínio da frequência, a implementação do método é normalmente realizada no domínio do espaço. Uma abordagem consiste em especificar pequenas máscaras espaciais que tentam capturar a "essência" da função completa de filtragem no domínio do espaço, como explicamos na Figura 4.37. Uma metodologia mais formal é projetar um filtro digital 2-D utilizando aproximações com base em critérios matemáticos ou estatísticos. Retomaremos este ponto na Seção 4.11.4.

Exemplo 4.15 Obtenção de um filtro no domínio da frequência a partir de uma pequena máscara espacial.

Neste exemplo, começaremos com uma máscara espacial e mostraremos como gerar seu filtro correspondente no domínio da frequência. Depois, compararemos os resultados da filtragem obtidos utilizando técnicas no domínio da frequência e do espaço. Esse tipo de análise é útil quando se deseja comparar o desempenho de determinadas máscaras espaciais com um ou mais candidatos a filtros "completos" no domínio da frequência, ou para desenvolver uma compreensão mais profunda do desempenho de uma máscara. Para simplificar, utilizamos o detector de borda vertical de Sobel 3×3 da Figura 3.41(e). A Figura 4.38(a) mostra uma imagem de 600×600 pixels, $f(x, y)$, que desejamos filtrar, e a Figura 4.38(b) mostra seu espectro.

A Figura 4.39(a) mostra a máscara de Sobel, $h(x, y)$ (o gráfico em perspectiva é explicado a seguir). Como o tamanho da imagem de entrada é de 600×600 pixels e o tamanho do filtro é 3×3, evitamos o erro de *wraparound* preenchendo f e h para o tamanho de 602×602 pixels, de acordo com as equações 4.6-29 e 4.6-30. A máscara de Sobel apresenta simetria ímpar, contanto que seja incorporada a um arranjo de zeros de tamanho par (veja o Exemplo 4.10). Para manter essa simetria, posicionamos $h(x, y)$ de forma que seu centro esteja no centro do arranjo preenchido 602×602. Esse é um importante aspecto da geração de filtros. Se preservarmos a simetria ímpar em relação ao arranjo preenchido na formação de $h_p(x, y)$, sabemos, com base na propriedade 9 da Tabela 4.1, que $H(u, v)$ será puramente imaginária. Como demonstraremos no final deste exemplo, isso produzirá resultados idênticos à filtragem espacial da imagem utilizando $h(x, y)$. Se a simetria não fosse preservada, os resultados não seriam os mesmos.

O procedimento utilizado para gerar $H(u, v)$ é: (1) multiplicar $h_p(x, y)$ por $(-1)^{x+y}$ para centralizar o filtro no domínio da frequência; (2) calcular a DFT do resultado em (1); (3) definir a parte real da DFT resultante em 0 para

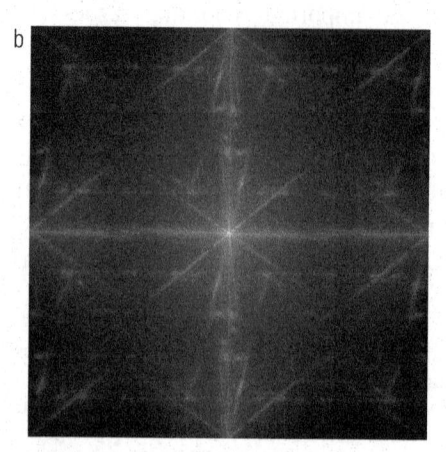

Figura 4.38 (a) Imagem de uma construção e (b) seu espectro.

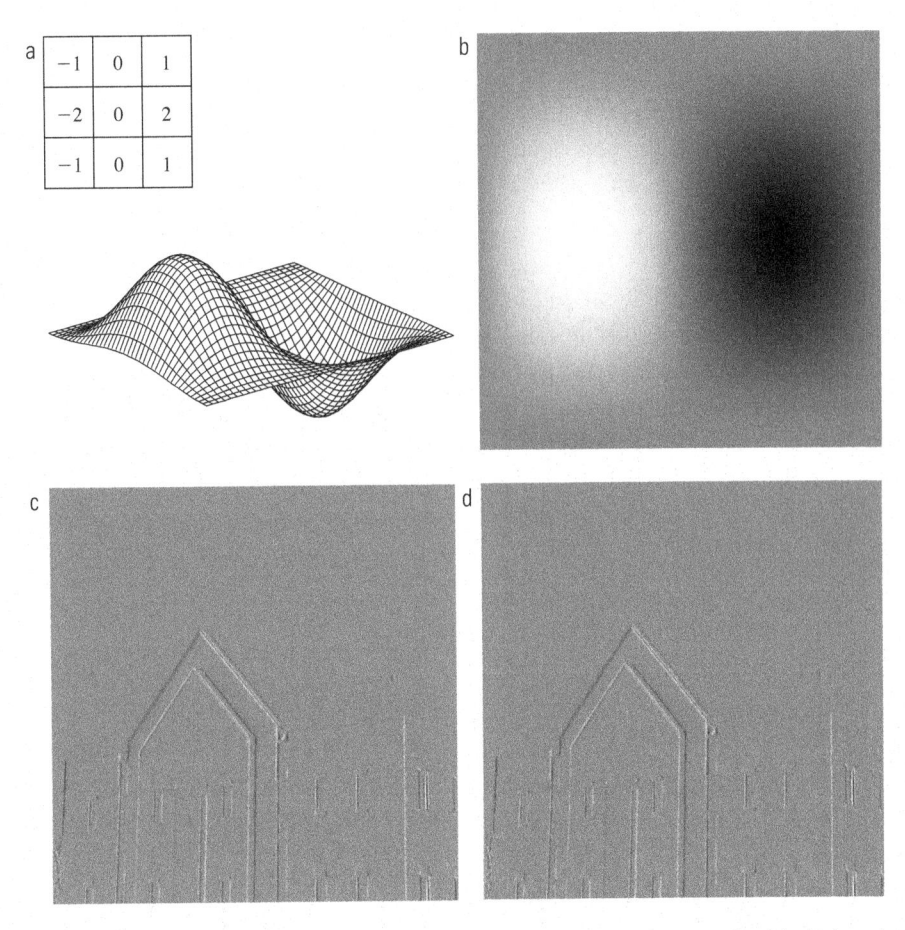

Figura 4.39 (a) Uma máscara espacial e um gráfico em perspectiva de seu filtro correspondente no domínio da frequência. (b) Filtro mostrado como uma imagem. (c) Resultado da filtragem da Figura 4.38(a) no domínio da frequência com o filtro em (b). (d) Resultado da filtragem da mesma imagem com o filtro espacial em (a). Os resultados são idênticos.

levar em consideração partes reais parasitas (sabemos que $H(u, v)$ precisa ser puramente imaginária); e (4) multiplicar o resultado por $(-1)^{u+v}$. Este último passo reverte a multiplicação de $H(u, v)$ por $(-1)^{u+v}$, que é implícita quando $h(x, y)$ foi movida para o centro de $h_p(x, y)$. A Figura 4.39(a) mostra um gráfico em perspectiva de $H(u, v)$, e a Figura 4.39(b) mostra $H(u, v)$ como uma imagem. Como esperávamos, a função é ímpar e, dessa forma, assimétrica em relação a seu centro. A função $H(u, v)$ é utilizada como qualquer outro filtro no domínio da frequência no procedimento esboçado na Seção 4.7.3.

A Figura 4.39(c) é o resultado da utilização do filtro que acabamos de obter no procedimento esboçado na Seção 4.7.3 para filtrar a imagem da Figura 4.38(a). Como esperávamos de um filtro derivativo, as bordas são realçadas e todas as áreas de intensidade constante são reduzidas a zero (o tom acinzentado se deve ao ajuste efetuado para exibição). A Figura 4.39(d) mostra o resultado da filtragem da mesma imagem diretamente no domínio do espaço, utilizando $h(x, y)$ no procedimento esboçado na Seção 3.6.4. Os resultados são idênticos.

4.8 Suavização de imagens utilizando filtros no domínio da frequência

O restante deste capítulo lida com várias técnicas de filtragem no domínio da frequência. Começamos com os filtros passa-baixa. Bordas e outras transições abruptas de intensidade (como o ruído) em uma imagem contribuem significativamente para o conteúdo de alta frequência de sua transformada de Fourier. Dessa forma, a suavização (borramento) é obtida no domínio da frequência pela atenuação das altas frequências; isto é, pela filtragem *passa-baixa*. Nesta seção, consideraremos três tipos de filtros passa-baixa: ideal, Butterworth e gaussiana. Essas três categorias cobrem toda a variedade de filtragem, de muito abrupta (ideal) a muito atenuada (gaussiana). O filtro Butterworth tem um parâmetro chamado de *ordem do filtro*. Para valores altos de ordem, o filtro Butterworth se aproxima do filtro ideal. Para valores mais baixos de ordem, ele se assemelha mais a um filtro gaussiano. Dessa forma, o Butterworth pode ser visto como um filtro que proporciona uma transição entre os dois "extremos".

Todas as filtragens nesta seção seguem o procedimento esboçado na Seção 4.7.3, de forma que todas os filtros, $H(u, v)$, são vistos como funções discretas de tamanho $P \times Q$; isto é, as variáveis discretas de frequência estão no intervalo $u = 0, 1, 2, \ldots, P-1$ e $v = 0, 1, 2, \ldots, Q-1$.

4.8.1 Filtros passa-baixa ideais

Um filtro passa-baixa 2-D que deixa passar, sem atenuação, todas as frequências em um círculo de raio D_0 a partir da origem e "recorta" todas as frequências fora desse círculo é chamado de *filtro passa-baixa ideal* (ILPF, de *ideal lowpass filter*); ele é determinado pela função

$$H(u,v) = \begin{cases} 1 & \text{se } D(u,v) \leq D_0 \\ 0 & \text{se } D(u,v) > D_0 \end{cases} \quad (4.8\text{-}1)$$

sendo que D_0 é uma constante positiva, e $D(u, v)$ é a distância entre um ponto (u, v) no domínio da frequência e o centro do retângulo de frequência; isto é,

$$D(u,v) = \left[(u - P/2)^2 + (v - Q/2)^2\right]^{1/2} \quad (4.8\text{-}2)$$

onde, como antes, P e Q são os tamanhos preenchidos das equações 4.6-31 e 4.6-32. A Figura 4.40(a) mostra um gráfico em perspectiva de $H(u, v)$, e a Figura 4.40(b) mostra o filtro exibido como uma imagem. Como mencionamos na Seção 4.3.3, o termo *ideal* indica que todas as frequências no círculo ou dentro do círculo de raio D_0 passam sem atenuação, enquanto todas as frequências fora do círculo são completamente atenuadas (excluídas pela filtragem). O filtro passa-baixa ideal é radialmente simétrico em relação à origem, o que significa que o filtro é completamente definido como um corte transversal radial, como mostra a Figura 4.40(c). Rotacionar a 360° o corte transversal gera o filtro em duas dimensões.

Para um corte transversal do ILPF, o ponto de transição entre $H(u, v) = 1$ e $H(u, v) = 0$ é chamado de *frequência de corte*. No caso da Figura 4.40, por exemplo, a frequência de corte é D_0. As abruptas frequências de corte de um ILPF não podem ser realizadas com componentes eletrônicos, apesar de certamente poderem ser simuladas em computador. Os efeitos da aplicação desses filtros "não físicos" em uma imagem digital serão discutidos mais adiante nesta seção.

Os filtros passa-baixa apresentados neste capítulo são comparados estudando seu comportamento em função das mesmas frequências de corte. Uma forma de definir um conjunto de *localizações* das frequências de corte padrão é calculando círculos que englobam quantidades específicas de potência da imagem total P_T. Esse valor é obtido somando os componentes do espectro de potência das imagens preenchidas em cada ponto (u, v), para $u = 0, 1, \ldots, P-1$ e $v = 0, 1, \ldots, Q-1$; isto é,

$$P_T = \sum_{u=0}^{P-1} \sum_{v=0}^{Q-1} P(u,v) \quad (4.8\text{-}3)$$

sendo que $P(u, v)$ é dado na Equação 4.6-18. Se a DFT foi centralizada, um círculo de raio D_0 com origem no centro do retângulo de frequência engloba α por cento da potência, sendo

$$\alpha = 100 \left[\sum_u \sum_v P(u,v) / P_T \right] \quad (4.8\text{-}4)$$

e o somatório é realizado sobre os valores de (u, v) que se localizam dentro do círculo ou em sua fronteira.

As figuras 4.41(a) e (b) mostram uma imagem padrão de teste e seu espectro. Os círculos sobrepostos no espectro têm raios de 10, 30, 60, 160 e 460 pixels, respectivamente. Esses círculos abrangem α por cento da potência da imagem, para $\alpha = 87{,}0$, $93{,}1$, $95{,}7$, $97{,}8$ e $99{,}2\%$, respectivamente. O espectro cai rapidamente, com 87% da potência total sendo incluída em um círculo relativamente pequeno de raio 10.

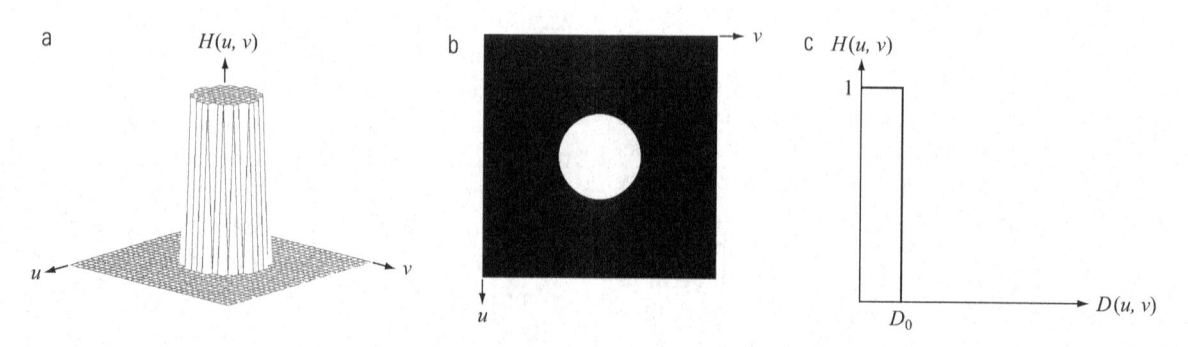

Figura 4.40 (a) Gráfico em perspectiva de uma função de transferência de filtro passa-baixa ideal. (b) Filtro exibido como uma imagem. (c) Corte transversal radial do filtro.

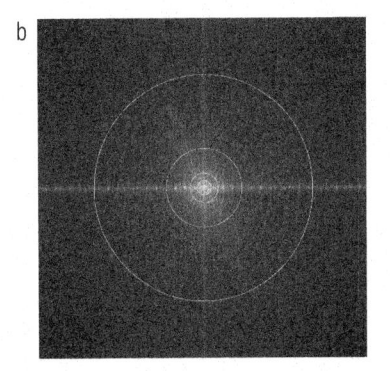

Figura 4.41 (a) Padrão de teste de tamanho 688 × 688 pixels e (b) seu espectro de Fourier. O espectro tem o dobro do tamanho da imagem em virtude do preenchimento, mas é mostrado na metade do tamanho para caber na página. Os círculos sobrepostos têm raios iguais a 10, 30, 60, 160 e 460 em relação à imagem total do espectro. Esses raios incluem 87,0, 93,1, 95,7, 97,8 e 99,2% da potência da imagem preenchida, respectivamente.

Exemplo 4.16 Suavização de imagens utilizando um ILPF.

A Figura 4.42 mostra os resultados da aplicação de ILPFs com frequências de corte nos raios mostrados na Figura 4.41(b). A Figura 4.42(b) é inútil para todos os fins práticos, a não ser que o objetivo do borramento seja eliminar todos os detalhes da imagem, com exceção das "manchas" que representam os maiores objetos. O grave borramento nessa imagem é um claro indicativo de que grande parte das informações dos detalhes acentuados na figura é contida nos 13% da potência removida pelo filtro. À medida que o raio do filtro aumenta, cada vez menos potência é removida, o que resulta em menos borramento. Observe que as imagens nas figuras 4.42(c) a (e) são caracterizadas pelo *ringing*, cujas texturas se tornam cada vez mais finas à medida que a quantidade de conteúdo de alta frequência removido diminui. O *ringing* é visível até mesmo na imagem [Figura 4.42(e)] na qual somente 2% da potência total foi removida. Esse efeito é uma característica dos filtros ideais, como veremos em breve. Finalmente, o resultado para $\alpha = 99,2$ mostra um borramento muito leve nos quadrados com ruído, mas, em grande parte, essa imagem se aproxima bastante do original. Isso indica que poucas informações de borda estão contidas no 0,8% da parte superior do espectro de potência neste caso particular.

Fica claro, neste exemplo, que a filtragem passa-baixa ideal não é muito prática. No entanto, é útil estudar seu comportamento como parte do nosso desenvolvimento dos conceitos de filtragem. Além disso, como mostraremos na análise a seguir, algumas ideias interessantes são desenvolvidas a partir da tentativa de explicar a propriedade de *ringing* dos ILPFs no domínio do espaço.

As propriedades de borramento e *ringing* dos ILPFs podem ser explicadas por meio do teorema da convolução. A Figura 4.43(a) mostra a representação espacial, $h(x, y)$, de um ILPF de raio 10, e a Figura 4.43(b) mostra o perfil de intensidade de uma linha que passa pelo centro da imagem. Como um corte transversal do ILPF no domínio da frequência se parece com um filtro retangular, não é de surpreender que um corte transversal do filtro espacial correspondente tenha o formato de uma função *sinc*. A filtragem no domínio do espaço é realizada pela convolução de $h(x, y)$ com a imagem. Imagine cada pixel da imagem como um impulso discreto cuja amplitude é proporcional à intensidade da imagem nessa posição. A convolução de um *sinc* com um impulso copia o *sinc* na posição do impulso. O lóbulo central do *sinc* é a principal causa do borramento, ao passo que os lóbulos mais externos e menores são os principais responsáveis pelo *ringing*. Convoluir o *sinc* com cada pixel na imagem nos proporciona um bom modelo para explicar o comportamento dos ILPFs. Como a "dispersão" da função *sinc* é inversamente proporcional ao raio de $H(u, v)$, quanto maior D_0 se torna, mais o *sinc* espacial se aproxima de um impulso que, no limite, não provoca nenhum borramento quando convoluído com a imagem. Você já deve estar familiarizado com esse tipo de comportamento recíproco. Nas duas seções seguintes, mostraremos que é possível obter o borramento com pouco ou nenhum *ringing*, um importante objetivo na filtragem passa-baixa.

4.8.2 Filtros passa-baixa Butterworth

A função de transferência do filtro passa-baixa Butterworth (BLPF, de *Butterworth lowpass filter*[*] de ordem n, e com frequência de corte a uma distância D_0 da origem é definida como

$$H(u,v) = \frac{1}{1 + [D(u,v)/D_0]^{2n}} \quad (4.8\text{-}5)$$

---

[*] A função de transferência do filtro passa-baixa Butterworth costuma ser expressa como a raiz quadrada de nossa expressão. Contudo, nosso interesse aqui é na *forma* básica do filtro, de forma que excluímos a raiz quadrada para simplicidade no cálculo computacional.

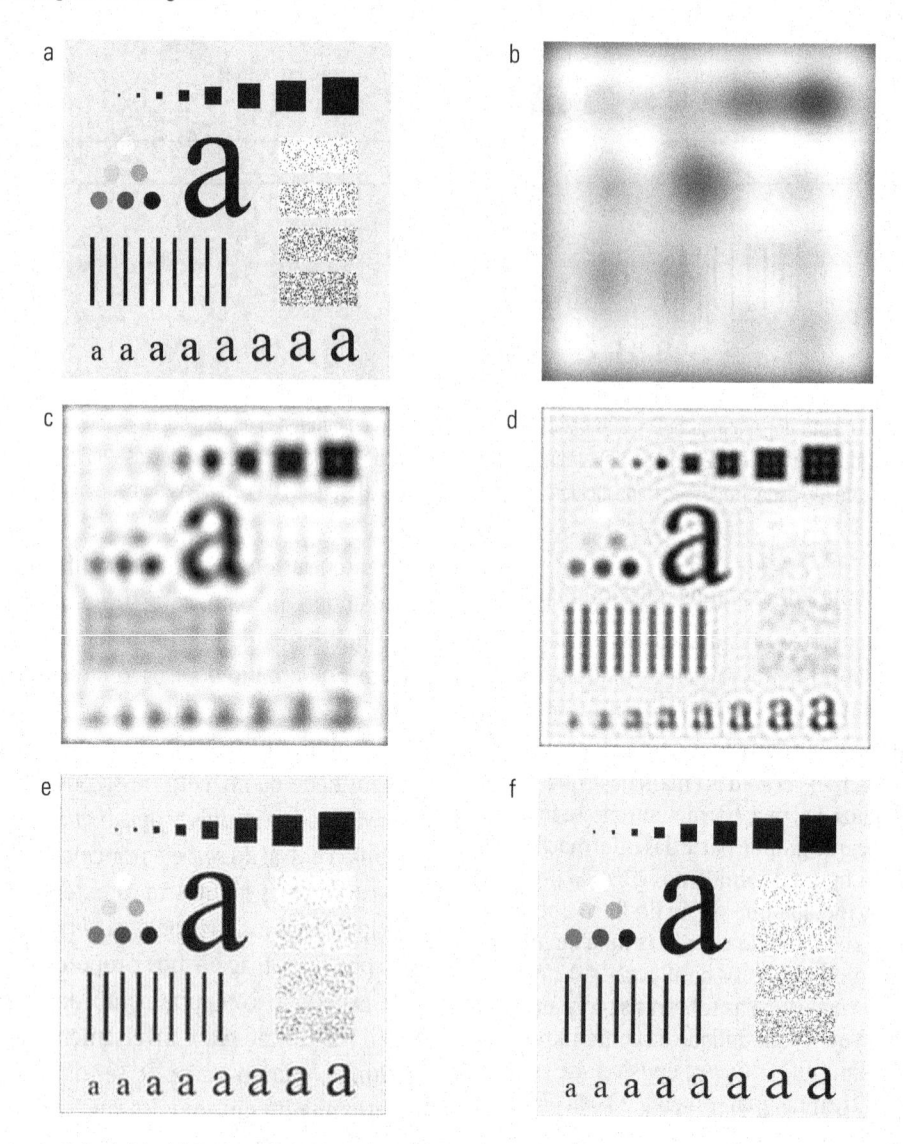

Figura 4.42 (a) Imagem original. (b) a (f) Resultados da filtragem utilizando ILPFs com frequências de corte definidas nos valores de raio 10, 30, 60, 160 e 460, como mostrado na Figura 4.41(b). A potência removida por esses filtros foi de 13, 6,9, 4,3, 2,2 e 0,8% do total, respectivamente.

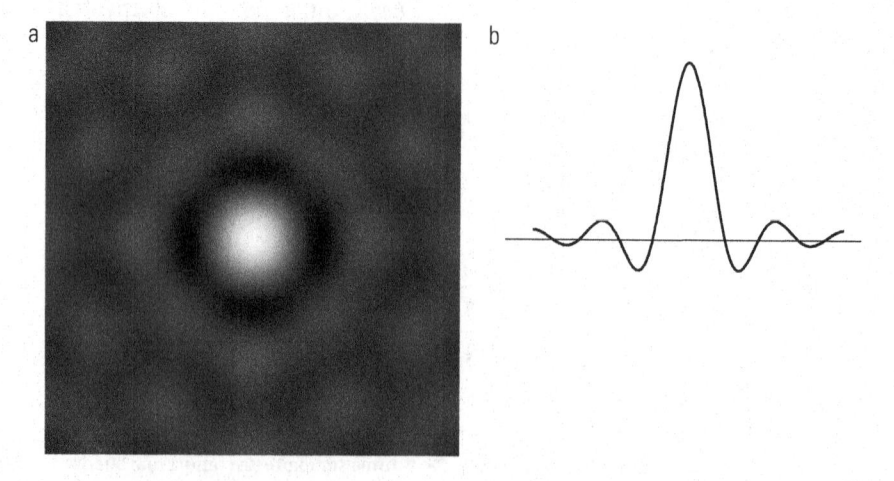

Figura 4.43 (a) Representação no domínio do espaço de um ILPF de raio 5 e tamanho 1.000 × 1.000. (b) Perfil de intensidade de uma linha horizontal passando pelo centro da imagem.

onde $D(u, v)$ é dada pela Equação 4.8-2. A Figura 4.44 mostra um gráfico em perspectiva, a exibição em forma de imagem e os cortes transversais radiais da função do BLPF.

Diferentemente do ILPF, a função de transferência BLPF não tem uma descontinuidade abrupta que resulta em um corte bem definido entre frequências passadas e filtradas. Para filtros com funções de transferência suaves, costuma-se definir um *locus* de frequência de corte em pontos para os quais $H(u, v)$ é reduzida a uma determinada fração de seu valor máximo. Na Equação 4.8-5, (redução de 50% de seu valor máximo 1) quando $D(u, v) = D_0$.

■

Exemplo 4.17 Suavização de imagem com um filtro passa-baixa Butterworth.

A Figura 4.45(b) mostra os resultados da aplicação do BLPF da Equação 4.8-5 à Figura 4.45(a), com $n = 2$ e D_0 igual aos cinco raios definidos na Figura 4.41(b). Diferentemente dos resultados da Figura 4.42 para o ILPF, notamos aqui uma transição suave do borramento em função do aumento da frequência de corte. Além disso, nenhum *ringing* é visível em qualquer uma das imagens processadas com esse BLPF particular, um fato atribuído à transição suave do filtro entre baixas e altas frequências.

■

Um BLPF de ordem 1 não apresenta o efeito de *ringing* no domínio do espaço. O *ringing* geralmente é imperceptível em filtros de ordem 2, mas pode se tornar significativo em filtros de ordem superior. A Figura 4.46 mostra uma comparação entre a representação espacial dos BLPFs de várias ordens (utilizando uma frequência de corte 5 em todos os casos). Também observamos o perfil de intensidade ao longo de uma linha transversal horizontal que passa pelo centro de cada filtro. Esses filtros foram obtidos e exibidos utilizando o mesmo procedimento usado para gerar a Figura 4.43. Para facilitar as comparações, um realce adicional com uma transformação gama (veja a Equação 3.2-3) foi aplicada às imagens da Figura 4.46. O BLPF de ordem 1 [Figura 4.46(a)] não apresenta *ringing* nem valores negativos. O filtro de ordem 2 mostra um leve *ringing* e pequenos valores negativos, mas são certamente menos acentuados que no ILPF. Como as outras imagens mostram, o *ringing* no BLPF se torna significativo para filtros de ordem superior. Um filtro Butterworth de ordem 20 exibe características similares às da ILPF (no limite, os dois filtros são idênticos). BLPFs de ordem 2 representam um bom meio-termo entre uma filtragem passa-baixa eficaz e um *ringing* aceitável.

4.8.3 Filtros passa-baixa gaussianos

Os filtros passa-baixa gaussianos (GLPF, de *Gaussian lowpass filter*) de uma dimensão foram apresentados na Seção 4.7.4 para nos ajudar a explorar algumas importantes relações entre os domínios do espaço e da frequência. A forma desses filtros em duas dimensões é dada por

$$H(u, v) = e^{-D^2(u,v)/2\sigma^2} \quad (4.8\text{-}6)$$

sendo, como na Equação 4.8-2, $D(u, v)$ a distância a partir do centro do retângulo de frequência. Não utilizamos aqui uma constante de multiplicação como na Seção 4.7.4 para mantermos a consistência com os filtros discutidos nesta seção, cujo valor mais alto é 1. Como antes, σ trata-se de uma medida de dispersão ao redor do centro. Fazendo $\sigma = D_0$, podemos expressar o filtro utilizando a notação dos outros filtros apresentados nesta seção:

$$H(u, v) = e^{-D^2(u,v)/2D_0^2} \quad (4.8\text{-}7)$$

sendo D_0 a frequência de corte. Quando $D(u, v) = D_0$, o GLPF é reduzido para 0,607 de seu valor máximo.

Como mostra a Tabela 4.3, a transformada inversa de Fourier do GLPF também é uma gaussiana. Isso significa que um filtro espacial gaussiano, obtido pelo cálculo

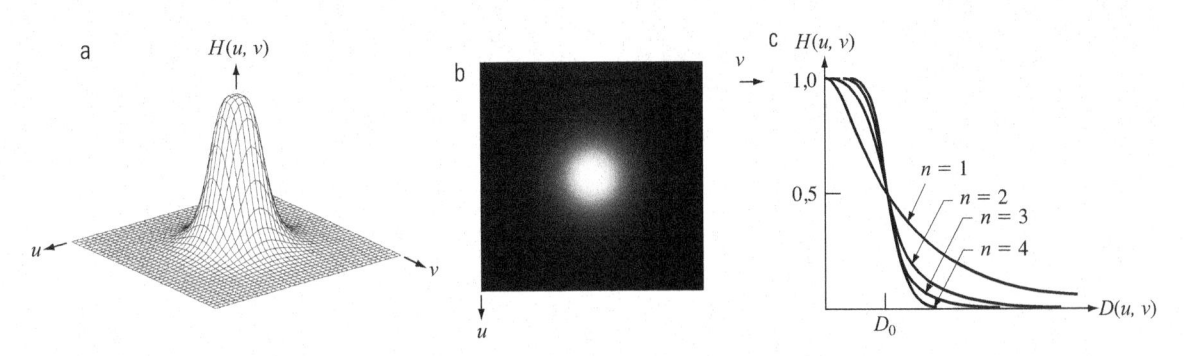

Figura 4.44 (a) Gráfico em perspectiva de uma função de transferência de filtro passa-baixa Butterworth. (b) Filtro exibido como uma imagem. (c) Cortes transversais radiais do filtro de ordens 1 a 4.

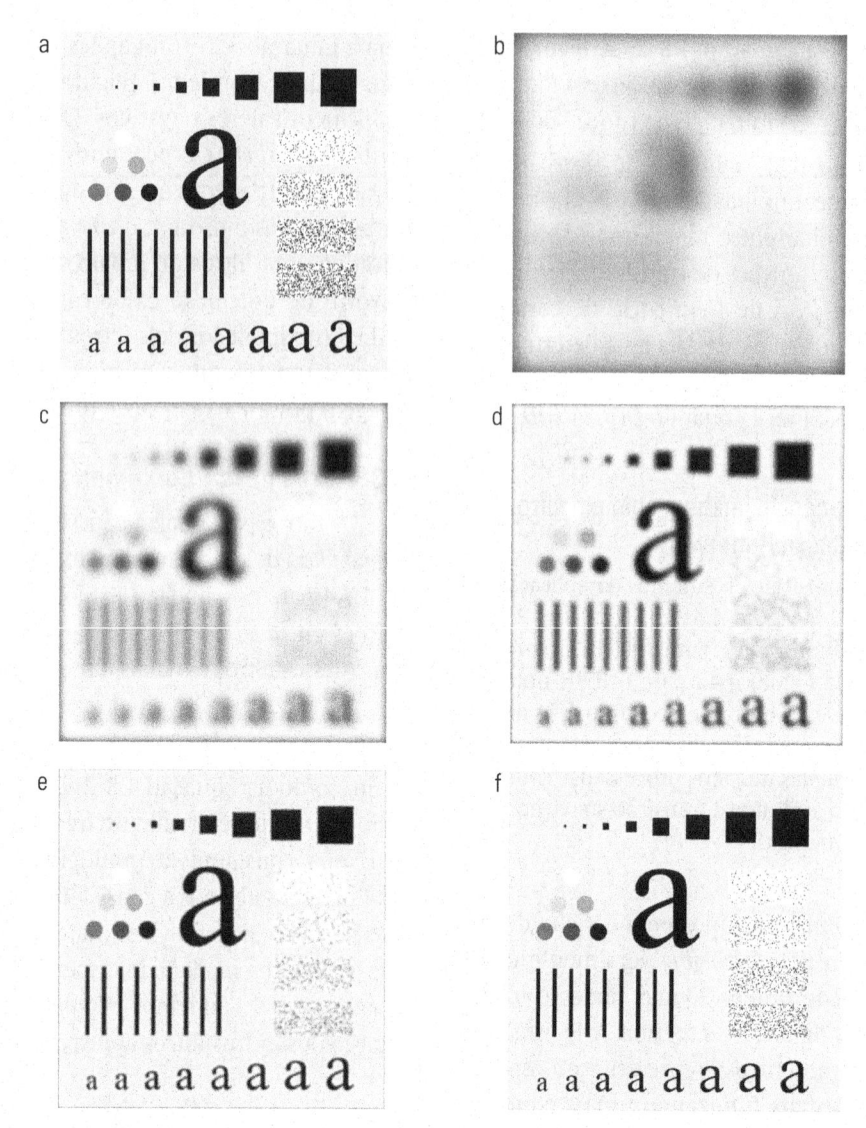

Figura 4.45 (a) Imagem original. (b) a (f) Resultados da filtragem utilizando BLPF de ordem 2, com frequências de corte nos raios mostrados na Figura 4.41. Compare com a Figura 4.42.

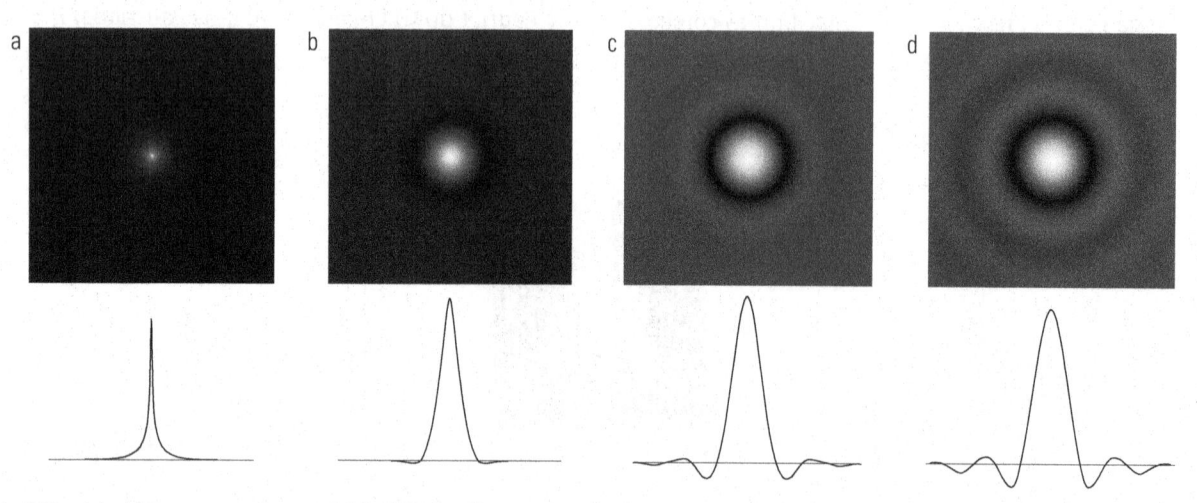

Figura 4.46 (a) a (d) Representação espacial de BLPF de ordem 1, 2, 5 e 20, e perfis de intensidade correspondentes passando pelo centro dos filtros (o tamanho em todos os casos é 1.000 × 1.000 e a frequência de corte é 5). Observe como o efeito de *ringing* aumenta em função da ordem do filtro.

da IDFT da Equação 4.8-6 ou 4.8-7, não apresentará nenhum efeito de *ringing*. A Figura 4.47 mostra um gráfico em perspectiva, a exibição em forma de imagem e os cortes transversais radiais de uma função GLPF, e a Tabela 4.4 resume os filtros passa-baixa discutidos nesta seção.

Exemplo 4.18 Suavização de imagem com um filtro passa-baixa gaussiano.

A Figura 4.48 mostra os resultados da aplicação do GLPF da Equação 4.8-7 na Figura 4.48(a), com D_0 igual aos cinco raios definidos na Figura 4.41(b). Como no caso do BLPF de ordem 2 (Figura 4.45), notamos uma transição suave do borramento como uma função do aumento da frequência de corte. O GLPF obteve ligeiramente menos suavização do que o BLPF de ordem 2 para o mesmo valor de frequência de corte, como pode ser visto, por exemplo, na comparação das figuras 4.45(c) e 4.48(c). Esse resultado era esperado, porque o perfil do GLPF não é tão "abrupto" quanto o perfil do BLPF de ordem 2. No entanto, os resultados são bastante comparáveis e nos certificamos da ausência de *ringing* no caso de GLPF. Essa é uma importante característica na prática, especialmente em situações (por exemplo, em imagens médicas) nas quais artefatos de qualquer natureza são inaceitáveis. Em casos nos quais é necessário o controle rigoroso da transição entre baixas e altas frequências em relação à frequência de corte, o BLPF representa uma escolha mais apropriada. O preço desse controle adicional sobre o perfil do filtro é a possibilidade de ocorrência do *ringing*.

4.8.4 Exemplos adicionais de filtragem passa-baixa

Na discussão a seguir, mostraremos várias aplicações práticas da filtragem passa-baixa no domínio da frequência. O primeiro exemplo provém do campo da percepção artificial com aplicação no reconhecimento de caracteres; o segundo provém da indústria gráfica e de publicação; e o terceiro se relaciona ao processamento de imagens aéreas e de satélite. Resultados similares podem ser obtidos utilizando as técnicas de filtragem espacial passa-baixa analisadas na Seção 3.5.

A Figura 4.49 apresenta a amostra de um texto em baixa resolução. É possível encontrar textos assim, por exemplo, em transmissões de fax, material fotocopiado e registros históricos. Essa amostra em particular está livre de dificuldades adicionais, como borrões, dobras e partes rasgadas. A seção ampliada na Figura 4.49(a) mostra que os caracteres desse documento estão distorcidos por falta de resolução, sendo que muitos deles estão incompletos. Apesar de os seres humanos preencherem visualmente essas lacunas sem problemas, sistemas de reconhecimento automáticos têm grandes dificuldades de ler caracteres incompletos. Uma abordagem para lidar com isso é preencher pequenas lacunas na imagem de entrada por meio do borramento. A Figura 4.49(b) mostra como os caracteres podem ser "consertados" por meio desse processo simples utilizando um filtro passa-baixa gaussiano com $D_0 = 80$. As imagens são de tamanho 444 × 508 pixels.

A filtragem passa-baixa é um elemento fundamental na indústria gráfica e de publicação, na qual é utilizada

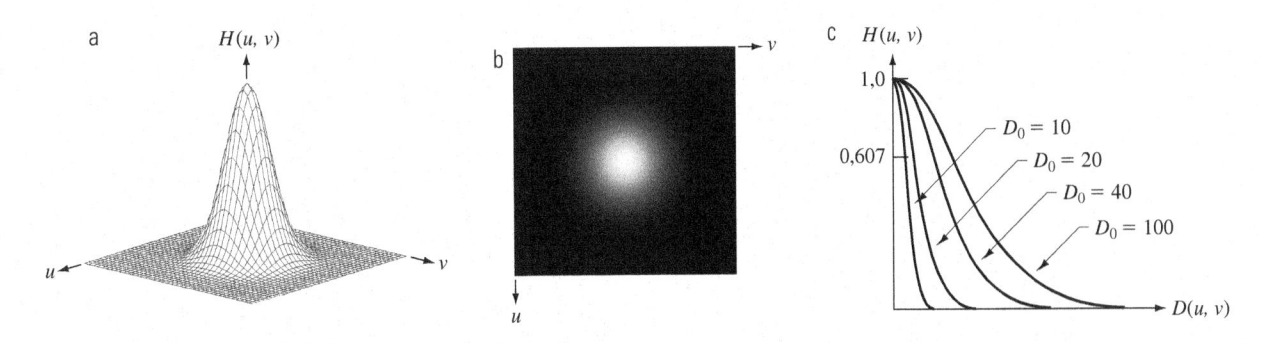

Figura 4.47 (a) Um gráfico em perspectiva de uma função de transferência GLPF. (b) Filtro exibido como uma imagem. (c) Cortes transversais radiais do filtro para vários valores de D_0.

Tabela 4.4 Filtros passa-baixa. D_0 é a frequência de corte, e *n* é a ordem do filtro Butterworth.

Ideal	Butterworth	Gaussiano
$H(u,v) = \begin{cases} 1 & \text{se } D(u,v) \leq D_0 \\ 0 & \text{se } D(u,v) > D_0 \end{cases}$	$H(u,v) = \dfrac{1}{1+[D(u,v)/D_0]^{2n}}$	$H(u,v) = e^{-D^2(u,v)/2D_0^2}$

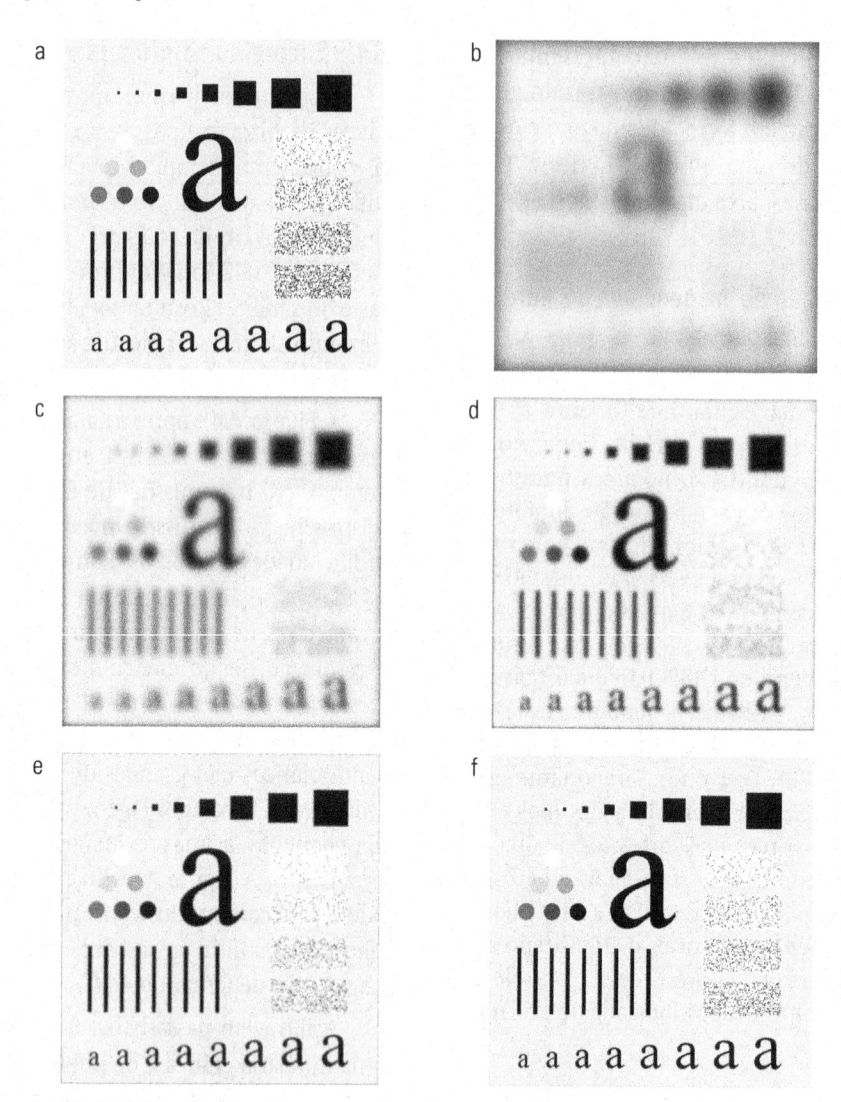

Figura 4.48 (a) Imagem original. (b) a (f) Resultados da filtragem utilizando GLPFs com frequências de corte nos raios mostrados na Figura 4.41. Compare com as figuras 4.42 e 4.45.

Figura 4.49 (a) Amostra de um texto de baixa resolução (observe caracteres incompletos na vista ampliada). (b) Resultado da filtragem com um GLPF (segmentos dos caracteres incompletos foram restaurados).

em várias funções de pré-processamento, incluindo a máscara de nitidez (*unsharp mask*),* como discutimos na Seção 3.6.3. O processamento "cosmético" representa outra utilização da filtragem passa-baixa antes da impressão. A Figura 4.50 mostra uma aplicação da filtragem passa-baixa para produzir um resultado de aparência mais suave e atenuada a partir de uma imagem original mais acentuada. Para rostos humanos, o objetivo típico é reduzir o aguçamento de linhas finas na pele e pequenas manchas. As seções ampliadas nas figuras 4.50(b) e (c) mostram claramente uma redução significativa nas linhas finas na pele ao redor dos olhos neste caso. Com efeito, as imagens suavizadas têm uma aparência bastante suave e agradável.

A Figura 4.51 mostra duas aplicações da filtragem passa-baixa na mesma imagem, mas com objetivos totalmente diferentes. A Figura 4.51(a) é uma imagem 808 × 754 obtida com um radiômetro de muito alta resolução (VHRR, de *very high resolution radiometer*), mostrando parte do Golfo do México (escuro) e da Flórida (claro) tirada de um satélite da Noaa (National Oceanic and Atmospheric Administration). Observe as linhas de varredura horizontais do sensor. As fronteiras entre corpos d'água foram causadas por correntes em espiral. Essa imagem ilustra imagens de sensoriamento remoto nas quais os sensores tendem a de produzir linhas acentuadas de varredura na direção em que a cena está sendo escaneada (veja o Exemplo 4.24 para uma ilustração de uma causa física). A filtragem passa-baixa é uma forma geral, porém simples, de reduzir o efeito dessas linhas, como mostra a Figura 4.51(b) (veremos abordagens mais eficazes nas seções 4.10 e 5.4.1). Essa imagem foi obtida utilizando um GLPF com $D_0 = 50$.

A redução do efeito das linhas de varredura pode simplificar a detecção de características como os limites de interface entre correntes marítimas.

A Figura 4.51(c) mostra o resultado de uma filtragem passa-baixa gaussiana significativamente mais agressiva com $D_0 = 20$. Aqui, o objetivo é borrar o máximo de detalhes possível ao mesmo tempo em que as características maiores são mantidas reconhecíveis. Por exemplo, esse tipo de filtragem poderia fazer parte de um estágio de pré-processamento para um sistema de análise de imagens que busca características específicas em um banco de imagens. Um exemplo dessas características poderia ser lagos de um determinado tamanho, como o Lago Okeechobee na área inferior ao leste da Flórida, mostrado como uma região arredondada na Figura 4.51(c). A filtragem passa-baixa ajuda a simplificar a análise excluindo pelo cálculo da média os detalhes na imagem que são menores do que as características de interesse.

4.9 Aguçamento de imagens utilizando filtros no domínio da frequência

Na seção anterior, mostramos que uma imagem pode ser suavizada por meio da atenuação dos componentes de alta frequência de sua transformada de Fourier. Como as bordas e outras mudanças abruptas de intensidades são associadas a componentes de alta frequência, o aguçamento de imagens pode ser obtido no domínio da frequência pela filtragem passa-alta, que atenua os componentes de baixa frequência sem afetar as informações de alta frequência na transformada de Fourier. Como na Seção 4.8, consideramos apenas filtros de deslocamento de fase

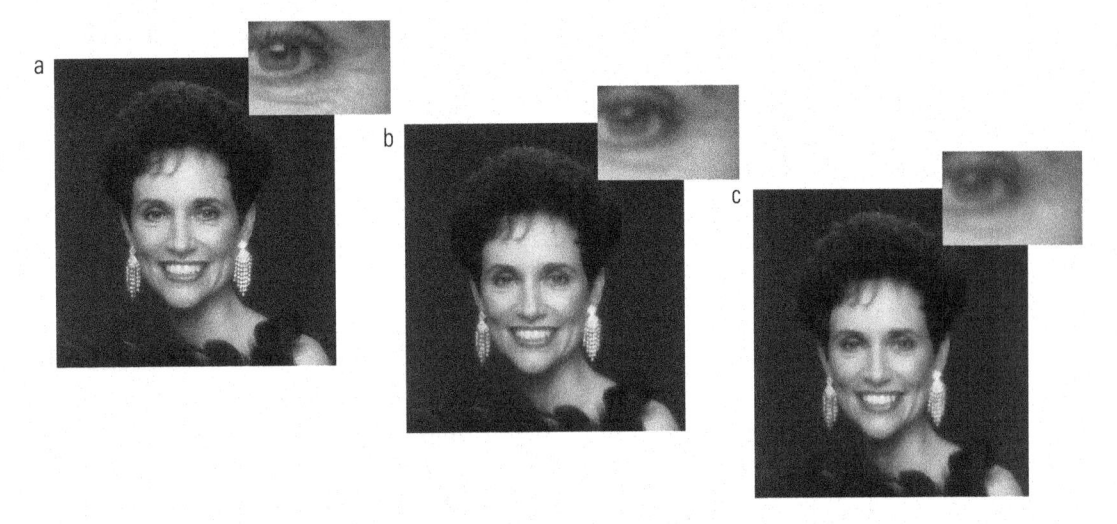

Figura 4.50 (a) Imagem original (784 × 732 pixels). (b) Resultado da filtragem utilizando um GLPF com $D_0 = 100$. (c) Resultado de filtragem utilizando um GLPF com $D_0 = 80$. Observe a redução nas linhas de expressão na pele nas seções ampliadas em (b) e (c).

---

* Discutiremos a máscara de nitidez no domínio da frequência na Seção 4.9.5.

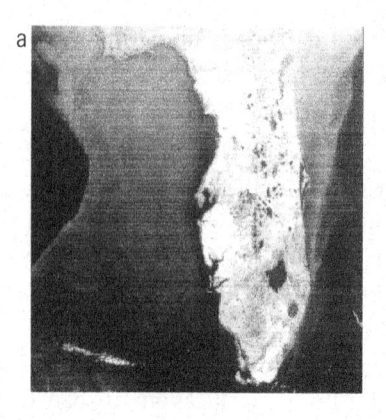

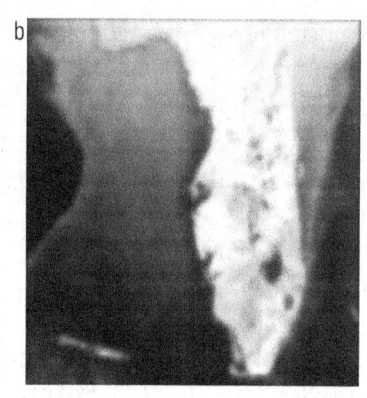

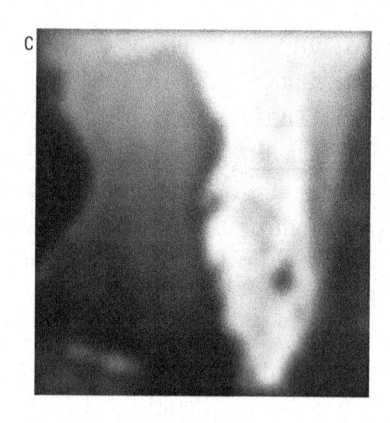

Figura 4.51 (a) Imagem mostrando linhas de varredura horizontais proeminentes. (b) Resultado da filtragem utilizando um GLPF com $D_0 = 50$. (c) Resultado da utilização de um GLPF com $D_0 = 20$. (Imagem original: cortesia da Noaa.)

zero, que são os radialmente simétricos. Todas as filtragens nesta seção se baseiam no procedimento esboçado na Seção 4.7.3, de forma que todas as funções filtro, $H(u, v)$, são vistas como funções discretas de tamanho $P \times Q$; isto é, as variáveis de frequência discreta estão no intervalo $u = 0, 1, 2, \ldots, P - 1$ e $v = 0, 1, 2, \ldots, Q - 1$.

Um filtro passa-alta (HP, de *highpass*) é obtido a partir de um dado filtro passa-baixa (LP, de *lowpass*) por meio da equação

$$H_{HP}(u, v) = 1 - H_{LP}(u, v) \qquad (4.9\text{-}1)$$

sendo $H_{LP}(u, v)$ a função de transferência do filtro passa-baixa. Isto é, quando o filtro passa-baixa atenua frequências, o filtro passa-alta as passa, e vice-versa.

Nesta seção, consideramos os filtros passa-alta ideal, Butterworth e gaussiano. Como na seção anterior, ilustramos as características desses filtros tanto no domínio da frequência quanto do espaço. A Figura 4.52 mostra os gráficos 3-D típicos, representações de imagem e cortes transversais para esses filtros. Como antes, vemos que o filtro Butterworth representa uma transição entre o aguçamento do filtro ideal e a ampla suavidade do filtro gaussiano. A Figura 4.53, discutida nas seções seguintes, ilustra as aparências desses filtros no domínio do espaço. Os filtros espaciais foram obtidos e exibidos com o procedimento utilizado para gerar as figuras 4.43 e 4.46

4.9.1 Filtros passa-alta ideais

Um *filtro passa-alta ideal* (IHPF, de *ideal highpass filter*) 2-D é definido como

$$H(u, v) = \begin{cases} 0 & \text{se } D(u, v) \leq D_0 \\ 1 & \text{se } D(u, v) > D_0 \end{cases} \qquad (4.9\text{-}2)$$

em que D_0 é a frequência de corte, e $D(u, v)$ é dada pela Equação 4.8-2. Essa expressão pode ser deduzida diretamente das equações 4.8-1 e 4.9-1. Como pretendido, o IHPF é o oposto do ILPF no sentido de que ele elimina todas as frequências dentro de um círculo de raio D_0 enquanto passa, sem atenuação, todas as frequências fora do círculo. Como no caso do ILPF, o IHPF não é fisicamente realizável. No entanto, como antes, ele será analisado aqui para que o conteúdo seja completo, já que suas propriedades podem ser utilizadas para explicar fenômenos como o efeito de *ringing* no domínio do espaço. A discussão será breve.

Em virtude do modo como se relacionam (Equação 4.9-1), podemos esperar que os IHPFs tenham as mesmas propriedades de *ringing* que os ILPFs. Isso é claramente demonstrado na Figura 4.54, que consiste de vários resultados de IHPF utilizando a imagem original da Figura 4.41(a) com D_0 igual a 30, 60 e 160 pixels, respectivamente. O *ringing* na Figura 4.54(a) é tão grave que produziu fronteiras distorcidas e mais espessas nos objetos (veja, por exemplo, a grande letra "a"). As bordas nos três círculos superiores não são bem visíveis porque não são tão fortes quanto as outras bordas da imagem (a intensidade desses três objetos é muito próxima da intensidade do fundo, produzindo descontinuidades de magnitude mais baixa). Observar o tamanho do "ponto" da representação espacial do IHPF na Figura 4.53(a), tendo em mente que a filtragem no domínio do espaço é a convolução do filtro espacial com a imagem, ajuda a explicar por que os objetos e as linhas menores aparecem quase como um branco sólido. Observe em particular os três pequenos quadrados na linha superior e as barras verticais finas da Figura 4.54(a). A situação melhorou de certa forma com $D_0 = 60$. A distorção da borda ainda é bastante evidente, mas agora começamos a ver a filtragem nos objetos menores. Em virtude da relação inversa entre os domínios de frequência e do espaço, sabemos que o tamanho do ponto desse filtro é menor que o ponto do filtro com $D_0 = 30$.

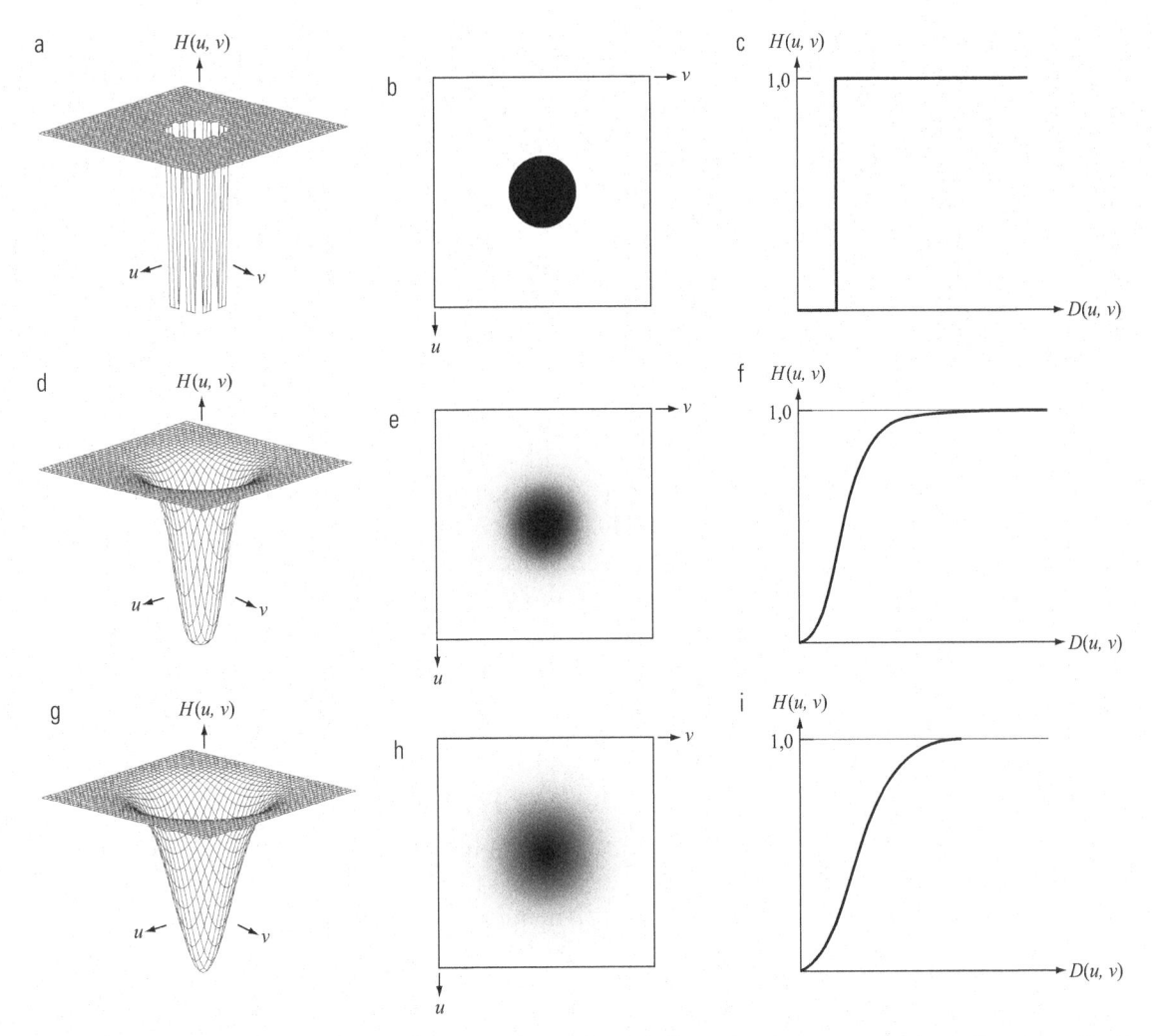

Figura 4.52 Linha superior: gráfico em perspectiva, representação na forma de imagem e corte transversal de um filtro passa-alta ideal típico. Linha do meio e inferior: a mesma sequência para filtros passa-alta Butterworth e gaussiano, respectivamente.

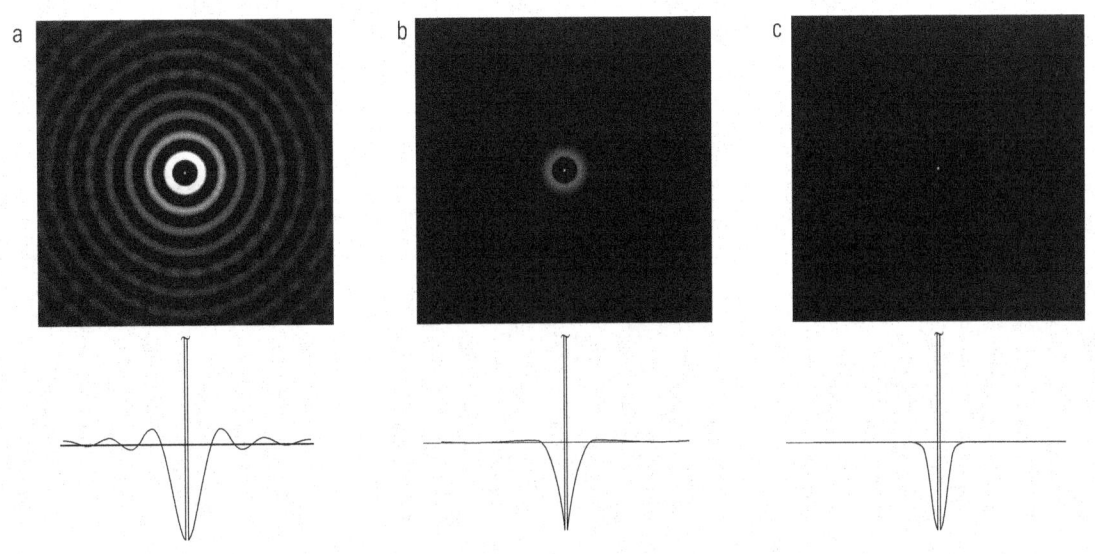

Figura 4.53 Representação espacial de filtros passa-alta típicos: (a) ideal, (b) Butterworth e (c) gaussiano de domínio da frequência e perfis de intensidade correspondentes a partir de seus centros.

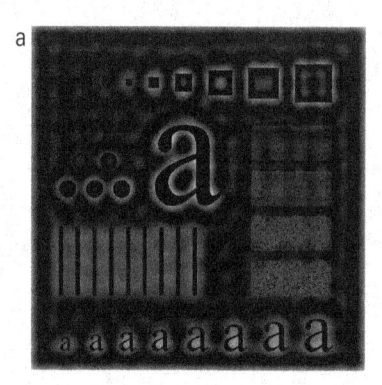

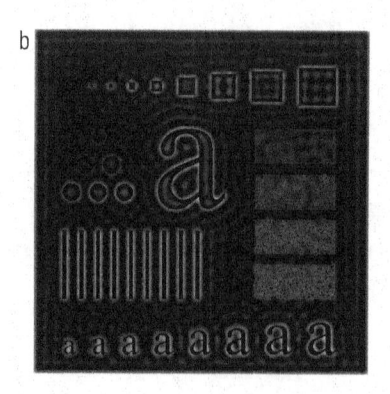

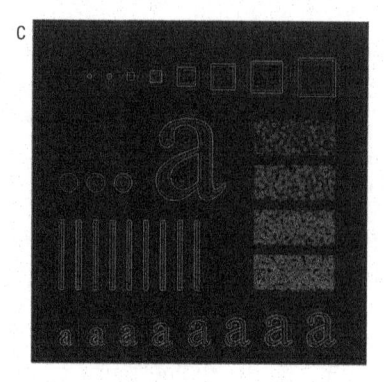

Figura 4.54 Resultados da filtragem passa-alta da imagem da Figura 4.41(a) utilizando um IHPF com $D_0 = 30$, 60 e 160.

O resultado para $D_0 = 160$ se aproxima do que uma imagem submetida ao filtro passa-alta deveria aparentar. Aqui, as bordas são muito mais livres de ruído e menos distorcidas, e os objetos menores foram adequadamente filtrados. Naturalmente, o fundo constante de todas as imagens torna-se zero nessas imagens submetidas ao filtro passa-alta porque a filtragem passa-alta é análoga à diferenciação no domínio do espaço.

4.9.2 Filtros passa-alta Butterworth

Um *filtro passa-alta Butterworth* (BHPF, de *Butterworth highpass filter*) 2-D de ordem n e frequência de corte é definido como

$$H(u,v) = \frac{1}{1 + [D_0/D(u,v)]^{2n}} \quad (4.9\text{-}3)$$

no qual $D(u, v)$ é determinada pela Equação 4.8-2. Essa expressão pode ser deduzida diretamente das equações 4.8-5 e 4.9-1. A linha do meio da Figura 4.52 mostra uma imagem e um corte transversal da função BHPF.

Como no caso dos filtros passa-baixa, podemos esperar que os filtros passa-alta Butterworth se comportem de forma mais suave que os IHPFs. A Figura 4.55 mostra o desempenho de um BHPF de ordem 2 e D_0 com os mesmos valores utilizados na Figura 4.54. As bordas são muito menos distorcidas do que na Figura 4.54, mesmo para o menor valor de frequência de corte. Como o tamanho dos pontos nas áreas centrais do IHPF e do BHPF de domínio espacial é similar (veja as figuras 4.53(a) e (b)), o desempenho dos dois filtros sobre os objetos menores é comparável. A transição para valores mais altos das frequências de corte é muito mais suave com o BHPF.

4.9.3 Filtros passa-alta gaussianos

A função de transferência do filtro passa-alta gaussiano (GHPF, de *Gaussian highpass filter*) com *locus* de frequência de corte em uma distância D_0 a partir do centro do retângulo de frequência é determinada por

$$H(u,v) = 1 - e^{-D^2(u,v)/2D_0^2} \quad (4.9\text{-}4)$$

sendo $D(u, v)$ determinada pela Equação 4.8-2. Essa expressão pode ser deduzida diretamente das equações 4.8-7 e 4.9-1. A terceira linha da Figura 4.52 mostra um gráfico em perspectiva, imagem e corte transversal da função GHPF. Seguindo o mesmo formato que no caso do BHPF, mostramos na Figura 4.56 os resultados comparativos utilizando GHPFs. Como esperávamos, os resultados obtidos são mais graduais do que com os dois filtros ante-

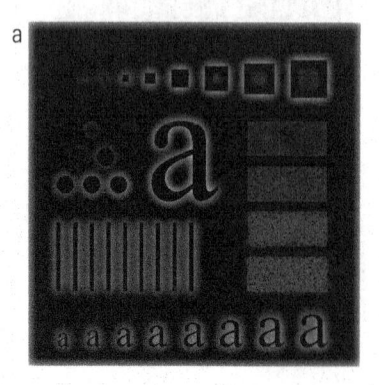

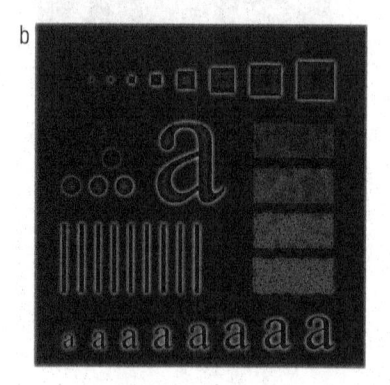

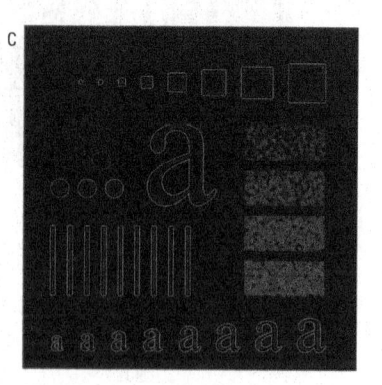

Figura 4.55 Resultados da filtragem passa-alta da imagem da Figura 4.41(a) utilizando um BHPF de ordem 2 com $D_0 = 30$, 60 e 160, correspondendo aos círculos mostrados na Figura 4.41(b). Esses resultados são muito mais suaves do que os obtidos com um IHPF.

riores. Até mesmo a filtragem dos objetos menores e das barras finas é mais "limpa" com o filtro gaussiano. A Tabela 4.5 contém um resumo dos filtros passa-alta discutidos nesta seção.

Exemplo 4.19 Utilização da filtragem passa-alta e da limiarização para o realce de imagens.

A Figura 4.57(a) é uma imagem 1.026 × 962 de uma impressão digital do polegar na qual manchas (um problema comum) são evidentes. Um importante passo no reconhecimento automatizado de impressões digitais é o realce das cristas das impressões e a redução de manchas. O realce também é útil na interpretação humana de impressões digitais. Neste exemplo, utilizamos a filtragem passa-alta para realçar as cristas e reduzir os efeitos de mancha. O realce das cristas é possível pelo fato de conterem altas frequências, que são inalteradas por um filtro passa-alta. Por outro lado, o filtro reduz componentes de baixa frequência, que correspondem às intensidades de variação suave (lenta) na imagem, como o fundo e as manchas. Dessa forma, o realce é obtido reduzindo o efeito de todas as características da imagem, exceto aquelas com altas frequências, que são as características de interesse neste caso.

A Figura 4.57(b) é o resultado da utilização de um filtro passa-alta Butterworth de ordem 4 com uma frequência de corte igual a 50.* Como esperado, a imagem com filtragem passa-alta perdeu tonalidades de cinza porque o termo dc foi reduzido a 0. O resultado final é que os tons escuros normalmente predominam nas imagens com filtragem passa-alta, demandando, assim, processamento adicional para realçar detalhes de interesse. Uma abordagem simples é a limiarização da imagem filtrada. A Figura 4.57(c) mostra o resultado de configurar em preto todos os valores negativos e em branco todos os valores positivos na imagem filtrada.

Observe como as cristas estão mais nítidas e o efeito das manchas foi consideravelmente reduzido. Portanto, cristas que mal são visíveis na seção superior direita da imagem na Figura 4.57(a) aparecem bem realçadas na Figura 4.57(c).

4.9.4 O laplaciano no domínio da frequência

Na Seção 3.6.2, utilizamos o laplaciano para realce de imagens no domínio do espaço. Nesta seção, vamos rever o laplaciano e mostrar que ele gera resultados equivalentes utilizando técnicas no domínio da frequência. É possível demonstrar (Exercício 4.26) que o laplaciano pode ser implementado no domínio da frequência utilizando o filtro

$$H(u, v) = -4\pi^2(u^2 + v^2) \quad (4.9\text{-}5)$$

ou, em relação ao centro do retângulo de frequência, utilizando o filtro

$$H(u, v) = -4\pi^2[(u - P/2)^2 + (v - Q/2)]^2$$
$$= -4\pi^2 D^2(u, v) \quad (4.9\text{-}6)$$

no qual $D(u, v)$ é a função de distância dada na Equação 4.8-2. Dessa forma, a imagem processada pelo laplaciano é obtida como:

$$\nabla^2 f(x, y) = \Im^{-1}\{H(u, v)F(u, v)\} \quad (4.9\text{-}7)$$

sendo $F(u, v)$ a DFT de $f(x, y)$. Como explicamos na Seção 3.6.2, o realce é obtido pela equação:

$$g(x, y) = f(x, y) + c\nabla^2 f(x, y) \quad (4.9\text{-}8)$$

Aqui, $c = -1$ porque $H(u, v)$ é negativa. No Capítulo 3, $f(x, y)$ e $\nabla^2 f(x, y)$ tinham valores comparáveis.

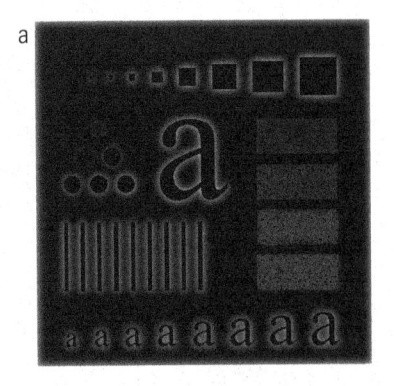

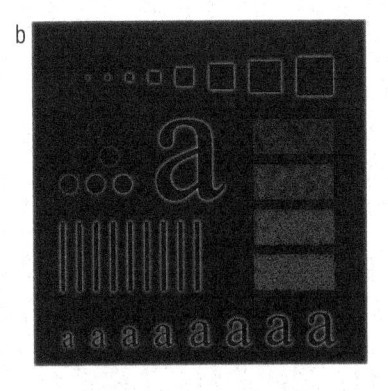

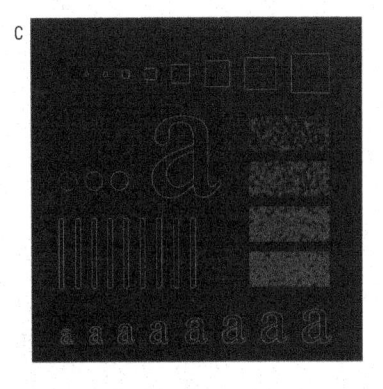

Figura 4.56 Resultados da filtragem passa-alta da imagem da Figura 4.41(a) utilizando um GHPF com D_0 = 30, 60, 160, correspondendo aos círculos da Figura 4.41(b). Compare com as figuras 4.54 e 4.55.

---

* O valor D_0 = 50 equivale a aproximadamente 2,5% da menor dimensão da imagem preenchida. A ideia é que D_0 esteja próxima da origem para que as baixas frequências sejam atenuadas, mas não completamente eliminadas. Uma faixa de 2 a 5 por cento da menor dimensão é um bom ponto de partida.

Tabela 4.5 Filtros passa-alta. D_0 é a frequência de corte e n é a ordem do filtro Butterworth.

Ideal	Butterworth	Gaussiano
$H(u,v) = \begin{cases} 0 & se\, D(u,v) \leq D_0 \\ 1 & se\, D(u,v) > D_0 \end{cases}$	$H(u,v) = \dfrac{1}{1+[D_0/D(u,v)]^{2n}}$	$H(u,v) = 1 - e^{-D^2(u,v)/2D_0^2}$

No entanto, o cálculo de $\nabla^2 f(x, y)$ com a Equação 4.9-7 apresenta fatores de escala da DFT que podem ser várias ordens de magnitude maior que o valor máximo de f. Dessa forma, as diferenças entre f e seu laplaciano devem ser ajustadas para intervalos compatíveis. O modo mais fácil de lidar com esse problema é normalizar os valores de $f(x, y)$ para o intervalo [0, 1] (antes de calcular sua DFT) e dividir $\nabla^2 f(x, y)$ por seu valor máximo, que o levará ao intervalo aproximado [−1, 1] (lembre-se que o laplaciano tem valores negativos). A Equação 4.9-8 pode, então, ser aplicada.

No domínio da frequência, a Equação 4.9-8 é escrita na forma

$$g(x,y) = \Im^{-1}\{F(u,v) - H(u,v)F(u,v)\}$$
$$= \Im^{-1}\{[1 - H(u,v)]F(u,v)\}$$
$$= \Im^{-1}\{[1 + 4\pi^2 D^2(u,v)]F(u,v)\} \quad (4.9\text{-}9)$$

Apesar da elegância desse resultado, ele apresenta os mesmos problemas de escala que acabamos de mencionar, além de o fator de normalização não ser tão facilmente calculado. Por essa razão, a Equação 4.9-8 é a implementação preferencial no domínio da frequência, calculando $\nabla^2 f(x, y)$ com a utilização a Equação 4.9-7 e fazendo o ajuste de escala utilizando a abordagem mencionada no parágrafo anterior.

Exemplo 4.20 Aguçamento de imagem no domínio da frequência utilizando o laplaciano.

A Figura 4.58(a) é a mesma que a Figura 3.38(a), e a Figura 4.58 (b) mostra o resultado da utilização da Equação 4.9-8, na qual o laplaciano foi calculado no domínio da frequência utilizando a Equação 4.9-7. O ajuste de escala foi realizado como descrevemos em relação a essa equação. Vemos, ao comparar as figuras 4.58(b) e 3.38(e), que os resultados do domínio da frequência e do espaço são visualmente idênticos. Observe que os resultados dessas duas figuras correspondem à máscara laplaciana da Figura 3.37(b), que tem um −8 no centro (Exercício 4.26).

4.9.5 Máscara de nitidez, filtragem *high-boost* e filtragem de ênfase de alta frequência

Nesta seção, discutiremos formulações do domínio da frequência de técnicas de aguçamento de imagens por máscara de nitidez (*unsharp mask*) e pela filtragem *high-boost* apresentadas na Seção 3.6.3. Utilizando os métodos do domínio da frequência, a máscara definida na Equação 3.6-8 é dada por

$$g_{\text{máscara}}(x,y) = f(x,y) - f_{\text{LP}}(x,y) \quad (4.9\text{-}10)$$

com

$$f_{\text{LP}}(x,y) = \Im^{-1}[H_{\text{LP}}(u,v)F(u,v)] \quad (4.9\text{-}11)$$

na qual $H_{\text{LP}}(u, v)$ é um filtro passa-baixa e $F(u, v)$ é a transformada de Fourier de $f(x, y)$. Aqui, $f_{\text{LP}}(x, y)$ é uma imagem suavizada análoga a $\bar{f}(x, y)$ na Equação 3.6-8.

Então, como na Equação 3.6-9,

$$g(x,y) = f(x,y) + k * g_{\text{máscara}}(x,y) \quad (4.9\text{-}12)$$

Essa expressão define a máscara de nitidez quando $k = 1$ e a filtragem *high-boost* quando $k > 1$. Utilizando

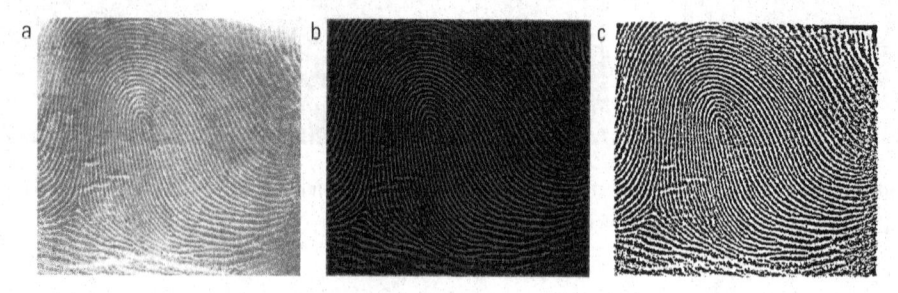

Figura 4.57 (a) Impressão digital do polegar. (b) Resultado da filtragem passa-alta (a). (c) Resultado da limiarização de (b). (Imagem original: cortesia do Instituto Nacional de Padrões e Tecnologia dos Estados Unidos.)

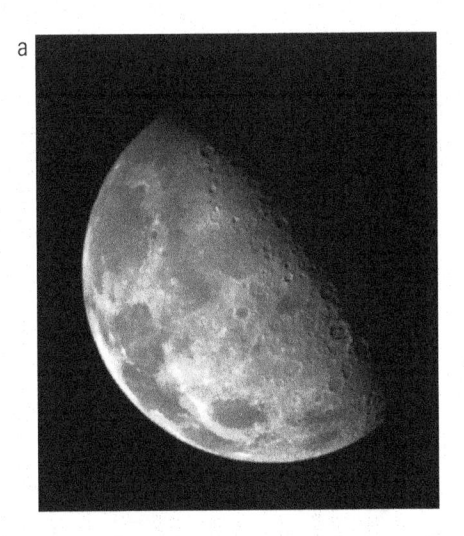

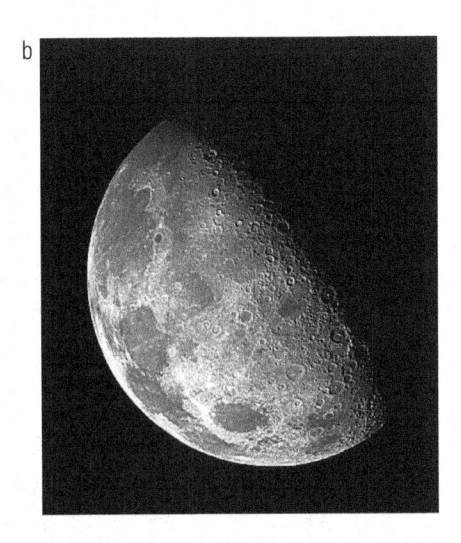

Figura 4.58 (a) Imagem original, borrada. (b) Imagem realçada utilizando o laplaciano no domínio da frequência. Compare com a Figura 3.38(e).

os resultados precedentes, podemos expressar a Equação 4.9-12 totalmente em termos dos cálculos no domínio da frequência envolvendo um filtro passa-baixa:

$$g(x, y) = \Im^{-1}\{[1 + k * [1 - H_{LP}(u, v)]]F(u, v)\} \quad (4.9\text{-}13)$$

Utilizando a Equação 4.9-1, podemos expressar esse resultado em termos de um filtro passa-alta:

$$g(x, y) = \Im^{-1}\{[1 + k * H_{HP}(u, v)]F(u, v)\} \quad (4.9\text{-}14)$$

A expressão contida nos colchetes é chamada de *filtro de ênfase de alta frequência*. Como observamos anteriormente, os filtros passa-alta eliminam o termo dc, reduzindo, assim, a intensidade média da imagem filtrada a 0. O filtro de ênfase de alta frequência não tem esse problema em virtude do 1 adicionado ao filtro passa-alta. A constante, k, dá controle sobre a proporção de altas frequências que influencia o resultado final. Uma formulação ligeiramente mais geral da filtragem de ênfase de alta frequência é a expressão

$$g(x, y) = \Im^{-1}\{[k_1 + k_2 * H_{HP}(u, v)]F(u, v)\} \quad (4.9\text{-}15)$$

na qual $k_1 \geq 0$ permite o controle de *offset* a partir da origem [veja a Figura 4.31(c)], e $k_2 \geq 0$ controla a contribuição das altas frequências.

Exemplo 4.21 Realce da imagem utilizando a filtragem de ênfase de alta frequência.

A Figura 4.59(a) mostra uma imagem radiográfica de tórax 416 × 596 com uma faixa estreita de níveis de intensidade. O objetivo deste exemplo é realçar a imagem utilizando a filtragem de ênfase de alta frequência. Os raios X não podem ser focalizados como ocorrre nas lentes óticas, e as imagens resultantes costumam ser ligeiramente borradas. Como as intensidades dessa imagem particular tendem na direção da extremidade escura da escala de cinza, também aproveitamos a oportunidade para apresentar um exemplo de como o processamento no domínio do espaço pode ser utilizado para complementar a filtragem no domínio da frequência.

A Figura 4.59(b) mostra o resultado da filtragem passa-alta utilizando um filtro gaussiano com $D_0 = 40$ (aproximadamente 5% da menor dimensão da imagem preenchida).[*] Como esperávamos, o resultado filtrado apresenta relativamente poucas características, mas mostra levemente as bordas principais da imagem. A Figura 4.59(c) apresenta a vantagem da filtragem de ênfase de alta frequência, na qual utilizamos a Equação 4.9-15 com $k_1 = 0{,}5$ e $k_2 = 0{,}75$. Apesar de a imagem ainda estar escura, a tonalidade do nível de cinza em decorrência dos componentes de baixa frequência não se perdeu.

Como discutimos na Seção 3.3.1, uma imagem caracterizada por níveis de intensidade em uma faixa estreita da escala de cinza é uma candidata ideal para a equalização de histograma. Como mostra a Figura 4.59(d), isso foi, de fato, um método apropriado para realçar ainda mais a imagem. Observe a clareza da estrutura óssea e outros detalhes que simplesmente não são visíveis em qualquer uma das outras três imagens. A imagem realçada final apresenta um pouco de ruído, mas isso é típico de imagens de raios X quando a escala de cinza é expandida. O resultado obtido por meio uma combinação de ênfase de alta frequência e equalização de histograma é superior ao resultado que seria obtido utilizando qualquer método isoladamente.

---

[*] Artefatos como o *ringing* são inaceitáveis em imagens médicas. Dessa forma, é uma boa ideia evitar a utilização de filtros que tenham o potencial de incluir artefatos na imagem processada. Como os filtros gaussianos no domínio da frequência e do espaço são pares de transformadas de Fourier, eles produzem resultados suaves livres de artefatos.

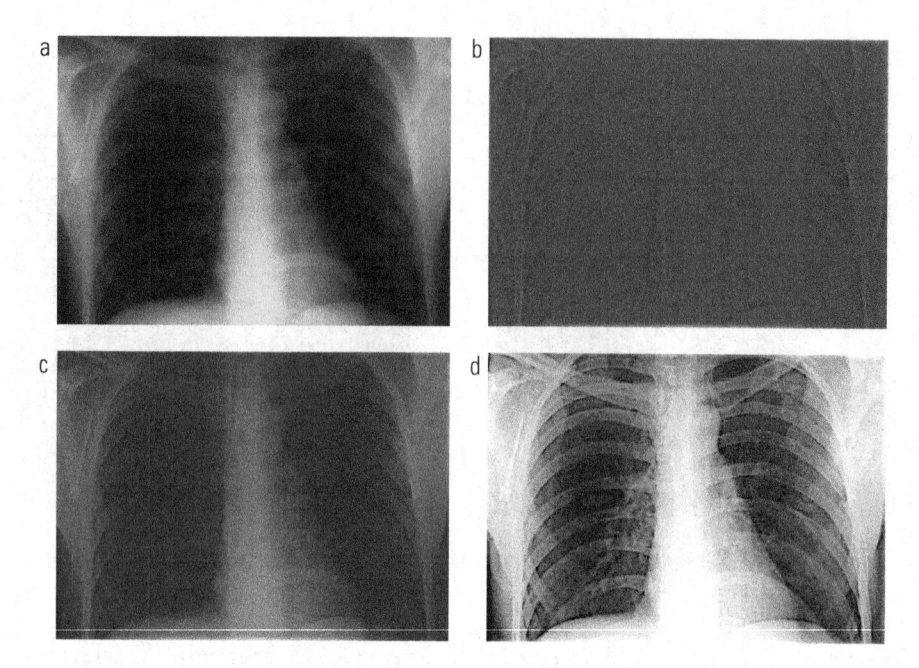

Figura 4.59 (a) Uma imagem radiográfica de tórax. (b) Resultado da filtragem passa-alta com filtro gaussiano. (c) Resultado da filtragem de ênfase de alta frequência utilizando o mesmo filtro. (d) Resultado da equalização de histograma em (c). (Imagem original: cortesia do Dr. Thomas R. Gest, Divisão de Ciências Anatômicas, Faculdade de Medicina da Universidade de Michigan.)

4.9.6 Filtragem homomórfica

O modelo de iluminação-refletância apresentado na Seção 2.3.4 pode ser utilizado para desenvolver um procedimento no domínio da frequência para melhorar a aparência de uma imagem efetuando simultaneamente a compressão da faixa de intensidade e o realce de contraste. A partir da discussão naquela seção, uma imagem $f(x, y)$ pode ser expressa como o produto dos componentes de iluminação, $i(x, y)$, e refletância, $r(x, y)$:

$$f(x, y) = i(x, y)r(x, y) \quad (4.9\text{-}16)$$

Essa equação não pode ser utilizada diretamente para atuar sobre os componentes de frequência de iluminação e refletância porque a transformada de Fourier de um produto não é o produto das transformadas:

$$\Im[f(x, y)] \neq \Im[i(x, y)]\Im[r(x, y)] \quad (4.9\text{-}17)$$

No entanto, suponha que definamos

$$z(x, y) = \ln f(x, y)$$
$$= \ln i(x, y) + \ln r(x, y) \quad (4.9\text{-}18)$$

Então,

$$\Im\{z(x, y)\} = \Im\{\ln f(x, y)\}$$
$$= \Im\{\ln i(x, y)\} + \Im\{\ln r(x, y)\} \quad (4.9\text{-}19)$$

ou

$$Z(u, v) = F_i(u, v) + F_r(u, v) \quad (4.9\text{-}20)$$

sendo $F_i(u, v)$ e $F_r(u, v)$ as transformadas de Fourier de $\ln i(x, y)$ e $\ln r(x, y)$, respectivamente.[*]

Podemos filtrar $Z(u, v)$ utilizando um filtro $H(u, v)$ de forma que

$$S(u, v) = H(u, v)Z(u, v)$$
$$= H(u, v)F_i(u, v) + H(u, v)F_r(u, v) \quad (4.9\text{-}21)$$

A imagem correspondente no domínio do espaço é

$$s(x, y) = \Im^{-1}\{S(u, v)\}$$
$$= \Im^{-1}\{H(u, v)F_i(u, v)\}$$
$$+ \Im^{-1}\{H(u, v)F_r(u, v)\} \quad (4.9\text{-}22)$$

Dados

$$i'(x, y) = \Im^{-1}\{H(u, v)F_i(u, v)\} \quad (4.9\text{-}23)$$

e

$$r'(x, y) = \Im^{-1}\{H(u, v)F_r(u, v)\} \quad (4.9\text{-}24)$$

podemos expressar a Equação 4.9-22 na forma

$$s(x, y) = i'(x, y) + r'(x, y) \quad (4.9\text{-}25)$$

---

[*] Se uma imagem $f(x, y)$ com intensidades no intervalo $[0, L-1]$ tiver qualquer valor 0, um 1 deve ser adicionado a cada elemento da imagem para evitar ter de lidar com $\ln(0)$. O valor 1 é, então, subtraído no final do processo de filtragem.

Finalmente, como $z(x, y)$ foi formada pelo cálculo do logaritmo natural da imagem de entrada, revertemos o processo calculando o exponencial do resultado filtrado para formar a imagem de saída:

$$g(x, y) = e^{s(x, y)}$$
$$= e^{i'(x, y)} e^{r'(x, y)}$$
$$= i_0(x, y) r_0(x, y) \quad (4.9\text{-}26)$$

sendo

$$i_0(x, y) = e^{i'(x, y)} \quad (4.9\text{-}27)$$

e

$$r_0(x, y) = e^{r'(x, y)} \quad (4.9\text{-}28)$$

os componentes de iluminação e refletância da imagem de saída (processada).

O método de filtragem que acabamos de deduzir é resumido na Figura 4.60. Esse método se baseia em um caso especial de uma classe de sistemas conhecidos como *sistemas homomórficos*. Nesta aplicação particular, a chave para a metodologia é a separação dos componentes de iluminação e refletância realizada na forma mostrada na Equação 4.9-20. A *função do filtro homomórfico H(u, v)* pode, então, atuar sobre esses componentes separadamente, como indicado pela Equação 4.9-21.

O componente de iluminação de uma imagem geralmente é caracterizado por variações espaciais suaves, enquanto o componente de refletância tende a variar abruptamente, particularmente nas junções de diferentes objetos. Essas características levam a associar as baixas frequências da transformada de Fourier do logaritmo de uma imagem à iluminação, e as altas frequências com a refletância. Apesar de essas associações serem aproximações gerais, elas podem ser utilizadas como uma vantagem na filtragem de imagens, como ilustra o Exemplo 4.22.

Um controle significativo pode ser obtido sobre os componentes da iluminação e refletância com um filtro homomórfico. Esse controle requer a especificação de uma função de filtro $H(u, v)$ que afeta os componentes de alta e baixa frequência da transformada de Fourier de formas diferentes e controláveis. A Figura 4.61 mostra um corte transversal de um filtro como esse. Se os parâmetros γ_L e γ_H forem escolhidos de forma que $\gamma_L < 1$ e $\gamma_H > 1$, a função filtro na Figura 4.61 tende a atenuar a contribuição das baixas frequências (iluminação) e ampliar a contribuição das altas frequências (refletância). O resultado final é a compressão da faixa dinâmica e o realce de contraste simultaneamente.

O formato da função da Figura 4.61 pode ser aproximado utilizando a fórmula básica de um filtro passa-alta. Por exemplo, utilizar uma forma ligeiramente modificada do filtro passa-alta gaussiano leva à função

$$H(u, v) = (\gamma_H - \gamma_L)[1 - e^{-c[D^2(u,v)/D_0^2]}] + \gamma_L \quad (4.9\text{-}29)$$

na qual $D(u, v)$ é definida na Equação 4.8-2, e a constante c controla a inclinação da função à medida que ela realiza a transição entre γ_L e γ_H. Esse filtro é similar ao filtro de ênfase de alta frequência discutido na seção anterior.

Exemplo 4.22 Realce da imagem utilizando a filtragem homomórfica.

A Figura 4.62(a) mostra uma tomografia por emissão de pósitrons (PET, de *positron emission tomography*) de corpo total de tamanho 1.162 × 746 pixels. A imagem é ligeiramente borrada e muitas de suas características de baixa intensidade são obscurecidas pela alta intensidade dos "pontos claros" que dominam a faixa dinâmica do monitor. (Esses pontos claros foram causados por um tumor no cérebro e outro no pulmão.) A Figura 4.62(b) foi obtida pela filtragem homomórfica da Figura 4.62(a) utilizando o filtro da Equação 4.9-29 com $\gamma_L = 0{,}25$, $\gamma_H = 2$, $c = 1$ e $D_0 = 80$. Um corte transversal desse filtro se parece exatamente como a Figura 4.61, com uma inclinação ligeiramente mais acentuada.*

Observe na Figura 4.62(b) como os pontos claros, o cérebro e o esqueleto aparecem muito mais nítidos na imagem processada e como muito mais detalhes são visíveis nela. Ao reduzir os efeitos dos componentes da iluminação dominante (os pontos claros), torna-se possível para a faixa dinâmica do monitor permitir que intensidades mais baixas passem a ser muito mais visíveis. De forma similar, como as altas frequências são realçadas pela filtragem homomórfica, os componentes de refletância da imagem (informações de borda) foram consideravelmente realçados. A imagem realçada da Figura 4.62(b) representa uma melhora significativa em relação ao original.

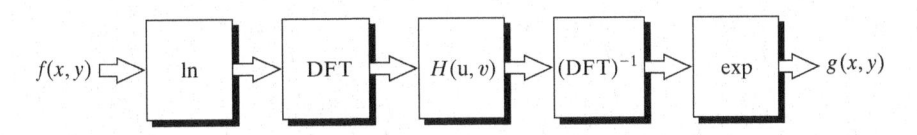

$f(x, y) \Rightarrow \boxed{\ln} \Rightarrow \boxed{\text{DFT}} \Rightarrow \boxed{H(u, v)} \Rightarrow \boxed{(\text{DFT})^{-1}} \Rightarrow \boxed{\exp} \Rightarrow g(x, y)$

Figura 4.60 Resumo dos passos na filtragem homomórfica.

---

* Lembre-se que a filtragem utiliza o preenchimento da imagem, portanto o filtro é de tamanho $P \times Q$.

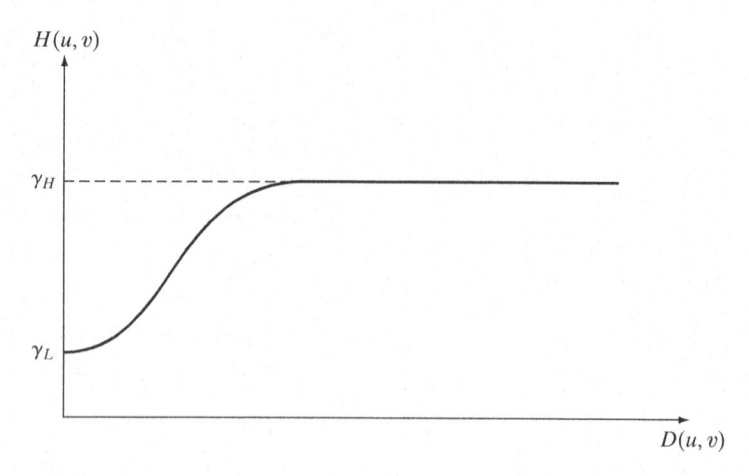

Figura 4.61 Corte transversal radial de uma função de filtro homomórfico circularmente simétrico. O eixo vertical está no centro do retângulo de frequência e $D(u, v)$ é a distância do centro.

4.10 Filtragem seletiva

Os filtros discutidos nas duas seções anteriores atuam sobre todo o retângulo de frequência. Existem algumas aplicações nas quais é interessante processar bandas específicas de frequências ou pequenas regiões do retângulo de frequência. Os filtros da primeira categoria são chamados de *filtros rejeita-banda* ou *passa-banda*, respectivamente. Os filtros da segunda categoria são chamados de *filtros notch*.

4.10.1 Filtros rejeita-banda e passa-banda

Esses tipos de filtros são fáceis de construir utilizando os conceitos das duas seções anteriores. A Tabela 4.6 mostra as expressões para filtros rejeita-banda ideal, Butterworth e gaussiano, nas quais $D(u,v)$ é a distância a partir do centro do retângulo de frequência, como definido na Equação 4.8-2, D_0 é o centro radial da banda, e W é a largura da banda. A Figura 4.63(a) mostra um filtro rejeita-banda gaussiano na forma de imagem, no qual preto é 0, e branco é 1.

Um filtro passa-banda (BP, de *bandpass*) é obtido a partir do filtro rejeita-banda (BR, de *bandreject*) da mesma forma como obtivemos um filtro passa-alta a partir de um filtro passa-baixa:

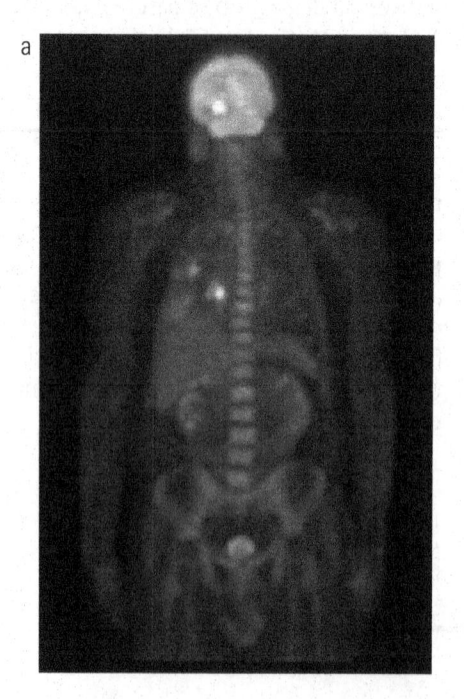

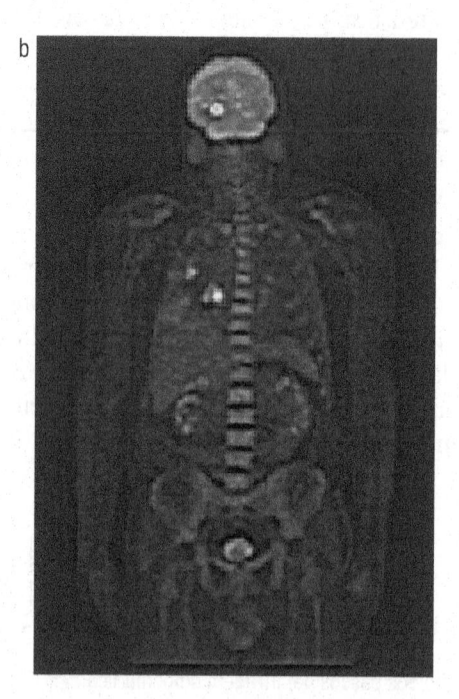

$$H_{BP}(u, v) = 1 - H_{BR}(u, v) \qquad (4.10\text{-}1)$$

Figura 4.62 (a) Tomografia por emissão de pósitrons (PET) de corpo total. (b) Imagem realçada utilizando a filtragem homomórfica. (Imagem original: cortesia do Dr. Michael E. Casey, CTI PET Systems.)

Tabela 4.6 Filtros rejeita-banda. W é a largura da banda, D é a distância $D(u, v)$ a partir do centro do filtro, D_0 é a frequência de corte e n é a ordem do filtro Butterworth. Mostramos D em vez de $D(u, v)$ para simplificar a notação na tabela.

Ideal	Butterworth	Gaussiano
$H(u,v) = \begin{cases} 0 & \text{se } D_0 - \dfrac{W}{2} \leq D \leq D_0 + \dfrac{W}{2} \\ 1 & \text{para todos os outros casos} \end{cases}$	$H(u,v) = \dfrac{1}{1 + \left[\dfrac{DW}{D^2 - D_0^2}\right]^{2n}}$	$H(u,v) = 1 - e^{-\left[\dfrac{D^2 - D_0^2}{DW}\right]^2}$

A Figura 4.63(b) mostra um filtro passa-banda gaussiano na forma de imagem.

4.10.2 Filtros *notch*

Os filtros *notch* (chanfro) são os filtros seletivos mais úteis. Um filtro rejeita-*notch* (ou passa) frequências em uma região predefinida em relação ao centro do retângulo de frequência. Filtros de deslocamento de fase zero devem ser simétricos em relação à origem, de forma que um *notch* com centro em (u_0, v_0) deve ter um *notch* correspondente na posição $(-u_0, -v_0)$. Os filtros rejeita-*notch* são construídos como produtos de filtros passa-alta cujos centros foram transladados aos centros de cada *notch*. A fórmula geral é:

$$H_{RN}(u,v) = \prod_{k=1}^{Q} H_k(u,v) H_{-k}(u,v) \quad (4.10\text{-}2)$$

na qual $H_k(u, v)$ e $H_{-k}(u, v)$ são filtros passa-alta cujos centros se posicionam em (u_k, v_k) e $(-u_k, -v_k)$, respectivamente. Esses centros são especificados em relação ao centro do retângulo de frequência, $(M/2, N/2)$. Os cálculos de distância para cada filtro são, dessa forma, realizados utilizando as expressões

$$D_k(u,v) = [(u - M/2 - u_k)^2 + (v - N/2 - v_k)^2]^{1/2} \quad (4.10\text{-}3)$$

e

$$D_{-k}(u,v) = [(u - M/2 + u_k)^2 + (v - N/2 + v_k)^2]^{1/2} \quad (4.10\text{-}4)$$

Por exemplo, a seguir temos um filtro rejeita-*notch* Butterworth de ordem n, contendo três pares de *notches*:

$$H_{NR}(u,v) = \prod_{k=1}^{3} \left[\dfrac{1}{1 + [D_{0k}/D_k(u,v)]^{2n}}\right]\left[\dfrac{1}{1 + [D_{0k}/D_{-k}(u,v)]^{2n}}\right] \quad (4.10\text{-}5)$$

onde D_k e D_{-k} são determinados pelas equações 4.10-3 e 4.10-4. A constante D_{0k} é a mesma para cada par de *notches*, mas pode ser diferente para diferentes pares. Outros filtros rejeita-*notch* são construídos da mesma forma, dependendo do filtro passa-alta escolhido. Como no caso dos filtros discutidos anteriormente, um *filtro* passa-*notch* é obtido a partir de um filtro rejeita-*notch* utilizando a expressão

$$H_{PN}(u,v) = 1 - H_{RN}(u,v) \quad (4.10\text{-}6)$$

Como mostram os próximos três exemplos, uma das principais aplicações da filtragem *notch* é a propriedade de modificar seletivamente regiões locais da DFT. Esse tipo de processamento normalmente é realizado interativamente, trabalhando diretamente nas DFTs obtidas sem preenchi-

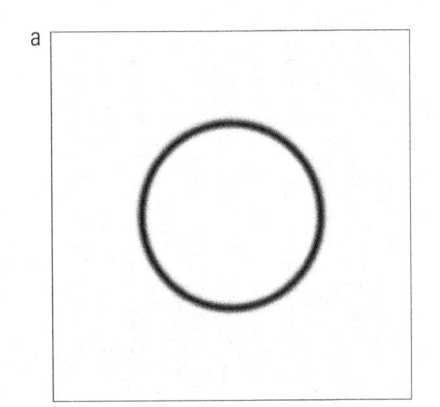

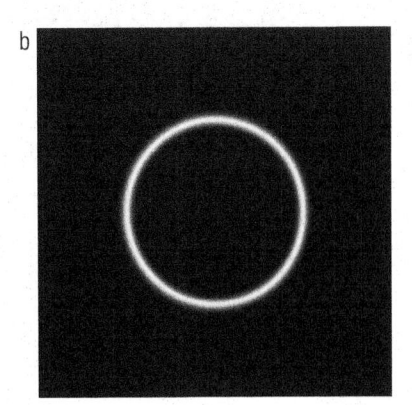

Figura 4.63 (a) Filtro rejeita-banda gaussiano. (b) Filtro passa-banda correspondente. A borda preta fina em (a) foi acrescentada para fins de clareza e não faz parte dos dados.

mento. As vantagens de trabalhar interativamente com DFTs reais (em vez de termos de fazer a "conversão" de valores preenchidos para valores reais de frequência) compensam quaisquer erros de *wraparound* que possam resultar de não utilizar o preenchimento no processo de filtragem. Além disso, como mostraremos na Seção 5.4.4, técnicas de filtragem *notch* ainda mais poderosas do que as que discutimos aqui se baseiam em DFTs não preenchidas. Para se ter uma ideia de como os valores da DFT mudam em função do preenchimento, veja o Exercício 4.22.

Exemplo 4.23 Redução dos padrões moiré utilizando filtro *notch*.

A Figura 4.64(a) é uma imagem digitalizada de um jornal da Figura 4.21, mostrando um padrão *moiré* proeminente, e a Figura 4.64(b) mostra seu espectro. Sabemos, a partir da Tabela 4.3, que a transformada de Fourier de um seno puro, que é uma função periódica, é um par de impulsos conjugados simétricos. Os pontos claros simétricos mais acentuados, na forma de impulsos na Figura 4.64(b), são um resultado da periodicidade aproximada do padrão *moiré*. Podemos atenuar esses "impulsos" utilizando um filtro *notch*.

A Figura 4.64(c) mostra o resultado da multiplicação da DFT da Figura 4.64(a) por um filtro rejeita-*notch* Butterworth com $D_0 = 3$ e $n = 4$ para todos os pares de *notch*. O valor do raio foi selecionado (por meio de inspeção visual do espectro) para englobar completamente os picos de energia (impulsos) e o valor de n foi selecionado para produzir *notches* com transições ligeiramente acentuadas. As posições do centro dos *notches* foram determinadas interativamente a partir do espectro. A Figura 4.64(d) mostra o resultado obtido com esse filtro utilizando o procedimento esboçado na Seção 4.7.3. A melhora é significativa, considerando a baixa resolução e a degradação da imagem original.

Figura 4.64 (a) Imagem digitalizada de um jornal mostrando um padrão *moiré*. (b) Espectro. (c) Filtro rejeita-*notch* Butterworth multiplicado pela transformada de Fourier. (d) Imagem filtrada.

Exemplo 4.24 Realce da imagem corrompida de Saturno obtida pela nave espacial *Cassini* utilizando filtro *notch*.

A Figura 4.65(a) mostra uma imagem de parte dos anéis ao redor do planeta Saturno. Essa imagem foi obtida pela primeira nave espacial a entrar na órbita do planeta, a nave espacial *Cassini*. O padrão senoidal vertical foi provocado por um sinal AC sobreposto sobre o sinal da câmera de vídeo logo antes da digitalização da imagem. Esse foi um problema inesperado que corrompeu algumas imagens da missão. Felizmente, esse tipo de interferência é relativamente fácil de corrigir por meio do pós-processamento. Uma técnica possível é aplicação do filtro *notch*.

A Figura 4.65(b) mostra o espectro da DFT. Uma análise meticulosa do eixo vertical revela uma série de pequenos picos de energia que correspondem a uma interferência quase senoidal. Uma abordagem simples é utilizar um filtro *notch* retangular bastante estreito, começando dos picos de energia de frequência mais baixa e se estendendo pelo restante do eixo vertical. A Figura 4.65(c) mostra um filtro como esse (branco representa 1, e preto, 0). A Figura 4.65(d) mostra o resultado da filtragem da imagem corrompida com esse filtro. Esse resultado representa uma melhora significativa em relação à imagem original.

Isolamos as frequências do eixo vertical utilizando uma versão passa-*notch* do mesmo filtro [Figura 4.66(a)]. Então, como mostra a Figura 4.66(b), a IDFT dessas frequências resultou no padrão de interferência espacial em si.

4.11 Implementação

Até agora, nos concentramos nos conceitos teóricos e em exemplos de filtragem no domínio da frequência. Neste ponto, deve estar claro que os requisitos computacionais nessa área de processamento de imagens não são triviais. Portanto, é importante desenvolver uma compreensão básica de métodos pelos quais os cálculos da transformada de Fourier podem ser simplificados e acelerados. Esta seção lida com tais questões.

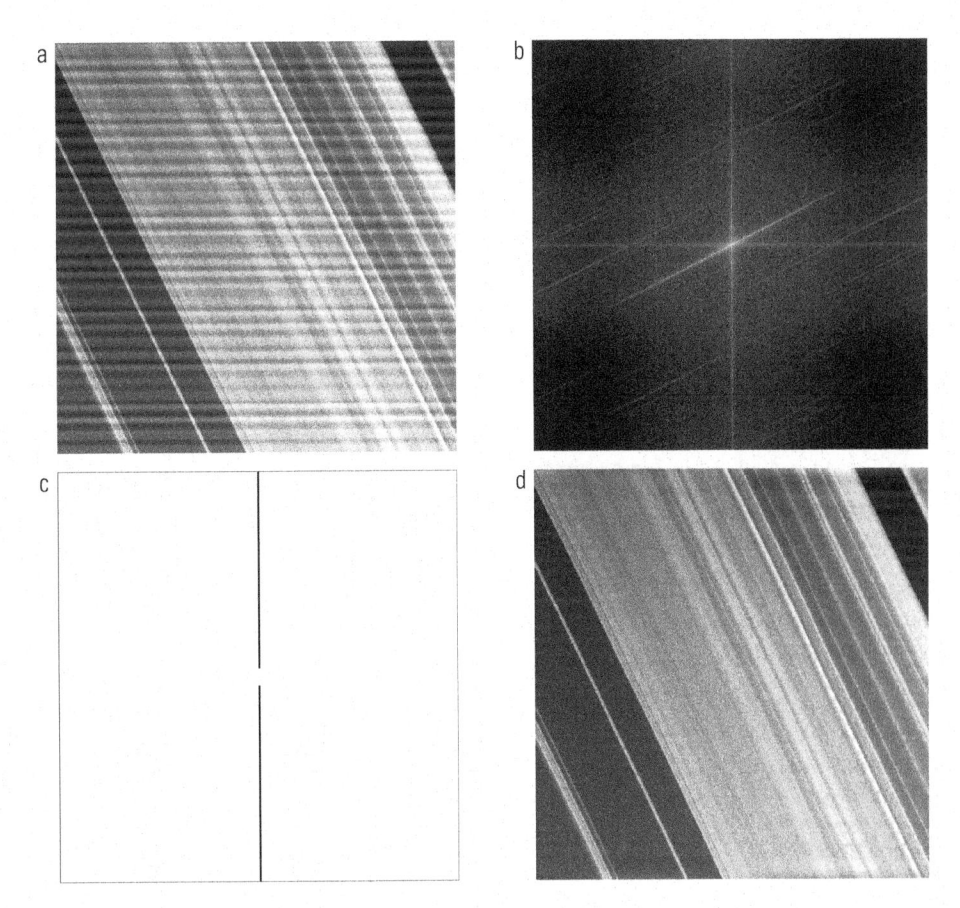

Figura 4.65 (a) Imagem 674 x 674 dos anéis de Saturno com uma interferência quase periódica. (b) Espectro: os picos de energia no eixo vertical próximo à origem correspondem ao padrão de interferência. (c) Um filtro rejeita-*notch* vertical. (d) Resultado da filtragem. A borda preta fina em (c) foi acrescentada para fins de clareza e não faz parte dos dados. (Imagem original: cortesia do Dr. Robert A. West, Nasa/JPL.)

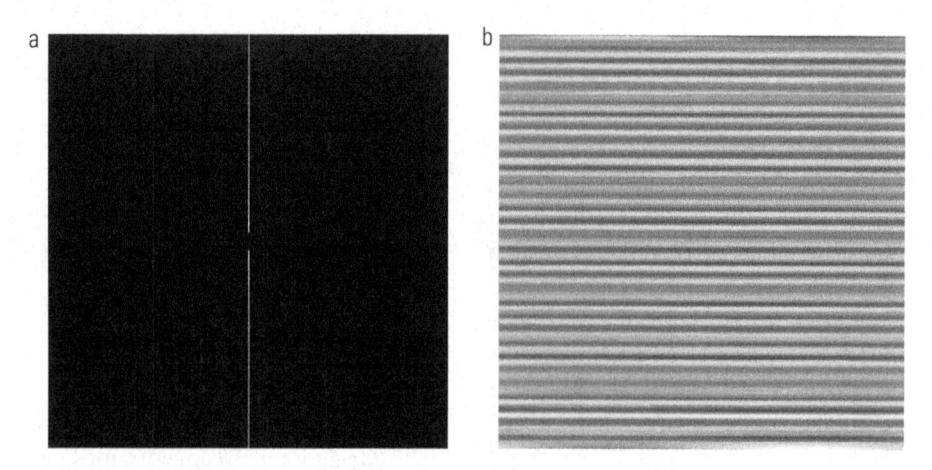

Figura 4.66 (a) Resultado (espectro) da aplicação de um filtro passa-*notch* à DFT da Figura 4.65(a). (b) Padrão no domínio do espaço obtido pelo cálculo da IDFT de (a).

4.11.1 Separabilidade da DFT 2-D

Como mencionamos na Tabela 4.2, a DFT 2-D é separável em transformadas 1-D. Podemos expressar a Equação 4.5-15 como

$$F(u,v) = \sum_{x=0}^{M-1} e^{-j2\pi ux/M} \sum_{y=0}^{N-1} f(x,y) e^{-j2\pi vy/N}$$

$$= \sum_{x=0}^{M-1} F(x,v) e^{-j2\pi ux/M} \quad (4.11\text{-}1)$$

sendo

$$F(x,v) = \sum_{y=0}^{N-1} f(x,y) e^{-j2\pi vy/N} \quad (4.11\text{-}2)$$

Para cada valor de x e para $v = 0, 1, 2,..., N-1$, vemos que $F(x, v)$ é simplesmente a DFT 1-D de uma linha de $f(x,y)$. Variando x de 0 a $M-1$ na Equação 4.11-2, calculamos um conjunto de DFTs 1-D para todas as linhas de $f(x, y)$. Os cálculos na Equação 4.11-1, de forma similar, são transformadas 1-D das colunas de $F(x, v)$.

Assim, concluímos que a DFT 2-D de $f(x, y)$ pode ser obtida pelo cálculo da transformada 1-D de cada linha de $f(x, y)$ e depois calculando a transformada 1-D ao longo de cada coluna do resultado.[*] Essa é uma importante simplificação, porque temos que lidar somente com uma variável por vez. Um desenvolvimento similar se aplica ao cálculo da IDFT 2-D utilizando a IDFT 1-D. Contudo, como mostraremos na próxima seção, podemos calcular a IDFT utilizando um algoritmo desenvolvido para calcular a DFT.

4.11.2 Cálculo da IDFT utilizando um algoritmo DFT

Calcular o conjugado complexo de ambos os lados da Equação 4.5-16 e multiplicar os resultados por MN resulta em[**]

$$MNf^*(x,y) = \sum_{u=0}^{M-1} \sum_{v=0}^{N-1} F^*(u,v) e^{-j2\pi(ux/M + vy/N)} \quad (4.11\text{-}3)$$

Contudo, reconhecemos a fórmula do lado direito desse resultado como a DFT de $F^*(u, v)$. Logo, a Equação 4.11-3 indica que, se substituirmos $F^*(u, v)$ em um algoritmo elaborado para calcular a transformada direta de Fourier 2-D, o resultado será $MNf^*(x, y)$. Calcular o conjugado complexo e dividir esse resultado por MN resulta em $f^*(x, y)$, que é o inverso de $F(u, v)$.

Calcular o inverso 2-D de um algoritmo de DFT direta 2-D baseada em passes sucessivos de transformadas 1-D (como na seção anterior) é uma causa frequente de confusão envolvendo os conjugados complexos e a multiplicação por uma constante, e nenhum dos cálculos é realizado nos algoritmos 1-D. O principal conceito que se deve ter em mente é que simplesmente incluímos $F^*(u, v)$ em qualquer algoritmo direto que possamos ter. O resultado será $MNf^*(x, y)$. Tudo o que precisamos fazer com esse resultado para obter $f(x, y)$ é pegar seu conjugado complexo e dividi-lo pela constante MN. Obviamente, quando $f(x, y)$ é real, como costuma ser o caso, $f^*(x, y) = f(x, y)$.

---

[*] Poderíamos ter expressado as equações 4.11-1 e 4.11-2 na forma de transformadas 1-D das colunas seguida pelas transformadas das linhas. O resultado final teria sido o mesmo.

[**] A multiplicação por MN nesse cálculo assume as formas das equações 4.5-15 e 4.5-16. Um esquema diferente de multiplicação dessa constante é necessário se as constantes forem distribuídas diferentemente entre as transformadas direta e inversa.

4.11.3 A transformada rápida de Fourier (FFT)

Trabalhar no domínio da frequência não seria prático se precisássemos implementar diretamente as equações 4.5-15 e 4.5-16. A implementação pela força bruta dessas equações requer somatório e adições da ordem de $(MN)^2$. Para imagens de tamanho moderado (digamos, 1.024 × 1.024 pixels), isso implica a ordem de um trilhão de multiplicações e adições para apenas uma DFT, excluindo os exponenciais que poderiam ser calculados uma vez e armazenados em uma *look-up table*. Isso representaria um desafio até mesmo para supercomputadores. Sem a descoberta da *transformada rápida de Fourier* (FFT, de *fast Fourier transform*), que reduz os cálculos à ordem de $MN\log_2 MN$ multiplicações e adições, é seguro dizer que o material apresentado neste capítulo teria pouco valor prático. As reduções computacionais permitidas pela FFT são realmente impressionantes. Por exemplo, calcular a FFT 2-D de uma imagem 1.024 × 1.024 demandaria uma ordem de 20 milhões de multiplicações e adições, o que representa uma redução significativa em relação ao trilhão de cálculos mencionados anteriormente.

Apesar de a FFT ser um tópico amplamente coberto na literatura sobre processamento de sinais, esse tema é tão importante no nosso trabalho que este capítulo seria incompleto se não apresentássemos pelo menos uma introdução explicando por que a FFT funciona. O algoritmo que selecionamos para atingir esse objetivo é chamado *método de duplicação sucessiva*, — o algoritmo original que levou ao nascimento de toda uma indústria. Esse algoritmo particular presume que o número de amostras seja um número inteiro e potência de 2, mas isso não é um requisito geral de outras abordagens (Brigham, 1988). Sabemos, com base na Seção 4.11.1, que as DFTs 2-D podem ser implementadas por passes sucessivos da transformada 1-D, de forma que só precisamos nos concentrar na FFT de uma variável.

Ao lidar com derivações da FFT, costuma-se expressar a Equação 4.4-6 na forma

$$F(u) = \sum_{x=0}^{M-1} f(x) W_M^{ux} \quad (4.11\text{-}4)$$

$u = 0, 1, \ldots, M-1$, na qual

$$W_M = e^{-j2\pi/M} \quad (4.11\text{-}5)$$

e M seja da forma

$$M = 2^n \quad (4.11\text{-}6)$$

com n sendo um número inteiro positivo. Assim, M pode ser expresso como

$$M = 2K \quad (4.11\text{-}7)$$

com K também sendo um número inteiro positivo. Substituir a Equação 4.11-7 na Equação 4.11-4 resulta em

$$F(u) = \sum_{x=0}^{2K-1} f(x) W_{2K}^{ux}$$

$$= \sum_{x=0}^{K-1} f(2x) W_{2K}^{u(2x)} + \sum_{x=0}^{K-1} f(2x+1) W_{2K}^{u(2x+1)} \quad (4.11\text{-}8)$$

Contudo, pode ser demonstrado, utilizando a Equação 4.11-5, que $W_{2K}^{2ux} = W_K^{ux}$, de forma que a Equação 4.11-8 pode ser expressa como

$$F(u) = \sum_{x=0}^{K-1} f(2x) W_K^{ux} + \sum_{x=0}^{K-1} f(2x+1) W_K^{ux} W_{2K}^{u} \quad (4.11\text{-}9)$$

Definir

$$F_{par}(u) = \sum_{x=0}^{K-1} f(2x) W_K^{ux} \quad (4.11\text{-}10)$$

para $u = 0, 1, 2, \ldots, K-1$, e

$$F_{impar}(u) = \sum_{x=0}^{K-1} f(2x+1) W_K^{ux} \quad (4.11\text{-}11)$$

para $u = 0, 1, 2, \ldots, K-1$, reduz a Equação 4.11-9 a

$$F(u) = F_{par}(u) + F_{impar}(u) W_{2K}^{u} \quad (4.11\text{-}12)$$

Além disso, como $W_M^{u+M} = W_M^u$ e $W_{2M}^{u+M} = -W_{2M}^u$, as equações 4.11-10 a 4.11-12 nos dão

$$F(u+K) = F_{par}(u) - F_{impar}(u) W_{2K}^{u} \quad (4.11\text{-}13)$$

A análise das equações 4.11-10 a 4.11-13 revela algumas propriedades interessantes dessas expressões. Uma transformada de M pontos pode ser calculada dividindo a expressão original em duas partes, como indicado nas equações 4.11-12 e 4.11-13. O cálculo da primeira metade de $F(u)$ requer a avaliação das duas transformadas de $(M/2)$ pontos definidas nas equações 4.11-10 e 4.11-11. Os valores resultantes de $F_{par}(u)$ e $F_{impar}(u)$ são, então, substituídos na Equação 4.11-12 para obter $F(u)$ para $u = 0, 1, 2, \ldots, (M/2 - 1)$. A outra metade resulta diretamente da Equação 4.11-13 *sem* a necessidade de cálculos adicionais de transformadas.

Para analisar as implicações computacionais desse procedimento, seja $m(n)$ e $a(n)$ o número de multiplicações e adições complexas, respectivamente, necessárias para implementá-la. Como antes, o número de amostras é 2^n, com n sendo um número inteiro positivo. Suponha primeiro que $n = 1$. Uma transformada de dois pontos requer o cálculo de $F(0)$; então, $F(1)$ resulta da Equação 4.11-13. A obtenção de $F(0)$ requer o cálculo de $F_{par}(0)$ e $F_{impar}(0)$. Neste caso, $K = 1$, e as equações 4.11-10 e

4.11-11 são transformadas de 1 ponto. Contudo, como a DFT de um único ponto de amostra é a própria amostra, nenhuma multiplicação e adição é necessária para obter $F_{par}(0)$ e $F_{ímpar}(0)$. Uma multiplicação de $F_{ímpar}(0)$ por W_2^0 e uma adição resultam em $F(0)$ a partir da Equação 4.11-12. Então, $F(1)$ resulta da Equação 4.11-13 com mais uma adição (considera-se que a subtração seja o mesmo que a adição). Como $F_{ímpar}(0)W_2^0$ já foi calculado, o número total de operações necessárias para uma transformada de dois pontos consiste em $m(1)$ = uma multiplicação e $a(1)$ = duas adições.

O próximo valor permitido para n é 2. De acordo com o desenvolvimento anterior, uma transformada de quatro pontos pode ser dividida em duas partes. A primeira metade de $F(u)$ requer a avaliação de duas transformadas de dois pontos, como dado nas equações 4.11-10 e 4.11-11 para $K = 2$. Como observamos no parágrafo anterior, uma transformada de dois pontos requer $m(1)$ multiplicações e $a(1)$ adições, de forma que a avaliação dessas duas equações requer um total de $2m(1)$ multiplicações e $2a(1)$ adições. Duas multiplicações e adições adicionais são necessárias para obter $F(0)$ e $F(1)$ a partir da Equação 4.11-12. Como $F_{ímpar}(u) W_{2K}^0$ já foi calculado para $u = \{0, 1\}$, duas outras adições nos darão $F(2)$ e $F(3)$. O total é, então, $m(2) = 2m(1) + 2$ e $a(2) = 2a(1) + 4$.

Quando n é igual a 3, duas transformadas de quatro pontos são levadas em consideração na avaliação de $F_{par}(u)$ e $F_{ímpar}(u)$. Elas requerem $2m(2)$ multiplicações e $2a(2)$ adições. Quatro outras multiplicações e oito outras adições resultam na transformada completa. O total, então, é $m(3) = 2m(2) + 4$ e $a(3) = 2a(2) + 8$.

Dar continuidade a esse argumento para qualquer valor de número inteiro positivo de n leva a expressões recursivas para o número de multiplicações e adições necessárias para implementar a FFT:

$$m(n) = 2m(n-1) + 2^{n-1} \quad n \geq 1 \quad (4.11\text{-}14)$$

e

$$a(n) = 2a(n-1) + 2^n \quad n \geq 1 \quad (4.11\text{-}15)$$

sendo $m(0) = 0$ e $a(0) = 0$, porque a transformada de um único ponto não requer quaisquer adições ou multiplicações.

A implementação das equações 4.11-10 a 4.11-13 constitui a duplicação sucessiva do algoritmo da FFT. Esse nome é proveniente do método de cálculo de uma transformada de dois pontos a partir de duas transformadas de um ponto, uma transformada de quatro pontos a partir de duas transformadas de dois pontos e assim por diante, para qualquer M igual a um número inteiro potência de 2.

Deixamos como um exercício (Exercício 4.41) a demonstração de

$$m(n) = \frac{1}{2} M \log_2 M \quad (4.11\text{-}16)$$

e

$$a(n) = M \log_2 M \quad (4.11\text{-}17)$$

A vantagem computacional da FFT em relação a uma implementação direta da DFT 1-D é definida como

$$c(M) = \frac{M^2}{M \log_2 M}$$
$$= \frac{M}{\log_2 M} \quad (4.11\text{-}18)$$

Como se presume que $M = 2^n$, podemos elaborar a Equação 4.11-18 em termos de n:

$$c(n) = \frac{2^n}{n} \quad (4.11\text{-}19)$$

A Figura 4.67 mostra um gráfico dessa função. É evidente que a vantagem computacional aumenta rapidamente em função de n. Por exemplo, quando $n = 15$ (32.768 pontos), a FFT tem aproximadamente uma vantagem de 2.200 para 1 sobre a DFT. Dessa forma, poderíamos esperar que a FFT possa ser calculada aproximadamente 2.200 vezes mais rapidamente do que a DFT no mesmo computador.

Existem tantos textos excelentes que cobrem detalhes da FFT que não nos deteremos mais neste tópico (veja, por exemplo, Brigham, 1988). Praticamente todos os pacotes computacionais de processamento de imagens e de sinais generalizaram implementações da FFT que

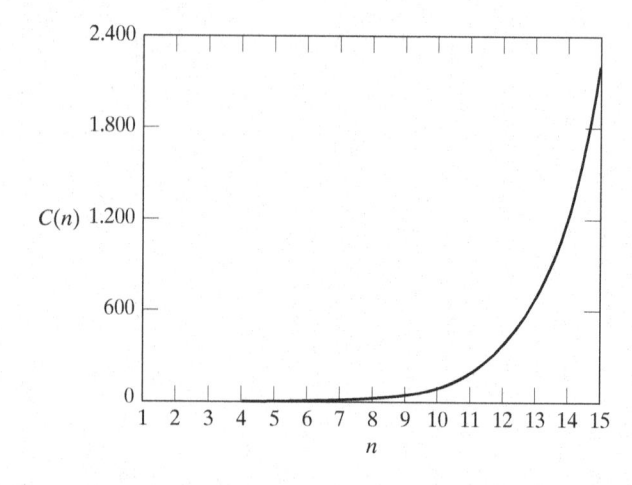

Figura 4.67 Vantagem computacional da FFT sobre uma implementação direta da DFT 1-D. Observe que a vantagem aumenta rapidamente em função de n.

lidam com casos nos quais o número de pontos não é uma potência de número inteiro de 2 (à custa de um cálculo menos eficiente). Programas de FFT gratuitos também estão disponíveis, principalmente na Internet.

4.11.4 Alguns comentários sobre o design de filtros

A abordagem de filtragem discutida neste capítulo se baseia estritamente nos fundamentos, e o foco foi mantido especificamente em explicar os efeitos da filtragem no domínio da frequência da forma mais clara possível. Não conhecemos um modo melhor de fazer isso do que abordar a filtragem como fizemos aqui. É possível ver esse desenvolvimento como a base para o desenvolvimento do "protótipo" de um filtro. Em outras palavras, dado um problema para o qual queremos encontrar um filtro, a abordagem do domínio da frequência é uma ferramenta ideal para a experimentação, é rápida e fornece total controle sobre os parâmetros do filtro.

Uma vez que o filtro para uma aplicação específica foi encontrado, costuma ser de interesse implementar o filtro diretamente no domínio do espaço, utilizando *firmware* e/ou *hardware*. Este tópico está fora do escopo deste livro. Petrou e Bosdogianni (1999) apresentam uma interessante relação entre filtros de domínio da frequência 2-D e os filtros digitais correspondentes. Sobre o design dos filtros digitais 2-D, veja Lu e Antoniou (1992).

Resumo

O conteúdo apresentado neste capítulo é uma progressão partindo da amostragem para a transformada de Fourier e depois para a filtragem no domínio da frequência. Alguns dos conceitos, como o teorema de amostragem, fazem muito pouco sentido se não forem explicados no contexto do domínio da frequência. O mesmo se aplica a efeitos como o *aliasing*. Dessa forma, o conteúdo desenvolvido nas seções anteriores constitui bases sólidas para a compreensão dos fundamentos do processamento de sinais digitais. Tomamos um especial cuidado em desenvolver o material começando com os princípios básicos, de forma que qualquer leitor com modestos conhecimentos de matemática esteja em posição não apenas de absorver o conteúdo, mas também de aplicá-lo.

Um segundo objetivo principal deste capítulo foi a explicar a transformada discreta de Fourier e sua utilização para a filtragem no domínio da frequência. Para isso, tivemos de apresentar o teorema da convolução. Esse resultado constitui a base dos sistemas lineares e fundamenta muitas técnicas de restauração que serão explicadas no Capítulo 5. Os tipos de filtros que discutimos aqui são representativos do que é possível encontrar na prática. O principal objetivo da apresentação desses filtros, contudo, foi demonstrar como é simples formular e implementar filtros no domínio da frequência. Enquanto a implementação final de uma solução normalmente se baseia em filtros espaciais, as ideias obtidas pelo trabalho no domínio da frequência como uma orientação na seleção de filtros espaciais são extremamente importantes.

Apesar de a maioria dos exemplos de filtragem apresentados neste capítulo pertencer à área de realce de imagens, os procedimentos em si são genéricos e serão extensivamente utilizados nos capítulos subsequentes.

Referências e leituras complementares

Para leituras adicionais sobre o conteúdo da Seção 4.1, veja Hubbard (1998). Os livros de Bracewell (2000, 1995) apresentam boas introduções para a transformada contínua de Fourier e sua extensão a duas dimensões para o processamento de imagens. Esses dois livros, bem como Lim (1990), Castleman (1996), Petrou e Bosdogianni (1999), Brigham (1988) e Smith (2003), proporcionam amplas bases para a maior parte das discussões das seções 4.2 a 4.6. Para uma visão geral dos primeiros estudos sobre o tópico dos padrões *moiré*, veja Oster e Nishijima (1963). Creath e Wyant (1992) discutem os mais recentes avanços na área trinta anos depois. As questões de amostragem, *aliasing* e reconstrução de imagens discutidas na Seção 4.5 também são temas de grande interesse na computação gráfica, como exemplificado por Shirley (2002).

Para material adicional sobre o conteúdo das seções 4.7 a 4.11, veja Castleman (1996), Pratt (2001) e Hall (1979). Para saber mais sobre os sensores de aquisição de imagens pela nave espacial *Cassini* (Seção 4.10.2), veja Porco, West et al. (2004). Métodos de abordagem para os problemas de implementação de filtros (como o *ringing*) ainda são temas de interesse, como exemplificado por Bakir e Reeves (2000). Para saber mais sobre a máscara de nitidez e filtragem de ênfase de alta frequência, veja Schowengerdt (1983). O material sobre filtragem homomórfica (Seção 4.9.5) se baseia em um artigo de Stockham (1972); veja também os livros de Oppenheim e Schafer (1975) e Pitas e Venetsanopoulos (1990). Brinkman et al. (1998) combinam a máscara de nitidez e a filtragem homomórfica para realce de imagens de ressonância magnética.

Como observamos na Seção 4.1.1, a "descoberta" da transformada rápida de Fourier (Seção 4.11.3) representou um importante marco na popularização da DFT como uma ferramenta fundamental de processamento de sinais. Nossa apresentação da FFT na Seção 4.11.3 se baseia em um artigo de Cooley e Tuckey (1965) e no livro de Brigham (1988), que também discute várias implementações da FFT, inclusive com outras bases diferentes de 2. A formulação da transformada rápida de Fourier costuma ser creditada a Cooley e Tukey (1965). No entanto, a FFT tem uma interessante história que vale a pena esboçar aqui. Em resposta ao artigo de Cooley-Tukey, Rudnick (1966) informou que vinha utilizando uma técnica similar, cujo número de operações também era proporcional a $N \log_2 N$ e que se baseava em um método publicado por Danielson e Lanczos (1942). Estes autores, por sua vez, fizeram referência a Runge (1903, 1905) como a fonte de sua técnica. Os dois últimos artigos, com as notas de aulas de Runge e König (1924), contêm as vantagens computacionais essenciais dos algoritmos FFT atuais. Técnicas similares também foram publicadas por Yates (1937), Stumpff (1939), Good (1958) e Thomas (1963). Um artigo de Cooley, Lewis e Welch (1967a) apresenta um resumo histórico e uma interessante comparação de resultados anteriores ao artigo de 1965 de Cooley-Tukey.

O algoritmo FFT da Seção 4.11.3 provém do artigo original de Cooley e Tukey (1965). Veja Brigham (1988) e Smith (2003) para leituras complementares. Para o design de filtros digitais (Seção 4.11.4) com base nas formulações do domínio da frequência discutidas neste capítulo, veja Lu e Antoniou (1992) e Petrou e Bosdogianni (1999). Para a implementação em software de muitas das técnicas discutidas nas seções 4.7 a 4.11, veja Gonzalez, Woods e Eddins (2004).

Exercícios*

4.1 Repita o Exemplo 4.1, mas utilizando a função $f(t) = A$ para $0 \leq t \leq W$ e $f(t) = 0$ para todos os outros valores de t. Explique a razão para quaisquer diferenças entre os seus resultados e os resultados no exemplo.

*4.2 Mostre que na Equação 4.4-2 $\tilde{F}(\mu)$ é infinitamente periódica em ambas as direções, com período $1/\Delta T$.

*4.3 É possível demonstrar (Bracewell, 2000) que $1 \Leftrightarrow \delta(u)$ e $\delta(t) \Leftrightarrow 1$. Utilize a primeira dessas propriedades e a propriedade de translação da Tabela 4.3 para demonstrar que a transformada de Fourier da função contínua $f(t) = \text{sen}(2\pi n t)$, na qual n é um número real, é $F(\mu) = (j/2)[\delta(\mu + n) - \delta(\mu - n)]$.

4.4 Considere a função contínua $f(t) = \text{sen}(2\pi n t)$.

*(a) Qual é o período de $f(t)$?

*(b) Qual é a frequência de $f(t)$?

A transformada de Fourier $F(\mu)$, de $f(t)$ é puramente imaginária (Exercício 4.3), e, como a transformada dos dados da amostra consiste em cópias periódicas de $F(\mu)$, a transformada dos dados da amostra, $\tilde{F}(\mu)$, também será puramente imaginária. Esboce um diagrama similar à Figura 4.6, e responda às seguintes questões com base em seu diagrama (considere que a amostragem tem início em $t = 0$).

*(c) Qual seria a aparência da função amostrada e sua transformada de Fourier em geral se $f(t)$ fosse amostrada em uma taxa mais alta do que a taxa de Nyquist?

(d) Qual seria a aparência da função de amostragem em geral se $f(t)$ fosse amostrada em uma taxa mais baixa do que a taxa de Nyquist?

(e) Qual seria a aparência da função de amostragem se $f(t)$ fosse amostrada na taxa de Nyquist com amostras tiradas em $t = 0, \Delta T, 2\Delta T, ...$?

*4.5 Comprove a validade do teorema de convolução 1-D de uma variável contínua, como nas equações 4.2-21 e 4.2-22.

4.6 Complete os passos que levaram da Equação 4.3-11 à Equação 4.3-12.

4.7 Como mostra a figura a seguir, a transformada de Fourier de uma função "*tent*" (à esquerda) é uma função *sinc* elevada ao quadrado (à direita). Desenvolva um argumento demonstrando que a transformada de Fourier de uma função *tent* pode ser obtida a partir da transformada de Fourier de uma função retangular. (*Dica*: O *tent* em si pode ser gerado a partir da convolução de duas funções retangulares iguais.)

4.8 (a) Demonstre que as equações 4.4-4 e 4.4-5 constituem um par de transformadas de Fourier.

*(b) Repita (a) para as equações 4.4-6 e 4.4-7. Você precisará da propriedade de ortogonalidade das exponenciais a seguir para as duas partes desse problema:

$$\sum_{x=0}^{M-1} e^{j2\pi rx/M} e^{-j2\pi ux/M} = \begin{cases} M & \text{se } r = u \\ 0 & \text{senão} \end{cases}$$

4.9 Comprove a validade das equações 4.4-8 e 4.4-9.

*4.10 Comprove a validade do teorema da convolução discreta de uma variável (veja as equações 4.2-21, 4.2-22 e 4.4-10). Você precisará utilizar as propriedades de translação $f(x)e^{j2\pi u_0 x/M} \Leftrightarrow F(u - u_0)$ e, inversamente, $f(x - x_0) \Leftrightarrow F(u)e^{-2j\pi x_0 u/M}$.

*4.11 Escreva uma expressão para a convolução contínua 2-D.

4.12 Considere uma imagem de um "tabuleiro de dama" na qual cada quadrado tem 1 × 1 mm. Presumindo que a imagem se estende infinitamente nas duas direções coordenadas, qual é a mínima taxa de amostragem (em amostras/mm) necessária para evitar o *aliasing*?

4.13 Sabemos, a partir da discussão da Seção 4.5.4, que reduzir uma imagem pode causar *aliasing*. Isso também se aplica à ampliação? Explique.

*4.14 Prove que tanto a transformada contínua quanto a discreta de Fourier 2-D são operações lineares (para uma definição de linearidade, veja a Seção 2.6.2).

4.15 Você recebe um programa "fechado" que calcula o par DFT 2-D. No entanto, não se sabe em quais das duas equações o termo $1/MN$ é incluído ou se ele foi dividido em duas constantes $1/\sqrt{MN}$ diante tanto da transformada direta quanto da inversa. Como saber onde o(s) termo(s) está(ão) incluído(s) se essa informação não está disponível na documentação do programa?

4.16 *(a) Comprove a validade da propriedade de translação na Equação 4.6-3.
   (b) Comprove a validade da Equação 4.6-4.

4.17 É possível inferir, a partir do Exercício 4.3, que $1 \Leftrightarrow \delta(\mu, v)$ e $\delta(t, z) \Leftrightarrow 1$. Utilize a primeira dessas propriedades e a propriedade de translação da Tabela 4.3 para demonstrar que a transformada de Fourier da função contínua $f(t, z) = A \,\text{sen}(2\pi\mu_0 t + 2\pi v_0 z)$ é

$$F(\mu,v) = \frac{j}{2}[\delta(\mu+\mu_0, v+v_0) - \delta(\mu-\mu_0, v-v_0)]$$

4.18 Demonstre que a DFT da função discreta $f(x,y) = 1$ é

$$\Im\{1\} = \delta(u,v) = \begin{cases} 1 & \text{se } u = v = 0 \\ 0 & \text{para os outros casos} \end{cases}$$

4.19 Demonstre que a DFT da função discreta $f(x, y) = \text{sen}(2\pi v_0 x + 2\pi v_0 y)$ é

$$F(u,v) = \frac{j}{2}[\delta(u+Mu_0, v+Nv_0) - \delta(u-Mu_0, v-Nv_0)]$$

4.20 Os exercícios a seguir se relacionam às propriedades apresentadas na Tabela 4.1.
   *(a) Prove a validade da propriedade 2.
   *(b) Prove a validade da propriedade 4.
   (c) Prove a validade da propriedade 5.
   *(d) Prove a validade da propriedade 7.
   (e) Prove a validade da propriedade 9.
   (f) Prove a validade da propriedade 10.
   *(g) Prove a validade da propriedade 11.
   (h) Prove a validade da propriedade 12.
   (i) Prove a validade da propriedade 13.

*4.21 A necessidade de preenchimento da imagem quando se realiza a filtragem no domínio da frequência foi discutida na Seção 4.6.6. Demonstramos, nessa seção, que as imagens precisam ser preenchidas acrescentando zeros às extremidades das linhas e colunas da imagem (veja a imagem a seguir à esquerda). Você acha que faria alguma diferença se, em vez disso, centralizássemos a imagem e a cercássemos de um contorno de zeros (veja a imagem à direita), mas sem alterar o número total de zeros utilizados? Explique.

*4.22 Os dois espectros de Fourier mostrados são da mesma imagem. O espectro à esquerda corresponde à imagem original, e o espectro à direita foi obtido depois que a imagem foi preenchida com zeros. Explique o aumento significativo da intensidade do sinal ao longo dos eixos vertical e horizontal do espectro mostrado à direita.

4.23 Sabemos, a partir da Tabela 4.2, que o termo dc, $F(0, 0)$, de uma DFT é proporcional ao valor médio de sua imagem correspondente no domínio do espaço. Considere que o tamanho da imagem seja $M \times N$. Suponha que a imagem seja preenchida com zeros para atingir o tamanho $P \times Q$, onde P e Q são dados nas equações 4.6-31 e 4.6-32. Suponha que $F_p(0, 0)$ expresse o termo dc da DFT da função preenchida.
   *(a) Qual é a razão entre os valores médios das imagens original e preenchida?
   (b) $F_p(0,0)$ é igual a $F(0,0)$? Prove matematicamente a sua resposta.

4.24 Prove as propriedades de periodicidade (entrada 8) da Tabela 4.2.

4.25 Os exercícios a seguir se relacionam às entradas da Tabela 4.3.
   *(a) Prove a validade do teorema da convolução discreta (entrada 6) para o caso 1-D.
   (b) Repita (a) para 2-D.
   *(c) Prove a validade da entrada 7.

*(d) Prove a validade da entrada 12.

(*Observação:* Os Exercícios 4.18, 4.19 e 4.31 também se relacionam à Tabela 4.3.)

4.26 (a) Demonstre que o laplaciano de uma função contínua $f(t, z)$ de variáveis contínuas t e z satisfaz ao seguinte par de transformadas de Fourier (veja a Equação 3.6-3 para uma definição do laplaciano):

$$\nabla^2 f(t, z) \Leftrightarrow -4\pi^2(\mu^2 + \nu^2)F(\mu, \nu)$$

[*Dica:* Estude a entrada 12 da Tabela 4.3 e veja o Exercício 4.25(d).]

*(b) A expressão de forma fechada mostrada anteriormente é válida apenas para variáveis contínuas. No entanto, ela pode constituir a base para a implementação do laplaciano no domínio da frequência discreta utilizando o filtro $M \times N$

$$H(u, v) = -4\pi^2(u^2 + v^2)$$

para $u = 0, 1, 2, \ldots, M - 1$ e $v = 0, 1, 2, \ldots, N - 1$. Explique como você implementaria esse filtro.

(c) Como vimos no Exemplo 4.20, o resultado do laplaciano no domínio da frequência foi similar ao resultado da utilização de uma máscara espacial com um coeficiente central igual a -8. Explique a razão pela qual o resultado no domínio da frequência não foi similar ao resultado de utilizar uma máscara espacial com coeficiente central de -4. Veja a Seção 3.6.2 sobre o laplaciano no domínio do espaço.

*4.27 Considere uma máscara espacial 3×3 que calcula a média dos quatro vizinhos mais próximos de um ponto (x, y), mas exclui o ponto em si no cálculo da média.

(a) Encontre o filtro equivalente, $H(u, v)$, no domínio da frequência.

(b) Mostre que seu resultado é um filtro passa-baixa.

4.28 Com base na Equação 3.6-1, uma abordagem para aproximar a derivada discreta em 2-D se baseia no cálculo das diferenças da forma $f(x + 1, y) - f(x, y)$ e $f(x, y + 1) - f(x, y)$.

(a) Encontre o filtro equivalente, $H(u, v)$, no domínio da frequência.

(b) Demonstre que o seu resultado é um filtro passa-alta.

4.29 Encontre o filtro equivalente, $H(u, v)$, que implementa no domínio da frequência a operação espacial realizada pela máscara laplaciana na Figura 3.37(a).

*4.30 Você consegue pensar em uma forma de utilizar a transformada de Fourier para calcular (ou calcular parcialmente) a magnitude do gradiente (Equação 3.6-11) para a utilização no cálculo da derivada de uma imagem? Se sua resposta for sim, sugira um método para fazer isso. Se a sua resposta for não, explique por quê.

*4.31 Um filtro passa-baixa gaussiano contínuo no domínio da frequência contínua tem a função de transferência

$$H(\mu, \nu) = Ae^{-(\mu^2 + \nu^2)/2\sigma^2}$$

Demonstre que o filtro correspondente no domínio do espaço é

$$h(t, z) = A2\pi\sigma^2 e^{-2\pi^2\sigma^2(t^2 + z^2)}$$

4.32 Como explicado na Equação 4.9-1, é possível obter a função de transferência, H_{HP}, de um filtro passa-alta a partir da função de transferência de um filtro passa-baixa (H_{LP}) como

$$H_{HP} = 1 - H_{LP}$$

Utilizando as informações do Exercício 4.31, qual é a fórmula do filtro passa-alta gaussiano no *domínio do espaço*?

4.33 Considere as imagens mostradas. A imagem à direita foi obtida: (a) multiplicando a imagem à esquerda por $(-1)^{x+y}$ (b) calculando a DFT; (c) calculando o conjugado complexo da transformada; (d) calculando a DFT inversa; e (e) multiplicando a parte real do resultado por $(-1)^{x+y}$. Explique (matematicamente) por que a imagem à direita tem essa aparência.

4.34 Qual é a fonte dos pontos claros aproximadamente periódicos no eixo horizontal da Figura 4.41(b)?

*4.35 Cada filtro da Figura 4.53 tem um intenso pico em seu centro. Explique as fontes desses picos.

4.36 Considere as imagens mostradas à seguir. A imagem à direita foi obtida por meio da filtragem passa-baixa, imagem à esquerda com um filtro passa-baixa gaussiano e depois aplicando a filtragem passa-alta do resultado com um filtro passa-alta gaussiano. A dimensão das imagens é 420×344, e $D_0 = 25$ foi utilizado para ambos os filtros.

(a) Explique por que a parte central do anel no dedo da figura à direita parece tão clara e sólida, considerando que a característica dominante da imagem filtrada consiste em bordas nos contornos externos dos objetos (isto é, dedos, ossos do pulso) com áreas escuras entre eles. Em outras palavras, não seria de se esperar que o filtro passa-alta fizesse com que a área constante do anel fosse escura, já que um filtro passa-alta elimina o termo dc?

(b) Você acha que o resultado teria sido diferente se a ordem do processo de filtragem fosse invertida?

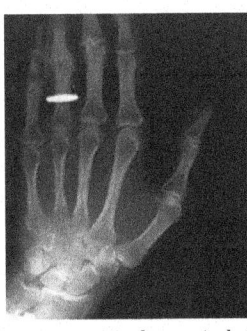

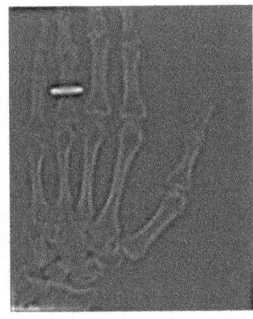

(Imagem original: cortesia do Dr. Thomas R. Gest, Divisão de Ciências Anatômicas, Faculdade de Medicina da Universidade de Michigan.)

4.37 Dada uma imagem de tamanho $M \times N$, você é solicitado a realizar um experimento que consiste em submeter repetidamente uma imagem a um filtro passa-baixa gaussiano com uma determinada frequência de corte D_0. Você pode ignorar os erros de arredondamento nos cálculos computacionais. Suponha que $c_{mín}$ expresse o menor número positivo representável na máquina na qual o experimento proposto será conduzido.

  *(a) Seja K o número de aplicações do filtro. Você tem como prever (sem realizar o experimento) qual será o resultado (imagem) para um valor suficientemente alto de K? Se a resposta for sim, qual é o resultado?

  (b) Deduza uma expressão para o valor *mínimo* de K que assegurará o resultado que você previu.

4.38 Considere a sequência de imagens mostrada. A imagem à esquerda é um segmento de uma imagem de raios X de uma placa de circuito impresso comercial. As imagens que se seguem a ela são, respectivamente, os resultados de aplicar na imagem 1, 10 e 100 vezes um filtro passa-alta gaussiano com $D_0 = 30$. O tamanho das imagens é de 330×334 pixels, com cada pixel sendo representado por 8 bits de níveis de cinza. As imagens foram ajustadas para a exibição, mas isso não tem efeito algum sobre o resultado do exercício.

  (a) Aparentemente, com base nas imagens, as mudanças deixarão de ocorrer depois de um número finito de vezes que o filtro for aplicado. Demonstre se isso se aplica ou não ao caso em questão. Você pode ignorar erros de arredondamento nos cálculos. Suponha que $c_{mín}$ expresse o menor número positivo representável na máquina na qual o experimento proposto será conduzido.

  (b) Se você determinou em (a) que as mudanças deixariam de ocorrer após um número finito de repetições, calcule o valor mínimo desse número.

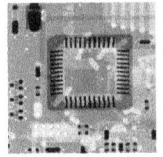

(Imagem original: cortesia do Dr. Joseph E. Pascente, Lixi, Inc.)

4.39 Como ilustrado na Figura 4.59, combinar a ênfase de alta frequência com a equalização de histograma é um método eficaz para realizar o aguçamento e o realce de contraste.

  (a) Demonstre se faz ou não diferença qual processo é aplicado primeiro.

  (b) Se a ordem de aplicação dos processos fizer diferença, dê uma justificativa para utilizar um método ou o outro primeiro.

4.40 Utilize o filtro passa-alta Butterworth para desenvolver um filtro homomórfico que tenha o mesmo formato geral que o filtro da Figura 4.61.

*4.41 Demonstre a validade das equações 4.11-16 e 4.11-17. (*Dica*: Utilize a prova por indução.)

4.42 Suponha que você receba um conjunto de imagens geradas por um experimento que lida com a análise de eventos estelares. Cada imagem contém uma série de pontos claros e amplamente dispersos correspondentes a estrelas em uma região pouco ocupada do universo. O problema é que as estrelas quase não são visíveis, em virtude da iluminação sobreposta resultante da dispersão atmosférica. Se essas imagens forem modeladas como o produto de um componente de iluminação constante com um conjunto de impulsos, desenvolva um procedimento de realce baseado na filtragem homomórfica para salientar os componentes de imagem correspondentes às estrelas.

4.43 Um talentoso técnico da área médica recebe a missão de inspecionar uma determinada classe de imagens obtidas por um microscópio eletrônico. Para simplificar a tarefa de inspeção, o técnico decide utilizar o realce de imagem digital e, para esse fim, analisa um conjunto de imagens representativas e identifica os seguintes problemas: (1) pontos claros e isolados que não são de interesse; (2) falta de aguçamento; (3) contraste insuficiente em algumas imagens; e (4) deslocamentos da intensidade média, quando esse valor deveria ser V para realizar corretamente certas medidas de intensidade. O técnico quer corrigir esses problemas e depois exibir em branco todas as intensidades em uma banda entre I_1 e I_2 enquanto mantém normal a tonalidade das outras intensidades. Proponha uma sequência de passos de processamento que ele possa seguir para atingir a meta desejada. Você pode utilizar técnicas tanto do Capítulo 3 quanto do Capítulo 4.

Capítulo 5
Restauração e reconstrução de imagens

> O que vemos não é necessariamente o que vemos...
> É uma total incógnita para nós o que os objetos podem ser por si só e distantes da receptividade dos nossos sentidos. Não sabemos de nada além da nossa forma de percebê-los.
> *Immanuel Kant*

Apresentação

Como no realce de imagens, o principal objetivo das técnicas de restauração é melhorar uma imagem em algum sentido predefinido. Apesar de haver áreas de sobreposição, o realce de imagens é principalmente um processo subjetivo, enquanto a restauração de imagens é, em grande parte, um processo objetivo. A restauração procura recuperar uma imagem corrompida com base em um conhecimento *a priori* do fenômeno de degradação. Dessa forma, as técnicas de restauração se orientam na direção da definição da degradação e da aplicação do processo inverso para recuperar a imagem original.

Essa abordagem normalmente envolve o desenvolvimento de critérios para definir o que seria uma imagem boa para estabelecer uma estimativa do resultado desejado. Por outro lado, as técnicas de realce basicamente consistem na elaboração de procedimentos heurísticos elaborados para manipular uma imagem beneficiando-se dos aspectos psicofísicos do sistema visual humano. Por exemplo, o alargamento do contraste é considerado uma técnica de realce por se basear principalmente nos aspectos agradáveis que pode apresentar ao observador, ao passo que a remoção do borramento de uma imagem ao aplicar uma função de redução de borramento (*deblurring*) é considerada uma técnica de restauração.

O material desenvolvido neste capítulo é estritamente introdutório. Analisamos o problema da restauração somente em relação a uma imagem digital degradada; dessa forma, abordaremos apenas superficialmente temas referentes à degradação de sensores, digitalizadores e monitores. Esses tópicos, apesar de serem importantes nas aplicações de restauração de imagens em geral, estão fora do escopo da presente análise.

Como vimos nos capítulos 3 e 4, algumas técnicas de restauração são mais bem formuladas no domínio espacial, ao passo que outras são mais adequadas ao domínio da frequência. Por exemplo, o processamento espacial é aplicável quando a única degradação é o ruído aditivo. Por outro lado, degradações como borramento de imagens são difíceis de solucionar no domínio espacial utilizando pequenas máscaras de filtragem. Nesse caso, os filtros no domínio da frequência baseados em vários critérios de otimização são as abordagens preferenciais. Esses filtros também levam em consideração a presença de ruído. Como visto no Capítulo 4, um filtro de restauração que soluciona uma determinada aplicação no domínio da frequência, muitas vezes, é utilizado como a base para desenvolver um filtro digital que será mais adequado para a operação de rotina utilizando uma implementação de hardware/firmware.

A Seção 5.1 apresenta um modelo linear do processo de degradação/restauração de imagens. A Seção 5.2 trata de vários modelos de ruído encontrados na prática. Na Seção 5.3, desenvolvemos várias técnicas de filtragem espacial para reduzir o conteúdo de ruído de uma imagem, um processo muitas vezes chamado de *denoising* de imagens. A Seção 5.4 é dedicada a métodos de redução de ruído utilizando técnicas do domínio da frequência. A Seção 5.5 apresenta modelos de degradação de imagens que são lineares e invariantes no espaço, e a Seção 5.6 apresenta métodos de estimativa de funções de degradação. As seções 5.7 a 5.10 incluem o desenvolvimento de metodologias fundamentais de restauração de imagens. Concluiremos o capítulo (Seção 5.11) com uma introdução à reconstrução de imagens a partir de projeções. A principal aplicação desse conceito é a tomografia computadorizada (CT), uma das mais importantes aplicações comerciais do processamento de imagens, especialmente na área da saúde.

5.1 Modelo de processo de degradação/restauração de imagens

Como mostra a Figura 5.1, o processo de degradação é formulado neste capítulo como uma função de degradação $f(x, y)$ que, com um termo de ruído aditivo, atua sobre uma imagem de entrada para produzir uma imagem degradada $g(x, y)$. Dado $g(x, y)$, algum conhecimento sobre a função de degradação H e algum conhecimento sobre o termo de ruído aditivo $\eta(x, y)$, o objetivo da restauração é obter uma estimativa $\hat{f}(x, y)$ da imagem original. Queremos que a estimativa esteja o mais próximo possível da imagem de entrada original, e, em geral, quanto mais sabemos sobre H e η, mais próximo $\hat{f}(x, y)$ estará de $f(x, y)$. A abordagem de restauração utilizada na maior parte deste capítulo se baseia em vários tipos de filtros de restauração de imagens.

Demonstraremos, na Seção 5.5, que, se H for um processo linear e invariante no espaço, a imagem degradada será determinada no *domínio espacial* por

$$g(x, y) = h(x, y) \star f(x, y) + \eta(x, y) \quad (5.1\text{-}1)$$

na qual $h(x, y)$ é a representação espacial da função de degradação e, como no Capítulo 4, o símbolo $\star$ indica convolução. Sabemos, com base na análise da Seção 4.6.6, que a convolução no domínio espacial é análoga à multiplicação no domínio da frequência, então podemos expressar o modelo na Equação 5.1-1 em uma representação equivalente no *domínio da frequência*:

$$G(u, v) = H(u, v)F(u, v) + N(u, v) \quad (5.1\text{-}2)$$

na qual os termos em letras maiúsculas representam as transformadas de Fourier dos termos correspondentes na Equação 5.1-1. Essas duas equações constituem as bases para a maior parte do conteúdo relativo à restauração desenvolvido neste capítulo.

Nas três seções seguintes, vamos considerar que H seja o operador identidade e que lidamos apenas com degradações em razão do ruído. A partir da Seção 5.6, analisaremos uma série de importantes funções de degradação de imagens e analisaremos vários métodos de restauração de imagens tanto na presença de H quanto na de η.

5.2 Modelos de ruído

As principais fontes de ruído em imagens digitais surgem durante a aquisição e/ou transmissão das imagens. O desempenho dos sensores de aquisição de imagens é afetado por uma série de fatores, como condições ambientais durante a aquisição da imagem e a qualidade dos elementos sensores em si. Por exemplo, na aquisição de imagens com uma câmera CCD, a iluminação e a temperatura do sensor são fatores importantes que afetam a quantidade de ruído da imagem resultante. As imagens são corrompidas durante a transmissão, principalmente em virtude de interferências no canal utilizado para a transmissão. Por exemplo, uma imagem transmitida utilizando uma rede sem fio (*wireless*) pode ser corrompida como resultado de relâmpagos ou outros distúrbios atmosféricos.

5.2.1 Propriedades espaciais e de frequência do ruído

Os parâmetros relevantes na nossa discussão são os que definem as características espaciais do ruído e se o ruído se correlaciona com a imagem. As propriedades de frequência se referem ao conteúdo de frequência do ruído no domínio de Fourier (isto é, em oposição à frequências do espectro eletromagnético). Por exemplo, quando o espectro de Fourier do ruído é constante, o ruído normalmente é chamado de *ruído branco*. Essa terminologia provém das propriedades físicas da luz branca, que contém aproximadamente todas as frequências no espectro visível nas mesmas proporções. Com base na discussão do Capítulo 4, não é difícil demonstrar que o espectro de Fourier de uma função cujas frequências tenham as mesmas proporções é uma constante.

Com a exceção do ruído periódico no domínio do espaço (Seção 5.2.3), presumimos, neste capítulo, que o ruído é independente das coordenadas espaciais e

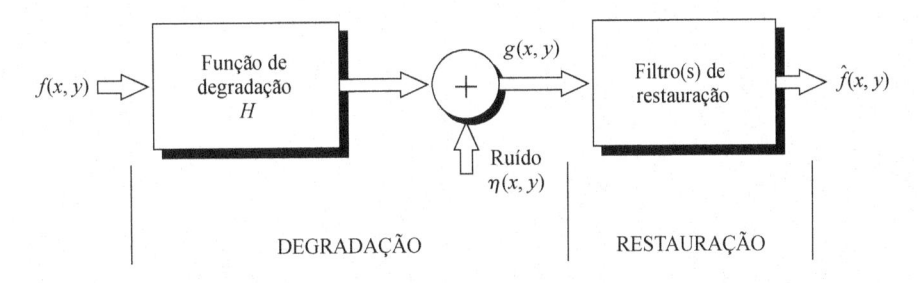

Figura 5.1 Modelo do processo de degradação/restauração de imagens.

que ele não se correlaciona com a imagem em si (isto é, não há correlação entre os valores de pixel e os valores dos componentes do ruído). Apesar de esses pressupostos serem pelo menos parcialmente inválidos em algumas aplicações (a aquisição de imagens com limitação quântica, como nos raios X e na medicina nuclear, é um bom exemplo disso), a complexidade de lidar com ruído correlacionado e espacialmente dependente não se inclui no escopo da nossa discussão.

5.2.2 Algumas importantes funções densidade de probabilidade de ruído

Com base nas premissas da seção anterior, o descritor de ruído *espacial* no qual nos concentraremos é o comportamento estatístico dos valores de intensidade no componente de ruído do modelo da Figura 5.1. Eles podem ser considerados variáveis aleatórias, caracterizados por uma função densidade de probabilidade (PDF, de *probability density function*). Apresentaremos a seguir as PDFs mais comuns encontradas em aplicações de processamento de imagens.*

Ruído gaussiano

Em função da possibilidade de manipulação matemática tanto no domínio do espaço quanto no da frequência, os modelos de ruído gaussiano (também chamados de *normais*) são bastante utilizados na prática. Na verdade, essa capacidade de manipulação é tão conveniente que muitas vezes resulta em modelos gaussianos que são utilizados em situações nas quais eles são, na melhor das hipóteses, marginalmente aplicáveis.

A PDF de uma variável aleatória gaussiana, z, é dada por

$$p(z) = \frac{1}{\sqrt{2\pi}\sigma} e^{-(z-\bar{z})^2/2\sigma^2} \quad (5.2\text{-}1)$$

na qual z representa intensidade, $\bar{z}$ é o valor médio** de z e σ é seu desvio padrão. O desvio padrão elevado ao quadrado, σ^2, é chamado de *variância* de z. A Figura 5.2(a) mostra um gráfico dessa função. Quando z é descrito pela Equação 5.2-1, aproximadamente 70% de seus valores estarão no intervalo $[(\bar{z}-\sigma), (\bar{z}+\sigma)]$. Cerca de 95% estarão no intervalo $[(\bar{z}-2\sigma), (\bar{z}+2\sigma)]$.

Ruído de Rayleigh

A PDF do ruído de Rayleigh é dada por

$$p(z) = \begin{cases} \frac{2}{b}(z-a)e^{-(z-a)^2/b} & \text{para } z \geq a \\ 0 & \text{para } z < a \end{cases} \quad (5.2\text{-}2)$$

A média e a variância dessa densidade são dadas por

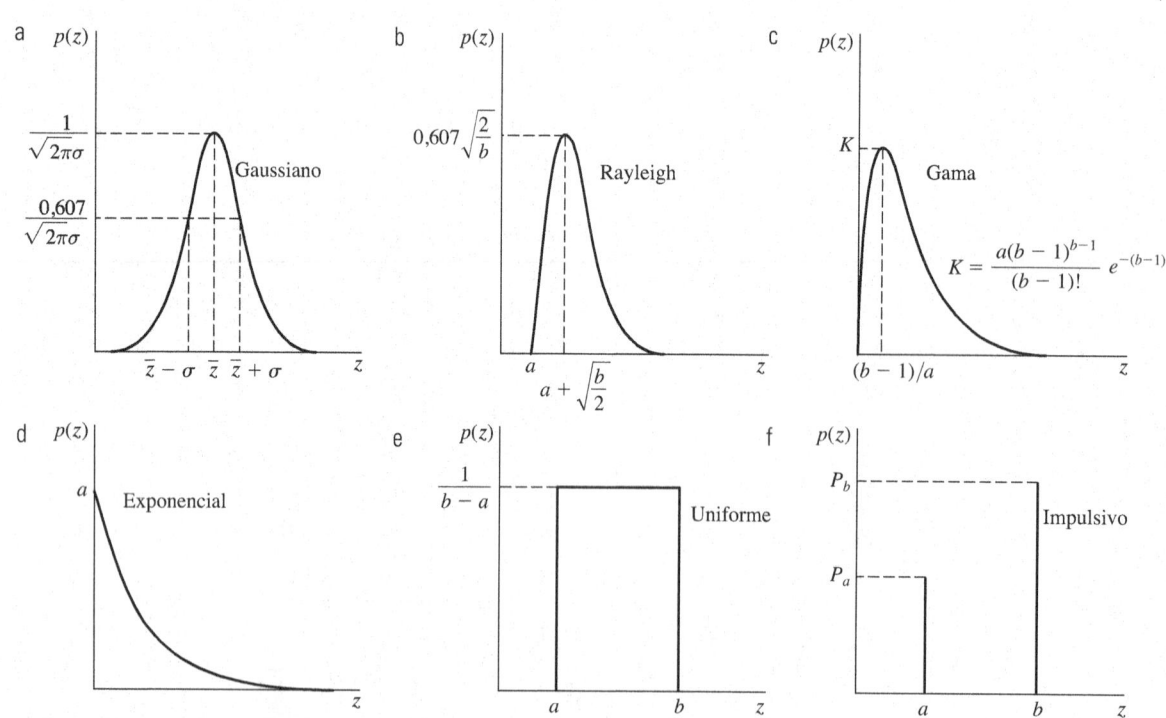

$$\bar{z} = a + \sqrt{\pi b / 4} \quad (5.2\text{-}3)$$

Figura 5.2 Algumas importantes funções densidade de probabilidade.

---
* Consulte o site do livro para uma breve revisão da teoria da probabilidade.

** Nesta seção, utilizamos $\bar{z}$ no lugar de m para expressar a média, visando evitar confusão quando utilizamos, mais adiante, m e n para expressar o tamanho da vizinhança.

e

$$\sigma^2 = \frac{b(4-\pi)}{4} \quad (5.2\text{-}4)$$

A Figura 5.2(b) mostra um gráfico da densidade de Rayleigh. Observe o deslocamento a partir da origem e o fato de que o formato básico dessa densidade é inclinado para a direita. A densidade de Rayleigh pode ser bastante útil para a aproximação de histogramas inclinados.

Ruído de Erlang (gama)

A PDF do ruído de Erlang é dada por

$$p(z) = \begin{cases} \dfrac{a^b z^{b-1}}{(b-1)!} e^{-az} & \text{para } z \geq 0 \\ 0 & \text{para } z < 0 \end{cases} \quad (5.2\text{-}5)$$

na qual os parâmetros são tais que $a > 0$, b é um inteiro positivo e "!" indica fatorial. A média e a variância dessa densidade são dadas por

$$\bar{z} = \frac{b}{a} \quad (5.2\text{-}6)$$

e

$$\sigma^2 = \frac{b}{a^2} \quad (5.2\text{-}7)$$

A Figura 5.2(c) mostra um gráfico dessa densidade. Apesar de a Equação 5.2-5 muitas vezes ser chamada de *densidade gama*, estritamente falando isso só é correto quando o denominador for a função gama, $\Gamma(b)$. Quando o denominador for como mostrado, é mais apropriado se referir à densidade como *densidade de Erlang*.

Ruído exponencial

A PDF do ruído *exponencial* é dada por

$$p(z) = \begin{cases} ae^{-az} & \text{para } z \geq 0 \\ 0 & \text{para } z < 0 \end{cases} \quad (5.2\text{-}8)$$

sendo $a > 0$. A média e a variância dessa função densidade são

$$\bar{z} = \frac{1}{a} \quad (5.2\text{-}9)$$

e

$$\sigma^2 = \frac{1}{a^2} \quad (5.2\text{-}10)$$

Observe que essa PDF é um caso especial da PDF de Erlang, com $b = 1$. A Figura 5.2(d) mostra um gráfico dessa função densidade.

Ruído uniforme

A PDF do ruído *uniforme* é dada por

$$p(z) = \begin{cases} \dfrac{1}{b-a} & \text{se } a \leq z \leq b \\ 0 & \text{se não} \end{cases} \quad (5.2\text{-}11)$$

A média dessa função densidade é dada por

$$\bar{z} = \frac{a+b}{2} \quad (5.2\text{-}12)$$

e sua variância, por

$$\sigma^2 = \frac{(b-a)^2}{12} \quad (5.2\text{-}13)$$

A Figura 5.2(e) mostra um gráfico da densidade uniforme.

Ruído impulsivo (sal e pimenta)

A PDF do ruído de *impulsivo* (*bipolar*) é dada por

$$p(z) = \begin{cases} P_a & \text{para } z = a \\ P_b & \text{para } z = b \\ 0 & \text{se não} \end{cases} \quad (5.2\text{-}14)$$

Se $b > a$, a intensidade b aparecerá como um ponto claro na imagem. Por outro lado, o nível a aparecerá como um ponto escuro. Se P_a ou P_b for zero, o ruído impulsivo é chamado de *unipolar*. Se nenhuma probabilidade for zero, e especialmente se elas forem aproximadamente iguais, os valores do ruído impulsivo se assemelharão a grãos de sal e pimenta aleatoriamente distribuídos pela imagem. Por essa razão, o ruído impulsivo bipolar também é chamado de ruído *sal e pimenta*. Ruído *data-drop-out* e ruído *spike* também são termos utilizados para se referir a esse tipo de ruído. Utilizaremos os termos ruído *impulsivo* ou *sal e pimenta* de forma intercambiável.

Os impulsos de ruído podem ser negativos ou positivos. Geralmente, o processo de digitalização inclui um ajuste de intensidades na imagem. Como a corrupção gerada pelo ruído impulsivo normalmente é grande em comparação com a intensidade do sinal da imagem, o ruído impulsivo normalmente é digitalizado como valores extremos de intensidade (preto ou branco puros) em uma imagem. Dessa forma, costuma-se presumir que a e b são valores "saturados", no sentido de serem iguais aos valores mínimo e máximo permitidos na imagem digitalizada. Como resultado, impulsos negativos aparecem como pontos pretos (pimenta) em uma imagem. Pela mesma razão, impulsos positivos aparecem como pontos brancos (sal). Para uma imagem de 8 bits, isso normalmente significa que $a = 0$ (preto) e $b = 225$ (branco). A Figura 5.2(f) mostra a PDF do ruído impulsivo.

Como um grupo, as PDFs apresentadas anteriormente proporcionam ferramentas úteis para formular uma ampla variedade de situações de corrupção por ruído encontradas na prática. Por exemplo, o ruído gaussiano surge em uma imagem em decorrência de fatores como, por exemplo, o ruído de circuitos eletrônicos e o ruído dos sensores de imagem em virtude de iluminação insuficiente e/ou alta temperatura. A densidade de Rayleigh é útil na caracterização dos fenômenos de ruído na aquisição de imagens de profundidade (*range imaging*). As densidades exponencial e gama encontram aplicação na aquisição de imagens por laser. O ruído impulsivo é encontrado em situações nas quais transientes rápidos, como problemas de chaveamento, ocorrem durante a aquisição da imagem, como mencionamos no parágrafo anterior. A densidade uniforme é talvez a que menos descreve as situações práticas. No entanto, a densidade uniforme é bastante útil como base para vários geradores de números aleatórios utilizados em simulações [Peebles (1993) e Gonzalez, Woods e Eddins (2004)].

Exemplo 5.1 Imagens com ruído e seus histogramas.

A Figura 5.3 mostra um padrão de teste bastante apropriado para ilustrar os modelos de ruído que acabamos de discutir. Trata-se de um padrão apropriado para utilização por ser composto de áreas simples e constantes que abrangem toda a escala de cinza, do preto ao quase branco em apenas três incrementos. Isso facilita a análise visual das características dos vários componentes de ruído adicionados à imagem.

Figura 5.3 Padrão de teste utilizado para ilustrar as características das PDFs de ruído mostradas na Figura 5.2.

A Figura 5.4 mostra o padrão de teste após o acréscimo dos seis tipos de ruído discutidos até agora nesta seção. Mostrado sob cada imagem está o histograma calculado diretamente a partir dessa imagem. Os parâmetros do ruído foram escolhidos em cada caso, de forma que o histograma correspondente aos três níveis de intensidade no padrão de teste começaria a se mesclar. Isso fez com que o ruído fosse bastante visível, sem obscurecer a estrutura básica da imagem original.

Observamos uma estreita correspondência na comparação dos histogramas da Figura 5.4 com as PDFs da Figura 5.2. O histograma para o exemplo de sal e pimenta tem um pico extra na extremidade branca da escala de intensidade porque os componentes de ruído são preto e branco puros, e o componente mais claro do padrão de teste (o círculo) é cinza-claro. Com a exceção de uma intensidade geral ligeiramente diferente, é difícil diferenciar visualmente entre as primeiras cinco imagens da Figura 5.4, apesar de seus histogramas serem significativamente diferentes. A aparência sal e pimenta da imagem corrompida pelo ruído impulsivo é a única que é visualmente indicativa do tipo de ruído que causa a degradação.

5.2.3 Ruído periódico

O ruído periódico em uma imagem normalmente resulta de interferência elétrica ou eletromecânica durante a aquisição da imagem. Esse é o único tipo de ruído espacialmente dependente que será considerado neste capítulo. Como veremos na Seção 5.4, o ruído periódico pode ser reduzido significativamente por meio da filtragem no domínio da frequência. Vejamos, por exemplo, imagem da Figura 5.5(a). Essa imagem é gravemente corrompida pelo ruído senoidal (espacial) de várias frequências. A transformada de Fourier de uma senoide pura é um par de impulsos[*] conjugados, localizados nas frequências conjugadas da onda senoidal (Tabela 4.3). Dessa forma, se a amplitude de uma onda senoidal no domínio do espaço for suficientemente alta, poderíamos ver, no espectro da imagem, um par de impulsos para cada onda senoidal presente na imagem. Como mostra a Figura 5.5(b), de fato é o que acontece com os impulsos aparecendo aproximadamente como um círculo porque os valores de frequência neste caso particular estão dispostos dessa forma. Teremos muito mais a dizer na Seção 5.4 sobre este e outros exemplos de ruído periódico.

---

[*] Tome cuidado para não confundir o termo impulso da frequência com a utilização do mesmo termo no contexto do ruído de impulso.

Restauração e reconstrução de imagens 209

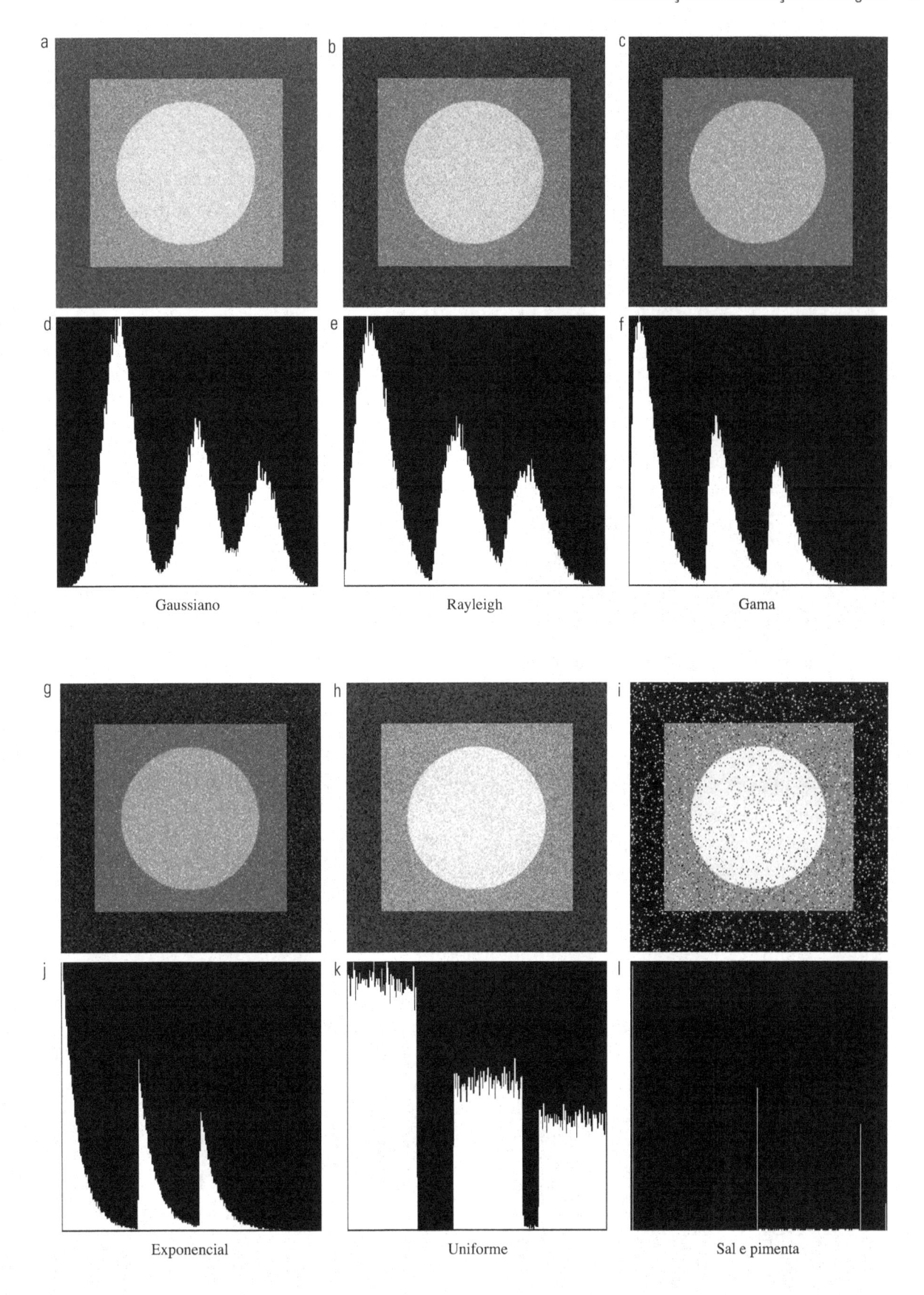

Figura 5.4 (a) a (f) Imagens e histogramas resultantes do acréscimo do ruído gaussiano, de Rayleigh e gama à imagem da Figura 5.3.
(g) a (l) Imagens e histogramas resultantes do acréscimo do ruído exponencial, uniforme e sal e pimenta à imagem da Figura 5.3.

Figura 5.5 (a) Imagem corrompida pelo ruído senoidal. (b) Espectro (cada par de impulsos conjugados corresponde a uma onda senoidal). (Imagem original: cortesia da Nasa.)

5.2.4 Estimativa de parâmetros de ruído

Os parâmetros do ruído periódico normalmente são estimados por meio da inspeção do espectro de Fourier da imagem. Como observamos na seção anterior, o ruído periódico tende a produzir picos de frequência que muitas vezes podem ser detectados até por análise visual. Uma outra abordagem é tentar inferir a periodicidade dos componentes do ruído diretamente a partir da imagem, mas isso só é possível em casos mais simples.

A análise automatizada é possível em situações nas quais os picos de ruído são excepcionalmente acentuados ou quando se tem conhecimento da localização dos componentes de frequência da interferência.

Os parâmetros das PDFs de ruído podem ser parcialmente conhecidos a partir de especificações do sensor, mas costuma ser necessário estimá-los para um arranjo particular de aquisição de imagens. Se o sistema de aquisição de imagens estiver disponível, um modo simples de estudar as características do ruído do sistema é coletando um conjunto de imagens em ambientes "uniformes". Por exemplo, no caso de um sensor ótico, isso é tão simples quanto adquirir a imagem de um painel cinza sólido uniformemente iluminado. As imagens resultantes costumam ser bons indicativos do ruído do sistema.

Quando somente imagens que já foram geradas por um sensor estiverem disponíveis, costuma ser possível estimar os parâmetros da PDF a partir de pequenas áreas de intensidade razoavelmente constante do fundo da imagem. Por exemplo, as faixas verticais (de 150 × 20 pixels) mostradas na Figura 5.6 foram recortadas das imagens gaussiana, de Rayleigh e uniforme da Figura 5.4. Os histogramas mostrados foram calculados utilizando dados de imagens dessas pequenas faixas. Os histogramas da Figura 5.4 que correspondem aos histogramas da Figura 5.6 são os histogramas centrais do grupo de três nas figuras 5.4(d), (e) e (k). Vemos que os formatos desses histogramas correspondem de modo bastante aproximado aos formatos dos histogramas da Figura 5.6. Suas alturas diferem em decorrência do ajuste de escala, mas os formatos são claramente similares.

A utilização mais simples dos dados obtidos das faixas de imagem é para o cálculo da média e da variância

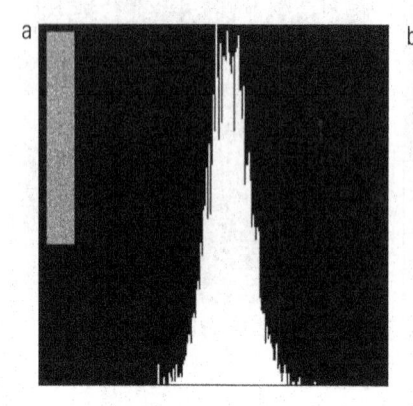

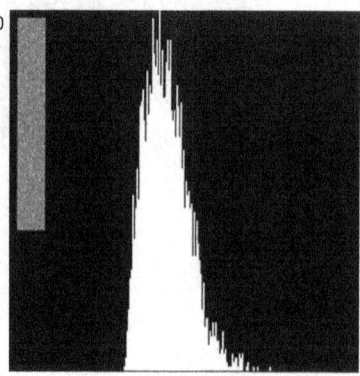

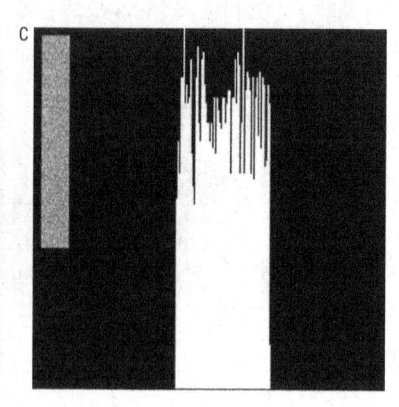

Figura 5.6 Histogramas calculados utilizando pequenas faixas (mostradas à esquerda) da imagem com ruído (a) gaussiano, (b) de Rayleigh e (c) uniforme na Figura 5.4.

dos níveis de intensidade. Consideremos uma faixa (subimagem) expressa por S, com $p_S(z_i)$, $i = 0, 1, 2, ..., L-1$, expressando as estimativas de probabilidade (valores normalizados de histograma) das intensidades dos pixels em S, onde L é o número de intensidades possíveis em toda a imagem (por exemplo, 256 para uma imagem de 8 bits). Como fizemos no Capítulo 3, estimamos a média e a variância dos pixels em S como se segue:

$$\bar{z} = \sum_{i=0}^{L-1} z_i p_S(z_i) \qquad (5.2\text{-}15)$$

e

$$\sigma^2 = \sum_{i=0}^{L-1} (z_i - \bar{z})^2 p_S(z_i) \qquad (5.2\text{-}16)$$

O formato do histograma identifica a melhor correspondência com uma PDF. Se o formato for aproximadamente gaussiano, só precisamos da média e da variância porque a PDF gaussiana é totalmente especificada por esses dois parâmetros. Para os outros formatos discutidos na Seção 5.2.2, utilizamos a média e a variância para calcular os parâmetros a e b. O ruído impulsivo é calculado de modo diferente porque a estimativa necessária é da probabilidade real de ocorrência de pixels brancos e pretos. Obter essa estimativa requer que tanto os pixels pretos quanto os brancos sejam visíveis, de forma que uma área cinza médio relativamente constante é necessária na imagem para poder calcular um histograma. As alturas dos picos correspondentes aos pixels preto e branco são as estimativas de P_a e P_b na Equação 5.2-14.

5.3 Restauração na presença somente de ruído — filtragem espacial

Quando a única degradação presente em uma imagem for o ruído, as equações 5.1-1 e 5.1-2 se tornam

$$g(x, y) = f(x, y) + \eta(x, y) \qquad (5.3\text{-}1)$$

e

$$G(u, v) = F(u, v) + N(u, v) \qquad (5.3\text{-}2)$$

Os termos do ruído são desconhecidos, de forma que subtraí-los de $g(x, y)$ ou $G(u, v)$ não é uma opção realista. No caso do ruído periódico, costuma ser possível estimar $N(u, v)$ a partir do espectro de $G(u, v)$, como observamos na Seção 5.2.3. Neste caso, $N(u, v)$ pode ser subtraído de $G(u, v)$ para obter uma estimativa da imagem original. Em geral, contudo, esse tipo de conhecimento é a exceção, e não a regra.

A filtragem espacial é o método preferido em situações nas quais somente o ruído aleatório aditivo estiver presente. Discutimos a filtragem espacial em detalhes no Capítulo 3. Com exceção da natureza do cálculo realizado por um filtro específico, o método para implementar todos os filtros que se seguem são exatamente como vimos nas seções 3.4 a 3.6.

5.3.1 Filtros de média

Nesta seção, analisaremos rapidamente os recursos de redução de ruídos dos filtros espaciais apresentados na Seção 3.5 e desenvolveremos vários outros filtros cujo desempenho é, em muitos casos, superior ao dos filtros discutidos naquela seção.

Filtro de média aritmética

Este é o mais simples dos filtros de média. Seja S_{xy} o conjunto de coordenadas em uma janela de subimagem retangular (vizinhança) de tamanho $m \times n$, centrada no ponto (x, y).* O filtro de média aritmética calcula o valor médio da imagem corrompida $g(x, y)$ na área definida por S_{xy}. O valor da imagem restaurada $\hat{f}$ no ponto (x, y) é simplesmente a média aritmética calculada utilizando os pixels da região definida por S_{xy}. Em outras palavras,

$$\hat{f}(x, y) = \frac{1}{mn} \sum_{(s,t) \in S_{xy}} g(s, t) \qquad (5.3\text{-}3)$$

Essa operação pode ser implementada utilizando um filtro espacial de tamanho $m \times n$ no qual todos os coeficientes apresentam valor $1/mn$. Um filtro de média atenua variações locais em uma imagem, e o ruído é reduzido em consequência do borramento.

Filtro de média geométrica

Uma imagem restaurada utilizando um filtro de *média geométrica* é dada pela expressão

$$\hat{f}(x, y) = \left[\prod_{(s,t) \in S_{xy}} g(s, t) \right]^{\frac{1}{mn}} \qquad (5.3\text{-}4)$$

Aqui, cada pixel restaurado é determinado pelo produto dos pixels na janela de subimagem, elevado à potência de $1/mn$. Como mostrado no Exemplo 5.2, um filtro de média geométrica obtém uma suavização comparável ao filtro de média aritmética, mas tende a perder menos detalhes da imagem no processo.

Filtro de média harmônica

A operação de filtragem de *média harmônica* é determinada pela expressão

$$\hat{f}(x, y) = \frac{mn}{\displaystyle\sum_{(s,t) \in S_{xy}} \frac{1}{g(s, t)}} \qquad (5.3\text{-}5)$$

---
* Consideramos que m e n são números inteiros ímpares.

O filtro de média harmônica funciona bem para o ruído de sal, mas falha para o ruído de pimenta. Ele também apresenta um bom desempenho com outros tipos de ruído, como o gaussiano.

Filtro de média contra-harmônica

O filtro de média *contra-harmônica* leva a uma imagem restaurada com base na expressão

$$\hat{f}(x,y) = \frac{\sum_{(s,t)\in S_{xy}} g(s,t)^{Q+1}}{\sum_{(s,t)\in S_{xy}} g(s,t)^{Q}} \quad (5.3\text{-}6)$$

na qual Q é chamado de *ordem* do filtro. Esse filtro é apropriado para reduzir ou praticamente eliminar os efeitos do ruído sal e pimenta. Para valores positivos de Q, o filtro elimina o ruído de pimenta. Para valores negativos de Q, ele elimina o ruído de sal. Ele não pode fazer as duas coisas simultaneamente. Observe que o filtro contra-harmônico é reduzido ao filtro de média aritmética se $Q = 0$ e ao filtro de média harmônica se $Q = -1$.

Exemplo 5.2 Ilustração de filtros de média.

A Figura 5.7(a) mostra uma imagem radiográfica de 8 bits de uma placa de circuito e a Figura 5.7(b) mostra a mesma imagem, porém corrompida pelo ruído aditivo gaussiano de média zero e variância 400. Para esse tipo de imagem, trata-se de um nível significativo de ruído. As figuras 5.7(c) e (d) mostram, respectivamente, o resultado da filtragem da imagem com ruído utilizando um filtro de média aritmética de tamanho 3 × 3 e um filtro de média geométrica de mesmo tamanho. Apesar de os dois filtros apresentarem um desempenho razoável na atenuação do ruído, o filtro de média geométrica não borrou a imagem tanto quanto o filtro de média aritmética. Por exemplo, as trilhas do conector na parte superior da imagem são mais nítidas na Figura 5.7(d) do que em c. O mesmo se aplica a outras partes da imagem.

A Figura 5.8(a) mostra a mesma imagem do circuito impresso, mas dessa vez corrompida pelo ruído de pimenta com probabilidade de 0,1. De forma similar, a Figura 5.8(b) mostra a imagem corrompida por ruído de sal com a mesma probabilidade. A Figura 5.8(c) mostra o resultado da filtragem da Figura 5.8(a) utilizando um filtro de média contra-harmônica com $Q = 1,5$, e a Figura 5.8(d) mostra o resultado

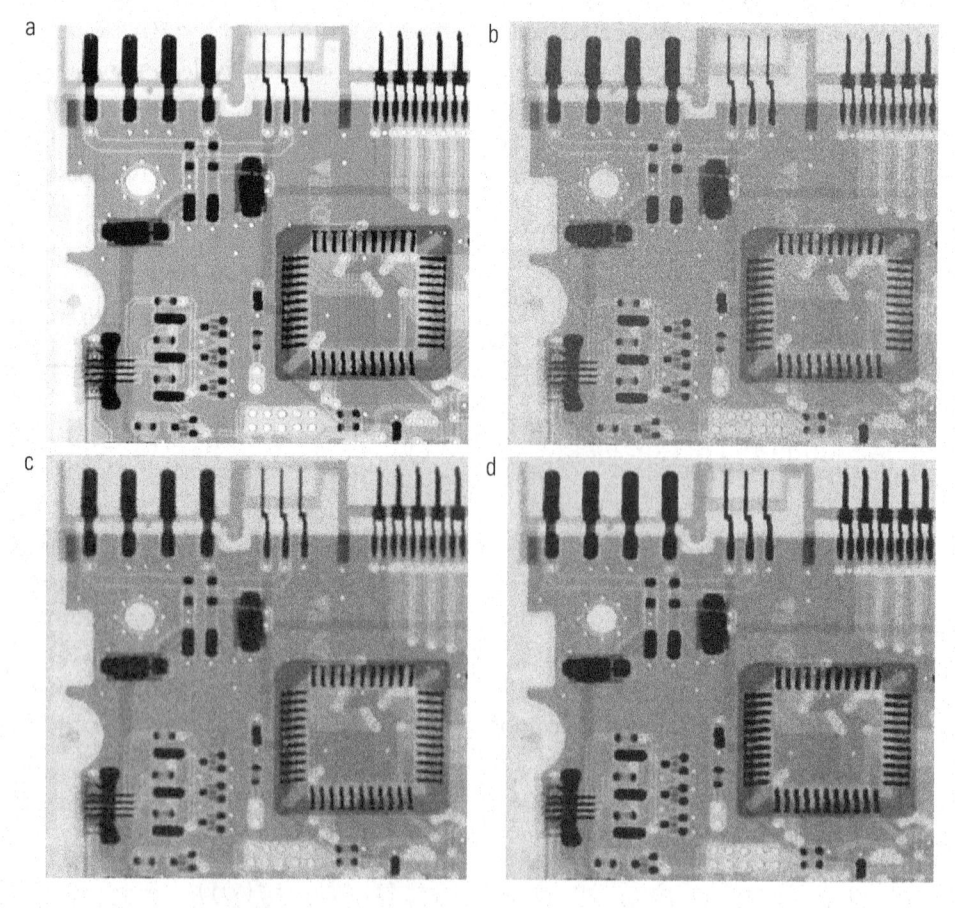

Figura 5.7 (a) Imagem radiográfica. (b) Imagem corrompida pelo ruído aditivo gaussiano. (c) Resultado da filtragem com um filtro de média aritmética de tamanho 3 × 3. (d) Resultado da filtragem com um filtro de média geométrica do mesmo tamanho. (Imagem original: cortesia do Dr. Joseph E. Pascente, Lixi, Inc.)

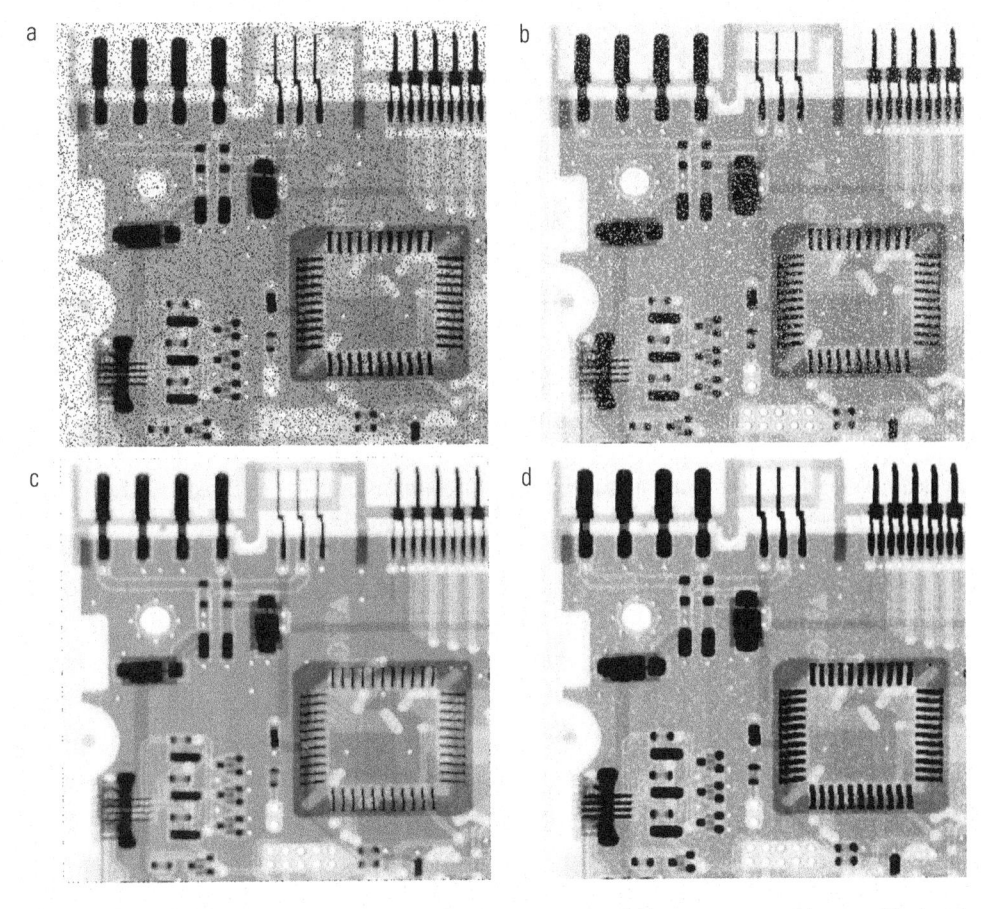

Figura 5.8 (a) Imagem corrompida por ruído de pimenta com probabilidade de 0,1. (b) Imagem corrompida por ruído de sal com a mesma probabilidade. (c) Resultado da filtragem de (a) com um filtro contra-harmônico 3 × 3 de ordem 1,5. (d) Resultado da filtragem de (b) com Q = −1,5.

da filtragem da Figura 5.8(b) com $Q = -1,5$. Os dois filtros apresentaram um bom desempenho na redução do efeito do ruído. O filtro de ordem positiva apresentou um desempenho melhor na limpeza do fundo da imagem, à custa de um ligeiro afinamento e borramento das áreas escuras. O oposto se aplica ao filtro de ordem negativa.

Em geral os filtros de média aritmética e geométrica (particularmente o último) são adequados para o ruído aleatório, como o gaussiano ou o uniforme. O filtro contra-harmônico é apropriado para o ruído impulsivo, mas tem a desvantagem de que é necessário saber se o ruído é escuro ou claro para selecionar o sinal adequado de Q. Os resultados da escolha do sinal errado para Q podem ser desastrosos, como mostra a Figura 5.9. Alguns dos filtros discutidos nas seções a seguir eliminam esse problema.

5.3.2 Filtros de estatística de ordem

Os filtros de estatística de ordem foram apresentados na Seção 3.5.2. Agora expandiremos a discussão nessa seção e apresentaremos alguns filtros adicionais de estatística de ordem. Como observamos na Seção 3.5.2, os filtros de estatística de ordem são filtros espaciais cuja resposta se baseia na ordenação (classificação) dos valores dos pixels contidos na área da imagem coberta pelo filtro. O resultado da classificação determina a resposta do filtro.

Filtro de mediana

O filtro de estatística de ordem mais conhecido é o *filtro de mediana*, que, como o nome sugere, substitui o valor de um pixel pela mediana dos níveis de intensidade na vizinhança desse pixel:

$$\hat{f}(x,y) = \underset{(s,t) \in S_{xy}}{\text{mediana}} \{g(s,t)\} \qquad (5.3\text{-}7)$$

O valor do pixel em (x, y) é incluído no cálculo da mediana. Os filtros de mediana são bastante populares porque, para certos tipos de ruído aleatório, eles proporcionam excelentes recursos de redução de ruído, com consideravelmente menos borramento do que os filtros lineares de suavização de tamanho similar. Os filtros de mediana são particularmente eficazes na presença do ruído tanto impulsivo bipolar quanto unipolar. Com efeito, como demonstra o Exemplo 5.3, o filtro de mediana gera excelentes resultados para imagens corrompidas por esse tipo de ruído. O cálculo da mediana e a implementação desse filtro foram discutidos na Seção 3.5.2.

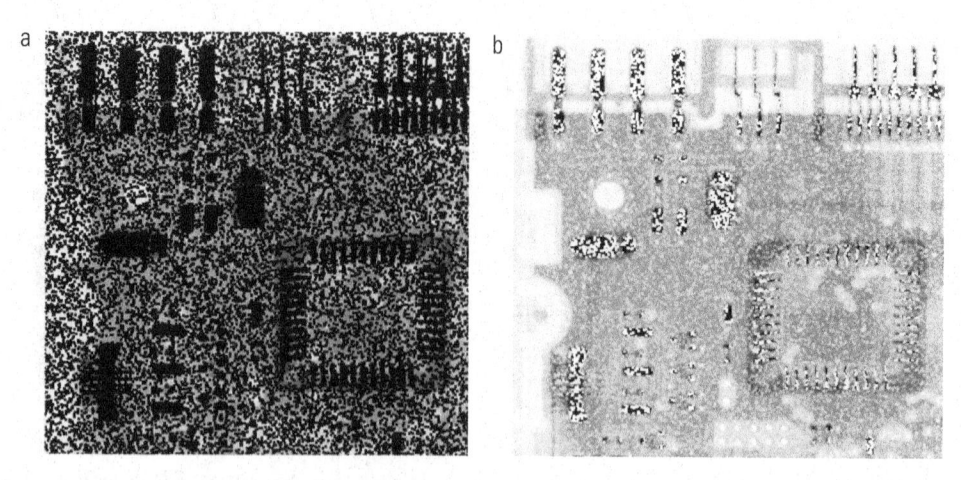

Figura 5.9 Resultados da seleção do sinal errado na filtragem contra-harmônica. (a) Resultado da filtragem da Figura 5.8(a) com filtro contra-harmônico de tamanho 3 × 3 e $Q = -1,5$. (b) Resultado da filtragem da Figura 5.8(b) com $Q = 1,5$.

Filtros de máximo e de mínimo

Apesar de o filtro de mediana ser o filtro de estatística de ordem mais utilizado no processamento de imagens, ele não é o único. A mediana representa o 50º percentil de um conjunto ordenado de números, mas você deve se lembrar, com base nos fundamentos da estatística, que a classificação tem muitas outras possibilidades. Por exemplo, utilizar o 100º percentil resulta no chamado *filtro de máximo*, dado por

$$\hat{f}(x,y) = \max_{(s,t) \in S_{xy}} \{g(s,t)\} \quad (5.3\text{-}8)$$

Esse filtro é útil para localizar os pontos mais claros de uma imagem. Além disso, como o ruído de pimenta tem valores muito baixos, ele é reduzido por esse filtro como um resultado do processo de seleção do valor máximo na área da subimagem S_{xy}.

O filtro do 0º percentil é o *filtro de mínimo*:

$$\hat{f}(x,y) = \min_{(s,t) \in S_{xy}} \{g(s,t)\} \quad (5.3\text{-}9)$$

Esse filtro é útil para encontrar os pontos mais escuros de uma imagem. Além disso, ele reduz o ruído de sal como um resultado da operação de selecionar o valor mínimo.

Filtro de ponto médio

O filtro de ponto médio simplesmente calcula o ponto médio entre os valores máximo e mínimo na área englobada pelo filtro:

$$\hat{f}(x,y) = \frac{1}{2}\left[\max_{(s,t) \in S_{xy}} \{g(s,t)\} + \min_{(s,t) \in S_{xy}} \{g(s,t)\}\right] \quad (5.3\text{-}10)$$

Observe que esse filtro combina a estatística de ordem e a média. Ele funciona melhor para um ruído aleatoriamente distribuído, como o ruído gaussiano ou o uniforme.

Filtro de média alfa cortada

Suponha que sejam excluídos os valores de intensidade $d/2$ mais baixos e $d/2$ mais altos de $g(s, t)$ na vizinhança S_{xy}. Temos $g_r(s, t)$ representando os $mn - d$ pixels restantes. Um filtro formado pela média desses $mn - d$ pixels restantes é chamado de filtro de *média alfa cortada*:

$$\hat{f}(x,y) = \frac{1}{mn-d} \sum_{(s,t) \in S_{xy}} g_r(s,t) \quad (5.3\text{-}11)$$

no qual o valor de d pode variar de 0 a $mn - 1$. Quando $d = 0$, o filtro alfa cortada é reduzido ao filtro de média aritmética discutido na seção anterior. Se escolhermos $d = mn - 1$, o filtro se torna um filtro de mediana. Para outros valores de d, o filtro alfa cortado é útil em situações envolvendo múltiplos tipos de ruído, como uma combinação de ruído sal e pimenta e gaussiano.

Exemplo 5.3 Ilustração de filtros de estatística de ordem.

A Figura 5.10(a) mostra a imagem da placa de circuito corrompida pelo ruído sal e pimenta com probabilidades $P_a = P_b = 0,1$. A Figura 5.10(b) mostra o resultado da filtragem de mediana com um filtro de tamanho 3 × 3. A melhora em relação à Figura 5.10(a) é significativa, mas vários pontos de ruído ainda são visíveis. Uma segunda passagem (na imagem da Figura 5.10(b)) pelo filtro de mediana removeu a maioria desses pontos, deixando apenas alguns poucos pontos de ruído que mal são visíveis. Eles foram removidos por uma terceira passagem do filtro. Esses resultados são bons exemplos do poder da filtragem de mediana para lidar com ruído aditivo impulsivo. Tenha em mente que passagens repetidas de um filtro de mediana borrarão a imagem, de forma que é desejável manter o número de passagens no mínimo possível.

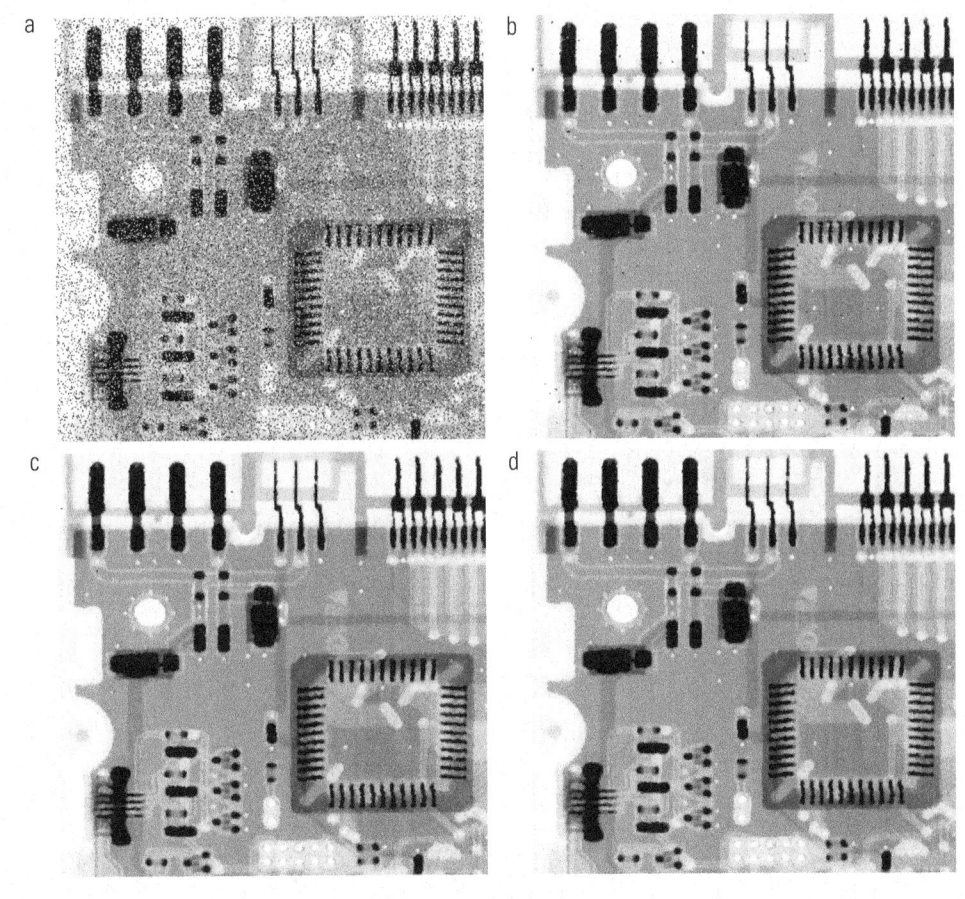

Figura 5.10 (a) Imagem corrompida pelo ruído sal e pimenta com probabilidades $P_a = P_b = 0{,}1$. (b) Resultado de uma passagem de um filtro de mediana de tamanho 3 × 3. (c) Resultado do processamento de (b) com esse filtro. (d) Resultado do processamento de (c) com o mesmo filtro.

A Figura 5.11(a) mostra o resultado da aplicação do filtro de máximo à imagem com ruído de pimenta da Figura 5.8(a). O filtro apresentou um desempenho razoável removendo o ruído de pimenta, mas notamos que ele também removeu (ajustou em um nível de intensidade clara) alguns pixels escuros dos contornos dos objetos escuros. A Figura 5.11(b) mostra o resultado da aplicação do filtro de mínimo à imagem da Figura 5.8(b). Neste caso, o filtro de mínimo apresentou um desempenho melhor do que o filtro de máximo na remoção do ruído, mas removeu alguns pontos brancos do contorno de objetos claros. Isso fez com que os objetos mais claros ficassem menores e alguns dos objetos escuros ficassem maiores (como as trilhas do conector no alto da imagem) porque os pontos brancos ao redor desses objetos foram ajustados em um nível escuro.

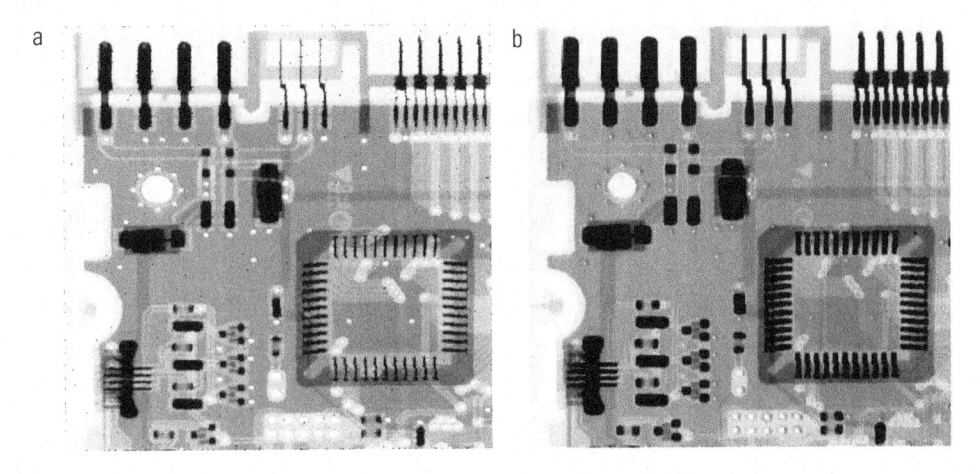

Figura 5.11 (a) Resultado da filtragem da Figura 5.8(a) com um filtro de máximo de tamanho 3 × 3. (b) Resultado da filtragem da Figura 5.8(b) com um filtro de mínimo de mesmo tamanho.

O filtro de média alfa cortada é ilustrado em seguida. A Figura 5.12(a) mostra a imagem da placa de circuito corrompida dessa vez por ruído aditivo uniforme de variância 800 e média zero. Trata-se de um alto nível de corrupção de ruído piorado pelo acréscimo de ruído sal e pimenta com $P_a = P_b = 0,1$ como mostra a Figura 5.12(b). O alto nível de ruído nessa imagem requer a utilização de filtros maiores. As figuras 5.12(c) a (f) mostram os resultados obtidos utilizando filtros de média aritmética, média geométrica, mediana e média alfa cortada (com $d = 5$) de tamanho 5×5. Como era de esperar, os filtros de média aritmética e geométrica (especialmente o último) não apresentaram um bom desempenho em razão da presença do ruído impulsivo. Os filtros de mediana e alfa cortada apresentaram um desempenho muito melhor, com o filtro alfa cortada resultando em uma redução de ruído ligeiramente superior. Observe, por exemplo, que a quarta trilha do conector da parte superior esquerda é um pouco mais suave no resultado alfa cortada. Isso não nos surpreende porque, para um valor alto de d, o filtro de média alfa cortada se aproxima do desempenho do filtro de mediana, mas ainda retém alguns recursos de suavização.

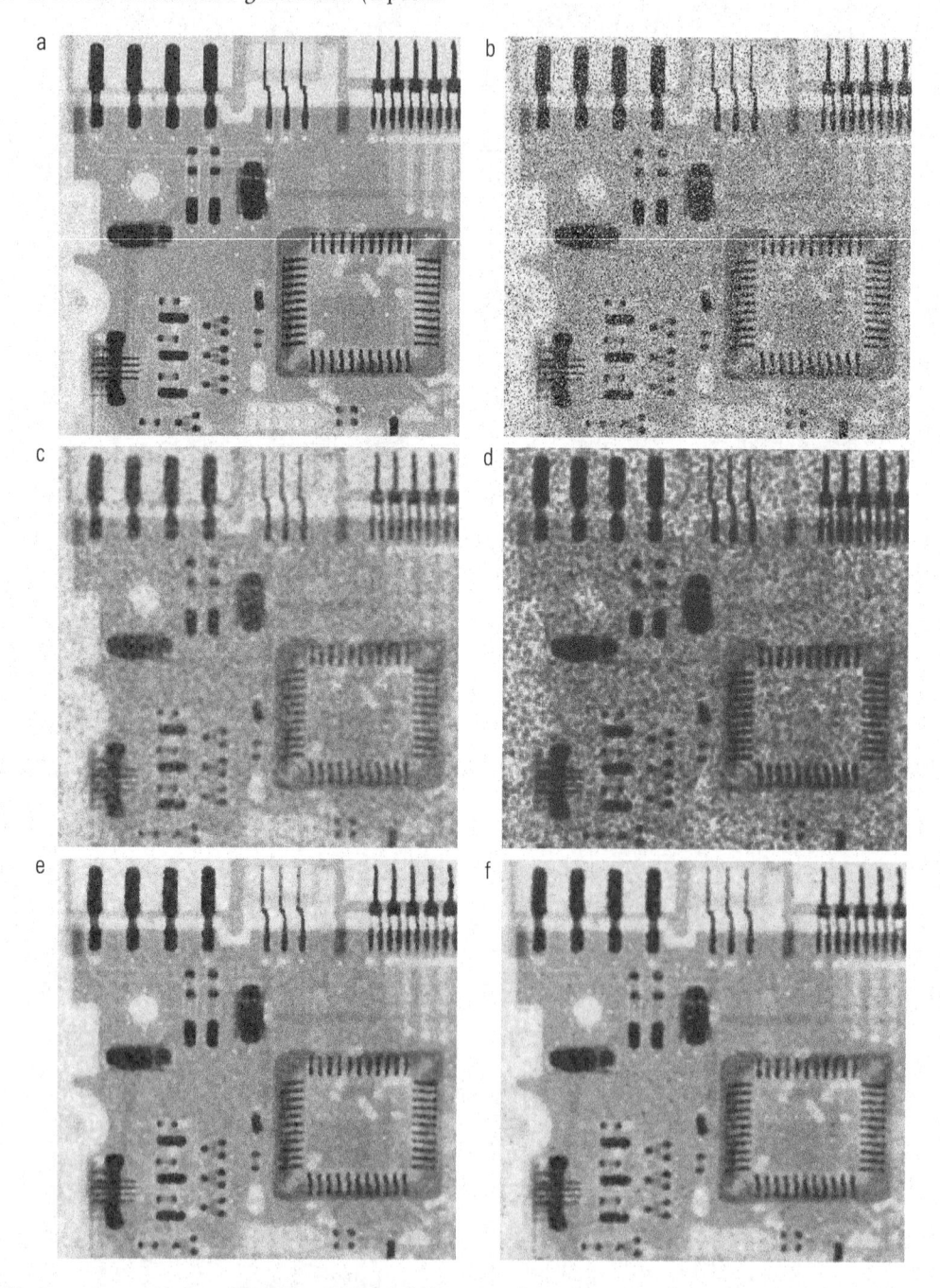

Figura 5.12 (a) Imagem corrompida por ruído uniforme aditivo. (b) Imagem adicionalmente corrompida pelo ruído sal e pimenta aditivo. Imagem (b) filtrada com um: (c) filtro de média aritmética; (d) filtro de média geométrica; (e) filtro de mediana; e (f) filtro de média alfa cortada com $d = 5$. Todos os filtros de tamanho 5×5.

5.3.3 Filtros adaptativos

Uma vez selecionados, os filtros discutidos até agora são aplicados a uma imagem sem levar em consideração como as características da imagem variam de um ponto a outro. Nesta seção, analisaremos dois filtros *adaptativos* cujo comportamento muda com base nas características estatísticas da imagem dentro da região de filtro definida pela janela retangular S_{xy} de tamanho $m \times n$. Como a discussão a seguir demonstra, os filtros adaptativos são capazes de um desempenho superior ao dos filtros discutidos até agora. O preço pago pelo maior poder de filtragem é uma maior complexidade do filtro. Tenha em mente que ainda estamos lidando com o caso no qual a imagem degradada é igual à imagem original mais o ruído. Ainda não estamos considerando outros tipos de degradação.

Filtro adaptativo de redução de ruído local

As medidas estatísticas mais simples de uma variável aleatória são sua média e sua variância. Trata-se de parâmetros razoáveis sobre os quais podemos basear um filtro adaptativo por serem valores estreitamente relacionados à aparência de uma imagem. A média nos proporciona uma medida de intensidade média na região ao longo da qual ela é calculada, e a variância nos proporciona uma medida de contraste nessa região.

Nosso filtro deve operar em uma região local, S_{xy}. A resposta do filtro em qualquer ponto (x, y) no qual a região é centralizada deve se basear em quatro valores: (a) $g(x, y)$, o valor da imagem com ruído em (x, y); (b) σ_η^2, a variância do ruído que corrompe $f(x, y)$ para formar $g(x, y)$; (c) m_L, a média local dos pixels em S_{xy}; e (d) σ_L^2, a variância local dos pixels em S_{xy}. Queremos que o comportamento do filtro seja o seguinte:

1. Se σ_η^2 for zero, o filtro deve simplesmente retornar o valor de $g(x, y)$. Esse é o caso trivial, de ruído zero, no qual $g(x, y)$ é igual a $f(x, y)$.
2. Se a variância local for alta em relação à σ_η^2, o filtro deve retornar um valor próximo de $g(x, y)$. Uma alta variância local costuma ser associada às bordas, que devem ser preservadas.
3. Se as duas variâncias forem iguais, queremos que o filtro retorne o valor da média aritmética dos pixels em S_{xy}. Essa condição ocorre quando a área local tem as mesmas propriedades que a imagem em geral e o ruído local é reduzido pelo simples cálculo da média.

Uma expressão adaptativa a ser obtida com base nessas premissas pode ser expressa como

$$\hat{f}(x, y) = g(x, y) - \frac{\sigma_\eta^2}{\sigma_L^2}\left[g(x, y) - m_L\right] \quad (5.3\text{-}12)$$

O único valor que precisa ser conhecido ou estimado é a variância do ruído geral, σ_η^2. Os outros parâmetros são calculados a partir dos pixels em S_{xy} para cada posição (x, y) na qual a janela do filtro é centralizada. Uma condição implícita na Equação 5.3-12 é que $\sigma_\eta^2 \leq \sigma_L^2$. O ruído no nosso modelo é aditivo e independente da posição, de forma que essa é uma condição aceitável de se fazer, já que S_{xy} é um subconjunto de $g(x, y)$. Contudo, raramente conhecemos σ_η^2 com precisão. Assim, é possível que essa condição seja violada na prática. Por essa razão, um teste deve ser incorporado na implementação da Equação 5.3-12, de forma que a razão seja definida em 1 se a condição $\sigma_\eta^2 > \sigma_L^2$ ocorrer. Isso faz com que esse filtro seja não linear. No entanto, isso impede resultados sem sentido (isto é, níveis de intensidade negativos, dependendo do valor de m_L) em virtude de um potencial desconhecimento da variância do ruído da imagem. Outra abordagem é permitir a ocorrência de valores negativos e reajustar os valores de intensidade no final. O resultado, neste caso, poderia ser uma perda na faixa dinâmica da imagem.

Exemplo 5.4 Ilustração de filtragem adaptativa de redução de ruído local.

A Figura 5.13(a) mostra a imagem da placa de circuito, corrompida dessa vez pelo ruído gaussiano aditivo de média zero e variância 1.000. Trata-se de um nível significativo de corrupção por ruído, mas representa um teste ideal para comparar o desempenho relativo do filtro. A Figura 5.13(b) mostra o resultado do processamento da imagem com ruído utilizando um filtro de média aritmética de tamanho 7×7. O ruído foi suavizado, mas à custa de um significativo borramento da imagem. Comentários similares são aplicáveis à Figura 5.13(c), que mostra o resultado do processamento da imagem com ruído utilizando um filtro de média geométrica, também de tamanho 7×7. As diferenças entre essas duas imagens filtradas são análogas às que discutimos no Exemplo 5.2; a única diferença é o grau de borramento.

A Figura 5.13(d) mostra o resultado da utilização do filtro adaptativo da Equação 5.3-12, com $\sigma_\eta^2 = 1.000$. As melhorias desse resultado em comparação com os dois filtros anteriores são significativas. Em termos de redução de ruído geral, o filtro adaptativo atingiu resultados similares aos dos filtros de média aritmética e geométrica. Contudo, a imagem filtrada com o filtro adaptativo é muito mais nítida. Por exemplo, as trilhas do conector na parte superior da imagem são significativamente mais nítidas na Figura 5.13(d). Outras características, como os buracos e as oito pernas do componente escuro no lado inferior esquerdo da imagem, são muito mais nítidas na Figura 5.13(d). Esses resultados são típicos do que pode ser obtido com um filtro adaptativo. Como mencionamos anteriormente, o preço pago pelo melhor desempenho é uma complexidade adicional do filtro.

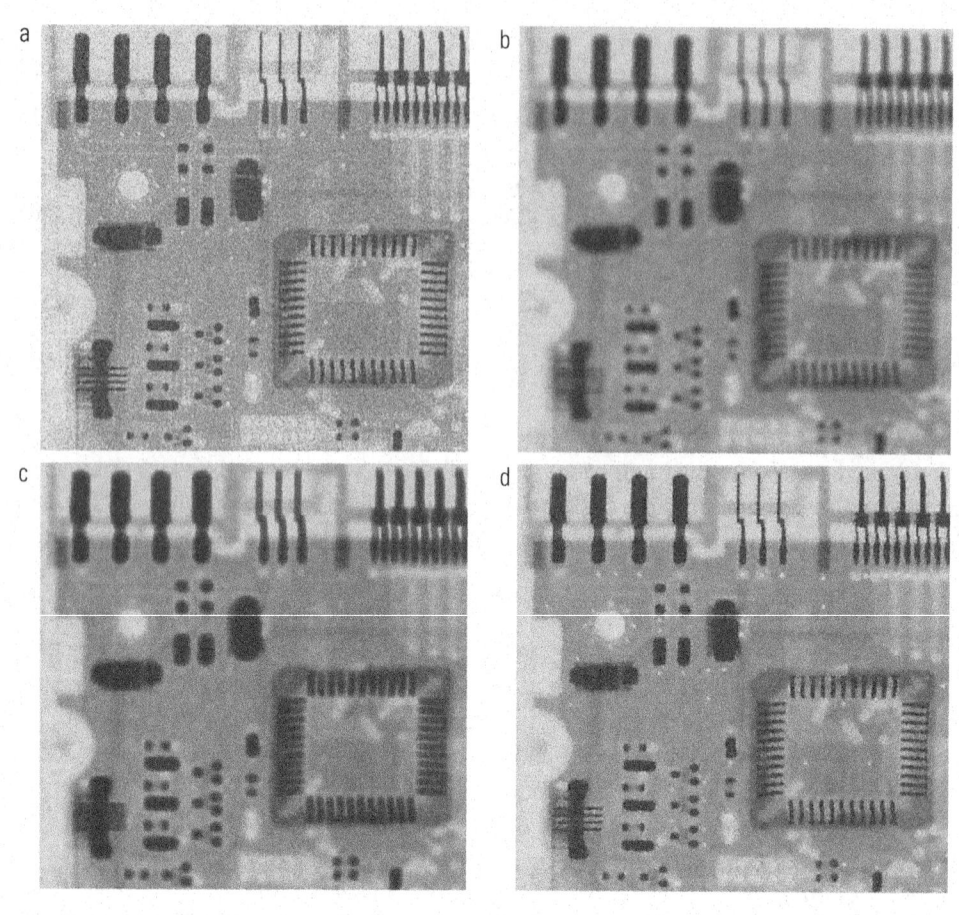

Figura 5.13 (a) Imagem corrompida pelo ruído gaussiano aditivo de média zero e variância 1.000. (b) Resultado da filtragem de média aritmética. (c) Resultado da filtragem de média geométrica. (d) Resultado da filtragem adaptativa de redução de ruído. Todos os filtros são de tamanho 7 × 7.

Os resultados mostrados utilizaram um valor para σ_η^2 que correspondia exatamente à variância do ruído. Se esse valor não for conhecido, e uma estimativa muito baixa for utilizada, o algoritmo retornará uma imagem que se assemelhará bastante à imagem original, porque as correções serão menores do que deveriam ser. Estimativas muito altas farão com que a razão da variância seja cortada em 1,0, e o algoritmo subtrairá a média da imagem com mais frequência do que normalmente faria. Se valores negativos forem permitidos e a intensidade da imagem for reajustada no final, o resultado será uma perda de faixa dinâmica, como mencionamos anteriormente.

Filtro adaptativo de mediana

O filtro de mediana discutido na Seção 5.3.2 apresenta um bom resultado se a densidade espacial do ruído impulsivo não for alta (como uma regra geral, P_a e P_b menores que 0,2). Mostramos, nesta seção, que a filtragem adaptativa mediana é capaz de lidar com o ruído impulsivo com probabilidades maiores que essas. Um benefício adicional do filtro adaptativo de mediana é que ele busca preservar os detalhes ao mesmo tempo em que suaviza o ruído não impulsivo, algo que o filtro de mediana "tradicional" não faz. Como em todos os filtros discutidos nas seções anteriores, o filtro adaptativo de mediana também funciona em uma área de janela retangular S_{xy}. Diferentemente desses filtros, contudo, o filtro adaptativo de mediana altera (aumenta) o tamanho de S_{xy} durante a operação de filtragem, dependendo de certas condições apresentadas nesta seção. Tenha em mente que a saída do filtro é um valor único utilizado para substituir o valor do pixel em (x, y), o ponto no qual a janela S_{xy} está centralizada em um determinado momento.

Considere a seguinte notação:

$z_{\text{mín}}$ = valor mínimo de intensidade em S_{xy}

$z_{\text{máx}}$ = valor máximo de intensidade em S_{xy}

z_{med} = mediana dos valores de intensidade em S_{xy}

z_{xy} = valor da intensidade nas coordenadas (x, y)

$S_{\text{máx}}$ = tamanho máximo permitido de S_{xy}

O algoritmo da filtragem mediana adaptativa funciona em duas etapas, chamadas de estágio A e estágio B, como segue:

Estágio A: $A1 = z_{med} - z_{mín}$
$A2 = z_{med} - z_{máx}$
Se $A1 > 0$ E $A2 < 0$, vá para o estágio B
Senão, aumente o tamanho da janela
Se o tamanho da janela $\leq S_{máx}$, repita o estágio A
Senão, a saída é z_{med}

Estágio B: $B1 = z_{xy} - z_{mín}$
$B2 = z_{xy} - z_{máx}$
Se $B1 > 0$ E $B2 < 0$, a saída é z_{xy}
Senão, a saída é z_{med}

A chave para compreender o funcionamento desse algoritmo é ter em mente que ele tem três principais finalidades: remover o ruído sal e pimenta (impulsivo), proporcionar suavização para outros ruídos que possam não ser impulsivos e reduzir a distorção, como o afinamento ou o espessamento excessivo das fronteiras dos objetos. Os valores $z_{mín}$ e $z_{máx}$ são estatisticamente considerados pelo algoritmo como componentes de ruído "similares a impulsos", mesmo se eles não forem o mais baixo e o mais alto valor de pixel possível na imagem.

Com essas observações em mente, vemos que o propósito do estágio A é verificar se a saída do filtro de mediana, z_{med}, é um impulso (preto *ou* branco) ou não. Se a condição $z_{mín} < z_{med} < z_{máx}$ for verdadeira, então z_{med} não pode ser um impulso pela razão mencionada no parágrafo anterior. Neste caso, vamos para o estágio B e verificamos se o ponto no centro da janela, z_{xy}, é um impulso (lembre-se que se trata do ponto sendo processado). Se a condição $B1 > 0$ E $B2 < 0$ for verdadeira, então $z_{mín} < z_{xy} < z_{máx}$ e z_{xy} não pode ser um impulso pela mesma razão pela qual z_{med} não era um impulso. Nesse caso, o algoritmo resulta no valor inalterado do pixel, z_{xy}. Por não alterar esses pontos de "nível intermediário", a distorção é reduzida na imagem. Se a condição $B1 > 0$ E $B2 < 0$ for falsa, então $z_{xy} = z_{mín}$ ou $z_{xy} = z_{máx}$. Em qualquer um dos casos, o valor do pixel é um valor extremo e o algoritmo resulta no valor de mediana z_{med}, que sabemos, com base no estágio A, não se tratar de um ruído impulsivo. O último passo é o que o filtro de mediana padrão faz. O problema é que o filtro de mediana padrão substitui todos os pontos da imagem pela mediana da vizinhança correspondente. Isso provoca uma perda desnecessária de detalhes.

Prosseguindo com a explicação, suponha que o estágio A *de fato* encontre um impulso (isto é, não passe no teste que faria com que ele prosseguisse ao estágio B). O algoritmo então aumenta o tamanho da janela e repete o estágio A. Esse procedimento prossegue até que o algoritmo encontre um valor de mediana que não seja um impulso (e passe para o estágio B) ou o tamanho máximo da janela seja atingido. Se o tamanho máximo da janela for atingido, o algoritmo retorna ao valor de z_{med}. Observe que não há garantia de que esse valor não seja um impulso. Quanto mais baixas forem as probabilidades P_a e/ou P_b de ruído, ou quanto maior se permite que $S_{máx}$ seja, menos provável será a ocorrência de uma condição de saída prematura. Isso é plausível. À medida que a densidade dos impulsos aumenta, nós logicamente precisaríamos de uma janela maior para "limpar" os picos de ruído.

Cada vez que o algoritmo gera um valor, a janela S_{xy} é movida para a próxima posição na imagem. O algoritmo então é reiniciado e aplicado aos pixels da próxima posição. Como indicado no Exercício 3.18, o valor da mediana pode ser atualizado iterativamente utilizando apenas os novos pixels, reduzindo, dessa forma, a carga computacional.

Exemplo 5.5 Ilustração da filtragem adaptativa de mediana.

A Figura 5.14(a) mostra a imagem da placa de circuito corrompida pelo ruído sal e pimenta com probabilidades $P_a = P_b = 0,25$, que é 2,5 vezes o nível de ruído utilizado na

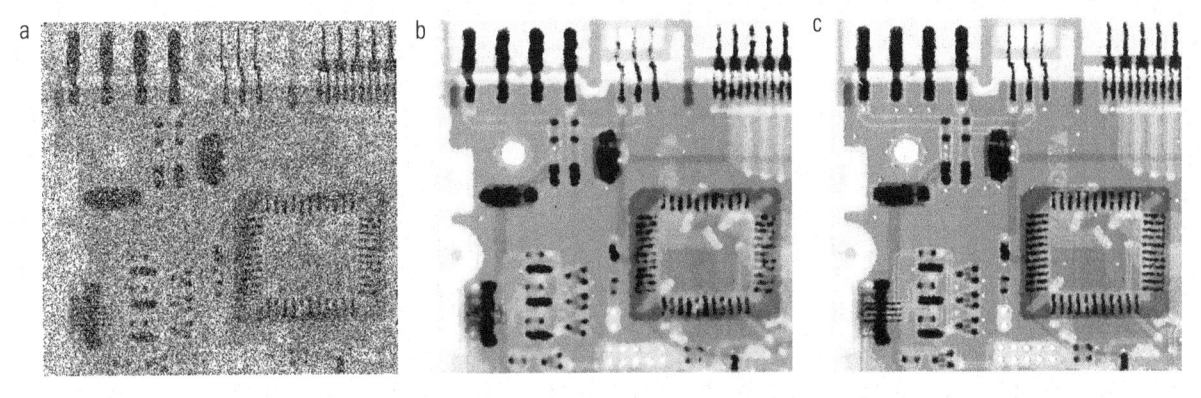

Figura 5.14 (a) Imagem corrompida por ruído sal e pimenta com probabilidades $P_a = P_b = 0,25$. (b) Resultado da filtragem com um filtro de mediana 7 × 7. (c) Resultado da filtragem adaptativa de mediana com $S_{máx} = 7$.

Figura 5.10(a). Aqui, o nível de ruído é alto o suficiente para obscurecer a maior parte dos detalhes da imagem. Como uma base para comparação, a imagem foi primeiro filtrada utilizando o menor filtro de mediana necessário para remover a maior parte dos traços visíveis do ruído impulsivo. Para isso, precisamos de um filtro de mediana 7 × 7 e o resultado é mostrado na Figura 5.14(b). Apesar de o ruído ter sido removido com eficácia, o filtro provocou perda significativa de detalhes na imagem. Por exemplo, as trilhas do conector na parte superior da imagem aparecem distorcidas ou incompletas. Outros detalhes da imagem são distorcidos de forma similar.

A Figura 5.14(c) mostra o resultado da utilização do filtro adaptativo de mediana com $S_{máx} = 7$. O desempenho da remoção de ruído foi similar ao do filtro de mediana. Contudo, o filtro adaptativo apresentou um desempenho melhor na preservação da nitidez e dos detalhes. As trilhas do conector aparecem menos distorcidas e alguns outros traços que foram obscurecidos ou distorcidos pelo filtro de mediana, a ponto de serem irreconhecíveis, aparecem mais nítidos e mais bem definidos na Figura. 5.14(c). Dois exemplos notáveis são os pequenos buracos brancos de passagem e o componente escuro de oito pernas no quadrante inferior esquerdo da imagem.

Considerando o alto nível de ruído da Figura 5.14(a), o algoritmo adaptativo apresentou um desempenho bastante bom. A escolha do tamanho máximo permitido para a janela depende da aplicação, mas um valor inicial razoável pode ser estimado antes por meio da experimentação com vários tamanhos do filtro de mediana padrão. Isso estabelecerá uma referência visual para as expectativas do desempenho do algoritmo adaptativo.

5.4 Redução de ruído periódico pela filtragem no domínio da frequência

O ruído periódico pode ser analisado e filtrado com bastante eficácia utilizando técnicas do domínio da frequência. A ideia básica é que o ruído periódico apareça como picos concentrados de energia na transformada de Fourier, em posições correspondentes às frequências da interferência periódica. A técnica consiste em utilizar um filtro seletivo (veja a Seção 4.10) para isolar o ruído. Os três tipos de filtros seletivos (rejeita-banda, passa-banda e *notch*, apresentados na Seção 4.10) serão utilizados nas seções 5.4.1 a 5.4.3 para a redução de ruído periódico básico. Também apresentaremos um método ótimo para a filtragem *notch* na Seção 5.4.4.

5.4.1 Filtros rejeita-banda

As funções de transferência dos filtros rejeita-banda ideal, Butterworth e gaussiano, apresentados na Seção 4.10.1, são resumidas na Tabela 4.6. A Figura 5.15 mostra gráficos em perspectiva desses filtros, e o exemplo a seguir ilustra a utilização do filtro rejeita-banda para reduzir os efeitos do ruído periódico.

Exemplo 5.6 Utilização da filtragem rejeita-banda para a remoção de ruído periódico.

Uma das principais aplicações da filtragem rejeita-banda é a remoção de ruído em aplicações nas quais a posição geral do(s) componente(s) de ruído no domínio da frequência é aproximadamente conhecida. Um bom exemplo é uma imagem corrompida por ruído periódico aditivo que pode ser aproximadamente estimado como funções senoidais bidimensionais. Não é difícil demonstrar que a transformada de Fourier de um seno consiste em dois impulsos que são imagens espelhadas uma da outra a partir da origem da transformada. Suas localizações são dadas na Tabela 4.3. Os impulsos são ao mesmo tempo imaginários (a parte real da transformada de Fourier de um seno é zero) e conjugados complexos um do outro. Teremos mais a dizer a respeito nas seções 5.4.3 e 5.4.4. Nosso objetivo por enquanto é ilustrar a filtragem rejeita-banda.

A Figura 5.16(a), que é a mesma que a Figura 5.5(a), mostra uma imagem substancialmente corrompida por ruído senoidal de várias frequências. Os componentes de ruído são facilmente vistos como pares simétricos de pontos claros no espectro de Fourier mostrado na Figura 5.16(b). Neste exemplo, os componentes se localizam em um círculo aproximado a partir da origem da transformada, de forma que um filtro rejeita-banda circularmente simétrico representa uma boa escolha. A Figura 5.16(c) mostra um filtro rejeita-banda Butterworth de ordem 4, com raio e largura apropriados para englobar completamente os impulsos de ruído. Como em geral é desejável remover o mínimo possível da transformada, filtros abruptos e estreitos são comuns na filtragem rejeita-banda. O resultado da filtragem da Figura 5.16(a) com esse

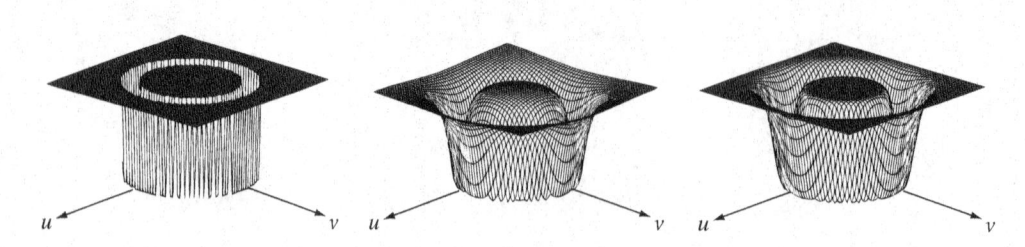

Figura 5.15 Da esquerda para a direita, gráficos em perspectiva de filtros rejeita-banda ideal, Butterworth (de ordem 1) e gaussiano.

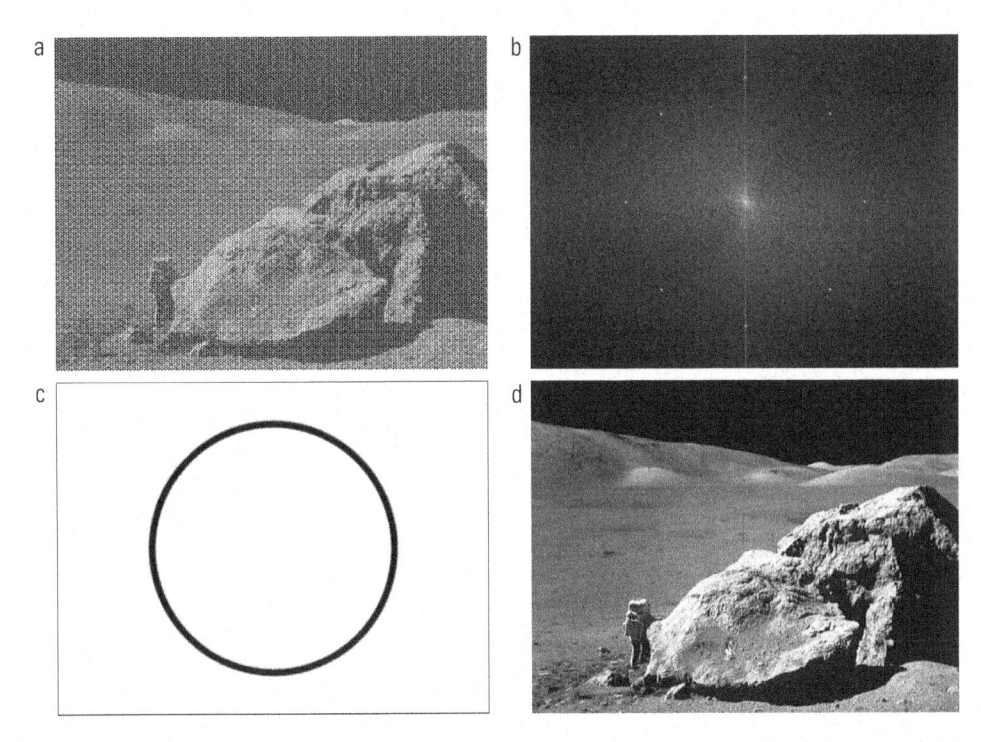

Figura 5.16 (a) Imagem corrompida por ruído senoidal. (b) Espectro de (a). (c) Filtro rejeita-banda Butterworth (o branco representa 1). (d) Resultado da filtragem. (Imagem original: cortesia da Nasa.)

filtro é mostrado na Figura 5.16(d). A melhora é bastante evidente. Até pequenos detalhes e texturas foram restaurados com eficácia por esse método simples de filtragem. Também cabe ressaltar que não seria possível obter resultados equivalentes por um método de filtragem direta no domínio espacial utilizando pequenas máscaras de convolução.

5.4.2 Filtros passa-banda

Um filtro *passa-banda* realiza a operação oposta de um filtro rejeita-banda. Mostramos, na Seção 4.10.1, como a função de transferência $H_{BP}(u, v)$ de um filtro passa-banda é obtida a partir de um filtro rejeita-banda correspondente com função de transferência $H_{BR}(u, v)$ utilizando a equação

$$H_{BP}(u, v) = 1 - H_{BR}(u, v) \quad (5.4-1)$$

Deixamos como um exercício (Exercício 5.12) deduzir as expressões para os filtros passa-banda correspondentes às equações rejeita-banda da Tabela 4.6.

Exemplo 5.7 Filtragem passa-banda para extrair padrões de ruído.

Não é um procedimento comum realizar a filtragem passa-banda direta em uma imagem porque isso geralmente remove detalhes demais da imagem. No entanto, a filtragem passa-banda é bastante útil para isolar os efeitos sobre uma imagem causados por bandas de frequência selecionadas. Isso é ilustrado na Figura 5.17. Essa imagem foi gerada (1) utilizando a Equação 5.4-1 para obter o filtro passa-banda correspondente ao filtro rejeita-banda da Figura 5.16; e (2) utilizando a transformada inversa da transformada filtrada pelo passa-banda. A maior parte dos detalhes da imagem foi perdida, mas as informações remanescentes são bastante úteis, já que fica claro que o padrão de ruído recuperado utilizando esse método é bastante parecido com o ruído que corrompeu a imagem na Figura 5.16(a). Em outras palavras, a filtragem passa-banda ajudou a isolar o padrão de ruído. Trata-se de um resultado útil por simplificar a análise do ruído, de forma razoavelmente independente do conteúdo da imagem.

Figura 5.17 Padrão de ruído da imagem da Figura 5.16a obtido pela filtragem passa-banda.

5.4.3 Filtros *notch*

Um filtro *notch* rejeita (ou passa) frequências em vizinhanças predefinidas em relação a uma frequência central. As equações para a filtragem *notch* são detalhadas na Seção 4.10.2. A Figura 5.18 mostra gráficos em 3-D de filtros *notch* (rejeita) ideal, Butterworth e gaussiano. Em virtude da simetria da transformada de Fourier, filtros *notch* devem aparecer em pares simétricos em relação à origem para obter resultados significativos. A única exceção a essa regra é se o filtro *notch* se localizar na origem, caso em que ele aparece sozinho. Apesar de mostrarmos apenas um par para fins de ilustração, o número de pares de filtros *notch* que podem ser implementados é arbitrário. O formato das áreas selecionadas também pode ser arbitrário (por exemplo, retangular).

Como explicamos na Seção 4.10.2, podemos obter filtros *notch* que *passam*, em vez de suprimir, as frequências contidas nas áreas selecionadas. Como esses filtros realizam exatamente a função oposta à dos filtros rejeita-*notch*, suas funções de transferência são dadas por

$$H_{PN}(u, v) = 1 - H_{RN}(u, v) \quad (5.4\text{-}2)$$

na qual $H_{PN}(u, v)$ é a função de transferência do filtro passa-*notch* correspondente ao filtro rejeita-*notch* com função de transferência $H_{RN}(u, v)$.

Exemplo 5.8 Remoção do ruído periódico pela filtragem *notch*.

A Figura 5.19(a) mostra a mesma imagem que a Figura 4.51(a). O método de filtragem *notch* que se segue reduz o ruído dessa imagem sem acrescentar o borramento significativo que vimos na Seção 4.8.4. A menos que o borramento seja desejável por razões que discutimos naquela seção, a filtragem *notch* é preferível se um filtro adequado puder ser encontrado.

Só de olhar as linhas quase horizontais do padrão de ruído da Figura 5.19(a), esperamos que sua contribuição ao domínio da frequência se concentre ao longo do eixo vertical. Contudo, o ruído não é suficientemente dominante para ter um padrão claro ao longo desse eixo, como é evidenciado no espectro mostrado na Figura 5.19(b). Podemos ter uma ideia da contribuição do ruído construindo um filtro passa-*notch* ideal simples ao longo do eixo vertical da transformada de Fourier, como mostra a Figura 5.19(c). A representação espacial do padrão de ruído (transformada inversa do resultado do filtro passa-*notch*) é mostrada na Figura 5.19(d). Esse padrão de ruído corresponde aproximadamente ao padrão da Figura 5.19(a). Tendo construído, dessa forma, um filtro passa-*notch* apropriado que isola o ruído em um grau razoável, podemos obter o filtro rejeita-*notch* correspondente a partir da Equação 5.4-2. O resultado do processamento da imagem com o filtro rejeita-*notch* é mostrado na Figura 5.19(e). Essa imagem contém significativamente menos ruído visível de linhas de varredura do que a Figura 5.19(a).

5.4.4 Filtragem *notch* ótima

A Figura 5.20(a), outro exemplo de degradação periódica de imagem, mostra uma imagem digital da superfície de Marte obtida pela espaçonave *Mariner 6*. O padrão de interferência é, de certa forma, similar ao da Figura. 5.16(a), mas o padrão anterior é consideravelmente mais sutil e,

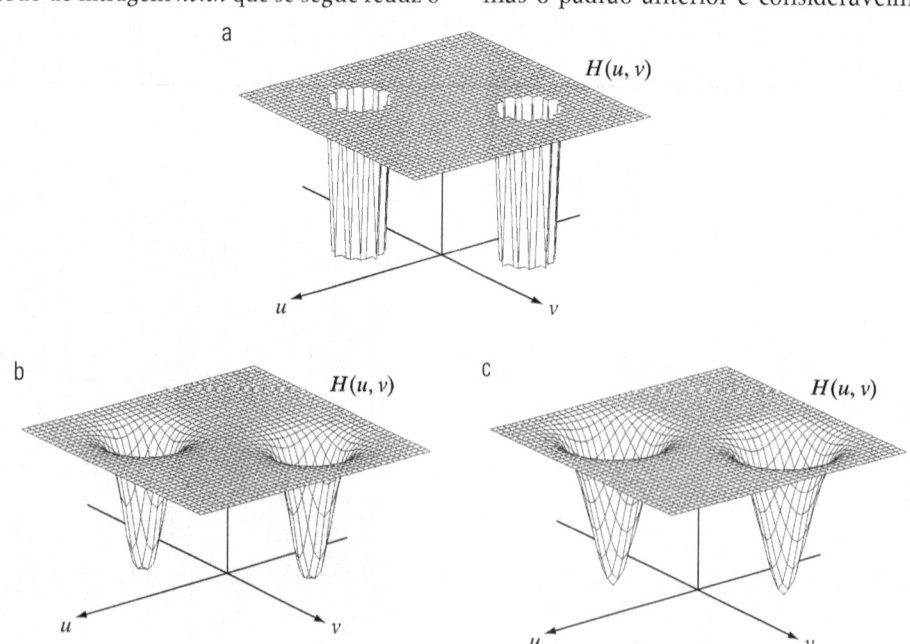

Figura 5.18 Gráficos em perspectiva de filtros *notch* (rejeita) (a) ideal, (b) Butterworth (de ordem 2) e (c) gaussiano.

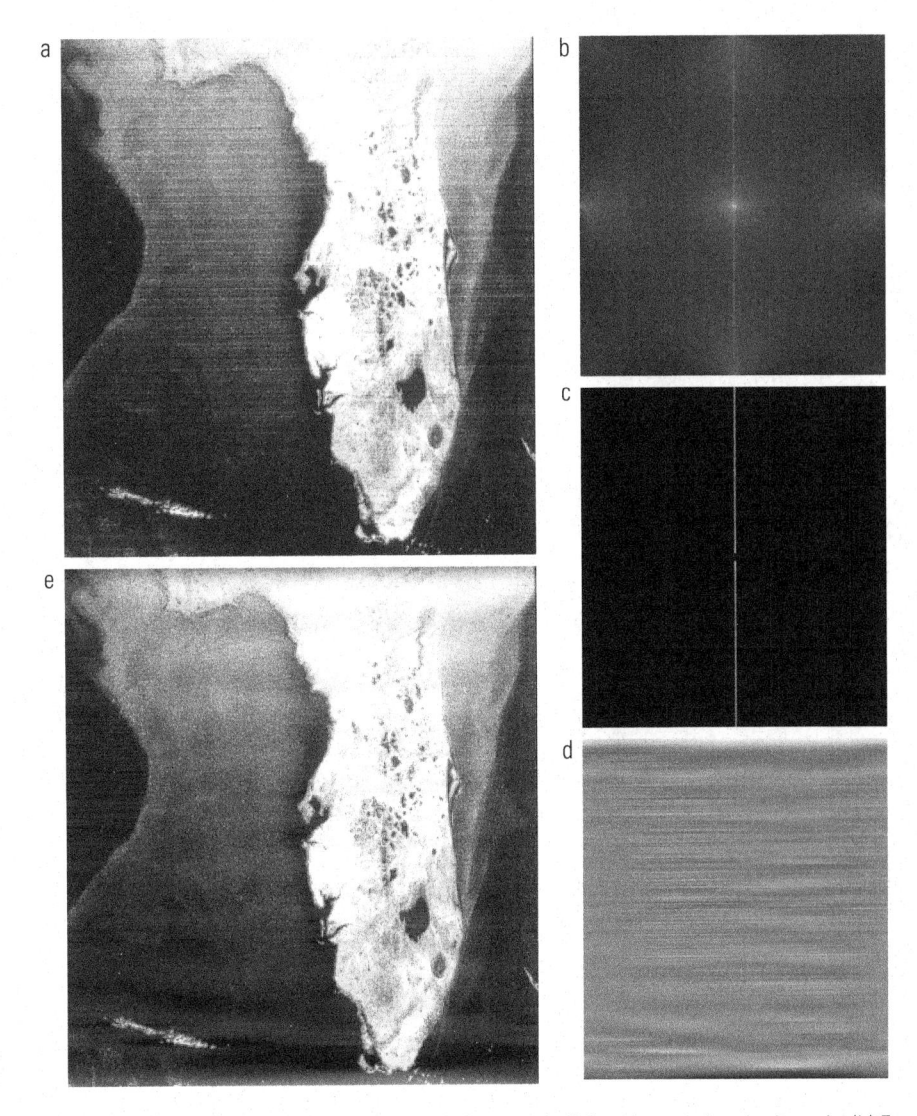

Figura 5.19 (a) Imagem de satélite da Flórida e do Golfo do México mostrando linhas de varredura horizontais. (b) Espectro. (c) Filtro passa-*notch* sobreposto a (b). (d) Padrão de ruído espacial. (e) Resultado da filtragem rejeita-*notch*. (Imagem original: cortesia da Noaa.)

em consequência, de mais difícil detecção no plano da frequência. A Figura 5.20(b) mostra o espectro de Fourier da imagem em questão. Os componentes parecidos com estrelas foram causados pela interferência, e vários pares de componentes estão presentes, indicando que o padrão contém mais do que apenas um componente senoidal.

Quando vários componentes de interferência estão presentes, os métodos discutidos nas seções anteriores nem sempre são aceitáveis porque podem remover muitas informações da imagem no processo de filtragem (uma característica muito indesejável quando as imagens são únicas e/ou de aquisição dispendiosa). Além disso, os componentes de interferência em geral não são picos de uma única frequência. Em vez disso, eles tendem a ter margens maiores que carregam informações sobre o padrão de interferência. Essas margens nem sempre são facilmente detectáveis a partir do fundo da transformada normal. Métodos de filtragem alternativos que reduzem o efeito dessas degradações são bastante úteis em muitas aplicações. O método discutido aqui é ótimo, no sentido de minimizar as variâncias locais da estimativa restaurada $\hat{f}(x, y)$.

O procedimento consiste em primeiro isolar as principais contribuições do padrão de interferência e depois subtrair uma parcela variável e ponderada do padrão da imagem corrompida. Apesar de desenvolvermos o procedimento no contexto de uma aplicação específica, a abordagem básica é bastante genérica e pode ser aplicada a outras tarefas de restauração nas quais a interferência periódica múltipla constitui um problema.

O primeiro passo é extrair os principais componentes de frequência do padrão de interferência. Assim como antes, isso pode ser feito com um filtro passa-*notch*, $H_{PN}(u, v)$,

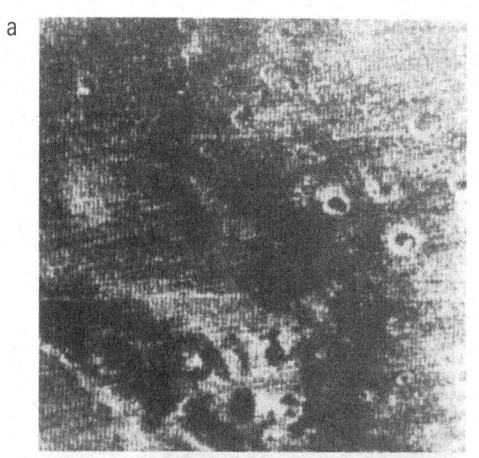

Figura 5.20 (a) Imagem da superfície de Marte obtida pelo *Mariner 6*. (b) Espectro de Fourier mostrando a interferência periódica. (Cortesia da Nasa.)

O problema, obviamente, é que esse procedimento de filtragem normalmente resulta em apenas uma aproximação do padrão verdadeiro. Em vez disso, o efeito dos componentes não presentes na estimativa de $\eta(x, y)$ pode ser minimizado subtraindo de $g(x, y)$ uma parcela *ponderada* de $\eta(x, y)$ para obter uma estimativa de $f(x, y)$:

$$\hat{f}(x,y) = g(x,y) - w(x,y)\eta(x,y) \quad (5.4\text{-}5)$$

na qual, como antes, $\hat{f}(x, y)$ é a estimativa de $f(x, y)$, e $w(x, y)$ deve ser calculada. A função $w(x, y)$ é chamada de função de *ponderação* ou *modulação*, e o objetivo do procedimento é selecionar essa função de forma que o resultado seja otimizado de algum modo significativo. Uma abordagem consiste em selecionar $w(x, y)$ de forma que a variância da estimativa $\hat{f}(x, y)$ seja minimizada ao longo de uma vizinhança especificada de cada ponto (x, y).

Considere uma vizinhança de tamanho $(2a + 1)$ por $(2b + 1)$ em relação ao um ponto (x, y). A variância "local" de $\hat{f}(x, y)$ nas coordenadas (x, y) pode ser estimada com base nas amostras, como segue:

$$\sigma^2(x,y) = \frac{1}{(2a+1)(2b+1)} \sum_{s=-a}^{a} \sum_{t=-b}^{b} [\hat{f}(x+s, y+t) - \overline{\hat{f}}(x,y)]^2 \quad (5.4\text{-}6)$$

sendo que $\overline{\hat{f}}(x, y)$ expressa o valor médio de $\hat{f}$ na vizinhança; isto é

$$\overline{\hat{f}}(x,y) = \frac{1}{(2a+1)(2b+1)} \sum_{s=-a}^{a} \sum_{t=-b}^{b} \hat{f}(x+s, y+t) \quad (5.4\text{-}7)$$

Os pontos na borda da imagem ou perto dela podem ser tratados considerando vizinhanças parciais ou preenchendo o contorno com zeros.

Substituir a Equação 5.4-5 na Equação 5.4-6 resulta em

$$\sigma^2(x,y) = \frac{1}{(2a+1)(2b+1)} \sum_{s=-a}^{a} \sum_{t=-b}^{b} \{[g(x+s, y+t) - w(x+s, y+t)\eta(x+s, y+t)] - [\bar{g}(x,y) - \overline{w(x,y)\eta(x,y)}]\}^2 \quad (5.4\text{-}8)$$

Considerando que $w(x, y)$ permanece essencialmente constante ao longo da vizinhança, isso nos dá a aproximação

$$w(x+s, y+t) = w(x, y) \quad (5.4\text{-}9)$$

para $-a \leq s \leq a$ e $-b < t < b$. Esse pressuposto também resulta na expressão

$$\overline{w(x,y)\eta(x,y)} = w(x,y)\bar{\eta}(x,y) \quad (5.4\text{-}10)$$

na posição de cada pico. Se o filtro for construído para passar apenas componentes associados ao padrão de interferência, a transformada de Fourier do padrão do ruído de interferência é dada pela expressão

$$N(u,v) = H_{PN}(u,v)G(u,v) \quad (5.4\text{-}3)$$

na qual, como sempre, $G(u, v)$ expressa a transformada de Fourier da imagem corrompida.

A formulação de $H_{PN}(u, v)$ requer uma análise considerável do que constitui ou não um pico de interferência. Por essa razão, o filtro passa-*notch* em geral é interativamente construído observando o espectro de $G(u, v)$ em uma exibição. Depois que um filtro particular é selecionado, um padrão correspondente no domínio espacial é obtido a partir da expressão

$$\eta(x, y) = \mathfrak{F}^{-1}\{H_{PN}(u,v)G(u,v)\} \quad (5.4\text{-}4)$$

Como presumimos que a imagem corrompida é formada pela adição da imagem não corrompida $f(x, y)$ com a interferência, se $\eta(x, y)$ fosse completamente conhecido, seria simples subtrair o padrão de $g(x, y)$ para obter $f(x, y)$.

na vizinhança. Com essas aproximações, a Equação 5.4-8 passa a ser

$$\sigma^2(x,y) = \frac{1}{(2a+1)(2b+1)} \sum_{s=-a}^{a} \sum_{t=-b}^{b} \{[g(x+s,y+t) - w(x,y)\eta(x+s,y+t)] - [\overline{g}(x,y) - w(x,y)\overline{\eta}(x,y)]\}^2 \quad (5.4\text{-}11)$$

Para minimizar $\sigma^2(x,y)$, calculamos

$$\frac{\partial \sigma^2(x,y)}{\partial w(x,y)} = 0 \quad (5.4\text{-}12)$$

para $w(x, y)$. O resultado é

$$w(x,y) = \frac{\overline{g(x,y)\eta(x,y)} - \overline{g}(x,y)\overline{\eta}(x,y)}{\overline{\eta^2}(x,y) - \overline{\eta}^2(x,y)} = 0 \quad (5.4\text{-}13)$$

Para obter a imagem restaurada $\hat{f}(x, y)$, calculamos $w(x, y)$ a partir da Equação 5.4-13 e depois utilizamos a Equação 5.4-5. Como assumimos que $w(x, y)$ é constante em uma vizinhança, é desnecessário calcular essa função para cada valor de x e y na imagem. Em vez disso, $w(x, y)$ é calculada para *um* ponto em cada vizinhança não sobreposta (de preferência o ponto central) e depois utilizada para processar todos os pontos da imagem contidos nessa vizinhança.

Exemplo 5.9 Ilustração da filtragem *notch* ótima.

As figuras 5.21 a 5.23 mostram o resultado da aplicação da técnica discutida anteriormente à imagem da Figura 5.20(a). O tamanho dessa imagem é 512 × 512 pixels, e foi selecionada uma vizinhança com $a = b = 15$. A Figura 5.21 mostra o espectro de Fourier da imagem corrompida. A origem não foi deslocada para o centro do plano da frequência neste caso específico, de forma que $u = v = 0$ se posiciona no canto superior esquerdo da imagem da transformada na Figura 5.21. A Figura 5.22(a) mostra o espectro de $N(u, v)$, no qual apenas os picos de ruído estão presentes. A Figura 5.22(b) mostra o padrão de interferência $\eta(x, y)$ obtido com a transformada inversa de Fourier de $N(u, v)$. Observe a semelhança entre esse padrão e a estrutura do ruído presente na Figura 5.20(a). Por fim, a Figura 5.23 mostra a imagem processada obtida com a Equação 5.4-5. A interferência periódica foi removida para todos os fins práticos.

5.5 Degradações lineares, invariantes no espaço

A relação entre entrada e saída na Figura 5.1 antes do estágio de restauração é expressa como

$$g(x, y) = H[f(x, y)] + \eta(x, y) \quad (5.5\text{-}1)$$

Por enquanto, vamos supor que $\eta(x, y) = 0$, de forma que $g(x, y) = H[f(x, y)]$.

Com base na análise da Seção 2.6.2, H é *linear* se

$$H[af_1(x,y) + bf_2(x,y)] = aH[f_1(x,y)] + bH[f_2(x,y)] \quad (5.5\text{-}2)$$

Figura 5.21 Espectro de Fourier (sem deslocamento) da imagem mostrada na Figura 5.20(a). (Cortesia da Nasa.)

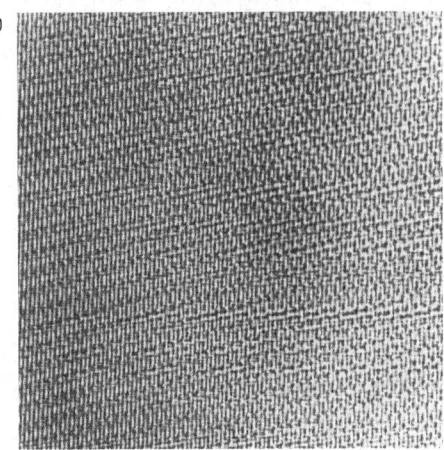

Figura 5.22 (a) Espectro de Fourier de $N(u, v)$. (b) Padrão de interferência do ruído correspondente, $\eta(x, y)$. (Cortesia da Nasa.)

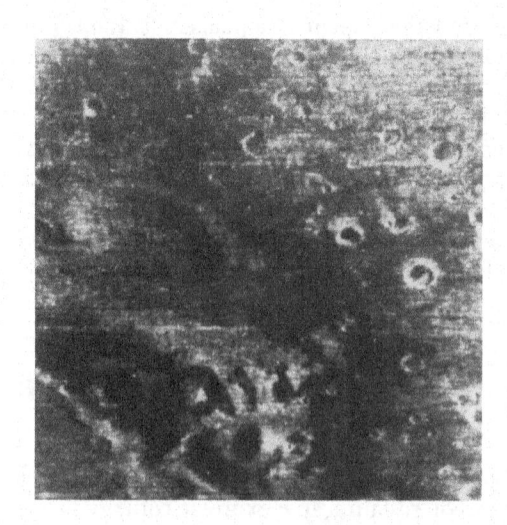

Figura 5.23 Imagem processada. (Cortesia da Nasa.)

na qual a e b são escalares e $f_1(x, y)$ e $f_2(x, y)$ representam quaisquer duas imagens de entrada.*

Se $a = b = 1$, a Equação 5.5-2 passa a ser

$$H[f_1(x, y) + f_2(x, y)] = H[f_1(x, y)] + H[f_2(x, y)] \quad (5.5\text{-}3)$$

que é chamada de propriedade de *aditividade*. Essa propriedade simplesmente diz que, se H for um operador linear, a resposta a uma soma de duas entradas será igual à soma das duas respostas.

Com $f_2(x, y) = 0$, a Equação 5.5-2 passa a ser

$$H[af_1(x, y)] = aH[f_1(x, y)] \quad (5.5\text{-}4)$$

que é chamada de propriedade de *homogeneidade*. Segundo essa propriedade, a resposta a um múltiplo constante de qualquer entrada é igual à resposta a essa entrada multiplicada pela mesma constante. Dessa forma, um operador linear apresenta tanto a propriedade de aditividade quanto a propriedade de homogeneidade.

Diz-se que um operador com a relação entrada-saída $g(x, y) = H[f(x, y)]$ é *invariante no espaço* (ou na *posição*) se

$$H[f(x - \alpha, y - \beta)] = g(x - \alpha, y - \beta) \quad (5.5\text{-}5)$$

para qualquer $f(x, y)$ e qualquer α e β. Essa definição indica que a resposta em qualquer ponto da imagem depende somente do *valor* da entrada nesse ponto, não de sua *posição*.

Com uma ligeira (mas equivalente) variação de notação na definição do impulso na Equação 4.5-3, $f(x, y)$ pode ser formulada como:

---
* Consulte o site do livro para uma breve revisão da teoria de sistemas lineares.

$$f(x, y) = \int_{-\infty}^{\infty} \int_{-\infty}^{\infty} f(\alpha, \beta) \delta(x - \alpha, y - \beta) d\alpha d\beta$$

(5.5-6)

Suponha novamente que $\eta(x, y) = 0$. Então, a substituição da Equação 5.5-6 na Equação 5.5-1 resulta na expressão

$$g(x, y) = H[f(x, y)]$$
$$= H\left[\int_{-\infty}^{\infty} \int_{-\infty}^{\infty} f(\alpha, \beta) \delta(x - \alpha, y - \beta) d\alpha d\beta\right]$$

(5.5-7)

Se H for um operador linear e estendermos a propriedade de aditividade às integrais, então

$$g(x, y) = \int_{-\infty}^{\infty} \int_{-\infty}^{\infty} H[f(\alpha, \beta) \delta(x - \alpha, y - \beta)] d\alpha d\beta$$

(5.5-8)

Como $f(\alpha, \beta)$ é independente de x e y, e utilizando a propriedade de homogeneidade, segue-se que

$$g(x, y) = \int_{-\infty}^{\infty} \int_{-\infty}^{\infty} f(\alpha, \beta) H[\delta(x - \alpha, y - \beta)] d\alpha d\beta$$

(5.5-9)

O termo

$$h(x, \alpha, y, \beta) = H[\delta(x - \alpha, y - \beta)] \quad (5.5\text{-}10)$$

é chamado de *resposta ao impulso* de H. Em outras palavras, se $\eta(x, y) = 0$ na Equação 5.5-1, então $h(x, \alpha, y, \beta)$ é a resposta de H a um impulso nas coordenadas (x, y). Na ótica, o impulso passa a ser um ponto de luz, e $h(x, \alpha, y, \beta)$ costuma ser chamado de *função de espalhamento de ponto* (PSF, de *point spread function*). Esse termo se origina do fato de que todos os sistemas óticos físicos borram (espalham) um ponto de luz em uma certa extensão, com a quantidade de borramento determinada pela qualidade dos componentes óticos.

Substituir a Equação 5.5-10 na Equação 5.5-9 resulta na expressão

$$g(x, y) = \int_{-\infty}^{\infty} \int_{-\infty}^{\infty} f(\alpha, \beta) h(x, \alpha, y, \beta) d\alpha d\beta$$

(5.5-11)

que é chamada de *integral de superposição* (ou *de Fredholm*) *de primeira espécie*. Essa expressão é um resultado fundamental que reside no "coração" da teoria dos sistemas lineares. Ela afirma que, se a resposta de H a um impulso for conhecida, a resposta para *qualquer* entrada $f(\alpha, \beta)$ pode ser calculada com base na Equação 5.5-11. Em outras palavras, um sistema linear H é completamente caracterizado por sua resposta ao impulso.

Se H for invariante no espaço, então, a partir da Equação 5.5-5,

$$H[\delta(x - \alpha, y - \beta)] = h(x - \alpha, y - \beta) \quad (5.5\text{-}12)$$

Nesse caso, a Equação 5.5-11 é reduzida a

$$g(x,y) = \int_{-\infty}^{\infty}\int_{-\infty}^{\infty} f(\alpha,\beta)h(x-\alpha,y-\beta)\,d\alpha\,d\beta \quad (5.5\text{-}13)$$

Essa expressão é a *integral de convolução* para uma variável apresentada na Equação 4.2-20 e estendida para 2-D no Exercício 4.11. Essa integral nos indica que conhecer a resposta ao impulso de um sistema linear nos permite calcular sua resposta, g, para *qualquer* entrada f. O resultado é simplesmente a convolução da resposta ao impulso com a função de entrada.

Na presença de ruído aditivo, a expressão do modelo de degradação linear (Equação 5.5-11) passa a ser

$$g(x,y) = \int_{-\infty}^{\infty}\int_{-\infty}^{\infty} f(\alpha,\beta)h(x,\alpha,y,\beta)\,d\alpha\,d\beta + \eta(x,y) \quad (5.5\text{-}14)$$

Se H for invariante no espaço, a Equação 5.5-14 passa a ser

$$g(x,y) = \int_{-\infty}^{\infty}\int_{-\infty}^{\infty} f(\alpha,\beta)h(x-\alpha,y-\beta)\,d\alpha\,d\beta + \eta(x,y) \quad (5.5\text{-}15)$$

Os valores do termo de ruído $\eta(x, y)$ são aleatórios, e considera-se que eles sejam independentes da posição. Utilizando a notação já conhecida para a convolução, podemos formular a Equação 5.5-15 como

$$g(x, y) = h(x, y) \star f(x, y) + \eta(x, y) \quad (5.5\text{-}16)$$

ou, com base no teorema da convolução (veja a Seção 4.6.6), podemos expressá-la no domínio da frequência como

$$G(u, v) = H(u, v)F(u, v) + N(u, v) \quad (5.5\text{-}17)$$

Essas duas expressões estão de acordo com as equações 5.1-1 e 5.1-2. Tenha em mente que, para valores discretos, todos os produtos são termo por termo. Por exemplo, o termo ij de $H(u, v)F(u, v)$ é o produto do termo ij de $H(u, v)$ e do termo ij de $F(u, v)$.

Em resumo, a análise anterior sugere que um sistema de degradação linear e invariante no espaço com ruído aditivo pode ser modelado no domínio espacial como a convolução da função de degradação (espalhamento de ponto) com uma imagem, seguida da adição do ruído. Com base no teorema da convolução, o mesmo processo pode ser expresso no domínio da frequência como o produto das transformadas da imagem e da função de degradação, seguido da adição da transformada do ruído. Ao trabalhar no domínio da frequência, utilizamos um algoritmo FFT, como vimos na Seção 4.11. Tenha em mente também a necessidade de preenchimento de função na implementação das transformadas discretas de Fourier, como mostrado na Seção 4.6.6.

Muitos tipos de degradações podem ser aproximados por processos lineares, invariantes no espaço. A vantagem desse método é que as extensas ferramentas de teoria dos sistemas lineares tornam-se disponíveis para solucionar problemas de restauração de imagens. Técnicas não lineares e dependentes da posição, apesar de mais gerais (e normalmente mais precisas), apresentam dificuldades que muitas vezes não têm solução conhecida ou são de difícil resolução em termos computacionais. Este capítulo se concentra em técnicas de restauração lineares, invariantes no espaço. Como as degradações são formuladas como sendo o resultado da convolução, e a restauração busca encontrar filtros que aplicam o processo inverso, o termo *deconvolução de imagens* normalmente é utilizado em referência à restauração linear de imagens. De forma similar, os filtros utilizados no processo de restauração muitas vezes são chamados de *filtros de deconvolução*.

5.6 Estimativa da função de degradação

Existem três principais métodos para estimar a função de degradação para a utilização na restauração de imagens: (1) observação, (2) experimentação e (3) modelamento matemático. Esses métodos serão discutidos nas seções a seguir. O processo para restaurar uma imagem utilizando uma função de degradação que foi de alguma forma estimada algumas vezes é chamado de *deconvolução cega*, pelo fato de a verdadeira função de degradação raramente ser conhecida em sua totalidade.

5.6.1 Estimativa pela observação da imagem

Suponha que recebamos uma imagem degradada sem qualquer informação sobre a função de degradação H. Com base na premissa de que a imagem foi degradada por um processo linear, invariante no espaço, uma forma de estimar H é coletando informações da própria imagem. Por exemplo, se a imagem estiver borrada, podemos analisar uma pequena seção retangular da imagem contendo estruturas da amostra, como parte de um objeto e do fundo. Para reduzir o efeito do ruído, procuraríamos uma área na qual o conteúdo de sinal fosse intenso (por exemplo, uma área com alto contraste). O próximo passo seria processar a subimagem para chegar a um resultado que seja o menos borrado possível. Por exemplo, podemos fazer isso aumentando a nitidez da subimagem com um filtro de aguçamento e até mesmo processando pequenas áreas manualmente.

Seja a subimagem observada expressa por $g_s(x, y)$ e a subimagem processada (que, na realidade, é a nossa estimativa da imagem original nessa área) expressa por $\hat{f}_s(x,y)$. Depois, considerando que o efeito do ruído é desprezível em razão da nossa escolha de uma área de sinal forte, segue-se, da Equação 5.5-17, que

$$H_s(u,v) = \frac{G_s(u,v)}{\hat{F}_s(u,v)} \quad (5.6\text{-}1)$$

Com base nas características dessa função, deduzimos a função de degradação completa $H(u, v)$ com base no nosso pressuposto de invariância no espaço. Por exemplo, suponha que um gráfico radial de $H_s(u, v)$ tenha o formato aproximado de uma curva gaussiana. Podemos utilizar essa informação para construir uma função $H(u, v)$ em uma escala maior, mas com o mesmo formato básico. Depois utilizamos $H(u, v)$ em uma das abordagens de restauração que serão analisadas nas seções seguintes. Claramente, trata-se de um processo laborioso utilizado apenas em circunstâncias muito específicas, por exemplo, na restauração de uma antiga fotografia de valor histórico.

5.6.2 Estimativa por experimentação

Se um equipamento similar ao utilizado na aquisição da imagem degradada estiver disponível, é possível, em princípio, obter uma estimativa precisa da degradação. Imagens similares à imagem degradada podem ser adquiridas com várias configurações de sistema até serem degradadas o mais próximo possível da imagem que desejamos restaurar. Então, a ideia é obter a resposta ao impulso da degradação a partir da aquisição da imagem de um impulso (pequeno ponto de luz) utilizando as mesmas configurações do sistema. Como observado na Seção 5.5, um sistema linear, invariante no sistema, é completamente caracterizado por sua resposta ao impulso. Um impulso é simulado por um ponto claro de luz, o mais claro possível para reduzir o efeito do ruído a valores desprezíveis. Então, lembrando que a transformada de Fourier de um impulso é uma constante, segue-se da Equação 5.5-17 que

$$H(u,v) = \frac{G(u,v)}{A} \quad (5.6\text{-}2)$$

sendo que, como antes, $G(u, v)$ é a transformada de Fourier da imagem observada e A é uma constante descrevendo a intensidade do impulso. A Figura 5.24 mostra um exemplo.

5.6.3 Estimativa por modelamento

O modelamento da degradação tem sido utilizado durante muitos anos por permitir uma solução ao problema de restauração de imagens. Em alguns casos, o modelo pode até levar em consideração condições ambientais que causam as degradações. Por exemplo, um modelo de degradação proposto por Hufnagel e Stanley (1964) se baseia nas características físicas da turbulência atmosférica. Esse modelo tem uma fórmula já conhecida:

$$H(u,v) = e^{-k(u^2+v^2)^{5/6}} \quad (5.6\text{-}3)$$

na qual k é uma constante que depende da natureza da turbulência. Com exceção da potência 5/6 no expoente, essa equação tem a mesma forma que o filtro passa-baixa gaussiano discutido na Seção 4.8.3. Com efeito, o LPF gaussiano algumas vezes é utilizado para modelar um borramento leve, uniforme. A Figura 5.25 mostra exemplos obtidos simulando o borramento de uma imagem utilizando a Equação 5.6-3 com valores de $k = 0{,}0025$ (turbulência grave), $k = 0{,}001$ (turbulência suave) e $k = 0{,}00025$ (turbulência baixa). Todas as imagens são de tamanho 480 × 480 pixels.

Outra importante abordagem no modelamento consiste em deduzir um modelo matemático a partir de princípios básicos. Ilustraremos esse procedimento tratando, em alguns detalhes, o caso no qual uma imagem foi borrada por movimento linear uniforme entre a imagem e o sensor durante sua aquisição. Suponha que uma imagem $f(x, y)$ passe por um movimento planar e que $x_0(t)$ e $y_0(t)$ sejam os componentes de movimento que variam com o tempo nas direções x e y, respectivamente. A exposição total em qualquer ponto do meio de gravação (digamos, filme ou memória digital) é obtida integrando a exposição instantânea ao longo do intervalo de tempo durante o qual o obturador do sistema de aquisição de imagens estiver aberto.

Assumir que a abertura e o fechamento do obturador ocorrem instantaneamente e que o processo de aquisição ótica de imagens é perfeito, isola o efeito do movimento da imagem. Então, se T for a duração da exposição, segue-se que

$$g(x,y) = \int_0^T f[x - x_0(t), y - y_0(t)]dt \quad (5.6\text{-}4)$$

sendo $g(x, y)$ a imagem borrada.

Com base na Equação 4.5-7, a transformada de Fourier da Equação 5.6-4 é

$$\begin{aligned} G(u,v) &= \int_{-\infty}^{\infty}\int_{-\infty}^{\infty} g(x,y)e^{-j2\pi(ux+vy)}dxdy \\ &= \int_{-\infty}^{\infty}\int_{-\infty}^{\infty}\left[\int_0^T f[x-x_0(t), y-y_0(t)]dt\right]e^{-j2\pi(ux+vy)}dxdy \end{aligned} \quad (5.6\text{-}5)$$

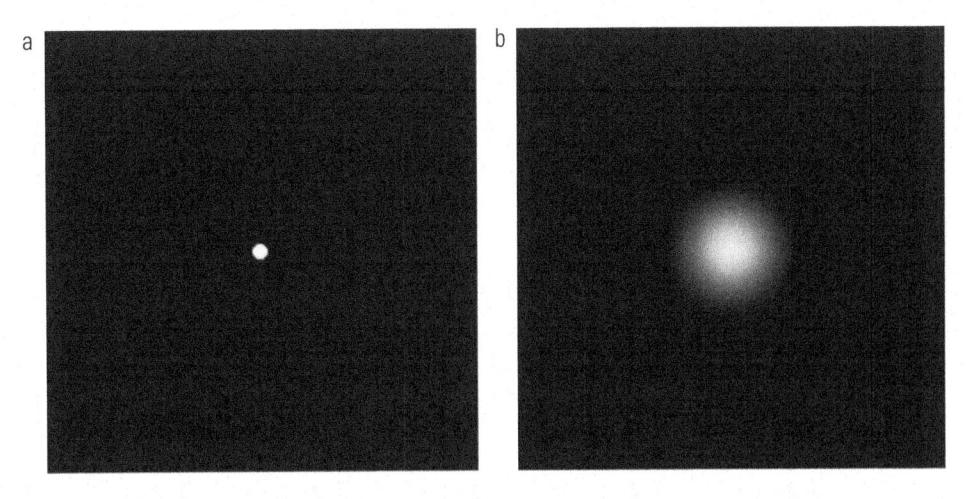

Figura 5.24 Estimativa da degradação pela caracterização do impulso. (a) Impulso de luz (mostrado ampliado). (b) Imagem desse impulso (degradado).

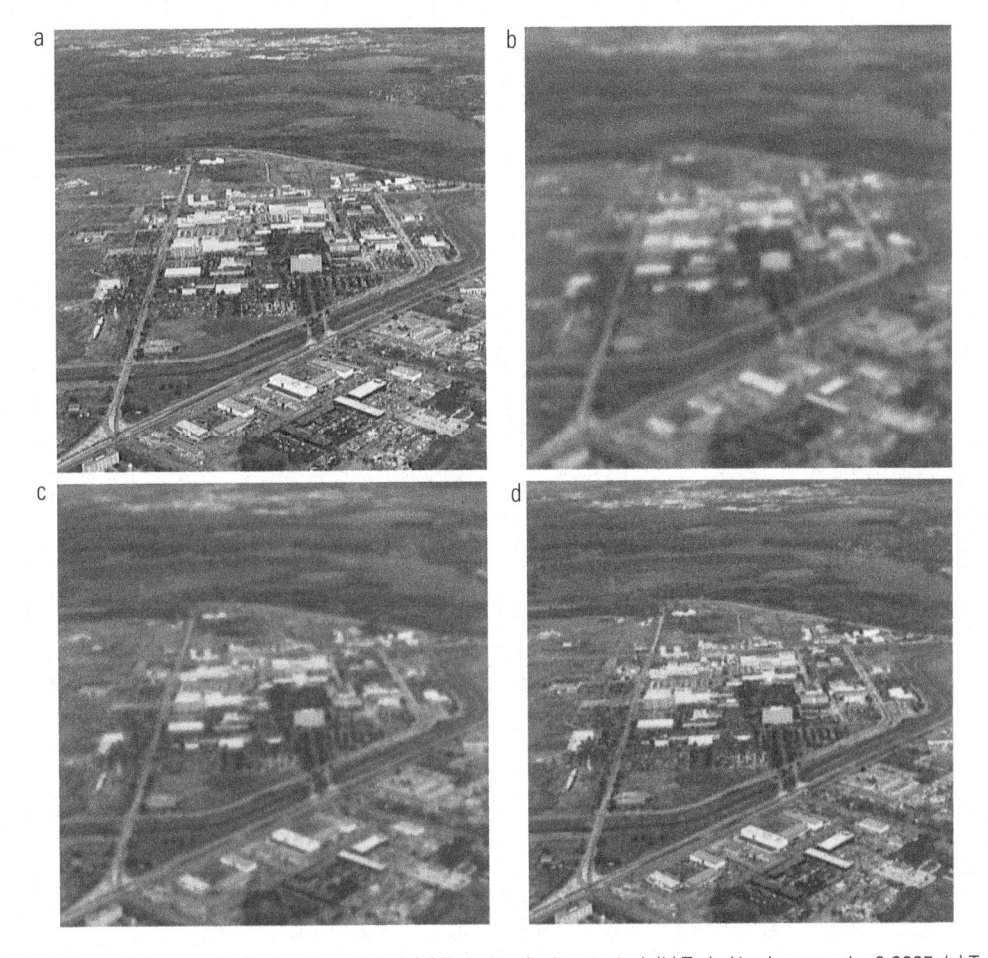

Figura 5.25 Exemplo de modelo de turbulência atmosférica. (a) Turbulência desprezível. (b) Turbulência grave, $k = 0{,}0025$. (c) Turbulência suave, $k = 0{,}001$. (d) Turbulência baixa, $k = 0{,}00025$. (Imagem original: cortesia da Nasa.)

Inverter a ordem da integração permite que a Equação 5.6-5 seja expressa na forma

$$G(u,v) = \int_0^T \left[\int_{-\infty}^{\infty} \int_{-\infty}^{\infty} f[x-x_0(t), y-y_0(t)] e^{-j2\pi(ux+vy)} dx dy \right] dt \quad (5.6\text{-}6)$$

O termo entre os colchetes externos é a transformada de Fourier da função deslocada $f[x-x_0(t), y-y_0(t)]$. Utilizar a Equação 4.6-4 resulta na expressão

$$G(u,v) = \int_0^T F(u,v) e^{-j2\pi[ux_0(t)+vy_0(t)]} dt$$

$$= F(u,v) \int_0^T e^{-j2\pi[ux_0(t)+vy_0(t)]} dt \quad (5.6\text{-}7)$$

na qual o último passo resulta do fato de que $F(u,v)$ independe de t.

Definindo

$$H(u,v) = \int_0^T e^{-j2\pi[ux_0(t)+vy_0(t)]} dt \quad (5.6\text{-}8)$$

A Equação 5.6-7 pode ser expressa na fórmula com a qual já estamos familiarizados

$$G(u,v) = H(u,v) F(u,v) \quad (5.6\text{-}9)$$

Se as variáveis de movimento $x_0(t)$ e $y_0(t)$ forem conhecidas, a função de transferência $H(u,v)$ pode ser obtida diretamente da Equação 5.6-8. A título de exemplo, suponha que a imagem em questão passe por um movimento linear uniforme somente na direção x, em uma velocidade dada por $x_0(t) = at/T$. Quando $t = T$, a imagem foi deslocada por uma distância total a. Com $y_0(t) = 0$, a Equação 5.6-8 resulta em

$$H(u,v) = \int_0^T e^{-j2\pi ux_0(t)} dt$$

$$= \int_0^T e^{-j2\pi uat/T} dt \quad (5.6\text{-}10)$$

$$= \frac{T}{\pi ua} \text{sen}(\pi ua) e^{-j\pi ua}$$

Observe que H desaparece em valores de u dados por $u = n/a$, sendo n um número inteiro. Se permitirmos a variação também do componente y, com o movimento dado por $y_0 = bt/T$, então a função de degradação passará a ser*

$$H(u,v) = \frac{T}{\pi(ua+vb)} \text{sen}[\pi(ua+vb)] e^{-j\pi(ua+vb)} \quad (5.6\text{-}11)$$

Exemplo 5.10 Borramento de imagem em razão do movimento.

A Figura 5.26(b) é uma imagem borrada obtida pelo cálculo da transformada de Fourier da imagem na Figura 5.26(a), multiplicada por $H(u,v)$ da Equação 5.6-11 e calculando a transformada inversa. As imagens são de tamanho 688 × 688 pixels, e os parâmetros utilizados na Equação 5.6-11 foram $a = b = 0,1$ e $T = 1$. Como discutido nas seções 5.8 e 5.9, a recuperação da imagem original a partir de sua contraparte borrada apresenta alguns desafios interessantes, particularmente quando o ruído estiver presente na imagem degradada.

5.7 Filtragem inversa

O material apresentado nesta seção constitui nosso primeiro passo no estudo da restauração de imagens degradadas por uma função de degradação H, que é dada ou obtida por um método como os discutidos na seção anterior. A abordagem mais simples à restauração é a filtragem inversa direta, na qual calculamos uma estimativa, $\hat{F}(u,v)$, da transformada da imagem original simplesmente dividindo a transformada da imagem degradada, $G(u,v)$, pela função de degradação:

$$\hat{F}(u,v) = \frac{G(u,v)}{H(u,v)} \quad (5.7\text{-}1)$$

A divisão é uma operação de arranjo matricial, como definimos na Seção 2.6.1 e em relação à Equação 5.5-17.

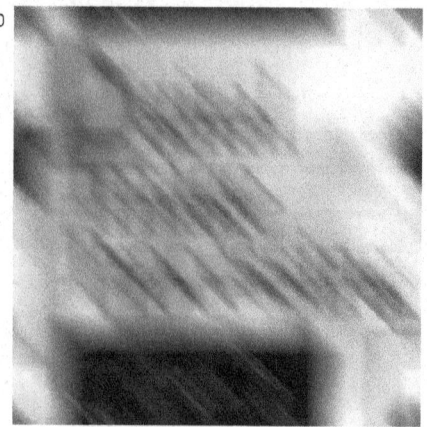

Figura 5.26 (a) Imagem original. (b) Resultado do borramento utilizando a função da Equação 5.6-11 com $a = b = 0,1$ e $T = 1$.

---
* Como explicado no final da Tabela 4.3, amostramos a Equação 5.6-11 em u e v para gerar um filtro discreto.

Substituir $G(u, v)$ da Equação 5.7-1 pelo lado direito da Equação 5.1-2 resulta em

$$\hat{F}(u,v) = F(u,v) + \frac{N(u,v)}{H(u,v)} \quad (5.7\text{-}2)$$

Trata-se de uma expressão interessante. Ela nos indica que, mesmo se soubermos a função de degradação, não podemos recuperar a imagem não degradada [a transformada inversa de Fourier de $F(u, v)$] justamente porque $N(u, v)$ não é conhecida. E temos mais más notícias. Se a função de degradação tiver zeros ou valores muito pequenos, a razão $N(u, v)/H(u, v)$ pode facilmente dominar a estimativa $\hat{F}(u,v)$. Isso, na verdade, costuma ser o caso, como será demonstrado em breve.

Uma abordagem para contornar o problema do valor zero ou valor pequeno consiste em limitar as frequências de filtro a valores próximos à origem. A partir da análise da Equação 4.6-21 sabemos que $H(0, 0)$ costuma ser o mais alto valor de $H(u, v)$ no domínio da frequência. Assim, limitando a análise a frequências próximas à origem, reduzimos as chances de encontrar valores iguais a zero. Essa abordagem é ilustrada no exemplo a seguir.

Exemplo 5.11 Filtragem inversa.

A imagem da Figura 5.25(b) foi submetida à filtragem inversa com a Equação 5.7-1 utilizando exatamente a inversa da função de degradação que gerou essa imagem. Isto é, a função de degradação utilizada foi

$$H(u,v) = e^{-k[(u-M/2)^2 + (v-N/2)^2]^{5/6}}$$

com $k = 0,0025$. As constantes $M/2$ e $N/2$ são valores utilizados para deslocamento; eles centralizam a função de forma que ela corresponderá à transformada de Fourier centralizada, como vimos em várias ocasiões no capítulo anterior. Neste caso, $M = N = 480$. Sabemos que uma função de formato gaussiano não tem zeros, de forma que não precisamos nos preocupar com isso aqui. Contudo, apesar disso, os valores de degradação se tornam tão pequenos que o resultado da filtragem inversa completa (Figura 5.27(a)) é inútil. As razões para esse resultado insuficiente são as mesmas que vimos em relação à Equação 5.7-2.

As figuras 5.27(b) e (d) mostram os resultados do recorte dos valores da razão $G(u, v)/H(u, v)$ que estão fora de um raio de 40, 70 e 85, respectivamente. O recorte foi implementado pela aplicação de uma função passa-baixa Butterworth

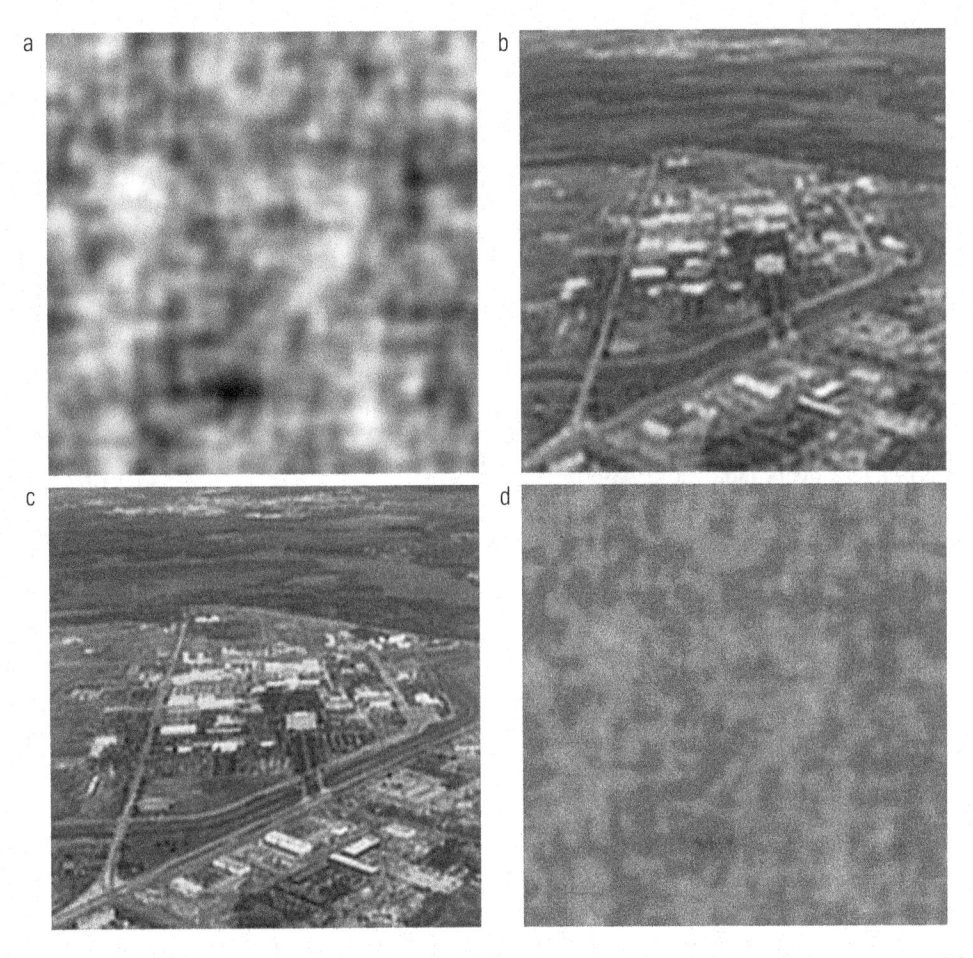

Figura 5.27 Restauração da Figura 5.25(b) com a Equação 5.7-1. (a) Resultado da utilização do filtro inverso completo. (b) Resultado com H recortado fora de um valor de raio igual a 40; (c) fora de um raio de 70; e (d) fora de um raio de 85.

de ordem 10 na razão $G(u, v)/H(u, v)$. Isso proporcionou uma transição acentuada (porém suave) no raio desejado. Os raios próximos a 70 geraram os melhores resultados visuais (Figura 5.27(c)). Os valores de raio inferiores a isso tenderam a produzir imagens borradas, como ilustrado na Figura 5.27(b), que foi obtida utilizando um valor de raio igual a 40. Valores acima de 70 começaram a produzir imagens degradadas, como ilustrado na Figura 5.27(d), que foi obtida utilizando um valor de raio igual a 85. O conteúdo da imagem é quase visível nessa imagem por trás de uma "cortina" de ruído, mas o ruído definitivamente domina o resultado. Aumentos maiores dos valores do raio produziram imagens cada vez mais parecidas com a Figura 5.27(a).

Os resultados do exemplo anterior exemplificam o desempenho insuficiente da filtragem inversa direta em geral. O tema básico das três seções a seguir é como melhorar a filtragem inversa direta.

5.8 Filtragem de mínimo erro quadrático médio (Wiener)

A abordagem da filtragem inversa que vimos na seção anterior não lida diretamente com o ruído. Nesta seção, veremos uma técnica que incorpora tanto a função de degradação quanto as características estatísticas do ruído no processo de restauração. O método se baseia em considerar imagens e ruído como variáveis aleatórias, e o objetivo é encontrar uma estimativa $\hat{f}$ da imagem não corrompida f, de forma que o erro quadrático médio entre eles seja minimizado.* Essa medida de erro é dada por

$$e^2 = E\{(f - \hat{f})^2\} \quad (5.8\text{-}1)$$

na qual $E\{\cdot\}$ é o valor esperado do argumento. Presume-se que o ruído e a imagem não sejam correlacionados, que o ruído ou a imagem tenha média zero e que os níveis de intensidade da estimativa sejam uma função linear dos níveis da imagem degradada. Com base nessas condições, o mínimo da função de erro da Equação 5.8-1 é dado no domínio da frequência pela expressão

$$\begin{aligned}\hat{F}(u,v) &= \left[\frac{H^*(u,v)S_f(u,v)}{S_f(u,v)|H(u,v)|^2 + S_\eta(u,v)}\right]G(u,v) \\ &= \left[\frac{H^*(u,v)}{|H(u,v)|^2 + S_\eta(u,v)/S_f(u,v)}\right]G(u,v) \\ &= \left[\frac{1}{H(u,v)}\frac{|H(u,v)|^2}{|H(u,v)|^2 + S_\eta(u,v)/S_f(u,v)}\right]G(u,v)\end{aligned}$$
$$(5.8\text{-}2)$$

na qual utilizamos o fato de que o produto de um valor complexo com seu conjugado é igual à magnitude do valor complexo ao quadrado. Esse resultado é conhecido como *filtro de Wiener*, em homenagem a N. Wiener (1942), o primeiro a propor esse conceito em 1942. O filtro, que consiste nos termos entre colchetes, também costuma ser chamado de *filtro de mínimo erro quadrático médio* ou *filtro de mínimo erro quadrático*. Incluímos referências no final do capítulo de textos contendo análises detalhadas do filtro de Wiener. Observe, na primeira linha da Equação 5.8-2, que o filtro de Wiener não apresenta o mesmo problema que o filtro inverso com zeros na função de degradação, a menos que todo o denominador seja zero para o(s) mesmo(s) valor(es) de u e v.

Os termos da Equação 5.8-2 são os seguintes:

$H(u, v)$ = função de degradação

$H^*(u, v)$ = conjugado complexo *de* $H(u, v)$

$|H(u, v)|^2 = H^*(u, v) H(u, v)$

$S_\eta(u, v) = |N(u, v)|^2$ = espectro de potência do ruído (veja a Equação 4.6-18)**

$S_f(u, v) = |F(u, v)|^2$ = espectro de potência da imagem não degradada

Como antes, $H(u, v)$ é a transformada da função de degradação e $G(u, v)$ é a transformada da imagem degradada. A imagem restaurada no domínio espacial é dada pela transformada inversa de Fourier da estimativa no domínio da frequência, $\hat{F}(u,v)$. Observe que, se o ruído for zero, o espectro de potência do ruído desaparece, e o filtro de Wiener é reduzido ao filtro inverso.

Várias medidas úteis se baseiam nos espectros de potência do ruído e da imagem não degradada. Um dos mais importantes é a *relação sinal-ruído* (SNR, de *signal-to-noise ratio*), cuja estimativa aproximada é calculada utilizando valores no domínio da frequência como

$$\text{SNR} = \frac{\sum_{u=0}^{M-1}\sum_{v=0}^{N-1}|F(u,v)|^2}{\sum_{u=0}^{M-1}\sum_{v=0}^{N-1}|N(u,v)|^2} \quad (5.8\text{-}3)$$

Essa razão dá uma medida do nível de informação que relaciona a potência do sinal (isto é, da imagem original, não degradada) e a potência do ruído. Imagens com baixo nível de ruído tendem a apresentar uma alta SNR e, por ou-

---

* Observe que imagens inteiras estão sendo consideradas variáveis aleatórias, como vimos no final da Seção 2.6.8.

** O termo $|N(u, v)|^2$ também é chamado de autocorrelação do ruído. Essa terminologia provém do teorema da correlação (primeira linha do item 7 da Tabela 4.3). Quando as duas funções são iguais, a correlação passa a ser uma autocorrelação, e o lado direito dessa relação passa a ser $N^*(u, v) N(u, v)$, que é igual a $|N(u, v)|^2$. Comentários similares se aplicam a $|F(u, v)|^2$, que é a autocorrelação da imagem. Discutiremos a correlação em mais detalhes no Capítulo 12.

tro lado, a mesma imagem com um nível mais alto de ruído apresenta uma SNR mais baixa. Essa relação em si tem valor limitado, mas é uma medida importante utilizada na caracterização do desempenho dos algoritmos de restauração.

O *erro quadrático médio* (MSE, de *mean square error*), expresso na forma estatística na Equação 5.8-1, também pode ser aproximadamente estimado em termos de um somatório envolvendo as imagens original e restaurada:

$$\text{MSE} = \frac{1}{MN} \sum_{x=0}^{M-1} \sum_{y=0}^{N-1} \left[f(x,y) - \hat{f}(x,y) \right]^2 \quad (5.8\text{-}4)$$

Na verdade, se considerarmos a imagem restaurada como um "sinal" e a diferença entre essa imagem e a original como ruído, podemos determinar a relação sinal–ruído no domínio do espaço como

$$\text{SNR} = \frac{\sum_{x=0}^{M-1} \sum_{y=0}^{N-1} \hat{f}(x,y)^2}{\sum_{u=0}^{M-1} \sum_{y=0}^{N-1} \left[f(x,y) - \hat{f}(x,y) \right]^2} \quad (5.8\text{-}5)$$

Quanto mais próximos forem f e $\hat{f}$, maior será a SNR. Algumas vezes a raiz quadrada dessas medidas é utilizada, caso no qual elas são chamadas de *erro da raiz quadrática média* e *raiz quadrática média da relação sinal-ruído*, respectivamente. Como mencionamos várias vezes antes, tenha em mente que as métricas quantitativas não necessariamente se relacionam bem com a qualidade percebida na imagem.

Quando estamos lidando com o ruído espectralmente branco, o espectro $|N(u,v)|^2$ é uma constante, o que simplifica consideravelmente as coisas. No entanto, o espectro de potência da imagem não degradada raramente é conhecido. Uma abordagem utilizada frequentemente quando esses valores não são conhecidos ou não podem ser estimados consiste em aproximar a Equação 5.8-2 pela expressão

$$\hat{F}(u,v) = \left[\frac{1}{H(u,v)} \frac{|H(u,v)|^2}{|H(u,v)|^2 + K} \right] G(u,v) \quad (5.8\text{-}6)$$

sendo K uma constante especificada adicionada a todos os termos de $|H(u,v)|^2$. Os exemplos a seguir ilustram a utilização dessa expressão.

Exemplo 5.12 Comparação entre a filtragem inversa e a filtragem de Wiener.

A Figura 5.28 mostra a vantagem da filtragem de Wiener em relação à filtragem inversa direta. A Figura 5.28(a) apresenta o resultado da filtragem inversa completa da Figura 5.27(a). De forma similar, a Figura 5.28(b) é o resultado do filtro inverso radialmente limitado da Figura 5.27(c). Essas imagens são duplicadas aqui para facilitar as comparações. A Figura 5.28(c) mostra o resultado obtido utilizando a Equação 5.8-6 com a função de degradação utilizada no Exemplo 5.11. O valor de K foi escolhido interativamente para gerar os melhores resultados visuais. A vantagem do filtro de Wiener sobre o filtro inverso direto fica clara neste exemplo. Comparando as figuras 5.25(a) e 5.28(c), vemos que o filtro de Wiener gerou um resultado muito similar à imagem original.

Exemplo 5.13 Outras comparações da filtragem de Wiener.

A primeira linha da Figura 5.29 mostra, da esquerda para a direita, a imagem borrada da Figura 5.26(b) fortemente corrompida por ruído gaussiano aditivo de média zero e variância 650; o resultado da filtragem inversa direta; e o resultado da filtragem de Wiener. O filtro de Wiener da Equação 5.8-6 foi utilizado, com $H(u,v)$ do Exemplo 5.10 e com K escolhido interativamente para produzir o melhor resultado visual possível. Como era de esperar, o filtro inverso produziu uma imagem inútil. Observe que o ruído da

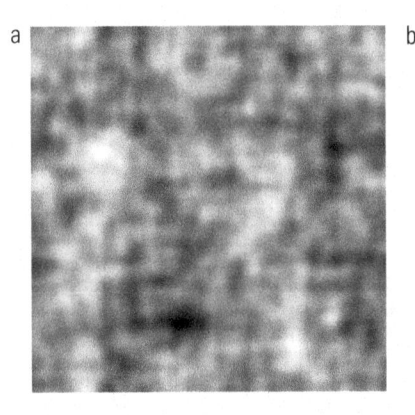

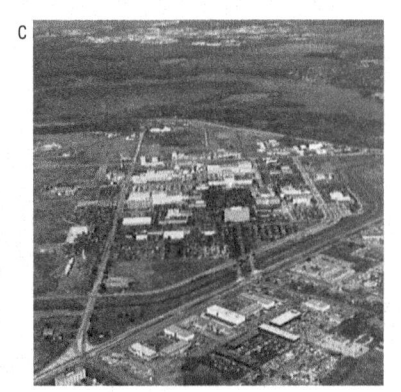

Figura 5.28 Comparação entre a filtragem inversa e a filtragem de Wiener. (a) Resultado da filtragem inversa completa da Figura 5.25(b). (b) Resultado do filtro inverso radialmente limitado. (c) Resultado do filtro de Wiener.

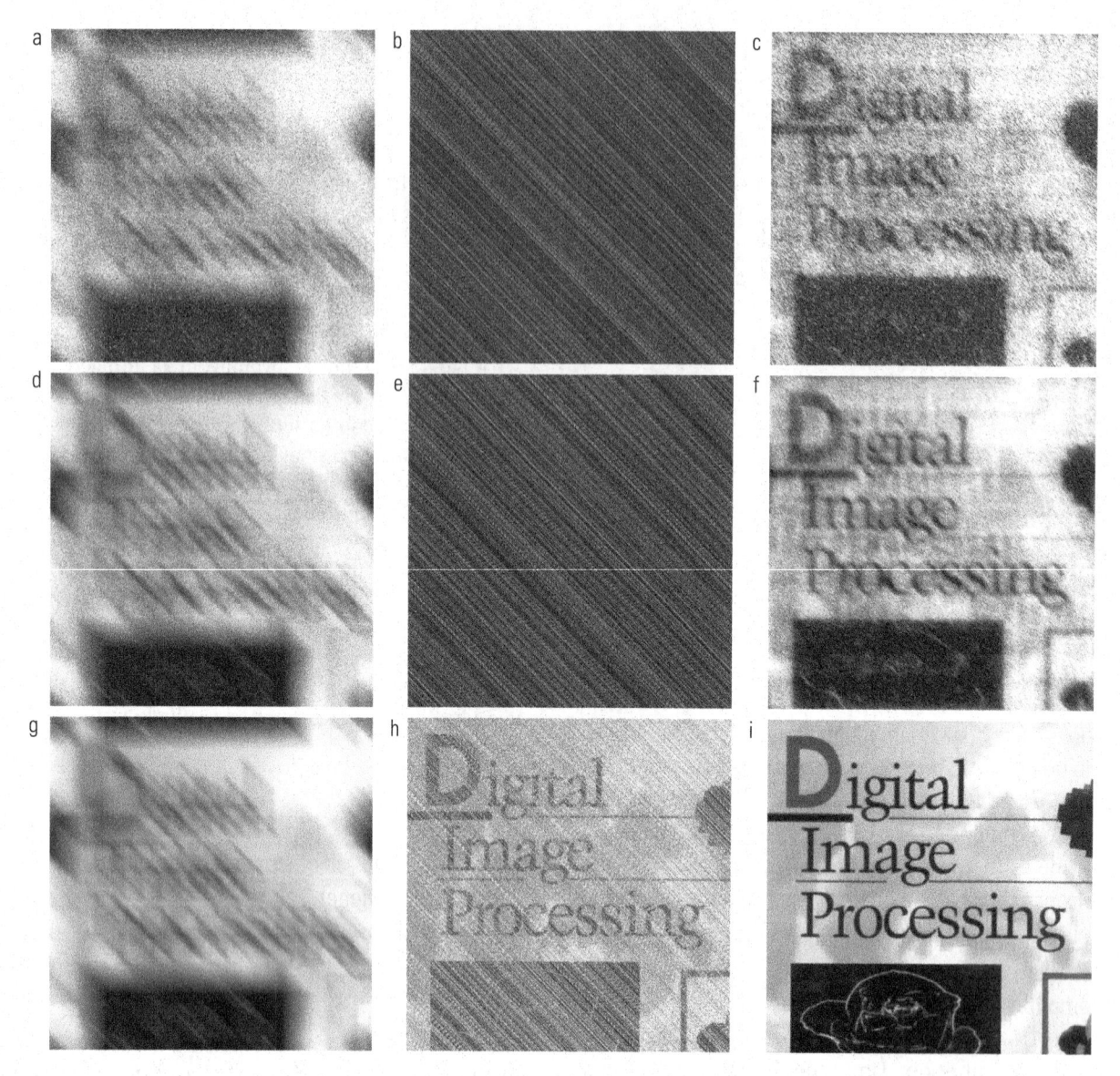

Figura 5.29 (a) Uma imagem de 8 bits corrompida por borramento de movimento e ruído aditivo. (b) Resultado da filtragem inversa. (c) Resultado da filtragem de Wiener. (d) a (f) Mesma sequência, mas com a variância de ruído reduzida em uma ordem de magnitude. (g) a (i) Mesma sequência, mas com a variância de ruído reduzida em cinco ordens de magnitude em relação a (a). Observe em (h) como a imagem submetida à redução de borramento é relativamente visível através de uma "cortina" de ruído.

imagem submetida à filtragem inversa é tão intenso que sua estrutura tende na direção do filtro de *redução de borramento* (*deblurring*). O resultado do filtro de Wiener está longe de ser perfeito, mas nos dá uma ideia do conteúdo da imagem. Com alguma dificuldade, o texto é legível.

A segunda linha da Figura 5.29 mostra a mesma sequência, mas com o nível de variância do ruído reduzido de uma ordem de magnitude. Essa redução não teve um grande efeito sobre o filtro inverso, mas os resultados do filtro de Wiener foram consideravelmente melhorados. O texto agora é muito mais fácil de ler. Na terceira linha da Figura 5.29, a variância do ruído foi reduzida mais do que cinco ordens de magnitude em relação à primeira linha. Na verdade, a Figura 5.29(g) não apresenta ruído visível. O resultado do filtro inverso é interessante neste caso. O ruído ainda é bastante visível, mas o texto pode ser visto através de uma "cortina" de ruído. Trata-se de um bom exemplo dos nossos comentários em relação à Equação 5.7-2. Em outras palavras, como é evidente na Figura 5.29(h), o filtro inverso foi bastante capaz de eliminar essencialmente o borramento da imagem. Contudo, o ruído ainda domina o resultado. Se pudéssemos "olhar" por trás do ruído nas figuras 5.29(b) e (e), os caracteres também apresentariam muito pouco borramento. O resultado do filtro de Wiener na Figura 5.29(i) é excelente, bastante próximo visualmente da imagem original na Figura 5.26(a). Esses tipos de resultados são representativos do que é possível fazer com a filtragem de Wiener, desde que uma estimativa razoável da função de degradação esteja disponível.

5.9 Filtragem por mínimos quadráticos com restrição

O problema de precisarmos saber alguma informação sobre a função de degradação H é comum a todos os métodos discutidos neste capítulo. No entanto, o filtro de Wiener apresenta uma dificuldade adicional: os espectros de potência da imagem não degradada e do ruído devem ser conhecidos. Mostramos na seção anterior que é possível atingir excelentes resultados utilizando a aproximação dada na Equação 5.8-6. No entanto, uma estimativa constante da relação dos espectros de potência nem sempre é uma solução apropriada.

O método discutido nesta seção requer conhecimento apenas da média e da variância do ruído. Como vimos na Seção 5.2.4, esses parâmetros podem normalmente ser calculados a partir de uma dada imagem degradada, de forma que se trata de uma importante vantagem. Uma outra diferença é que o filtro de Wiener se baseia na minimização de um critério estatístico e, como tal, é ótimo no sentido de obter valores aproximados. O algoritmo apresentado nesta seção tem a notável característica de gerar um resultado ótimo para *cada* imagem à qual ele é aplicado. Naturalmente, é importante ter em mente que esses critérios de otimização, apesar de satisfatórios do ponto de vista teórico, não são relacionados à dinâmica da percepção visual. Consequentemente, a escolha de um algoritmo em detrimento de outro quase sempre será determinada (pelo menos em parte) pela qualidade visual percebida das imagens resultantes.

Utilizando a definição da convolução dada na Equação 4.6-23, como explicamos na Seção 2.6.6, podemos expressar a Equação 5.5-16 na forma matriz-vetor:*

$$\mathbf{g} = \mathbf{H}\mathbf{f} + \eta \quad (5.9\text{-}1)$$

Por exemplo, suponha que $g(x, y)$ seja de tamanho $M \times N$. Com isso, podemos calcular os primeiros N elementos do vetor $\mathbf{g}$ utilizando os elementos de imagem da primeira linha de $g(x, y)$, os próximos N elementos da segunda linha e assim por diante. O vetor resultante terá dimensões $MN \times 1$. Essas também são as dimensões de $\mathbf{f}$ e η, já que esses vetores são formados da mesma maneira. Então, a matriz $\mathbf{H}$ tem dimensões $MN \times MN$. Seus elementos são dados pelos elementos da convolução fornecida pela Equação 4.6-23.

Seria razoável concluir que o problema de restauração agora pode ser reduzido a manipulações matriciais simples. Infelizmente, não é esse o caso. Por exemplo, suponha que estejamos trabalhando com imagens de tamanho médio, digamos $M = N = 512$. Então os vetores na Equação 5.9-1 seriam de dimensões 262.144×1 e a matriz $\mathbf{H}$ seria de dimensões 262.144×262.144. Manipular vetores e matrizes com dimensões dessa magnitude não é uma tarefa simples. O problema fica ainda mais complicado pelo fato de $\mathbf{H}$ ser altamente sensível ao ruído (depois das experiências que tivemos com o efeito do ruído nas duas seções anteriores, isso não deveria ser uma surpresa). No entanto, formular o problema da restauração em formato matricial de fato facilita a dedução de técnicas de restauração.

Apesar de não deduzirmos inteiramente o método dos mínimos quadráticos com restrição, que apresentaremos em breve, esse método tem raízes em uma formulação matricial. As referências apresentadas no final do capítulo citam fontes nas quais as deduções são analisadas em detalhes. O fundamental neste método é a questão da sensibilidade de $\mathbf{H}$ ao ruído. Uma forma de atenuar o problema de sensibilidade ao ruído é basear a otimização da restauração em uma medida de suavidade, como a segunda derivada de uma imagem (nosso velho amigo laplaciano). Para ser significativa, a restauração deve ser restrita pelos parâmetros dos problemas em questão.** Dessa forma, é desejável calcular o mínimo de uma função de critério, C, definida como

$$C = \sum_{x=0}^{M-1} \sum_{y=0}^{N-1} \left[\nabla^2 f(x, y) \right]^2 \quad (5.9\text{-}2)$$

sujeita à restrição

$$\left\| \mathbf{g} - \mathbf{H}\hat{\mathbf{f}} \right\|^2 = \left\| \eta \right\|^2 \quad (5.9\text{-}3)$$

sendo que $\|\mathbf{w}\|^2 \triangleq \mathbf{w}^T\mathbf{w}$ é a norma euclidiana de um vetor*** e $\hat{\mathbf{f}}$ é a estimativa da imagem não degradada. O operador laplaciano ∇^2 é definido na Equação 3.6-3.

A solução no domínio da frequência para esse problema de otimização é dada pela expressão

$$\hat{F}(u,v) = \left[\frac{H^*(u,v)}{\left| H(u,v) \right|^2 + \gamma \left| P(u,v) \right|^2} \right] G(u,v) \quad (5.9\text{-}4)$$

na qual γ é um parâmetro que deve ser ajustado de forma que a restrição na Equação 5.9-3 seja satisfeita e $P(u, v)$ é a transformada de Fourier da função

$$p(x, y) = \begin{bmatrix} 0 & -1 & 0 \\ -1 & 4 & -1 \\ 0 & -1 & 0 \end{bmatrix} \quad (5.9\text{-}5)$$

Reconhecemos essa função como o operador laplaciano apresentado na Seção 3.6.2. Como observado an-

---

* Consulte o site do livro para uma breve revisão sobre vetores e matrizes.

** Consulte a seção Tutoriais no site do livro para um capítulo inteiro dedicado ao tópico das técnicas algébricas para a restauração de imagens.

*** Lembre-se que, para um vetor $\mathbf{w}$ com n componentes, temos $\mathbf{w}^T\mathbf{w} = \sum_{k=1}^{n} w_k^2$, em que w_k é o k-ésimo componente de $\mathbf{w}$.

teriormente, é importante ter em mente que $p(x, y)$, bem como outras funções relevantes no domínio espacial, devem ser adequadamente preenchidas com zeros antes do cálculo de suas transformadas de Fourier para a aplicação na Equação 5.9-4, como vimos na Seção 4.6.6. Observe que a Equação 5.9-4 se reduz à filtragem inversa se γ for zero.

Exemplo 5.14 Comparação entre a filtragem de Wiener e a filtragem por mínimos quadráticos com restrição.

A Figura 5.30 mostra o resultado do processamento das figuras 5.29(a), (d) e (g) com filtros de mínimos quadráticos com restrição, nos quais os valores de γ foram manualmente selecionados para obter melhores resultados visuais. Esse é o mesmo procedimento utilizado para gerar os resultados da filtragem de Wiener na Figura 5.29(c), (f) e (i). Comparando os resultados do filtro de mínimos quadráticos com restrição e do filtro de Wiener, observamos que o primeiro filtro gerou resultados ligeiramente melhores para casos com alto e médio nível de ruído, com os dois filtros gerando essencialmente os mesmos resultados para o caso de baixo nível de ruído. Não é de se surpreender que o filtro dos mínimos quadráticos com restrição apresente um desempenho melhor que o filtro de Wiener quando selecionamos manualmente os parâmetros para melhores resultados visuais. O parâmetro γ na Equação 5.9-4 é escalar, ao passo que o valor de K na Equação 5.8-6 é uma aproximação da razão de duas funções desconhecidas no domínio da frequência; essa razão raramente é constante. Dessa forma, é lógico que um resultado baseado na seleção manual de γ seria uma estimativa mais exata da imagem não degradada.

Como vimos no exemplo anterior, é possível ajustar interativamente o parâmetro γ até que resultados aceitáveis sejam atingidos. Se estivermos interessados na otimização, contudo, o parâmetro γ deve ser ajustado de forma que a restrição na Equação 5.9-3 seja satisfeita. Apresentamos a seguir um procedimento para o cálculo de γ por interações.

Definimos um vetor "residual" $\mathbf{r}$ como

$$\mathbf{r} = \mathbf{g} - \mathbf{H}\hat{\mathbf{f}} \qquad (5.9\text{-}6)$$

Como, a partir da solução na Equação 5.9-4, $\hat{F}(u,v)$ (e, por implicação, $\hat{\mathbf{f}}$) é uma função de γ, então $\mathbf{r}$ também é uma função desse parâmetro. Pode ser demonstrado [Hunt (1973)] que

$$\phi(\gamma) = \mathbf{r}^T \mathbf{r}$$
$$= \|\mathbf{r}\|^2 \qquad (5.9\text{-}7)$$

é uma função monotonicamente crescente de γ. O que queremos fazer é ajustar γ de forma que

$$\|\mathbf{r}\|^2 = \|\boldsymbol{\eta}\|^2 \pm a \qquad (5.9\text{-}8)$$

sendo a um fator de exatidão. Como resultado da Equação 5.9-6, se $\|\mathbf{r}\|^2 > \|\boldsymbol{\eta}\|^2$, a restrição na Equação 5.9-3 s erá rigorosamente satisfeita.

Como $\phi(\gamma)$ é monotônico, não é difícil encontrar o valor desejado de γ. Uma metodologia seria a seguinte:

1. Especifique um valor inicial de γ.
2. Calcule $\|\mathbf{r}\|^2$.
3. Pare se a Equação 5.9-8 for satisfeita; se não, volte ao passo 2 depois de aumentar γ se $\|\mathbf{r}\|^2 < \|\boldsymbol{\eta}\|^2 - a$ ou reduzir γ se $\|\mathbf{r}\|^2 > \|\boldsymbol{\eta}\|^2 + a$. Use o novo valor de γ na Equação 5.9-4 para recalcular a estimativa ótima, $\hat{F}(u, v)$.

Outros procedimentos, como o algoritmo de Newton–Raphson, podem ser utilizados para melhorar a velocidade da convergência.

Para utilizar esse algoritmo, precisamos dos valores de $\|\mathbf{r}\|^2$ e $\|\boldsymbol{\eta}\|^2$. Para calcular $\|\mathbf{r}\|^2$, observamos, a partir da Equação 5.9-6, que

$$R(u,v) = G(u,v) - H(u,v)\hat{F}(u,v) \qquad (5.9\text{-}9)$$

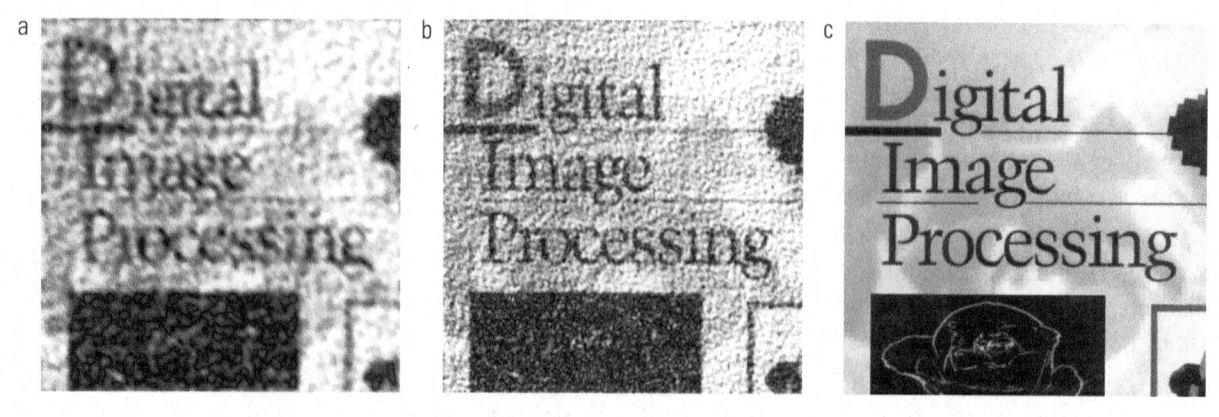

Figura 5.30 Resultados da filtragem por mínimos quadráticos com restrição. Compare (a), (b) e (c) com os resultados da filtragem de Wiener das figuras 5.29(c), (f) e (i), respectivamente.

Com isso, obtemos $r(x, y)$ pelo cálculo da transformada inversa de $R(u, v)$. Então

$$\|\mathbf{r}\|^2 = \sum_{x=0}^{M-1}\sum_{y=0}^{N-1} r^2(x,y) \qquad (5.9\text{-}10)$$

O cálculo de $\|\eta\|^2$ leva a um resultado interessante. Para começar, considere a variância do ruído ao longo de toda a imagem, que estimamos pelo método da média amostral, como vimos na Seção 3.3.4:

$$\sigma_\eta^2 = \frac{1}{MN}\sum_{x=0}^{M-1}\sum_{y=0}^{N-1}\left[\eta(x,y) - m_\eta\right]^2 \qquad (5.9\text{-}11)$$

sendo que

$$m_\eta = \frac{1}{MN}\sum_{x=0}^{M-1}\sum_{y=0}^{N-1}\eta(x,y) \qquad (5.9\text{-}12)$$

é a média da amostra. No que se refere à *fórmula* da Equação 5.9-10, observamos que o duplo somatório na Equação 5.9-11 é igual a $\|\eta\|^2$. Isso nos dá a expressão

$$\|\eta\|^2 = MN[\sigma_\eta^2 + m_\eta^2] \qquad (5.9\text{-}13)$$

Trata-se de um resultado bastante útil. Ele nos informa que podemos implementar um algoritmo de restauração ótimo conhecendo apenas a média e a variância do ruído. Não é difícil estimar esses valores (Seção 5.2.4), considerando que os valores de intensidade do ruído e da imagem não são correlacionados. Trata-se de um pressuposto básico de todos os métodos discutidos neste capítulo.

Exemplo 5.15 Estimativa iterativa do filtro ótimo por mínimos quadráticos com restrição.

A Figura 5.31(a) mostra o resultado obtido utilizando o algoritmo que acabamos de descrever para estimar o filtro ótimo de restauração da Figura 5.25(b). O valor inicial utilizado para γ foi 10^{-5}, o fator de correção para ajustar γ foi 10^{-6} e o valor de a foi 0,25. Os parâmetros de ruído especificados foram os mesmos utilizados para gerar a Figura 5.25(a): uma variância de ruído de 10^{-5} e média zero. O resultado restaurado é quase tão bom quanto a Figura 5.28(c), que foi obtida pela filtragem de Wiener com K especificada manualmente para os melhores resultados visuais. A Figura 5.31(b) mostra o que pode acontecer se utilizarmos a estimativa errada dos parâmetros de ruído. Nesse caso, a variância do ruído especificada foi 10^{-2}, e a média foi mantida no valor 0. O resultado, neste caso, é consideravelmente mais borrado.

Como afirmamos no início desta seção, é importante ter em mente que a restauração ótima no sentido dos mínimos quadráticos com restrição não implica necessariamente "o melhor" em termos visuais. Dependendo da natureza e da magnitude da degradação e do ruído, os outros parâmetros do algoritmo para determinar iterativamente a estimativa ótima também exercem um papel no resultado final. Em geral, filtros de restauração determinados automaticamente levam a resultados inferiores em relação ao ajuste manual de parâmetros do filtro. Isso é particularmente verdadeiro em relação ao filtro por mínimos quadráticos com restrição, que é completamente especificado por um parâmetro escalar único.

5.10 Filtro de média geométrica

É possível generalizar ligeiramente o filtro de Wiener discutido na Seção 5.8. A generalização é realizada na forma do chamado *filtro de média geométrica*:

$$\hat{F}(u,v) = \left[\frac{H^*(u,v)}{|H(v,v)|^2}\right]^\alpha \left[\frac{H^*(u,v)}{|H(v,v)|^2 + \beta\left[\dfrac{S_\eta(u,v)}{S_f(u,v)}\right]}\right]^{1-\alpha} G(u,v) \qquad (5.10\text{-}1)$$

com α e β sendo constantes reais, positivas. O filtro de média geométrica consiste nas duas expressões entre colchetes elevadas às potências α e $1 - \alpha$, respectivamente.

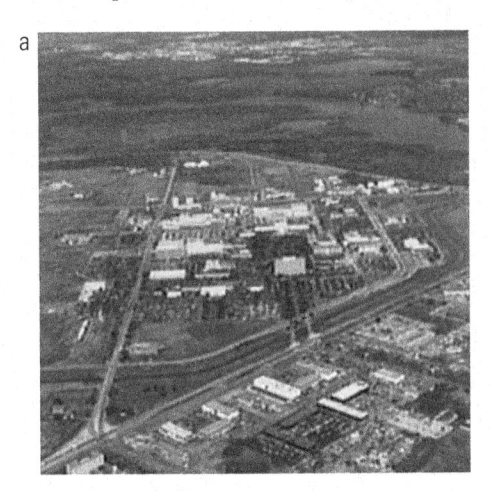

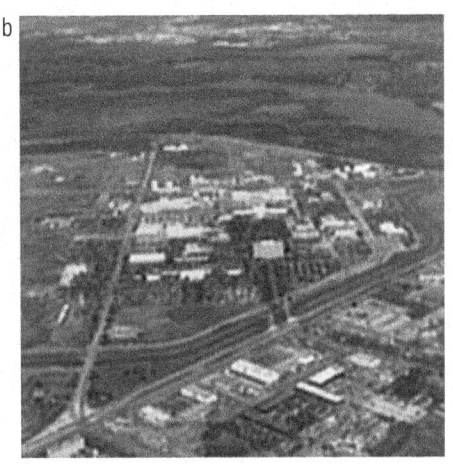

Figura 5.31 (a) Restauração da Figura 5.16(b) por mínimos quadráticos com restrição, determinados iterativamente utilizando parâmetros corretos de ruído. (b) Resultado obtido com parâmetros errados de ruído.

Quando $\alpha = 1$, esse filtro se reduz ao filtro inverso. Com $\alpha = 0$, o filtro se torna o que chamamos de *filtro paramétrico de Wiener*, que se reduz ao filtro de Wiener padrão quando $\beta = 1$. Se $\alpha = 1/2$, o filtro passa a ser um produto dos dois valores elevados à mesma potência, que é a definição da média geométrica, que dá o nome ao filtro. Com $\beta = 1$, à medida que α decresce para valores menores do que $1/2$, o desempenho do filtro tende para o filtro inverso. De forma similar, quando α aumenta para valores acima de $1/2$, o filtro se comporta mais como o filtro de Wiener. Quando $\alpha = 1/2$ e $\beta = 1$, o filtro também é comumente chamado de *filtro de equalização de espectro*. A Equação 5.10-1 é bastante útil ao implementar filtros de restauração por representar uma família de filtros combinados em uma única expressão.

5.11 Reconstrução de imagens a partir de projeções

Nas seções anteriores deste capítulo, lidamos com técnicas de restauração de uma versão degradada de uma imagem. Nesta seção, analisaremos o problema da *reconstrução* de uma imagem a partir de uma série de projeções, com foco na *tomografia computadorizada* (CT, de *computerized tomography*) de raios X. Trata-se do tipo de CT mais antigo e ainda o mais amplamente utilizado e que atualmente constitui uma das principais aplicações do processamento digital de imagens na medicina.*

5.11.1 Introdução

O problema da reconstrução é em princípio simples, e pode ser qualitativamente explicado de forma direta e intuitiva. Para começar, vejamos a Figura 5.32(a), que consiste em um único objeto sobre um fundo uniforme. Para dar sentido físico à explicação a seguir, suponha que essa imagem seja um corte transversal de uma região 3-D de um corpo humano. Suponha também que o fundo da imagem represente um tecido mole e uniforme, ao passo que o objeto redondo é um tumor, também uniforme, mas com características de maior absorção.

Depois, suponha que passemos um feixe fino e uniforme de raios X da esquerda para a direita (através do plano da imagem), como mostra a Figura 5.32(a), e considere que a energia do feixe seja mais absorvida pelo objeto do que pelo fundo, como costuma ser o caso. Utilizar uma faixa de detectores de absorção de raios X no outro lado da região resultará no sinal (perfil de absorção) mostrado,

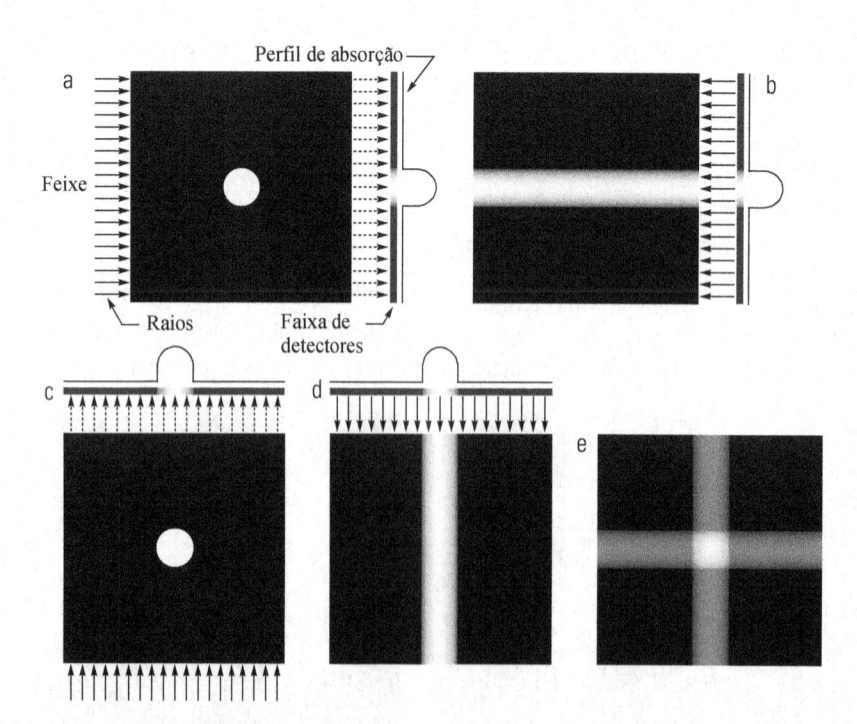

Figura 5.32 (a) Região plana mostrando um objeto simples, um feixe paralelo de entrada e uma faixa de detectores. (b) Resultado da retroprojeção dos dados obtidos com a faixa de sensores (isto é, o perfil de absorção 1-D). (c) O feixe e os detectores rotacionados a 90°. (d) Retroprojeção. (e) A soma de (b) e (d). A intensidade na qual as retroprojeções se cruzam é duas vezes a intensidade das retroprojeções individuais.

---
* Como observamos no Capítulo 1, o termo *tomografia axial computadorizada* (CAT, de *computerized axial tomography*) é utilizado como sinônimo de *tomografia computadorizada* (CT).

cuja amplitude (intensidade) é proporcional à absorção.* Podemos ver qualquer ponto do sinal como a soma dos valores de absorção de um único raio do feixe que corresponde espacialmente a esse ponto (uma soma como essa muitas vezes é chamada de *soma de raios* ou *raysum*). Neste ponto, toda a informação que temos sobre o objeto é esse sinal de absorção 1-D.

Não temos como saber, a partir de uma única projeção, se estamos lidando com um único objeto ou vários objetos ao longo do caminho do feixe, mas começamos a reconstrução criando uma *imagem* baseada apenas nessa informação. A técnica é voltar a projetar o sinal 1-D na direção da qual o feixe veio, como mostra a Figura 5.32(b). O processo de retroprojeção de um sinal 1-D em uma área 2-D algumas vezes se refere a *espalhar* a projeção no sentido contrário através da área. Em termos de imagens digitais, isso significa duplicar o mesmo sinal 1-D pela imagem perpendicularmente à direção do feixe. Por exemplo, a Figura 5.32(b) foi criada duplicando o sinal 1-D em todas as colunas da imagem reconstruída. Por razões óbvias, a técnica que acabamos de descrever é chamada de *retroprojeção*.

Em seguida, suponha que rotacionemos em 90° a posição do par fonte-detector, como na Figura 5.32(c). Repetir o procedimento explicado no parágrafo anterior resulta em uma imagem de retroprojeção na direção vertical, como mostra a Figura 5.32(d). Continuamos a reconstrução *adicionando* esse resultado à retroprojeção anterior, o que resulta na Figura 5.32(e). Agora podemos dizer que o objeto de interesse está contido no quadrado mostrado, cuja amplitude é duas vezes a amplitude das retroprojeções individuais. Um pouco de reflexão revelará que deveríamos ser capazes de saber mais sobre o formato do objeto em questão obtendo mais projeções pelo procedimento que acabamos de descrever. Na verdade, isso é exatamente o que acontece, como mostra a Figura 5.33. À medida que o número de projeções aumenta, a intensidade das retroprojeções que não se cruzam diminui em relação à intensidade das regiões nas quais as múltiplas retroprojeções se cruzam. O efeito final é que as regiões mais claras dominarão o resultado e as retroprojeções com pouca ou nenhuma intersecção desaparecerão no plano de fundo à medida que a imagem é ajustada para a exibição.

A Figura 5.33(f), formada a partir de 32 projeções, ilustra esse conceito. Observe, contudo, que, apesar de essa imagem reconstruída ser uma aproximação relativamente boa do formato do objeto original, é borrada por um efeito de "halo", cuja formação pode ser vista em estágios progressivos na Figura 5.33. Por exemplo, o halo na Figura 5.33(e) aparece como uma "estrela" cuja intensidade é mais baixa que a do objeto, mas mais alta que a do fundo. À medida que o número de visualizações aumenta, o formato do halo se torna circular, como na Figura 5.33(f). O borramento na reconstrução CT é um problema importante, cuja solução é descrita na Seção 5.11.5. Por fim, concluímos, com base na análise das figuras 5.32 e 5.33, que projeções com 180° entre si são imagens espelhadas

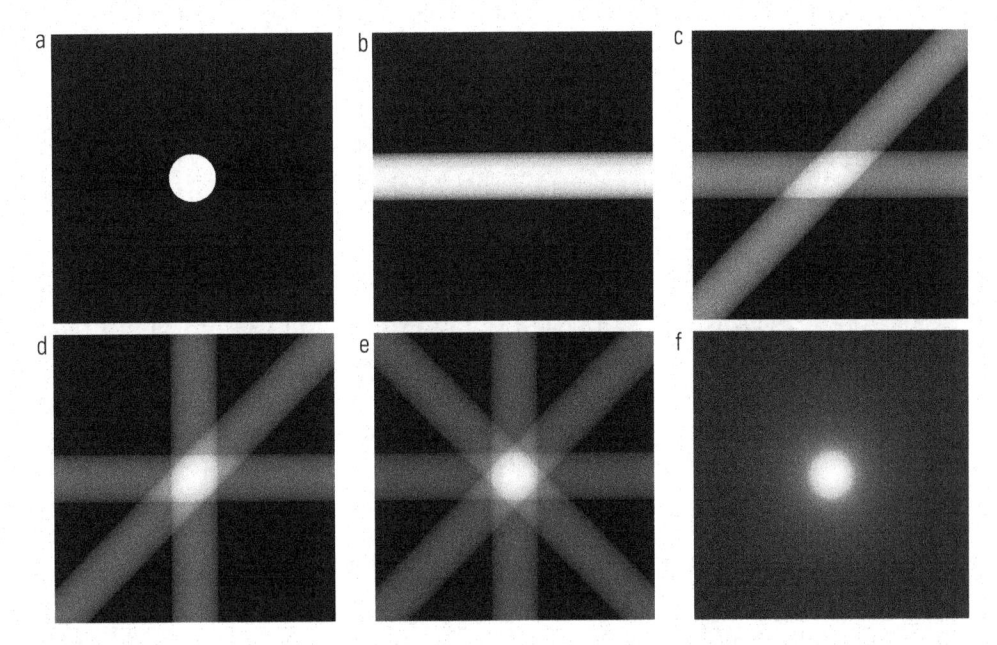

Figura 5.33 (a) Igual à Figura 5.32(a). (b) a (e) Reconstrução usando 1, 2, 3, e 4 projeções com distância de 45°. (f) Reconstrução com 32 projeções com distância de 5,625° (note o efeito borrado).

---

* Uma análise das características físicas das fontes e detectores de raios X está fora do escopo desta discussão, a qual se concentra apenas nos aspectos de processamento de imagens da CT. Veja Prince e Links (2006) para uma excelente introdução aos aspectos físicos da formação de imagens por raios X.

uma da outra; assim, só precisamos levar em consideração incrementos angulares ao redor de meio círculo para gerar todas as projeções necessárias para a reconstrução.

Exemplo 5.16 Retroprojeção de uma região planar simples contendo dois objetos.

A Figura 5.34 ilustra a reconstrução utilizando retroprojeções em uma região ligeiramente mais complicada que contém dois objetos com diferentes propriedades de absorção. A Figura 5.34(b) mostra o resultado da utilização de uma retroprojeção. Observamos três características principais nessa figura, de baixo para cima: uma banda horizontal cinza fina correspondente à porção não concluída do pequeno objeto, uma banda mais clara (mais absorção) acima dela correspondente à área compartilhada pelos dois objetos e uma banda superior correspondente ao resto do objeto elíptico. As figuras 5.34(c) e (d) mostram a reconstrução utilizando duas projeções com 90° entre elas e quatro projeções com 45° entre elas, respectivamente. A explicação dessas figuras é similar à análise das figuras 5.33(c) a (e). As figuras 5.34(e) e (f) mostram reconstruções mais precisas utilizando 32 e 64 retroprojeções, respectivamente. Esses dois resultados são bastante próximos visualmente e os dois mostram o problema do borramento mencionado anteriormente, cuja solução explicaremos na Seção 5.11.5.

5.11.2 Princípios da tomografia computadorizada (CT)

A meta da CT de raios X é obter uma representação 3-D da estrutura interna de um objeto radiografando esse objeto de várias direções diferentes. Imagine uma radiografia tradicional de tórax, obtida posicionando o paciente contra uma placa ou um filme sensível aos raios X e "iluminando" a pessoa com um feixe de raios X na forma de um cone. O filme de raios X produz uma imagem cuja intensidade em um ponto é proporcional à energia do raio X que atinge esse ponto depois de ter passado através do paciente. Essa imagem é o equivalente 2-D das projeções que analisamos na seção anterior. Poderíamos realizar a retroprojeção da imagem inteira e criar um volume 3-D. Repetir esse processo para vários ângulos e acrescentar as retroprojeções resultaria na representação 3-D da estrutura da cavidade peitoral. A CT tenta obter as mesmas informações (ou partes localizadas delas) gerando *fatias* através do corpo. Então, uma representação 3-D pode ser obtida empilhando as fatias. Uma implementação de CT é muito mais econômica, porque o número de detectores necessários para obter uma fatia de alta resolução é muito menor que o número de detectores necessários para gerar uma projeção 2-D completa com a mesma resolução. O custo computacional e as dosagens de raios X também são reduzidos, fazendo da projeção CT 1-D uma abordagem muito mais prática.

Como no caso da transformada de Fourier que vimos no capítulo anterior, conceitos matemáticos básicos necessários para a CT já haviam sido desenvolvidos anos antes de se tornarem viáveis, graças à disponibilidade dos computadores digitais. As bases teóricas da CT remontam de Johann Radon, um matemático de Viena que em 1917 deduziu um método para projetar um objeto 2-D

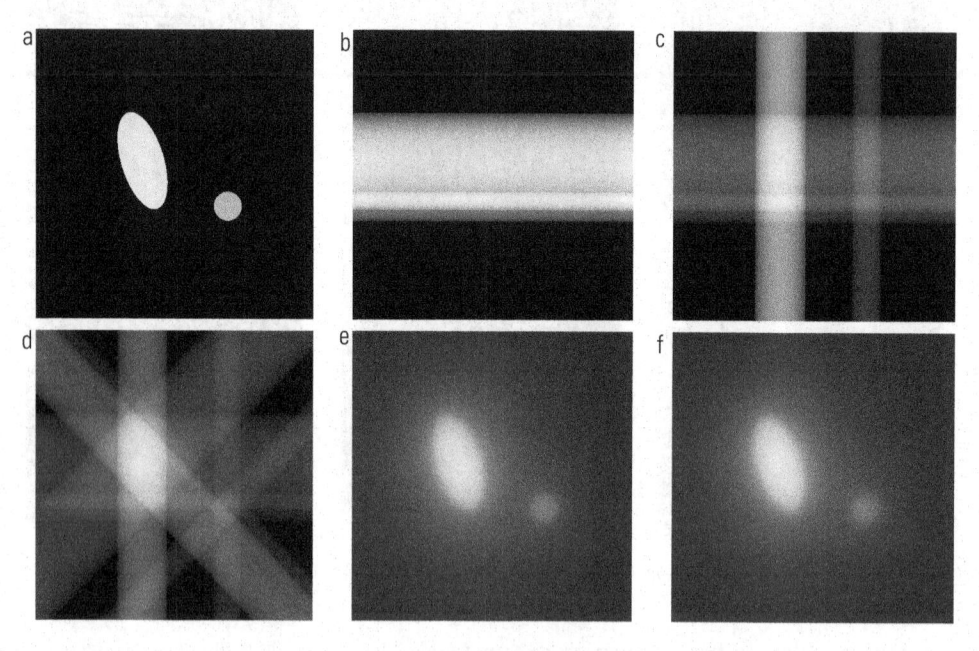

Figura 5.34 (a) Uma região com dois objetos. (b) a (d) Reconstrução utilizando 1, 2 e 4 retroprojeções separadas de 45°. (e) Reconstrução com 32 retroprojeções separadas de 5,625°. (f) Reconstrução com 64 retroprojeções separadas de 2,8125°.

ao longo de raios paralelos como parte de seu trabalho com integrais de linha. O método atualmente costuma ser chamado de *transformada de Radon*, um tópico que analisaremos na seção a seguir. Quarenta e cinco anos mais tarde, Allan M. Cormack, um físico da Tufts University, "redescobriu" parcialmente esses conceitos e os aplicou à CT. Cormack publicou seus primeiros resultados em 1963 e 1964 e demonstrou como eles poderiam ser utilizados para reconstruir imagens de corte transversal do corpo a partir de imagens de raios X obtidas em diferentes direções angulares. Ele desenvolveu as fórmulas matemáticas necessárias para a reconstrução e desenvolveu um protótipo de CT para mostrar a viabilidade de suas ideias. Trabalhando independentemente, o engenheiro eletricista Godfrey N. Hounsfield e seus colegas da EMI, em Londres, formularam uma solução similar e construíram o primeiro aparelho de CT de aplicação médica. Cormack e Hounsfield receberam juntos o Prêmio Nobel de Medicina de 1979 por suas contribuições para a tomografia médica.

Os *scanners CT de primeira geração (G1)* utilizavam um feixe de raios X em forma de "lápis" e um único detector, como mostra a Figura 5.35(a). Para um dado ângulo de rotação, o par fonte/detector é transladado em incrementos ao longo da direção linear mostrada. Uma projeção (como as da Figura 5.32) é gerada medindo a saída do detector em cada incremento de translação. Após uma translação linear completa, o conjunto fonte/detector é rotacionado e o procedimento é repetido para gerar uma outra projeção em um ângulo diferente. O procedimento é repetido para todos os ângulos desejados no intervalo [0°, 180°] para gerar um conjunto completo de projeções, das quais uma imagem é gerada pela retroprojeção, como explicamos na seção anterior. A marca de um "x" na cabeça do paciente indica movimento na direção perpendicular ao plano do par fonte/detector. Um conjunto de imagens de corte transversal (fatias) é gerado movendo gradativamente o paciente após cada varredura completa (*scan*) no plano fonte/detector. Empilhar computacio-

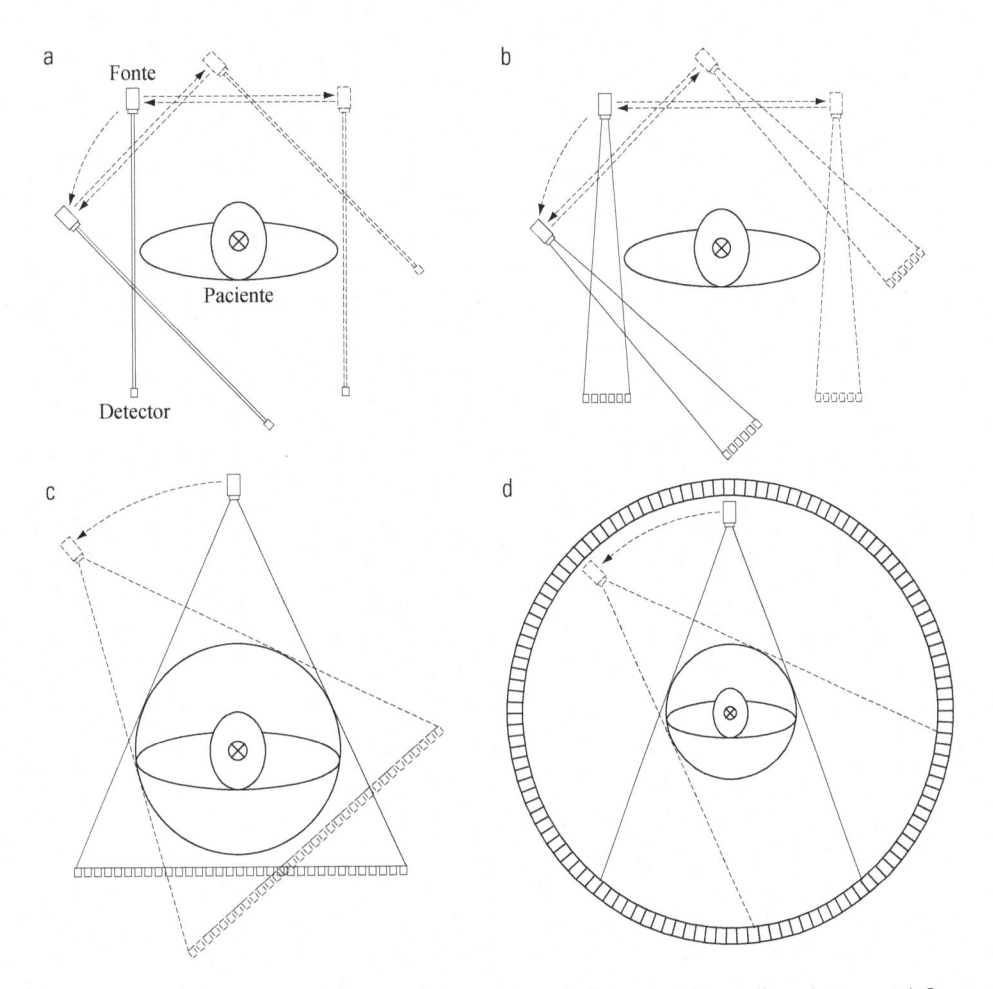

Figura 5.35 Quatro gerações de *scanners* CT. As linhas tracejadas com setas indicam o movimento linear incremental. Os arcos tracejados com setas indicam a rotação incremental. A marca de um "x" na cabeça do paciente indica o movimento linear perpendicular ao plano do papel. As setas duplas em (a) e (b) indicam que o conjunto fonte/detector é transladado e depois retornado à posição original.

nalmente essas imagens produz um volume 3-D de uma seção do corpo. Os *scanners* G1 não são mais fabricados para a obtenção de imagens médicas, mas, por produzirem um feixe de raios paralelos (como na Figura 5.32), sua geometria é a mais utilizada para apresentar os fundamentos da aquisição de imagens de CT. Como veremos na próxima seção, essa geometria é o ponto de partida para deduzir as equações necessárias para implementar a reconstrução de imagens a partir de projeções.

Os *scanners CT de segunda geração (G2)* (Figura 5.35(b)) funcionam com base no mesmo princípio que os *scanners* G1, mas o feixe utilizado tem o formato de um "leque". Isso permite a utilização de múltiplos detectores, o que requer menos translações do par fonte/detector. Os *scanners de terceira geração (G3)* representam uma melhora significativa em relação às duas gerações anteriores de geometrias de CT. Como mostra a Figura 5.35(c), os *scanners* G3 empregam um banco de detectores longo o suficiente (da ordem de mil detectores individuais) para cobrir todo o campo de visão de um feixe mais amplo. Consequentemente, cada incremento de ângulo produz uma projeção completa, eliminando a necessidade de transladar o par fonte/detector, como requer a geometria dos *scanners* G1 e G2. Os *scanners de quarta geração (G4)* vão um passo além. Ao empregar um anel circular de detectores (da ordem de 5 mil detectores individuais), só a fonte precisa ser rotacionada. A principal vantagem dos *scanners* G3 e G4 é a velocidade. As principais desvantagens são o custo e um maior espalhamento de raios X, o que requer doses mais altas do que os *scanners* G1 e G2 para atingir características comparáveis de relação sinal-ruído.

Modalidades mais recentes de varredura estão começando a ser adotadas. Por exemplo, os *scanners CT de quinta geração (G5)*, também conhecidos como *scanners de tomografia computadorizada por feixe de elétrons* (EBCT, de *electron beam computed tomography*), eliminam todo o movimento mecânico empregando feixes de elétrons controlados eletromagneticamente. Ao atingir anodos de tungstênio que cercam o paciente, esses feixes produzem raios X que então são moldados em um feixe no formato de leque que passa através do paciente e estimula um anel de detectores, como nos *scanners* G4.

A forma convencional na qual as imagens CT são obtidas consiste em manter o paciente imóvel durante o tempo de varredura necessário para gerar uma imagem. A varredura é interrompida enquanto a posição do paciente é incrementada na direção perpendicular ao plano de aquisição de imagens utilizando uma mesa motorizada. A próxima imagem é então obtida e o procedimento é repetido o número de incrementos necessários para cobrir uma seção especificada do corpo. Apesar de uma imagem poder ser obtida em menos de um segundo, existem procedimentos (por exemplo, para imagens de abdome e tórax) que requerem que o paciente prenda a respiração durante a aquisição da imagem. Concluir esses procedimentos para, digamos, 30 imagens, pode demandar vários minutos. Uma abordagem cuja utilização está se popularizando é a *CT helicoidal*, algumas vezes chamada de *CT de sexta geração (G6)*. Com esse método, um scanner G3 ou G4 é configurado utilizando os chamados anéis de contato (*slip rings*), que eliminam a necessidade de cabeamento elétrico e de sinais entre as fontes/detectores e a unidades de processamento. O par fonte/detector é continuamente rotacionado a 360° enquanto o paciente é movido em uma velocidade constante ao longo do eixo perpendicular à varredura. O resultado é um volume helicoidal contínuo de dados que é processado para obter imagens de fatias individuais.

Scanners de sétima geração (G7) (também chamados de *multislice CT scanners*) estão surgindo com feixes "espessos" em forma de leque utilizados em conjunto com bancos paralelos de detectores para coletar simultaneamente dados volumétricos de CT. Dessa forma, fatias "grossas" 3-D de corte transversal, em vez de imagens únicas de corte transversal, são geradas para cada descarga de raios X. Além de um aumento significativo de detalhes, essa abordagem tem a vantagem de utilizar tubos de raios X de modo mais econômico, reduzindo, assim, o custo e, potencialmente, a dosagem.

A partir da próxima seção, desenvolveremos as ferramentas matemáticas necessárias para formular a projeção de imagens e os algoritmos de reconstrução. Nosso foco será nas bases do processamento de imagens que fundamentam todas as abordagens de CT que acabamos de discutir. Informações relativas às características mecânicas e de fonte/detector dos sistemas CT são fornecidas nas referências citadas no final do capítulo.

5.11.3 Projeções e a transformada de Radon*

A seguir, desenvolveremos em detalhes a matemática necessária para a reconstrução de imagens no contexto da tomografia computadorizada por raios X, mas os mesmos princípios básicos são aplicáveis em outras modalidades de aquisição de imagens tomográficas, como o SPECT (tomografia por emissão de fóton único), PET (tomografia por emissão de pósitrons), MRI (ressonância magnética) e algumas modalidades da aquisição de imagens por ultrassom.

---

* Ao longo desta seção, seguimos a convenção da CT e posicionamos a origem do plano xy no centro, e não no canto superior esquerdo, como vínhamos fazendo até agora (veja a Seção 2.4.2). Observe, contudo, que ambos são sistemas de coordenadas destros, e a única diferença é que o nosso sistema de coordenadas de imagens não tem eixos negativos. Podemos dar conta da diferença com uma simples translação da origem, de forma que as duas representações sejam equivalentes.

Uma linha reta em coordenadas cartesianas pode ser descrita na forma *inclinação-intersecção*, $y = ax + b$, ou, como na Figura 5.36, por sua representação *normal*:

$$x \cos \theta + y \sin \theta = \rho \qquad (5.11\text{-}1)$$

A projeção de um feixe de raios paralelos pode ser formada por um conjunto dessas linhas, como mostra a Figura 5.37. Um ponto arbitrário no sinal de projeção é dado pela soma de raios ao longo da linha $x \cos \theta_k + y \sin \theta_k = \rho_j$. Trabalhando com valores contínuos* por enquanto, a soma de raios é uma integral de linha, dada por

$$g(\rho_j, \theta_k) = \int_{-\infty}^{\infty} \int_{-\infty}^{\infty} f(x,y) \delta(x \cos \theta_k + y \sin \theta_k - \rho_j) dx dy \qquad (5.11\text{-}2)$$

na qual utilizamos as propriedades do impulso, δ, discutidas na Seção 4.5.1. Em outras palavras, o lado direito da Equação 5.11-2 é zero a não ser que o argumento de δ seja zero, indicando que a integral é calculada apenas ao longo da linha $x \cos \theta_k + y \sin \theta_k = \rho_j$. Se considerarmos todos os valores de ρ e θ, a equação anterior é generalizada a

$$g(\rho, \theta) = \int_{-\infty}^{\infty} \int_{-\infty}^{\infty} f(x,y) \delta(x \cos \theta + y \sin \theta - \rho) dx dy \qquad (5.11\text{-}3)$$

Essa equação, que nos dá a projeção (integral de linha) de $f(x, y)$ ao longo de uma linha arbitrária no plano xy, é a *transformada de Radon* que mencionamos na seção anterior. A notação $\Re\{f(x, y)\}$ ou $\Re\{f\}$ por vezes é utilizada no lugar de $g(\rho,\theta)$ na Equação 5.11-3 para expressar a transformada de Radon de f, mas o tipo de notação utilizada na Equação 5.11-3 é mais comum. Como ficará claro na análise a seguir, a transformada de Radon representa a base da reconstrução a partir de projeções, com a tomografia computadorizada sendo sua principal aplicação na área do processamento de imagens.

No caso discreto, a Equação 5.11-3 passa a ser

$$g(\rho, \theta) = \sum_{x=0}^{M-1} \sum_{y=0}^{N-1} f(x,y) \delta(x \cos \theta + y \sin \theta - \rho) \qquad (5.11\text{-}4)$$

na qual x, y, ρ e θ agora são variáveis discretas. Se mantivermos θ fixo e permitirmos que ρ varie, veremos que 5.11-4 simplesmente soma os pixels de $f(x, y)$ ao longo da

---

* No Capítulo 4, tomamos muito cuidado ao indicar coordenadas contínuas de imagens por (t, z) e coordenadas discretas por (x, y). Na ocasião, essa distinção era importante porque estávamos desenvolvendo conceitos básicos para nos levar de valores contínuos a amostrados. Já na presente discussão, passaremos tantas vezes de coordenadas contínuas para discretas e vice-versa, que seguir essa convenção pode gerar uma confusão desnecessária. Por esse motivo, e também para seguir a literatura publicada na área [por exemplo, veja Prince e Links (2006)], deixaremos que o contexto determine se as coordenadas (x, y) são contínuas ou discretas. Quando elas forem contínuas, você verá integrais; se não, você verá somatórios.

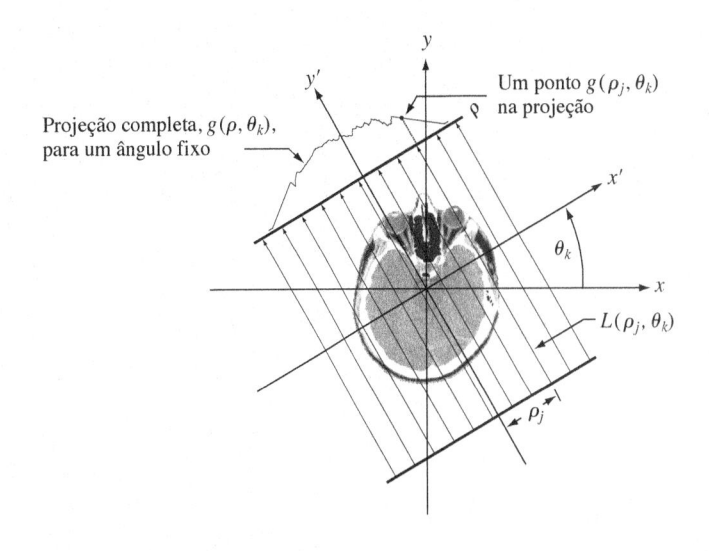

Figura 5.37 Geometria de um feixe de raios paralelos.

linha definida pelos valores especificados desses dois parâmetros. Incrementar todos os valores de ρ necessários para incluir a imagem (com θ fixo) resulta em *uma* projeção. Alterar θ e repetir o procedimento anterior resulta em outra projeção e assim por diante. As projeções da Seção 5.11.1 foram geradas justamente dessa forma.

Exemplo 5.17 Utilização da transformada de Radon para obter a projeção de uma região circular.

Antes de prosseguir, ilustraremos como utilizar a transformada de Radon para obter uma expressão analítica para a projeção do objeto circular da Figura 5.38(a):

$$f(x,y) = \begin{cases} A & x^2 + y^2 \leq r^2 \\ 0 & \text{caso contrário} \end{cases}$$

na qual A é uma constante e r é o raio do objeto. Consideramos que o círculo está centralizado na origem do plano xy. Como o objeto é circularmente simétrico, suas projeções

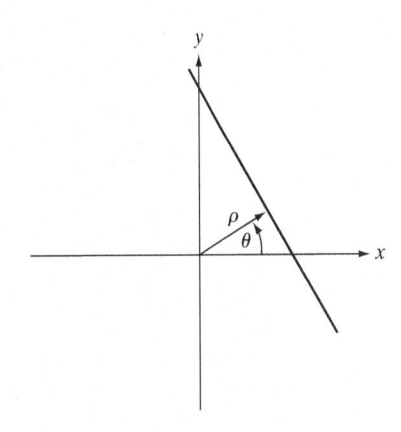

Figura 5.36 Representação normal de uma linha reta.

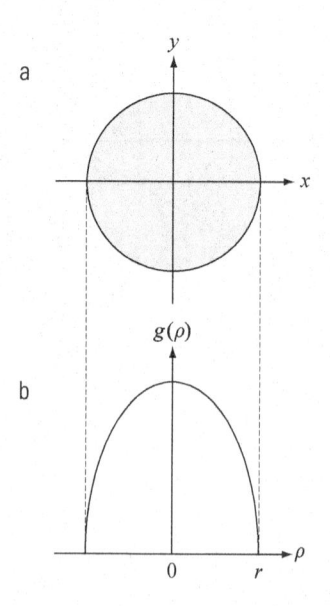

Figura 5.38 (a) Um disco e (b) um gráfico de sua transformada de Radon, deduzido analiticamente. Neste caso, podemos traçar o diagrama da transformada porque ela depende de apenas uma variável. Quando g depende tanto de ρ quanto de θ, a transformada de Radon se torna uma imagem cujos eixos são ρ e θ e a intensidade de um pixel é proporcional ao valor de g na posição desse pixel.

são as mesmas para todos os ângulos, de forma que tudo o que precisamos fazer é obter a projeção para $\theta = 0°$. Então, a Equação 5.11-3 passa a ser

$$g(\rho,\theta) = \int_{-\infty}^{\infty}\int_{-\infty}^{\infty} f(x,y)\delta(x-\rho)\,dx\,dy$$
$$= \int_{-\infty}^{\infty} f(\rho,y)\,dy$$

na qual a segunda linha resulta da Equação 4.2-10. Como observamos anteriormente, trata-se de uma integral de linha (ao longo da linha $L(\rho, 0)$, neste caso). Além disso, note que $g(\rho,\theta) = 0$ quando $|\rho| > r$. Quando $|\rho| \leq r$, a integral é calculada de $y = -\sqrt{r^2 - \rho^2}$ para $y = \sqrt{r^2 - \rho^2}$.

Dessa forma,

$$g(\rho,\theta) = \int_{-\sqrt{r^2-\rho^2}}^{\sqrt{r^2-\rho^2}} f(\rho,y)\,dy$$
$$= \int_{-\sqrt{r^2-\rho^2}}^{\sqrt{r^2-\rho^2}} A\,dy$$

Realizar a integração resulta em

$$g(\rho,\theta) = g(\rho) = \begin{cases} 2A\sqrt{r^2-\rho^2} & |\rho| \leq r \\ 0 & \text{se não} \end{cases}$$

na qual utilizamos o fato mencionado de que $g(\rho,\theta) = 0$, quando $|\rho| > r$. A Figura 5.38(b) mostra o resultado, que está de acordo com as projeções ilustradas nas figuras 5.32 e 5.33. Note que $g(\rho,\theta) = g(\rho)$, isto é, que g é independente de θ porque o objeto é simétrico em relação à origem.

Quando a transformada de Radon, $g(\rho,\theta)$, é exibida como uma imagem com ρ e θ como coordenadas retilíneas, o resultado é chamado de *senograma*, conceitualmente similar à exibição do espectro de Fourier (diferentemente da transformada de Fourier, contudo, $g(\rho,\theta)$ é sempre uma função real). Da mesma forma que a transformada de Fourier, um senograma contém os dados necessários para reconstruir $f(x, y)$. Como no caso de visualização do espectro de Fourier, um senograma pode ser facilmente interpretado para regiões simples, mas se torna cada vez mais difícil de "ler" à medida que a região sendo projetada se torna mais complexa. Por exemplo, a Figura 5.39(b) é o senograma do retângulo à esquerda. Os eixos vertical e horizontal correspondem a θ e ρ, respectivamente. Dessa forma, a linha inferior é a projeção do retângulo na direção horizontal (isto é, $\theta = 0°$) e a linha do meio é a projeção na direção vertical ($\theta = 90°$). O fato de a porção diferente de zero da linha inferior ser menor que a porção diferente de zero da linha do meio nos indica que o objeto é mais estreito na direção horizontal. O fato de o senograma ser simétrico nas duas direções em relação ao centro da imagem nos informa que estamos lidando com um objeto simétrico e paralelo aos eixos x e y. Por fim, o senograma é suave, indicando que o objeto tem intensidade uniforme. Além desses tipos de observações gerais, não podemos dizer muito mais sobre esse senograma.[*]

A Figura 5.39(c) mostra uma imagem do *phantom de Shepp-Logan*, uma imagem sintética amplamente utilizada desenvolvida para simular a absorção de importantes áreas do cérebro, incluindo pequenos tumores. O senograma dessa imagem é consideravelmente mais difícil de interpretar, como mostra a Figura 5.39(d). Ainda é possível inferir algumas propriedades de simetria, mas não podemos dizer muito mais do que isso. A análise visual de senogramas tem utilização prática limitada, mas algumas vezes é útil no desenvolvimento de algoritmos.

O principal objetivo da CT é obter uma representação 3-D de um volume a partir de suas projeções. Como apresentamos intuitivamente na Seção 5.11.1, o método utilizado consiste em realizar a retroprojeção de cada projeção e depois somar todas as retroprojeções para gerar uma imagem (fatia). Empilhar todas as imagens resultan-

---

[*] Para gerar arranjos matriciais com linhas de mesmo tamanho, a dimensão mínima do eixo ρ nos senogramas corresponde à maior dimensão encontrada durante a projeção. Por exemplo, o tamanho mínimo de um senograma de um quadrado de tamanho $M \times M$ obtido utilizando incremento de $1°$ é $180 \times Q$, sendo Q o menor número inteiro maior que $\sqrt{2}M$.

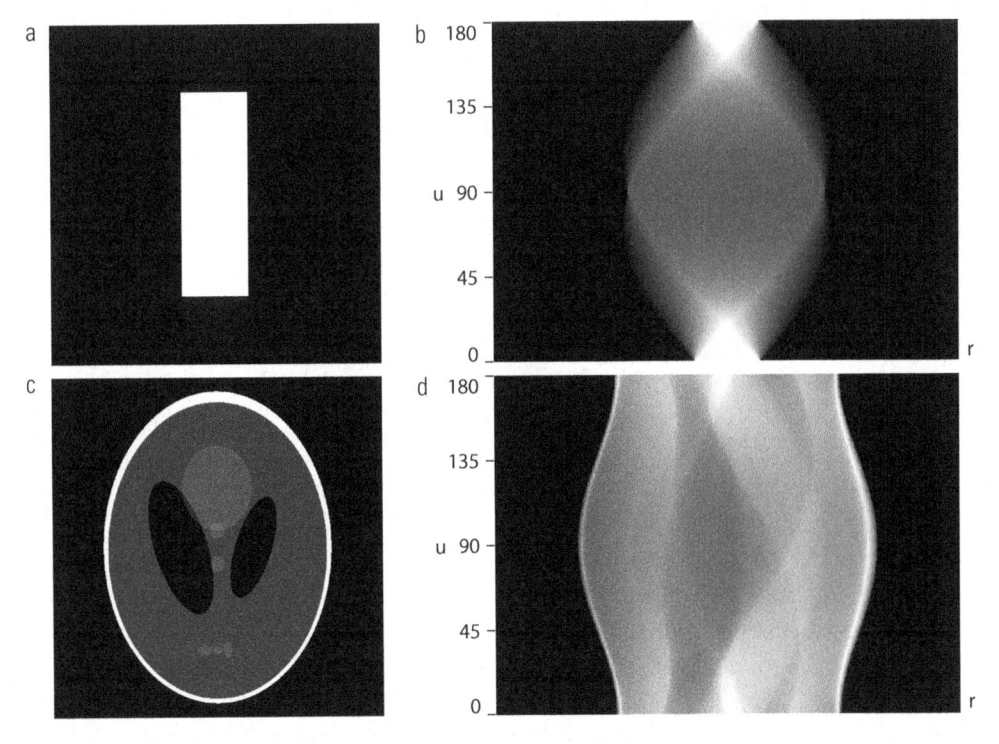

Figura 5.39 Duas imagens e seus senogramas (transformadas de Radon). Cada linha de um senograma é uma projeção ao longo do ângulo correspondente no eixo vertical. A imagem (c) é chamada de *phantom de Shepp-Logan*. Em sua forma original, o contraste do *phantom* é bastante baixo. Aqui ele é mostrado realçado para facilitar a visualização.

tes produz uma representação 3-D do volume. Para obter uma expressão formal de uma imagem retroprojetada da transformada de Radon, vamos começar com um *único* ponto, $g(\rho_j,\theta_k)$ da projeção completa, $g(\rho,\theta_k)$, para um valor *fixo* de rotação, θ_k (veja a Figura 5.37). Formar parte de uma imagem a partir da retroprojeção desse *único* ponto equivale a copiar a linha $L(\rho_j,\theta_k)$ na imagem, na qual o valor de cada ponto dessa linha é $g(\rho_j,\theta_k)$. Repetir esse procedimento para todos os valores de ρ_j no sinal projetado (mas mantendo o valor de θ fixo em θ_k) resulta na expressão a seguir:

$$f_{\theta_k}(x,y) = g(\rho,\theta_k)$$
$$= g(x\cos\theta_k + y\operatorname{sen}\theta_k, \theta_k)$$

para a imagem correspondente à retroprojeção da projeção obtida com um ângulo fixo, θ_k, como na Figura 5.32(b). Essa equação se mantém para um valor arbitrário de θ_k, de forma que podemos escrever, em geral, que a imagem formada a partir de uma *única* retroprojeção obtida em um ângulo θ é dada por

$$f_\theta(x,y) = g(x\cos\theta + y\operatorname{sen}\theta, \theta) \qquad (5.11\text{-}5)$$

Formamos a imagem final por meio da integração de todas as imagens retroprojetadas:

$$f(x,y) = \int_0^\pi f_\theta(x,y)\,d\theta \qquad (5.11\text{-}6)$$

No caso discreto, a integral se torna uma soma de todas as imagens retroprojetadas:

$$f(x,y) = \sum_{\theta=0}^\pi f_\theta(x,y) \qquad (5.11\text{-}7)$$

sendo que x, y e θ agora são variáveis discretas. Lembre-se, com base na análise apresentada na Seção 5.11.1, que as projeções em 0° e 180° são imagens espelhadas uma da outra, de forma que os somatórios são realizados até o último incremento angular antes de 180°. Por exemplo, se estivermos utilizando incrementos de 0,5°, o somatório é de 0 a 179,5 em incrementos de meio grau. Uma imagem retroprojetada formada do modo que acabamos de descrever algumas vezes é chamada de *laminograma*. Está implícito que um laminograma é apenas uma aproximação da imagem da qual as projeções foram geradas, um fato que é ilustrado claramente no exemplo a seguir.

■ **Exemplo 5.18** Obtenção de imagens retroprojetadas a partir de senogramas.

A Equação 5.11-7 foi utilizada para gerar imagens retroprojetadas nas figuras 5.32 a 5.34, a partir de projeções obtidas com a Equação 5.11-4. De forma similar, essas equações foram utilizadas para gerar as figuras 5.40(a) e (b), que mostram as imagens retroprojetadas correspondentes aos senogramas das figuras 5.39(b) e (d), respectivamente. Como no caso de figuras anteriores, notamos um borramento significativo, de forma que fica claro que uma utilização direta das equações 5.11-4 e 5.11-7 não gerará resultados aceitáveis. Sistemas experimentais de CT mais antigos eram baseados nessas equações. No entanto, como veremos na Seção 5.11.5, é possível realizar melhoras significativas na reconstrução reformulando o método da retroprojeção.

5.11.4 O teorema da fatia de Fourier

Nesta seção, deduzimos um resultado fundamental relacionando a transformada de Fourier 1-D de uma projeção e a transformada de Fourier 2-D da região a partir da qual a projeção foi obtida. Essa relação constitui a base dos métodos de reconstrução capazes de lidar com o problema do borramento que acabamos de discutir.

A transformada de Fourier 1-D de uma projeção em relação a ρ é

$$G(\omega,\theta) = \int_{-\infty}^{\infty} g(\rho,\theta) e^{-j2\pi\omega\rho}\, d\rho \quad (5.11\text{-}8)$$

na qual, como na Equação 4.2-16, ω é a variável de frequência, e entende-se que essa expressão é válida para um dado valor de θ. Substituir $g(\rho,\theta)$ pela Equação 5.11-3 resulta na expressão

$$\begin{aligned}
G(\omega,\theta) &= \int_{-\infty}^{\infty}\int_{-\infty}^{\infty}\int_{-\infty}^{\infty} f(x,y)\delta(x\cos\theta + \\
&\quad y\,\text{sen}\,\theta - \rho) e^{-j2\pi\omega\rho}\, dx\, dy\, d\rho \\
&= \int_{-\infty}^{\infty}\int_{-\infty}^{\infty} f(x,y) \left[\int_{-\infty}^{\infty} \delta(x\cos\theta + \right. \\
&\quad \left. y\,\text{sen}\,\theta - \rho)e^{-j2\pi\omega\rho}\, d\rho\right] dx\, dy \\
&= \int_{-\infty}^{\infty}\int_{-\infty}^{\infty} f(x,y) e^{-j2\pi\omega(x\cos\theta + y\,\text{sen}\,\theta)}\, dx\, dy
\end{aligned}$$

$$(5.11\text{-}9)$$

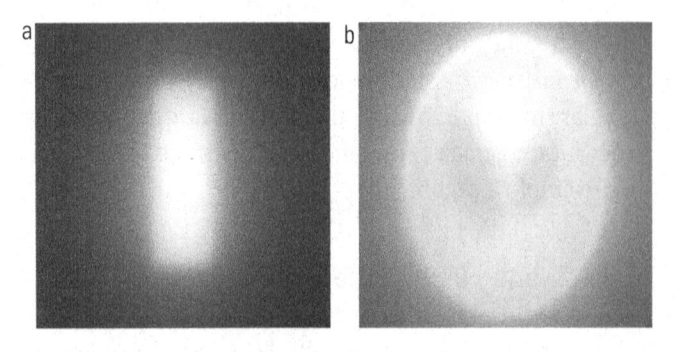

Figura 5.40 Retroprojeções dos senogramas da Figura 5.39.

sendo que o último passo resulta da propriedade do impulso que mencionamos anteriormente nesta seção. Com $u = \omega\cos\theta$ e $v = \omega\,\text{sen}\,\theta$, a Equação 5.11-9 passa a ser

$$G(\omega,\theta) = \left[\int_{-\infty}^{\infty}\int_{-\infty}^{\infty} f(x,y) e^{-j2\pi(ux+vy)}\, dx\, dy\right]_{u=\omega\cos\theta;\,v=\omega\,\text{sen}\,\theta} \quad (5.11\text{-}10)$$

Reconhecemos essa expressão como a transformada de Fourier 2-D de $f(x,y)$ (veja a Equação 4.5-7), calculada para os valores indicados de u e v. Isto é,

$$\begin{aligned}
G(\rho,\theta) &= \left[F(u,v)\right]_{u=\omega\cos\theta;\,v=\omega\,\text{sen}\,\theta} \\
&= F(\omega\cos\theta, \omega\,\text{sen}\,\theta) \quad (5.11\text{-}11)
\end{aligned}$$

na qual, como de costume, $F(u,v)$ expressa a transformada de Fourier 2-D de $f(x,y)$.

A Equação 5.11-11 é conhecida como o *teorema da fatia de Fourier* (ou *teorema da projeção-fatia*). O teorema afirma que a transformada de Fourier de uma projeção é uma *fatia* da transformada de Fourier 2-D da região a partir da qual a projeção foi obtida. A razão para essa terminologia pode ser explicada com a ajuda da Figura 5.41. Como mostra essa figura, a transformada de Fourier 1-D de uma projeção arbitrária é obtida extraindo os valores de $F(u,v)$ ao longo de uma linha orientada no mesmo ângulo que o utilizado para gerar a projeção. Em princípio, poderíamos obter $f(x,y)$ simplesmente obtendo a transformada inversa de Fourier de $F(u,v)$.* No entanto, isso tem um alto custo computacional e envolve inverter uma transformada 2-D. A metodologia discutida na seção a seguir é muito mais eficiente.

5.11.5 Reconstrução utilizando retroprojeções filtradas por feixes paralelos

Como vimos na Seção 5.11.1 e no Exemplo 5.18, obter as retroprojeções de maneira direta gera resultados inaceitavelmente borrados. Felizmente, esse problema tem uma solução direta baseada apenas na filtragem das projeções antes de calcular as retroprojeções. A partir da Equação 4.5-8, temos que a transformada inversa de Fourier 2-D de $F(u,v)$ é

$$f(x,y) = \int_{-\infty}^{\infty}\int_{-\infty}^{\infty} F(u,v) e^{j2\pi(ux+vy)}\, du\, dv \quad (5.11\text{-}12)$$

Se, como nas equações 5.11-10 e 5.11-11, fizermos $u = \omega\cos\theta$ e $v = \omega\,\text{sen}\,\theta$, os diferenciais passam a ser

---

* Tenha em mente que o borramento também estará presente em uma imagem recuperada utilizando a transformada inversa de Fourier, porque o resultado é equivalente ao obtido utilizando o método analisado na seção anterior.

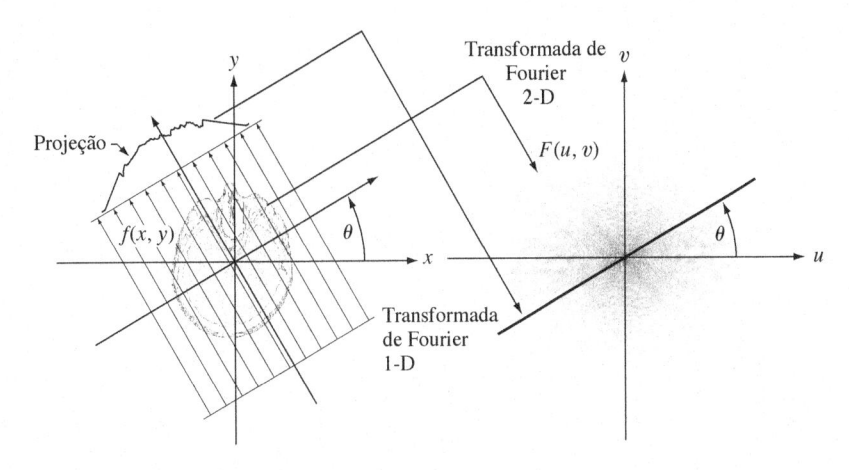

Figura 5.41 Ilustração do teorema da fatia de Fourier. A transformada de Fourier 1-D de uma projeção é uma fatia da transformada de Fourier 2-D da região a partir da qual a projeção foi obtida. Observe a correspondência do ângulo .

$du\, dv = \omega\, d\omega\, d\theta$, e podemos expressar a Equação 5.11-12 em coordenadas polares:*

$$f(x,y)=\int_0^{2\pi}\int_0^{\infty} F(\omega\cos\theta,\omega\,\text{sen}\,\theta)$$
$$e^{j2\pi\omega(x\cos\theta+y\,\text{sen}\,\theta)}\omega d\omega\, d\theta \qquad (5.11\text{-}13)$$

Então, utilizando o teorema da fatia de Fourier,

$$f(x,y)=\int_0^{2\pi}\int_0^{\infty} G(\omega,\theta)$$
$$e^{j2\pi\omega(x\cos\theta+y\,\text{sen}\,\theta)}\omega d\omega\, d\theta \qquad (5.11\text{-}14)$$

Ao dividir essa integral em duas expressões, uma para θ no intervalo 0° a 180° e a outra no intervalo 180° a 360°, e utilizando o fato de que $G(\omega, \theta + 180°) = G(-\omega, \theta)$ (veja o Exercício 5.32), podemos expressar a Equação 5.11-14 como

$$f(x,y)=\int_0^{\pi}\int_0^{\infty} |\omega|G(\omega,\theta)$$
$$e^{j2\pi\omega(x\cos\theta+y\,\text{sen}\,\theta)}d\omega\, d\theta \qquad (5.11\text{-}15)$$

Em termos de integração referente a ω, o termo $x\cos\theta + y\,\text{sen}\,\theta$ é uma constante que reconhecemos como ρ a partir da Equação 5.11-1. Dessa forma, a Equação 5.11-15 pode ser expressa como:

$$f(x,y)=\int_0^{\pi}\left[\int_{-\infty}^{\infty} |\omega|G(\omega,\theta)\right.$$
$$\left. e^{j2\pi\omega\rho}d\omega\right]_{\rho=x\cos\theta+y\,\text{sen}\,\rho} \qquad (5.11\text{-}16)$$

A expressão interna é expressa na forma de uma transformada *inversa* de Fourier 1-D (veja a Equação 4.2-17), com o termo adicionado $|\omega|$ que, com base na análise da Seção 4.7, reconhecemos como uma função filtro *unidimensional*. Observe que $|\omega|$ é um filtro *rampa* (veja a Figura 5.42(a)).** Essa função não é integrável porque sua amplitude se estende a +∞ em ambas as direções, de forma que a transformada inversa de Fourier é indefinida. Teoricamente, isso é solucionado com métodos como a utilização das chamadas *funções delta generalizadas*. Na prática, a técnica consiste em aplicar uma janela à rampa de forma que ela passe a ser zero fora de um intervalo de frequência definido. Isto é, uma janela *limita a banda* do filtro rampa.

A abordagem mais simples para limitar a banda de uma função é utilizar um filtro retangular no domínio da frequência. No entanto, como vimos na Figura 4.4, um filtro retangular tem propriedades indesejáveis de *ringing*, de forma que uma janela suave é utilizada em seu lugar. A Figura 5.42(a) mostra um gráfico do filtro rampa depois de ter a banda limitada por uma janela retangular, e a Figura 5.42(b) mostra sua representação no domínio do espaço, obtida calculando sua transformada inversa de Fourier. Como esperávamos, o filtro de janelamento resultante apresenta um *ringing* visível no domínio do espaço. Sabemos, com base no Capítulo 4, que a filtragem no domínio da frequência equivale à convolução no domínio do espaço, de forma que a filtragem espacial com uma função que apresenta *ringing* também produzirá um resultado também corrompido pelo *ringing*. O janelamento com uma função suave ajuda nessa situação. Uma função de janela discreta de M pontos, utilizada frequentemente para implementação com a FFT 1-D, é dada por

$$h(\omega)=\begin{cases} c+(c-1)\cos\dfrac{2\pi\omega}{M-1} & 0\leq\omega\leq(M-1) \\ 0 & \text{se não} \end{cases}$$

$$(5.11\text{-}17)$$

---

* A relação $du\, dv = \omega\, d\omega\, d\theta$ provém do cálculo integral básico, no qual o jacobiano é utilizado como a base para uma alteração das variáveis.

** O filtro rampa é muitas vezes chamado de filtro de Ram-Lak, em homenagem a Ramachandran e Lakshminarayanan (1971), que em geral são considerados os primeiros a sugeri-lo.

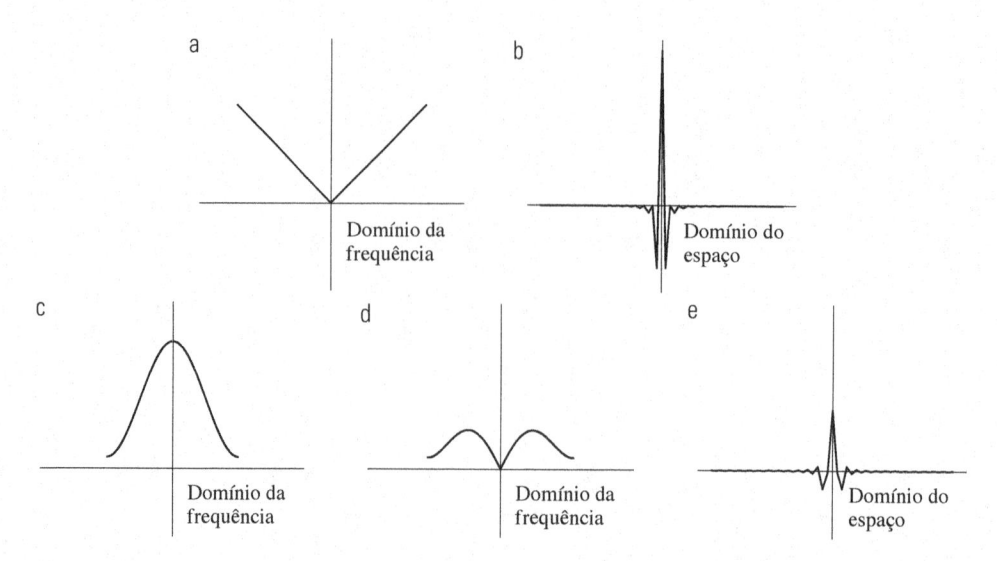

Figura 5.42 (a) Gráfico no domínio da frequência do filtro $|\omega|$ depois ter sua banda limitada por um filtro retangular. (b) Representação no domínio do espaço. (c) Função de janelamento de Hamming. (d) Filtro de rampa janelado, formado pelo produto de (a) e (c). (e) Representação espacial do produto (observe a redução do efeito de *ringing*).

Quando $c = 0,54$, essa função é chamada de *janela de Hamming* (em homenagem a Richard Hamming) e, quando $c = 0,5$, ela é chamada de *janela de Hann* (em homenagem a Julius von Hann). A principal diferença entre as janelas de Hamming e de Hann é que, na janela de Hann, os pontos finais são zero. A diferença entre as duas geralmente é imperceptível nas aplicações de processamento de imagens.

A Figura 5.42(c) mostra um gráfico da janela de Hamming, e a Figura 5.42(d) mostra o produto dessa janela e do filtro de rampa de banda limitada da Figura 5.42(a). A Figura 5.42(e) mostra a representação do produto no domínio do espaço, obtido, como de costume, pelo cálculo da FFT inversa. É evidente, pela comparação entre essa figura e a Figura 5.42(b), que o *ringing* foi reduzido na rampa com janelamento (as razões do pico ao vale nas figuras 5.42(b) e (e) são 2,5 e 3,4, respectivamente). Por outro lado, como a largura do lóbulo central na Figura 5.42(e) é ligeiramente maior que na Figura 5.42(b), é esperado que retroprojeções baseadas na utilização de uma janela de Hamming apresentem menos *ringing*, mas sejam ligeiramente mais borradas. Como mostra o Exemplo 5.19, isso é de fato o que acontece.

Lembre-se da Equação 5.11-8, que $G(\omega, \theta)$ é a transformada de Fourier 1-D de $g(\rho, \theta)$, que é uma projeção *única* obtida em um ângulo fixo, θ. A Equação 5.11-16 mostra que a imagem *completa*, retroprojetada $f(x, y)$ é obtida como se segue:

1. Calcule a transformada de Fourier 1-D de cada projeção.

2. Multiplique cada transformada de Fourier pela função filtro $|\omega|$, a qual, como explicamos anteriormente, foi multiplicada por uma janela apropriada (como, por exemplo, a janela de Hamming).

3. Obtenha a transformada inversa de Fourier 1-D de cada transformada filtrada resultante.

4. Integre (some) todas as transformadas inversas 1-D do passo 3.

Como uma função filtro é utilizada, essa abordagem de reconstrução de imagem é apropriadamente chamada de *retroprojeção filtrada*. Na prática, os dados são discretos, de forma que todos os cálculos no domínio da frequência são realizados utilizando um algoritmo FFT 1-D, e a filtragem é implementada utilizando o mesmo procedimento básico que explicamos no Capítulo 4 para funções 2-D. Também é possível implementar a filtragem no domínio do espaço utilizando a convolução, como explicaremos mais adiante nesta seção.

A discussão anterior abordou os aspectos de janelamento de retroprojeções filtradas. Como ocorre com qualquer sistema de dados amostrados, também precisamos levar em consideração as taxas de amostragem. Sabemos, com base no Capítulo 4, que a seleção das taxas de amostragem tem uma profunda influência sobre os resultados do processamento de imagens. Na presente discussão, temos duas considerações de amostragem. A primeira é o número de raios utilizados, o que determina o número de amostras em cada projeção. A segunda é o número de incrementos do ângulo de rotação, que determina o número de imagens reconstruídas (cuja soma resulta na imagem final). A subamostragem resulta em *aliasing* que, como vimos no Capítulo 4, pode se manifestar na forma de artefatos na imagem, como listras. Veremos as questões da amostragem na CT em mais detalhes na Seção 5.11.6.

Exemplo 5.19 Reconstrução de imagens utilizando retroprojeções filtradas.

O foco deste exemplo é mostrar a reconstrução utilizando retroprojeções filtradas, primeiro com um filtro rampa e depois utilizando um filtro rampa modificado por uma janela de Hamming. Essas retroprojeções filtradas são comparadas com os resultados de retroprojeções "brutas" na Figura 5.40. Para nos concentrar na diferença devida apenas à filtragem, os resultados deste exemplo foram gerados com incrementos de rotação de 0,5°, que é o incremento que utilizamos para gerar a Figura 5.40. A separação entre os raios foi de um pixel nos dois casos. As imagens nos dois exemplos são de tamanho 600×600 pixels, de forma que o comprimento da diagonal é $\sqrt{2} \times 600 \approx 849$. Em consequência, 849 raios foram utilizados para cobrir toda a região quando o ângulo da rotação era de 45° e 135°.

A Figura 5.43(a) mostra o retângulo reconstruído utilizando um filtro rampa. O aspecto mais notável desse resultado é a ausência de qualquer borramento visualmente detectável. Entretanto, como esperado, o *ringing* está presente, visível como linhas fracas, especialmente ao redor das bordas do retângulo. Essas linhas são mais visíveis no detalhe ampliado da Figura 5.43(c). A utilização da janela de Hamming no filtro rampa ajudou a minimizar consideravelmente o problema do *ringing*, à custa de um ligeiro borramento, com mostram as figuras 5.43(b) e (d). As melhorias (mesmo com o filtro rampa sem janelamento) em relação à Figura 5.40(a) são evidentes. A imagem do *phantom* não apresenta transições tão acentuadas e proeminentes quanto o retângulo, de forma que o *ringing*, mesmo com o filtro rampa sem janelamento, é imperceptível no caso, como podemos ver na Figura 5.44(a). A utilização de uma janela de Hamming resultou em uma imagem ligeiramente mais suave, como mostra a Figura 5.44(b).

Figura 5.43 Retroprojeções filtradas do retângulo utilizando (a) um filtro rampa e (b) um filtro rampa com janelamento de Hamming. A segunda linha mostra detalhes ampliados das imagens da primeira linha. Compare com a Figura 5.40(a).

Esses dois resultados representam melhorias consideráveis em relação à Figura 5.40(b), ilustrando mais uma vez a vantagem significativa inerente à técnica da retroprojeção filtrada.

Na maioria das aplicações da CT (especialmente na medicina), artefatos como o *ringing* representam uma grande preocupação, de forma que esforços significativos são dedicados à sua minimização. O ajuste dos algoritmos de filtragem e, como explicamos na Seção 5.11.2, a utilização de um grande número de detectores estão entre as considerações de projeto que ajudam a reduzir esses efeitos.

A discussão mencionada se baseia na obtenção de retroprojeções filtradas por meio da implementação de uma

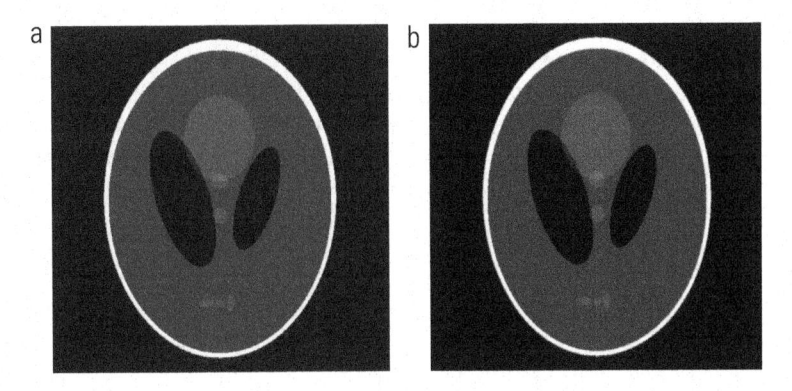

Figura 5.44 Retroprojeções filtradas de um *phantom* de cabeça utilizando (a) um filtro rampa e (b) um filtro rampa com janelamento de Hamming. Compare com a Figura 5.40(b).

FFT. No entanto, sabemos, com base no teorema da convolução apresentado no Capítulo 4, que resultados equivalentes podem ser obtidos utilizando a convolução espacial. Mais especificamente, observe que o termo entre colchetes na Equação 5.11-16 é a transformada inversa de Fourier do produto de duas funções no domínio da frequência que, de acordo com o teorema da convolução, sabemos ser igual à convolução das representações espaciais (transformadas inversas de Fourier) dessas duas funções. Em outras palavras, sendo $s(\rho)$ a transformada inversa de Fourier de $|\omega|^*$, escrevemos a Equação 5.11-16 como

$$\begin{aligned} f(x,y) &= \int_0^\pi \left[\int_{-\infty}^\infty |\omega| G(\omega,\theta) e^{j2\pi\omega\rho} d\omega\right]_{\rho=x\cos\theta+y\sin\theta} \\ &= \int_0^\pi \left[s(\rho) \star g(\rho,\theta)\right]_{\rho=x\cos\theta+y\sin\theta} d\theta \\ &= \int_0^\pi \left[\int_{-\infty}^\infty g(\rho,\theta) s(x\cos\theta+y\sin\theta-\rho) d\rho\right] d\theta \end{aligned}$$

(5.11-18)

na qual, como no Capítulo 4, "★" indica a convolução. A segunda linha resulta da primeira pelas razões explicadas no parágrafo anterior. A terceira linha resulta da definição da convolução dada na Equação 4.2-20.

As duas últimas linhas da Equação 5.11-18 dizem a mesma coisa: retroprojeções individuais em um ângulo podem ser obtidas pela convolução da projeção correspondente, $g(\rho, \theta)$, e a transformada inversa de Fourier do filtro rampa, $s(\rho)$. Como antes, a imagem retroprojetada completa é obtida integrando (somando) todas as imagens retroprojetadas individuais. Com exceção das diferenças de arredondamento no cálculo, os resultados da utilização da convolução serão idênticos aos resultados utilizando a FFT. Em implementações práticas da CT, a convolução geralmente se mostra mais eficiente em termos computacionais, de forma que a maioria dos sistemas modernos de CT utiliza esse método. A transformada de Fourier de fato exerce um papel fundamental nas formulações teóricas e no desenvolvimento de algoritmos (por exemplo, o processamento de imagens por CT no Matlab se baseia na FFT). Além disso, notamos que não há necessidade de armazenar todas as imagens retroprojetadas durante a reconstrução. Em vez disso, uma única soma é atualizada com a imagem retroprojetada mais recente. No final do procedimento, a soma será igual à soma total de todas as retroprojeções.

Por fim, observamos que, como o filtro rampa (mesmo com janelamento) zera o termo dc no domínio da frequência, cada imagem de retroprojeção terá um valor médio zero (veja a Figura 4.30). Isso significa que cada imagem da retroprojeção terá pixels negativos e positivos. Quando todas as retroprojeções são adicionadas para formar a imagem final, algumas posições negativas podem se tornar positivas, e o valor médio pode não ser zero, mas, normalmente, ainda assim a imagem final terá pixels negativos.

Há várias maneiras de solucionar esse problema. O método mais simples, quando não temos informações sobre quais deveriam ser os valores médios, é aceitar o fato de que valores negativos são inerentes ao método e ajustar o resultado utilizando o procedimento descrito nas equações 2.6-10 e 2.6-11. Essa é a técnica que utilizamos nesta seção. Quando temos informações sobre qual deveria ser um valor médio "típico", esse valor pode ser adicionado ao filtro no domínio da frequência, compensando, dessa forma, a rampa e impedindo que o termo dc seja zerado (veja a Figura 4.31(c)). Ao trabalhar no domínio espacial com a convolução, o simples ato de truncar o comprimento do filtro espacial (transformada inversa de Fourier da rampa) o impede de ter um valor médio zero, assim, evitando o problema da zeragem totalmente.

5.11.6 Reconstrução utilizando retroprojeções filtradas por feixes em formato de leque

Até este ponto as discussões se concentraram em feixes paralelos. Em virtude de sua implementação simples e intuitiva, essa é a geometria de aquisição de imagens normalmente utilizada para introduzir os conceitos de tomografia computadorizada. No entanto, sistemas modernos de CT utilizam uma geometria em formato de leque (veja a Figura 5.35), o tema da discussão para o restante desta seção.

A Figura 5.45 mostra uma geometria básica de aquisição de imagens em formato de leque na qual os detectores são dispostos em um arco circular, e presume-se que os incrementos angulares da fonte sejam iguais. Seja $p(\alpha, \beta)$ uma projeção em formato de leque, na qual α é a posição angular de um detector particular mensurado em relação ao *raio central*, e β é o deslocamento angular da fonte, medido em relação ao eixo y, como mostra a figura. Também observamos na Figura 5.45 que um raio no feixe em leque pode ser representado como uma linha, $L(\rho, \theta)$, na forma normal, que é a abordagem que utilizamos para representar um raio na geometria de aquisição de imagens de feixes paralelos, discutida nas seções anteriores. Isso nos permite utilizar resultados do feixe paralelo como o ponto de partida para deduzir as equações correspondentes para a geometria do feixe em formato de leque.

---

* Se uma função de janelamento, como a janela de Hamming, for utilizada, então a transformada inversa de Fourier será realizada na rampa janelada. Além disso, podemos ignorar mais uma vez a questão mencionada anteriormente sobre e a existência da transformada inversa de Fourier contínua porque todas as implementações são realizadas utilizando valores discretos de comprimento finito.

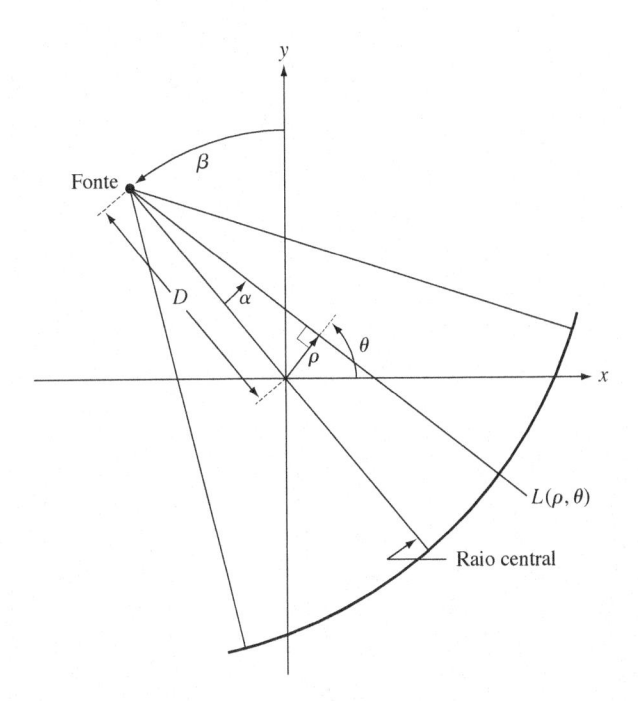

Figura 5.45 Geometria básica do feixe em formato de leque. A linha que passa pelo centro da fonte e da origem (que consideramos aqui como o centro da rotação da fonte) é chamada de *raio central*.

Demonstraremos isso deduzindo a retroprojeção filtrada por feixe em formato de leque com base na convolução.*

Começaremos observando na Figura 5.45 que os parâmetros da linha $L(\rho,\theta)$ são relacionados aos parâmetros de um raio de feixe em formato de leque por

$$\theta = \beta + \alpha \quad (5.11\text{-}19)$$

e

$$\rho = D \operatorname{sen} \alpha \quad (5.11\text{-}20)$$

sendo D a distância a partir do centro da fonte até a origem do plano xy.

A fórmula da retroprojeção por convolução para a geometria de aquisição de imagens por feixes paralelos é dada pela Equação 5.11-18. Sem perda de generalidade, vamos supor que nossa atenção seja concentrada em objetos englobados em uma área circular de raio T em relação à origem do plano. Então, $g(\rho,\theta) = 0$ para $|\rho| > T$ e a Equação 5.11-18 passa a ser

$$f(x,y) = \frac{1}{2} \int_0^{2\pi} \int_{-T}^{T} g(\rho,\theta) s(x \cos\theta + y \operatorname{sen}\theta - \rho) d\rho d\theta \quad (5.11\text{-}21)$$

---

* O teorema da fatia de Fourier foi deduzido para uma geometria de feixes paralelos e não é diretamente aplicável a feixes em formato de leque. No entanto, as equações 5.11-19 e 5.11-20 fornecem a base para converter uma geometria de feixes em formato de leque em uma geometria de feixes paralelos, permitindo, dessa forma, a utilização da técnica de retroprojeção filtrada paralela, desenvolvida na seção anterior, para a qual o teorema da fatia pode ser aplicado. Discutiremos esse ponto em mais detalhes no final desta seção.

na qual utilizamos o fato explicado na Seção 5.11.1 de que projeções com 180° entre si são imagens espelhadas umas das outras. Dessa forma, fazemos com que os limites da integral externa na Equação 5.11-21 englobem um círculo completo, como requer um arranjo de feixes em formato de leque no qual os detectores são dispostos em um círculo.

Nosso interesse é na integração em relação a α e β. Para isso, começamos alterando para coordenadas polares (r,φ). Isto é, fazemos com que $x = r \cos \varphi$ e $y = r \operatorname{sen} \varphi$, o que leva a

$$x \cos\theta + y \operatorname{sen}\theta = r \cos\varphi \cos\theta + r \operatorname{sen}\varphi \operatorname{sen}\theta = r \cos(\theta - \varphi) \quad (5.11\text{-}22)$$

Utilizando esse resultado, podemos expressar a Equação 5.11-21 como

$$f(x,y) = \frac{1}{2} \int_0^{2\pi} \int_{-T}^{T} g(\rho,\theta) s[r\cos(\theta-\varphi) - \rho] d\rho d\theta$$

Essa expressão não passa da fórmula de reconstrução por feixes paralelos expressa em coordenadas polares. No entanto, a integração ainda se refere a ρ e θ. A integração em relação a α e β requer uma transformação de coordenadas utilizando as equações 5.11-19 e 5.11-20:

$$f(r,\varphi) = \frac{1}{2} \int_{-\alpha}^{2\pi-\alpha} \int_{\operatorname{sen}^{-1}(-T/D)}^{\operatorname{sen}^{-1}(T/D)} g(D \operatorname{sen}\alpha, \alpha+\beta) \\ s[r\cos(\beta+\alpha-\varphi) - D\operatorname{sen}\alpha] D\cos\alpha \, d\alpha \, d\beta$$

(5.11-23)

na qual utilizamos $d\rho\, d\theta = D \cos\alpha\, d\alpha\, d\beta$ (veja a explicação da Equação 5.11-13).

Essa equação pode ser simplificada ainda mais. Em primeiro lugar, observe que os limites $-\alpha$ até $2\pi - \alpha$ para β incluem toda a extensão de 360°. Como todas as funções de β são periódicas, com período 2π, os limites da integral externa podem ser substituídos por 0 e 2π, respectivamente. O termo $\operatorname{sen}^{-1}(T/D)$ tem um valor máximo de α_m, correspondente a $|\rho| > T$, acima do qual $g = 0$ (veja a Figura 5.46), de forma que substituímos os limites da integral por $-\alpha_m$ e α_m, respectivamente. Por fim, veja a linha $L(\rho, \theta)$ na Figura 5.45. Uma soma de raios de um feixe em formato de leque ao longo dessa linha deve ser igual à soma de raios de um feixe paralelo ao longo da mesma linha (uma soma de raios é uma soma de todos os valores ao longo de uma linha, de forma que o resultado deve ser o mesmo para um determinado raio, independentemente do sistema de coordenadas no qual ele é expresso). Isso se aplica a qualquer soma de raios para valores correspondentes de (α, β) e (ρ, θ). Assim, sendo $p(\alpha, \beta)$ uma projeção de feixe em formato de leque, segue-se que $p(\alpha, \beta) = g(\rho,\theta)$ e, a partir das equações 5.11-19 e 5.11-20, que $p(\alpha, \beta) = g(D \operatorname{sen}\alpha, \alpha + \beta)$. Incorporando essas observações à Equação 5.11-23 resulta na expressão

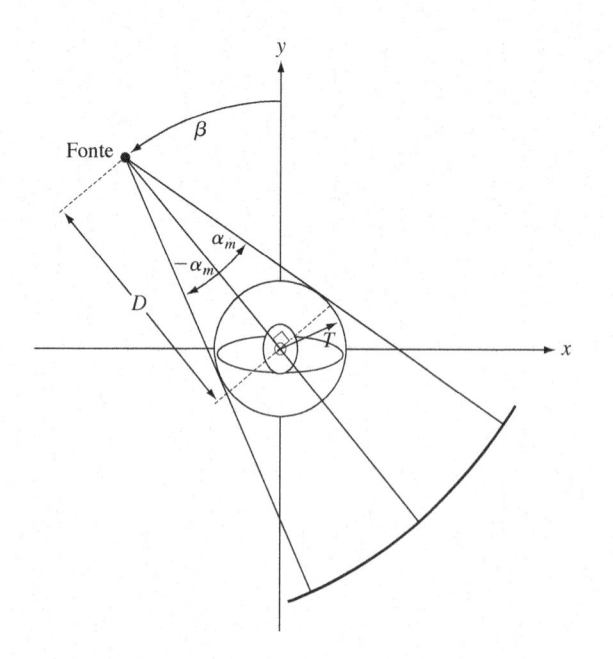

Figura 5.46 Valor máximo de α necessário para englobar uma região de interesse.

$$f(r,\varphi) = \frac{1}{2}\int_0^{2\pi}\int_{-\alpha_m}^{\alpha_m} p(\alpha,\beta)s[r\cos(\beta + \alpha - \varphi) - D\,\text{sen}\,\alpha]D\cos\alpha\,d\alpha\,d\beta \quad (5.11\text{-}24)$$

Essa é a fórmula fundamental da reconstrução por feixe em formato de leque baseada em retroprojeções filtradas.

A Equação 5.11-24 pode ser ainda mais manipulada para ser expressa na fórmula de convolução, com a qual estamos mais familiarizados. Com referência à Figura 5.47, pode ser demonstrado (Exercício 5.33) que

$$r\cos(\beta + \alpha - \varphi) - D\,\text{sen}\,\alpha = R\,\text{sen}(\alpha' - \alpha) \quad (5.11\text{-}25)$$

na qual R é a distância a partir da fonte para um ponto arbitrário em um raio em formato de leque, e α' é o ângulo entre esse raio e o raio central. Observe que R e α' são determinados pelos valores de r, φ e β. Substituir a Equação 5.11-25 na Equação 5.11-24 resulta em

$$f(r,\varphi) = \frac{1}{2}\int_0^{2\pi}\int_{-\alpha_m}^{\alpha_m} p(\alpha,\beta)s\left[R\,\text{sen}(\alpha'-\alpha)\right]D\cos\alpha\,d\alpha\,d\beta \quad (5.11\text{-}26)$$

Pode ser demonstrado (Exercício 5.34) que

$$s(R\,\text{sen}\,\alpha) = \left(\frac{\alpha}{R\,\text{sen}\,\alpha}\right)^2 s(\alpha) \quad (5.11\text{-}27)$$

Utilizando essa expressão, podemos escrever a Equação 5.11-26 como

$$f(r,\varphi) = \int_0^{2\pi}\frac{1}{R^2}\left[\int_{-\alpha_m}^{\alpha_m} q(\alpha,\beta)h(\alpha'-\alpha)d\alpha\right]d\beta \quad (5.11\text{-}28)$$

sendo

$$h(\alpha) = \frac{1}{2}\left(\frac{\alpha}{\text{sen}\,\alpha}\right)^2 s(\alpha) \quad (5.11\text{-}29)$$

e

$$q(\alpha,\beta) = p(\alpha,\beta)D\cos\alpha \quad (5.11\text{-}30)$$

Reconhecemos a integral interna na Equação 5.11-28 como uma expressão de convolução, demonstrando, dessa forma, que a fórmula de reconstrução da imagem na Equação 5.11-24 pode ser implementada como a convolução das funções $q(\alpha,\beta)$ e $h(\alpha)$. Diferentemente da fórmula de reconstrução para projeções paralelas, a reconstrução baseada em projeções por feixe em formato de leque envolve um termo $1/R^2$, que é um fator de ponderação inversamente proporcional à distância a partir da fonte. Os detalhes computacionais da implementação da Equação 5.11-28 estão fora do escopo da presente análise (para uma explicação detalhada do assunto, veja Kak e Slaney (2001).

Em vez de implementar diretamente a Equação 5.11-28, um método normalmente utilizado, particularmente em simulações computacionais é (1) converter uma geometria de feixe em formato de leque em uma geometria de feixes paralelos utilizando as equações 5.11-19 e 5.11-20, e (2) utilizar a abordagem de reconstrução por feixes paralelos desenvolvida na Seção 5.11.5. Concluímos esta seção com um exemplo de como isso é feito. Como observamos anteriormente, uma projeção por feixe em formato de leque, p, realizada no ângulo β, tem uma projeção por feixes paralelos correspondente, g, realizada em um ângulo correspondente θ e, portanto,

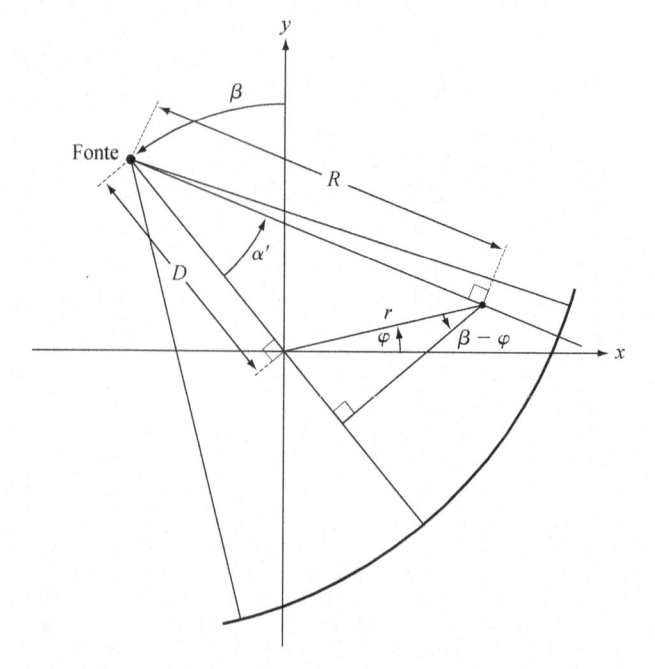

Figura 5.47 Representação polar de um ponto arbitrário em um raio de um feixe em formato de leque.

$$p(\alpha, \beta) = g(\rho, \theta)$$
$$= g(D \operatorname{sen} \alpha, \alpha + \beta) \quad (5.11\text{-}31)$$

sendo que a segunda linha resulta das equações 5.11-19 e 5.11-20.

Seja $\Delta\beta$ o incremento angular entre sucessivas projeções do feixe em formato de leque e seja $\Delta\alpha$ o incremento angular entre os raios, o que determina o número de amostras em cada projeção. Impomos a restrição de que

$$\Delta\beta = \Delta\alpha = \gamma \quad (5.11\text{-}32)$$

Então, temos que $\beta = m\gamma$ e $\alpha = n\gamma$ para alguns valores inteiros de m e n, e podemos escrever a Equação 5.11-31 como

$$p(n\gamma, m\gamma) = g[D \operatorname{sen} n\gamma, (m+n)\gamma] \quad (5.11\text{-}33)$$

Essa equação indica que o n-ésimo raio da m-ésima projeção radial é igual ao n-ésimo raio na $(m+n)$-ésima projeção paralela. O termo $D \operatorname{sen} n\gamma$ no lado direito da Equação 5.11-33 implica que as projeções paralelas convertidas a partir de projeções de feixe em formato de leque não são amostradas uniformemente, o que pode levar a borramento e artefatos de *aliasing* e *ringing* se os intervalos de amostragem $\Delta\alpha$ e $\Delta\beta$ forem grosseiros demais, como ilustra o exemplo a seguir.

Exemplo 5.20 Reconstrução de imagem utilizando retroprojeções filtradas em formato de leque.

A Figura 5.48(a) mostra os resultados de (1) gerar projeções em formato de leque da imagem do retângulo com $\Delta\alpha = \Delta\beta = 1°$, (2) converter cada raio em formato de leque no raio paralelo correspondente utilizando a Equação 5.11-33 e (3) utilizar o método da retroprojeção filtrada desenvolvido na Seção 5.11.5 para raios paralelos. As figuras 5.48(b) a (d) mostram os resultados utilizando incrementos de 0,5°, 0,25° e 0,125°. Uma janela de Hamming foi utilizada em todos os casos. Essa variedade de incrementos angulares foi utilizada para ilustrar os efeitos da subamostragem.

O resultado na Figura 5.48(a) é uma indicação clara de que incrementos de 1° são grosseiros demais, já que o borramento e o *ringing* são bastante claros. O resultado em b é interessante por não se comparar bem com a Figura 5.43(b), que foi gerada utilizando o mesmo incremento angular de 0,5°. De fato, como mostra a Figura 5.48(c), mesmo com incrementos angulares de 0,25°, a reconstrução ainda não é tão boa quanto a da Figura 5.43(b). Precisamos utilizar incrementos angulares da ordem de 0,125° antes de os dois resultados se tornarem comparáveis, como mostra a Figura 5.48(d). Esse incremento angular resulta em projeções com $180 \times (1/0,25) = 720$ amostras, que se aproxima dos 849 raios utilizados nas projeções paralelas do Exemplo 5.19. Dessa forma, não é de surpreender que os resultados sejam próximos em termos de aparência ao resultado utilizando $\Delta\alpha = 0,125°$.

Resultados similares foram obtidos com o *phantom* de cabeça, com exceção do fato de o *aliasing* ser muito mais visível como interferência senoidal. Vemos na Figura 5.49(c) que mesmo com $\Delta\alpha = \Delta\beta = 0,25$ ainda vemos uma significativa distorção, especialmente na periferia da elipse. Como no caso do retângulo, utilizar incrementos de 0,125° finalmente produziu resultados comparáveis com a imagem re-

Figura 5.48 Reconstrução da imagem do retângulo a partir de retroprojeções filtradas em formato de leque. (a) Com incrementos de 1° de α e β. (b) Com incrementos de 0,5°. (c) Com incrementos de 0,25°. (d) Com incrementos de 0,125°. Compare (d) com a Figura 5.43(b).

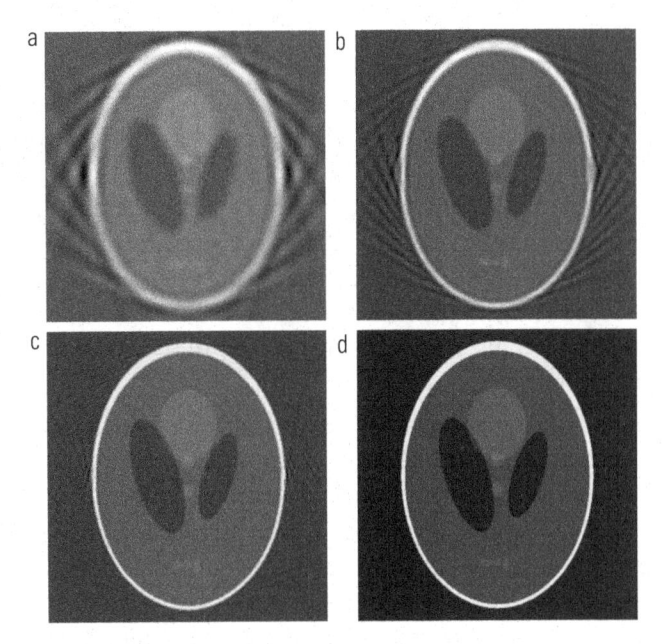

Figura 5.49 Reconstrução da imagem do *phantom* de cabeça a partir de retroprojeções filtradas em formato de leque. (a) Com incrementos de 1° de α e β. (b) Com incrementos de 0,5°. (c) Com incrementos de 0,25°. (d) Com incrementos de 0,125°. Compare (d) com a Figura 5.44(b).

troprojetada do *phantom* de cabeça da Figura 5.44(b). Esses resultados ilustram uma das principais razões pelas quais milhares de detectores precisam ser utilizados na geometria de feixe em formato de leque dos sistemas modernos de CT para reduzir os artefatos de *aliasing*.

Resumo

Os resultados das técnicas de restauração apresentados neste capítulo se baseiam na premissa de que a degradação de imagens pode ser modelada como um processo linear, invariante no espaço seguido por um ruído aditivo que não é correlacionado com os valores da imagem. Mesmo quando essas premissas não são totalmente válidas, costuma ser possível obter resultados úteis utilizando os métodos desenvolvidos nas seções anteriores.

Algumas das técnicas de restauração desenvolvidas neste capítulo se baseiam em vários critérios de otimização. A utilização da palavra "ótima", neste contexto, refere-se exclusivamente a um conceito matemático, não à resposta ótima do sistema visual humano. Na verdade, a falta de conhecimento atual sobre a percepção visual impossibilita uma formulação geral do problema de restauração de imagens que leve em consideração as preferências e a capacidade do observador. Diante dessas limitações, a vantagem dos conceitos apresentados neste capítulo é o desenvolvimento de técnicas fundamentais que tenham um comportamento razoavelmente previsível e sustentadas por um conhecimento sólido.

Como nos capítulos 3 e 4, algumas tarefas de restauração, como redução de ruído aleatório, são realizadas no domínio do espaço utilizando máscaras de convolução. O domínio da frequência foi considerado ideal para a redução do ruído periódico e para o modelamento de algumas degradações importantes, como o borramento causado pelo movimento durante a aquisição da imagem. Também descobrimos que o domínio da frequência representa uma ferramenta útil para a formulação de filtros de restauração, como o filtro de Wiener e filtros por mínimos quadráticos com restrição.

Como mencionamos no Capítulo 4, o domínio da frequência oferece uma base sólida e intuitiva para experimentação. Quando uma técnica (filtro) apresenta um desempenho considerado satisfatório para uma dada aplicação, a implementação normalmente é realizada pelo desenvolvimento de um filtro digital que se aproxima da solução no domínio da frequência, mas que funciona muito mais rapidamente em um computador ou em um sistema de hardware/firmware dedicado, como sugerimos no final do Capítulo 4.

Nossa análise da reconstrução de imagens a partir de projeções, apesar de introdutória, constitui as bases para os aspectos de processamento de imagens dessa área. Como observamos na Seção 5.11, a tomografia computadorizada (CT) é a principal área de aplicação da reconstrução de imagens a partir de projeções. Apesar de termos nos concentrado na tomografia por raios X, os princípios desenvolvidos na Seção 5.11 são aplicáveis a outras modalidades de aquisição de imagens de CT, como a SPECT (tomografia por emissão de fóton único), PET (tomografia por emissão de pósitrons), MRI (ressonância magnética) e algumas modalidades de aquisição de imagens por ultrassom.

Referências e leituras complementares

Para leituras adicionais sobre o modelo linear de degradação apresentado na Seção 5.1, veja Castleman (1996) e Pratt (1991). O livro de Peebles (1993) fornece uma análise em nível intermediário das funções de densidade de probabilidade de ruído e suas propriedades (Seção 5.2). O livro de Papoulis (1991) é mais avançado e analisa esses conceitos em mais detalhes. As referências sugeridas para a Seção 5.3 são Umbaugh (2005), Boie e Cox (1992), Hwang e Haddad (1995) e Wilburn (1998). Veja Eng e Ma (2001, 2006) sobre a filtragem adaptativa de mediana. A área geral do desenvolvimento de filtros adaptativos representa uma boa base para os filtros adaptativos discutidos na Seção 5.3. O livro de Haykin (1996) apresenta uma boa introdução para esse tópico. Os filtros da Seção 5.4 são extensões diretas do material apresentado no Capítulo 4. Para leituras adicionais sobre o material da Seção 5.5, veja Rosenfeld e Kak (1982) e Pratt (1991).

O tópico da estimativa da função de degradação (Seção 5.6) atualmente representa uma área de considerável interesse. Algumas das técnicas mais antigas para a estimativa da função de degradação são apresentadas em Andrews e Hunt (1977), Rosenfeld e Kak (1982), Bates e McDonnell (1986) e Stark (1987). Como a função de degradação raramente é conhecida com exatidão, várias técnicas foram propostas ao longo dos anos, nas quais aspectos específicos da restauração são enfatizados. Por exemplo, Geman e Reynolds (1992) e Hurn e Jennison (1996) lidam com questões de preservação de transições de intensidade acentuada, em uma tentativa de enfatizar a nitidez, ao passo que Boyd e Meloche (1998) se concentraram em restaurar objetos finos em imagens degradadas. Exemplos de técnicas que lidam com o borramento de imagens são encontrados em Yitzhaky et al. (1998), Harikumar e Bresler (1999), Mesarovic (2000) e Giannakis e Heath (2000). A restauração de sequências de imagens também é de considerável interesse. O livro de Kokaram (1998) fornece um bom fundamento nessa área.

As técnicas de filtragem discutidas nas seções 5.7 a 5.10 foram explicadas de várias formas ao longo dos anos em diversos livros e artigos sobre processamento de imagens. Duas importantes abordagens fundamentam o desenvolvimento desses filtros. Uma se baseia em uma formulação geral utilizando a teoria das matrizes, como apresentam Andrews e Hunt (1977). Essa abordagem é elegante e geral, mas difícil para iniciantes na área por não ser muito intuitiva. Técnicas baseadas diretamente na filtragem no domínio da frequência (a abordagem que utilizamos neste capítulo) normalmente são mais fáceis de acompanhar por pessoas não familiarizadas com a restauração, mas não apresentam o rigor matemático unificador da abordagem matricial. As duas abordagens chegam aos mesmos resultados, mas nossa experiência no ensino desse material em variados contextos indica que os alunos que entram na área pela primeira vez favorecem a última abordagem. Sugerimos as seguintes leituras complementares para nossa análise dos conceitos de filtragem apresentados nas seções 5.7 a 5.10: Castleman (1996), Umbaugh (2005) e Petrou e Bosdogianni (1999). Esta última referência também apresenta uma boa relação entre filtros bidimensionais no domínio da frequência e os filtros digitais correspondentes. Sobre o design dos filtros digitais 2-D, veja Lu e Antoniou (1992).

Para referências básicas sobre a tomografia computadorizada, veja Rosenfeld e Kak (1982), Kak e Slaney (2001) e Prince e Links (2006). Para saber mais sobre o *phantom* de Shepp-Logan, veja Shepp e Logan (1974) e, para mais detalhes sobre a origem do filtro de Ram-Lak, veja Ramachandran e Lakshminarayanan (1971). O artigo de O'Connor e Fessler (2006) constitui um bom exemplo das pesquisas atuais sobre os aspectos de processamento de imagens e sinais para a tomografia computadorizada.

Para técnicas computacionais de implementação da maior parte do material discutido neste capítulo, veja Gonzalez, Woods e Eddins (2004).

Exercícios*

5.1 As barras brancas no padrão de teste mostrado têm 7 pixels de largura e 210 pixels de altura. A separação entre as barras tem 17 pixels. Qual seria o aspecto da imagem após a aplicação de

(a) Um filtro de média aritmética 3 × 3?
(b) Um filtro de média aritmética 7 × 7?
(c) Um filtro de média aritmética 9 × 9?

Observação: este exercício e os próximos, relativos à filtragem dessa imagem, podem parecer um pouco tediosos. No entanto, vale a pena solucioná-los, já que ajudam a desenvolver uma boa compreensão do funcionamento desses filtros. Depois que você entender como um filtro particular afeta a imagem, sua resposta pode ser uma breve descrição verbal do resultado. Por exemplo, "a imagem resultante consistirá em barras verticais com 3 pixels de largura e 206 pixels de altura". Certifique-se de descrever quaisquer deformações das barras, como cantos arredondados. Você pode ignorar os efeitos no contorno da imagem, no qual as máscaras só conterão parcialmente os pixels da imagem.

5.2 Repita o Exercício 5.1 utilizando um filtro de média geométrica.

*5.3 Repita o Exercício 5.1 utilizando um filtro de média harmônica.

5.4 Repita o Exercício 5.1 utilizando um filtro de média contra-harmônica com $Q = 1$.

*5.5 Repita o Exercício 5.1 utilizando um filtro de média contra-harmônica com $Q = -1$.

5.6 Repita o Exercício 5.1 utilizando um filtro de mediana.

*5.7 Repita o Exercício 5.1 utilizando um filtro de máximo.

5.8 Repita o Exercício 5.1 utilizando um filtro de mínimo.

*5.9 Repita o Exercício 5.1 utilizando um filtro de ponto médio.

5.10 As duas subimagens mostradas foram extraídas dos cantos superiores direitos das figuras 5.7(c) e (d), respectivamente. Dessa forma, a subimagem à esquerda é o resultado da utilização de um filtro de média aritmética de tamanho 3 × 3; a outra subimagem é o resultado da utilização de um filtro de média geométrica de mesmo tamanho.

*(a) Explique por que a subimagem obtida com a filtragem de média geométrica é menos borrada. (*Dica*: comece sua análise examinando uma transição de intensidade 1-D.)

(b) Explique por que os componentes pretos na imagem à direita são mais grossos.

---

* Soluções detalhadas dos exercícios marcados com astgerisco podem ser encontrados no site do livro. O site também possui projetos sugeridos com base no conteúdo deste capítulo.

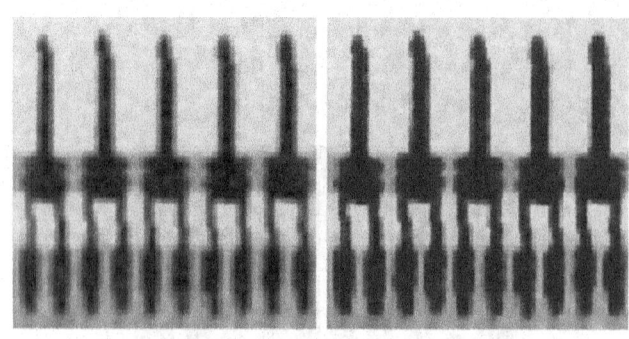

5.11 Reveja o filtro contra-harmônico determinado na Equação 5.3-6.

(a) Explique por que o filtro é eficaz na eliminação do ruído de pimenta quando Q é positivo.

(b) Explique por que o filtro é eficaz na eliminação do ruído de sal quando Q é negativo.

(c) Explique por que o filtro apresenta resultados insatisfatórios (como os resultados mostrados na Figura 5.9) quando a polaridade errada é escolhida para Q.

(d) Discuta o comportamento do filtro quando $Q = -1$.

(e) Discuta (para Q positivo e negativo) o comportamento do filtro em áreas de níveis de intensidade constantes.

*5.12 Obtenha as equações para os filtros passa-banda correspondentes aos filtros rejeita-banda da Tabela 4.6.

5.13 Obtenha as equações para filtros rejeita-*notch* gaussiano e ideal na forma da Equação 4.10-5.

*5.14 Demonstre que a transformada de Fourier da função seno contínua 2-D

$$f(x, y) = A \operatorname{sen}(u_0 x + V_0 y)$$

é o par de impulsos conjugados

$$F(u,v) = -j\frac{A}{2}\left[\delta\left(u - \frac{u_0}{2\pi}, v - \frac{v_0}{2\pi}\right) - \delta\left(u + \frac{u_0}{2\pi}, v + \frac{v_0}{2\pi}\right)\right]$$

(*Dica*: utilize a versão contínua da transformada de Fourier da Equação 4.5-7 e escreva o seno em termos de exponenciais.)

5.15 Partindo da Equação 5.4-11, deduza a Equação 5.4-13.

*5.16 Considere um sistema linear de degradação de imagens, invariante no espaço, com resposta ao impulso

$$h(x - \alpha, y - \beta) = e^{-[(x-\alpha)^2 + (y-\beta)^2]}$$

Suponha que a entrada desse sistema seja uma imagem que consiste de uma linha de largura infinitesimal posicionada em $x = a$ e modelada por $f(x, y) = \delta(x - a)$, sendo δ um impulso. Considerando a ausência de ruído, qual é a imagem de saída $g(x, y)$?

5.17 Durante a aquisição, uma imagem é submetida a um movimento uniforme linear na direção vertical durante o intervalo de tempo T_1. A direção do movimento então passa para a direção horizontal por um intervalo de tempo T_2. Considerando que o tempo que a imagem leva para mudar de direção é desprezível e que os tempos de abertura e fechamento do obturador também são desprezíveis, obtenha a expressão para a função de borramento, $H(u, v)$.

*5.18 Considere o problema do borramento de imagem causado pela aceleração uniforme na direção x. Se a imagem estiver em estado estacionário no momento $t = 0$ e acelerar com aceleração uniforme $x_0(t) = at^2/2$ por um tempo T, obtenha a função de borramento $H(u, v)$. Você pode considerar que os tempos de abertura e fechamento do obturador são desprezíveis.

5.19 Uma sonda espacial foi projetada para transmitir imagens de um planeta à medida que ela se aproxima para o pouso. Durante os estágios finais do pouso, um dos motores de controle falha, resultando em rápida rotação da sonda ao redor de seu eixo vertical. As imagens enviadas durante os dois últimos segundos antes do pouso são borradas em consequência desse movimento circular. A câmera se localiza na parte de baixo da sonda, ao longo de seu eixo vertical, e aponta para baixo. Felizmente, a rotação da sonda também ocorre ao redor de seu eixo vertical, de forma que as imagens são borradas por um movimento rotativo uniforme. Durante o tempo de aquisição de cada imagem, a rotação da sonda foi limitada a $\pi/8$ radianos. O processo de aquisição de imagem pode ser modelado como um obturador ideal que só é aberto durante o tempo em que a sonda era rotacionada nos $\pi/8$ radianos. Você pode considerar que o movimento vertical foi desprezível durante a aquisição das imagens. Formule uma solução para restaurar as imagens.

*5.20 A imagem mostrada é uma projeção 2-D borrada de uma representação volumétrica de um coração. Sabe-se que cada um dos marcadores com sinal de "+" na parte inferior direita da imagem tinha 3 pixels de largura, 30 pixels de comprimento e um valor de intensidade de 255 antes do borramento. Desenvolva um procedimento passo a passo indicando como você utilizaria as informações apresentadas anteriormente para obter a função de borramento $H(u, v)$.

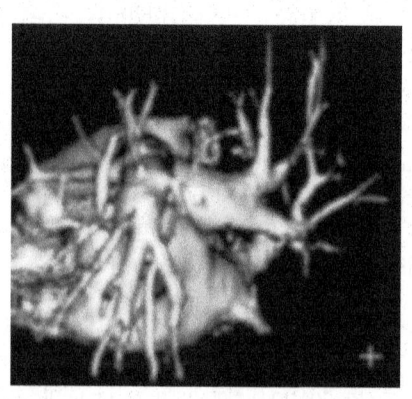

(Imagem original: cortesia da G.E. Medical Systems.)

5.21 Uma determinada geometria de aquisição de imagens por raios X produz uma degradação de borramento que pode ser formulada como a convolução da imagem percebida com a função espacial, circularmente simétrica

$$h(x,y) = \frac{x^2 + y^2 - 2\sigma^2}{\sigma^4} e^{-\frac{x^2+y^2}{2\sigma^2}}$$

Considerando variáveis contínuas, mostre que a degradação no domínio da frequência é determinada pela expressão

$$H(u,v) = -8\pi^2\sigma^2(u^2 + v^2)e^{-2\pi^2\sigma^2(u^2+v^2)}$$

(*Dica*: veja a Seção 4.9.4, item 13 da Tabela 4.3 e o Exercício 4.26.)

*5.22 Utilizando a função de transferência do Exercício 5.21, deduza a expressão para um filtro de Wiener, considerando que a razão dos espectros de potência do ruído e do sinal não degradado seja uma constante.

5.23 Utilizando a função de transferência do Exercício 5.21, deduza a expressão resultante para o filtro por mínimos quadráticos com restrição.

5.24 Considere que o modelo da Figura 5.1 seja linear e invariante no espaço e que o ruído e a imagem não sejam correlacionados. Demonstre que o espectro de potência da saída é

$$|G(u,v)|^2 = |H(u,v)|^2|F(u,v)|^2 + |N(u,v)|^2$$

Veja as equações 5.5-17 e 4.6-18.

5.25 Cannon (1974) sugeriu um filtro de restauração $R(u, v)$ satisfazendo a condição

$$\left|\hat{F}(u,v)\right|^2 = |R(u,v)|^2|G(u,v)|^2$$

e, com base na premissa de forçar o espectro de potência da imagem restaurada, $|F(u, v)|^2$, para se igualar ao espectro de potência da imagem original, $|\hat{F}(u, v)|^2$. Considere que a imagem e o ruído não sejam correlacionados.

*(a) Calcule $R(u, v)$ em termos de $|F(u, v)|^2$, $|H(u, v)|^2$ e $|N(u, v)|^2$. (*Dica*: veja a Figura 5.1, a Equação 5.5-17 e o Exercício 5.24.)

(b) Utilize seu resultado em (a) para expressar o resultado na forma da Equação 5.8-2.

5.26 Um astrônomo trabalhando com um telescópio de grande escala observa que as imagens estão um pouco borradas. O fabricante informa ao astrônomo que a unidade está funcionando de acordo com as especificações. As lentes do telescópio focam imagens em um arranjo CCD de alta resolução e as imagens são, então, convertidas pelos componentes eletrônicos do telescópio em imagens digitais. Não é possível tentar melhorar a situação conduzindo experimentos controlados de laboratório com as lentes e os sensores de aquisição de imagens em razão do tamanho e peso dos componentes do telescópio. O astrônomo, tendo ouvido falar de seu sucesso como um especialista em processamento de imagens, entra em contato com você para ajudá-lo a formular uma solução de processamento digital de imagens para aumentar um pouco mais a nitidez das imagens. Como você solucionaria o problema, considerando que as únicas imagens que você pode obter são imagens de corpos celestes?

*5.27 Um professor de arqueologia, pesquisando sobre práticas de câmbio monetário durante o Império Romano, descobriu recentemente que quatro moedas romanas fundamentais para sua pesquisa pertencem ao Museu Britânico de Londres. Infelizmente, chegando ao museu, ele foi informado de que as moedas foram roubadas. Ele descobriu que o museu tem fotografias de todos os itens do acervo. Infelizmente, as fotos das moedas em questão estão borradas, de forma que a data e outras pequenas marcações não são legíveis. A causa do borramento foi o fato de a câmera estar fora de foco quando as fotos foram tiradas. Por ser um especialista em processamento de imagens e amigo do professor, você é solicitado a decidir se o processamento computacional pode ser utilizado para restaurar as imagens para que o professor consiga ler as marcações. Você é informado de que a câmera original utilizada para tirar as fotos ainda está disponível, bem como outras moedas representativas da mesma época. Proponha uma solução passo a passo para esse problema.

5.28 Esboce a transformada de Radon das imagens quadradas a seguir. Indique quantitativamente todos os aspectos importantes de seus esboços. A figura (a) consiste em um ponto no centro e (b) apresenta dois pontos ao longo da diagonal. Descreva sua solução para (c) por um perfil de intensidade. Considere uma geometria de feixes paralelos.

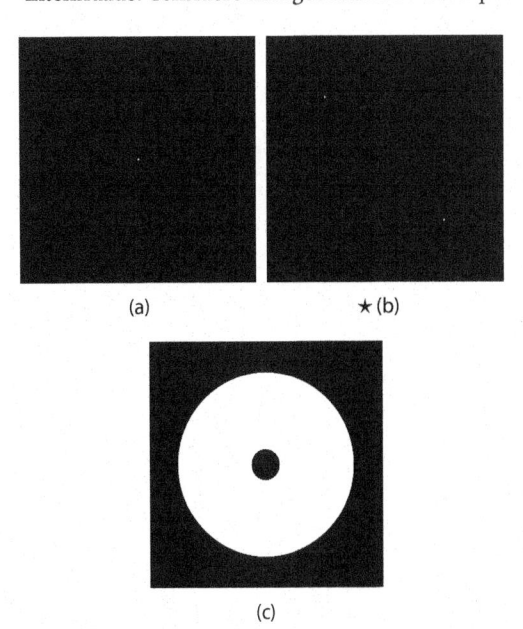

(a)   ★(b)

(c)

5.29 Demonstre que a transformada de Radon (Equação 5.11-3) do formato gaussiano $f(x,y) = A\exp(-x^2 - y^2)$ é

$g(\rho,\theta) = A\sqrt{\pi}\exp(-\rho^2)$. (*Dica*: consulte o Exemplo 5.17, no qual utilizamos a simetria para simplificar a integração.)

5.30*(a) Mostre que a transformada de Radon (Equação 5.11-3) do impulso unitário $\delta(x, y)$ é uma linha reta vertical no plano passando pela origem.

(b) Mostre que a transformada de Radon do impulso $\delta(x-x_0, y-y_0)$ é uma curva senoidal no plano $\rho\theta$.

5.31 Prove a validade das seguintes propriedades da transformada de Radon (Equação 5.11-3):

*(a) Linearidade: a transformada de Radon é um operador linear. (Veja a Seção 2.6.2, para a definição de operadores lineares.)

(b) Propriedade de translação: a transformada de Radon de $f(x-x_0, y-y_0)$ é $g(\rho - x_0\cos_\theta - y_0\mathrm{sen}_\theta, \theta)$.

*(c) Propriedade de convolução: mostre que a transformada de Radon da convolução de duas funções é igual à convolução das transformadas de Radon das duas funções.

5.32 Deduza os passos que levam da Equação 5.11-14 a 5.11-15. Você precisará utilizar a propriedade $G(\omega, \theta + 180°) = G(-\omega, \theta)$.

*5.33 Prove a validade da Equação 5.11-25.

5.34 Prove a validade da Equação 5.11-27.

Capítulo 6 Processamento de imagens coloridas

Apenas após anos de preparação é que o jovem artista deveria tocar a cor — não a cor utilizada de forma descritiva, mas como uma forma de expressão pessoal.
Henri Matisse

Por muito tempo eu me limitei a uma cor — como uma forma de disciplina.
Pablo Picasso

Apresentação

A utilização da cor no processamento de imagens é motivada por dois fatores principais. Para começar, a cor é um poderoso descritor que muitas vezes simplifica a identificação do objeto e sua extração de uma cena. Em segundo lugar, os seres humanos são capazes de discernir milhares de tons e intensidades de cor, em comparação com apenas duas dúzias de tons de cinza. Esse segundo fator é particularmente importante na análise manual (isto é, realizada por seres humanos) de imagens.

O processamento de imagens coloridas é dividido em duas áreas principais: *processamento de imagens coloridas* e *pseudocores*. Na primeira categoria, as imagens em questão normalmente são adquiridas com um sensor de cores reais, como uma TV em cores ou um digitalizador colorido. Na segunda categoria, o problema consiste na atribuição de uma cor a uma intensidade monocromática específica, ou a uma faixa de intensidades. Até recentemente, a maior parte do processamento digital de imagens coloridas era realizada no nível das pseudocores. Contudo, na última década, sensores coloridos e hardwares para o processamento de imagens coloridas foram disponibilizados a preços razoáveis. O resultado disso são técnicas de processamento de imagens em cores reais atualmente utilizadas em uma ampla variedade de aplicações, incluindo a indústria gráfica, visualização e a Internet.

Ficará claro, nas discussões a seguir, que alguns métodos de processamento empregados em imagens em escala de cinza que analisamos nos capítulos anteriores são diretamente aplicáveis a imagens coloridas. Outros métodos requerem reformulação para serem compatíveis com as propriedades dos espaços de cores desenvolvidos neste capítulo. As técnicas que descrevemos aqui são apenas introdutórias e ilustram a variedade de métodos disponíveis para o processamento de imagens coloridas.

6.1 Fundamentos das cores

Apesar de o processo seguido pelo cérebro humano na percepção e interpretação das cores constituir-se em um fenômeno fisiopsicológico ainda não plenamente compreendido, a natureza física da cor pode ser formalmente expressa com base em resultados experimentais e teóricos.

Em 1666, Sir Isaac Newton descobriu que, quando um feixe de luz solar atravessa um prisma de vidro, o feixe de luz emergente não é branco, mas, pelo contrário, consiste em um espectro contínuo de cores variando de violeta, em uma extremidade, a vermelho, na outra. Como apresentado na Figura 6.1, o espectro de cores pode ser dividido em seis amplas regiões: violeta, azul, verde, amarelo, laranja e vermelho. Quando visto em cores reais (Figura 6.2), nenhuma cor do espectro termina abruptamente, pois cada cor se funde suavemente à próxima.

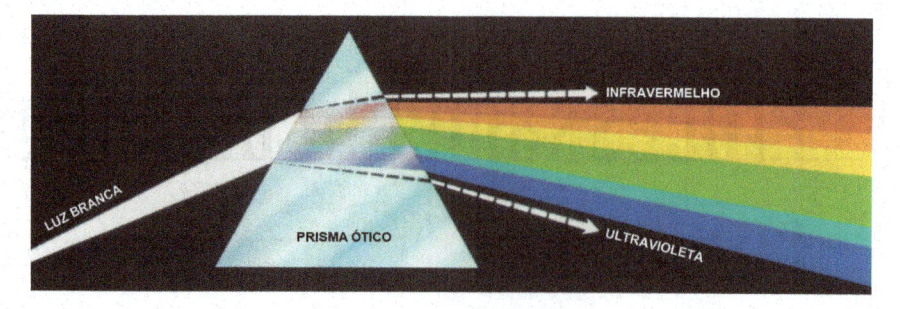

Figura 6.1 Espectro de cores visto pela passagem de luz branca através de um prisma. (Imagem original: cortesia da General Electric Co., Lamp Business Division.)

Basicamente, as cores percebidas pelos humanos e outros animais em um objeto são determinadas pela natureza da luz refletida pelo objeto. Como ilustrado na Figura 6.2, a luz visível é composta de uma banda de frequências relativamente estreita no espectro de energia eletromagnética. Um corpo que reflete a luz de forma balanceada em todos os comprimentos de onda visíveis é percebido como branco pelo observador. No entanto, um corpo que favoreça a refletância em uma faixa limitada do espectro visível exibe alguns tons de cores. Por exemplo, objetos verdes refletem a luz com comprimentos de onda primariamente no intervalo de 500 a 570 nm enquanto absorvem a maior parte da energia de outros comprimentos de onda.

A caracterização da luz é fundamental para a ciência das cores. Se a luz for acromática (sem cores), seu único atributo será sua *intensidade*, ou quantidade. A luz acromática é aquela que se vê em um aparelho de televisão preto e branco, e tem sido um componente implícito da nossa discussão sobre processamento de imagens até agora. Como definimos no Capítulo 2, e utilizamos várias vezes desde então, o termo *nível de cinza* se refere a uma medida escalar de intensidade que varia do preto, passando pelos cinza, até o branco.

A luz cromática engloba o espectro de energia eletromagnética de aproximadamente 400 a 700 nm. Três valores básicos são utilizados para descrever a qualidade de uma fonte de luz cromática: radiância, luminância e brilho. A *radiância* é a quantidade total de energia que flui da fonte de luz normalmente e é medida em watts (W). A *luminância*, medida em lumens (lm), mede a quantidade de energia que um observador *percebe* de uma fonte de luz. Por exemplo, a luz emitida de uma fonte operando na região do infravermelho distante poderia ter uma energia significativa (radiância), mas um observador dificilmente a perceberia; sua luminância seria quase zero. Por fim, o *brilho* é um descritor subjetivo, praticamente impossível de ser medido. Ele incorpora a noção acromática de intensidade e é um dos principais fatores na descrição da sensação de cores.

Como observamos na Seção 2.1.1, os cones são os sensores dos olhos responsáveis pela visão das cores. Evidências experimentais detalhadas comprovaram que todos os cones do olho humano (6 a 7 milhões) podem ser divididos em três principais categorias de sensoriamento, aproximadamente correspondentes ao vermelho, ao verde e ao azul. Dentre todos os cones existentes no sistema visual humano, 65% são sensíveis à luz vermelha, 33% são sensíveis à luz verde e aproximadamente 2% deles são sensíveis ao azul (mas os cones azuis são os mais sensíveis). Na Figura 6.3, são apresentadas curvas experimentais médias detalhando a absorção da luz pelos cones vermelho, verde e azul do olho humano. Em virtude dessas características de absorção do olho humano, as cores são vistas como combinações das chamadas cores primárias: vermelho (R, de *red*), verde (G, de *green*) e azul

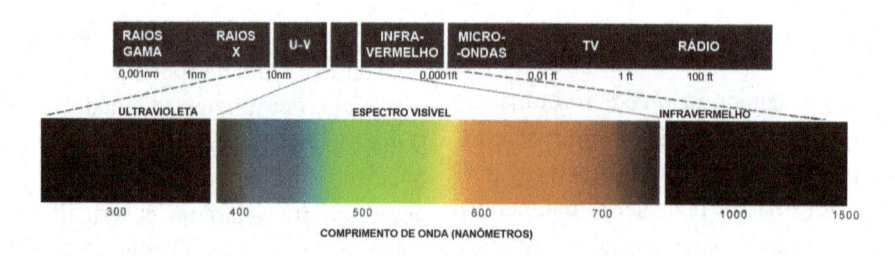

Figura 6.2 Comprimentos de onda englobando a faixa visível do espectro eletromagnético. (Imagem original: cortesia da General Electric Co., Lamp Business Division.)

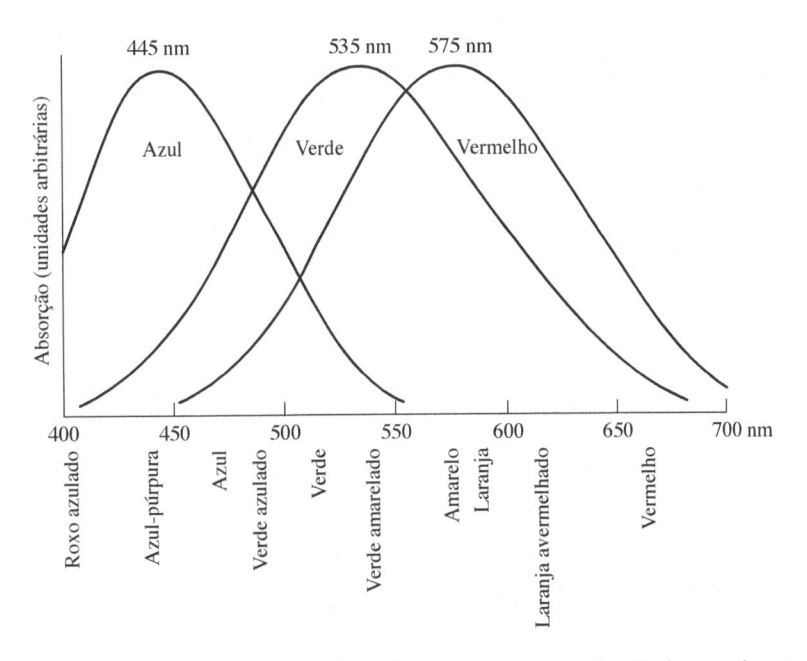

Figura 6.3 Absorção da luz pelos cones vermelho, verde e azul no olho humano como uma função do comprimento de onda.

(B, de *blue*). Para fins de padronização, a CIE (Commission Internationale de l'Eclairage — Comissão Internacional de Iluminação) determinou em 1931 os seguintes valores específicos como comprimentos de onda das três cores primárias: azul = 435,8 nm, verde = 546,1 nm e vermelho = 700 nm. Esse padrão foi definido antes de as curvas experimentais apresentadas na Figura 6.3 terem sido descobertas em 1965. Dessa forma, os padrões da CIE correspondem, aproximadamente, aos dados experimentais. Observamos, nas figuras 6.2 e 6.3, que nenhuma cor pode ser chamada isoladamente de vermelho, verde ou azul. Além disso, é importante ter em mente que três comprimentos de onda específicos para as cores primárias para fins de padronização não significa que esses três componentes RGB fixos, atuando sozinhos, possam gerar todo o espectro de cores. A utilização da palavra *primário* tem sido amplamente mal-interpretada, levando a crer que os três padrões primários, quando misturados em diversas proporções de intensidade, podem produzir *todas* as cores visíveis. Como veremos em breve, essa interpretação não é correta, a não ser que o comprimento de onda também possa ser variado, caso em que deixaremos de ter como padrão três cores primárias fixas.

As cores primárias podem ser adicionadas para produzir as cores *secundárias* — magenta (vermelho mais azul), ciano (verde mais azul) e amarelo (vermelho mais verde). Misturar as três cores primárias, ou uma secundária com sua cor primária oposta, em intensidades corretas, produz a luz branca. Esse resultado pode ser visto na Figura 6.4(a), que também ilustra as três cores primárias e suas combinações para produzir as cores secundárias.

É importante fazer a distinção entre as cores primárias de luz e as cores primárias de pigmentos ou corantes. No último caso, uma cor primária é definida como

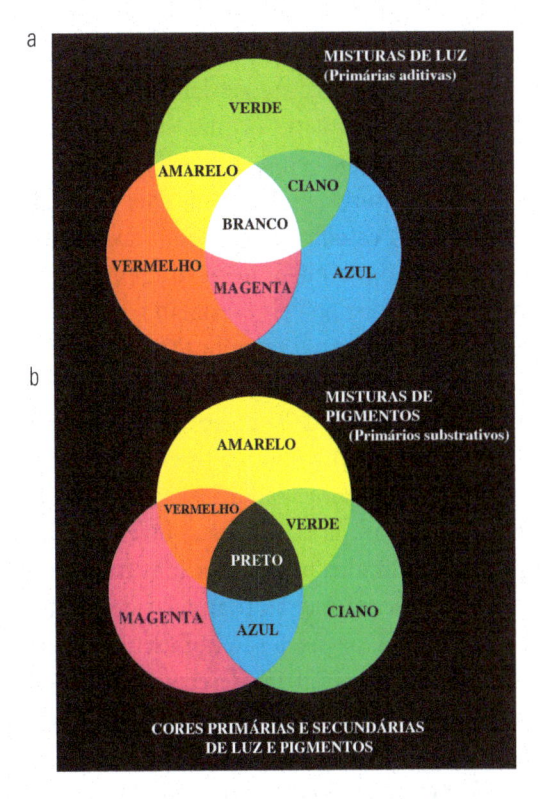

Figura 6.4 Cores primárias e secundárias de luz e pigmentos. (Imagem original: cortesia da General Electric Co., Lamp Business Division.)

uma cor que subtrai ou absorve uma cor primária de luz e reflete ou transmite as outras duas. Dessa forma, as cores primárias de pigmentos são o magenta, o ciano e o amarelo, e as cores secundárias são o vermelho, o verde e o azul. Essas cores são apresentadas na Figura 6.4 (b). Uma mistura adequada das três cores primárias de pigmentos, ou uma secundária com sua primária oposta, produz o preto.

A recepção da televisão em cores é um exemplo da natureza aditiva das cores da luz. O interior de um tubo de raios catódicos (CRT, de *cathode ray tube*) de uma tela de TV colorida é composto de um grande arranjo de padrões triangulares de pontos de material fluorescente sensível aos elétrons. Quando excitado, cada ponto do padrão triangular produz luz em uma das cores primárias. A intensidade dos pontos de material fluorescente que emite o vermelho é modulada por um canhão de elétrons dentro do tubo, que gera pulsos correspondentes à "energia vermelha" capturada pela câmera de TV. Os pontos verdes e azuis do padrão triangular são modulados da mesma forma. O efeito, visto no receptor de televisão, é que as três cores primárias de cada padrão triangular de pontos de material fluorescente são "adicionadas" e recebidas pelos cones dos olhos sensíveis às cores como uma imagem colorida. Trinta mudanças de imagens sucessivas por segundo em todas as três cores completam a ilusão da exibição de imagem contínua na tela.

Os monitores CRT estão sendo substituídos por tecnologias digitais de "tela plana", como *monitores de cristal líquido* (LCDs, de *liquid crystal display*) e monitores de *plasma*. Apesar de serem fundamentalmente diferentes dos tubos de raios catódicos, essas e outras tecnologias similares utilizam o mesmo princípio no sentido em que todas requerem três subpixels (vermelho, verde e azul) para gerar um único pixel colorido. Os LCDs utilizam propriedades de luz polarizada para bloquear ou 'passar' a luz através da tela de LCD e, no caso da tecnologia de monitor de matriz ativa, transistores de película fina (TFTs, de *thin film transistor*) são utilizados para emitir os sinais adequados para lidar com cada pixel na tela. Filtros de luz são utilizados para produzir as três cores primárias de luz em cada padrão triangular de pixels. Nas unidades de plasma, os pixels são minúsculas células de gel cobertas com material fluorescente para produzir uma das três cores primárias. As células individuais são tratadas de modo análogo aos LCDs. A capacidade de coordenação desse padrão triangular individual de pixels constitui os fundamentos dos monitores digitais.

As características geralmente utilizadas para distinguir uma cor da outra são *brilho*, *matiz* e *saturação*. Como já afirmamos nesta seção, o brilho incorpora a noção acromática da intensidade. Matiz é um atributo associado ao comprimento de onda dominante em uma mistura de ondas de luz. Assim, o matiz representa a cor dominante percebida por um observador. Dessa forma, quando dizemos que um objeto é vermelho, laranja ou amarelo, estamos nos referindo ao seu matiz. A saturação se refere à pureza relativa ou à quantidade de luz branca misturada a um matiz. As cores puras do espectro são totalmente saturadas. Cores como o rosa (vermelho e branco) e o lilás (violeta e branco) são menos saturadas, com o grau de saturação sendo inversamente proporcional à quantidade de luz branca adicionada.

O matiz e a saturação juntos são chamados de *cromaticidade* e, dessa forma, uma cor pode ser caracterizada por seu brilho e sua cromaticidade. As quantidades de vermelho, verde e azul necessárias para formar qualquer cor em particular são chamadas de valores de *triestímulo* e expressas como X, Y e Z, respectivamente. Uma cor é, então, especificada por seus *coeficientes tricromáticos*, definidos como:

$$x = \frac{X}{X+Y+Z} \qquad (6.1\text{-}1)$$

$$y = \frac{Y}{X+Y+Z} \qquad (6.1\text{-}2)$$

e

$$z = \frac{Z}{X+Y+Z} \qquad (6.1\text{-}3)$$

Observamos, a partir dessas equações, que*

$$x + y + z = 1$$

Para qualquer comprimento de onda de luz no espectro visível, os valores de triestímulo necessários para produzir a cor correspondente a esse comprimento de onda podem ser obtidos diretamente das curvas ou tabelas que foram compiladas a partir de abrangentes resultados experimentais [Poynton (1996); veja também referências de Walsh (1958) e Kiver (1965)].

Outra metodologia utilizada para especificar as cores é o *diagrama de cromaticidade* da CIE (Figura 6.5), que mostra a composição de cores como uma função de x (vermelho)

---
* A utilização de x, y, z neste contexto segue a convenção notacional. Ela não deve ser confundida com a utilização de (x, y) para expressar coordenadas espaciais em outras seções do livro.

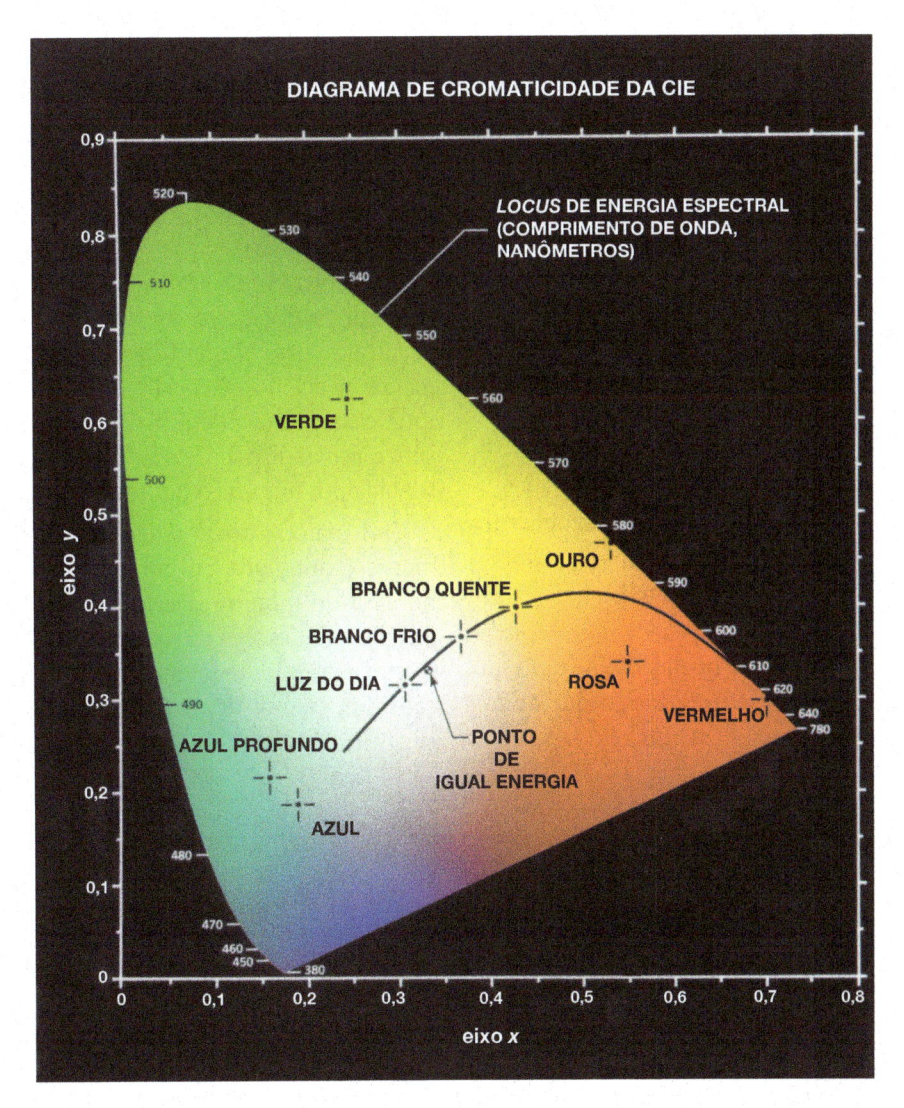

Figura 6.5 Diagrama de cromaticidade. (Imagem original: cortesia da General Electric Co., Lamp Business Division.)

e y (verde). Para qualquer valor de x e y, o valor correspondente de z (azul) é calculado a partir da Equação 6.1-4, observando-se que $z = 1 - (x + y)$. O ponto marcado em verde na Figura 6.5, por exemplo, tem aproximadamente 62% de verde e 25% de vermelho. A partir da Equação 6.1-4, sabemos que a composição de azul é de aproximadamente 13%.

As posições das várias cores no espectro — do violeta com 380 nm ao vermelho com 780 nm — são indicadas ao redor da fronteira do diagrama de cromaticidade em formato de língua. Essas são as cores puras mostradas no espectro da Figura 6.2. Qualquer ponto que não se posicione na fronteira, mas, sim, dentro do diagrama, representa alguma mistura das cores do espectro. O ponto de igual energia mostrado na Figura 6.5 corresponde a frações iguais das três cores primárias; ele representa o padrão da CIE para a luz branca. Qualquer ponto localizado na fronteira do gráfico de cromaticidade é completamente saturado. À medida que um ponto deixa a fronteira e se aproxima do ponto de energia igual, mais luz branca é adicionada à cor, tornando-se menos saturado. A saturação no ponto de igual energia é zero.

O diagrama de cromaticidade é útil para a mistura de cores porque um segmento de reta ligando dois pontos quaisquer do diagrama determina todas as diferentes cores que podem ser obtidas por meio da combinação aditiva dessas duas cores. Considere, por exemplo, um segmento de reta ligando os pontos vermelho e verde mostrados na Figura 6.5. Se houver mais luz vermelha do que luz verde, o ponto exato representando a nova cor se localizará no segmento de reta, mas estará mais próximo do ponto vermelho do que do ponto verde. De forma similar, um segmento de reta que ligue o ponto de igual energia a qualquer ponto na fronteira do gráfico definirá todas as tonalidades daquela particular cor do espectro.

A extensão desse procedimento às três cores é direta. Para definir a escala de cores que pode ser obtida a partir de três cores quaisquer no diagrama de cromaticidade, simplesmente traçamos segmentos de retas conectando cada um dos três pontos de cor. O resultado é um triângulo, e qualquer cor na fronteira ou dentro do triângulo pode ser produzida a partir de combinações das três cores iniciais. Um triângulo com vértices em quaisquer três cores *fixas* não pode delimitar toda a região de cores da Figura 6.5. Essa observação está graficamente de acordo com a afirmação feita anteriormente de que nem todas as cores podem ser obtidas a partir de apenas três cores primárias fixas.

O triângulo da Figura 6.6 mostra uma faixa típica de cores (chamada de *gama de cores*) reproduzida por monitores RGB. A região irregular dentro do triângulo representa a gama de cores reproduzidas pelos atuais dispositivos de impressão colorida de alta qualidade. A fronteira da gama de cores de impressão é irregular porque a impressão colorida é a combinação de uma mistura aditiva e subtrativa de cores, um processo muito mais difícil de controlar do que a exibição de cores em um monitor, que se baseia na adição de três primárias de luz controláveis.

6.2 Modelos de cores

O objetivo de um modelo de cores (também chamado de *espaço de cores* ou *sistema de cores*) é facilitar a especificação das cores em alguma forma padronizada, amplamente aceita. Essencialmente, um modelo de cores é uma especificação de um sistema de coordenadas e um subespaço dentro desse sistema no qual cada cor é representada por um único ponto.

A maioria dos modelos de cores utilizados atualmente é orientada ou em direção ao hardware (como no caso de monitores e impressoras coloridas) ou em direção a aplicações envolvendo a manipulação de cores (como a criação de imagens coloridas para uma animação). Em termos de processamento digital de imagens,

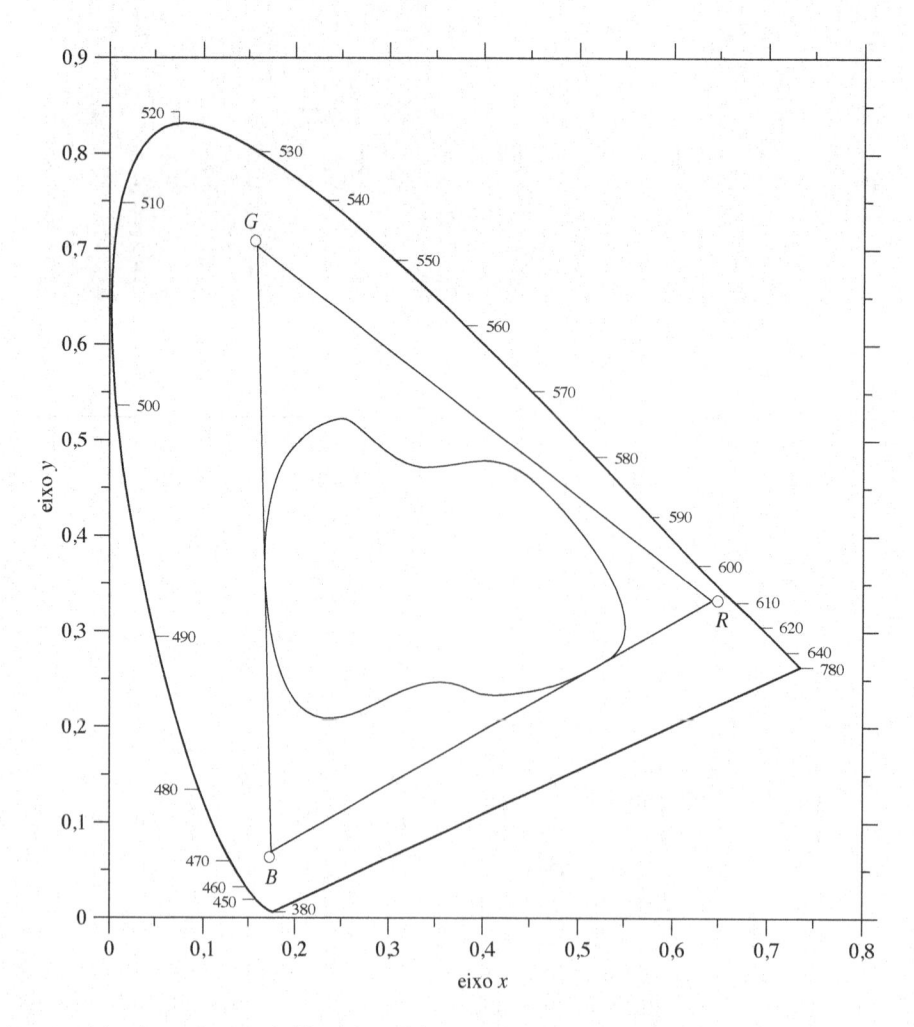

Figura 6.6 Gama de cores típica de monitores coloridos (triângulo) e dispositivos de impressão em cores (região irregular).

os modelos orientados para hardware mais utilizados na prática são o modelo RGB (*red, green, blue* — vermelho, verde, azul) para monitores coloridos e uma ampla classe de câmeras de vídeo em cores; o modelo CMY (*cyan, magenta, yellow* — ciano, magenta, amarelo) e o modelo CMYK (*cyan, magenta, yellow, black* — ciano, magenta, amarelo, preto) para a impressão colorida; e o modelo HSI (*hue, saturation, intensity* — matiz, saturação, intensidade), que corresponde estreitamente à forma como os seres humanos descrevem e interpretam as cores. O modelo HSI também possui a vantagem de separar as informações de cor e de escala de cinza da imagem, sendo mais adequado para muitas das técnicas de processamento de imagens em níveis de cinza apresentadas neste livro. Existem inúmeros modelos de cores em uso atualmente, em virtude de a ciência das cores constituir um campo amplo que engloba muitas áreas de aplicação. É tentador nos determos, aqui, em alguns desses modelos simplesmente por serem interessantes e informativos. No entanto, nos restringindo ao nosso objetivo, os modelos discutidos neste capítulo são os principais modelos para o processamento de imagens. Depois de dominar o material aqui apresentado, você não terá dificuldades em compreender outros modelos de cores utilizados atualmente.

6.2.1 O modelo RGB de cores

No modelo RGB, cada cor aparece em seus componentes espectrais primários de vermelho, verde e azul. Esse modelo se baseia em um sistema de coordenadas cartesianas. O subespaço de cores de interesse é o cubo, apresentado na Figura 6.7, no qual os valores RGB primários estão em três vértices; as cores secundárias ciano, magenta e amarelo estão em outros três vértices; o preto está na origem; e o branco está no vértice mais distante da origem. Nesse modelo, a escala de cinza (pontos de valores RGB iguais) estende-se do preto até o branco ao longo do segmento de reta que une esses dois pontos. As diferentes cores nesse modelo são pontos no cubo ou dentro dele e são definidas por vetores que se estendem a partir da origem. Por conveniência, assume-se que todos os valores de cor foram normalizados, de forma que o cubo mostrado na Figura 6.7 é o cubo unitário. Isto é, assume-se que todos os valores de R, G e B estejam no intervalo [0, 1].

Imagens representadas no modelo de cores RGB consistem de três componentes de imagens, uma para cada cor primária. Quando alimentadas em um monitor RGB, essas três imagens se combinam na tela para produzir uma imagem de cores compostas, como explicado na Seção 6.1. O número de bits utilizados para representar cada pixel em espaço RGB é chamado de *profundidade de pixel*. Considere uma imagem RGB na qual cada uma das imagens, vermelha, verde e azul, seja uma imagem de 8 bits. Nessas condições, diz-se que cada pixel de *cores* RGB [isto é, um trio de valores (R, G, B)] tem uma profundidade de 24 bits (3 planos de imagem multiplicado pelo número de bits de cada plano). O termo *full-color* ou simplesmente imagem colorida costuma ser utilizado para expressar uma imagem de cores RGB de 24 bits. O número de cores em uma imagem RGB de 24 bits é $(2^8)^3 = 16.777.216$. A Figura 6.8 mostra o cubo de cores RGB de 24 bits correspondente ao diagrama da Figura 6.7.

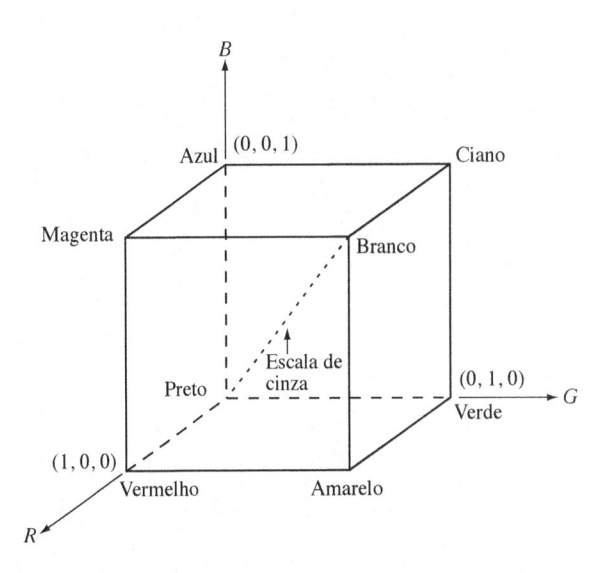

Figura 6.7 Esquema do cubo de cores RGB. Os pontos ao longo da diagonal principal representam os valores de cinza, do preto na origem ao branco no ponto (1, 1, 1).

Exemplo 6.1 Geração de planos de face oculta e um corte transversal do cubo de cores RGB.

O cubo mostrado na Figura 6.8 é um sólido, composto das $(2^8)^3 = 16.777.216$ cores mencionadas no parágrafo anterior. Uma forma prática de visualizar essas cores é gerar planos de cor (faces ou cortes transversais do cubo). Isso é feito simplesmente fixando uma das três cores e variando as outras duas. Por exemplo, um plano de corte transversal passando pelo centro do cubo e paralelo ao plano GB na Figura 6.8 é o plano $(127, G, B)$ para $G, B = 0, 1, 2, \ldots, 255$. Utilizamos aqui os valores reais dos pixels em vez dos valores convenientemente normalizados no intervalo [0, 1], porque os valores não normalizados são os mais utilizados

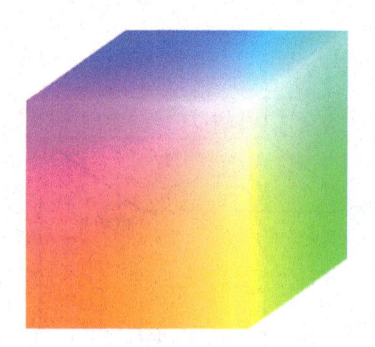

Figura 6.8 Cubo de cores RGB de 24 bits.

em sistemas computacionais na geração de cores. Na Figura 6.9(a), é apresentada uma imagem do plano de corte transversal, vista simplesmente alimentando os três componentes de imagem individuais em um monitor colorido. Nos componentes de imagem, 0 representa preto e 255 representa branco (observe que se trata de imagens na escala de cinza). Por fim, na Figura 6.9(b), são apresentados os três planos de superfície ocultos no cubo visualizado na Figura 6.8, gerados da mesma forma.

É interessante notar que a *aquisição* de uma imagem colorida é constituída basicamente do processo mostrado na Figura 6.9, só que invertido. Uma imagem colorida pode ser adquirida utilizando três filtros, sensíveis ao vermelho, ao verde e ao azul, respectivamente. Quando vemos uma cena em cores com uma câmera monocromática equipada com um desses filtros, o resultado é uma imagem monocromática cuja intensidade é proporcional à resposta desse filtro. Repetir esse processo com cada filtro produz as três imagens monocromáticas que constituem o padrão RGB da cena colorida. (Na prática, sensores de imagens em cores RGB normalmente integram esse processo em um único dispositivo.) Claramente, exibir esses três componentes de imagem RGB na forma mostrada na Figura 6.9(a) resultaria em uma representação em cores RGB da cena original colorida.

Apesar de os recentes monitores e as placas de vídeo proporcionarem uma representação razoável das cores em uma imagem RGB de 24 bits, muitos sistemas utilizados atualmente são limitados a 256 cores. Além disso, temos inúmeras aplicações nas quais simplesmente não faz sentido utilizar mais do que algumas poucas centenas de cores, ou até menos. Um bom exemplo disso é encontrado nas técnicas de processamento de imagens em pseudocores, discutidas na Seção 6.3. Dada a variedade de sistemas utilizados atualmente, é de considerável interesse

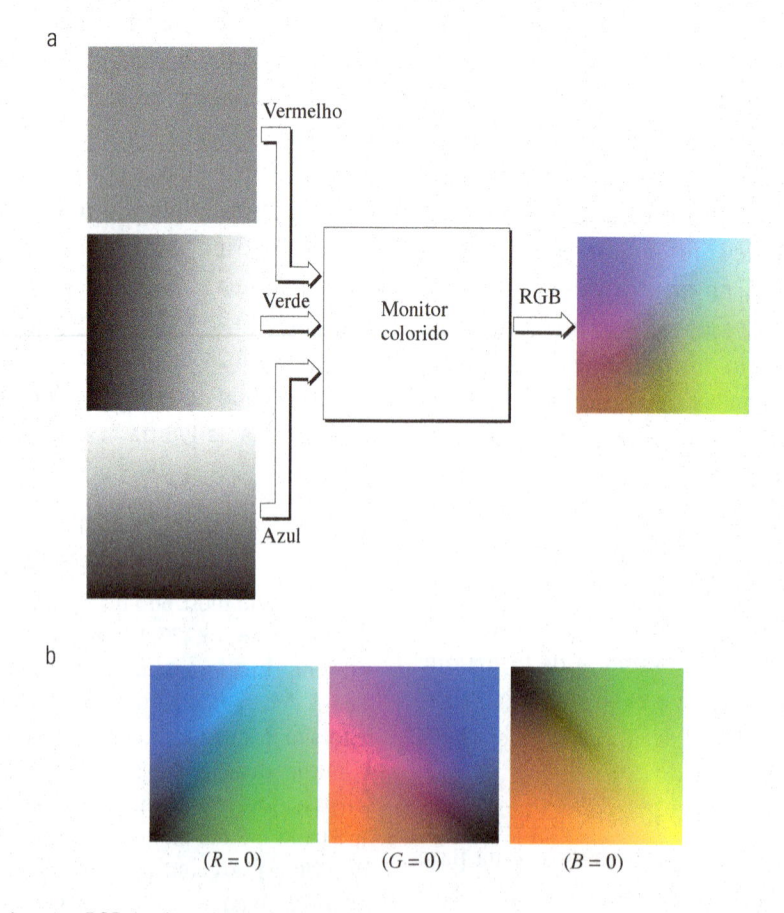

Figura 6.9 (a) Geração da imagem RGB do plano de cor de corte transversal (127, *G*, *B*). (b) Os três planos de superfície ocultos no cubo colorido da Figura 6.8.

ter um subconjunto de cores com mais chance de serem reproduzidas com fidelidade, de forma razoavelmente independente dos recursos de hardware do sistema de exibição. O subconjunto e cores é chamado de conjunto de *cores RGB seguras* ou *conjunto de cores seguras em todos os sistemas*. Em aplicações na Internet, elas são chamadas de *cores seguras da web* ou *cores seguras do navegador*.

Assumindo que 256 cores é o número mínimo de cores que podem ser reproduzidas com fidelidade por qualquer sistema no qual um resultado desejado provavelmente será exibido, é útil ter uma notação padronizada para nos referir a essas cores. Sabe-se que 40 dessas 256 cores são processadas de forma diferente por vários sistemas operacionais, deixando apenas 216 cores comuns à maioria dos sistemas. Essas 216 cores se tornaram o padrão de fato para as cores seguras, especialmente em aplicações na Internet. Elas são utilizadas sempre que se deseja que as cores vistas pela maioria das pessoas tenham a mesma aparência.

Cada uma das 216 cores seguras do padrão RGB é formada pela combinação de três valores RGB assim como antes, e os valores a serem combinados só podem ser iguais a 0, 51, 102, 153, 204 ou 255. Dessa forma, as combinações RGB desses valores resultam em $(6)^3 = 216$ valores possíveis (observe que todos os valores são divisíveis por 3). Costuma-se expressar esses valores no sistema numérico hexadecimal, como mostra a Tabela 6.1.

Tabela 6.1 Valores válidos para cada componente RGB em uma cor segura.

Sistema numérico	Equivalentes em cores					
Hexadecimal	00	33	66	99	CC	FF
Decimal	0	51	102	153	204	255

Lembre-se que os números hexadecimais 0, 1, 2, ... , 9, A, B, C, D, E, F correspondem aos números decimais 0, 1, 2, ... , 9, 10, 11, 12, 13, 14, 15. Lembre-se também que $(0)_{16} = (0000)_2$ e $(F)_{16} = (1111)_2$. Assim, por exemplo, $(FF)_{16} = (255)_{10} = (11111111)_2$, e vemos que o agrupamento de dois números hexadecimais forma um byte de 8 bits.

Como são necessários três números para formar uma cor RGB, cada cor segura é formada a partir de três dos números hexadecimais de dois dígitos da Tabela 6.1. Por exemplo, o vermelho mais puro é FF0000. Os valores 000000 e FFFFFF representam preto e branco, respectivamente. Tenha em mente que o mesmo resultado é obtido utilizando a notação decimal, mais conhecida. Por exemplo, o vermelho mais intenso em notação decimal tem $R = 255$(FF) e $G = B = 0$.

Na Figura 6.10(a) são apresentadas as 216 cores seguras, organizadas em valores RGB decrescentes. O quadra-

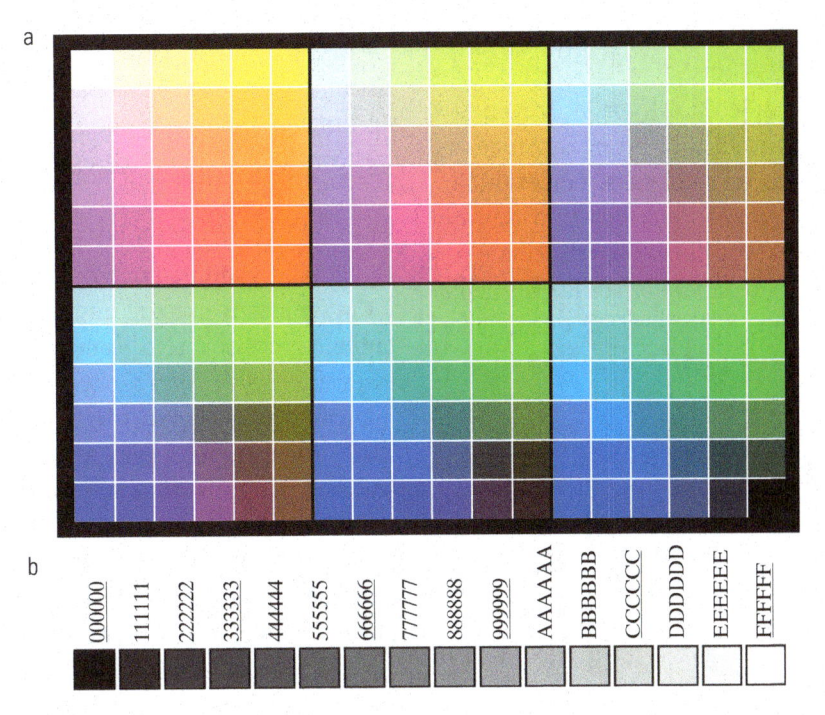

Figura 6.10 (a) As 216 cores seguras do padrão RGB. (b) Todos os tons de cinza no sistema de 256 cores RGB (os tons de cinza que fazem parte do grupo de cores seguras são mostrados sublinhados).

do no arranjo superior esquerdo tem valor FFFFFF (branco), o segundo quadrado à sua direita tem valor FFFFCC, o terceiro quadrado tem valor FFFF99, e assim por diante para a primeira linha. A segunda linha do mesmo arranjo tem valores FFCCFF, FFCCCC, FFCC99, e assim por diante. O quadrado final desse arranjo tem valor FF0000 (o vermelho mais intenso possível). O segundo arranjo à direita do que acabamos de analisar começa com o valor CCFFFF e prossegue da mesma forma, bem como os quatro outros arranjos. O quadrado final (inferior direito) do último arranjo tem valor 000000 (preto). É importante notar que nem todos os tons de cinza de 8 bits possíveis são incluídos nas 216 cores seguras. A Figura 6.10(b) mostra os códigos hexadecimais para todos os tons de cinza possíveis em um sistema RGB de 256 cores. Alguns desses valores não estão incluídos no conjunto de cores seguras, mas são apropriadamente representados (em termos de suas intensidades relativas) pela maioria dos sistemas de exibição. Os cinzas do grupo de cores seguras $(KKKKKK)_{16}$, para K = 3, 6, 9, C, F, são mostrados sublinhados na Figura 6.10(b).

Na Figura 6.11, é apresentado o cubo de cores seguras RGB. Diferentemente do cubo de cores reais (Figura 6.8), que é sólido, o cubo da Figura 6.11 tem cores válidas somente nos planos de superfície. Como representado na Figura 6.10(a), cada plano tem um total de 36 cores, de forma que a superfície inteira do cubo de cores seguras é coberta por 216 cores diferentes, como esperado.

6.2.2 Os modelos de cores CMY e CMYK

Como afirmamos na Seção 6.1, ciano, magenta e amarelo são as cores secundárias de luz ou, alternativamente, as cores primárias de pigmentos. Por exemplo, quando uma superfície coberta com pigmento ciano é iluminada com luz branca, nenhuma luz vermelha é refletida da superfície. Isto é, o ciano subtrai a luz vermelha da luz branca refletida, que é composta de quantidades iguais de luz vermelha, verde e azul.

A maioria dos dispositivos que depositam pigmentos coloridos sobre o papel, como impressoras e copiadoras coloridas, requer dados de entrada CMY ou realizam internamente uma conversão de RGB a CMY. Essa conversão é realizada utilizando a operação simples

$$\begin{bmatrix} C \\ M \\ Y \end{bmatrix} = \begin{bmatrix} 1 \\ 1 \\ 1 \end{bmatrix} - \begin{bmatrix} R \\ G \\ B \end{bmatrix} \quad (6.2\text{-}1)$$

na qual, novamente, se assume que todos os valores de cores tenham sido normalizados para o intervalo [0, 1]. A Equação 6.2-1 demonstra que a luz refletida de uma superfície coberta com ciano puro não contém vermelho (isto é, que $C = 1 - R$ na equação). De forma similar, o magenta puro não reflete o verde, e o amarelo puro não reflete o azul. A Equação 6.2-1 também revela que valores RGB podem ser facilmente obtidos a partir de um conjunto de valores CMY subtraindo os valores CMY individuais de 1. Como explicado anteriormente, em processamento de imagens esse modelo de cores é utilizado em conexão com a geração de saídas impressas; assim, a operação inversa de CMY para RGB geralmente não é de interesse prático.

De acordo com a Figura 6.4, quantidades iguais de pigmentos primários, ciano, magenta e amarelo deveriam produzir o preto. Na prática, a combinação dessas cores para a impressão produz um preto de aparência turva. Dessa forma, para produzir o verdadeiro preto (que é a cor predominante na impressão), uma quarta cor, o *preto*, é adicionada, gerando o modelo de cores CMYK. Assim, quando os profissionais da indústria gráfica falam de "impressão a quatro cores", eles estão se referindo às três cores do modelo de cores CMY mais o preto.

6.2.3 O modelo HSI de cores

Como vimos, a criação de cores nos modelos RGB e CMY e a conversão de um modelo ao outro representam um processo direto. Como observado anteriormente, esses sistemas de cores são teoricamente adequados para implementações em hardware. Além disso, o sistema RGB se adapta muito bem ao fato de o olho humano ser bastante perceptivo às cores primárias vermelho, verde e azul. Infelizmente, o RGB, o CMY e outros modelos similares de cores não são muito adequados para *descrever* cores em termos práticos para a interpretação humana. Por exemplo, não nos referimos à cor de um carro dando a porcentagem de cada uma das primárias que compõem a cor. Além disso, não pensamos em imagens coloridas como compostas de três imagens primárias que se combinam para formar uma única imagem.

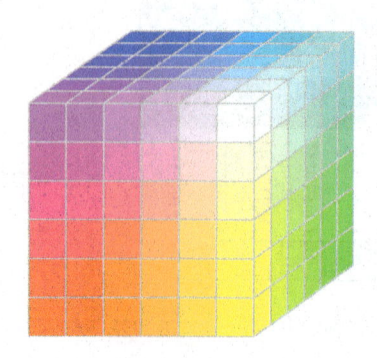

Figura 6.11 Cubo de cores seguras RGB.

Quando os seres humanos veem um objeto em cores, nós o descrevemos em termos de matiz, saturação e brilho. Lembre-se que, com base na discussão da Seção 6.1, matiz é um atributo que descreve uma cor pura (amarelo, laranja ou vermelho puros), ao passo que a saturação dá uma medida do grau de diluição de uma cor pura por luz branca. O brilho é um descritor subjetivo praticamente impossível de mensurar. Ele incorpora a noção acromática de *intensidade* e é um dos principais fatores na descrição da sensação de cores. Sabemos que a intensidade (nível de cinza) é um descritor bastante útil para imagens monocromáticas. Essa quantidade é definitivamente mensurável e facilmente interpretável. O modelo que estamos prestes a apresentar, chamado de *modelo HSI de cores* (*hue, saturation, intensity* — matiz, saturação, intensidade), separa o componente intensidade das informações de cores (matiz e saturação) em uma imagem colorida. Essas características fazem do modelo HSI uma ferramenta ideal para o desenvolvimento de algoritmos de processamento de imagens com base em descrições de cores que são naturais e intuitivas para os seres humanos, que, afinal, são os desenvolvedores e usuários desses algoritmos. Podemos resumir isso dizendo que o RGB é ideal para a geração de imagens coloridas (como na aquisição de imagens por uma câmera colorida ou a exibição de imagens em um monitor), mas sua utilização na *descrição* de cores é muito mais limitada. O material a seguir apresenta uma forma eficaz de fazer isso.

Como discutido no Exemplo 6.1, uma imagem colorida no padrão RGB pode ser vista como três imagens de intensidade monocromática (representando vermelho, verde e azul), de forma que não é surpresa sermos capazes de extrair a intensidade de uma imagem RGB. Isso fica claro quando pegamos o cubo de cores da Figura 6.7 e o colocamos "em pé" sobre o vértice preto (0, 0, 0), com o vértice branco (1, 1, 1) diretamente acima dele, como apresentado na Figura 6.12(a). Como observamos em relação à Figura 6.7, a intensidade (escala de cinza) é representada ao longo do segmento de reta que une esses dois vértices. No arranjo mostrado na Figura 6.12, o segmento de reta (eixo de intensidade) que une o vértice preto ao branco é vertical. Dessa forma, se quiséssemos definir o componente de intensidade de qualquer ponto de cor da Figura 6.12, bastaria passar um plano *perpendicular* ao eixo de intensidade e contendo o ponto da cor. A interseção do plano com o eixo de intensidade nos daria um ponto com um valor de intensidade no intervalo [0, 1]. Também é fácil observar que a saturação (pureza) de uma cor aumenta como uma função da distância em relação ao eixo de intensidade. Na verdade, a saturação dos pontos no eixo de intensidade é zero, como demonstra o fato de que todos os pontos ao longo desse eixo são cinza.

Para ver como o matiz também pode ser determinado a partir de um dado ponto RGB, veja a Figura 6.12(b), onde é apresentado um plano definido por três pontos (preto, branco e ciano). O fato de os pontos preto e branco estarem contidos no plano nos indica que o eixo de intensidade também está. Além disso, vemos que *todos* os pontos contidos no semiplano definido pelo eixo de intensidade e as fronteiras do cubo têm o *mesmo* matiz (no caso, ciano). Chegaríamos a essa mesma conclusão lembrando, a partir da Seção 6.1, que toda as cores geradas por três cores se localizam no triângulo definido por essas cores. Se dois desses pontos forem preto e branco, e o terceiro for um ponto de cor, todos os pontos do triângulo teriam o mesmo matiz porque os componentes preto e branco não podem mudar o matiz (é claro, a intensidade e a saturação dos pontos desse triângulo seriam diferentes). Rotacionando o plano sombreado em relação ao eixo de intensidade vertical, obteríamos matizes diferentes. Com base nesse conceito, chegamos à conclusão de que os valores de matiz, saturação e intensidade necessários

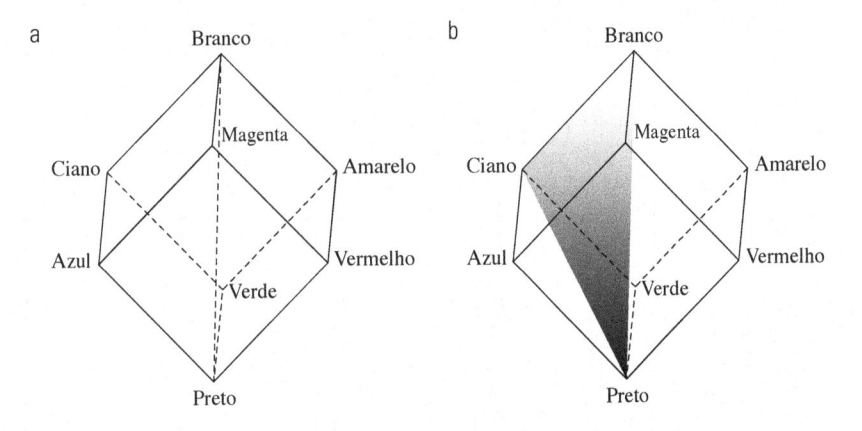

Figura 6.12 Relações conceituais entre os modelos de cores RGB e HSI.

para formar um espaço HSI podem ser obtidos a partir de um cubo de cores RGB. Em outras palavras, podemos converter qualquer ponto RGB em um ponto correspondente no modelo de cores HSI; para tanto, basta deduzir as fórmulas geométricas que descrevem a lógica esboçada na discussão que acabamos de apresentar.

O principal ponto que se deve ter em mente em relação ao arranjo do cubo mostrado na Figura 6.12 e seu correspondente espaço de cores HSI é que o espaço HSI é representado por um eixo de intensidade vertical e o conjunto de pontos de cor localizados em planos *perpendiculares* a esse eixo. À medida que os planos se movem para cima e para baixo no eixo de intensidade, as fronteiras definidas pela interseção de cada plano com as faces do cubo apresentam um semiplano de formato triangular ou hexagonal. Isso pode ser visualizado com mais facilidade visualizando o cubo no sentido de seu eixo de intensidade, como mostra a Figura 6.13(a). Nesse plano, vemos que as cores primárias são separadas por 120°. As cores secundárias estão a 60° das primárias, o que significa que o ângulo entre as secundárias também é de 120°. A Figura 6.13(b) mostra o mesmo formato hexagonal e a posição de uma cor arbitrária (representada por um ponto). O matiz do ponto é determinado por um ângulo a partir de algum ponto de referência. Normalmente (mas nem sempre) um ângulo de 0° a partir do eixo vermelho indica matiz 0, e o matiz aumenta no sentido anti-horário a partir desse ponto. A saturação (distância a partir do eixo vertical) é o comprimento do vetor a partir da origem até o ponto. Observe que a origem é definida pela interseção dos planos de cor com o eixo de intensidade vertical. Os componentes importantes do espaço de cores HSI são o eixo de intensidade vertical, o comprimento do vetor até um ponto de cor e o ângulo desse vetor em relação ao eixo vermelho. Dessa forma, não é raro ver os planos HSI definidos em termos do hexágono que acabamos de analisar, um triângulo, ou até mesmo um círculo, como mostram as figuras 6.13(c) e (d). O formato escolhido não importa porque qualquer um deles pode ser convertido nos outros dois por uma transformação geométrica. A Figura 6.14 mostra o modelo HSI baseado tanto em triângulos de cor quanto em círculos.

Conversão de RGB para HSI

Dada uma imagem em formato de cores RGB, o componente H de cada pixel RGB é obtido utilizando a equação*

$$H = \begin{cases} \theta & \text{se } B \leq G \\ 360 - \theta & \text{se } B > G \end{cases} \quad (6.2\text{-}2)$$

com**

$$\theta = \cos^{-1}\left\{ \frac{\frac{1}{2}[(R-G)+(R-B)]}{[(R-G)^2 + (R-B)(G-B)]^{1/2}} \right\}$$

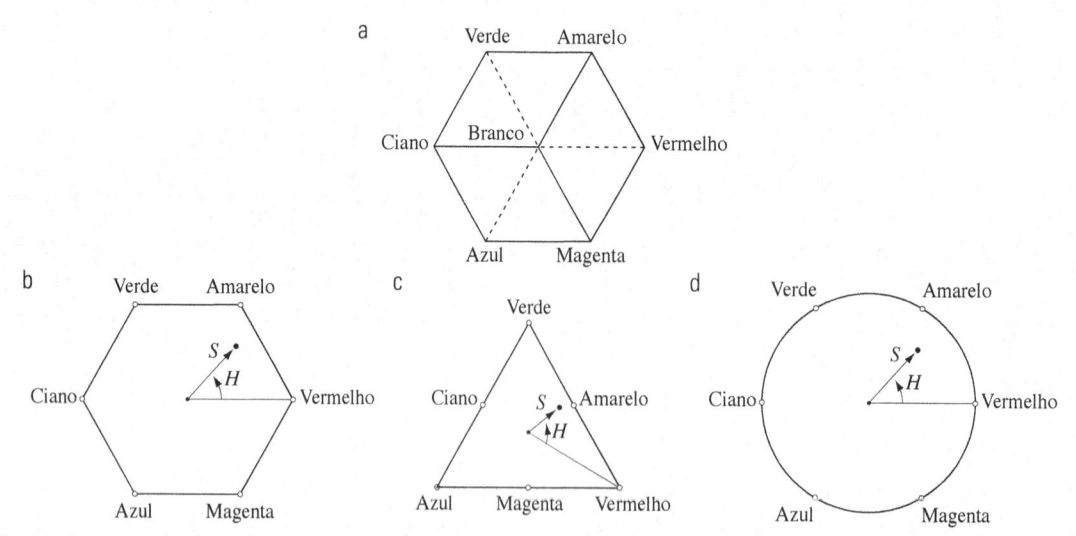

Figura 6.13 Matiz e saturação no modelo de cores HSI. O ponto representa uma cor arbitrária. O ângulo em relação ao eixo vermelho nos dá o matiz, e o comprimento do vetor indica a saturação. A intensidade de todas as cores em qualquer um desses planos é dada pela posição em que o plano corta perpendicularmente o eixo de intensidade.

---

* Os cálculos para converter do padrão RGB para o HSI e vice-versa são realizados pixel por pixel. Omitimos a dependência para com (x, y) das equações de conversão para fins de clareza na notação.

** É uma boa prática adicionar um pequeno número ao denominador dessa expressão para evitar a divisão por 0 quando $R = G = B$, caso em que o resultado será 90°. Observe que, quando todos os componentes RGB são iguais, a Equação 6.2-3 resulta em $S = 0$. Além disso, a conversão inversa (HSI para RGB) nas equações 6.2-5 a 6.2-7 resultará em $R = G = B = I$, como esperávamos, porque, quando $R = G = B$, estamos lidando com uma imagem em escala de cinza.

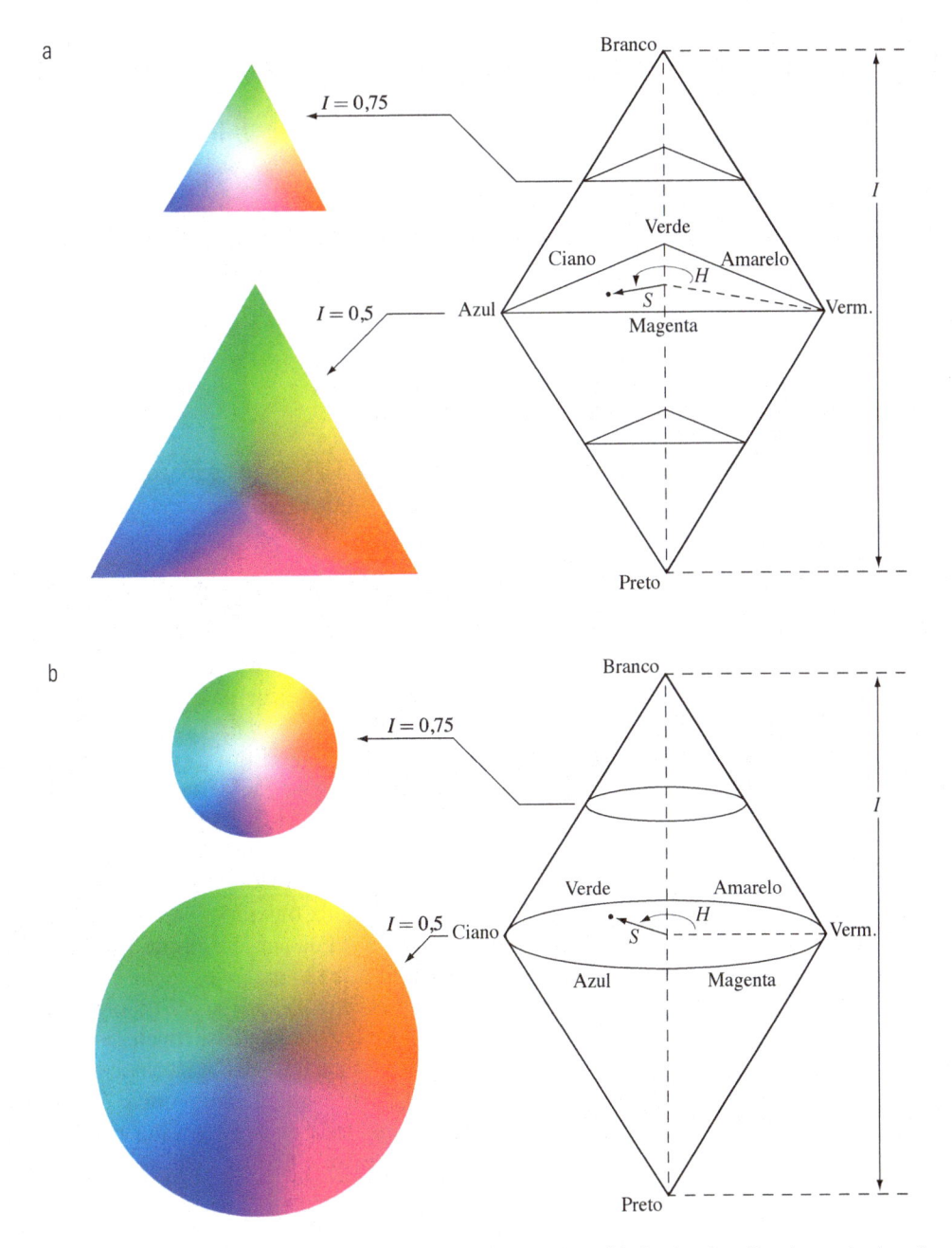

Figura 6.14 O modelo de cores HSI baseado em planos de cores (a) triangular e (b) circular. Os triângulos e círculos são perpendiculares ao eixo de intensidade vertical.

O componente de saturação é dado por

$$S = 1 - \frac{3}{(R+G+B)}[\min(R,G,B)] \quad (6.2\text{-}3)$$

Finalmente, o componente de intensidade é dado por

$$I = \frac{1}{3}(R+G+B) \quad (6.2\text{-}4)$$

Presume-se que os valores RGB tenham sido normalizados para o intervalo [0, 1], e que esse ângulo seja medido em relação ao eixo vermelho do espaço HSI, como indicado na Figura 6.13. O matiz (H) pode ser normalizado para o intervalo [0, 1] dividindo-se por 360° todos os valores resultantes da Equação 6.2-2. Os outros dois componentes HSI já estarão nesse intervalo se os valores RGB estiverem no intervalo [0, 1].

Os resultados das equações 6.2-2 a 6.2-4 podem ser deduzidos da geometria apresentada nas figuras 6.12 e 6.13. A dedução é cansativa e não acrescentaria muito à presente discussão. O leitor interessado pode consultar as referências ou o site para uma comprovação dessas equações, bem como para os resultados da conversão de HSI para RGB apresentados a seguir.*

Conversão de cores de HSI para RGB

Dados os valores de HSI no intervalo [0, 1], queremos agora calcular os valores RGB correspondentes no mesmo intervalo. As equações aplicáveis dependem dos valores de H. Temos três setores de interesse, correspondentes aos intervalos de 120° que separam as cores primárias (veja a Figura 6.13). Começamos multiplicando H por 360°, o que devolve o matiz a seu intervalo original, [0°, 360°].

Setor RG ($0° \leq H < 120°$): Quando H estiver neste setor, os componentes RGB são dados pelas equações

$$B = I(1-S) \quad (6.2\text{-}5)$$

$$R = I\left[1 + \frac{S\cos H}{\cos(60° - H)}\right] \quad (6.2\text{-}6)$$

e

$$G = 3I - (R + B) \quad (6.2\text{-}7)$$

Setor GB ($120° \leq H < 240°$): Se o valor de H estiver neste setor, primeiro subtraia 120° dele:

$$H = H - 120° \quad (6.2\text{-}8)$$

E então os componentes RGB serão

$$R = I(1-S) \quad (6.2\text{-}9)$$

$$G = I\left[1 + \frac{S\cos H}{\cos(60° - H)}\right] \quad (6.2\text{-}10)$$

e

$$B = 3I - (R + G) \quad (6.2\text{-}11)$$

Setor BR ($240° \leq H < 360°$): Por fim, se H estiver neste intervalo, subtraímos dele 240°

$$H = H - 240° \quad (6.2\text{-}12)$$

E então os componentes RGB serão

$$G = I(1-S) \quad (6.2\text{-}13)$$

$$B = I\left[1 + \frac{S\cos H}{\cos(60° - H)}\right] \quad (6.2\text{-}14)$$

e

$$R = 3I - (G + B) \quad (6.2\text{-}15)$$

A utilização dessas equações em processamento de imagens será discutida em várias das seções a seguir.

Exemplo 6.2 Os valores HSI correspondentes à imagem do cubo de cores RGB.

Na Figura 6.15, são apresentadas as imagens de matiz, saturação e intensidade para os valores RGB apresentados na Figura 6.8. A Figura 6.15(a) mostra a imagem do matiz. Sua principal característica é a descontinuidade ao longo de uma linha de 45° no plano frontal (vermelho) do cubo. Para entender a razão dessa descontinuidade, consulte a Figura 6.8, trace uma linha do vértice vermelho ao branco do cubo e selecione um ponto no meio dessa linha. A começar desse ponto, trace uma trajetória à direita, ao redor do cubo até voltar ao ponto de partida. As principais cores encontradas nessa trajetória são amarelo, verde, ciano, azul, magenta e de volta ao vermelho. De acordo com a Figura 6.13, os valores de matiz ao longo dessa trajetória devem aumentar de 0° a 360° (isto é, do valor mais baixo ao mais alto possível de matiz). Isso é justamente o que a Figura 6.15(a) mostra porque, na escala de cinza, o valor mais baixo é representado pelo preto, e o valor mais alto, pelo branco. De fato,

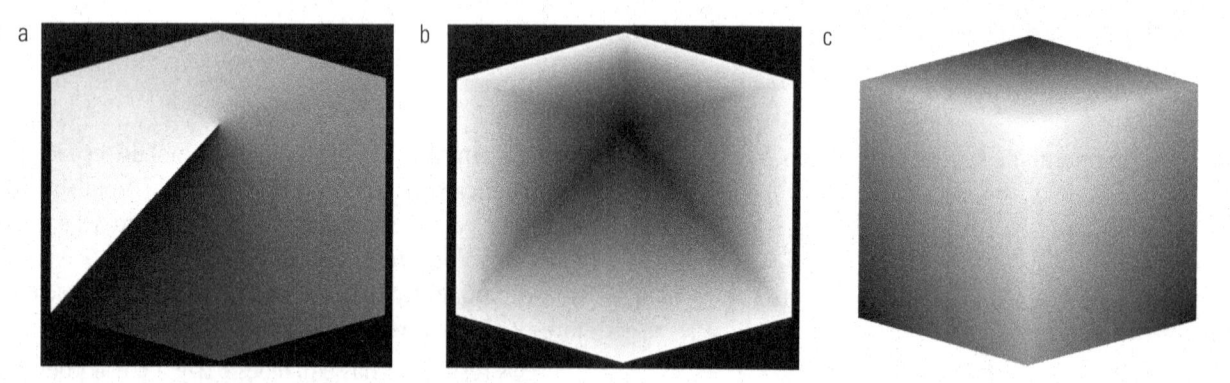

Figura 6.15 Componentes HSI da imagem apresentada na Figura 6.8. Imagens de (a) matiz, (b) saturação e (c) intensidade.

---

* Consulte a seção *Tutoriais* no site do livro para uma dedução detalhada das equações de conversão entre RGB e HSI e vice-versa.

a imagem do matiz foi originalmente normalizada para o intervalo [0, 1] e, depois, ajustada para 8 bits; isto é, ela foi convertida ao intervalo [0, 255] para a exibição.

A imagem do componente de saturação apresentada na Figura 6.15(b) mostra valores progressivamente mais escuros na direção do vértice branco do cubo RGB, indicando que as cores se tornam cada vez menos saturadas à medida que se aproximam do branco. Por fim, cada pixel da imagem de intensidade apresentada na Figura 6.15(c) representa a média dos valores RGB do pixel correspondente à Figura 6.8.

Manipulação dos componentes de imagens do modelo HSI

Nas discussões a seguir, analisaremos algumas técnicas simples para manipular as imagens de cada componente do modelo HSI. Isso o ajudará a se familiarizar com esses componentes e também a aprofundar seu conhecimento sobre o modelo de cores HSI. Na Figura 6.16(a), é exibida uma imagem composta das cores RGB primárias e secundárias. Nas figuras 6.16(b) a (d) são apresentadas imagens monocromáticas dos componentes H (matiz), S (saturação) e I (intensidade) dessa imagem, gerados utilizando as equações 6.2-2 a 6.2-4. Vale lembrar que os valores de níveis de cinza da Figura 6.16b correspondem a ângulos; dessa forma, por exemplo, como o vermelho corresponde a 0°, a região vermelha da Figura 6.16(a) corresponde a uma região preta na imagem de matiz. Da mesma forma, os níveis de cinza da Figura 6.16(c) correspondem à saturação (eles foram ajustados para o intervalo [0, 255] para a exibição) e os níveis de cinza da Figura 6.16 (d) representam a média aritmética dos valores de R, G e B.

Para alterar a cor individual de qualquer região da imagem RGB, alteramos os valores da região correspondente na imagem do matiz (Figura 6.16(b)). Depois, convertemos a nova imagem H, além das imagens inalteradas S e I, de volta para RGB utilizando os procedimentos apresentados nas equações 6.2-5 a 6.2-15. Para alterar a saturação (pureza) da cor em qualquer região, seguimos o mesmo procedimento, com exceção do fato de que as alterações são realizadas na imagem de saturação no espaço HSI. Comentários similares se aplicam à alteração da intensidade média de qualquer região. Essas alterações, é claro, podem ser feitas simultaneamente. Por exemplo, a imagem apresentada na Figura 6.17(a) foi obtida alterando para 0 os pixels correspondentes às regiões azul e verde da imagem apresentada na Figura 6.16(b). Na Figura 6.17(b), reduzimos pela metade a saturação da região ciano no componente de imagem S da Figura 6.16(c). Na Figura 6.17(c), reduzimos pela metade a intensidade da região branca central da imagem de intensidade da Figura 6.16(d). O resultado da conversão dessa imagem HSI modificada para RGB é mostrado na Figura 6.17(d). Como era de se esperar, vemos nessa figura que as porções externas de todos os círculos passaram a ser vermelhas; a pureza da região ciano foi reduzida e a região central se tornou cinza em vez de branca. Apesar de esses resultados serem simples, eles ilustram claramente o poder do modelo de cores HSI ao permitir o controle *independente* sobre o matiz, a saturação e a intensidade, valores com os quais já estamos bastante familiarizados ao descrever as cores.

Figura 6.16 (a) Imagem RGB e os componentes de sua imagem HSI correspondente: (b) matiz, (c) saturação e (d) intensidade.

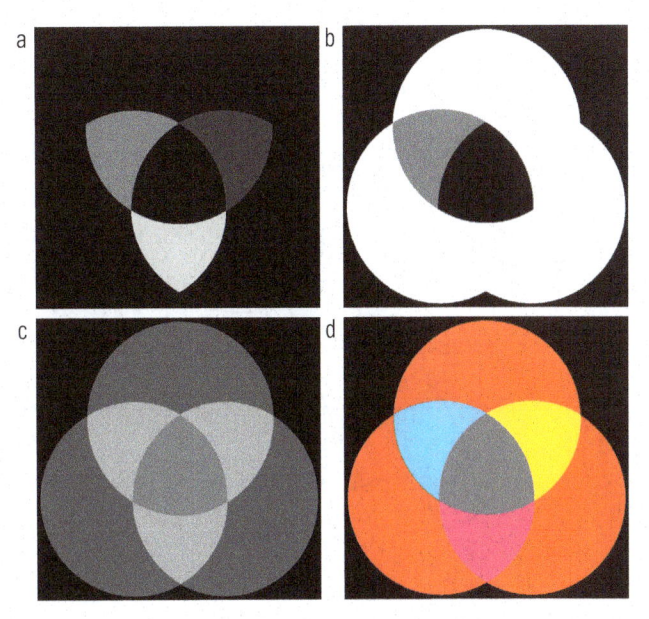

Figura 6.17 (a) até (c) Componentes de imagem HSI modificados. (d) Imagem RGB resultante. (Veja a Figura 6.16 para as imagens HSI originais.)

6.3 Processamento de imagens em pseudocores

O processamento de imagens em *pseudocores* (também chamadas de *falsas cores*) consiste em atribuir cores a valores de cinza com base em determinados critérios. O termo *pseudo* ou *falsa cor* é utilizado para diferenciar o processo de atribuir cores a imagens monocromáticas a partir dos processos associados a imagens de cor verdadeira, um tópico que discutiremos a partir da Seção 6.4. A principal utilização das pseudocores é na visualização e interpretação humana de eventos, em tons de cinza, em uma imagem ou sequência de imagens. Como observamos no início deste capítulo, umas das principais motivações para usar a cor é o fato de os seres humanos serem capazes de discernir milhares de tons e intensidades de cor, em comparação com apenas aproximadamente duas dezenas de tons de cinza.

6.3.1 Fatiamento por intensidades

A técnica de *fatiamento por intensidades* (algumas vezes chamada *densidade*) e codificação por cores é um dos exemplos mais simples do processamento de imagens em pseudocores. Se uma imagem for interpretada como uma função 3-D (veja a Figura 2.18(a)), o método pode ser visto em termos do posicionamento de planos paralelos ao plano de coordenadas da imagem; cada plano, então, 'fatia' a função na área de interseção. A Figura 6.18 mostra um exemplo da utilização de um plano em $f(x, y) = l_i$ para 'fatiar' uma função em dois níveis.

Se uma cor diferente for atribuída a cada lado do plano mostrado na Figura 6.18, qualquer pixel cujo nível de intensidade estiver acima do plano estará codificado com uma cor e qualquer pixel abaixo do plano será codificado com a outra. Aos pixels cujos níveis estejam posicionados no próprio plano pode ser arbitrariamente atribuída uma das duas cores. O resultado é uma imagem em duas cores, cuja aparência relativa pode ser controlada movendo o plano de fatiamento para cima e para baixo ao longo do eixo de intensidade.

Em geral, a técnica pode ser resumida como se segue. Com $[0, L - 1]$ representando a escala de cinza, fazemos com que o nível l_0 represente o preto $[f(x, y) = 0]$ e o nível l_{L-1} represente o branco $[f(x, y) = L - 1]$. Suponha que P planos perpendiculares ao eixo de intensidade sejam definidos nos níveis $l_1, l_2, \ldots, l_P$. Então, considerando que $0 < P < L - 1$, os P planos particionam a escala de cinza em $P + 1$ intervalos, $V_1, V_2, \ldots, V_{P+1}$. As atribuições de intensidade às cores são feitas de acordo com a relação

$$f(x, y) = c_k \quad \text{se} \quad f(x, y) \in V_k \quad (6.3\text{-}1)$$

na qual c_k é a cor associada ao k-ésimo intervalo de intensidade V_k definido pelos planos de partição em $l = k - 1$ e $l = k$.

A ideia dos planos é útil principalmente para uma interpretação geométrica da técnica de fatiamento por intensidades. A Figura 6.19 mostra uma representação alternativa que define o mesmo mapeamento mostrado

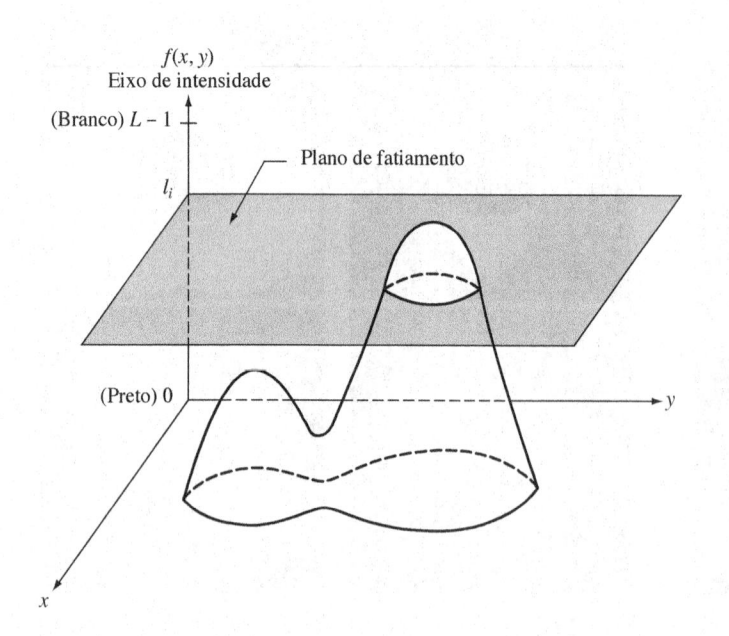

Figura 6.18 Interpretação geométrica da técnica de fatiamento por intensidades.

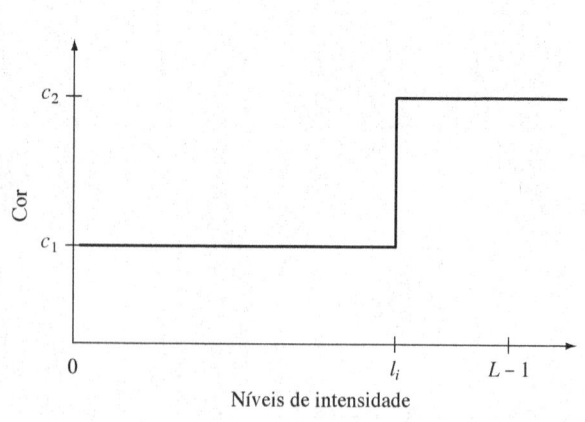

Figura 6.19 Uma representação alternativa da técnica de fatiamento por intensidades.

na Figura 6.18. De acordo com a função de mapeamento mostrada na Figura 6.19, a qualquer nível de cinza de entrada é atribuída uma das duas cores, dependendo de estar acima ou abaixo do valor de l_i. Quando mais níveis são usados, a função de mapeamento assume a forma de uma escada.

Exemplo 6.3 Fatiamento por intensidades.

Uma utilização simples, porém prática, do fatiamento por intensidades é apresentada na Figura 6.20. A Figura 6.20(a) é uma imagem monocromática do *Picker Thyroid Phantom* (um padrão de teste de radiação), e a Figura 6.20(b) é o resultado do fatiamento por intensidades dessa imagem em oito regiões de cores. As regiões que aparecem com intensidade constante na imagem monocromática são, na verdade, bastante variáveis, como demonstram as várias cores na imagem fatiada. O lóbulo esquerdo, por exemplo, é representado na imagem monocromática por um cinza opaco, onde é difícil perceber variações de intensidade. Em contraste, a imagem colorida mostra claramente oito diferentes regiões de intensidade constante, uma para cada cor utilizada.

No simples exemplo anterior, a escala de cinza foi dividida em intervalos, e uma cor diferente foi atribuída a cada região, sem levar em consideração o significado dos níveis de cinza na imagem. O interesse, nesse caso, é simplesmente visualizar os diferentes níveis de cinza que constituem a imagem. O fatiamento por intensidades assume um papel muito mais importante e útil quando a subdivisão da escala de cinza se baseia em características físicas da imagem. Por exemplo, a Figura 6.21(a) mostra a imagem radiográfica de uma solda (a região escura horizontal) contendo várias rachaduras e porosidades (as listras claras e brancas horizontais no meio da imagem).

Sabe-se que, quando há uma porosidade ou rachadura na solda, a intensidade total dos raios X que passam através do objeto satura o sensor de aquisição de imagens do outro lado do objeto. Dessa forma, valores de intensidade de 255 em uma imagem de 8 bits resultante de um sistema como esse automaticamente implicam um problema com a solda. Se um ser humano fosse julgar a análise, e processos manuais fossem empregados para inspecionar as soldas (um procedimento ainda comum nos dias de hoje), uma simples codificação de cores que atribui uma cor ao nível 255 e outra a todos os outros níveis de intensidade simplificaria consideravelmente o trabalho do inspetor. A Figura 6.21(b) mostra o resultado. Nenhuma explicação é necessária para chegar à conclusão de que as taxas de erro humano seriam mais baixas se as imagens fossem apresentadas na forma da Figura 6.21(b), e não na forma da Figura 6.21(a). Em outras palavras, se o valor exato da intensidade ou o intervalo de valores que se procura for conhecido, o fatiamento por intensidades constitui-se em uma simples, porém poderosa, ferramenta de visualização, especialmente se várias imagens estiverem envolvidas. Vejamos a seguir um exemplo mais complexo.

Exemplo 6.4 Utilização da cor para salientar níveis pluviométricos.

A medição de níveis pluviométricos, especialmente nas regiões dos trópicos, é empregada em diversas aplicações que lidam como o meio ambiente. Medidas precisas utilizando sensores de solo são de difícil e dispendiosa aquisição, e dados pluviométricos totais são ainda mais difíceis de obter, pois uma parcela significativa da precipitação ocorre no oceano. Um método para obter dados pluviométricos envolve a utilização de um satélite. O satélite da TRMM (Tropical Rainfall Measuring Mission) utiliza, entre outros, três sensores especialmente projetados para detectar chuva: um

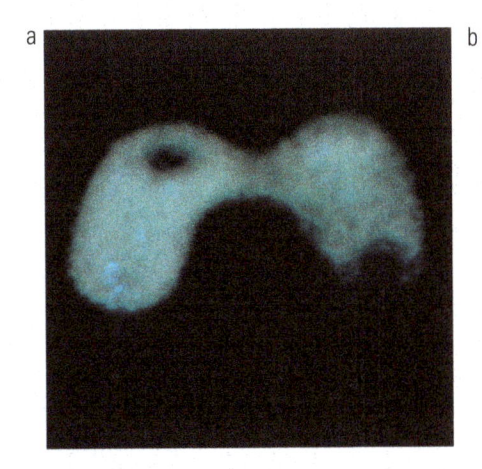

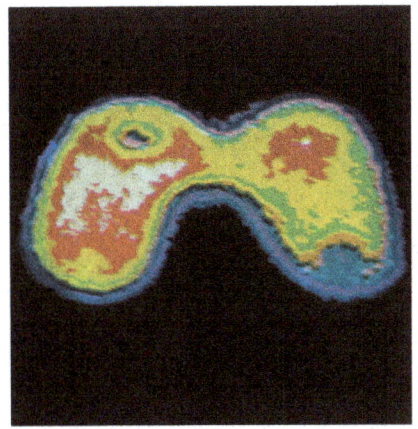

Figura 6.20 (a) Imagem monocromática do *Picker Thyroid Phantom*. (b) Resultado do fatiamento de densidade em oito cores. (Imagem original: cortesia do Dr. J. L. Blankenship, Divisão de Instrumentação e Controles, Laboratório Nacional de Oak Ridge.)

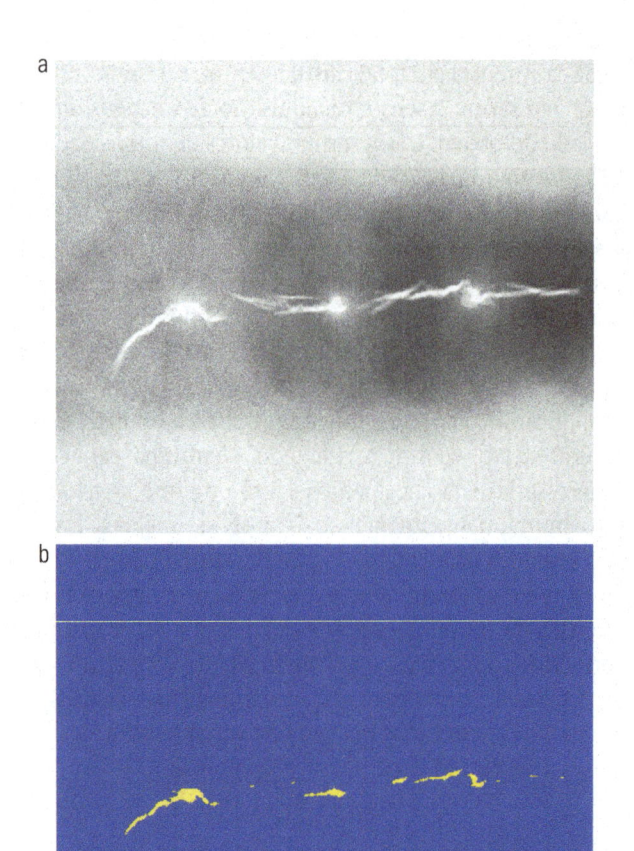

Figura 6.21 (a) Imagem radiográfica de uma solda. (b) Resultado da codificação por cores. (Imagem original: cortesia da X-TEK Systems, Ltd.)

radar de precipitação, uma câmera por micro-ondas e um *scanner* infravermelho (veja as seções 1.3 e 2.3 sobre as modalidades de sensoriamento de imagens).

Os resultados dos sensores de chuva são processados, resultando na estimativa de precipitação ao longo de um determinado período na área monitorada pelos sensores. A partir dessas estimativas, não é difícil gerar imagens em escala de cinza cujos valores de intensidade correspondam diretamente à precipitação, na qual cada pixel representa uma área de terreno físico cujo tamanho depende da resolução dos sensores. Uma imagem de intensidade como essa é apresentada na Figura 6.22(a), onde a área monitorada pelo satélite é a banda horizontal ligeiramente mais clara no terço mediano da imagem (as regiões tropicais). Nesse exemplo em particular, os valores pluviométricos são valores médios mensais (em polegadas) ao longo de um período de três anos.

A análise visual dessa imagem em busca de padrões de precipitação é bastante difícil, se não impossível. Contudo, suponha que codifiquemos os níveis de intensidade de 0 a 255 utilizando as cores mostradas na Figura 6.22(b). Os valores que se aproximam do azul significam baixos níveis de precipitação, e os que se aproximam do vermelho indicam altos níveis de precipitação. Observe que a escala atinge o máximo em vermelho puro para valores de precipitação acima de 20 polegadas. A Figura 6.22(c) mostra o resultado da codificação por cores da imagem cinza tomando como base o mapa de cores que acabamos de analisar (Figura 6.22(b)). Os resultados são muito mais fáceis de interpretar, como mostram essa figura e a área ampliada na Figura 6.22(d). Além de proporcionar cobertura global, esse tipo de dado permite que os meteorologistas calibrem sistemas de monitoramento em solo com maior precisão.

6.3.2 Transformações de intensidade para cores

Outros tipos de transformações são mais gerais e, portanto, capazes de atingir uma escala mais ampla de realce por pseudocores do que a técnica simples de fatiamento discutida na seção anterior. Um método particularmente interessante é mostrado na Figura 6.23. Basicamente, a ideia por trás dessa metodologia é realizar três transformações independentes sobre a intensidade de qualquer pixel de entrada. Os três resultados são, então, alimentados separadamente nos canais vermelho, verde e azul de um monitor colorido. Esse método produz uma imagem composta cujo conteúdo de cores é modulado pela natureza das funções de transformação. Observe que se trata de transformações sobre os valores de intensidade de uma imagem, não sendo funções da posição.

O método discutido na seção anterior constitui um caso especial da técnica que acabamos de descrever. Naquele caso, as funções lineares por partes dos níveis de intensidade (Figura 6.19) geram cores. Entretanto, o método discutido nesta seção pode ser baseado em funções não lineares e suaves que, como seria de se esperar, resultam em uma técnica consideravelmente mais flexível.

Exemplo 6.5 Utilização das pseudocores para salientar explosivos em bagagens.

A Figura 6.24(a) mostra duas imagens monocromáticas de bagagens obtidas por meio de um sistema de escaneamento por raios X em um aeroporto. A imagem à esquerda contém itens comuns. A imagem à direita contém os mesmos itens, bem como um bloco que simula explosivos plásticos. O objetivo deste exemplo é ilustrar a utilização dos níveis de intensidade em transformações de cores na obtenção de vários graus de realce.

A Figura 6.25 mostra as funções de transformação utilizadas. Essas funções senoidais contêm regiões de valores relativamente constantes em torno dos picos, bem como re-

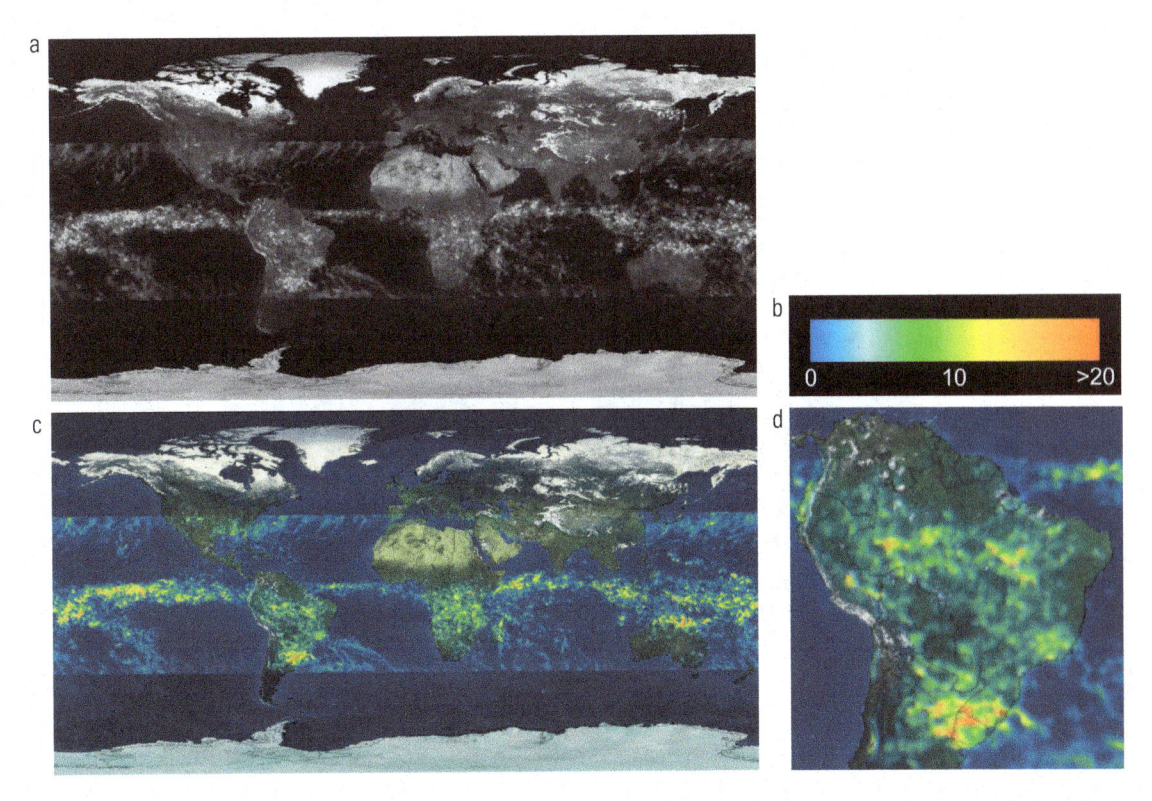

Figura 6.22 (a) Imagem em escala de cinza na qual a intensidade (na banda horizontal mais clara mostrada) corresponde à média da precipitação mensal. (b) Cores atribuídas aos valores de intensidade. (c) Imagem codificada por cores. (d) Ampliação da região da América do Sul. (Imagem original: cortesia da Nasa.)

giões com variações abruptas nas próximidades dos vales. A mudança de fase e a frequência de cada senoide enfatiza (em cores) intervalos na escala de cinza. Por exemplo, se todas as três transformações possuem a mesma fase e frequência, a imagem resultante será monocromática. Uma pequena alteração na fase entre as três transformações produz uma pequena mudança nos pixels cujas intensidades correspondem a picos nas senoides, especialmente se estas possuírem perfis amplos (baixas frequências). Pixels com valores de intensidade nas seções elevadas das senoides recebem um conteúdo de cor muito mais intenso, em consequência das significativas diferenças entre as amplitudes das três senoides provocadas pelo deslocamento de fase entre elas.

A imagem apresentada na Figura 6.24(b) foi obtida com as funções de transformação da Figura 6.25(a), que mostra as faixas de nível de cinza correspondentes ao explosivo, porta-terno e fundo, respectivamente. Observe que o explosivo e o fundo possuem diferentes níveis de intensidade, mas foram ambos codificados com aproximadamente a mesma cor em função da periodicidade das ondas senoidais. A imagem apresentada na Figura 6.24(c) foi obtida através das funções de transformação da Figura 6.25(b). Nesse caso, as faixas de intensidade dos explosivos e do porta-terno foram mapeadas por transformações semelhantes e, assim, receberam essencialmente as mesmas atribuições de cor. Observe que esse mapeamento permite a um observador ver os explosivos. Os mapeamentos do fundo foram aproximadamente os mesmos utilizados na Figura 6.24(b), produzindo atribuições de cor praticamente idênticas.

A metodologia apresentada na Figura 6.23 se baseia em uma única imagem monocromática. Muitas vezes, é interessante combinar várias imagens monocromáticas em uma única composição colorida, como mostra a Figura 6.26. Uma utilização frequente dessa técnica

Figura 6.23 Diagrama de bloco do processamento de imagens em pseudocores. f_R, f_G e f_B são os parâmetros de entrada dos canais vermelho, verde e azul de um monitor colorido no padrão RGB.

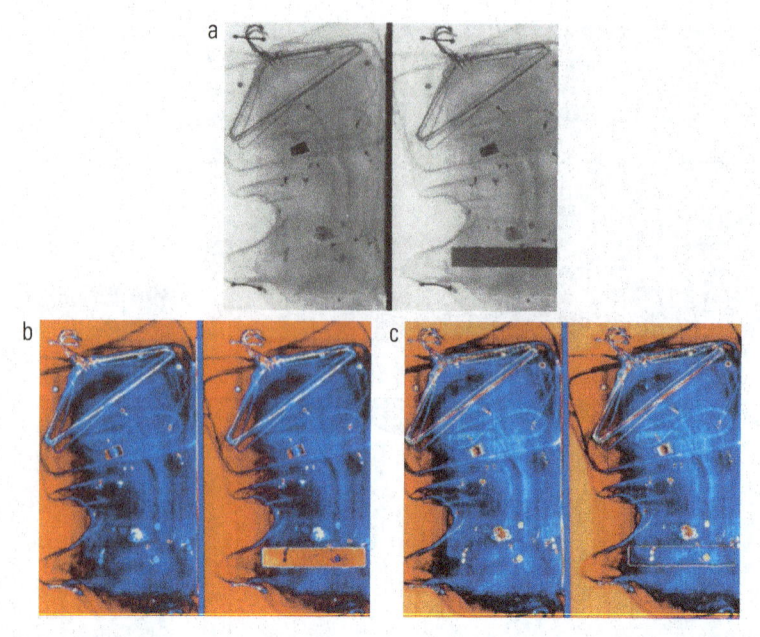

Figura 6.24 Realce por pseudocores utilizando as transformações de níveis de cinza para cores descritas na Figura 6.25. (Imagem original: cortesia do Dr. Mike Hurwitz, Westinghouse.)

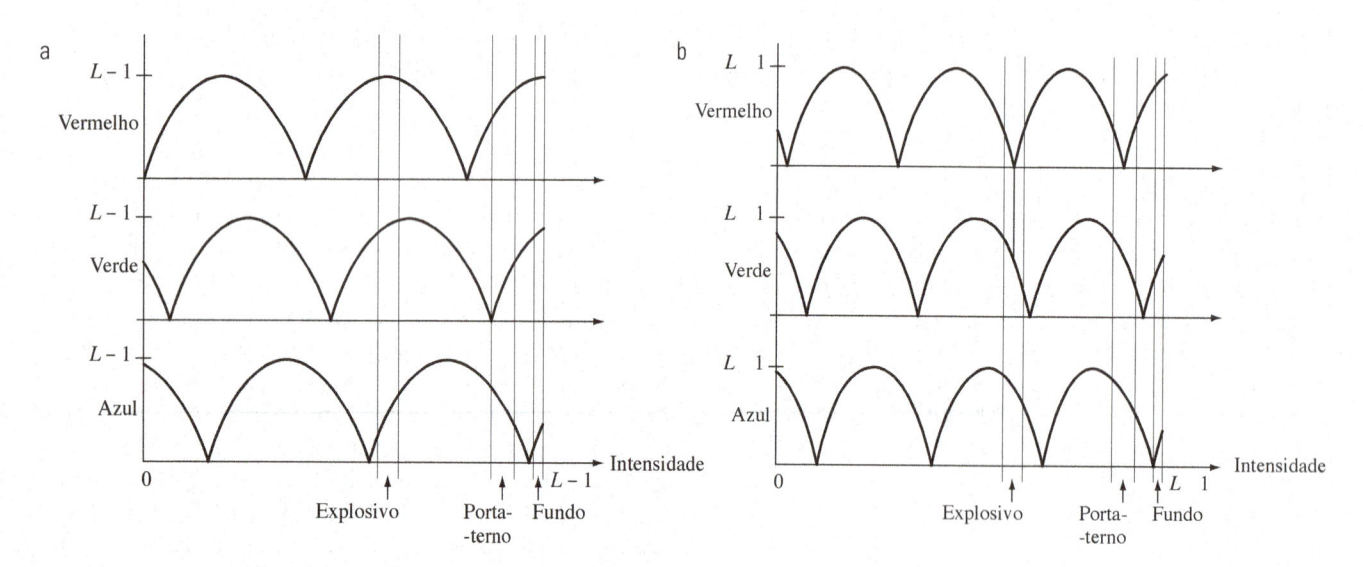

Figura 6.25 Funções de transformação utilizadas para obter as imagens da Figura 6.24.

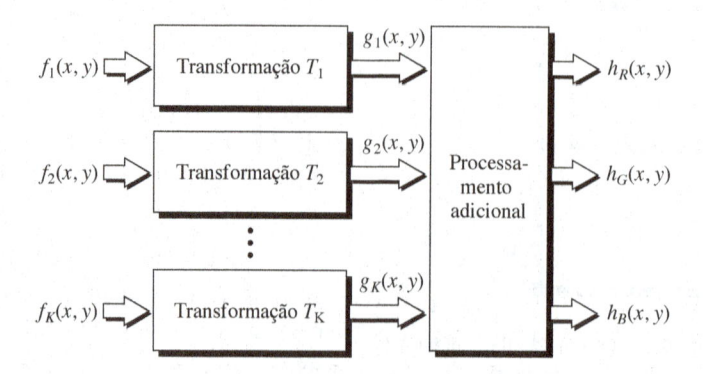

Figura 6.26 Metodologia de codificação de pseudocores utilizada quando várias imagens monocromáticas estão disponíveis.

(ilustrada no Exemplo 6.6) está no processamento de imagens multiespectrais, no qual diferentes sensores produzem imagens monocromáticas individuais, cada imagem representando uma banda espectral diferente. Os processamentos adicionais citados na Figura 6.26 podem consistir em técnicas como balanceamento de cores (veja a Seção 6.5.4), combinação de imagens e seleção de três imagens para exibição, com base no conhecimento das características de resposta dos sensores utilizados.

Exemplo 6.6 Codificação por cores a partir de imagens multiespectrais.

As figuras 6.27(a) a (d) mostram quatro imagens espectrais de satélite da cidade de Washington, D.C., incluindo parte do Rio Potomac. As três primeiras imagens representam as bandas vermelha, verde e azul visíveis e a quarta, o infravermelho próximo (veja a Tabela 1.1 e a Figura 1.10). A Figura 6.27(e) é a imagem em cores reais obtidas pela combinação RGB das três primeiras imagens. As imagens coloridas

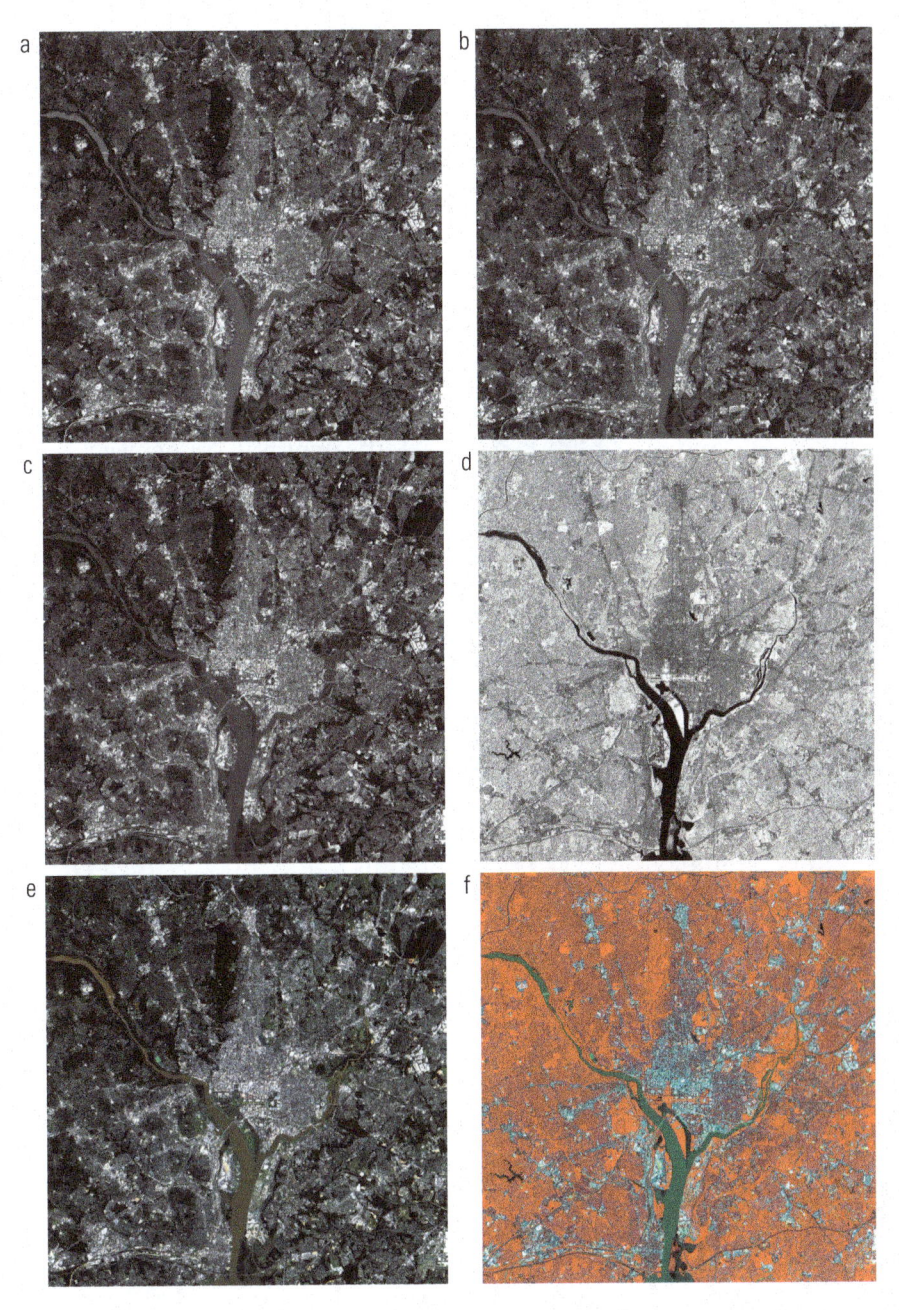

Figura 6.27 (a) a (d) Imagens das bandas 1 a 4 da Figura 1.10 (veja a Tabela 1.1). (e) Imagem colorida obtida pela combinação RGB de (a), (b) e (c). (f) Imagem obtida da mesma forma, mas utilizando o infravermelho próximo (d) no lugar do vermelho. (Imagens multiespectrais originais: cortesia da Nasa.)

de áreas densas são de difícil interpretação, mas uma característica notável dessa imagem é a diferença das cores de várias partes do Rio Potomac. A Figura 6.27(f) é um pouco mais interessante. Essa imagem foi formada substituindo o componente vermelho da Figura 6.27(e) pelo infravermelho próximo. Com base na Tabela 1.1, sabemos que essa banda é altamente sensível aos componentes de biomassa. A Figura 6.27(f) mostra com bastante clareza a diferença entre a biomassa (em vermelho) e as estruturas construídas pelo homem, compostas principalmente de concreto e asfalto, que aparecem na imagem representadas por tons de azul.

O tipo de processamento que acabamos de ilustrar é bastante poderoso para ajudar a visualizar objetos de interesse em imagens complexas, especialmente quando esses objetos de interesse estão além das nossas capacidades sensoriais. A Figura 6.28 representa um excelente exemplo disso. Ela mostra imagens da lua de Júpiter, Io, mostrada em pseudocores por meio da combinação de várias imagens dos diferentes sensores da nave espacial *Galileo*, algumas das quais estão em regiões espectrais não visíveis pelo olho humano. No entanto, com base na compreensão dos processos físicos e químicos que provavelmente afetam a resposta do sensor, é possível combinar as imagens captadas em um mapa de pseudocores significativo. Uma forma de combinar os dados da imagem captada é se basear em como elas representam as diferenças da superfície em termos de composição química ou alterações na forma como a superfície reflete a luz do sol. Por exemplo, na imagem em pseudocores da Figura 6.28(b), o vermelho intenso representa material recém-ejetado de um vulcão ativo em Io, e o material amarelo ao redor mostra antigos depósitos de enxofre. As características de Io podem ser vistas com muito mais facilidade nessa imagem do que seria possível se analisássemos cada componente de imagem individualmente.

6.4 Fundamentos do processamento de imagens coloridas

Nesta seção, daremos início ao estudo das técnicas de processamento aplicáveis em imagens coloridas. Apesar de estarem longe de ser apenas introdutórias, as técnicas apresentadas nas seções a seguir são representativas no tratamento de imagens coloridas para uma variedade de tarefas de processamento de imagens. Os métodos de processamento de imagens coloridas são divididos em duas categorias principais. Na primeira categoria, processaremos individualmente cada componente de imagem e depois, a partir dos componentes individualmente processados, formaremos a imagem colorida processada. Na segunda categoria, trabalharemos diretamente com os pixels coloridos. Como as imagens coloridas têm pelo menos três componentes, os pixels de cores são vetores. Por exemplo, no sistema RGB, cada ponto de cor pode ser interpretado como um vetor que se estende da origem ao ponto no sistema de coordenadas RGB (veja Figura 6.7).

Com **c** representando um vetor arbitrário no espaço de cores RGB, temos:

$$\mathbf{c} = \begin{bmatrix} c_R \\ c_G \\ c_B \end{bmatrix} = \begin{bmatrix} R \\ G \\ B \end{bmatrix} \quad (6.4\text{-}1)$$

Essa equação indica que os componentes de **c** são simplesmente os componentes RGB de um ponto da imagem colorida. Utilizando a notação, temos que os componentes de cor são representados por uma função de coordenada (x, y).

$$\mathbf{c}(x, y) = \begin{bmatrix} c_R(x, y) \\ c_G(x, y) \\ c_B(x, y) \end{bmatrix} = \begin{bmatrix} R(x, y) \\ G(x, y) \\ B(x, y) \end{bmatrix} \quad (6.4\text{-}2)$$

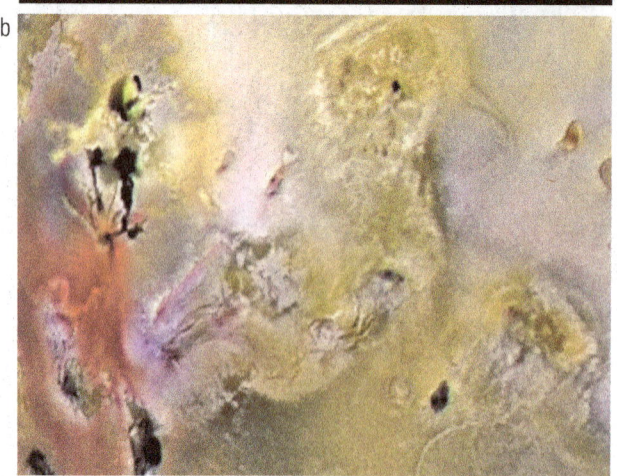

Figura 6.28 (a) Uma representação em pseudocores da lua de Júpiter, Io. (b) Uma aproximação. (Imagem original: cortesia da Nasa.)

Para uma imagem de tamanho $M \times N$, existem MN vetores como esses, $\mathbf{c}(x, y)$, para $x = 0, 1, 2, \ldots, M - 1$; $y = 0, 1, 2, \ldots, N - 1$.

É importante ter mente que a Equação 6.4-2 representa um vetor cujos componentes variam *espacialmente* em x e y. Trata-se de uma fonte frequente de confusão que podemos evitar nos concentrando no fato de que o nosso interesse se restringe aos processamentos espaciais. Isto é, estamos interessados nas técnicas de processamento de imagens formuladas em função de x e y. O fato de os pixels agora serem pixels de cores acrescenta um fator que, para uma melhor formulação, nos permite processar uma imagem colorida por meio do processamento individual de cada um dos seus componentes de imagem, utilizando métodos de processamento de imagens em níveis de cinza. No entanto, os resultados do processamento individual dos componentes de cor nem sempre equivalem ao processamento direto no espaço vetorial de cores, o que implica a elaboração de novas técnicas.

Para que o processamento por componente de cor e o processamento baseado em vetores sejam equivalentes, duas condições precisam ser satisfeitas: em primeiro lugar, o processo precisa ser aplicável tanto a vetores quanto a escalares. Em segundo lugar, a operação em cada componente de um vetor deve ser independente dos outros componentes. A título de exemplo, a Figura 6.29 mostra um exemplo de técnica de processamento espacial de vizinhança sendo aplicado em uma imagem em escala de cinza e em uma imagem colorida. Suponha que o processo seja o cálculo da média da vizinhança. Na Figura 6.29(a), a média seria calculada somando as intensidades de todos os pixels da vizinhança e dividindo pela quantidade de pixels envolvidos. Na Figura 6.29(b), a média poderia ser calculada somando todos os vetores da vizinhança e dividindo cada componente pelo número total de vetores. Mas cada componente do vetor de média é a soma dos pixels da imagem correspondente a esse componente, que é igual ao resultado que seria obtido se a média fosse calculada individualmente para cada componente, e depois fossem reagrupados os vetores. Mostraremos isso em mais detalhes nas seções a seguir. Também mostraremos métodos nos quais os resultados obtidos pelas duas técnicas não são iguais.

6.5 Transformações de cores

As técnicas descritas nesta seção, chamadas coletivamente de *transformações de cores*, lidam com o processamento dos componentes de uma imagem colorida no contexto de um *único* modelo de cores em oposição à conversão desses componentes entre modelos (como as transformações de conversão de RGB para HSI e de HSI para RGB, apresentadas na Seção 6.2.3).

6.5.1 Formulação

Como no caso das técnicas de transformação de intensidade apresentadas no Capítulo 3, modelamos as transformações de cores utilizando a expressão

$$g(x, y) = T[f(x, y)] \qquad (6.5\text{-}1)$$

na qual $f(x, y)$ é uma imagem colorida de entrada, $g(x, y)$ é a imagem colorida de saída já processada, e T é um operador em f definido em uma vizinhança do ponto (x, y). A principal diferença entre essa equação e a Equação 3.1-1 está em sua interpretação. Os valores de pixels aqui são vetores tri ou quadridimensionais, dependendo do espaço de cores escolhido para representar as imagens, como ilustra a Figura 6.29(b).

De forma análoga ao método que utilizamos para apresentar as transformações de intensidade básicas na Seção 3.2, nos limitaremos nesta seção às transformações de cores na forma

a
b

Máscara espacial — Imagem em escala de cinza

Máscara espacial — Imagem colorida RGB

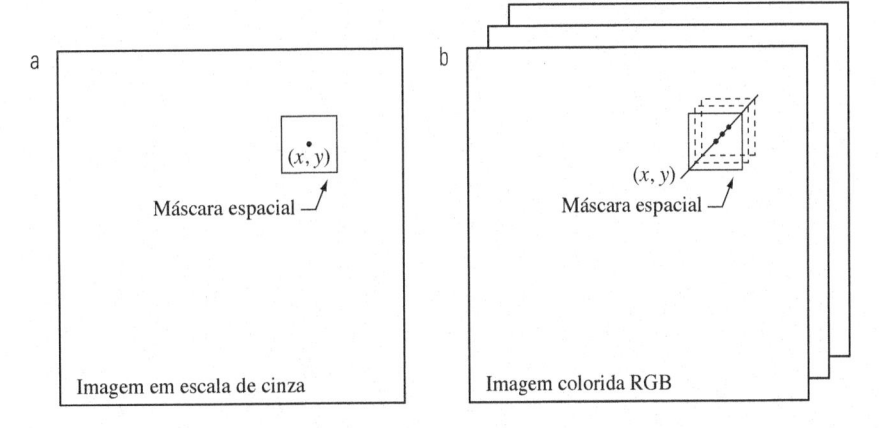

Figura 6.29 Máscaras espaciais para imagens em escala de cinza e imagens coloridas no padrão RGB.

$$s_i = T_i(r_1, r_2, ..., r_n), \quad i = 1, 2, ..., n \quad (6.5\text{-}2)$$

na qual, para fins de simplificação, r_i e s_i expressam os componentes de cor de $f(x, y)$ e $g(x, y)$ em qualquer ponto (x, y), n é o número de componentes de cor e $\{T_1, T_2, ..., T_n\}$ é o conjunto de funções de mapeamento de cor ou transformações que operam em r_i para produzir s_i. Observe, na Equação 6.5-1, que n transformações, T_i, se combinam para implementar uma única função de transformação, T. O espaço de cores escolhido para descrever os pixels de f e g determina o valor de n. Se o espaço de cores RGB for selecionado, por exemplo, $n = 3$ e r_1, r_2 e r_3 expressarão, respectivamente, os componentes vermelho, verde e azul da imagem de entrada. Se os espaços de cores CMYK ou HSI fossem escolhidos, teríamos $n = 4$ ou $n = 3$.

A imagem colorida da Figura 6.30 apresenta uma imagem colorida, em alta resolução, de uma tigela com morangos e uma xícara de café, digitalizada a partir de um negativo colorido em formato grande (4" × 5"). A segunda linha da figura contém os componentes da digitalização CMYK original. Nelas, o preto representa o 0 (ausência de intensidade) e o branco representa o 1 (intensidade total). Dessa forma, vemos que os morangos são compostos de grandes quantidades de magenta e amarelo porque as imagens correspondentes a esses dois componentes CMYK são as mais claras. O preto é utilizado com moderação e, em geral, está associado ao café e às sombras dentro da tigela de morangos. Quando a imagem CMYK é convertida em RGB, como visto nas imagens que compõem a terceira linha da figura, vemos que os morangos contêm uma grande quantidade de vermelho e muito pouco (apesar de presente) verde e azul. A última linha da Figura 6.30 mostra os componentes HSI da imagem colorida — calculados utilizando as equações 6.2-2 a 6.2-4. Como era de se esperar, o componente de intensidade é uma representação monocromática da imagem original (colorida). Além disso, os morangos são relativamente puros em termos de cores; eles apresentam a maior saturação ou a menor diluição por luz branca em relação a qualquer outro elemento da imagem. Por fim, notamos alguma dificuldade na interpretação do componente do matiz. O problema se deve ao fato de que (1) há uma descontinuidade no modelo HSI onde 0° e 360° se encontram (veja a Figura 6.15) e (2) o matiz é indefinido para saturação igual a 0 (isto é, para branco, preto e cinzas puros). A descontinuidade do modelo é mais visível ao redor dos morangos, onde existem valores de nível de cinza próximos tanto do preto (0) quanto do branco (1). O resultado é uma mistura inesperada de níveis de cinza de grande contraste para representar uma única cor — o vermelho.

Qualquer um dos componentes dos espaços de cores da Figura 6.30 pode ser utilizado com a Equação 6.5-2. Na teoria, qualquer transformação pode ser realizada em qualquer modelo de cores. Na prática, contudo, algumas operações são mais adequadas a modelos específicos. Para uma dada transformação, o custo da conversão entre representações deve ser levado em consideração na escolha do espaço de cores em que será implementada. Suponha, por exemplo, que se optou por modificar a intensidade da imagem colorida da Figura 6.30 utilizando

$$g(x, y) = kf(x, y) \quad (6.5\text{-}3)$$

sendo $0 < k < 1$. No espaço de cores HSI, isso pode ser feito com a simples transformação

$$s_3 = kr_3 \quad (6.5\text{-}4)$$

na qual $s_1 = r_1$ e $s_2 = r_2$. Só o componente de intensidade do HSI (r_3) é modificado. A mesma operação no espaço de cores RGB obrigaria a transformação dos três componentes:

$$s_i = kr_i \quad i = 1, 2, 3 \quad (6.5\text{-}5)$$

Já no espaço CMY, tal operação requer um conjunto similar de transformações lineares:

$$s_i = kr_i + (1 - k) \quad i = 1, 2, 3 \quad (6.5\text{-}6)$$

Apesar de a transformação no espaço HSI envolver um número menor de operações, os cálculos necessários para converter uma imagem RGB ou CMY(K) para o espaço HSI mais do que anula (neste caso) as vantagens da transformação mais simples — os custos computacionais dessa conversão são maiores do que os custos da transformação de intensidade em si. Independentemente do espaço de cores selecionado, o resultado é o mesmo. A Figura 6.31(b) mostra os resultados da aplicação de qualquer uma das transformações nas equações 6.5-4 a 6.5-6 à imagem colorida da Figura 6.30 utilizando $k = 0,7$. As funções de mapeamento em si são representadas em forma de gráfico nas figuras 6.31(c) a (e).

É importante notar que cada transformação definida nas equações 6.5-4 a 6.5-6 dependem somente de um componente em seu espaço de cores. Por exemplo, o componente de saída vermelho, s_1, na Equação 6.5-5, é independe do verde (r_2) e do azul (r_3); ele depende apenas da entrada vermelha (r_1). Transformações desse tipo estão entre as mais simples e mais utilizadas ferramentas de processamento de cores e podem ser realizadas em cada componente de cor de forma independente, como mencionamos no início da discussão. Analisaremos a seguir, nesta seção, várias transformações como essa e discutiremos um

Figura 6.30 Uma imagem colorida e seus vários componentes para diferentes espaços de cores. (Imagem original: cortesia da MedData Interactive.)

caso no qual as funções de transformação dos componentes dependem de todos os componentes de cor da imagem de entrada e, dessa forma, não pode se realizada de forma individualizada nos componentes de cor.

6.5.2 Complementos de cor

Os matizes diretamente opostos uns aos outros no *círculo de cores*[*] (Figura 6.32) são chamados de *complementos*. O nosso interesse nos complementos se deve ao fato de eles serem análogos aos negativos em escala de cinza da Seção 3.2.1. Como no caso da escala de cinza, os complementos de cor são úteis para realçar os detalhes presentes nas regiões escuras de uma imagem colorida — particularmente quando as regiões são dominantes em termos de tamanho.

■

Exemplo 6.7 Calculando os complementos de uma imagem colorida.

As figuras 6.33(a) a (c) mostram a imagem colorida da Figura 6.30 e seus complementos de cor. As transformações RGB utilizadas para calcular o complemento podem ser vis-

---

[*] O círculo de cores foi desenvolvido por Sir Isaac Newton, que, no século XVII, uniu as extremidades do espectro de cores para formar o primeiro círculo de cores.

Figura 6.31 Ajuste da intensidade de uma imagem utilizando transformações de cores. (a) Imagem original. (b) Resultado da redução de sua intensidade em 30% (isto é, com k = 0,7). (c) a (e) As funções de transformação RGB, CMY e HSI necessárias. (Imagem original: cortesia da MedData Interactive.)

tas na Figura 6.33(b). Elas são idênticas à transformação negativa de escala de cinza definida na Seção 3.2.1. Note que o complemento calculado lembra negativos convencionais de fotografias coloridas. Os vermelhos da imagem original são substituídos na imagem complemento pelo ciano. Quando a imagem original é preta, o complemento é branco, e assim por diante. Cada um dos matizes da imagem complemento pode ser previsto a partir da imagem original utilizando o círculo de cores apresentado na Figura 6.32, e cada uma das transformadas do componente RGB envolvidas no cálculo do complemento é uma função apenas do componente de cor correspondente na imagem original.

Figura 6.32 Complementos do círculo de cores.

Diferentemente das transformações de intensidade da Figura 6.31, as funções de transformação do complemento RGB utilizadas neste exemplo não têm um equivalente direto no espaço HSI. Deixamos como atividade para o leitor (veja o Exercício 6.18) demonstrar que o componente de saturação do complemento não pode ser calculado somente a partir do componente de saturação da imagem de entrada. A Figura 6.33(d) apresenta uma aproximação do complemento utilizando as transformações de matiz, saturação e intensidade apresentadas na Figura 6.33(b). Observe que o componente de saturação da imagem de entrada é inalterado; ele é responsável pelas diferenças visuais entre as figuras 6.33(c) e (d).

6.5.3 Fatiamento de cores

Destacar uma variação específica de cores em uma imagem é útil para destacar algum objeto em relação aos seus vizinhos. A ideia básica é (1) exibir as cores de interesse de forma que elas se destaquem do plano de fundo ou (2) utilizar a região definida pelas cores como uma máscara para processamento posterior. A abordagem mais direta é estender as técnicas de fatiamento por intensidades apresentadas na Seção 3.2.4. Em virtude de um pixel de cores ser representado por um vetor n-dimensional, as funções de transformação de cores resultantes são mais complicadas do que suas contrapartes

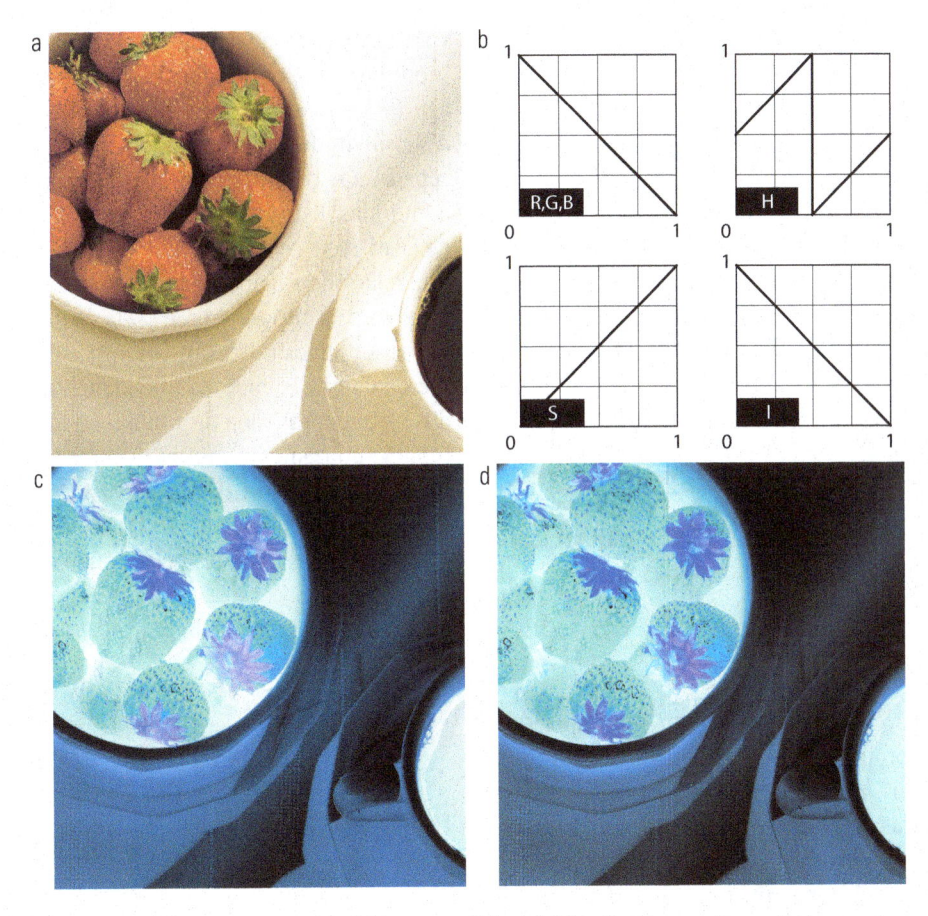

Figura 6.33 Transformações do complemento de cores. (a) Imagem original. (b) Funções de transformação do complemento. (c) Complemento de (a) baseado nas funções de mapeamento RGB. (d) Uma aproximação do complemento RGB utilizando transformações HSI.

em escala de cinza apresentadas na Figura 3.11. Na verdade, as transformações necessárias são mais complexas do que as transformadas de componentes de cor vistas até agora. Isso ocorre porque, na prática, todas as técnicas de fatiamento de cores requerem que a componente de cor de cada pixel transformado seja uma função de todos os n componentes de cor dos pixels da imagem original.

Uma das formas mais simples de 'fatiar' uma imagem colorida é associar as cores fora de algum intervalo de interesse a uma cor neutra não proeminente. Se as cores de interesse forem delimitadas por um cubo (ou *hipercubo* para $n > 3$) de largura W e centralizado em uma cor prototípica (por exemplo, média) com componentes $(a_1, a_2, \ldots, a_n)$, o conjunto necessário de transformações é

$$S_i = \begin{cases} 0,5 & \text{se } \left[|r_j - a_j| > \dfrac{W}{2}\right]_{\text{qualquer } 1 \leq j \leq n} \\ r_j & \text{caso contrário} \end{cases}$$
$$i = 1, 2, \ldots, n \qquad (6.5\text{-}7)$$

Essas transformações salientam as cores ao redor do protótipo, forçando todas as outras cores ao ponto médio do espaço de cores de referência (um ponto neutro arbitrariamente escolhido). Para o espaço de cores RGB, por exemplo, um ponto neutro apropriado é o cinza médio ou a cor (0,5, 0,5, 0,5).

Se uma esfera for utilizada para especificar as cores de interesse, a Equação 6.5-7 passa a ser

$$s_i = \begin{cases} 0,5 & \text{se } \sum_{j=1}^{n}(r_j - a_j)^2 > R_0^2 \\ r_i & \text{caso contrário} \end{cases}$$
$$i = 1, 2, \ldots, n \qquad (6.5\text{-}8)$$

Aqui, R_0 é o raio da esfera delimitadora (ou hiperesfera para $n > 3$) e $(a_1, a_2, \ldots, a_n)$ são os componentes em seu interior (isto é, a cor prototípica). Outras variações úteis das equações 6.5-7 e 6.5-8 incluem a implementação de vários protótipos de cores e a redução da intensidade das cores fora da região de interesse — em vez de defini-las como uma constante neutra.

Exemplo 6.8 Ilustração do fatiamento de cores.

As equações 6.5-7 e 6.5-8 podem ser utilizadas para separar a parte comestível dos morangos (Figura 6.31(a)) das xícaras, tigela, café e mesa ao fundo. As figuras 6.34(a) e (b) mostram resultados da aplicação das duas transformações. Em cada caso, um protótipo vermelho com coordenadas de cores RGB (0,6863, 0,1608, 0,1922) foi selecionado do morango mais proeminente; W e R_0 foram escolhidos de forma que a região salientada não se expandisse a regiões indesejáveis da imagem. Os valores verdadeiros, $W = 0,2549$ e $R_0 = 0,176$, foram interativamente determinados. Observe que a transformação baseada em esfera (Equação 6.5-8) é ligeiramente melhor, pois 'captura' mais das áreas vermelhas dos morangos. Uma esfera de raio 0,1765 não delimita completamente um cubo de largura 0,2549, mas também não é completamente delimitada pelo cubo.

6.5.4 Correções de tonalidades e cores

As transformações de cores podem ser realizadas pela maioria dos computadores pessoais. Em conjunção com câmeras digitais, digitalizadores de mesa e impressoras a jato de tinta, elas transformam um computador pessoal em um *estúdio digital* — permitindo que ajustes de tonalidade e correções de cor, que são os principais recursos dos mais recentes sistemas de reprodução de cores, sejam realizados sem a necessidade de instalações de processamento tradicionais (isto é, salas escuras). Apesar de as correções de tonalidade e cor serem úteis em outras áreas da aquisição de imagens, a presente discussão se concentrará nas utilizações mais comuns — realce de fotografias e reprodução de cores.

A eficácia das transformações analisadas nesta seção é julgada, em última instância, na impressão. Como essas transformações são desenvolvidas, refinadas e avaliadas em monitores, é necessário manter um alto nível de consistência das cores entre os monitores utilizados e os eventuais dispositivos de saída. De fato, as cores dos monitores devem representar com precisão quaisquer imagens digitalmente adquiridas, bem como a impressão final. A melhor forma de fazer isso é com um *modelo de cor independente de dispositivo* que relacione a gama de cores (veja a Seção 6.1) dos monitores com os dispositivos de saída, bem como quaisquer outros dispositivos utilizados conjuntamente. O sucesso dessa metodologia depende da qualidade dos *perfis de cor* utilizados para mapear cada dispositivo ao modelo e vice-versa. O modelo utilizado em muitos *sistemas de gerenciamento de cores* (SGC) é o modelo CIE *L*a*b**, *também* chamado de Cielab [CIE (1978), Robertson (1977)]. Os componentes de cor $L^*a^*b^*$ são determinados pelas equações a seguir:

$$L^* = 116 \cdot h\left(\frac{Y}{Y_W}\right) - 16 \qquad (6.5\text{-}9)$$

$$a^* = 500\left[h\left(\frac{X}{X_W}\right) - h\left(\frac{Y}{Y_W}\right)\right] \qquad (6.5\text{-}10)$$

$$b^* = 200\left[h\left(\frac{Y}{Y_W}\right) - h\left(\frac{Z}{Z_W}\right)\right] \qquad (6.5\text{-}11)$$

sendo

$$h(q) = \begin{cases} \sqrt[3]{q} & q > 0,008856 \\ 7,787q + 16/116 & q \leq 0,008856 \end{cases} \qquad (6.5\text{-}12)$$

e X_W, Y_W e Z_W são valores de referência do triestímulo branco — normalmente o branco de um difusor de reflexão perfeita no padrão CIE de iluminação *D*65 (determinado por $x = 0,3127$ e $y = 0,3290$ no diagrama de cromaticidade CIE da Figura 6.5). O espaço de cores $L^*a^*b^*$ é *colorimétrico*

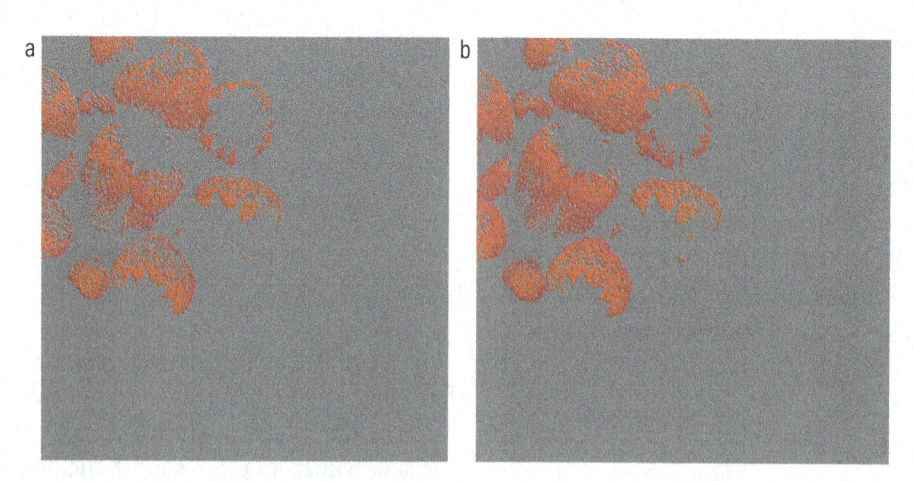

Figura 6.34 Transformações de fatiamento de cores que detectam (a) vermelhos em um cubo RGB de largura $W = 0,2549$ centralizado em (0,6863, 0,1608, 0,1922) e (b) vermelhos em uma esfera RGB de raio 0,1765, centralizada no mesmo ponto. Os pixels fora do cubo e da esfera foram substituídos pela cor (0,5, 0,5, 0,5).

(isto é, as cores percebidas como correspondentes são codificadas de forma idêntica), *perceptualmente uniforme* [isto é, as diferenças de cor entre vários matizes são percebidas de modo uniforme — veja o artigo clássico de MacAdams (1942)] — e *independente de dispositivo*. Apesar de não ser um formato que pode ser diretamente exibido (é necessária a conversão a um outro espaço de cores), sua gama inclui todo o espectro visível e pode representar com precisão as cores de qualquer dispositivo de exibição, impressão ou entrada. Como o sistema HSI, o $L*a*b*$ é um excelente desacoplador de intensidade (representada pela clareza $L*$) e cor (representado por $a*$ para vermelho menos verde e $b*$ para verde menos azul), fazendo com que ele seja útil tanto para a manipulação de imagens (edição de tons e contraste) quanto para aplicações em compressão de imagens.*

O principal benefício dos sistemas calibrados de aquisição de imagens é que eles permitem que desequilíbrios de tons e cor sejam interativa e independentemente corrigidos — isto é, em duas operações sequenciais. Antes de solucionar as irregularidades das cores, como cores com saturação em excesso ou insuficiente, problemas envolvendo o intervalo de tonalidade da imagem são corrigidos. O *intervalo de tonalidade* de uma imagem, também chamado de *key type*, refere-se à sua distribuição geral de intensidades de cor. A maior parte das informações de cor em imagens de *alta tonalidade* (*high-key*) está concentrada em intensidades altas (ou claras); as cores em imagens de *baixa tonalidade* (*low-key*) estão localizadas predominantemente em baixas intensidades; em imagens de *média tonalidade* (*middle-key*) posicionam-se entre os dois primeiros. Como no caso monocromático, costuma ser desejável distribuir as intensidades de uma imagem colorida igualmente entre os pontos de alto e baixo brilho. Os exemplos a seguir demonstram uma variedade de transformações de cores para a correção de desequilíbrios de tonalidade e de cor.

■
Exemplo 6.9 Transformações de tonalidade.

As transformações para modificar a tonalidade de uma imagem normalmente são selecionadas interativamente. A ideia é ajustar experimentalmente o brilho e o contraste da imagem para resultar em um detalhamento máximo ao longo de um intervalo de intensidades apropriado. As cores em si não são alteradas. Nos espaços RGB e CMY(K) isso significa mapear todos os três (ou quatro) componentes de cor com a mesma função de transformação; no espaço de cores HSI, só o componente de intensidade é modificado.

A Figura 6.35 mostra transformações típicas utilizadas para corrigir três desequilíbrios de tonalidade comuns — imagens uniformes, claras e escuras. A curva em formato de S na primeira linha da figura é ideal para aumentar o contraste (veja a Figura 3.2 (a)). Seu ponto médio é posicionado de forma que áreas com baixo e alto brilho possam ser clareadas e escurecidas, respectivamente. (A inversa dessa curva pode ser utilizada para corrigir o contraste excessivo). As transformações na segunda e terceira linhas da figura corrigem imagens claras e escuras e lembram as transformações de potência da Figura 3.6. Apesar de os componentes de cor serem discretos, como as funções de transformação em si, as próprias funções de transformação são exibidas e manipuladas como valores contínuos — normalmente construídas a partir de polinômios lineares por partes ou de ordem superior (para mapeamentos mais suaves). Observe que as tonalidades das imagens exibidas na Figura 6.35 são diretamente observáveis; elas também poderiam ser determinadas utilizando os histogramas de cada componente de cor das imagens.

■

■
Exemplo 6.10 Balanceamento de cores.

Depois que as características tonais de uma imagem forem apropriadamente definidas, podemos lidar com quaisquer desequilíbrios de cor. Apesar de os desequilíbrios de cor poderem ser objetivamente determinados analisando — com um espectômetro de cores — uma cor conhecida em uma imagem, avaliações visuais precisas são possíveis quando áreas brancas, nas quais os componentes RGB ou CMY(K) deveriam ser iguais, estiverem presentes. Como podemos ver na Figura 6.36, os tons de pele também são materiais excelentes para avaliações visuais de cores, porque os seres humanos têm uma boa percepção da cor da pele. Cores vívidas, como objetos de vermelho intenso, são de pouco valor quanto à avaliação visual de cores.

Quando um desequilíbrio de cores é observado, temos várias formas de corrigi-lo. É importante saber que, ao ajustarmos os componentes de cor de uma imagem, toda ação afeta seu equilíbrio geral de cores. Isto é, a percepção de uma cor é afetada pelas cores que a cercam. Mesmo assim, o círculo de cores da Figura 6.32 pode ser utilizado para prever como um componente de cor afetará os outros. Com base no círculo de cores, por exemplo, a proporção de qualquer cor pode ser aumentada reduzindo a quantidade da cor oposta (ou complementar) na imagem. De forma similar, ela pode ser aumentada elevando a proporção das duas cores imediatamente adjacentes ou reduzindo a porcentagem das duas cores adjacentes ao complemento. Suponha, por exemplo, que haja uma abundância de magenta em uma imagem RGB. Isso pode ser reduzido (1) removendo tanto o vermelho quanto o azul (2) ou acrescentando verde.

A Figura 6.36 mostra as transformações utilizadas para corrigir desequilíbrios simples de uma saída CMYK desbalanceada. Observe que as transformações apresentadas são as funções necessárias para corrigir as imagens; os inversos dessas funções foram utilizados para gerar os desequilíbrios

---

* Estudos indicam que o grau no qual as informações de luminância (claridade) são separadas das informações de cor em $L*a*b*$ é maior do que em outros modelos de cores — como CIELUV, YIQ, YUV, YCC e XYZ [Kasson e Plouffe (1992)].

Figura 6.35 Correções de tonalidade em imagens coloridas com média tonalidade, alta tonalidade (clara) e baixa tonalidade (escura). Ajustar igualmente os componentes vermelho, verde e azul nem sempre altera significativamente os matizes da imagem.

de cor associados. Juntas, as imagens são análogas a uma impressão colorida com efeito de halo de uma sala escura e são úteis como uma ferramenta de referência para identificar problemas de impressão colorida. Observe, por exemplo, que muito vermelho pode ser justificado por magenta em excesso (como a imagem inferior à esquerda) ou ciano insuficiente (como mostra a imagem à direita, na segunda linha).

6.5.5 Processamento de histogramas

Diferentemente das técnicas interativas de realce da seção anterior, as transformações por processamento de histogramas no nível de cinza da Seção 3.3 podem ser aplicadas a imagens coloridas de forma automática. Lembre-se de que a equalização de histogramas determina, automaticamente, uma transformação que busca produ-

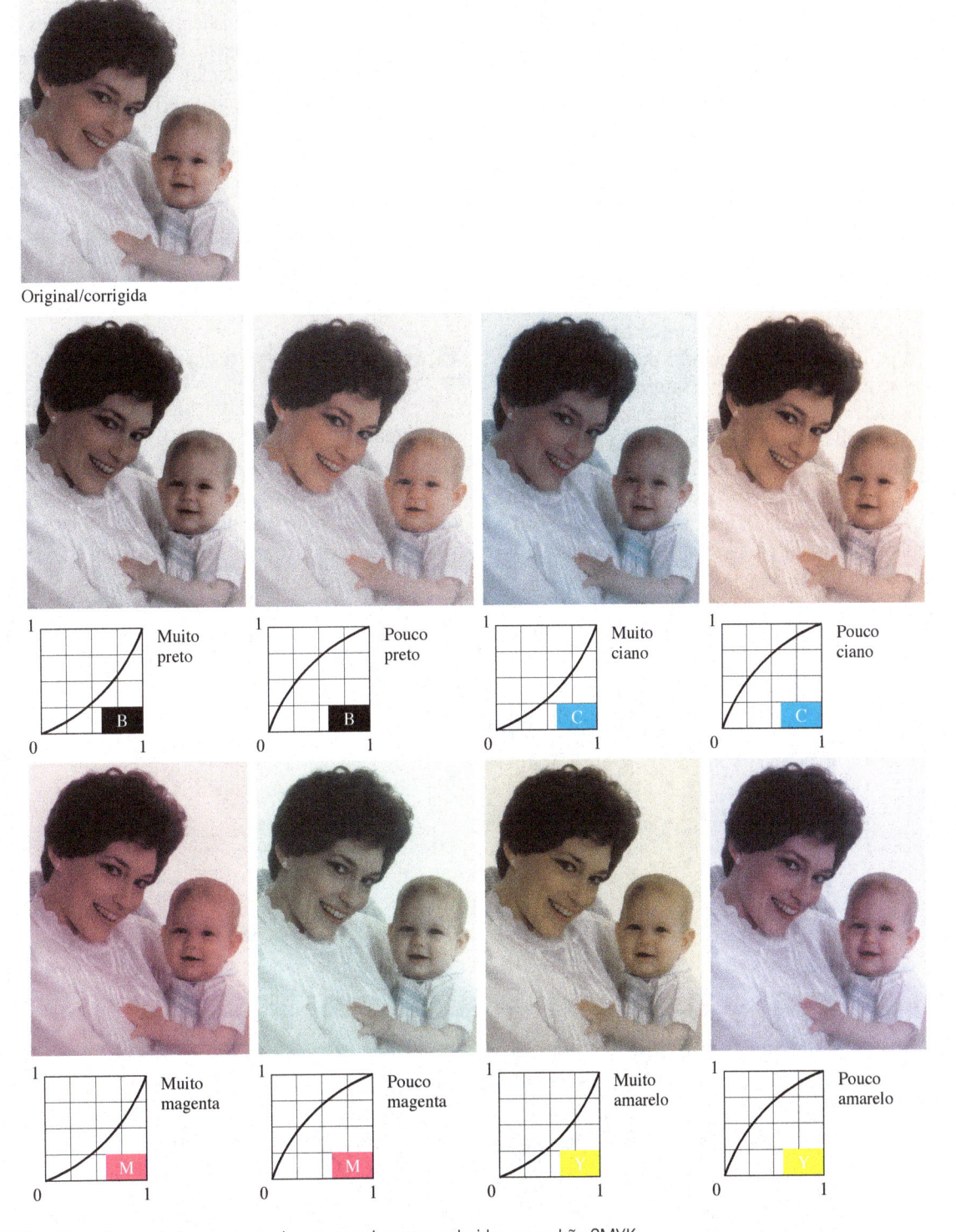

Figura 6.36 Correções de balanceamento de cores em imagens coloridas no padrão CMYK.

zir uma imagem cujos valores de intensidade de um histograma sejam uniformes. No caso de imagens monocromáticas, demonstrou-se que essa técnica (veja a Figura 3.20) foi razoavelmente bem-sucedida ao lidar com imagens de baixa, alta e média tonalidades. Como as imagens coloridas são compostas de múltiplos componentes, deve ser levada em consideração a adaptação da técnica da escala de cinza a mais de um componente e/ou histograma. Como poderíamos esperar, em geral não é desejável que o histograma equalize os componentes de uma imagem colorida de maneira independente. Isso resulta em erros no arranjo das cores. Uma abordagem mais lógica seria dispersar uniformemente as intensidades de cor, deixando as cores em si (por exemplo, os matizes) inalterados.

O exemplo a seguir mostra que o espaço de cores HSI é, teoricamente, adequado para esse tipo de técnica.

Exemplo 6.11 Equalização do histograma no espaço de cores HSI.

A Figura 6.37(a) mostra a imagem colorida de um galheteiro com recipientes de tempero cujo componente de intensidade engloba todo o intervalo (normalizado) de valores possíveis, [0, 1]. Como pode ser visto no histograma do seu componente de intensidade antes do processamento (Figura 6.37(b)), a imagem contém um grande número de cores escuras que reduzem o valor da mediana da intensidade (0,36). A equalização do histograma do componente de intensidade, sem alterar o matiz e a saturação, resultou na imagem mostrada na Figura 6.37(c). Observe que a imagem em geral é significativamente mais clara e que vários contornos e granulações da mesa de madeira, onde está o suporte, se tornaram visíveis. A Figura 6.37(b) mostra o histograma do componente de intensidade da nova imagem, bem como a transformação utilizada para equalizar o histograma do componente de intensidade (veja a Equação 3.3-8).

Apesar de o processo de equalização do histograma do componente de intensidade não ter alterado os valores de matiz e saturação da imagem, ele afetou a percepção geral de cor. Observe, em particular, a perda de vibracidade do óleo e do vinagre nos recipientes. A Figura 6.37(d) mostra o resultado da correção parcial desse problema aumentando o componente de saturação da imagem, após a equalização do histograma, utilizando a transformação da Figura 6.37(b). Esse tipo de ajuste é comum ao trabalhar com o componente de intensidade no espaço HSI porque alterações na intensidade normalmente afetam a aparência relativa das cores em uma imagem.

6.6 Suavização e aguçamento

O passo seguinte à transformação de cada pixel de uma imagem colorida sem levar em consideração seus vizinhos (como na seção anterior) é modificar seu valor com base nas características dos pixels ao seu redor. Nesta seção, os fundamentos desse tipo de processamento de vizinhança são ilustrados no contexto da suavização e do aguçamento de imagens coloridas.

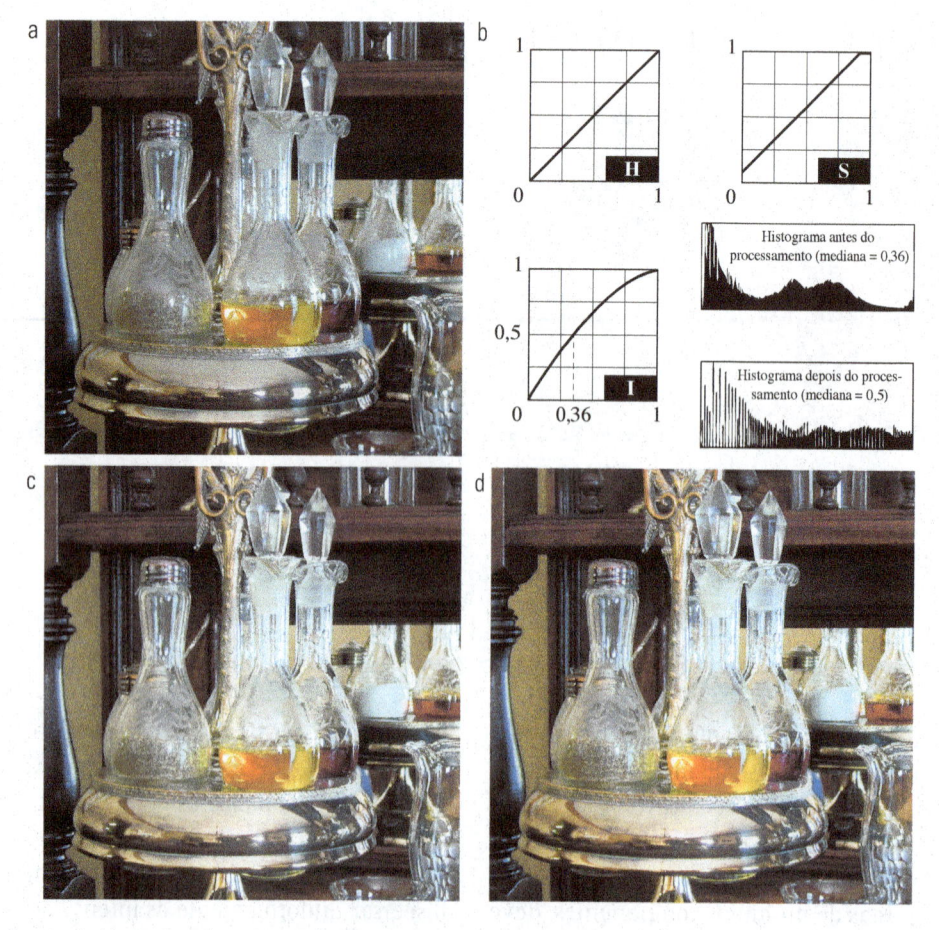

Figura 6.37 Equalização de histograma (seguido do ajuste de saturação) no espaço de cores HSI.

6.6.1 Suavização de imagens coloridas

Com referência à Figura 6.29(a) e à discussão das seções 3.4 e 3.5, a suavização de imagens em escala de cinza pode ser vista como uma operação de filtragem espacial na qual os coeficientes da máscara de filtragem têm o mesmo valor. À medida que a máscara é deslocada pela imagem para ser suavizada, cada pixel é substituído pela média dos pixels na vizinhança definida pela máscara. Como podemos ver na Figura 6.29(b), esse conceito é facilmente estendido ao processamento de imagens coloridas. A principal diferença é que, em vez de valores de intensidade escalar, lidamos com vetores de componente (Equação 6.4-2).

Considerando que S_{xy} expressa, em uma imagem colorida RGB, o conjunto de coordenadas que define uma vizinhança centralizada em (x, y), a média dos vetores RGB nessa vizinhança é

$$\bar{c}(x,y) = \frac{1}{K} \sum_{(s,t) \in S_{xy}} c(s,t) \quad (6.6\text{-}1)$$

Segue-se da Equação 6.4-2 e das propriedades de adição de vetores que*

$$\bar{c}(x,y) = \begin{bmatrix} \dfrac{1}{K} \sum_{(s,t) \in S_{xy}} R(s,t) \\ \dfrac{1}{K} \sum_{(s,t) \in S_{xy}} G(s,t) \\ \dfrac{1}{K} \sum_{(s,t) \in S_{xy}} B(s,t) \end{bmatrix} \quad (6.6\text{-}2)$$

Reconhecemos os componentes desse vetor como as imagens escalares que seriam obtidas pela suavização independente de cada plano da imagem RGB inicial utilizando o processamento convencional de vizinhança em escala de cinza. Dessa forma, concluímos que o cálculo da suavização pela média da vizinhança realizada por plano de cor é o mesmo quando a média é realizada utilizando o vetor de cores RGB.

Exemplo 6.12 Suavização de imagens coloridas pela média da vizinhança.

Considere a imagem colorida no padrão RGB da Figura 6.38(a). As imagens dos componentes vermelho, verde e azul são apresentadas nas figuras 6.38(b) a (d). As figuras

Figura 6.38 (a) Imagem RGB. (b) Componente vermelho da imagem. (c) Componente verde. (d) Componente azul.

---
* Consulte o site do livro para uma breve revisão (em inglês) sobre vetores e matrizes.

6.39 (a) a (c) mostram as imagens dos componentes HSI da imagem colorida. Com base na discussão do parágrafo anterior, suavizamos de forma independente as imagens de cada componente da imagem RGB (Figura 6.38) utilizando uma máscara da média 5 × 5. Depois combinamos as imagens individualmente suavizadas para formar a imagem colorida suavizada, como apresentada na Figura 6.40(a). Observe que a aparência dessa imagem é o que esperávamos com a realização de uma operação de suavização espacial, como nos exemplos apresentados na Seção 3.5.

Na Seção 6.2, observamos que uma importante vantagem do modelo de cores HSI é que ele desacopla as informações de cor e intensidade. Isso faz com que o processo seja apropriado para muitas técnicas de processamento em escala de cinza e sugere que ele seja mais eficiente para suavizar os componentes de intensidade da representação HSI da Figura 6.39. Para ilustrar os méritos e/ou consequências dessa abordagem, a seguir suavizamos apenas o componente de intensidade (deixando os componentes de matiz e saturação inalterados) e, para efeitos de exibição, convertemos o resultado processado para uma imagem RGB. A imagem colorida suavizada é mostrada na Figura 6.40(b). Observe que esse resultado é similar à Figura 6.40(a), mas, como podemos ver na imagem da diferença mostrada na Figura 6.40(c), as duas imagens suavizadas não são idênticas. Isso ocorre porque, na Figura 6.40(a), a cor de cada pixel é a cor média dos pixels da vizinhança. Por outro lado, ao suavizar apenas a imagem do componente de intensidade na Figura 6.40(b), o matiz e a saturação de cada pixel não foram afetados e, dessa forma, as cores dos pixels não foram alteradas. Nota-se, por meio dessa observação, que a diferença entre as duas abordagens de suavização seria mais acentuada se as dimensões do filtro da média fossem aumentadas.

6.6.2 Aguçamento de imagens coloridas

Nesta seção, analisaremos o aguçamento das imagens utilizando o laplaciano (veja a Seção 3.6.2). Com base na análise de vetores, sabemos que o laplaciano de um vetor é definido como um vetor cujos componentes são iguais ao laplaciano dos componentes escalares individuais do vetor de saída. No sistema de cores RGB, o laplaciano do vetor **c** na Equação 6.4-2 é

$$\nabla^2[\mathbf{c}(x,y)] = \begin{bmatrix} \nabla^2 R(x,y) \\ \nabla^2 G(x,y) \\ \nabla^2 B(x,y) \end{bmatrix} \quad (6.6\text{-}3)$$

que, como na seção anterior, nos informa que podemos calcular o laplaciano de uma imagem colorida calculando separadamente o laplaciano de cada componente de imagem.

Exemplo 6.13 Aguçamento utilizando o laplaciano.

A Figura 6.41(a) foi obtida utilizando a Equação 3.6-7 e a máscara da Figura 3.37(c) para calcular o laplaciano dos componentes de imagem RGB da Figura 6.38. Esses resultados foram combinados para produzir o resultado da imagem colorida aguçada. A Figura 6.41(b) mostra uma imagem aguçada de forma similar com base nos componentes HSI da Figura 6.39. Esse resultado foi gerado pela combinação do laplaciano com o componente de intensidade e os componentes inalterados de matiz e saturação. A diferença entre as imagens realçada RGB e HSI é mostrada na Figura 6.41(c). A razão das discrepâncias entre as duas imagens é explicada no Exemplo 6.12.

6.7 Segmentação de imagens baseada na cor

A segmentação é um processo que particiona uma imagem em regiões. Apesar de a segmentação ser o tópico do Capítulo 10, analisaremos rapidamente a segmentação de cores aqui para fins de continuidade. Você não terá dificuldades em entender a análise.

6.7.1 Segmentação no espaço de cores HSI

Se desejarmos segmentar uma imagem baseada em cores e, além disso, quisermos realizar o processo em pla-

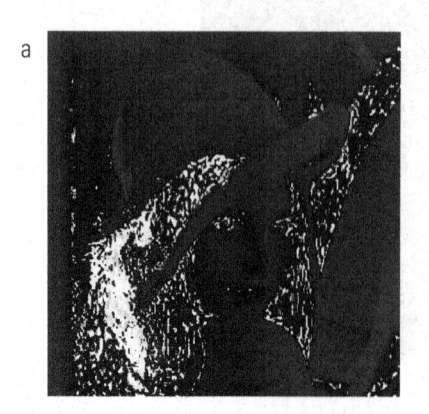

Figura 6.39 Componentes HSI da imagem colorida RGB da Figura 6.38(a). (a) Matiz. (b) Saturação. (c) Intensidade.

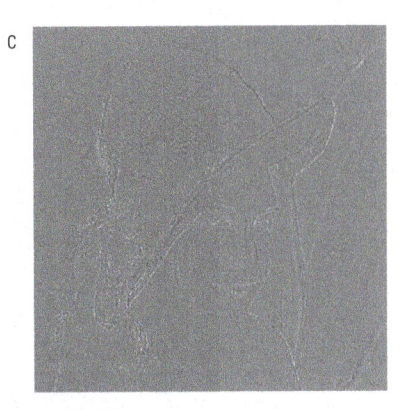

Figura 6.40 (a) Suavização de imagem com uma máscara de média 5 × 5. (a) Resultado do processamento de cada componente de imagem RGB. (b) Resultado do processamento do componente de intensidade da imagem HSI e sua conversão para RGB. (c) Diferença entre os dois resultados.

nos individuais, é natural pensarmos primeiro no espaço de cores HSI, pois a cor é convenientemente representada na imagem do matiz. Normalmente, a saturação é utilizada como uma máscara para isolar outras regiões de interesse na imagem do matiz. A imagem do componente de intensidade é utilizada com menos frequência para a segmentação de imagens coloridas, pois não possui informações de cor. O exemplo a seguir expressa muito bem como a segmentação é realizada utilizando o espaço de cores HSI.

Exemplo 6.14 Segmentação no espaço de cores HSI.

Suponha que o nosso interesse seja segmentar a região avermelhada na parte inferior esquerda da imagem apresentada na Figura 6.42(a). Apesar de ser gerada por métodos de pseudocores, essa imagem pode ser processada (segmentada) como uma imagem colorida sem perda de generalidade. As figuras 6.42(b) a (d) apresentam as imagens dos componentes HSI. Observe, comparando as figuras 6.42(a) e (b), que a região na qual estamos interessados tem valores relativamente altos de matiz, indicando que as cores estão no lado azul-magenta do vermelho (veja a Figura 6.13). A Figura 6.42(e) mostra uma máscara binária gerada pela binarização da imagem de saturação com um limiar igual a 10% do maior valor dessa imagem. No processo, atribuiu-se o valor 1 (branco) a todo pixel cujo valor seja maior que o limiar. A todos os outros foi atribuído o valor 0 (preto).

A Figura 6.42(f) apresenta o produto da máscara com a imagem do matiz, e a Figura 6.42(g) é o histograma da imagem resultante desse produto (observe que a escala de cinza está no intervalo [0, 1]). Vemos no histograma que os altos valores (que são os valores de interesse) estão agrupados na extremidade superior da escala de cinza, perto de 1,0. O resultado da binarização da imagem do produto com o valor de limiar 0,9 resultou na imagem binária mostrada na Figura 6.42(h). A posição espacial dos pontos brancos dessa imagem identificam os pontos na imagem original que apresentam o matiz avermelhado que é o nosso objeto de interesse. Essa segmentação esteve longe de ser perfeita, pois vemos pontos na imagem original que certamente apresentam um matiz avermelhado, mas que não foram identificados no processo de segmentação. No entanto, pode ser determinado por experimentação que as regiões mostradas em branco na Figura 6.42(h) são o melhor que esse método pode fazer na identificação dos componentes avermelhados da imagem original. O método de segmentação discutido na próxima seção é capaz de gerar resultados consideravelmente melhores.

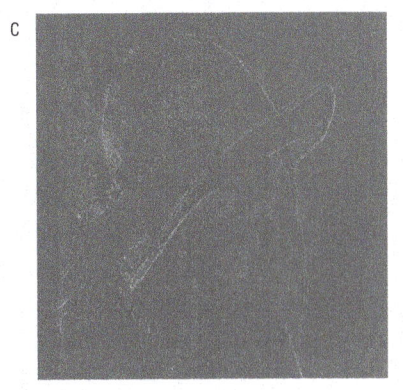

Figura 6.41 Aguçamento de imagem utilizando o Laplaciano. (a) Resultado do processamento de cada canal RGB. (a) Resultado do processamento do componente de intensidade HSI e sua conversão para RGB. (c) Diferença entre os dois resultados.

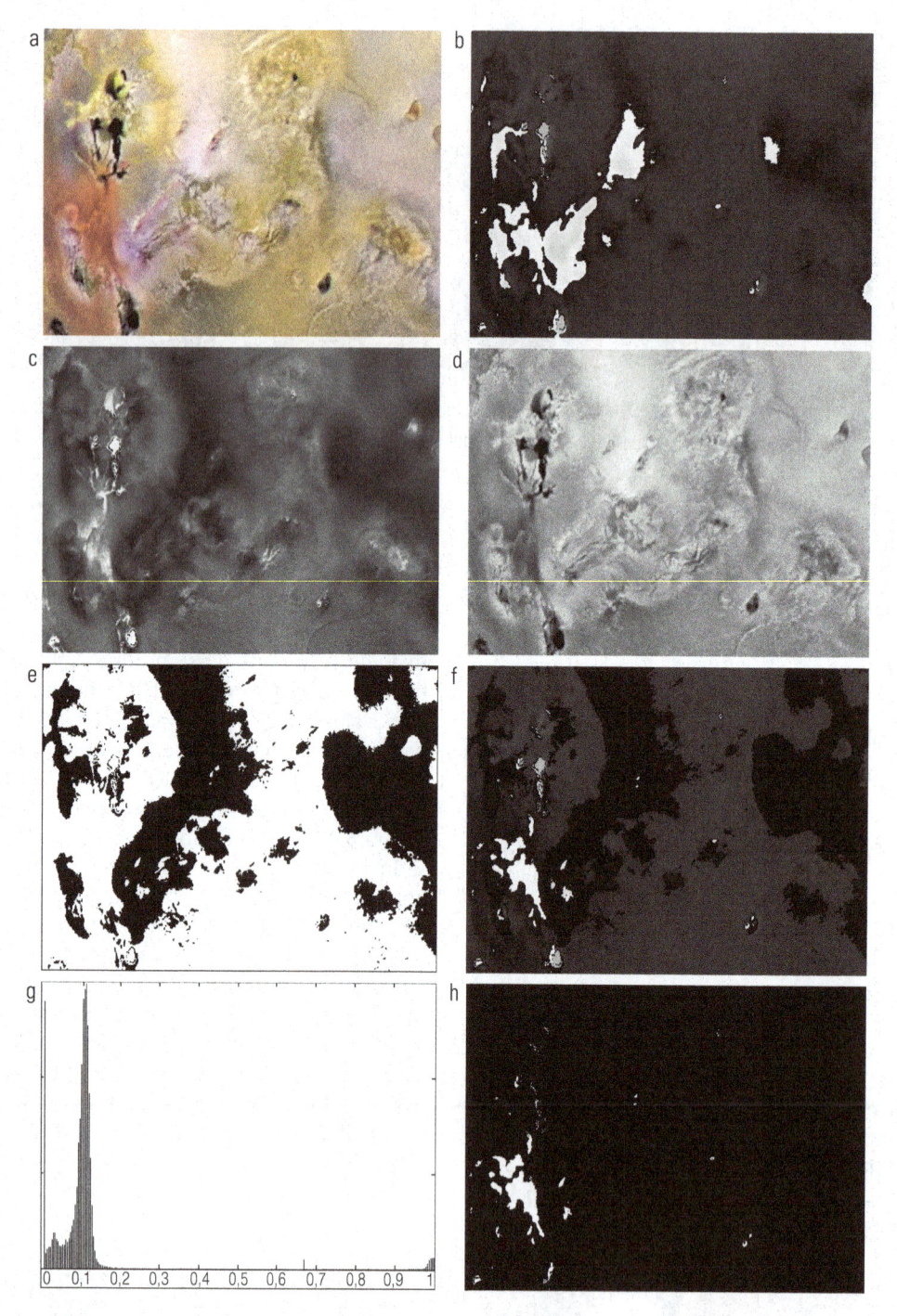

Figura 6.42 Segmentação de imagem no espaço HSI. (a) Original. (b) Matiz. (c) Saturação. (d) Intensidade. (e) Máscara de saturação binária (preto = 0). (f) Produto de (b) por (e). (g) Histograma de (f). (h) Segmentação dos componentes vermelhos em (a).

6.7.2 Segmentação no espaço de vetores RGB

Apesar de, como mencionado várias vezes neste capítulo, ser mais intuitivo trabalhar no espaço HSI, a segmentação é uma área na qual os melhores resultados geralmente são obtidos por meio da utilização dos vetores de cores RGB. O método é direto. Suponha que o intuito seja segmentar objetos de uma determinada faixa de cores em uma imagem RGB. Dado como amostra um conjunto de cores representativas das cores de interesse, obtemos como estimativa o valor 'médio' da cor que desejamos segmentar. Para simplificação, vamos denominar como *a* o vetor RGB que expressa a cor média. O objetivo da segmentação é classificar os pixels RGB de uma dada imagem como pertencentes ou não a um intervalo específico. Para realizar essa comparação, é necessário ter uma medida de semelhança. Uma das medidas mais simples é a distância euclidiana. Considere **z** um ponto arbitrário no espaço RGB. Dizemos que *z* é *similar* a **a** se a distância entre eles for menor que um limiar especificado, D_0. A distância euclidiana entre **z** e **a** é dada por

$$D(z,a) = \|\mathbf{z}-\mathbf{a}\|$$
$$= [(\mathbf{z}-\mathbf{a})^T(\mathbf{z}-\mathbf{a})]^{\frac{1}{2}}$$
$$= [(z_R - a_R)^2 + (z_G - a_G)^2 + (z_B - a_B)^2]^{\frac{1}{2}} \quad (6.7\text{-}1)$$

na qual os subscritos *R*, *G* e *B* indicam os componentes RGB dos vetores **a** e **z**. O conjunto de pontos **z** que satisfaz $D(\mathbf{z}, \mathbf{a}) \leq D_0$ forma uma esfera sólida de raio D_0, como ilustra a Figura 6.43(a). Os pontos contidos na esfera satisfazem o critério especificado de cor; os pontos fora da esfera, não. A codificação desses dois conjuntos de pontos na imagem com, digamos, preto e branco, produz uma imagem segmentada binária.

Uma generalização útil da Equação 6.7-1 é uma medida de distância na forma

$$D(\mathbf{z},\mathbf{a}) = [(\mathbf{z}-\mathbf{a})^T \mathbf{C}^{-1}(\mathbf{z}-\mathbf{a})]^{\frac{1}{2}} \quad (6.7\text{-}2)$$

na qual **C** é a matriz de covariância* das representativas amostras de cor que desejamos segmentar. O conjunto de pontos *z* que satisfaz $D(\mathbf{z}, \mathbf{a}) \leq D_0$ descreve um elipsoide sólido (Figura 6.43(b)) com a importante propriedade de que seus eixos principais são orientados na direção da máxima dispersão dos dados. Quando **C** = **I**, a matriz de identidade de 3 × 3 da Equação 6.7-2 se reduz à Equação 6.7-1. O processo de segmentação, neste caso, é idêntico ao descrito no parágrafo anterior.

Em virtude de as distâncias serem positivas e monotônicas, podemos trabalhar com a distância ao quadrado, evitando, dessa forma, cálculos de raiz quadrada. No entanto, mesmo sem o cálculo das raízes quadradas, a implementação das equações 6.7-1 ou 6.7-2 em imagens reais apresenta um alto custo computacional. Um meio-termo seria, em vez de uma forma esférica, utilizar um cubo para delimitar o conjunto de cores a serem segmentadas, como ilustra a Figura 6.43(c). Nessa metodologia, o cubo é centralizado em **a** e suas dimensões ao longo de cada um dos eixos de cor são escolhidas em proporção ao desvio padrão das amostras ao longo de cada um dos eixos. O cálculo dos desvios padrão é realizado apenas uma vez, utilizando dados da amostra de cores.

Dada uma cor arbitrária, ela é segmentada se estiver na superfície ou dentro do cubo, como no caso das formulações de distância. No entanto, determinar se uma cor está dentro ou fora de um cubo é muito mais simples em termos computacionais do que determinar se ela está dentro ou fora de um delimitador esférico ou elíptico. Observe que a discussão que acabamos de apresentar é uma generalização do método apresentado na Seção 6.5.3 em conexão com o fatiamento de cores.

Exemplo 6.15 Segmentação de imagens coloridas no espaço RGB.

A região retangular representada na Figura 6.44(a) contém amostras de cores avermelhadas que desejamos segmentar na imagem colorida. Esse é o mesmo problema que analisamos no Exemplo 6.14 utilizando o matiz, mas aqui abordamos o problema utilizando os vetores de cores RGB. O método utilizado consiste em calcular o vetor médio **a** utilizando os pontos de cor contidos no do retângulo da Figura 6.44(a). Em seguida, calculou-se o desvio padrão dos componentes vermelho, verde e azul dessas amostras. Um cubo foi centralizado em **a**, e as dimensões ao longo de cada um dos eixos RGB foram escolhidas como 1,25 multiplicado pelo desvio padrão dos dados ao longo dos eixos correspondentes. Por exemplo, tomemos σ_R expressando o desvio padrão dos componentes vermelhos dos pixels da amostra. Então, as dimensões do cubo ao longo do eixo *R* vão de $(a_R - 1{,}25\ \sigma_R)$ até $(a_R + 1{,}25\ \sigma_R)$, no qual a_R indica o valor do componente

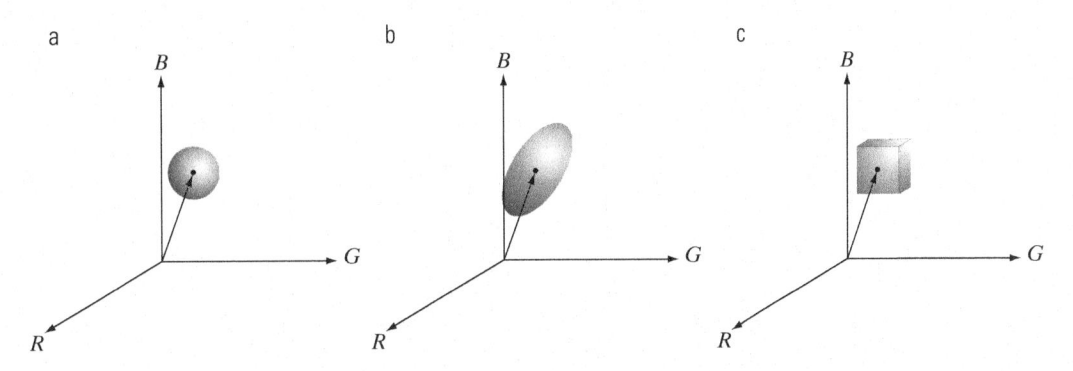

Figura 6.43 Três abordagens para delimitar regiões de dados para a segmentação de vetores RGB.

---

* O cálculo da matriz de covariância de um conjunto de amostras vetoriais é discutido na Seção 11.4.

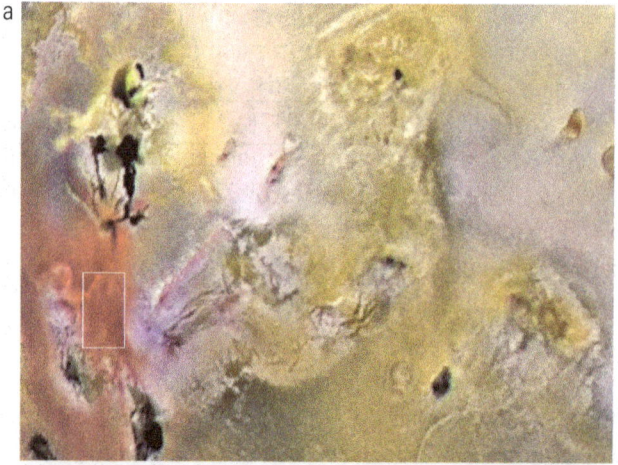

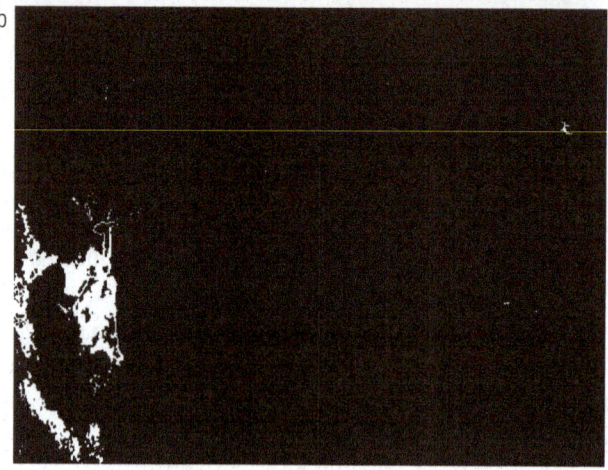

Figura 6.44 Segmentação no espaço de cores RGB. (a) Imagem original com as cores de interesse delimitadas por um retângulo. (b) Resultado da segmentação no espaço de cores RGB. Compare com a Figura 6.42 (h).

vermelho de **a**. O resultado da codificação de todos os pixels da imagem colorida como branco, se o ponto estiver contido no cubo, e preto se estiver fora, é apresentado na Figura 6.44 (b). Observe como a região segmentada foi generalizada a partir das amostras de cor delimitadas pelo retângulo. De fato, comparando as figuras 6.44(a) e 6.42(h), vemos que a segmentação utilizando o espaço de cores RGB gerou resultados muito mais precisos, pois segmentam com mais fidelidade o que poderíamos definir como pontos 'avermelhados' na imagem colorida original.

6.7.3 Detecção de bordas em imagens coloridas

Como veremos no Capítulo 10, a detecção de bordas constitui uma importante ferramenta para a segmentação de imagens. Nesta seção, nos concentraremos na questão do cálculo de borda em uma imagem individual (tons de cinza, por exemplo) *versus* o cálculo de bordas em uma imagem colorida. Os detalhes da segmentação baseada em bordas são apresentados na Seção 10.2.

A detecção de bordas por operadores de gradiente foi apresentada na Seção 3.6.4, com o aguçamento de imagens. Infelizmente, o gradiente discutido na Seção 3.6.4 não é definido para valores vetoriais. Dessa forma, podemos definir que calcular o gradiente em imagens individuais e depois utilizar os resultados para formar uma imagem colorida levará a resultados errôneos. Um exemplo simples ajudará a ilustrar os motivos que nos levaram a essa afirmação.

Considere as duas imagens coloridas $M \times N$ (M ímpar) apresentadas nas figuras 6.45(d) e (h), compostas pelos três componentes de imagem apresentados nas figuras 6.45(a) a (c) e (e) a (g), respectivamente. Se, por exemplo, calcularmos a imagem gradiente de cada um dos componentes de imagem (veja a Equação 3.6-11) e combinarmos os resultados para formar as correspondentes imagens gradientes coloridas no padrão RGB, o valor do gradiente no ponto $[(M + 1)/2, (M + 1)/2]$ seria o mesmo nos dois casos. Intuitivamente, esperamos que o gradiente nesse ponto seja mais forte para a imagem da Figura 6.45(d), uma vez que nesta imagem as bordas das imagens R, G e B estão na mesma direção, diferentemente da imagem apresentada na Figura 6.45(h), na qual apenas duas das bordas estão na mesma direção. Dessa forma, vemos, com esse simples exemplo, que o processamento da imagem colorida a partir do processamento individual dos seus componentes de imagem pode gerar resultados errôneos. Se limitarmos o problema à detecção de bordas, a abordagem do componente individual normalmente gerará resultados aceitáveis. Entretanto, se a precisão for um requisito, então precisaremos de uma nova definição aplicável ao gradiente dos valores vetoriais. Analisaremos a seguir uma solução proposta por Di Zenzo (1986).

O problema em questão é definir o gradiente (magnitude e direção) do vetor c apresentado na Equação 6.4-2 em qualquer ponto (x, y). Como acabamos de mencionar, o gradiente que estudamos na Seção 3.6.4 é aplicável a uma função escalar $f(x, y)$; ele não é aplicável a funções vetoriais. Vejamos a seguir uma das várias formas nas quais podemos estender o conceito de gradiente a funções vetoriais. Lembre-se que, para uma função escalar $f(x, y)$, o gradiente é um vetor que aponta na direção da máxima taxa de variação de f nas coordenadas (x, y).

Tendo r, g e b como vetores unitários ao longo dos eixos R, G e B do espaço de cores RGB (Figura 6.7), definimos os vetores

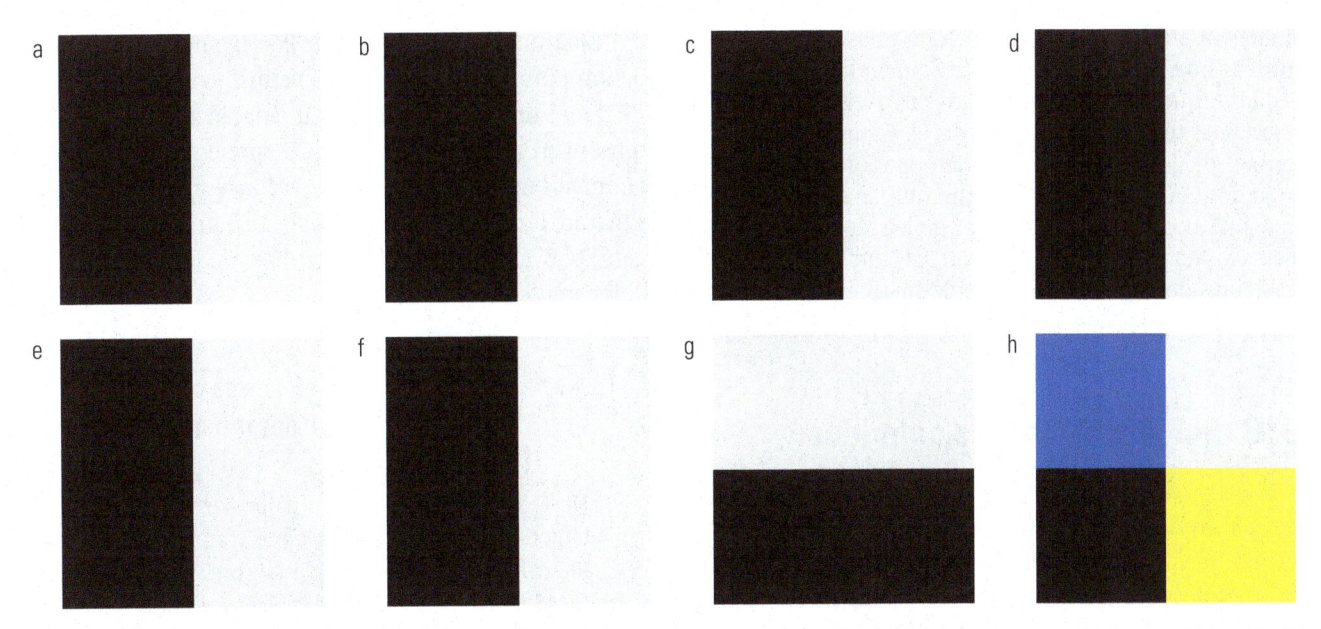

Figura 6.45 (a)–(c) Componentes de imagem R, G e B e (d) imagem resultante de cores RGB. (e)–(g) Componentes de imagem R, G e B e (h) imagem colorida RGB resultante.

$$\mathbf{u} = \frac{\partial R}{\partial x}\mathbf{r} + \frac{\partial G}{\partial x}\mathbf{g} + \frac{\partial B}{\partial x}\mathbf{b} \quad (6.7\text{-}3)$$

e

$$\mathbf{v} = \frac{\partial R}{\partial y}\mathbf{r} + \frac{\partial G}{\partial y}\mathbf{g} + \frac{\partial B}{\partial y}\mathbf{b} \quad (6.7\text{-}4)$$

Temos as quantidades g_{xx}, g_{yy} e g_{xy} definidas em termos do produto escalar desses vetores, como se segue:

$$g_{xx} = \mathbf{u} \cdot \mathbf{u} = \mathbf{u}^T \mathbf{u} = \left|\frac{\partial R}{\partial x}\right|^2 + \left|\frac{\partial G}{\partial x}\right|^2 + \left|\frac{\partial B}{\partial x}\right|^2 \quad (6.7\text{-}5)$$

$$g_{yy} = \mathbf{v} \cdot \mathbf{v} = \mathbf{v}^T \mathbf{v} = \left|\frac{\partial R}{\partial y}\right|^2 + \left|\frac{\partial G}{\partial y}\right|^2 + \left|\frac{\partial B}{\partial y}\right|^2 \quad (6.7\text{-}6)$$

e

$$g_{xy} = \mathbf{u} \cdot \mathbf{v} = \mathbf{u}^T \mathbf{v} =$$
$$\frac{\partial R}{\partial x}\frac{\partial R}{\partial y} + \frac{\partial G}{\partial x}\frac{\partial G}{\partial y} + \frac{\partial B}{\partial x}\frac{\partial B}{\partial y} \quad (6.7\text{-}7)$$

Tenha em mente que R, G e B e, em consequência, os g's, são funções de x e y. Utilizando essa notação, pode-se demonstrar [Di Zenzo (1986)] que a direção da taxa máxima de variação de $\mathbf{c}(x, y)$ é dada pelo ângulo

$$\theta(x, y) = \frac{1}{2}\text{tg}^{-1}\left[\frac{2g_{xy}}{g_{xx} - g_{yy}}\right] \quad (6.7\text{-}8)$$

e que o valor da taxa de variação em (x, y), na direção de $\theta(x, y)$, é dado por

$$F_\theta(x, y) = \left\{\frac{1}{2}\left[(g_{xx} + g_{yy}) + (g_{xx} - g_{yy})\cos 2\theta(x, y) + 2g_{xy}\text{sen}\, 2\theta(x, y)\right]\right\}^{\frac{1}{2}} \quad (6.7\text{-}9)$$

Tendo em vista que $\text{tg}(\alpha) = \text{tg}(\alpha \pm \pi)$, se θ_0 for uma solução para a Equação 6.7-8, o mesmo se aplica a $\theta_0 \pm \pi/2$. Além disso, $F_\theta = F_{\theta + \pi}$, de forma que F deve ser calculado apenas para valores de θ no intervalo semiaberto $[0, \pi)$. O fato de a Equação 6.7-8 proporcionar dois valores com 90° significa que essa equação associa a cada ponto (x, y) um par de direções ortogonais. Acompanhando uma dessas direções F temos o máximo, e seu mínimo acompanha a outra direção. A dedução desses resultados é bastante longa e detalhá-la aqui não nos trará ganhos significativos em termos do objetivo fundamental da nossa discussão. Para mais detalhes, consulte o artigo de Di Zenzo (1986). Os derivativos parciais necessários para implementar as equações 6.7-5 a 6.7-7 podem ser calculados utilizando, por exemplo, os operadores de Sobel discutidos na Seção 3.6.4.

■

Exemplo 6.16 Detecção de bordas no espaço vetorial.

A Figura 6.46(b) é o gradiente da imagem apresentada na Figura 6.46(a), obtida utilizando o método vetorial que acabamos de analisar. A Figura 6.46(c) mostra a imagem obtida pelo cálculo do gradiente de cada componente de imagem RGB e a formação de uma imagem gradiente composta a partir da adição dos valores correspondentes dos três componentes de imagem em cada coordenada (x, y). Os detalhes da borda da imagem gradiente vetorial são mais completos do que os detalhes na imagem gradiente composta a partir dos gradientes de cada componente (Figura 6.46(c)); por exemplo, veja os detalhes ao redor do olho direito da mulher. A imagem da Figura 6.46(d) mostra a diferença entre as duas imagens gradientes. É importante notar que as duas técnicas geraram resultados razoáveis. Só é possível determinar se os detalhes adicionais da Figura 6.46(b) compensam o custo computacional (em oposição à implementação dos operadores de Sobel, que utilizamos para gerar o gradiente dos planos individuais) depois de avaliarmos os requisitos do problema em questão. A Figura 6.47 mostra os gradientes dos três componentes de imagem, que, quando adicionados e ajustados produziram a Figura 6.46(c).

6.8 Ruído em imagens coloridas

Os modelos de ruído que apresentamos na Seção 5.2 são aplicáveis às imagens coloridas. Normalmente, o conteúdo de ruído de uma imagem colorida apresenta as mesmas características para cada canal de cor, mas também é possível que os canais de cor sejam afetados de modo diferente pelo ruído. Uma possibilidade é o mau funcionamento de um componente eletrônico responsável pela captura das informações de um determinado canal. No entanto, diferentes níveis de ruído têm mais chances de serem produzidos por diferenças na intensidade relativa de iluminação disponível em cada um dos canais de cor. Por exemplo, a utilização de um filtro *rejeita banda* para o vermelho em uma câmera CCD reduzirá a intensidade da iluminação disponível para o sensor vermelho. Os sensores CCD apresentam mais ruídos em níveis mais baixos de iluminação, de forma que, nessa situação, o componente vermelho resultante de uma imagem RGB tenderia a apresentar mais ruído que os outros dois componentes de imagem.

Exemplo 6.17 Ilustração dos efeitos da conversão de imagens RGB ruidosas para o modelo de cores HSI.

Neste exemplo, faremos uma breve análise do ruído em imagens coloridas e como ele é transmitido no processo de conversão de um modelo de cores para o outro. As figuras 6.48 (a) a (c) mostram os três planos de cor de uma imagem RGB corrompida por ruído gaussiano, e a Figura 6.48(d) é a imagem RGB composta. Observe que um ruído de granulação fina como esse tende a ser menos visualmente observável em uma imagem colorida do que em uma imagem monocromática. As figuras 6.49(a) a (c) mostram o resultado da conversão da imagem RGB apresentada na Figura 6.48(d)

Figura 6.46 (a) Imagem RGB. (b) Gradiente calculado no espaço vetorial de cores RGB. (c) Gradientes calculados por imagem individual e depois adicionados. (d) Diferença entre (b) e (c).

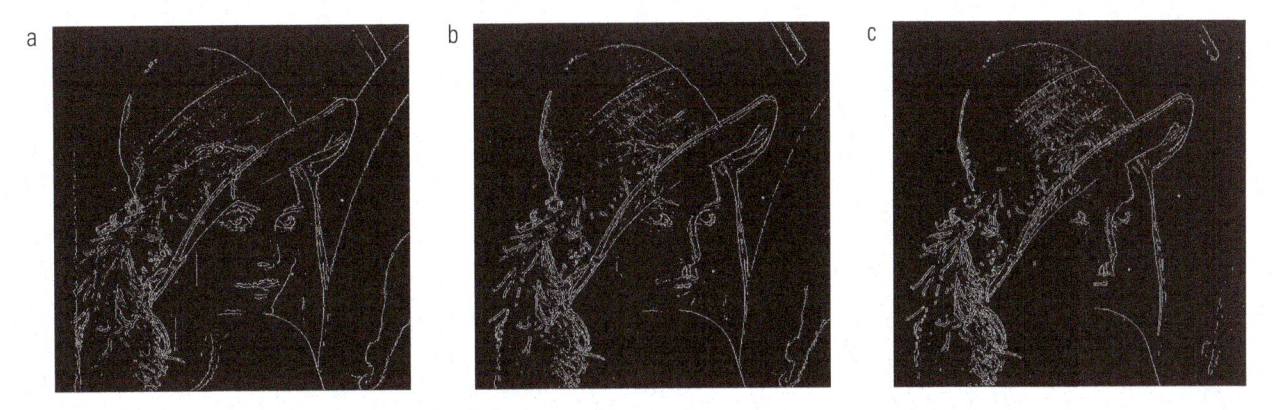

Figura 6.47 Imagens gradientes dos componentes da imagem colorida da Figura 6.46. (a) Componente vermelho, (b) componente verde e (c) componente azul. Essas três imagens combinadas produzem a imagem da Figura 6.46(c).

para o padrão HSI. Compare esses resultados com os componentes HSI da imagem original (Figura 6.39) e observe como as imagens ruidosas dos componentes do matiz e da saturação são significativamente degradadas. Isso se deve à não linearidade das operações de cosseno e mínimo das equações 6.2-2 e 6.2-3, respectivamente. Por outro lado, o ruído presente no componente de intensidade da Figura 6.49(c) é ligeiramente mais suave do que o ruído presente em qualquer uma das três imagens dos componentes RGB. Isso se deve ao fato de o componente de intensidade ser obtido por meio do cálculo da média aritmética dos componentes RGB, como indicado na Equação 6.2-4. (Lembre-se que, como dito na discussão da Seção 2.6.3, o cálculo da média da imagem reduz o ruído aleatório.)

Naqueles casos em que apenas um canal RGB for afetado pelo ruído, a conversão ao HSI dissemina o ruído em

Figura 6.48 (a) a (c) Imagens dos componentes vermelho, verde e azul corrompidas por ruído gaussiano aditivo de média 0 e variância 800. (d) Imagem RGB resultante. [Compare (d) com a Figura 6.46(a)].

Figura 6.49 Componentes HSI da imagem colorida com ruído da Figura 6.48(d). (a) Matiz. (b) Saturação. (c) Intensidade.

todos os seus componentes. A Figura 6.50 mostra um exemplo disso. Na Figura 6.50(a), é apresentada uma imagem RGB em que o componente verde é corrompido pelo ruído sal e pimenta, no qual a probabilidade de ocorrência do ruído é de 0,05. As imagens dos componentes HSI apresentadas nas figuras 6.50(b) a (d) mostram claramente como o ruído se espalha do canal verde do padrão RGB para todos os componentes do padrão HSI. Isso, é claro, não é nenhuma surpresa pois, no cálculo dos componentes HSI, são utilizados todos os componentes RGB, como mostramos na Seção 6.2.3.

Como visto nos processos discutidos até o momento, a filtragem de imagens coloridas, a depender do objetivo do processamento, pode ser realizada tanto por meio dos componentes individuais como diretamente no es-

Figura 6.50 (a) Imagem RGB com o componente verde corrompido pelo ruído sal e pimenta. (b) Componente do matiz da imagem HSI. (c) Componente de saturação. (d) Componente de intensidade.

paço vetorial de cores. Por exemplo, a redução de ruído utilizando um filtro da média é o processo discutido na Seção 6.6.1, que agora gera o mesmo resultado tanto no processamento do espaço vetorial como no processamento independente dos componentes de imagem. Outros filtros, contudo, não podem ser formulados dessa forma. Exemplos incluem a classe dos filtros de estatística de ordem discutidos na Seção 5.3.2. Por exemplo, para implementar o filtro da mediana no espaço vetorial de cores, é necessário encontrar um esquema para ordenar os vetores, de forma que a mediana faça sentido. Apesar de se tratar de um processo simples por lidar com escalares, o processo se torna consideravelmente mais complexo ao lidar com vetores. Uma discussão sobre ordenação de vetores está além do escopo da presente discussão, mas o livro de Plataniotis e Venetsanopoulos (2000) é uma boa referência para saber mais sobre a ordenação de vetores e alguns dos filtros baseados no conceito de ordenação.

6.9 Compressão de imagens coloridas

Como o número de bits necessários para representar a cor é normalmente de três a quatro vezes maior que o número de bits empregado na representação de nível de cinza, a *compressão de dados* exerce um papel central no armazenamento e transmissão de imagens coloridas. No que se refere a imagens RGB, CMY(K) e HSI das seções anteriores, os *dados* que são objetos de qualquer compressão são os componentes de cada pixel colorido (por exemplo, os componentes vermelho, verde e azul dos pixels de uma imagem RGB); eles são os meios pelos quais as informações de cores são transmitidas. A *compressão* é o processo de reduzir ou eliminar dados redundantes e/ou irrelevantes. Apesar de a compressão ser o tema do Capítulo 8, ilustraremos rapidamente o conceito no exemplo a seguir utilizando uma imagem colorida.

Exemplo 6.18 Um exemplo sobre compressão de imagens coloridas.

A Figura 6.51(a) mostra uma imagem colorida, no padrão RGB de 24 bits, de uma íris na qual são utilizados 8 bits para representar cada um dos seus componentes (vermelho, verde e azul). A Figura 6.51(b) foi reconstruída a partir de uma versão comprimida da imagem apresentada em (a) e, de fato, é o resultado de um processo de compressão e subsequentemente descompressão da imagem original (a). Apesar de a imagem comprimida não poder ser diretamente exibida — ela deve ser descomprimida antes de servir como dado de entrada para um monitor colorido —, a imagem comprimida contém apenas 1 bit de dados (e, dessa forma, 1 bit de armazenamento) para cada 230 bits de dados na imagem original. Presumindo que a imagem comprimida possa ser transmitida

Figura 6.51 Compressão de imagem colorida. (a) Imagem original RGB. (b) Resultado da compressão e descompressão da imagem apresentada em (a).

pela Internet em, digamos, 1 minuto, a transmissão da imagem original demandaria quase 4 horas. Naturalmente, os dados transmitidos precisariam ser descomprimidos para a visualização, mas a descompressão pode ser realizada em questão de segundos. O algoritmo de compressão JPEG 2000 utilizado para gerar a Figura 6.51(b) é um padrão recentemente introduzido e descrito em detalhes na Seção 8.2.10. Observe que a imagem que passou pelo processo de compressão e descompressão está ligeiramente borrada. Essa é uma característica de muitas técnicas de compressão *com perda*; que pode ser reduzida ou eliminada alterando o nível de compressão.

Resumo

O conteúdo deste capítulo é uma introdução ao processamento de imagens coloridas e cobre tópicos selecionados para proporcionar bases sólidas sobre as técnicas utilizadas nesse ramo do processamento de imagens. Nosso tratamento dos fundamentos de cores e modelos de cores foi elaborado para servir como material de base para uma ampla área em termos de escopo técnico e áreas de aplicação. Mais especificamente, nos concentramos em modelos de cores que acreditamos ser não só úteis no processamento digital de imagens, mas também proporcionam as ferramentas necessárias para estudos complementares nessa área do processamento de imagens. A análise do processamento de imagens coloridas ou em pseudocores com base em uma imagem individual relaciona-se com técnicas que apresentamos em detalhes nos capítulos 3 a 5.

O conteúdo sobre espaços vetoriais de cores se baseia em métodos que estudamos anteriormente e salienta algumas importantes diferenças entre o processamento de imagens em escala de cinza e coloridas. Em termos de técnicas, as áreas de processamento dos vetores coloridos são numerosas e incluem processos como filtro de mediana e outros filtros de ordem, filtros adaptativos e morfológicos, restauração de imagens, compressão de imagens e muitas outras. Esses processos não são equivalentes ao processamento de imagens coloridas que são realizados individualmente nos componentes de imagem de uma imagem colorida. As referências apresentadas na seção a seguir proporcionam sugestões para outros resultados na área.

Nosso tratamento do ruído nas imagens coloridas também observa a natureza vetorial do problema, além do fato de que as rotineiras transformações entre os espaços de cor trazem implicações na questão de como reduzir o ruído dessas imagens. Em alguns casos, a filtragem de ruídos pode ser realizada por imagem, mas outros casos, como a filtragem da mediana, requerem um tratamento especial para refletir o fato de que os pixels coloridos são quantidades vetoriais, como mencionamos no parágrafo anterior.

Apesar de a segmentação ser o tópico do Capítulo 10 e a compressão de dados de imagens ser o tópico do Capítulo 8, ganhamos a vantagem da continuidade apresentando-os aqui no contexto do processamento de imagens coloridas. Como ficará claro nas discussões subsequentes, muitas das técnicas desenvolvidas naqueles capítulos serão aplicáveis às discussões deste capítulo.

Referências e leituras complementares

Para uma abrangente referência sobre a ciência das cores, veja Malacara (2001). Sobre a fisiologia das cores, veja Gegenfurtner e Sharpe (1999). Essas duas referências, bem como os primeiros livros de Walsh (1958) e Kiver (1965), proporcionam um amplo material complementar para a discussão da Seção 6.1. Para leituras adicionais sobre os modelos de cores (Seção 6.2), veja Fortner e Meyer (1997), Poynton (1996) e Fairchild (1998). Para uma dedução detalhada das equações do modelo HSI da Seção 6.2.3, veja o artigo de Smith (1978) ou consulte o site do livro. O tópico das pseudocores (Seção 6.3) é estreitamente relacionado à área de visualização de dados. O texto de Wolff e Yaeger (1993) constitui uma boa referência básica sobre a utilização das pseudocores. O livro de Thorell e Smith (1990) também pode ser de interesse. Para uma discussão sobre a representação vetorial dos sinais de cor (Seção 6.4), veja Plataniotis e Venetsanopoulos (2000).

As referências sugeridas para a Seção 6.5 são Benson (1985), Robertson (1977) e CIE (1978). Veja também o artigo clássico de MacAdam (1942). O material sobre filtragem de imagens coloridas (Seção 6.6) se baseia na formulação vetorial apresentada na Seção 6.4 e em nossa análise da filtragem espacial apresentada no Capítulo 3. A segmentação de imagens coloridas (Seção 6.7) tem sido foco de muita atenção nos últimos dez anos. Os artigos de Liu e Yang (1994) e Shafarenko et al. (1998) são representativos do trabalho nessa área. Uma edição especial da *IEEE Transactions on Image Processing* (1997) também constitui leitura interessante. A análise da detecção de bordas de cores (Seção 6.7.3) se baseou em Di Zenzo (1986). O livro de Plataniotis e Venetsanopoulos (2000) apresenta um bom resumo das várias abordagens sobre a segmentação de imagens coloridas. A Seção 6.8 se baseia nos modelos de ruído apresentados na Seção 5.2. As referências sobre compressão de imagens (Seção 6.9) são apresentadas no final do Capítulo 8. Para detalhes sobre a implementação de aplicativos computacionais de muitas das técnicas discutidas neste capítulo, veja Gonzalez, Woods e Eddins (2004).

Exercícios[*]

6.1. Calcule as porcentagens de luz vermelha (X), verde (Y) e azul (Z) necessárias para gerar o ponto indicado como 'branco quente' na Figura 6.5.

[*] **6.2.** Considere quaisquer duas cores válidas c_1 e c_2 com coordenadas (x_1, y_1) e (x_2, y_2) no diagrama de cromaticidade da Figura 6.5. Deduza a(s) expressão(ões) geral(is) para calcular as porcentagens relativas das cores c_1 e c_2 necessárias para compor uma determinada cor que sabemos estar posicionada no segmento de reta que une c_1 a c_2.

6.3. Considere quaisquer três cores válidas c_1, c_2 e c_3 com coordenadas (x_1, y_1), (x_2, y_2) e (x_3, y_3) no diagrama de cromaticidade da Figura 6.5. Deduza a(s) expressão(ões) geral(is) para calcular as porcentagens relativas das cores c_1, c_2 e c_3 necessárias para compor uma determinada cor que sabemos estar posicionada dentro do triângulo cujos vértices são as coordenadas c_1, c_2 e c_3.

---

[*] Soluções detalhadas dos exercícios marcados com um asterisco podem ser encontradas no site do livro. O site também contém projetos sugeridos com base no conteúdo deste capítulo.

* **6.4.** Em uma aplicação de uma linha de montagem automatizada, três classes de peças devem ter as cores codificadas para simplificar a detecção. No entanto, só uma câmera de TV monocromática foi disponibilizada para adquirir as imagens digitais. Proponha uma técnica, utilizando essa câmera, para detectar as três diferentes cores.

6.5. Em uma simples imagem RGB, os componentes de imagem R, G e B têm os perfis de intensidade horizontal mostrados nos diagramas a seguir. Qual cor uma pessoa veria na coluna do meio dessa imagem?

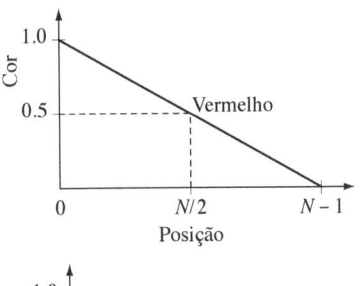

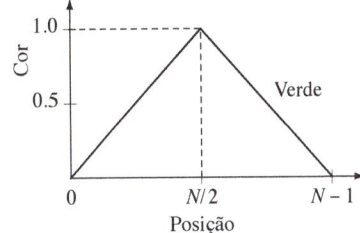

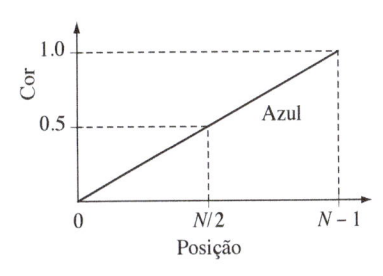

* **6.6.** Esboce como os componentes RGB da imagem a seguir seriam exibidos em um monitor monocromático. Todas as cores estão no máximo de intensidade e saturação. Ao solucionar este problema, considere o contorno cinza médio como parte da imagem.

6.7. Quantos diferentes tons de cinza existem em um sistema RGB de cores no qual cada imagem RGB é uma imagem com 8 bits de resolução de níveis de cinza?

6.8. Considere o cubo de cores RGB mostrado na Figura 6.8 e responda as questões a seguir:

   *(a) Descreva como os níveis de cinza variam nas imagens primárias R, G e B que compõem a face frontal do cubo de cores.

   (b) Suponha que cada cor do cubo RGB seja substituída por sua cor CMY. Esse novo cubo é exibido em um monitor RGB. Indique o nome das cores dos oito vértices do novo cubo que você veria na tela.

   (c) O que é possível afirmar sobre as cores nas bordas do cubo de cores RGB em relação à saturação?

6.9. (a) Esboce os componentes CMY da imagem do Exercício 6.6 na forma como eles seriam exibidos em um monitor monocromático.

   (b) Se os componentes CMY esboçados em (a) forem alimentados nas entradas vermelha, verde e azul de um monitor colorido, respectivamente, qual seria a imagem resultante?

*__6.10.__ Deduza a função de mapeamento de intensidade CMY da Equação 6.5-6 a partir de seu componente RGB correspondente na Equação 6.5-5.

6.11. Considere o arranjo de 216 cores seguras apresentado na Figura 6.10(a). Indique cada célula por sua designação (linha, coluna), de forma que a célula superior esquerda seja (1, 1) e a célula inferior direita seja (12, 18). Em quais células você encontrará:

   (a) O verde mais puro?

   (b) O azul mais puro?

*__6.12.__ Esboce como os componentes HSI da imagem apresentada no Exercício 6.6 seriam exibidos em um monitor monocromático.

6.13. Proponha um método para gerar uma faixa de cores similar à exibida na seção ampliada (Figura 6.2) *Espectro Visível*. Observe que a faixa começa em roxo escuro à esquerda e vai se aproximando do vermelho puro à direita. (*Dica*: Utilize o modelo HSI de cores.)

*__6.14.__ Proponha um método para gerar uma versão colorida da imagem apresentada na forma de um diagrama na Figura 6.13(c). Elabore sua resposta na forma de um fluxograma. Presuma que o valor da intensidade seja fixo e conhecido. (*Dica*: Utilize o modelo HSI de cores.)

6.15. Considere a imagem a seguir composta de quadrados coloridos com cor sólida. Para analisar sua resposta, escolha uma escala de cinza com oito tons, de 0 a 7, em que 0 é preto e 7 é branco. Suponha que a imagem seja convertida no espaço de cores HSI. Ao responder as questões a seguir, utilize números específicos para os tons de cinza se fizer sentido utilizar números. Se não, as relações 'igual a', 'mais claro que' ou 'mais escuro que' são suficientes. Se você não puder atribuir um nível de cinza específico ou uma dessas relações à imagem que estiver analisando, explique por quê.

(a) Esboce a imagem do matiz.

(b) Esboce a imagem da saturação.

(c) Esboce a imagem da intensidade.

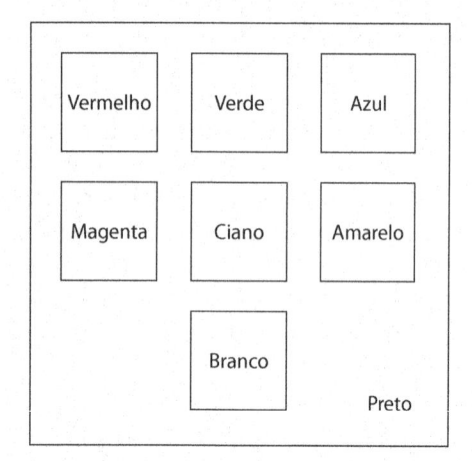

[Figura: quadrados rotulados Vermelho, Verde, Azul, Magenta, Ciano, Amarelo, Branco, Preto]

6.16. As imagens de 8 bits a seguir são (da esquerda para a direita) os componentes de imagem H, S e I da Figura 6.16. Os números indicam valores de nível de cinza. Responda às questões a seguir justificando suas respostas em cada um dos casos. Se não for possível responder uma pergunta com base nas informações dadas, explique por quê.

*(a) Calcule os valores dos níveis de cinza de todas as regiões da imagem do matiz.

(b) Calcule os valores dos níveis de cinza de todas as regiões da imagem da saturação.

(c) Calcule os valores dos níveis de cinza de todas as regiões da imagem da intensidade.

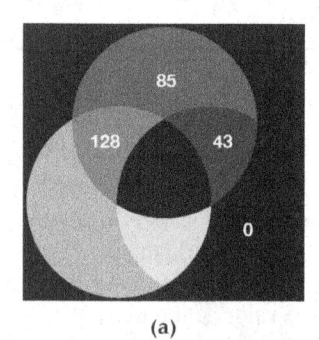

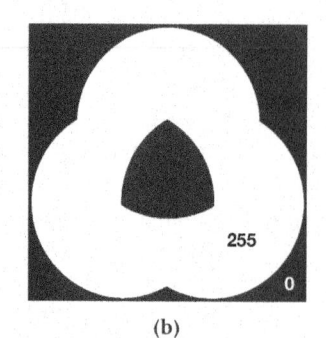

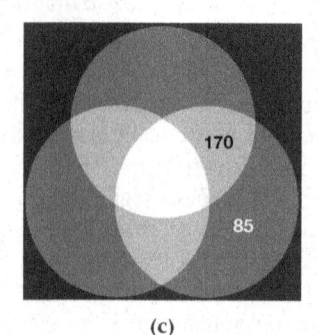

[Figura (a): 85, 128, 43, 0]
[Figura (b): 255, 0]
[Figura (c): 170, 85]

6.17. Analise a Figura 6.27 para responder as seguintes perguntas:

(a) Por que a imagem da Figura 6.27(f) exibe tons predominantemente vermelhos?

(b) Sugira um procedimento automatizado para codificar a água na Figura 6.27 em uma cor azul intenso.

(b) Sugira um procedimento automatizado para codificar os componentes predominantemente artificiais (feitos pelo homem) em uma cor amarela intensa. (*Dica*: Trabalhe com a Figura 6.27(f).)

*6.18. Mostre que o componente de saturação do complemento de uma imagem colorida não pode ser calculado com base apenas no componente de saturação da imagem de entrada.

6.19. Explique o formato da função de transformação do matiz para a aproximação complementar da Figura 6.33(b) utilizando o modelo de cores HSI.

*6.20. Deduza as transformações CMY para gerar o complemento de uma imagem colorida.

6.21. Faça um esboço das funções de transformação utilizadas para corrigir o contraste excessivo no espaço de cores RGB.

*6.22. Presuma que o monitor e a impressora de um sistema de aquisição de imagens estejam mal calibrados. Uma imagem que parece equilibrada no monitor aparece amarelada na impressão. Descreva as transformações necessárias para corrigir o desequilíbrio.

6.23. Calcule os componentes $L^*a^*b^*$ da imagem apresentada no Exercício 6.6, considerando

$$\begin{bmatrix} X \\ Y \\ Z \end{bmatrix} = \begin{bmatrix} 0,588 & 0,179 & 0,183 \\ 0,29 & 0,606 & 0,105 \\ 0 & 0,068 & 1,021 \end{bmatrix} \begin{bmatrix} R \\ G \\ B \end{bmatrix}$$

Essa equação matricial determina os valores triestímulo das cores geradas pelos pontos de material fluorescente de uma TV em cores de acordo com o padrão do National Television System Committee (NTSC), visto sob iluminação padrão $D65$ [Benson (1985)].

*6.24. Como você implementaria o equivalente colorido do histograma da escala de cinza de acordo com as especificações da Seção 3.3.2?

6.25. Considere a imagem RGB 500 × 500 a seguir, na qual os quadrados são compostos de vermelho, verde e azul totalmente saturados e cada uma das cores está na intensidade máxima [por exemplo, (1, 0, 0) para o quadrado vermelho]. Uma imagem HSI é gerada a partir dessa imagem.

(a) Descreva a aparência de cada componente de imagem do modelo HSI.

(b) O componente de saturação da imagem HSI é suavizado utilizando uma máscara da média de tamanho 125 × 125. Descreva a aparência do resultado (você pode ignorar os efeitos de contorno da imagem causados pela operação de filtragem).

(c) Repita (b) para a imagem do matiz.

Verde	Vermelho
Azul	Verde

6.26. Demonstre que a Equação 6.7-2 se reduz à Equação 6.7-1 quando $\mathbf{C} = \mathbf{I}$ (matriz identidade).

6.27. *(a) Com referência à análise da Seção 6.7.2, sugira um procedimento (na forma de fluxograma) para determinar se um vetor de cor (ponto) $\mathbf{z}$ está dentro de um cubo com lados W, centralizado em um vetor de cor média $\mathbf{a}$. Utilização de valores absolutos (distâncias, por exemplo) não é permitida.

(b) Esse processo também pode ser implementado nos componentes-base ('imagem por imagem') se o cubo estiver alinhado com os eixos. Mostre como você faria isso.

6.28. Esboce a superfície no espaço RGB formada pelos pontos que satisfazem a equação

$$D(\mathbf{z},\mathbf{a}) = [(\mathbf{z}-\mathbf{a})^T C^{-1}(\mathbf{z}-\mathbf{a})]^{\frac{1}{2}} = D_0$$

na qual D_0 é uma constante diferente de zero. Presuma que $\mathbf{a} = \mathbf{0}$ e que

$$\mathbf{C} = \begin{bmatrix} 8 & 0 & 0 \\ 0 & 1 & 0 \\ 0 & 0 & 1 \end{bmatrix}$$

6.29. Consulte a Seção 6.7.3. É possível imaginar que uma abordagem lógica para definir o gradiente de uma imagem RGB em qualquer ponto (x, y) seria calcular o *vetor* do gradiente (veja a Seção 3.6.4) de cada componente de imagem e depois formar um vetor de gradiente para a imagem colorida somando os três vetores de gradiente individuais. Infelizmente, esse método pode gerar resultados errôneos. Mais especificamente, é possível para uma imagem colorida com bordas claramente definidas ter um gradiente zero se esse método fosse utilizado. Dê um exemplo de uma imagem como essa. (*Dica*: Defina um valor constante para um dos planos de cor para simplificar a sua análise.)

Capítulo 7
Processamento com *wavelets* e multirresolução

> Durante esse tempo todo, o guarda estava olhando para ela, primeiro por um telescópio, depois por um microscópio e depois com óculos de ópera.
>
> *Lewis Carrol*, Alice através do espelho

Apresentação

Apesar de a transformada de Fourier ter constituído os fundamentos do processamento de imagens com base em transformadas desde o final dos anos 1950, uma transformação mais recente, chamada de *transformada wavelet*, atualmente tem facilitado ainda mais a compressão, transmissão e análise de muitas imagens. Diferentemente da transformada de Fourier, cujas funções de base são senoides, as transformadas *wavelet* se baseiam em pequenas ondas, chamadas de *ondaletas* ou *wavelets*, de frequência variada *e duração limitada*. Isso lhes permite proporcionar o equivalente a uma partitura musical para uma imagem, revelando não somente quais notas (ou frequências) tocar, mas também quando tocá-las. As transformadas de Fourier, por outro lado, fornecem apenas as notas ou informações de frequência; as informações temporais são perdidas no processo de transformação.

Em 1987, foi demonstrado pela primeira vez que as *wavelets* constituíam as bases de uma poderosa nova abordagem ao processamento e análise de sinais, chamada de teoria *multirresolução* [Mallat (1987)]. A teoria multirresolução incorpora e unifica técnicas de uma variedade de áreas, incluindo a codificação em sub-bandas, o processamento de sinais, a filtragem de quadratura espelhada, o reconhecimento digital de voz e o processamento piramidal de imagens. Como o nome sugere, a teoria multirresolução se concentra na representação e análise de sinais (ou imagens) em mais de uma resolução. A vantagem de uma abordagem como essa é clara — características que poderiam deixar de ser percebidas em uma resolução podem ser facilmente detectadas em outra. Apesar de o interesse da comunidade da área na análise multirresolução ter sido limitado até o final da década de 1980, atualmente chega a ser difícil acompanhar o número de artigos, teses e livros dedicados ao tema.

Neste capítulo, analisaremos as transformações baseadas em *wavelets* do ponto de vista da multirresolução. Apesar de transformações como essas poderem ser apresentadas de outra forma, essa abordagem simplifica tanto a interpretação matemática quanto a física. Iniciaremos com uma visão geral das técnicas de aquisição de imagens que influenciaram a elaboração da teoria de multirresolução. Nosso objetivo é apresentar os conceitos fundamentais da teoria no contexto do processamento de imagens e, ao mesmo tempo, proporcionar uma breve perspectiva histórica do método e de sua aplicação. A maior parte do capítulo se concentra no desenvolvimento e na utilização da transformada *wavelet* discreta. Para demonstrar a utilidade da transformada, apresentaremos exemplos que vão da codificação de imagens à remoção de ruídos e detecção de bordas. No próximo capítulo, as *wavelets* serão utilizadas na compressão de imagens, uma aplicação na qual a técnica recebeu considerável atenção.

7.1 Fundamentos

Quando observamos as imagens, geralmente vemos regiões vinculadas por textura e níveis de intensidade similares, que se combinam para formar objetos. Se os objetos forem pequenos ou de baixo contraste, normalmente os analisamos em altas resoluções; se forem grandes ou de alto contraste, basta uma visão grosseira. Se objetos tanto pequenos quanto grandes — ou objetos de baixo e alto contraste — estiverem presentes simultaneamente, pode ser interessante analisá-los em várias resoluções. Essa, claro, é a motivação fundamental do processamento multirresolução.

Do ponto de vista matemático, imagens são arranjos bidimensionais de valores de intensidade com estatísticas de variação local que resultam de diferentes combinações de características abruptas, como bordas e regiões homogêneas contrastantes. Como ilustra a Figura 7.1 — uma imagem que será repetidamente analisada ao longo de toda a seção —, histogramas locais* podem variar significativamente de uma parte de uma imagem a outra, o que torna muito difícil, ou mesmo impossível, o modelamento estatístico ao longo de toda a imagem.

7.1.1 Pirâmides de imagem

Uma estrutura poderosa, porém conceitualmente simples, para representar as imagens em mais de uma resolução é a *pirâmide de imagem* [Burt e Adelson 1983)]. Originalmente elaborada para aplicações de visão de máquina e compressão de imagens, uma pirâmide de imagem é uma coletânea de imagens de resolução cada vez menor, organizada no formato de uma pirâmide. Como podemos ver na Figura 7.2(a), a base da pirâmide contém uma representação de alta resolução da imagem sendo processada; o ápice contém uma aproximação de baixa resolução. À medida que subimos na pirâmide, tanto o tamanho quanto a resolução diminuem. O nível da base J é de tamanho $2^J \times 2^J$ ou $N \times N$, sendo que o nível do ápice 0 é de tamanho 1×1, e o nível geral j de tamanho $2^j \times 2^j$, em que $0 \leq j \leq J$. Embora a pirâmide mostrada na Figura 7.2(a) seja composta de $J + 1$ níveis de resolução de $2^J \times 2^J$ a $2^0 \times 2^0$, a maioria das pirâmides de imagem é truncada em $P + 1$ níveis, sendo $1 \leq P \leq J$ e $j = J - P, ..., J - 2, J - 1, J$. Isto é, normalmente nos limitamos a P aproximações de resolução reduzida da imagem original; uma aproximação 1×1 (isto é, pixel único) de uma imagem 512×512, por exemplo, é de pouco valor. O número total de pixels em uma pirâmide de nível $P + 1$ para $P \geq 0$ é

$$N^2 \left(1 + \frac{1}{(4)^1} + \frac{1}{(4)^2} + ... + \frac{1}{(4)^P}\right) \leq \frac{4}{3} N^2$$

A Figura 7.2(b) mostra um sistema simples para construir duas pirâmides de imagem estreitamente relacionadas. A saída de *aproximação de nível j* – 1 proporciona as imagens necessárias para construir uma *pirâmide de aproximação* (como descrevemos no parágrafo anterior), ao passo que a saída de *residual de previsão de nível j* é utilizada para construir uma *pirâmide de residual de previsão* complementar. Diferentemente das pirâmides de aproximação, as pirâmides de residual de previsão contêm apenas uma

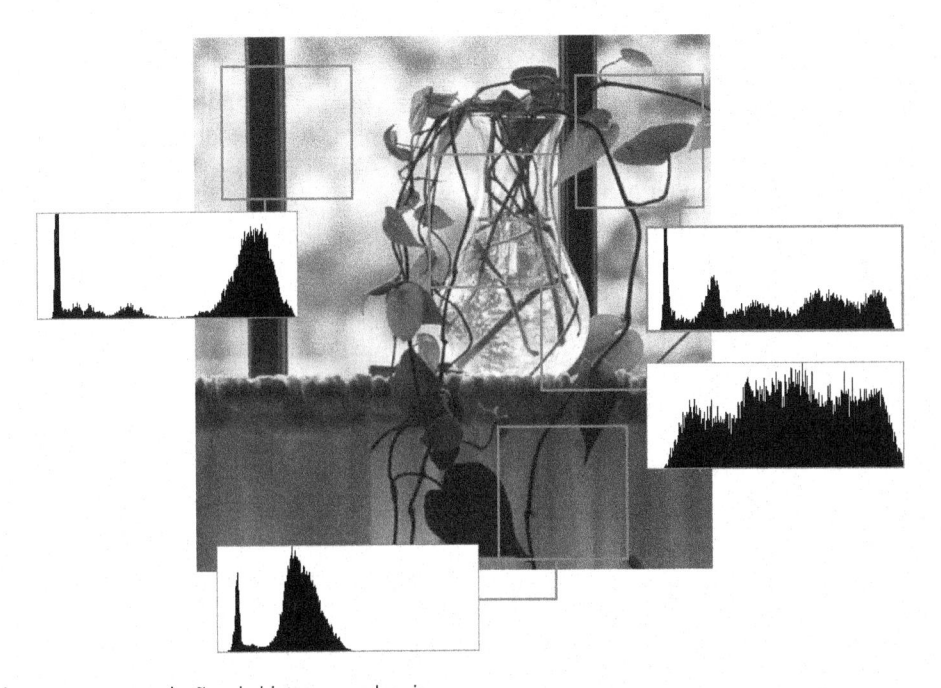

Figura 7.1 Uma imagem e suas variações de histogramas locais.

* Histogramas locais são histogramas dos pixels em uma vizinhança (veja a Seção 3.3.3).

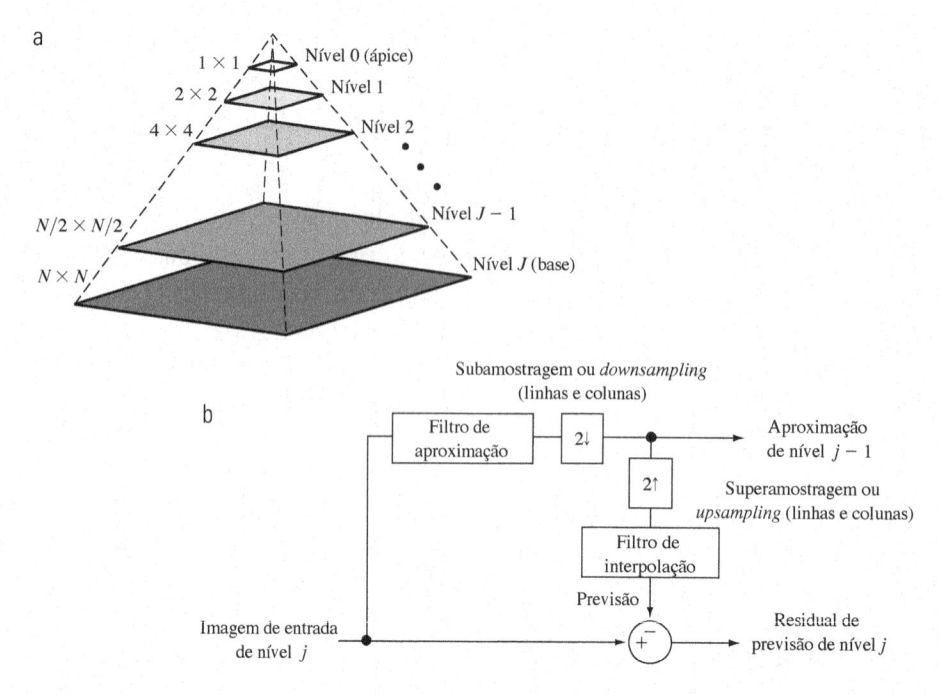

Figura 7.2 (a) Uma pirâmide de imagem. (b) Um sistema simples para criar pirâmides de aproximação e de residual de previsão.

aproximação de resolução reduzida da imagem de entrada (no topo da pirâmide, nível $J - P$). Todos os outros níveis contêm residuais de previsão em que o *residual de previsão* de nível j (para $J - P + 1 \leq j \leq J$) é definido como a diferença entre a aproximação de nível j (a entrada no diagrama de blocos) e uma estimativa da aproximação de nível j baseada na aproximação de nível $j - 1$ (a saída da aproximação no diagrama de blocos).*

Como sugere a Figura 7.2(b), tanto as pirâmides de aproximação quanto as pirâmides de residual de previsão são calculadas de forma iterativa. Antes da primeira iteração, a imagem a ser representada na forma piramidal é colocada no nível J da pirâmide de aproximação. Então, o procedimento de três passos a seguir é executado P vezes: para $j = J, J - 1, \ldots$ e $J - P + 1$ (nesta ordem):

Passo 1. Calcule uma aproximação de resolução reduzida da *imagem de entrada de nível j* (a entrada no lado esquerdo do diagrama de blocos na Figura 7.2(b)). Isso é feito pela filtragem e subamostragem (*downsampling*) do resultado filtrado por um fator de 2. Essas duas operações são descritas no próximo parágrafo. Posicione a aproximação resultante no nível $j - 1$ da pirâmide de aproximação.

Passo 2. Crie uma estimativa da *imagem de entrada de nível j* a partir da aproximação de resolução reduzida gerada no passo 1. Isso é feito pela superamostragem (*upsampling*) e filtragem (veja o próximo parágrafo) da aproximação gerada. A imagem preditiva resultante terá as mesmas dimensões que a *imagem de entrada de nível j*.

Passo 3. Calcule a diferença entre a imagem preditiva do passo 2 e a entrada do passo 1. Coloque esse resultado no nível j da pirâmide de residual de previsão.

No final das P repetições (isto é, após a iteração na qual $j = J - P + 1$), a saída da aproximação de nível $J - P$ é colocada na pirâmide de residual de previsão no nível $J - P$. Se uma pirâmide de residual de previsão não for necessária, essa operação — juntamente com os passos 2 e 3, a superamostragem, o filtro de interpolação e o somador da Figura 7.2(b) — pode ser omitida.

Uma variedade de filtros de aproximação e interpolação pode ser incorporada ao sistema da Figura 7.2(b). Normalmente, a filtragem é realizada no domínio espacial (veja a Seção 3.4). Técnicas úteis de filtragem de aproximação incluem a média de vizinhança (veja a Seção 3.5.1), que produz *pirâmides médias*; a filtragem passa-baixa gaussiana (veja as seções 4.7.4 e 4.8.3), que produz *pirâmides gaussianas*; e nenhuma filtragem, que resulta nas *pirâmides de subamostragem*. Qualquer um dos métodos de interpolação descritos na Seção 2.4.4, incluindo o método do vizinho mais próximo, interpolação bilinear e bicúbica, pode ser incorporado ao filtro de interpolação. Por fim, observe que os blocos de super e subamostragem

---

* Em geral, um residual de previsão pode ser definido como a diferença entre uma imagem e uma versão preditiva da imagem. Como veremos na Seção 8.2.9, os residuais de previsão geralmente podem ser codificados com mais eficiência do que os arranjos 2-D de intensidade.

da Figura 7.2(b) são utilizados para dobrar e reduzir pela metade as dimensões espaciais das imagens de aproximação e de previsão calculadas. Dada uma variável inteira n e uma sequência 1-D de amostras $f(n)$, a sequência de *superamostragem* é definida como

$$f_{2\uparrow}(n) = \begin{cases} f(n/2) & \text{se } n \text{ for par} \\ 0 & \text{caso contrário} \end{cases} \quad (7.1\text{-}1)$$

sendo que, como indicado pelo subscrito, a superamostragem é realizada por um fator de 2. A operação complementar de *subamostragem* por 2 é definida como

$$f_{2\downarrow}(n) = f(2n) \quad (7.1\text{-}2)$$

A superamostragem pode ser entendida como o procedimento de acrescentar um 0 após cada amostra em uma sequência; a subamostragem pode ser vista como o processo de descartar amostras alternadamente. Os blocos de super e subamostragem da Figura 7.2(b), indicados por 2↑ e 2↓, respectivamente, indicam que tanto as linhas quanto as colunas das entradas 2-D nas quais eles operam devem ser submetidas à super e à subamostragem. Tal qual a propriedade da separabilidade da DFT 2-D da Seção 4.11.1, a super e a subamostragem 2-D podem ser realizadas por passos sucessivos das operações 1-D definidas nas equações 7.1-1 e 7.1-2.*

■ **Exemplo 7.1** Pirâmides de aproximação e de residual de previsão.

A Figura 7.3 mostra tanto uma pirâmide de aproximação quanto uma pirâmide de residual de previsão para o vaso da Figura 7.1. Um filtro de suavização passa-baixa gaussiano (veja a Seção 4.7.4) foi utilizado para produzir a

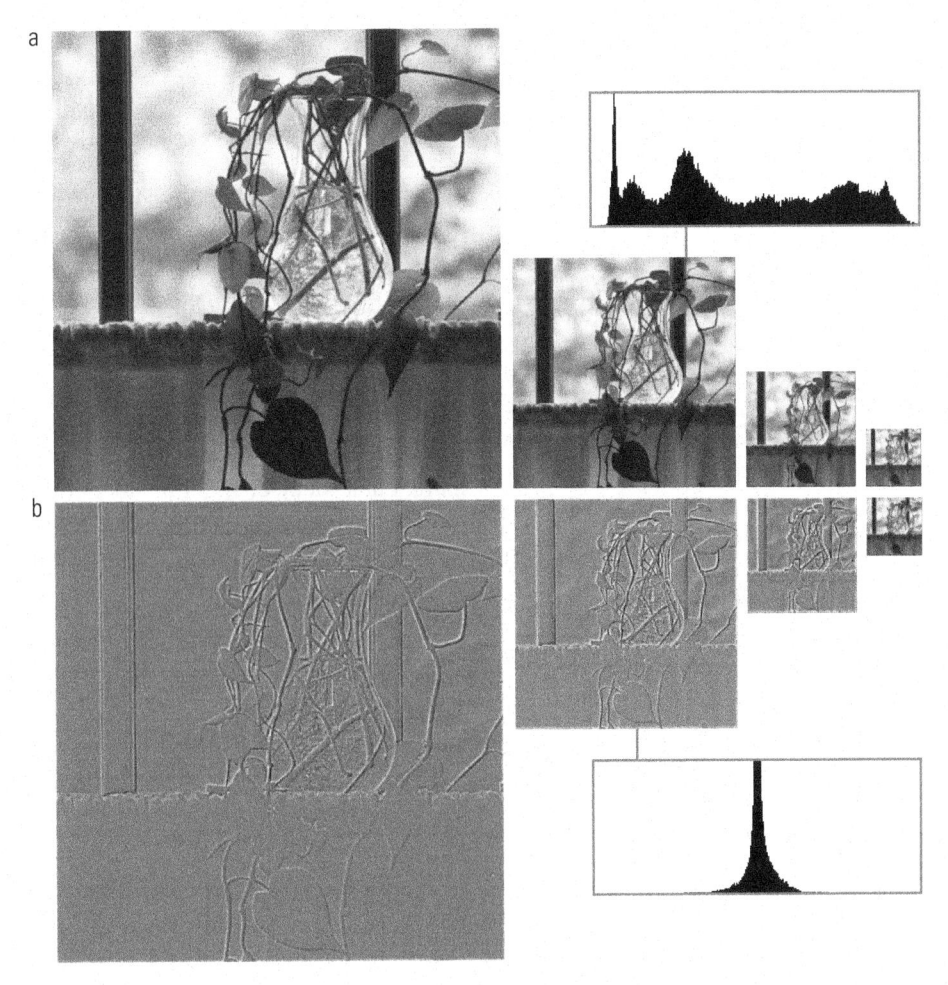

Figura 7.3 Duas pirâmides de imagem e seus histogramas: (a) uma pirâmide de aproximação; (b) uma pirâmide de residual de previsão.**

---

* Neste capítulo, trabalharemos com funções e variáveis tanto contínuas quanto discretas. Com exceção de imagem 2-D $f(x, y)$ e a não ser quando especificado de outra forma, $x, y, z, \ldots$ são variáveis contínuas; $i, j, k, l, m, n, \ldots$ são variáveis discretas.

** A pirâmide de aproximação em (a) é chamada de pirâmide gaussiana porque um filtro gaussiano foi utilizado para construí-la. A pirâmide de residual de previsão em (b), muitas vezes, é chamada de pirâmide laplaciana; observe a semelhança na aparência em relação às imagens filtradas pelo laplaciano no Capítulo 3.

pirâmide de aproximação de quatro níveis da Figura 7.3(a). Como podemos ver, a pirâmide resultante contém a imagem original de resolução 512 × 512 (na base) e três aproximações de baixa resolução (de resolução 256 × 256, 128 × 128 e 64 × 64). Dessa forma, P é igual a 3 e os níveis 9, 8, 7 e 6 a partir de um possível $\log_2(512) + 1$ ou 10 níveis estão presentes. Observe a redução de detalhes que acompanha as resoluções mais baixas da pirâmide. A imagem de aproximação de nível 6 (isto é, 64 × 64) é apropriada para localizar a moldura das vidraças, por exemplo, mas não para encontrar os galhos da planta. Em geral, os níveis de resolução mais baixa de uma pirâmide podem ser utilizados para a análise de grandes estruturas ou do contexto geral da imagem; as imagens de alta resolução são apropriadas para analisar características de objetos individuais. Essa estratégia de análise que vai de uma aproximação "grosseira" a um nível maior de detalhamento é particularmente útil no reconhecimento de padrões.

Um filtro de interpolação bilinear foi utilizado para produzir a pirâmide de residual de previsão da Figura 7.3(b). Na ausência de erro de quantização, a pirâmide de residual de previsão resultante pode ser utilizada para gerar a pirâmide de aproximação complementar da Figura 7.3(a), incluindo a imagem original, sem erro. Para isso, começamos com a imagem de aproximação de nível 6, 64 × 64 (a única imagem de aproximação na pirâmide de residual de previsão), prevemos a aproximação de nível 7, 128 × 128 (por meio da superamostragem e filtragem) e adicionamos o residual de previsão de nível 7. Esse processo é repetido utilizando imagens de aproximação sucessivamente calculadas até a imagem original 512 × 512 ser gerada. Observe que o histograma do residual de previsão da Figura 7.3(b) possui valores ao redor de um pico que ocorre no erro zero; o mesmo não acontece com o histograma de aproximação da Figura 7.3(a). Diferentemente das imagens de aproximação, as imagens de residual de previsão podem ser altamente comprimidas atribuindo menos bits aos valores mais prováveis (veja os códigos de tamanho variável da Seção 8.2.1). Por fim, notamos que os residuais de previsão da Figura 7.3(b) são ajustados para fazer com que pequenos erros de previsão sejam mais visíveis; o histograma do residual de previsão, contudo, se baseia nos valores residuais originais, com o nível 128 representando o erro zero.

7.1.2 Codificação em sub-bandas

Uma outra técnica importante na aquisição de imagens relacionada à análise multirresolução é a *codificação em sub-bandas*. Nela uma imagem é decomposta em um conjunto de componentes de banda limitada, chamados de sub-bandas. A decomposição é realizada de forma que as sub-bandas possam ser novamente montadas para reconstruir a imagem original sem erro. Como a decomposição e a reconstrução são realizadas por meio de filtros digitais, começaremos nossa discussão com uma breve introdução ao *processamento digital de sinais* (DSP, de *digital signal processing*) e à *filtragem digital de sinais*.

Considere o *filtro digital* simples da Figura 7.4(a) e observe que ele é construído a partir de três componentes básicos — *atrasos unitários*,* *multiplicadores* e *somadores*. Ao longo do topo do filtro, os atrasos unitários são ligados em série para criar versões atrasadas de $K - 1$ (isto é, deslocadas para a direita) da sequência de entrada $f(n)$. Uma sequência com atraso $f(n - 2)$, por exemplo, é

$$f(n-2) = \begin{cases} \vdots \\ f(0) & \text{para } n = 2 \\ f(1) & \text{para } n = 2 + 1 = 3 \\ \vdots \end{cases}$$

Como indicam as anotações em cinza da Figura 7.4(a), a sequência de entrada $f(n) = f(n - 0)$ e as sequências atrasadas de $K - 1$ das saídas dos atrasos unitários, expressos por $f(n - 1), f(n - 2), \ldots, f(n - K + 1)$, são multiplicadas pelas constantes $h(0), h(1), \ldots, h(K - 1)$, respectivamente, e somadas para produzir a sequência filtrada de saída

$$\hat{f}(n) = \sum_{k=-\infty}^{\infty} h(k) f(n-k)$$
$$= f(n) \star h(n) \quad (7.1\text{-}3)$$

na qual ★ indica convolução. Observe que — exceto por uma alteração das variáveis — a Equação 7.1-3 equivale à convolução discreta definida na Equação 4.4-10 do Capítulo 4. As K constantes de multiplicação da Figura 7.4(a) e da Equação 7.1-3 são chamadas de *coeficientes do filtro*. Cada coeficiente define um *tap do filtro*, que pode ser entendido com os componentes necessários para calcular um termo do somatório da Equação 7.1-3, e dizemos que o filtro é de *ordem $K - 1$*.**

Se a entrada para o filtro da Figura 7.4(a) for o impulso unitário discreto da Figura 7.4(b) e da Seção 4.2.3, a Equação 7.1-3 passa a ser

$$\hat{f}(n) = \sum_{k=-\infty}^{\infty} h(k) \delta(n-k)$$
$$= h(n) \quad (7.1\text{-}4)$$

Isto é, substituindo a entrada $f(n)$ por $\delta(n)$ na Equação 7.1-3 e nos utilizando da propriedade de peneiramento

---

* O termo "atraso" sugere uma sequência de entrada com base no tempo e reflete o fato de que, na filtragem digital de sinais, a entrada costuma ser um sinal analógico amostrado.

** Se os coeficientes do filtro da Figura 7.4(a) forem indexados utilizando valores de n entre 0 e $K - 1$ (como fizemos), os limites do somatório na Equação 7.1-3 podem ser reduzidos para o intervalo de 0 a $K - 1$ (como na Equação 4.4-10).

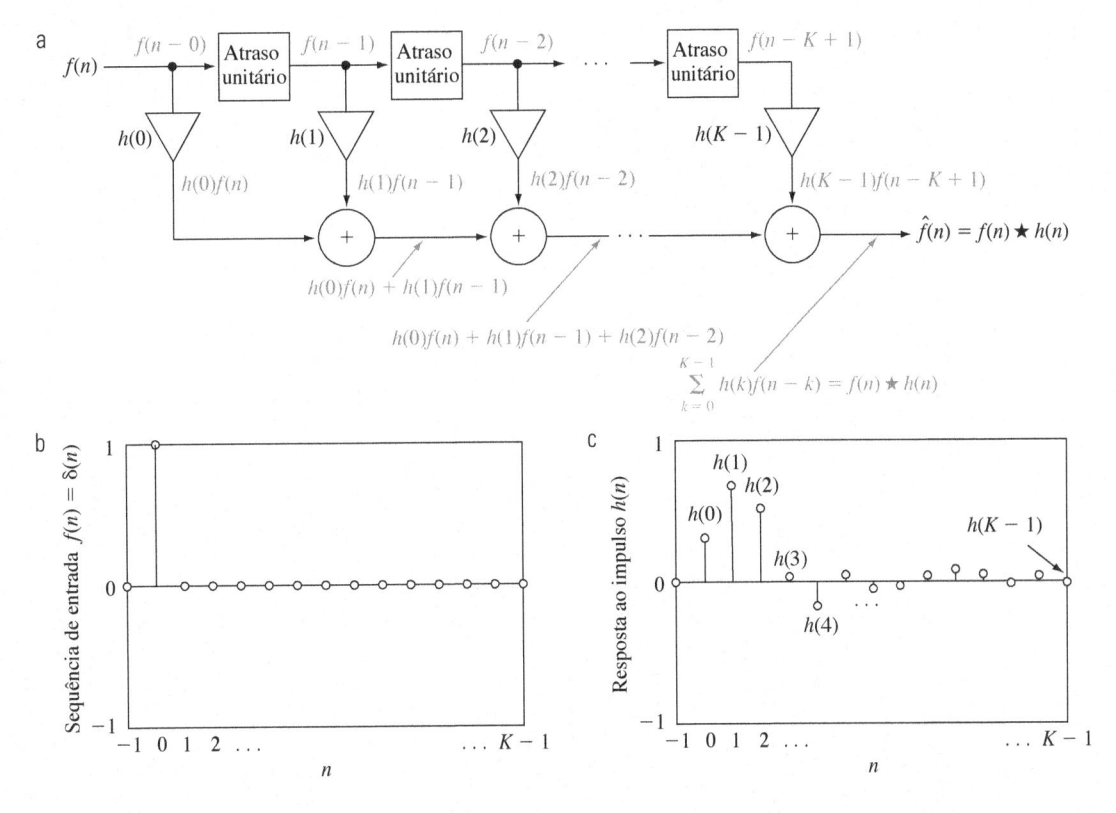

Figura 7.4 (a) Um filtro digital; (b) uma sequência de impulso unitário discreto; e (c) a resposta ao impulso do filtro.

(*sifting*) do impulso unitário discreto, definido na Equação 4.2-13, constatamos que a *resposta ao impulso* do filtro da Figura 7.4(a) é a sequência de K elementos com os coeficientes que definem o filtro. Fisicamente, o impulso unitário é deslocado da esquerda para a direita, com um atraso de uma unidade em relação ao anterior, produzindo uma saída que assume o valor do coeficiente na posição do impulso atrasado. Como existem K coeficientes, a resposta ao impulso tem tamanho K e o filtro é chamado de *filtro de resposta ao impulso finita* (FIR, de *finite impulse response*).

A Figura 7.5 mostra as respostas ao impulso de seis filtros funcionalmente relacionados. O filtro $h_2(n)$ da Figura 7.5(b) é uma versão de *sinal reverso* (isto é, refletido em relação ao eixo horizontal) de $h_1(n)$ da Figura 7.5(a).[*] Isto é,

$$h_2(n) = -h_1(n) \qquad (7.1\text{-}5)$$

Os filtros $h_3(n)$ e $h_4(n)$ das figuras 7.5(c) e (d) são versões de *ordem reversa* de $h_1(n)$:[**]

$$h_3(n) = h_1(-n) \qquad (7.1\text{-}6)$$

$$h_4(n) = h_1(K-1-n) \qquad (7.1\text{-}7)$$

O filtro $h_3(n)$ é uma reflexão de $h_1(n)$ em relação ao eixo vertical; o filtro $h_4(n)$ é uma versão refletida e transladada (isto é, deslocada) de $h_1(n)$. Desconsiderando a translação, as respostas dos dois filtros são idênticas. O filtro $h_5(n)$ da Figura 7.5(e), que é definido como

$$h_5(n) = (-1)^n h_1(n) \qquad (7.1\text{-}8)$$

é chamado de versão *modulada* de $h_1(n)$. Como a modulação altera os sinais de todos os coeficientes de indexação ímpar (isto é, os coeficientes para os quais n é ímpar na Figura 7.5(e)), $h_5(1) = -h_1(1)$ e $h_5(3) = -h_1(3)$, enquanto $h_5(0) = h_1(0)$ e $h_5(2) = h_1(2)$. Por fim, a sequência mostrada na Figura 7.5(f) é uma versão de ordem reversa de $h_1(n)$ que também é modulada:

$$h_6(n) = (-1)^n h_1(K-1-n) \qquad (7.1\text{-}9)$$

Incluímos essa sequência para ilustrar o fato de que a reversão de sinal, a reversão de ordem e a modulação algumas vezes se combinam na especificação da relação entre dois filtros.[***]

Com essa breve introdução à filtragem digital de sinais, vamos analisar o sistema de codificação e deco-

---

[*] No restante do capítulo, o termo "filtro $h(n)$" será utilizado para se referir ao filtro cuja resposta ao impulso é $h(n)$.

[**] A ordem reversa muitas vezes é chamada de reversão temporal quando a sequência de entrada é um sinal analógico amostrado.

[***] Um banco de filtros é uma coletânea de dois ou mais filtros.

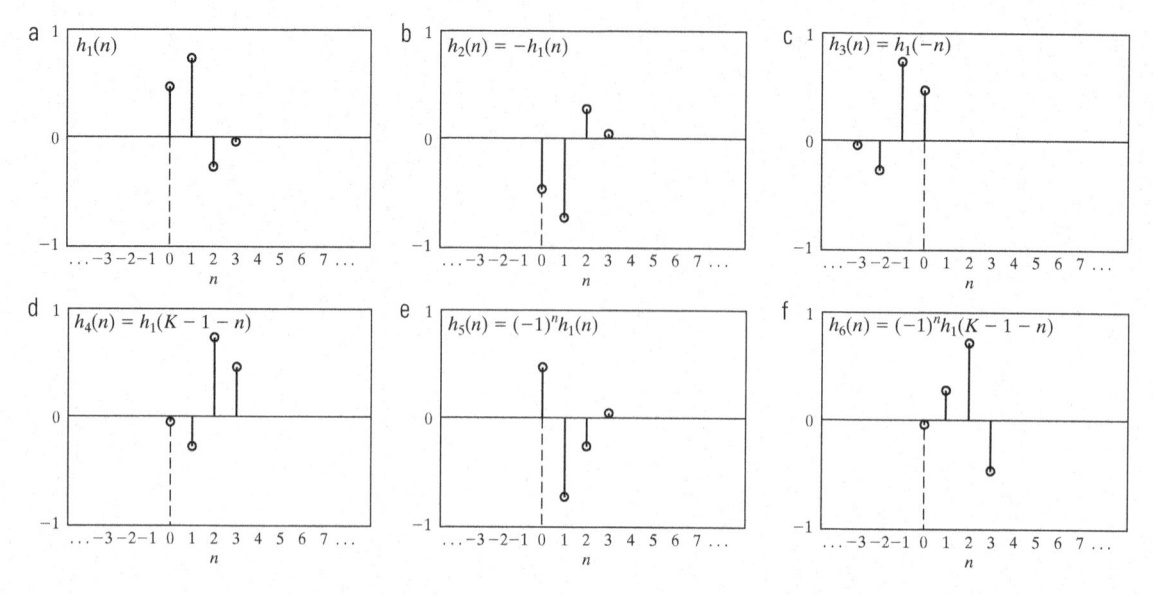

Figura 7.5 Seis filtros de resposta ao impulso funcionalmente relacionados: (a) resposta de referência; (b) sinal reverso; (c) e (d) ordem reversa (diferenciados pelo atraso introduzido); (e) modulação; e (f) e ordem reversa e modulação.

dificação em duas sub-bandas da Figura 7.6(a). Como indicado na figura, o sistema é composto de dois *bancos de filtros*, cada um contendo dois filtros FIR do tipo mostrado na Figura 7.4(a). Observe que cada um dos quatro filtros FIR é representado como um único bloco na Figura 7.6(a), com a resposta ao impulso de cada filtro (e o símbolo de convolução) escrita dentro dele. O banco de filtros de *análise*, que inclui os filtros $h_0(n)$ e $h_1(n)$, é utilizado para dividir a sequência de entrada $f(n)$ em duas sequências da metade do tamanho $f_{lp}(n)$ e $f_{hp}(n)$, que são as *sub-bandas* que representam a entrada. Observe que os filtros $h_0(n)$ e $h_1(n)$ são filtros de meia-banda cujas características de transferência ideais, H_0 e H_1, são mostradas na Figura 7.6(b). O filtro $h_0(n)$ é um filtro passa-baixa (*low-pass*) cuja saída, a sub-banda $f_{lp}(n)$, é chamada de uma *aproximação* de $f(n)$; o filtro $h_1(n)$ é um filtro passa-alta (*hight-pass*) cuja saída, a sub-banda $f_{hp}(n)$, é chamada de alta frequência ou *detalhes* de $f(n)$. Os bancos de filtros de *síntese* $g_0(n)$ e $g_1(n)$ se combinam a $f_{lp}(n)$ e $f_{hp}(n)$ para produzir $\hat{f}(n)$. A meta da codificação em sub-bandas é selecionar $h_0(n)$, $h_1(n)$, $g_0(n)$ e $g_1(n)$ de modo que $\hat{f}(n) = f(n)$. Isto é, de forma que a entrada e a saída do sistema de codificação e decodificação em sub-bandas sejam idênticas. Quando isso é obtido, diz-se que o sistema resultante emprega *filtros de reconstrução perfeita*.

Há muitos bancos de filtro FIR de reconstrução perfeita, de duas bandas, com coeficientes reais descritos na literatura.* Em todos eles, os filtros de síntese são versões moduladas dos filtros de análise — com um (e apenas um) filtro de síntese sendo também de sinal reverso. Para a reconstrução perfeita, as respostas ao impulso dos filtros de síntese e análise devem ser relacionadas em uma das duas formas a seguir:**

$$g_0(n) = (-1)^n h_1(n)$$

$$g_1(n) = (-1)^{n+1} h_0(n) \quad (7.1\text{-}10)$$

ou

$$g_0(n) = (-1)^{n+1} h_1(n)$$

$$g_1(n) = (-1)^n h_0(n) \quad (7.1\text{-}11)$$

Os filtros $h_0(n)$, $h_1(n)$, $g_0(n)$ e $g_1(n)$ nas equações 7.1-10 e 7.1-11 são considerados de *modulação cruzada* porque filtros diagonalmente opostos no diagrama de blocos da Figura 7.6(a) são relacionados pela modulação [e reversão do sinal quando o fator de modulação é $-(-1)^n$ ou $(-1)^{n+1}$]. Além disso, é possível demonstrar que eles satisfazem a seguinte condição de *biortogonalidade*:

$$\langle h_i(2n-k), g_j(k) \rangle = \delta(i-j)\delta(n),$$

$$i, j = \{0, 1\} \quad (7.1\text{-}12)$$

---

* Por *coeficiente real*, queremos dizer que os coeficientes de filtro são números reais (não complexos).

** As equações 7.1-10 a 7.1-14 são descritas em detalhes na literatura sobre bancos de filtros [veja, por exemplo, Vetterli e Kovacevic (1995)].

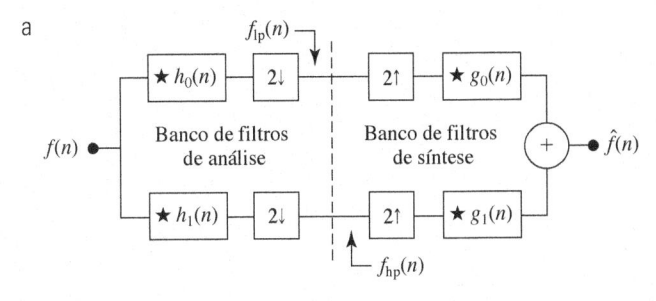

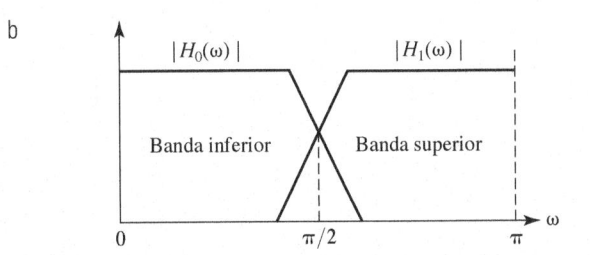

Figura 7.6 (a) Um sistema de codificação e decodificação em duas sub-bandas e (b) sua propriedade de separação do espectro.

que define a *ortonormalidade* para bancos de filtros de reconstrução perfeita. Além da Equação 7.1-13, é possível demonstrar que os filtros ortonormais satisfazem as duas condições a seguir:

$$g_1(n) = (-1)^n g_0(K_{par} - 1 - n)$$

$$h_i(n) = g_i(K_{par} - 1 - n), \quad i = \{0, 1\} \quad (7.1\text{-}14)$$

sendo que o subscrito em K_{par} é utilizado para indicar que o número de coeficientes do filtro deve ser divisível por 2 (isto é, um número par). Como indica a Equação 7.1-14, o filtro de síntese g_1 se relaciona a g_0 por ordem reversa e modulação. Além disso, tanto h_0 quanto h_1 são versões de ordem reversa dos filtros de síntese, g_0 e g_1, respectivamente. Dessa forma, um banco de filtros ortonormais pode ser desenvolvido ao redor da resposta ao impulso de um único filtro, chamado de *protótipo*; os outros filtros podem ser calculados a partir da resposta ao impulso do protótipo especificado. Para bancos de filtros biortogonais, dois protótipos são necessários; os outros filtros podem ser calculados por meio da Equação 7.1-10 ou da 7.1-11. A geração de filtros de protótipo úteis, sejam eles ortonormais ou biortogonais, está além do escopo deste capítulo. Nós apenas utilizamos filtros que tenham sido apresentados na literatura e sugerimos referências para leituras adicionais.

Aqui, $\langle h_i(2n - k), g_j(k) \rangle$ indica o produto interno de $h_i(2n - k)$ e $g_j(k)^*$. Quando i não é igual a j, o produto interno é 0; quando i e j são iguais, o produto é a função de impulso unitário discreto, $\delta(n)$. Retomaremos a biortogonalidade na Seção 7.2.1.

De interesse especial na codificação em sub-bandas — e no desenvolvimento da transformada rápida de *wavelet* da Seção 7.4 — são os filtros que vão além da biortogonalidade e requerem que

$$\langle g_i(n), g_j(n + 2m) \rangle = \delta(i - j)\delta(m),$$

$$i, j = \{0, 1\} \quad (7.1\text{-}13)$$

Antes de concluir a seção com um exemplo de codificação em sub-bandas 2-D, observamos que os filtros biortogonais e ortonormais 1-D podem ser utilizados como filtros separáveis 2-D para o processamento de imagens. Como podemos ver na Figura 7.7, os filtros se-

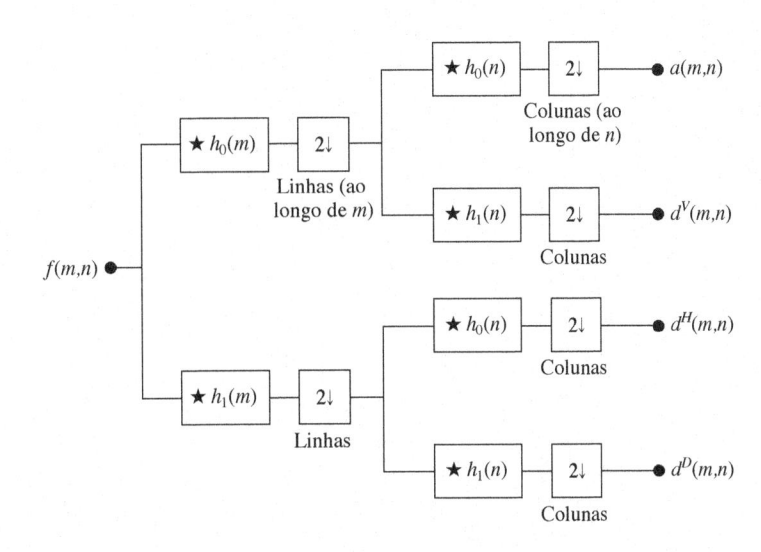

Figura 7.7 Banco de filtros bidimensionais de quatro bandas para a codificação de imagens em sub-bandas.

---

* O produto interno de vetor das sequências $f_1(n)$ e $f_2(n)$ é $\langle f_1, f_2 \rangle = \sum_n f_1^*(n) f_2(n)$, na qual * denota a operação conjugada completa. Se $f_1(n)$ e $f_2(n)$ forem reais, $\langle f_1, f_2 \rangle = \langle f_2, f_1 \rangle$.

paráveis são primeiro aplicados em uma dimensão (isto é, verticalmente) e depois na outra (isto é, horizontalmente), como mostramos na Seção 2.6.7. Além disso, a subamostragem é realizada em duas etapas — mais uma vez antes da segunda operação de filtragem para reduzir o número total de cálculos. As saídas filtradas resultantes, indicadas por $a(m, n)$, $d^V(m, n)$, $d^H(m, n)$ e $d^D(m, n)$, na Figura 7.7, são chamadas de sub-bandas de *aproximação*, *detalhe vertical*, *detalhe horizontal* e *detalhe diagonal* da imagem de entrada, respectivamente. Essas sub-bandas podem ser divididas em quatro sub-bandas menores, que podem ser divididas novamente e assim por diante — uma propriedade que descreveremos mais detalhadamente na Seção 7.4.

Tabela 7.1 Coeficientes do filtro ortonormal de Daubechies de 8 *taps* para $g_0(n)$ [Daubechies (1992)].

n	$g_0(n)$
0	0,23037781
1	0,71484657
2	0,63088076
3	−0,02798376
4	−0,18703481
5	0,03084138
6	0,03288301
7	−0,01059740

Exemplo 7.2 Uma codificação em sub-bandas de quatro bandas do vaso da Figura 7.1.

A Figura 7.8 mostra as respostas ao impulso de quatro filtros ortonormais de 8 *taps*. Os coeficientes do filtro de síntese protótipo $g_0(n)$ para $g_0(n)$ para $0 \leq n \leq 7$ [na Figura 7.8(c)] são definidos na Tabela 7.1 [Daubechies (1992)]. Os coeficientes dos filtros ortonormais restantes podem ser calculados utilizando a Equação 7.1-14. Com a ajuda da Figura 7.5, observe (pela análise visual) a modulação cruzada dos filtros de análise e síntese da Figura 7.8. É relativamente fácil demonstrar numericamente que os filtros são tanto biortogonais (eles satisfazem a Equação 7.1-12) quanto ortonormais (eles satisfazem a Equação 7.1-13). Como resultado, os filtros de Daubechies de 8 *taps* da Figura 7.8 suportam a reconstrução livre de erros da saída decomposta.

Uma divisão de quatro bandas da imagem 512 × 512 do vaso da Figura 7.1, com base nos filtros da Figura 7.8, é mostrada na Figura 7.9. Cada quadrante dessa imagem é uma sub-banda de tamanho 256 × 256. A começar com o canto superior esquerdo e avançando em sentido horário, os quatro quadrantes contêm a sub-banda de aproximação a, a sub-banda de detalhe horizontal d^H, a sub-banda de detalhe diagonal d^D e a sub-banda de detalhe vertical d^V, respectivamente. Todas as sub-bandas, com exceção da sub-banda de aproximação da Figura 7.9(a), foram ajustadas para que sua estrutura básica fique mais visível. Obser-

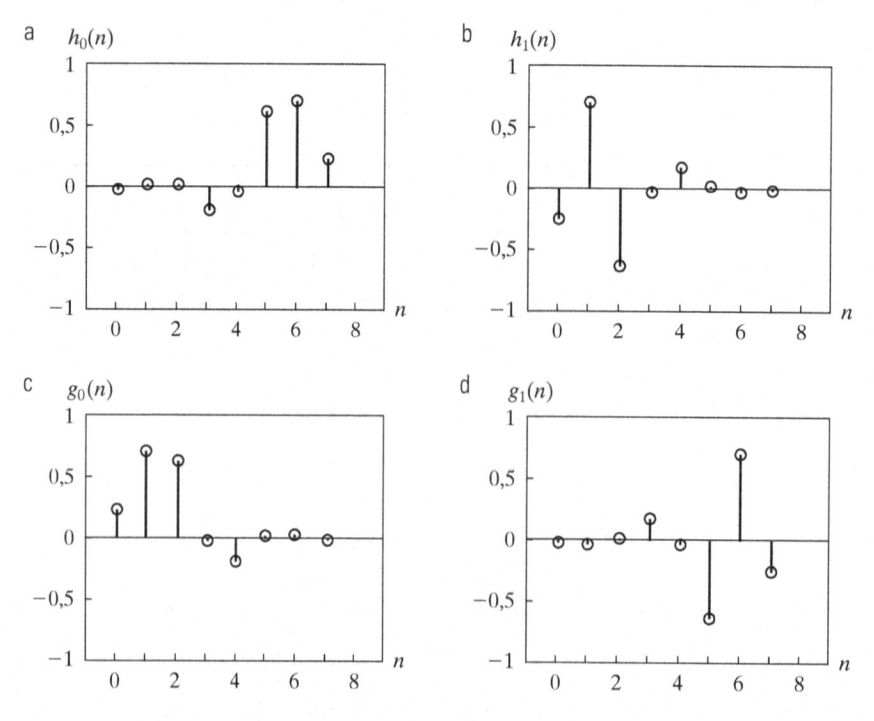

Figura 7.8 Respostas ao impulso dos quatro filtros ortonormais de Daubechies de 8 *taps*. Consulte os valores de $g_0(n)$ para $0 \leq n \leq 7$ na Tabela 7.1.

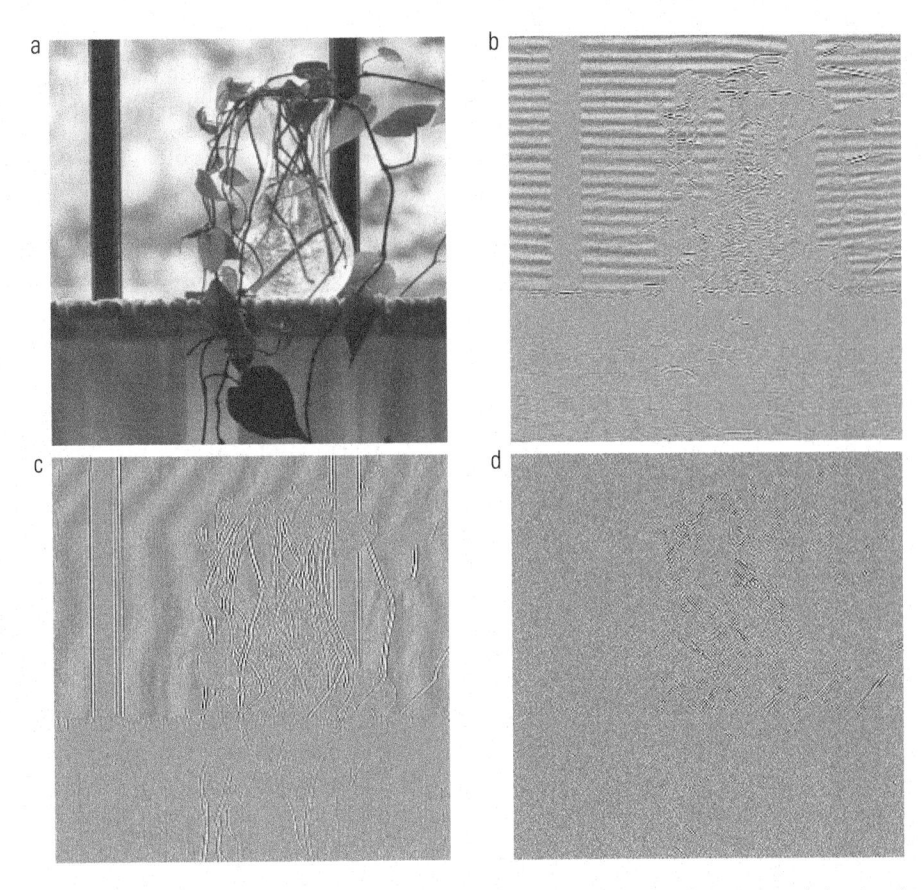

Figura 7.9 Uma divisão de quatro bandas do vaso da Figura 7.1 utilizando o sistema de codificação em sub-bandas da Figura 7.7. As quatro sub-bandas resultantes são as sub-bandas de (a) aproximação, (b) detalhe horizontal, (c) detalhe vertical e (d) detalhe diagonal.

ve os efeitos visuais do *aliasing* presentes nas figuras 7.9(b) e (c) — as sub-bandas d^H e d^V.* As linhas onduladas da área da janela se devem à sub-amostragem da vidraça quase não discernível na Figura 7.1. Apesar do *aliasing*, a imagem original pode ser reconstruída sem erro a partir das sub-bandas da Figura 7.9. Os filtros de síntese necessários, $g_0(n)$ e $g_1(n)$, são determinados a partir da Tabela 7.1 e da Equação 7.1-14, e incorporados a um banco de filtros que copia aproximadamente o sistema da Figura 7.7. No novo banco de filtros, os filtros $h_i(n)$ para $i = \{0, 1\}$ são substituídos por suas contrapartes $g_i(n)$, e os sistemas de superamostragem e os somadores são acrescentados.

7.1.3 A transformada de Haar

A terceira e última operação vinculada à análise multirresolução de imagens que veremos é a transformada de Haar [Haar (1910)]. No contexto deste capítulo, sua importância provém do fato de suas funções de base (definidas a seguir) serem as *wavelets* ortonormais mais antigas e as mais simples conhecidas. Elas serão utilizadas em uma série de exemplos nas seções a seguir.

No que se refere à discussão da Seção 2.6.7, a transformada de Haar pode ser expressa na seguinte forma matricial

$$\mathbf{T} = \mathbf{HFH}^T \quad (7.1\text{-}15)$$

na qual **F** é uma matriz de imagem $N \times N$, **H** é uma matriz $N \times N$ de transformação de Haar e **T** é a transformada $N \times N$ resultante. A matriz transposta é necessária porque **H** não é simétrica; na Equação 2.6-38 da Seção 2.6.7, presume-se que a matriz de transformação seja simétrica. Para a transformada de Haar, **H** contém as funções de base de Haar $h_k(z)$. Elas são definidas para o intervalo contínuo e fechado $z \in [0, 1]$ para $k = 0, 1, 2, \ldots, N - 1$, sendo $N = 2^n$. Para gerar **H**, definimos o número inteiro k de forma que $k = 2^p + q - 1$, sendo $0 \leq p \leq n - 1$, $q = 0$ ou 1 para $p = 0$, e $1 \leq q \leq 2^p$ para $p \neq 0$. Dessa forma, as *funções de base de Haar* são

$$h_0(z) = h_{00}(z) = \frac{1}{\sqrt{N}}, \quad z \in [0, 1] \quad (7.1\text{-}16)$$

e

---
* Para saber mais sobre *aliasing*, veja a Seção 4.5.4.

$$h_k(z)=h_{pq}(z)=\frac{1}{\sqrt{N}}\begin{cases}2^{p/2} & (q-1)/2^p \leq z < (q-0,5)/2^p \\ -2^{p/2} & (q-0,5)/2^p \leq z < q/2^p \\ 0 & \text{caso contrário, } z\in[0, 1]\end{cases}$$

(7.1-17)

A i-ésima linha de uma matriz de transformação de Haar $N \times N$ contém os elementos de $h_i(z)$ para $z = 0/N, 1/N, 2/N, \ldots, (N-1)/N$. Por exemplo, se $N = 2$, a primeira linha da matriz de Haar 2×2 é calculada utilizando $h_0(z)$ com $z = 0/2, 1/2$. A partir da Equação 7.1-16, $h_0(z)$ é igual a $1/\sqrt{2}$ independente de z, de forma que a primeira linha de $\mathbf{H}_2$ tem dois elementos $1/\sqrt{2}$ idênticos. A segunda linha é obtida calculando $h_1(z)$ para $z = 0/2, 1/2$, já que $k = 2^p + q - 1$, quando $k = 1$, $p = 0$ e $q = 1$. Dessa forma, a partir da Equação 7.1-17, temos que $h_1(0) = 2^0/\sqrt{2} = 1/\sqrt{2}, h_1(1/2) = -2^0/\sqrt{2} = -1/\sqrt{2}$ e a matriz de Haar 2×2 é

$$\mathbf{H}_2 = \frac{1}{\sqrt{2}}\begin{bmatrix} 1 & 1 \\ 1 & -1 \end{bmatrix}$$

(7.1-18)

Se $N = 4$, k, q e p assumem os valores

k	p	q
0	0	0
1	0	1
2	1	1
3	1	2

e a matriz de transformação 4×4, $\mathbf{H}_4$, é

$$\mathbf{H}_4 = \frac{1}{\sqrt{4}}\begin{bmatrix} 1 & 1 & 1 & 1 \\ 1 & 1 & -1 & -1 \\ \sqrt{2} & -\sqrt{2} & 0 & 0 \\ 0 & 0 & \sqrt{2} & -\sqrt{2} \end{bmatrix}$$ (7.1-19)

Nosso principal interesse na transformada de Haar é que as linhas de $\mathbf{H}_2$ podem ser utilizadas para definir os filtros de análise $h_0(n)$ e $h_1(n)$ de um banco de filtros de reconstrução perfeita de 2 taps (veja a seção anterior), bem como os vetores de escala e *wavelet* (definidos nas seções 7.2.2 e 7.2.3, respectivamente) da mais simples e mais antiga transformada *wavelet* (veja o Exemplo 7.10 na Seção 7.4). Em vez de concluir a seção com o cálculo de uma transformada de Haar, nós a concluíremos com um exemplo que ilustra a influência dos métodos de decomposição que vimos até agora sobre os métodos que explicaremos no restante do capítulo.

Exemplo 7.3 Funções de Haar em uma transformada *wavelet* discreta.

A Figura 7.10(a) mostra uma decomposição da imagem 512×512 na Figura 7.1 que combina as principais características da codificação em pirâmide, codificação em sub-bandas e transformada de Haar (as três técnicas que discutimos até agora). Chamada de transformada *wavelet* discreta (que explicaremos mais adiante neste capítulo), a representação é caracterizada pelos seguintes aspectos importantes:

1. Com exceção da subimagem no canto superior esquerdo da Figura 7.10(a), os histogramas locais são muito similares. Muitos dos pixels são próximos de zero. Como as subimagens (com exceção da subimagem do canto superior esquerdo) foram ajustadas para que sua estrutura básica ficasse mais visível, os histogramas exibidos atingem o pico na intensidade 128 (os zeros foram ajustados para cinza médio). O grande número de zeros na decomposição faz da imagem uma excelente candidata para a compressão (veja o Capítulo 8).

2. De forma similar ao modo no qual os níveis da pirâmide de residual de previsão da Figura 7.3(b) foram utilizados para criar imagens de aproximação com diferentes resoluções, as subimagens na Figura 7.10(a) podem ser utilizadas para construir aproximações de resolução tanto grosseira quanto refinada da imagem original do vaso da Figura 7.1. As figuras 7.10(b) a (d), que são de tamanho 64×64, 128×128 e 256×256, respectivamente, foram geradas a partir das subimagens da Figura 7.10(a). Uma reconstrução 512×512 perfeita da imagem original também é possível.

3. Como na decomposição de codificação em sub-bandas da Figura 7.9, um banco de filtros FIR simples, de coeficientes reais da forma dada na Figura 7.7, foi utilizado para produzir a Figura 7.10(a). Após a geração de uma imagem de quatro sub-bandas como a da Figura 7.9, a sub-banda de aproximação 256×256 foi decomposta e substituída por mais quatro sub-bandas 128×128 (utilizando o mesmo banco de filtros) e a sub-banda de aproximação resultante foi decomposta mais uma vez e substituída por quatro sub-bandas 64×64. Esse processo produziu o arranjo único de subimagens que caracteriza as transformadas *wavelet* discretas. As subimagens na Figura 7.10(a) ficam cada vez menores à medida que passamos do canto inferior direito ao superior esquerdo da imagem.

4. A Figura 7.10(a) não é a transformada de Haar da imagem na Figura 7.1. Apesar de os coeficientes do banco de filtros que foram utilizados para produzir essa decomposição terem sido retirados da matriz de transformação Haar $\mathbf{H}_2$, uma variedade de coeficientes de banco de filtros ortonormais e biortogonais pode ser utilizada nas transformadas *wavelet* discretas.

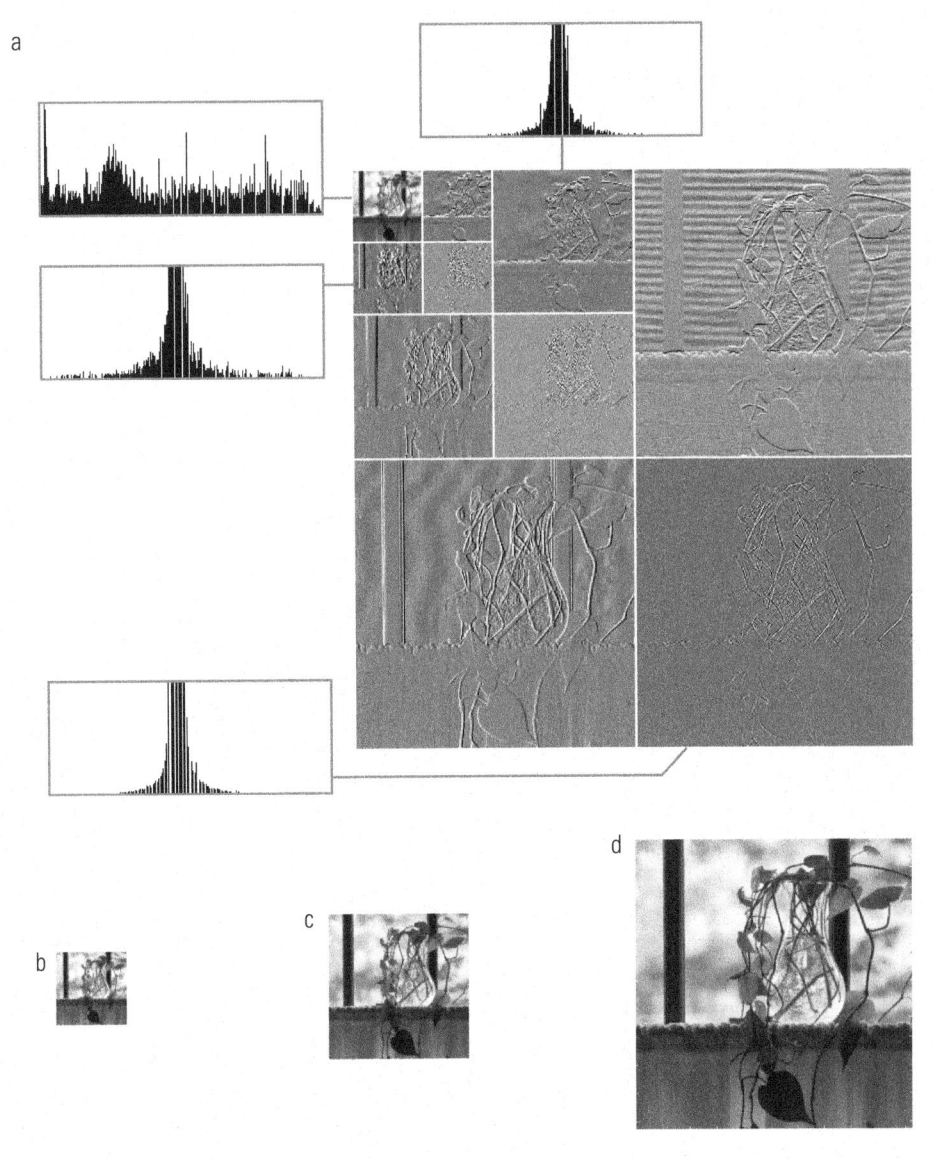

Figura 7.10 (a) Uma transformada *wavelet* discreta utilizando as funções básicas de Haar H_2. Seus histogramas locais também são mostrados. (b) a (d) Várias diferentes aproximações (64 × 64, 128 × 128 e 256 × 256) que podem ser obtidas a partir de (a).

5. Como mostraremos na Seção 7.4, cada subimagem da Figura 7.10(a) representa uma banda específica de frequências espaciais na imagem original. Além disso, muitas das subimagens demonstram sensibilidade direcional (por exemplo, a subimagem do canto superior direito da Figura 7.10(a) captura as informações de borda horizontal da imagem original).

Considerando essa impressionante lista de características, é notável que a transformada *wavelet* discreta da Figura 7.10(a) tenha sido gerada utilizando dois filtros digitais de 2 *taps* com um total de quatro coeficientes.

7.2 Expansões multirresolução

Apresentamos, na seção anterior, três técnicas de aquisição de imagens bem conhecidas que exercem um importante papel no campo da matemática chamado de *análise multirresolução* (MRA, de *multiresolution analysis*). Na MRA, uma *função de escala* é utilizada para criar uma série de aproximações de uma função ou imagem, cada uma com resoluções que diferem por um fator de 2 considerando suas aproximações de vizinhança mais próxima. Funções adicionais, chamadas de *wavelets*, são, então, utilizadas para codificar a diferença das informações entre aproximações adjacentes.

7.2.1 Expansões em séries

Um sinal ou função $f(x)$ muitas vezes pode ser mais bem analisado como uma combinação linear de funções de expansão

$$f(x) = \sum_k \alpha_k \varphi_k(x) \qquad (7.2\text{-}1)$$

na qual k é um número inteiro que corresponde ao índice de uma soma finita ou infinita, α_k são *coeficientes de expansão* de valor real e $\varphi_k(x)$ são *funções de expansão* também de valor real. Se a expansão for única, isto é, só existe um conjunto de α_k para uma dada função $f(x)$, $\varphi_k(x)$, são chamados de *funções de base*, e o *conjunto de expansão*, $\{\varphi_k(x)\}$, é chamado de uma *base* para a classe de funções que podem ser expressas dessa forma. As funções representadas desse modo formam um *espaço de função* chamado de *espaço gerador* do conjunto de expansão, expresso como

$$V = \overline{\operatorname*{Span}_k\{\varphi_k(x)\}} \quad (7.2\text{-}2)$$

No qual o operador *Span* $\{\varphi_k(x)\}$ corresponde a todas as combinações lineares dos elementos de $f(x) \in V$. Dizer que $f(x) \in V$ significa que $f(x)$ está no espaço gerador de $\{\varphi_k(x)\}$ e pode ser expressa na forma da Equação 7.2-1.

Para qualquer espaço de função V e conjunto de expansão correspondente $\{\varphi_k(x)\}$, há um conjunto de funções *duais* expresso por $\{\tilde{\varphi}_k(x)\}$, que pode ser utilizado para calcular os coeficientes α_k da Equação 7.2-1 para qualquer $f(x) \in V$. Esses coeficientes são calculados com os *produtos internos integrais** da função dual $\tilde{\varphi}_k(x)$ e da função $f(x)$. Isto é,

$$\alpha_k = \langle \tilde{\varphi}_k(x), f(x) \rangle = \int \tilde{\varphi}_k^*(x) f(x) dx \quad (7.2\text{-}3)$$

na qual* indica a operação de conjugado complexo. Dependendo da ortogonalidade do conjunto de expansão, esse cálculo assume uma de três formas possíveis. O Exercício 7.10 no final do capítulo ilustra os três casos utilizando vetores no espaço euclidiano bidimensional.

Caso 1: Se as funções de expansão formarem uma base ortonormal para V, ou seja,

$$\langle \varphi_j(x), \varphi_k(x) \rangle = \delta_{jk} = \begin{cases} 0 & j \neq k \\ 1 & j = k \end{cases} \quad (7.2\text{-}4)$$

a base e sua dual são equivalentes. Isto é, $\varphi_k(x) = \tilde{\varphi}_k(x)$, e a Equação 7.2-3 passa a ser

$$\alpha_k = \langle \varphi_k(x), f(x) \rangle \quad (7.2\text{-}5)$$

Os α_k são calculados como os produtos internos das funções de base e $f(x)$.

Caso 2: Se as funções de expansão não forem ortonormais, mas formarem uma base ortogonal para V, então

$$\langle \varphi_j(x), \varphi_k(x) \rangle = 0 \quad j \neq k \quad (7.2\text{-}6)$$

e as funções de base e suas duais são chamadas *biortogonais*. Os α_k são calculados utilizando a Equação 7.2-3 e a base biortogonal e sua dual são tais que

$$\langle \varphi_j(x), \tilde{\varphi}_k(x) \rangle = \delta_{jk} = \begin{cases} 0 & j \neq k \\ 1 & j = k \end{cases} \quad (7.2\text{-}7)$$

Caso 3: Se o conjunto de expansão não formar uma base para V, mas suportar a expansão definida na Equação 7.2-1, trata-se de um conjunto gerador no qual há mais de um conjunto de α_k para qualquer $f(x) \in V$. Diz-se que as funções de expansão e suas duais são *redundantes*. Elas formam um "quadro" (*frame*) no qual**

$$A\|f(x)\|^2 \leq \sum_k |\langle \varphi_k(x), f(x) \rangle|^2 \leq B\|f(x)\|^2 \quad (7.2\text{-}8)$$

para alguns valores $A > 0$, $B < \infty$ e todos $f(x) \in V$. Dividindo essa equação pela norma de $f(x)$ ao quadrado, vemos que A e B "enquadram" os produtos internos normalizados dos coeficientes de expansão e a função. Equações similares às equações 7.2-3 e 7.2-5 podem ser utilizadas para calcular os coeficientes de expansão para os *frames*. Se $A = B$, o conjunto de expansão é chamado de um *tight frame*, e é possível demonstrar que [Daubechies (1992)]

$$f(x) = \frac{1}{A} \sum_k \langle \varphi_k(x), f(x) \rangle \varphi_k(x) \quad (7.2\text{-}9)$$

Com exceção do termo A^{-1}, que é uma medida de redundância do *frame*, essa expressão é idêntica à expressão obtida substituindo a Equação 7.2-5 (para bases ortonormais) na Equação 7.2-1.

7.2.2 Funções de escala

Considerando o conjunto das funções de expansão composto de translações por inteiros e escalas binárias da função real, de quadrado integrável $\varphi(x)$; esse é o conjunto $\{\varphi_{j,k}(x)\}$, no qual

$$\varphi_{j,k}(x) = 2^{j/2} \varphi(2^j x - k) \quad (7.2\text{-}10)$$

para todos os $j, k \in \mathbf{Z}$ e $\varphi(x) \in L^2(\mathbf{R})$.*** Neste caso, k determina a posição de φ ao longo do eixo x, e j determina a largura de $\varphi_{j,k}(x)$ — isto é, o quão larga ou estreita ela é ao longo do eixo x. O termo $2^{j/2}$ controla a amplitude da

---

* O produto interno integral de duas funções reais ou complexas $f(x)$ e $g(x)$ é $\langle f(x), g(x) \rangle = \int f^*(x) g(x) dx$. Se $f(x)$ for real, $f^*(x) = f(x)$ e $\langle f(x), g(x) \rangle = \int f(x) g(x) dx$.

** A norma de $f(x)$, expressa por $\|f(x)\|$, é definida como a raiz quadrada do valor absoluto do produto interno de $f(x)$ com ela mesma.

*** A notação $L^2(\mathbf{R})$, na qual $\mathbf{R}$ é o conjunto de números reais, expressa o conjunto de funções mensuráveis, unidimensionais, de quadrado integrável; $\mathbf{Z}$ é o conjunto dos números inteiros.

função. Como o formato de $\varphi_{j,k}(x)$ varia de acordo com j, $\varphi(x)$ é chamada de *função de escala*. Se $\varphi(x)$ for escolhida adequadamente, $\{\varphi_{j,k}(x)\}$ pode ser feita para gerar $L^2(\mathbf{R})$, que é o conjunto de todas as funções mensuráveis, de quadrado integrável.

Se restringirmos j na Equação 7.2-10 a um valor específico, digamos $j = j_0$, o conjunto de expansão resultante, $\{\varphi_{j_0,k}(x)\}$, é um subconjunto de $\{\varphi_{j,k}(x)\}$ que gera um subespaço de $L^2(\mathbf{R})$. Utilizando a notação da seção anterior, podemos definir esse subespaço como

$$V_{j_0} = \overline{\underset{k}{\text{Span}}\{\varphi_{j_0,k}(x)\}} \qquad (7.2\text{-}11)$$

Isto é, V_{j_0} é o conjunto gerador de $\varphi_{j,k}(x)$ em função de k. Se $f(x) \in V_{j_0}$, podemos escrever

$$f(x) = \sum_k \alpha_k \varphi_{j_0,k}(x) \qquad (7.2\text{-}12)$$

De forma mais geral, expressaremos o subespaço gerado em função de k para qualquer j como

$$V_j = \overline{\underset{k}{\text{Span}}\{\varphi_{j,k}(x)\}} \qquad (7.2\text{-}13)$$

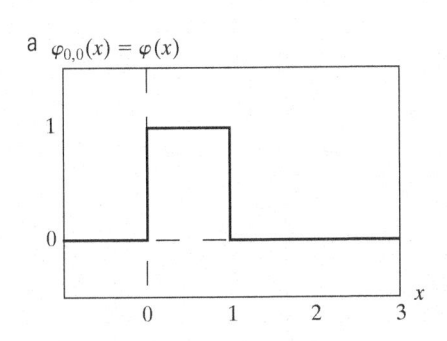

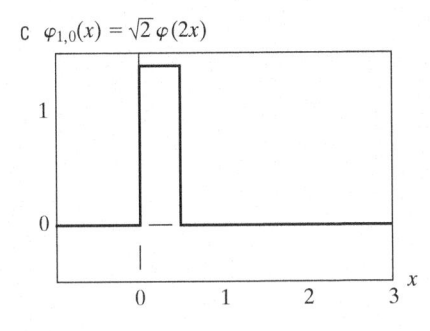

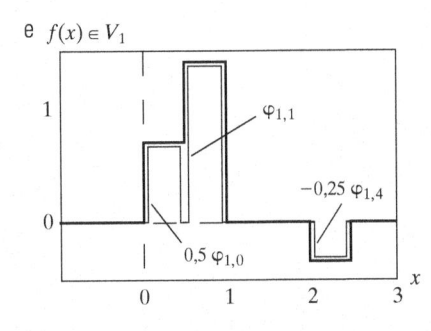

Como veremos no exemplo a seguir, eleva j aumenta também o tamanho de V_j, permitindo que funções com variações menores ou detalhes mais finos sejam incluídas no subespaço. Essa é uma consequência do fato de que, à medida que j aumenta, $\varphi_{j,k}(x)$, que são utilizadas para representar as funções do subespaço, se tornam mais estreitas e separadas por variações menores de x.

■

Exemplo 7.4 A função de escala de Haar.

Considere a função de escala de altura unitária e largura unitária [Haar (1910)]

$$\varphi(x) = \begin{cases} 1 & 0 \leq x < 1 \\ 0 & \text{caso contrário} \end{cases} \qquad (7.2\text{-}14)$$

As figuras 7.11(a) a (d) mostram quatro das várias funções de expansão que podem ser geradas substituindo essa função de escala em formato de pulso na Equação 7.2-10. Observe que as funções de expansão para $j = 1$ nas figuras 7.11(c) e (d) apresentam a metade da largura das funções

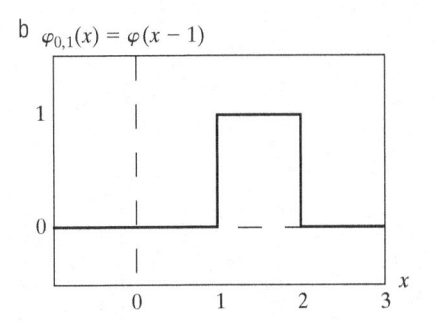

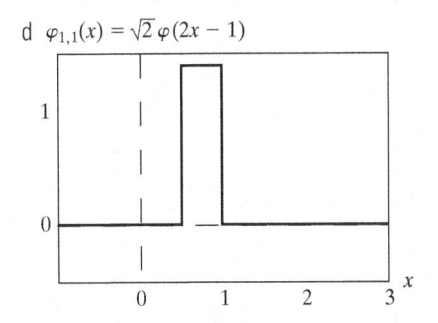

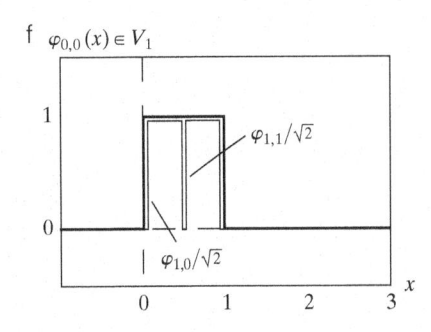

Figura 7.11 Algumas funções de escala de Haar.

para $j = 0$ nas figuras 7.11(a) e (b). Para um determinado intervalo em x, podemos definir duas vezes o número de funções de escala V_1 como funções de escala V_0 (isto é, $\varphi_{1,0}$ e $\varphi_{1,1}$ de V_1 versus $\varphi_{0,0}$ de V_0 para o intervalo $0 \leq x < 1$).

A Figura 7.11(e) mostra um membro do subespaço V_1. Essa função não pertence a V_0 porque as funções de expansão V_0 nas figuras 7.11(a) e (b) são muito grosseiras para representá-las. Neste caso, são necessárias funções de resolução mais alta, como as das figuras 7.11(c) e (d). Elas podem ser utilizadas, como mostrado em (e), para representar a função pela expansão de três termos

$$f(x) = 0{,}5\varphi_{1,0}(x) + \varphi_{1,1}(x) - 0{,}25\varphi_{1,4}(x)$$

Para concluir o exemplo, a Figura 7.11(f) ilustra a decomposição de $\varphi_{0,0}(x)$ como uma soma das funções de expansão V_1. De forma similar, qualquer função de expansão V_0 pode ser decomposta utilizando-se

$$\varphi_{0,k}(x) = \frac{1}{\sqrt{2}}\varphi_{1,2}(x) + \frac{1}{\sqrt{2}}\varphi_{1,2k+1}(x)$$

Dessa forma, se $f(x)$ for um elemento de V_0, ela também será um elemento de V_1. Isso ocorre porque todas as funções de expansão V_0 estão contidas em V_1. Matematicamente, dizemos que V_0 é um subespaço de V_1, ou $V_0 \subset V_1$. ■

A simples função de escala do exemplo anterior obedece aos quatro requisitos fundamentais da análise multirresolução [Mallat (1989a)]:

Requisito n. 1 da MRA: A função de escala é ortogonal às suas translações por números inteiros.

Isso é facilmente verificado no caso da função de Haar, porque sempre que ela tem valor 1, suas translações por números inteiros têm valor 0, de forma que o produto dos dois é 0. Diz-se que a função de escala de Haar tem *suporte compacto*, o que significa que tem valor 0 em qualquer ponto fora de um intervalo finito chamado de *suporte*. De fato, a largura do suporte é 1 e é 0 fora do intervalo semiaberto [0, 1). Note que fica cada vez mais difícil satisfazer o requisito para as translações ortogonais por inteiros à medida que a largura do suporte da função de escala passa a ser maior do que 1.

Requisito n. 2 da MRA: Os subespaços gerados pela função de escala em baixas escalas são alojados dentro dos subespaços gerados em escalas mais altas.

Como podemos ver na Figura 7.12, os subespaços contendo funções de alta resolução também devem conter todas as funções de resolução mais baixa. Isto é,

$$V_{-\infty} \subset \ldots \subset V_{-1} \subset V_0 \subset V_1 \subset V_2 \subset \ldots \subset V_{\infty} \quad (7.2\text{-}15)$$

Além disso, os subespaços satisfazem a condição intuitiva de que, se $f(x) \in V_j$, então $f(2x) \in V_{j+1}$. O fato de a função de escala de Haar satisfazer esse requisito não deve ser interpretado como uma indicação de que qualquer função com uma largura de suporte igual a 1 automaticamente satisfaz a condição. Deixamos como um exercício para o leitor demonstrar que a função igualmente simples

$$\varphi(x) = \begin{cases} 1 & 0{,}25 \leq x < 0{,}75 \\ 0 & \text{nos outros lugares} \end{cases}$$

não é uma função de escala válida para uma análise multirresolução (veja o Exercício 7.11).

Requisito n. 3 da MRA: A única função comum a todos os V_j é $f(x) = 0$.

Se considerarmos as funções de expansão mais grosseiras possíveis (isto é, $j = -\infty$), a única função representável é a função sem nenhuma informação. Isto é,

$$V_{-\infty} = \{0\} \quad (7.2\text{-}16)$$

Requisito n. 4 da MRA: Qualquer função pode ser representada com precisão arbitrária.

Apesar de talvez não ser possível expandir uma função específica $f(x)$ em uma resolução arbitrariamente grosseira, como foi o caso da função da Figura 7.11(e), todas as funções mensuráveis e de quadrado integrável podem ser representadas pelas funções de escala no limite com $j \to \infty$. Isto é,

$$V_{\infty} = \{L^2(\mathbf{R})\} \quad (7.2\text{-}17)$$

Sob essas condições, as funções de expansão do subespaço V_j podem ser expressas como uma soma ponderada das funções de expansão do subespaço V_{j+1}. Utilizando a Equação 7.2-12, temos que

$$\varphi_{j,k}(x) = \sum_n \alpha_n \varphi_{j+1,n}(x)$$

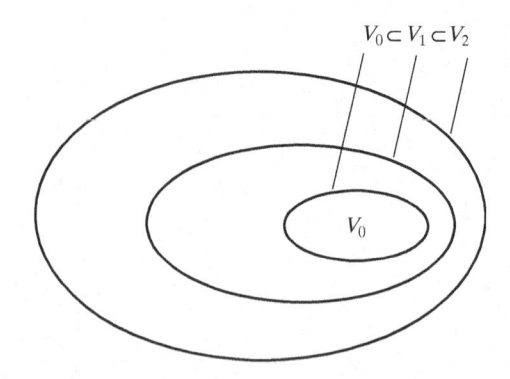

Figura 7.12 Alojamento dos espaços de função gerados por uma função de escala.

na qual o índice do somatório foi alterado para n para facilitar a interpretação. Substituindo $\varphi_{j+n,n}(x)$ pela Equação 7.2-10 e alterando a variável α_n para $h_\varphi(n)$, temos*

$$\varphi_{j,k}(x) = \sum_n h_\varphi(n) 2^{(j+1)/2} \varphi(2^{j+1}x - n)$$

Como $\varphi(x) = \varphi_{0,0}(x)$, o valor 0 pode ser atribuído tanto a j quanto a k a fim de obter a expressão mais simples, na qual não há subscrito

$$\varphi(x) = \sum_n h_\varphi(n)\sqrt{2}\varphi(2x - n) \quad (7.2\text{-}18)$$

Os coeficientes $h_\varphi(n)$ nessa equação recursiva são chamados de coeficientes da *função de escala*; h_φ é chamado de *vetor de escala*. A Equação 7.2-18 é fundamental para a análise multirresolução e é chamada de *equação de refinamento*, *equação MRA* ou *equação de dilatação*. Ela estabelece que as funções de expansão de qualquer subespaço podem ser construídas a partir de cópias de dupla resolução de si mesmas — isto é, a partir de funções de expansão do próximo espaço de resolução mais alta. A escolha de um subespaço de referência, V_0, é arbitrária.

Exemplo 7.5 Coeficientes da função de escala de Haar.

Os coeficientes da função de escala para a função de Haar da Equação 7.2-14 são $h_\varphi(0) = h_\varphi(1) = 1/\sqrt{2}$, a primeira linha da matriz $\mathbf{H}_2$ na Equação 7.1-18. Dessa forma, a Equação 7.2-18 resulta em

$$\varphi(x) = \frac{1}{\sqrt{2}}\left[\sqrt{2}\varphi(2x)\right] + \frac{1}{\sqrt{2}}\left[\sqrt{2}\varphi(2x - 1)\right]$$

Essa decomposição foi ilustrada graficamente para $\varphi_{0,0}(x)$ na Figura 7.11(f), na qual vemos que os termos entre colchetes da expressão anterior são $\varphi_{1,0}(x)$ e $\varphi_{1,1}(x)$. Uma simplificação adicional resulta em $\varphi(x) = \varphi(2x) + \varphi(2x - 1)$.

7.2.3 Funções *wavelet*

Dada uma função de escala que satisfaça os requisitos de MRA da seção anterior, podemos definir uma *função wavelet* $\psi(x)$ que, junto com suas translações por números inteiros e escalas binárias, gera a diferença entre dois subespaços quaisquer de escala adjacente, V_j e V_{j+1}. A situação é ilustrada graficamente na Figura 7.13. Definimos o conjunto $\{\psi_{j,k}(x)\}$ de *wavelets*

$$\psi_{j,k}(x) = 2^{j/2}\psi(2^j x - k) \quad (7.2\text{-}19)$$

---
*Os α_n são alterados para $h_\varphi(n)$ pois eles serão utilizados posteriormente (veja a Seção 7.4) como coeficientes de banco de filtros.

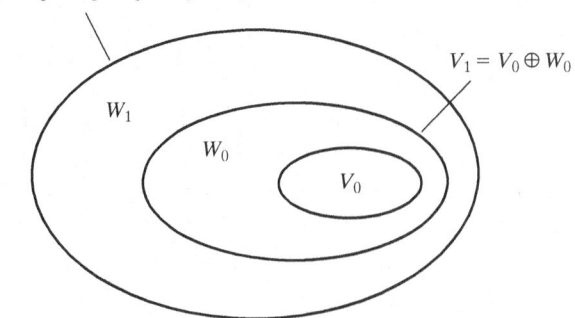

Figura 7.13 A relação entre os espaços de função de escala e *wavelet*.

para todos os $k \in \mathbf{Z}$ que geram os espaços W_j da figura. No que se refere às funções de escala, escrevemos

$$W_j = \overline{\text{Span}_k\{\psi_{j,k}(x)\}} \quad (7.2\text{-}20)$$

e observamos que, se $f(x) \in W_j$,

$$f(x) = \sum_k \alpha_k \psi_{j,k}(x) \quad (7.2\text{-}21)$$

Os subespaços de função de escala e *wavelet* na Figura 7.13 são relacionados por

$$V_{j+1} = V_j \oplus W_j \quad (7.2\text{-}22)$$

na qual $\oplus$ expressa a união dos espaços (como a união de conjuntos). O complemento ortogonal de V_j em V_{j+1} é W_j e todos os membros de V_j são ortogonais aos membros de W_j. Dessa forma,

$$\langle \varphi_{j,k}(x), \psi_{j,l}(x) \rangle = 0 \quad (7.2\text{-}23)$$

para todos os $j, k, l \in \mathbf{Z}$ apropriados.

Agora podemos expressar o espaço de todas as funções mensuráveis de quadrado integrável como

$$L^2(\mathbf{R}) = V_0 \oplus W_0 \oplus W_1 \oplus \ldots \quad (7.2\text{-}24)$$

ou

$$L^2(\mathbf{R}) = V_1 \oplus W_1 \oplus W_2 \oplus \ldots \quad (7.2\text{-}25)$$

ou então

$$L^2(\mathbf{R}) = \ldots \oplus W_{-2} \oplus W_{-1} \oplus W_0 \oplus W_1 \oplus W_2 \oplus \ldots \quad (7.2\text{-}26)$$

o que elimina a função de escala e representa uma função exclusivamente em termos de *wavelets* (isto é, há apenas espaços de função *wavelet* na Equação 7.2-26). Observe que, se $f(x)$ for um elemento de V_1, mas não de V_0, uma expansão utilizando a Equação 7.2-24 contém uma *aproximação* de $f(x)$ utilizando funções de escala de V_0. As *wavelets* de W_0 podem codificar a *diferença* entre essa aproximação e a função real. As equações 7.2-24 a 7.2-26 podem ser generalizadas para gerar

$$L^2(\mathbf{R}) = V_{j_0} \oplus W_{j_0} \oplus W_{j_0+1} \oplus \ldots \quad (7.2\text{-}27)$$

na qual j_0 é uma escala inicial arbitrária.

Como os espaços *wavelet* residem nos espaços gerados pelas próximas funções de escala de resolução mais alta (veja a Figura 7.13), qualquer função *wavelet* — como sua função de escala equivalente da Equação 7.2-18 — pode ser expressa como uma soma ponderada de funções de escala deslocadas, de dupla resolução. Em outras palavras, podemos escrever

$$\psi(x) = \sum_n h_\psi(n)\sqrt{2}\varphi(2x - n) \quad (7.2\text{-}28)$$

na qual os $h_\psi(n)$ são chamados de *coeficientes da função wavelet* e h_ψ é o *vetor wavelet*. Utilizando a condição de que as *wavelets* geram os espaços complementares ortogonais da Figura 7.13 e que as translações de *wavelet* por números inteiros são ortogonais é possível demonstrar que $h_\psi(n)$ se relaciona com $h_\varphi(n)$ por [veja, por exemplo, Burrus, Gopinath e Guo (1998)]

$$h_\psi(n) = (-1)^n h_\varphi(1 - n) \quad (7.2\text{-}29)$$

Observe a semelhança desse resultado com a Equação 7.1-14, que corresponde à relação entre as respostas ao impulso dos filtros ortonormais de codificação e decodificação em sub-bandas.

Exemplo 7.6 Os coeficientes da função *wavelet* de Haar.

No exemplo anterior, o vetor de escala de Haar foi definido como $h_\varphi(0) = h_\varphi(1) = 1/\sqrt{2}$. Utilizando a Equação 7.2-29, o vetor *wavelet* correspondente é $h_\psi(0) = (-1)^0 h_\varphi(1 - 0) = 1/\sqrt{2}$ e $h_\psi(1) = (-1)^1 h_\varphi(1 - 1) = -1/\sqrt{2}$. Observe que esses coeficientes correspondem à segunda linha da matriz $\mathbf{H}_2$ na Equação 7.1-18. Substituindo esses valores na Equação 7.2-28, obtemos $\psi(x) = \varphi(2x) - \varphi(2x - 1)$, que é representado graficamente na Figura 7.14(a). Dessa forma, a função *wavelet* de Haar é

$$\psi(x) = \begin{cases} 1 & 0 \leq x < 0{,}5 \\ -1 & 0{,}5 \leq x < 1 \\ 0 & \text{nos outros lugares} \end{cases} \quad (7.2\text{-}30)$$

Utilizando a Equação 7.2-19, agora podemos gerar o universo de *wavelets* de Haar escalonadas e transladadas.

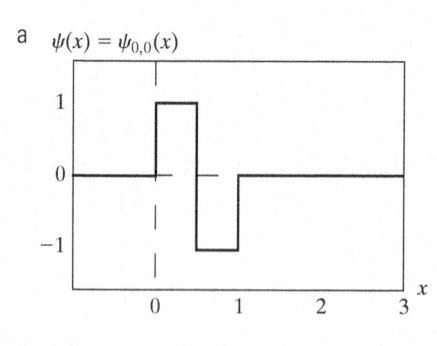

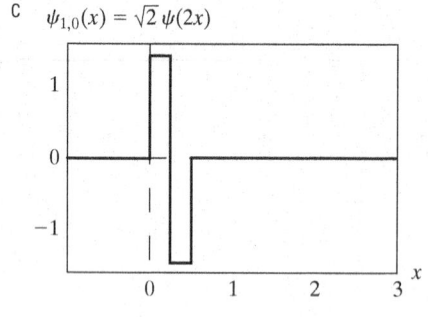

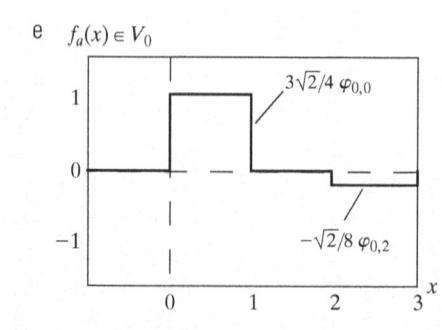

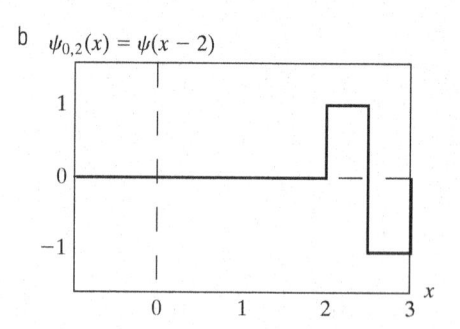

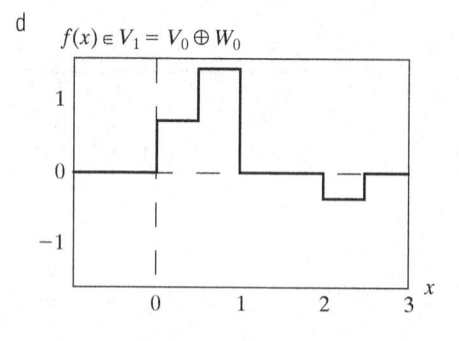

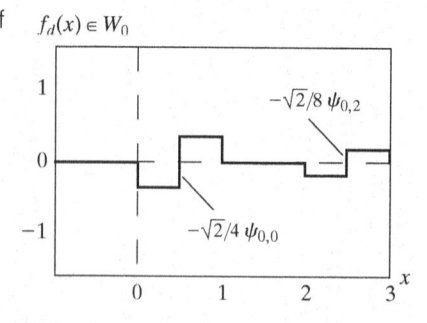

Figura 7.14 Funções *wavelet* de Haar em W_0 e W_1.

Duas dessas *wavelets*, $\psi_{0,2}(x)$ e $\psi_{1,0}(x)$, são mostradas nas figuras 7.14(b) e 7.14(c), respectivamente. Observe que a *wavelet* $\psi_{1,0}(x)$ para o espaço W_1 é mais estreita do que a *wavelet* $\psi_{0,2}(x)$ para W_0; ela pode ser utilizada para representar detalhes mais finos.

A Figura 7.14(d) mostra uma função do subespaço V_1 que não está no subespaço V_0. Vimos essa função em um exemplo anterior [veja a Figura 7.11(e)]. Apesar de a função não poder ser representada com exatidão em V_0, a Equação 7.2-22 indica que ela pode ser expandida utilizando as funções de expansão V_0 e W_0. A expansão resultante é

$$f(x) = f_a(x) + f_d(x)$$

sendo

$$f_a(x) = \frac{3\sqrt{2}}{4}\varphi_{0,0}(x) - \frac{\sqrt{2}}{8}\varphi_{0,2}(x)$$

e

$$f_d(x) = \frac{-\sqrt{2}}{4}\psi_{0,0}(x) - \frac{\sqrt{2}}{8}\psi_{0,2}(x)$$

Neste caso, $f_a(x)$ é uma aproximação de $f(x)$ utilizando funções de escala V_0, ao passo que $f_d(x)$ é a diferença $f(x) - f_a(x)$ como uma soma de *wavelets* W_0. As duas expansões, mostradas nas figuras 7.14(e) e 7.14(f), dividem $f(x)$ de forma similar a um filtro passa-baixa e passa-alta, como vimos na discussão referente à Figura 7.6. As baixas frequências de $f(x)$ são representadas em $f_a(x)$ — que assume o valor médio de $f(x)$ em cada intervalo inteiro —, ao passo que os detalhes de alta frequência são codificados em $f_d(x)$.

7.3 Transformadas *wavelet* em uma dimensão

Agora podemos definir formalmente várias transformações *wavelet* estreitamente relacionadas: a *expansão de séries wavelet* generalizada, a *transformada wavelet discreta* e a *transformada wavelet contínua*. Suas contrapartes no domínio de Fourier são a expansão de série de Fourier, a transformada discreta de Fourier e a transformada integral de Fourier, respectivamente. Na Seção 7.4, desenvolvemos uma implementação computacionalmente eficiente da transformada *wavelet* discreta, chamada de *transformada rápida de wavelet*.

7.3.1 As expansões de séries *wavelet*

Começamos definindo a *expansão de séries wavelet* da função $f(x) \in L^2(\mathbf{R})$ relativa à função *wavelet* $\psi(x)$ e função de escala $\varphi(x)$. De acordo com a Equação 7.2-27, $f(x)$ pode ser representada por uma expansão da função de escala no subespaço (a Equação 7.2-12 define uma expansão como essa) e algum número de expansões de função *wavelet* nos subespaços W_{j_0}, W_{j_0+1}, ... (como definido na Equação 7.2-21). Dessa forma,

$$f(x) = \sum_k c_{j_0}(k)\varphi_{j_0,k}(x) + \sum_{j=j_0}^{\infty}\sum_k d_j(k)\psi_{j,k}(x) \quad (7.3\text{-}1)$$

na qual j_0 é uma escala inicial arbitrária e $c_{j_0}(k)$ e $d_j(k)$ correspondem aos α_k das equações 7.2-12 e 7.2-21, respectivamente. Os $c_{j_0}(k)$ normalmente são chamados de *coeficientes de aproximação* e/ou *escala*, os $d_j(k)$ são chamados de *coeficientes de detalhes* e/ou *wavelet*. Isso ocorre porque a primeira soma na Equação 7.3-1 utiliza funções de escala para fornecer uma aproximação de $f(x)$ na escala j_0 [a menos que $f(x) \in V_{j_0}$, de forma que a soma das funções de escala seja igual a $f(x)$]. Para cada escala mais alta $j \geq j_0$ na segunda soma, uma função de maior resolução — uma soma de *wavelets* — é adicionada à aproximação para proporcionar cada vez mais detalhes. Se as funções de expansão formarem uma base ortonormal ou um *tight frame*, o que costuma ser o caso, os coeficientes de expansão são calculados — com base nas equações 7.2-5 e 7.2-9 — como[*]

$$c_{j_0}(k) = \langle f(x), \varphi_{j_0,k}(x)\rangle$$
$$= \int f(x)\varphi_{j_0,k}(x)dx \quad (7.3\text{-}2)$$

e

$$d_j(k) = \langle f(x), \psi_{j,k}(x)\rangle$$
$$= \int f(x)\psi_{j,k}(x)dx \quad (7.3\text{-}3)$$

Nas equações 7.2-5 e 7.2-9, os coeficientes de expansão (isto é, os α_k) são definidos como produtos internos da função que está sendo expandida e das funções de expansão que estão sendo utilizadas. Nas equações 7.3-2 e 7.3-3, as funções de expansão são os $\varphi_{j_0,k}$ e os $\psi_{j,k}$, os coeficientes de expansão são os c_{j_0} e os d_j. Se as funções de expansão fizerem parte de uma base biortogonal, os termos φ e ψ dessas equações devem ser substituídos pelas suas funções duais, $\tilde{\varphi}$ e $\tilde{\psi}$, respectivamente.

Exemplo 7.7 A expansão de séries da *wavelet* de Haar de $y = x^2$.

Considere a função simples:

$$y = \begin{cases} x^2 & 0 \leq x \leq 1 \\ 0 & \text{caso contrário} \end{cases}$$

mostrada na Figura 7.15(a). Utilizando *wavelets* de Haar — veja as equações 7.2-14 e 7.2-30 — e uma escala inicial $j_0 = 0$, as equações 7.3-2 e 7.3-3 podem ser utilizadas para calcular os seguintes coeficientes de expansão:

---
[*] Como f é real, os conjugados não são necessários nos produtos internos das equações 7.3-2 e 7.3-3.

$$c_0(0) = \int_0^1 x^2 \varphi_{0,0}(x)\,dx = \int_0^1 x^2\,dx = \frac{x^3}{3}\bigg|_0^1 = \frac{1}{3}$$

$$d_0(0) = \int_0^1 x^2 \psi_{0,0}(x)\,dx = \int_0^{0,5} x^2\,dx$$
$$- \int_{0,5}^1 x^2\,dx = \frac{1}{4}$$

$$d_1(0) = \int_0^1 x^2 \psi_{1,0}(x)\,dx = \int_0^{0,25} x^2\sqrt{2}\,dx$$
$$- \int_{0,25}^{0,5} x^2\sqrt{2}\,dx = -\frac{\sqrt{2}}{32}$$

$$d_1(1) = \int_0^1 x^2 \psi_{1,1}(x)\,dx = \int_{0,5}^{0,75} x^2\sqrt{2}\,dx$$
$$- \int_{0,75}^1 x^2\sqrt{2}\,dx = -\frac{3\sqrt{2}}{32}$$

Substituindo esses valores na Equação 7.3-1, obtemos a expansão de séries *wavelet*

$$y = \underbrace{\frac{1}{3}\varphi_{0,0}(x)}_{V_0} + \underbrace{\left[-\frac{1}{4}\psi_{0,0}(x)\right]}_{W_0} + \underbrace{\left[-\frac{\sqrt{2}}{32}\psi_{1,0}(x) - \frac{3\sqrt{2}}{32}\psi_{1,1}(x)\right]}_{W_1} + \ldots$$

$$\underbrace{\phantom{\frac{1}{3}\varphi_{0,0}(x) - \frac{1}{4}\psi_{0,0}(x)}}_{V_1 = V_0 \oplus W_0}$$

$$\underbrace{\phantom{\frac{1}{3}\varphi_{0,0}(x) - \frac{1}{4}\psi_{0,0}(x) - \frac{\sqrt{2}}{32}\psi_{1,0}(x) - \frac{3\sqrt{2}}{32}\psi_{1,1}(x)}}_{V_2 = V_1 \oplus W_1 = V_0 \oplus W_0 \oplus W_1}$$

O primeiro termo dessa expansão utiliza $c_0(0)$ para gerar uma aproximação de subespaço V_0 da função sendo expandida. Essa aproximação é mostrada na Figura 7.15(b) e corresponde ao valor médio da função original. O segundo termo utiliza $d_0(0)$ para refinar a aproximação acrescentando um nível de detalhe do subespaço W_0. Os detalhes adicionados e a aproximação V_1 resultante são mostrados nas figuras 7.15(c) e 7.15(d), respectivamente. Outro nível de detalhe é acrescentado por $d_1(0)$ e $d_1(1)$, que são coeficientes do subespaço W_1. Esse detalhe adicional é mostrado na Figura 7.15(e) e a aproximação V_2 resultante é representada em 7.15(f). Observe que a expansão agora está começando a se parecer com a função original. À medida que escalas mais altas (maiores níveis de detalhes) são acrescentadas, a aproximação passa a ser uma representação mais precisa da função, realizando-a no limite com $j \to \infty$.

7.3.2 A transformada *wavelet* discreta

Do mesmo modo que a expansão de série de Fourier, a expansão de séries *wavelet* da seção anterior mapeia uma função de uma variável contínua em uma sequência de coeficientes. Se a função em expansão for discreta (isto é, uma sequência de números), os coeficientes resultantes serão chamados de *transformada wavelet discreta*

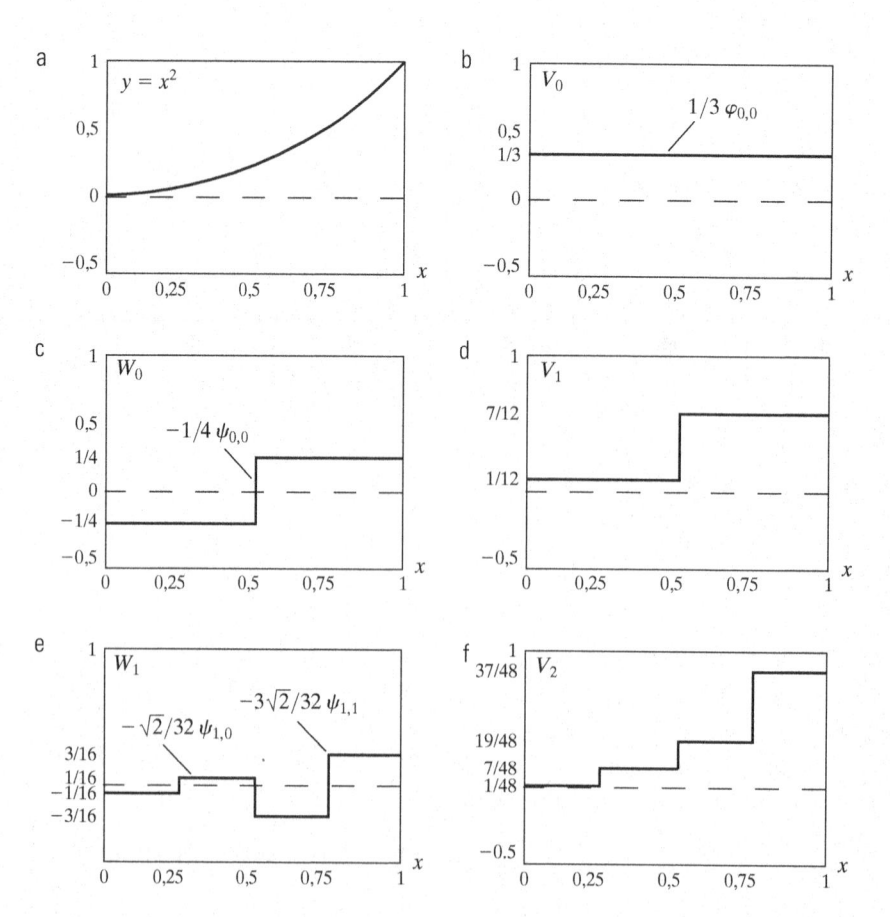

Figura 7.15 Expansão de séries *wavelet* de $y = x^2$ utilizando *wavelets* de Haar.

(DWT, de *discrete wavelet transform*). Por exemplo, se $f(n) = f(x_0 + n\Delta x)$ para algum x_0, Δx, e $n = 0, 1, 2, \ldots, M-1$, os coeficientes de expansão de séries *wavelet* para $f(x)$ (definidos pelas equações 7.3-2 e 7.3-3) passam a ser os coeficientes da DWT *direta* para a sequência $f(n)$:

$$W_\varphi(j_0, k) = \frac{1}{\sqrt{M}} \sum_n f(n) \varphi_{j_0,k}(n) \qquad (7.3\text{-}4)$$

$$W_\psi(j, k) = \frac{1}{\sqrt{M}} \sum_n f(n) \psi_{j,k}(n) \qquad (7.3\text{-}5)$$

para $j \geq j_0$

Os $\varphi_{j_0,k}(n)$ e $\psi_{j,k}(n)$ nessas equações são versões amostradas das funções de base $\varphi_{j_0,k}(x)$ e $\psi_{j,k}(x)$. Por exemplo, $\varphi_{j_0,k}(n) = \varphi_{j_0,k}(x_s + n\Delta x_s)$ para alguns x_s, Δx_s e $n = 0, 1, 2, \ldots, M-1$. Dessa forma, empregamos M amostras igualmente espaçadas ao longo do suporte das funções de base (veja o Exemplo 7.8 a seguir). De acordo com a Equação 7.3-1, a DWT *inversa* complementar é

$$f(n) = \frac{1}{\sqrt{M}} \sum_k W_\varphi(j_0, k) \varphi_{j_0,k}(n) + \frac{1}{\sqrt{M}} \sum_{j=j_0}^\infty \sum_k W_\psi(j,k) \psi_{j,k}(n) \qquad (7.3\text{-}6)$$

Normalmente, fazemos $j_0 = 0$ e selecionamos M para ser uma potência de 2 (i.e., $M = 2^J$), de forma que os somatórios das equações 7.3-4 a 7.3-6 são calculadas ao longo de $n = 0, 1, 2, \ldots, M-1$, $j = 0, 1, 2, \ldots, J-1$ e $k = 0, 1, 2, \ldots, 2^j - 1$. Para *wavelets* de Haar, as funções discretizadas de escala e *wavelet* empregadas na transformada (isto é, as funções de base), correspondem às linhas da matriz de transformação de Haar $M \times M$ da Seção 7.1.3. A própria transformada é composta de M coeficientes, a escala mínima é 0 e a escala máxima é $J - 1$. Pelas razões observadas na Seção 7.3.1 e ilustradas no Exemplo 7.6, os coeficientes definidos nas equações 7.3-4 e 7.3-5 normalmente são chamados de *coeficientes de aproximação* e *de detalhes*, respectivamente.

Os $W_\varphi(j_0, k)$ e $W_\psi(j, k)$ nas equações 7.3-4 a 7.3-6 correspondem aos $c_{j_0}(x)$ e $d_j(k)$ da expansão de séries *wavelet* da seção anterior. (Essa alteração das variáveis não é necessária, mas prepara o caminho para a notação padronizada utilizada para a transformada *wavelet* contínua da próxima seção.) Observe que as integrais na expansão de séries foram substituídas por somatórios e um fator de normalização $1\sqrt{M}$, que lembra a DFT da Seção 4.4.1, foi adicionado tanto na expressão direta quanto na inversa. Alternativamente, esse fator poderia ser incorporado apenas à transformação direta ou à transformação inversa, como $1/M$. Por fim, devemos lembrar que as equações 7.3-4 a 7.3-6 são válidas somente para bases ortonormais e de *tight frames*. Para bases biortogonais, os termos φ e ψ nas equações 7.3-4 e 7.3-5 devem ser substituídos por suas duais, $\tilde{\varphi}$ e $\tilde{\psi}$, respectivamente.

Exemplo 7.8 Cálculo de uma transformada *wavelet* discreta unidimensional.

Para ilustrar a utilização das equações 7.3-4 a 7.3-6, considere a função discreta de quatro pontos: $f(0) = 1$, $f(1) = 4$, $f(2) = -3$ e $f(3) = 0$. Como $M = 4$, $J = 2$ e, com $j_0 = 0$, as somatórias são calculadas em $x = 0, 1, 2, 3$, $j = 0, 1$ e $k = 0$ para $j = 0$ ou $k = 0, 1$ para $j = 1$. Utilizaremos as funções de escala e *wavelet* de Haar e consideraremos que as quatro amostras de $f(x)$ são distribuídas ao longo do suporte das funções de base, cuja largura é 1. Substituindo as quatro amostras na Equação 7.3-4, descobrimos que

$$W_\varphi(0,0) = \frac{1}{2} \sum_{n=0}^3 f(n) \varphi_{0,0}(n)$$
$$= \frac{1}{2}[1 \cdot 1 + 4 \cdot 1 - 3 \cdot 1 + 0 \cdot 1] = 1$$

porque $\varphi_{0,0}(n) = 1$ para $n = 0, 1, 2, 3$. Observe que empregamos amostras uniformemente espaçadas da função de escala de Haar para $j = 0$ e $k = 0$. Os valores correspondem à primeira linha da matriz de transformação de Haar $\mathbf{H}_4$ da Seção 7.1.3. Prosseguindo com a Equação 7.3-5 e as amostras igualmente espaçadas de $\psi_{j,k}(x)$ que correspondem às linhas 2, 3 e 4 de $\mathbf{H}_4$, obtemos

$$W_\psi(0,0) = \frac{1}{2}[1 \cdot 1 + 4 \cdot 1 - 3 \cdot (-1) + 0 \cdot (-1)] = 4$$
$$W_\psi(1,0) = \frac{1}{2}[1 \cdot \sqrt{2} + 4 \cdot (-\sqrt{2}) - 3 \cdot 0 + 0 \cdot 0] = -1{,}5\sqrt{2}$$
$$W_\psi(1,1) = \frac{1}{2}[1 \cdot 0 + 4 \cdot 0 - 3 \cdot \sqrt{2} + 0 \cdot (-\sqrt{2})] = -1{,}5\sqrt{2}$$

Dessa forma, a transformada *wavelet* discreta da nossa função simples de quatro amostras relativa à função *wavelet* e de escala de Haar é $\{1, 4; -1{,}5\sqrt{2}; -1{,}5\sqrt{2}\}$, na qual os coeficientes da transformada foram arranjados na ordem em que foram calculados.

A Equação 7.3-6 nos permite reconstruir a função original a partir de sua transformada. Efetuando uma interação por meio de seus índices de somatório, obtemos

$$f(n) = \frac{1}{2}[W_\varphi(0,0)\varphi_{0,0}(n) + W_\psi(0,0)\psi_{0,0}(n) + W_\psi(1,0)\psi_{1,0}(n) + W_\psi(1,1)\psi_{1,1}(n)]$$

para $n = 0, 1, 2, 3$. Se $n = 0$, por exemplo,

$$f(0) = \frac{1}{2}\left[1 \cdot 1 + 4 \cdot 1 - 1{,}5\sqrt{2} \cdot (\sqrt{2}) - 1{,}5\sqrt{2} \cdot 0\right] = 1$$

Como no caso direto, amostras uniformemente espaçadas das funções de escala e *wavelet* são utilizadas no cálculo da inversa.

A DWT de quatro pontos do exemplo anterior é uma ilustração de uma decomposição de duas escalas de $f(n)$ — isto é, $j = \{0, 1\}$. A premissa básica foi que a escala inicial j_0 era zero, mas outras escalas iniciais são possíveis. Deixamos como um exercício para o leitor (veja o Exercício 7.16) calcular a transformada de escala única $\{2,5\sqrt{2}; -1,5\sqrt{2}; -1,5\sqrt{2}; -1,5\sqrt{2}\}$, que resulta quando a escala inicial é 1. Dessa forma, as equações 7.3-4 e 7.3-5 definem uma "família" de transformadas que difere na escala inicial j_0.

7.3.3 A transformada *wavelet* contínua

A extensão natural da transformada *wavelet* discreta é a *transformada wavelet contínua* (CWT, de *continuous wavelet transform*), que transforma uma função contínua em uma função altamente redundante de duas variáveis contínuas — translação e escala. A transformada resultante é de fácil interpretação e muito útil para a análise de tempo–frequência. Apesar de o nosso interesse se concentrar em imagens discretas, apresentaremos aqui a transformada contínua para que o material seja completo.

A transformada *wavelet* contínua de uma função contínua de quadrado integrável, $f(x)$, relativa a um *wavelet* de valor real, $\psi(x)$, é definida como

$$W_\psi(s,\tau) = \int_{-\infty}^{\infty} f(x)\psi_{s,\tau}(x)dx \quad (7.3\text{-}7)$$

na qual

$$\psi_{s,\tau}(x) = \frac{1}{\sqrt{s}}\psi\left(\frac{x-\tau}{s}\right) \quad (7.3\text{-}8)$$

e s e τ são chamados de parâmetros de *escala* e *translação*, respectivamente. Dada $W_\psi(s, \tau)$, $f(x)$ pode ser obtida utilizando a *transformada wavelet contínua inversa*

$$f(x) = \frac{1}{C_\psi} \int_0^\infty \int_{-\infty}^\infty W_\psi(s,\tau)\frac{\psi_{s,\tau}(x)}{s^2} d\tau\, ds \quad (7.3\text{-}9)$$

sendo

$$C_\psi = \int_{-\infty}^\infty \frac{|\Psi(\mu)|^2}{|\mu|} d\mu \quad (7.3\text{-}10)$$

e $\Psi(\mu)$ a transformada de Fourier de $\psi(x)$. As equações 7.3-7 a 7.3-10 definem uma transformação reversível desde que os chamados *critérios de admissibilidade*, $C_\psi < \infty$, sejam satisfeitos [Grossman e Morlet (1984). Na maioria dos casos, isso simplesmente significa que $\Psi(0) = 0$ e $\Psi(\mu) \to 0$ à medida que $\mu \to \infty$ com rapidez suficiente para que $C_\psi < \infty$.

As equações anteriores são reminiscentes de suas contrapartes discretas — equações 7.2-19, 7.3-1, 7.3-3, 7.3-5 e 7.3-6. As semelhanças a seguir devem ser observadas:

1. O parâmetro de translação contínua, τ, assume o lugar do parâmetro de translação de inteiros, k.
2. O parâmetro de escala contínua, s, é inversamente relacionado ao parâmetro de escala binária, 2^j. Isso ocorre porque s aparece no denominador de $\psi((x - \tau)/s)$ na Equação 7.3-8. Dessa forma, as *wavelets* utilizadas em transformadas contínuas são comprimidas ou reduzidas em largura quando $0 < s < 1$ e são dilatadas ou expandidas quando $s > 1$. A escala da *wavelet* e a nossa noção tradicional de frequência são inversamente relacionadas.
3. A transformada contínua é similar a uma expansão de série (veja a Equação 7.3-1) ou transformada discreta (veja a Equação 7.3-5), na qual a escala inicial $j_0 = -\infty$. Isso — de acordo com a Equação 7.2-26 — elimina a dependência explícita da função de escala, de forma que a função é representada somente em termos de *wavelets*.
4. Da mesma forma que a transformada discreta, a transformada contínua pode ser vista como um conjunto de coeficientes de transformada, $\{W_\psi(s, \tau)\}$, que medem a semelhança de $f(x)$ com um conjunto de funções de base, $\{\psi_{s,\tau}(x)\}$. No caso contínuo, contudo, os dois conjuntos são infinitos. Como $\psi_{s,\tau}(x)$ tem valor real e $\psi_{s,\tau}(x) = \psi_{s,\tau}^*(x)$, cada coeficiente da Equação 7.3-7 é o produto interno integral, $\langle f(x), \psi_{s,\tau}(x)\rangle$, de $f(x)$ e $\psi_{s,\tau}(x)$.

Exemplo 7.9 Uma transformada *wavelet* contínua unidimensional.

A *wavelet* de *chapéu mexicano* (*mexican hat*),

$$\psi(x) = \left(\frac{2}{\sqrt{3}}\pi^{-1/4}\right)(1-x^2)e^{-x^2/2} \quad (7.3\text{-}11)$$

tem esse nome em virtude de seu formato diferenciado [veja a Figura 7.16(a)]. Ela é proporcional à segunda derivada da função de probabilidade gaussiana, tem um valor médio 0 e tem suporte compacto (isto é, desaparece rapidamente à medida que $|x| \to \infty$). Apesar de satisfazer o requisito de admissibilidade para a existência de transformadas contínuas e reversíveis, não há uma função de escala associada e a transformada calculada não resulta em uma análise ortogonal. Suas características mais distintivas são sua simetria e a existência da expressão explícita da Equação 7.3-11.

A função contínua e unidimensional da Figura 7.16(a) é a soma de duas *wavelets* de chapéu mexicano:

$$f(x) = \psi_{1,10}(x) + \psi_{6,80}(x)$$

Seu espectro de Fourier, mostrado na Figura 7.16(b), revela a estreita relação entre as *wavelets* escalonadas e as bandas de frequência de Fourier. O espectro contém duas bandas de frequência mais amplas (picos), que correspondem às duas perturbações do tipo gaussiano que estão presentes na função.

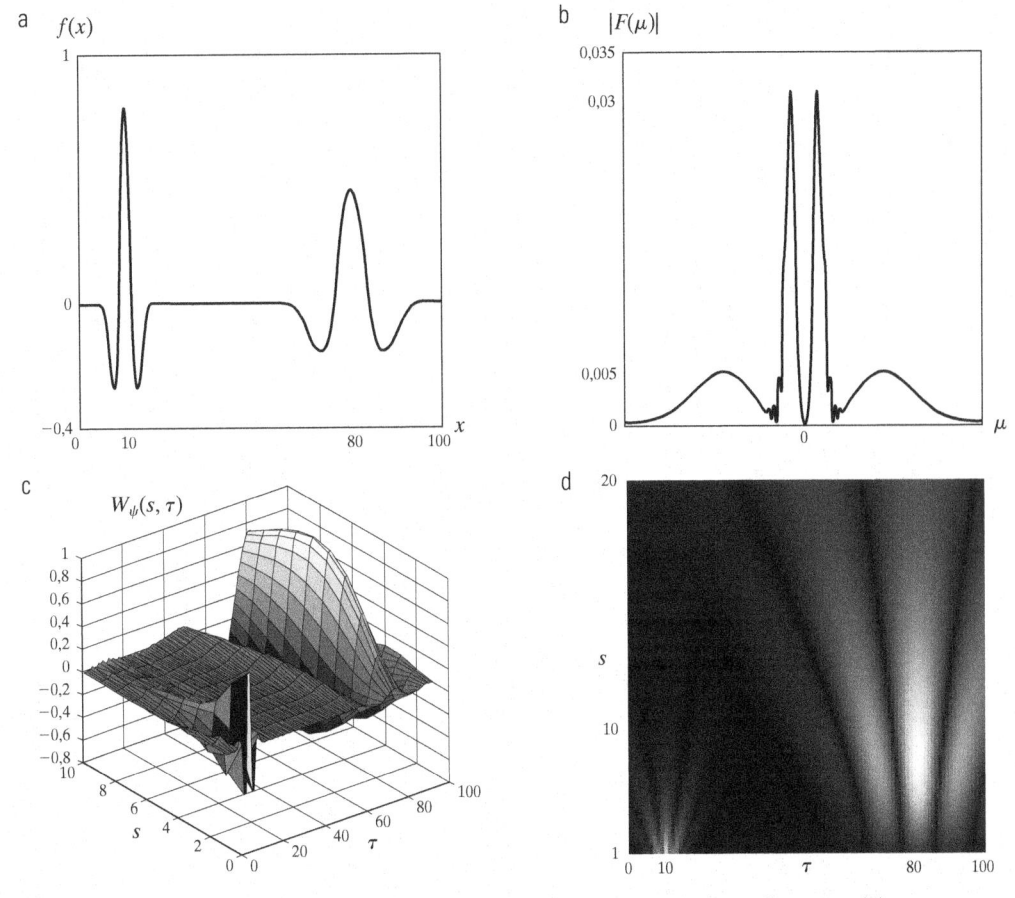

Figura 7.16 A transformada *wavelet* contínua (c e d) e o espectro de Fourier (b) de uma função 1-D contínua (a).

A Figura 7.16(c) mostra uma porção ($1 \leq s \leq 10$ e $\tau \leq 100$) da CWT da função da Figura 7.16(a) relativa à *wavelet* de chapéu mexicano. Diferentemente do espectro de Fourier da Figura 7.16(b), ela proporciona informações tanto espaciais quanto de frequência. Observe, por exemplo, que, quando $s = 1$, a transformada atinge o máximo em $\tau = 10$, o que corresponde à posição do componente $\psi_{1,10}(x)$ de $f(x)$. Como a transformada proporciona uma medida objetiva da similaridade entre $f(x)$ e as *wavelets* para as quais ela é calculada, é fácil ver como ela pode ser utilizada para a detecção de características. Nós simplesmente precisamos de *wavelets* que correspondam às características de interesse. Observações similares podem ser feitas em relação ao gráfico de intensidade da Figura 7.16(d), no qual o valor absoluto da transformada $|W_\psi(s, \tau)|$ é mostrado como intensidades entre preto e branco. Observe que a transformada *wavelet* contínua transforma uma função 1-D em um resultado 2-D.

7.4 A transformada rápida de *wavelet*

A *transformada rápida de wavelet* (FWT, de *fast wavelet transform*) é uma implementação computacionalmente eficiente da transformada *wavelet* discreta (DWT) que explora uma relação surpreendente, porém favorável, entre os coeficientes da DWT em escalas adjacentes. Também chamado de *algoritmo piramidal de Mallat* [Mallat (1989a, 1989b)], a FWT se assemelha ao esquema de codificação em duas sub-bandas da Seção 7.1.2.

Vejamos novamente a equação de refinamento multirresolução*

$$\varphi(x) = \sum_n h_\varphi(n)\sqrt{2}\varphi(2x-n) \quad (7.4\text{-}1)$$

Efetuar a escala de x por 2^j, a translação por k e fazer $m = 2k + n$ resulta em

$$\varphi(2^j x - k) = \sum_n h_\varphi(n)\sqrt{2}\varphi\left(2(2^j x - k) - n\right)$$
$$= \sum_m h_\varphi(n)\sqrt{2}\varphi(2^{j+1}x - 2k - n)$$
$$= \sum_m h_\varphi(m - 2k)\sqrt{2}\varphi(2^{j+1}x - m) \quad (7.4\text{-}2)$$

Observe que o vetor de escala h_φ pode ser considerado como "pesos" utilizados para expandir $\varphi(2^j x - k)$ como uma soma das funções de escala, de escala $j + 1$. Uma sequência similar de operações — a começar com a Equação 7.2-28 — nos proporciona um resultado análogo para $\psi(2^j x - k)$. Isto é,

---
* A Equação 7.4-1 é a Equação 7.2-18 da Seção 7.2.2.

$$\psi(2^j x - k) = \sum_m h_\psi(m - 2k)\sqrt{2}\varphi(2^{j+1} x - m) \quad (7.4\text{-}3)$$

na qual o vetor de escala h_φ na Equação 7.4-2 corresponde ao vetor *wavelet* $h_\psi(n)$ na Equação 7.4-3.

Vejamos agora as equações 7.3-2 e 7.3-3 da Seção 7.3.1. Elas definem os coeficientes da expansão de séries *wavelet* da função contínua $f(x)$*. Substituindo a Equação 7.2-19 — a equação de definição da *wavelet* —, na Equação 7.3-3, temos

$$d_j(k) = \int f(x) 2^{j/2} \psi(2^j x - k) dx \quad (7.4\text{-}4)$$

que, ao substituir $\psi(2^j x - k)$ pelo lado direito da Equação 7.4-3, passa a ser

$$d_j(k) = \int f(x) 2^{j/2} \left[\sum_m h_\psi(m - 2k)\sqrt{2}\varphi(2^{j+1} x - m) \right] dx \quad (7.4\text{-}5)$$

Permutando a soma e a integral e reordenando os termos, temos que

$$d_j(k) = \sum_m h_\psi(m - 2k) \left[\int f(x) 2^{(j+1)/2} \varphi(2^{j+1} x - m) \right] \quad (7.4\text{-}6)$$

sendo que o valor entre colchetes é $c_{j_0}(k)$, da Equação 7.3-2, com $j_0 = j + 1$ e $k = m$. Para ver isso, substitua a Equação 7.2-10 na Equação 7.3-2 e substitua j_0 e k por $j + 1$ e m, respectivamente. Dessa forma, podemos escrever

$$d_j(k) = \sum_m h_\psi(m - 2k) c_{j+1}(m) \quad (7.4\text{-}7)$$

Note também que os coeficientes de detalhes na escala j são uma função dos coeficientes de aproximação na escala $j + 1$. Utilizando as equações 7.4-2 e 7.3-2 como o ponto de partida de uma dedução similar envolvendo os coeficientes de aproximação da expansão de séries *wavelet* (e DWT), temos que

$$c_j(k) = \sum_m h_\varphi(m - 2k) c_{j+1}(m) \quad (7.4\text{-}8)$$

Como os coeficientes $c_j(k)$ e $d_j(k)$ da expansão de séries *wavelet* se tornam os coeficientes $W_\varphi(j, k)$ e $W_\psi(j, k)$ da DWT quando $f(x)$ é discreta (veja a Seção 7.3.2), podemos escrever

$$W_\psi(j, k) = \sum_m h_\psi(m - 2k) W_\varphi(j + 1, m) \quad (7.4\text{-}9)$$

$$W_\varphi(j, k) = \sum_m h_\varphi(m - 2k) W_\varphi(j + 1, m) \quad (7.4\text{-}10)$$

As equações 7.4-9 e 7.4-10 revelam uma relação notável entre os coeficientes DWT de escalas adjacentes.** Comparando esses resultados com a Equação 7.1-7, vemos que tanto $W_\psi(j, k)$ quanto $W_\varphi(j, k)$, a aproximação de escala j e os coeficientes de detalhes podem ser calculados pela convolução de $W_\varphi(j + 1, k)$, os coeficientes de aproximação da escala $j + 1$, com os vetores de escala e *wavelet* de ordem reversa, $h_\varphi(-n)$ e $h_\psi(-n)$, e realizando uma subamostragem dos resultados. A Figura 7.17 resume essas operações na forma de um diagrama de blocos. Observe que esse diagrama é idêntico à porção da análise do sistema de codificação e decodificação em duas sub-bandas da Figura 7.6, com $h_0(n) = h_\varphi(-n)$ e $h_1(n) = h_\psi(-n)$. Dessa forma, podemos escrever

$$W_\psi(j, k) = h_\psi(-n) \star W_\varphi(j + 1, n) \big|_{n = 2k, k \geq 0} \quad (7.4\text{-}11)$$

e

$$W_\varphi(j, k) = h_\varphi(-n) \star W_\varphi(j + 1, n) \big|_{n = 2k, k \geq 0} \quad (7.4\text{-}12)$$

sendo que as convoluções são calculadas nos instantes $n = 2k$ para $k \geq 0$. Como veremos no Exemplo 7.10, calcular as convoluções para os índices pares não negativos equivale a realizar a filtragem e a subamostragem por um fator de 2.

As equações 7.4-11 e 7.4-12 definem o cálculo da transformada rápida de *wavelet*. Para uma sequência de tamanho $M = 2^j$, o número de operações matemáticas envolvidas é da ordem de $O(M)$. Isto é, o número de multiplicações e adições é linear em relação ao tamanho da sequência de entrada — porque o número de multiplicações e adições envolvidas nas convoluções realizadas pelo banco de análise FWT da Figura 7.17 é proporcional ao tamanho das sequências convoluídas. Dessa forma, a FWT se compara de forma favorável ao algoritmo da FFT, que requer algo na ordem de $O(M \log_2 M)$ operações.

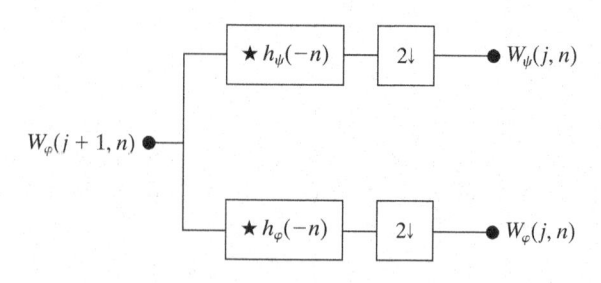

Figura 7.17 Um banco de análise FWT.

---

* Os coeficientes da expansão de séries *wavelet* passam a ser o coeficiente DWT quando f é discreta. Aqui, começamos com os coeficientes de expansão de série para simplificar a dedução; poderemos substituir livremente a partir de resultados anteriores (como as definições de função de escala e *wavelet*).

** Se rescrevermos $h_\varphi(m - 2k)$ na Equação 7.4-9 como $h_\varphi[-(2k - m)]$, veremos que o primeiro sinal negativo é responsável pela reversão de ordem (veja a Equação 7.1-6), o $2k$ é responsável pela subamostragem (veja a Equação 7.1-2), e m é a variável local para a convolução (veja a Equação 7.1-7).

Para concluir o desenvolvimento da FWT, simplesmente observamos que o banco de filtros da Figura 7.17 pode ser "repetido" para criar estruturas de múltiplos estágios para o cálculo dos coeficientes da DWT em duas ou mais escalas sucessivas. Por exemplo, a Figura 7.18(a) mostra um banco de filtros de dois estágios para gerar os coeficientes nas duas mais altas escalas da transformada. Observe que consideramos que os coeficientes de mais alta escala são amostras da própria função. Isto é, $W_\varphi(J, n) = f(n)$, sendo J a mais alta escala. [De acordo com a Seção 7.2.2, $f(x) \in V_J$, sendo que V_J é o espaço de escala no qual $f(x)$ se localiza.] O primeiro banco de filtros da Figura 7.18(a) divide a função original em um componente passa-baixa, de aproximação, que corresponde aos coeficientes de escala $W_\varphi(J - 1, n)$, e um componente passa-alta, de detalhes, correspondente aos coeficientes $W_\psi(J - 1, n)$. Isso é ilustrado graficamente na Figura 7.18(b), na qual o espaço de escala é dividido em um subespaço *wavelet* W_{J-1} e um subespaço de escala V_{J-1}. O espectro da função original é dividido em dois componentes de meia banda. O segundo banco de filtros da Figura 7.18(a) divide o espectro e o subespaço V_{J-1}, que corresponde à meia banda inferior, em subespaços de um quarto de banda W_{J-2} e V_{J-2}, com os coeficientes da DWT correspondentes $W_\psi(J - 2, n)$ e $W_\varphi(J - 2, n)$, respectivamente.

O banco de filtros de dois estágios da Figura 7.18(a) pode ser facilmente estendido a qualquer número de escalas. Um terceiro banco de filtros, por exemplo, operaria sobre os coeficientes $W_\varphi(J - 2, n)$, dividindo o espaço de escala V_{J-2} em dois subespaços de oito bandas W_{J-3} e V_{J-3}.

Normalmente, escolhemos 2^J amostras de $f(x)$ e empregamos P bancos de filtros (como na Figura 7.17) para gerar uma FWT de escala P nas escalas $J - 1, J - 2, \ldots, J - P$. Os coeficientes da mais alta escala (isto é, $J - 1$) são calculados primeiro; os da mais baixa escala (isto é, $J - P$) são calculados por último. Se a função $f(x)$ for amostrada acima da taxa de Nyquist, como costuma ser o caso, suas amostras são boas aproximações dos coeficientes de escala na resolução de amostragem e podem ser utilizadas nas entradas iniciais dos coeficientes de escala de alta resolução. Em outras palavras, nenhum coeficiente *wavelet* ou de detalhes é necessário na escala de amostragem. As funções de escala de mais alta resolução atuam como funções de impulso unitário discreto nas equações 7.3-4 e 7.3-5, permitindo que $f(n)$ seja utilizada como a entrada de escala (aproximação) para o primeiro banco de filtros de duas bandas [Odegard, Gopinath e Burrus (1992)].

■

Exemplo 7.10 Cálculo de uma transformada rápida de *wavelet* 1-D.

Para ilustrar os conceitos apresentados acima, considere a função discreta $f(n) = \{1, 4, -3, 0\}$ do Exemplo 7.8. Como naquele exemplo, calcularemos a transformada baseada nas funções de escala e *wavelet* de Haar. Neste caso, contudo, não utilizaremos diretamente as funções de base, como foi feito na DWT do Exemplo 7.8. Em vez disso, utilizaremos os vetores de escala e *wavelet* correspondentes dos exemplos 7.5 e 7.6:

$$h_\varphi(n) \begin{cases} 1/\sqrt{2} & n = 0,1 \\ 0 & \text{caso contrário} \end{cases} \quad (7.4\text{-}13)$$

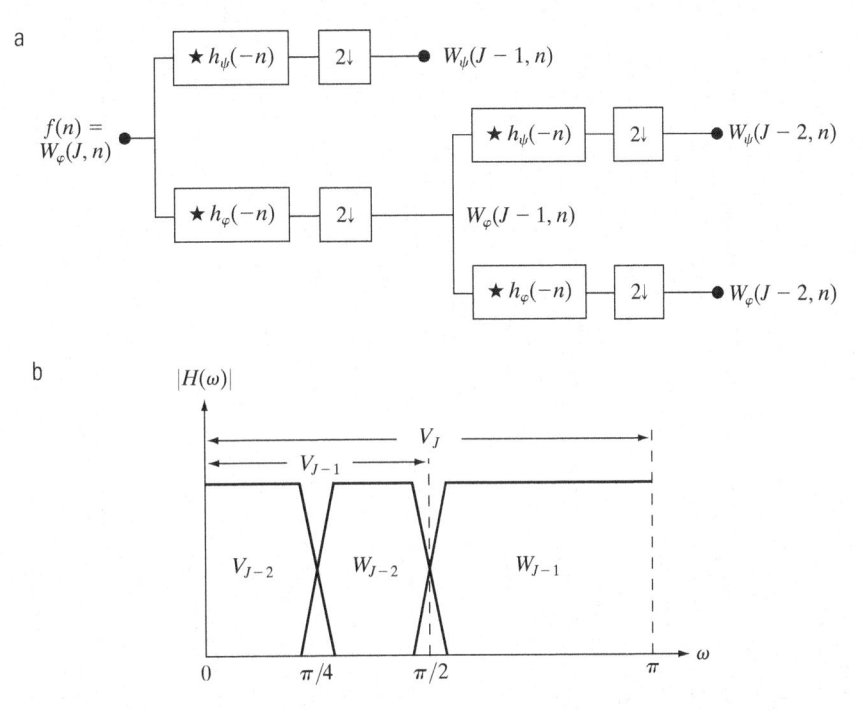

Figura 7.18 (a) Um banco de análise FWT de dois estágios ou duas escalas e (b) suas características de separação de frequências.

e

$$h_\psi(n) \begin{cases} 1/\sqrt{2} & n=0 \\ -1/\sqrt{2} & n=1 \\ 0 & \text{caso contrário} \end{cases} \quad (7.4\text{-}14)$$

Essas são as funções utilizadas para construir os bancos de filtros FWT; elas nos dão os coeficientes de filtro. Observe que, como as funções de escala e *wavelet* de Haar são ortonormais, a Equação 7.1-14 pode ser utilizada para gerar os coeficientes de filtro da FWT a partir de um único filtro protótipo — como o $h_\varphi(n)$ na Tabela 7.2, que corresponde a $g_0(n)$ na Equação 7.1-14:

Como a DWT calculada no Exemplo 7.8 era composta de elementos $\{W_\varphi(0,0), W_\psi(0,0), W_\psi(1,0), W_\psi(1,1)\}$, calcularemos as FWT correspondentes de duas escalas para as escalas $j = \{0, 1\}$. Isto é, $J = 2$ (há $2^J = 2^2$ amostras) e $P = 2$ (estamos trabalhando com as escalas $J - 1 = 2 - 1 = 1$ e $J - P = 2 - 2 = 0$, nessa ordem). A transformada será calculada utilizando o banco de filtros de dois estágios da Figura 7.18(a). A Figura 7.19 mostra as sequências que resultam das subamostras e convoluções FWT necessárias. Observe que a própria função $f(n)$ é a entrada de escala (aproximação) para o banco de filtros mais à esquerda. Para calcular os coeficientes $W_\psi(1,k)$ que aparecem na extremidade da ramificação superior da Figura 7.19, por exemplo, precisamos primeiro calcular a convolução de $f(n)$ com $h_\psi(-n)$. Como explicado na Seção 3.4.2, isso requer rotacionar uma das funções em relação à origem, deslocando-a até que uma passe pela outra e calculando a soma do produto das duas funções ponto a ponto. Para as sequências $\{1, 4, -3, 0\}$ e $\{-1/\sqrt{2}, 1/\sqrt{2}\}$, isso produz

$$\{-1/\sqrt{2}, -3/\sqrt{2}, 7/\sqrt{2}, -3\sqrt{2}, 0\}$$

em que o segundo termo corresponde ao índice $k = 2n = 0$. (Na Figura 7.19, os valores dos subscritos representam índices negativos, isto é, $n < 0$.) Quando realizamos a subamostragem selecionando apenas os pontos de índice par, ob-

Tabela 7.2 Coeficientes do filtro ortonormal de Haar para $h_\varphi(n)$.

n	$h_\varphi(n)$
0	$1/\sqrt{2}$
1	$1/\sqrt{2}$

temos $W_\psi(1,k) = \{-3/\sqrt{2}, -3/\sqrt{2}\}$ para $k = \{0, 1\}$. Alternativamente, podemos utilizar a Equação 7.4-12 para calcular

$$W_\psi(1,k) = h_\psi(-n) \star W_\varphi(2,n)\Big|_{n=2k, k\geq 0} = h_\psi(-n) \star f(n)\Big|_{n=2k, k\geq 0}$$

$$= \sum_l h_\psi(l-2k)x(l)\Big|_{k=0,1}$$

$$= \frac{1}{\sqrt{2}} x(2k) - \frac{1}{\sqrt{2}} x(2k+1)\Big|_{k=0,1}$$

Aqui, substituímos $2k$ por n na convolução e empregamos l como uma variável local da convolução (isto é, para deslocar as duas sequências, uma em relação à outra). Há apenas dois termos na soma expandida porque há apenas dois valores diferentes de zero no vetor *wavelet* de ordem reversa $h_\psi(-n)$. Substituindo $k = 0$, temos que $W_\psi(1,0) = -3/\sqrt{2}$; para $k = 1$, temos que $W_\psi(1,1) = -3/\sqrt{2}$. Dessa forma, a sequência filtrada e subamostrada é $\{-3/\sqrt{2}, -3/\sqrt{2}\}$, o que corresponde ao resultado obtido anteriormente. As convoluções e subamostragens restantes são realizadas de forma similar.

Como era de esperar, é possível formular uma transformada rápida inversa para a reconstrução de $f(n)$ a partir dos resultados da transformada direta. Chamada de *transformada rápida inversa de wavelet* (FWT^{-1}), ela utiliza os vetores de escala e *wavelet* empregados na transformada direta, com os coeficientes de aproximação de nível j e de deta-

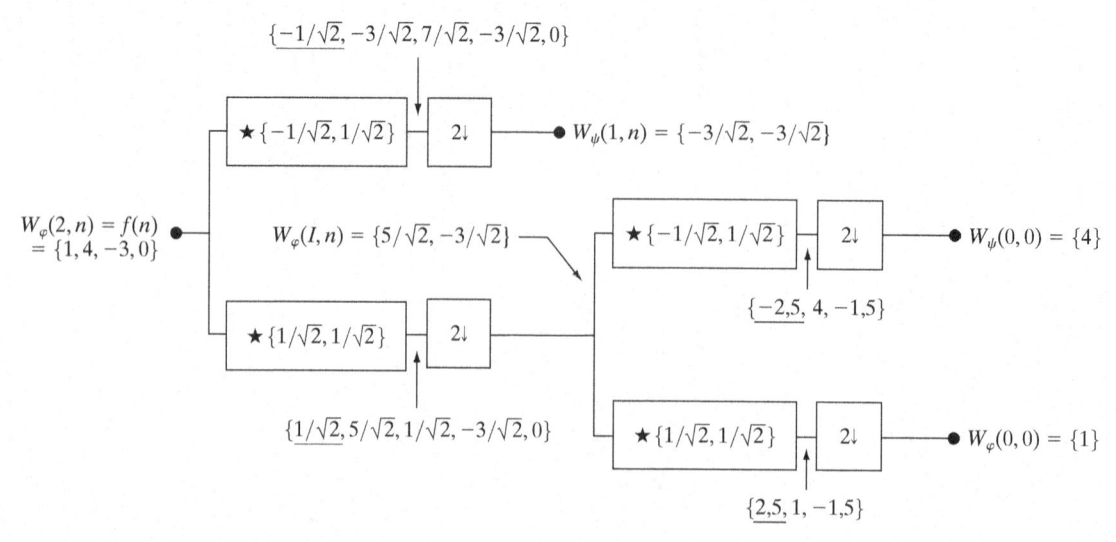

Figura 7.19 Cálculo de uma transformada rápida de *wavelet* de duas escalas para a sequência $\{1, 4, -3, 0\}$, utilizando vetores de escala e *wavelet* de Haar.

lhes, para gerar os coeficientes de aproximação de nível $j+1$. Observando a semelhança entre o banco de análise da FWT na Figura 7.17 e a porção da análise de duas sub-bandas da Figura 7.6(a), podemos imediatamente postular o *banco de filtros de síntese* da FWT^{-1} necessários. A Figura 7.20 detalha sua estrutura, que é idêntica à porção de síntese do sistema de decodificação e codificação em duas sub-bandas da Figura 7.6(a). A Equação 7.1-14 da Seção 7.1.2 define os filtros de síntese relevantes. Como observamos na ocasião, a reconstrução perfeita (para filtros ortonormais de duas bandas) requer $g_i(n) = h_i(-n)$ para $i = \{0, 1\}$. Isto é, os filtros de síntese e análise devem ser versões de ordem reversa um do outro. Como os filtros de análise da FWT (veja a Figura 7.17) são $h_0(n) = h_\varphi(-n)$ e $h_1(n) = h_\psi(-n)$, os filtros de síntese da FWT^{-1} necessários são $g_0(n) = h_0(-n) = h_\varphi(n)$ e $g_1(n) = h_1(-n) = h_\psi(n)$. Devemos lembrar, contudo, que também é possível utilizar filtros de síntese e de análise biortogonal, que não são versões de ordem reversa um do outro. Os filtros de síntese e de análise biortogonal são de modulação cruzada, como nas equações 7.1-10 e 7.1-11.

O banco de filtros da FWT^{-1} da Figura 7.20 implementa o cálculo

$$W_\varphi(j+1,k) = h_\varphi(k) \ W_\psi^{2\uparrow}(j,k) + h_\psi(k) \ W_\psi^{2\uparrow}(j,k)\big|_{k\geq 0} \quad (7.4\text{-}15)$$

na qual $W^{2\uparrow}$ significa a superamostragem por 2 (isto é, inserir zeros em W, como definido pela Equação 7.1-1, de forma que ela seja o dobro de seu tamanho normal). Os coeficientes da superamostragem são filtrados pela convolução de $h_\varphi(n)$ com $h_\psi(n)$ e adicionados para gerar uma aproximação de escala mais alta. Basicamente, é criada uma melhor aproximação da sequência $f(n)$ com maiores detalhes e resolução. Como no caso da FWT direta, o banco de filtros inverso pode ser repetido como mostra a Figura 7.21, na qual é mostrada uma estrutura de duas escalas para calcular as duas escalas finais de uma reconstrução da FWT^{-1}. Esse processo de combinação de coefi-

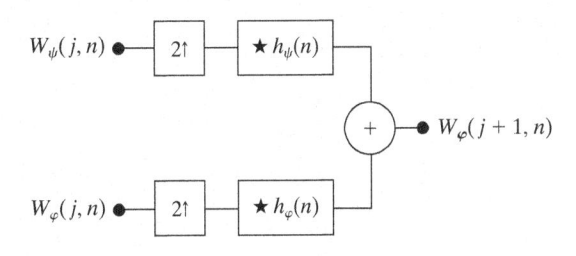

Figura 7.20 O banco de filtros de síntese da FWT^{-1}.

cientes pode ser estendido a qualquer número de escalas e garante a reconstrução perfeita da sequência $f(n)$.*

Exemplo 7.11 Cálculo de uma transformada rápida inversa de *wavelet* 1-D.

O cálculo da transformada rápida inversa de *wavelet* é um "espelhamento" de sua equivalente direta. A Figura 7.22 ilustra o processo para a sequência considerada no Exemplo 7.10. Para dar início ao cálculo, é realizada a superamostragem sobre os coeficientes de detalhes e aproximação de nível 0 para gerar $\{0, 1\}$ e $\{4, 0\}$, respectivamente. A convolução com os filtros $g_0(n) = h_\varphi(n) = \{1/\sqrt{2}, 1/\sqrt{2}, 0\}$ e $g_1(n) = h_\psi(n) = \{1/\sqrt{2}, -1/\sqrt{2}\}$ produz $\{1/\sqrt{2}, 1/\sqrt{2}, 0\}$ e $\{4/\sqrt{2}, -4/\sqrt{2}, 0\}$, que, quando adicionados, nos dão $W_\varphi(1,n) = \{5/\sqrt{2}, -3/\sqrt{2}\}$. Dessa forma, a aproximação de nível 1 da Figura 7.22, que corresponde à aproximação calculada da Figura 7.19, é reconstruída. Prosseguindo do mesmo modo, $f(n)$ é formada à direita do segundo banco de filtros de síntese.

Concluímos nossa discussão sobre a transformada rápida de *wavelet* observando que, enquanto as funções da base de Fourier (isto é, as senoides) garantem a existência da FFT, a existência da FWT depende da disponibilidade de uma função de escala para as *wavelets* que estão sendo utilizadas, bem como a ortogonalidade (ou biortogona-

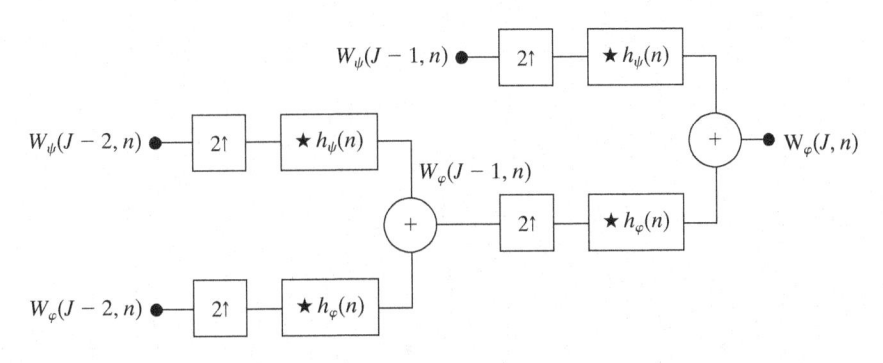

Figura 7.21 Banco de síntese da FWT^{-1} de dois estágios ou duas escalas.

* Lembre-se de que, da mesma forma que na codificação em pirâmide (veja a Seção 7.1.1), as transformadas *wavelet* podem ser calculadas em um número de escalas definido pelo usuário. Para uma imagem $2_J \times 2_J$, por exemplo, existem $1 + \log_2 J$ escalas possíveis.

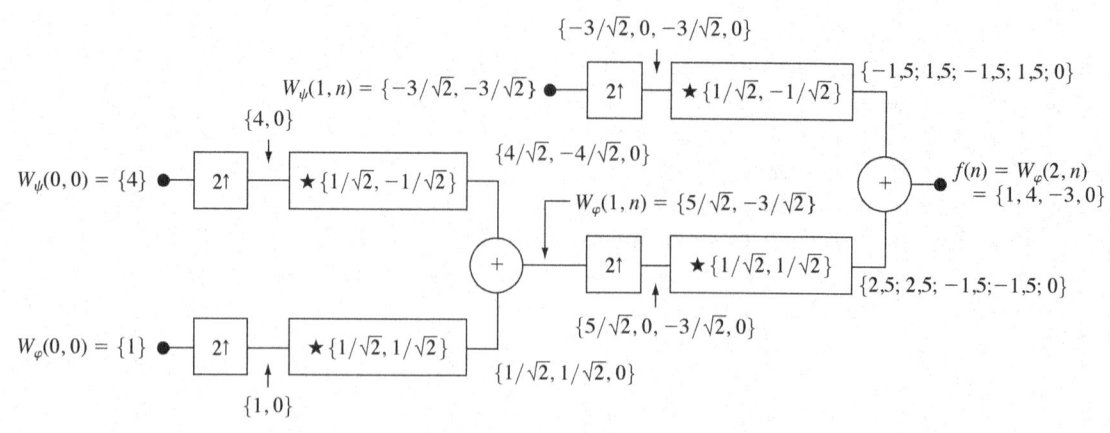

Figura 7.22 Cálculo de uma transformada rápida inversa de *wavelet* de duas escalas de sequência $\{1,4; -1,5\sqrt{2}; -1,5\sqrt{2}\}$ com funções *wavelet* e de escala de Haar.

lidade) da função de escala e *wavelets* correspondentes. Dessa forma, a *wavelet* de chapéu mexicano da Equação 7.3-11, que não tem uma função de escala que a acompanha, não pode ser utilizada no cálculo da FWT. Em outras palavras, não podemos construir um banco de filtros como o da Figura 7.17 para a *wavelet* de chapéu mexicano; ela não satisfaz as premissas básicas para a metodologia da FWT.

Por fim, observamos que, apesar de o tempo e a frequência normalmente serem vistos como domínios diferentes na representação das funções, eles estão inextricavelmente ligados. Quando tentamos analisar uma função simultaneamente no tempo e na frequência, nos deparamos com o seguinte problema: se quisermos informações precisas sobre o tempo, precisamos aceitar alguma imprecisão em relação à frequência e vice-versa. Esse é o *princípio da incerteza de Heisenberg* aplicado ao processamento de informações. Para ilustrar graficamente esse princípio, cada função de base utilizada na representação de uma função pode ser vista na forma de um esquema com *janelas*, em um *plano de tempo-frequência*. Cada *janela*, também chamada de *célula de Heisenberg* ou *retângulo de Heisenberg*, mostra o conteúdo de frequência da função de base

que ela representa e onde a função de base se localiza no tempo. As funções de base ortonormais são caracterizadas por janelas que não se sobrepõem.

A Figura 7.23 mostra as janelas de tempo-frequência para (a) uma função impulso (isto é, no domínio do tempo convencional), (b) uma base senoidal (FFT) e (c) uma base FWT. Cada janela é uma região retangular nas figuras 7.23(a) a (c); a altura e a largura da região definem as características de frequência e tempo das funções que podem ser representadas utilizando a função de base. Observe que a base padrão no domínio do tempo na Figura 7.23(a) identifica os instantes nos quais os eventos ocorrem, mas não proporciona nenhuma informação de frequência (a largura de cada retângulo na Figura 7.23(a) deve ser considerada como um instante no tempo). Dessa forma, para representar uma senoide de frequência única como uma expansão utilizando funções de base de impulso, cada função de base é necessária. A base senoidal da Figura 7.23(b), por outro lado, identifica as frequências presentes nos eventos que ocorrem em longos períodos, mas não proporciona nenhuma resolução no tempo (a altura de cada retângulo na Figura 7.23(b) deve ser considerada como uma única frequência). Des-

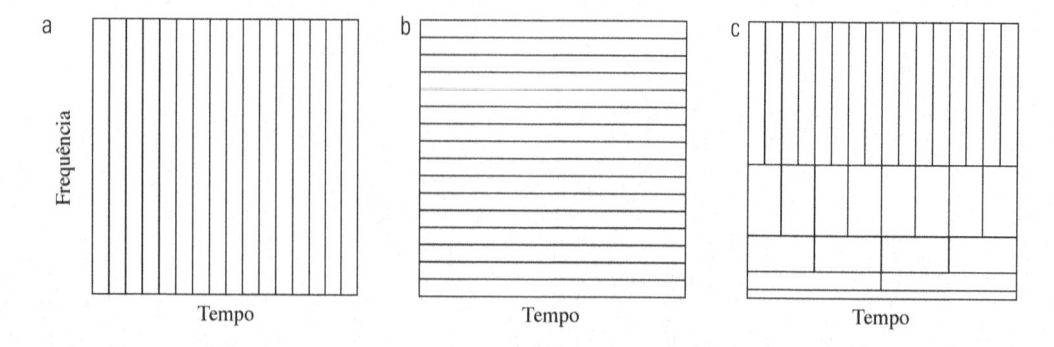

Figura 7.23 *Tiles* (janelas) de tempo-frequência para as funções de base associadas com (a) dados amostrados, (b) a FFT e (c) a FWT. Observe que as faixas horizontais dos retângulos de mesma altura em (c) representam as escalas da FWT.

sa forma, a senoide de frequência única representada por um número infinito de funções de base de impulso pode ser representada como uma expansão envolvendo uma função de base senoidal. A resolução de tempo e frequência das janelas da FWT na Figura 7.23(c) varia, mas a área de cada *janela* (retângulo) é a mesma. Em baixas frequências, as *janelas* são mais curtas (isto é, têm uma melhor resolução na frequência ou menor ambiguidade em relação à frequência), mas são mais largos (o que corresponde a uma resolução de tempo mais pobre ou maior ambiguidade no que se refere ao tempo). Em altas frequências, a largura do *tile* é menor (de forma que a resolução no tempo é melhorada) e a altura da janela é maior (o que significa que a resolução na frequência é piorada). Dessa forma, as funções de base da FWT proporcionam um meio-termo entre os dois casos extremos das figuras 7.23(a) e (b). Essa diferença fundamental entre a FFT e a FWT foi observada na introdução do capítulo, e é importante na análise de funções não estacionárias cujas frequências variam com o tempo.

7.5 Transformadas *wavelet* em duas dimensões

As transformadas unidimensionais das seções anteriores podem ser facilmente estendidas para funções bidimensionais, como as imagens. Em duas dimensões, são necessárias uma função de escala bidimensional, $\varphi(x, y)$, e três *wavelets* bidimensionais, $\psi^H(x, y)$, $\psi^V(x, y)$ e $\psi^D(x, y)$. Cada uma é o produto de duas funções unidimensionais. Excluindo produtos que geram resultados unidimensionais, como $\varphi(x)\psi(x)$, os quatro produtos restantes geram a função de escala *separável*

$$\varphi(x, y) = \varphi(x)\varphi(x) \quad (7.5\text{-}1)$$

e as *wavelets* separáveis, "direcionalmente sensíveis"

$$\psi^H(x, y) = \psi(x)\varphi(y) \quad (7.5\text{-}2)$$

$$\psi^V(x, y) = \varphi(x)\psi(y) \quad (7.5\text{-}3)$$

$$\psi^D(x, y) = \psi(x)\psi(y) \quad (7.5\text{-}4)$$

Essas *wavelets* medem variações da função — variações de intensidade para imagens — ao longo de diferentes direções: ψ^H mede variações ao longo de colunas (por exemplo, bordas horizontais), ψ^V responde a variações ao longo de linhas (como bordas verticais) e ψ^D corresponde a variações ao longo de diagonais. A sensibilidade direcional é uma consequência natural da separabilidade nas equações 7.5-2 a 7.5-4; ela não aumenta a complexidade computacional da transformada 2-D discutida nesta seção.

Dadas as funções *wavelet* e de escala bidimensionais separáveis, a extensão da DWT 1-D para duas dimensões é direta. Primeiro definimos as funções de base escalonadas e transladadas:

$$\varphi_{j,m,n}(x, y) = 2^{j/2}\varphi(2^j x - m, 2^j y - n) \quad (7.5\text{-}5)$$

$$\psi^i_{j,m,n}(x, y) = 2^{j/2}\psi^i(2^j x - m, 2^j y - n),$$
$$i = \{H, V, D\} \quad (7.5\text{-}6)$$

sendo que o índice *i* identifica as *wavelets* direcionais nas equações 7.5-2 a 7.5-4. Ao invés de um expoente, *i* é um sobrescrito que assume os valores H, V e D. A transformada *wavelet* discreta da imagem $f(x, y)$ de tamanho $M \times N$ é, então,*

$$W_\varphi(j_0, m, n) = \frac{1}{\sqrt{MN}} \sum_{x=0}^{M-1} \sum_{y=0}^{N-1} f(x, y)\varphi_{j_0,m,n}(x, y) \quad (7.5\text{-}7)$$

$$W^i_\psi(j, m, n) = \frac{1}{\sqrt{MN}} \sum_{x=0}^{M-1} \sum_{y=0}^{N-1} f(x, y)\psi^i_{j,m,n}(x, y)$$
$$i = \{H, V, D\} \quad (7.5\text{-}8)$$

Como no caso unidimensional, j_0 é uma escala inicial arbitrária e os coeficientes $W_\varphi(j_0, m, n)$ definem uma aproximação de $f(x, y)$ na escala j_0. Os coeficientes $W^i_\psi(j, m, n)$ adicionam detalhes horizontais, verticais e diagonais para as escalas $j \geq j_0$. Normalmente definimos $j_0 = 0$ e selecionamos $N = M = 2^J$, de forma que $j = 0, 1, 2, \ldots, J-1$ e $m = n = 0, 1, 2, \ldots, 2^j - 1$. Dados W_φ e W^i_ψ nas equações 7.5-7 e 7.5-8, $f(x, y)$ é obtida por meio da transformada *wavelet* discreta inversa

$$f(x, y) = \frac{1}{\sqrt{MN}} \sum_m \sum_n W_\varphi(j_0, m, n)\varphi_{j_0,m,n}(x, y)$$
$$+ \frac{1}{\sqrt{MN}} \sum_{i=H,V,D} \sum_{j=j_0}^{\infty} \sum_m \sum_n W^i_\psi(j, m, n)\psi^i_{j,m,n}(x, y)$$
$$(7.5\text{-}9)$$

Do mesmo modo que a transformada *wavelet* discreta 1-D, a DWT 2-D pode ser implementada utilizando filtros e subamostragens. Com funções *wavelet* e de escala bidimensionais separáveis, simplesmente calculamos a FWT 1-D das linhas de $f(x, y)$ e, em seguida, a FWT 1-D das colunas resultantes. A Figura 7.24(a) mostra o processo na forma de um diagrama de blocos. Observe que, como seu equivalente unidimensional da Figura 7.17, a FWT 2-D "filtra" os coeficientes de aproximação da escala $j + 1$ para construir os coeficientes de detalhes e aproximação da escala j. No caso bidimensional, contudo, temos três conjuntos de coeficientes de detalhes — os detalhes horizontais, verticais e diagonais.

---

* Agora que estamos lidando com imagens 2-D, $f(x, y)$ é uma função discreta ou sequência de valores e x e y são variáveis discretas. As funções *wavelet* e de escala nas equações 7.5-7 e 7.5-8 são amostradas ao longo de seu suporte (como foi feito no caso 1-D da Seção 7.3.2).

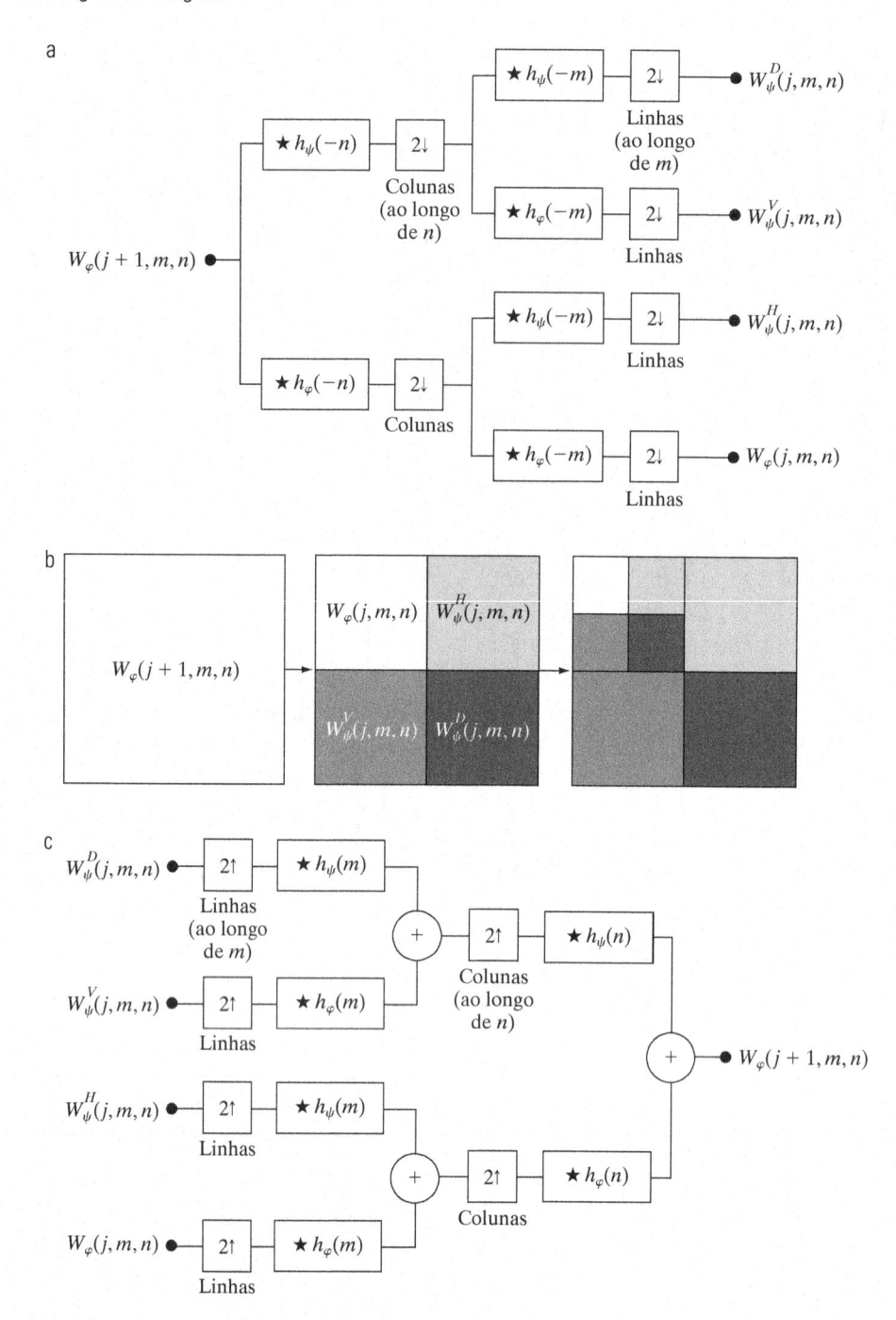

Figura 7.24 A transformada rápida de *wavelet* 2-D: (a) banco de filtros de análise; (b) decomposição resultante e (c) banco de filtros de síntese.

O banco de filtros de escala única da Figura 7.24(a) pode ser "repetido" (ligando a saída de aproximação à entrada de um outro banco de filtros) para produzir uma transformada de escala P na qual a escala é igual a $J-1$, $J-2, \ldots, J-P$. Como no caso unidimensional, a imagem $f(x, y)$ é utilizada como a entrada $W_\varphi(J, m, n)$. Efetuando a convolução de suas linhas com $h_\varphi(-n)$ e $h_\psi(-n)$ e a subamostragem de suas colunas, obtemos duas subimagens cujas resoluções horizontais são reduzidas por um fator de 2. O componente passa-alta ou de detalhes caracteriza as informações de alta frequência da imagem com orientação vertical; o componente passa-baixa, de aproximação, contém as informações de baixa frequência, verticais. As duas subimagens são, então, filtradas e subamostradas ao longo das colunas para gerar quatro subimagens de saída de um quarto do tamanho — W_φ, W_ψ^H, W_ψ^V e W_ψ^D.* Essas subimagens, mostradas no centro da Figura 7.24(b) são os produtos internos de $f(x, y)$ com as funções *wavelet* e de

---

* Observe como W_φ, W_ψ^H, W_ψ^V e W_ψ^D são arranjadas na Figura 7.24(b). Para cada escala que é calculada, a aproximação anterior, sobre a qual elas se basearam, é substituída.

escala bidimensionais nas equações 7.5-1 a 7.5-4, seguidas da subamostragem por dois em cada dimensão. Duas interações do processo de filtragem produzem a decomposição em duas escalas mostrada na extremidade direita da Figura 7.24(b).

A Figura 7.24(c) mostra o banco de filtros de síntese que reverte o processo que acabamos de descrever. Como era de se esperar, o algoritmo de reconstrução é similar ao caso unidimensional. Em cada interação, quatro subimagens de aproximação e detalhes, de escala j, são submetidas à superamostragem e à convolução com dois filtros unidimensionais — um operando nas colunas e o outro nas linhas das subimagens. A soma dos resultados produz a aproximação de escala $j + 1$ e o processo é repetido até a imagem original ser reconstruída.

Exemplo 7.12 Cálculo de uma transformada rápida de *wavelet* 2-D.

A Figura 7.25(a) é uma imagem 128 × 128 gerada por computador que consiste em pulsos senoidais 2-D em um fundo preto. O objetivo deste exemplo é ilustrar o cálculo da FWT 2-D dessa imagem. As figuras 7.25(b) a (d) mostram três FWTs da imagem da Figura 7.25(a). O banco de filtros 2-D da Figura 7.24(a) e os filtros de decomposição mostrados nas figuras 7.26(a) e (b) foram utilizados para gerar todos os três resultados.[*]

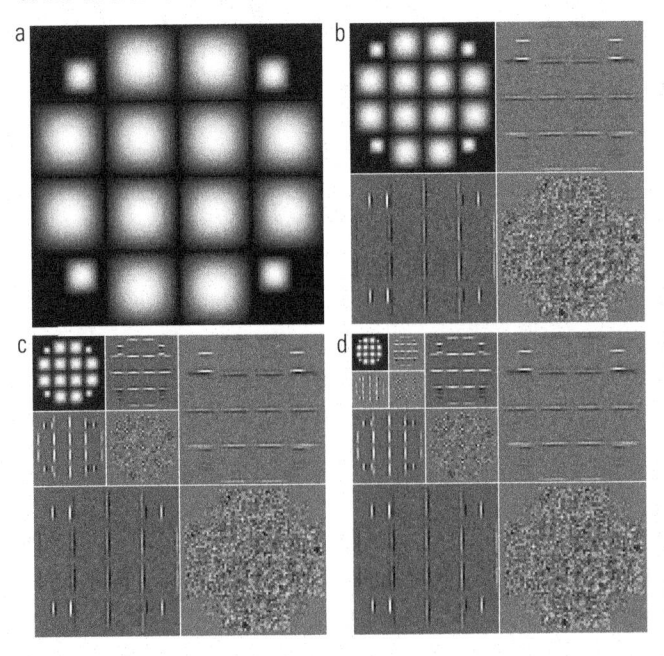

Figura 7.25 Cálculo de uma FWT 2-D de três escalas: (a) a imagem original; (b) uma FWT de uma escala; (c) uma FWT de duas escalas; e (d) uma FWT de três escalas.

[*] Os vetores de escala e *wavelet* utilizados neste exemplo serão descritos mais adiante. Aqui, nos concentramos no funcionamento do cálculo da transformada que independe dos coeficientes de filtro empregados.

A Figura 7.25(b) mostra a FWT de uma escala da imagem da Figura 7.25(a). Para calcular essa transformada, a imagem original foi utilizada como a entrada do banco de filtros da Figura 7.24(a). As quatro saídas resultantes de decomposição de um quarto do tamanho (isto é, a aproximação e os detalhes horizontais, verticais e diagonais) foram arranjadas de acordo com a Figura 7.24(b) para produzir a imagem da Figura 7.25(b). Um processo similar foi utilizado para gerar a FWT de duas escalas da Figura 7.25(c), mas a entrada para o banco de filtros foi alterada para a subimagem de aproximação de um quarto do tamanho do canto superior esquerdo da Figura 7.25(b). Como podemos ver na Figura 7.25(c), essa subimagem de um quarto do tamanho foi, então, substituída pelos quatro resultados da decomposição de um quarto do tamanho (agora com 1/16 do tamanho da imagem original) que foram gerados no segundo passo da filtragem. Por fim, a Figura 7.25(d) é a FWT de três escalas resultante quando a subimagem do canto superior esquerdo da Figura 7.25(c) foi utilizada como entrada do banco de filtros. Cada passagem através do banco de filtros produziu quatro imagens de saída de um quarto do tamanho que foram substituídas pela entrada da qual elas foram deduzidas. Observe a natureza direcional das subimagens baseadas em *wavelet*, W_ψ^H, W_ψ^V e W_ψ^D em cada escala.

Os filtros de decomposição utilizados no exemplo anterior fazem parte de uma família bem conhecida de *wavelets* chamada de *symlets*, uma abreviação de "*symmetrical wavelets*", que quer dizer "*wavelets* simétricas". Apesar de não serem perfeitamente simétricas, elas foram elaboradas para ter a menor assimetria e o maior número de momentos que se aproximam de zero[**] para um dado suporte compacto [Daubechies (1992)].[***] As figuras 7.26(e) e 7.26(f) mostram as *symlets* 1-D de quarta ordem (isto é, funções *wavelet* e de escala). As figuras 7.26(a) a 7.26(d) mostram os filtros de decomposição e reconstrução correspondentes. Os coeficientes do filtro de reconstrução passa-baixa $g_0(n) = h_\varphi(n)$ para $0 \leq n \leq 7$

Tabela 7.3 Coeficientes de filtro *symlet* ortonormal de quarta ordem para $h_\varphi(n)$. [Daubechies (1992).]

n	$h_\varphi(n)$
0	0,0322
1	-0,0126
2	-0,0992
3	0,2979
4	0,8037
5	0,4976
6	-0,0296
7	-0,0758

[**] O k-ésimo momento do *wavelet* $\psi(x)$ é $m(k) = \int x^k \psi(x)\, dx$. Momentos zero perturbam a suavidade das funções de escala e *wavelet* e nossa capacidade de representá-las como polinômios. Um *symlet* de ordem N tem N momentos que se aproximam de zero.
[***] Lembre-se de que o suporte compacto de uma função é o intervalo no qual a função tem valores diferentes de zero.

são apresentados na Tabela 7.3. Os coeficientes dos filtros ortonormais restantes são obtidos utilizando a Equação 7.1-14. A Figura 7.26(g), uma representação gráfica de baixa resolução da *wavelet* $\psi^V(x, y)$, ilustra como uma função de escala e *wavelet* unidimensional pode se combinar para formar uma *wavelet* bidimensional separável.

Concluímos esta seção com dois exemplos que demonstram a utilidade das *wavelets* no processamento de imagens. Como no domínio de Fourier, a abordagem básica é:

Passo 1. Calcular uma transformada de *wavelet* 2-D de uma imagem.

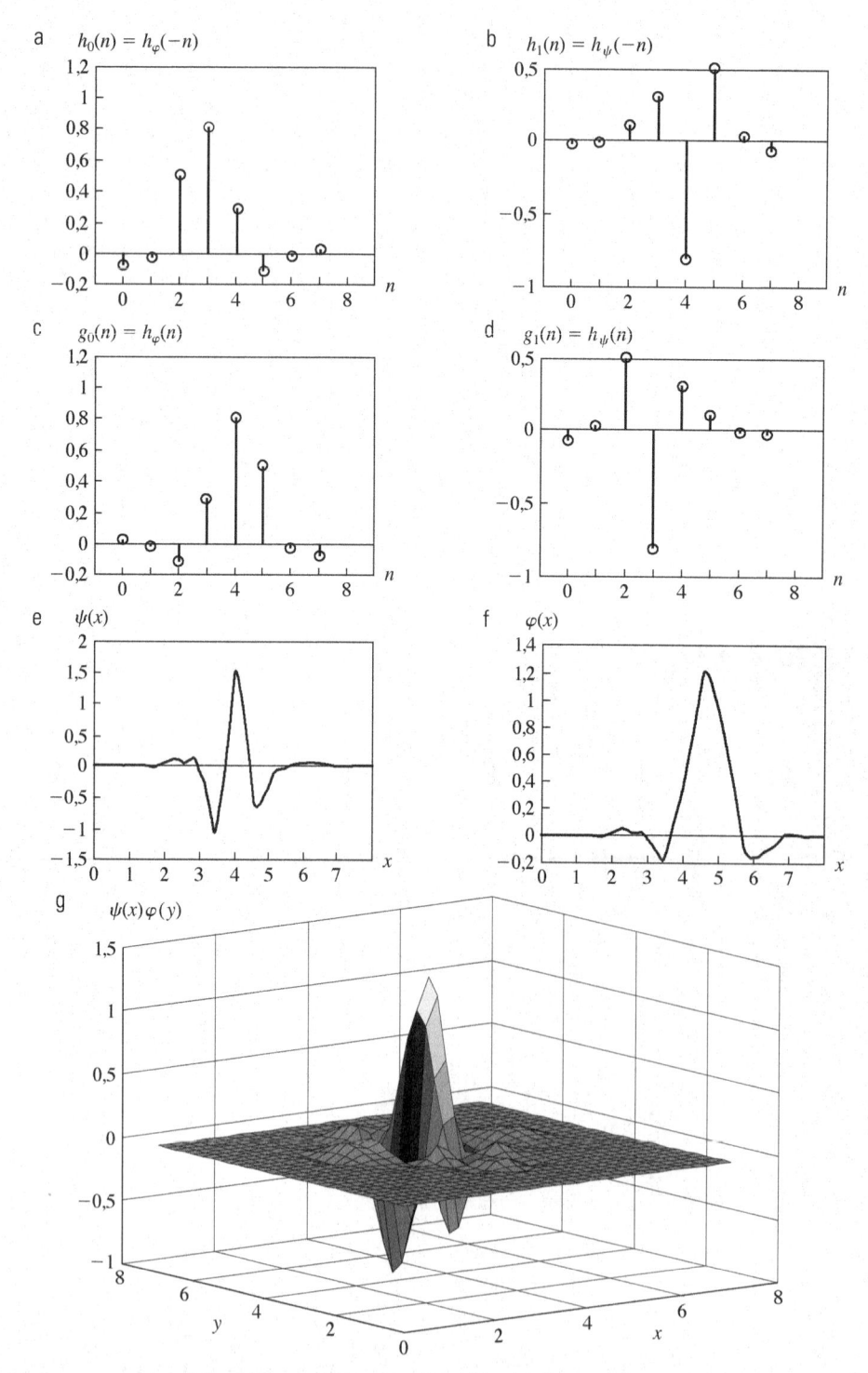

Figura 7.26 *Symlets* de quarta ordem: (a) a (b) filtros de decomposição; (c) a (d) filtros de reconstrução; (e) a *wavelet* unidimensional; (f) a função de escala unidimensional; e (g) uma das três *wavelets* bidimensionais, $\psi^V(x,y)$. Consulte os valores de $h_\varphi(n)$ para $0 \leq n \leq 7$ na Tabela 7.3.

Passo 2. Alterar a transformada.

Passo 3. Calcular a transformada inversa.

Como os vetores de escala e *wavelet* da DWT são utilizados como filtros passa-baixa e passa-alta, a maior parte das técnicas de filtragem baseadas em Fourier tem uma contraparte equivalente no "domínio *wavelet*".

Exemplo 7.13 Detecção de borda utilizando *wavelets*.

A Figura 7.27 proporciona uma ilustração simples dos três passos apresentados anteriormente. Na Figura 7.27(a), o componente de aproximação da mais baixa escala da transformada *wavelet* discreta mostrado na Figura 7.25(c) foi eliminado definindo seus valores em zero. Como mostra a Figura 7.27(b), o efeito final do cálculo da transformada *wavelet* inversa utilizando esses coeficientes é o realce de borda, que lembra os resultados de aguçamento de imagem com base na abordagem de Fourier discutidos na Seção 4.9. Observe como as transições entre o sinal e o fundo são bem delineadas, apesar de serem transições senoidais relativamente suaves. Ao zerar também os detalhes horizontais — veja as figuras 7.27(c) e (d) —, podemos isolar as bordas verticais.

Exemplo 7.14 Remoção de ruídos utilizando *wavelets*.

Como um segundo exemplo, considere a imagem CT de uma cabeça humana mostrada na Figura 7.28(a). Como pode ser visto no fundo, a imagem foi uniformemente corrompida com ruído branco aditivo. Apresentamos a seguir um procedimento geral baseado em *wavelets* para a *redução de ruídos* (*denoising*) da imagem (isto é, suprimindo a parte do ruído):

Passo 1. Escolha uma *wavelet* (por exemplo, Haar, *symlet*, ...) e o número de níveis (escalas), P, de decomposição. Depois calcule a FWT da imagem com ruído.

Passo 2. Limiarize os coeficientes de detalhes. Em outras palavras, selecione e aplique um limiar aos coeficientes de detalhes a partir das escalas $J - 1$ a $J - P$. Isso pode ser feito por meio da *limiarização rígida*, o que significa zerar os elementos cujos valores absolutos estão abaixo do limiar, ou por meio da *limiarização suave*, que envolve primeiro zerar os elementos cujos valores absolutos estão abaixo do limiar e depois ajustar os coeficientes diferentes de zero na direção do zero. A limiarização suave elimina a descontinuidade (no limiar) inerente à limiarização rígida. (Para uma discussão sobre a limiarização, veja o Capítulo 10.)

Passo 3. Calcule a transformada *wavelet* inversa (isto é, faça a reconstrução das *wavelets*) utilizando os coeficientes de aproximação originais no nível $J - P$ e os

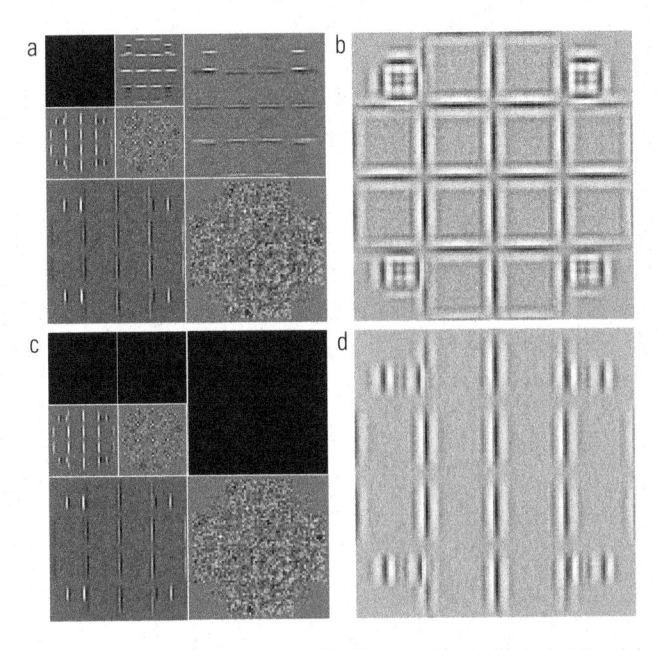

Figura 7.27 Modificando uma DWT para a detecção de bordas: (a) e (c) são decomposições de duas escalas com eliminação de coeficientes selecionados; (b) e (d) são as reconstruções correspondentes.

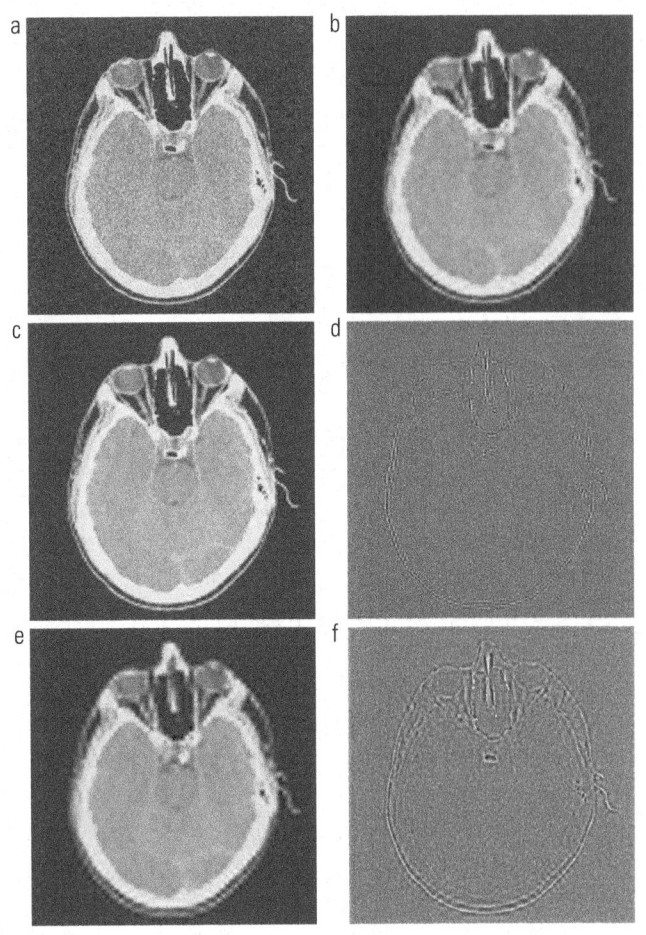

Figura 7.28 Modificação de uma DWT para a redução de ruídos: (a) uma imagem de CT com ruído de uma cabeça humana; (b), (c) e (e) várias reconstruções após a limiarização dos coeficientes de detalhes; (d) e (f) as informações removidas durante a reconstrução de (c) e (e). (Imagem original: cortesia do Centro Médico da Universidade de Vanderbilt.)

coeficientes de detalhes modificados para os níveis $J-1$ a $J-P$.

A Figura 7.28(b) mostra o resultado dessas operações com *symlets* de quarta ordem, duas escalas (isto é, $P = 2$) e um limiar global que foi determinado interativamente. Observe a redução do ruído e o borramento nas bordas da imagem. Essa perda de detalhes da borda é significativamente reduzida na Figura 7.28(c), que foi gerada simplesmente zerando os coeficientes de detalhes de mais alta resolução (sem limiarização dos detalhes de resolução inferior) e reconstruindo a imagem. Aqui, quase todo o ruído de fundo foi eliminado, e as bordas apresentam apenas uma ligeira perturbação. A imagem de diferença da Figura 7.28(d) mostra as informações perdidas no processo. Esse resultado foi gerado calculando a FWT inversa da transformada de duas escalas com todos os coeficientes de detalhes zerados, com exceção dos coeficientes da mais alta resolução. Como pode ser visto, a imagem resultante contém a maior parte do ruído da imagem original e parte das informações de borda. As figuras 7.28(e) e 7.28(f) são incluídas para mostrar o efeito negativo de eliminar todos os coeficientes de detalhes.* Isto é, a Figura 7.28(e) é uma reconstrução da DWT na qual os detalhes nos dois níveis da transformada de duas escalas foram zerados; a Figura 7.28(f) mostra as informações perdidas. Observe o aumento significativo das informações de bordas na Figura 7.28(f) e a redução correspondente nos detalhes das bordas na Figura 7.28(e).

7.6 Pacotes *wavelet*

A transformada rápida de *wavelet* decompõe uma função em uma soma de funções de escala e *wavelet* cujas larguras de banda são logaritmicamente relacionadas. Isto é, o conteúdo de baixa frequência (da função) é representado utilizando funções (de escala e *wavelet*) com larguras de banda estreitas, ao passo que o conteúdo de alta frequência é representado utilizando funções com larguras de banda maiores. Se olharmos ao longo do eixo da frequência no plano tempo-frequência da Figura 7.23(c), isso fica imediatamente visível. Cada faixa horizontal das *janelas* de altura constante, que contém as funções de base para uma única escala da FWT, aumenta logaritmicamente em altura à medida que subimos no eixo da frequência. Se quisermos um maior controle sobre a partição do plano de tempo-frequência (por exemplo, bandas menores nas frequências superiores), a FWT deve ser generalizada para gerar uma decomposição mais flexível — chamada de *pacotes wavelet* ou *wavelet packet* [Coifman e Wickerhauser (1992)]. O custo dessa generalização é um aumento na complexidade computacional de $O(M)$ para a FWT para $O(M \log_2 M)$ considerando o pacote *wavelet*.

Considere novamente o banco de filtros de duas escalas da Figura 7.18(a) — mas imagine a decomposição como uma *árvore binária*. A Figura 7.29(a) detalha a estrutura da árvore e liga os coeficientes apropriados de escala e *wavelet* da FWT (da Figura 7.18(a)) a seus *nós*. Ao *nó-raiz* são atribuídos os coeficientes de aproximação de escala mais alta, que são amostras da própria função, ao passo que as *folhas* herdam as saídas dos coeficientes de aproximação e detalhes da transformada. O nó intermediário isolado, $W_\varphi(J-1, n)$, é uma aproximação do banco de filtros que, em última instância, é filtrado para se tornar dois nós-folhas. Observe que os coeficientes de cada nó são os pesos de uma expansão linear que produz um "pedaço" de banda limitada do nó-raiz $f(n)$. Como qualquer um desses pedaços é um elemento de um subespaço de escala ou *wavelet* conhecido (veja as seções 7.2.2 e 7.2.3), podemos substituir os coeficientes geradores na Figura 7.29(a) pelo subespaço correspondente. O resultado é a *árvore de análise de subespaço* da Figura 7.29(b). Apesar de a variável W ser utilizada para expressar tanto coeficientes quanto subespaços, é possível distinguir os dois valores pelo formato de seus subscritos.

Esses conceitos são ilustrados pela Figura 7.30, na qual um banco de análise de uma FWT de três escalas, a árvore de análise e o espectro de frequência correspondentes são representados. Diferentemente da Figura 7.18(a), os índices utilizados no diagrama de blocos da Figura 7.30(a) foram alterados para serem equivalentes à árvore de análise da Figura 7.30(b) — bem como ao espectro da Figura 7.30(c). Dessa forma, para ser correta, a saída do bloco superior esquerdo (filtro + subamostragem) do diagrama deveria ser $W_\psi(J-1, n)$, mas ela foi alterada para W_{J-1} — que corresponde ao subespaço da função gerada pelos coeficientes da transformada $W_\psi(J-1, n)$. Esse subespaço corresponde à folha superior direita da árvore de análise associada, bem como ao segmento mais à direita (de maior largura de banda) do espectro de frequência correspondente.

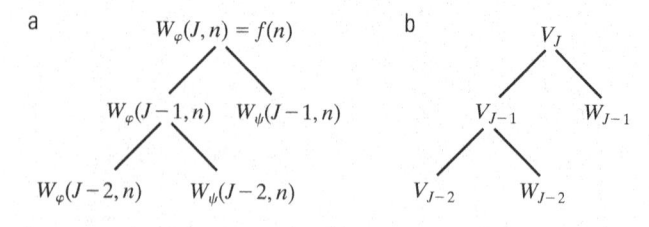

a
$$W_\varphi(J, n) = f(n)$$
$$W_\varphi(J-1, n) \quad W_\psi(J-1, n)$$
$$W_\varphi(J-2, n) \quad W_\psi(J-2, n)$$

b
$$V_J$$
$$V_{J-1} \quad W_{J-1}$$
$$V_{J-2} \quad W_{J-2}$$

Figura 7.29 (a) Uma árvore de coeficiente e (b) uma árvore de análise para o banco de análise da FWT de duas escalas da Figura 7.18.

---

* Como só os coeficientes de detalhes da mais alta resolução foram mantidos ao gerar a Figura 7.28(d), a transformada inversa é sua contribuição para a imagem. Da mesma forma, a Figura 7.28(f) é a contribuição de todos os coeficientes de detalhes.

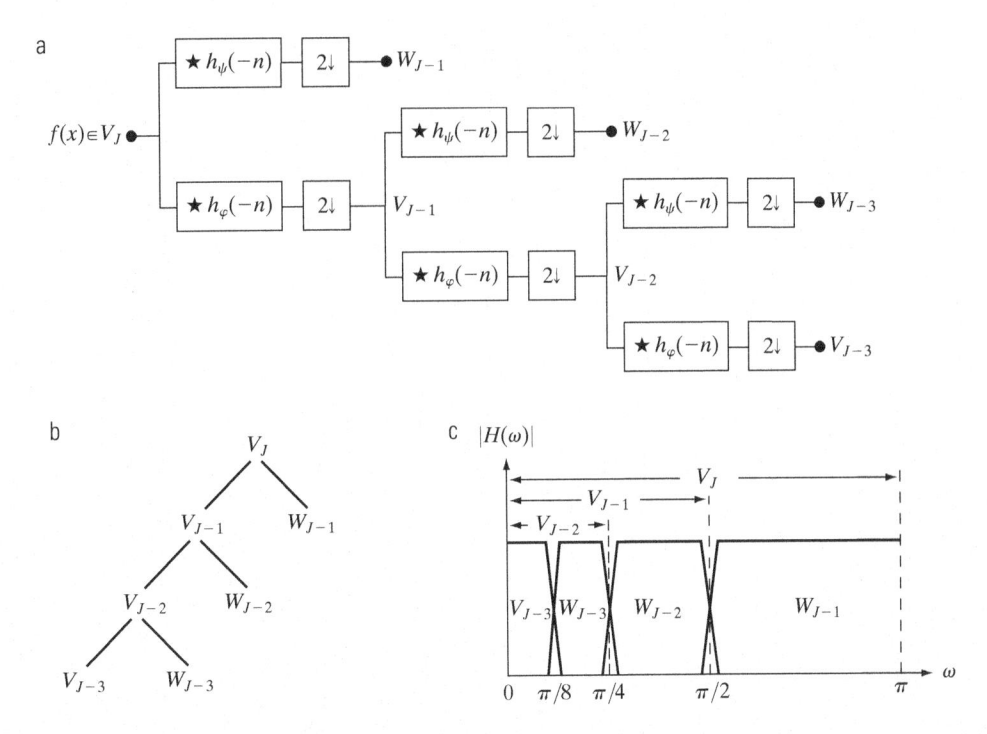

Figura 7.30 Um banco de filtros da FWT de três escalas: (a) diagrama de blocos; (b) árvore de decomposição espacial; e (c) característica de separação do espectro.

As árvores de análise proporcionam uma maneira compacta e informativa de representar as transformadas *wavelet* de múltipla escala. Elas são fáceis de elaborar, requerem menos espaço do que seus diagramas de blocos correspondentes baseados em subamostragens e filtros e facilitam a detecção de decomposições válidas. A árvore de análise de três escalas da Figura 7.30(b), por exemplo, possibilita as três opções de expansão a seguir:

$$V_J = V_{J-1} \oplus W_{J-1} \quad (7.6\text{-}1)$$

$$V_J = V_{J-2} \oplus W_{J-2} \oplus W_{J-1} \quad (7.6\text{-}2)$$

$$V_J = V_{J-3} \oplus W_{J-3} \oplus W_{J-2} \oplus W_{J-1} \quad (7.6\text{-}3)$$

Elas correspondem às decomposições da FWT de uma, duas e três escalas da Seção 7.4, e podem ser obtidas a partir da Equação 7.2-27 da Seção 7.2.3, fazendo $j_0 = J - P$ para $P = \{1, 2, 3\}$. Em geral, uma árvore de análise da FWT de escala P suporta decomposições únicas.

As árvores de análise também constituem um mecanismo eficiente para representar *pacotes wavelet*, que não passam de *transformadas wavelet convencionais nas quais os detalhes são filtrados interativamente*. Dessa forma, a árvore de análise da FWT de três escalas da Figura 7.30(b) passa a ser a *árvore do pacote wavelet* de três escalas da Figura 7.31. Observe o subscrito adicional que foi incluído. O primeiro subscrito de um nó de dois subscritos identifica a escala do *nó-pai* da FWT do qual ele descende. O segundo — uma *string* de tamanho variável formada pelas letras *A*s e *D*s — codifica o caminho do pai ao nó. Uma letra *A* designa a filtragem de aproximação, ao passo que a letra *D* indica uma filtragem de detalhes. O subespaço $W_{J-1,\,DA}$, por exemplo, é obtido "filtrando" os coeficientes da FWT de escala $J-1$ (isto é, o pai W_{J-1} na Figura 7.31) por meio de um filtro de detalhe adicional (gerando $W_{J-1,\,D}$), seguido por um filtro de aproximação (que nos dá $W_{J-1,\,DA}$). As figuras 7.32(a) e (b) mostram o banco de filtros e as características de separação do espectro na árvore de análise da Figura 7.31. Observe que as saídas "naturalmente ordenadas" do banco de filtros da Figura 7.32(a) foram rearranjadas com base no conteúdo de frequência da Figura 7.32(b) (veja o Exercício 7.25 para saber mais sobre *wavelets* "ordenadas por frequência").

A árvore de pacotes de três escalas da Figura 7.31 praticamente triplica o número de decomposições (e das *janelas* de tempo-frequência associadas) disponíveis a partir da árvore de FWT de três escalas. Lembre-se que, em uma FWT normal, dividimos, filtramos e subamostramos somente as bandas passa-baixa. Isso cria uma relação logarítmica fixa (de base 2) entre as larguras de banda dos espaços de escala e *wavelet* utilizados na representação de uma função [veja a Figura 7.30(c)]. Dessa forma, enquanto a árvore de análise da FWT de três escalas da Figura 7.30(a) oferece três decomposições possíveis — definidas pelas equações 7.6-1 a 7.6-3 —, a árvore de pacotes *wavelet* da Figura 7.31 suporta 26 diferentes de-

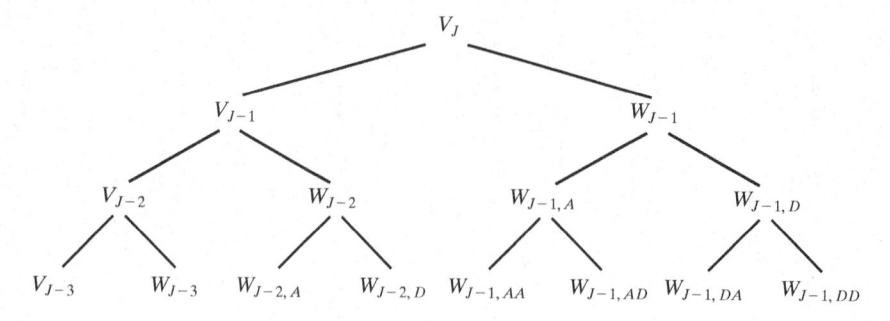

Figura 7.31 Uma árvore de análise de pacotes *wavelet* de três escalas.

composições. Por exemplo, V_J [e, portanto, a função $f(n)$] pode ser expandida como*

$$V_J = V_{J-3} \oplus W_{J-3} \oplus W_{J-2,A} \oplus W_{J-2,D} \oplus W_{J-1,AA}$$
$$\oplus W_{J-1,AD} \oplus W_{J-1,DA} \oplus W_{J-1,DD} \quad (7.6\text{-}4)$$

cujo espectro é mostrado na Figura 7.32(b), ou

$$V_J = V_{J-1} \oplus W_{J-1,A} \oplus W_{J-1,DA} \oplus W_{J-1,DD} \quad (7.6\text{-}5)$$

cujo espectro é representado na Figura 7.33. Observe a diferença entre esse último espectro e o espectro total de pacotes da Figura 7.32(b), ou o espectro da FWT de três escalas da Figura 7.30(c). Em geral, as transformadas de pacotes *wavelet* unidimensionais de escala P (e as árvores de análise associadas de nível $P + 1$) suportam

$$D(P + 1) = [D(P)]^2 + 1 \quad (7.6\text{-}6)$$

decomposições únicas, sendo $D(1) = 1$. Com um número tão grande de expansões válidas, as transformadas baseadas em pacotes proporcionam um maior controle sobre a partição do espectro da função decomposta. O custo desse controle é uma maior complexidade computacional [compare o banco de filtros da Figura 7.30(a) com o da Figura 7.32(a)].

Agora, considere o banco de filtros bidimensional de quatro bandas da Figura 7.24(a). Como observamos na

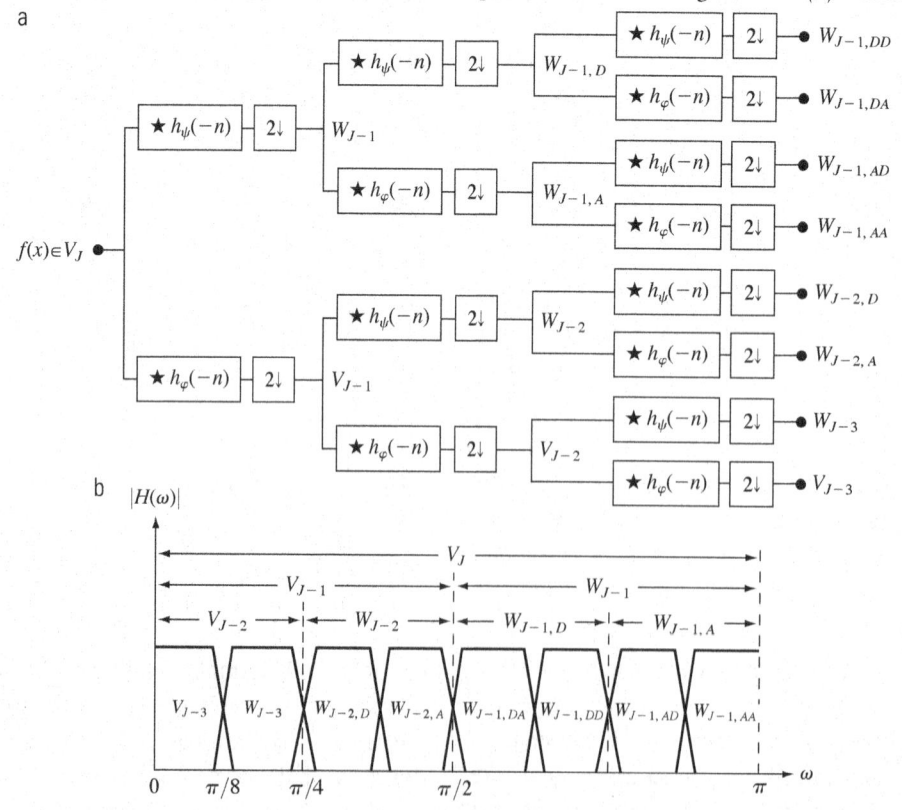

Figura 7.32 (a) Um banco de filtros e (b) características de separação de espectro de uma árvore de análise completa de pacote *wavelet* de três escalas.

---

* Lembre que $\oplus$ expressa a união dos espaços (como a união de conjuntos). As 26 decomposições associadas à Figura 7.31 são determinadas por várias combinações de nós (espaços) que podem ser combinados para representar o nó-raiz(espaço) no topo da árvore. As equações 7.6-4 e 7.6-5 definem duas delas.

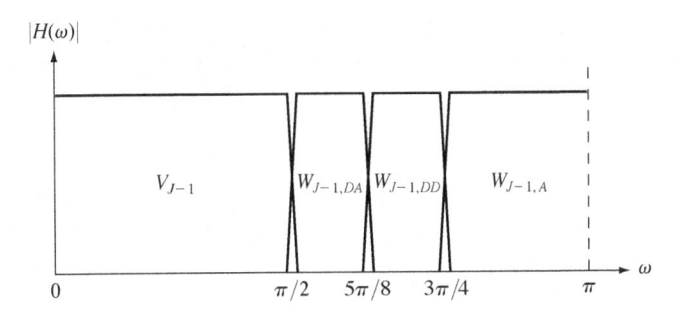

Processamento com *wavelets* e multirresolução   341

Figura 7.33 Espectro da decomposição da Equação 7.6-5.

Seção 7.5, ele divide a aproximação $W_\varphi(j+1, m, n)$ nas saídas, $W_\varphi(j, m, n)$, $W_\psi^H(j, m, n)$, $W_\psi^V(j, m, n)$ e $W_\psi^D(j, m, n)$. Como no caso unidimensional, ele pode ser "repetido" para gerar P transformadas de escala para as escalas $j = J-1, J-2, \ldots, J-P$, com $W_\varphi(J, m, n) = f(m, n)$. O espectro resultante da primeira interação (isto é, utilizando $j+1 = J$ na Figura 7.24(a)) é mostrado na Figura 7.34(a). Observe que ele divide o plano de frequências em quatro áreas iguais. A banda de baixa frequência no centro do plano coincide $W_\varphi(J-1, m, n)$ e o espaço de escala V_{J-1}. (Essa nomenclatura está de acordo com o caso unidimensional.) Para representar a natureza bidimensional da entrada, contudo, agora temos três (em vez de um) subespaços *wavelet*. Eles são indicados por W_{J-1}^H, W_{J-1}^V e W_{J-1}^D e correspondem aos coeficientes $W_\psi^H(J-1, m, n)$, $W_\psi^V(J-1, m, n)$ e $W_\psi^D(J-1, m, n)$, respectivamente. A Figura 7.34(b) mostra a *árvore de análise* da FWT quaternária de escala única e quatro bandas. Observe os sobrescritos que vinculam as designações do subespaço *wavelet* com seus coeficientes de transformada equivalentes.

A Figura 7.35 mostra uma árvore de análise de pacotes *wavelet* bidimensional de três escalas. Como sua equivalente unidimensional na Figura 7.31, o primeiro subscrito de cada nó que é descendente de um nó de detalhe da FWT convencional é a escala desse nó de detalhe *pai*. O segundo subscrito — uma string de tamanho variável composta por *A*s, *H*s, *V*s e *D*s — codifica o caminho do pai ao nó que está sendo analisado. O nó indicado por $W_{J-1,VD}^H$, por exemplo, é obtido pela "filtragem de linha/coluna" dos coeficientes de detalhe horizontal da FWT de escala $J-1$ (isto é, o pai W_{j-1}^H na Figura 7.35) por meio de um filtro de detalhe/aproximação adicional (resultando em $W_{j-1,V}^H$), seguido de um filtro de detalhe/detalhe (que nos dá $W_{j-1,VD}^H$). Uma árvore de pacotes *wavelet* bidimensional de escala P suporta

$$D(P+1) = [D(P)]^4 + 1 \qquad (7.6\text{-}7)$$

expansões únicas, nas quais $D(1) = 1$. Dessa forma, a árvore de três escalas da Figura 7.35 oferece 83.522 decomposições possíveis. O problema de escolher entre elas será o tema do próximo exemplo.

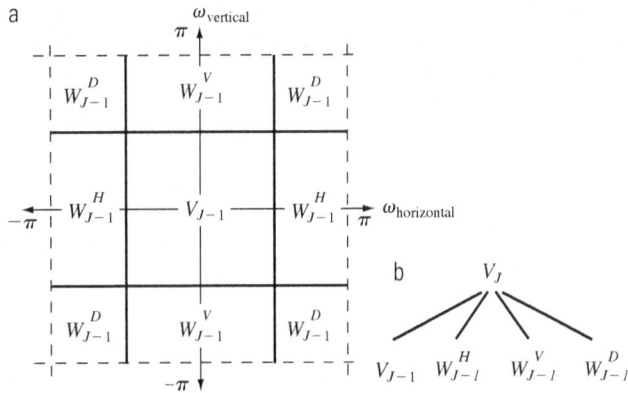

Figura 7.34 A primeira decomposição de uma FWT bidimensional: (a) o espectro (b) e a árvore de análise do subespaço.

Exemplo 7.15   Decomposições de pacotes *wavelet* bidimensionais.

Como vimos na discussão anterior, uma única árvore de pacotes *wavelet* apresenta várias opções de decomposição. De fato, o número de decomposições possíveis costuma ser tão grande que é impraticável, se não impossível, enumerá-los ou analisá-los individualmente. Um algoritmo eficiente para descobrir decomposições ótimas em relação a critérios específicos de aplicação é altamente desejável. Como veremos, as funções de custo clássicas baseadas em entropia e energia são aplicáveis em muitas situações e são apropriadas para a utilização em algoritmos de busca para árvores binárias e quaternárias.

Considere o problema de reduzir a quantidade de dados necessários para representar a imagem 400 × 480 da

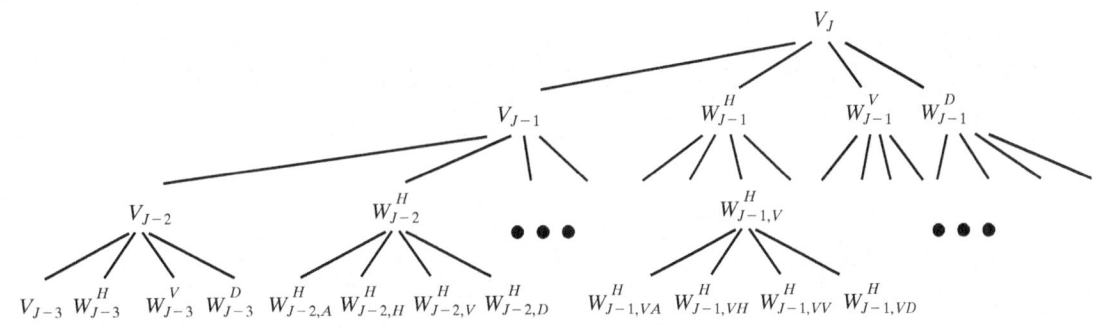

Figura 7.35 Uma árvore de decomposição completa em pacotes *wavelet* de três escalas. Só uma parte da árvore é apresentada.

impressão digital na Figura 7.36(a). Discutiremos em detalhes a compressão de imagens no Capítulo 8. Neste exemplo, queremos selecionar a "melhor" decomposição de pacotes *wavelet* de três escalas como um ponto de partida para o processo de compressão. Utilizando árvores de pacotes *wavelet* de três escalas, temos 83.522 (veja a Equação 7.6-7) decomposições potenciais. A Figura 7.36(b) mostra uma delas — uma decomposição completa de 64 folhas, de pacotes *wavelet*, como a árvore de análise da Figura 7.35. Observe que as folhas da árvore correspondem às subbandas do arranjo 8 × 8 das subimagens decompostas da Figura 7.36(b). A probabilidade de essa decomposição específica de 64 folhas ser de alguma forma ótima para fins de compressão, no entanto, é relativamente baixa.* Na ausência de um critério apropriado de otimização, não podemos confirmar nem negar isso.

Um critério razoável para selecionar uma decomposição para a compressão da imagem da Figura 7.36(a) é a função de custo aditivo

$$E(f) = \sum_{m,n} |f(m,n)| \qquad (7.6\text{-}8)$$

Essa função proporciona uma medida possível do conteúdo de energia da função bidimensional *f*.** De acordo com essa medida, a energia da função *f*(*m*, *n*) = 0 para todo *m* e *n* é 0. Valores altos de *E*, por outro lado, indicam funções com muitos valores diferentes de zero. Como a maioria dos esquemas de compressão baseados em transformadas funciona por truncamento ou limiarização dos pequenos coeficientes em zero, a função custo que maximiza o número de valores próximos de zero representa um critério razoável para selecionar uma "boa" decomposição a partir do ponto de vista da compressão.

A função custo que acabamos de descrever é ao mesmo tempo simples em termos computacionais e facilmente adaptável em rotinas de otimização da árvore. O algoritmo de otimização deve utilizar a função para minimizar o "custo" dos nós-folha na árvore de decomposição. Nós-folha de energia mínima devem ser favorecidos por apresentarem valores próximos de zero, o que leva a uma maior compressão. Como a função custo da Equação 7.6-8 é uma medida local que utiliza apenas as informações disponíveis do nó que está sendo analisado, um algoritmo eficiente para encontrar soluções de energia mínima é facilmente construído como se segue:

Para cada nó da árvore de análise, começando pela raiz e prosseguindo de um nível ao outro até as folhas:

Passo 1. Calcule tanto a energia do nó, indicada por E_P (de energia do pai), e a energia de seus quatro descendentes — indicados por E_A, E_H, E_V e E_D. Para decomposições em pacotes *wavelet* bidimensionais, o pai é um arranjo bidimensional de coeficientes de detalhes ou aproximação; os descendentes são as aproximações, os detalhes horizontais, verticais e diagonais filtrados.

Passo 2. Se a energia combinada dos descendentes for menor que a energia do pai, isto é, $E_A + E_H + E_V + E_D < E_P$, inclua os descendentes na árvore de análise. Se a energia combinada dos descendentes for maior ou igual à energia do pai, exclua os descendentes, mantendo apenas o pai, que é uma folha da árvore de análise otimizada.

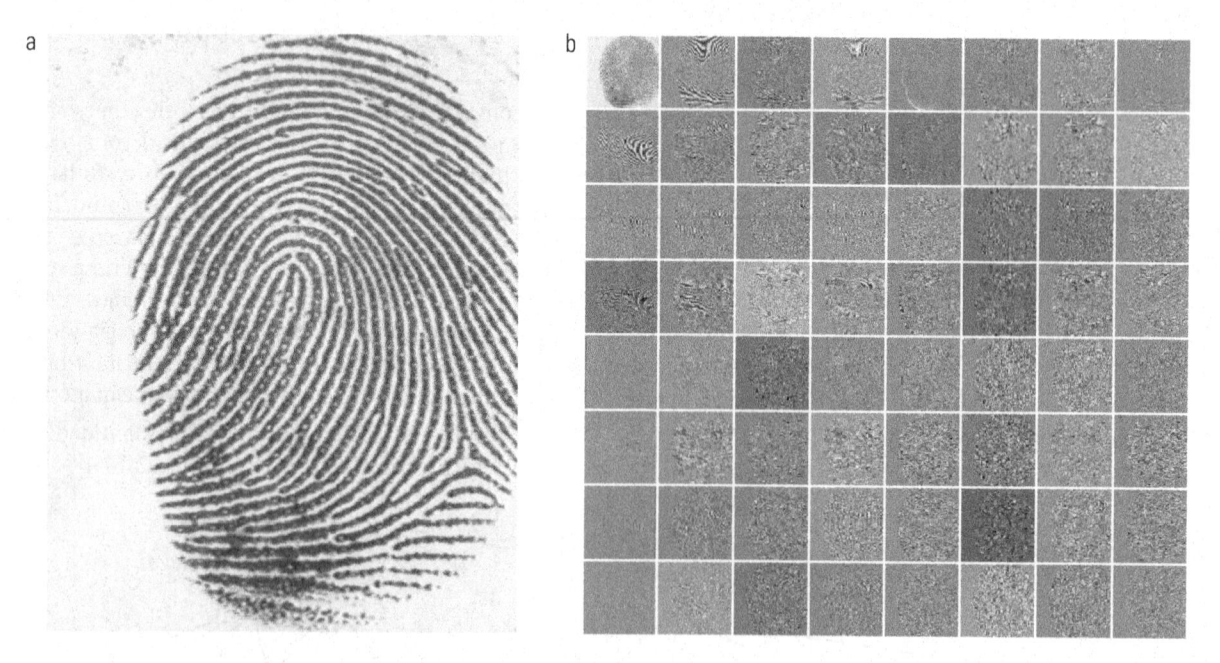

Figura 7.36 (a) Uma impressão digital escaneada e (b) sua decomposição completa em pacotes *wavelet* de três escalas. (Imagem original: cortesia do Instituto Nacional de Padrões e Tecnologia.)

---

* Os 64 nós-folhas da Figura 7.35 correspondem ao arranjo 8 × 8 das 64 subimagens da Figura 7.36(b). Apesar das aparências, elas não são quadradas. A distorção (particularmente evidente na subimagem de aproximação) se deve ao programa utilizado para produzir o resultado.
** Outras medidas possíveis de energia incluem a soma dos quadrados de f(x, y), a soma do logaritmo dos quadrados etc. O Exercício 7.27 define uma possível função custo baseada em entropia.

O algoritmo anterior pode ser utilizado para (1) "aparar" árvores de pacotes *wavelet* ou (2) elaborar procedimentos para calcular árvores ótimas desde o início. No último caso, irmãos que não são essenciais — ou seja, descendentes de nós que seriam eliminados no passo 2 do algoritmo — não seriam calculados. A Figura 7.37 mostra a decomposição otimizada resultante da aplicação do algoritmo à imagem da Figura 7.36(a) com a função custo da Equação 7.6-8. A árvore de análise correspondente é apresentada na Figura 7.38. Observe que muitas das 64 sub-bandas de decomposição do pacote completo original na Figura 7.36(b) (e as 64 folhas correspondentes da árvore de análise da Figura 7.35) foram eliminadas. Além disso, as subimagens que não são divididas (decompostas novamente) na Figura 7.37 são relativamente suaves e compostas de pixels de valor cinza médio. Como todas as subimagens dessa figura, menos a de aproximação, foram ajustadas para que o nível de cinza 128 indicasse um coeficiente de valor zero, essas subimagens contêm pouca energia. Não haveria nenhuma redução de energia realizando sua divisão.

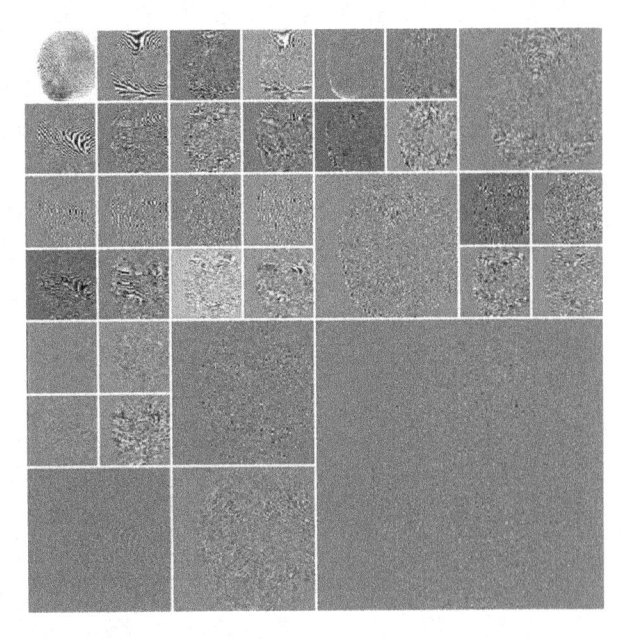

Figura 7.37 Uma decomposição ótima de pacotes *wavelet* para a impressão digital da Figura 7.36(a).

O exemplo anterior se baseia em um problema do mundo real que foi solucionado utilizando *wavelets*. O Federal Bureau of Investigation (FBI) atualmente mantém um grande banco de dados de impressões digitais e criou um padrão nacional para a digitalização e compressão de imagens de impressões digitais baseado em *wavelets* [FBI (1993)]. Utilizando *wavelets* biortogonais, o padrão atinge uma taxa de compressão típica de 15:1. As vantagens da compressão baseada em *wavelets* sobre o padrão JPEG, mais tradicional, serão analisadas no próximo capítulo.

Os filtros de decomposição utilizados no Exemplo 7.15, bem como pelo FBI, fazem parte de uma conhecida família de *wavelets* chamada *wavelets* biortogonais de Cohen-Daubechies-Feauveau [Cohen, Daubechies e Feauveau (1992)]. Como as funções de escala e *wavelet* da família são simétricas e têm tamanhos similares, elas estão entre as *wavelets* biortogonais mais amplamente utilizadas. As figuras 7.39(e) a (h) mostram as funções duais de escala e *wavelet*. As figuras 7.39(a) a (d) são os filtros de decomposição e reconstrução correspondentes. Os coeficientes dos filtros de decomposição passa-baixa e passa-alta, $h_0(n)$ e $h_1(n)$ para $0 \leq n \leq 17$ são mostrados na Tabela 7.4. Os coeficientes correspondentes dos filtros de síntese biortogonais podem ser calculados utilizando $g_0(n) = (-1)^{n+1} h_1(n)$ e $g_1(n) = (-1)^n h_0(n)$ para $0 \leq n \leq 17$ da Equação 7.1-11. Isto é, eles são versões de modulação cruzada dos filtros de decomposição. Observe que o preenchimento com zeros (*padding*) é empregado para fazer com que os filtros tenham o mesmo tamanho, e a Tabela 7.4 e a Figura 7.39 os definem em relação ao sistema de codificação e decodificação em sub-bandas da Figura 7.6(a); no que se refere à FWT, $h_\varphi(-n) = h_0(n)$ e $h_\psi(-n) = h_1(n)$.

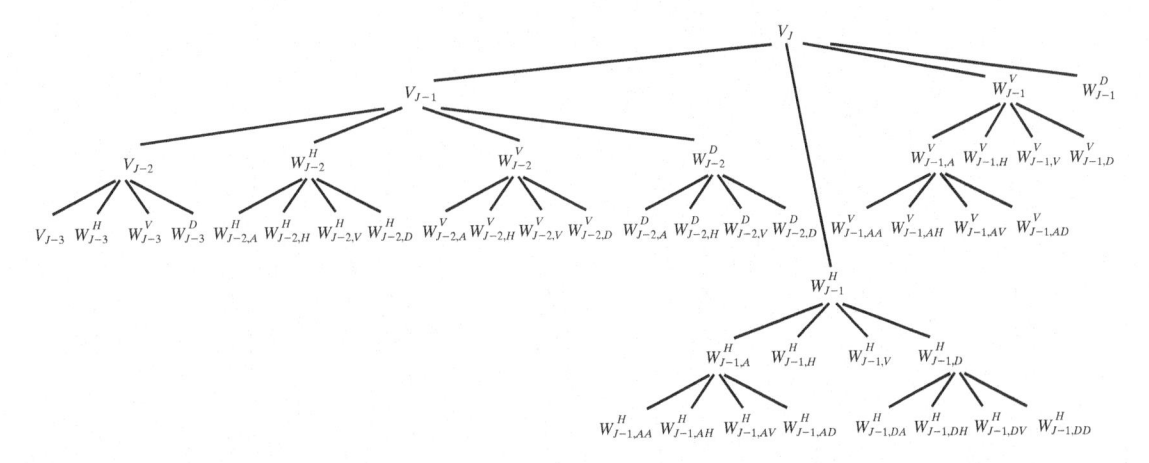

Figura 7.38 Árvore de análise ótima de pacotes *wavelet* para decomposição da Figura 7.37.

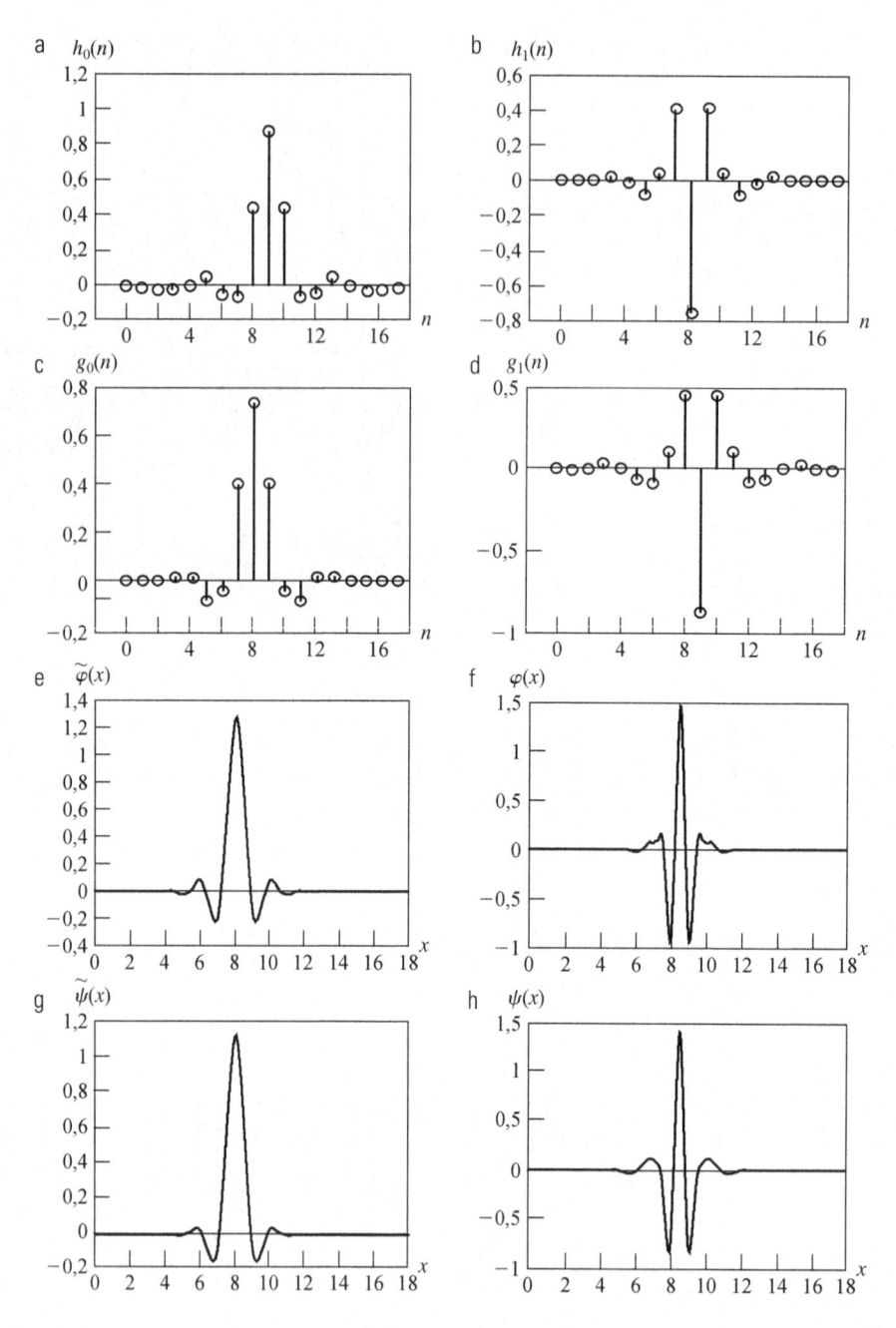

Figura 7.39 Um membro da família de *wavelets* biortogonais de Cohen-Daubechies-Feauveau: (a) e (b) coeficientes do filtro de decomposição; (c) e (d) coeficientes do filtro de reconstrução; (e) a (h) funções duais *wavelet* e de escala. Consulte os valores de $h_0(n)$ e $h_1(n)$ para $0 \leq n \leq 17$ na Tabela 7.3.

Tabela 7.4 Coeficientes do filtro biortogonal de Cohen-Daubechies-Feauveau [Cohen, Daubechies e Feauveau (1992)].

n	$h_0(n)$	$h_1(n)$	n	$h_0(n)$	$h_1(n)$
0		0	9	0,8259	0,4178
1	0,0019	0	10	0,4208	0,0404
2	−0,0019	0	11	−0,0941	−0,0787
3	−0,017	0,0144	12	−0,0773	−0,0145
4	0,0119	−0,0145	13	0,0497	0,0144
5	0,0497	−0,0787	14	0,0119	0
6	−0,0773	0,0404	15	−0,017	0
7	−0,0941	0,4178	16	−0,0019	0
8	0,4208	−0,7589	17	0,0010	0

Resumo

O conteúdo deste capítulo estabelece sólidas bases matemáticas para a compreensão do papel das *wavelets* e da análise multirresolução no processamento de imagens. As *wavelets* e as transformadas *wavelets* são ferramentas de imagens relativamente novas que estão sendo rapidamente aplicadas a uma ampla variedade de problemas de processamento de imagens. Em virtude de sua semelhança com a transformada de Fourier, muitas das técnicas do Capítulo 4 têm equivalentes no domínio das *wavelets*. Uma lista parcial das aplicações de *wavelets* em imagens inclui casamento de imagens, registro, segmentação, redução de ruídos, restauração, realce, compressão, filtragem morfológica e tomografia computadorizada. Por ser impraticável cobrir todas essas aplicações em um único capítulo, os tópicos incluídos foram escolhidos com base em seu valor na apresentação ou esclarecimento dos conceitos fundamentais e na preparação do leitor para estudos posteriores na área. No Capítulo 8, aplicaremos as *wavelets* à compressão de imagens.

Referências e leituras complementares

Há muitos bons textos sobre *wavelets* e sua aplicação. Vários deles complementam nossa abordagem, e foram consultados durante a elaboração das principais seções deste capítulo. O conteúdo da Seção 7.1.2 sobre codificação em sub-bandas e filtragem digital se baseia no livro de Vetterli e Kovacevic (1995), enquanto as seções 7.2 e 7.4, sobre expansões multirresolução e a transformada rápida de *wavelet*, seguem a abordagem de Burrus, Gopinath e Guo (1998). O restante do capítulo se baseia nas referências mencionadas no texto. Todos os exemplos do capítulo foram elaborados utilizando o Matlab [veja Gonzalez et al. (2004)].

A história da análise de *wavelets* foi registrada em um livro de Hubbard (1998). Os precursores das *wavelets* foram desenvolvidos simultaneamente em diferentes áreas e reunidos em um artigo de Mallat (1987), que introduziu a estrutura conceitual matemática na área. Grande parte da história das *wavelets* pode ser estudada nas obras de Meyer (1987, 1990, 1992a, 1992b, 1993) Mallat (1987, 1989(a) a (c), 1998) e Daubechies (1988, 1990, 1992, 1993, 1996). O atual interesse em *wavelets* foi encorajado por muitas publicações desses autores. O livro de Daubechies (1992) é uma fonte clássica de detalhes matemáticos da teoria das *wavelets*.

A aplicação das *wavelets* ao processamento de imagens é coberta em textos gerais sobre processamento de imagens, como Castleman (1996) e muitos livros de aplicações específicas, dos quais alguns são anais de conferências. Nesta última categoria, por exemplo, temos Rosenfeld (1984), Prasad e Iyengar (1997) e Topiwala (1998). Artigos recentes que podem atuar como ponto de partida para pesquisas mais aprofundadas de aplicações específicas em imagens incluem Gao et al. (2007) sobre detecção de vértices; Olkkonen e Olkkonen (2007) sobre implementações em diagramas de árvores; Selesnick et al. (2005) e Kokare et al. (2005) sobre *wavelets* complexas; Thévenaz e Unser (2000) para o registro de imagens; Chang e Kuo (1993) e Unser (1995) sobre classificação baseada em texturas; Heijmans e Goutsias (2000) sobre *wavelets* morfológicas; Banham et al. (1994), Wang, Zhang e Pan (1995) e Banham e Kastaggelos (1996) sobre restauração de imagens; Xu et al. (1994) e Chang, Yu e Vetterli (2000) sobre realce de imagens; Delaney e Bresler (1995) e Westenberg e Roerdink (2000) sobre tomografia computadorizada; e Lee, Sun e Chen (1995), Liang e Kuo (1999), Wang, Lee e Toraichi (1999) e You e Bhattacharya (2000) sobre descrição e casamento de imagens. Uma das mais importantes aplicações das *wavelets* é na compressão de imagens — veja, por exemplo, Brechet et al. (2007), Demin Wang et al. (2006), Antonini et al. (1992), Wei et al. (1998) e o livro de Topiwala (1998). Por fim, temos uma série de edições especiais dedicadas às *wavelets*, incluindo uma sobre transformadas *wavelet* e análise multirresolução de sinais na *IEEE Transactions on Information Theory* (1992), uma edição especial sobre processamento de sinais e *wavelets* na *IEEE Transactions on Signal Processing* (1993) e uma seção especial sobre representação em multirresolução na *IEEE Transactions on Pattern Analysis and Machine Intelligence* (1989).

Embora o capítulo tenha se concentrado nos fundamentos das *wavelets* e em sua aplicação no processamento de imagens, há considerável interesse na construção das *wavelets* em si. Sugerimos que o leitor interessado consulte a obra de Battle (1987, 1988), Daubechies (1988, 1992), Cohen e Daubechies (1992), Meyer (1990), Mallat (1989b), Unser, Aldroubi e Eden (1993) e Gröchenig e Madych (1992). Esta não é uma lista completa, mas deve servir como um ponto de partida para leituras adicionais. Veja também as referências gerais sobre codificação em sub-bandas e bancos de filtro, incluindo Strang e Nguyen (1996) e Vetterli e Kovacevic (1995), e as referências incluídas neste capítulo relativas às *wavelets* que utilizamos como exemplos.

Exercícios

7.1 Elabore um sistema para decodificar a pirâmide de residual de previsão gerada pelo codificador da Figura 7.2(b) e esboce seu diagrama de blocos. Considere que o codificador não introduz nenhum erro de quantização.

*7.2 Construa uma pirâmide de aproximação completa e a pirâmide de residual de previsão correspondente para a imagem

$$f(x,y) = \begin{bmatrix} 1 & 2 & 3 & 4 \\ 5 & 6 & 7 & 8 \\ 9 & 10 & 11 & 12 \\ 13 & 14 & 15 & 16 \end{bmatrix}$$

Utilize a média de vizinhança 2×2 para o filtro de aproximação da Figura 7.2(b) e considere que o filtro de interpolação implementa a replicação de pixels.

*7.3 Dada uma imagem $2^J \times 2^J$, pode uma pirâmide de nível $J + 1$ reduzir ou expandir o volume de dados necessários para representar a imagem? Qual é a taxa de compressão ou de expansão?

7.4 O banco de filtros de codificação em duas sub-bandas contendo os filtros $h_0(n) = \{1/\sqrt{2}, 1/\sqrt{2}\}$, $h_1(n) = \{-1/\sqrt{2}, 1/\sqrt{2}\}$, $g_0(n) = \{1/\sqrt{2}, 1/\sqrt{2}\}$ e $g_1(n) = \{1/\sqrt{2}, -1/\sqrt{2}\}$ é ortonormal, biortogonal ou ambos?

7.5 Dada a sequência $f(n) = \{0; 0,5; 0,25; 1\}$, na qual $n = 0, 1, 2, 3$, calcule:

(a) A sequência de sinal reverso.
(b) A sequência de ordem reversa.
(c) A sequência modulada.
(d) A sequência modulada e depois de ordem reversa.
(e) A sequência de ordem reversa e depois modulada.
(f) O resultado de (d) ou (e) corresponde à Equação 7.1-9.

7.6 Calcule os coeficientes dos filtros de síntese de Daubechies $g_0(n)$ e $g_1(n)$ para o Exemplo 7.2. Utilizando a Equação 7.1-13 com $m = 0$ apenas, mostre que os filtros são ortonormais.

*7.7 Esboce um decodificador de banco de filtros de quatro bandas bidimensional para reconstruir a entrada $f(m, n)$ na Figura 7.7.

7.8 Deduza a matriz de transformação de Haar para $N = 8$.

7.9 (a) Calcule a transformada de Haar da imagem F 2×2

$$\mathbf{F} = \begin{bmatrix} 3 & -1 \\ 6 & 2 \end{bmatrix}$$

(b) A transformada inversa de Haar é $\mathbf{F} = \mathbf{H}^T \mathbf{T} \mathbf{H}$, na qual $\mathbf{T}$ é a transformada de Haar de $\mathbf{F}$ e $\mathbf{H}^T$ é a matriz inversa de $\mathbf{H}$. Demonstre que $\mathbf{H}_2^{-1} = \mathbf{H}_2^T$ e utilize isso para calcular a transformada inversa de Haar do resultado em (a).

7.10 Calcule os coeficientes de expansão do par $[3, 2]^T$ para as bases a seguir e escreva as expansões correspondentes:

*(a) Base $\varphi_0 = [1/\sqrt{2}, 1/\sqrt{2}]^T$ e $\varphi_1 = [1/\sqrt{2}, -1/\sqrt{2}]^T$ em $\mathbf{R}^2$, o conjunto de pares reais.

(b) Base $\varphi_0 = [1,0]^T$ e $\varphi_1 = [1,1]^T$ e sua dual, $\tilde{\varphi}_0 = [1,-1]^T$ e $\tilde{\varphi}_1 = [0,-1]^T$ em $\mathbf{R}^2$.

(c) Base $\varphi_0 = [1,0]^T$, $\varphi_1 = [-1/2, \sqrt{3}/2]^T$ e $\varphi_2 = [-1/2, -\sqrt{3}/2]^T$ e suas duais, $\tilde{\varphi}_i = 2\varphi_i/3$, para $i = \{0, 1, 2,\}$ em $\mathbf{R}^2$.

(*Dica*: Os produtos internos do vetor devem ser utilizados no lugar dos produtos internos integrais da Seção 7.2.1.)

7.11 Demonstre que a função de escala

$$\varphi(x) = \begin{cases} 1 & 0,25 \leq x < 0,75 \\ 0 & \text{caso contrário} \end{cases}$$

não satisfaz o segundo requisito de uma análise multirresolução.

7.12 Escreva uma expressão para o espaço de escala V_3 como uma função da função de escala $\varphi(x)$. Utilize a definição da função de escala de Haar da Equação 7.2-14 para esboçar as funções de escala V_3 de Haar nas translações $k = \{0, 1, 2\}$.

*7.13 Esboce a *wavelet* $\psi_{3,3}(x)$ para a função *wavelet* de Haar. Escreva uma expressão para $\psi_{3,3}(x)$ em termos das funções de escala de Haar.

7.14 Suponha que a função $f(x)$ seja um membro do espaço de escala de Haar — isto é, que $f(x) \in V_3$. Utilize a Equação 7.2-22 para expressar V_3 como uma função do espaço de escala V_0 e quaisquer espaços *wavelet* necessários. Se $f(x)$ for igual a 0 fora do intervalo $[0, 1]$, esboce as funções de escala e *wavelet* necessárias para uma expansão linear de $f(x)$ baseada na expressão que você deduziu.

7.15 Calcule os quatro primeiros termos da expansão em séries *wavelet* da função utilizada no Exemplo 7.7 com escala inicial $j_0 = 1$. Escreva a expansão resultante em termos das funções de escala e *wavelet* envolvidas. Como seu resultado se compara com o exemplo, no qual a escala inicial era $j_0 = 0$?

7.16 A DWT nas equações 7.3-4 e 7.3-5 é uma função da escala inicial j_0.

(a) Calcule novamente a DWT unidimensional da função $f(n) = \{1, 4, -3, 0\}$ para $0 \leq n \leq 3$ no Exemplo 7.8 com $j_0 = 1$ (em vez de 0).

(b) Utilize o resultado de (a) para calcular $f(1)$ a partir dos valores da transformada.

*7.17 O que a transformada *wavelet* contínua a seguir revela sobre a função unidimensional sobre a qual ela foi baseada?

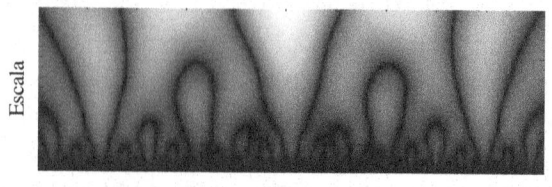

7.18 (a) A transformada *wavelet* contínua do Exercício 7.17 foi gerada por computador. A função sobre a qual ela se baseia foi primeiro amostrada em intervalos discretos. O que é contínuo na transformada — ou o que a distingue da transformada *wavelet* discreta da função?

*(b) Em quais circunstâncias a DWT representa uma escolha melhor do que a CWT? Existem circunstâncias nas quais a CWT é melhor que a DWT?

*7.19 Esboce o banco de filtros da FWT necessário para calcular a transformada no Exercício 7.16. Identifique todas as entradas e saídas com as sequências apropriadas.

7.20 A complexidade computacional de uma transformada rápida de *wavelet* de M pontos é $(O)M$. Isto é, o número de operações é proporcional a M. O que determina a constante de proporcionalidade?

7.21 *(a) Se a entrada do banco de filtros da FWT de três escalas da Figura 7.30(a) for a função de escala de Haar $\varphi(n) = 1$ para $n = 0, 1, \ldots, 7$ e 0 em outros pontos, qual é a transformada resultante em relação às *wavelets* de Haar?

(b) Qual é a transformada se a entrada for a função *wavelet* de Haar correspondente $\psi(n) = \{1, 1, 1, 1, -1, -1, -1, -1\}$ para $n = 0, 1, \ldots, 7$?

(c) Qual sequência de entradas produz a transformada $\{0, 0, 0, 0, 0, 0, B, 0\}$ com coeficiente diferente de zero $W_\psi(2, 2) = B$?

*7.22 A transformada rápida de *wavelet* bidimensional é similar ao esquema de codificação piramidal da Seção 7.2.1. Qual é a semelhança entre eles? Dada a transformada *wavelet* de três escalas da Figura 7.10(a), como você construiria a pirâmide de aproximação correspondente? Quantos níveis ela teria?

7.23 Calcule a transformada *wavelet* bidimensional em relação às *wavelets* de Haar da imagem 2 × 2 do Exercício 7.9. Esboce o banco de filtros necessário e identifique todas as entradas e saídas com os arranjos adequados.

*7.24 No domínio de Fourier

$$f(x - x_0, y - y_0) \Leftrightarrow F(\mu, v)e^{-2\pi(\mu x_0/M + v y_0/N)}$$

e a translação não afeta a exibição de $|F(\mu, v)|$. Utilizando a sequência de imagens a seguir, explique a propriedade de translação das transformadas *wavelet*. A imagem mais à esquerda contém dois quadrados brancos 32 × 32 centralizados em um fundo cinza 128 × 128. A segunda imagem (a partir da esquerda) é sua transformada *wavelet* de escala única considerando *wavelets* de Haar. A terceira é a transformada *wavelet* da imagem original após deslocá-la 32 pixels para a direita e para baixo e a imagem final (mais à direita) é a transformada *wavelet* da imagem original depois de ter sido deslocada um pixel para a direita e para baixo.

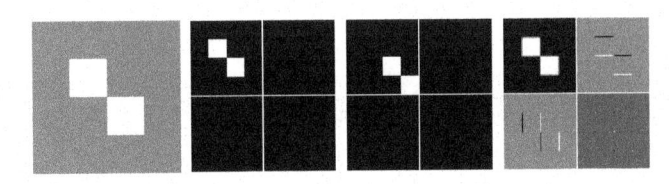

7.25 A tabela a seguir mostra as funções *wavelet* e de escala de Haar para uma transformada rápida de *wavelet* de quatro escalas. Esboce as funções de base adicionais necessárias para uma decomposição completa em pacotes de três escalas. Qual(is) é(são) a(s) expressão(ões) matemática(s) para determiná-las? Em seguida, ordene as funções de base de acordo com o conteúdo de frequência e explique os resultados.

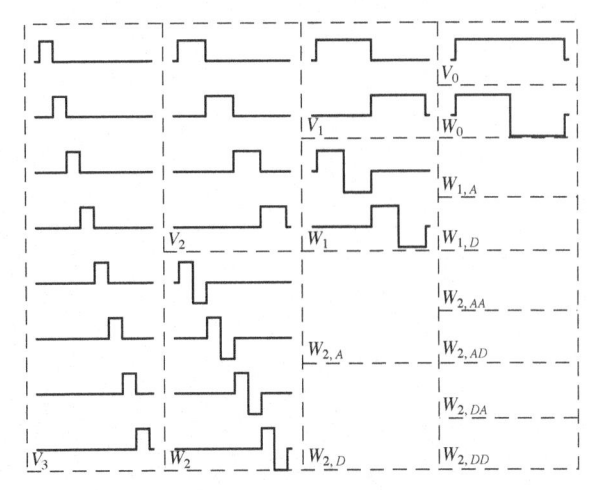

7.26 Uma decomposição de pacotes *wavelet* do vaso da Figura 7.1 é mostrada a seguir.

(a) Esboce a árvore de análise de decomposição correspondente, identificando todos os nós com os nomes dos espaços de escala e *wavelet* adequados.

(b) Esboce e identifique o espectro de frequência da decomposição.

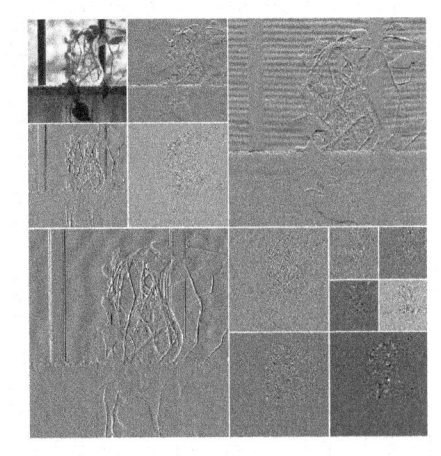

7.27 Utilizando a *wavelet* de Haar, determine a decomposição do pacote de entropia mínima para a função $f(n) = 0{,}25$ com $n = 0, 1, 2, \ldots, 15$. Empregue a entropia não normalizada de Shannon,

$$E[f(n)] = \sum_n f^2(n) \ln[f^2(n)]$$

como critério de minimização. Esboce a árvore ótima, nomeando os nós com os valores de entropia calculados.

8 Compressão de imagens

> Mas a vida é curta e a informação, infinita... A abreviação é um mal necessário e o papel do abreviador é fazer o melhor trabalho que, apesar de intrinsecamente ruim, ainda seja melhor do que nada.
> *Aldous Huxley*

Apresentação

A compressão de imagens, a arte e a ciência de reduzir o volume de dados necessários para representar uma imagem, é uma das tecnologias mais úteis e comercialmente bem-sucedidas na área do processamento digital de imagens. O número de imagens comprimidas e descomprimidas diariamente é impressionante e o processo de compressão e descompressão é praticamente invisível ao usuário. Qualquer pessoa que tenha uma câmera digital, que navegue pela Internet ou que assista aos mais recentes filmes de Hollywood em *Digital Video Disks* (DVDs) se beneficia dos algoritmos e padrões que analisamos neste capítulo.

Para entender melhor a necessidade de compactar representações de imagens, pense no volume de dados necessários para armazenar um vídeo digital de duas horas no padrão SD (*standard definition*) com resolução de 720 × 480 × 24 bits. Um filme digital (ou *vídeo*) é uma sequência de *quadros de vídeo* na qual cada quadro é uma imagem estática colorida. Como os reprodutores de vídeo devem exibir os quadros em sequência em velocidades de aproximadamente 30 fps (quadros por segundo, de *frames per second*), os dados de vídeos digitais SD devem ser acessados em

$$30 \frac{\text{frames}}{\text{s}} \times (720 \times 480) \frac{\text{pixels}}{\text{frames}} \times 3 \frac{\text{bytes}}{\text{pixels}} = 31.104.000 \text{ bytes/s}$$

e um filme de duas horas consiste em

$$31.104.000 \frac{\text{bytes}}{\text{s}} \times (60^2) \frac{\text{s}}{\text{h}} \times 2\text{h} \cong 2,24 \times 10^{11} \text{bytes}$$

ou 224 GB (gigabytes) de dados. Vinte e sete DVDs de camada dupla de 8,5 GB (considerando discos convencionais de 12 cm) seriam necessários para armazená-lo. Para que um filme de duas horas caiba em um único DVD, cada quadro deve ser comprimido — em média — por um fator de 26,3. A compressão deve ser ainda maior no caso de *vídeos para televisores de alta definição* (HD, de *high definition*), nos quais as resoluções da imagem chegam a 1.920 × 1.080 × 24 bits/imagem.

Imagens de páginas da Internet e fotos de câmeras digitais de alta resolução também são rotineiramente comprimidas para reduzir o espaço de armazenamento e o tempo de transmissão. Por exemplo, conexões residenciais de Internet transmitem dados em velocidades que variam de 56 Kbps (kilobits por segundo) via linhas telefônicas convencionais a mais de 12 Mbps (megabits por segundo), no caso de banda larga. O tempo necessário para transmitir uma pequena imagem colorida de 128 × 128 × 24 bits nessa faixa de velocidades é de 7,0 a 0,03 segundos. A compressão pode reduzir o tempo de transmissão em um fator de 2 a 10 ou mais. Da mesma forma, o número de imagens coloridas não comprimidas que uma câmera digital de 8 megapixels é capaz de armazenar em um cartão de memória flash de 1 GB [cerca de 41 imagens de 24 MB (megabytes)] pode ser aumentado de modo similar. Além dessas aplicações, a compressão de imagens exerce um importante papel em muitas outras áreas, incluindo teleconferência, sensoriamento remoto, imagens médicas e de documentos e transmissão de fac-símiles (fax). Um número cada vez maior de aplicações depende da manipulação, do armazenamento e da transmissão eficientes de imagens coloridas, binárias e em escalas de cinza.

Neste capítulo, apresentamos a teoria e a prática da compressão digital de imagens. Analisaremos as técnicas de compressão mais utilizadas e descreveremos os padrões da indústria que fazem que elas sejam úteis. O conteúdo deste capítulo é introdutório e se aplica tanto a imagens estáticas quanto a aplicações em vídeo. Concluímos o capítulo com uma introdução a *marcas d'água em imagens digitais*, o processo de inserir dados visíveis e invisíveis (como informações de direitos autorais) nas imagens.

8.1 Fundamentos

O termo *compressão de dados* refere-se ao processo de reduzir o volume de dados necessários para representar dada quantidade de informações. Nessa definição, *dados* são diferentes de *informações*; dados são os meios pelos quais as informações são transmitidas. Como várias quantidades de dados podem ser utilizadas para representar a mesma quantidade de informações, dizemos que representações que contêm informações irrelevantes ou repetidas possuem *dados redundantes*. Com b e b' indicando o número de bits (ou unidades de transmissão de informações) em duas representações das mesmas informações, a *redundância relativa de dados*, R, da *representação* com b bits, é

$$R = 1 - \frac{1}{C} \quad (8.1\text{-}1)$$

em que C, que costuma ser chamada de *taxa de compressão*, é definida como

$$C = \frac{b}{b'} \quad (8.1\text{-}2)$$

Se $C = 10$ (algumas vezes, expresso como 10:1), por exemplo, a maior representação tem 10 bits de dados para cada 1 bit de dados na representação menor. A redundância relativa de dados correspondentes da representação maior é 0,9 ($R = 0,9$), indicando que 90% de seus dados são redundantes.

No contexto da compressão digital de imagens, b na Equação 8.1-2 normalmente indica o número de bits necessários para representar uma imagem como um arranjo matricial 2-D de valores de intensidade. Os arranjos de intensidade 2-D apresentados na Seção 2.4.2 são os formatos preferidos para a visão e interpretação humanas — e o padrão pelo qual todas as outras representações são avaliadas. Em se tratando da representação de imagens compactas, contudo, esses formatos estão longe de serem ótimos. Arranjos de intensidade bidimensionais são prejudicados por três principais tipos de redundância de dados que podem ser identificados e explorados:

1. *Redundância de codificação*. Um *código* é um sistema de símbolos (letras, números, bits e assim por diante) utilizados para representar um corpo de informações ou conjunto de eventos. Atribui-se a cada parcela da informação ou evento uma sequência de *símbolos de código*, denominados *palavra de código* ou *palavra-código* (*code word*). O número de símbolos em cada palavra-código é seu *comprimento* ou *tamanho*. Os códigos de 8 bits utilizados para representar as intensidades na maioria dos arranjos de intensidade 2-D contêm mais bits do que o necessário para representar as intensidades.

2. *Redundância espacial* e *temporal*. Como os pixels da maioria dos arranjos de intensidade 2-D são correlacionados no espaço (isto é, cada pixel é similar aos pixels vizinhos ou dependente deles), as informações são desnecessariamente replicadas nas representações dos pixels correlacionados. Em uma sequência de vídeo, pixels temporariamente correlacionados (isto é, pixels similares aos pixels de quadros próximos ou dependentes deles) também duplicam as informações.

3. *Informações irrelevantes*. A maioria dos arranjos de intensidade 2-D contém informações ignoradas pelo sistema visual humano e/ou irrelevantes para a utilização pretendida da imagem. As informações são redundantes no sentido de não serem utilizadas.

As imagens geradas por computador das figuras 8.1(a) a (c) mostram cada uma dessas redundâncias básicas. Como veremos nas próximas três seções, a compressão é realizada quando uma ou mais redundâncias são reduzidas ou eliminadas.

8.1.1 Redundância de codificação

No Capítulo 3, analisamos técnicas para realce de imagens utilizando técnicas de processamento de histogramas, presumindo que os valores de intensidade de uma imagem sejam valores aleatórios. Nesta seção, utilizamos fórmulas similares para apresentar a codificação ótima de informações.

Presuma que uma variável aleatória discreta r_k no intervalo $[0, L-1]$ seja utilizada para representar as intensidades de uma imagem $M \times N$ e que a probabilidade de ocorrência de cada r_k seja $p_r(r_k)$. Como na Seção 3.3,

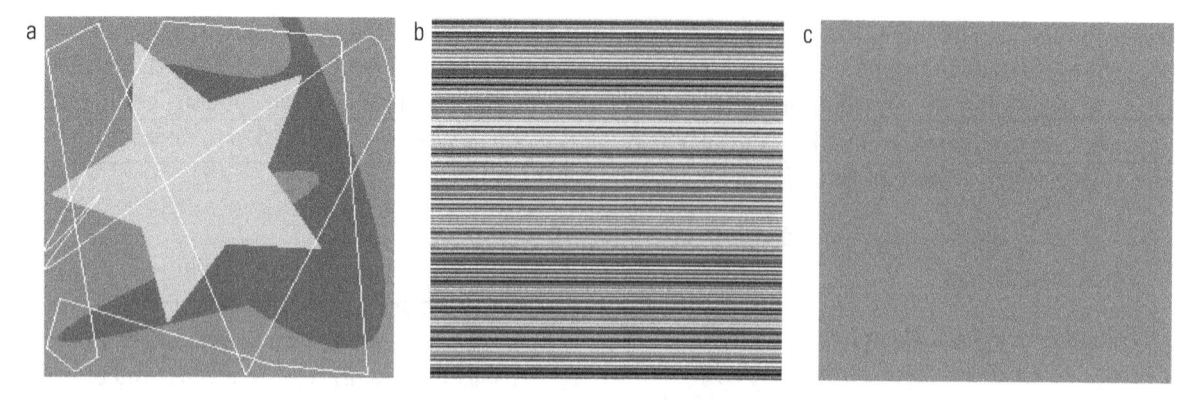

Figura 8.1 Imagens de 256 × 256 × 8 bits geradas por computador com (a) redundância de codificação, (b) redundância espacial e (c) informações irrelevantes. (Cada uma foi projetada para demonstrar uma redundância principal, mas também pode apresentar outras redundâncias.)

$$p_r(r_k) = \frac{n_k}{MN} \quad k = 0, 1, 2, ..., L-1 \quad (8.1\text{-}3)$$

em que L é o número de valores de intensidade (níveis de cinza) e n_k é o número de vezes em que a k-ésima intensidade aparece na imagem. Se o número de bits utilizados para representar cada valor de r_k for $l(r_k)$, o número médio de bits necessários para representar cada pixel é

$$L_{\text{méd}} = \sum_{k=0}^{L-1} l(r_k) p_r(r_k) \quad (8.1\text{-}4)$$

Isto é, o tamanho médio das palavras-código atribuídas aos vários valores de intensidade é calculado somando-se os produtos do número de bits utilizados para representar cada intensidade e a probabilidade de ocorrência da intensidade. O número total de bits necessários para representar uma imagem $M \times N$ é $MNL_{\text{méd}}$. Se as intensidades forem representadas utilizando-se um código *natural* de tamanho fixo de m bits*, o lado direito da Equação 8.1-4 se reduz a m bits. Isto é, $L_{\text{méd}} = m$ quando $l(r_k)$ é substituído por m. A constante pode ser retirada do somatório, deixando apenas a soma das probabilidades $p_r(r_k)$ para $0 \leq k \leq L-1$, o que, é claro, equivale a 1.

■

Exemplo 8.1 Uma ilustração simples da codificação de tamanho variável.

A imagem gerada por computador da Figura 8.1(a) tem sua distribuição de intensidade apresentada na segunda coluna da Tabela 8.1. Se um código binário natural de 8 bits (indicado como código 1 na Tabela 8.1) for utilizado para representar suas quatro intensidades possíveis, $L_{\text{méd}}$ – o número médio de bits para o código 1 – equivale a 8 bits, porque $l_1(r_k) = 8$ bits para todos os r_k.

Por outro lado, se o esquema chamado código 2 na Tabela 8.1 for utilizado, o tamanho médio dos pixels codificados será, de acordo com a *Equação* 8.1-4,

$$L_{\text{méd}} = 0{,}25(2) + 0{,}47(1) + 0{,}25(3) + 0{,}03(3) = 1{,}81 \text{ bits}$$

O número total de bits necessários para representar a imagem inteira é $MNL_{\text{méd}} = 256 \times 256 \times 1{,}81$ ou 118.621. A partir das equações 8.1-2 e 8.1-1, a compressão resultante e redundância relativa correspondente são

$$C = \frac{256 \times 256 \times 8}{118.621} = \frac{8}{1{,}81} \approx 4{,}42$$

e

$$R = 1 - \frac{1}{4{,}42} = 0{,}774$$

respectivamente. Dessa forma, 77,4% dos dados no arranjo de intensidade 2-D original de 8 bits são redundantes.

A compressão obtida pelo código 2 resulta da atribuição de menos bits aos valores de intensidade mais prováveis do que aos menos prováveis. No *código de tamanho variável* resultante, r_{128} — a intensidade mais provável da imagem — recebe a palavra-código 1 de 1 bit [de tamanho $l_2(r_{128}) = 1$], ao passo que r_{255} — intensidade de ocorrência menos provável — recebe a palavra-código 001 de 3 bits [de tamanho $l_2(r_{255}) = 3$]. Observe que o melhor *código de*

Tabela 8.1 Exemplo de codificação de tamanho variável.

r_k	$p_r(r_k)$	Código 1	$l_1(r_k)$	Código 2	$l_2(r_k)$
$r_{87} = 87$	0,25	01010111	8	01	2
$r_{128} = 128$	0,47	10000000	8	1	1
$r_{186} = 186$	0,25	11000100	8	000	3
$r_{255} = 255$	0,03	11111111	8	001	3
r_k para $k \neq 87, 128, 186, 255$	0	—	8	—	0

---

* Um código binário *natural* é um código no qual um dos 2^m códigos de uma sequência binária de m bits é atribuído a cada evento ou parcela da informação a ser codificada (como o valor de intensidade).

tamanho fixo que pode ser atribuído às intensidades da imagem da Figura. 8.1(a) é a sequência de contagem natural de 2 bits {00, 01, 10, 11}, mas a compressão resultante é de apenas 8/2 ou 4:1 — cerca de 10% menos que a compressão 4,42:1 do código de tamanho variável.

Como mostra o exemplo anterior, a *redundância de codificação* se faz presente quando os códigos atribuídos a um conjunto de eventos (como valores de intensidade) não se beneficiam totalmente das probabilidades dos eventos. A redundância de codificação está quase sempre presente quando as intensidades de uma imagem são representadas utilizando um código binário natural. A razão é que a maioria das imagens é composta por objetos que apresentam morfologia (forma) e refletância regulares e muitas vezes previsíveis e são amostradas de modo que os objetos representados sejam muito maiores que os elementos de imagem. A consequência natural é que, para a maioria das imagens, certas intensidades são mais prováveis que outras (isto é, os histogramas da maioria das imagens não são uniformes). Uma codificação binária natural atribui o mesmo número de bits, tanto ao valor mais provável quanto ao menos provável, deixando de minimizar a Equação 8.1-4 e resultando em redundância de codificação.

8.1.2 Redundância espacial e temporal

Veja a coletânea gerada por computador de linhas de intensidade constante da Figura 8.1(b). No arranjo de intensidade 2-D correspondente:

1. Todas as 256 intensidades são igualmente prováveis. Como mostra a Figura 8.2, os histogramas da imagem são uniformes.
2. Como a intensidade de cada linha foi selecionada aleatoriamente, seus pixels independem uns dos outros na direção vertical.
3. Como os pixels ao longo de cada linha são idênticos, eles apresentam correlação máxima (são completamente dependentes uns dos outros) na direção horizontal.

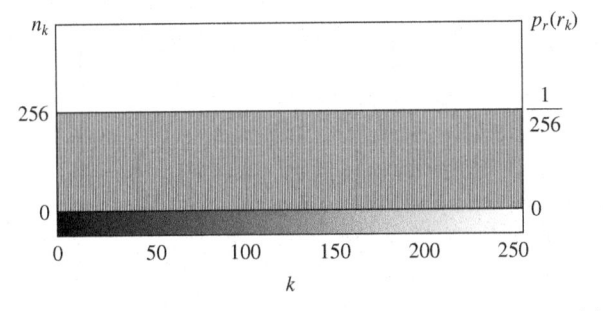

Figura 8.2 O histograma de intensidades da imagem da Figura 8.1(b).

A primeira observação nos informa que a imagem da Figura 8.1(b) — quando representada como um arranjo de intensidades convencional de 8 bits — não pode ser comprimida apenas pela codificação de tamanho variável. Diferentemente da imagem da Figura 8.1(a) (e do Exemplo 8.1), cujo histograma *não* era uniforme, um código de 8 bits de tamanho fixo nesse caso minimiza a Equação 8.1-4. As observações 2 e 3 revelam uma significativa redundância espacial que pode ser eliminada, por exemplo, pela representação da imagem da Figura 8.1(b) como uma sequência de *pares run-length*, no qual cada par *run-length* especifica o início de uma nova intensidade e o número de pixels consecutivos que apresentam essa intensidade. Uma representação baseada em *run-length* comprime o arranjo de intensidade 2-D de 8 bits original em $(256 \times 256 \times 8)/[(256 + 256) \times 8]$ ou 128:1. Cada linha de 256 pixels da representação original é substituída por um único valor de intensidade de 8 bits e tamanho 256 na representação *run-length*.

Na maioria das imagens, os pixels são correlacionados no espaço (tanto em *x* quanto em *y*) e no tempo (quando a imagem faz parte de uma sequência de vídeo). Como a maioria das intensidades de pixel pode ser razoavelmente prevista a partir das intensidades vizinhas, a informação transmitida por um único pixel é pequena. Grande parte de sua contribuição visual é redundante no sentido de poder ser inferida a partir de seus vizinhos. Para reduzir a redundância associada aos pixels correlacionados no espaço e no tempo, um arranjo de intensidade 2-D deve ser transformado em uma representação mais eficiente, porém normalmente "não visual". Por exemplo, podem ser utilizados *run-lengths* ou as diferenças entre pixels adjacentes. Transformações desse tipo são chamadas *mapeamentos*. Diz-se que um mapeamento é *reversível* se os pixels do arranjo de intensidade 2-D original puderem ser reconstruídos sem erro a partir do conjunto de dados transformados; em outras palavras, dizemos que o mapeamento é *irreversível*.

8.1.3 Informações irrelevantes

Uma das formas mais simples de comprimir um conjunto de dados é remover dados supérfluos do conjunto. No contexto da compressão digital de imagens digitais, as informações ignoradas pelo sistema visual humano e/ou irrelevantes para a utilização pretendida da imagem são candidatas óbvias para a omissão. Dessa forma, a imagem gerada por computador da Figura 8.1(c), por aparentar ser uma região cinza bastante homogênea, pode ser representada somente por sua intensidade média — um único valor de 8 bits. O arranjo de intensidade original de 256 × 256 × 8 bits é reduzido a um único byte e a compressão resultante é de (256 × 256 × 8)/8 ou 65.536:1. Naturalmente, a imagem original de 256 × 256 × 8 bits deve ser recriada para ser visualizada e/ou analisada — mas a qualidade da imagem reconstruída é muito próxima ou completamente igual à imagem original.

A Figura 8.3(a) mostra o histograma de intensidades da imagem da Figura 8.1(c). Observe que há vários valores de intensidade (intensidades de 125 a 131) presentes. O sistema visual humano calcula uma média dessas intensidades, percebe apenas o valor médio e ignora as pequenas variações de intensidade presentes nesse caso. A Figura 8.3(b), uma versão equalizada do histograma da imagem da Figura 8.1(c), faz que as variações de intensidade sejam visíveis *e* revela duas regiões antes não detectadas de intensidade constante — uma orientada verticalmente e a outra, horizontalmente. Se a imagem da Figura 8.1(c) for representada somente por seu valor médio, essa estrutura "invisível" (isto é, as regiões de intensidade constante) e as variações de intensidade aleatórias que as cercam — informações reais — são perdidas. A decisão de preservar ou não essas informações depende muito da aplicação desejada. Se as informações forem importantes, como pode ser o caso de uma aplicação médica (como um arquivo digital de raios X), elas não devem ser omitidas; caso contrário, as informações são redundantes e podem ser excluídas para melhorar o desempenho da compressão.

Concluímos a seção observando que a redundância analisada aqui é basicamente diferente das redundâncias discutidas nas seções 8.1.1 e 8.1.2. Sua eliminação é possível, pois as informações não são essenciais para o processamento visual normal e/ou a utilização pretendida da imagem. Como sua omissão resulta em uma perda quantitativa de informações, sua remoção costuma ser chamada *quantização*. Essa terminologia está de acordo com a utilização cotidiana da palavra, que geralmente significa o mapeamento de ampla variedade de valores de entrada a um número limitado de valores de saída (veja a Seção 2.4). Pelo fato de as informações serem perdidas, a quantização é uma operação irreversível.

8.1.4 Medindo as informações da imagem

Nas seções anteriores, apresentamos várias formas de reduzir o volume de dados utilizados para representar uma imagem. A questão que naturalmente surge é: quantos bits são realmente necessários para representar as informações de uma imagem? Isto é, existe um volume mínimo de dados suficientes para descrever uma imagem sem que haja a perda de informação? A *teoria da informação* nos proporciona a estrutura conceitual matemática para responder a essa e a outras perguntas relacionadas.[*] Sua premissa básica é que a geração de informações pode ser modelada como um processo probabilístico que pode ser medido de maneira intuitiva. De acordo com essa suposição, dizemos que um evento aleatório E que ocorra com probabilidade $P(E)$ contém

$$I(E) = \log \frac{1}{P(E)} = -\log P(E) \quad (8.1\text{-}5)$$

unidades de informação. Se $P(E) = 1$ (isto é, o evento sempre ocorre), $I(E) = 0$, nenhuma informação é atribuída a ele. Como nenhuma incerteza é associada ao evento, nenhuma informação seria transferida pela comunicação de que o evento ocorreu [ele *sempre* ocorre se $P(E) = 1$].

A base do logaritmo da Equação 8.1-5 define a unidade utilizada para medir as informações. Se um logaritmo de base m for utilizado, dizemos que a medida é em unidades *m*-árias. Se a base 2 for selecionada, a unidade de informação é um *bit*. Observe que, se $P(E) = \frac{1}{2}, I(E) = -\log_2 \frac{1}{2}$, ou 1 bit. Isto é, 1 bit é a quantidade de informações transmitidas quando um dos dois eventos possíveis igualmente prováveis ocorre. Um exemplo simples de tal situação é tirar cara e coroa e comunicar o resultado.

Dada uma fonte de eventos aleatórios estatisticamente independentes do conjunto discreto de eventos possíveis $\{a_1, a_2, \ldots, a_J\}$ com probabilidades associadas $\{P(a_1), P(a_2), \ldots, P(a_J)\}$, a informação média por saída de fonte, denominada *entropia* da fonte, é

$$H = -\sum_{j=1}^{J} P(a_j) \log P(a_j) \quad (8.1\text{-}6)$$

Os a_j dessa equação são chamados *símbolos fonte*. Por ser estatisticamente independente, a fonte em si é conhecida como *fonte de memória zero*.

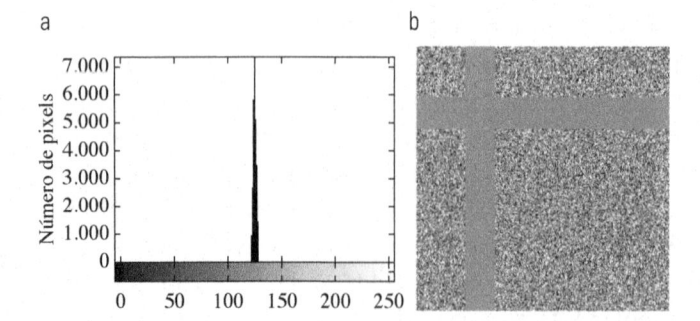

Figura 8.3 (a) Histograma da imagem da Figura 8.1(c); e (b) uma versão equalizada do histograma da imagem.

---

[*] Consulte o site do livro para uma breve revisão sobre a teoria da probabilidade e a teoria da informação.

Se uma imagem for considerada a saída de uma "fonte de intensidade" imaginária de memória zero, podemos utilizar o histograma da imagem observada para estimar as probabilidades do símbolo da fonte. Nesse caso, a entropia da fonte de intensidade passa a ser[*]

$$\tilde{H} = -\sum_{k=0}^{L-1} P_r(r_k) \log_2 P_r(r_k) \qquad (8.1\text{-}7)$$

na qual as variáveis L, r_k e $p_r(r_k)$ são as mesmas definidas nas seções 8.1.1 e 3.3. Como o logaritmo de base 2 é utilizado, a Equação 8.1-7 é a informação média por saída de intensidade da fonte de intensidade imaginária em bits. Não é possível codificar os *valores de intensidade* da fonte imaginária (e, portanto, a imagem de amostra) com menos que $\tilde{H}$ bits/pixel.

Exemplo 8.2 Estimativas de entropia de imagem.

A entropia da imagem da Figura 8.1a pode ser estimada substituindo as probabilidades de intensidade da Tabela 8.1 na Equação 8.1-7:

$$\begin{aligned}\tilde{H} &= -[0{,}25 \log_2 0{,}25 + 0{,}47 \log_2 0{,}47 + 0{,}25 \log_2 0{,}25 \\ &\quad + 0{,}03 \log_2 0{,}03 \\ &\approx -[0{,}25(-2) + 0{,}47(-1{,}09) + 0{,}25(-2) + 0{,}03(-5{,}06)] \\ &\approx 1{,}6614 \text{ bits/pixel}\end{aligned}$$

De forma similar, é possível demonstrar que as entropias das imagens das figuras 8.1(b) e (c) são de 8 bits/pixel e 1.566 bits/pixel, respectivamente. Observe que a imagem da Figura 8.1(a) parece ter mais informações visuais, mas quase tem a entropia calculada mais baixa — 1,66 bits/pixel. A imagem da Figura 8.1(b) apresenta quase cinco vezes a entropia da imagem em (a), mas parece ter aproximadamente as mesmas informações visuais (ou menos); e a imagem da Figura 8.1(c), que parece ter pouca ou nenhuma informação, apresenta quase a mesma entropia que a imagem em (a). A conclusão natural é que a quantidade da entropia da informação em uma imagem não pode ser determinada intuitivamente.

Primeiro teorema de Shannon

Lembre-se de que o código de tamanho variável do Exemplo 8.1 era capaz de representar as intensidades da imagem da Figura 8.1(a) utilizando apenas 1,81 bits/pixel. Apesar de esse valor ser mais elevado que a estimativa de entropia de 1,6614 bits/pixel do Exemplo 8.2, o *primeiro teorema de Shannon* — também chamado *teorema de codificação sem ruído* [Shannon (1948)] — nos assegura que a imagem da Figura 8.1(a) pode ser representada com apenas 1,6614 bits/pixel. Para comprovar essa afirmação de forma geral, Shannon analisou grupos representativos de n consecutivos símbolos fontes com uma única palavra-código (em vez de uma palavra-código por símbolo fonte) e demonstrou que

$$\lim_{n\to\infty}\left[\frac{L_{\text{méd},n}}{n}\right] = H \qquad (8.1\text{-}8)$$

sendo $L_{\text{méd},n}$ o número médio de símbolos de código necessários para representar todos os grupos de n símbolos. Na comprovação, ele definiu a *n-ésima extensão* de uma fonte de memória zero como a fonte hipotética que produz blocos de n símbolos[**] utilizando os símbolos da fonte original; e calculou $L_{\text{méd},n}$ por meio da aplicação da Equação 8.1-4 às palavras-código utilizadas para representar os blocos de n símbolos. Com base na Equação 8.1-8, sabemos que $L_{\text{méd},n}/n$ pode se aproximar arbitrariamente de H codificando extensões infinitamente longas da fonte de símbolo único. Isto é, é possível representar a saída de uma fonte de memória zero com uma média de H unidades de informação por símbolo fonte.

Retomando agora a ideia de que uma imagem é uma "amostra" da fonte de intensidade que a produziu, vemos que um bloco de n símbolos fonte corresponde a um grupo de n pixels adjacentes. Para construir um código de tamanho variável para blocos de n pixels, as frequências relativas dos blocos devem ser calculadas. Mas a n-ésima extensão de uma fonte de intensidade hipotética com 256 valores de intensidade tem 256^n blocos de n pixels possíveis. Mesmo no caso simples de $n = 2$, um histograma de 65.536 elementos e até 65.536 palavras-código de tamanho variável deve ser gerado. Para $n = 3$, até 16.777.216 palavras-código são necessárias. Dessa forma, até para pequenos valores de n, a complexidade computacional na prática restringe a utilidade da técnica de codificação de extensões.

Por fim, observamos que, apesar de a Equação 8.1-7 proporcionar um limite para a compressão que pode ser atingido ao codificar diretamente pixels estatisticamente independentes, ela é decomposta quando os pixels de uma imagem são correlacionados. Blocos de pixels correlacionados podem ser codificados com uma média

---

[*] A Equação 8.1-6 é aplicada em fontes de memória zero com J símbolos fonte; a Equação 8.1-7 utiliza estimativas de probabilidade para os valores de intensidade $L - 1$ em uma imagem.

[**] A saída da n-ésima extensão é um grupo de n símbolos da fonte básica de *símbolo único*. Ela foi considerada uma variável aleatória de bloco na qual a probabilidade de cada grupo de n símbolos é o produto das probabilidades de seus símbolos individuais. A entropia da n-ésima extensão é, dessa forma, n vezes a entropia da fonte de símbolo único a partir da qual ela foi deduzida.

menor de bits por pixel do que prevê a equação. Em vez de utilizar extensão de fonte, descritores menos correlacionados (como *run-lengths* de intensidade) costumam ser selecionados e codificados sem extensão. Este foi o método utilizado para comprimir a Figura 8.1(b) na Seção 8.1.2. Quando a saída de uma fonte de informações depende de um número finito de saídas precedentes, a fonte é chamada *fonte de Markov* ou *fonte de memória finita*.

8.1.5 Critérios de fidelidade

Na Seção 8.1.3, observamos que a remoção de informações "visuais irrelevantes" envolve perda de informações reais ou quantitativas da imagem. Em virtude da perda de informações, precisamos de um meio de quantificar a natureza da perda. Dois critérios podem ser utilizados para essa avaliação: (1) critérios de fidelidade objetivos; e (2) critérios de fidelidade subjetivos.

Quando a perda de informações pode ser expressa como uma função matemática de entrada e de saída de um processo de compressão, dizemos que ela se baseia em um *critério de fidelidade objetivo*. Um exemplo é o erro de raiz média quadrática (rms, de *root-mean-square*) entre duas imagens. Temos que $f(x, y)$ é uma imagem de entrada e $\hat{f}(x,y)$ é uma aproximação de $f(x, y)$ resultante da compressão e subsequente descompressão da entrada. Para qualquer valor de x e y, o erro $e(x, y)$ entre $f(x, y)$ e $\hat{f}(x,y)$ é

$$e(x,y) = \hat{f}(x,y) - f(x,y) \quad (8.1\text{-}9)$$

de forma que o erro total entre as duas imagens é

$$\sum_{x=0}^{M-1}\sum_{y=0}^{N-1}\left[\hat{f}(x,y) - f(x,y)\right]$$

em que as imagens são de tamanho $M \times N$. O *erro de raiz média quadrática*, e_{rms}, entre $f(x, y)$ e $\hat{f}(x, y)$ é, dessa forma, a raiz quadrada da média do erro ao quadrado, calculado ao longo do arranjo $M \times N$, ou

$$e_{rms} = \left[\frac{1}{MN}\sum_{x=0}^{M-1}\sum_{y=0}^{N-1}\left[\hat{f}(x,y) - f(x,y)\right]^2\right]^{1/2} \quad (8.1\text{-}10)$$

Se $\hat{f}(x,y)$ for considerado (por meio de um simples rearranjo dos termos na Equação 8.1-9) como a soma da imagem original $f(x, y)$ e de um erro ou sinal de "ruído" $e(x, y)$, a *média quadrática da relação sinal–ruído* da imagem de saída, expressa por SNR_{ms}, pode ser definida como na Seção 5.8:

$$SNR_{ms} = \frac{\sum_{x=0}^{M-1}\sum_{y=0}^{N-1}\hat{f}(x,y)^2}{\sum_{x=0}^{M-1}\sum_{y=0}^{N-1}\left[\hat{f}(x,y) - f(x,y)\right]^2} \quad (8.1\text{-}11)$$

O valor do rms da relação sinal–ruído, expresso por SNR_{rms}, é obtido calculando a raiz quadrada da Equação 8.1-11.

Apesar de os critérios de fidelidade objetivos oferecerem uma maneira simples e prática de avaliar a perda de informações, as imagens descomprimidas são, em última instância, vistas por seres humanos. Dessa forma, medir a qualidade da imagem pelas avaliações subjetivas das pessoas costuma ser mais apropriado. Isso pode ser feito apresentando uma imagem descomprimida a um grupo de pessoas e calculando a média de suas avaliações. As avaliações podem ser feitas utilizando-se uma escala de classificação absoluta ou em termos de comparações lado a lado entre $f(x, y)$ e $\hat{f}(x,y)$. A Tabela 8.2 mostra uma escala de classificação absoluta possível. Comparações podem ser realizadas com uma escala como {−3, −2, −1, 0, 1, 2, 3} para representar as avaliações subjetivas *muito pior*, *pior*, *ligeiramente pior*, *igual*, *ligeiramente melhor*, *melhor* e *muito melhor*, respectivamente. Em qualquer um dos casos, as avaliações se baseiam em *critérios de fidelidade subjetivos*.

Exemplo 8.3 Comparações de qualidade de imagens.

A Figura 8.4 mostra as três diferentes aproximações da imagem da Figura 8.1(a). Utilizando a Equação 8.1-10 com a Figura 8.1(a) para $f(x, y)$ e as imagens das figuras 8.4(a) a (c) como $\hat{f}(x,y)$, os erros rms calculados são 5,17; 15,67 e 14,17 níveis de intensidade, respectivamente. Em termos de erro rms — um critério de fidelidade objetivo — as três imagens da Figura 8.4 são classificadas em ordem decrescente de qualidade como {(a), (c), (b)}.

As figuras 8.4(a) e (b) são típicas de imagens que foram comprimidas e subsequentemente reconstruídas. Ambas retêm as informações essenciais da imagem original — como

Tabela 8.2 Escala de classificação da Television Allocations Study Organization. (Frendendall e Behrend.)

Valor	Classificação	Descrição
1	Excelente	Uma imagem de qualidade extremamente alta, o melhor que se pode desejar.
2	Boa	Uma imagem de alta qualidade, proporcionando uma experiência visual agradável. A interferência não chega a incomodar.
3	Razoável	Uma imagem de qualidade aceitável. A interferência não chega a incomodar.
4	No limite	Uma imagem de baixa qualidade; você gostaria que ela fosse melhor. A interferência incomoda um pouco.
5	Inferior	Uma imagem muito ruim, mas é possível assistir. A interferência definitivamente incomoda.
6	Inutilizável	Uma imagem tão ruim que você não assistiria.

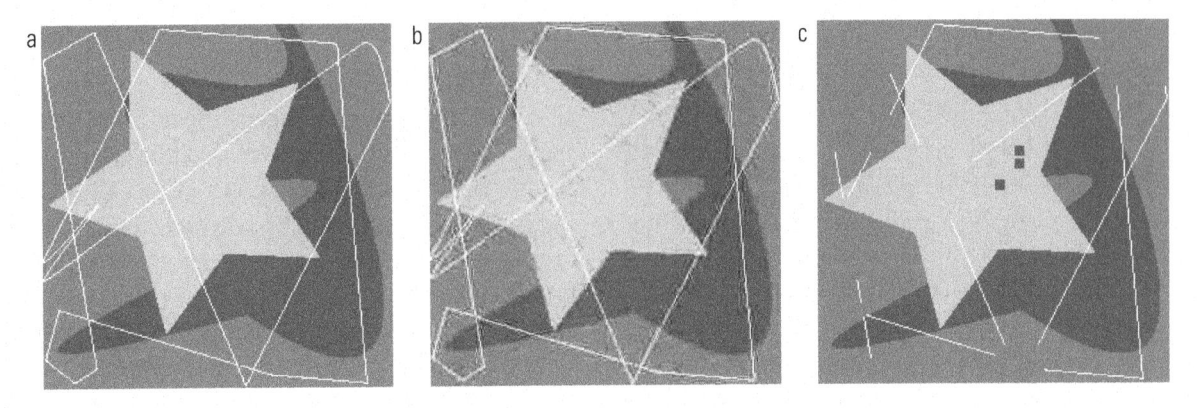

Figura 8.4 Três aproximações da imagem da Figura 8.1(a).

as características espacial e de intensidade de seus objetos. E seus erros rms correspondem aproximadamente à qualidade percebida. A Figura 8.4(a), que é praticamente tão boa quanto a imagem original, apresenta o menor erro rms, ao passo que a Figura 8.4(b) apresenta um erro maior mas uma degradação visível das fronteiras entre os objetos. Essa situação é exatamente a esperada.

A Figura 8.4(c) é uma imagem artificialmente gerada que demonstra as limitações de critérios de fidelidade objetivos. Observe que estão faltando na imagem grandes partes de várias linhas importantes (isto é, informações visuais) e que ela apresenta pequenos quadrados escuros (isto é, anomalias) no quadrante superior direito. O conteúdo visual da imagem é enganoso e certamente não tão preciso quanto a imagem mostrada em (b), mas apresenta menos erro rms — 14,17 *versus* 15,67 valores de intensidade. Uma avaliação subjetiva das três imagens utilizando a Tabela 8.2 pode gerar uma classificação *excelente* para (a), ou uma classificação *razoável* ou *no limite* para (b) e uma classificação *inferior* ou *inutilizável* para (c). A medida de erro rms, por outro lado, classifica (c) acima de (b).

8.1.6 Modelos de compressão de imagens

Como mostra a Figura 8.5, um sistema de compressão de imagens é composto por dois componentes funcionais distintos: um *codificador* e um *decodificador*. O codificador realiza a compressão e o decodificador, a operação complementar de descompressão. As duas operações podem ser realizadas em aplicativos computacionais, como no caso de navegadores da Internet e muitos programas comerciais de edição de imagens, ou em uma combinação de hardware e firmware, como em reprodutores comerciais de DVDs. Um *codec* é um dispositivo ou programa capaz de realizar tanto a codificação quanto a decodificação.

A imagem de entrada $f(x, ...)^*$ é alimentada no codificador, o que cria uma representação comprimida da entrada. Essa representação é armazenada para utilização posterior, ou transmitida para armazenamento e utilização em um dispositivo remoto. Quando a representação comprimida é apresentada a seu decodificador complementar, uma imagem de saída reconstruída $\hat{f}(x,...)$ é gerada. Em aplicações de imagens estáticas, a entrada codificada e a saída do decodificador são $f(x, y)$ e $\hat{f}(x, y)$ respectivamente; em aplicações de vídeo, elas são $f(x, y, t)$ e $\hat{f}(x, y, t)$, em que o parâmetro discreto t especifica o tempo. Em geral, $\hat{f}(x,...)$ pode ou não ser uma réplica exata de $f(x, ...)$. Se for o caso, o sistema de compressão é caracterizado como *livre de erros*, *sem perda* ou de *preservação de informações*. Se não, a imagem de saída reconstruída é distorcida e o sistema de compressão é caracterizado como *com perda*.

Processo de codificação ou compressão

O codificador da Figura 8.5 foi projetado para remover as redundâncias descritas nas seções 8.1.1 a 8.1.3 por meio de uma série de três operações independentes. No primeiro estágio do processo de codificação, um *mapeador* transforma $f(x, ...)$ em um formato (normalmente não visual) projetado para reduzir a redun-

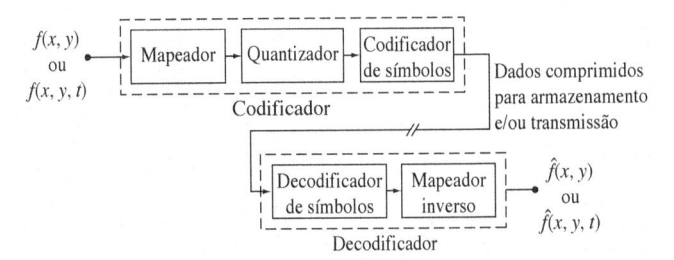

Figura 8.5 Diagrama de bloco funcional de um sistema geral de compressão de imagens.

---
* Aqui, a notação $f(x, ...)$ é utilizada para expressar tanto $f(x, y)$ quanto $f(x, y, t)$.

dância temporal e espacial. Essa operação geralmente é reversível e pode ou não reduzir diretamente o volume de dados necessários para representar a imagem. A codificação *run-length* (veja as seções 8.1.2 e 8.2.5) é um exemplo de mapeamento que normalmente resulta em compressão no primeiro passo do processo de codificação. O mapeamento de uma imagem em um conjunto de coeficientes de transformação menos correlacionados (veja a Seção 8.2.8) é um exemplo do caso contrário (os coeficientes devem ser posteriormente processados para atingir a compressão). Em aplicações de vídeo, o mapeador utiliza quadros de vídeo anteriores (e, em alguns casos, posteriores) para facilitar a remoção da redundância temporal.

O *quantizador* na Figura 8.5 reduz a precisão da saída do mapeador de acordo com um critério de fidelidade predefinido. A meta é manter informações irrelevantes fora da representação comprimida. Como observamos na Seção 8.1.3, essa operação é irreversível. Ela deve ser omitida quando se deseja uma compressão livre de erros. Em aplicações de vídeo, a *taxa de bits* da saída codificada costuma ser medida (em bits/segundo) e utilizada para ajustar a operação do quantizador, de forma que uma taxa de saída média predeterminada seja mantida. Assim, a qualidade visual da saída pode variar de um quadro ao outro de acordo com o conteúdo da imagem.

No terceiro estágio, o estágio final do processo de codificação, o *codificador de símbolos* da Figura 8.5 gera um código de tamanho variável ou fixo para representar a saída do quantizador e mapeia a saída de acordo com o código. Em muitos casos, um código de tamanho variável é utilizado. As palavras-código mais curtas são atribuídas aos valores de saída do quantizador com maior ocorrência — minimizando, dessa forma, a redundância da codificação. Essa operação é reversível. No final do processo, a imagem de entrada foi processada para a remoção de cada uma das três redundâncias descritas nas seções 8.1.1 a 8.1.3.

Processo de decodificação ou descompressão

O decodificador da Figura 8.5 contém apenas dois componentes: um *decodificador de símbolos* e um *mapeador inverso*. Eles realizam, em ordem reversa, as operações inversas do codificador de símbolos e do mapeador. Em decorrência do fato de a quantização resultar em perda irreversível de informações, um bloco de quantizador inverso não é incluído no modelo geral do decodificador. Em aplicações de vídeo, quadros de saída decodificados são mantidos em um armazenador de quadros interno (não mostrado) e utilizados para reinserir a redundância temporal que foi removida pelo codificador.

8.1.7 Padrões de formatos de imagem, contêiners e compressão

No contexto das imagens digitais, um *formato de arquivo de imagem* é uma forma-padrão de organizar e armazenar dados de imagens. O padrão define como os dados são organizados e o tipo de compressão — se for o caso — utilizado. Um *contêiner de imagem* é similar a um formato de arquivo mas lida com diversos tipos de dados de imagens. *Padrões de compressão* de imagens, por outro lado, definem procedimentos para a compressão e a descompressão de imagens — isto é, para reduzir o volume de dados necessários para representar uma imagem. Esses padrões são os mais aceitos em relação à tecnologia de compressão de imagens.

A Figura 8.6 relaciona os mais importantes padrões de compressão de imagens, formatos de arquivo e contêineres utilizados atualmente, agrupados pelos tipos de imagens manipuladas. As entradas em negrito indicam padrões internacionais sancionados pela *International Standards Organization* (ISO), pela International Electrotechnical Commission (IEC) e/ou pela International Telecommunications Union (ITU-T) — uma organização das Nações Unidas antes chamada Consultative Committee of the International Telephone and Telegraph (CCITT). Dois padrões de compressão de vídeo, o VC-1 da Society of Motion Pictures and Television Engineers (SMPTE) e o AVS do Ministry of Information Industry (MII), da China, também foram incluídos. Observe que eles são mostrados em cinza, cor utilizada na Figura 8.6 para indicar entradas que não são sancionadas por uma organização internacional de padrões.

Padrões de compressão de imagens, formatos e contêineres

Imagem estática

Binária
CCITT Grupo 3
CCITT Grupo 4
JBIG (ou JBIG1)
JBIG2
TIFF

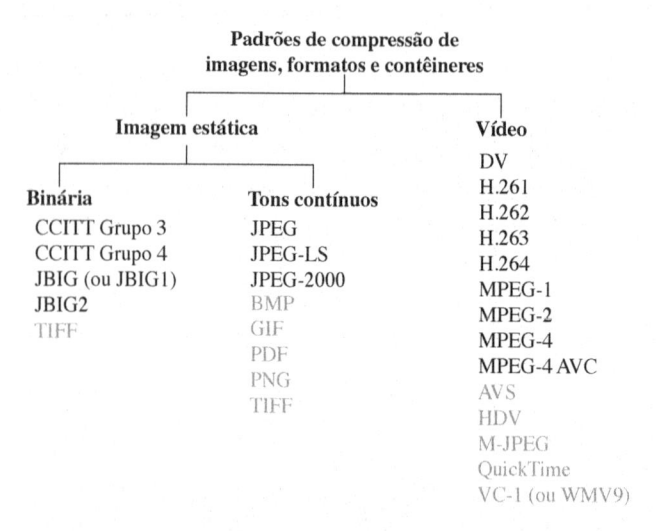

Tons contínuos
JPEG
JPEG-LS
JPEG-2000
BMP
GIF
PDF
PNG
TIFF

Vídeo
DV
H.261
H.262
H.263
H.264
MPEG-1
MPEG-2
MPEG-4
MPEG-4 AVC
AVS
HDV
M-JPEG
QuickTime
VC-1 (ou WMV9)

Figura 8.6 Alguns padrões populares de compressão de imagens, formatos de arquivo e contêineres. Entradas aceitas internacionalmente são mostradas em negrito; todas as outras são mostradas em cinza.

As tabelas 8.3 e 8.4 apresentam um resumo dos padrões, formatos e contêineres listados na Figura 8.6. Organizações responsáveis, principais aplicações e métodos de compressão suportados são identificados. Os métodos de compressão serão abordados na próxima seção. Nas duas tabelas, referências para as subseções relevantes da Seção 8.2 são mostradas entre colchetes.

Tabela 8.3 Padrões de compressão de imagens internacionalmente sancionados. Os números entre colchetes indicam seções neste capítulo.

Nome	Organização	Descrição
Imagens estáticas binárias		
CCITT Grupo 3	ITU-T	Projetado como um método de fac-símile (fax) para a transmissão de documentos binários através de linhas telefônicas. Suporta codificação *run-length* 1-D e 2-D [8.2.5] e de Huffman [8.2.1].
CCITT Grupo 4	ITU-T	Uma versão simplificada e otimizada do padrão CCITT Grupo 3 suportando somente a codificação *run-length* 2-D.
JBIG ou JBIG1	ISO/IEC/ITU-T	Um padrão do *Joint Bi-level Image Experts Group* para a compressão progressiva e sem perda de imagens binárias. Imagens de tons contínuos de até 6 bits/pixel podem ser codificadas com base em planos de bits [8.2.7]. A codificação aritmética sensível ao contexto [8.2.3] é utilizada e uma versão inicial de baixa resolução da imagem pode ser gradualmente realçada com dados comprimidos adicionais.
JBIG2	ISO/IEC/ITU-T	Uma melhoria do JBIG1 para imagens binárias para aplicações em PCs, Internet e fax. O método de compressão utilizado se baseia em conteúdo, com métodos baseados em dicionário [8.2.6] para regiões de texto e meio-tom, e na codificação de Huffman [8.2.1] ou codificação aritmética [8.2.3] para outros conteúdos de imagem. Esse padrão pode ser com ou sem perda.
Imagens estáticas de tons contínuos		
JPEG	ISO/IEC/ITU-T	Um padrão do *Joint Photographic Experts Group* para imagens de qualidade fotográfica. Seu *sistema de codificação baseline* (mais comumente implementado) utiliza como quantizador a transformada discreta de cossenos (DCT, de *discrete cosine transform*) em blocos de imagens de 8 × 8 [8.2.8], e codificadores de Huffman [8.2.1] e *run-length* [8.2.5]. É um dos métodos mais populares para a compressão de imagens na Internet.
JPEG-LS	ISO/IEC/ITU-T	Um padrão sem perda ou quase sem perda para imagens de tons contínuos baseado em previsão adaptativa [8.2.9], modelagem por contexto [8.2.3] e codificação de Golomb [8.2.2].
JPEG-2000	ISO/IEC/ITU-T	Uma melhoria do JPEG para maior compressão de imagens de qualidade fotográfica. São utilizadas a codificação aritmética [8.2.3] e a transformada *wavelet* discreta (DWT) como quantizador [8.2.10]. A compressão pode ser com ou sem perda.
Vídeo		
DV	IEC	*Vídeo digital*. Um padrão de vídeo projetado para equipamentos e aplicações de produção semiprofissional de vídeo — como aquisição eletrônica de notícias e filmadoras. Os quadros são independentemente comprimidos para uma edição simples utilizando uma abordagem baseada em DCT [8.2.8] similar ao JPEG.
H.261	ITU-T	Um padrão de videoconferência bidirecional para linhas ISDN (*integrated services digital network*). O padrão suporta imagens 352 × 288 e 176 × 144 pixels de resolução não entrelaçadas, chamadas CIF (*common intermediate format*) e QCIF (*quarter CIF*), respectivamente. É utilizada uma abordagem de compressão baseada em DCT [8.2.8] similar ao JPEG, com diferenciação de previsão quadro a quadro [8.2.9] para reduzir a redundância temporal. Uma técnica baseada em blocos é utilizada para compensar o movimento entre quadros.
H.262	ITU-T	Veja MPEG-2, abaixo.
H.263	ITU-T	Uma versão melhorada do H.261, projetada para modems telefônicos comuns (isto é, de 28,8 Kb/s) com resoluções adicionais: SQCIF (*sub-quarter* CIF 128 × 96), 4CIF (704 × 576) e 16CIF (1.408 × 512).
H.264	ITU-T	Uma extensão do H.261–H.263 para videoconferência, *streaming* de Internet e teledifusão. Suporta diferenças de previsão em quadros [8.2.9], transformadas de inteiro de tamanho de bloco variável (em vez de DCT) e codificação aritmética adaptativa ao contexto [8.2.3].
MPEG-1	ISO/IEC	Um padrão do *Motion Pictures Expert Group* para aplicações de CD-ROM com vídeo não entrelaçado de até 1,5 Mb/s. Similar ao H.261, mas as previsões de quadros podem ser baseadas no quadro anterior, no quadro seguinte ou em uma interpolação dos dois. Padrão suportado por quase todos os computadores e aparelhos de DVD.
MPEG-2	ISO/IEC	Uma extensão do MPEG-1 projetada para DVDs com taxas de transferência de 15 Mb/s. Suporta vídeo entrelaçado e HDTV. É o mais bem-sucedido padrão de vídeo até o momento.
MPEG-4	ISO/IEC	Uma extensão do MPEG-2 que suporta tamanhos variáveis de blocos e diferenciação de previsão [8.2.9] em quadros.
MPEG-4 AVC	ISO/IEC	MPEG-4 Parte 10 *advanced video coding* (AVC). Idêntico ao H.264.

Tabela 8.4 Padrões populares de compressão de imagens, formatos de arquivo e contêineres não incluídos na Tabela 8.3.

Nome	Organização	Descrição
Imagens estáticas de tons contínuos		
BMP	Microsoft	*Windows Bitmap.* Um formato de arquivo utilizado principalmente para imagens simples não comprimidas.
GIF	CompuServe	*Graphic Interchange Format.* Um formato de arquivo que utiliza codificação LZW sem perda [8.2.4] para imagens de 1 a 8 bits. É utilizado frequentemente para realizar pequenas animações e filmes curtos de baixa resolução para a Internet.
PDF	Adobe Systems	*Portable Document Format.* Um formato para representar documentos 2-D em um dispositivo e de forma independente da resolução. Pode funcionar como um contêiner para imagens JPEG, JPEG 2000, CCITT e outras imagens comprimidas. Algumas versões de PDF se tornaram padrões da ISO.
PNG	World Wide Web Consortium (W3C)	*Portable Network Graphics.* Um formato de arquivo que comprime sem perda imagens coloridas com transparência (até 48 bits/pixel) por meio da codificação da diferença entre o valor de cada pixel e um valor preditivo baseado em pixels passados [8.2.9].
TIFF	Aldus	*Tagged Image File Format.* Um formato de arquivo flexível que suporta vários padrões de compressão de imagens, incluindo JPEG, JPEG-LS, JPEG-2000, JBIG2, entre outros.
Vídeo		
AVS	MII	*Audio-Video Standard.* Similar ao padrão H.264, mas utiliza a codificação exponencial de Golomb [8.2.2]. Desenvolvido na China.
HDV	Consórcio de empresas	*High Definition Video.* Uma extensão do DV para HDTV que utiliza uma compressão similar ao padrão MPEG-2, incluindo remoção de redundância temporal pela diferenciação da previsão [8.2.9].
M-JPEG	Várias empresas	*Motion JPEG.* Um formato de compressão no qual cada quadro é comprimido independentemente utilizando o JPEG.
QuickTime	Apple Computer	Um contêiner de mídia que suporta DV, H.261, H.262, H.264, MPEG-1, MPEG-2, MPEG-4 e outros formatos de compressão de vídeo.
VC-1 WMV9	SMPTE Microsoft	O formato de vídeo mais utilizado na Internet. Adotado por HD e DVDs de alta definição *Blu-ray*. Similar ao padrão H.264/AVC, utilizando uma DCT de número inteiro com vários tamanhos de bloco [8.2.8 e 8.2.9] e tabelas de códigos de tamanho variável dependentes do contexto [8.2.1] — mas sem previsões de quadros.

8.2 Alguns métodos básicos de compressão

Nesta seção, descreveremos os principais métodos de compressão com perda e livre de erros utilizados atualmente. Nos concentraremos nos métodos que se provaram úteis em padrões de imagens estáticas binárias e de tom contínuo e de compressão de vídeo. Os próprios padrões são utilizados para demonstrar os métodos apresentados.

8.2.1. Codificação de Huffman

Uma das técnicas mais populares para remover a redundância de codificação foi elaborada por Huffman [Huffman (1952)].[*] Por codificar individualmente os símbolos de uma fonte de informações, a *codificação de Huffman* resulta no menor número possível de símbolos-código por símbolo-fonte. Em termos do primeiro teorema de Shannon (veja a Seção 8.1.4), o código resultante é ótimo para um valor fixo *n*, sujeito à restrição de que os símbolos-fonte podem ser codificados *um de cada vez*. Na prática, os símbolos-fonte podem ser as intensidades de uma imagem ou a saída de uma operação de mapeamento de intensidade (diferenças de pixels, *run-lengths* e assim por diante).

O primeiro passo no método de Huffman é criar uma série de reduções de fonte rearranjando as probabilidades dos símbolos sendo analisados e combinando os símbolos de menor probabilidade em um único símbolo que os substitui na próxima redução de fonte. A Figura 8.7 ilustra esse processo para a codificação binária (códigos de Huffman *K*-ários também podem ser construídos). À esquerda, um conjunto hipotético de símbolos de fonte e suas probabilidades são ordenados de cima a baixo em ordem decrescente de valores de probabilidade. Para formar a primeira redução de fonte,

Fonte original		Redução de fonte			
Símbolo	Probabilidade	1	2	3	4
a_2	0,4	0,4	0,4	0,4	0,6
a_6	0,3	0,3	0,3	0,3	0,4
a_1	0,1	0,1	0,2	0,3	
a_4	0,1	0,1	0,1		
a_3	0,06	0,1			
a_5	0,04				

Figura 8.7 Reduções de fonte de Huffman.

---

[*] Em relação às tabelas 8.3 e 8.4, os códigos de Huffman são utilizados em: CCITT; JBIG2; JPEG; MPEG-1,2,4; H261; H.262; H.263; H.264 e outros padrões de compressão.

as duas probabilidades inferiores, 0,06 e 0,04, são combinadas para formar um "símbolo composto", com probabilidade 0,1. Esse símbolo composto e sua probabilidade associada são posicionados na primeira coluna de redução de fonte, de forma que as probabilidades da fonte reduzida também sejam ordenadas do mais ao menos provável. Esse processo é, então, repetido até que uma fonte reduzida com dois símbolos (à direita) seja atingida.

O segundo passo no procedimento de Huffman é codificar cada fonte reduzida, a começar com a menor fonte e voltando até chegar à fonte original. Naturalmente, o código binário de tamanho mínimo para uma fonte de dois símbolos são os símbolos 0 e 1. Como mostra a Figura 8.8, esses símbolos são atribuídos aos dois símbolos à direita (a atribuição é arbitrária; também é possível reverter a ordem de 0 e 1). À medida que o símbolo-fonte reduzido com probabilidade 0,6 é gerado pela combinação de dois símbolos na fonte reduzida à sua esquerda, o 0 utilizado para codificá-la passa a ser atribuído a esses *dois* símbolos, e 0 e 1 são arbitrariamente atribuídos a cada um para distingui-los um do outro. Essa operação é repetida para cada fonte reduzida até a fonte original ser atingida. O código final é mostrado à esquerda na Figura 8.8. O tamanho médio desse código é

$$L_{méd} = (0,4)(1) + (0,3)(2) + (0,1)(3) + (0,1)(4) + \\ (0,06)(5) + (0,04)(5) \\ = 2,2 \text{ bits/pixel}$$

e a entropia da fonte é 2,14 bits/símbolo.

O procedimento de Huffman cria o código ótimo para um conjunto de símbolos e probabilidades *sob a restrição* de que os símbolos sejam codificados um por vez. Depois de o código ser criado, a codificação e/ou a decodificação livre de erros é obtida por meio da simples criação de uma tabela de indexação (*look-up table*). O código em si é um código de blocos instantaneamente decodificável de maneira única. Ele é chamado *código de blocos*, porque cada símbolo-fonte é mapeado em uma sequência fixa de símbolos de código. Ele é *instantâneo*, porque cada palavra-código em uma sequência de símbolos de código pode ser decodificada sem referência aos símbolos sucessivos. Ele é *decodificável de modo único* porque qualquer sequência de símbolos de código pode ser decodificada apenas de uma maneira. Dessa forma, qualquer sequência de símbolos codificados pela abordagem de Huffman pode ser decodificada analisando os símbolos individuais da cadeia da esquerda para a direita. Para o código binário da Figura 8.8, uma leitura da esquerda para a direita da sequência codificada 010100111100 revela que a primeira palavra-código válida é 01010, que é o código para o símbolo a_3. O próximo código válido é 011, que corresponde ao símbolo a_1. Prosseguir dessa forma revela que a mensagem completamente decodificada é $a_3 a_1 a_2 a_2 a_6$.

Exemplo 8.4 Codificação de Huffman.

A imagem 512 × 512 monocromática de 8 bits da Figura 8.9(a) tem o histograma de intensidades mostrado na Figura 8.9(b). Pelo fato de as intensidades não serem igualmente prováveis, uma implementação em Matlab do procedimento de Huffman foi utilizada para codificá-las com 7,428 bits/pixel — incluindo a tabela de código de Huffman necessária para reconstruir as intensidades da imagem original de 8 bits. A representação comprimida excede a entropia estimada da imagem (7,3838 bits/pixel da Equação 8.1-7) em $512^2 \times (7,428 - 7,3838)$ ou 11.587 bits — cerca de 0,6%. A taxa de compressão resultante e a redundância relativa correspondente são $C = 8/7,428 = 1,077$ e $R = 1 - (1/1,077) = 0,0715$, respectivamente. Dessa forma, 7,15% da representação original de 8 bits de intensidade de tamanho fixo foram removidos como redundância de codificação.

Quando um número grande de símbolos deve ser codificado, a construção de um código de Huffman otimizado não é tarefa trivial. Para o caso geral de J símbolos-fonte, J probabilidades de símbolo, $J-2$ reduções de fonte e $J-2$ atribuições de código são necessárias. Quando probabilidades de símbolo-fonte podem ser

Fonte original			Redução de fonte				
Símbolo	Probabilidade	Código	1	2	3	4	
a_2	0,4	1	0,4 1	0,4 1	0,4 1	0,6 0	
a_6	0,3	00	0,3 00	0,3 00	0,3 00	0,4 1	
a_1	0,1	011	0,1 011	0,2 010	0,3 01		
a_4	0,1	0100	0,1 0100	0,1 011			
a_3	0,06	01010	0,1 0101				
a_5	0,04	01011					

Figura 8.8 Procedimento de Huffman de atribuição de códigos.

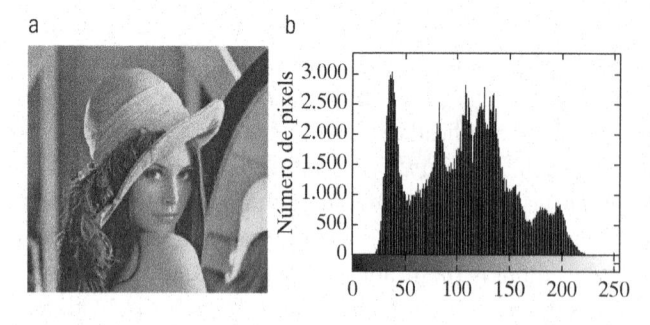

Figura 8.9 (a) Uma imagem 512 × 512 de 8 bits e (b) seu histograma.

antecipadamente estimadas, uma codificação "quase ótima" pode ser atingida com códigos de Huffman pré-calculados. Vários padrões populares de compressão de imagens, incluindo os padrões JPEG e MPEG, analisados nas seções 8.2.8 e 8.2.9, especificam tabelas de codificação predeterminadas de Huffman que foram pré-calculadas com base em dados experimentais.

8.2.2 Codificação de Golomb

Nesta seção, analisaremos a codificação de entradas de número inteiro não negativas com distribuição de probabilidade exponencialmente decrescente. Entradas desse tipo podem ser codificadas de forma otimizada (no contexto do primeiro teorema de Shannon) utilizando uma família de códigos computacionalmente mais simples do que os códigos de Huffman. Os códigos em si foram propostos pela primeira vez para a representação *run-length* não negativa [Golomb (1966)]. Na discussão que se segue, a notação $\lfloor x \rfloor$ indica o maior número inteiro menor que ou igual a x, $\lceil x \rceil$ indica o menor número inteiro maior que ou igual a x e x mod y é o resto da divisão de x por y.*

Dados um número inteiro não negativo n e m um *divisor* inteiro positivo ($m > 0$), o *código de Golomb* de n com relação a m, expresso por $G_m(n)$, é uma combinação do código unitário do *quociente* $\lfloor n/m \rfloor$ e a representação binária de n mod m. $G_m(n)$ é construído como segue:

Passo 1. Formamos o código unitário do quociente . (O *código unitário* de um número inteiro q é definido como q 1 seguidos de um 0.)

Passo 2. Temos que $k = \lceil \log_2 m \rceil$, $c = 2^k - m$, $r = n$ mod m, e calculamos o resto truncado r' de forma que

$$r' = \begin{cases} r \text{ truncado para } k-1 \text{ bits} & 0 \leq r < c \\ r + c \text{ truncado para } k \text{ bits} & \text{caso contrário} \end{cases}$$

(8.2-1)

Passo 3. Concatenamos os resultados dos passos 1 e 2.

---
* Em relação às tabelas 8.3 e 8.4, os códigos de Golomb são utilizados nas compressões JPEG-LS e AVS.

Para calcular $G_4(9)$, por exemplo, começamos determinando o código unitário do quociente $\lfloor 9/4 \rfloor = \lfloor 2,25 \rfloor = 2$, que é igual a 110 (o resultado do Passo 1). Depois, com $k = \lceil \log_2 4 \rceil = 2$, $c = 2^2 - 4 = 0$, e $r = 9$ mod 4, que, em termos binários, é 1001 mod 0100 ou 0001. De acordo com a Equação 8.2-1, r' passa a ser r (isto é, 0001), truncado para 2 bits, que é 01 (o resultado do Passo 2). Por fim, concatenamos 110 do Passo 1 e 01 do Passo 2 para obter 11001, que é $G_4(9)$.

Para o caso especial de $m = 2^k$, temos que $c = 0$ e $r' = r = n$ mod m truncado para k bits na Equação 8.2-1 para todos os n. As divisões necessárias para gerar os códigos de Golomb resultantes se tornam operações de rotação binária e os códigos computacionalmente mais simples são chamados *códigos de Golomb-Rice* ou *códigos de Rice* [Rice (1975)]. As colunas 2, 3 e 4 da Tabela 8.5 relacionam os códigos G_1, G_2 e G_4 dos dez primeiros números inteiros não negativos. Como m é uma potência de 2 em cada caso (isto é, $1 = 2^0$, $2 = 2^1$ e $4 = 2^2$), eles também são os três primeiros códigos de Golomb-Rice. Além disso, G_1 é o código unitário dos números inteiros não negativos porque $\lfloor n/1 \rfloor = n$ e n mod $1 = 0$ para todos os n.

Tendo em mente que os códigos de Golomb só podem ser utilizados para representar números inteiros não negativos e que existem muitos códigos de Golomb para escolher, um passo importante para sua aplicação eficaz é a seleção do divisor m. Quando os números inteiros a serem representados são *geometricamente* distribuídos com a *função massa de probabilidade* (PMF, de *probability mass function*)**

$$P(n) = (1 - \rho)\rho^n \quad (8.2-2)$$

Tabela 8.5 Vários códigos de Golomb para os números inteiros 0 – 9.

n	$G_1(n)$	$G_2(n)$	$G_4(n)$	$G_{exp}^0(n)$
0	0	00	000	0
1	10	01	001	100
2	110	100	010	101
3	1110	101	011	11000
4	11110	1100	1000	11001
5	111110	1101	1001	11010
6	1111110	11100	1010	11011
7	11111110	11101	1011	1110000
8	111111110	111100	11000	1110001
9	1111111110	111101	11001	1110010

** A *função massa de probabilidade* (PMF) é uma função que define a probabilidade de uma variável aleatória discreta ser exatamente igual a determinado valor. Uma PMF difere de uma PDF no sentido de que os valores de uma PDF não são probabilidades; em vez disso, a integral de uma PDF ao longo de um intervalo especificado é uma probabilidade.

para alguns $0 < \rho < 1$, é possível demonstrar que os códigos de Golomb são ótimos — no sentido de que $G_m(n)$ proporciona o menor tamanho de código médio para todos os códigos decifráveis de modo único — quando [Gallager e Voorhis (1975)]*

$$m = \left\lceil \frac{\log_2(1+\rho)}{\log_2(1/\rho)} \right\rceil \quad (8.2\text{-}3)$$

A Figura 8.10(a) representa graficamente a Equação 8.2-2 para três valores de e ilustra graficamente as probabilidades de símbolo dos códigos de Golomb serem eficazes (isto é, bem codificados). Como mostra a figura, números inteiros pequenos são muito mais prováveis do que os grandes.**

Em virtude do fato de as probabilidades das intensidades em uma imagem [veja, por exemplo, o histograma da Figura 8.9(b)] terem poucas chances de corresponder às probabilidades especificadas na Equação 8.2-2 e mostradas na Figura 8.10(a), os códigos de Golomb raramente são utilizados para a codificação de intensidades. Quando diferenças de intensidade são codificadas, contudo, as probabilidades dos "valores de diferença" resultantes (veja a Seção 8.2.9) — com exceção das diferenças negativas — muitas vezes se assemelham às da Equação 8.2-2 e da Figura 8.10(a). Para lidar com diferenças negativas na codificação de Golomb, que só pode representar números inteiros não negativos, um mapeamento como

$$M(n) = \begin{cases} 2n & n \geq 0 \\ 2|n|-1 & n < 0 \end{cases} \quad (8.2\text{-}4)$$

costuma ser usado. Utilizando esse mapeamento, por exemplo, a PMF de dois lados mostrada na Figura 8.10(b) pode ser transformada na PMF de um lado apresentada na Figura 8.10(c). Seus números inteiros são reorganizados, alternando os números inteiros negativos e positivos de forma que os números inteiros sejam mapeados nas posições de números inteiros positivos ímpares. Se $P(n)$ for de dois lados e centralizado em zero, $P((M(n))$ será de um lado. Os números inteiros mapeados, $M(n)$, podem então ser codificados com eficácia utilizando um código Golomb-Rice apropriado [Weinberger et al. (1996)].

Exemplo 8.5 Codificação de Golomb-Rice.

Considere novamente a imagem da Figura 8.1(c) e observe que seu histograma — veja a Figura 8.3(a) — é similar à distribuição de dois lados da Figura 8.10(b). Se fizermos que n seja uma intensidade de número inteiro não negativo na imagem, em que $0 \leq n \leq 255$, e μ seja a intensidade média, $P(n - \mu)$ é a distribuição de dois lados mostrada na Figura 8.11(a). Esse gráfico foi gerado normalizando o histograma na Figura 8.3(a) pelo número total de pixels da imagem e deslocando os valores normalizados para a esquerda por 128 (que resulta em subtrair a intensidade média da imagem). De acordo com a Equação 8.2-4, $P(M(n - \mu))$ é, então, a distribuição de um lado mostrada na Figura 8.11(b). Se os valores de intensidade reordenados forem codificados por Golomb utilizando uma implementação em Matlab do código G_1 na coluna 2 da Tabela 8.5, a representação codificada é 4,5 vezes menor que a imagem original (isto é, $C = 4,5$). O G_1 realiza 4,5/5,1 ou 88% da compressão teórica possível com a codificação de tamanho variável. (Com base na entropia calculada no Exemplo 8.2, a taxa máxima possível de compressão por meio da codificação de tamanho variável é $C = 8/1,566 \approx 5,1$.) Além disso, a codificação de Golomb atinge 96% da compressão proporcionada por uma implementação em Matlab da abordagem de Huffman — e não requer o cálculo de uma tabela customizada como na codificação de Huffman.

Vejamos agora a imagem da Figura 8.9(a). Se suas intensidades forem codificadas por Golomb utilizando o mesmo código G_1 usado antes, $C = 0,0922$. Isto é, ocorre a

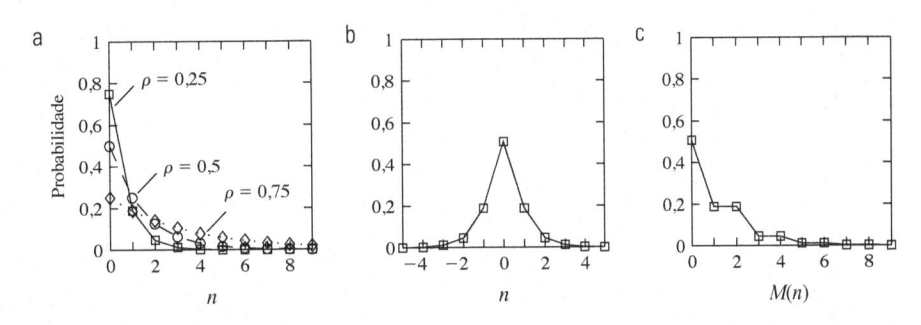

Figura 8.10 (a) Três distribuições geométricas de um lado da Equação 8.2-2; (b) uma distribuição de dois lados exponencialmente decrescente; e (c) uma versão reordenada de (b) utilizando a Equação 8.2-4.

---

* A distribuição de probabilidade discreta definida pela PMF na Equação 8.2-2 é chamada *distribuição de probabilidade geométrica*. Sua equivalente contínua é a *distribuição exponencial*.

** A representação gráfica de uma PMF é um histograma.

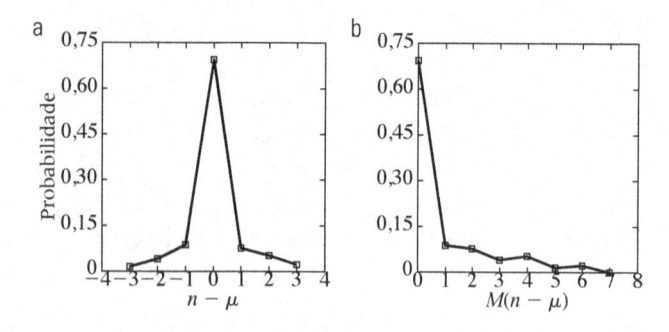

Figura 8.11 (a) A distribuição de probabilidade da imagem da Figura 8.1(c) depois de subtrair a intensidade média de cada pixel e (b) uma versão mapeada de (a) utilizando a Equação 8.2-4.

expansão de dados. Isso se deve ao fato de que as probabilidades das intensidades da imagem da Figura 8.9(a) são muito diferentes das probabilidades definidas na Equação 8.2-2.[*] De forma similar, os códigos de Huffman podem produzir a expansão de dados quando utilizados para codificar símbolos cujas probabilidades são diferentes das probabilidades para as quais o código foi calculado. Na prática, quanto mais nos distanciamos das premissas de probabilidade da entrada para a qual um código foi projetado, maior é o risco de um baixo desempenho da compressão e expansão dos dados.

Para concluir nossa explicação dos códigos de Golomb, observamos que a coluna 5 da Tabela 8.5 contém os dez primeiros códigos do *código Golomb-exponencial* de ordem zero, expresso por $G_{exp}^0(n)$. Os códigos Golomb-exponenciais são úteis para a codificação *run-length* porque tanto sequências curtas quanto longas são codificadas com eficácia. Um código $G_{exp}^k(n)$ Golomb-exponencial de ordem k é calculado como se segue:

Passo 1. Encontramos um número inteiro $i \geq 0$, de forma que

$$\sum_{j=0}^{i-1} 2^{j+k} \leq n < \sum_{j=0}^{i} 2^{j+k} \qquad (8.2\text{-}5)$$

e formamos um código unitário de i. Se $k = 0$, $i = \lfloor \log_2(n+1) \rfloor$ e o código também é conhecido como o *código gama de Elias*.

Passo 2. Truncamos a representação binária de

$$n - \sum_{j=0}^{i-1} 2^{j+k} \qquad (8.2\text{-}6)$$

para os $k + i$ bits menos significativos.

Passo 3. Concatenamos os resultados dos passos 1 e 2.

---

[*] Quando C for menor que 1 na Equação 8.1-2, ocorre a expansão de dados.

Para calcular $G_{exp}^0(8)$, por exemplo, fazemos que $i = \lfloor \log_2 9 \rfloor$ ou 3 no Passo 1 porque $k = 0$. Dessa forma, a Equação 8.2-5 é satisfeita, pois

$$\sum_{j=0}^{3-1} 2^{j+0} \leq 8 < \sum_{j=0}^{3} 2^{j+0}$$

$$\sum_{j=0}^{2} 2^j \leq 8 < \sum_{j=0}^{3} 2^j$$

$$2^0 + 2^1 + 2^2 \leq 8 < 2^0 + 2^1 + 2^2 + 2^3$$

$$7 \leq 8 < 15$$

O código unitário de 3 é 1110 e a Equação 8.2-6 do Passo 2 resulta em

$$8 - \sum_{j=0}^{3-1} 2^{j+0} = 8 - \sum_{j=0}^{2} 2^j = 8 - (2^0 + 2^1 + 2^2) = 8 - 7 = 1 = 0001$$

que, quando truncado para seus $3 + 0$ bits menos significativos, passa a ser 001. A concatenação dos resultados dos passos 1 e 2 resulta em 1110001. Observe que esta é a entrada da coluna 4 da Tabela 8.5 para $n = 8$. Por fim, observamos que, da mesma forma que os códigos de Huffman da seção anterior, os códigos de Golomb da tabela são códigos de blocos decodificáveis de modo único, instantaneamente e de tamanho variável.

8.2.3 Codificação aritmética

Diferentemente dos códigos de tamanho variável das duas seções anteriores, a *codificação aritmética* gera códigos sem serem em blocos.[**] Na codificação aritmética, que remonta do trabalho de Elias [veja Abramson (1963)], não existe uma correspondência um a um entre símbolos-fonte e palavras-código. Em vez disso, uma sequência inteira de símbolos-fonte (ou mensagem) é atribuída a uma única palavra-código aritmética. A palavra-código em si define um intervalo de números reais entre 0 e 1. À medida que o número de símbolos na mensagem aumenta, o intervalo utilizado para representá-lo diminui e o número de unidades de informação (digamos, bits) necessárias para representar o intervalo aumenta. Cada símbolo da mensagem reduz o tamanho do intervalo de acordo com sua probabilidade de ocorrência. Como a técnica não requer, como o método de Huffman, que cada símbolo-fonte seja traduzido em um número inteiro de símbolos-código (isto é, que os símbolos sejam codificados um por vez), ela atinge (mas somente na teoria) o limite estabelecido pelo primeiro teorema de Shannon (teorema de codificação sem ruído), da Seção 8.1.4.

[**] Em relação às tabelas 8.3 e 8.4, a codificação aritmética é utilizada em: JBIG1; JBIG2; JPEG-2000; H.264; MPEG-4 AVC e outros padrões de compressão.

A Figura 8.12 ilustra o processo básico da codificação aritmética. No caso, uma sequência ou mensagem de cinco símbolos, $a_1 a_2 a_3 a_3 a_4$, a partir de uma fonte de quatro símbolos, é codificada. No início do processo de codificação, considera-se que a mensagem ocupe todo o intervalo semiaberto [0, 1). Como mostra a Tabela 8.6, esse intervalo é inicialmente subdividido em quatro regiões com base nas probabilidades de cada símbolo-fonte. O símbolo a_1, por exemplo, é associado ao subintervalo [0, 0,2). Por ser o primeiro símbolo da mensagem sendo codificada, o intervalo de mensagem é inicialmente estreitado para [0, 0,2). Dessa forma, na Figura 8.12, [0, 0,2) é expandido em relação a altura total da figura e suas extremidades rotuladas pelos valores do intervalo estreitado. O intervalo estreitado é então subdividido de acordo com as probabilidades dos símbolos-fonte original e o processo prossegue para o próximo símbolo da mensagem. Dessa forma, o símbolo a_2 estreita o subintervalo em [0,04, 0,08), a_3 o estreita adicionalmente em [0,056, 0,072) e assim por diante. O símbolo final da mensagem, que deve ser tomado como um indicador especial de fim de mensagem, estreita a mensagem em [0,06752, 0,0688). Claramente, qualquer número nesse intervalo — por exemplo, 0,068 — pode ser utilizado para representar a mensagem.

Na mensagem aritmeticamente codificada da Figura 8.12, três dígitos decimais são utilizados para representar a mensagem de cinco símbolos. Isso se traduz em 0,6 dígito decimal por símbolo-fonte, comparando favoravelmente com a entropia da fonte que, a partir da Equação 8.1-6, é de 0,58 dígitos por símbolo-fonte. À medida que o tamanho da sequência sendo codificada aumenta, o código aritmético resultante se aproxima do limite estabelecido pelo primeiro teorema de Shannon. Na prática, dois fatores fazem a performance de codificação ficar aquém do limite: (1) a adição do indicador de fim de mensagem necessário para separar uma mensagem da outra; e (2) a utilização de precisão aritmética finita. Implementações

Tabela 8.6 Exemplo de codificação aritmética.

Símbolo-fonte	Probabilidade	Subintervalo inicial
a_1	0,2	[0,0, 0,2)
a_2	0,2	[0,2, 0,4)
a_3	0,4	[0,4, 0,8)
a_4	0,2	[0,8, 1,0)

práticas da codificação aritmética tratam do último problema introduzindo uma estratégia de mudança de escala e de arredondamento [Langdon e Rissanen (1981)]. A estratégia de mudança de escala renormaliza cada subintervalo para o intervalo [0, 1) antes de subdividi-lo de acordo com as probabilidades dos símbolos. A estratégia de arredondamento garante que os truncamentos associados à aritmética de precisão finita não impeçam que os subintervalos codificados sejam representados precisamente.

Estimativas de probabilidade adaptativas e dependentes de contexto

Com *modelos de probabilidade* precisos de símbolo de entrada, isto é, modelos que proporcionam as verdadeiras probabilidades dos símbolos que estão sendo codificados, os codificadores aritméticos se aproximam do ótimo no sentido de minimizar o número médio de símbolos de código necessários para representar os símbolos codificados. Da mesma forma que a codificação tanto de Huffman quanto de Golomb, contudo, modelos imprecisos de probabilidade podem levar a resultados não ótimos. Uma forma simples de melhorar a precisão das probabilidades empregadas é utilizar um modelo de probabilidade adaptativo e dependente do contexto. Os modelos de probabilidade *adaptativos* atualizam as probabilidades dos símbolos à medida que os símbolos são codificados ou passam a ser conhecidos. Dessa forma, as probabilidades se adaptam às estatísticas locais dos símbolos sendo codificados. Modelos *dependentes do contexto* proporcionam probabilidades baseadas em uma vizinhança predefinida de pixels — chamada contexto — ao redor dos símbolos sendo codificados. Normalmente, é utilizado um *contexto causal* — limitado aos símbolos que já foram codificados. Tanto o codificador-Q [Pennebaker et al. (1988)] quanto o codificador-MQ [ISO/IEC (2000)], duas técnicas de codificação aritmética bem conhecidas que foram incorporadas ao JBIG, JPEG-2000 e outros importantes padrões de compressão de imagens utilizam modelos de probabilidade tanto adaptativos quanto dependentes de contexto. O codificador-Q atualiza de modo dinâmico as probabilidades dos símbolos durante as renormalizações de intervalo que fazem parte do processo de codificação aritmética. Modelos

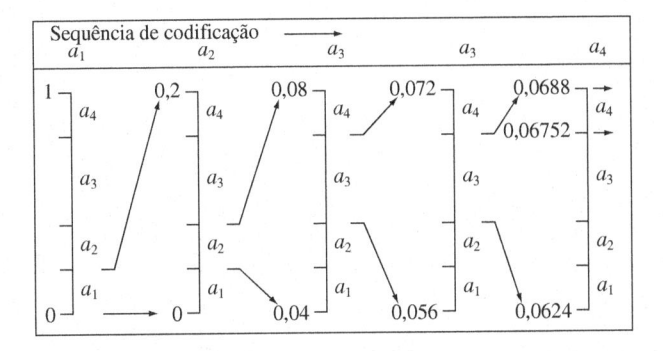

Figura 8.12 Procedimento da codificação aritmética.

adaptativos e dependentes de contexto também têm sido utilizados na codificação de Golomb — por exemplo, no padrão de compressão JPEG-LS.

A Figura 8.13(a) apresenta um diagrama dos passos envolvidos na codificação aritmética adaptativa e dependente de contexto de símbolos de fonte *binária*. A codificação aritmética muitas vezes é utilizada na codificação de símbolos binários. À medida que cada símbolo (ou bit) inicia o processo de codificação, seu contexto é formado no bloco *Determinação de contexto* da Figura 8.13(a). As figuras 8.13(b) a (d) mostram três contextos possíveis que podem ser utilizados: (1) o símbolo imediatamente anterior; (2) um grupo de símbolos anteriores; e (3) alguns números de símbolos anteriores adicionados dos símbolos na linha de varredura anterior. Para os três casos apresentados, o bloco *Estimativa de probabilidade* deve lidar com 2^1 (ou 2), 2^8 (ou 256) e 2^5 (ou 32) contextos e suas probabilidades associadas. Por exemplo, se o contexto da Figura 8.13(b) é utilizado, e as probabilidades condicionais $P(0|a = 0)$ (a probabilidade do símbolo codificado ser um 0, dado que o símbolo precedente é um 0), $P(1|a = 0)$, $P(0|a = 1)$, e $P(1|a = 1)$ e devem ser monitoradas. As probabilidades apropriadas são, então, passadas para o bloco *Codificação aritmética* como uma função do contexto atual e levam à geração da sequência de saída aritmeticamente codificada de acordo com o processo ilustrado na Figura 8.12. As probabilidades associadas ao contexto envolvido no passo de codificação atual são, então, atualizadas para refletir o fato de que outro símbolo nesse contexto foi processado.

Por fim, observamos que várias técnicas de codificação aritmética são protegidas por patentes norte-americanas (e também podem ser protegidas em outras jurisdições). Devido a essas patentes e à possibilidade de multas por sua violação, a maioria das implementações do padrão de compressão JPEG, que contém opções para a codificação tanto de Huffman quanto aritmética, normalmente suporta apenas a codificação de Huffman.

8.2.4 Codificação de LZW

As técnicas abordadas nas seções anteriores se concentram na remoção da redundância de codificação. Nesta seção, analisamos uma abordagem de compressão livre de erros que também lida com as redundâncias espaciais em uma imagem.* A técnica, chamada *codificação de Lempel-Ziv-Welch* (LZW), atribui palavras-código de tamanho fixo a sequências de símbolos-fonte de tamanho variável. Lembre-se, como vimos na Seção 8.1.4, de que Shannon utilizou a ideia de sequências de codificação de símbolos-fonte em vez de símbolos individuais de fonte para comprovar seu primeiro teorema. Uma importante característica da codificação LZW é que ela não requer conhecimento antecipado da probabilidade de ocorrência dos símbolos que serão codificados. Apesar do fato de que até recentemente essa codificação era protegida por uma patente norte-americana, a compressão LZW tem sido integrada a vários formatos de arquivos e imagem amplamente utilizados, incluindo GIF, TIFF e PDF. O formato PNG foi criado para contornar os requisitos de licenciamento da compressão de LZW.

Exemplo 8.6 Codificação de LZW.

Veja novamente a imagem 512 × 512 de 8 bits da Figura 8.9(a). Utilizando o Adobe Photoshop, uma versão TIFF não comprimida dessa imagem requer 286.740 bytes de

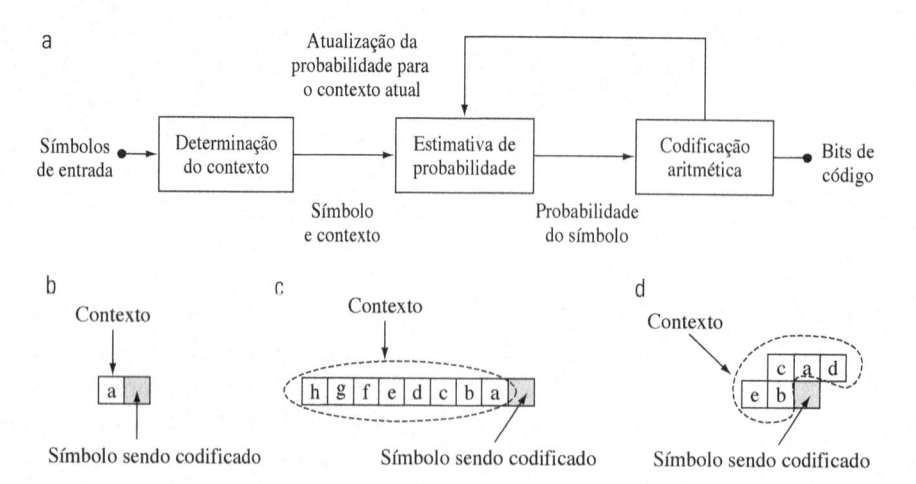

Figura 8.13 (a) Uma abordagem de codificação aritmética adaptativa e baseada no contexto (muitas vezes utilizada para fontes de símbolos binários). (b) a (d) Três modelos de contexto possíveis.

---

* Em relação às tabelas 8.3 e 8.4, a codificação de LZW é utilizada nos formatos GIF, TIFF e PDF, mas não em qualquer um dos padrões de compressão internacionalmente sancionados.

espaço em disco — 262.144 bytes para os 512 × 512 pixels de 8 bits mais 24.596 de cabeçalho. Utilizando a opção de compressão de LZW do TIFF, contudo, o arquivo resultante terá 224.420 bytes. A taxa de compressão é $C = 1,28$. Lembre-se de que, para a representação codificada de Huffman da Figura 8.9(a) no Exemplo 8.4, $C = 1,077$. A compressão adicional obtida pela técnica de LZW se deve à remoção de parte da redundância espacial da imagem.

Conceitualmente, a codificação de LZW é bastante simples [Welch (1984)]. No início do processo de codificação, é construído um banco de códigos ou *dicionário* contendo os símbolos-fonte a serem codificados. Para imagens monocromáticas de 8 bits, as 256 primeiras palavras do dicionário são atribuídas às intensidades 0, 1, 2, ..., 255. À medida que o codificador analisa sequencialmente os pixels da imagem, as sequências de intensidade que não estão contidas no dicionário são distribuídas em posições algoritmicamente determinadas (por exemplo, a próxima localização não utilizada). Se os dois primeiros pixels da imagem forem brancos, por exemplo, a sequência "255–255" pode ser atribuída à posição 256, com o endereço seguindo as posições reservadas para os níveis de intensidade 0 a 255. Da próxima vez que dois pixels brancos consecutivos forem encontrados, a palavra-código 256, o endereço da posição contendo a sequência 255–255 é utilizada para representá-los. Se um dicionário de 9 bits e 512 palavras for empregado no processo de codificação, os (8 + 8) bits originais que foram utilizados para representar os dois pixels são substituídos por uma única palavra-código de 9 bits. Claramente, o tamanho do dicionário é um importante parâmetro do sistema. Se for pequeno demais, a detecção de sequências de nível de intensidade correspondente será menos provável; se for grande demais, o tamanho das palavras-código afetará desfavoravelmente o desempenho da compressão.

Exemplo 8.7 Codificação de LZW.

Considere a imagem de uma borda vertical, de 8 bits e com dimensões 4 × 4 pixels:

39	39	126	126
39	39	126	126
39	39	126	126
39	39	126	126

A Tabela 8.7 detalha os passos envolvidos na codificação de seus 16 pixels. Um dicionário de 512 palavras com o seguinte conteúdo inicial é presumido:

Posição no dicionário	Entrada
0	0
1	1
⋮	⋮
255	255
256	–
⋮	⋮
511	–

As posições 256 a 511 inicialmente não são utilizadas.

A imagem é codificada por meio do processamento de seus pixels da esquerda para a direita e de cima para baixo. Cada valor de intensidade sucessivo é concatenado com uma variável — coluna 1, da Tabela 8.7 — chamada "sequência atualmente reconhecida". Como podemos ver, essa variável é inicialmente nula ou vazia. É realizada uma busca no dicionário para cada sequência concatenada e, se encontrada, como foi o caso na primeira linha da tabela, ela é substituída pela sequência recém-concatenada e reconhecida (isto é, localizada no dicionário). Isso foi feito na coluna 1 da linha 2. Nenhum código de saída é gerado e o dicionário não é alterado. Se a sequência concatenada não for encontrada, contudo, o endereço da sequência atualmente reconhecida é produzida como o próximo valor codificado, a sequência concatenada, porém não reconhecida, é incluída no dicionário e a sequência atualmente reconhecida é inicializada no valor do pixel atual. Isso ocorreu na linha 2 da tabela. As duas últimas colunas detalham as sequências de intensidade adicionadas ao dicionário ao varrer toda a imagem. Nove palavras-código adicionais são definidas. Na conclusão da codificação, o dicionário contém 265 palavras-código e

Tabela 8.7 Exemplo de codificação de LZW.

Sequência atualmente reconhecida	Pixel sendo processado	Saída codificada	Posição no dicionário (palavra-código)	Entrada do dicionário
	39			
39	39	39	256	39-39
39	126	39	257	39-126
126	126	126	258	126-126
126	39	126	259	126-39
39	39			
39-39	126	256	260	39-39-126
126	126			
126-126	39	258	261	126-126-39
39	39			
39-39	126			
39-39-126	126	260	262	39-39-126-126
126	39			
126-39	39	259	263	126-39-39
39	126			
39-126	126	257	264	39-126-126
126		126		

o algoritmo LZW identificou com sucesso várias sequências de intensidade repetidas — reduzindo a imagem original de 128 bits a 90 bits (isto é, dez códigos de 9 bits). A saída codificada é obtida lendo a terceira coluna de cima para baixo. A taxa de compressão resultante é 1,42:1.

Uma característica singular da codificação de LZW que acabamos de demonstrar é que o dicionário de codificação é criado enquanto os dados estão sendo codificados. De forma notável, um decodificador de LZW constrói um dicionário de descompressão idêntico à medida que simultaneamente decodifica a sequência de dados codificados. Deixamos como um exercício para o leitor (veja o Exercício 8.20) decodificar a saída do exemplo anterior e reconstruir o dicionário. Apesar de não ser necessário neste exemplo, a maioria das aplicações práticas requer uma estratégia para evitar que o dicionário fique grande demais. Uma solução simples é reinicializar o dicionário quando ele ficar cheio e continuar a codificação com um novo dicionário inicializado. Uma opção mais complexa é monitorar o desempenho da compressão e inicializar o dicionário quando ele se tornar inaceitável. Também é possível acompanhar as entradas do dicionário utilizadas pela última vez e substituí-las quando necessário.

8.2.5 Codificação *run-length*

Como observamos na Seção 8.1.2, as imagens com intensidades repetidas ao longo das linhas (ou colunas) muitas vezes podem ser comprimidas se forem representadas por sequências (*runs*) de intensidades idênticas chamadas de *pares run-length*, em que cada par *run-length* especifica o início de uma nova intensidade e o número de pixels consecutivos que apresentam essa mesma intensidade.* A técnica, chamada *codificação run-length* (RLE, *run-length encoding*), foi desenvolvida nos anos 1950 e se tornou, com suas extensões 2-D, o método-padrão de compressão na codificação de fac-símile (fax). A compressão é realizada eliminando-se uma forma simples de redundância espacial — grupos de intensidades idênticas. Quando há poucas (ou nenhuma) sequências de pixels idênticos, a codificação *run-length* resulta na expansão dos dados.

Exemplo 8.8 RLE no formato de arquivo BMP.

O formato de arquivo BMP utiliza uma forma de codificação *run-length* na qual os dados da imagem são representados em dois modos diferentes: codificado e absoluto — e os dois modos podem ocorrer em qualquer ponto da imagem.

No modo *codificado*, é utilizada uma representação RLE de dois bytes. O primeiro byte especifica o número de pixels consecutivos que têm o índice de cores contido no segundo byte. O índice de cores de 8 bits seleciona a intensidade da sequência (valor colorido ou cinza) a partir de uma tabela de 256 intensidades possíveis.

No modo *absoluto*, o primeiro byte é 0 e o segundo byte indica uma de quatro condições possíveis, como mostra a Tabela 8.8. Quando o segundo byte for 0 ou 1, o fim de uma linha ou o fim da imagem foi atingido. Se for 2, os dois bytes seguintes contêm compensações horizontais e verticais sem sinal para uma nova posição espacial (e pixel) da imagem. Se o segundo byte for entre 3 e 255, ele especifica o número de pixels não comprimidos que se segue — com cada byte subsequente contendo o índice de cores de um pixel. O número total de bytes deve ser alinhado a um limite de palavra de 16 bits.

Um arquivo BMP não comprimido (salvo utilizando o Photoshop) da imagem 512 × 512 × 8 bits mostrada na Figura 8.9(a) requer 263.244 bytes de memória.** Comprimido utilizando a opção RLE do BMP, o arquivo se expande para 267.706 bytes — e a taxa de compressão é $C = 0,98$. Não há sequências de intensidade iguais suficientes para que a compressão *run-length* seja eficaz, o que gera uma pequena expansão do volume de dados. Para a imagem da Figura 8.1(c), contudo, a opção RLE do BMP resulta em uma taxa de compressão $C = 1,35$.

A codificação *run-length* é particularmente eficaz ao comprimir imagens binárias. Por haver apenas duas intensidades possíveis (preto e branco), os pixels adjacentes têm mais chances de serem idênticos. Além disso, cada linha da imagem pode ser representada apenas por uma sequência de tamanhos — em vez de pares de tamanhos e intensidades como utilizamos no Exemplo 8.8. A ideia básica é codificar cada grupo adjacente (sequência ou *run*) de 0 ou 1 encontrado em uma varredura da esquerda para a direita de uma linha em relação a seu tamanho e definir uma convenção para determinar o valor da sequência. As convenções mais comuns são: (1) especificar o valor da primeira sequência de cada linha; ou (2) consi-

Tabela 8.8 Opções do modo de codificação absoluto do formato BMP. Nesse modo, o primeiro byte do par BMP é 0.

Valor do segundo byte	Condição
0	Fim da linha
1	Fim da imagem
2	Ir para uma nova posição
3–255	Especificar individualmente os pixels

---

* Em relação às tabelas 8.3 e 8.4, a codificação *run-length* é utilizada em: CCITT; JBIG2; JPEG; M-JPEG; MPEG-1,2,4; BMP e outros padrões de compressão e formatos de arquivo.

** Observe que, devido às diferenças no cabeçalho, o arquivo BMP não comprimido é menor que o arquivo TIFF não comprimido do Exemplo 8.7.

derar que cada linha começa com uma sequência branca cujo tamanho pode ser zero.

Apesar de a codificação *run-length* ser, por si só, um método eficaz para comprimir imagens binárias, compressão adicional normalmente pode ser alcançada por codificação variável dos próprios *run-lengths*. As *run-lengths* pretas e brancas podem ser separadamente codificadas utilizando-se códigos de tamanho variável que sejam especificamente adaptadas à sua própria estatística. Por exemplo, com o símbolo a_j representando uma sequência preta de tamanho j, podemos estimar a probabilidade de o símbolo a_j ser emitido por uma fonte *run-length* preta imaginária dividindo o número de *run-lengths* pretas de tamanho j em toda a imagem pelo número total de sequências pretas. Uma estimativa da entropia dessa fonte *run-length* preta, indicada por H_0, é calculada substituindo-se essas probabilidades na Equação 8.1-6. Um argumento similar pode ser elaborado para a entropia das sequências brancas, expressas por H_1. Dessa forma, a entropia aproximada da *run-length* da imagem é

$$H_{RL} = \frac{H_0 + H_1}{L_0 + L_1} \quad (8.2\text{-}7)$$

em que as variáveis L_0 e L_1 expressam os valores médios das *run-lengths* pretas e brancas, respectivamente. A Equação 8.2-7 proporciona uma estimativa do número médio de bits por pixel necessários para codificar as *run-lengths* em uma imagem binária utilizando um código de tamanho variável.

Os dois padrões de compressão de imagens mais antigos e mais amplamente utilizados são os padrões CCITT Grupos 3 e 4 para a compressão de imagens binárias. Apesar de serem utilizados em uma série de aplicações computacionais, eles foram originalmente projetados como métodos de codificação de fac-símile (fax) para a transmissão de documentos através de redes telefônicas. O padrão Grupo 3 utiliza uma técnica de codificação *run-length* 1-D na qual as últimas $K-1$ linhas de cada grupo de K linhas (para $K = 2$ ou 4) podem ser opcionalmente codificadas de forma 2-D. O padrão Grupo 4 é uma versão simplificada ou otimizada do padrão Grupo 3 na qual somente a codificação 2-D é permitida. Ambos os padrões utilizam a mesma abordagem de codificação 2-D, que é bidimensional no sentido de que as informações da linha anterior são utilizadas para codificar a linha atual. Tanto a codificação 1-D quanto 2-D são discutidas a seguir.

Compressão CCITT unidimensional

No padrão de compressão CCITT Grupo 3 1-D, cada linha de uma imagem[*] é codificada como uma série de palavras do código de Huffman de tamanho variável que representa as *run-lengths* das sequências brancas e pretas alternadas em uma varredura de linha da esquerda para a direita. O método de compressão empregado costuma ser chamado codificação *Huffman modificada* (MH, de *Modified Huffman*). As palavras-código em si são de dois tipos, que o padrão chama de *códigos de terminação* (*terminating codes*) e *códigos de construção* (*makeup codes*). Se a *run-length* r for menor que 63, um código de terminação da Tabela A.1 no Apêndice A é utilizado para representá-la. Observe que o padrão especifica diferentes códigos de terminação para sequências pretas e brancas. Se $r > 63$, dois códigos são utilizados — um código de construção para o quociente $\lfloor r/64 \rfloor$ e um código de terminação para o resto, da divisão de r por 64.[**] Os códigos de construção são relacionados na Tabela A.2 e podem ou não depender da intensidade (preto ou branco) da sequência que está sendo codificada. Se $\lfloor r/64 \rfloor < 1.792$, códigos de construção separados para as sequências preta e branca são especificados; caso contrário, os códigos de construção independem da intensidade da sequência. O padrão requer que cada linha comece com uma palavra-código de uma *run-length* branca, que pode, na verdade, ser 00110101, o código de uma sequência branca de tamanho zero. Por fim, uma palavra-código única de fim de linha (EOL, de *end-of-line*) 000000000001 é utilizada para determinar cada linha, bem como para indicar a primeira linha de cada nova imagem. O fim de um conjunto de imagens é indicado por seis EOLs consecutivos.

Compressão CCITT bidimensional

A técnica de compressão 2-D adotada tanto para o padrão CCITT Grupo 3 quanto para o CCITT Grupo 4 é um método linha a linha no qual a posição de cada transição de sequência preta para branca ou branca para preta é codificada em relação à posição de um *elemento de referência* a_0 situado na *linha de codificação* atual. A linha anteriormente codificada é chamada *linha de referência*; a linha de referência para a primeira linha de cada nova imagem e uma linha branca imaginária. A técnica de codificação 2-D utilizada é denominada codificação *read* (*Relative Element Address Designate*) (read). No padrão Grupo 3, uma ou três linhas codificadas read são permitidas entre sucessivas linhas codificadas por MH e a técnica é conhecida como codificação *read modificada* (MR, de *Modified read*). No padrão Grupo 4, um número maior de linhas codificadas read é permitido e o método é chamado codificação *read modificada modificada* (MMR, de *Modified*

---

[*] No padrão, imagens são referidos como páginas e sequências de imagens são chamadas documentos.

[**] Lembre-se, com base na Seção 8.2.2, de que a notação indica o maior número inteiro menor que ou igual a x.

Modified read). Como observamos anteriormente, a codificação é bidimensional no sentido de que as informações da linha anterior são utilizadas para codificar a linha atual. Transformadas bidimensionais fazem parte do processo.

A Figura 8.14 mostra o processo básico de codificação 2-D para uma única linha de varredura. Observe que os passos iniciais do procedimento são dedicados à localização de vários importantes *elementos de mudança*: a_0, a_1, a_2, b_1 e b_2. Um elemento de modificação é definido pelo padrão como um pixel cujo valor é diferente do pixel anterior na mesma linha. O elemento de modificação mais importante é a_0 (o elemento de referência), que é definido para a posição de um elemento de modificação branco imaginário à esquerda do primeiro pixel de cada nova linha de codificação ou determinado a partir do modo de codificação anterior. Discutiremos os modos de codificação no parágrafo a seguir. Depois de a_0 ser localizado, a_1 é identificado como a posição do próximo elemento de modificação à direita de a_0 na linha de codificação atual, a_2 como o próximo elemento de modificação à direita de a_1 na linha de codificação, b_1 como o elemento de modificação do valor oposto (em relação a a_0) e à direita de a_0 na linha de referência (ou anterior) e b_2 como o próximo elemento de modificação à direita de b_1 na linha de referência. Se nenhum desses elementos de mudança for detectado, eles são definidos para a posição de um pixel imaginário à direita do último pixel na linha apropriada. A Figura 8.15 apresenta duas ilustrações das relações gerais entre os vários elementos de mudança.

Após a identificação do elemento de referência atual e dos elementos de mudança associados, dois testes simples são realizados para selecionar um dentre os três modos de codificação possíveis: *modo de passagem*, *modo vertical* ou *modo horizontal*. O teste inicial, que corresponde ao primeiro ponto de decisão no fluxograma da Figura 8.14, compara a posição de b_2 com a de a_1. O segundo teste, que se refere ao segundo ponto de decisão na Figura 8.14, calcula a distância (em pixels) entre as posições de a_1 e b_1 e a compara com 3. Dependendo do resultado desses testes, um dos três blocos de codificação esboçados na Figura 8.14 é inserido e o procedimento de codificação apropriado é executado. Um novo elemento de referência é definido, de acordo com o fluxograma, em preparação para a próxima repetição de codificação.

A Tabela 8.9 define os códigos específicos utilizados para cada um dos três modos de codificação possíveis. No modo de passagem, que especificamente exclui o caso no qual b_2 se posiciona diretamente acima de a_1, só a palavra-código do modo de passagem 0001 é necessária. Como mostra a Figura 8.15(a), esse modo identifica sequências brancas ou pretas da linha de referência que não se sobrepõem às sequências brancas ou pretas da linha de codificação atual. No modo de codificação horizontal, as distâncias de a_0 a a_1 e de a_1 a a_2 devem ser codificadas de acordo com os códigos de terminação e de construção das tabelas A.1 e A.2 do Apêndice A e depois incluídas na palavra-código 001 do modo horizontal. Isso é indicado na Tabela 8.9 pela notação $001 + M(a_0a_1) + M(a_1a_2)$, em que a_0a_1 e a_1a_2 indicam as distâncias de a_0 a a_1 e a_1 a a_2, respectivamente. Por fim, no modo de codificação vertical, um de seis códigos especiais de tamanho variável é atribuído à distância entre a_1 e b_1. A Figura 8.15(b) ilustra os parâmetros envolvidos na codificação tanto do modo horizontal quanto vertical. A palavra-código do modo de extensão na parte inferior da Tabela 8.9 é utilizada para

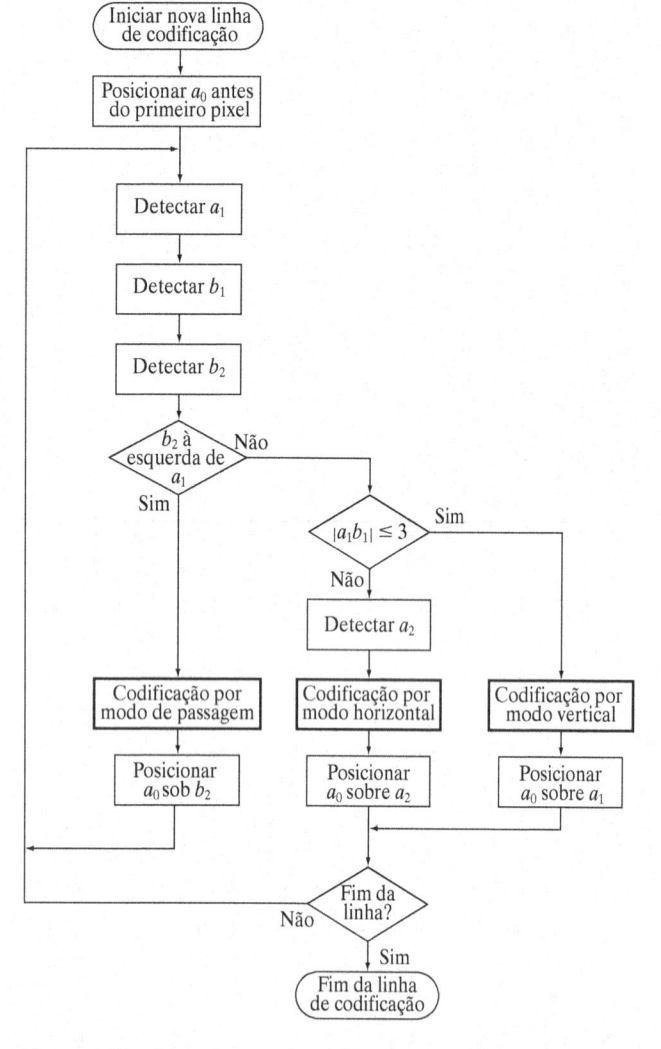

Figura 8.14 Procedimento de codificação read CCITT 2-D. A notação indica o valor absoluto da distância entre os elementos de mudança a_1 e b_1.

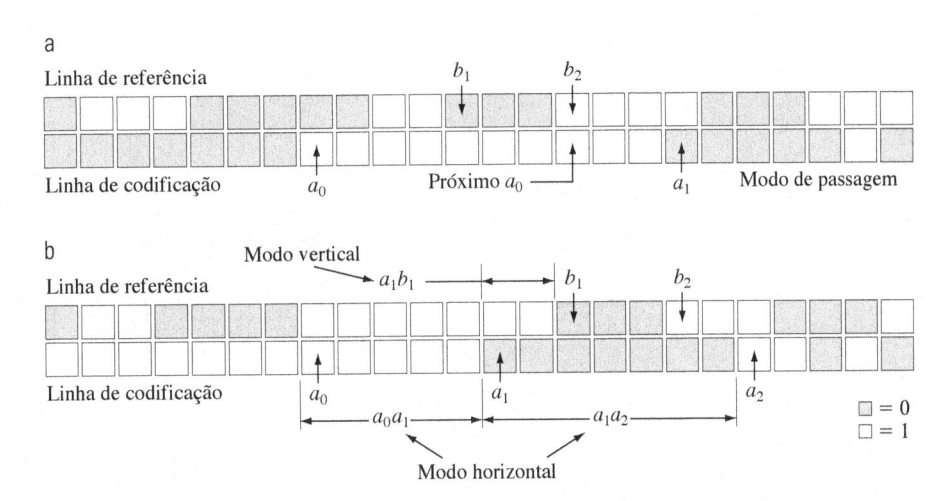

Figura 8.15 Parâmetros de codificação CCITT do (a) modo de passagem e (b) dos modos horizontal e vertical.

incluir um modo de codificação de fac-símile opcional. Por exemplo, o código 0000001111 é utilizado para iniciar um modo não comprimido de transmissão.

Exemplo 8.9 Exemplo de codificação CCITT no modo vertical.

Apesar de a Figura 8.15(b) ser detalhada com os parâmetros de codificação de modo tanto horizontal quanto vertical (para facilitar a discussão anterior), o padrão representado por pixels pretos e brancos é um caso de codificação de modo vertical. Isto é, como b_2 se posiciona à direita de a_1, o primeiro teste (ou modo de passagem) na Figura 8.14 falha. O segundo teste, que determina se o modo de codificação vertical ou horizontal foi ativado, indica que a codificação do modo vertical deve ser utilizada, uma vez que a distância de a_1 a b_1 é menor que 3. De acordo com a Tabela 8.9, a palavra-código apropriada é 000010, o que sugere que a_1 se posiciona dois pixels à esquerda de b_1. Na preparação para a próxima iteração, a_0 é deslocado para a posição de a_1.

Tabela 8.9 Tabela de código CCITT bidimensional.

Modo	Palavra-código
Passagem	0001
Horizontal	$001 + M(a_0a_1) + M(a_1a_2)$
Vertical	
a_1 abaixo de b_1	1
a_1 uma posição à direita de b_1	011
a_1 duas posições à direita de b_1	000011
a_1 três posições à direita de b_1	0000011
a_1 uma posição à esquerda de b_1	010
a_1 duas posições à esquerda de b_1	000010
a_1 três posições à esquerda de b_1	0000010
Extensão	0000001xxx

Exemplo 8.10 Exemplo de compressão CCITT.

A Figura 8.1(a) a é uma digitalização de 300 dpi de uma página de livro de 7 × 9,25 polegadas exibida em uma escala de aproximadamente 1/3. Observe que aproximadamente metade da página contém texto, cerca de 9% dela é ocupada por uma imagem em meio-tom e o restante é ocupado por espaços brancos. A Figura 8.16(b) apresenta uma área da página ampliada. Tenha em mente que estamos lidando com uma imagem binária; a ilusão de tons cinza foi criada pelo processo de meio-tom, descrito na Seção 4.5.4, utilizado na impressão. Se os pixels binários da imagem da Figura 8.16(a) forem armazenados em grupos de 8 pixels por byte, a imagem digitalizada de 1.952 × 2.697 bits, comumente chamada um *documento*, requer 658.068 bytes. Um arquivo PDF* não comprimido do documento (criado no Photoshop) requer 663.445 bytes. A compressão CCITT Grupo 3 reduz o arquivo a 123.497 bytes — resultando em uma taxa de compressão $C = 5,37$; a compressão CCITT Grupo 4 reduz o arquivo a 110.456 bytes, aumentando a taxa de compressão para aproximadamente 6.

8.2.6 Codificação baseada em símbolos

Na codificação *baseada em símbolos* ou *tokens*, uma imagem é representada como uma coletânea de subimagens de ocorrência frequente, chamadas *símbolos*[**]. Cada um desses símbolos é armazenado em um *dicionário de símbolos* e a imagem é codificada como um conjunto de trios $\{(x_1, y_1, t_1), (x_2, y_2, t_2), \ldots\}$, em que cada par (x_i, y_i) es-

---

* Não confunda o PDF utilizado aqui, que representa *Portable Document Format*, com o PDF utilizado em seções e capítulos anteriores, significando função densidade de probabilidade.

** Em relação às tabelas 8.3 e 8.4, a codificação baseada em símbolos é utilizada na compressão JBIG2.

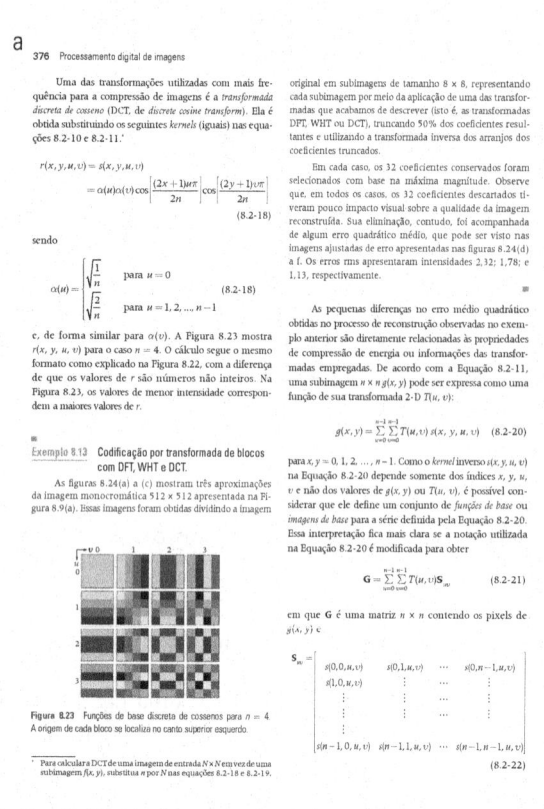

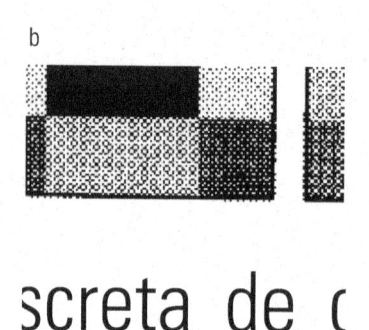

Figura 8.16 Digitalização binária de uma página de livro: (a) redimensionada para mostrar o conteúdo geral da página; (b) redimensionada para mostrar os pixels binários utilizados no processo de *dithering*.

pecifica a posição de um símbolo na imagem e o *token* t_i é o endereço do símbolo ou subimagem no dicionário. Isto é, cada trio representa uma ocorrência de um símbolo do dicionário na imagem. Armazenar apenas uma única vez os símbolos repetidos pode comprimir significativamente as imagens — particularmente em aplicações de armazenamento e acesso a documentos, em que os símbolos muitas vezes são mapas de bits (*bitmaps*) de caracteres repetidos.*

Vejamos a imagem binária da Figura 8.17(a). Ela contém uma única palavra, *banana*, composta por três símbolos únicos: um *b*, três *a* e dois *n*. Considerando que o *b* seja o primeiro símbolo identificado no processo de codificação, seu *bitmap* 9 × 7 é armazenado na posição 0

do dicionário de símbolos. Como mostra a Figura 8.17(b), o *token* que identifica o *bitmap* b é 0. Dessa forma, o primeiro trio da representação da imagem codificada [veja a Figura 8.17(c)] é (0, 2, 0) — indicando que o canto superior esquerdo (uma convenção arbitrária) do *bitmap* retangular representando o símbolo *b* deve ser posicionado na posição (0, 2) da imagem decodificada. Depois que os *bitmaps* para os símbolos *a* e *n* foram identificados e adicionados ao dicionário, o restante da imagem pode ser codificado com cinco trios adicionais. Se os seis trios necessários para localizar os símbolos na imagem, com os três *bitmaps* necessários para defini-los, forem menores que a imagem original, a compressão ocorre. No caso, a imagem inicial tem as seguintes dimensões: 9 × 51 × 1, ou 459 bits e, presumindo-se que cada trio seja composto por 3 bytes, a representação comprimida tem (6 × 3 × 8) + [(9 × 7) + (6 × 7) + (6 × 6)] ou 285 bits; a taxa de compressão resultante é $C = 1{,}61$. Para decodificar a representação baseada em símbolos da Figura 8.17(c), basta ler os *bitmaps* dos símbolos especificados nos trios a partir do dicionário de símbolos e posicioná-los nas coordenadas espaciais especificadas em cada trio.

A compressão baseada em símbolos foi proposta no início da década de 1970 [Ascher e Nagy (1974)], mas

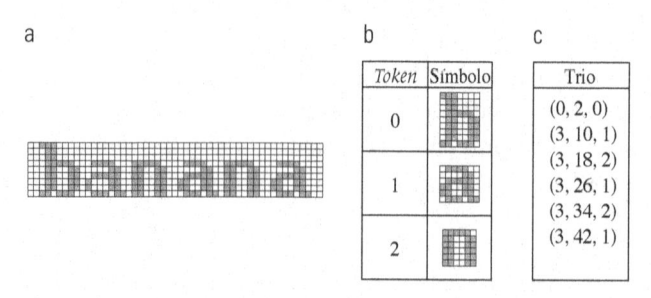

Figura 8.17 (a) Um documento de dois níveis de cinza, (b) dicionário de símbolos e (c) os trios utilizados para localizar os símbolos no documento.

só recentemente ganhou aplicação prática. Avanços nos algoritmos de correspondência de símbolos (veja o Capítulo 12) e maiores velocidades de processamento da CPU dos computadores possibilitaram a rápida seleção de símbolos de dicionário e a localização de sua ocorrência na imagem. E, como muitos outros métodos de compressão, a decodificação baseada em símbolos é significativamente mais rápida do que a codificação. Por fim, observamos que tanto os *bitmaps* de símbolo armazenados no dicionário quanto os trios utilizados para se referir a eles podem ser codificados para melhorar ainda mais o desempenho da compressão. Se — como na Figura 8.17 — somente as correspondências exatas dos símbolos forem permitidas, a compressão resultante é sem perda; se pequenas diferenças forem permitidas, algum nível de erro de reconstrução estará presente.

Compressão JBIG2

O JBIG2 é um padrão internacional para compressão de imagens binárias. Ao segmentar uma imagem em regiões sobrepostas e/ou não sobrepostas de conteúdo de *texto*, *meio-tom* e *genérico*, são empregadas técnicas de compressão especificamente otimizadas para cada tipo de conteúdo:

- As *regiões de texto* são compostas por caracteres adequados para uma abordagem de codificação baseada em símbolos. Normalmente, cada símbolo corresponderá a um *bitmap* de caractere — uma subimagem representando um caractere de texto. Em geral, há apenas um *bitmap* de caractere (ou subimagem) no dicionário de símbolos para cada caractere em maiúscula e minúscula da fonte sendo utilizada. Por exemplo, haveria um bitmap "a" no dicionário, um *bitmap* "A", um *bitmap* "b" e assim por diante.

  Na compressão JBIG2 com perda, muitas vezes chamada *sem perda perceptiva* ou *sem perda visual*, negligenciamos as diferenças entre *bitmaps* de dicionário (isto é, os *bitmaps* dos caracteres de referência ou *templates* de caractere) e ocorrências específicas dos caracteres correspondentes na imagem. Na compressão sem perda, as diferenças são armazenadas e utilizadas em conjunção com os trios que codificam cada caractere (pelo decodificador) para produzir os *bitmaps* de imagem real. Todos os *bitmaps* são codificados aritmeticamente ou utilizando o MMR (veja a Seção 8.2.5); os trios utilizados para acessar entradas de dicionário são codificados aritmeticamente ou utilizando a codificação de Huffman.

- As *regiões de meio-tom* são similares às regiões de texto no sentido de serem compostas por padrões organizados em uma grade regular. Os símbolos armazenados no dicionário, contudo, não são *bitmaps* de caracteres, mas padrões periódicos que representam intensidades (por exemplo, de uma fotografia) e cujos pontos foram combinados para produzir imagens de dois níveis para a impressão. Esse processo é denominado *dithering*.

- As *regiões genéricas* contêm informações que não são texto e também não são de meio-tom como traços em preto e branco (*line art*) e ruído e são comprimidas utilizando a codificação aritmética ou MMR.

Como pode ser dito sobre muitos padrões de compressão de imagens, o JBIG2 define o comportamento do decodificador. Ele não define explicitamente um codificador-padrão, mas é flexível o suficiente para permitir vários projetos de codificadores. Apesar de o projeto do codificador não ser especificado, ele continua sendo importante, por determinar o nível de compressão atingido. Afinal, o codificador deve segmentar a imagem em regiões, escolher os símbolos de meio-tom e texto armazenados nos dicionários e decidir quando esses símbolos são essencialmente os mesmos ou diferentes das ocorrências potenciais dos símbolos na imagem. O decodificador simplesmente utiliza essas informações para recriar a imagem original.

Exemplo 8.11 Exemplo de compressão JBIG2.

Vejamos novamente a imagem binária da Figura 8.16(a). A Figura 8.18(a) mostra uma região reconstruída da imagem após uma codificação JBIG2 sem perda (por meio de um aplicativo de compressão de documentos disponível comercialmente). Trata-se de uma réplica exata da imagem original. Observe que os *d* no texto reconstruído variam ligeiramente, apesar do fato de terem sido gerados a partir da mesma entrada do dicionário. As diferenças entre esse *d* e os *d* da imagem foram utilizadas para refinar a saída do dicionário. O padrão define um algoritmo para realizar isso

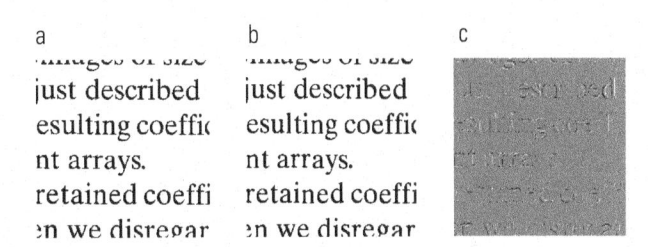

Figura 8.18 Comparação de compressão JBIG2: (a) compressão e reconstrução sem perda; (b) sem perda perceptiva; e (c) a diferença ajustada entre as duas.

durante a decodificação dos *bitmaps* codificados do dicionário. Para esta análise, podemos considerar que ele adiciona a diferença entre um *bitmap* do dicionário e uma ocorrência específica do caractere correspondente na imagem ao *bitmap* lido do dicionário.

A Figura 8.18(b) apresenta outra reconstrução da área em (a) depois da compressão JBIG2 sem perda perceptiva. Observe que os *d* nessa figura são idênticos. Eles foram diretamente copiados do dicionário de símbolos. A reconstrução é chamada "sem perda perceptiva" porque o texto é legível e a fonte é a mesma. As pequenas diferenças — mostradas na Figura 8.18(c) — entre os *d* da imagem original e o *d* do dicionário não são consideradas importantes por não afetarem a legibilidade. Lembre-se de que estamos lidando com imagens binárias, de forma que há apenas três intensidades possíveis na Figura 8.18(c). A intensidade 128 indica áreas nas quais não há diferença entre os pixels correspondentes das imagens das figuras 8.18(a) e (b); as intensidades 0 (preto) e 255 (branco) indicam pixels de intensidades opostas nas duas imagens — por exemplo, um pixel preto em uma imagem que é branco na outra e vice-versa.

A compressão JBIG2 sem perda utilizada para gerar a Figura 8.18(a) reduz a imagem original PDF não comprimida de 663.445 bytes para 32.705 bytes; a taxa de compressão é $C = 20,3$. A compressão JBIG2 sem perda perceptiva reduz a imagem a 23.913 bytes, aumentando a taxa de compressão para cerca de 27,7. Essas compressões são 4 a 5 vezes maiores que os resultados do CCITT Grupos 3 e 4 do Exemplo 8.10.

8.2.7 Codificação de planos de bits

As técnicas *run-length* e baseadas em símbolos apresentadas nas seções anteriores podem ser aplicadas em imagens com mais de duas intensidades pelo processamento individual de seus planos de bits. A técnica, chamada *codificação de planos de bits*, se baseia no conceito de decompor uma imagem de vários níveis (monocromática ou colorida) em uma série de imagens binárias (veja a Seção 3.2.4) e comprimir cada imagem binária por meio de vários métodos conhecidos de compressão binária. Nesta seção, descrevemos os dois métodos de decomposição mais populares.*

As intensidades de uma imagem monocromática de *m* bits podem ser representadas na forma do polinômio de base 2

$$a_{m-1}2^{m-1} + a_{m-2}2^{m-2} + \ldots + a_1 2^1 + a_0 2^0 \quad (8.2\text{-}8)$$

Com base nessa propriedade, um método simples de decompor a imagem em uma série de imagens binárias é separar os *m* coeficientes do polinômio em *m* planos de bits de 1 bit. Como observamos na Seção 3.2.4, o plano de bits de ordem mais baixa (o plano correspondente ao bit menos significativo) é gerado coletando os bits a_0 de cada pixel, enquanto o plano de bits de ordem mais alta contém os bits ou coeficientes a_{m-1}. Em geral, cada plano de bits é construído definindo seus pixels como equivalentes aos valores dos bits apropriados ou coeficientes polinomiais de cada pixel da imagem original. A desvantagem inerente desse método de decomposição é que pequenas alterações na intensidade podem ter um impacto significativo sobre a complexidade dos planos de bits. Se um pixel de intensidade 127 (01111111) for adjacente a um pixel de intensidade 128 (10000000), por exemplo, cada plano de bits conterá uma transição correspondente de 0 para 1 (ou de 1 para 0). Por exemplo, como os bits mais significativos dos códigos binários para 127 e 128 são diferentes, o plano de bits mais alto conterá um pixel de valor zero ao lado de um pixel de valor 1, criando uma transição de 0 para 1 (ou 1 para 0) nesse ponto.

Uma abordagem alternativa de decomposição (que reduz o efeito de pequenas variações de intensidade) é representar primeiro a imagem por um *código Gray* de *m* bits. O código Gray de *m* bits $g_{m-1} \ldots g_2 g_1 g_0$, que corresponde ao polinômio na Equação 8.2-8, pode ser calculado a partir de

$$g_i = a_i \oplus a_{i+1} \quad 0 \leq i \leq m-2$$
$$g_{m-1} = a_{m-1} \quad (8.2\text{-}9)$$

No caso, $\oplus$ indica a operação exclusiva OR. Esse código apresenta a propriedade única de que palavras-código sucessivas diferem em apenas um bit de posição. Dessa forma, pequenas variações de intensidade têm menos chances de afetar todos os *m* planos de bits. Por exemplo, quando os níveis de intensidade 127 e 128 forem adjacentes, só o plano de bits de ordem mais alta (o sétimo plano de bit) conterá uma transição de 0 para 1 porque os códigos Gray que correspondem a 127 e 128 são 01000000 e 11000000, respectivamente.

Exemplo 8.12 Codificação em planos de bits.

As figuras 8.19 e 8.20 mostram os oito planos de bits binários e os codificados utilizando código Gray para a imagem monocromática de 8 bits da fotografia da criança da Figura 8.19(a). Observe que os planos de bits de ordem mais alta são muito menos complexos do que seus equivalentes de ordem mais baixa. Isto é, eles contêm grandes áreas uniformes com menos detalhes significativos, importantes ou

---

* Em relação às tabelas 8.3 e 8.4, a codificação de planos de bits é utilizada nos padrões de compressão JBIG1 e JPEG-2000.

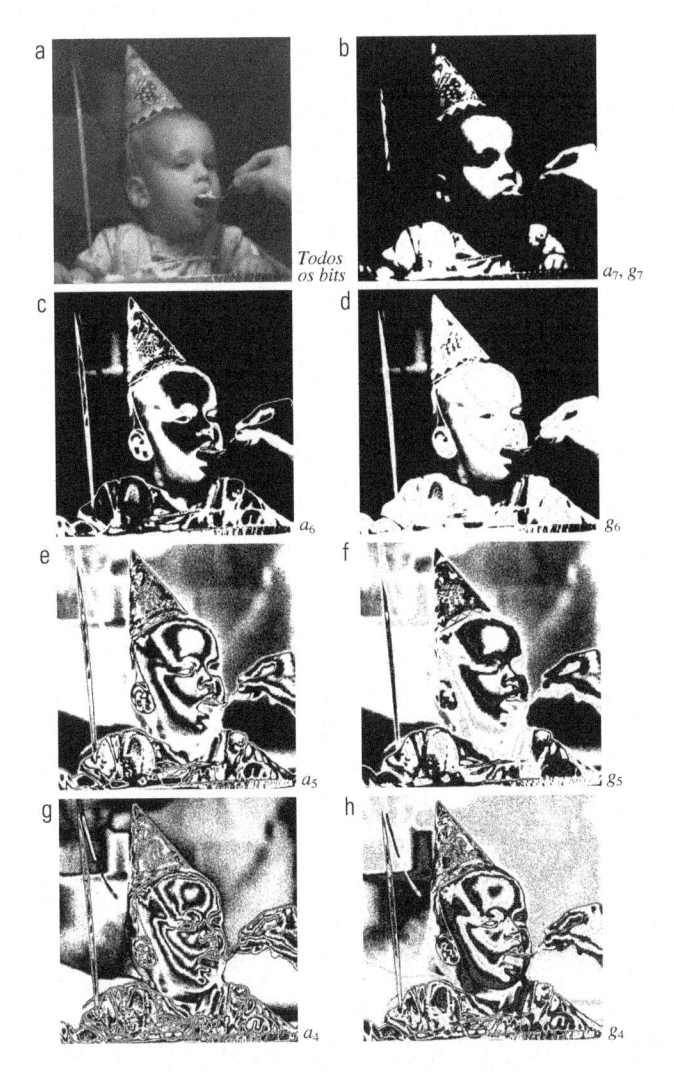

Figura 8.19 (a) Uma imagem monocromática de 256 bits. (b) a (h) Os quatro planos de bits mais significativos relativos ao código binário e ao código Gray para a imagem apresentada em (a).

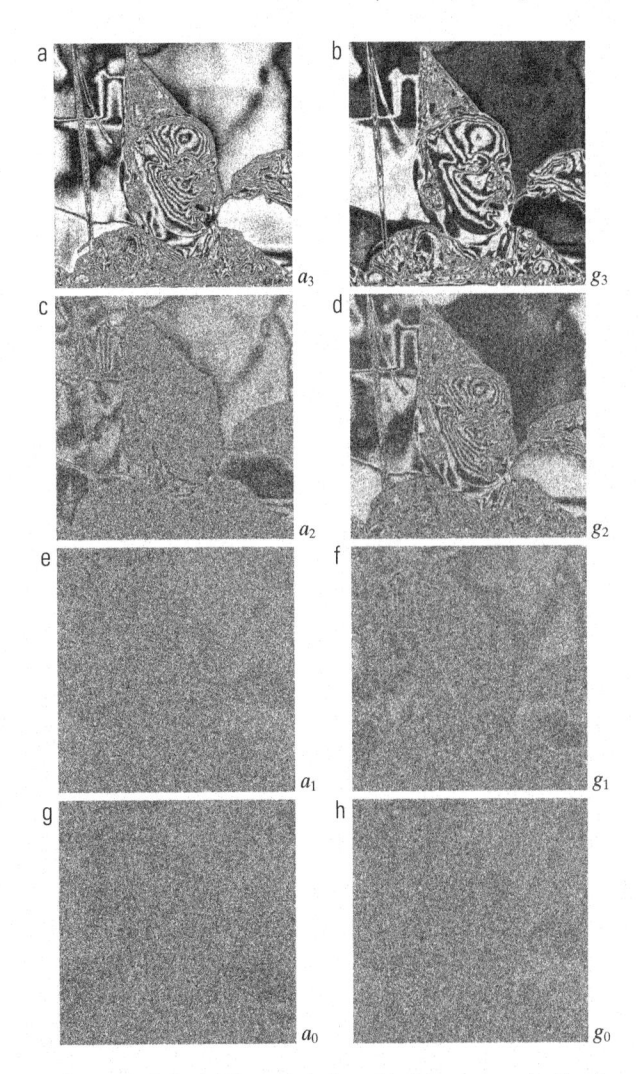

Figura 8.20 (a) a (h) Os quatro planos de bits menos significativos relativos ao código binário (coluna da esquerda) e ao código Gray (coluna da direita) para a imagem da Figura 8.19(a).

aleatórios. Além disso, os planos de bits relativos ao código Gray são menos complexos que os planos de bits binários correspondentes. As duas observações são observadas nos resultados da codificação JBIG2 da Tabela 8.10. Observe, por exemplo, que os resultados a_5 e g_5 são significativamente maiores que as compressões a_6 e g_6, e que tanto g_5 quanto g_6 são menores que seus equivalentes a_5 e a_6. Essa tendência se mantém por toda a tabela, com a única exceção de a_0. A codificação Gray proporciona uma vantagem de compressão média de aproximadamente 1,06:1. Combinados, os arquivos codificados utilizando código Gray comprimem a imagem monocromática em 678.676/475.964 ou 1,43:1; os arquivos não codificados pelo código Gray comprimem a imagem em 678,676/503.916 ou 1,35:1.

Por fim, notamos que os dois bits menos significativos da Figura 8.20 apresentam pouca estrutura evidente. Como isso é típico da maioria das imagens monocromáticas de 8

Tabela 8.10 Resultados da codificação JBIG2 sem perda para os planos de bits binários e os planos de bits relativos ao código Gray da Figura 8.19(a). Esses resultados incluem o cabeçalho de cada representação PDF do plano de bits.

Coeficiente m	Código binário (bits do PDF)	Código Gray (bits do PDF)	Taxa de compressão
7	6.999	6.999	1,00
6	12.791	11.024	1,16
5	40.104	36.914	1,09
4	55.911	47.415	1,18
3	78.915	67.787	1,16
2	101.535	92.630	1,10
1	107.909	105.286	1,03
0	99.753	107.909	0,92

bits, a codificação de planos de bits costuma se restringir a imagens de 6 bits/pixel ou menos. JBIG1, o predecessor de JBIG2, impõe essa restrição.

8.2.8 Codificação por transformada em blocos

Nesta seção, analisamos uma técnica de compressão que divide uma imagem em pequenos blocos não sobrepostos de mesmo tamanho (por exemplo, 8 × 8) e processa os blocos independentemente utilizando uma transformada 2-D.* Na *codificação por transformada em blocos*, uma transformada linear e reversível (como a transformada de Fourier) é utilizada para mapear cada *bloco* ou *subimagem* em um conjunto de coeficientes da transformada, que são, então, quantizados e codificados. Para a maioria das imagens, um número significativo dos coeficientes tem pequenas magnitudes e pode ser grosseiramente quantizado (ou totalmente descartado) com pouca distorção de imagem. Uma variedade de transformadas, incluindo a transformada discreta de Fourier (DFT) do Capítulo 4, pode ser utilizada para transformar os dados da imagem.

A Figura 8.21 mostra um sistema típico de codificação por transformada em blocos. O decodificador implementa a sequência inversa de passos (com exceção da função de quantização) do codificador, que realiza quatro operações relativamente simples: decomposição de subimagens, transformada, quantização e codificação. Uma imagem de entrada $M \times N$ é primeiro subdividida em subimagens de tamanho $n \times n$, que, por sua vez, são transformadas para gerar arranjos de MN/n^2 subimagens transformadas, cada uma de tamanho $n \times n$.** A meta do processo de transformação é descorrelacionar os pixels de cada subimagem ou comprimir o máximo possível as informações em um número menor de coeficientes de transformada. O estágio de quantização elimina ou quantiza seletivamente, de modo mais grosseiro, os coeficientes que carregam menos informação (vários métodos são discutidos adiante nesta seção). Esses coeficientes têm o menor impacto sobre a qualidade da subimagem reconstruída. O processo termina pela codificação (normalmente utilizando um código de tamanho variável) dos coeficientes quantizados. Qualquer um ou todos os passos de codificação por transformada podem ser adaptados para o conteúdo local da imagem, processo chamado de *codificação adaptativa por transformada*, ou podem ser fixos para todas as subimagens, processo denominado *codificação não adaptativa por transformada*.

Seleção da transformada

Sistemas de codificação por transformada de blocos baseados em uma variedade de transformadas discretas 2-D foram construídos e/ou extensivamente estudados. A escolha de determinada transformada para uma dada aplicação depende da quantidade de erro de reconstrução que pode ser tolerada e dos recursos computacionais disponíveis. A compressão é alcançada durante a quantização dos coeficientes transformados (não durante o passo da transformação).

No que se refere à discussão na Seção 2.6.7, considere uma subimagem $g(x, y)$ de tamanho $n \times n$ cuja transformada discreta direta, $T(u, v)$, pode ser expressa em termos da relação geral***

$$T(u,v) = \sum_{x=0}^{n-1} \sum_{y=0}^{n-1} g(x,y) r(x,y,u,v) \quad (8.2\text{-}10)$$

para $u, v = 0, 1, 2, ..., n - 1$. Dada $T(u, v)$, $g(x, y)$ pode ser obtido de forma similar utilizando a forma geral da transformada inversa discreta

$$g(x,y) = \sum_{u=0}^{n-1} \sum_{v=0}^{n-1} T(u,v) s(x,y,u,v) \quad (8.2\text{-}11)$$

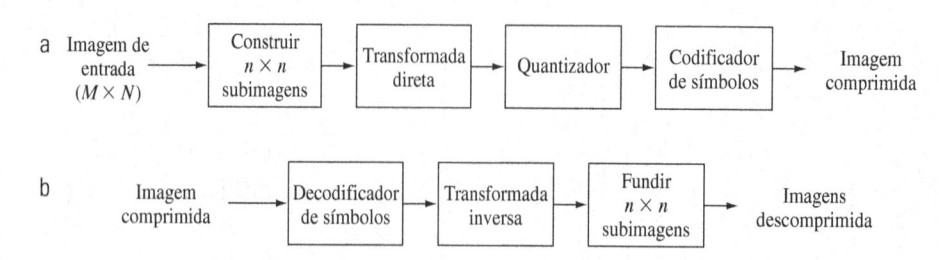

Figura 8.21 Sistema de codificação por transformada de blocos: (a) codificador; (b) decodificador.

---
* Em relação às tabelas 8.3 e 8.4, a codificação por transformada em blocos é utilizada em: JPEG, M-JPEG, MPEG-1,2,4, H.261, H.262, H.263 e H.264, DV e HDV, VC-1 e outros padrões de compressão.
** Nesta seção, restringimos nossa atenção a subimagens quadradas (as mais comumente utilizadas). Presume-se que a imagem de entrada seja preenchida, se necessário, de forma que tanto M quanto N sejam múltiplos de n.
*** Utilizamos $g(x, y)$ para diferenciar uma subimagem da imagem de entrada $f(x, y)$. Dessa forma, os limites do somatório passam a ser n em vez de M e N.

para $x, y = 0, 1, 2, \ldots, n - 1$. Nessas equações, $r(x, y, u, v)$ e $s(x, y, u, v)$ são chamados *kernels da transformada direta* e *inversa*, respectivamente. Por razões que serão esclarecidas mais à frente nesta seção, eles também são denominados *funções de base* ou *imagens de base*. As $T(u, v)$ para $u, v = 0, 1, 2, \ldots, n - 1$ na Equação 8.2-10 são conhecidas como *coeficientes da transformada*; elas podem ser vistas como coeficientes de expansão — veja a Seção 7.2.1 — de uma expansão em série de $g(x, y)$ em relação às funções de base $s(x, y, u, v)$.

Como explicamos na Seção 2.6.7, o *kernel* na Equação 8.2-10 é separável se

$$r(x, y, u, v) = r_1(x, u)\, r_2(y, v) \quad (8.2\text{-}12)$$

Além disso, o *kernel* é simétrico se r_1 for funcionalmente igual a r_2. Nesse caso, a Equação 8.2-12 pode ser expressa na forma

$$r(x, y, u, v) = r_1(x, u)\, r_1(y, v) \quad (8.2\text{-}13)$$

Comentários idênticos se aplicam ao *kernel* inverso se $r(x, y, u, v)$ for substituído por $s(x, y, u, v)$ nas equações 8.2-12 e 8.2-13. Não é difícil demonstrar que uma transformada 2-D com um *kernel* separável pode ser calculada utilizando passes de linha-coluna ou coluna-linha da transformada 1-D correspondente, como explicamos na Seção 4.11.1.

Os *kernels* de transformação direta e inversa nas equações 8.2-10 e 8.2-11 determinam o tipo de transformada calculada, a complexidade computacional geral e o erro de reconstrução do sistema de codificação por transformada de blocos no qual eles são empregados. O par de *kernels* de transformação mais conhecido é

$$r(x, y, u, v) = e^{-j2\pi(ux + vy)/n} \quad (8.2\text{-}14)$$

e

$$s(x, y, u, v) = \frac{1}{n^2} e^{j2\pi(ux + vy)/n} \quad (8.2\text{-}15)$$

em que $j = \sqrt{-1}$. Estes são os *kernels* de transformação definidos nas equações 2.6-34 e 2.6-35 do Capítulo 2 com $M = N = n$. Substituir esses *kernels* nas equações 8.2-10 e 8.2-11 resulta em uma versão simplificada do par de transformadas discretas de Fourier apresentado na Seção 4.5.5.

Uma transformação computacionalmente mais simples e também útil na codificação de transformada, chamada *transformada de Walsh-Hadamard* (WHT, do inglês, *Walsh-Hadamard transform*), é deduzida a partir dos *kernels* funcionalmente idênticos[*]

---

[*] Para calcular a WHT de uma imagem de entrada $N \times N\, f(x, y)$ em vez de uma subimagem, substitua n por N na Equação 8.2-16.

$$r(x, y, u, v) = s(x, y, u, v) = \frac{1}{n}(-1)^{\sum_{i=0}^{m-1}[b_i(x)p_i(u) + b_i(y)p_i(v)]} \quad (8.2\text{-}16)$$

sendo $n = 2^m$. O somatório do exponencial dessa expressão é realizado em aritmética modular 2 e $b_k(z)$ é o k-ésimo bit (da direita para a esquerda) na representação binária de z. Se $m = 3$ e $z = 6$ (110 em binários), por exemplo, $b_0(z) = 0$, $b_1(z) = 1$ e $b_2(z) = 1$. Os $p_i(u)$ na Equação 8.2-16 são calculados utilizando:

$$\begin{aligned}
P_0(u) &= b_{m-1}(u) \\
P_1(u) &= b_{m-1}(u) + b_{m-2}(u) \\
P_2(u) &= b_{m-2}(u) + b_{m-3}(u) \\
&\vdots \\
P_{m-1}(u) &= b_1(u) + b_0(u)
\end{aligned} \quad (8.2\text{-}17)$$

na qual as somas, como observamos anteriormente, são realizadas em aritmética módulo 2. Expressões similares se aplicam a $P_i(v)$.

Diferentemente dos *kernels* da DFT, que são somas de senos e cossenos (veja as equações 8.2-14 e 8.2-15), os *kernels* de Walsh-Hadamard consistem em alternar os positivos e negativos dispostos em um padrão de tabuleiro de xadrez. A Figura 8.22 mostra o *kernel* para $n = 4$. Cada bloco consiste em $4 \times 4 = 16$ elementos (subquadrados). O branco indica $+1$ e o preto indica -1. Para obter o bloco do canto superior esquerdo, fazemos que $u = v = 0$ e plotamos os valores de $r(x, y, 0, 0)$ para $x, y = 0, 1, 2, 3$. Todos os valores nesse caso são $+1$. O segundo bloco na linha superior é uma plotagem de valores de $r(x, y, 0, 1)$ para $x, y = 0, 1, 2, 3$ e assim por diante. Como já observamos, a importância da transformada de Walsh-Hadamard reside em sua simplicidade de implementação — todos os valores de *kernel* são $+1$ ou -1.

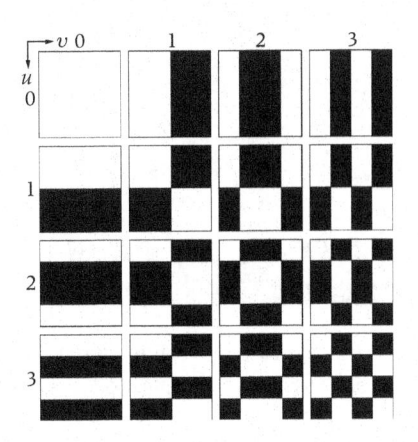

Figura 8.22 Funções de base de Walsh-Hadamard para $n = 4$. A origem de cada bloco está no canto superior esquerdo.

Uma das transformações utilizadas com mais frequência para a compressão de imagens é a *transformada discreta de cosseno* (DCT, de *discrete cosine transform*). Ela é obtida substituindo os seguintes *kernels* (iguais) nas equações 8.2-10 e 8.2-11.*

$$r(x,y,u,v) = s(x,y,u,v)$$
$$= \alpha(u)\alpha(v)\cos\left[\frac{(2x+1)u\pi}{2n}\right]\cos\left[\frac{(2y+1)v\pi}{2n}\right]$$
(8.2-18)

sendo

$$\alpha(u) = \begin{cases} \sqrt{\dfrac{1}{n}} & \text{para } u = 0 \\ \sqrt{\dfrac{2}{n}} & \text{para } u = 1, 2, \ldots, n-1 \end{cases}$$
(8.2-18)

e, de forma similar para $\alpha(v)$. A Figura 8.23 mostra $r(x, y, u, v)$ para o caso $n = 4$. O cálculo segue o mesmo formato como explicado na Figura 8.22, com a diferença de que os valores de r são números não inteiros. Na Figura 8.23, os valores de menor intensidade correspondem a maiores valores de r.

Exemplo 8.13 Codificação por transformada de blocos com DFT, WHT e DCT.

As figuras 8.24(a) a (c) mostram três aproximações da imagem monocromática 512 × 512 apresentada na Figura 8.9(a). Essas imagens foram obtidas dividindo a imagem original em subimagens de tamanho 8 × 8, representando cada subimagem por meio da aplicação de uma das transformadas que acabamos de descrever (isto é, as transformadas DFT, WHT ou DCT), truncando 50% dos coeficientes resultantes e utilizando a transformada inversa dos arranjos dos coeficientes truncados.

Em cada caso, os 32 coeficientes conservados foram selecionados com base na máxima magnitude. Observe que, em todos os casos, os 32 coeficientes descartados tiveram pouco impacto visual sobre a qualidade da imagem reconstruída. Sua eliminação, contudo, foi acompanhada de algum erro quadrático médio, que pode ser visto nas imagens ajustadas de erro apresentadas nas figuras 8.24(d) a f. Os erros rms apresentaram intensidades 2,32; 1,78; e 1,13, respectivamente.

As pequenas diferenças no erro médio quadrático obtidas no processo de reconstrução observadas no exemplo anterior são diretamente relacionadas às propriedades de compressão de energia ou informações das transformadas empregadas. De acordo com a Equação 8.2-11, uma subimagem $n \times n\ g(x, y)$ pode ser expressa como uma função de sua transformada 2-D $T(u, v)$:

$$g(x,y) = \sum_{u=0}^{n-1}\sum_{v=0}^{n-1} T(u,v)\, s(x,y,u,v) \quad (8.2\text{-}20)$$

para $x, y = 0, 1, 2, \ldots, n-1$. Como o *kernel* inverso $s(x, y, u, v)$ na Equação 8.2-20 depende somente dos índices x, y, u, v e não dos valores de $g(x, y)$ ou $T(u, v)$, é possível considerar que ele define um conjunto de *funções de base* ou *imagens de base* para a série definida pela Equação 8.2-20. Essa interpretação fica mais clara se a notação utilizada na Equação 8.2-20 é modificada para obter

$$\mathbf{G} = \sum_{u=0}^{n-1}\sum_{v=0}^{n-1} T(u,v)\mathbf{S}_{uv} \quad (8.2\text{-}21)$$

em que **G** é uma matriz $n \times n$ contendo os pixels de $g(x, y)$ e

$$\mathbf{S}_{uv} = \begin{bmatrix} s(0,0,u,v) & s(0,1,u,v) & \cdots & s(0,n-1,u,v) \\ s(1,0,u,v) & \vdots & \cdots & \vdots \\ \vdots & \vdots & \cdots & \vdots \\ \vdots & & & \\ s(n-1,0,u,v) & s(n-1,1,u,v) & \cdots & s(n-1,n-1,u,v) \end{bmatrix}$$
(8.2-22)

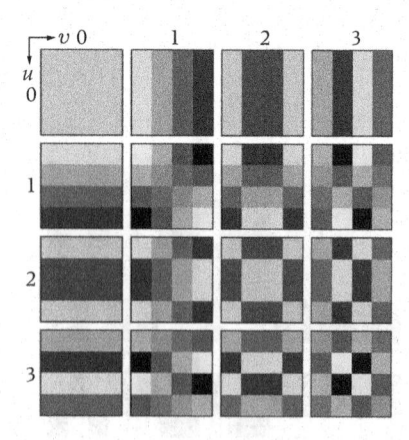

Figura 8.23 Funções de base discreta de cossenos para $n = 4$. A origem de cada bloco se localiza no canto superior esquerdo.

---
* Para calcular a DCT de uma imagem de entrada $N \times N$ em vez de uma subimagem $f(x, y)$, substitua n por N nas equações 8.2-18 e 8.2-19.

Figura 8.24 Aproximações da Figura 8.9(a) utilizando a transformada (a) de Fourier, (b) de Walsh-Hadamard e (c) de cosseno. (d) a (f) imagens de erro correspondentes ajustadas.

Então, **G**, a matriz contendo os pixels da subimagem de entrada, é explicitamente definida como a combinação linear de n^2 matrizes de tamanho $n \times n$; isto é, a $\mathbf{S}_{uv}$ para $u, v = 0, 1, 2, \ldots, n-1$ na Equação 8.2-22. Essas matrizes na verdade são as imagens de base (ou funções) da expansão em série na Equação 8.2-20; as $T(u, v)$ associadas são os coeficientes de expansão. As figuras 8.22 e 8.23 ilustram em gráficos as imagens de base da WHT e DCT para o caso de $n = 4$.

Se agora definirmos uma *função de mascaramento* do coeficiente da transformada

$$\chi(u,v) = \begin{cases} 0 & \text{se } T(u,v) \text{ satisfaz um critério de} \\ & \text{truncamento específico} \\ 1 & \text{caso contrário} \end{cases} \quad (8.2\text{-}23)$$

para $u, v = 0, 1, 2, \ldots, n-1$, uma aproximação de **G** pode ser obtida a partir da expansão truncada

$$\hat{\mathbf{G}} = \sum_{u=0}^{n-1} \sum_{v=0}^{n-1} \chi(u,v) T(u,v) \mathbf{S}_{uv} \quad (8.2\text{-}24)$$

em que é construída para eliminar imagens de base que fazem as menores contribuições para a soma total da Equação 8.2-21. Dessa forma, o erro quadrático médio entre a subimagem **G** e a aproximação $\hat{\mathbf{G}}$ é

$$\begin{aligned} e_{ms} &= E\left\{ \|\mathbf{G} - \hat{\mathbf{G}}\|^2 \right\} \\ &= E\left\{ \left\| \sum_{u=0}^{n-1}\sum_{v=0}^{n-1} T(u,v)\mathbf{S}_{uv} - \sum_{u=0}^{n-1}\sum_{v=0}^{n-1} \chi(u,v)T(u,v)\mathbf{S}_{uv} \right\|^2 \right\} \\ &= E\left\{ \left\| \sum_{u=0}^{n-1}\sum_{v=0}^{n-1} T(u,v)\mathbf{S}_{uv}[1-\chi(u,v)] \right\|^2 \right\} \\ &= \sum_{u=0}^{n-1}\sum_{v=0}^{n-1} \sigma^2_{T(u,v)}[1-\chi(u,v)] \quad (8.2\text{-}25) \end{aligned}$$

em que $\|\mathbf{G} - \hat{\mathbf{G}}\|$ é a norma da matriz $(\mathbf{G} - \hat{\mathbf{G}})$ e $\sigma^2_{T(u,v)}$ é a variância do coeficiente na posição (u, v) da transformada. A simplificação final se baseia na natureza ortonormal das imagens de base e na premissa de que os pixels de **G** são gerados por um processo aleatório com média zero e covariância conhecida. O erro médio quadrático total de aproximação, dessa forma, é a soma das variâncias dos coeficientes descartados da transformada; isto é, os coeficientes para os quais $\chi(u, v) = 0$, de forma que $[1 - \chi(u, v)]$ na Equação 8.2-25 seja 1. As transformações que redistribuem ou comprimem a maior parte das informações no menor número de coeficientes proporcionam as melhores aproximações de subimagem e, em consequência, os menores erros de reconstrução. Por fim, com base nas premissas que levaram à Equação 8.2-25, o erro médio quadrático das subimagens MN/n^2 de uma imagem $M \times N$ é idêntico. Dessa forma, o erro médio quadrático (sendo uma medida do erro *médio*) da imagem $M \times N$ equivale ao erro médio quadrático de uma única subimagem.

O exemplo anterior mostrou que a capacidade de compressão de informações da DCT é superior à DFT e WHT.* Apesar de essa condição normalmente se manter para a maioria das imagens, a transformada de Karhunen-Loève ou KLT (veja o Capítulo 11), e não a DCT, é a transformada ótima no sentido de compressão de informações. Isso se deve ao fato de a KLT minimizar o erro médio quadrático na Equação 8.2-25 para qualquer imagem de entrada e qualquer número de coeficientes conservados [Kramer e Mathews (1956)]**. No entanto, como a KLT depende de dados, obter as imagens de base da KLT para cada subimagem, em geral, não é uma tarefa computacionalmente trivial. Por essa razão, a KLT é pouco utilizada na prática para a compressão de imagens. Em vez disso, uma transformada, como DFT, WHT ou DCT, cujas imagens de base são fixas (independentes da entrada), costumam ser utilizadas. Das possíveis transformadas independentes de saída, as transformadas não senoidais (como a transformada WHT) são as de implementação mais simples. As transformadas senoidais (como a DFT ou a DCT) são as que mais se aproximam da capacidade de compressão de informações da KLT ótima.

Dessa forma, a maioria dos sistemas de codificação por transformada se baseia na DCT, que proporciona o melhor custo-benefício entre a capacidade de compressão de informações e a complexidade computacional. Com efeito, as propriedades da DCT demonstraram apresentar um valor prático tão satisfatório que a DCT se tornou um padrão internacional para sistemas de codificação por transformadas. Em comparação com outras transformadas independentes da entrada, ela tem a vantagem de ser implementada em um único circuito integrado, comprimindo a maior parte das informações no menor número de coeficientes*** (para a maioria das imagens) e minimizar a aparência de blocos, chamada *artefato de bloco*, que

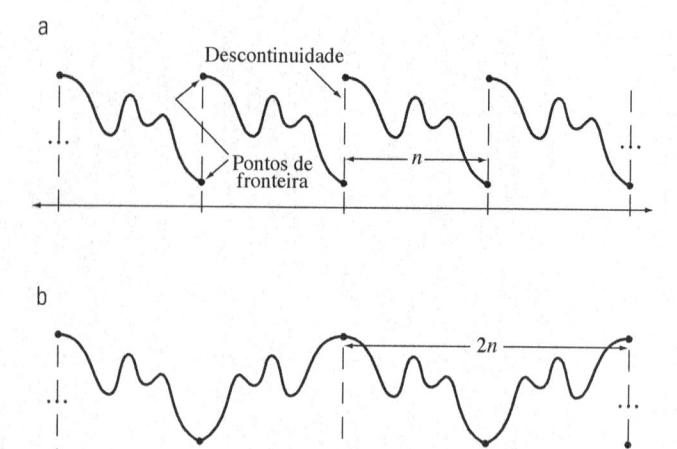

Figura 8.25 A periodicidade implícita na (a) DFT e (b) DCT 1-D.

resulta quando as fronteiras entre as subimagens se tornam visíveis. Essa última propriedade é particularmente importante em comparações com outras transformadas senoidais. Como mostra a Figura 8.25(a), a periodicidade implícita de n pontos (veja a Seção 4.6.3) da DFT leva à descontinuidade de fronteira que resulta em um conteúdo substancial de alta frequência da transformada. Quando os coeficientes da transformada DFT são truncados ou quantizados, o fenômeno de Gibbs**** faz que os pontos da fronteira assumam valores errôneos, que aparecem na imagem na forma de artefatos de bloco. Isto é, as fronteiras entre subimagens adjacentes passam a ser visíveis porque os pixels da fronteira das subimagens assumem os valores médios das descontinuidades formadas nos pontos de fronteira [veja a Figura 8.25(a)]. A DCT da Figura 8.25(b) reduz esse efeito porque sua periodicidade implícita de $2n$ pontos não produz inerentemente as descontinuidades de fronteira.

Seleção do tamanho da subimagem

Outro fator significativo que afeta o erro da codificação por transformada e a complexidade computacional é o tamanho da subimagem. Na maioria das aplicações, as imagens são subdivididas de forma que a correlação (redundância) entre subimagens adjacentes seja reduzida a um nível aceitável e de forma que n seja uma potência inteira de 2, em que, como anteriormente, n é dimensão da subimagem. Essa última condição simplifica o cálculo das transformadas da subimagem (veja o método de dobra-

---

** No Exemplo 8.13, 50% dos coeficientes de uma imagem codificada por transformada de blocos DFT, WHT e DCT foram descartados (utilizando blocos 8 × 8). Após a decodificação, o resultado baseado em DCT apresentou o menor erro rms, indicando que, em relação ao erro rms, a menor quantidade de informações foi descartada.

* Uma condição adicional para a qualidade ser ótima é que a função de mascaramento da Equação 8.2-23 seleciona os coeficientes de variância máxima da KLT.

*** Ahmed et al. (1974) foram os primeiros a notar que as imagens de base da KLT de uma fonte markoviana de primeira ordem de imagens parecem bastante com as imagens de base DCT. À medida que a correlação entre pixels adjacentes se aproxima de 1, as imagens de base dependentes da entrada da KLT tornam-se idênticas às imagens de base independentes da entrada da DCT [Clarke (1985)].

**** Esse fenômeno, descrito na maioria dos textos de engenharia elétrica sobre análise de circuitos, ocorre porque a transformada de Fourier falha em convergir uniformemente nas descontinuidades. Nas descontinuidades, as expansões de Fourier assumem os valores médios.

mentos sucessivos na base 2 discutido na Seção 4.11.3). Em geral, tanto o nível de compressão quanto a complexidade computacional aumentam à medida que o tamanho da subimagem aumenta. Os tamanhos mais populares de subimagens são 8 × 8 e 16 × 16.

■

Exemplo 8.14 **Efeitos do tamanho da subimagem sobre a codificação por transformada.**

A Figura 8.26 ilustra, em forma de gráfico, o impacto do tamanho das subimagens no erro de reconstrução da codificação por transformada. Os dados foram obtidos dividindo a imagem monocromática da Figura 8.9(a) em subimagens de tamanho $n \times n$, para $n = 2, 4, 8, 16, \ldots, 256, 512$, pelo cálculo da transformada de cada subimagem e do truncamento de 75% dos coeficientes resultantes, isso seguido da aplicação da transformada inversa dos coeficientes truncados. Observe que as curvas de Hadamard e do cosseno se achatam à medida que o tamanho das subimagens passa a ser maior que 8 × 8, ao passo que o erro de reconstrução de Fourier diminui mais rapidamente nessa região. Extrapolação dessas curvas para valores maiores de n sugere que o erro de reconstrução de Fourier cruzará a curva Walsh-Hadamard e convergirá para o resultado do cosseno. Esse resultado está de acordo com as conclusões teóricas e experimentais registradas por Netravali e Limb (1980) e por Pratt (1991) para uma fonte markoviana bidimensional de imagens.

Todas as três curvas se cruzam quando subimagens 2 × 2 são utilizadas. Nesse caso, somente um dos quatro coeficientes (25%) de cada matriz transformada foi retido. O coeficiente em todos os casos foi o componente DC, de forma que a transformada inversa simplesmente substituía os quatro pixels da subimagem por sua média (veja a Equação 4.6-21). Essa condição se evidencia na Figura 8.27(b), que mostra uma porção ampliada do resultado 2 × 2 da DCT. Observe que o artefato de bloco que predomina nesse resultado diminui à medida que o tamanho da subimagem aumenta para 4 × 4 e 8 × 8 nas figuras 8.27(c) e (d). A Figura 8.27(a) mostra uma área ampliada da imagem original como referência.

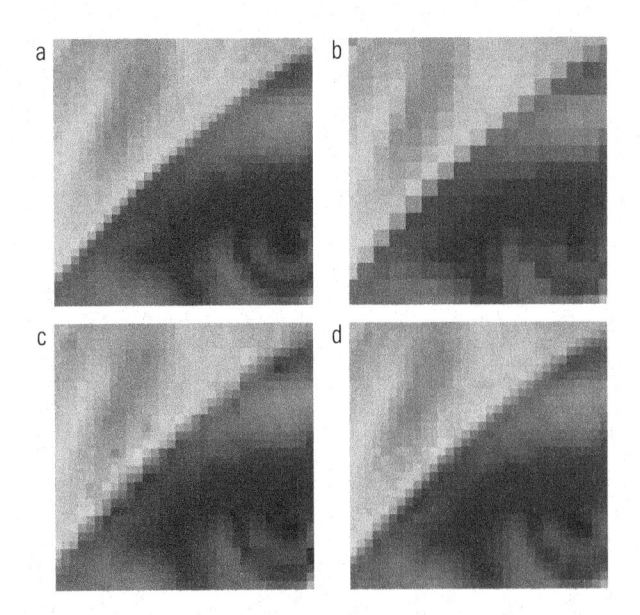

Figura 8.27 Aproximações da Figura 8.27(a) utilizando 25% dos coeficientes DCT e (b) subimagens 2 × 2, (c) subimagens 4 × 4 e (d) subimagens 8 × 8. A imagem original (a) é uma área ampliada da Figura 8.9(a).

Alocação de bits

O erro de reconstrução associado à expansão em série truncada da Equação 8.2-24 é uma função do número e da importância relativa dos coeficientes da transformada que são descartados, assim como da precisão utilizada para representar os coeficientes conservados. Na maioria dos sistemas de codificação por transformada, os coeficientes conservados são selecionados (isto é, a função de amostragem da Equação 8.2-23 é construída) com base na variância máxima, chamada *codificação por zonas*, ou com base na magnitude máxima, denominada *codificação por limiarização*. O processo geral de truncamento, quantização e codificação dos coeficientes de uma subimagem transformada é comumente chamado *alocação de bits*.

■

Exemplo 8.15 **Alocação de bits.**

As figuras 8.28(a) e (c) mostram duas aproximações da Figura 8.9(a), na qual 87,5% dos coeficientes DCT de cada subimagem 8 × 8 foram descartados. O primeiro resultado foi obtido por meio da codificação por limiarização guardando-se os oito maiores coeficientes da transformada e a segunda imagem foi gerada utilizando-se a abordagem de codificação por zonas. Nesse último caso, cada coeficiente DCT foi considerado uma variável aleatória cuja distribuição poderia ser calculada sobre um conjunto de todas as subimagens transformadas. As oito distribuições de maior variância (12,5% dos 64 coeficientes na subimagem transformada de 8 × 8) foram localizados e utilizados para determinar as coordenadas, u e v, dos coeficientes, $T(u, v)$, que foram conservados em todas as subimagens. Observe que a

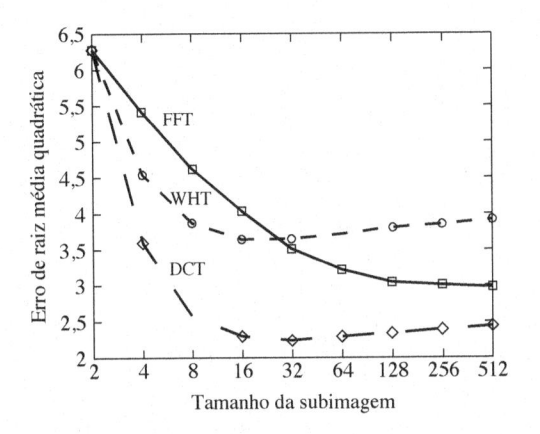

Figura 8.26 Erro de reconstrução *versus* tamanho da subimagem.

Figura 8.28 Aproximações da Figura 8.9(a) utilizando 12,5% dos coeficientes DCT 8 × 8: (a) e (b) resultados da codificação por limiarização; (c) e (d) resultados da codificação por zonas. As imagens de diferença foram ajustadas por um fator 4.

a							
1	1	1	1	0	0	0	0
1	1	1	1	0	0	0	0
1	1	1	0	0	0	0	0
1	1	0	0	0	0	0	0
1	0	0	0	0	0	0	0
0	0	0	0	0	0	0	0
0	0	0	0	0	0	0	0
0	0	0	0	0	0	0	0

b							
8	7	6	4	3	2	1	0
7	6	5	4	3	2	1	0
6	5	4	3	3	1	1	0
4	4	3	3	2	1	0	0
3	3	3	2	1	1	0	0
2	2	1	1	1	0	0	0
1	1	1	0	0	0	0	0
0	0	0	0	0	0	0	0

c							
1	1	0	1	1	0	0	0
1	1	1	1	0	0	0	0
1	1	0	0	0	0	0	0
1	0	0	0	0	0	0	0
0	0	0	0	0	0	0	0
0	1	0	0	0	0	0	0
0	0	0	0	0	0	0	0
0	0	0	0	0	0	0	0

d							
0	1	5	6	14	15	27	28
2	4	7	13	16	26	29	42
3	8	12	17	25	30	41	43
9	11	18	24	31	40	44	53
10	19	23	32	39	45	52	54
20	22	33	38	46	51	55	60
21	34	37	47	50	56	59	61
35	36	48	49	57	58	62	63

Figura 8.29 Casos típicos de (a) máscara de zonas, (b) alocação de bits por zona, (c) máscara de limiarização e (d) sequência de ordenação de coeficientes limiarizados. As áreas sombreadas indicam os coeficientes retidos.

imagem diferença da codificação por limiarização da Figura 8.28(b) contém menos erro do que o resultado da codificação por zonas da Figura 8.28(d). As duas imagens foram ajustadas para que os erros fossem mais visíveis. Os erros rms correspondentes apresentaram intensidades 4,5 e 6,5, respectivamente.

Implementação da codificação por zonas: a codificação por zonas se baseia no conceito da teoria da informação que vê a informação como incerta. Dessa forma, os coeficientes da transformada com variância máxima carregam a maior parte da informação da imagem e devem ser conservados no processo de codificação. As variâncias em si podem ser calculadas diretamente a partir do conjunto de MN/n^2 matrizes de subimagens transformadas, como no exemplo anterior, ou baseadas em um modelo presumido de imagens (digamos, uma função de autocorrelação de Markov). De qualquer forma, o processo de amostragem zonal pode ser visto, de acordo com a Equação 8.2-24, como a multiplicação de cada $T(u, v)$ pelo elemento correspondente na *máscara de zona*, que é construída atribuindo 1 às posições de máxima variância e 0 a todas as outras posições. Os coeficientes de máxima variância são normalmente posicionados em torno da origem de uma transformada de imagem, resultando em uma típica máscara de zonas como mostrada na Figura 8.29(a).

Os coeficientes conservados durante o processo de amostragem por zonas devem ser quantizados e codificados, de forma que as máscaras de zona algumas vezes são representadas mostrando o número de bits utilizados para codificar cada coeficiente [Figura 8.29(b)]. Na maioria dos casos, aos coeficientes são alocados o mesmo número de bits ou determinado número de bits é distribuído de modo desigual entre eles. No primeiro caso, os coeficientes geralmente são normalizados por seu desvio padrão e quantizados uniformemente. No segundo caso, um quantizador, como um quantizador ótimo de Lloyd-Max (veja os quantizadores ótimos na Seção 8.2.9), é projetado para cada coeficiente. Para construir os quantizadores necessários, o coeficiente zero ou DC normalmente é modelado por uma função densidade de Rayleigh, ao passo que os outros coeficientes são modelados pela densidade gaussiana ou laplaciana.* O número de níveis de quantização (e, dessa forma, o número de bits) alocados a cada quantizador é proporcional a $\log_2 \sigma^2_{T(u,v)}$. Dessa forma, aos coeficientes conservados na Equação 8.2-24 — que (no contexto da discussão atual) são selecionados com

---

* Como cada coeficiente é uma combinação linear dos pixels em sua subimagem (veja a Equação 8.2-10), o teorema de limite central sugere que, à medida que o tamanho da subimagem aumenta, os coeficientes tendem a se tornar gaussianos. Esse resultado, contudo, não se aplica ao coeficiente DC porque imagens não negativas sempre têm coeficientes DC positivos.

base na variância máxima — são atribuídos bits proporcionais ao logaritmo das variâncias de coeficiente.

Implementação da codificação por limiarização: a codificação por zonas costuma ser implementada por meio da utilização de uma única máscara fixa para todas as subimagens. Já a codificação por limiarização é inerentemente adaptativa no sentido de que a posição dos coeficientes da transformada, conservados em cada subimagem, varia de uma subimagem à outra. De fato, a codificação por limiarização é a abordagem adaptativa de codificação por transformada mais frequentemente utilizada na prática em virtude de sua simplicidade computacional. O conceito subjacente é que, para cada subimagem, os coeficientes da transformada de maior magnitude fazem a contribuição mais significativa à qualidade da subimagem reconstruída, como demonstramos no último exemplo. Como as posições dos coeficientes máximos variam de uma subimagem à outra, os elementos de $\chi(u,v)T(u,v)$ são normalmente reordenados (de forma predefinida) para formar uma sequência com codificação *run-length* 1-D. A Figura 8.29(c) mostra uma típica *máscara de limiarização* para uma subimagem de uma imagem hipotética. Essa máscara proporciona uma forma prática de visualizar o processo de codificação por limiarização para a subimagem correspondente, além de descrever matematicamente o processo utilizando a Equação 8.2-24. Quando a máscara for aplicada (via Equação 8.2-24) à subimagem para a qual ela foi derivada, e a matriz $n \times n$ resultante for reordenada para formar uma sequência de coeficientes de n^2 elementos de acordo com o padrão de arranjo em zigue-zague da Figura 8.29(d), a sequência 1-D reordenada contém várias sequências longas dos 0 (o padrão em zigue-zague se evidencia ao começar em 0 na Figura 8.29(d) e ao seguir os números na sequência). Essas sequências normalmente são codificadas por *run-length*. Os coeficientes diferentes de zero ou retidos, que correspondem às posições da máscara que contêm 1, são representados utilizando-se um código de tamanho variável.

Há três formas básicas de limiarizar uma subimagem transformada ou, em outras palavras, de criar uma função de mascaramento de limiarização de subimagem da forma dada na Equação 8.2-23: (1) um único limiar global pode ser aplicado para todas as subimagens; (2) um limiar diferente pode ser utilizado para cada subimagem; ou (3) o limiar pode variar em função da posição de cada coeficiente dentro da subimagem. Na primeira técnica, o nível de compressão difere de uma imagem à outra, dependendo do número de coeficientes que excedem o limiar global. Na segunda, chamada *codificação dos N maiores*,[*] o mesmo número de coeficientes é descartado para cada subimagem. Em consequência, a taxa de codificação é constante e previamente conhecida. A terceira técnica, tal qual a primeira, resulta em uma taxa de codificação variável, mas oferece a vantagem de que limiarização *e* quantização podem ser combinadas substituindo $\chi(u,v)T(u,v)$ na Equação 8.2-24 por

$$\hat{T}(u,v) = \text{arred}\left[\frac{T(u,v)}{Z(u,v)}\right] \quad (8.2\text{-}26)$$

sendo $\hat{T}(u,v)$ uma aproximação limiarizada e quantizada de $T(u,v)$ e $Z(u,v)$ um elemento da matriz de normalização da transformada

$$\mathbf{Z} = \begin{bmatrix} Z(0,0) & Z(0,1) & \cdots & Z(0,n-1) \\ Z(1,0) & \vdots & \cdots & \vdots \\ \vdots & \vdots & \cdots & \vdots \\ \vdots & \vdots & \cdots & \vdots \\ \vdots & \vdots & \cdots & \vdots \\ Z(n-1,0) & Z(n-1,1) & \cdots & Z(n-1,n-1) \end{bmatrix} \quad (8.2\text{-}27)$$

Antes que uma transformada de subimagem normalizada (limiarizada e quantizada), $\hat{T}(u,v)$, possa ser invertida para obter uma aproximação da subimagem $g(x, y)$, ela deve ser multiplicada por $Z(u, v)$. A matriz resultante desnormalizada, denotada por $\dot{T}(u, v)$, é uma aproximação de $\hat{T}(u,v)$:

$$\dot{T}(u,v) = \hat{T}(u,v)Z(u,v) \quad (8.2\text{-}28)$$

A transformada inversa de $\dot{T}(u,v)$ resulta na aproximação da subimagem descomprimida.

A Figura 8.30(a) ilustra graficamente a Equação 8.2-26 para o caso em que se atribui um valor particular *c* a $Z(u, v)$. Observe que $\hat{T}(u,v)$ assume o valor inteiro *k* se, e somente se

$$kc - \frac{c}{2} \leq T(u,v) < kc + \frac{c}{2} \quad (8.2\text{-}29)$$

Se $Z(u, v) > 2T(u, v)$, então $\hat{T}(u,v) = 0$ e o coeficiente da transformada é completamente truncado ou descartado. Quando $\hat{T}(u,v)$ é representado por um código de tamanho variável cujo tamanho aumenta à medida que a magnitude de *k* aumenta, o número de bits utilizados para representar $T(u, v)$ é controlado pelo valor de *c*. Dessa forma, os elementos de **Z** podem ser ajustados para atingir uma variedade de níveis de compressão.

---

[*] O *N* na "codificação dos *N* maiores" não é uma dimensão de imagem, mas se refere ao número de coeficientes mantidos.

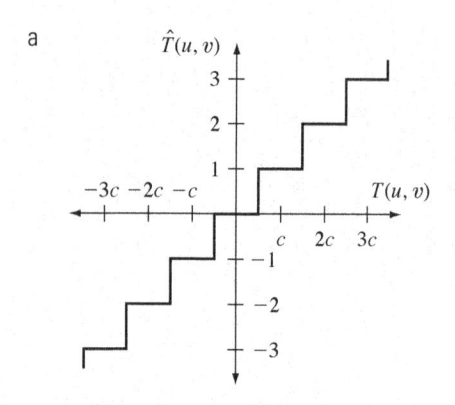

Figura 8.30 (a) Uma curva de quantização de codificação por limiarização (veja a Equação 8.2-29); (b) Uma matriz de normalização típica.

A Figura 8.30(b) mostra uma matriz de normalização típica. Esse arranjo, que foi amplamente utilizado na padronização do JPEG (veja a próxima seção), pondera cada coeficiente de uma subimagem transformada de acordo com sua importância perceptual ou psicovisual heuristicamente determinada.

Exemplo 8.16 Ilustração da codificação por limiarização.

As figuras 8.31(a) a (f) mostram seis aproximações codificadas por limiarização da imagem monocromática da Figura 8.9(a). Todas as imagens foram geradas utilizando uma DCT 8 × 8 e a matriz de normalização da Figura 8.30(b). O primeiro resultado, que proporciona uma taxa de compressão de aproximadamente 12 por 1 (isto é, $C = 12$), foi obtido por meio da aplicação direta da matriz de normalização. Os outros resultados, que comprimem a imagem original em 19, 30, 49, 85 e 182 por 1, foram gerados após multiplicar (ajustar) as matrizes de normalização por 2, 4, 8, 16 e 32, respectivamente. Os erros rms correspondentes são de 3,83; 4,93; 6,62; 9,35; 13,94; e 22,46 níveis de intensidade.

JPEG

Um dos padrões de compressão de imagens estáticas e tons contínuos mais populares e abrangentes é o padrão JPEG. Ele define três diferentes sistemas de codificação: (1) um sistema de codificação *baseline* com perdas, baseado na DCT e adequado para a maioria das aplicações de compressão; (2) um sistema de codificação estendido para aplicações de maior compressão, maior precisão ou de reconstrução progressiva; e (3) um sistema de codificação independente sem perdas para compressão reversível. Para ser compatível com o JPEG, um produto ou sistema deve incluir suporte para o sistema *baseline*. Nenhum formato de arquivo, resolução espacial ou modelo de espaço colorido particular é especificado.

No sistema *baseline*, muitas vezes chamado *sistema baseline sequencial*, a precisão dos dados de entrada e de saída se limita a 8 bits, ao passo que os valores quantizados da DCT são restritos a 11 bits. A compressão em si é realizada em três passos sequenciais: cálculo da DCT, quantização e atribuição do código de tamanho variável. A imagem é primeiro subdividida em blocos de pixels de tamanho 8 × 8, que são processados da esquerda para a direita, de cima para baixo. À medida que cada bloco ou subimagem 8 × 8 é encontrada, seus 64 pixels têm seus níveis deslocados, subtraindo-se a quantidade 2^{k-1}, em que 2^k é o maior número de níveis de intensidade. Depois, a transformada discreta do cosseno bidimensional do bloco é calculada, quantizada de acordo com a Equação 8.2-26 e reordenada, utilizando o padrão em zigue-zague da Figura 8.29(d), para formar uma sequência 1-D de coeficientes quantizados.

Uma vez que o vetor reordenado unidimensionalmente gerado em relação ao padrão em zigue-zague da Figura 8.29(d) é qualitativamente arranjado de acordo com a frequência espacial crescente, o procedimento de codificação JPEG é projetado para se beneficiar das longas sequências de zeros que normalmente resultam da reordenação. Em particular, os coeficientes não zero, AC[*] são codificados utilizando-se um código de tamanho variável que define os valores de coeficiente e o número de zeros que o precedem. O coeficiente DC é codificado por diferença relativamente aos coeficientes da subimagem prévia. As tabelas A.3, A.4 e A.5 do Apêndice A apresentam os códigos de Huffman JPEG padrão para imageamento de luminância de uma imagem colorida ou intensidade de uma imagem monocromática. A matriz de quantização de luminância JPEG recomendada é dada na Figura 8.30(b) e pode ser ajustada para proporcionar uma variedade de níveis de compressão. O

---

[*] No padrão, o termo AC indica todos os coeficientes de transformada, com exceção do número zero ou do coeficiente DC.

Figura 8.31 Aproximações da Figura 8.9(a) utilizando o DCT e a matriz de normalização da Figura 8.30(b): (a) **Z**, (b) 2**Z**, (c) 4**Z**, (d) 8**Z**, (e) 16**Z** e (f) 32**Z**.

ajuste dessa matriz permite que os usuários selecionem a "qualidade" das compressões JPEG. Apesar de as tabelas de codificação padrão e das matrizes de quantização serem desenvolvidas tanto para o processamento colorido quanto monocromático, o usuário pode construir tabelas e/ou matrizes customizadas, que podem ser adaptadas às características da(s) imagem(ns) sendo comprimida(s).

■ **Exemplo 8.17** Codificação e decodificação *baseline* JPEG.

Considere a compressão e a reconstrução da seguinte subimagem 8 × 8 com o padrão *baseline* JPEG:

52	55	61	66	70	61	64	73
63	59	66	90	109	85	69	72
62	59	68	113	144	104	66	73
63	58	71	122	154	106	70	69
67	61	68	104	126	88	68	70
79	65	60	70	77	63	58	75
85	71	64	59	55	61	65	83
87	79	69	68	65	76	78	94

A imagem original consiste em 256 ou 2^8 intensidades possíveis, de forma que o processo de codificação começa por um deslocamento dos níveis dos pixels da subimagem original por -2^7 ou -128 níveis de intensidade. O arranjo deslocado resultante é

−76	−73	−67	−62	−58	−67	−64	−55
−65	−69	−62	−38	−19	−43	−59	−56
−66	−69	−60	−15	16	−24	−62	−55
−65	−70	−57	−6	26	−22	−58	−59
−61	−67	−60	−24	−2	−40	−60	−58
−49	−63	−68	−58	−51	−65	−70	−53
−43	−57	−64	−69	−73	−67	−63	−45
−41	−49	−59	−60	−63	−52	−50	−34

que, quando transformado de acordo com a DCT direta das equações 8.2-10 e 8.2-18 para $n = 8$, se torna

−415	−29	−62	25	55	−20	−1	3
7	−21	−62	9	11	−7	−6	6
−46	8	77	−25	−30	10	7	−5
−50	13	35	−15	−9	6	0	3
11	−8	−13	−2	−1	1	−4	1
−10	1	3	−3	−1	0	2	−1
−4	−1	2	−1	2	−3	1	−2
−1	−1	−1	−2	−1	−1	0	−1

Se a matriz de normalização JPEG recomendada da Figura 8.30(b) for utilizada para quantizar a matriz transformada, os coeficientes ajustados e truncados (isto é, normalizados de acordo com a Equação 8.2-26) são

−26	−3	−6	2	2	0	0	0
1	−2	−4	0	0	0	0	0
−3	1	5	−1	−1	0	0	0
−4	1	2	−1	0	0	0	0
1	0	0	0	0	0	0	0
0	0	0	0	0	0	0	0
0	0	0	0	0	0	0	0
0	0	0	0	0	0	0	0

em que, por exemplo, o coeficiente DC é calculado como

$$\hat{T}(0,0) = \text{arred}\left[\frac{T(0,0)}{Z(0,0)}\right]$$
$$= \text{arred}\left[\frac{-415}{16}\right] = -26$$

Observe que a transformação e o processo de normalização produzem um grande número de coeficientes nulos. Quando os coeficientes são ordenados de acordo com o padrão zigue-zague da Figura 8.29(d), a sequência de coeficientes 1-D resultante é

[−26 −3 1 −3 −2 −6 2 −4 1 −4 1 1 5 0 2 0 0 −1 2 0 0 0 0 0 −1 −1 EOB]

em que o símbolo EOB representa a condição de fim de bloco (*end of block*). Uma palavra-código de Huffman especial para o EOB (veja a sequência 0 e a categoria na Tabela A.5) é atribuída para indicar que o restante dos coeficientes em uma sequência reordenada é nulo.

A construção do código JPEG padrão para a sequência de coeficientes reordenada começa com o cálculo da diferença entre o coeficiente DC atual e aquele da subimagem previamente codificada. Presumindo-se que o coeficiente DC da subimagem transformada e quantizada na posição imediatamente à esquerda era 17, a diferença DPCM resultante é [−26 − (−17)] ou −9, que se inclui na categoria 4 de diferença DC da Tabela A.3. De acordo com o código de diferença padrão de Huffman da Tabela A.4, o código de base adequado para categoria 4 de diferença é 101 (um código de 3 bits), ao passo que o tamanho total de um coeficiente de categoria 4 completamente codificado é de 7 bits. Os 4 bits restantes devem ser gerados a partir dos bits menos significativos (LSBs, do inglês *least significant bits*) do valor diferença. Para uma categoria diferença geral DC (digamos, a categoria K), K bits adicionais são necessários e calculados como os K LSBs da diferença positiva ou os K LSBs da diferença negativa menos 1. Para uma diferença de −9, os LSBs apropriados são (0111) − 1 ou 0110, e a palavra-código DC codificada completamente por DPCM é 1010110.

Os coeficientes AC não nulos do vetor reordenado são codificados de forma similar às tabelas A.3 e A.5. A principal diferença é que cada palavra-código de Huffman de AC padrão depende do número de coeficientes nulos precedendo o coeficiente não nulo a ser codificado, bem como da categoria de magnitude do coeficiente não nulo. (Veja a coluna Sequência/Categoria na Tabela A.5.) Dessa forma, o primeiro coeficiente AC não nulo do vetor reordenado (−3) é codificado como 0100. Os primeiros 2 bits desse código indicam que o coeficiente estava na categoria de magnitude 2 e foi precedido por coeficientes de valor não nulo (veja a Tabela A.3); os últimos 2 bits são gerados pelo mesmo processo utilizado para chegar aos LSBs do código diferença DC. Prosseguindo dessa forma, o vetor reordenado completamente codificado é

1010110 0100 001 0100 0101 100001 0110 100011 001 100011 001 001 100101 11100110 110110 0110 11110100 000 1010

sendo que os espaços foram inseridos apenas para auxiliar na legibilidade. Apesar de não ser necessário neste exemplo, o código JPEG padrão contém uma palavra-código especial para uma sequência de 15 zeros seguidos de um zero (veja a sequência F e a categoria 0 na Tabela A.5). O número total de bits em um vetor reordenado completamente codificado (e, dessa forma, o número de bits necessários para representar toda a subimagem 8 × 8 de 8 bits desse exemplo) é 92. A taxa de compressão resultante é 512/92 ou, aproximadamente 5,6:1.

Para descomprimir uma subimagem comprimida por JPEG, o decodificador deve primeiro recriar os coeficientes da transformada normalizada que levaram à cadeia de bits comprimida. Como uma sequência binária codificada por Huffman é decodificável instantaneamente de forma única, esse passo é facilmente realizado por meio de uma simples tabela indexada (*lookup-table*).

Aqui, a matriz novamente gerada dos coeficientes quantizados é

−26	−3	−6	2	2	0	0	0
1	−2	−4	0	0	0	0	0
−3	1	5	−1	−1	0	0	0
−4	1	2	−1	0	0	0	0
1	0	0	0	0	0	0	0
0	0	0	0	0	0	0	0
0	0	0	0	0	0	0	0
0	0	0	0	0	0	0	0

Após a desnormalização de acordo com a Equação 8.2-28, a matriz passa a ser

−416	−33	−60	32	48	0	0	0
12	−24	−56	0	0	0	0	0
−42	13	80	−24	−40	0	0	0
−56	17	44	−29	0	0	0	0
18	0	0	0	0	0	0	0
0	0	0	0	0	0	0	0
0	0	0	0	0	0	0	0
0	0	0	0	0	0	0	0

em que, por exemplo, o coeficiente DC é calculado como

$$\dot{T}(0,0) = \hat{T}(0,0)Z(0,0) = (-26)(16) = -416$$

A subimagem completamente reconstruída é obtida tornando-se a DCT inversa da matriz desnormalizada de acordo com as equações 8.2-11 e 8.2-18 para obter

−70	−64	−61	−64	−69	−66	−58	−50
−72	−73	−61	−39	−30	−40	−54	−59
−68	−78	−58	−9	13	−12	−48	−64
−59	−77	−57	0	22	−13	−51	−60
−54	−75	−64	−23	−13	−44	−63	−56
−52	−71	−72	−54	−54	−71	−71	−54
−45	−59	−70	−68	−67	−67	−61	−50
−35	−47	−61	−66	−60	−48	−44	−44

e deslocando o nível de cada pixel inversamente transformado por $+2^7$ (ou $+128$) para resultar em

58	64	67	64	59	62	70	78
56	55	67	89	98	88	74	69
60	50	70	119	141	116	80	64
69	51	71	128	149	115	77	68
74	53	64	105	115	84	65	72
76	57	56	74	75	57	57	74
83	69	59	60	61	61	67	78
93	81	67	62	69	80	84	84

Quaisquer diferenças entre as subimagens original e reconstruída são resultados da natureza "com perdas" dos processos de compressão e descompressão JPEG. Neste exemplo, os erros variam entre −14 a +11 e são distribuídos como segue:

−6	−9	−6	2	11	−1	−6	−5
7	4	−1	1	11	−3	−5	3
2	9	−2	−6	−3	−12	−14	9
−6	7	0	−4	−5	−9	−7	1
−7	8	4	−1	6	4	3	−2
3	8	4	−4	2	6	1	1
2	2	5	−1	−6	0	−2	5
−6	−2	2	6	−4	−4	−6	10

O erro de raiz média quadrática do processo completo de compressão e reconstrução é de aproximadamente 5,8 níveis de intensidade.

Exemplo 8.18 Ilustração da codificação JPEG.

As figuras 8.32(a) e (d) mostram duas aproximações JPEG da imagem monocromática da Figura 8.9(a). O primeiro resultado proporciona uma compressão de 25:1; o segundo comprime a imagem original por 52:1. As diferenças entre a imagem original e as imagens reconstruídas nas figuras 8.30(a) e (d) são mostradas nas figuras 8.30(b) e (e), respectivamente. Os erros rms correspondentes são de 5,4 e 10,7 intensidades. Os erros são claramente visíveis nas imagens ampliadas das figuras 8.32(c) e (f). Essas imagens mostram uma área ampliada das figuras 8.32(a) e (d), respectivamente. Observe que o artefato de bloco JPEG aumenta com a compressão.

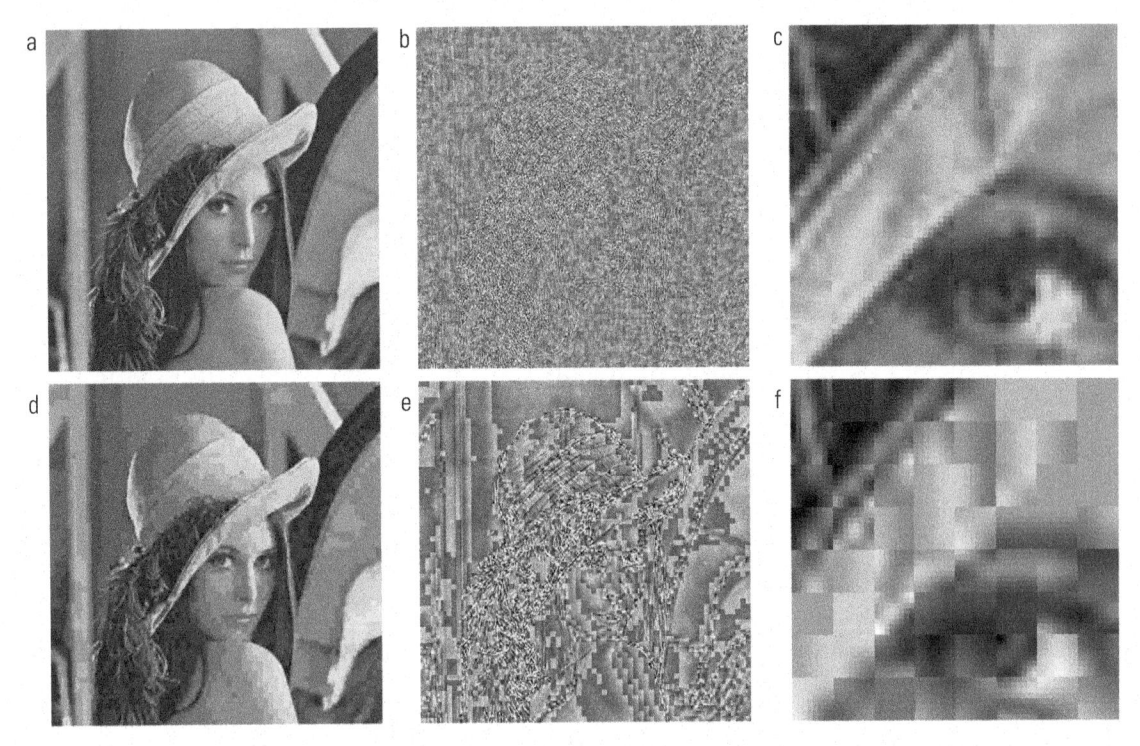

Figura 8.32 Duas aproximações JPEG da Figura 8.9(a). Cada linha contém um resultado após a compressão e a reconstrução, a diferença ajustada entre o resultado e a imagem original, e uma área ampliada da imagem reconstruída.

8.2.9 Codificação preditiva

Agora nos voltamos para uma técnica mais simples de compressão que possibilita uma boa compressão sem um custo computacional significativo e pode ser tanto livre de erros quanto com perdas. A abordagem, comumente chamada *codificação preditiva*, se baseia na eliminação das redundâncias de pixels com pouco espaçamento entre si — em termos de espaço e/ou tempo — extraindo e codificando apenas as informações novas em cada pixel. As *novas informações* de um pixel são definidas como a diferença entre o valor atual e o valor previsto para o pixel.*

Codificação preditiva sem perda

A Figura 8.33 mostra os componentes básicos de um sistema de *codificação preditiva sem perda*. O sistema consiste em um codificador e um decodificador, cada um contendo um *previsor* idêntico. À medida que amostras sucessivas de sinal discreto de entrada no tempo, $f(n)$, são introduzidas no codificador, o previsor gera o valor antecipado de cada amostra com base em um número especificado de amostras passadas. A saída do previsor é, então, arredondada para o número inteiro mais próximo, expresso por $\hat{f}(n)$, e utilizada para formar a diferença ou *erro de previsão*

$$e(n) = f(n) - \hat{f}(n) \quad (8.2\text{-}30)$$

que é codificada por codificação de tamanho variável (pelo codificador de símbolos) para gerar o próximo elemento da sequência comprimida de dados. O decodificador da Figura 8.33(b) reconstrói $e(n)$ a partir das palavras-código de tamanho variável e realiza a operação inversa

$$f(n) = e(n) + \hat{f}(n) \quad (8.2\text{-}31)$$

para descomprimir ou recriar a sequência de entrada original.

Vários métodos locais, globais e adaptativos (veja a subseção intitulada Codificação preditiva com perda) podem ser utilizados para gerar $\hat{f}(n)$. Em muitos casos, a previsão é formada como uma combinação linear de m amostras anteriores. Isto é,

$$\hat{f}(n) = \text{arred}\left[\sum_{i=1}^{m} \alpha_i f(n-i)\right] \quad (8.2\text{-}32)$$

em que m é a *ordem* do previsor linear, *arred* é uma função utilizada para indicar o arredondamento ou a operação no número inteiro mais próximo e α_i para $i = 1, 2, \ldots, m$ são coeficientes de previsão. Se a sequência de entrada da Figura 8.33(a) for considerada amostras de uma imagem, a $f(n)$ nas equações 8.2-30 a 8.2-32 são pixels — e as m amostras utilizadas para prever o valor de cada pixel resultam das linhas de varredura atual (chamada codificação preditiva linear 1-D), ou das linhas de varredura atual e anterior (denominadas codificação preditiva linear 2-D) ou da imagem atual e imagens anteriores em uma sequência de imagens (chamada codificação preditiva linear 3-D). Dessa forma, para uma codificação preditiva linear de uma imagem 1-D, a equação 8.2-32 pode ser expressa como

$$\hat{f}(x, y) = \text{arred}\left[\sum_{i=1}^{m} \alpha_i f(x, y-i)\right] \quad (8.2\text{-}33)$$

em que cada amostra agora é expressa explicitamente como uma função das coordenadas espaciais da imagem de entrada, x e y. Observe que a Equação 8.2-33 indica que a previsão linear 1-D é em função dos pixels anteriores somente da linha atual. Na codificação preditiva

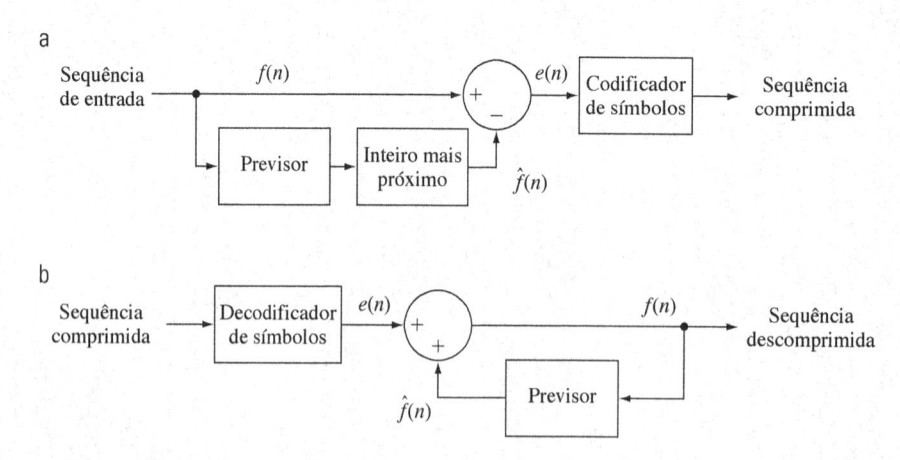

Figura 8.33 Um modelo de codificação preditiva sem perda: (a) codificador; (b) decodificador.

---
* Em relação às tabelas 8.3 e 8.4, a codificação de preditiva é utilizada em JBIG2, JPEG, JPEG-LS, MPEG-1,2,4, H.261, H.262, H.263 e H.264, HDV, VC-1 e outros padrões de compressão e formatos de arquivo.

2-D, a previsão é em função dos pixels anteriores em uma varredura de uma imagem da esquerda para a direita e de cima para baixo. No caso 3-D, ela se baseia nesses pixels e nos pixels anteriores dos quadros que os precedem. A Equação 8.2-33 não pode ser calculada em relação aos m primeiros pixels de cada linha, de forma que esses pixels devem ser codificados utilizando outros métodos (como um código de Huffman) e considerados como uma sobrecarga do processo de codificação preditiva. Comentários similares se aplicam aos casos de dimensões mais altas.

■ **Exemplo 8.19** Codificação preditiva e redundância espacial.

Considere a codificação da imagem monocromática da Figura 8.34(a) utilizando o simples previsor linear de primeira ordem (isto é, $m = 1$) da Equação 8.2-33

$$\hat{f}(x, y) = \text{arred}\left[\alpha f(x, y - 1)\right] \quad (8.2\text{-}34)$$

Essa equação é uma simplificação da Equação 8.2-33 com $m = 1$ e o subscrito do coeficiente de previsão isolado α_1 é desconsiderado como desnecessário. Um previsor com essa forma geral é chamado previsor de *pixel prévio* e o procedimento de codificação preditiva correspondente é conhecido como *codificação diferencial* ou *codificação de pixel prévio*. A Figura 8.34(c) mostra a imagem de erro de previsão, $e(x, y) = f(x, y) - \hat{f}(x, y)$, que resulta da Equação 8.2-34 com $\alpha = 1$. O ajuste dessa imagem é tal que a intensidade 128 representa um erro de previsão nulo, ao passo que todos os erros de previsão positivos e negativos diferentes de zero (estimativas para menos e para mais) são exibidos como tons de cinza mais claros e mais escuros, respectivamente. O valor médio da imagem de previsão é 128,26. Como a intensidade 128 corresponde a um erro de previsão 0, o erro de previsão médio é de apenas 0,26 bits.

As figuras 8.34(b) e (d) mostram o histograma de intensidades da imagem na Figura 8.34(a) e o histograma do erro de previsão $e(x, y)$, respectivamente. Observe que o desvio padrão do erro de previsão na Figura 8.34(d) é muito menor que o desvio padrão das intensidades da imagem original. Além disso, a entropia do erro de previsão — estimada utilizando-se a Equação 8.1-7 — é significativamente menor que a entropia estimada da imagem original (3,99 bits/pixel em comparação com 7,25 bits/pixel). Essa redução da entropia reflete a remoção de grande parte da redundância espa-

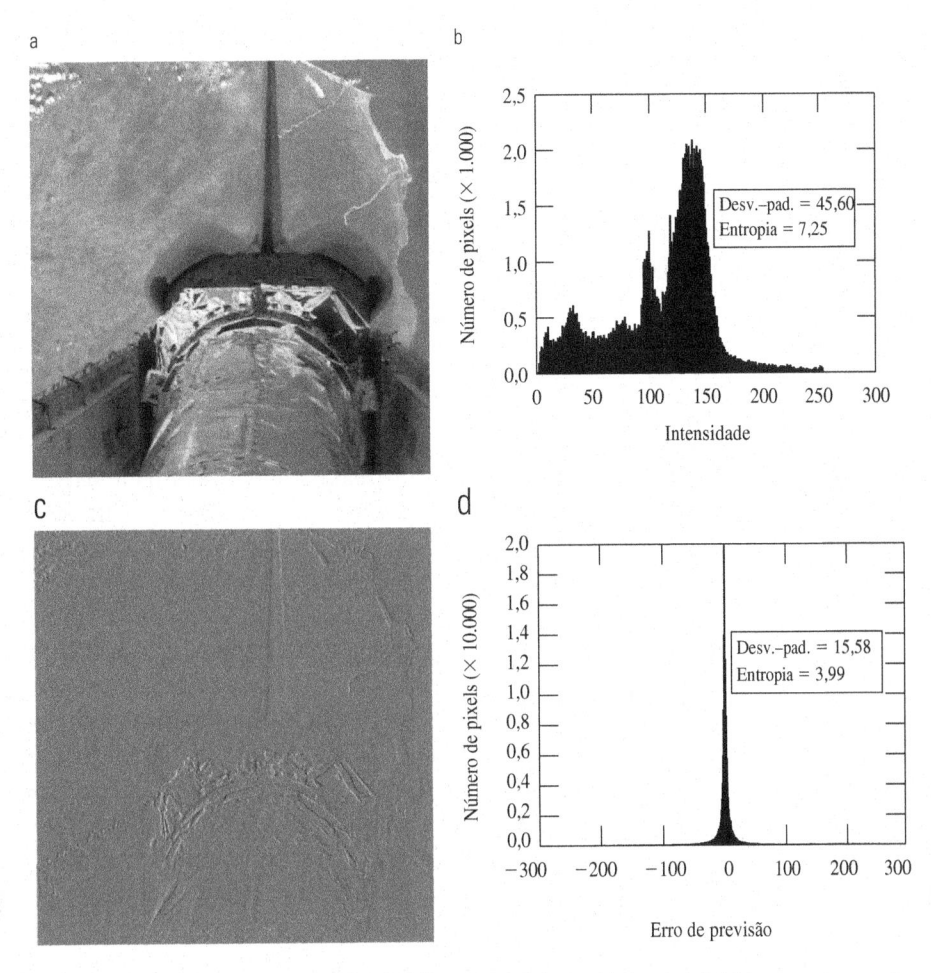

Figura 8.34 (a) Terra vista de uma nave espacial em órbita. (b) Histograma de intensidades de (a). (c) Imagem de erro de previsão resultante da Equação 8.2-34. (d) Histograma do erro de previsão. (Imagem original: cortesia da Nasa.)

cial, apesar do fato de que, para imagens de k bits, $(k + 1)$ bits são necessários para representar com precisão a sequência de erro de previsão $e(x, y)$. Em geral, a compressão máxima de uma técnica de codificação preditiva pode ser estimada dividindo-se o número médio de bits utilizados para representar cada pixel na imagem original por uma estimativa da entropia do erro de previsão.* Neste exemplo, qualquer procedimento de codificação de tamanho variável pode ser utilizado para codificar $e(x, y)$, mas a compressão resultante será limitada a aproximadamente 8/3,99 ou 2:1.

O exemplo anterior ilustra que a compressão atingida na codificação preditiva se relaciona diretamente à redução de entropia que resulta do mapeamento da imagem de entrada em uma sequência de erro de previsão — muitas vezes chamada *residual de previsão*. Como a redundância espacial é removida pelo processo de previsão e diferenciação, a função densidade de probabilidade do residual de previsão, em geral, possui um pico centrado em zero e é caracterizado por uma variância relativamente pequena (em comparação com a distribuição das intensidades da entrada). De fato, a função densidade do erro muitas vezes é modelada por uma PDF laplaciana não correlacionada de média zero.

$$P_e(e) = \frac{1}{\sqrt{2}\sigma_e} e^{\frac{-\sqrt{2}|e|}{\sigma_e}} \quad (8.2\text{-}35)$$

em que é o desvio padrão de e.

Exemplo 8.20 Codificação preditiva e redundância temporal.

A imagem da Figura 8.34(a) é uma parte de um quadro de um vídeo da Nasa no qual a Terra está se movendo da esquerda para a direita em relação a uma câmera estacionária instalada em uma nave espacial. Ela é repetida na Figura 8.35(b) — bem como seu quadro imediatamente anterior na Figura 8.35(a. Utilizando o previsor linear de primeira ordem

$$\hat{f}(x, y, t) = \text{arred}[\alpha f(x, y, t - 1)] \quad (8.2\text{-}36)$$

com $\alpha = 1$, as intensidades dos pixels na Figura 8.35(b) podem ser previstas a partir dos pixels correspondentes em (a). A Figura 8.34(c) é a imagem do residual de previsão resultante, $e(x, y, t) = f(x, y, t) - \hat{f}(x, y, t)$. A Figura 8.34(d) é o histograma de $e(x, y, t)$. Observe que há muito pouco erro de previsão. O desvio padrão do erro é muito menor que no exemplo anterior — 3,76 bits/pixel em comparação com 15,58 bits/pixel. Além disso, a entropia do erro de previsão (calculada utilizando-se a Equação 8.1-7) diminuiu de 3,99 a 2,59 bits/pixel. Por meio da codificação de tamanho variável do residual de previsão resultante, a imagem original é comprimida em aproximadamente 8/2,59 ou 3,1:1 — uma melhoria de 50% em relação à compressão de 2:1 obtida usando-se o previsor do pixel prévio orientado no espaço do Exemplo 8.19.**

Residuais de previsão com compensação de movimento

Como vimos no Exemplo 8.20, quadros sucessivos em uma sequência de vídeo muitas vezes são muito similares. Codificar suas diferenças pode reduzir a redundância temporal e proporcionar uma compressão significativa. Contudo, quando uma sequência de quadros contém objetos se movendo rapidamente — ou envolve zoom e giros de câmera, mudanças súbitas ou aumento e diminuição gradual na intensidade de luz da cena (*fade-in* e *fade-out*, respectivamente) — a semelhança entre quadros vizinhos é reduzida e a compressão é negativamente afetada. Isto é, como a maioria das técnicas de compressão (veja o Exemplo 8.5), a codificação preditiva temporal funciona melhor com certos tipos de entrada — isto é, uma sequência de imagens com significativa redundância temporal. Quando utilizadas em imagens com pouca redundância temporal, pode ocorrer expansão de dados. Os sistemas de compressão de vídeo evitam o problema da expansão de dados de duas formas:

1. Monitorando o movimento dos objetos e compensando esse movimento durante o processo de previsão e diferenciação.

2. Passando para um método de codificação alternativo quando a correlação *entre quadros* (semelhança entre quadros) é insuficiente para beneficiar-se da codificação preditiva.

Analisamos o primeiro método — chamado *compensação de movimento* — no restante desta seção. Antes de prosseguir, contudo, observamos que, quando a correlação entre os quadros é insuficiente para que a codificação preditiva seja eficaz, o segundo problema costuma ser solucionado utilizando-se uma transformada 2-D orientada por blocos, como a codificação baseada em DCT, do JPEG (veja a Seção 8.2.8). Os quadros comprimidos dessa forma (isto é, sem residuais de previsão) são denominados *quadros independentes* (*I-frames*) ou *intraquadros*. Eles podem ser decodificados sem acesso a outros quadros do vídeo ao qual pertencem. Os *I-frames* normalmente se assemelham a imagens codificadas por JPEG e consti-

---

* Observe que o erro de previsão codificado de tamanho variável é a imagem comprimida.

** Lembre-se que o erro de previsão codificado de tamanho variável é a imagem comprimida.

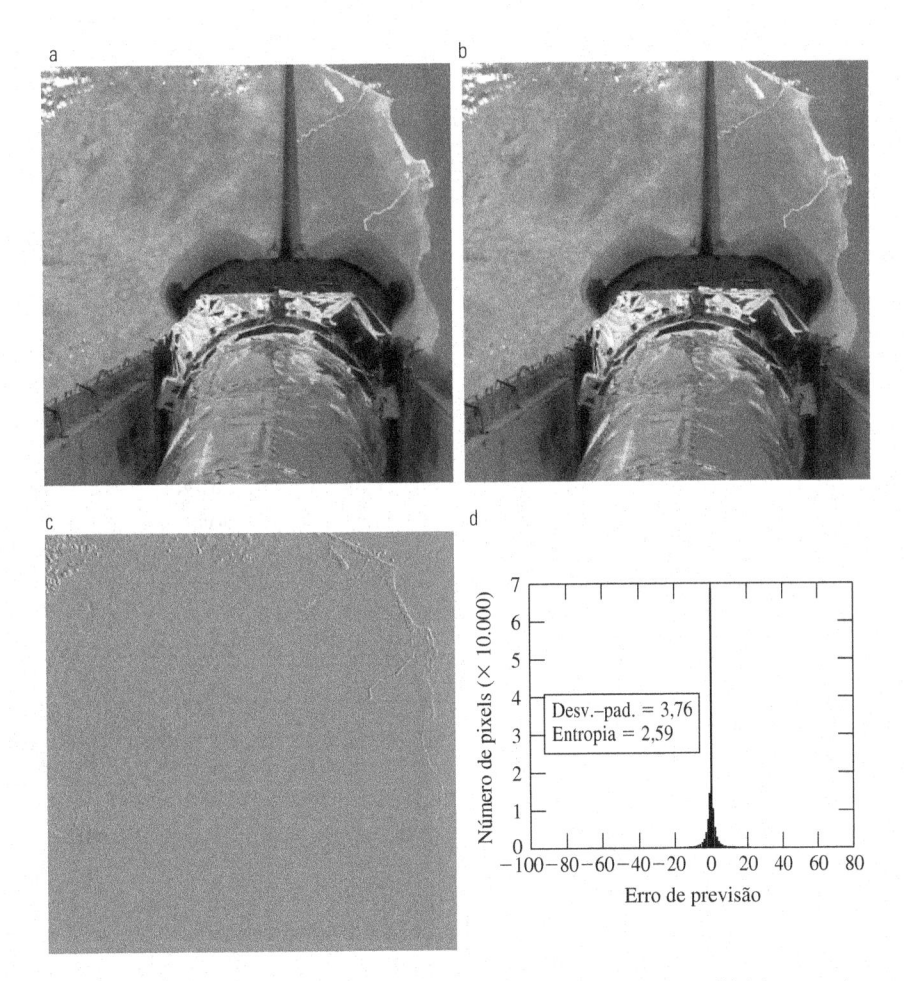

Figura 8.35 (a) e (b) Duas visões da Terra de um vídeo adquirido por uma nave espacial em órbita. (c) A imagem de erro de previsão resultante da Equação 8.2-36. (d) Um histograma do erro de previsão. (Imagens originais: cortesia da Nasa.)

tuem pontos de partida ideais para a geração de residuais de previsão. Além disso, eles proporcionam alto grau de acesso aleatório, facilidade de edição e resistência à propagação do erro de transmissão. Em consequência, todos os padrões requerem a inserção periódica de *I-frames* na sequência de códigos (*codestream*) do vídeo comprimido.

A Figura 8.36 ilustra o processo básico da codificação preditiva com compensação de movimento. Cada quadro de vídeo é dividido em regiões retangulares não sobrepostas — normalmente de tamanho 4 × 4 a 16 × 16 — chamadas *macroblocos*. (Somente um macrobloco é mostrado na Figura 8.36.) O "movimento" de cada macrobloco em relação à sua posição "mais provável" no quadro anterior (ou subsequente) do vídeo, chamado *quadro de referência*, é codificado em um *vetor de movimento*.*
O vetor descreve o movimento definindo o *deslocamento* horizontal e vertical a partir da posição "mais provável".

---

* A posição "mais provável" é aquela que minimiza a medida de erro entre o macrobloco de referência e o macrobloco sendo codificado. Os dois blocos não precisam ser representações do mesmo objeto, mas devem minimizar a medida de erro.

Os deslocamentos normalmente são especificados com a precisão do pixel mais próximo, $\frac{1}{2}$ pixel ou $\frac{1}{4}$ pixel. Se a precisão de subpixel for utilizada, as previsões devem ser interpoladas [por exemplo, utilizando-se a interpolação bilinear (veja a Seção 2.4.4)] a partir de uma combinação de pixels no quadro de referência. Um quadro codificado baseado no quadro anterior (uma *previsão futura* na Figura 8.36) é chamado *quadro preditivo* (*P-frame*); um quadro baseado no quadro subsequente (uma *previsão passada* na Figura 8.36) é conhecido como *quadro bidirecional* (*B-frame*). Os *B-frames* requerem que o *codestream* comprimido seja reordenado de forma que os quadros sejam apresentados ao decodificador na sequência de decodificação adequada — em vez da ordem de exibição natural.

Como era de esperar, a *estimativa de movimento* é um componente-chave da compensação de movimento. Durante a estimativa de movimento, o movimento dos objetos é medido e codificado em vetores de movimento. A busca do "melhor" vetor de movimento requer a definição de um critério. Por exemplo, vetores de movimento podem ser selecionados com base na máxima correlação ou no erro mínimo entre os pixels de macrobloco e os pixels previstos (ou os pixels interpolados para os vetores de movimento subpixel) a partir do quadro de referência escolhido. Uma das medidas de erro mais comumente utilizada é a *distorção absoluta média* (MAD, do inglês, *mean absolute distortion*)

$$MAD(x,y) = \frac{1}{mn}\sum_{i=1}^{m}\sum_{j=1}^{n}\left|f(x+i,y+j) - p(x+i+dx, y+j+dy)\right|$$

(8.2-37)

na qual x e y são as coordenadas do pixel posicionado no canto superior esquerdo do macrobloco $m \times n$ sendo codificado, dx e dy são deslocamentos a partir do quadro de referência, como mostra a Figura 8.36, e p é um arranjo de valores de pixels dos macroblocos previstos. Para a estimativa do vetor de movimento subpixel, p é interpolado a partir dos pixels em um quadro de referência. Normalmente, dx e dy devem cair em uma região de busca limitada (veja a Figura 8.36) ao redor de cada macrobloco. Valores de ±8 a ±64 pixels são comuns, e a área de busca horizontal muitas vezes é ligeiramente maior que a área vertical. Uma medida de erro mais computacionalmente eficiente, chamada *soma das distorções absolutas* (SAD, do inglês, *sum of absolute distortions*), omite o fator $1/mn$ na Equação 8.2-37.

Dado um critério de seleção como o da Equação 8.2-37, a estimativa de movimento é realizada executando-se uma busca para os dx e dy que minimizam o $MAD(x, y)$ ao longo do intervalo permitido para deslocamentos do vetor de movimento — incluindo deslocamentos de subpixel. Esse processo muitas vezes é chamado *casamento por blocos*. Uma busca exaustiva garante o melhor resultado possível, mas é computacionalmente onerosa, pois cada movimento possível deve ser testado em todo o intervalo do deslocamento. Para macroblocos 16 × 16 e um intervalo de deslocamento de ±32 pixels (nada fora de questão para filmes de ação e eventos esportivos), 4.225 cálculos de *MAD* 16 × 16 devem ser realizados para cada macrobloco em um quadro quando a precisão de deslocamento de inteiro é utilizada. Se a precisão de $\frac{1}{2}$ ou $\frac{1}{4}$ pixel for desejada, o número de cálculos é multiplicado por um fator de 4 ou 16, respectivamente. Algoritmos de busca rápida podem reduzir a carga computacional, mas podem ou não gerar vetores de movimento ótimos. Uma série de algoritmos de estimativa rápida de movimento baseados em blocos foi proposta e analisada na literatura [veja, por exemplo, Furht et al. (1997) ou Mitchell et al. (1997)].

Exemplo 8.21 Previsão por compensação de movimento.

As figuras 8.37(a) e (b) são provenientes da mesma sequência de vídeo da Nasa utilizada nos exemplos 8.19 e 8.20. A Figura 8.37(b) é idêntica às figuras 8.34(a) e 8.35(b); a Figura 8.37(a) representa área correspondente de um quadro que ocorre treze quadros antes. A Figura 8.37(c) é a diferença entre os dois quadros, ajustada para o intervalo de intensidade total. Observe que a diferença é 0 na área da nave espacial estacionária (em relação à câmera), mas há significativas diferenças no restante da imagem em virtude do movimento relativo da Terra. O desvio padrão dos residuais de previsão da Figura 8.37(c) é de 12,73 níveis de intensidade; sua entropia (utilizando-se a Equação 8.1-7) é de 4,17 bits/pixel. A máxima compressão que pode ser atingida com a codificação de tamanho variável dos residuais de previsão é $C = 8/4,17 = 1,92$.

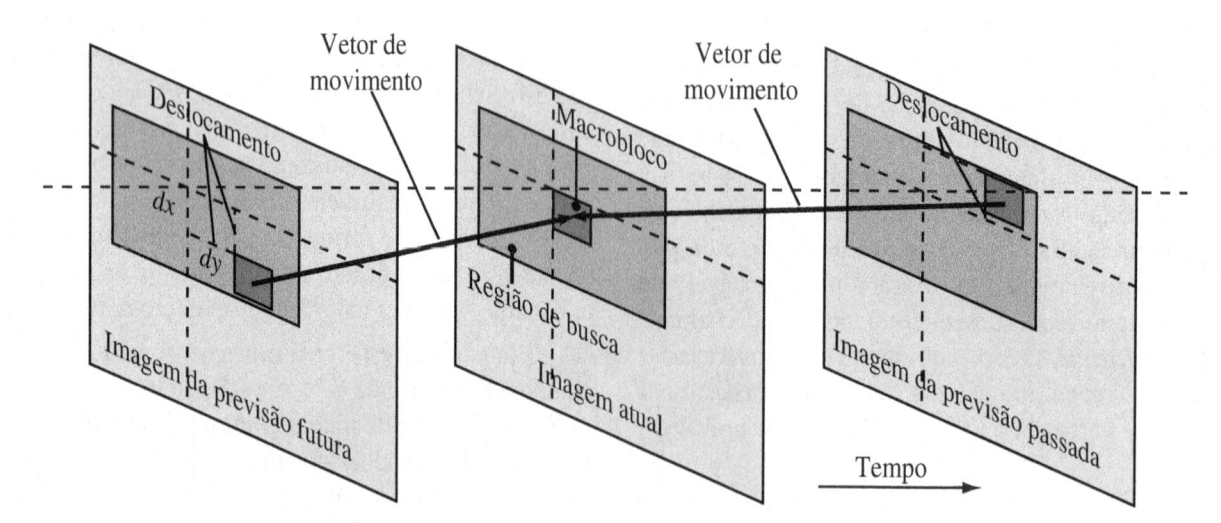

Figura 8.36 Especificação do movimento de macroblocos.

A Figura 8.37(d) mostra um residuais de previsão compensado por movimento com um desvio padrão muito mais baixo (5,62 em comparação com 12,73 níveis de intensidade) e uma entropia ligeiramente mais baixa (3,04 *versus* 4,17 bits/pixel). A entropia foi calculada utilizando a Equação 8.1-7. Se os residuais de previsão da Figura 8.37(d) forem codificados com códigos de tamanho variável, a taxa de compressão resultante é $C = 8/3,04 = 2,63$. Para gerar esse residuais de previsão, dividimos a Figura 8.37(b) em macroblocos 16×16 não sobrepostos e comparamos cada macrobloco com cada região 16×16 da Figura 8.37(a) — o quadro de referência — no intervalo dos ± 16 pixels da posição do macrobloco em (b). Utilizamos a Equação 8.2-37 para determinar a melhor correspondência selecionando-se o deslocamento (dx, dy) com o menor MAD. Os deslocamentos resultantes são os componentes x e y dos vetores de movimento mostrados na Figura 8.37(e). Os pontos brancos na figura mostram o sentido dos vetores de movimento; eles indicam o canto superior esquerdo dos macroblocos codificados. Como podemos ver pelo padrão dos vetores, o movimento predominante na imagem é da esquerda para a direita. Na porção inferior da imagem, que corresponde à área da nave espacial na imagem original, não há movimento e, portanto, não há a exibição de vetores de movimento. Os macroblocos nessa área são previstos a partir de macroblocos de localização similar (isto é, os macroblocos "casados") no quadro de referência. Como os vetores de movimento da Figura 8.37(e) são altamente correlacionados, eles podem ser codificados por códigos de tamanho variável para reduzir os requisitos de armazenamento e transmissão.

A Figura 8.38 ilustra a crescente precisão da previsão possível com uma compensação de movimento de subpixel. A Figura 8.38(a) é repetida na Figura 8.37(c) e incluída como um ponto de referência; ela mostra o erro de previsão que resulta da ausência de compensação de movimento.* As imagens das Figuras 8.38(b), (c) e (d) são residuais de previsão com compensação de movimento. Elas se baseiam nos mesmos dois quadros utilizados no Exemplo 8.21 e são calculadas com deslocamentos de macrobloco para a resolução (isto é, precisão) de 1, $\frac{1}{2}$ e $\frac{1}{4}$ pixel, respectivamente. Foram utilizados macroblocos de tamanho 8×8 e os deslocamentos foram limitados a ± 8 pixels.

A diferença visual mais significativa entre os residuais de previsão da Figura 8.38 é o número e o tamanho dos picos e vales de intensidade — as áreas mais escuras e claras de intensidade. O residual de $\frac{1}{4}$ pixel da Figura 8.38(d) é o mais uniforme, ou seja, o que apresenta menos variações de intensidade dentre as quatro imagens, com o menor número de incursões ao preto ou branco.

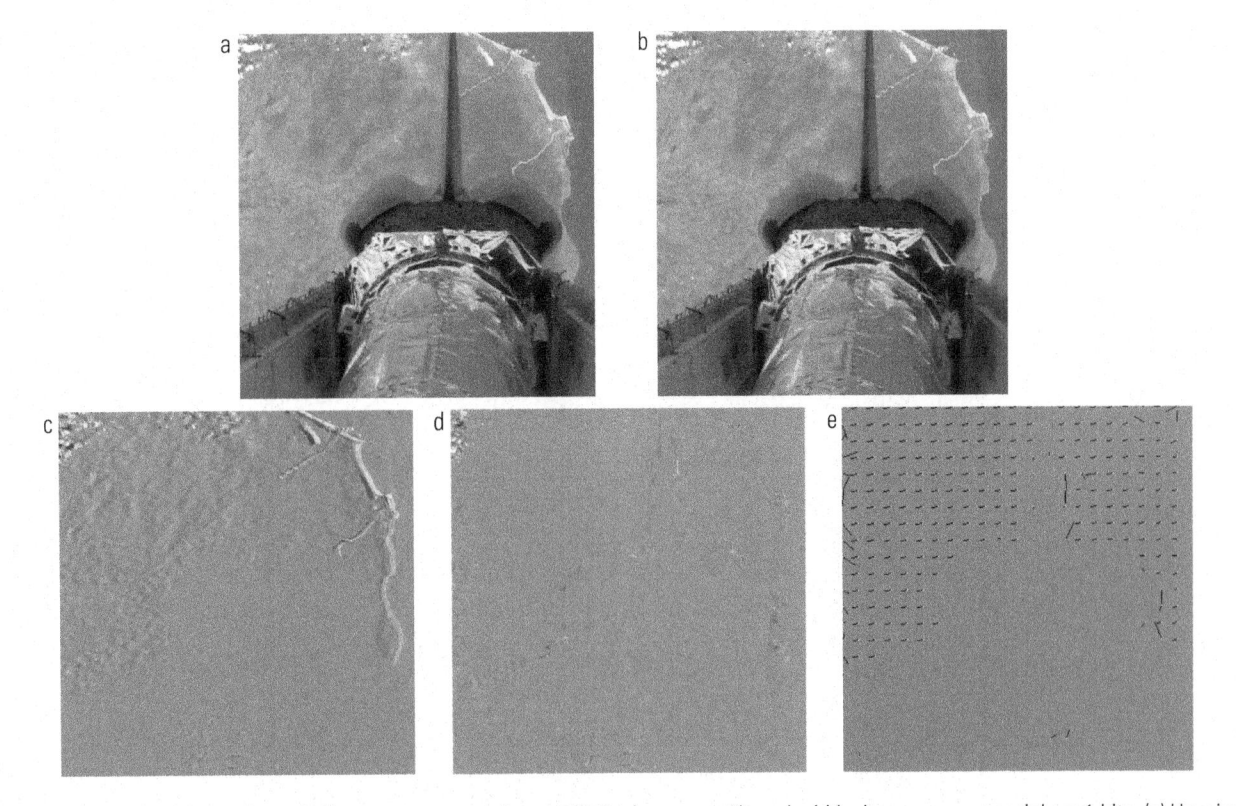

Figura 8.37 (a) e (b) Duas visões da Terra com treze quadros de distância em um vídeo adquirido de uma nave espacial em órbita. (c) Uma imagem de erro de previsão sem compensação de movimento. (d) Os residuais de previsão com compensação de movimento. (e) Os vetores de movimento associados a (d). Os pontos brancos em (d) indicam o sentido dos vetores de movimento representados. (Imagem original: cortesia da Nasa.)

---

* A diferença visual entre as figuras 8.37(c) e 8.38(a) se deve ao ajuste. A imagem da Figura 8.38(a) foi ajustada para corresponder às figuras 8.38(b) a (d).

Como era de esperar, ele tem o histograma mais estreito. Os desvios padrão dos residuais de previsão das figuras 8.38(a) a (d) diminuem à medida que a precisão do vetor de movimento aumenta — de 12,7 a 4,4; 4 e 3,8 pixels, respectivamente. As entropias dos residuais, calculadas utilizando a Equação 8.1-7, são 4,17; 3,34; 3,35; e 3,34 bits/pixel respectivamente. Dessa forma, os resíduos compensados por movimento contêm aproximadamente a mesma quantidade de informações apesar do fato de os residuais das figuras 8.38(c) e (d) utilizarem bits adicionais para acomodar a interpolação de $\frac{1}{2}$ e $\frac{1}{4}$ pixel. Por fim, observamos que há uma faixa clara de erro de previsão aumentado no lado esquerdo de cada residual compensado por movimento. Isso se deve ao movimento da esquerda para a direita da Terra, que engloba áreas novas ou antes não visíveis do relevo da Terra no lado esquerdo de cada imagem. Como essas áreas estão ausentes nos quadros anteriores, elas não podem ser previstas com precisão, independentemente da precisão utilizada para calcular os vetores de movimento.

A estimativa de movimento é uma tarefa que demanda uma grande carga computacional. Felizmente, só o codificador deve estimar o movimento de macroblocos. Dados os vetores de movimento dos macroblocos, o decodificador simplesmente acessa as áreas dos quadros de referência utilizados no codificador para formar os residuais de previsão. Em virtude desse fato, a estimativa de movimento não é incluída na maioria dos padrões de compressão de vídeo. Os padrões de compressão se concentram no decodificador — impondo restrições às dimensões dos macroblocos, à precisão dos vetores de movimento, ao intervalo de deslocamento horizontal e vertical e assim por diante. A Tabela 8.11 apresenta os principais parâmetros de codificação preditiva de alguns dos padrões de compressão de vídeo mais importantes. Observe que a maioria dos padrões utiliza uma DCT 8×8 para a codificação por *I-frames*, mas especifica uma área maior (isto é, macroblocos 16×16) para a compensação de movimento. Além disso, até os residuais de previsão *P-* e *B-frame* são codificados por transformada em razão da eficácia da quantização de coeficientes por DCT. Por fim, observamos que os padrões H.264 e MPEG-4 AVC suportam a codificação preditiva intraquadros (em *I-frames*) para reduzir a redundância espacial.

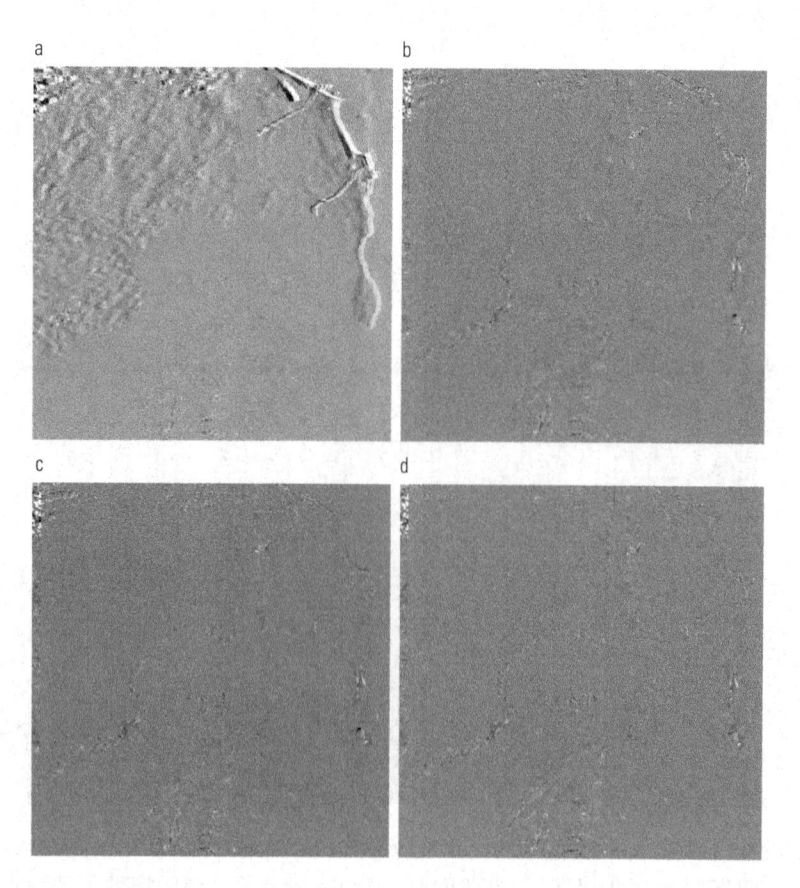

Figura 8.38 Residuais de previsão com compensação de movimento por subpixel: (a) sem compensação de movimento; (b) precisão de 1 pixel; (c) precisão de $\frac{1}{2}$ pixel; e (d) precisão de $\frac{1}{4}$ pixel. (Todos os erros de previsão foram ajustados para o intervalo completo de intensidades e depois multiplicados por 2 para aumentar a visibilidade.)

Tabela 8.11 Codificação preditiva em padrões de compressão de vídeo.

Parâmetro	H.261	MPEG-1	H.262 MPEG-2	H.263	MPEG-4	VC-1 WMV-9	H.264 MPEG-4 AVC
Precisão do vetor de movimento	1	$\frac{1}{2}$	$\frac{1}{2}$	$\frac{1}{2}$	$\frac{1}{4}$	$\frac{1}{4}$	$\frac{1}{4}$
Tamanhos dos macroblocos	16 × 16	16 × 16	16 × 16 16 × 8	16 × 16 8 × 8	16 × 16 8 × 8	16 × 16 8 × 8	16 × 16 16 × 8 8 × 16 8 × 8 8 × 4 4 × 8 4 × 4
Transformada	8 × 8 DCT	8 × 8 DCT	8 × 8 DCT	8 × 8 DCT	8 × 8 DCT	8 × 8 8 × 4 4 × 8 4 × 4 Inteiro DCT	4 × 4 8 × 8 Inteiro
Previsão entre quadros	P	P, B	P, B	P, B	P, B	P, B	P, B
Intraprevisões *I-frame*	Não	Não	Não	Não	Não	Não	Sim

A Figura 8.39 mostra um típico codificador de vídeo por compensação de movimento. Ele explora redundâncias dentro de quadros de vídeo adjacentes e entre si, a uniformidade de movimento entre os quadros e as propriedades psicovisuais do sistema visual humano. Podemos pensar na entrada do codificador como macroblocos sequenciais de vídeo. Para o vídeo colorido, cada macrobloco é composto por um bloco de luminância e dois blocos de crominância. Como o olho apresenta muito menos precisão espacial para cores do que para a luminância, os blocos de crominância muitas vezes são amostrados na metade da resolução horizontal e vertical do bloco de luminância. Os elementos acinzentados da figura correspondem às operações de transformação, quantização e codificação de tamanho variável de um codificador JPEG. A principal diferença é a entrada, que pode ser um macrobloco convencional

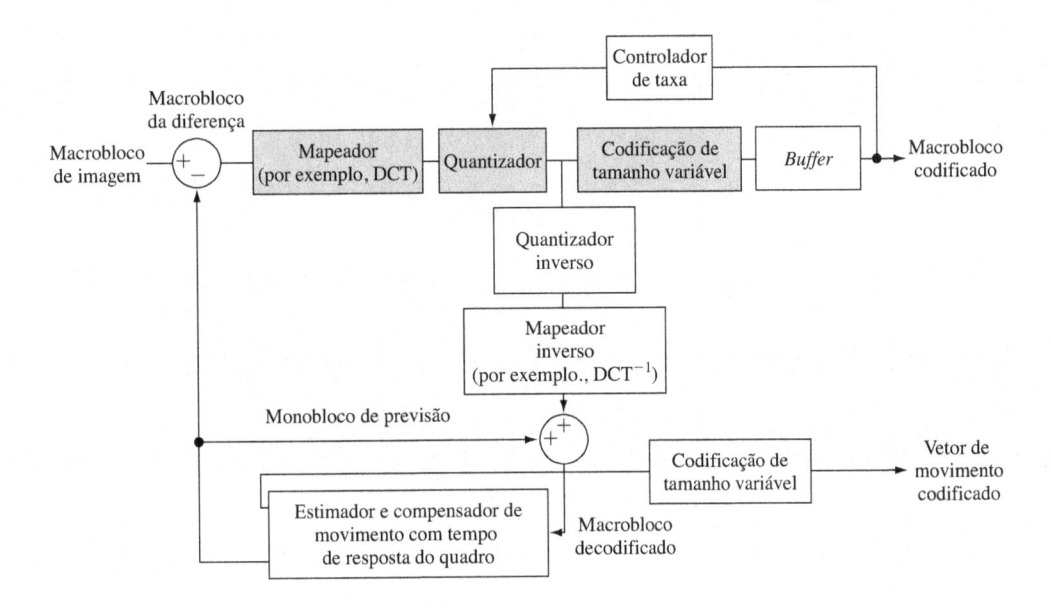

Figura 8.39 Um típico codificador de vídeo por compensação de movimento.

de dados de imagem (para *I-frames*) ou a diferença entre um macrobloco convencional e uma previsão baseada em quadros de vídeo anteriores e/ou subsequentes (para *P*- e *B-frames*). O codificador inclui um *quantizador inverso* e um *mapeador inverso* (isto é, DCT inversa) de forma que suas previsões correspondam às do decodificador complementar.* Além disso, ele foi projetado para produzir sequências de bits comprimidas que correspondam à capacidade do canal de vídeo pretendido. Para realizar isso, os parâmetros de quantização são ajustados por um controlador de taxa como uma função da ocupação de um *buffer* de saída. À medida que a capacidade do *buffer* atinge o máximo, a quantização passa a ser cada vez mais grosseira, de forma que menos bits fluem para o *buffer*.*

■ **Exemplo 8.22** Exemplo de compressão de vídeo.

Concluímos nossa discussão da codificação preditiva com compensação de movimento com um exemplo que ilustra o tipo de compressão possível com métodos modernos de compressão de vídeo. A Figura 8.40 mostra quinze quadros

Figura 8.40 Quinze quadros do vídeo da Nasa de 1 minuto e 1.829 quadros. O vídeo original é colorido e em HD. (Imagem original: cortesia da Nasa.)

---

* A quantização, de acordo com a definição neste capítulo, é irreversível. O "quantizador inverso" na Figura 8.39 não impede a perda de informações.

de um vídeo colorido da Nasa com 1 minuto de duração em alta definição (1.280 × 720), partes dos quais foram utilizadas ao longo desta seção.* Apesar de as imagens mostradas serem monocromáticas, o vídeo é uma sequência de 1.829 quadros coloridos. Observe a ocorrência de uma variedade de cenas, muito movimento e vários efeitos de dissipação. Por exemplo, o vídeo tem início com um aumento gradual de intensidade (*fade-in*) de 150 *frames* a partir do preto, que inclui os quadros 21 e 44 da Figura 8.40, e termina com uma sequência de dissipação contendo os quadros 1.595, 1.609 e 1.652 da Figura 8.40, seguido de uma transição final até o preto. Também há várias mudanças abruptas de cena, como a mudança envolvendo os quadros 1.303 e 1.304 na Figura 8.40.

Uma versão comprimida por H.264 do vídeo da Nasa armazenada como um arquivo Quicktime (veja a Tabela 8.4) requer 44,56 MB de armazenamento — mais 1,39 MB para o áudio associado. A qualidade do vídeo é excelente. Cerca de 5 GB de dados seriam necessários para armazenar os quadros de vídeo como imagens coloridas não comprimidas. Devemos notar que o vídeo contém sequências envolvendo mudanças tanto de rotação quanto de escala (isto é, a sequência incluindo os quadros 959, 1.023 e 1.088 na Figura 8.40). A análise nesta seção, contudo, se limitou à translação.

Codificação preditiva com perda

Nesta seção, acrescentamos um quantizador ao modelo de codificação preditiva sem perda apresentado anteriormente e analisamos a relação resultante entre a precisão da reconstrução e o desempenho da compressão no contexto dos previsores espaciais. Como mostra a Figura 8.41, o quantizador, que substitui a função do número inteiro mais próximo do codificador livre de erros, é inserido entre o codificador de símbolos e o ponto no qual o erro de previsão é formado. Ele mapeia o erro de previsão em um intervalo limitado de saídas, denotado por $\dot{e}(n)$, que determina o nível de compressão e distorção ocorrida.

Para acomodar a inserção do passo de quantização, o codificador livre de erros da Figura 8.33(a) deve ser alterado de forma que as previsões geradas pelo codificador e pelo decodificador sejam equivalentes. Como mostra a Figura 8.41(a), isso é realizado colocando-se o previsor do codificador com perda em um laço de *feedback* (retroalimentação), e sua entrada, indicada por $\dot{f}(n)$, é gerada como uma função das previsões passadas e os erros quantizados correspondentes. Isto é,

$$\dot{f}(n) = \dot{e}(n) + \hat{f}(n) \qquad (8.2\text{-}38)$$

na qual $\hat{f}(n)$ está de acordo com nossa definição anterior. Essa configuração de laço fechado previne um acúmulo de erros na saída do decodificador. Observe, a partir da Figura 8.41(b), que a saída do decodificador também é dada pela Equação 8.2-38.

Exemplo 8.23 Modulação delta.

A *modulação delta* (DM, de *delta modulation*) é uma forma simples, porém bem conhecida de codificação preditiva com perda, na qual o previsor e o quantizador são definidos como

$$\hat{f}(n) = \alpha \dot{f}(n-1) \qquad (8.2\text{-}39)$$

e

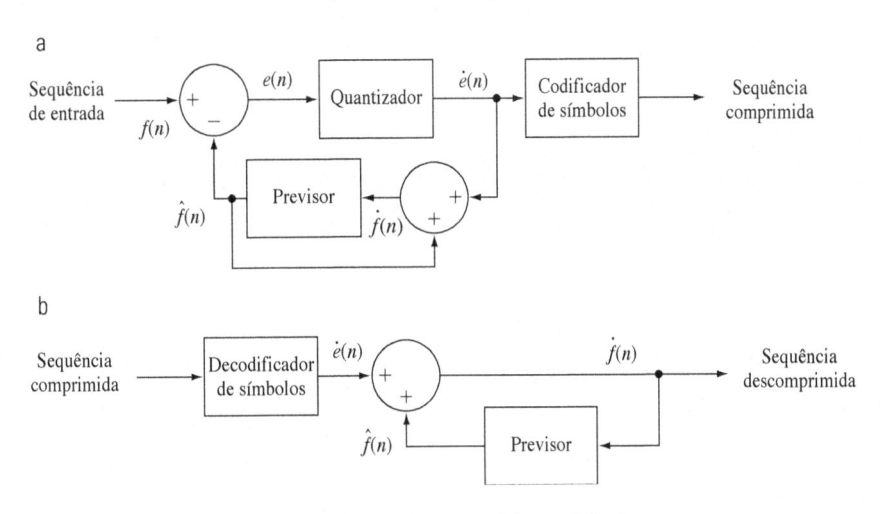

Figura 8.41 Um modelo de codificação preditiva sem perda: (a) codificador; (b) decodificador.

---
* Veja o site do livro para saber mais sobre o segmento do vídeo da Nasa utilizado nesta seção.

$$\dot{e}(n) = \begin{cases} +\zeta & \text{para } e(n) > 0 \\ -\zeta & \text{caso contrário} \end{cases} \quad (8.2\text{-}40)$$

em que α é um coeficiente de previsão (normalmente menor que 1) e ζ é uma constante positiva. A saída do quantizador, $\dot{e}(n)$, pode ser representada por um único bit [Figura 8.42(a)], de forma que o codificador de símbolos da Figura 8.41(a) possa utilizar um código de 1 bit de tamanho fixo. A taxa de codificação DM resultante é de 1 bit/pixel.

A Figura 8.42(c) ilustra o funcionamento do processo de modulação delta, no qual os cálculos necessários para comprimir e reconstruir a sequência de entrada {14, 15, 14, 15, 13, 15, 15, 14, 20, 26, 27, 28, 27, 27, 29, 37, 47, 62, 75, 77, 78, 79, 80, 81, 81, 82, 82} com $\alpha = 1$ e $\zeta = 6,5$ são tabulados. O processo tem início com uma transferência livre de erros da primeira amostra de entrada do decodificador. Com a condição inicial $\dot{f}(0) = f(0) = 14$ definida tanto no codificador quanto no decodificador, as saídas restantes podem ser calculadas pelas avaliações repetidas das equações 8.2-39, 8.2-30, 8.2-40 e 8.2-38. Dessa forma, quando $n = 1$, por exemplo, $\hat{f}(1) = (1)(14) = 14, e(1) = 15 - 14 = 1, \dot{e}(1) = +6,5$ (pois $e(1) > 0$), $\dot{f}(1) = 6,4 + 14 = 20,5$, e o erro de reconstrução resultante é $(15 - 20,5)$ ou $-5,5$.

A Figura 8.42(b) ilustra graficamente os dados tabulados da Figura 8.42(c). Tanto a entrada quanto a saída completamente decodificada [$f(n)$ e $\dot{f}(n)$] são mostradas. Observe que, na área de mudança rápida de $n = 14$ a 19, em que ζ era pequeno demais para representar as maiores variações de entrada, ocorre uma distorção conhecida como *sobrecarga de inclinação* (*slope overload*). Além disso, quando ζ era grande demais para representar as menores variações da entrada, como na região relativamente suave de $n = 0$ até $n = 7$, há a ocorrência de *ruído granular*. Nas imagens, esses dois fenômenos levam à bordas borradas de objetos e superfícies ruidosas ou granulosas (isto é, áreas suaves distorcidas).

As distorções observadas no exemplo anterior são comuns a todas as formas de codificação preditiva com perda. A severidade dessas distorções depende de um conjunto complexo de interações entre os métodos de quantização e previsão empregados. Apesar dessas interações, o previsor é normalmente projetado com base na premissa de nenhum erro de quantização, e o quantizador é elaborado para minimizar o próprio erro. Isto é, tanto o previsor quanto o quantizador são projetados independentemente um do outro.

Previsores ótimos

Em muitas aplicações de codificação preditiva, o previsor é escolhido para minimizar o erro médio quadrático da previsão do codificador[*]

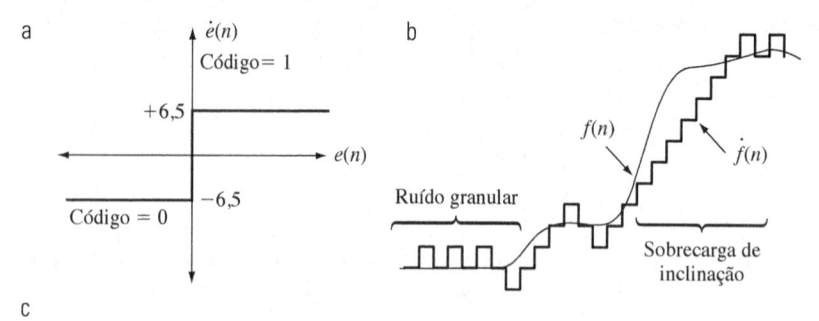

Entrada		Codificador				Decodificador			Erro
n	$f(n)$	$\hat{f}(n)$	$e(n)$	$\dot{e}(n)$	$\dot{f}(n)$	$\hat{f}(n)$	$\dot{f}(n)$		$f(n) - \dot{f}(n)$
0	14	—	—	—	14,0	—	14,0		0,0
1	15	14,0	1,0	6,5	20,5	14,0	20,5		−5,5
2	14	20,5	−6,5	−6,5	14,0	20,5	14,0		0,0
3	15	14,0	1,0	6,5	20,5	14,0	20,5		−5,5
⋮	⋮	⋮	⋮	⋮	⋮	⋮	⋮		⋮
14	29	20,5	8,5	6,5	27,0	20,5	27,0		2,0
15	37	27,0	10,0	6,5	33,5	27,0	33,5		3,5
16	47	33,5	13,5	6,5	40,0	33,5	40,0		7,0
17	62	40,0	22,0	6,5	46,5	40,0	46,5		15,5
18	75	46,5	28,5	6,5	53,0	46,5	53,0		22,0
19	77	53,0	24,0	6,5	59,6	53,0	59,6		17,5
⋮	⋮	⋮	⋮	⋮	⋮	⋮	⋮		⋮

Figura 8.42 Um exemplo de modulação delta.

---
[*] A notação $E\{\cdot\}$ indica o operador de expectativa estatística.

$$E\{e^2(n)\} = E\{[f(n) - \hat{f}(n)]^2\} \quad (8.2\text{-}41)$$

sujeito à restrição

$$\dot{f}(n) = \dot{e}(n) + \hat{f}(n) \approx e(n) + \hat{f}(n) = f(n) \quad (8.2\text{-}42)$$

e

$$\hat{f}(n) = \sum_{i=1}^{m} \alpha_i f(n-i) \quad (8.2\text{-}43)$$

Isto é, o critério de otimização é escolhido para minimizar o erro médio quadrático de previsão, presume-se que o erro de quantização seja desprezível [$\dot{e}(n) \approx e(n)$] e a previsão seja restrita a uma combinação linear das m amostras anteriores.* Essas restrições não são essenciais, mas simplificam consideravelmente a análise e, ao mesmo tempo, reduzem a complexidade computacional do previsor. O método de codificação preditiva resultante é chamado *modulação por código de pulso diferencial* (DPCM, de *differential pulse code modulation*).

Sob essas condições, o problema de projeto do previsor ótimo é reduzido ao exercício relativamente simples da seleção dos m coeficientes de previsão que minimizam a expressão

$$E\{e^2(n)\} = E\left\{\left[f(n) - \sum_{i=1}^{m} \alpha_i f(n-i)\right]^2\right\} \quad (8.2\text{-}44)$$

Diferenciando a Equação 8.2-44 em relação a cada coeficiente, igualando-se as derivadas a zero, e resolvendo-se o conjunto de equações simultâneas assumindo-se que $f(n)$ tenha média zero e variância σ^2, temos

$$\boldsymbol{\alpha} = \mathbf{R}^{-1} \mathbf{r} \quad (8.2\text{-}45)$$

na qual $\mathbf{R}^{-1}$ é a inversa da matriz de autocorrelação $m \times m$

$$\mathbf{R} = \begin{bmatrix} E\{f(n-1)f(n-1)\} & E\{f(n-1)f(n-2)\} & \cdots \\ E\{f(n-2)f(n-1)\} & \vdots & \cdots \\ \vdots & \vdots & \cdots \\ \vdots & \vdots & \cdots \\ E\{f(n-m)f(n-1)\} & E\{f(n-m)f(n-2)\} & \cdots \\ E\{f(n-1)f(n-m)\} \\ \vdots \\ \vdots \\ E\{f(n-m)f(n-m)\} \end{bmatrix}$$

$$(8.2\text{-}46)$$

e $\mathbf{r}$ e $\boldsymbol{\alpha}$ são os vetores de m elementos

$$\mathbf{r} = \begin{bmatrix} E\{f(n)f(n-1)\} \\ E\{f(n)f(n-2)\} \\ \vdots \\ E\{f(n)f(n-m)\} \end{bmatrix} \text{ e } \boldsymbol{\alpha} = \begin{bmatrix} \alpha_1 \\ \alpha_2 \\ \vdots \\ \alpha_m \end{bmatrix} \quad (8.2\text{-}47)$$

Dessa forma, para qualquer sequência de entrada, os coeficientes que minimizam a Equação 8.2-44 podem ser determinados por meio de uma série de operações elementares em matrizes. Além disso, os coeficientes dependem apenas da autocorrelação das amostras na sequência original. A variância do erro de previsão resultante da utilização desses coeficientes ótimos é

$$\sigma_e^2 = \sigma^2 - \boldsymbol{\alpha}^T \mathbf{r} = \sigma^2 - \sum_{i=1}^{m} E\{f(n)f(n-i)\}\alpha_i \quad (8.2\text{-}48)$$

Apesar de a avaliação da Equação 8.2-45 ser relativamente simples, o cálculo das autocorrelações necessárias para formar $\mathbf{R}$ e $\mathbf{r}$ é tão difícil na prática que previsões *locais* (aquelas nas quais os coeficientes de previsão são calculados para cada sequência de entrada) quase nunca são utilizadas. Na maioria dos casos, um conjunto de coeficientes *globais* é calculado presumindo-se um modelo de entrada simples e substituindo as autocorrelações correspondentes nas equações 8.2-46 e 8.2-47. Por exemplo, quando assumimos uma fonte de Markov bidimensional (veja a Seção 8.1.4) com função de autocorrelação separável

$$E\{f(x,y)f(x-i,y-j)\} = \sigma^2 \rho_v^i \rho_h^j \quad (8.2\text{-}49)$$

e um previsor linear de quarta ordem generalizado

$$\hat{f}(x,y) = \alpha_1 f(x, y-1) + \alpha_2 f(x-1, y-1) \\ + \alpha_3 f(x-1, y) + \alpha_4 f(x-1, y+1) \quad (8.2\text{-}50)$$

os coeficientes ótimos resultantes [Jain (1989)] são

$$\alpha_1 = \rho_h \quad \alpha_2 = -\rho_v \rho_h \quad \alpha_3 = \rho_v \quad \alpha_4 = 0 \quad (8.2\text{-}51)$$

em que ρ_h e ρ_v são os coeficientes de correlação horizontal e vertical, respectivamente, da imagem sendo analisada.

Por fim, a soma dos coeficientes de previsão na Equação 8.2-43 normalmente deve ser menor ou igual a 1. Isto é,

$$\sum_{i=1}^{m} \alpha_i \leq 1 \quad (8.2\text{-}52)$$

Essa restrição visa garantir que a saída do previsor esteja dentro do intervalo permitido da entrada e para reduzir o impacto do ruído de transmissão (que é geralmente visualizado como listras horizontais nas imagens

---

* Em geral, o previsor ótimo para uma sequência não gaussiana é uma função não linear das amostras utilizadas para formar a estimativa.

reconstruídas quando a entrada na Figura 8.41(a) é uma imagem). É importante reduzir a suscetibilidade do decodificador DPCM ao ruído de entrada porque um único erro (nas circunstâncias certas) pode-se propagar a todas as saídas futuras. Isto é, a saída do decodificador pode-se tornar instável. A restrição de que a Equação 8.2-52 seja menor que 1 confirma o impacto de um erro de entrada a um pequeno número de saídas.

Exemplo 8.24 Comparação de técnicas de previsão.

Vejamos o erro de previsão que resulta da codificação DPCM da imagem monocromática da Figura 8.9(a) sob a premissa de erro zero de quantização e com cada um dos quatro previsores:

$$\hat{f}(x, y) = 0{,}97 f(x, y-1) \tag{8.2-53}$$

$$\hat{f}(x, y) = 0{,}5 f(x, y-1) + 0{,}5 f(x-1, y) \tag{8.2-54}$$

$$\hat{f}(x, y) = 0{,}75 f(x, y-1) + 0{,}75 f(x-1, y) - 0{,}5 f(x-1, y-1) \tag{8.2-55}$$

$$\hat{f}(x, y) = \begin{cases} 0{,}97 f(x, y-1) & \text{se } \Delta h \leq \Delta v \\ 0{,}97 f(x, y-1) & \text{caso contrário} \end{cases} \tag{8.2-56}$$

em que $\Delta h = |f(x-1, y) - f(x-1, y-1)|$ e $\Delta v = |f(x, y-1) - f(x-1, y-1)|$ e indicam os gradientes horizontal e vertical no ponto (x, y). As equações 8.2-53 a 8.2-56 definem um conjunto relativamente robusto de α_i que proporciona um desempenho satisfatório para um grande conjunto de imagens. O previsor adaptativo da Equação 8.2-56 foi projetado para melhorar a representação de bordas por meio do cálculo de uma medida local das propriedades direcionais de uma imagem (Δh e Δv) e da seleção de um previsor específico apropriado para o comportamento medido.

As figuras 8.43(a) até d mostram as imagens de erro de previsão que resultam da utilização dos previsores das equações 8.2-53 a 8.2-56. Observe que o erro visualmente perceptível diminui à medida que a ordem do previsor aumenta.[*] Os desvios padrão das distribuições do erro de previsão seguem um padrão similar. São eles 11,1; 9,8; 9,1; e 9,7 níveis de intensidade, respectivamente.

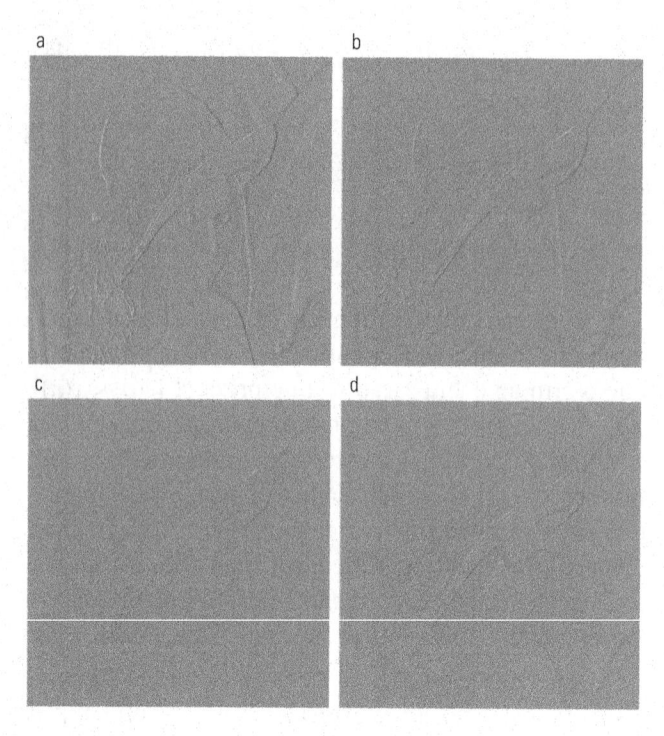

Figura 8.43 Uma comparação de quatro técnicas de previsão linear.

são chamados *níveis de decisão* e *reconstrução* do quantizador. Para fins de convenção, considera-se que s seja mapeado em t_i, caso estiver no intervalo semiaberto $(s_i, s_{i+1}]$.

O problema de projeto do quantizador é selecionar os melhores s_i e t_i em relação a um critério particular de otimização e de uma função densidade de probabilidade de entrada $p(s)$. Se o critério de otimização, que pode ser uma medida estatística ou psicovisual,[**] for a minimização do erro médio quadrático de quantização (isto é, $E\{(s_i - t_i)^2\}$) e

Quantização ótima

A função escada de quantização $t = q(s)$ da Figura 8.44 é uma função ímpar de s [isto é, $q(-s) = -q(s)$] que pode ser completamente descrita pelos $L/2$ valores de s_i e t_i mostrados no primeiro quadrante do gráfico. Esses pontos de quebra definem as descontinuidades da função e

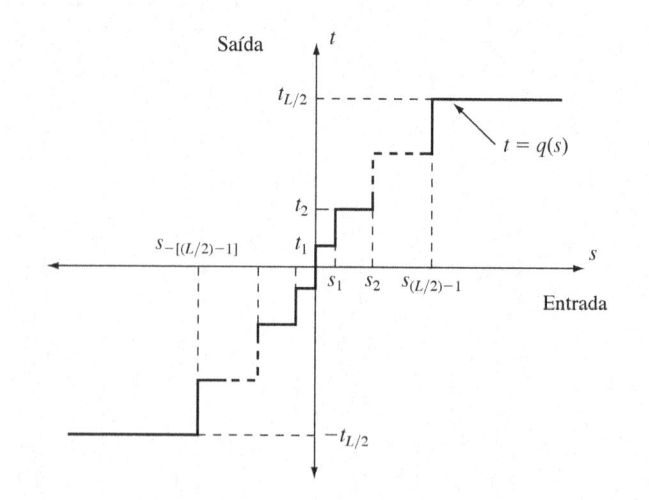

Figura 8.44 Uma função de quantização típica.

---

[*] Previsores que utilizam mais de três ou quatro pixels anteriores proporcionam pouco ganho de compressão em relação ao aumento de complexidade do previsor [Habibi (1971)].

[**] Veja Netravali (1977) e Limb e Rubinstein (1978) para saber mais sobre medidas psicovisuais.

$p(s)$ for uma função par, as condições para o erro mínimo [Max (1960)] são

$$\int_{s_{i-1}}^{s_i}(s-t_i)p(s)ds \quad i=1,2,...,\frac{L}{2} \quad (8.2\text{-}57)$$

$$s_i = \begin{cases} 0 & i=0 \\ \dfrac{t_i+t_{i+1}}{2} & i=1,2,...,\dfrac{L}{2}-1 \\ \infty & i=\dfrac{L}{2} \end{cases} \quad (8.2\text{-}58)$$

e

$$s_{-i} = -s_i \quad t_{-i} = -t_i \quad (8.2\text{-}59)$$

A Equação 8.2-57 indica que os níveis de reconstrução são centroides de áreas sob $p(s)$ sobre os intervalos de decisão específicos, ao passo que a Equação 8.2-58 indica que os níveis de decisão estão a meio caminho entre os níveis de reconstrução. A Equação 8.2-59 é uma consequência do fato de q ser uma função ímpar. Para qualquer L, os s_i e os t_i que satisfazem as equações 8.2-57 a 8.2-59 são ótimos no sentido do erro médio quadrático; o quantizador correspondente é chamado quantizador *Lloyd-Max* de nível L.

A Tabela 8.12 lista os níveis de decisão e reconstrução de Lloyd-Max de níveis 2, 4 e 8 para uma função densidade de probabilidade laplaciana de variância unitária (veja a Equação 8.2-35). Pelo fato de ser difícil obter uma solução explícita ou fechada para as equações 8.2-57 a 8.2-59 para a maioria dos $p(s)$ não triviais, esses valores foram gerados numericamente [Paez e Glisson (1972)]. Os três quantizadores mostrados proporcionam taxas fixas de saída de 1, 2 e 3 bits/pixel, respectivamente. Como a Tabela 8.12 foi construída para uma distribuição de variância unitária, os níveis de reconstrução e decisão para o caso de $\sigma \neq 1$ são obtidos multiplicando-se os valores tabulados pelo desvio padrão da função densidade de probabilidade em análise. A linha final da tabela lista o tamanho do passo, θ, que satisfaz simultaneamente as equações 8.2-57 a 8.5-59 *e* a restrição adicional

$$t_i - t_{i-1} = s_i - s_{i-1} = \theta \quad (8.2\text{-}60)$$

Se um codificador de símbolos que utiliza um código de tamanho variável for utilizado pelo codificador preditivo com perda geral da Figura 8.41(a), um *quantizador uniforme ótimo* de tamanho de passo θ proporcionará uma taxa de código mais baixa (para um PDF laplaciano) que o quantizador de Lloyd-Max codificado com tamanho fixo com a mesma fidelidade de saída [O'Neil (1971)].

Tabela 8.12 Quantizadores de Lloyd-Max para uma função densidade de probabilidade laplaciana de variância unitária.

Níveis	2		4		8	
i	s_i	t_i	s_i	t_i	s_i	t_i
1	∞	0,707	1,102	0,395	0,504	0,222
2			∞	1,810	1,181	0,785
3					2,285	1,576
4					∞	2,994
θ	1,414		1,087		0,731	

Apesar de os quantizadores de Lloyd-Max e o uniforme ótimo não serem adaptativos, é muito proveitoso ajustar os níveis de quantização com base no comportamento local de uma imagem. Teoricamente, regiões de mudança lenta podem ser quantizadas com alta qualidade, ao passo que as áreas de mudanças rápidas são quantizadas de forma mais grosseira. Essa abordagem reduz simultaneamente tanto o ruído granular quanto a sobrecarga de inclinação (*slope overload*), ao mesmo tempo que requer um aumento mínimo da taxa de codificação. O preço que se paga é maior complexidade do quantizador.

8.2.10 Codificação *wavelet*

Como no caso das técnicas de codificação por transformada da Seção 8.2.8, a codificação *wavelet*[*] se baseia na ideia de que os coeficientes de uma transformada que descorrelaciona os pixels de uma imagem podem ser codificados com mais eficácia do que os próprios pixels originais. Se as funções de base da transformada — nesse caso, as *wavelets* — comprimirem a maior parte das informações visuais importantes em um pequeno número de coeficientes, os coeficientes restantes podem ser quantizados de forma grosseira ou truncados em zero com pouca distorção da imagem.[*]

A Figura 8.45 mostra um sistema típico de codificação *wavelet*. Para codificar uma imagem $2^J \times 2^J$, uma *wavelet* de análise, ψ, e um nível mínimo de decomposição, $J - P$, são selecionados e utilizados para calcular a transformada *wavelet* discreta da imagem. Se a *wavelet* apresentar uma função complementar de escala, φ, a transformada rápida de *wavelet* (veja as seções 7.4 e 7.5) pode ser utilizada. Em qualquer caso, a transformada calculada converte uma grande porção da imagem original em coeficientes de decomposição horizontal, vertical e diagonal com média zero e probabilidades similares às laplacianas. Lembre-se da imagem da Figura 7.1 e as

---
[*] Em relação às tabelas 8.3 e 8.4, a codificação *wavelet* é utilizada no padrão de compressão JPEG-2000.

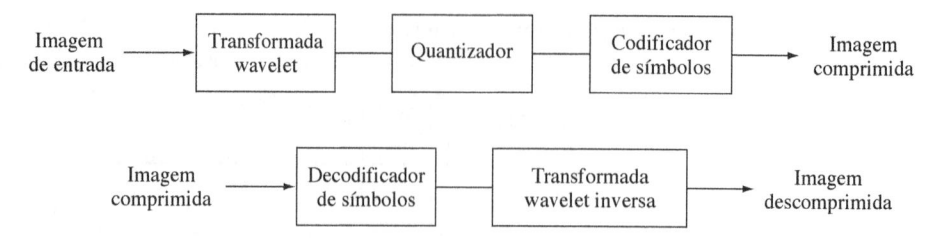

Figura 8.45 Um sistema de codificação *wavelet*: (a) codificador; (b) decodificador.

estatísticas muito mais simples de sua transformada *wavelet* na Figura 7.10(a). Como muitos dos coeficientes calculados carregam poucas informações visuais, eles podem ser quantizados e codificados para minimizar a redundância de codificação e entre os coeficientes. Além disso, a quantização pode ser adaptada para explorar qualquer correlação de posição nos níveis de decomposição P. Um ou mais métodos de codificação sem perda, como a codificação *run-length*, codificação de Huffman, aritmética e por planos de bits, podem ser incorporados ao passo final da codificação de símbolos. A decodificação é realizada invertendo-se as operações de codificação — com exceção da quantização, que não pode ser revertida com precisão.

A principal diferença entre o sistema baseado em *wavelets* da Figura 8.45 e o sistema de codificação por transformada da Figura 8.21 é a omissão dos estágios de processamento de subimagens do codificador por transformada. Como as transformadas *wavelet* são ao mesmo tempo eficientes em termos computacionais e inerentemente locais (isto é, suas funções de base têm duração limitada), a subdivisão da imagem original é desnecessária. Como você verá adiante nesta seção, a remoção do passo de subdivisão elimina os artefatos de bloco que caracterizam as aproximações baseadas em DCT com altas taxas de compressão.

Seleção das *wavelets*

As *wavelets* escolhidas como a base para as transformadas direta e inversa na Figura 8.45 afetam todos os aspectos do projeto e do desempenho do sistema de codificação *wavelet*. Eles provocam um impacto direto na complexidade computacional das transformadas e, de forma menos direta, na capacidade do sistema de comprimir e reconstruir imagens dentro de um erro aceitável. Quando a *wavelet* de transformação tem uma função de ajuste que a acompanha, a transformação pode ser implementada como uma sequência de operações de filtragem digital, com o número de *taps* do filtro igual ao número de coeficientes do vetor de escala e das wavelets

diferentes de zero.* A capacidade de a *wavelet* comprimir informações em um pequeno número de coeficientes da transformada determina seu desempenho na compressão e na reconstrução.

As funções de expansão mais amplamente utilizadas para a compressão baseada em *wavelets* são as wavelets de Daubechies e as *wavelets* biortogonais. Essas últimas possibilitam incorporar propriedades úteis de análise, como o número de momentos zero (veja a Seção 7.5), aos filtros de decomposição, enquanto importantes propriedades de síntese, como a suavidade da reconstrução, são incorporadas aos filtros de reconstrução.

Exemplo 8.25 Bases de *wavelets* na codificação *wavelet*.

A Figura 8.46 contém quatro transformadas *wavelet* discretas da Figura 8.9(a). As *wavelets* de Haar, que são as *wavelets* mais simples e as únicas descontínuas analisadas neste exemplo, foram utilizadas como funções de expansão ou de base na Figura 8.46(a). As *wavelets* de Daubechies, que estão entre as *wavelets* mais populares para imagens, foram utilizadas na Figura 8.46(b), e as *symlets*, que são uma extensão das *wavelets* de Daubechies com maior simetria, foram utilizadas na Figura 8.46(c). As *wavelets* de Cohen-Daubechies Feauveau que foram empregadas na Figura 8.46(d) foram incluídas para ilustrar os recursos das *wavelets* biortogonais. Como nos resultados anteriores desse tipo, todos os coeficientes de detalhes foram ajustados para que a estrutura resultante seja mais visível — com intensidade 128 correspondendo ao coeficiente de valor 0.**

Como podemos ver na Tabela 8.13, o número de operações envolvidas no cálculo das transformadas da Figura 8.46 aumenta de 4 para 28 multiplicações e adições por coeficiente (para cada nível de decomposição) à medida que passamos da Figura 8.46(a) até a (d). Todas as quatro transformadas foram calculadas utilizando-se a transformada rápida de *wavelet* (isto é, a formulação de banco de filtros). Observe que, à medida que a complexidade computacional (isto é, o número de *taps* do filtro) aumen-

---

* Na filtragem digital, cada *tap* do filtro multiplica um coeficiente do filtro por uma versão atrasada do sinal que está sendo filtrado.
** Os coeficientes de detalhes da DWT são discutidos na Seção 7.3.2.

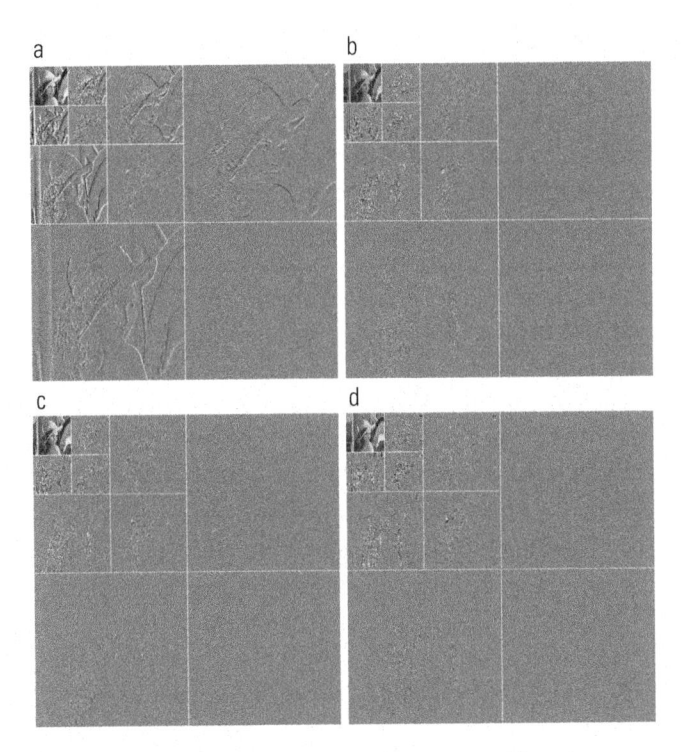

Figura 8.46 Transformadas *wavelet* da Figura 8.9(a) em três escalas utilizando: (a) *wavelets* de Haar; (b) *wavelets* de Daubechies; (c) *symlets*; e (d) *wavelets* biortogonais de Cohen-Daubechies Feauveau.

ta, o desempenho da compressão das informações também aumenta. Quando as *wavelets* de Haar são empregadas e os coeficientes de detalhes abaixo de 1,5 são truncados em zero, 33,8% da transformada total é zerada. Com as *wavelets* biortogonais mais complexas, o número de coeficientes zerados sobe para 42,1%, aumentando o potencial da compressão em quase 10%.

Seleção do nível de decomposição

Outro fator que afeta a complexidade computacional da codificação *wavelet* e o erro de reconstrução é o número de níveis de decomposição da transformada. Como uma transformada rápida de *wavelet* de escala P envolve iterações de P bancos de filtros, o número de operações no cálculo das transformadas direta e inversa aumenta com o número de níveis de decomposição. Além disso, mais níveis de decomposição implicam quantizar um número maior de coeficientes de escalas mais baixas e isso gera um aumento no número de áreas maiores da imagem reconstruída. Em muitas aplicações, como na busca em banco de imagens ou na transmissão de imagens para reconstrução progressiva, a resolução das imagens armazenadas ou transmitidas e a escala das aproximações com menos informações úteis normalmente definem o número de níveis da transformada.

Exemplo 8.26 Níveis de decomposição na codificação *wavelet*.

A Tabela 8.14 ilustra o efeito da seleção do nível de decomposição na codificação da imagem da Figura 8.9(a) utilizando *wavelets* biortogonais e um limiar global fixo de 25. Como no exemplo anterior de codificação *wavelet*, somente os coeficientes de detalhes são truncados. A tabela mostra tanto a porcentagem de coeficientes zerados quanto os erros de reconstrução rms resultantes calculados pela Equação 8.1-10. Observe que as decomposições iniciais são responsáveis pela maior parte da compressão de dados. Há pouca alteração no número de coeficientes truncados acima de três níveis de decomposição.

Projeto do quantizador

O fator mais importante que afeta o erro de reconstrução e a compressão da codificação *wavelet* é a quantização dos coeficientes. Apesar de os quantizadores mais amplamente utilizados serem uniformes, a eficácia da quantização pode ser significativamente melhorada (1) introduzindo um intervalo de quantização maior ao redor de zero, chamado *zona morta*, ou (2) adaptando o tamanho do intervalo de quantização de uma escala à outra. Em qualquer caso, os intervalos de quantização selecionados devem ser transmitidos ao decodificador com

Tabela 8.13 *Taps* do filtro da transformada *wavelet* e coeficientes zerados ao truncar as transformadas da Figura 8.46 abaixo de 1,5.

Wavelet	Taps do filtro (escala + *wavelet*)	Coeficientes zerados
Haar (veja o Exemplo 7.10)	2 + 2	33,8%
Daubechies (veja a Figura 7.8)	8 + 8	40,9%
Symlet (veja a Figura 7.26)	8 + 8	41,2%
Biortogonal (veja a Figura 7.39)	17 + 11	42,1%

Tabela 8.14 Impacto do nível de decomposição na codificação *wavelet* da imagem 512 × 512 da Figura 8.9(a).

Nível de decomposição (escalas ou iterações do banco de filtros)	Imagem do coeficiente de aproximação	Coeficientes truncados (%)	Erro de reconstrução (rms)
1	256 × 256	74,7%	3,27
2	128 × 128	91,7%	4,23
3	64 × 64	95,1%	4,54
4	32 × 32	95,6%	4,61
5	16 × 16	95,5%	4,63

a sequência de bits da imagem codificada. Os próprios intervalos podem ser determinados heuristicamente ou calculados automaticamente com base na imagem que está sendo comprimida. Por exemplo, um limiar de coeficiente global poderia ser calculado como a mediana dos valores absolutos dos coeficientes de detalhes do primeiro nível ou como uma função do número de zeros que são truncados e a quantidade de energia retida na imagem reconstruída.*

Exemplo 8.27 Seleção do intervalo da zona morta na codificação *wavelet*.

A Figura 8.47 ilustra o impacto do tamanho do intervalo de zona morta na porcentagem de coeficientes de detalhes truncados para uma codificação de três escalas da Figura 8.9(a) utilizando *wavelet* biortogonal. À medida que o tamanho da zona morta aumenta, o número de coeficientes truncados também aumenta. Acima do "joelho" da curva (isto é, valor de limiar maior que 5) há pouco ganho. Isso ocorre porque o histograma dos coeficientes de detalhes atinge um valor de pico bem alto ao redor de zero (veja, por exemplo, a Figura 7.10).

Os erros de reconstrução rms correspondentes aos limiares de zona morta na Figura 8.47 aumentam de 0 para 1,94 nível de intensidade para um limiar de 5 e para 3,83 níveis de intensidade para um limiar de 18, no qual o número de zeros chega a 93,85%. Se todos os coeficientes de detalhes fossem eliminados, essa porcentagem aumentaria para cerca de 97,92% (um aumento de aproximadamente 4%), mas o erro de reconstrução aumentaria para 12,3 níveis de intensidade.

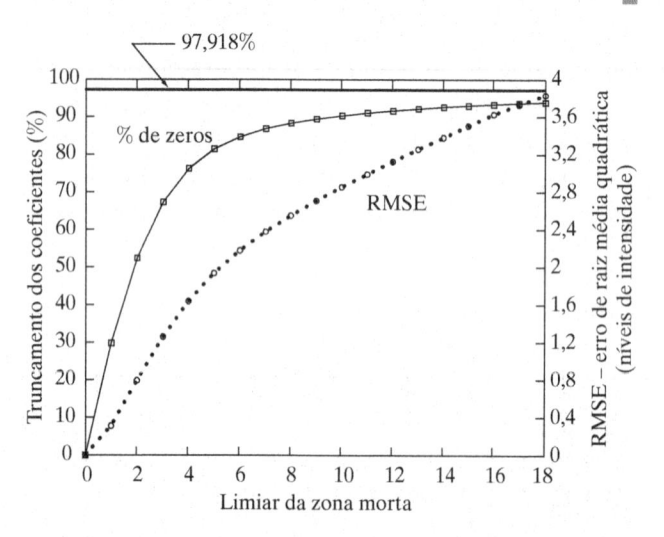

Figura 8.47 Impacto da seleção do intervalo da zona morta na codificação wavelet.

JPEG-2000

O JPEG-2000 estende o popular padrão JPEG para proporcionar maior flexibilidade tanto à compressão de imagens estáticas de tom contínuo quanto ao acesso aos dados comprimidos. Por exemplo, partes de uma imagem comprimida pelo padrão JPEG-2000 podem ser extraídas para a retransmissão, armazenamento, exibição e/ou edição. O padrão se baseia nas técnicas de codificação *wavelet* que acabamos de descrever. A quantização de coeficientes é adaptada a escalas e sub-bandas individuais e os coeficientes quantizados são aritmeticamente codificados com base em planos de bits (veja as seções 8.2.3 e 8.2.7). Utilizando a notação do padrão, uma imagem é codificada como se segue [ISO/IEC (2000)].

O primeiro passo do processo de codificação é deslocar $Ssiz$ o nível DC das amostras da imagem sem sinal de bits que está sendo codificada, subtraindo-se 2^{Ssiz-1}.** Se a imagem tiver mais de um *componente* – como os planos vermelho, verde e azul de uma imagem colorida – cada componente é deslocado individualmente. Se houver exatamente três componentes, eles podem ser opcionalmente descorrelacionados utilizando-se uma combinação linear reversível ou não reversível dos componentes. A *transformada irreversível de componentes* do padrão, por exemplo, é***

$$Y_0(x,y) = 0{,}299 I_0(x,y) + 0{,}587 I_1(x,y) + 0{,}114 I_2(x,y)$$
$$Y_1(x,y) = -0{,}16875 I_0(x,y) - 0{,}33126 I_1(x,y) + 0{,}5 I_2(x,y)$$
$$Y_2(x,y) = -0{,}5 I_0(x,y) - 0{,}41869 I_1(x,y) - 0{,}08131 I_2(x,y)$$

(8.2-61)

nas quais I_0, I_1 e I_2 são os componentes de entrada com nível deslocado e Y_0, Y_1 e Y_2 são os componentes descorrelacionados correspondentes. Se os componentes de entrada são os planos vermelho, verde e azul de uma imagem colorida, a Equação 8.2-61 aproxima $R'G'B'$ à transformada de vídeo colorido $Y'C_bC_r$ [Poynton (1996)].**** A meta da transformação é melhorar a eficiência da compressão; os componentes transformados Y_1 e Y_2 são imagens de diferença cujos histogramas atingem alto pico ao redor de zero.

Depois que a imagem teve os níveis deslocados e foi opcionalmente descorrelacionada, seus componentes podem ser divididos em janelas (*tiles*). *Tiles* são arranjos

---

* Uma medida da energia de um sinal digital é a soma das amostras ao quadrado.

** *Ssiz* é utilizado no padrão para indicar a resolução de intensidade.

*** A transformada irreversível de componentes é a transformada de componentes utilizada para a compressão com perdas. A transformada de componentes em si não é irreversível. Uma transformada de componentes diferente é utilizada para a compressão reversível.

**** $R'G'B'$ é uma versão não linear e com a correção gama de um valor de colorimetria *RGB* linear da CIE (International Commission on Illumination). Y' indica luminância e C_b e C_r indicam diferenças de cor (isto é, valores ajustados $B' - Y'$ e $R' - Y'$).

matriciais retangulares de pixels que são processados independentemente. Como uma imagem pode ter mais de um componente (por exemplo, ela poderia ser composta por três componentes de cor), o processo de *janelamento* cria *componentes de janela*. Cada componente de *janela* pode ser reconstruído independentemente, fornecendo um mecanismo simples de acessar e/ou manipular uma região limitada de uma imagem codificada. Por exemplo, uma imagem com uma razão de aspecto de 16:9 poderia ser subdividida em janelas de forma que uma delas seja uma subimagem com uma razão de aspecto de 4:3. Essa janela poderia então ser reconstruída sem acessar as outras janelas na imagem comprimida. Se a imagem não for subdividida em janelas, ela é uma janela única.

A transformada *wavelet* discreta 1-D das linhas e colunas de cada componente de janela é, então, calculada. Para a compressão livre de erros, a transformada se baseia em vetores de escala e *wavelet* biortogonais de 5 e 3 coeficientes, respectivamente [Le Gall e Tabatabai (1988)]. Um procedimento de arredondamento é definido para coeficientes da transformada de valor não inteiro. Em aplicações com perda, vetores de escala e *wavelet* de 9 e 7 coeficientes, respectivamente [Antonini, Barlaud, Mathieu e Daubechies (1992)] são empregados. Em qualquer caso, a transformada é calculada utilizando-se a transformada rápida de *wavelet* da Seção 7.4 ou por meio de uma abordagem complementar *baseada em lifting* [Mallat (1999)].* Por exemplo, em aplicações com perdas, os coeficientes utilizados para construir o banco de filtros de análise FWT 9-7 (ou seja, com nove coeficientes de escala e sete coeficientes *wavelets*) são dados na Tabela 8.15. A implementação complementar baseada em *lifting* envolve seis operações sequenciais de *"lifting"* e "escala":

$$Y(2n+1) = X(2n+1) + \alpha[X(2n) + X(2n+2)], \quad i_0 - 3 \leq 2n+1 < i_1 + 3$$

$$Y(2n) = X(2n) + \beta[Y(2n-1) + Y(2n+1)], \quad i_0 - 2 \leq 2n < i_1 + 2$$

$$Y(2n+1) = Y(2n+1) + \gamma[Y(2n) + Y(2n+2)], \quad i_0 - 1 \leq 2n+1 < i_1 + 1$$

$$Y(2n) = Y(2n) + \delta[Y(2n-1) + Y(2n+1)], \quad i_0 \leq 2n < i_1$$

$$Y(2n+1) = -K \cdot Y(2n+1), \quad i_0 \leq 2n+1 < i_1$$

$$Y(2n) = Y(2n)/K, \quad i_0 \leq 2n < i_1$$

(8.2-62)

Tabela 8.15 Respostas ao impulso dos filtros de análise passa-baixa e passa-alta para uma transformada *wavelet* irreversível 9-7 (nove coeficientes de escala e sete coeficientes *wavelet*).

Tap do filtro	Coeficiente de *wavelet* passa-alta	Coeficiente de escala passa-baixa
0	−1,115087052456994	0,6029490182363579
±1	0,5912717631142470	0,2668641184428723
±2	0,05754352622849957	−0,07822326652898785
±3	−0,09127176311424948	−0,01686411844287495
±4	0	0,02674875741080976

Nesse caso, X é o componente de janela que está sendo transformado, Y é a transformada resultante e i_0 e i_1 definem a posição do componente de janela dentro de um componente. Isto é, eles são índices da primeira amostra da linha ou da coluna do componente de janela que está sendo transformado e o que se segue imediatamente após a última amostra. A variável n assume valores baseados em i_0, i_1 e em uma das seis operações que está sendo realizada. Se $n < i_0$ ou $n \geq i_1$, $X(n)$ é obtido expandindo X simetricamente. Por exemplo, $X(i_0 - 1) = X(i_0 + 1)$, $X(i_0 - 2) = X(i_0 + 2)$, $X(i_1) = X(i_1 - 2)$ e $X(i_1 + 1) = X(i_1 - 3)$. No final das operações de *lifting* e de escala, os valores de Y com índice par equivalem à saída da FWT filtrada pelo filtro passa-baixa; os valores de Y com índice ímpar correspondem ao resultado filtrado da FWT por um filtro passa-alta. Os parâmetros de *lifting* α, β, γ e δ são −1,586134342, −0,052980118, 0,882911075 e 0,433506852, respectivamente. O fator de escala K é 1,230174105.**

A transformação que acabamos de descrever produz quatro sub-bandas — uma aproximação de baixa resolução do componente de janela e as características de frequências horizontal, vertical e diagonal do componente.*** Repetir a transformação N_L vezes, com iterações subsequentes restritas aos coeficientes de aproximação da decomposição anterior produz uma transformada *wavelet* de N_L escalas. Escalas adjacentes se relacionam no espaço por potências de 2 e a escala mais baixa contém a única aproximação explicitamente definida do componente de janela original. Como podemos supor a partir da Figura 8.48, na qual a notação do padrão JPEG-2000 é resumida para o caso de $N_L = 2$, uma transformada geral de N_L escalas contém $3N_L + 1$ sub-bandas cujos coeficientes são expressos como a_b, para $b = N_L LL, N_L HL, \ldots, 1HL, 1LH, 1HH$. O padrão não especifica o número de escalas a serem calculadas.***

---

* Implementações baseadas em *lifting* constituem outra forma de calcular transformadas *wavelet*. Os coeficientes utilizados nessa técnica são diretamente relacionados aos coeficientes do banco de filtros da FWT.

** Esses coeficientes baseados em *lifting* são especificados no padrão.

*** Lembre-se, do Capítulo 7, que a DWT decompõe uma imagem em um conjunto de componentes de banda limitada chamados sub-bandas.

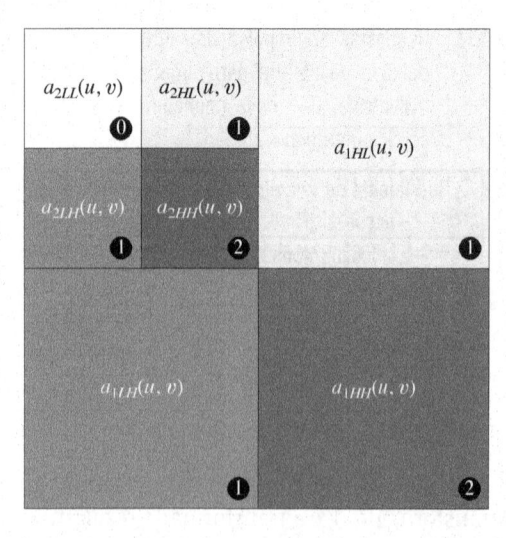

Figura 8.48 Ganho de análise e notação dos coeficientes do componente de janela da transformada wavelet de duas escalas para o padrão JPEG 2000.

Quando todos os componentes de janela forem processados, o número total dos coeficientes da transformada é igual ao número de amostras da imagem original — mas a informação visual importante se concentra em alguns poucos coeficientes. Para reduzir o número de bits necessário para representar a transformada, o coeficiente $a_b(u, v)$ da sub-banda b é quantizado para o valor $q_b(u, v)$ utilizando

$$q_b(u,v) = \text{sinal}[a_b(u,v)] \cdot \text{floor}^* \left[\frac{|a_b(u,v)|}{\Delta_b} \right] \quad (8.2\text{-}63)$$

em que o *tamanho do passo da quantização* Δ_b é

$$\Delta_b = 2^{R_b - \varepsilon_b} \left(1 + \frac{\mu_b}{2^{11}} \right) \quad (8.2\text{-}64)$$

R_b é a *faixa dinâmica nominal* da sub-banda b, e ε_b e μ_b são, respectivamente, o número de bits alocados para o *expoente* e para a *mantissa* dos coeficientes da sub-banda.** A faixa dinâmica nominal da sub-banda b é a soma do número de bits utilizados para representar a imagem original com os bits do *ganho de análise* para a sub-banda b. Os bits do ganho de análise da sub-banda seguem o padrão simples mostrado na Figura 8.48. Por exemplo, há dois bits de ganho de análise para a sub-banda $b = 1HH$.

Para a compressão livre de erros, $\mu_b = 0$, $R_b = \varepsilon_b$ e $\Delta b = 1$. Para a compressão irreversível, nenhum tamanho específico de passo de quantização é especificado no padrão. Em vez disso, os números dos bits do expoente e da mantissa devem ser informados ao decodificador para todas as sub-bandas, chamadas *expounded quantization* ("quantização expoente"), ou somente para a sub-banda $N_L LL$, denominada *derived quantization* ("quantização deduzida"). No último caso, as sub-bandas restantes são quantizadas extrapolando os parâmetros da sub-banda $N_L LL$. Sendo ε_0 e μ_0 o número de bits alocados para a sub-banda $N_L LL$, os parâmetros extrapolados para a sub-banda b são

$$\mu_b = \mu_0$$
$$\varepsilon_b = \varepsilon_0 + n_b - N_L \quad (8.2\text{-}65)$$

em que n_b denota o número de níveis de decomposição utilizado da sub-banda do componente de janela da imagem original até a sub-banda b.

Nos passos finais do processo de codificação, os coeficientes de cada sub-banda do componente de janela transformado são arranjados em blocos retangulares chamados *blocos de código*, que são individualmente codificados, um plano de bits por vez. A começar do plano de bits mais significativo com um elemento não nulo, cada plano de bits é processado em três passes. Cada bit (em um plano de bits) é codificado em apenas um dos três passes, conhecidos como *propagação de significância*, *refinamento de magnitude* e *limpeza*. Os resultados são, então, aritmeticamente codificados e agrupados com passes similares de outros blocos de código para formar *camadas*. Uma camada é um número arbitrário de agrupamentos de passes de codificação de cada bloco de código. As camadas resultantes são, por fim, particionadas em *pacotes*, proporcionando um método adicional de extração de uma região espacial de interesse da sequência total de código. Os pacotes constituem a unidade fundamental da sequência de código codificada.

Os decodificadores JPEG-2000 simplesmente invertem as operações descritas anteriormente. Após reconstruir as sub-bandas dos componentes de janela a partir dos pacotes JPEG-2000 aritmeticamente codificados, um número de sub-bandas selecionado pelo usuário é decodificado. Embora o codificador possa ter codificado M_b planos de bits para uma sub-banda específica, o usuário — em razão da natureza integrada da sequência de código — pode escolher decodificar apenas N_b planos de bits. Isso equivale a quantizar os coeficientes do bloco de código utilizando um tamanho de passo de $2^{M_b - N_b} \cdot \Delta_b$. Quaisquer bits não decodificados são zerados e os coeficientes resultantes, indicados por $\bar{q}_b(u,v)$, são inversamente quantizados usando***

---

* O operador *floor* retorna o maior inteiro que seja menor que o argumento, ou seja, arredonda o valor da função para baixo.

** Não confunda a definição do padrão para a faixa dinâmica nominal com a definição similar do Capítulo 2.

*** A quantização definida neste capítulo é irreversível. O termo "quantização inversa" não significa que não há perda de informação. Esse processo apresenta perdas, exceto no caso de compressão JPEG-2000 reversível, na qual $\mu_b = 0$, $R_b = \varepsilon_b$ e $\Delta b = 1$.

$$R_{q_b}(u,v) = \begin{cases} (\bar{q}_b(u,v) + r \cdot 2^{M_b - N_b(u,v)}) \cdot \Delta_b & \bar{q}_b(u,v) > 0 \\ (\bar{q}_b(u,v) - r \cdot 2^{M_b - N_b(u,v)}) \cdot \Delta_b & \bar{q}_b(u,v) < 0 \\ 0 & \bar{q}_b(u,v) = 0 \end{cases}$$

(8.2-66)

em que $R_{q_b}(u, v)$ indica um coeficiente da transformada de quantização inversa e $N_b(u, v)$ é o número de planos de bits decodificados para $\bar{q}_b(u,v)$. O *parâmetro de reconstrução r* é escolhido pelo decodificador para produzir a melhor qualidade visual ou objetiva de reconstrução. Em geral, $0 \leq r < 1$, com um valor comum sendo $r = 1/2$. Os coeficientes da quantização inversa são submetidos à transformação inversa por coluna e por linha utilizando um banco de filtros FWT^{-1} cujos coeficientes são obtidos a partir da Tabela 8.15 e da Equação 7.1-10, ou por meio das seguintes operações baseadas em *lifting*:

$$\begin{aligned}
X(2n) &= K \cdot Y(2n), & i_0 - 3 \leq 2n < i_1 + 3 \\
X(2n+1) &= x(-1/K) \cdot Y(2n+1), & i_0 - 2 \leq 2n - 1 < i_1 + 2 \\
X(2n) &= X(2n) - \delta[X(2n-1) + \\
& \quad X(2n+1)], & i_0 - 3 \leq 2n < i_1 + 3 \\
X(2n+1) &= X(2n+1) - \gamma[X(2n) + \\
& \quad X(2n+2)], & i_0 - 2 \leq 2n + 1 < i_1 + 2 \\
X(2n) &= X(2n) - \beta[X(2n-1) + \\
& \quad X(2n+1)] & i_0 - 1 \leq 2n < i_1 + 1 \\
X(2n+1) &= X(2n+1) - \alpha[X(2n) + \\
& \quad X(2n+2)], & i_0 \leq 2n + 1 < i_1
\end{aligned}$$

(8.2-67)

em que os parâmetros α, β, γ, δ e K são os mesmos definidos para a Equação 8.2-62. O elemento $Y(n)$ de linha ou de coluna do coeficiente de quantização inversa é simetricamente expandido quando necessário. Os passos finais de decodificação são a montagem dos componentes de janela, a transformação inversa dos componentes (se necessário) e o deslocamento de nível DC. Para a codificação irreversível, a transformação inversa de componente é

$$\begin{aligned}
I_0(x,y) &= Y_0(x,y) + 1{,}402 Y_2(x,y) \\
I_1(x,y) &= Y_0(x,y) - 0{,}34413 Y_1(x,y) - 0{,}71414 Y_2(x,y) \\
I_2(x,y) &= Y_0(x,y) + 1{,}772 Y_1(x,y)
\end{aligned}$$

(8.2-68)

e os pixels transformados são deslocados em $+ 2^{Ssiz-1}$.

Exemplo 8.28 Uma comparação entre a codificação JPEG-2000 baseada em *wavelet* e a compressão JPEG baseada em DCT.

A Figura 8.49 mostra quatro aproximações JPEG-2000 da imagem monocromática na Figura 8.9(a). Linhas sucessivas da figura ilustram níveis crescentes de compressão — com $C = 25$, 52, 75 e 105. As imagens na coluna 1 são codificações JPEG-2000 descomprimidas. As diferenças entre essas imagens e a imagem original [Figura 8.9(a)] são mostradas na segunda coluna e a terceira coluna contém uma porção ampliada das reconstruções da coluna 1. Como as taxas de compressão para as duas primeiras linhas são praticamente idênticas às taxas de compressão do Exemplo 8.18, esses resultados podem ser comparados — tanto qualitativa quanto quantitativamente — com os resultados da compressão JPEG baseada em transformada nas figuras 8.32(a) a (f).

Uma comparação visual das imagens de erro nas linhas 1 e 2 da Figura 8.49 com as imagens correspondentes nas figuras 8.32(b) até e revela uma redução significativa de erro nos resultados do JPEG-2000 — 3,86 e 5,77 níveis de intensidade em comparação com 5,4 e 10,7 níveis de intensidade para os resultados do JPEG. Os erros calculados favorecem os resultados baseados em *wavelet* para ambos os níveis de compressão. Além de reduzir o erro de reconstrução, a codificação *wavelet* aumentou drasticamente (em termos subjetivos) a qualidade da imagem. Observe que os artefatos de bloco que dominavam os resultados do JPEG [veja as figuras 8.32(c) e (f)] não estão presentes na Figura 8.49. Por fim, notamos que a compressão atingida nas linhas 3 e 4 da Figura 8.49 não é viável na prática com o JPEG. O JPEG-2000 proporciona imagens utilizáveis que são comprimidas em mais de 100:1 — e a degradação mais indesejada que ocorre é um borramento maior da imagem.

8.3 Marca d'água em imagens digitais

Os métodos e padrões da Seção 8.2 fazem que a distribuição de imagens (em imagens ou em vídeo) na mídia digital e na Internet seja prática. Infelizmente, as imagens distribuídas dessa forma podem ser repetidamente copiadas sem erro, o que coloca em risco os direitos de seus proprietários. Mesmo quando encriptadas para a distribuição, as imagens ficam desprotegidas depois de serem decriptadas. Uma forma de desencorajar a duplicação ilegal dessas imagens é inserir um ou mais itens de informação, coletivamente chamados *marca d'água* (*watermark*), em imagens potencialmente vulneráveis, de forma que as marcas d'água sejam inseparáveis das imagens em si. Como partes integrais das *imagens com*

Figura 8.49 Quatro aproximações JPEG-2000 da Figura 8.9(a). Cada linha contém um resultado após a compressão e reconstrução, a diferença ajustada entre o resultado e a imagem original e uma área ampliada da imagem reconstruída. (Compare os resultados das linhas 1 e 2 com os resultados do JPEG da Figura 8.32.)

marca d'água, elas protegem os direitos dos proprietários de várias formas, incluindo:

1. *Identificação de direitos autorais.* As marcas d'água podem fornecer informações que servem para comprovar a propriedade quando os direitos do proprietário foram violados.

2. *Identificação de usuário.* A identidade de usuários legais pode ser codificada em marcas d'água e utilizada para identificar fontes de cópias ilegais.

3. *Especificação de autenticidade.* A presença de uma marca d'água pode garantir que a imagem não foi alterada — presumindo-se que a marca d'água te-

nha sido projetada para ser destruída por qualquer modificação na imagem.

4. *Monitoramento automatizado.* As marcas d'água podem ser monitoradas por sistemas que rastreiam quando e onde as imagens são utilizadas (por exemplo, programas que buscam imagens em páginas da web). O monitoramento é útil para cobrar direitos autorais e/ou localizar usuários ilegais.
5. *Proteção de cópias.* As marcas d'água podem especificar regras para a utilização e a cópia de imagens (por exemplo, para aparelhos de DVD).

Nesta seção, apresentamos uma breve visão geral das *marcas d'água em imagens digitais* — o processo de inserir dados em uma imagem de forma que eles possam ser utilizados para especificar algo sobre a imagem. Os métodos descritos têm pouco em comum com as técnicas de compressão apresentadas nas seções anteriores — apesar de envolverem a codificação de informações. Na verdade, a inserção de marca d'água e a compressão são, em alguns aspectos, opostos. Enquanto o objetivo da compressão é reduzir o volume de dados utilizados para representar as imagens, a meta da marca d'água é acrescentar informações e, dessa forma, dados, às imagens. Como veremos no restante da seção, as marcas d'água podem ser visíveis ou invisíveis.

Uma *marca d'água visível* é uma subimagem ou imagem opaca ou semitransparente inserida sobre outra imagem (isto é, a imagem sendo marcada), de forma que ela seja evidente ao usuário. Redes de televisão muitas vezes adicionam marcas d'água visíveis (por exemplo, seus logos) no canto superior ou inferior direito da tela de TV. Como o exemplo a seguir ilustra, as marcas d'água visíveis normalmente são aplicadas no domínio espacial.

Exemplo 8.29 Uma marca d'água visível simples.

A imagem da Figura 8.50(b) é o quadrante inferior direito da imagem na Figura 8.9(a) com uma versão ajustada da marca d'água na Figura 8.50(a) sobreposta a ele. Com f_ω indicando a imagem com marca d'água, podemos expressá-la como uma combinação linear da imagem não marcada f e a marca d'água w utilizando

$$f\omega = (1 - \alpha)f + \alpha\omega \qquad (8.3\text{-}1)$$

em que a constante α controla a visibilidade relativa da marca d'água e da imagem básica. Se α for 1, a marca d'água é opaca e a imagem-base é completamente suprimida. À medida que α se aproxima de 0, mais da imagem base e menos da marca d'água são vistos. Em geral, $0 < \alpha \leq 1$; na Figura 8.50(b), $\alpha = 0,3$. A Figura 8.50(c) é a diferença calculada (ajustada em intensidade) entre a imagem com marca d'água em (b) e a imagem não marcada na Figura 8.9(a). A intensidade 128 representa uma diferença de 0. Observe que a imagem básica é claramente visível através da marca d'água "semitransparente". Isso fica claro tanto na Figura 8.50(b) quanto na imagem diferença em (c).

Diferentemente da marca d'água visível do exemplo anterior, *marcas d'água invisíveis* não podem ser vistas a olho nu. Elas são imperceptíveis — mas podem ser recuperadas com um algoritmo de decodificação apropriado. A invisibilidade é assegurada inserindo-as como informações visualmente redundantes — como informações que o sistema visual humano ignora ou não pode perceber (veja a Seção 8.1.3). A Figura 8.51(a) apresenta um exemplo simples. Como os bits menos significativos de uma imagem de 8 bits praticamente não têm efeito algum sobre a nossa percepção da imagem, a marca d'água da Figura 8.50(a) foi inserida ou "oculta" em seus dois bits menos significativos. Utilizando a notação apresentada assim, temos que

$$f_\omega = 4\left(\frac{f}{4}\right) + \frac{\omega}{64} \qquad (8.3\text{-}2)$$

e utilizamos a aritmética de números inteiros sem sinal para realizar os cálculos. Dividir e multiplicar por 4 zera os dois bits menos significativos de f, dividir ω por 64 desloca seus dois bits mais significativos nas posições dos dois bits menos significativos e adicionar os dois resultados gera a *imagem com marca d'água LSB*. Observe que a marca d'água incorporada não é visível na Figura 8.51(a). Ao

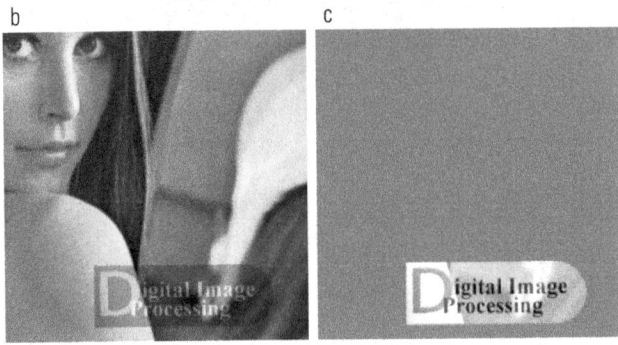

Figura 8.50 Uma marca d'água visível simples. (a) Marca d'água; (b) a imagem com marca d'água; e (c) a diferença entre a imagem com marca d'água e a imagem original (sem marca d'água).

Figura 8.51 Uma marca d'água invisível simples: (a) imagem com marca d'água; (b) a marca d'água extraída; (c) a imagem com marca d'água após a compressão e descompressão JPEG de alta qualidade; e (d) a marca d'água extraída de (c).

zerar os 6 bits mais significativos dessa imagem e ajustar os valores restantes até o intervalo completo de intensidade, contudo, a marca d'água pode ser extraída, como na Figura 8.51(b).

Uma importante propriedade de marcas d'água invisíveis é sua resistência a tentativas de removê-las, tanto acidentais quanto intencionais. *Marcas d'água invisíveis frágeis* são destruídas por qualquer modificação das imagens nas quais elas são incorporadas. Em algumas aplicações, como a autenticação de imagens, esta é uma característica desejável. Como mostram as figuras 8.51(c) e (d), a imagem com marca d'água LSB na Figura 8.51(a) contém uma marca d'água invisível frágil. Se a imagem em (a) for comprimida e descomprimida utilizando o JPEG com perda, a marca d'água é destruída. A Figura 8.51(c) é o resultado após a compressão e descompressão da Figura 8.51(a); o erro rms é de 2,1 bits. Se tentarmos extrair a marca d'água dessa imagem utilizando o mesmo método que em (b), o resultado é ininteligível [veja a Figura 8.51(d)]. Apesar de a compressão e a descompressão com perda preservarem as importantes informações visuais da imagem, a marca d'água frágil foi destruída.

Marcas d'água invisíveis robustas foram projetadas para sobreviver a modificações da imagem, sejam os chamados *ataques* acidentais ou intencionais. Ataques acidentais comuns incluem compressão com perda, filtragem linear e não linear, recortes, rotação, reamostragem e assim por diante. Ataques intencionais variam da impressão e redigitalização para acrescentar marcas d'água adicionais e/ou ruído. Naturalmente, é desnecessário suportar ataques que inutilizam a imagem em si.

A Figura 8.52 mostra os componentes básicos de um sistema típico de inserção de marcas d'água em imagens. O codificador da Figura 8.52(a) insere a marca d'água w_i na imagem f_i produzindo a imagem com marca d'água f_{wi}; o decodificador complementar em (b) extrai e valida a presença de w_i em uma entrada com marca d'água f_{wj} ou na entrada não marcada f_j. Se w_i for visível, o decodificador não será necessário. Se for invisível, o decodificador pode ou não requerer uma cópia de f_i e w_i [mostrados em cinza na Figura 8.52(b)] para realizar seu trabalho. Se f_i e/ou w_i forem utilizados, o sistema de inserção de marcas d'água é conhecido como um sistema *privado*, ou *restrito*

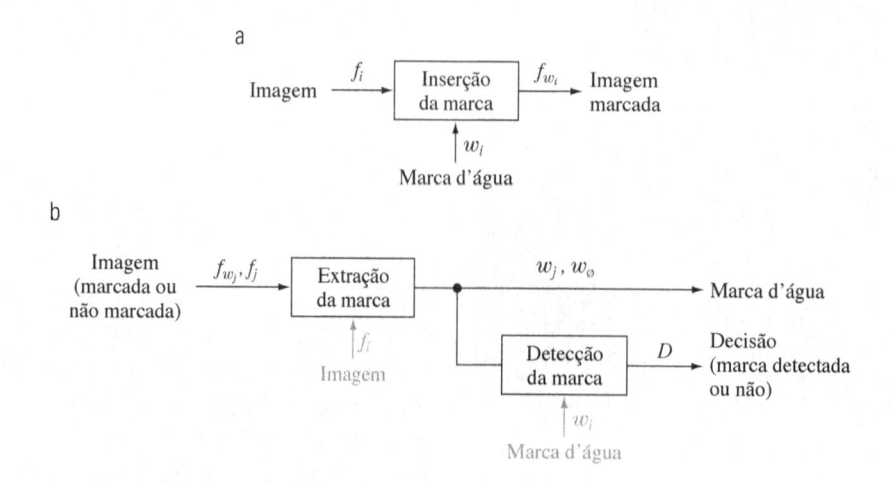

Figura 8.52 Um sistema típico de inserção de marcas d'água em imagens: (a) codificador; (b) decodificador.

por chave; se não, trata-se de um sistema *público* ou *não restrito*. Como o decodificador deve processar tanto imagens marcadas quanto não marcadas, $\omega_\emptyset$ é utilizado na Figura 8.52(b) para indicar a ausência de uma marca. Por fim, observamos que, para identificar a presença de ω_i em uma imagem, o decodificador deve correlacionar a marca d'água extraída ω_j com ω_i e comparar o resultado com um limiar predefinido. O limiar define o grau de semelhança aceitável para um "casamento".

Exemplo 8.30 Uma marca d'água invisível e robusta baseada em DCT.

A *inserção* e a *extração de marca* podem ser realizadas no domínio espacial, como nos exemplos anteriores, ou no domínio da transformada. As figuras 8.53(a) e (c) mostram duas versões com marca d'água da imagem da Figura 8.9(a) utilizando a técnica de inserção de marcas d'água baseada em DCT esboçada em seguida [Cox et al. (1997)]:

Passo 1. Calculamos a DCT 2-D da imagem que será marcada com a marca d'água.

Passo 2. Localizamos seus K maiores coeficientes, c_1, $c_2, \ldots, c_K$, por magnitude.

Passo 3. Criamos uma marca d'água gerando uma sequência de números pseudoaleatórios de K elementos, $\omega_1, \omega_2, \ldots \omega_K$, retirada de uma distribuição gaussiana com média $\mu = 0$ e variância $\sigma^2 = 1$.*

Passo 4. Incorporamos a marca d'água do Passo 3 aos K maiores coeficientes DCT do Passo 2 utilizando a seguinte equação

$$c'_i = c_i \cdot (1 + \alpha \omega_i) \quad 1 \leq i \leq K \quad (8.3\text{-}3)$$

Figura 8.53 (a) e (c) Duas versões da Figura 8.9(a) com marca d'água; (b) e (d) as diferenças (com ajuste de intensidade) entre as versões com marca d'água e a imagem não marcada. Essas duas imagens mostram a contribuição em intensidade (apesar do ajuste acentuado) das marcas d'água pseudoaleatórias na imagem original.

---

* Uma sequência de números pseudoaleatórios se aproxima das propriedades de números aleatórios. Ela não é verdadeiramente aleatória porque depende de um valor inicial predeterminado.

para uma constante especificada $\alpha > 0$ (que controla a extensão na qual ω_i altera c_i). Substituímos o original c_i pelo c'_i calculado na Equação 8.3-3.[*]

Passo 5. Calculamos a DCT inversa do resultado do Passo 4.

Ao empregar marcas d'água feitas a partir de números pseudoaleatórios e espalhá-las em uma imagem, componentes de frequência perceptivamente significativos podem ser reduzidos, diminuindo a visibilidade da marca d'água. Ao mesmo tempo, o nível de segurança da marca d'água se mantém alto, pois: (1) as marcas d'água são compostas por números pseudoaleatórios sem uma estrutura evidente; (2) as marcas d'água são incorporadas a componentes de múltipla frequência com impacto espacial sobre toda a imagem 2-D (de forma que sua localização não seja evidente); e (3) ataques contra elas tendem a degradar a imagem (isto é, os componentes de frequência mais importantes da imagem devem ser alterados para afetar as marcas d'água).

As figuras 8.53(b) e (d) fazem que as mudanças na intensidade de imagens resultantes dos números pseudoaleatórios incorporados aos coeficientes DCT das imagens com marca d'água nas figuras 8.53(a) e (c) sejam visíveis. Naturalmente, os números pseudoaletórios devem ter um efeito — mesmo se for pequeno demais para ser visto — sobre as imagens com marca d'água. Para exibir o efeito, as imagens nas figuras 8.53(a) e (c) tiveram a imagem não marcada da Figura 8.9(a) subtraída e tiveram suas intensidades reajustadas para o intervalo [0, 255]. As figuras 8.53(b) e (d) são as imagens resultantes; elas mostram as contribuições espaciais 2-D dos números pseudoaleatórios. Pelo fato de as imagens terem sido ajustadas, contudo, não é possível simplesmente adicionar essas imagens à imagem da Figura 8.9(a) e obter as imagens com marca d'água das figuras 8.53(a) e (c). Como podemos ver nas figuras 8.53(a) e (c), suas perturbações de intensidade são entre pequenas e desprezíveis.

Para saber se determinada imagem é uma cópia de uma imagem que antes tinha uma imagem com marca d'água $\omega_1, \omega_2, \ldots \omega_K$ e coeficientes DCT $c_1, c_2, \ldots, c_K$, utilizamos o seguinte procedimento:

Passo 1. Calculamos a DCT bidimensional da imagem em questão.

Passo 2. Extraímos os K coeficientes da DCT (nas posições correspondentes a $c_1, c_2, \ldots, c_K$ do Passo 2 do procedimento de inserção de marcas d'água) e indicamos os coeficientes por $\hat{c}_1, \hat{c}_2, \ldots, \hat{c}_K$. Se a imagem em questão for a imagem submetida anteriormente à inserção de marcas d'água (sem modificação), $\hat{c}_i = c'_i$ para $1 \leq i \leq K$. Se for uma cópia modificada da imagem com marca d'água (isto é, tiver sido submetida a algum tipo de ataque), $\hat{c}_i \approx c'_i$ para $1 \leq i \leq K$ (os $\hat{c}_i$ serão as aproximações dos c'_i). Caso contrário, a imagem em questão será uma imagem não marcada ou uma imagem com uma marca d'água completamente diferente — e os $\hat{c}_i$ não apresentarão nenhuma semelhança com o c'_i original.

Passo 3. Calculamos a marca d'água $\hat{\omega}_1, \hat{\omega}_2, \ldots \hat{\omega}_K$ utilizando

$$\hat{\omega}_i = \hat{c}_i - c_i \text{ para } 1 \leq i \leq K \quad (8.3\text{-}4)$$

Lembre-se que as marcas d'água são uma sequência de números pseudoaleatórios.

Passo 4. Medimos a similaridade entre $\hat{\omega}_1, \hat{\omega}_2, \ldots \hat{\omega}_K$ (do Passo 2) e $\omega_1, \omega_2, \ldots \omega_K$ (do Passo 3 do procedimento de inserção de marca d'água) utilizando uma métrica como o coeficiente de correlação[**]

$$\gamma = \frac{\sum_{i=1}^{K}(\hat{\omega}_i - \overline{\hat{\omega}})(\omega_i - \overline{\omega})}{\sqrt{\sum_{i=1}^{K}(\hat{\omega}_i - \overline{\hat{\omega}})^2 \cdot \sum_{i=1}^{K}(\omega_i - \overline{\omega})^2}} \quad 1 \leq i \leq K \quad (8.3\text{-}5)$$

na qual $\overline{\omega}$ e $\overline{\hat{\omega}}$ são as médias das duas marcas d'água de K elementos.

Passo 5. Comparamos a semelhança medida, γ, com um limiar predefinido, T, e tomamos uma decisão de detecção binária

$$D = \begin{cases} 1 & \text{se } \gamma \geq T \\ 0 & \text{caso contrário} \end{cases} \quad (8.3\text{-}6)$$

Em outras palavras, $D = 1$ indica que a marca d'água $\omega_1, \omega_2, \ldots \omega_K$ está presente (em relação ao limiar especificado, T); $D = 0$ indica que ela não está presente.

Utilizando esse procedimento, a imagem original com marca d'água da Figura 8.53(a) — medida em comparação com si mesma — gera um coeficiente de correlação de 0,9999, isto é, $\gamma = 0,9999$. Trata-se de um casamento sem erros. De forma similar, a imagem da Figura 8.53(b), quando medida em comparação com a imagem da Figura 8.53(a), resulta em um γ de 0,0417 — ela não poderia ser confundida com a imagem com marca d'água da Figura 8.53(a), pois o coeficiente de correlação seria muito baixo.

Para concluir esta seção, observamos que a técnica de inserção de marcas d'água baseada em DCT apresentada no exemplo anterior é relativamente resistente a ataques contra marcas d'água, em parte por ser um método privado ou restrito por chave. Métodos restritos por chave são sempre mais resistentes do que seus equivalentes sem restrição por chave. Utilizando a imagem com marca d'água da Figura 8.53(a), a Figura 8.54 ilustra a capacidade do método de suportar uma série de ataques comuns. Como pode ser visto na figura, a detecção de

---

[*] Para as imagens da Figura 8.53, $\alpha = 0,1$ e $K = 1000$.

[**] O coeficiente de correlação são discutidos na Seção 12.2.1.

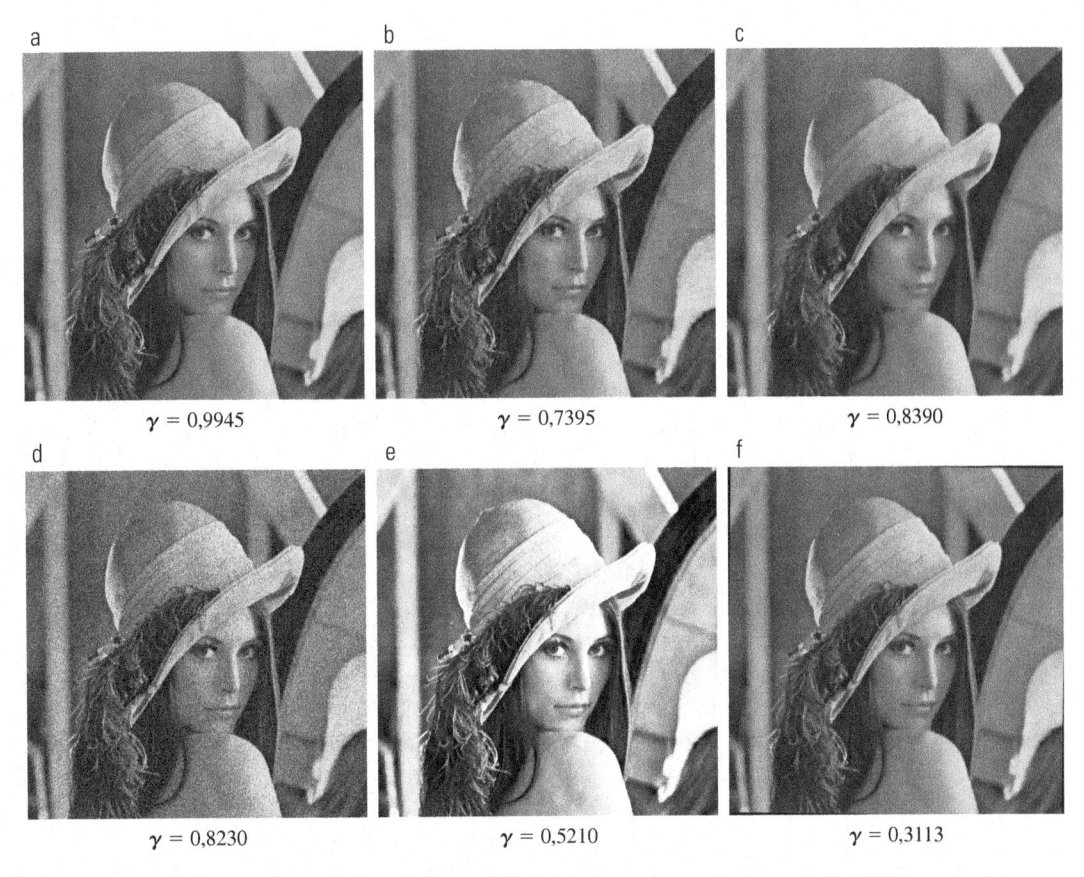

Figura 8.54 Ataques à imagem com marca d'água da Figura 8.53(a): (a) compressão e descompressão JPEG com perda com um erro rms de sete níveis de intensidade; (b) compressão e descompressão JPEG com perda com um erro rms de dez níveis de intensidade (observe o artefato de bloco); (c) suavização por filtragem espacial; (d) adição de ruído gaussiano; (e) equalização de histograma; e (f) rotação. Cada imagem é uma versão modificada da imagem com marca d'água da Figura 8.53(a). Após a modificação, elas retêm suas marcas d'água em vários graus, como indicam os coeficientes de correlação abaixo de cada imagem.

marcas d'água é relativamente boa no intervalo de ataques que foram implementados — os coeficientes de correlação resultantes (mostrados abaixo de cada imagem na figura) variam de 0,3113 a 0,9945. Ao ser sujeitada à compressão e descompressão JPEG de alta qualidade com perda (resultante em um erro rms de sete intensidades), $\gamma = 0{,}9945$. Mesmo quando a compressão e a reconstrução resultam em um erro rms de dez níveis de intensidade, $\gamma = 0{,}7395$ — e o grau de utilidade dessa imagem foi significativamente degradado. Uma suavização significativa da filtragem espacial e a adição do ruído gaussiano não reduzem o coeficiente de correlação abaixo de 0,8230. No entanto, a equalização de histogramas reduz γ a 0,5210; e a rotação tem o maior efeito — reduzindo γ a 0,3313. Todos os ataques, exceto a compressão e a reconstrução JPEG com perda em (a), reduziram significativamente o grau de utilidade da imagem original com marca d'água.

Resumo

Os principais objetivos deste capítulo foram apresentar as bases teóricas da compressão digital de imagens, descrever os métodos de compressão mais comumente utilizados e apresentar a área relacionada da inserção de marcas d'água em imagens digitais. Apesar de a apresentação ser de natureza introdutória, as referências sugeridas proporcionam acesso a um extenso volume de conhecimento sobre os tópicos discutidos. Como fica claro pelos padrões internacionais listados nas tabelas 8.3 e 8.4, a compressão exerce um importante papel no armazenamento e na transmissão de imagens documentais, na Internet e na distribuição de vídeos comerciais (por exemplo, DVDs). Trata-se de uma das poucas áreas do processamento de imagens com apelo comercial suficientemente amplo para assegurar a adoção de padrões amplamente aceitos. E a inserção de marcas d'água em imagens está ganhando importância e cada vez mais imagens digitalmente comprimidas são distribuídas.

Referências e leituras complementares

O material introdutório deste capítulo, em grande parte apresentado na Seção 8.1, apresenta as bases da compressão de imagens e pode ser encontrado de uma forma ou de outra na maior parte dos livros sobre processamento de imagens citados no final do Capítulo 1. Para informações adicionais sobre o sistema visual humano, veja Netravali e Limb (1980), bem como Huang (1966), Schreiber e Knapp (1958), e as referências citadas no final do Capítulo 2. Para saber mais sobre a teoria da informação, veja o site do livro na Internet ou Abramson (1963), Blahut (1987) e Berger (1971). O artigo clássico de Shannon, "A Mathematical Theory of Communication" (1948), constitui as bases para a área e é outra excelente referência. Critérios de fidelidade subjetivos são discutidos em Frendendall e Behrend (1960).

Ao longo do capítulo, uma série de padrões de compressão foi utilizada em exemplos. A maioria delas foi implementada utilizando o Adobe Photoshop (com *plug-ins* de compressão disponíveis gratuitamente) e/ou o Matlab, descrito em Gonzalez et al. (2004). Os padrões de compressão, como regra, são longos e complexos; não tentamos cobrir plenamente nenhum deles. Para mais informações sobre um padrão específico, veja os documentos publicados da organização de padrões relevante — a International Standards Organization, a International Electrotechnical Commission e/ou a International Telecommunications Union. Referências adicionais sobre padrões incluem Hunter e Robinson (1980), Ang et al. (1991), Fox (1991), Pennebaker e Mitchell (1992), Bhatt et al. (1997), Sikora (1997), Bhaskaran e Konstantinos (1997), Ngan et al. (1999), Weinberger et al. (2000), Symes (2001), Mitchell et al. (1997) e Manjunath et al. (2001).

As técnicas de compressão com perda e livre de erros descritas na Seção 8.2 e as técnicas de inserção de marcas d'água da Seção 8.3 são, na maior parte, baseadas nos artigos originais citados no texto. Os algoritmos apresentados são representativos do trabalho realizado na área, mas estão longe de constituírem uma lista completa. O material sobre a codificação LZW tem suas origens no trabalho de Ziv e Lempel (1977, 1978). O material sobre codificação aritmética segue o desenvolvimento em Witten, Neal e Cleary (1987). Uma das mais importantes implementações da codificação aritmética é resumida em Pennebaker et al. (1988). Para uma boa análise sobre a codificação preditiva sem perda, veja o tutorial de Rabbani e Jones (1991). O previsor adaptativo da Equação 8.2-56 é de Graham (1958). Para saber mais sobre compensação de movimento, veja S. Solari (1997), que também contém uma introdução a padrões gerais de compressão e descompressão de vídeos, e Mitchell et al. (1997). A técnica de inserção de marcas d'água baseada em DCT apresentada na Seção 8.3 se baseia no artigo de Cox et al. (1997). Para saber mais sobre marcas d'água, veja os livros de Cox et al. (2001) e Parhi e Nishitani (1999). Veja também o artigo de S. Mohanty (1999).

Muitos artigos de pesquisas foram dedicados à área da compressão de imagens. Destacam-se os artigos de Netravali e Limb (1980), A. K. Jain (1981), uma edição especial sobre sistemas de comunicação de figuras na *IEEE Transactions on Communications* (1981), uma edição especial sobre a codificação de gráficos na *Proceedings of IEEE* (1980), uma edição especial sobre sistemas de comunicação visual na *Proceedings of the IEEE* (1985), uma edição especial sobre compressão de sequências de imagens na *IEEE Transactions on Image Processing* (1994) e uma edição especial sobre vetores de quantização na *IEEE Transactions on Image Processing* (1996). Além disso, a maioria das edições da *IEEE Transactions on Image Processing*, *IEEE Transactions on Circuits and Systems for Video Technology* e *IEEE Transactions on Multimedia* inclui artigos sobre compressão de vídeos e imagens estáticas, compensação de movimento e inserção de marcas d'água. Veja, por exemplo, Robinson (2006), Chandler e Hemami (2005), Yan e Cosman (2003), Boulgouris et al. (2001), Martin e Bell (2001), Chen e Wilson (2000), Hartenstein et al. (2000), Yang e Ramchandran (2000), Meyer et al. (2000), S. Mitra et al. (1998), Mukherjee e Mitra (2003), Xu et al. (2005), Rane e Sapiro (2001), Hu et al. (2006), Pi et al. (2006), Dugelay et al. (2006) e Kamstra e Heijmans (2005) para um ponto de partida para leituras adicionais e referências.

Exercícios

8.1 (a) Os procedimentos de codificação de tamanho variável podem ser utilizados para comprimir uma imagem com histograma equalizado com 2^n níveis de intensidade? Explique.

(b) Uma imagem como esta pode conter redundâncias espaciais e temporais que poderiam ser exploradas para a compressão de dados?

8.2 Uma variação da codificação *run-length* envolve (1) codificação apenas das sequências dos 0 ou 1 (não de ambas) e (2) atribuir um código especial ao início de cada linha para reduzir o efeito de erros de transmissão. Um possível par código é (x_k, r_k), em que x_k e r_k representam a k-ésima coordenada de início e o k-ésimo *run-length*, respectivamente. O código (0, 0) é utilizado para sinalizar cada nova linha.

(a) Deduza uma expressão geral para o valor médio máximo de sequências por linhas de varredura necessárias para assegurar a compressão de dados ao submeter uma imagem binária $2^n \times 2^n$ à codificação *run-length*.

(b) Calcule o valor máximo permitido para $n = 10$.

8.3 Considere uma linha de 8 pixels de dados de intensidade, {108, 139, 135, 244, 172, 173, 56, 99}. Se ela for uniformemente quantizada com precisão de 4 bits, calcule o erro rms e o valor rms da relação sinal–ruído para os dados quantizados.

*8.4 Apesar de a quantização resultar em perda de informações, ela é por vezes invisível a olho nu. Por exemplo, quando pixels de 8 bits são uniformemente quantizados a um número menor de bits/pixel, muitas vezes há a ocorrência de contorno falso. Ele pode ser reduzido ou eliminado utilizando a *quantização de escala de cinza melhorada* (IGS, do inglês *improved gray-scale*). Uma soma — inicialmente definida em zero — é formada a partir do valor de intensidade atual de 8 bits e os quatro bits menos significativos da soma previamente gerada. Se os quatro bits mais significativos do valor de intensidade forem 1111_2, contudo, 0000_2 é adicionado em seu lugar. Os quatro bits mais significativos da soma resultante são utilizados como o valor de pixel codificado.

(a) Construa o código IGS para os dados de intensidade do Exercício 8.3.

(b) Calcule o erro rms e o valor rms da relação sinal–ruído dos dados IGS decodificados.

8.5 Uma imagem 1.024 × 1.024 de 8 bits com entropia de 5,3 bits/pixel (calculada a partir de seus histogramas utilizando a Equação 8.1-7) deve ser codificada por Huffman.

(a) Qual é a compressão máxima que pode ser esperada?

(b) Ela será obtida?

(c) Se uma taxa maior de compressão sem perda for necessária, o que mais pode ser feito?

*8.6 A unidade de informação de base *e* é comumente chamada um *nat*, e a unidade de informações de base 10 é denominada um *Hartley*. Calcule os fatores de conversão necessários para relacionar essas unidades à unidade de base 2 das informações (o bit).

*8.7 Demonstre que, para uma fonte de memória zero com *q* símbolos, o valor máximo da entropia é log *q*, atingida se, e somente se, todos os símbolos de fonte tiverem a mesma probabilidade. [*Dica*: Considere a quantidade log *q* – *H*(*z*) e observe a desigualdade $\ln x \leq x - 1$.]

8.8 (a) Quantos códigos de Huffman distintos existem para uma fonte de três símbolos?

(b) Construa-os.

8.9 Considere a imagem simples de 8 bits com dimensão de 4 × 8 pixels:

```
21  21  21  95  169  243  243  243
21  21  21  95  169  243  243  243
21  21  21  95  169  243  243  243
21  21  21  95  169  243  243  243
```

(a) Calcule a entropia da imagem.

(b) Comprima a imagem utilizando a codificação de Huffman.

(c) Calcule a compressão atingida e a eficácia da codificação de Huffman.

*(d) Considere os pares de pixels de codificação de Huffman em vez de pixels individuais. Isto é, considere a imagem como tendo sido produzida pela segunda extensão da fonte de memória zero que produziu a imagem original. Qual é a entropia da imagem quando vista como pares de pixels?

(e) Considere a codificação das diferenças entre pixels adjacentes. Qual é a entropia da nova imagem diferença? O que isso nos informa sobre a compressão da imagem?

(f) Explique as diferenças de entropia em (a), (d) e (e).

8.10 Utilizando o código de Huffman na Figura 8.8, decodifique a sequência codificada 0101000001010111110100.

8.11 Calcule o código de Golomb $G_3(n)$ para $0 \leq n \leq 15$.

8.12 Elabore um procedimento geral para decodificar o código de Golomb $G_m(n)$.

8.13 Por que não é possível calcular o código de Huffman dos números inteiros não negativos, $n \geq 0$ com a função de massa das probabilidades geométricas da Equação 8.2-2?

8.14 Calcule o código de Golomb exponencial $G^2_{\exp}(n)$ para $0 \leq n \leq 15$.

*8.15 Elabore um procedimento geral para decodificar o código de Golomb exponencial $G^k_{\exp}(n)$.

8.16 Trace um gráfico do parâmetro da codificação de Golomb ótima *m* como uma função de ρ para $0 < \rho < 1$ na Equação 8.2-3.

8.17 Dada uma fonte de quatro símbolos {*a, b, c, d*} com probabilidades de fonte {0,1; 0,4; 0,3; 0,2}, codifique aritmeticamente a sequência *bbadc*.

*8.18 O processo de decodificação aritmética é o inverso do procedimento de codificação. Decodifique a mensagem 0,23355 dado o modelo de codificação

Símbolo	Probabilidade
a	0,2
e	0,3
i	0,1
o	0,2
u	0,1
!	0,1

8.19 Utilize o algoritmo de codificação LZW da Seção 8.2.4 para codificar a sequência ASCII de 7 bits "aaaaaaaaaaa".

*8.20 Elabore um algoritmo para decodificar a saída codificada LZW do Exemplo 8.7. Como o dicionário utilizado durante a codificação não está disponível, o livro de código deve ser reproduzido à medida que a saída é decodificada.

8.21 Decodifique a sequência BMP codificada {3, 4, 5, 6, 0, 3, 103, 125, 67, 0, 2, 47}.

8.22 (a) Construa todo o código Gray de 4 bits.

(b) Crie um procedimento geral para converter um número codificado utilizando o código Gray para seu equivalente binário e utilize-o para decodificar 0111010100111.

8.23 Utilize o algoritmo de compressão do Grupo 4 CCITT para codificar a segunda linha do segmento de duas linhas a seguir:

0110011100111111100001
1111111000111000011111

Considere que o elemento de referência inicial a_0 esteja posicionado no primeiro pixel do segundo segmento de linha.

*8.24 (a) Relacione todos os membros da categoria 3 de diferença de coeficiente DC JPEG.

(b) Calcule seus códigos de Huffman padrão utilizando a Tabela A.4.

8.25 Quantas etapas são necessárias para calcular o vetor de movimento ótimo de um macrobloco 8 × 8 utilizando o critério de otimalidade *MAD*, precisão de um único pixel e um deslocamento máximo permitido de 8 pixels? Como ele seria para uma precisão de $\frac{1}{4}$ de pixel?

8.26 Quais são as vantagens de utilizar *B-frames* para a compensação de movimento?

*8.27 Esboce o diagrama em blocos de um decodificador de vídeo por compensação de movimento para o codificador mostrado na Figura 8.39.

8.28 Uma imagem cuja função de autocorrelação tem a forma da Equação 8.2-49 com $\rho_h = 0$ deve ser submetida à codificação DPCM utilizando um previsor de segunda ordem.

(a) Esboce a matriz de autocorrelação **R** e o vetor **r**.

(b) Calcule os coeficientes de previsão ótima.

(c) Calcule a variância do erro de previsão que resultaria da utilização dos coeficientes ótimos.

*8.29 Deduza os níveis de decisão e de reconstrução de Lloyd-Max para $L = 4$ e a função densidade de probabilidade uniforme.

$$p(s) = \begin{cases} \dfrac{1}{2A} & -A \leq s \leq A \\ 0 & \text{caso contrário} \end{cases}$$

8.30 Um radiologista de um renomado centro de pesquisas médicas recentemente participou de uma conferência médica na qual foi apresentado um sistema capaz de transmitir imagens de raios X digitalizadas de 12 bits e 4.096 × 4.096 pixels em linhas telefônicas de padrão T1 (1,544 Mb/s). O sistema transmitia as imagens em forma comprimida utilizando uma técnica progressiva na qual uma aproximação relativamente boa do raios X era primeiro reconstruída na estação de exibição e depois gradualmente refinada para produzir uma exibição livre de erros. A transmissão dos dados necessários para gerar a primeira aproximação levou aproximadamente 5 ou 6 s. Os refinamentos foram realizados a cada 5 ou 6 s (em média) durante o 1 minuto subsequente, com o primeiro e último refinamento apresentando o maior e menor impacto significativo sobre os raios X reconstruídos, respectivamente. O médico ficou impressionado com o sistema, porque ele teria como começar o diagnóstico utilizando a primeira aproximação dos raios X e completá-lo à medida que a reconstrução livre de erros dos raios X ia sendo gerada. Ao voltar ao centro de pesquisas, ele submeteu uma ordem de compra ao administrador do centro. Infelizmente, o centro estava com um orçamento apertado, uma situação que se agravou ainda mais com a contratação de um jovem recém-formado em engenharia elétrica. Para apaziguar o radiologista, o administrador atribuiu ao jovem engenheiro a tarefa de projetar um sistema similar. (Ele considerou que seria mais barato projetar e construir internamente um sistema similar. O centro de pesquisas já tinha alguns dos elementos de um sistema parecido, mas a transmissão dos dados brutos dos raios X levava mais de 2 min.). O administrador pediu que o engenheiro preparasse um diagrama de bloco inicial para a reunião daquela tarde. Com pouco tempo e apenas um exemplar do livro *Processamento Digital de Imagens* em mãos, o engenheiro conseguiu arquitetar conceitualmente um sistema para atender aos requisitos de transmissão e compressão associados. Construa um diagrama de bloco conceitual de um sistema como este, especificando as técnicas de compressão que você recomendaria.

8.31 Demonstre que a transformada *wavelet* baseada em *lifting* definida pela Equação 8.2-62 equivale à implementação de banco de filtros FWT tradicional utilizando os coeficientes da Tabela 8.15. Determine os coeficientes do filtro em termos de α, β, γ, δ e K.

8.32 Calcule os tamanhos dos degraus de quantização das sub-bandas para uma imagem codificada por JPEG-2000 na qual a quantização derivada é utilizada e 8 bits são alocados à mantissa e ao exponencial da sub-banda $2LL$.

8.33 Como você adicionaria uma marca d'água visível a uma imagem no domínio da frequência?

*8.34 Elabore um sistema de inserção de marca d'água invisível baseado na transformada discreta de Fourier.

8.35 Elabore um sistema de inserção de marca d'água invisível baseado na transformada *wavelet* discreta.

Capítulo 9
Processamento morfológico de imagens

> Na forma e nas características, no corpo e nos membros,
> Cresci tão parecido com meu irmão
> Que os colegas pensavam que eu era ele
> E entre nós também existia essa confusão.
> *Henry Sambrooke Leigh, Canções de Cockayne, Os Gêmeos*

Apresentação

A palavra *morfologia* geralmente denota um ramo da biologia que lida com a forma e a estrutura dos animais e das plantas. Usamos a mesma palavra aqui no contexto da *morfologia matemática* como uma ferramenta para extrair componentes das imagens que são úteis na representação e na descrição da forma de uma região, como fronteiras, esqueletos e o fecho convexo (*convex hull*). Estamos interessados também nas técnicas morfológicas para pré ou pós-processamento, como a filtragem morfológica, afinamento (*thinning*) e poda (*pruning*).

Nas seções seguintes, desenvolveremos e ilustraremos vários conceitos importantes na morfologia matemática. Muitas das ideias aqui introduzidas podem ser formuladas em termos do espaço euclidiano n-dimensional, E^n. No entanto, nosso interesse inicial está nas imagens binárias, cujos componentes são elementos de Z^2 (ver Seção 2.4.2). Discutiremos extensões para imagens em escala de cinza na Seção 9.6.

O material deste capítulo inicia uma transição de um foco nos métodos puramente de processamento de imagem, cuja entrada e saída são imagens, para processos em que as entradas são imagens, mas as saídas são atributos extraídos das imagens, no sentido definido na Seção 1.1. Ferramentas como a morfologia e seus conceitos relacionados são a pedra angular da fundamentação matemática utilizada para a extração de "significados" de uma imagem. Outras metodologias são desenvolvidas e aplicadas nos capítulos restantes do livro.[*]

9.1 Algumas definições básicas

A linguagem da morfologia matemática é a teoria dos conjuntos. Como tal, a morfologia oferece uma abordagem unificada e poderosa para vários problemas de processamento de imagens. Os conjuntos em morfologia matemática representam os objetos encontrados em uma imagem. Por exemplo, o conjunto de todos os pixels brancos em uma imagem binária é uma descrição morfológica completa da imagem. Em imagens binárias, os conjuntos em questão são membros do espaço 2-D de números inteiros Z^2 (veja a Seção 2.4.2), em que cada elemento de um conjunto é um vetor bidimensional, cujas coordenadas são (x, y) de um pixel branco (ou preto, dependendo da convenção) de uma ima-

---
[*] Pode ser útil que você revise as seções 2.4.2 e 2.6.4 antes de prosseguir.

gem. As imagens digitais em níveis de cinza como as discutidas nos capítulos anteriores podem ser representadas como conjuntos cujos componentes estão em Z^3. Neste caso, dois componentes de cada elemento do conjunto referem-se às coordenadas de um pixel, e o terceiro corresponde ao seu valor discreto de intensidade. Os conjuntos em espaços dimensionais maiores podem conter outros atributos de imagem, como cor e componentes que variam com o tempo.

Além do conjunto básico de definições na Seção 2.6.4, os conceitos de reflexão e de translação de conjuntos são amplamente utilizados em morfologia.* A *reflexão* de um conjunto B, indicada por $\hat{B}$, é definida como

$$\hat{B} = \{w \mid w = -b, \text{ para } b \in B\} \quad (9.1\text{-}1)$$

Se B é o conjunto de pixels (pontos bidimensionais) que representa um objeto em uma imagem, então $\hat{B}$ é simplesmente o conjunto dos pontos em B cujas coordenadas (x, y) foram substituídas por (-x, -y). As figuras 9.1(a) e (b) mostram um conjunto simples e sua reflexão.**

A *translação* de um conjunto B no ponto $z = (z_1, z_2)$, indicada por $(B)_z$, é definida como

$$(B)_z = \{c \mid c = b + z, \text{ para } b \in B\} \quad (9.1\text{-}2)$$

Se B é o conjunto de pixels que representa um objeto em uma imagem, então $(B)_z$ é o conjunto de pontos em B, cujas coordenadas (x, y) foram substituídas por $(x + z_1, y + z_2)$. A Figura 9.1(c) ilustra esse conceito, usando o conjunto B da Figura 9.1(a).

A reflexão e a translação de conjuntos são amplamente empregadas na morfologia para formular operações baseadas nos chamados *elementos estruturantes* (ES): pequenos conjuntos ou subimagens usadas para examinar uma imagem buscando propriedades de interesse. A primeira linha da Figura 9.2 mostra vários exemplos de elementos estruturantes, nos quais cada quadrado sombreado indica um membro do ES. Quando não importa se um lugar em um certo elemento estruturante é ou não um membro do conjunto ES, essa localização é marca-

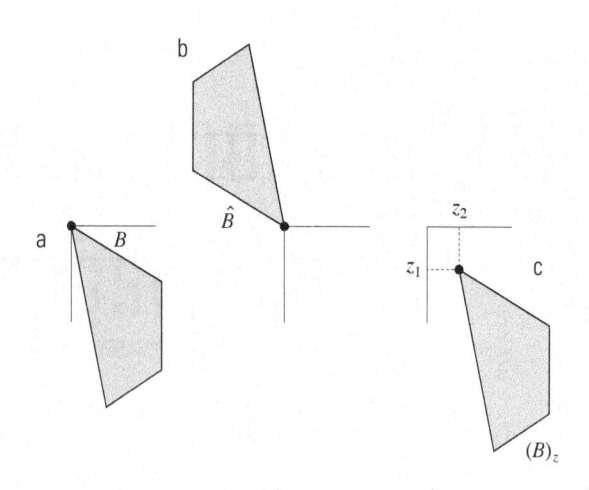

Figura 9.1 (a) Um conjunto, (b) sua reflexão e (c) a sua translação por z.

da com um "×" para indicar uma condição do tipo "não interessa", como será definido na Seção 9.5.4. Além de uma definição de quais elementos são membros do ES, a origem de um elemento estruturante também deve ser especificada. As origens dos diversos ESs na Figura 9.2 são indicadas por um ponto preto (embora colocar o centro de um ES em seu centro de gravidade seja comum, a escolha da origem geralmente depende do problema). Quando o ES é simétrico e nenhum ponto é mostrado, considera-se que a origem está no centro de simetria.

Ao trabalhar com imagens, é necessário que os elementos estruturantes sejam arranjos matriciais retangulares. Isso é feito acrescentando o menor número possível de elementos de fundo (que são mostrados sem sombreamento na Figura 9.2) necessários para formar um arranjo matricial retangular. O primeiro e o último ES na segunda linha da Figura 9.2 ilustram o procedimento. Os outros elementos estruturantes nessa linha já estão na forma retangular.

Como introdução sobre como os elementos estruturantes são utilizados em morfologia, considere a Figura 9.3. As figuras 9.3(a) e (b) mostram um conjunto simples

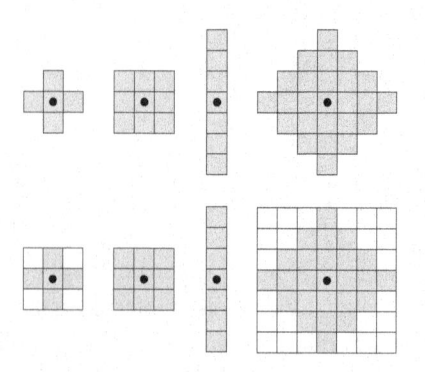

Figura 9.2 Primeira linha: exemplos de elementos estruturantes. Segunda linha: elementos estruturantes convertidos em arranjos retangulares. Os pontos indicam os centros dos ESs.

---

* A operação do conjunto de reflexão é análoga à operação de inverter (rotacionar) desempenhada em uma convolução espacial (Seção 3.4.2).
** Ao trabalhar com figuras geométricas, como os conjuntos da Figura 9.1, usaremos sombreamento para indicar os pontos (pixels) que são membros do conjunto considerado. Ao trabalhar com imagens binárias, os conjuntos de interesse são os pixels correspondentes aos objetos. Mostraremos esses pixels em branco, e todos os outros pixels em preto. Frente (*foreground*) e fundo (*background*) são termos frequentemente usados para designar os conjuntos de pixels em uma imagem que são definidos como objetos e não objetos, respectivamente.

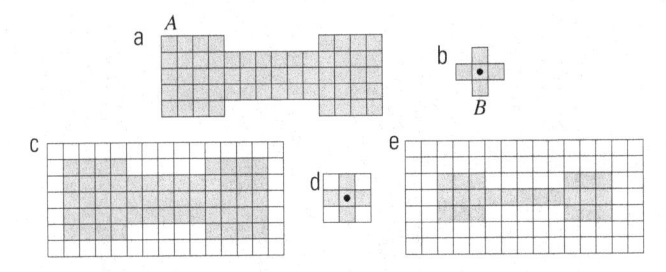

Figura 9.3 (a) Um conjunto (cada quadrado sombreado é um membro do conjunto). (b) Um elemento estruturante. (c) O conjunto preenchido com elementos de fundo para formar um arranjo matricial retangular e fornecer um contorno de fundo. (d) Elemento estruturante como um arranjo matricial retangular. (e) Conjunto processado pelo elemento estruturante.

e um elemento estruturante. Como mencionado no parágrafo anterior, uma implementação computacional requer que o conjunto A também seja convertido em um arranjo matricial retangular, acrescentando-lhe elementos de fundo. O contorno do fundo é feito grande o suficiente para acomodar todo o elemento estruturante quando sua origem está no contorno do conjunto original [isto é, análogo ao preenchimento (*padding*) utilizado para a correlação e convolução espaciais, discutidas na Seção 3.4.2]. Neste caso, o elemento estruturante tem tamanho 3×3 com a origem no centro; portanto, um contorno de apenas um elemento que englobe todo o conjunto é suficiente, conforme mostra a Figura 9.3(c). Como na Figura 9.2, o elemento estruturante é preenchido com o menor número possível de elementos de fundo necessários para torná-lo um arranjo matricial retangular (Figura 9.3(d)).*

Imagine que definamos uma operação no conjunto A usando um elemento estruturante B, como segue: crie um novo conjunto fazendo uma "varredura" de B ao longo de A, para que a origem de B passe por todos os elementos de A. Em cada localização da origem de B, marque o lugar como um membro do novo conjunto (sombreado) se B estiver completamente contido em A; senão, marque o lugar como não sendo um membro do novo conjunto (não sombreado). A Figura 9.3(e) mostra o resultado dessa operação. Vemos que, quando a origem de B está em um elemento do contorno de A, parte de B deixa de estar contida em A, eliminando, assim, o local em que B está centrado como um possível membro do novo conjunto. O resultado final é que a fronteira do conjunto sofre *erosão*, conforme mostra a Figura 9.3(e). Quando usamos terminologias como "o elemento estruturante está contido no conjunto", queremos dizer especificamente que os elementos de A e B se sobrepõem completamente. Em outras palavras, embora mostremos A e B como arranjos matriciais contendo elementos tanto sombreados quanto não sombreados, apenas os elementos sombreados de ambos os conjuntos são considerados para determinar se B está contido em A ou não. Esses conceitos formam a base do material nas próximas seções; por isso, é importante que você entenda completamente as ideias na Figura 9.3 antes de prosseguir.

9.2 Erosão e dilatação

Começaremos a discussão de morfologia estudando duas operações: *erosão* e *dilatação*. Essas operações são fundamentais para o processamento morfológico. Na verdade, muitos dos algoritmos morfológicos discutidos neste capítulo se baseiam nessas duas operações primitivas.

9.2.1 Erosão

Com A e B como conjuntos de Z^2, a erosão de A por B, indicada por $A \ominus B$, é definida como

$$A \ominus B = \{z \mid (B)_z \subseteq A\} \qquad (9.2\text{-}1)$$

Em outras palavras, essa equação indica que a erosão de A por B é o conjunto de todos os pontos z de forma que B, transladado por z, está contido em A. Na discussão a seguir, o conjunto B é considerado um elemento estruturante. A Equação 9.2-1 é a formulação matemática do exemplo na Figura 9.3(e), discutida no final da última seção. Como a afirmação de que B tem de estar contida em A é equivalente a dizer que B não tem elementos comuns com o fundo, podemos expressar a erosão na seguinte forma equivalente:

$$A \ominus B = \{z \mid (B)_z \cap A^c = \varnothing\} \qquad (9.2\text{-}2)$$

na qual, como foi definido na Seção 2.6.4, A^c é o complemento de A, e $\varnothing$ é o conjunto vazio.

A Figura 9.4 mostra um exemplo de erosão. Os elementos de A e B são mostrados sombreados, e o fundo é branco. A linha sólida na Figura 9.4(c) é o limite além do qual deslocamentos adicionais da origem de B fariam com que o elemento estruturante deixasse de estar completamente contido em A. Assim, o *locus* dos pontos (posições da origem de B) dentro desse limite, incluindo a fronteira, constitui a erosão de A por B. Mostramos a erosão sombreada na Figura 9.4(c). Tenha em mente que a erosão é simplesmente o *conjunto* de valores de z

---

* Nas próximas ilustrações, adicionamos pontos de fundo suficientes para formar arranjos matriciais retangulares, mas deixamos o preenchimento implícito quando o significado é claro, a fim de simplificar as figuras.

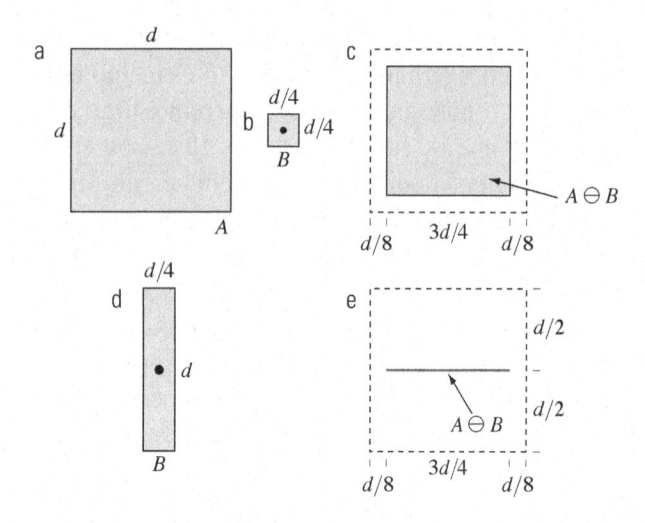

Figura 9.4 (a) Conjunto A. (b) Elemento estruturante quadrado, B. (c) Erosão de A por B, mostrada sombreada. (d) Elemento estruturante alongado. (e) Erosão de A por B utilizando esse elemento. A borda pontilhada em (c) e (e) é a fronteira do conjunto A, apresentada apenas como referência.

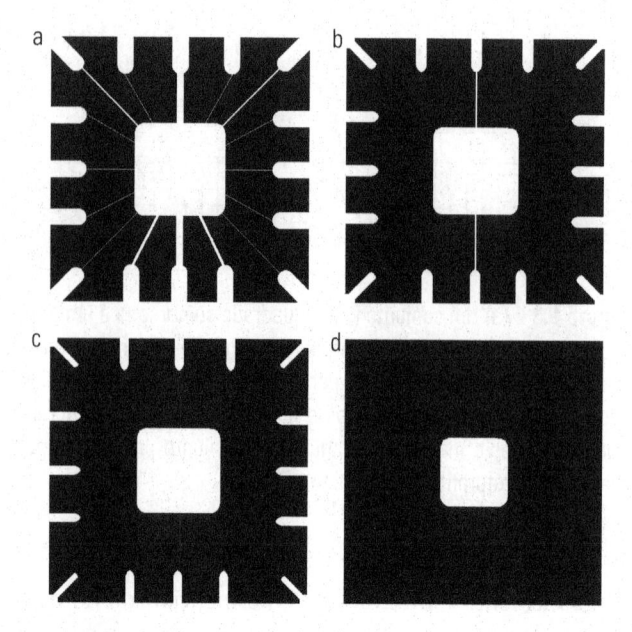

Figura 9.5 Usando a erosão para remover componentes da imagem. (a) Uma imagem binária 486 × 486 de uma conexão *wire-bond*. (b) a (d) Imagem erodida utilizando elementos estruturantes quadrados de tamanhos 11 × 11, 15 × 15 e 45 × 45, respectivamente. Os componentes dos ES eram todos 1s.

que satisfazem a Equação 9.2-1 ou a 9.2-2. A fronteira do conjunto A aparece tracejada nas figuras 9.4(c) e (e) apenas como referência; não é parte da operação de erosão. A Figura 9.4(d) mostra um elemento estruturante alongado, e a Figura 9.4(e) mostra a erosão de A por esse elemento. Note que o conjunto original foi erodido até se transformar em uma linha.

As equações 9.2-1 e 9.2-2 não são as únicas definições de erosão (veja os exercícios 9.9 e 9.10 para ver duas definições equivalentes adicionais). No entanto, essas equações têm uma vantagem sobre as outras formulações, pois são mais intuitivas quando consideramos o elemento estruturante B como uma máscara espacial (ver Seção 3.4.1).

Exemplo 9.1 Usando a erosão para remover componentes de imagem.

Suponha que desejamos remover as linhas que ligam o componente central com os componentes que estão nas bordas da Figura 9.5(a). A erosão dessa imagem com um elemento estruturante quadrado de tamanho 11 × 11, cujos componentes são todos 1s, removeu a maioria das linhas, como mostra a Figura 9.5(b). A razão pela qual as duas linhas verticais no centro foram afinadas, mas não completamente removidas, é que sua largura é maior que 11 pixels. Alterar o tamanho do ES para 15 × 15 e efetuar a erosão da imagem original novamente remove todas as linhas de ligação, como mostra a Figura 9.5(c) (uma abordagem alternativa teria sido efetuar uma nova erosão na imagem na Figura 9.5(b) usando o mesmo ES de 11 × 11). Aumentar ainda mais o tamanho do elemento estruturante iria eliminar os componentes maiores. Por exemplo, os componentes que estão na borda da figura podem ser removidos com um elemento estruturante de tamanho 45 × 45, como mostra a Figura 9.5(d).

Vemos, neste exemplo, que a erosão diminui ou afina os objetos em uma imagem binária. De fato, podemos ver a erosão como uma operação de *filtragem morfológica* em que os detalhes da imagem menores que o elemento estruturante são filtrados (removidos) da imagem. Na Figura 9.5, a erosão realizou a função de um "filtro de linha". Voltaremos ao conceito de filtro morfológico nas seções 9.3 e 9.6.3.

9.2.2 Dilatação

Com A e B como conjuntos de Z^2, a dilatação de A por B, indicada por $A \oplus B$, é definida como

$$A \oplus B = \{z \mid (\hat{B})_z \cap A \neq \varnothing\} \quad (9.2\text{-}3)$$

Essa equação baseia-se na reflexão de B em torno de sua origem, seguida da translação dessa reflexão por z (veja a Figura 9.1). A dilatação de A por B é, então, o conjunto de todos os deslocamentos, z, de forma que $\hat{B}$ e A se sobreponham pelo menos por um elemento. Com base nessa interpretação, a Equação 9.2-3 pode ser escrita de maneira equivalente como

$$A \oplus B = \{z \mid [(\hat{B})_z \cap A] \subseteq A\} \quad (9.2\text{-}4)$$

Como antes, vamos supor que B é um elemento estruturante, e A é o conjunto (objetos de imagem) a ser dilatado.

As equações 9.2-3 e 9.2-4 não são as únicas definições de dilatação usadas atualmente (veja os exercícios 9.11 e 9.12 para duas definições diferentes, mas equivalentes). No entanto, essas equações têm uma vantagem sobre as outras formulações, já que são mais intuitivas ao considerar o elemento estruturante B como uma máscara de convolução. O processo básico de inversão (rotação) de B em torno de sua origem, seguido de seu deslocamento sucessivo para que se deslize sobre o conjunto (imagem) A, é análogo à convolução espacial, introduzida na Seção 3.4.2. Tenha em mente, contudo, que a dilatação está baseada em operações de conjunto e, portanto, é uma operação não linear, enquanto a convolução é uma operação linear.

Ao contrário da erosão, que é uma operação de diminuição ou afinamento, a dilatação "aumenta" ou "engrossa" os objetos em uma imagem binária. A forma específica e a extensão desse espessamento são controladas pelo formato do elemento estruturante utilizado. A Figura 9.6(a) mostra o mesmo conjunto utilizado na Figura 9.4, e a Figura 9.6(b) mostra um elemento estruturante (neste caso, $\hat{B} = B$, porque o ES é simétrico em relação à sua origem). A linha tracejada na Figura 9.6(c) mostra o conjunto original para referência, e a linha contínua mostra o limite além do qual os deslocamentos da origem de $\hat{B}$ por z resultariam em uma intersecção vazia entre $\hat{B}$ e A. Portanto, todos os pontos dentro desse limite, incluindo a fronteira, constituem a dilatação de A por B. A Figura 9.6(d) mostra um elemento estruturante projetado para realizar uma maior dilatação na direção vertical do que na horizontal e a Figura 9.6(e) mostra o resultado da dilatação com esse elemento estruturante.

Exemplo 9.2 Uma ilustração da dilatação.

Uma das aplicações mais simples da dilatação é a união de lacunas. A Figura 9.7(a) mostra a mesma imagem com caracteres quebrados que estudamos na Figura 4.49, quando abordávamos a filtragem passa-baixa. Sabe-se que o tamanho máximo das "quebras" (lacunas) é de dois pixels. A Figura 9.7(b) mostra um elemento estruturante que pode ser usado para consertar essas lacunas (repare que, em vez do sombreamento, foi utilizado 1s para designar os elementos do ES e 0s para o fundo, isto porque o ES agora é tratado como uma subimagem e não como uma ilustração). A Figura 9.7(c) mostra o resultado da dilatação da imagem original com esse elemento estruturante. As lacunas foram preenchidas. Uma vantagem imediata da abordagem morfológica sobre o método de filtragem passa-baixa utilizada para unir as lacunas na Figura 4.49 é que o método morfológico produz diretamente uma imagem binária. A filtragem passa-baixa, por outro lado, começa com uma imagem binária e produz uma imagem em níveis de cinza, o que exigiria uma etapa adicional de limiarização para convertê-la de volta à forma binária.

9.2.3 Dualidade

A dilatação e erosão são operações duais em relação à complementação e à reflexão de conjuntos. Isto é,

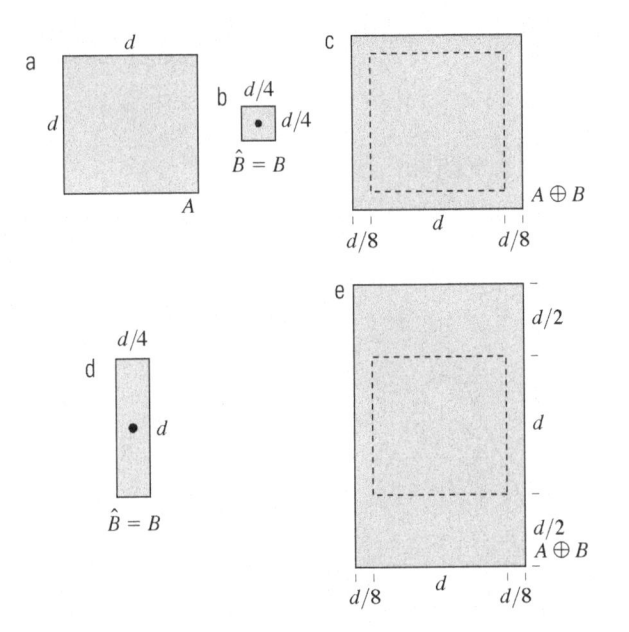

Figura 9.6 (a) Conjunto A. (b) Elemento estruturante quadrado (o ponto mostra a origem). (c) Dilatação de A por B, mostrada sombreada. (d) Elemento estruturante alongado. (e) Dilatação de A utilizando esse elemento estruturante. A borda pontilhada em (c) e (e) é a fronteira do conjunto A, apresentada apenas para referência.

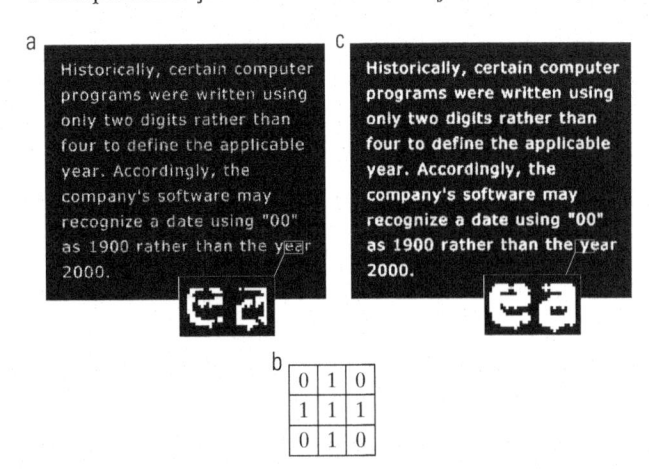

Figura 9.7 (a) Amostra de um texto de baixa resolução com caracteres quebrados (veja a imagem ampliada). (b) Elemento estruturante. (c) Dilatação de (a) por (b). Os segmentos quebrados foram juntados.

$$(A \ominus B)^c = A^c \oplus \hat{B} \quad (9.2\text{-}5)$$

e

$$(A \oplus B)^c = A^c \ominus \hat{B} \quad (9.2\text{-}6)$$

A Equação 9.2-5 indica que a erosão de A por B é o complemento da dilatação de A^c por $\hat{B}$ e vice-versa. A propriedade de dualidade é particularmente útil quando o elemento estruturante é simétrico em relação à sua origem (como muitas vezes é o caso), de modo que $\hat{B} = B$. Então, podemos obter a erosão de uma imagem por B simplesmente fazendo a dilatação do fundo (ou seja, dilatando A^c) com o mesmo elemento estruturante e complementando o resultado. Isso também se aplica à Equação 9.2-6.

Seguimos para provar formalmente a validade da Equação 9.2-5, a fim de ilustrar uma abordagem típica para estabelecer a validade das expressões morfológicas. Começando com a definição de erosão, segue-se que

$$(A \ominus B)^c = \{z \mid (B)_z \subseteq A\}^c$$

Se o conjunto $(B)_z$ está contido em A, então $(B)_z \cap A^c = \varnothing$. Neste caso, a expressão anterior se torna

$$(A \ominus B)^c = \{z \mid (B)_z \cap A^c = \varnothing\}^c$$

Mas o *complemento* do conjunto dos valores de z que satisfazem $(B)_z \cap A^c = \varnothing$ corresponde ao conjunto dos valores de z de modo que $(B)_z \cap A^c \neq \varnothing$. Portanto,

$$(A \ominus B)^c = \{z \mid (B)_z \cap A^c = \varnothing\}$$
$$= A^c \oplus \hat{B}$$

em que a última etapa deriva da Equação 9.2.3. Isso conclui a prova. Um raciocínio semelhante pode ser usado para provar a Equação 9.2-6 (veja o Exercício 9.13).

9.3 Abertura e fechamento

Como já foi visto, a dilatação expande os componentes de uma imagem, e a erosão os diminui. Nesta seção, discutiremos mais duas operações morfológicas importantes: abertura e fechamento. A *abertura* geralmente suaviza o contorno de um objeto, rompe os istmos e elimina as saliências finas. O *fechamento* também tende a suavizar contornos, mas, ao contrário da abertura, geralmente funde as descontinuidades estreitas e alonga os golfos finos, elimina pequenos buracos e preenche as lacunas em um contorno.

A *abertura* do conjunto A pelo elemento estruturante B, indicado por $A \circ B$ é definida como

$$A \circ B = (A \ominus B) \oplus B \quad (9.3\text{-}1)$$

Assim, a abertura de A por B é a erosão de A por B, seguida de uma dilatação do resultado por B.

Da mesma forma, o *fechamento* do conjunto A pelo elemento estruturante B, indicado por $A \bullet B$, é definido como

$$A \bullet B = (A \oplus B) \ominus B \quad (9.3\text{-}2)$$

que mostra que o fechamento de A por B é simplesmente a dilatação de A por B, seguida pela erosão do resultado por B.

A operação de abertura tem uma interpretação geométrica simples (Figura 9.8). Suponha que vemos o elemento estruturante B como uma "bola rolante achatada" ou um "disco plano". A *fronteira* de $A \circ B$ é, então, determinada pelos pontos em B que alcançam o *ponto mais distante* na fronteira de A, na medida em que B rola pelo *interior* dessa fronteira. Esta propriedade de *ajuste* geométrico da operação de abertura leva a uma formulação de teoria de conjuntos que afirma que a abertura de A por B é obtida tomando-se a união de todas as translações de B que se encaixam em A. Isto é, a abertura pode ser expressa como um processo de ajuste de tal forma que

$$A \circ B = \bigcup\{(B)_z \mid (B)_z \subseteq A\} \quad (9.3\text{-}3)$$

na qual $\bigcup\{\cdot\}$ indica a união de todos os conjuntos dentro das chaves.

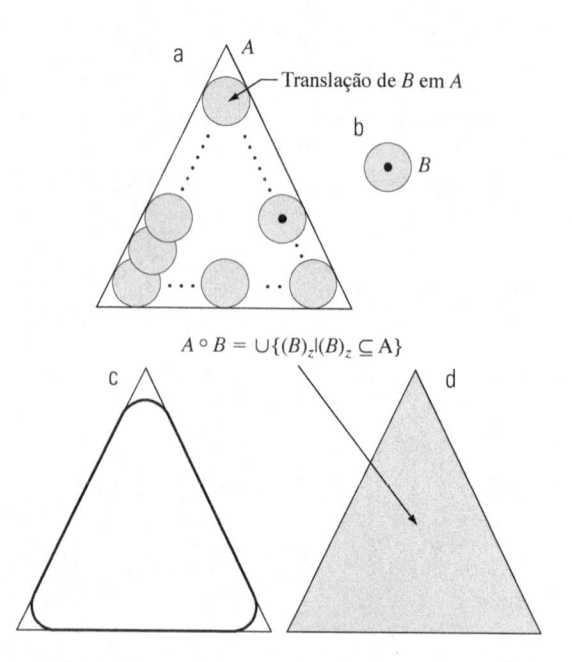

Figura 9.8 (a) Elemento estruturante B "rolando" pela parte de dentro da fronteira de A (o ponto indica a origem de B). (b) Elemento estruturante. (c) A linha grossa é a fronteira exterior da abertura. (d) Abertura completa (sombreada). Não sombreamos A em (a) para melhor compreensão.

O fechamento tem uma interpretação geométrica semelhante, só que agora rolamos B do lado de fora da fronteira (Figura 9.9). Como discutido a seguir, abertura e fechamento são operações duais, o que torna essa interpretação inesperada. Geometricamente, um ponto w é um elemento de $A \bullet B$ se, e somente se, $(B)_z \cap A \neq \varnothing$ para qualquer translação de $(B)_z$ que contenha w. A Figura 9.9 ilustra as propriedades geométricas básicas do fechamento.

Exemplo 9.3 Uma ilustração simples de abertura e fechamento morfológico.

A Figura 9.10 ilustra também as operações de abertura e fechamento. A Figura 9.10(a) mostra um conjunto A, e a Figura 9.10(b) mostra diferentes posições de um elemento estruturante em forma de disco durante o processo de erosão. Quando concluído, esse processo resulta na figura desconexa mostrada na Figura 9.10(c). Repare na eliminação da ponte entre as duas seções principais. Sua largura era fina em relação ao diâmetro do elemento estruturante, isto é, o elemento estruturante não coube completamente nesta parte do conjunto, violando, assim, as condições da Equação 9.2-1. O mesmo aconteceu com os dois membros mais à direita do objeto. Os elementos salientes em que o disco não coube foram eliminados. A Figura 9.10(d) mostra o processo de dilatação do conjunto erodido, e a Figura 9.10(e) mostra o resultado final da abertura. Repare que os cantos que apontavam para fora foram arredondados, enquanto os cantos que apontavam para dentro não foram alterados.

Similarmente, as figuras 9.10(f) até i mostram os resultados do fechamento de A com o mesmo elemento estruturante. Note que os cantos que apontavam para dentro foram arredondados, enquanto os cantos que apontavam para fora permeneceram inalterados. A baía à esquerda formada pela fronteira do objeto A teve seu tamanho reduzido significativamente, pois o disco não se encaixou ali. Repare também na suavização de algumas partes do objeto resultante, tanto na abertura como no fechamento do conjunto A com um elemento estruturante circular.

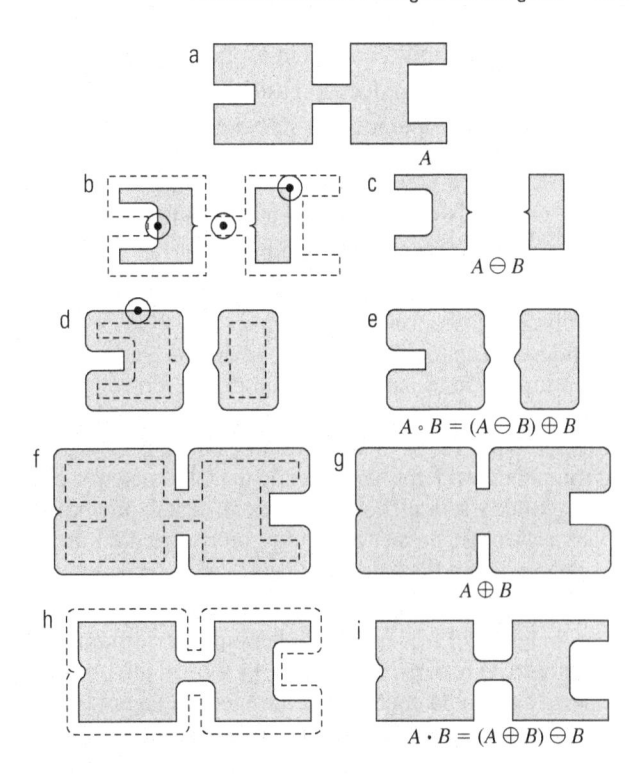

Figura 9.10 Abertura e fechamento morfológicos. O elemento estruturante é o pequeno círculo mostrado em várias posições em (b). O ES não foi sombreado aqui para uma melhor compreensão. O ponto preto é o centro do elemento estruturante.

Como no caso da dilatação e erosão, a abertura e o fechamento são duais entre si em relação à complementação e reflexão de conjuntos. Isto é,

$$(A \bullet B)^c = (A^c \circ \hat{B}) \qquad (9.3\text{-}4)$$

e

$$(A \circ B)^c = (A^c \bullet \hat{B}) \qquad (9.3\text{-}5)$$

Deixamos a prova deste resultado como um exercício (Exercício 9.14).

A operação de abertura satisfaz às seguintes propriedades:

(a) $A \circ B$ é um subconjunto (subimagem) de A.

(b) Se C é um subconjunto de D, então $C \circ B$ é um subconjunto de $D \circ B$.

(c) $(A \circ B) \circ B = A \circ B$.

Da mesma forma, a operação de fechamento satisfaz às seguintes propriedades:

(a) A é um subconjunto (subimagem) de $A \bullet B$.

(b) Se C é um subconjunto de D, então $C \bullet B$ é um subconjunto de $D \bullet B$.

(c) $(A \bullet B) \bullet B = A \bullet B$.

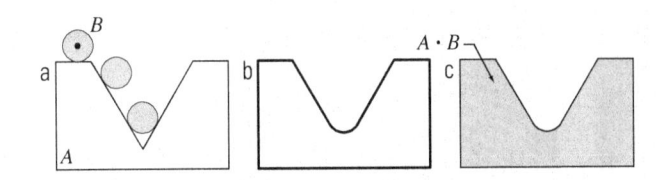

Figura 9.9 (a) Elemento estruturante B "rolando" pela fronteira exterior do conjunto A. (b) A linha grossa é a fronteira exterior do fechamento. (c) Fechamento completo (sombreado). Não sombreamos A em (a) para melhor compreensão.

Note pela condição (c), em ambos os casos, que as múltiplas aberturas ou fechamentos de um conjunto não têm efeito após o operador ter sido aplicado uma vez.

Exemplo 9.4 Uso de abertura e fechamento para filtragem morfológica.

As operações morfológicas podem ser usadas para construir filtros com conceitos semelhantes aos filtros espaciais discutidos no Capítulo 3. A imagem binária na Figura 9.11(a) mostra uma seção de uma impressão digital corrompida por ruído. Aqui, o ruído se manifesta como elementos aleatórios claros sobre um fundo escuro e como elementos escuros sobre componentes claros na impressão digital. O objetivo é eliminar o ruído e seus efeitos na impressão digital, provocando a menor distorção possível. Um filtro morfológico de abertura, seguido de um filtro de fechamento, pode ser usado para atingir esse objetivo.

A Figura 9.11(b) mostra o elemento estruturante que foi utilizado. O restante da Figura 9.11 mostra uma sequência passo a passo da operação de filtragem. A Figura 9.11(c) é o resultado da erosão de A com o elemento estruturante. O ruído de fundo foi completamente eliminado no estágio de erosão da abertura porque, neste caso, todos os componentes de ruído são menores que o elemento estruturante. O tamanho dos elementos de ruído (pontos pretos) da impressão digital na verdade aumentou de tamanho. A razão é que esses elementos são fronteiras internas que aumentam de tamanho à medida que o objeto é erodido. Esse aumento indesejado pode ser resolvido com a realização de uma dilatação na Figura. 9.11(c). A Figura 9.11(d) mostra o resultado. Os componentes de ruído contidos na impressão digital foram reduzidos em tamanho ou completamente eliminados.

As duas operações descritas constituem a abertura de A por B. Notamos, na Figura 9.11(d), que o efeito final da abertura era eliminar praticamente todos os componentes de ruído tanto no fundo como na própria impressão digital. No entanto, apareceram novas lacunas entre as cristas da impressão digital. Para resolver esse efeito indesejável, realizamos uma dilatação na abertura, como mostrado na Figura 9.11(e). A maioria das quebras foi restaurada, mas as cristas ficaram mais espessas, uma condição que pode ser sanada com uma erosão. O resultado, mostrado na Figura. 9.11(f), constitui o fechamento da abertura da Figura 9.11(d).

Este resultado final está praticamente livre do ruído impulsivo, mas tem a desvantagem de que algumas das cristas da impressão não foram totalmente reparadas e ainda apresentam algumas quebras. Isso não é totalmente inesperado, porque não foram observadas condições no procedimento para manter a conectividade (discutiremos novamente este assunto no Exemplo 9.8 e demonstraremos formas para resolvê-lo na Seção 11.1.7).

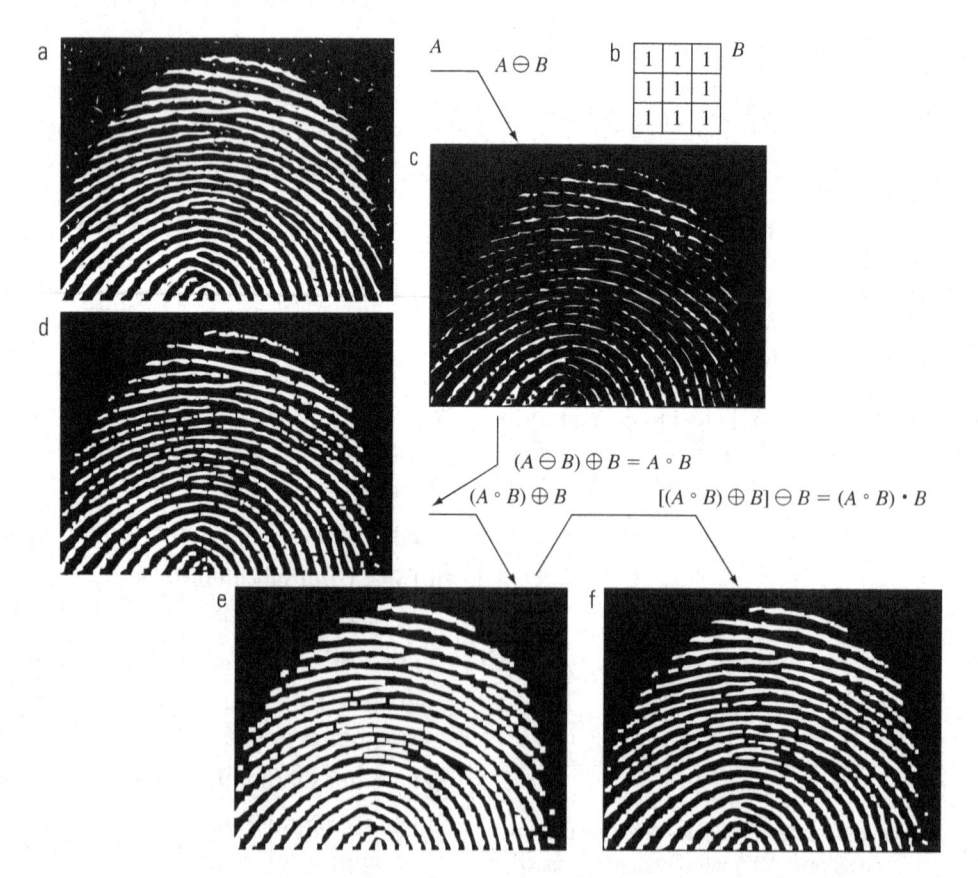

Figura 9.11 (a) Imagem ruidosa. (b) Elemento estruturante. (c) Imagem erodida. (d) Abertura de A. (e) Dilatação da abertura. (f) Fechamento da abertura. (Imagem original: cortesia do Instituto Nacional de Padrões e Tecnologia.)

9.4 A transformada *hit-or-miss*

A transformada morfológica *hit-or-miss* é uma ferramenta básica para a detecção de formas. Introduzimos esse conceito com a ajuda da Figura 9.12, a qual mostra um conjunto A constituído por três formas (subconjuntos), chamadas C, D e E. O sombreamento nas figuras 9.12(a) a (c) indica os conjuntos originais, enquanto o sombreamento nas figuras 9.12(d) e (e) indica o resultado das operações morfológicas. O objetivo é encontrar a localização de uma das formas, por exemplo, D.

Considere que a origem de cada forma seja localizada em seu centro de gravidade. Suponha que D esteja dentro de uma pequena janela, W. O *fundo local* de D em relação a W é definido como a diferença de conjuntos ($W - D$), como mostrado na Figura 9.12(b). A Figura 9.12(c) mostra o complemento de A, que será necessário mais tarde. A Figura 9.12(d) mostra a erosão de A por D (as linhas tracejadas são incluídas como referência). Lembre-se que a erosão de A por D é o conjunto de posições da *origem* de D, de forma que D esteja completamente contido em A. Interpretado de outra maneira, $A \ominus D$ pode ser vista geometricamente como o conjunto de todas as localizações da origem de D em que D encontrou um acerto (*hit*) em A. Tenha em mente que, na Figura 9.12, A consiste apenas de três conjuntos *disjuntos*, C, D e E.

A Figura 9.12(e) mostra a erosão do complemento de A pelo conjunto de fundo local ($W - D$). A região sombreada externa na Figura 9.12(e) é parte da erosão. Vemos, nas figuras 9.12(d) e (e) que o conjunto de posições nas quais D se encaixa *exatamente* dentro de A é a *interseção* entre a erosão de A por D e a erosão da A^c por ($W - D$), como mostrado na Figura 9.12(f). Essa interseção é precisamente a localização procurada. Em outras palavras, se B for o conjunto composto por D e seu fundo, então o casamento (ou conjunto de casamentos) de B em A, indicado por $A \circledast B$, é

$$A \circledast B = (A \ominus D) \cap [A^c \ominus (W - D)] \qquad (9.4\text{-}1)$$

Podemos generalizar a notação fazendo $B = (B_1, B_2)$, em que B_1 é o conjunto formado por elementos de B associados a um objeto, e B_2 é o conjunto de elementos de B associados ao fundo correspondente. A partir da discussão anterior, $B_1 = D$ e $B_2 = (W - D)$. Com essa notação, a Equação 9.4-1 torna-se

$$A \circledast B = (A \ominus B_1) \cap (A^c \ominus B_2) \qquad (9.4\text{-}2)$$

Assim, o conjunto $A \circledast B$ contém todos os pontos (origem) em que, simultaneamente, B_1 encontrou um acerto (*hit*) em A, e B_2 encontrou um acerto em A^c. Usando a definição de diferença de conjuntos da Equação 2.6-19 e da relação dual entre a erosão e a dilatação dada na Equação 9.2-5, podemos escrever a Equação 9.4-2 como

$$A \circledast B = (A \ominus B_1) - (A \oplus \hat{B}_2) \qquad (9.4\text{-}3)$$

No entanto, a Equação 9.4-2 é muito mais intuitiva. Referimo-nos a qualquer uma das últimas três equações como a *transformada morfológica hit-or-miss*.

A razão para usar um elemento estruturante B_1 associado com os objetos e um elemento B_2 associado com o fundo deve-se à definição de que dois ou mais objetos são distintos somente se formarem conjuntos disjuntos (não conectados). Isso é garantido exigindo que cada objeto tenha um fundo de pelo menos um pixel de espessura ao redor dele. Em algumas aplicações, podemos estar interessados na detecção de certos padrões (combinações) de 1s e 0s dentro de um conjunto. Neste caso, o fundo não é necessário e a transformada *hit-or-miss* se reduz à ope-

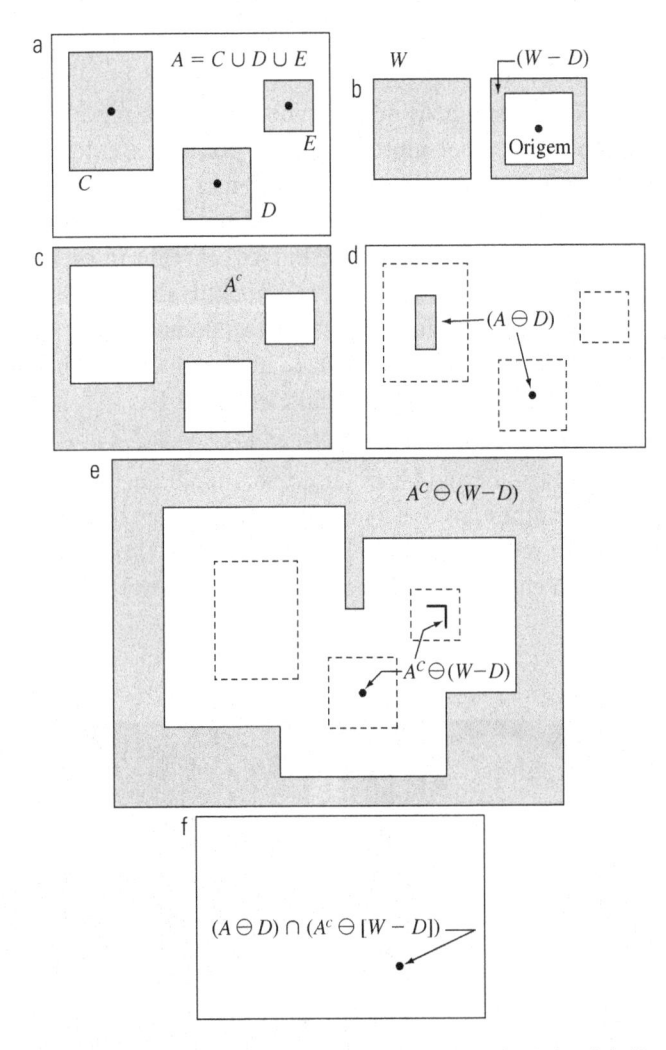

Figura 9.12 (a) Conjunto A. (b) Uma janela, W, e o fundo local de D em relação a W, ($W - D$). (c) Complemento de A. (d) Erosão de A por D (e) Erosão de A^c por ($W - D$). (f) Intersecção entre (d) e (e), mostrando a localização da origem de D, como desejado. Os pontos indicam as origens de C, D e E.

ração simples de erosão. Como indicado anteriormente, a erosão é ainda um conjunto de casamentos, mas sem a exigência adicional de um casamento do fundo para a detecção de objetos individuais. Esse esquema simplificado de detecção de padrões é usado em alguns dos algoritmos desenvolvidos na seção a seguir.

9.5 Alguns algoritmos morfológicos básicos

Baseando-se na discussão anterior, estamos prontos para examinar alguns usos práticos da morfologia. No caso de imagens binárias, uma das principais aplicações da morfologia é extrair componentes da imagem que sejam úteis na representação e na descrição de formas. Em particular, consideramos os algoritmos morfológicos para a extração de fronteiras, componentes conexos, fecho convexo e esqueleto de uma região. Também desenvolvemos diversos métodos (para o preenchimento de buracos, afinamento, espessamento e poda), que são usados frequentemente em conjunto com esses algoritmos como etapas de pré ou pós-processamento. Fazemos uso extensivo de "mini-imagens" nesta seção, visando a esclarecer os mecanismos de cada processo morfológico conforme ele é introduzido. Essas imagens são mostradas graficamente com os 1s sombreados e os 0s em branco.

9.5.1 Extração de fronteiras

A fronteira de um conjunto A, denotada por $\beta(A)$, pode ser obtida pela erosão de A por B, seguida da diferença de conjuntos entre A e sua erosão. Ou seja,

$$\beta(A) = A - (A \ominus B) \quad (9.5\text{-}1)$$

na qual B é um elemento estruturante adequado.

A Figura 9.13 ilustra o funcionamento da extração de fronteiras. Ela mostra um objeto binário simples, um elemento estruturante B e o resultado do uso da Equação 9.5-1. Embora o elemento estruturante na Figura 9.13(b) seja um dos mais utilizados, ele não é o único. Por exemplo, a utilização de um elemento estruturante 5×5 composto por 1s resultaria em uma fronteira de espessura entre 2 e 3 pixels.*

Exemplo 9.5 Extração de fronteiras pelo processamento morfológico.

A Figura 9.14 ilustra o uso da Equação 9.5-1 com um elemento estruturante 3×3 composto por 1s. Como ocorre com todas as imagens binárias neste capítulo, os números binários 1s são mostrados em branco e os 0s em preto; por-

---
* A partir deste ponto, não mostraremos explicitamente o preenchimento dos contornos.

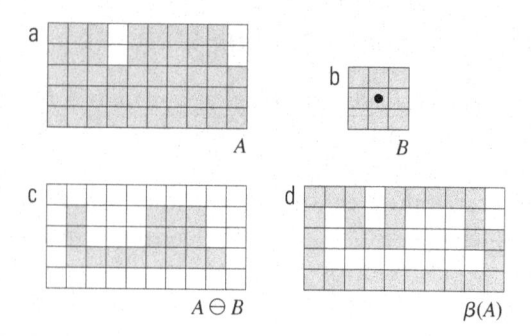

Figura 9.13 (a) Conjunto A. (b) Elemento estruturante B. (c) A erodido por B. (d) Fronteira, dada pela diferença entre A e sua erosão.

tanto, os componentes do elemento estruturante, que são 1s, também são tratados como brancos. Em virtude do tamanho do elemento estruturante utilizado, a fronteira da Figura 9.14(b) possui espessura de um pixel.

9.5.2 Preenchimento de buracos

Um *buraco* pode ser definido como uma região de fundo rodeada por um contorno de pixels de frente conectados. Nesta seção, desenvolveremos um algoritmo baseado em dilatação, complemento e interseção de conjuntos para preenchimento de buracos em uma imagem. Considere A um conjunto cujos elementos são fronteiras 8-conectadas, cada uma delas englobando uma região de fundo (ou seja, um buraco). Dado um ponto em cada buraco, o objetivo é preencher todos eles com 1s.

Começamos pela formação de um arranjo matricial, X_0, de 0s (o mesmo tamanho que o arranjo que contém A), exceto nas posições em X_0 correspondentes ao ponto dado em cada buraco, que foi definido como 1. Depois, o procedimento a seguir preenche todos os buracos com 1s:

$$X_k = (X_{k-1} \oplus B) \cap A^c \quad k = 1, 2, 3, \ldots \quad (9.5\text{-}2)$$

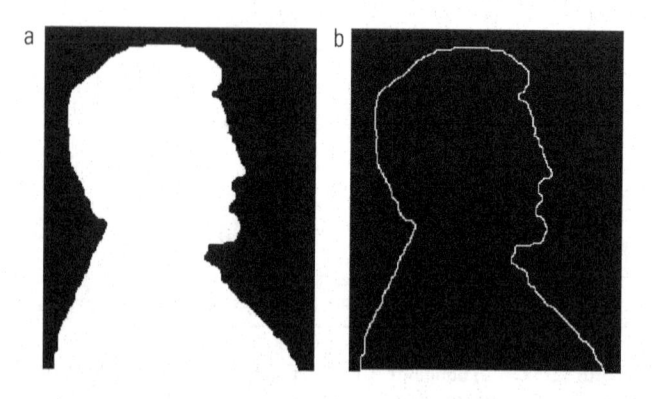

Figura 9.14 (a) Uma imagem binária simples, com os 1s representados em branco. (b) Resultado da utilização da Equação 9.5-1 com o elemento estruturante da Figura 9.13(b).

sendo B o elemento estruturante simétrico na Figura 9.15(c). O algoritmo termina no passo de iteração k se $X_k = X_{k-1}$. O conjunto X_k então contém todos os buracos preenchidos. A união de X_k e A contém todos os buracos preenchidos e suas fronteiras.

A dilatação na Equação 9.5-2 preencheria toda a região se não fosse selecionada. No entanto, a interseção de cada passo com A^c limita o resultado para dentro da região de interesse. Este é o nosso primeiro exemplo de como um processo morfológico pode ser *condicionado* para atender a uma propriedade desejada. Nessa aplicação, esse procedimento é apropriadamente chamado de *dilatação condicional*. O restante da Figura 9.15 ilustra o funcionamento da Equação 9.5-2 com mais detalhes. Embora este exemplo tenha apenas um buraco, o conceito se aplica claramente a qualquer número finito deles, considerando que um ponto dentro de cada região do buraco foi dado.

Exemplo 9.6 Preenchimento morfológico de buracos.

A Figura 9.16(a) mostra uma imagem composta de círculos brancos com pontos pretos no seu interior. Uma imagem como essa poderia ser o resultado de uma limiarização binária de uma cena contendo esferas polidas (por

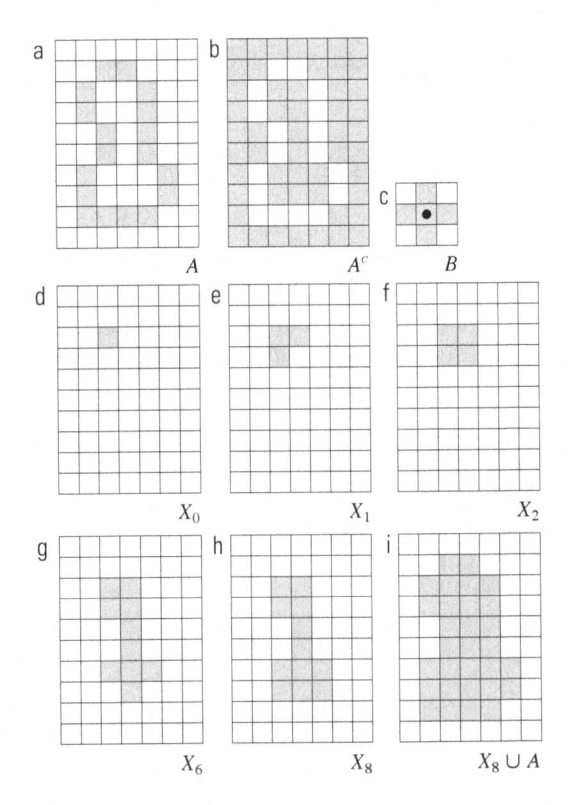

Figura 9.15 Preenchimento de buracos. (a) Conjunto A (sombreado). (b) Complemento de A. (c) Elemento estruturante B. (d) Ponto inicial dentro da fronteira. (e) a (h) Vários passos da Equação 9.5-2. (i) Resultado final [união de (a) e (h)].

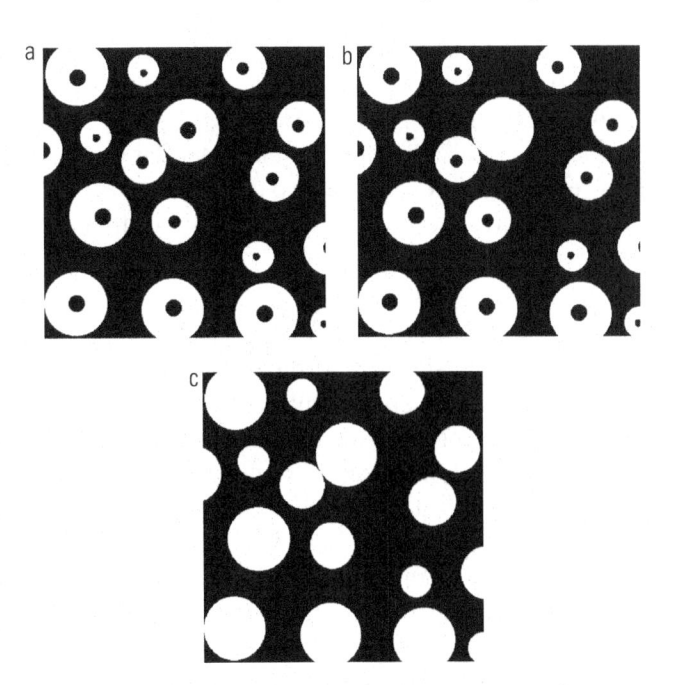

Figura 9.16 (a) Imagem binária (o ponto branco dentro de uma das regiões é o ponto de partida para o algoritmo de preenchimento de buracos). (b) Resultado do preenchimento daquela região. (c) Resultado do preenchimento de todos os buracos.

exemplo, rolamentos). As manchas escuras no interior das esferas poderiam ser o resultado de reflexos. O objetivo é eliminar os reflexos com o preenchimento de buracos. A Figura 9.16(a) mostra um ponto selecionado dentro de uma das esferas, e a Figura 9.16(b) mostra o resultado do preenchimento desse componente. Finalmente, a Figura 9.16(c) mostra o resultado do preenchimento de todas as esferas. Como é necessário saber se os pontos pretos são pontos de fundo ou pontos internos da esfera, automatizar completamente este procedimento exige que "inteligência" adicional seja incorporada no algoritmo. Mostraremos uma metodologia totalmente automatizada na Seção 9.5.9, baseada na reconstrução morfológica. (Veja também o Exercício 9.23.)

9.5.3 Extração de componentes conexos

Os conceitos de conectividade e componentes conexos foram introduzidos na Seção 2.5.2. A extração de componentes conexos de uma imagem binária é essencial para muitas aplicações automáticas de análise de imagem. Seja A um conjunto contendo um ou mais componentes conexos, que forma um arranjo matricial X_0 (do mesmo tamanho que o arranjo que contém A), cujos elementos são 0s (valores de fundo), exceto em cada posição que corresponde a um ponto em cada componente conexo em A, que definimos como 1 (valor de frente). O objetivo é começar com X_0 e encontrar todos os componentes conexos. O seguinte procedimento iterativo cumpre esse intuito:

$$X_k = (X_{k-1} \oplus B) \cap A \quad k = 1, 2, 3, \ldots \quad (9.5\text{-}3)$$

onde B um elemento estruturante adequado (como na Figura 9.17). O procedimento termina quando $X_k = X_{k-1}$, com X_k contendo todos os componentes conexos da imagem de entrada. Repare na similaridade das equações 9.5-3 e 9.5-2. A única diferença é o uso de A em vez de A^c. Isto não surpreende, porque aqui estamos procurando os pontos de frente, enquanto o objetivo na Seção 9.5.2 era encontrar os pontos de fundo.

A Figura 9.17 ilustra o funcionamento da Equação 9.5-3, com a convergência sendo alcançada para $k = 6$. Repare que a forma do elemento estruturante utilizado é baseada na conectividade-8 entre os pixels. Se tivéssemos usado o ES na Figura 9.15, que é baseado na conectividade-4, o elemento na parte inferior esquerda do componente conexo não teria sido detectado porque está 8-conectado com o restante da figura. Como no algoritmo de preenchimento de buracos, a Equação 9.5-3 pode ser aplicada em um número finito de componentes conexos contidos em A, assumindo que é conhecido um ponto em cada um deles.*

Exemplo 9.7 Usando componentes conexos para detectar objetos estranhos em alimentos embalados.

Os componentes conexos são frequentemente utilizados para realizar inspeção automatizada. A Figura 9.18(a) mostra uma imagem de raios X de um peito de frango que contém fragmentos de ossos. É de grande interesse poder detectar esses objetos nos alimentos processados antes da embalagem e/ou envio. Neste caso particular, a densidade dos ossos é de tal intensidade que seus valores nominais são diferentes dos valores do fundo. Isso faz com que a extração dos ossos do fundo seja uma tarefa simples usando um único limiar (a limiarização foi introduzida na Seção 3.1, e é discutida em mais detalhes na Seção 10.3). O resultado é a imagem binária na Figura 9.18(b).

O mais importante nesta figura é o fato de que os pontos que restaram estão agrupados nos objetos (ossos), em vez de serem pontos isolados e irrelevantes. Podemos ter certeza de que somente os objetos de tamanho "significativo" permanecerão após erodir a imagem binarizada. Neste exemplo, definimos como significativo qualquer objeto que permaneça após a erosão com um elemento estruturante 5×5 formado de 1s. O resultado da erosão aparece na Figura 9.18(c). O próximo passo é analisar o tamanho dos objetos que permanecem. Rotulamos (identificamos) esses objetos extraindo os componentes conexos na imagem. A tabela na Figura 9.18(d) apresenta os resultados da extração. Há um total de 15 componentes conexos, e quatro deles são dominantes em tamanho. Isso é suficiente para determinar que um número significativo de objetos indesejáveis está contido na imagem original. Se necessário, uma caracterização adicional (como a forma, por exemplo) é possível usando as técnicas discutidas no Capítulo 11.

9.5.4 Fecho convexo

Um conjunto A é considerado *convexo* se o segmento de linha reta que une quaisquer dois pontos em A ficar totalmente dentro de A. O *fecho convexo* H de um conjunto arbitrário S é o menor conjunto convexo que contém S. A diferença do conjunto $H - S$ é chamada de *deficiência convexa* de S. Como discutiremos em mais detalhes nas seções 11.1.6 e 11.3.2, o fecho convexo e a deficiência convexa são úteis para a descrição de objetos. Aqui, apresentamos um algoritmo morfológico simples para a obtenção do fecho convexo, $C(A)$, de um conjunto A.

Considere que B^i, $i = 1, 2, 3, 4$, representam os quatro elementos estruturantes na Figura 9.19(a). O procedimento consiste na aplicação da equação:

$$X_k^i = (X_{k-1} \circledast B^i) \cup A \quad i = 1, 2, 3, 4$$
e
$$k = 1, 2, 3, \ldots \qquad (9.5\text{-}4)$$

com $X_0^i = A$. Quando o procedimento converge (ou seja, quando $X_k^i = X_{k-1}^i$), fazemos $D^i = X_k^i$. Portanto, o fecho convexo de A é

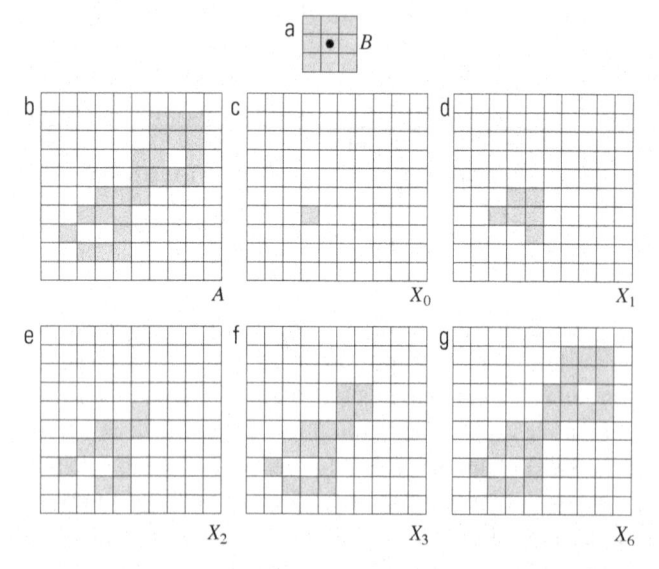

Figura 9.17 Extraindo componentes conexos. (a) Elemento estruturante. (b) Arranjo matricial contendo um conjunto com um componente conexo. (c) Arranjo inicial contendo um 1 na região do componente conexo. (d) a (g) Vários passos na iteração da Equação 9.5-3.

---
* Veja o Exercício 9.24 do algoritmo que não exige que um ponto em cada componente conexo seja conhecido *a priori*.

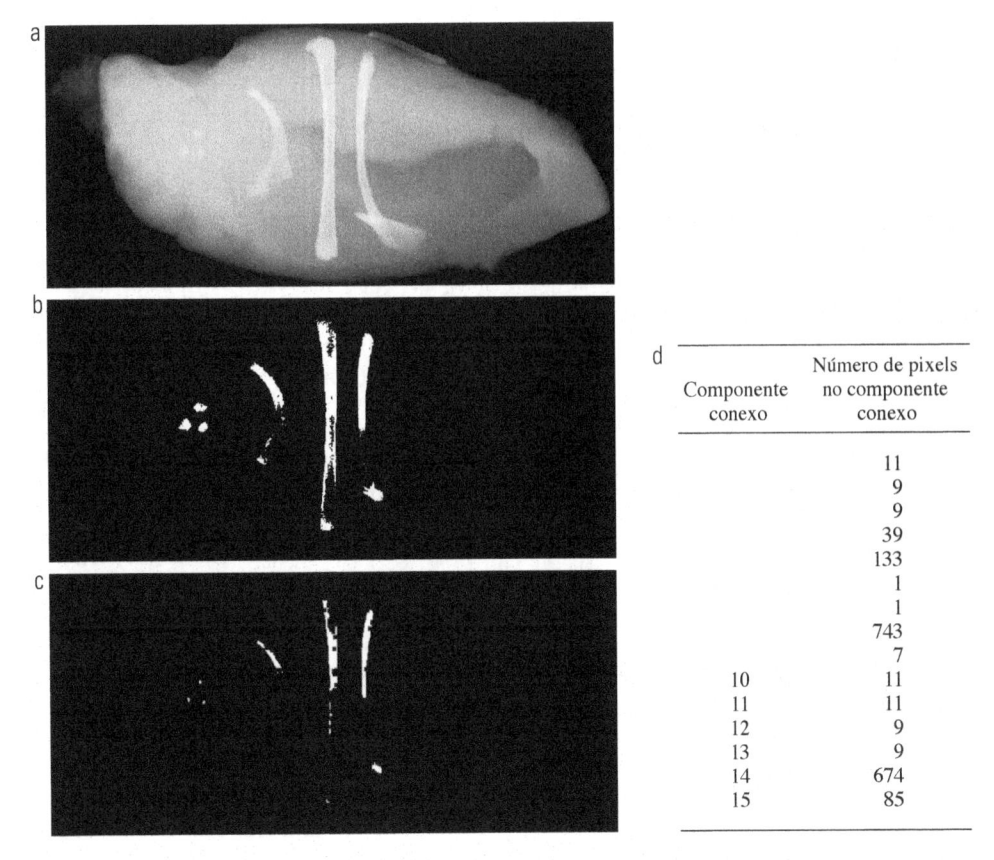

Figura 9.18 (a) Imagem de raios X de um filé de frango com fragmentos de ossos. (b) Imagem binarizada. (c) Imagem erodida com um elemento estruturante 5 × 5 formado de 1s. (d) Número de pixels nos componentes conexos de (c). (Imagem original: cortesia do NTB Elektronische Geraete GmbH, Diepholz, Alemanha, www.ntbxray.com.)

Componente conexo	Número de pixels no componente conexo
	11
	9
	9
	39
	133
	1
	1
	743
	7
10	11
11	11
12	9
13	9
14	674
15	85

$$C(A) = \bigcup_{i=1}^{4} D^i \qquad (9.5\text{-}5)$$

Em outras palavras, o método consiste em aplicar iterativamente a transformada *hit-or-miss* em A com B^1; quando nenhuma outra alteração ocorrer, realizaremos a união com A e chamamos o resultado de D^1. O procedimento é repetido com B^2 (aplicado em A), até que não ocorram mais mudanças, e assim por diante. A união dos quatro Ds resultantes constitui o fecho convexo de A. Note que estamos usando a implementação simplificada da transformada *hit-or-miss* em que nenhum casamento do fundo é requerido, como foi discutido no final da Seção 9.4.

A Figura 9.19 ilustra o procedimento indicado nas equações 9.5-4 e 9.5-5. A Figura 9.19(a) mostra os elementos estruturantes utilizados para extrair o fecho convexo. A origem de cada elemento está em seu centro. As entradas × indicam as condições "que não importam". Isto significa que dizemos que um elemento estruturante encontrou um casamento em A se a região 3 × 3 de A sob a máscara do elemento estruturante na posição "casa" com o padrão da máscara. Para uma máscara particular, um casamento de padrões ocorre quando o centro da região 3 × 3 em A é 0, e os três pixels sob os elementos da máscara sombreada são 1. Os valores dos outros pixels na região 3 × 3 não importam. Além disso, no que diz respeito à notação da Figura 9.19(a), B^i é uma rotação de B^{i-1} em 90° no sentido horário.

A Figura 9.19(b) mostra um conjunto A para o qual se deseja conhecer o fecho convexo. Começando com $X_0^1 = A$ resulta no conjunto da Figura 9.19(c) após quatro iterações da Equação 9.5-4. Então, fazendo $X_0^2 = A$ e novamente usando a Equação 9.5-4, resultou no conjunto da Figura 9.19(d) (a convergência foi alcançada em apenas dois passos neste caso). Os dois resultados seguintes foram obtidos da mesma forma. Por fim, formando a união dos conjuntos nas figuras 9.19(c) a (f), chega-se ao fecho convexo mostrado na Figura 9.19(g). A contribuição de cada elemento estruturante é destacada no conjunto composto mostrado na Figura 9.19(h).

Uma limitação evidente nesse processo abordado é que o fecho convexo pode crescer além das dimensões mínimas exigidas para garantir a convexidade. Uma abordagem simples para reduzir esse efeito é limitar o crescimento, de modo que não vá além da dimensão vertical

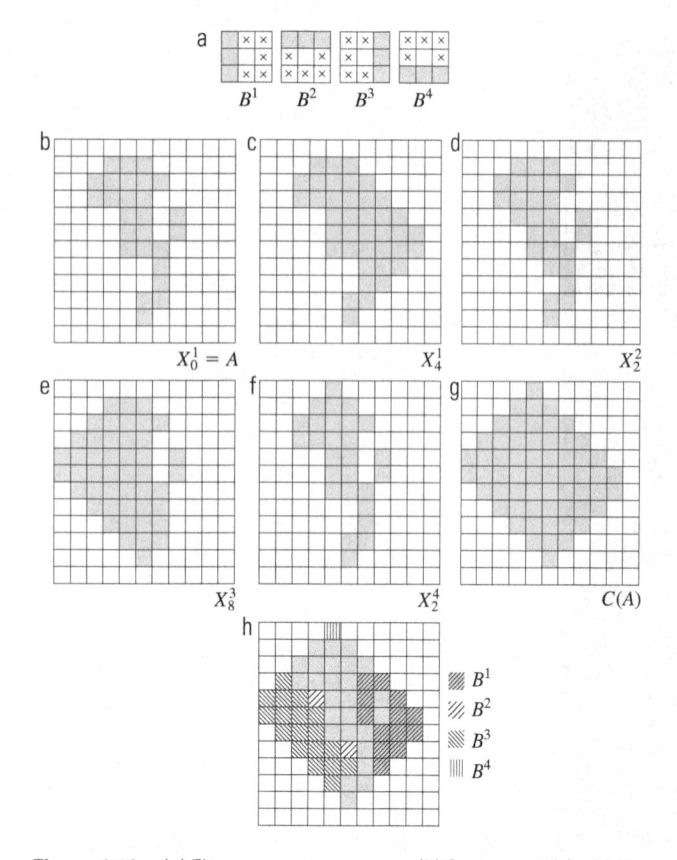

Figura 9.19 (a) Elementos estruturantes. (b) Conjunto A. (c) a (f) Resultados da convergência com os elementos estruturantes mostrados em (a). (g) Fecho convexo. (h) Fecho convexo mostrando a contribuição de cada elemento estruturante.

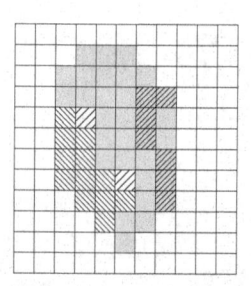

Figura 9.20 Resultado de limitar o crescimento do algoritmo de fecho convexo para as dimensões máximas do conjunto original de pontos nas direções vertical e horizontal.

e horizontal do conjunto original de pontos. Impor essa limitação no exemplo na Figura 9.19 resultou na imagem que aparece na Figura 9.20. As fronteiras de maior complexidade podem ser usadas para limitar ainda mais o crescimento em imagens com mais detalhes. Por exemplo, poderíamos usar as dimensões máximas do conjunto original de pontos ao longo das direções vertical, horizontal e diagonal. O preço pago por refinamentos como este é a complexidade adicional e o aumento dos requisitos computacionais do algoritmo.

9.5.5 Afinamento

O afinamento de um conjunto A por um elemento estruturante B, chamado $A \otimes B$, pode ser definido em termos da transformada *hit-or-miss*:

$$A \otimes B = A - (A \circledast B)$$
$$= A \cap (A \circledast B)^c \quad (9.5\text{-}6)$$

Tal como na seção anterior, estamos interessados apenas no casamento de padrões com os elementos estruturantes e, por isso, nenhuma operação de fundo é requerida na transformada *hit-or-miss*. Uma expressão mais útil para afinar A de forma simétrica é baseada em uma *sequência* de elementos estruturantes:

$$\{B\} = \{B^1, B^2, B^3, \ldots B^n\} \quad (9.5\text{-}7)$$

na qual B^i é uma versão rotacionada de B^{i-1}. Utilizando este conceito, podemos agora definir o afinamento por uma sequência de elementos estruturantes como

$$A \otimes \{B\} = ((\ldots ((A \otimes B^1) \otimes B^2) \ldots) \otimes B^n) \quad (9.5\text{-}8)$$

O processo consiste em afinar A por *uma passada* com B^1, depois afinar o resultado com uma passada de B^2 e assim sucessivamente, até que A seja afinado com uma passada de B^n. Todo o processo é repetido até que não ocorram mais alterações. Cada passada de afinamento é realizada por meio da Equação 9.5-6.

A Figura 9.21(a) mostra um conjunto de elementos estruturantes que geralmente são utilizados para o afinamento, e a Figura 9.21(b) mostra um conjunto A que deve ser afinado usando o procedimento que acabamos de discutir. A Figura 9.21(c) mostra o resultado do afinamento após uma passada de A com B^1, e as figuras 9.21(d) a (k) mostram os resultados de passes com os outros elementos estruturantes. A convergência foi alcançada após o segundo passe de B^6. A Figura 9.21(l) mostra o resultado afinado. Finalmente, a Figura 9.21(m) mostra o conjunto afinado convertido para conectividade-m (veja a Seção 2.5.2) para eliminar caminhos múltiplos.

9.5.6 Espessamento

O espessamento é o complemento morfológico do afinamento, e é definido pela expressão

$$A \odot B = A \cup (A \circledast B) \quad (9.5\text{-}9)$$

sendo B um elemento estruturante adequado para o espessamento. Como no afinamento, o espessamento pode ser definido como uma operação sequencial:

$$A \odot \{B\} = ((\ldots ((A \odot B^1) \odot B^2) \ldots) \odot B^n) \quad (9.5\text{-}10)$$

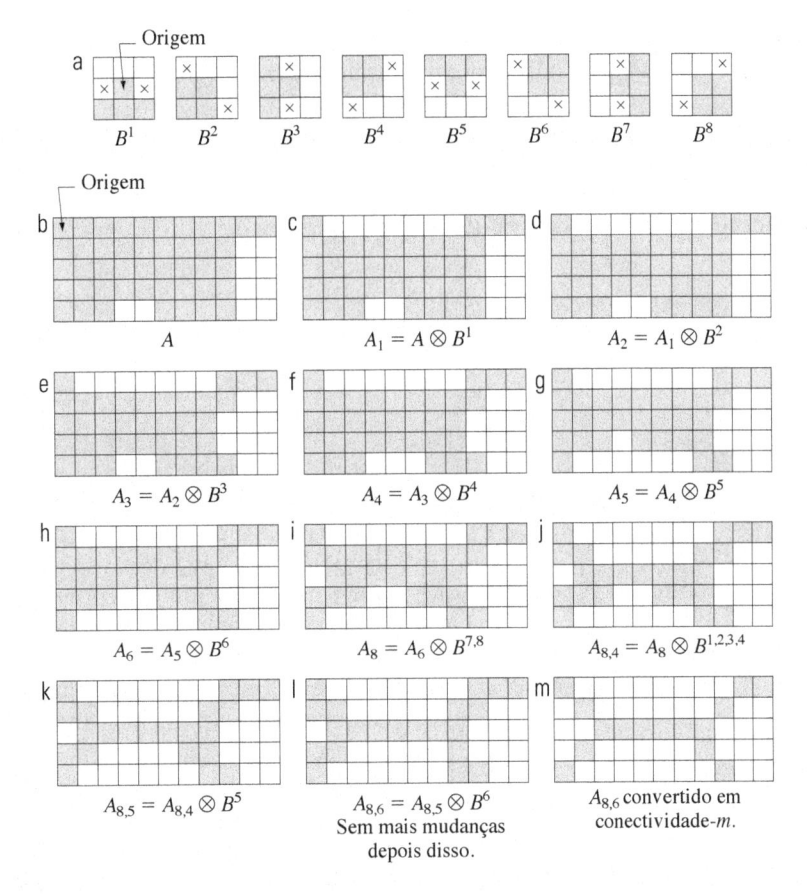

Figura 9.21 (a) Sequência de elementos estruturantes rotacionados que são utilizados para o afinamento. (b) Conjunto A. (c) Resultado do afinamento com o primeiro elemento. (d) a (i) Resultados do afinamento com os sete elementos seguintes (não houve alteração entre o sétimo e oitavo elementos). (j) Resultado de utilizar os quatro primeiros elementos novamente. (l) Resultado após a convergência. (m) Conversão para a conectividade-m.

Os elementos estruturantes utilizados para o espessamento têm a mesma forma que os mostrados na Figura 9.21(a), mas com todos os 1s e 0s trocados. No entanto, um algoritmo exclusivo para o espessamento raramente é usado na prática. Em vez disso, o procedimento usual é afinar o fundo do conjunto em questão e, em seguida, complementar o resultado. Em outras palavras, para espessar um conjunto A, formamos $C = A^c$, afinamos C e, então, formamos C^c. A Figura 9.22 ilustra este procedimento.

Dependendo da natureza de A, esse procedimento pode resultar em pontos desconectados, como mostra a Figura 9.22(d). Assim, o espessamento por esse método geralmente é seguido por um pós-processamento para eliminar os pontos desconectados. Repare, na Figura 9.22(c), que o fundo afinado forma uma fronteira para o processo de espessamento. Essa característica útil não está presente na implementação direta do espessamento usando a Equação 9.5-10, sendo uma das principais razões para a utilização do afinamento do fundo para efetuar o espessamento.

9.5.7 Esqueletos

Como mostra a Figura 9.23, a noção de um esqueleto, $S(A)$, de um conjunto A é intuitivamente simples. Deduzimos desta figura que

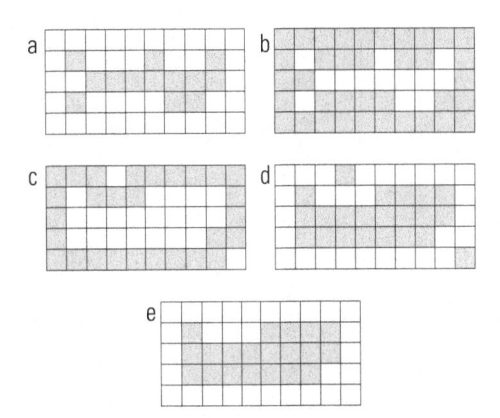

Figura 9.22 (a) Conjunto A. (b) Complemento de A. (c) Resultado do afinamento do complemento de A. (d) Espessamento obtido complementando (c). (e) Resultado final, sem pontos desconectados.

(a) Se z é um ponto de $S(A)$ e $(D)_z$ é o maior disco centrado em z que está contido em A, não se pode encontrar um disco maior (não necessariamente centrado em z) contendo $(D)_z$ e contido em A. O disco $(D)_z$ é chamado de *disco máximo*.

(b) O disco $(D)_z$ toca a fronteira de A em dois ou mais lugares diferentes.

O esqueleto de A pode ser expresso em termos de erosões e aberturas. Ou seja, pode ser comprovado [Serra (1982)] que

$$S(A) = \bigcup_{k=0}^{K} S_k(A) \qquad (9.5\text{-}11)$$

com

$$S_k(A) = (A \ominus kB) - (A \ominus kB) \circ B \qquad (9.5\text{-}12)$$

onde B é um elemento estruturante, e $(A \ominus kB)$ indica k erosões sucessivas de A:

$$(A \ominus kB) = ((\ldots((A \ominus B) \ominus B) \ominus \ldots) \ominus B) \qquad (9.5\text{-}13)$$

k vezes e K é o último passo iterativo antes de A ser erodido até se tornar um conjunto vazio. Em outras palavras,

$$K = \text{máx}\{k | (A \ominus kB) \neq \varnothing\} \qquad (9.5\text{-}14)$$

A formulação dada nas equações 9.5-11 e 9.5-12 afirma que $S(A)$ pode ser obtido como a união dos *subconjuntos do esqueleto* $S_k(A)$ do esqueleto. Além disso, pode ser comprovado que A pode ser reconstruído a partir desses subconjuntos utilizando a equação

$$A = \bigcup_{k=0}^{K} (S_k(A) \oplus kB) \qquad (9.5\text{-}15)$$

na qual $(S_k(A) \oplus kB)$ denota k dilatações sucessivas de $S_k(A)$, isto é,

$$(S_k(A) \oplus kB) = ((\ldots((S_k(A) \oplus B) \oplus B) \oplus \ldots) \oplus B) \qquad (9.5\text{-}16)$$

Exemplo 9.8 Calculando o esqueleto de uma figura simples.

A Figura 9.24 ilustra os conceitos que acabamos de discutir. A primeira coluna mostra o conjunto original (no topo) e duas erosões por um elemento estruturante B. Note que mais uma erosão de A produziria um conjunto vazio, portanto $K = 2$ neste caso. A segunda coluna mostra a abertura por B dos conjuntos da primeira coluna. Esses resultados podem ser facilmente explicados pela caracterização de ajuste da operação de abertura discutida em relação à Figura 9.8. A terceira coluna contém simplesmente as diferenças de conjunto entre a primeira e a segunda colunas.

A quarta coluna contém dois esqueletos parciais e o resultado final (na parte de baixo da coluna). O esqueleto final não só é mais espesso do que deveria mas, o que é mais importante, não está conectado. Este resultado não é inesperado, já que nada na formulação anterior do esqueleto morfológico garante a conectividade. A morfologia produz uma formulação elegante em termos de erosões e aberturas de um dado conjunto. No entanto, as formulações heurísticas, como o algoritmo desenvolvido na Seção 11.1.7, são necessárias se, como geralmente é o caso, for exigido que o esqueleto seja o mais fino possível, conectado e pouco erodido.

A quinta coluna mostra $S_0(A)$, $S_1(A) \oplus B$ e $(S_2(A) \oplus 2B) = (S_2(A) \oplus B) \oplus B$. Finalmente, a última coluna mostra a reconstrução de um conjunto A que, de acordo com a Equação 9.5-15, é a união dos subconjuntos do esqueleto dilatado mostrados na quinta coluna.

9.5.8 Poda

Os métodos de poda são um complemento essencial para os algoritmos de afinamento e esqueletização, uma vez que esses procedimentos costumam deixar componentes parasitas que precisam ser "limpados" por meio de um pós-processamento. Começaremos a discussão com um problema de poda e depois desenvolveremos uma solução morfológica baseada no material introduzido nas seções anteriores. Assim, aproveitamos essa oportunidade para ilustrar como proceder para resolver um problema combinando várias das técnicas discutidas até este ponto.

Uma abordagem comum em matéria de reconhecimento automático de caracteres escritos à mão é feita a

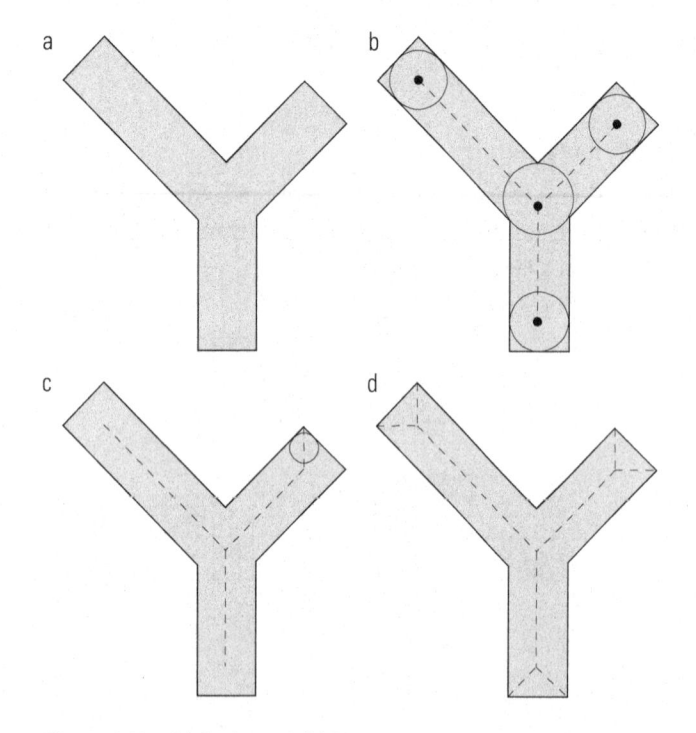

Figura 9.23 (a) Conjunto A. (b) Diversas posições dos discos máximos com os centros sobre o esqueleto de A. (c) Outro disco máximo em um segmento diferente do esqueleto de A. (d) Esqueleto completo.

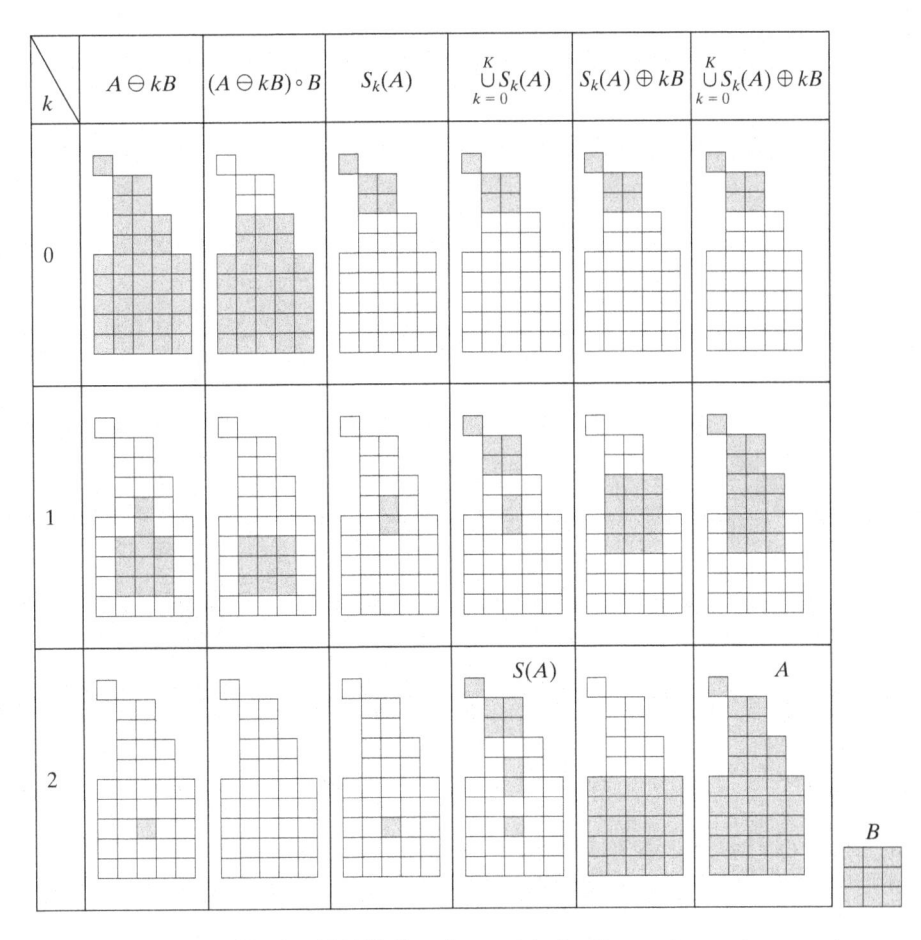

Figura 9.24 Implementação das equações 9.5-11 até 9.5-15. O conjunto original está na parte superior esquerda e seu esqueleto morfológico está na parte de baixo da quarta coluna. O conjunto reconstruído está na parte de baixo da sexta coluna.

partir da análise da forma do esqueleto de cada caractere. Esses esqueletos normalmente são corrompidos por componentes "espúrios" (parasitas). Os componentes parasitas são causados durante a erosão pela descontinuidade nos segmentos que compõem os caracteres. Desenvolvemos uma técnica morfológica para tratar esse problema, partindo do pressuposto de que o tamanho do componente parasita não excede um número específico de pixels.

A Figura 9.25(a) mostra o esqueleto de uma letra "a" escrita à mão*. O componente parasita na parte à esquerda do caractere é um exemplo do que queremos remover. A solução baseia-se na supressão da ramificação parasita eliminando-se sucessivamente seu ponto extremo. Evidentemente, isso também reduz (ou elimina) outras ramificações do caractere, mas, na ausência de outras informações estruturais, a hipótese neste exemplo é que

qualquer ramificação com três pixels ou menos deve ser eliminada. O afinamento de um conjunto de entrada A por uma sequência de elementos estruturantes projetados para detectar apenas extremidades consegue o resultado desejado. Ou seja, considere que

$$X_1 = A \otimes \{B\} \qquad (9.5\text{-}17)$$

na qual $\{B\}$ denota a sequência de elementos estruturantes mostrada nas figuras 9.25(b) e (c) (veja a Equação 9.5-7 sobre as sequências de elementos estruturantes). Esta consiste em dois elementos estruturantes diferentes, cada qual rotacionado em 90°, para um total de oito elementos. O "×" na Figura 9.25(b) significa uma condição "não importa", no sentido de que não importa se o pixel nessa posição tem valor 0 ou 1. Numerosos resultados relatados na literatura sobre morfologia baseiam-se na utilização de um *único* elemento estruturante, semelhante ao da Figura 9.25(b), mas que possui condições "não importa" ao longo de toda a primeira coluna. Isso é incorreto. Por exemplo, este elemento identificaria o ponto lo-

---

* Podemos definir um *ponto final* como o ponto central de uma região 3 × 3, que satisfaz qualquer um dos arranjos matriciais das figuras 9.25(b) ou (c).

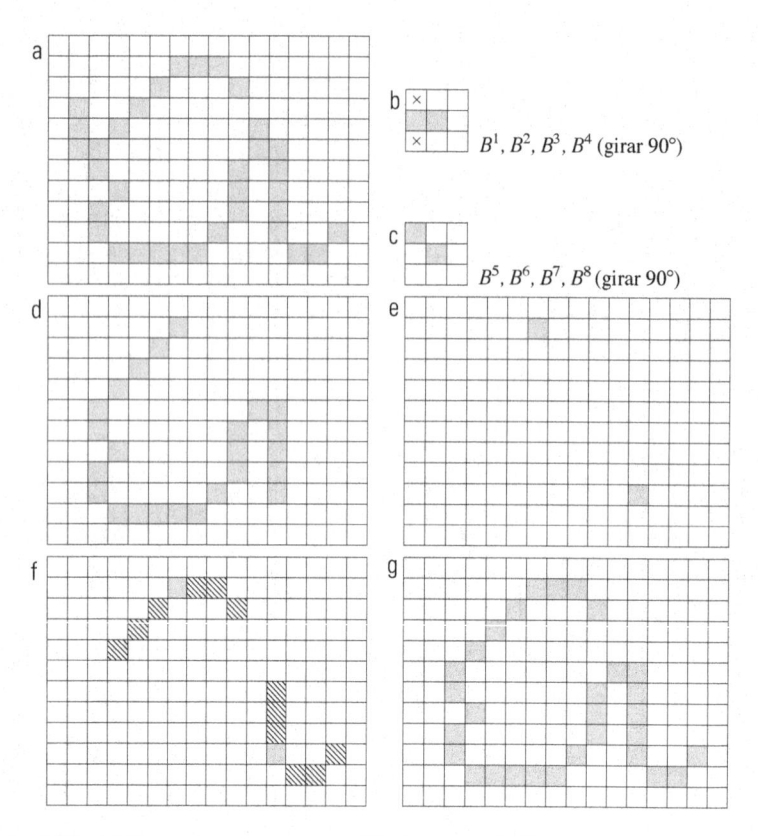

Figura 9.25 (a) Imagem original. (b) e (c) Elementos estruturantes utilizados para eliminar os pontos extremos. (d) Resultado de três ciclos de afinamento. (e) Extremidades de (d). (f) Dilatação das extremidades condicionadas em (a). (g) Imagem podada.

calizado na oitava linha, quarta coluna da Figura 9.25(a) como uma extremidade, eliminando-o e interrompendo a conectividade no segmento.

Aplicar a Equação 9.5-17 em A três vezes produz o conjunto X_1 definido na Figura 9.25(d). O próximo passo é "restaurar" a forma original do caractere, mas sem as ramificações parasitas. Para fazer isso, primeiro é necessário formar um conjunto X_2 contendo todas as extremidades de X_1 [Figura 9.25(e)]:

$$X_2 = \bigcup_{k=1}^{8}(X_1 \circledast B^k) \qquad (9.5\text{-}18)$$

na qual B^k são os mesmos detectores de extremidades mostrados nas figuras 9.25(b) e (c). O próximo passo é a dilatação das extremidades três vezes, usando o conjunto A como um delimitador:*

$$X_3 = (X_2 \oplus H) \cap A \qquad (9.5\text{-}19)$$

sendo que H é um elemento estruturante 3×3 de 1s e a interseção com A é aplicada após cada etapa. Como no caso do preenchimento de região e da extração de componentes conexos, esse tipo de dilatação condicional evita a criação de elementos de valor 1 fora da região de interesse, como evidenciado pelo resultado mostrado na Figura 9.25(f). Por fim, a união de X_3 e X_1 leva ao resultado desejado,

$$X_4 = X_1 \cup X_3 \qquad (9.5\text{-}20)$$

na Figura 9.25(g).

Em cenários mais complexos, a utilização da Equação 9.5-19 às vezes pega "dicas" a respeito de algumas ramificações parasitas. Esta condição poderá ocorrer quando as extremidades dessas ramificações estiverem próximas ao esqueleto. Embora a Equação 9.5-17 possa eliminá-las, elas podem ser apanhadas novamente durante a dilatação porque são pontos válidos em A. A não ser que todos os elementos parasitas sejam apanhados novamente (um caso raro se esses elementos são pequenos se comparados com as partes válidas dos caracteres), detectá-los e eliminá-los é fácil porque são regiões desconectadas.

Neste momento, um pensamento natural é que deve haver maneiras mais fáceis de resolver este problema. Por exemplo, poderíamos apenas rastrear todos os pontos eliminados e simplesmente reconectar os pontos apropriados a todas as extremidades deixadas após a

---

* A Equação 9.5-19 é a base para a reconstrução morfológica por dilatação, conforme será explicado na próxima seção.

aplicação da Equação 9.5-17. Essa opção é válida, mas a vantagem da formulação apresentada é que o uso de operações morfológicas simples resolve inteiramente o problema. Em situações práticas, quando muitas dessas ferramentas estiverem disponíveis, a vantagem é que um novo algoritmo não precisa ser reescrito. Simplesmente combinamos as funções morfológicas necessárias em uma sequência de operações.

9.5.9 Reconstrução morfológica

Os conceitos morfológicos discutidos até agora envolvem uma imagem e um elemento estruturante. Nesta seção, discutiremos uma poderosa transformação morfológica denominada *reconstrução morfológica*, que envolve duas imagens e um elemento estruturante. Uma imagem, o *marcador*, contém os pontos de partida para a transformação. A outra imagem, a *máscara*, restringe a transformação. O elemento estruturante é usado para definir a conectividade.*

Dilatação e erosão geodésica

Os conceitos de dilatação e erosão geodésicas são fundamentais para a reconstrução morfológica. Suponha que F denote a imagem do marcador, e G, a imagem da máscara. Nessa discussão, consideramos que ambas são imagens binárias, e que $F \subseteq G$. A *dilatação geodésica* de tamanho 1 da imagem do marcador de imagem com relação à máscara, denotada por $D_G^{(0)}(F)$, é definida como

$$D_G^{(1)}(F) = (F \oplus B) \cap G \quad (9.5\text{-}21)$$

∩ representa a interseção de conjuntos (∩ aqui pode ser interpretado como uma função lógica do tipo E, porque a interseção de conjuntos e as operações lógicas do tipo E são as mesmas para conjuntos binários). A dilatação geodésica de tamanho n de F em relação a G é definida como

$$D_G^{(n)}(F) = D_G^{(1)}\left[D_G^{(n-1)}(F)\right] \quad (9.5\text{-}22)$$

com $D_G^{(0)}(F) = F$. Nessa expressão recursiva, a interseção na Equação 9.5-21 é realizada a cada passo.** Repare que o operador de interseção garante que a máscara G limitará o crescimento (dilatação) do marcador F. A Figura 9.26 mostra um exemplo simples de dilatação geodésica de tamanho 1. Os passos na figura são uma aplicação direta da Equação 9.5-21.

Da mesma forma, a *erosão geodésica* de tamanho 1 do marcador F em relação à máscara G é definida como

$$E_G^{(1)}(F) = (F \ominus B) \cup G \quad (9.5\text{-}23)$$

na qual ∪ indica a união de conjuntos (ou a operação lógica OU). A erosão geodésica de tamanho n de F em relação à G é definida como

$$E_G^{(n)}(F) = E_G^{(1)}\left[E_G^{(n-1)}(F)\right] \quad (9.5\text{-}24)$$

com $E_G^{(0)}(F) = F$. A operação de união de conjuntos na Equação 9.5-23 é realizada a cada passo iterativo, e garante que a erosão geodésica de uma imagem continue a ser

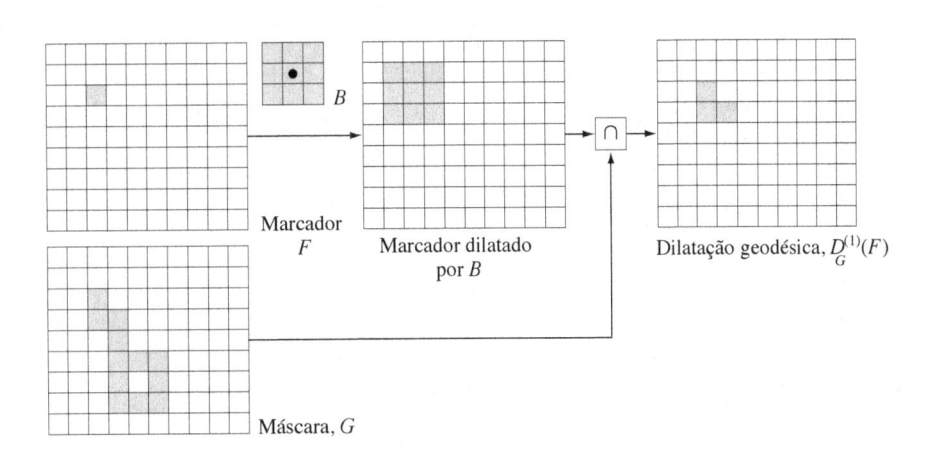

Figura 9.26 Ilustração da dilatação geodésica.

---

* Em grande parte da literatura sobre reconstrução morfológica, o elemento estruturante é tacitamente considerado isotrópico e, normalmente, é chamado de *elemento estruturante elementar isotrópico*. No contexto deste capítulo, um exemplo de um ES é simplesmente um arranjo matricial 3 × 3 de 1s com a origem no centro.

** Embora seja mais intuitivo desenvolver métodos de reconstrução morfológica utilizando formulações recursivas (como fizemos aqui), sua aplicação prática normalmente baseia-se em algoritmos computacionais mais eficientes [veja, por exemplo, Vincent (1993) e Soille (2003)]. Todos os exemplos baseados em imagens desta seção foram gerados usando esses algoritmos.

maior ou igual à sua imagem de máscara. Como esperado pelo formato das equações 9.5-21 e 9.5-23, a dilatação e a erosão geodésicas são *duais* no que diz respeito à complementação de conjuntos (ver Exercício 9.29). A Figura 9.27 mostra um exemplo simples de erosão geodésica de tamanho 1. Os passos na figura são uma aplicação direta da Equação 9.5-23.

A dilatação e a erosão geodésica de imagens finitas sempre convergem após um número finito de passos iterativos porque a propagação ou a diminuição da imagem do marcador está limitada pela máscara.

Reconstrução morfológica por dilatação e por erosão

Com base nos conceitos anteriores, a *reconstrução morfológica por dilatação* de uma imagem de máscara G a partir da imagem do marcador F, denominado $R_G^D(F)$, é definida como a dilatação geodésica de F em relação à G, iteragida até que a estabilidade seja alcançada, ou seja,

$$R_G^D(F) = D_G^{(k)}(F) \qquad (9.5\text{-}25)$$

com k tal que $D_G^{(k)}(F) = D_G^{(k+1)}(F)$.

A Figura 9.28 ilustra a reconstrução por dilatação. A Figura 9.28(a) continua o processo iniciado na Figura 9.26, ou seja, o próximo passo na reconstrução após a obtenção de $D_G^{(1)}(F)$ é dilatar o resultado e, então, fazer uma operação lógica E com a máscara G para obter $D_G^{(2)}(F)$ como mostra a Figura 9.28(b). A dilatação de $D_G^{(2)}(F)$ e o mascaramento com G produzem, então, $D_G^{(3)}(F)$, e assim por diante. Esse procedimento é repetido até a estabilidade ser alcançada. Se fizéssemos mais um passo desse exemplo, encontraríamos $D_G^{(5)}(F) = D_G^{(6)}(F)$, então a imagem reconstruída morfologicamente pela dilatação seria dada por $R_G^D(F) = D_G^{(5)}(F)$, conforme indicado na Equação 9.5-25. Repare que a imagem reconstruída neste caso é idêntica à imagem da máscara porque F continha um único pixel de valor 1 (isto é análogo à convolução de uma imagem com um impulso, que simplesmente copia a imagem no local do impulso, como explicado na Seção 3.4.2).

Similarmente, a *reconstrução morfológica por erosão* de uma imagem de máscara G de uma imagem do marcador F, chamada de $R_G^E(F)$, é definida como a erosão geodésica de F em relação à G, iteragida até atingir a estabilidade, ou seja,

$$R_G^E(F) = E_G^{(k)}(F) \qquad (9.5\text{-}26)$$

com k tal que $E_G^{(k)}(F) = E_G^{(k+1)}(F)$. Como exercício, você deve gerar uma figura semelhante à Figura 9.28 para a reconstrução morfológica por erosão.

A reconstrução por dilatação e erosão são duais em relação ao complemento de conjuntos (veja o Exercício 9.30).

Exemplos de aplicações

A reconstrução morfológica tem um amplo espectro de aplicações práticas, cada uma determinada pela seleção das imagens do marcador e de máscara, pelos elementos estruturantes utilizados e pelas combinações das operações primitivas definidas na discussão anterior. Os exemplos a seguir ilustram a utilidade desses conceitos.

Abertura por reconstrução: na abertura morfológica, a erosão remove pequenos objetos e a dilatação subsequente tenta restaurar as formas dos objetos que permanecem. No entanto, a precisão dessa restauração é altamente dependente da semelhança entre as formas dos objetos e do elemento estruturante utilizado. A *abertura por reconstrução* restaura *exatamente* a forma dos objetos que permanecem após a erosão. A abertura por reconstrução de tamanho n de uma imagem F é definida como a reconstrução por dilatação de F a partir da erosão de tamanho n de F, isto é,

$$O_R^{(n)}(F) = R_F^D\left[(F \ominus nB)\right] \qquad (9.5\text{-}27)$$

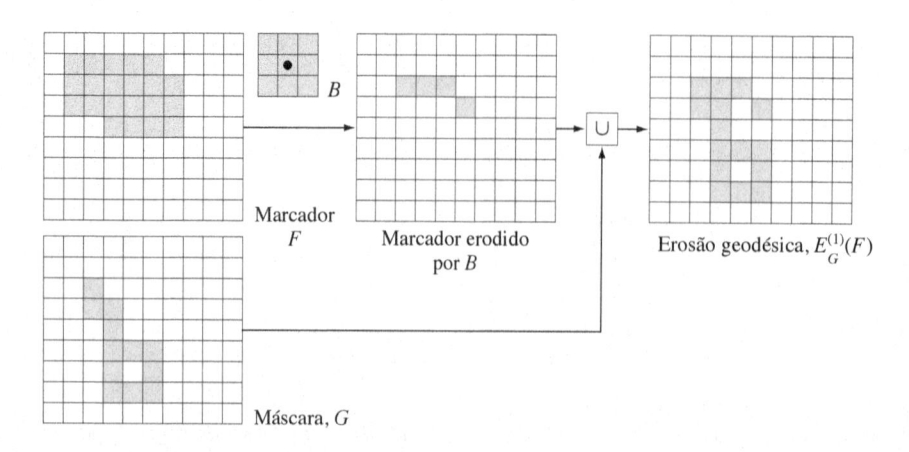

Figura 9.27 Ilustração da erosão geodésica.

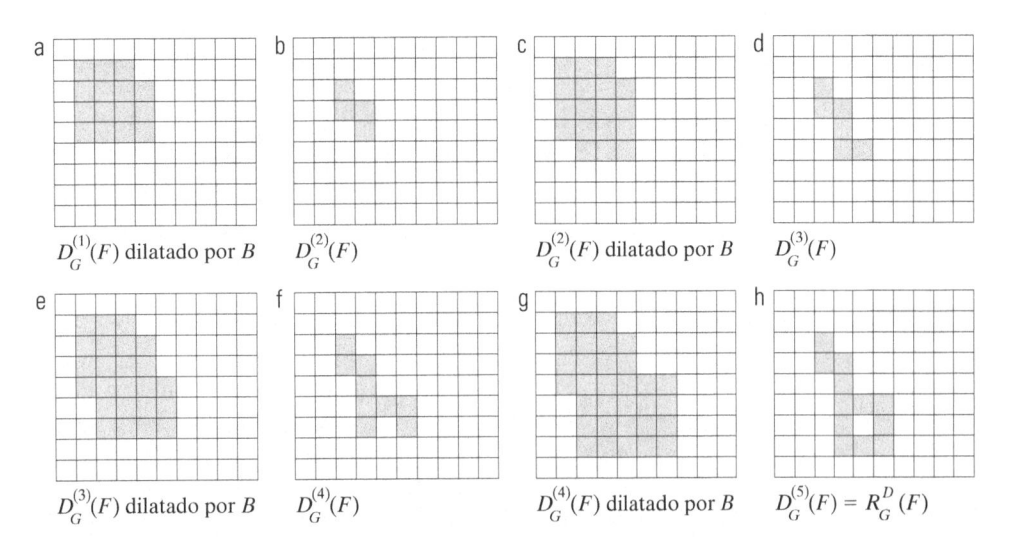

Figura 9.28 Ilustração da reconstrução morfológica por dilatação. F, G, B e $D_G^{(1)}(F)$ são da Figura 9.26.

sendo que $(F \ominus nB)$ indica n erosões de F por B, como explicado na Seção 9.5.7. Note-se que F é usado como máscara nesta aplicação. Uma expressão semelhante pode ser escrita para o fechamento por reconstrução (veja a Tabela 9.1).

A Figura 9.29 mostra um exemplo de abertura por reconstrução. Nessa ilustração, estamos interessados em extrair da Figura 9.29(a) os caracteres que contenham traços longos e verticais. A abertura por reconstrução exige pelo menos uma erosão e, por isso, realizamos inicialmente esse passo. A Figura 9.29(b) mostra a erosão da Figura 9.29(a) com um elemento estruturante de comprimento proporcional à altura média dos caracteres altos (51 pixels) e a largura de um pixel. Para efeito de comparação, calculamos a abertura da imagem usando o mesmo elemento estruturante. A Figura 9.29(c) apresenta o resultado. Finalmente, a Figura 9.29(d) é a abertura por reconstrução (de tamanho 1) de F [ou seja $O_R^{(1)}(F)$] dada na Equação 9.5-27. Esse resultado mostra que os caracteres que possuem traços verticais longos foram restaurados com precisão e que todos os outros caracteres foram removidos.

Preenchimento de buracos: na Seção 9.5.2, foi desenvolvido um algoritmo para preencher buracos baseado no conhecimento do ponto de partida em cada buraco na imagem. Aqui, nós desenvolvemos um processo totalmente automatizado baseado na reconstrução morfológica. Seja $I(x, y)$ uma imagem binária e suponha que seja formada uma imagem de marcador F que é 0 em todos os lugares, exceto nas bordas da imagem, onde ela é definida como $1 - I$, ou seja,

$$F(x,y) = \begin{cases} 1 - I(x,y) & \text{se } (x,y) \text{ estiver sobre a borda } I \\ 0 & \text{caso contrário} \end{cases}$$

(9.5-28)

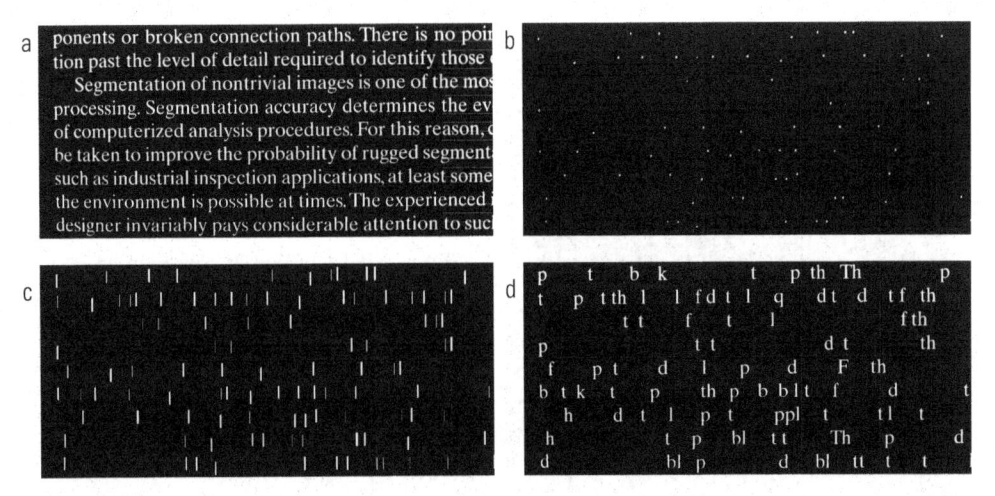

Figura 9.29 (a) Imagem de texto de tamanho 918×2.018 pixels. A altura média aproximada dos caracteres é de 50 pixels. (b) Erosão de (a) por um elemento estruturante de tamanho 51×1 pixels. (c) Abertura de (a) com o mesmo elemento estruturante, mostrado apenas como referência. (d) Resultado de abertura por reconstrução.

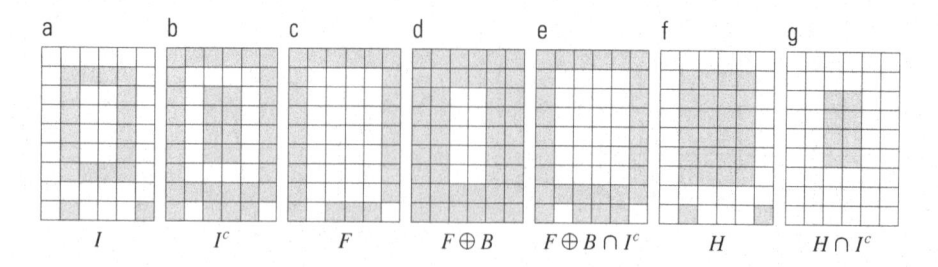

Figura 9.30 Ilustração do preenchimento de buracos em uma imagem simples.

Então,

$$H = \left[R_{I^c}^D (F) \right]^c \quad (9.5\text{-}29)$$

é uma imagem binária igual a I, com todos os buracos preenchidos.

Consideremos os componentes individuais de Equação 9.5-29 para ver como essa expressão de fato faz com que todos os buracos na imagem sejam preenchidos. A Figura 9.30(a) mostra uma imagem I simples que contém um buraco, e a Figura 9.30(b), seu complemento. Repare que, pelo fato de o complemento de I substituir todos os pixels de frente (de valor 1) pelos pixels do fundo (de valor 0), e vice-versa, esta operação de fato cria uma "parede" de 0s em torno do buraco. Como I^c é usado como uma máscara para a operação lógica E, tudo o que estamos fazendo aqui é proteger todos os pixels de frente (incluindo a parede ao redor do buraco) para que não sejam alterados durante as iterações do processo. A Figura 9.30(c) é um arranjo matricial F formado utilizando a Equação 9.5-28, e a Figura 9.30(d) mostra o arranjo F dilatado por um ES 3×3 cujos elementos são todos 1s. Note que o marcador F tem uma borda de 1s (exceto nas posições em que I é 1) e, por isso, a dilatação de F dos pontos marcadores começa na borda e prossegue para dentro. A Figura 9.30(e) mostra a dilatação geodésica de F usando I^c como máscara. Como já indicado, todas as posições nesse resultado que correspondem a pixels de frente de I são 0 e que isso é verdadeiro também para os pixels do buraco. Outra iteração irá produzir o mesmo resultado que, quando complementada conforme exigido pela Equação 9.5-29, resultará na imagem da Figura 9.30(f). Como desejado, o buraco agora está preenchido, e o restante da imagem I ficou inalterado. A operação $H \cap I^c$ produziu uma imagem que contém pixels de valor 1 nas posições correspondentes aos buracos em I, como mostra a Figura 9.30(g).

A Figura 9.31 mostra um exemplo mais prático. A Figura 9.31(b) mostra o complemento da imagem de texto na Figura 9.31(a), e a Figura 9.31(c) é a imagem do marcador, F, gerado a partir da Equação 9.5-28. Essa imagem tem uma borda de 1s, exceto nas posições que já possuíam valor 1 na borda da imagem original. Finalmente, a Figura 9.31(d) mostra a imagem com todos os buracos preenchidos.

Limpeza das bordas: a extração de objetos de uma imagem para a análise posterior das formas é uma tarefa fundamental no processamento automatizado de imagens. Um algoritmo para remover os objetos que tocam (isto é, que estão conectados) as bordas da imagem, é uma ferramenta útil porque (1) pode ser usado para imagens de alguma

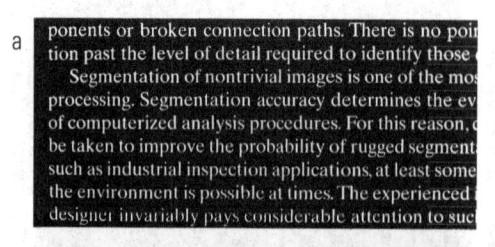

Figura 9.31 (a) Imagem de texto de tamanho 918×2.018 pixels. (b) Complemento de (a) para uso como uma imagem de máscara. (c) Imagem do marcador. (d) Resultado do preenchimento de buracos usando a Equação 9.5-29.

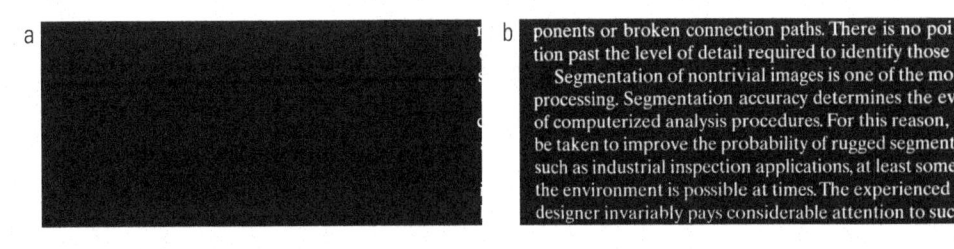

Figura 9.32 Limpeza das bordas. (a) Imagem do marcador. (b) Imagem sem objetos tocando a borda. A imagem original é a da Figura 9.29(a).

cena, de modo que somente os objetos completos permanecem para o processamento posterior, ou (2) pode ser utilizado como um sinal de que objetos parciais estão presentes no campo de visão. Como ilustração final dos conceitos introduzidos nesta seção, desenvolvemos um procedimento de limpeza das bordas baseado na reconstrução morfológica. Nesta aplicação, podemos utilizar a imagem original como a máscara e a seguinte imagem como marcador:

$$F(x, y) = \begin{cases} I(x, y) & \text{se } (x, y) \text{ estiver sobre a borda } I \\ 0 & \text{caso contrário} \end{cases}$$

(9.5-30)

O algoritmo de limpeza de bordas primeiro calcula a reconstrução morfológica $R_I^D(F)$ (que simplesmente extrai os objetos que tocam a borda da imagem) e, em seguida, calcula a diferença

$$X = I - R_I^D(F) \qquad (9.5\text{-}31)$$

para obter uma imagem, X, sem objetos tocando a borda.

Como exemplo, considere a imagem do texto novamente. A Figura 9.32(a) mostra a reconstrução $R_I^D(F)$ obtida a partir de um elemento estruturante 3×3 formado de 1s (repare nos objetos que tocam a fronteira do lado direito) e a Figura 9.32(b) mostra a imagem X, calculada usando a Equação 9.5-31. Se a tarefa em questão for o reconhecimento automático de caracteres, ter uma imagem na qual nenhum caractere entra em contato com a borda é mais útil porque o problema de ter de reconhecer caracteres parciais é evitado (uma tarefa difícil no melhor dos casos).

9.5.10 Resumo das operações morfológicas em imagens binárias

A Tabela 9.1 sintetiza os resultados morfológicos desenvolvidos nas seções anteriores, e a Figura 9.33 resume os tipos básicos de elementos estruturantes utilizados nos diversos processos morfológicos discutidos até agora. Os algarismos romanos na terceira coluna da Tabela 9.1 referem-se aos elementos estruturantes na Figura 9.33.

9.6 Morfologia em imagens em níveis de cinza

Nesta seção, estenderemos para imagens em níveis de cinza as operações básicas de dilatação, erosão, abertura e fechamento. Usaremos estas operações para desenvolver vários algoritmos morfológicos básicos para imagens em níveis de cinza.

Ao longo da discussão que se segue, trataremos de funções digitais da forma $f(x, y)$ e $b(x, y)$, em que $f(x, y)$ é uma imagem em níveis de cinza e $b(x, y)$ é um elemento estruturante. Considera-se que essas funções são discretas no sentido introduzido na Seção 2.4.2. Isto é, se Z denota o conjunto de inteiros reais, então as coordenadas (x, y) são inteiros do produto cartesiano Z^2 e f e b são funções que atribuem um valor de intensidade (um número real a partir do conjunto dos números reais, R) para cada par distinto de coordenadas (x, y). Se os níveis de intensidade também forem inteiros, então Z deve substituir R.

Os elementos estruturantes na morfologia em níveis de cinza executam as mesmas funções básicas que seus equivalentes binários: eles são utilizados como "sondas" para examinar uma determinada imagem procurando suas propriedades específicas. Os elementos estrutu-

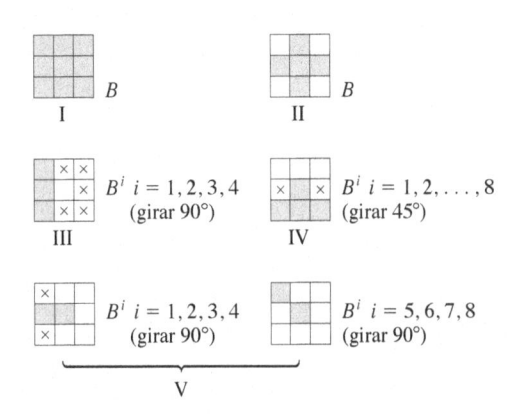

Figura 9.33 Cinco tipos básicos de elementos estruturantes utilizados para a morfologia binária. A origem de cada elemento está em seu centro e os ×'s indicam os valores "não importa".

Tabela 9.1 Resumo das operações morfológicas e suas propriedades.

Operação	Equação	Comentários (os algarismos romanos referem-se aos elementos estruturantes na Figura 9.33)
Translação	$(B)_z = \{\omega | \omega = b + z,$ para $b \in B\}$	Translada a origem de B para o ponto z.
Reflexão	$\hat{B} = \{\omega | \omega = -b,$ para $b \in B\}$	Reflete todos os elementos de B em torno da origem desse conjunto.
Complemento	$A^c = \{\omega | \omega \notin A\}$	Conjunto de pontos que não pertencem a A.
Diferença	$A - B = \{\omega | \omega \in A, \omega \notin B\}$ $= A \cap B^c$	Conjunto de pontos que pertencem a A mas não a B.
Dilatação	$A \oplus B = \{z | (\hat{B}_z) \cap A \neq \varnothing\}$	"Expande" a fronteira de A. (I)
Erosão	$A \ominus B = \{z | (B)_z \subseteq A\}$	"Contrai" a fronteira de A. (I)
Abertura	$A \circ B = (A \ominus B) \oplus B$	Suaviza os contornos, quebra os istmos e elimina as pequenas ilhas e os picos agudos. (I)
Fechamento	$A \bullet B = (A \oplus B) \ominus B$	Suaviza os contornos, funde pequenas quebras, alonga os golfos finos e elimina pequenos buracos. (I)
Transformada *hit-or-miss*	$A \circledast B = (A \ominus B_1) \cap (A^c \ominus B_2)$ $= (A \ominus B_1) - (A \oplus B_2)$	Conjunto de pontos (coordenadas) em que, simultaneamente, B_1 encontra um acerto (*hit*) em A e B_2 encontra um acerto em A^c
Extração de fronteiras	$\beta(A) = A - (A \ominus B)$	Conjunto de pontos na fronteira do conjunto A. (I)
Preenchimento de buracos	$X_k = (X_{k-1} \oplus B) \cap A^c;$ $k = 1, 2, 3, \ldots$	Preenche os buracos em A; X_0 = arranjo matricial de 0s com um 1 em cada buraco. (II)
Componentes conexos	$X_k = (X_{k-1} \oplus B) \cap A;$ $k = 1, 2, 3, \ldots$	Localiza os componentes conexos em A; X_0 = arranjo matricial de 0s com um 1 em cada componente conexo. (I)
Fecho convexo	$X_k^i = (X_{k-1}^i \circledast B^i) \cup A;$ $i = 1, 2, 3, 4;$ $k = 1, 2, 3, \ldots;$ $X_0^i = A;$ e $D^i = X_{conv}^i$	Localiza o fecho conexo $C(A)$ do conjunto A, no qual "conv" indica convergência no sentido de que $X_k^i = X_{k-1}^i$ (III)
Afinamento	$A \otimes B = A - (A \circledast B)$ $= A \cap (A \circledast B)^c$ $A \otimes \{B\} = ((\ldots((A \otimes B^1)$ $\otimes B^2) \ldots) \otimes B^n)$ $\{B\} = \{B^1, B^2, B^3, \ldots, B^n\}$	Afina o conjunto A. As duas primeiras equações oferecem a definição básica de afinamento. As últimas equações denotam o afinamento por uma sequência de elementos estruturantes. Este método é normalmente utilizado na prática. (IV)
Espessamento	$A \odot B = A \cup (A \circledast B)$ $A \odot \{B\} = ((\ldots(A \odot B^1)$ $\odot B^2) \ldots) \odot B^n)$	Engrossa o conjunto A. (Veja os comentários anteriores sobre as sequências de elementos estruturantes) Usa IV com 0s e 1s revertido.

(continua)

Tabela 9.1 Resumo das operações morfológicas e suas propriedades. (continuação)

Operação	Equação	Comentários (os algarismos romanos referem-se aos elementos estruturantes na Figura 9.33)
Esqueletos	$S(A) = \bigcup_{k=0}^{K} S_k(A)$ $S_k(A) = \bigcup_{k=0}^{K} \{(A \ominus kB) - [(A \ominus kB) \circ B]\}$ Reconstrução de A: $A = \bigcup_{k=0}^{K} (S_k(A) \oplus kB)$	Localiza o esqueleto $S(A)$ do conjunto A. A última equação indica que A pode ser reconstruído a partir dos subconjuntos de esqueleto $S_k(A)$. Em todas as três equações, K é o valor do passo iterativo após o qual o conjunto A se torna um conjunto vazio. A notação $(A \ominus kB)$ indica a k-ésima iteração de erosões sucessivas de A por B. (I)
Poda	$X_1 = A \otimes \{B\}$ $X_2 = \bigcup_{k=1}^{8}(X_1 \circledast B^k)$ $X_3 = (X_2 \oplus H) \cap A$ $X_4 = X_1 \cup X_3$	X_4 é o resultado da poda do conjunto A. O número de vezes que a primeira equação é aplicada para obter X_1 deve ser especificado. Os elementos estruturantes V são utilizados para as duas primeiras equações. Na terceira equação, H refere-se ao elemento estruturante I.
Dilatação geodésica de tamanho 1	$D_G^{(1)}(F) = (F \oplus B) \cap G$	F e G são chamados de imagens do *marcador* e de *máscara*, respectivamente.
Dilatação geodésica de tamanho n	$D_G^{(n)}(F) = D_G^{(1)}\left[D_G^{(n-1)}(F)\right]$; $D_G^{(0)}(F) = F$	
Erosão geodésica de tamanho 1	$E_G^{(1)}(F) = (F \ominus B) \cup G$	
Erosão geodésica de tamanho n	$E_G^{(n)}(F) = E_G^{(1)}\left[E_G^{(n-1)}(F)\right]$; $E_G^{(0)}(F) = F$	
Reconstrução morfológica por dilatação	$R_G^D(F) = D_G^{(k)}(F)$	k é tal que $D_G^{(k)}(F) = D_G^{(k+1)}(F)$
Reconstrução morfológica por erosão	$R_G^E(F) = E_G^{(k)}(F)$	k é tal que $E_G^{(k)}(F) = E_G^{(k+1)}(F)$
Abertura por reconstrução	$O_R^{(n)}(F) = R_F^D[(F \ominus nB)]$	$(F \ominus nB)$ indica n erosões de F por B.
Fechamento por reconstrução	$C_R^{(n)}(F) = R_F^E[(F \oplus nB)]$	$(F \oplus nB)$ indica n dilatações de F por B.
Preenchimento de buracos	$H = \left[R_{I^c}^D(F)\right]^c$	H é igual à imagem de entrada I, mas com todos os buracos preenchidos. Veja a Equação 9.5-28 para a definição da imagem do marcador F.
Limpeza das bordas	$X = I - R_I^D(F)$	X é igual à imagem de entrada I, mas todos os objetos que tocam (estão conectados) a borda da imagem são removidos. Veja a Equação 9.5-30 para a definição da imagem do marcador F.

rantes na morfologia em níveis de cinza pertencem a uma dessas duas categorias: *não planos* e *planos*. A Figura 9.34 mostra um exemplo de cada um deles. A Figura 9.34(a) é um ES hemisférico em níveis de cinza mostrado como uma imagem e a Figura 9.34(c) é um perfil de intensidade horizontal que passa pelo seu centro. A Figura 9.34(b) mostra um elemento estruturante plano em forma de disco e a Figura 9.34(d) mostra seu perfil de intensidade correspondente (a forma do perfil explica a origem da palavra "plano"). Para melhor entendimento, os elementos

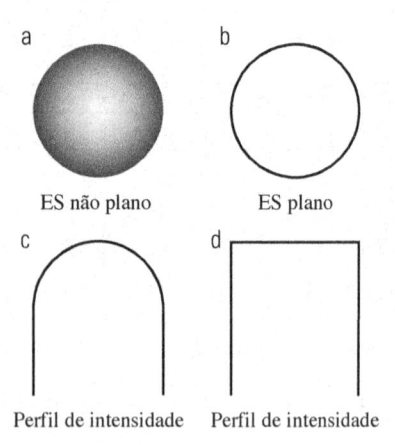

Figura 9.34 Os elementos estruturantes não planos e planos, e os correspondentes perfis de intensidade horizontal que passam através de seu centro. Todos os exemplos apresentados nesta seção baseiam-se em elementos estruturantes planos.

a ES não plano
b ES plano
c Perfil de intensidade
d Perfil de intensidade

na Figura 9.34 são mostrados como se fossem analógicos (e não discretos), mas sua implementação computacional é baseada em aproximações digitais (por exemplo, veja o ES em forma de disco à direita da Figura 9.2). Em virtude de uma série de dificuldades discutidas mais adiante nesta seção, os ES em níveis de cinza são pouco utilizados na prática. Por último, é bom salientar que, como no caso binário, a origem dos elementos estruturantes deve ser claramente identificada. Salvo indicação contrária, todos os exemplos apresentados nesta seção baseiam-se em elementos estruturantes planos e simétricos de altura unitária cujas origens estão no centro. A *reflexão* de um ES na morfologia em níveis de cinza é definida como vimos na Seção 9.1, e a representaremos na discussão a seguir por $\hat{b}(x,y) = b(-x,-y)$.

9.6.1 Erosão e dilatação

A *erosão* de f por um elemento estruturante *plano* denotado por b em qualquer posição (x, y) é definida como o valor *mínimo* da imagem na região coincidente com b quando a origem de b está em (x, y). Na forma de uma equação, a erosão em (x, y) de uma imagem f por um elemento estruturante b é dada por

$$[f \ominus b](x,y) = \min_{(s,t) \in b} \{f(x+s, y+t)\} \quad (9.6\text{-}1)$$

na qual, de forma semelhante ao processo de correlação discutido na Seção 3.4.2, x e y são incrementados utilizando todos os valores necessários para que a origem de b passe (faça uma varredura) por cada pixel em f. Ou seja, para calcular a erosão de f por b, colocamos a origem do elemento estruturante em todas as posições dos pixels da imagem. A erosão em qualquer posição é determinada selecionando o valor mínimo de todos os valores de f contidos na região que coincide com b. Por exemplo, se b é um elemento estruturante quadrado de tamanho 3 × 3, para obter a erosão de um ponto é necessário encontrar o valor mínimo entre os nove valores de f contidos na região 3 × 3 definida por b quando sua origem encontra-se nesse ponto.

De forma semelhante, a *dilatação* de f por um elemento estruturante *plano* denotado por b em qualquer posição (x, y) é definida como o valor *máximo* da imagem na região salientada por $\hat{b}$ quando a origem de $\hat{b}$ está em (x, y). Isto é,

$$[f \oplus b](x,y) = \max_{(s,t) \in b} \{f(x-s, y-t)\} \quad (9.6\text{-}2)$$

onde usamos a definição apresentada anteriormente que $\hat{b} = b(-x, -y)$. A explicação dessa equação é idêntica à explicação dada no parágrafo anterior, mas usa a operação de máximo, e não a de mínimo, e considera que o elemento estruturante é refletido em torno de sua origem, o que levamos em conta usando $(-s, -t)$ no argumento da função. Isso é análogo à convolução espacial, como explicada na Seção 3.4.2.

Exemplo 9.9 Ilustração da erosão e dilatação em níveis de cinza.

Como a erosão em níveis de cinza com um ES plano calcula o valor mínimo de intensidade de f em cada vizinhança de (x, y), coincidente com b, em geral esperamos que uma imagem em níveis de cinza, após a erosão, fique mais escura do que a original e que o tamanho (com relação ao tamanho do ES) dos objetos mais claros sejam reduzidos e o dos objetos mais escuros seja aumentado. A Figura 9.35(b) mostra a erosão da Figura 9.35(a) utilizando um ES em forma de disco de altura unitária e raio de dois pixels. Os efeitos que acabamos de mencionar são claramente visíveis na imagem erodida. Por exemplo, repare como a intensidade dos pequenos pontos claros foi reduzida, fazendo com que eles ficassem pouco visíveis na Figura 9.35(b), enquanto os detalhes mais escuros aumentaram em espessura. O fundo da imagem erodida é ligeiramente mais escuro que o fundo da imagem original. Similarmente, a Figura 9.35(c) mostra o resultado da dilatação com o mesmo ES. Os efeitos são os opostos aos obtidos com a erosão. Os detalhes mais claros ficaram mais espessos e a intensidade dos detalhes escuros foi reduzida. Repare como os conectores finos em preto que aparecem à esquerda, no meio e no canto inferior direito da Figura 9.35(a) são pouco visíveis na Figura 9.35(c). As dimensões dos pontos escuros foram reduzidas em decorrência da dilatação mas, ao contrário dos pequenos pontos brancos erodidos na Figura 9.35(b), eles ainda podem ser vistos com facilidade na imagem dilatada. A razão é que os pontos pretos eram inicialmente maiores

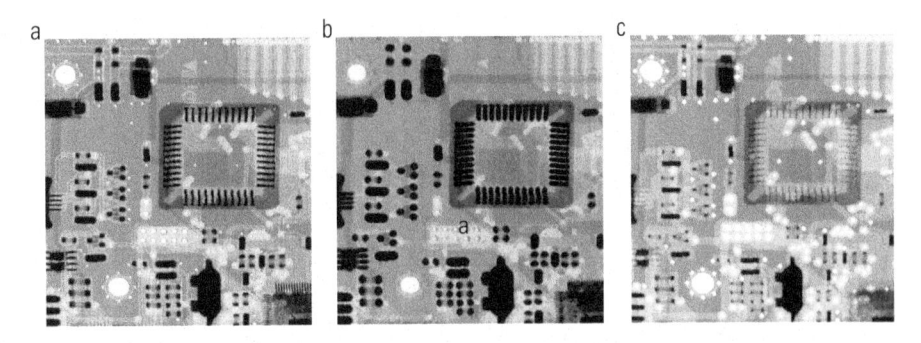

Figura 9.35 (a) Uma imagem radiográfica em níveis de cinza 448 × 425 pixels. (b) Erosão usando um disco plano com um raio de 2 pixels. (c) Dilatação usando o mesmo ES. (Imagem original cortesia da Lixi, Inc.)

que os pontos brancos no que diz respeito ao tamanho do ES. Finalmente, observe que o fundo da imagem dilatada é ligeiramente mais claro do que o da Figura 9.35(a).

Os ES não planos têm valores em níveis de cinza que variam ao longo de seu domínio de definição. A erosão da imagem f pelo elemento estruturante não plano b_N, é definida como

$$[f \ominus b_N](x,y) = \min_{(s,t) \in b_N} \{f(x+s, y+t) - b_N(s,t)\} \quad (9.6\text{-}3)$$

Aqui, na verdade subtraímos valores de f para determinar a erosão em qualquer ponto. Isso significa que, ao contrário da Equação 9.6-1, a erosão com um ES não plano não está delimitada em geral pelos valores de f, o que pode apresentar problemas na interpretação dos resultados. Os elementos estruturantes em níveis de cinza raramente são usados na prática em virtude disso, sem falar das possíveis dificuldades ao selecionar elementos significativos para b_N e do custo computacional adicional quando comparado com a Equação 9.6-1.

De maneira similar, a dilatação que usa um ES não plano é definida como

$$[f \oplus b_N](x,y) = \max_{(s,t) \in b_N} \{f(x-s, y-t) + b_N(s,t)\} \quad (9.6\text{-}4)$$

As observações feitas no parágrafo anterior são aplicáveis à dilatação com os elementos estruturantes não planos. Quando todos os elementos de b_N são constantes (isto é, o ES é plano), as equações 9.6-3 e 9.6-4 se reduzem às equações 9.6-1 e 9.6-2, respectivamente, dentro de um escalar constante igual à amplitude do ES.

Como no caso binário, a erosão e a dilatação são duais em relação ao complemento e à reflexão da função, isto é,

$$(f \ominus b)^c(x,y) = (f^c \oplus \hat{b})(x,y)$$

sendo $f^c = -f(x,y)$ e $\hat{b} = b(-x,-y)$. A mesma expressão vale para os elementos estruturantes não planos. Exceto quando necessitamos de maior clareza, podemos simplificar a notação na discussão a seguir omitindo os argumentos de todas as funções, no caso em que a equação precedente será escrita como

$$(f \ominus b)^c = (f^c \oplus \hat{b}) \quad (9.6\text{-}5)$$

Similarmente

$$(f \oplus b)^c = (f^c \ominus \hat{b}) \quad (9.6\text{-}6)$$

A erosão e a dilatação, por si sós, não são particularmente úteis no processamento de imagens em níveis de cinza. Tal como acontece nos seus equivalentes binários, as operações tornam-se poderosas quando utilizadas em combinação para obter algoritmos de mais alto nível, como demonstra o material das seções a seguir.

9.6.2 Abertura e fechamento

As expressões para abertura e fechamento de imagens em níveis de cinza têm a mesma forma que seus correspondentes binários. A *abertura* da imagem f pelo elemento estruturante b, indicada por $f \circ b$, é*

$$f \circ b = (f \ominus b) \oplus b \quad (9.6\text{-}7)$$

Como antes, a abertura é simplesmente a erosão de f por b, seguida por uma dilatação do resultado com b. Da mesma forma, o *fechamento* de f por b, indicado por $f \bullet b$, é

$$f \bullet b = (f \oplus b) \ominus b \quad (9.6\text{-}8)$$

A abertura e o fechamento de imagens em níveis de cinza são duais em relação ao complemento e à reflexão do ES:

---

* Apesar de lidarmos com elementos estruturantes planos nos exemplos do restante desta seção, os conceitos discutidos são igualmente aplicáveis aos elementos estruturantes não planos.

$$(f \bullet b)^c = f^c \circ \hat{b} \qquad (9.6\text{-}9)$$

e

$$(f \circ b)^c = f^c \bullet \hat{b} \qquad (9.6\text{-}10)$$

Como $f^c = -f(x, y)$, a Equação 9.6-9 também pode ser escrita como $-(f \cdot b) = (-f \cdot \hat{b})$. O mesmo ocorre para a Equação 9.6-10.

A abertura e o fechamento de imagens possuem uma interpretação geométrica simples. Suponha que uma função de imagem $f(x, y)$ seja vista como uma superfície 3-D, isto é, seus valores de intensidade sejam interpretados como os valores da altura sobre o plano xy, como na Figura 2.18(a). Então, a abertura de f por b pode ser interpretada geometricamente como se empurrássemos o elemento estruturante de baixo para cima contra a superfície inferior de f. Em cada posição da origem de b, a abertura é o valor mais alto alcançado por qualquer parte de b, uma vez que se choca com a superfície inferior de f. A abertura completa é, então, o conjunto de todos esses valores obtidos ao fazer que a origem de b passe por cada uma das coordenadas (x, y) de f.

A Figura 9.36 ilustra o conceito em uma dimensão.* Suponha que a curva na Figura 9.36(a) seja o perfil de intensidade ao longo de uma única linha de uma imagem. A Figura 9.36(b) mostra um elemento estruturante plano em várias posições, empurrando para cima contra a superfície inferior da curva. A curva sólida na Figura 9.36(c) é a abertura completa. Uma vez que o elemento estruturante é muito grande para caber completamente dentro dos picos mais estreitos da curva, os topos desses picos foram cortados pela operação morfológica de abertura e a quantidade retirada é proporcional à altura que o elemento estruturante foi capaz de alcançar no interior desse pico. Em geral, as aberturas são usadas para remover pequenos detalhes claros, enquanto não alteram os níveis de cinza globais nem os grandes elementos claros.

A Figura 9.36(d) é uma ilustração gráfica do fechamento. Observe que o elemento estruturante é empurrado para baixo à medida que percorre o topo da curva em todas as localizações. O fechamento, na Figura 9.36(e), é determinado encontrando os pontos mais baixos atingidos por qualquer parte do elemento estruturante conforme este desliza pelo lado superior da curva.

A operação de abertura dos níveis de cinza possui as seguintes propriedades:

(a) $f \circ b \sqsubseteq f$
(b) se $f_1 \sqsubseteq f_2$, então $(f_1 \circ b) \sqsubseteq (f_2 \circ b)$
(c) $(f \circ b) \circ b = f \circ b$

A notação $e \sqsubseteq r$ é usada para indicar que o domínio de e é um subconjunto do domínio de r, e também que $e(x, y) \le r(x, y)$ para qualquer (x, y) no domínio de e.

Da mesma forma, a operação de fechamento possui as seguintes propriedades:

(a) $f \sqsubseteq f \bullet b$
(b) se $f_1 \sqsubseteq f_2$, então $(f_1 \bullet b) \sqsubseteq (f_2 \bullet b)$
(c) $(f \bullet b) \bullet b = f \bullet b$

A utilidade dessas propriedades é semelhante àquela dos seus correspondentes binários.

Exemplo 9.10 Ilustração da abertura e fechamento em níveis de cinza.

A Figura 9.37 estende a 2-D os conceitos 1-D ilustrados na Figura 9.36. A Figura 9.37(a) é a mesma imagem que utilizamos no Exemplo 9.9, e a Figura 9.37(b) é a abertura obtida usando um elemento estruturante em forma de disco de altura unitária e raio de 3 pixels. Como esperado, a intensidade de todos os objetos claros na imagem diminuiu, dependendo de seus tamanhos em relação ao tamanho do ES. Comparando essa figura com a Figura 9.35(b), vemos que, ao contrário do resultado da erosão, a abertura teve um efeito imperceptível nos objetos escuros da imagem, e o

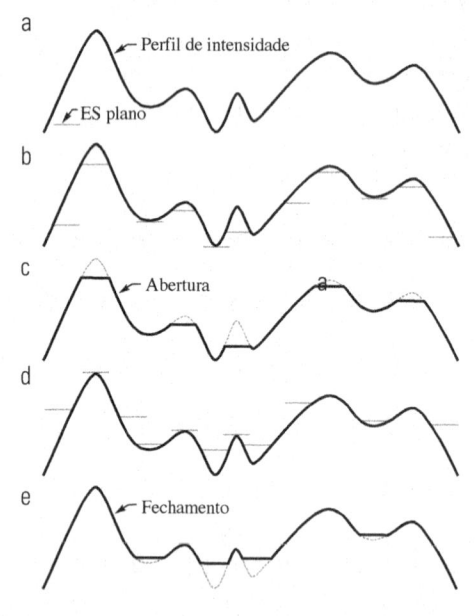

Figura 9.36 Abertura e fechamento em uma dimensão. (a) Sinal original 1-D. (b) Elemento estruturante plano sob o sinal empurrado de baixo para cima. (c) Abertura. (d) Elemento estruturante plano sobre sinal empurrado de cima para baixo. (e) Fechamento.

---

* Às vezes, a abertura e o fechamento são ilustrados como o processo de rolar um círculo na superfície superior e inferior de uma curva. Em 3-D, o círculo se torna uma esfera, e os procedimentos resultantes são chamados de algoritmos de *bola rolante*.

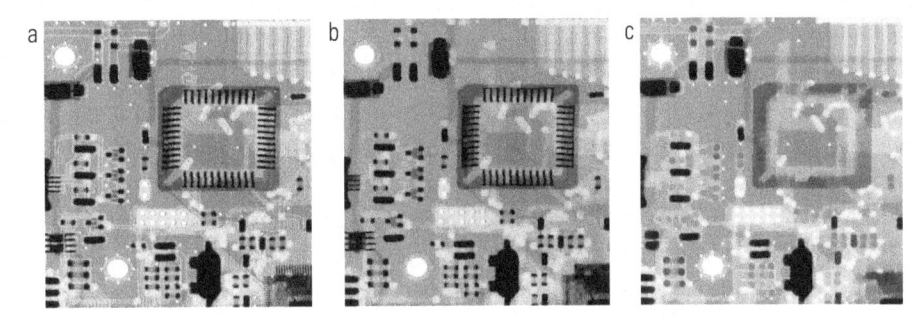

Figura 9.37 (a) Imagem radiográfica em níveis de cinza de tamanho 448 × 425 pixels. (b) Abertura usando um ES em forma de disco com um raio de 3 pixels. (c) Fechamento usando um ES de raio 5.

efeito sobre o fundo foi insignificante. Similarmente, a Figura 9.37(c) mostra o fechamento da imagem com um disco de raio 5 (os pequenos pontos pretos são maiores que os pequenos pontos brancos, então é necessário um disco maior para obter resultados comparáveis aos da abertura). Nesta imagem, os objetos claros e o fundo foram muito pouco afetados, mas os objetos escuros foram atenuados, sendo que o grau de atenuação depende do tamanho relativo dos objetos em relação ao ES.

9.6.3 Alguns algoritmos morfológicos básicos em níveis de cinza

Inúmeras técnicas morfológicas estão baseadas nos conceitos de morfologia em níveis de cinza introduzidos até o momento. Ilustraremos alguns desses algoritmos na discussão seguinte.

Suavização morfológica

Como a abertura suprime detalhes claros menores que o ES especificado, e o fechamento suprime os detalhes escuros, eles são comumente usados em conjunto, como *filtros morfológicos* para a suavização de imagens e remoção de ruídos. Considere a Figura 9.38(a), que mostra uma imagem da supernova *Cygnus Loop* adquirida na banda de raios X (ver Figura 1.7 para mais detalhes sobre esta imagem). Para fins da presente discussão, suponha que a região central clara é o objeto de interesse, e que os componentes menores são ruídos. O objetivo é eliminar o ruído. A Figura 9.38(b) mostra o resultado da abertura da imagem original com um disco plano de raio 1 e, em seguida, o fechamento da abertura com um ES do mesmo tamanho. As figuras 9.38(c) e (d) mostram os resultados da mesma operação utilizando discos de raios 3 e 5, respectivamente. Como esperado, esta sequência mostra a remoção progressiva dos pequenos componentes em função do tamanho do ES. No último resultado, vemos que o objeto de interesse foi extraído. Os componentes de ruído na parte inferior da imagem não puderam ser removidos completamente por causa de sua densidade.

Os resultados mostrados na Figura 9.38 basearam-se na abertura da imagem original e, em seguida, no fechamento da abertura. Um procedimento utilizado algumas vezes é a *filtragem sequencial alternada*, em que sequência de abertura–fechamento começa com a imagem original, mas os passos subsequentes executam a abertura e o fechamento sobre as imagens resultantes das etapas anteriores. Este tipo de filtragem é útil na análise automatizada de imagens, em que os resultados em cada etapa são comparados utilizando uma métrica especificada. Geralmente, essa abordagem produz mais borramento para o mesmo tamanho de ES utilizado para o método ilustrado na Figura 9.38.

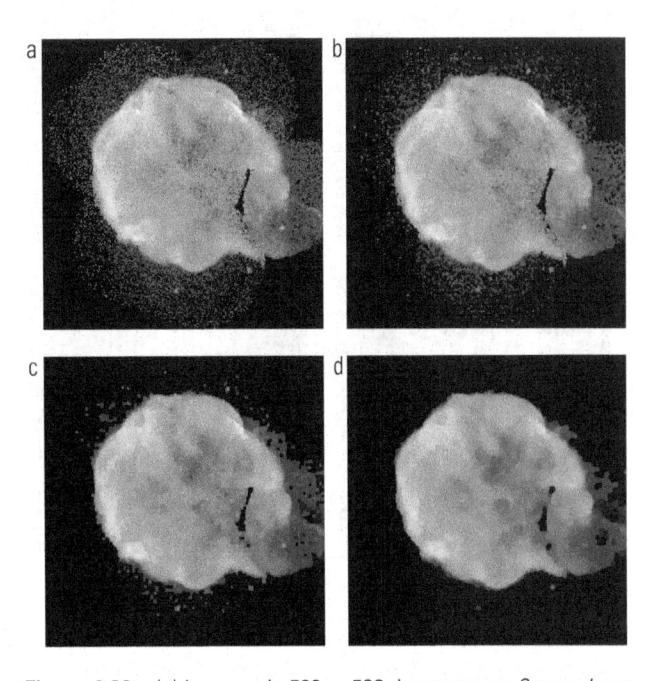

Figura 9.38 (a) Imagem de 566 × 566 da supernova *Cygnus Loop*, adquirida na banda de raios X pelo telescópio Hubble da Nasa. (b) a (d) Resultados da realização da sequência abertura–fechamento na imagem original, com elementos estruturantes no forma de disco de raios 1, 3 e 5, respectivamente. (Imagem original: cortesia da Nasa.)

Gradiente morfológico

A dilatação e a erosão podem ser usadas em conjunto com a subtração de imagens para obter o gradiente morfológico da imagem, conhecido como g, em que[*]

$$g = (f \oplus b) - (f \ominus b) \qquad (9.6\text{-}11)$$

A dilatação engrossa regiões na imagem, e a erosão as afina. A diferença entre esses resultados ressalta as fronteiras entre regiões. As áreas homogêneas não são afetadas (desde que o ES seja relativamente pequeno) e, por isso, a operação de subtração tende a eliminá-las. O resultado final é uma imagem cujas bordas são realçadas, e a contribuição das áreas homogêneas é atenuada, produzindo um efeito semelhante ao dos filtros derivativos (gradiente).

A Figura 9.39 mostra um exemplo. A Figura 9.39(a) é uma tomografia computadorizada do crânio, e as próximas duas figuras são a abertura e o fechamento com um ES de 3 × 3 e todos 1s. Repare o espessamento e a redução mencionadas anteriormente. A Figura 9.39(d) é o gradiente morfológico obtido usando a Equação 9.6-11, em que as fronteiras entre as regiões estão claramente delineadas, como era de esperar de uma imagem derivativa 2-D.

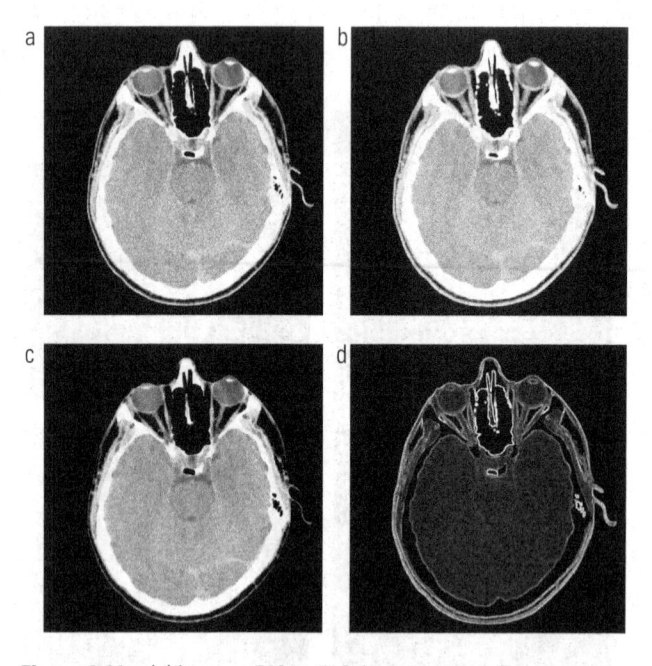

Figura 9.39 (a) Imagem 512 × 512 de uma tomografia computadorizada da cabeça. (b) Dilatação. (c) Erosão. (d) Gradiente morfológico, calculado como a diferença entre (b) e (c). (Imagem original: cortesia do Dr. David R. Pickens, Universidade de Vanderbilt.)

---

[*] Consulte a Seção 3.6.4 para uma definição do gradiente de uma imagem.

Transformadas *top-hat* e *bottom-hat*

Combinando a subtração de imagens com aberturas e fechamentos se produz o que conhecemos como transformadas *top-hat* e *bottom-hat*. A *transformada top-hat* de uma imagem em níveis de cinza f é definida como f menos sua abertura:

$$T_{\text{hat}}(f) = f - (f \circ b) \qquad (9.6\text{-}12)$$

Da mesma forma, a *transformada bottom-hat* de f é definida como o fechamento de f menos f:

$$B_{\text{hat}}(f) = (f \bullet b) - f \qquad (9.6\text{-}13)$$

Uma das principais aplicações dessas transformadas está na remoção de objetos de uma imagem usando um elemento estruturante na operação de abertura ou de fechamento que não se encaixa nos objetos a serem removidos. A operação de diferença produz então uma imagem na qual apenas os componentes removidos permanecem. A transformada *top-hat* é usada para objetos claros sobre um fundo escuro, e a transformada *bottom-hat* é usada para o objetivo contrário. Por essa razão, os nomes *top-hat branco* e *top-hat preto*, respectivamente, são usados com frequência quando se fala dessas duas transformadas.

Um uso importante das transformadas *top-hat* é na correção dos efeitos da iluminação não uniforme. Como veremos no capítulo seguinte, a iluminação adequada (uniforme) desempenha um papel fundamental no processo de extração de objetos do fundo da imagem. Esse processo, chamado *segmentação*, é um dos primeiros passos realizados na análise automatizada de imagens. Uma metodologia usada frequentemente na segmentação é a limiarização da imagem de entrada.

Para ilustrar, veja a Figura 9.40(a), que mostra uma imagem 600 × 600 de grãos de arroz. Essa imagem foi obtida em condições de iluminação não uniforme, como evidenciado pela área mais escura na parte inferior direita da imagem. A Figura 9.40(b) mostra o resultado da limiarização pelo método de Otsu, um método ótimo de limiarização que será discutido na Seção 10.3.3. O resultado da iluminação não uniforme causou erros de segmentação na área escura (vários grãos de arroz não foram extraídos do fundo), bem como na parte superior esquerda da imagem, onde partes do fundo foram erroneamente segmentadas. A Figura 9.40(c) mostra a abertura da imagem com um disco de raio 40. Este ES era grande o suficiente para não caber dentro de nenhum dos objetos. Como resultado, os objetos foram eliminados deixando apenas

Figura 9.40 Usando a transformada *top-hat* para a *correção de sombreamento*. (a) Imagem original de tamanho 600 × 600 pixels. (b) Imagem após a limiarização. (c) Imagem aberta usando um ES em forma de disco de raio 40. (d) Transformada *top-hat* (a imagem menos a sua abertura). (e) Imagem *top-hat* após a limiarização.

uma aproximação do fundo. O padrão de sombreamento é evidente nessa imagem. Subtraindo essa imagem da original (isto é, realizando uma transformada *top-hat*), o fundo deveria ficar mais uniforme. Isso foi o que ocorreu de fato, como mostra a Figura 9.40(d). O fundo não ficou perfeitamente uniforme, mas as diferenças entre os extremos claros e escuros tornaram-se menores e isso foi o suficiente para produzir um resultado correto de segmentação em que todos os grãos de arroz foram detectados, como mostra a Figura 9.40(e). Essa imagem foi obtida pelo método de Otsu, como a anterior.

Granulometria

Em termos de processamento de imagem, a *granulometria* é um campo que lida com a determinação da distribuição de tamanhos de partículas em uma imagem. Na prática, as partículas quase nunca estão separadas claramente, o que faz da contagem de partículas pela identificação individual uma tarefa difícil. A morfologia pode ser usada para estimar a distribuição do tamanho das partículas indiretamente, sem a necessidade de identificar e medir cada partícula na imagem.

A abordagem em princípio é simples. Com partículas de formato regular, que são mais claras que o fundo, o método consiste na aplicação de aberturas com elementos estruturantes de tamanho crescente. A ideia básica é que as operações de abertura de tamanhos específicos devem ter maior efeito sobre as regiões da imagem de entrada que contenha partículas de tamanho semelhante. Para cada abertura, a *soma* dos valores de pixel na abertura é calculada. Essa soma, chamada às vezes de *área de superfície*, diminui conforme se aumenta o tamanho do ES, já que, como vimos anteriormente, as aberturas reduzem a intensidade dos elementos claros. Esse procedimento produz um arranjo matricial 1-D desses números, e cada elemento do arranjo é igual à soma dos pixels na abertura para o tamanho do ES correspondente a essa posição no arranjo. Para salientar as mudanças entre as aberturas sucessivas, calculamos a diferença entre os elementos adjacentes do arranjo matricial 1-D. Para visualizar os resultados, as diferenças são exibidas graficamente. Os picos no gráfico são um indicativo das distribuições de tamanho predominante das partículas na imagem.

Por exemplo, considere a Figura 9.41(a), que é uma imagem de pinos de madeira de dois tamanhos dominantes diferentes. Os grãos de madeira nos pinos podem introduzir variações nas aberturas, por isso a suavização é uma etapa importante de pré-processamento nesse caso. A Figura 9.41(b) mostra a imagem suavizada usando o filtro de suavização morfológico discutido anteriormente, com um disco de raio 5. As figuras 9.41(c) a (f) mostram exemplos de aberturas de imagem com discos de raios 10, 20, 25 e 30. Repare, na Figura 9.41(d), que a contribuição de intensidade devida aos pinos pequenos foi

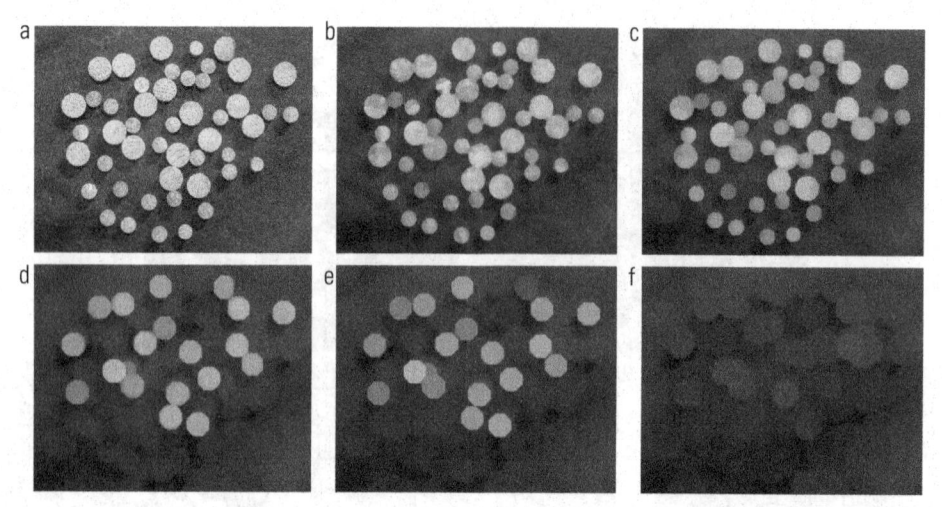

Figura 9.41 (a) Imagem de tamanho 531 × 675 de pinos de madeira. (b) Imagem suavizada. (c) a (f) Aberturas de (b) com discos de raios iguais a 10, 20, 25 e 30 pixels, respectivamente. (Imagem original: cortesia do Dr. Steve Eddins, The MathWorks, Inc.)

praticamente eliminada. Na Figura 9.41(e), a contribuição dos pinos grandes foi significativamente reduzida e, na Figura 9.41(f), mais ainda. (Observe na Figura 9.41(e) que o pino grande na parte superior direita da imagem é muito mais escuro do que os outros em razão de seu tamanho menor. Essa informação seria útil se estivéssemos tentando detectar pinos com defeitos).

A Figura 9.42 mostra um gráfico do arranjo de diferenças. Como mencionado anteriormente, esperamos diferenças significativas (picos no gráfico) em torno dos raios em que o ES é grande o suficiente para abranger um conjunto de partículas com aproximadamente o mesmo diâmetro. O resultado na Figura 9.42 tem dois picos distintos, indicando claramente a presença de dois tamanhos de objetos dominantes na imagem.

Segmentação de texturas

A Figura 9.43(a) mostra uma imagem ruidosa de bolhas escuras sobrepostas sobre um fundo claro. A imagem tem duas regiões de textura: uma região composta de bolhas grandes à direita e uma região à esquerda composta por bolhas menores. O objetivo é encontrar uma fronteira entre as duas regiões com base em seu conteúdo de textura (discutiremos a textura na Seção 11.3.3). Como observado anteriormente, o processo de subdividir uma imagem em regiões é chamado de *segmentação*, que é o tema do Capítulo 10.

Os objetos de interesse são mais escuros do que o fundo, e sabemos que, se fecharmos a imagem com um elemento estruturante maior do que as bolhas menores, elas

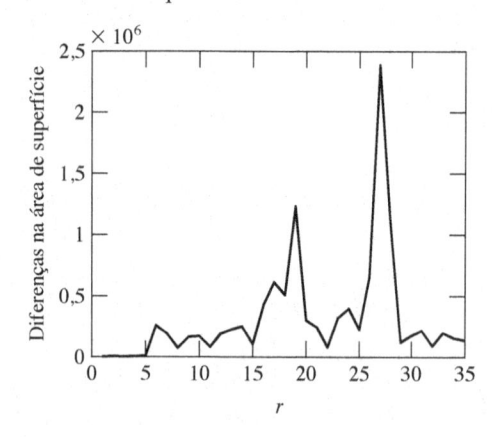

Figura 9.42 Diferenças na área de superfície em função do raio do disco do ES, r. Os dois picos são indicativos de dois tamanhos de partículas dominantes na imagem.

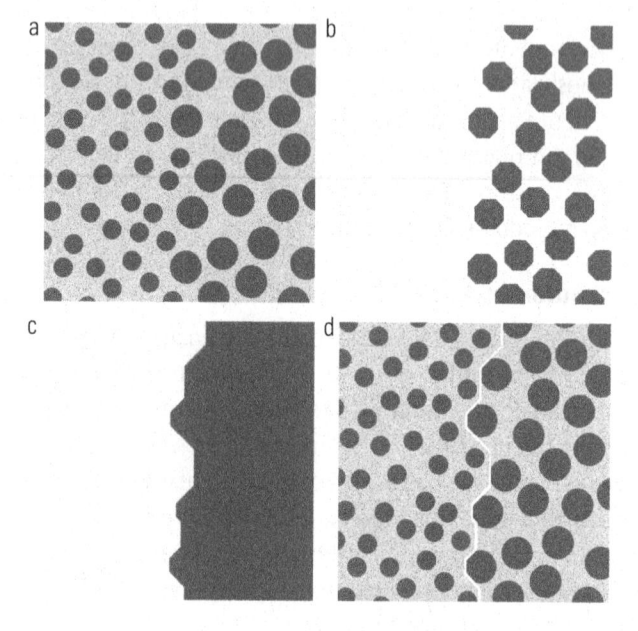

Figura 9.43 Segmentação de texturas. (a) Uma imagem 600 × 600 que consiste de dois tipos de bolhas. (b) Imagem com pequenas bolhas removidas pelo fechamento de (a). (c) Imagem cujos espaços claros entre as grandes bolhas foram removidos efetuando a abertura de (b). (d) Imagem original com a fronteira entre as duas regiões em (c) sobrepostas. A fronteira foi obtida por uma operação de gradiente morfológico.

serão removidas. O resultado na Figura 9.43(b), obtido pelo fechamento da imagem de entrada usando um disco com um raio de 30 pixels, mostra que, na verdade, isso é o que acontece (o raio das bolhas é de aproximadamente 25 pixels). Portanto, neste momento, temos uma imagem com grandes bolhas escuras sobre um fundo claro. Se *abrirmos* esta imagem com um elemento estruturante que seja grande em relação à separação entre essas bolhas, o resultado final deve ser uma imagem em que os espaços claros entre as bolhas foram removidos, deixando as bolhas e os espaços entre elas igualmente escuros. A Figura 9.43(c) mostra o resultado obtido usando um disco de raio 60.

Realizando um gradiente morfológico sobre essa imagem com, digamos, um ES de 3 × 3 de 1s, obteremos a fronteira entre as duas regiões. A Figura 9.43(d) mostra a fronteira obtida a partir da operação de gradiente morfológico sobreposto na imagem original. Todos os pixels à direita da fronteira pertencem à região de textura caracterizada pelas bolhas grandes, e o oposto para os pixels à esquerda da fronteira. Para entender esse exemplo com mais detalhes, utilize a analogia gráfica para abertura e fechamento, ilustrada na Figura 9.36.

9.6.4 Reconstrução morfológica em níveis de cinza

A reconstrução morfológica em níveis de cinza é definida basicamente da mesma forma que na Seção 9.5.9 para imagens binárias. Considere que f e g sejam o *marcador* e a *máscara*, respectivamente. Supomos que ambas são imagens em níveis de cinza do mesmo tamanho e que $f \leq g$. A *dilatação geodésica* de tamanho 1 de f com relação a g é definida como*

$$D_g^{(1)}(f) = (f \oplus b) \wedge g \qquad (9.6\text{-}14)$$

onde $\wedge$ denota o operador mínimo pontual. Essa equação indica que a dilatação geodésica de tamanho 1 é obtida calculando primeiro a dilatação de f por b e, depois, selecionando o mínimo entre o resultado e g em cada ponto (x, y). A dilatação é dada pela Equação 9.6-2, se b for um ES plano, ou pela Equação 9.6-4, se ele não for. A dilatação geodésica de tamanho n de f em relação a g é definida como

$$D_g^{(n)}(f) = D_g^{(1)}\left[D_g^{(n-1)}(f)\right] \qquad (9.6\text{-}15)$$

com $D_g^{(0)}(f) = f$

Da mesma forma, a *erosão geodésica* de tamanho 1 de f em relação a g é definida como

$$E_g^{(1)}(f) = (f \ominus b) \vee g \qquad (9.6\text{-}16)$$

onde $\vee$ denota o operador máximo pontual. A erosão geodésica de tamanho n é definida como**

$$E_g^{(n)}(f) = E_g^{(1)}\left[E_g^{(n-1)}(f)\right] \qquad (9.6\text{-}17)$$

com $E_g^{(0)}(f) = f$.

A *reconstrução morfológica por dilatação* de uma imagem de máscara em níveis de cinza, g, por uma imagem de marcador em níveis de cinza, f, é definida como a dilatação geodésica de f em relação a g, que sofreu iterações até a estabilidade ser atingida, ou seja,

$$R_g^D(f) = D_g^{(k)}(f) \qquad (9.6\text{-}18)$$

com k de forma que $D_g^{(k)}(f) = D_g^{(k+1)}(f)$. A *reconstrução morfológica por erosão* de g por f é igualmente definida como

$$R_g^E(f) = E_g^{(k)}(f) \qquad (9.6\text{-}19)$$

com k de forma que $E_g^{(k)}(f) = E_g^{(k+1)}(f)$.

Como no caso binário, a abertura por reconstrução de imagens em níveis de cinza primeiro efetua a erosão na imagem de entrada e depois a usa como marcador. A *abertura por reconstrução* de tamanho n de uma imagem f é definida como a reconstrução por dilatação de f a partir da erosão de tamanho n de f, isto é,

$$O_R^{(n)}(f) = R_f^D\left[(f \ominus nb)\right] \qquad (9.6\text{-}20)$$

em que $(f \ominus nb)$ denota n erosões de f por b, como explicado na Seção 9.5.7. Lembremos da discussão da Equação 9.5-27 para imagens binárias, cujo objetivo da abertura por reconstrução era preservar o formato dos componentes da imagem que permaneceram após a erosão.

Similarmente, o *fechamento por reconstrução* de tamanho n de uma imagem f é definido como a reconstrução por erosão de f a partir da dilatação de tamanho n de f, isto é,

$$C_R^{(n)}(f) = R_f^E\left[(f \oplus nb)\right] \qquad (9.6\text{-}21)$$

na qual $(f \oplus nb)$ denota n dilatações de f por b. Por causa da dualidade, o fechamento por reconstrução de uma imagem pode ser obtido complementando a imagem, obtendo a abertura por reconstrução e complementando o resultado. Finalmente, como mostra o exemplo a seguir, uma técnica útil, chamada *top-hat por reconstrução*, consiste em subtrair de uma imagem a sua abertura por reconstrução.

---

* Entende-se que essas expressões são funções de (x, y). Omitimos as coordenadas para simplificar a notação.

** Veja o Exercício 9.33 para uma lista de relações duais entre as expressões mostradas nessa seção.

Exemplo 9.11 Utilizando a reconstrução morfológica para uniformizar um fundo complexo.

Neste exemplo, ilustraremos o uso da reconstrução em níveis de cinza em vários passos para normalizar o fundo irregular da imagem na Figura 9.44(a), deixando apenas o texto em um fundo de intensidade constante. A solução deste problema é um bom exemplo do poder dos conceitos de morfologia. Começamos eliminando o reflexo horizontal na parte superior das teclas. Os reflexos são maiores do que qualquer um dos caracteres na imagem; por isso, devemos ser capazes de eliminá-los realizando uma abertura por reconstrução usando uma longa linha horizontal na operação de erosão. Essa operação vai produzir um fundo contendo as teclas e seus reflexos. Subtraindo isso da imagem original (ou seja, realizando um *top-hat* por reconstrução), eliminamos os reflexos horizontais e as variações no fundo da imagem original.

A Figura 9.44(b) mostra o resultado da abertura por reconstrução da imagem original usando uma linha horizontal de tamanho 1 × 71 pixels na operação de erosão. Poderíamos ter usado apenas uma abertura para remover os caracteres, mas o fundo resultante não teria sido tão uniforme como mostra a Figura 9.44(c) (por exemplo, compare as regiões entre as teclas em ambas as imagens). A Figura 9.44(d) mostra o resultado da subtração da Figura 9.44(b) da Figura 9.44(a). Como esperado, os reflexos horizontais e as variações do fundo foram suprimidos. Para efeito de comparação, a Figura 9.44(e) mostra o resultado de realizar apenas a transformação *top-hat* (ou seja, subtraindo a abertura "padrão" da imagem, como discutido anteriormente nesta seção). Como era esperado a partir das características do fundo da Figura 9.44(c), o fundo da Figura 9.44(e) não é tão uniforme quanto na Figura 9.44(d).

O próximo passo é eliminar os reflexos verticais das bordas das teclas, que são bastante visíveis na Figura 9.44(d). Podemos fazer isso realizando uma abertura por reconstrução com um ES de formato de linha cuja amplitude é quase igual aos reflexos (aproximadamente 11 pixels neste caso). A Figura 9.44(f) mostra o resultado de executar essa operação na Figura 9.44(d). Os reflexos verticais foram elimina-

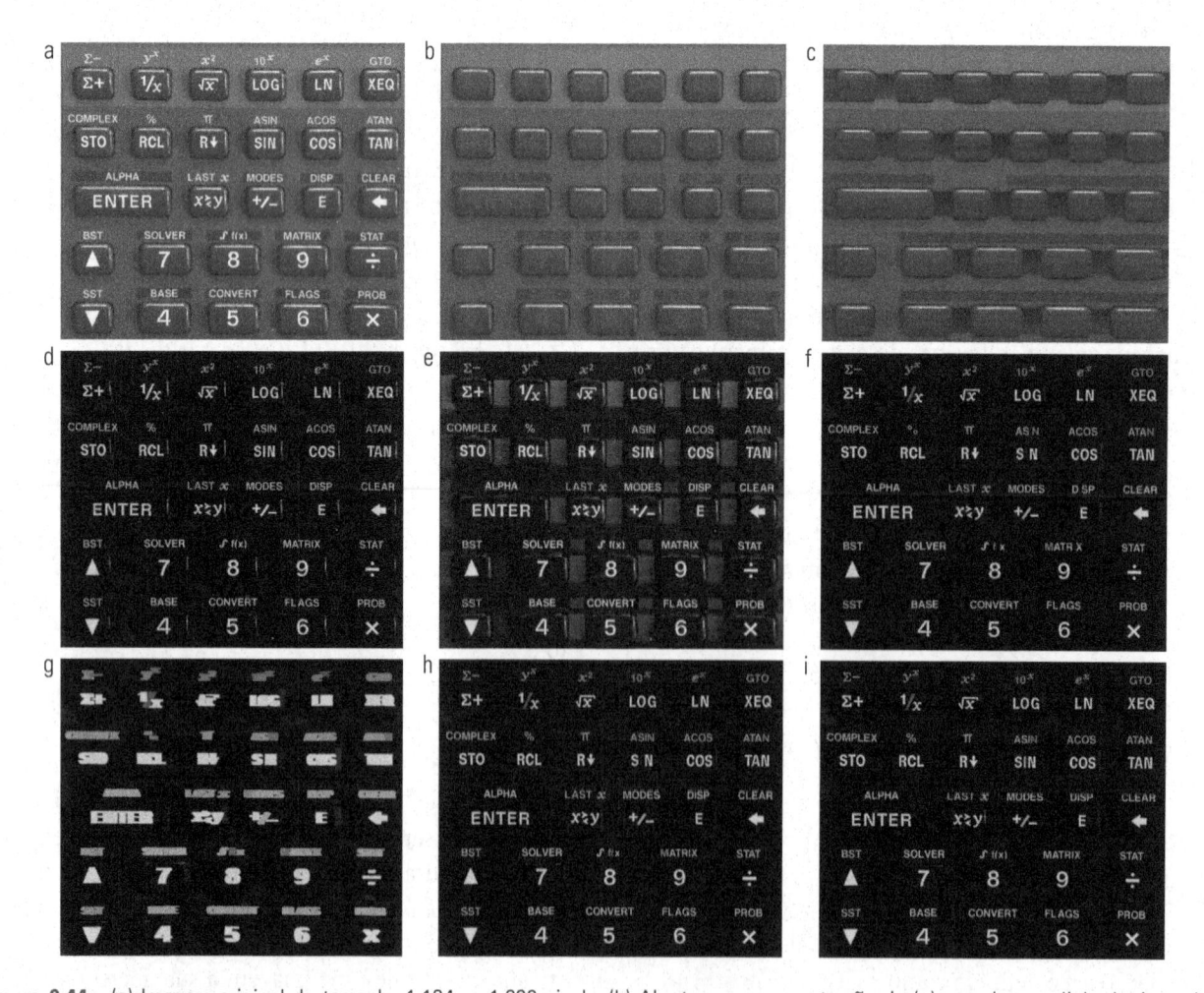

Figura 9.44 (a) Imagem original de tamanho 1.134 × 1.360 pixels. (b) Abertura por reconstrução de (a) usando uma linha horizontal de 71 pixels de comprimento na erosão. (c) Abertura de (a) utilizando a mesma linha. (d) *Top-hat* por reconstrução. (e) *Top-hat*. (f) Abertura por reconstrução de (d) usando uma linha horizontal de 11 pixels de comprimento. (g) Dilatação de (f) usando uma linha horizontal de 21 pixels de comprimento. (h) Mínimo de (d) e (g). (i) Resultado final da reconstrução. (Imagem original: cortesia do Dr. Steve Eddins, The MathWorks, Inc.)

dos, mas também foram suprimidos os elementos verticais finos que são caracteres válidos (por exemplo, o I em SIN), então temos de encontrar uma maneira de restaurar este último. Os caracteres eliminados estão muito perto de outros caracteres; então, se dilatarmos os caracteres restantes na horizontal, os caracteres dilatados vão se sobrepor na área ocupada anteriormente pelos caracteres eliminados. A Figura 9.44(g), obtida dilatando a Figura 9.44(f), com um ES de linha de tamanho 1 × 21, mostra que realmente era este o caso.

Tudo o que resta neste momento é recuperar os caracteres eliminados. Considere uma imagem formada como o mínimo pontual entre a imagem dilatada na Figura 9.44(g) e a imagem do *top-hat* por reconstrução da Figura 9.44(d). A Figura 9.44(h) mostra a imagem mínima (embora este resultado pareça estar perto de nosso objetivo, repare que o I em SIN ainda está faltando). Usando essa imagem como um marcador e a imagem dilatada como a máscara de reconstrução em níveis de cinza (Equação 9.6-18), obtemos o resultado final na Figura 9.44(i). Essa imagem mostra que todos os caracteres foram devidamente extraídos do fundo original e irregular, incluindo o fundo das teclas. O fundo da Figura 9.44(i) é totalmente uniforme.

Resumo

Os conceitos e as técnicas morfológicas apresentados neste capítulo constituem um poderoso conjunto de ferramentas para a extração de características de interesse em uma imagem. Um dos aspectos mais atraentes do processamento morfológico de imagens é o fundamento teórico extenso a partir do qual as técnicas morfológicas evoluíram. Uma vantagem significativa em termos de implementação computacional consiste no fato de a dilatação e a erosão serem operações primitivas que são a base para uma ampla classe de algoritmos morfológicos. Como mostrará o próximo capítulo, a morfologia pode ser usada como base para o desenvolvimento de procedimentos de segmentação de imagens com inúmeras aplicações. Conforme será discutido no Capítulo 11, as técnicas morfológicas também desempenham um papel importante nos processos de descrição da imagem.

Referências e leitura complementar

O livro de Serra (1982) é uma referência fundamental no processamento morfológico de imagens. Veja também Serra (1988), Giardina e Dougherty (1988) e Haralick e Shapiro (1992). Referências básicas adicionais relevantes para nossa discussão incluem Blum (1967), Lantuéjoul (1980), Maragos (1987) e Haralick et al. (1987). Para uma visão geral da morfologia tanto binária quanto das escalas de cinza, veja Basart e Gonzalez (1992) e Basart et al. (1992). Este conjunto de referências oferece uma base ampla para o material abordado nas seções 9.1 a 9.4. Para uma boa visão geral do material das seções 9.5 e 9.6, ver o livro de Soille (2003).

Questões importantes da implementação de algoritmos morfológicos, como os indicados nas seções 9.5 e 9.6, são exemplificadas nos trabalhos de Jones e Svalbe (1994), Park e Chin (1995), Sussner e Ritter (1997), Anelli et al. (1998) e Shaked e Bruckstein (1998). Um artigo de Vincent (1993) é especialmente importante em termos de detalhes práticos para a implementação de algoritmos morfológicos em níveis de cinza. Veja também o livro de Gonzalez, Woods, e Eddins (2004).

Para uma leitura adicional sobre a teoria e as aplicações de processamento morfológico de imagens, veja o livro de Goutsias e Bloomberg (2000) e uma edição especial da *Pattern Recognition* (2000). Veja também uma compilação de referências de Rosenfeld (2000). Os livros de Marchand-Maillet e Sharaiha (2000), sobre o processamento de imagens binárias, e de Ritter e Wilson (2001) sobre a álgebra da imagem também são de interesse. Os trabalhos atuais sobre a aplicação de técnicas morfológicas para processamento de imagem aparece nos artigos escritos por Kim (2005) e Evans e Liu (2006).

Exercícios*

9.1 As imagens digitais neste livro encontram-se dentro de uma grade quadrada, e os pixels podem ser 4, 8, ou *m*-conectados. No entanto, outras modalidades de grade também são possíveis. Especificamente, uma grade hexagonal que leva à conectividade-6 é usada por vezes (veja a figura a seguir).

(a) Como você converteria uma imagem de uma grade quadrada em uma grade hexagonal?

(b) Discuta sobre a invariância de forma na rotação de objetos representados em uma grade quadrada em oposição a uma grade hexagonal.

(c) É possível ter configurações ambíguas diagonais em uma grade hexagonal, como ocorre com a conectividade-8? (ver Seção 2.5.2).

---

* Soluções detalhadas dos exercícios marcados com um asterisco podem ser encontradas no site do livro. O site também contém sugestões de projetos baseados no material neste capítulo.

9.2 *(a) Desenvolva um algoritmo morfológico para converter uma fronteira binária 8-conectada em uma fronteira *m*-conectada (ver Seção 2.5.2). Você pode assumir que a fronteira está totalmente conectada e que possui espessura de um pixel.

(b) O funcionamento de seu algoritmo exige mais do que uma iteração com cada elemento estruturante? Explique.

(c) O desempenho de seu algoritmo é independente da ordem em que os elementos estruturantes são aplicados? Se sua resposta for afirmativa, demonstre. Senão, mostre um exemplo que ilustre a dependência de seu procedimento na ordem da aplicação dos elementos estruturantes.

9.3 A erosão de um conjunto A pelo elemento estruturante B é um subconjunto de A sempre que a origem de B esteja contida em B. Dê um exemplo em que a erosão $A \ominus B$ esteja fora, ou parcialmente fora, de A.

9.4 As quatro afirmações seguintes são verdadeiras. Proponha um argumento que estabeleça o(s) motivo(s) das suas validades. A parte (a) em geral é verdadeira. As partes (b) até (d) são verdadeiras apenas para os conjuntos *digitais*. Para mostrar a validade de (b) até (d), desenhe uma grade discreta e quadrada (como mostrado no Exercício 9.1) e ofereça um exemplo para cada caso utilizando conjuntos compostos por pontos nesta grade. (*Dica*: mantenha o número de pontos em cada caso o mais baixo possível até estabelecer a validade das declarações.)

***(a)** A erosão de um conjunto convexo por um elemento estruturante convexo é um conjunto convexo.

***(b)** A dilatação de um conjunto convexo por um elemento estruturante convexo não é necessariamente sempre convexo.

(c) Os pontos em um conjunto convexo digital nem sempre estão conectados.

(d) É possível ter um conjunto de pontos em que a linha que une cada dupla de pontos no conjunto esteja dentro do conjunto sem que o conjunto seja convexo.

***9.5** Com referência à imagem mostrada, encontre o elemento estruturante e a(s) operação(ões) morfológica(s) que produziu(ram) cada um dos resultados mostrados nas imagens (a) até (d). Mostre claramente a origem de cada elemento estruturante. As linhas tracejadas mostram a fronteira do conjunto original e foram incluídas apenas para referência. Repare que em (d) todos os cantos são arredondados.

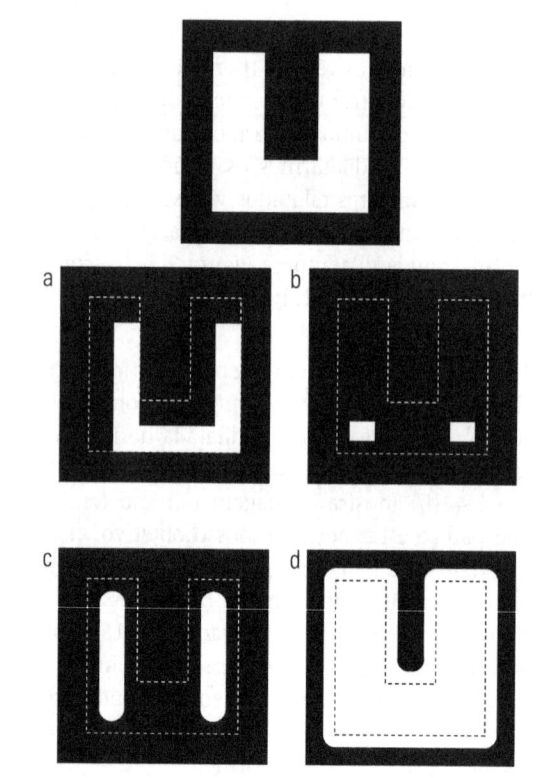

9.6 Considere que A seja o conjunto sombreado mostrado na figura a seguir. Utilize os elementos estruturantes exibidos (os pontos pretos mostram a origem). Esboce o resultado das seguintes operações morfológicas:

(a) $(A \ominus B^4) \oplus B^2$

(b) $(A \ominus B^1) \oplus B^3$

(c) $(A \oplus B^1) \oplus B^3$

(d) $(A \oplus B^3) \ominus B^2$

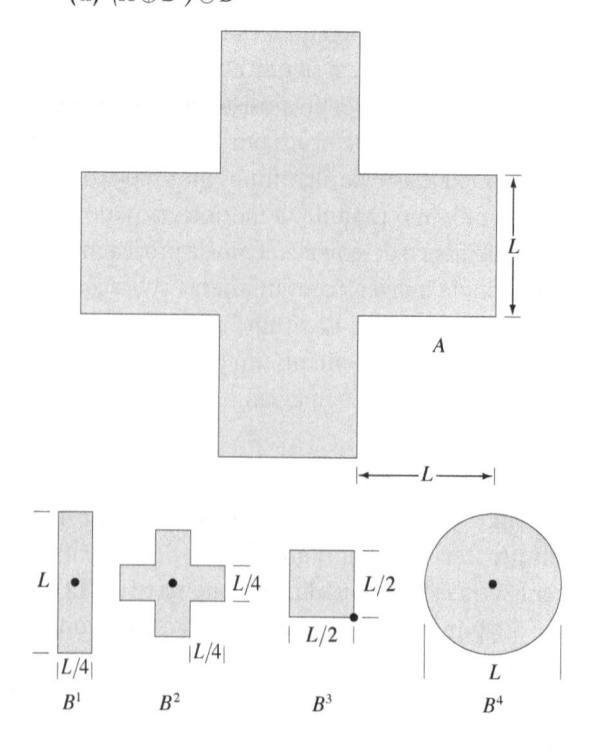

*9.7 **(a)** Qual é o efeito limitante de dilatar repetidamente uma imagem? Suponha que um elemento estruturante trivial (um ponto) não seja utilizado.

(b) Qual é a menor imagem a partir da qual você pode começar para que sua resposta na parte (a) permaneça válida?

9.8 **(a)** Qual é o efeito limitante de erodir repetidamente uma imagem? Suponha que um elemento estruturante trivial (um ponto) não seja utilizado.

(b) Qual é a menor imagem a partir da qual você pode começar para que sua resposta na parte (a) permaneça válida?

*9.9 Uma definição alternativa da erosão é

$$A \ominus B = \{\omega \in Z^2 | \omega + b \in A, \text{ para todos } b \in B\}$$

Mostre que essa definição é equivalente à definição da Equação 9.2-1.

9.10 **(a)** Mostre que a definição de erosão dada no Exercício 9.9 é equivalente à outra definição de erosão:

$$A \ominus B = \bigcap_{b \in B} (A)_{-b}$$

(Se $-b$ é substituída por b, esta expressão é chamada de *subtração de Minkowsky* de dois conjuntos.)

(b) Mostre que a expressão em (a) é equivalente também à definição da Equação 9.2-1.

*9.11 Uma definição alternativa de dilatação é

$$A \oplus B = \{\omega \in Z^2 | \omega = a + b, \text{ para } a \in A \text{ e } b \in B\}$$

Mostre que essa definição e a definição na Equação 9.2-3 são equivalentes.

9.12 **(a)** Mostre que a definição de dilatação dada no Exercício 9.11 é equivalente à outra definição de dilatação:

$$A \oplus B = \bigcup_{b \in B} (A)_b$$

(Esta expressão também é chamada de *soma de Minkowsky* de dois conjuntos.)

(b) Mostre que a expressão em (a) também é equivalente à definição da Equação 9.2-3.

9.13 Prove a validade da expressão de dualidade na Equação 9.2-6.

*9.14 Prove a validade da expressão de dualidade

(a) $(A \bullet B)^c = (A^c \circ \hat{B})$ e $(A \circ B)^c = (A^c \bullet \hat{B})$

9.15 Prove a validade das expressões a seguir:

*(a) $A \circ B$ é um subconjunto (subimagem) de A.

(b) Se C é um subconjunto de D, então $C \circ B$ é um subconjunto de $D \bullet B$.

(c) $(A \circ B) \circ B = A \circ B$.

9.16 Demonstre a validade das seguintes expressões (assume-se que a origem de B está contida em B e que os exercícios 9.14 e 9.15 são verdadeiros):

(a) A é um subconjunto (subimagem) de $A \bullet B$.

(b) Se C é um subconjunto de D, então $C \bullet B$ é um subconjunto de $D \bullet B$.

(c) $(A \bullet B) \bullet B = A \bullet B$.

9.17 Considere a imagem e o elemento estruturante mostrados. Esboce como devem ficar os conjuntos C, D, E e F na seguinte sequência de operações: C = A ⊖ B; D = C ⊕ B; E = D ⊕ B; e F = E ⊖ B. O conjunto inicial A consiste de todos os componentes da imagem mostrados em branco, com exceção do elemento estruturante B. Repare que essa sequência de operações é simplesmente a abertura de A por B, seguida do fechamento dessa abertura por B. Você pode assumir que B é grande o suficiente para incluir cada um dos componentes distorcidos.

*9.18 Considere as três imagens binárias mostradas na figura a seguir. A imagem à esquerda está composta por quadrados com lados de tamanhos 1, 3, 5, 7, 9 e 15 pixels. A imagem no meio foi gerada pela erosão da imagem da esquerda com um elemento estruturante quadrado de 1s, de tamanho 13 × 13 pixels, com o objetivo de eliminar todos os quadrados, exceto os maiores. Finalmente, a imagem da direita é o resultado da dilatação da imagem no centro com o mesmo elemento estruturante, com o objetivo de restaurar os quadrados maiores. Você sabe que a erosão seguida da dilatação é a abertura de uma imagem, e sabe também que a abertura geralmente não restaura os objetos à sua forma original. Explique porque a reconstrução total dos quadrados grandes foi possível neste caso.

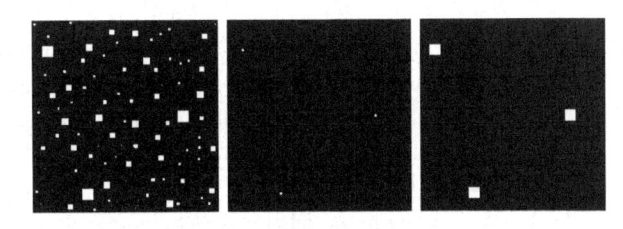

9.19 Esboce o resultado da aplicação da transformada *hit-or-miss* à imagem e ao elemento estruturante mostrado. Indique claramente a origem e a borda que você selecionou para o elemento estruturante.

Imagem
Elemento estruturante

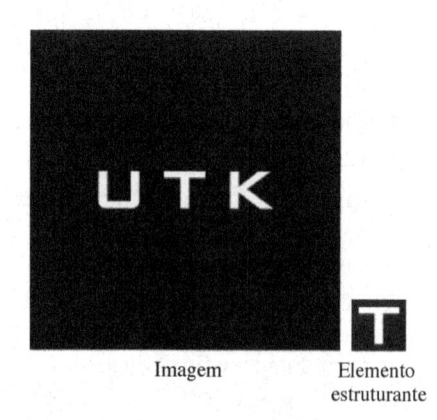

*9.20 Três características (lago, baía e segmento de linha) úteis para diferenciar os objetos afinados na imagem são mostradas na figura a seguir. Desenvolva um algoritmo lógico/morfológico de diferenciação entre essas formas. A entrada para o algoritmo seria uma dessas três formas. A saída deve ser a identidade da entrada. Você pode assumir que as características são de 1 pixel de espessura e que estão totalmente conectadas entre si. No entanto, podem aparecer em qualquer orientação.

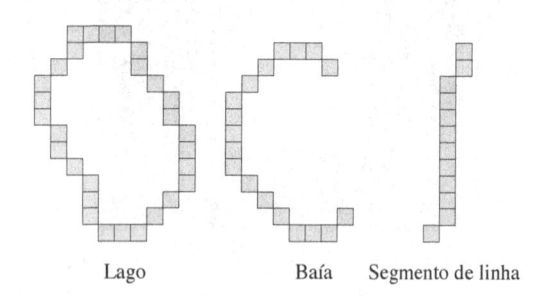

Lago Baía Segmento de linha

9.21 Discuta que resultado você esperaria em cada um dos seguintes casos:

(a) O ponto de partida do algoritmo de preenchimento de buracos da Seção 9.5.2 é um ponto na fronteira do objeto.

(b) O ponto de partida no algoritmo de preenchimento de buracos está fora da fronteira.

(c) Esboce como ficaria o fecho convexo da figura no Exercício 9.6 calculado com o algoritmo mostrado na Seção 9.5.4. Suponha que $L = 3$ pixels.

9.22 *(a) Discuta o efeito do uso do elemento estruturante da Figura 9.15(c) para a extração de fronteiras, em vez daquele mostrado na Figura 9.13(b).

(b) Qual seria o efeito de usar um elemento estruturante 3×3 composto por todos os 1s no algoritmo de preenchimento de buracos da Equação 9.5-2, em vez do elemento estruturante da Figura 9.15(c)?

9.23 *(a) Proponha um método (usando qualquer uma das técnicas mostradas nas seções 9.1 até 9.5) para automatizar o exemplo da Figura 9.16. Você pode considerar que as esferas não se tocam e que ninguém tocou na borda da imagem.

(b) Repita (a), mas desta vez permitindo que as esferas se toquem de forma arbitrária, inclusive tocando a borda da imagem.

*9.24 O algoritmo dado na Seção 9.5.3 para extração dos componentes conexos requer que um ponto seja conhecido em cada componente conexo, a fim de extrair todos eles. Suponha que você receba uma imagem binária contendo um número arbitrário (desconhecido) de componentes conexos. Proponha um processo totalmente automatizado para extrair todos os componentes conexos. Suponha que os pontos pertencentes aos componentes conexos são rotulados com 1, e os pontos de fundo são rotulados com 0.

9.25 Proponha uma expressão com base na reconstrução por dilatação capaz de extrair todos os buracos em uma imagem binária.

9.26 Em relação ao algoritmo de preenchimento de buracos da Seção 9.5.9:

(a) Explique o que aconteceria se todos os pontos da borda de f fossem 1.

(b) Se o resultado em (a) é o que você esperava, explique o porquê. Se o resultado não for o esperado, explique como você poderia modificar o algoritmo para que ele funcione como desejado.

*9.27 Explique o que aconteceria na erosão e dilatação binárias se o elemento estruturante fosse um ponto único, com valor 1. Dê o(s) motivo(s) para sua resposta.

9.28 Conforme explicado na Equação 9.5-27 e na Seção 9.6.4, a abertura por reconstrução preserva a forma dos componentes da imagem que permanecem após a erosão. O que faz o fechamento por reconstrução?

*9.29 Mostre que a erosão e a dilatação geodésica (Seção 9.5.9) são duais em relação à complementação de conjuntos. Isto é, mostre que $E_G^{(n)}(F) = \left[D_{G^c}^{(1)} \left[D_{G^c}^{(n-1)}(F^c) \right] \right]^c$ e, inversamente, que $D_G^{(n)}(F) = \left[E_{G^c}^{(1)} \left[E_{G^c}^{(n-1)}(F^c) \right] \right]^c$. Suponha que o elemento estruturante é simétrico em torno de sua origem.

9.30 Mostre que a reconstrução por dilatação e a reconstrução por erosão (Seção 9.5.9) são duais em relação à complementação de conjuntos. Isto é, mostre que $R_G^D(F) = \left[R_{G^c}^E(F^c) \right]^c$, e vice-versa, que $R_G^E(F) = \left[R_{G^c}^D(F^c) \right]^c$. Suponha que o elemento estruturante é simétrico em torno de sua origem.

*9.31 Crie um argumento mostrando que:

(a) $\left[(F \ominus nB) \right]^c = (F^c \oplus n\hat{B})$, onde $(F \ominus nB)$ indica n erosões de F por B.

(b) $\left[(F \oplus nB) \right]^c = (F^c \ominus n\hat{B})$.

9.32 Mostre que o fechamento binário por reconstrução é o dual da abertura por reconstrução no que diz respeito à complementação de conjuntos: $O_R^{(n)}(F) = \left[C_R^{(n)}(F^c) \right]^c$, e, da mesma forma

$C_R^{(n)}(F) = \left[O_R^{(n)}(F^c)\right]^c$. Suponha que o elemento estruturante é simétrico em torno de sua origem.

9.33 Prove a validade das expressões a seguir de morfologia em níveis de cinza. Você pode assumir que b é um elemento estruturante plano. Lembre-se que $f^c(x, y) = -f(x, y)$, e que $\hat{b}(x, y) = b(-x, -y)$.

* **(a)** Dualidade da erosão e da dilatação: $(f \ominus b)^c = f^c \oplus \hat{b}$ e $(f \oplus b)^c = f^c \ominus \hat{b}$.
- **(b)** $(f \bullet b)^c = f^c \circ \hat{b}$ e $(f \circ b)^c = f^c \bullet \hat{b}$.
* **(c)** $D_g^{(n)}(f) = \left[E_{g^c}^{(1)}\left[E_{g^c}^{(n-1)}(f^c)\right]\right]^c$ e $E_g^{(n)}(f) = \left[D_{g^c}^{(1)}\left[D_{g^c}^{(n-1)}(f^c)\right]\right]^c$. Considere um elemento estruturante simétrico.
- **(d)** $R_g^D(f) = \left[R_{g^c}^E(f^c)\right]^c$ e $R_g^E(f) = \left[R_{g^c}^D(f^c)\right]^c$.
- **(e)** $\left[(f \ominus nb)\right]^c = (f^c \oplus n\hat{b})$, onde $(f \ominus nb)$ indica n erosões de f por b. Também que $\left[(f \oplus nb)\right]^c = (f^c \ominus n\hat{b})$.
- **(f)** $O_R^{(n)}(f) = \left[C_R^{(n)}(f^c)\right]^c$ e $C_R^{(n)}(f) = \left[O_R^{(n)}(f^c)\right]^c$. Suponha que o elemento estruturante seja simétrico em torno de sua origem.

9.34 Na Figura 9.43, uma fronteira entre as diferentes regiões de textura foi criada sem dificuldades. Considere a imagem a seguir, que mostra uma região de pequenos círculos englobados por uma região de círculos maiores.

- **(a)** Será que o método usado para gerar a Figura 9.43(d) funcionaria com esta imagem também? Explique seu raciocínio, incluindo as suposições que você precisa fazer para que o método funcione.
- **(b)** Se a sua resposta for sim, esboce a forma que ficaria a fronteira.

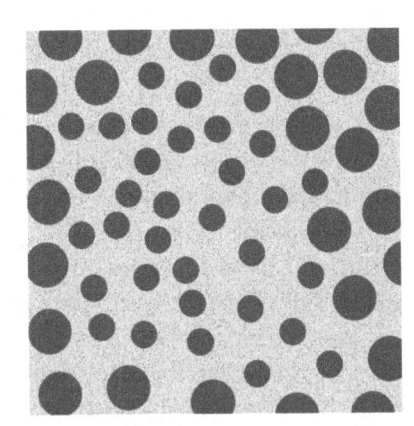

9.35 Uma imagem em níveis de cinza, $f(x, y)$, é corrompida por picos de ruído que não se sobrepõem e que podem ser modelados como pequenos artefatos cilíndricos de raios $R_{mín} \leq r \leq R_{máx}$ e amplitude $A_{mín} \leq a \leq A_{máx}$.

* **(a)** Desenvolva uma metodologia de filtragem morfológica para limpar a imagem.
- **(b)** Repita (a), mas desta vez imagine que há sobreposição de, no máximo, quatro picos de ruído.

9.36 Uma etapa de pré-processamento para um aplicativo de microscopia aborda o problema de isolar partículas redondas individuais de partículas semelhantes que se sobrepõem em grupos de duas ou mais partículas (ver imagem a seguir). Partindo do princípio de que todas as partículas são do mesmo tamanho, proponha um algoritmo morfológico que produza três imagens que possuam, respectivamente:

* **(a)** Apenas partículas que se fundiram com a borda da imagem.
- **(b)** Apenas partículas sobrepostas.
- **(c)** Apenas partículas que não se sobrepõem.

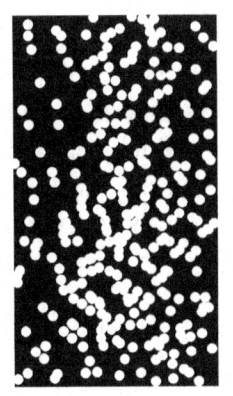

9.37 Uma fábrica de produção de alta tecnologia ganha um contrato com o governo para fabricar máquinas de lavar de alta precisão, com a forma mostrada na figura a seguir. O contrato exige que a forma de todas as máquinas seja inspecionada por um sistema de imagem. Nesse contexto, a inspeção da forma refere-se a irregularidades no formato arredondado nas bordas internas e externas das máquinas. Você pode assumir o seguinte: (1) uma imagem "de ouro" (perfeita no que diz respeito ao problema) de uma máquina de lavar aceitável está disponível; e (2) a imagem e os sistemas de posicionamento utilizados atualmente possuem precisão alta o suficiente para permitir que você ignore os erros devidos à digitalização e ao posicionamento. Você foi contratado como consultor para ajudar a especificar a parte de inspeção visual do sistema. Proponha uma solução baseada nas operações morfológicas/lógicas. Sua resposta deve estar na forma de um diagrama de blocos.

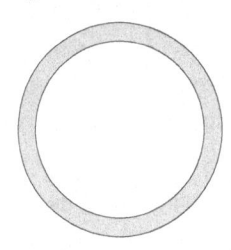

Capítulo 10 — Segmentação de imagens

> O todo é igual à soma das suas partes.
> *Euclides*
>
> O todo é maior que a soma de suas partes.
> *Max Wertheimer*

Apresentação

O material do capítulo anterior começou uma transição dos métodos de processamento de imagem cujas entradas e saídas são imagens para métodos em que as entradas são imagens, mas as saídas são atributos extraídos dessas imagens (no sentido definido na Seção 1.1). A segmentação é um passo importante nessa direção.

A segmentação subdivide uma imagem em regiões ou objetos que a compõem. O nível de detalhe em que a subdivisão é realizada depende do problema a ser resolvido. Ou seja, a segmentação deve parar quando os objetos ou as regiões de interesse de uma aplicação forem detectados. Por exemplo, na inspeção automatizada de componentes eletrônicos, o interesse está em analisar as imagens dos produtos com o intuito de determinar a presença ou ausência de anomalias específicas, como a falta de componentes ou circuitos de conexão interrompidos. Não há sentido nenhum na execução da segmentação além do nível de detalhamento necessário para identificar esses elementos.

A segmentação de imagens não triviais é uma das tarefas mais difíceis no processamento de imagens. A precisão da segmentação determina o sucesso ou o fracasso final dos procedimentos de análise computadorizada. Por essa razão, deve-se tomar muito cuidado para aumentar a probabilidade de se obter uma segmentação precisa. Em algumas situações, como nas aplicações de controle industrial, é possível pelo menos alguma medida de controle sobre o ambiente. Um experiente desenvolvedor de sistemas de processamento de imagens deve prestar muita atenção nessas oportunidades. Em outras aplicações, como a busca autônoma de alvos, o desenvolvedor do sistema não tem controle sobre o ambiente no qual o sistema opera, e a abordagem usual consiste em centrar-se na seleção dos tipos de sensores que provavelmente vão realçar os objetos de interesse, diminuindo a contribuição dos detalhes irrelevantes da imagem. Um bom exemplo é o uso da imagem infravermelha pelos militares para detectar objetos com forte emissão de calor, como equipamentos e tropas em movimento.

A maioria dos algoritmos de segmentação neste capítulo baseia-se em uma das seguintes propriedades básicas de valores de intensidade: descontinuidade e similaridade.* Na primeira categoria, a abordagem é dividir uma imagem com base nas mudanças bruscas de intensidade, como as bordas. As abordagens principais na segunda categoria estão baseadas na divisão de uma imagem em regiões que sejam semelhantes de acordo com um conjunto de critérios predefinidos. A limiarização, o crescimento de região e a divisão e fusão de regiões são exemplos dos métodos desta categoria. Neste capítulo, discutiremos e ilustraremos uma série de abordagens e mostraremos que as melhorias no desempenho da segmentação podem ser alcançadas com a combinação de métodos de categorias diferentes, como as técnicas cuja a detecção de bordas é combinada com a limiarização. Discutiremos também a segmentação de imagens baseada em morfologia. Essa abordagem é particularmente interessante porque combina vários dos atributos positivos da segmentação com base nas técnicas apresentadas na primeira parte do capítulo. Concluiremos o capítulo com uma breve discussão sobre a segmentação utilizando dicas de movimento.

---

* Veja as seções 6.7 e 10.3.8 para uma discussão quanto às técnicas de segmentação baseadas em mais elementos além dos valores de cinza (intensidade).

10.1 Fundamentos

Digamos que R represente toda a região espacial ocupada por uma imagem. Podemos ver a segmentação da imagem como um processo que particiona R em n sub-regiões, $R_1, R_2,..., R_n$, de tal forma que

(a) $\bigcup_{i=1}^{n} R_i = R$

(b) R_i é um conjunto conectado, $i = 1, 2,..., n$.

(c) $R_i \cap R_j = \emptyset$ para todo i e j, $i \neq j$

(d) $Q(R_i)$ = VERDADEIRA para $i = 1, 2,...,n$.

(e) $Q(R_i \cup R_j)$ = FALSA para quaisquer regiões adjacentes R_i e R_j.

Aqui, $Q(R_k)$ é uma propriedade lógica definida sobre os pontos no conjunto R_k, e $\emptyset$ é o conjunto nulo. Os símbolos $\cup$ e $\cap$ representam a união e a interseção do conjunto, respectivamente, conforme definido na Seção 2.6.4. Duas regiões R_i e R_j são ditas *adjacentes* se a sua união forma um conjunto conexo, como discutido na Seção 2.5.2.

A condição (a) indica que a segmentação deve ser completa, isto é, cada pixel deve estar em uma região. A condição (b) requer que os pontos em uma região estejam conectados de alguma forma predefinida (por exemplo, os pontos devem ser 4- ou 8-conectados, conforme definido na Seção 2.5.2). A condição (c) indica que as regiões devem estar separadas. A condição (d) tem a ver com as propriedades que devem ser cumpridas pelos pixels em uma região segmentada — por exemplo, $Q(R_1)$ = VERDADEIRA se todos os pixels em R_i possuírem o mesmo nível de intensidade. Finalmente, a condição (e) indica que duas regiões adjacentes, R_i e R_j, devem ser diferentes no sentido da propriedade Q.*

Assim, vemos que o problema fundamental da segmentação é a divisão de uma imagem em regiões que satisfaçam as condições anteriores. Os algoritmos de segmentação para imagens monocromáticas geralmente estão baseados em uma de duas categorias básicas relacionadas às propriedades dos valores de intensidade: descontinuidade e similaridade. Na primeira categoria, o pressuposto é que as fronteiras das regiões são suficientemente diferentes entre si e em relação ao fundo da imagem para permitir a detecção de limite com base nas descontinuidades locais em intensidade. *A segmentação baseada nas bordas* é a principal abordagem usada nesta categoria. As abordagens da *segmentação baseada na região* na segunda categoria estão baseadas na divisão de uma imagem em regiões que sejam semelhantes de acordo com um conjunto de critérios predefinidos.

A Figura 10.1 ilustra os conceitos anteriores. A Figura 10.1(a) mostra uma imagem de uma região de intensidade

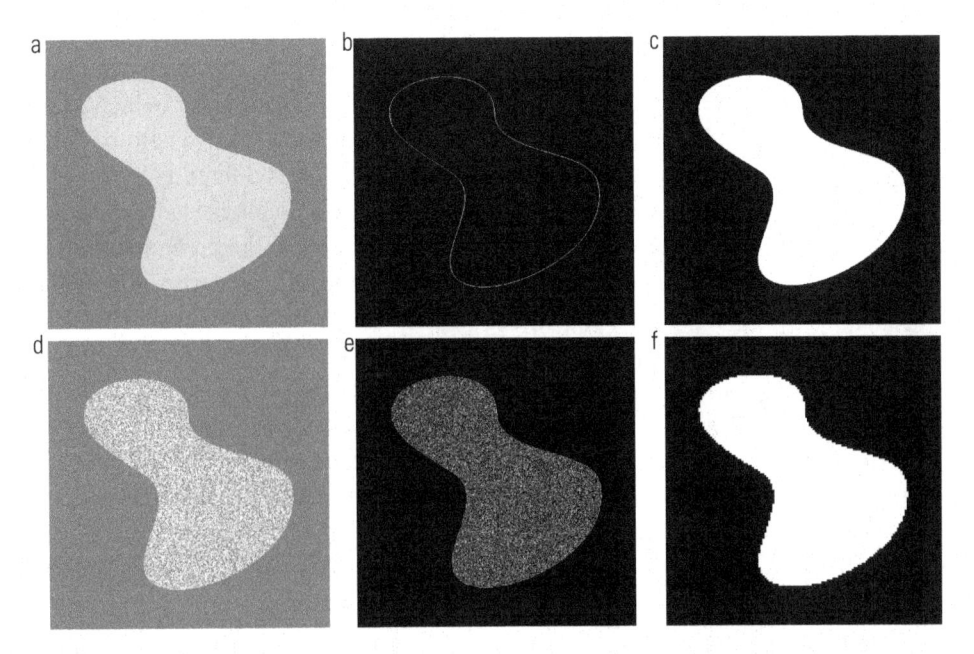

Figura 10.1 (a) Imagem que contém uma região de intensidade constante. (b) Imagem mostrando a fronteira da região interior, obtida a partir das descontinuidades de intensidade. (c) Resultado da segmentação da imagem em duas regiões. (d) Imagem que contém uma região com textura. (e) Resultado do cálculo da borda. Repare no grande número de pequenas bordas que estão conectadas com a fronteira original, o que torna difícil encontrar um limite único utilizando apenas a informação das bordas. (f) Resultado da segmentação baseada nas propriedades da região.

---

* Em geral, Q pode ser uma expressão composta, como, por exemplo, $Q(R_1)$ = VERDADEIRA se a intensidade média dos pixels em R_i for menor a m_i, E (AND) se o desvio padrão de sua intensidade for maior do que σ_i, em que m_i e σ_i são constantes especificadas.

constante sobreposta em um fundo mais escuro, também de intensidade constante. Essas duas regiões compreendem a região global da imagem. A Figura 10.1(b) mostra o resultado do cálculo da fronteira da região interna baseado nas descontinuidades de intensidade. Os pontos no interior e no exterior da fronteira são pretos (zero) porque não há nenhuma descontinuidade na intensidade nessas regiões. Para segmentar a imagem, podemos atribuir um nível (digamos, branco) para os pixels sobre ou no interior da fronteira e outro nível (digamos, preto) para todos os pontos do lado de fora da fronteira. A Figura 10.1(c) mostra o resultado desse procedimento. Vemos que as condições (a) até (c) estabelecidas no início desta seção são cumpridas com este resultado. A propriedade da condição (d) é: se um pixel está sobre ou dentro da fronteira, a etiqueta é branca; caso contrário, a etiqueta é preta. Vemos que essa propriedade é VERDADEIRA para os pontos rotulados em preto e branco na Figura 10.1(c). Da mesma forma, as duas regiões segmentadas (objeto e fundo) satisfazem a condição (e).

As três imagens a seguir ilustram a segmentação baseada na região. A Figura 10.1(d) é semelhante à Figura 10.1(a), mas as intensidades da região interna formam um padrão texturizado. A Figura 10.1(e) mostra o resultado do cálculo das bordas desta imagem. É evidente que as numerosas mudanças artificiais na intensidade fazem com que seja difícil identificar uma fronteira única na imagem original, porque muitas das mudanças de intensidade diferentes de zero estão conectadas à fronteira, de modo que a segmentação baseada na borda não é um método adequado. Observamos, no entanto, que a região externa é constante, então tudo o que precisamos para resolver esse problema de segmentação simples é uma propriedade que faça a diferença entre as regiões constantes e as texturizadas. O desvio padrão dos valores dos pixels é uma medida que faz isso porque é diferente de zero nas áreas da região de textura e é zero no caso contrário. A Figura 10.1(f) mostra o resultado de dividir a imagem original em sub-regiões de tamanho 4×4. Cada sub-região foi, então, rotulada como branca se o desvio padrão de seus pixels era positivo (ou seja, se a propriedade era VERDADEIRA) e zero caso contrário. O resultado foi uma aparência de "blocos" ao redor da borda da região em decorrência de os grupos de 4×4 terem sido rotulados com a mesma intensidade. Finalmente, repare que esses resultados também cumprem com as cinco condições estabelecidas no início desta seção.

10.2 Detecção de ponto, linha e borda

O tema principal desta seção são os métodos de segmentação baseados na detecção de mudanças *locais* abruptas de intensidade. Os três tipos de características da imagem em que estamos interessados são os pontos isolados, as linhas e as bordas. Os *pixels de borda* são pixels em que a intensidade de uma função imagem muda abruptamente, e as bordas (ou segmentos de borda) são conjuntos de pixels de borda conexos (ver Seção 2.5.2 em relação à conectividade). Os *detectores de borda* são métodos de processamento de imagem local desenvolvidos para detectar os pixels da borda. Uma linha pode ser vista como um segmento de borda em que a intensidade do fundo de cada lado da linha ou é muito superior ou muito inferior à intensidade dos pixels da linha. De fato, como discutiremos na seção a seguir e na Seção 10.2.4, as linhas dão origem às chamadas "bordas em forma de telhado" ou *roof edges*. Da mesma forma, um ponto isolado pode ser visto como uma linha cujo comprimento e largura são iguais a um pixel.[*]

10.2.1 Fundamentos

Como vimos nas seções 2.6.3 e 3.5, o filtro de média local suaviza a imagem. Dado que a suavização pela média se assemelha à integração, não surpreende que as mudanças locais abruptas na intensidade possam ser detectadas usando derivadas. Por razões que se tornarão evidentes em breve, as derivadas de primeira e segunda ordem são particularmente adequadas para essa finalidade.

As derivadas de uma função digital são definidas em termos de diferenças. Existem várias maneiras de abordar essas diferenças, mas, como explicado na Seção 3.6.1, é preciso que qualquer aproximação utilizada para uma primeira derivada (1) seja zero nas áreas de intensidade constante; (2) seja diferente de zero no início de um degrau ou rampa de intensidade; e (3) que seja diferente de zero em pontos ao longo de uma rampa de intensidade. Da mesma forma, é preciso que qualquer aproximação utilizada para uma derivada de segunda ordem (1) seja zero nas áreas de intensidade constante; (2) seja diferente de zero no início *e* no final de uma rampa ou degrau de intensidade; e (3) seja diferente de zero ao longo das rampas de intensidade. Já que estamos lidando com quantidades digitais cujos valores são finitos, a variação máxima possível de intensidade também é finita, e a menor distância na qual uma mudança pode ocorrer é entre pixels adjacentes.

Obtemos uma aproximação para a derivada de primeira ordem no ponto x de uma função bidimensional $f(x)$,

---

[*] Quando falamos em linhas, estamos nos referindo a estruturas finas que geralmente têm apenas alguns pixels de espessura. Essas linhas podem corresponder, por exemplo, aos elementos de um desenho arquitetônico digitalizado ou estradas em uma imagem de satélite.

expandindo a função $f(x + \Delta x)$ em uma série de Taylor sobre x, assumindo que $\Delta x = 1$ e mantendo apenas os termos lineares (Exercício 10.1). O resultado é a diferença digital*

$$\frac{\delta f}{\partial x} = f'(x) = f(x+1) - f(x) \quad (10.2\text{-}1)$$

Utilizaremos aqui uma derivada parcial para ter mais consistência na notação quando consideramos uma imagem como uma função de duas variáveis, $f(x, y)$, quando trabalharemos com derivadas parciais ao longo dos dois eixos. Claramente, $\partial f/\partial x = df/dx$, quando f é uma função de uma única variável.

Obtemos uma expressão para a segunda derivada diferenciando a Equação 10.2-1 com relação a x:

$$\begin{aligned}\frac{\partial^2 f}{\partial x^2} &= \frac{\partial f'(x)}{\partial x} = f'(x+1) - f'(x) \\ &= f(x+2) - f(x+1) - f(x+1) + f(x) \\ &= f(x+2) - 2f(x+1) + f(x)\end{aligned}$$

na qual a segunda linha resulta da Equação 10.2-1. Essa expansão é sobre o ponto $x + 1$. Nosso interesse está na segunda derivada sobre o ponto x, de modo que subtraímos 1 dos argumentos na expressão anterior e obtemos o resultado

$$\frac{\partial^2 f}{\partial x^2} = f''(x) = f(x+1) + f(x-1) - 2f(x) \quad (10.2\text{-}2)$$

É fácil verificar que as equações 10.2-1 e 10.2-2 satisfazem as condições definidas no início desta seção sobre as derivadas de primeira e segunda ordem. Para ilustrar este ponto e destacar as semelhanças e diferenças fundamentais entre as derivadas de primeira e segunda ordem no contexto do processamento de imagem, considere a Figura 10.2.

A Figura 10.2(a) mostra uma imagem que contém vários objetos sólidos, uma linha e um ponto interno de ruído. A Figura 10.2(b) mostra um perfil de intensidade horizontal (linha de digitalização) da imagem, próximo

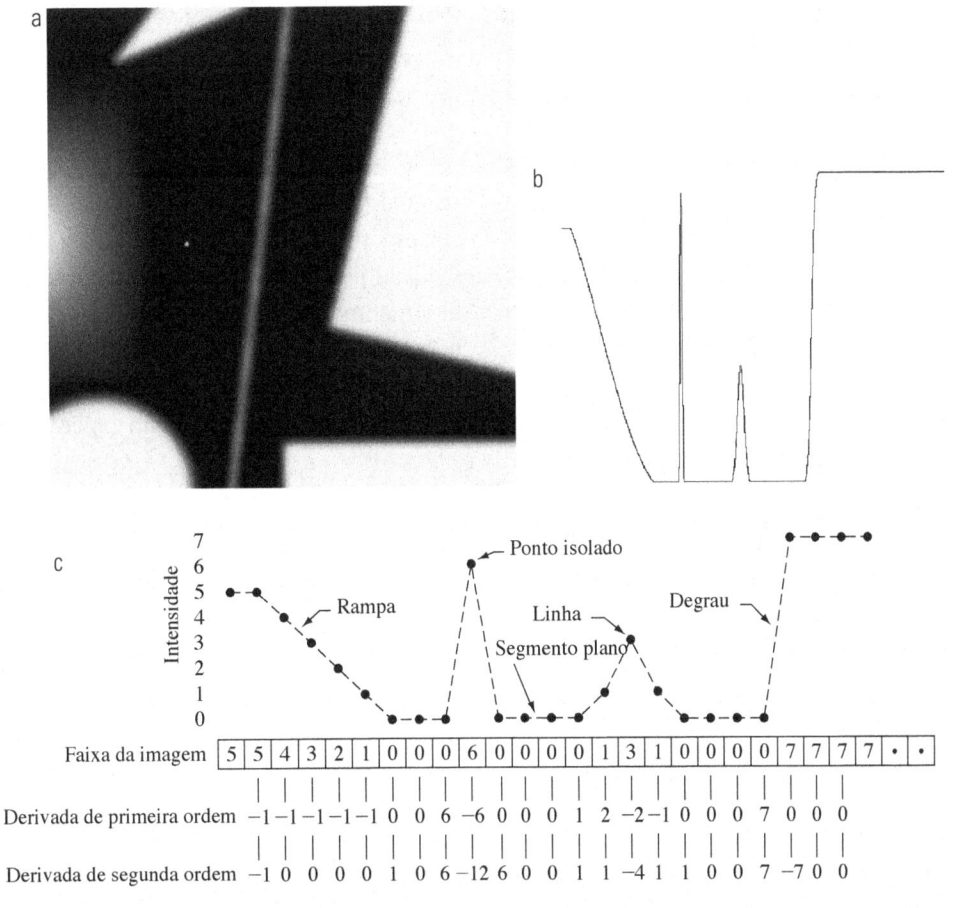

Figura 10.2 (a) Imagem (b) Perfil de intensidade horizontal no centro da imagem, incluindo o ponto de ruído isolado, (c) Perfil simplificado (os pontos estão unidos com traços para facilitar o entendimento). A faixa da imagem corresponde ao perfil de intensidade, e os números nas caixas são os valores de intensidade dos pontos mostrados no perfil. As derivadas foram obtidas utilizando as equações 10.2-1 e 10.2-2.

---

* Lembre-se, da Seção 2.4.2, que os incrementos entre as amostras de imagens são definidos como uma unidade para maior clareza na notação, daí o uso de $\Delta x = 1$ na derivação da Equação 10.2-1.

ao centro, incluindo o ponto isolado. As transições de intensidade entre os objetos sólidos e o fundo ao longo da linha de digitalização mostram dois tipos de bordas: *bordas em rampa* (à esquerda) e *bordas em degrau* (à direita). Como discutiremos mais tarde, as transições de intensidade envolvendo objetos finos como linhas muitas vezes são chamados de *bordas em forma de telhado*. A Figura 10.2(c) mostra uma simplificação do perfil, com pontos suficientes para que possamos analisar numericamente a forma em que as derivadas de primeira e segunda ordem se comportam quando encontram um ponto de ruído, uma linha e as bordas dos objetos. Nesse diagrama simplificado, a transição na rampa abrange quatro pixels, o ponto de ruído é um pixel único, a linha é de três pixels de espessura e a transição em degrau de intensidade ocorre entre pixels adjacentes. O número de níveis de intensidade limita-se a oito, por motivos de simplicidade.

Considere as propriedades das derivadas de primeira e segunda ordem conforme percorremos o perfil da esquerda para a direita. Inicialmente, observamos que a derivada de primeira ordem é diferente de zero no início e ao longo de toda a rampa de intensidade, enquanto a derivada de segunda ordem é diferente de zero apenas no início e no final da rampa. Já que as bordas das imagens digitais se parecem com este tipo de transição, podemos concluir que as derivadas de primeira ordem produzem bordas "grossas", e as de segunda ordem produzem bordas muito mais finas. Em seguida, encontramos o ponto de ruído isolado. Aqui, a magnitude da resposta no ponto é muito mais forte para a derivada de segunda ordem do que para a de primeira ordem. Isso não é uma surpresa, porque uma derivada de segunda ordem é muito mais agressiva do que uma derivada de segunda ordem na hora de facilitar as mudanças bruscas.

Assim, podemos esperar que as derivadas de segunda ordem melhorem os pequenos detalhes (incluindo o ruído) com mais eficiência do que as derivadas de primeira ordem. A linha neste exemplo é bastante fina; por isso, seus detalhes também são finos e vemos mais uma vez que a derivada de segunda ordem tem uma magnitude maior. Finalmente, observe, tanto nas bordas em rampa quanto nas bordas em degrau, que a segunda derivada tem sinais opostos (negativo para positivo ou positivo para negativo) conforme entra e sai da borda. Esse efeito de "borda dupla" é uma característica importante que, como mostramos na Seção 10.2.6, pode ser usado para localizar as bordas. O sinal da segunda derivada também é utilizado para determinar se uma borda é uma transição de claro a escuro (segunda derivada negativa) ou de escuro para claro (segunda derivada positiva), em que o sinal é observado conforme nos aproximamos da borda.

Em resumo, chegamos às seguintes conclusões: (1) as derivadas de primeira ordem geralmente produzem bordas mais grossas em uma imagem. (2) As derivadas de segunda ordem têm uma resposta mais forte aos detalhes finos, como linhas finas, pontos isolados e ruído. (3) As derivadas de segunda ordem produzem uma resposta de borda dupla nas transições de rampa e de degrau de intensidade. (4) O sinal da segunda derivada pode ser usado para determinar se uma transição em uma borda é de claro para escuro ou vice-versa.

A melhor estratégia para o cálculo das derivadas de primeira e segunda ordem em cada posição de pixel em uma imagem é a utilização de filtros espaciais. Para o filtro com máscara 3×3 da Figura 10.3, o procedimento consiste em calcular a soma dos produtos dos coeficientes da máscara com os valores de intensidade na região compreendida pela máscara. Isto é, com referência à Equação 3.4.3, a resposta da máscara no ponto central da região é

$$R = \omega_1 z_1 + \omega_2 z_2 + \cdots + \omega_9 z_9$$
$$= \sum_{k=1}^{9} \omega_k z_k \qquad (10.2\text{-}3)$$

na qual z_k é a intensidade do pixel cuja localização espacial corresponde à posição do k-ésimo coeficiente da máscara. Os detalhes da execução desta operação em todos os pixels de uma imagem são discutidos em detalhe nas seções 3.4 e 3.6. Em outras palavras, o cálculo das derivadas baseado nas máscaras espaciais é a filtragem espacial de uma imagem com essas máscaras, como explicado nessas seções.*

w_1	w_2	w_3
w_4	w_5	w_6
w_7	w_8	w_9

Figura 10.3 Uma máscara geral de filtro espacial 3×3.

---

* Conforme explicado na Seção 3.4.3, a Equação 10.2-3 é uma notação simplificada, seja para a correlação espacial, dada pela Equação 3.4-1, seja pela convolução espacial, dada pela Equação 3.4-2. Portanto, quando R é avaliado em todos os locais de uma imagem, o resultado é um arranjo. Toda a filtragem espacial neste capítulo é feita usando correlação. Em alguns casos, usamos o termo convolução de uma máscara com uma imagem para fins de manter a convenção. No entanto, só usamos essa terminologia quando as máscaras de filtro são simétricas, caso em que a correlação e a convolução produzem o mesmo resultado.

10.2.2 Detecção de pontos isolados

Com base nas conclusões da seção anterior, sabemos que a detecção de pontos deve-se basear nas técnicas que utilizam as derivadas de segunda ordem. A partir da discussão na Seção 3.6.2, isso implica utilizar o laplaciano:

$$\nabla^2 f(x,y) = \frac{\partial^2 f}{\partial x^2} + \frac{\partial^2 f}{\partial y^2} \qquad (10.2\text{-}4)$$

sendo que as derivadas parciais são obtidas usando a Equação 10.2-2:

$$\frac{\partial^2 f(x,y)}{\partial x^2} = f(x+1,y) + f(x-1,y) - 2f(x,y) \qquad (10.2\text{-}5)$$

e

$$\frac{\partial^2 f(x,y)}{\partial y^2} = f(x,y+1) + f(x,y-1) - 2f(x,y) \qquad (10.2\text{-}6)$$

O laplaciano é, então,

$$\nabla^2 f(x,y) = f(x+1,y) + f(x-1,y) + f(x,y+1) + f(x,y-1) - 4f(x,y) \qquad (10.2\text{-}7)$$

Conforme explicado na Seção 3.6.2, essa expressão pode ser implementada usando a máscara da Figura 3.379(a). Além disso, como explicado nessa seção, podemos estender a Equação 10.2-7 para incluir os termos diagonais e usar a máscara da Figura 3.37(b). Usando a máscara laplaciana na Figura 10.4(a), que é idêntica à máscara da Figura 3.37(b), dizemos que um ponto foi detectado no local (x, y) em que a máscara está centrada se o módulo do valor de resposta da máscara nesse ponto exceder um limiar estabelecido. Esses pontos são rotulados como 1 na imagem de saída, e todos os outros são rotulados 0, produzindo, assim, uma imagem binária. Em outras palavras, a saída é obtida utilizando a seguinte expressão:

$$g(x,y) = \begin{cases} 1 & \text{se } |R(x,y)| \geq T \\ 0 & \text{caso contrário} \end{cases} \qquad (10.2\text{-}8)$$

na qual g é a imagem de saída, T é um limiar não negativo, e R é dado pela Equação 10.2-3. Essa formulação simplesmente mede as diferenças ponderadas entre um pixel e seus vizinhos-8. Intuitivamente, a ideia é que a intensidade de um ponto isolado será muito diferente do seu entorno e, portanto, será facilmente detectável por esse tipo de máscara. As únicas diferenças de intensidade que são de interesse são aquelas suficientemente grandes (como determinado por T) para serem consideradas pontos isolados. Repare que, como é usual para uma máscara derivada, a soma de coeficientes é zero, indicando que a resposta da máscara será zero nas áreas de intensidade constante.

Exemplo 10.1 Detecção de pontos isolados em uma imagem.

Ilustramos a segmentação de pontos isolados em uma imagem com o auxílio da Figura 10.4(b), que é uma radiografia de uma lâmina de turbina de um motor de um jato. A lâmina tem uma porosidade no quadrante superior direito da imagem e não há um único pixel preto embutido dentro da porosidade. A Figura 10.4(c) é o resultado da aplicação da máscara detectora de pontos para a radiografia e a Figura 10.4(d) mostra o resultado do uso da Equação 10.2-8 com T igual a 90% do maior valor absoluto dos pixels existentes na Figura 10.4(c). O pixel é claramente visível nesta imagem (o pixel foi ampliado manualmente para melhorar sua visibilidade). Esse tipo de processo de detecção é bastante especializado porque é baseado nas mudanças abruptas da intensidade em locais de um único pixel que estão cercadas por um fundo homogêneo na área da máscara detectora. Quando essa condição não é satisfeita, outros métodos discutidos neste capítulo são mais adequados para detectar mudanças de intensidade.

10.2.3 Detecção de linhas

O próximo nível de complexidade é a detecção de linha. Com base na discussão da Seção 10.2.1, sabemos que, para a detecção de linha, podemos esperar que as derivadas de segunda ordem resultem em uma resposta mais forte e produzam linhas mais finas do que as derivadas de

a

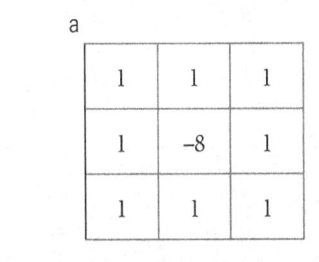

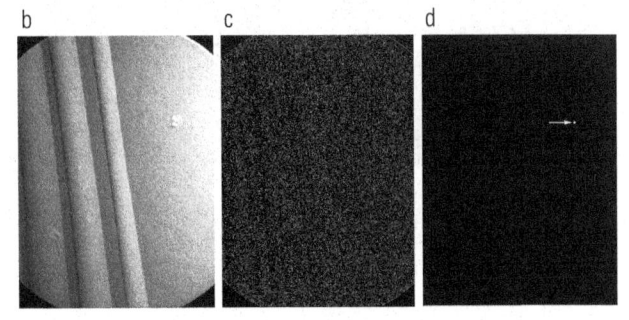

1	1	1
1	−8	1
1	1	1

b c d

Figura 10.4 (a) Máscara de detecção de pontos (laplaciana). (b) Radiografia da uma lâmina de turbina com porosidade. A porosidade contém um único pixel preto. (c) Resultado da convolução da máscara com a imagem. (d) Resultado da utilização da Equação 10.2-8 mostrando um único ponto (o ponto foi ampliado para tornar mais fácil sua visualização). (Imagem original: cortesia da X-TEK Systems, Ltd.)

primeira ordem. Assim, podemos usar a máscara laplaciana na Figura 10.4(a) para a detecção de linhas também, levando em consideração que o efeito de linha dupla da segunda derivada deve ser tratado adequadamente. O exemplo a seguir ilustra o procedimento.

■ **Exemplo 10.2** Utilizando o filtro laplaciano para a detecção de linhas.

A Figura 10.5(a) mostra uma porção 486 × 486 (binária) de uma conexão *wire-bond* de um circuito eletrônico, e a Figura 10.5(b) mostra a mesma imagem após ter sido submetida ao filtro laplaciano. Já que a imagem laplaciana contém valores negativos,* o ajuste é necessário para poder mostrar o processo. Como mostra a seção ampliada, o cinza médio representa zero, os tons mais escuros de cinza representam valores negativos e tons mais claros são positivos. O efeito de linha dupla é claramente visível na região ampliada.

À primeira vista, pode parecer que os valores negativos podem ser tratados simplesmente tomando como resposta o módulo dos valores calculados pelo filtro laplaciano. No entanto, como apresentado na Figura 10.5(c), essa abordagem dobra a espessura das linhas. Uma metodologia mais adequada consiste em utilizar apenas os valores positivos do filtro laplaciano (em situações ruidosas utilizamos os valores que excedem o limiar positivo para eliminar as variações aleatórias ao redor de zero causadas pelo ruído). Como a imagem na Figura 10.5(d) mostra, essa abordagem resulta em linhas mais finas, que são consideravelmente mais úteis. Note nas figuras 10.5(b) a (d), que, quando as linhas são largas comparadas com o tamanho da máscara laplaciana, as linhas são separadas por um "vale" de zeros.

Isto não é uma surpresa. Por exemplo, quando o filtro 3 × 3 é centrado em uma linha de intensidade constante de 5 pixels de largura, a resposta será zero, produzindo o efeito de "vale" mencionado acima. Quando falamos sobre detecção de linhas, o pressuposto é que as linhas são finas se comparadas com o tamanho do detector. É melhor tratar as linhas que não cumprem essa hipótese como regiões e manipulá-las usando os métodos de detecção de bordas que discutiremos ainda nesta seção.

■

O detector laplaciano apresentado na Figura 10.4(a) é isotrópico e, por isso, sua resposta independe da direção (em relação às quatro direções da máscara laplaciana 3 × 3: verticais, horizontais e duas diagonais). Muitas vezes, o interesse reside na detecção de linhas em direções *específicas*. Considere as máscaras na Figura 10.6. Suponha que uma imagem com um fundo constante e que contém várias linhas (orientadas a 0°, ± 45° e 90°) é filtrada com a primeira máscara.** As respostas máximas ocorrerão em locais da imagem em que uma linha horizontal atravessou a linha do meio da máscara. Isso é facilmente comprovado esboçando um arranjo simples de 1s com uma linha de diferentes intensidades (digamos, 5s) na direção horizontal do arranjo. Uma experiência semelhante revelaria que a segunda máscara na Figura 10.6 responde melhor às linhas com 45° de inclinação; a terceira máscara para linhas verticais e a quarta máscara, para linhas com −45° de inclinação. A direção preferencial de cada máscara é ponderada com um coeficiente maior (ou seja, 2) do que os outros sentidos possíveis. Os coeficientes de cada máscara somam zero, indicando uma resposta nula em áreas de intensidade constante.

Digamos que R_1, R_2, R_3 e R_4 denotam as respostas das máscaras apresentadas na Figura 10.6, da esquerda

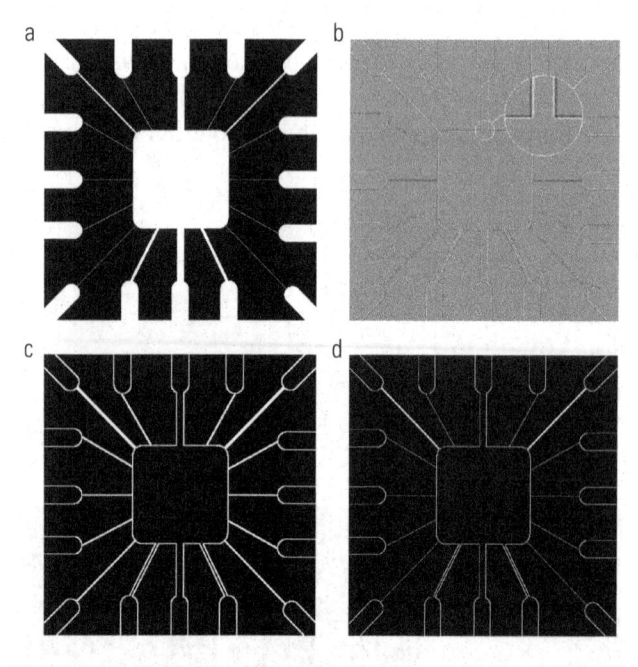

Figura 10.5 (a) Imagem original. (b) Imagem resultante do filtro laplaciano; a seção ampliada mostra o efeito de linha dupla positivo/negativo característico do filtro laplaciano. (c) Valor absoluto do filtro laplaciano. (d) Valores positivos do filtro laplaciano.

---

* Quando uma máscara cuja soma dos coeficientes é zero faz convolução com uma imagem, os pixels da imagem resultante também somarão zero (Exercício 3.16), sugerindo a existência de pixels tanto positivos quanto negativos no resultado. Um ajuste de intensidadesde modo que todos os valores sejam não negativos é necessário para fins de exibição.

** Lembre-se que, na Seção 2.4.2, dizíamos que convencionalmente os eixos da imagem têm sua origem no canto superior esquerdo, e o eixo *x* positivo aponta para baixo, enquanto o eixo *y* positivo se estende à direita. Os ângulos das linhas discutidas nesta seção são medidos em relação ao eixo *x* positivo. Por exemplo, uma linha vertical tem um ângulo de 0° e uma linha de +45° se estende para baixo e para a direita.

-1	-1	-1
2	2	2
-1	-1	-1

Horizontal

2	-1	-1
-1	2	-1
-1	-1	2

+45°

-1	2	-1
-1	2	-1
-1	2	-1

Vertical

-1	-1	2
-1	2	-1
2	-1	-1

−45°

Figura 10.6 Máscaras de detecção de linhas. Os ângulos são em relação ao sistema de eixos da Figura 2.18(b).

para a direita, em que os Rs são dados pela Equação 10.2-3*. Suponha que uma imagem seja filtrada (individualmente) com as quatro máscaras. Se, em um certo, $|R_k| > |R_j|$, para todos $j \neq k$, esse ponto tem maior probabilidade de ser associado a uma linha na direção da máscara k. Por exemplo, se em um ponto na imagem, $|R_1| > |R_j|$, para $j = 2, 3, 4$, esse ponto em particular tem mais probabilidades de ser associado a uma linha horizontal. Alternativamente, podemos estar interessados na detecção de linhas em uma direção especificada. Nesse caso, poderíamos usar a máscara associada a essa direção e estabelecer um limiar na sua saída, como na Equação 10.2-8. Em outras palavras, se estamos interessados em detectar todas as linhas em uma imagem no sentido definido por uma máscara específica, simplesmente executamos a máscara por meio da imagem e estabelecemos um limiar comparando-o ao módulo do valor do resultado. Os pontos que sobrarem serão as respostas mais fortes que, para as linhas de 1 pixel de espessura, têm maior probabilidade de corresponder à direção definida pela máscara. O exemplo a seguir ilustra o procedimento.

Exemplo 10.3 Detecção de linhas em direções específicas.

A Figura 10.7(a) mostra a imagem usada no exemplo anterior. Suponha que estamos interessados em encontrar todas as linhas que são de 1 pixel de espessura e com inclinação de 45°. Para esse fim, usamos a segunda máscara apresentada na Figura 10.6. A Figura 10.7(b) é o resultado da filtragem da imagem com aquela máscara. Como antes, os tons mais escuros do que o fundo cinza na Figura 10.7(b) correspondem aos valores negativos. Existem dois segmentos principais na imagem com inclinação de +45°, uma na parte superior esquerda e a outra na parte inferior

* Não confunda o uso de R para designar a resposta da máscara com o R utilizado para para designar regiões na Seção 10.1.

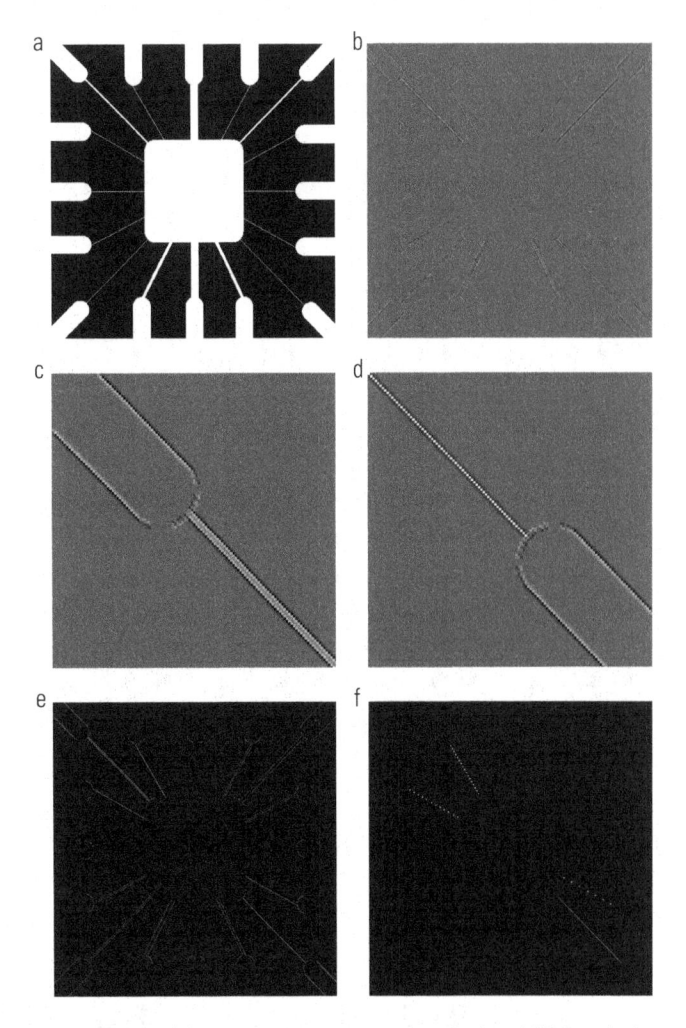

Figura 10.7 (a) Imagem de uma conexão *wire-bond*. (b) Resultado do processamento utilizando a máscara detectora de linha de +45° na Figura 10.6. (c) Vista ampliada da região posicionada no canto superior esquerdo de (b). (d) Vista ampliada da região posicionada no canto inferior direito de (b). (e) A imagem em (b) com todos os valores negativos zerados. (f) Todos os pontos (em branco), cujos valores cumpriram a condição g ≥ T, na qual g é a imagem em (e). (Os pontos em (f) foram ampliados para que fosse mais fácil de ver.)

direita. As figuras 10.7(c) e (d) mostram seções ampliadas da Figura 10.7(b) correspondentes a essas duas áreas. Repare quão mais claro é o segmento de reta apresentado na Figura 10.7(d), comparado com o segmento apresentado na Figura 10.7(c). A razão é que o segmento de linha no canto inferior direito da Figura 10.7(a) é de 1 pixel de espessura, diferentemente daquele na parte superior esquerda. A máscara está "sintonizada" para detectar linhas de 1 pixel de espessura com inclinação de +45°, por isso esperamos que sua resposta seja mais forte quando essas linhas são detectadas. A Figura 10.7(e) mostra os valores positivos da Figura 10.7(b). Já que estamos interessados na resposta mais forte, vamos deixar T igual ao maior valor de pixel encontrado na imagem representada na Figura 10.7(e). A Figura 10.7(f) mostra em branco os pontos cujos valores satisfizeram a condição $g \geq T$, em que g é a imagem da Figura 10.7(e). Os pontos isolados na figura são pontos que também tiveram respostas igualmente fortes para a máscara. Na imagem original, esses pontos e seus vizinhos imediatos estão orientados de tal maneira que a máscara produziu uma resposta máxima nesses locais. Esses pontos isolados podem ser detectados usando a máscara da Figura 10.4(a) e, em seguida, eliminados, ou podem ser excluídos usando operadores morfológicos, como discutido no Capítulo 9.

10.2.4 Modelos de borda

A detecção de bordas é o método usado mais frequentemente para segmentar as imagens com base nas variações abruptas (locais) de intensidade. Começamos por introduzir diversas formas para modelar as bordas e discutiremos uma série de metodologias para a detecção de bordas.

Os modelos de borda são classificados de acordo com seus perfis de intensidade. Uma *borda em degrau* envolve uma transição entre dois níveis de intensidade que ocorrem idealmente com uma distância de 1 pixel. A Figura 10.8(a) mostra a seção de uma borda vertical em degrau e o perfil de intensidade horizontal da borda. As bordas em degrau ocorrem, por exemplo, em imagens geradas por computador para uso em áreas como a modelagem de sólidos e animações. Essas bordas, limpas e *ideais*, podem ocorrer com uma distância de 1 pixel, desde que nenhum processamento adicional (como a suavização) seja usado para fazê-las parecer "reais". As bordas digitais em degrau são utilizadas com frequência como modelos de borda no desenvolvimento de algoritmos. Por exemplo, o algoritmo de detecção de bordas de Canny, discutido na Seção 10.2.6, foi calculado a partir de um modelo de borda em degrau.

Na prática, as imagens digitais têm bordas que são desfocadas e ruidosas, cujo grau de indefinição está determinado principalmente pelas limitações no mecanismo de focalização (ou seja, as lentes, no caso das imagens óticas) e o nível de ruído determinado principalmente pelos componentes eletrônicos do sistema de imagens. Em tais situações, as bordas são modeladas mais apropriadamente designando um perfil de *rampa* na intensidade, como a borda da Figura 10.8(b). A inclinação da rampa é inversamente proporcional ao grau de indefinição da borda. Nesse modelo, não temos mais uma borda fina (1 pixel de espessura). Em vez disso, um ponto de borda agora é qualquer ponto contido na rampa, e um segmento de borda seria, então, um conjunto desses pontos conectados.

Um terceiro modelo de borda é a chamada *borda em forma de telhado* ou *roof edge*, cujas características são ilustradas na Figura 10.8(c). As bordas em forma de telhado são modelos de linhas através de uma região, com a base (largura) de uma borda em forma de telhado determinada pela espessura e a nitidez da linha. No limite, quando sua base é de 1 pixel de largura, uma borda em forma de telhado realmente não é nada mais do que uma linha com 1 pixel de espessura que atravessa uma região da imagem. As bordas em forma de telhado surgem, por exemplo, nas imagens em profundidade, quando os objetos finos (como tubos) estão mais próximos do sensor do que seu fundo equidistante (como paredes). Os tubos parecem mais claros e, assim, criam uma imagem semelhante ao modelo da Figura 10.8(c). Como já mencionado, outras áreas em que as bordas em forma de telhado aparecem rotineiramente são na digitalização de desenhos e em imagens de satélite, em que características finas, como estradas, podem ser modeladas por esse tipo de borda.

Não é incomum encontrar imagens que contenham os três tipos de bordas. Embora o borramento e o ruído resultem em alterações das formas ideais, as bordas nas ima-

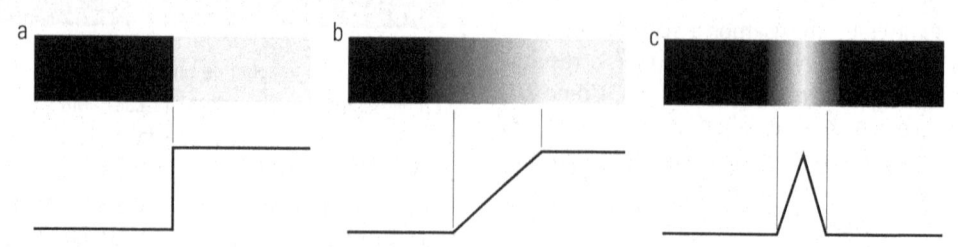

Figura 10.8 Da esquerda para a direita, os modelos (representações ideais) de uma borda em degrau, em rampa e em forma de telhado e seus respectivos perfis de intensidade.

gens, que são razoavelmente abruptas e apresentam uma quantidade moderada de ruído, *lembram* as características dos modelos de borda na Figura 10.8, conforme ilustrado pelos perfis apresentados na Figura 10.9.* O que os modelos da Figura 10.8 permitem-nos fazer é escrever expressões matemáticas para as bordas no desenvolvimento de algoritmos de processamento de imagens. O desempenho destes algoritmos depende das diferenças entre as bordas reais e os modelos utilizados no desenvolvimento dos algoritmos.

A Figura 10.10(a) mostra a imagem da qual foi extraído o segmento na Figura 10.8(b). A Figura 10.10(b) mostra um perfil de intensidade horizontal. Esta figura mostra também a primeira e segunda derivadas do perfil de intensidade. Como discutido na Seção 10.2.1, percorrendo o perfil de intensidade da esquerda para a direita, notamos no início da rampa e em certos pontos dele que a primeira derivada é positiva e, nas áreas de intensidade constante, a primeira derivada é igual a zero. A segunda derivada é positiva no início da rampa, negativa no final dele, zero em certos pontos e novamente zero nos pontos de intensidade constante. Os sinais das derivadas discutidas anteriormente seriam invertidos para uma borda que vai do claro ao escuro. A interseção entre o eixo de intensidade zero e uma linha que se estende entre os extremos da segunda derivada cria um ponto chamado *cruzamento por zero* da segunda derivada.

Concluímos, a partir dessas observações, que a *magnitude* da primeira derivada pode ser usada para detectar a presença de uma borda em um ponto de uma imagem. Da mesma forma, o *sinal* da segunda derivada pode ser usado para determinar se um pixel da borda está do lado escuro ou do lado claro de uma borda. Notamos duas propriedades adicionais da segunda derivada em torno de uma borda: (1) produz dois valores para cada borda em uma imagem (uma característica indesejável); e (2) seus *cruzamentos por zero* podem ser usados para localizar o centro de bordas espessas, como mostraremos mais adiante nesta seção. Alguns modelos de borda fazem uso de uma transição suave no início e no final da rampa (Exercício 10.7). No entanto, as conclusões produzidas por esses modelos são as mesmas de um declive ideal e trabalhar com este último simplifica as formulações teóricas. Finalmente, embora a atenção até agora tenha sido limitada a um perfil horizontal 1-D, argumento similar aplica-se a bordas em quaisquer orientações da imagem. Simplesmente definimos um perfil perpendicular na direção da borda em qualquer ponto desejado e interpretamos os resultados da mesma maneira que ocorre com as bordas verticais já mencionadas.

Exemplo 10.4 Comportamento da primeira e segunda derivadas de uma borda com ruído.

As bordas da Figura 10.8 não apresentam ruído. Os segmentos de imagem na primeira coluna da Figura 10.11 mostram, de forma ampliada, as quatro bordas em declive que fazem a transição de uma região escura à esquerda para uma região branca à direita (lembre-se de que toda a transição do preto ao branco é uma borda simples). O segmento de imagem no canto superior esquerdo não apresenta ruído. As outras três imagens na primeira coluna estão corrompidas por um ruído gaussiano aditivo com média zero e desvio padrão de 0,1, 1,0 e 10,0 níveis de intensidade, respectivamente. O gráfico abaixo de cada imagem é um perfil de intensidade horizontal que passa pelo centro da imagem. Todas as imagens têm resolução de níveis de cinza de 8 bits, com 0 representando o preto e 255 representando o branco.

Considere a imagem na parte superior da coluna central. Conforme discutido no âmbito da Figura 10.10(b), a derivada da linha de varredura da imagem à esquerda é zero nas áreas constantes. Estas são as duas faixas pretas que aparecem na imagem da derivada. As derivadas nos pontos da

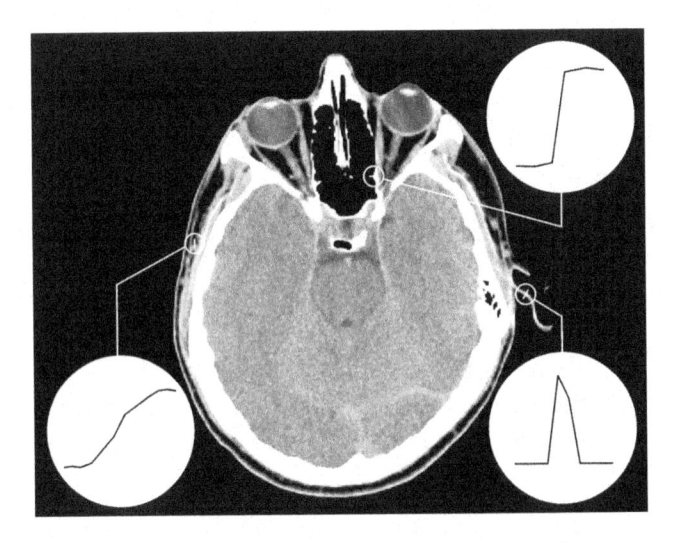

Figura 10.9 Uma imagem 1.508 × 1.970 que mostra (de forma ampliada) os perfis dos tipos de borda existentes na imagem: uma rampa (em baixo à esquerda), um degrau (no alto à direita), e uma borda em forma de telhado. Os perfis vão do escuro ao claro nas áreas indicadas pelos pequenos segmentos de linha vistos nos pequenos círculos. Os perfis de rampa e de "degrau" cobrem 9 pixels e 2 pixels, respectivamente. A base da borda em forma de telhado é de 3 pixels. (Imagem original: cortesia do dr. David R. Pickens, Universidade de Vanderbilt.)

---
* Bordas em rampa com uma inclinação acentuada de alguns pixels muitas vezes são tratadas como bordas em degrau, a fim de diferenciá-las das rampas na mesma imagem cujas inclinações são mais gradativas.

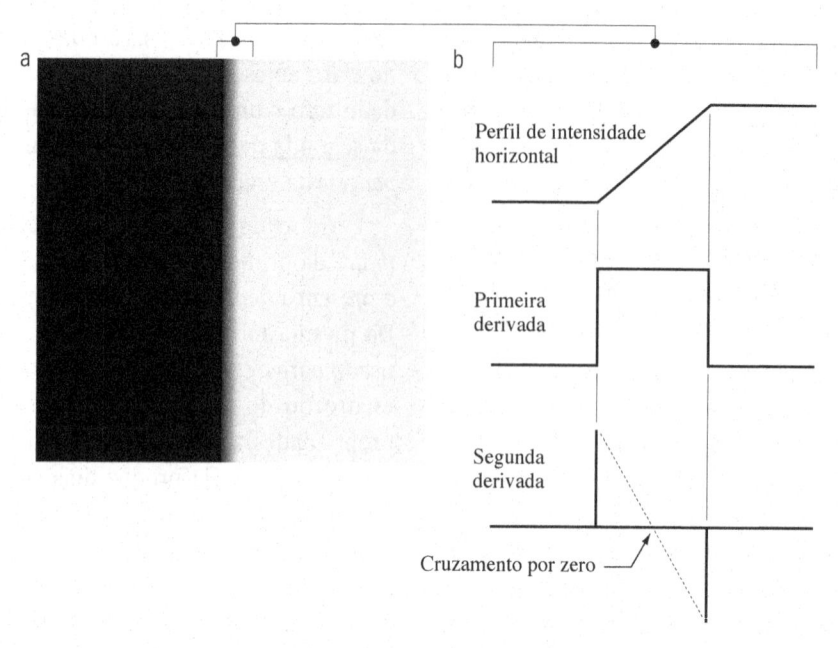

Figura 10.10 (a) Duas regiões de intensidade constante, separadas por uma borda vertical em declive ideal. (b) Detalhe próximo à borda, mostrando um perfil de intensidade horizontal, juntamente com o sinal de resposta da primeira e da segunda derivadas.

rampa são constantes e iguais a sua inclinação.* Na imagem da derivada, os valores constantes aparecem em cinza. Conforme descemos pela coluna central, as derivadas ficam cada vez mais diferentes em razão da presença de ruído no sinal original. Na verdade, seria difícil associar o último perfil da coluna central com a primeira derivada de uma borda em declive. O que torna esses resultados interessantes é que o ruído é quase invisível nas imagens na coluna da esquerda. Estes exemplos são perfeitos para ilustrar a sensibilidade das derivadas em relação ao ruído.

Como esperado, a segunda derivada é ainda mais sensível ao ruído. A segunda derivada da imagem sem ruído é apresentada na parte superior da coluna à direita. As linhas finas verticais brancas e pretas são os elementos positivos e negativos da segunda derivada, como explicado na Figura 10.10. O cinza nessas imagens representa o zero (conforme discutido anteriormente, o ajuste na escala de cores faz com que o zero pareça cinza). A única imagem ruidosa de segunda derivada que se assemelha vagamente ao caso sem ruído é aquela correspondente a um ruído com desvio padrão de 0,1. As demais imagens de segundas derivadas e seus respectivos perfis ilustram claramente que seria difícil detectar seus componentes positivos e negativos, que são as características verdadeiramente úteis da segunda derivada em termos de detecção de bordas. O fato de que um pequeno ruído visual possa ter um impacto tão significativo sobre as duas principais derivadas utilizadas para a detecção das bordas é uma questão importante, que deve ser levada em consideração. Em particular, a suavização da imagem deve ser seriamente considerada antes de usar derivadas nas aplicações em que ruídos com níveis semelhantes aos que acabamos de discutir possam estar presentes.

Concluímos esta seção observando que existem três passos fundamentais a serem considerados na detecção das bordas:

1. *Suavização da imagem para redução do ruído.* A importância desta etapa é amplamente ilustrada com os resultados da segunda e terceira colunas da Figura 10.11.
2. *Detecção dos pontos de borda.* Como mencionado anteriormente, esta é uma operação local que tira de uma imagem todos os pontos que são candidatos potenciais a se tornarem pontos de borda.
3. *Localização da borda.* O objetivo deste passo é selecionar, dentre os possíveis pontos de borda, apenas aqueles que de fato pertencem ao conjunto de pontos que formam uma borda.

O restante desta seção trata de técnicas para atingir esses objetivos.

10.2.5 Detecção básica de bordas

Como ilustrado na seção anterior, pode-se detectar mudanças na intensidade com a finalidade de encontrar bordas usando as derivadas de primeira ou de segunda ordem. Discutiremos as derivadas de primeira ordem na presente seção e trabalharemos com as derivadas de segunda ordem na Seção 10.2.6.

---

* Bordas em rampa com inclinação acentuada de alguns pixels são muitas vezes tratadas como bordas em degrau a fim de diferenciá-las das rampas nas mesmas imagens cujas inclinação são mais gradativas.

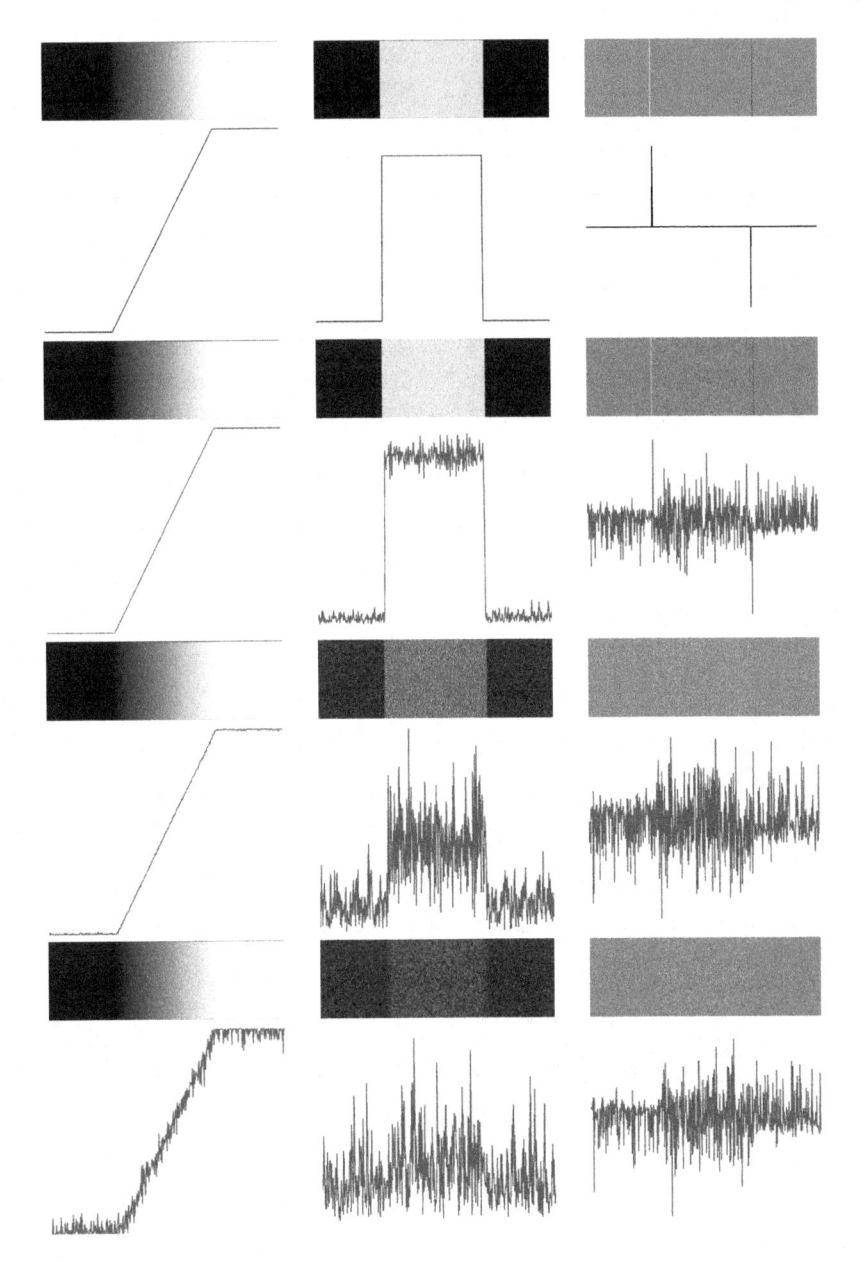

Figura 10.11 Primeira coluna: imagens e perfis de intensidade de uma borda em declive corrompida pelo ruído gaussiano aleatório de média zero e desvio padrão 0,0, 0,1, 1,0 e 10,0 níveis de intensidade, respectivamente. Segunda coluna: imagens da primeira derivada e seus respectivos perfis de intensidade. Terceira coluna: imagens da segunda derivada e seus respectivos perfis de intensidade.

O gradiente da imagem e suas propriedades

A ferramenta ideal para encontrar a força (intensidade) e a direção da borda na posição (x, y) de uma imagem, f, é o gradiente, denotado por ∇f, e definido como o *vetor**

$$\nabla f = \mathrm{grad}(f) = \begin{bmatrix} g_x \\ g_y \end{bmatrix} = \begin{bmatrix} \dfrac{\partial f}{\partial x} \\ \dfrac{\partial f}{\partial y} \end{bmatrix} \quad (10.2\text{-}9)$$

Esse vetor tem a importante propriedade geométrica de apontar no sentido da maior taxa de variação de f no local (x, y).

A *magnitude* (*tamanho*) do vetor ∇f, denominado $M(x, y)$, na qual

$$M(x, y) = \mathrm{mag}(\nabla f) = \sqrt{g_x^2 + g_y^2} \quad (10.2\text{-}10)$$

é o *valor* da taxa de variação na direção do vetor gradiente. Nota-se que g_x, g_y e $M(x, y)$ são imagens do mesmo tamanho que a original, criadas quando x e y podem variar ao longo de todas as posições de pixels em f. É comum se

* Por praticidade, repetimos aqui algumas equações da Seção 3.6.4.

referir à última imagem como a *imagem gradiente*, ou simplesmente *gradiente*, quando o significado é claro. A soma, o quadrado, a raiz quadrada e o resto das operações são *operações de arranjo*, conforme definidas na Seção 2.6.1.

A *direção* do vetor gradiente é dada pelo ângulo

$$\alpha(x,y) = \text{tg}^{-1}\left[\frac{g_y}{g_x}\right] \quad (10.2\text{-}11)$$

medido em relação ao eixo *x*. Como no caso da imagem gradiente, $\alpha(x, y)$ também é uma imagem do mesmo tamanho que a original criada pela divisão do arranjo de g_y pela imagem g_x. A direção de uma borda em um ponto arbitrário (x, y) é *ortogonal* à direção, $\alpha(x, y)$, do vetor gradiente no ponto.

Exemplo 10.5 Propriedades do gradiente.

A Figura 10.12(a) mostra uma seção ampliada de uma imagem contendo um segmento de borda reto. Cada quadrado corresponde a um pixel e estamos interessados em obter a intensidade e a direção da borda no ponto destacado com uma caixa. Os pixels em cinza têm valor 0 e os pixels brancos têm valor 1. Mostraremos depois deste exemplo que uma abordagem para calcular as derivadas nas direções *x* e *y* utilizando uma vizinhança de 3 × 3 centrada sobre um ponto consiste simplesmente em subtrair o conjunto de pixels localizados na linha superior dessa vizinhança dos pixels localizados na linha inferior, com isso se obtém a derivada parcial na direção *x*. Da mesma forma, subtraímos os pixels na coluna esquerda dos pixels na coluna da direita para obter a derivada parcial na direção *y*. Depois, usando essas diferenças como nossas estimativas das derivadas parciais, segue que $\partial f/\partial y = -2$ e $\partial f/\partial x = 2$ no ponto em questão. Então,

$$\nabla f = \begin{bmatrix} g_x \\ g_y \end{bmatrix} = \begin{bmatrix} \frac{\partial f}{\partial x} \\ \frac{\partial f}{\partial y} \end{bmatrix} = \begin{bmatrix} -2 \\ 2 \end{bmatrix}$$

a partir da qual obtemos $M(x, y) = 2\sqrt{2}$ naquele ponto. Da mesma forma, a direção do vetor gradiente no mesmo ponto é produto da Equação 10.2-11: $\alpha(x, y) = \text{tg}^{-1}(gy/gx) = -45°$, que é o mesmo que 135° medido no sentido positivo em relação ao eixo *x*. A Figura 10.12(b) mostra o vetor gradiente e o ângulo de sua direção.

A Figura 10.12(c) ilustra o importante fato, mencionado anteriormente, de que a borda em um ponto é ortogonal ao sentido do vetor gradiente naquele ponto. Assim, o ângulo de direção da borda neste exemplo é $\alpha - 90° = 45°$. Todos os pontos de borda na Figura 10.12(a) têm o mesmo gradiente, então todo o segmento de borda está na mesma direção. O vetor gradiente às vezes é chamado de *vetor normal da borda*. Quando o vetor é normalizado para o comprimento da unidade, dividindo-o por sua magnitude (Equação 10.2-10), o vetor resultante é comumente chamado de *vetor normal unitário da borda*.

Operadores de gradiente

A obtenção do gradiente de uma imagem requer o cálculo das derivadas parciais $\partial f/\partial x$ e $\partial f/\partial y$ em qualquer posição da imagem. Estamos lidando com quantidades digitais; por isso, uma aproximação digital das derivadas parciais em uma vizinhança sobre um ponto é necessária. Da Seção 10.2.1, sabemos que

$$g_x = \frac{\partial f(x,y)}{\partial x} = f(x+1, y) - f(x, y) \quad (10.2\text{-}12)$$

e

$$g_y = \frac{\partial f(x,y)}{\partial y} = f(x, y+1) - f(x, y) \quad (10.2\text{-}13)$$

Essas duas equações podem ser implementadas para todos os valores pertinentes *x* e *y*, filtrando $f(x, y)$ com as máscaras 1-D na Figura 10.13.

Quando o objeto de interesse trata-se de uma borda inclinada (direção diagonal), precisamos de uma máscara 2-D. Os *operadores de gradiente cruzado de Roberts* [Roberts (1965)] são uma das primeiras tentativas de usar máscaras 2-D com preferência na diagonal. Considere a região 3 × 3 na Figura 10.14(a). Os operadores de Roberts estão baseados na implementação de diferenças diagonais*

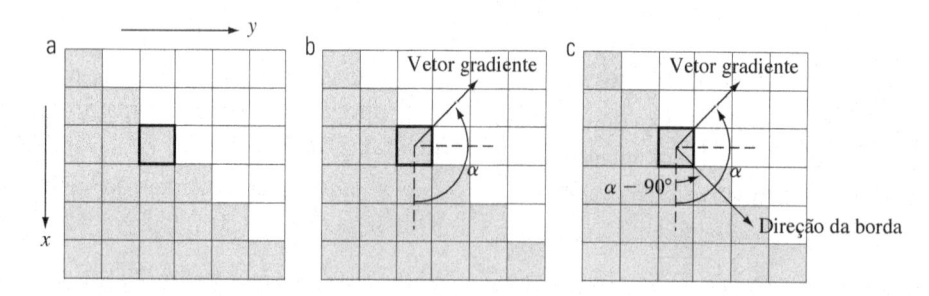

Figura 10.12 Usando o gradiente para determinar a intensidade e a direção da borda em um ponto. Repare que a borda é perpendicular à direção do vetor gradiente no ponto onde o gradiente é computado. Cada quadrado na figura representa um pixel.

---

* No restante desta seção, assumimos implicitamente que *f* é dada em função de duas variáveis e omitimos as variáveis para simplificar a notação.

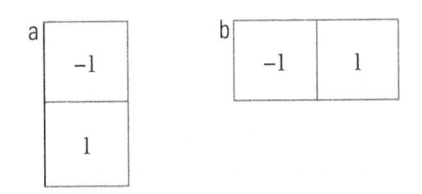

Figura 10.13 Máscaras unidimensionais utilizadas para implementar as equações 10.2-12 e 10.2-13.

$$g_x = \frac{\partial f}{\partial x} = (z_9 - z_5) \qquad (10.2\text{-}14)$$

e

$$g_y = \frac{\partial f}{\partial y} = (z_8 - z_6) \qquad (10.2\text{-}15)$$

Essas derivadas podem ser implementadas filtrando uma imagem com as máscaras apresentadas nas figuras 10.14(b) e (c).

As máscaras de tamanho 2 × 2 são simples conceitualmente, mas não são tão úteis para calcular a direção da borda quanto as máscaras que são simétricas ao redor do ponto central, das quais as menores são de tamanho 3 × 3. Essas máscaras levam em consideração a natureza dos dados nos lados opostos do ponto central e, assim, carregam mais informações a respeito da direção de uma borda. As aproximações digitais mais simples para as derivadas parciais usando máscaras de tamanho 3 × 3 são dadas por*

$$g_x = \frac{\partial f}{\partial x} = (z_7 + z_8 + z_9) - (z_1 + z_2 + z_3) \qquad (10.2\text{-}16)$$

e

$$g_y = \frac{\partial f}{\partial y} = (z_3 + z_6 + z_9) - (z_1 + z_4 + z_7) \qquad (10.2\text{-}17)$$

Nestas formulações, a diferença entre a terceira e a primeira *linha* da região 3 × 3 aproxima a derivada na direção do eixo *x*, e a diferença entre a terceira e a primeira coluna aproxima a derivada na direção de *y*. Intuitivamente, esperaríamos que essas aproximações fossem mais precisas do que as aproximações obtidas utilizando os operadores de Roberts. As equações 10.2-16 e 10.2-17 podem ser executadas ao longo de uma imagem inteira, filtrando *f* com as duas máscaras nas figuras 10.14(d) e (e). Estas máscaras recebem o nome de *operadores de Prewitt* [Prewitt (1970)].

Uma ligeira variação das últimas duas equações utiliza o valor 2 como peso no centro do coeficiente:

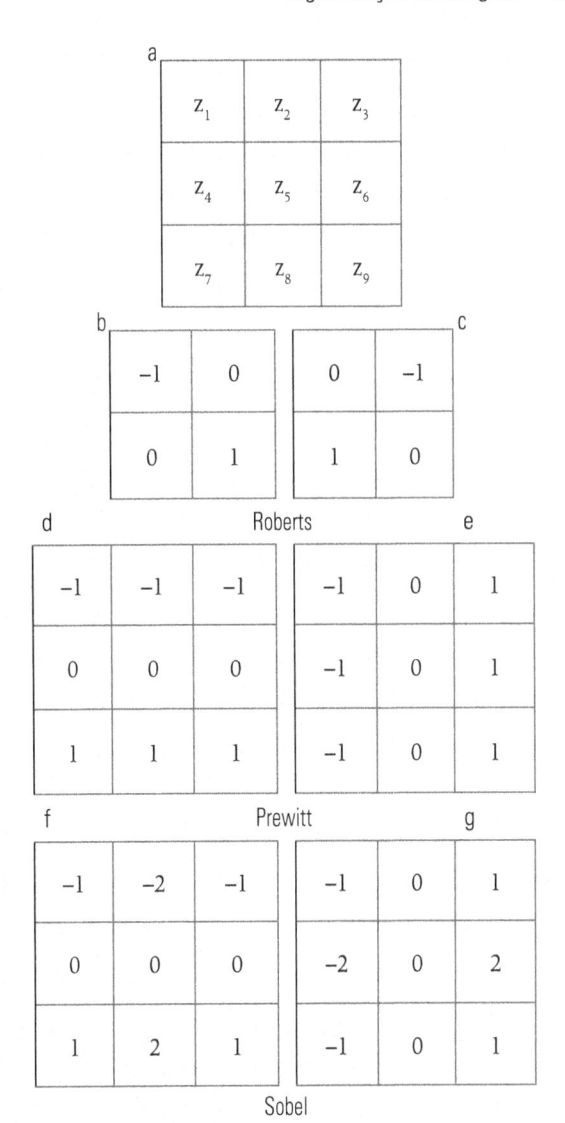

Figura 10.14 Uma região 3 × 3 de uma imagem (os *z*s são valores de intensidade) e várias máscaras usadas para calcular o gradiente no ponto z_5.**

$$g_x = \frac{\partial f}{\partial x} = (z_7 + 2z_8 + z_9) - (z_1 + 2z_2 + z_3) \qquad (10.2\text{-}18)$$

e

$$g_y = \frac{\partial f}{\partial y} = (z_3 + 2z_6 + z_9) - (z_1 + 2z_4 + z_7) \qquad (10.2\text{-}19)$$

Pode ser demonstrado (Exercício 10.10) que a utilização do valor 2 na posição central produz a suavização da imagem. As figuras 10.14(f) e (g) mostram as máscaras utilizadas para implementar as equações 10.2-18 e 10.2-19. Essas máscaras são chamadas de *operadores de Sobel* [Sobel (1970)].

As máscaras de Prewitt são mais simples de implementar do que as máscaras de Sobel, mas a ligeira diferença

---

* Embora essas equações abranjam uma vizinhança maior, ainda estamos lidando com as *diferenças* entre os valores de intensidade; por isso, as conclusões das discussões anteriores sobre as derivadas de primeira ordem ainda se aplicam.

** As máscaras de filtro usadas para calcular as derivadas necessárias para o gradiente são frequentemente chamadas de *operadores de gradiente, operadores de diferença, operadores de borda* ou *detectores de borda*.

de cálculo entre elas normalmente não é um problema. O fato de as máscaras de Sobel apresentarem melhor supressão de ruído (suavização) faz com que sejam preferíveis, porque, como mencionado na seção anterior, a supressão do ruído é uma questão importante quando se lida com derivadas. Note que os coeficientes de todas as máscaras na Figura 10.14 somam zero, dando, assim, uma resposta nula nas áreas de intensidade constante, como esperado para um operador derivativo.

As máscaras que acabamos de discutir são utilizadas para obter os componentes de gradiente g_x e g_y em cada endereço de pixel da imagem. Essas duas derivadas parciais são, então, utilizadas para estimar a intensidade e a direção da borda. Calcular a magnitude do gradiente exige que g_x e g_y sejam combinados da maneira descrita pela Equação 10.2-10. No entanto, essa aplicação nem sempre é desejável em razão do custo computacional exigido pelos quadrados e pelas raízes quadradas. Uma abordagem usada frequentemente é aproximar a magnitude do gradiente usando valores absolutos:

$$M(x,y) \approx |g_x| + |g_y| \qquad (10.2\text{-}20)$$

Essa equação é computacionalmente mais atraente e ainda preserva mudanças relativas nos níveis de intensidade. O preço pago por essa vantagem é que os filtros resultantes não serão isotrópicos (invariantes à rotação) em geral. No entanto, este não é um problema quando máscaras como as de Sobel e de Prewitt são usadas para computar g_x e g_y porque essas máscaras dão resultados isotrópicos apenas para bordas verticais e horizontais. Os resultados seriam isotrópicos apenas para bordas nessas duas direções, independentemente de qual das duas equações for utilizada. Além disso, as equações 10.2-10 e 10.2-20 produzem resultados idênticos para as bordas verticais e horizontais quando as máscaras de Sobel ou de Prewitt são usadas (Exercício 10.8).

É possível modificar as máscaras 3 × 3 na Figura 10.14 para que suas respostas tenham mais intensidades ao longo das direções diagonais. A Figura 10.15 mostra as duas máscaras adicionais de Prewitt e de Sobel necessárias para a detecção de bordas nas direções diagonais.

■

Exemplo 10.6 Ilustração da magnitude e do ângulo (direção) do gradiente 2-D.

A Figura 10.16 ilustra a resposta do valor absoluto dos dois componentes do gradiente, $|g_x|$ e $|g_y|$, bem como a imagem do gradiente formada a partir da soma desses dois componentes. A direcionalidade dos componentes horizontais e verticais do gradiente é evidente nas figuras 10.16(b) e (c). Observe, por exemplo, quão forte é a telha, as juntas dos tijolos horizontais e os segmentos horizontais das janelas na Figura 10.16(b) em relação às outras bordas. Em contrapartida, a Figura 10.16(c) favorece as características dos componentes verticais da fachada e das janelas. É comum usar o termo *mapa de bordas* quando falamos de uma imagem cujas características principais são as bordas, como as imagens de magnitude do gradiente. A intensidade da imagem na Figura 10.16(a) foi ajustada para o intervalo [0, 1]. Utilizamos valores nesse intervalo para simplificar a seleção de parâmetros nos diversos métodos para a detecção de bordas discutidos nesta seção.

Figura 10.15 Máscaras de Prewitt e de Sobel para a detecção de bordas diagonais.

a			Prewitt	b		
0	1	1		−1	−1	0
−1	0	1		−1	0	1
−1	−1	0		0	1	1
c			Prewitt	d		
0	1	2		−2	−1	0
−1	0	1		−1	0	1
−2	−1	0		0	1	2

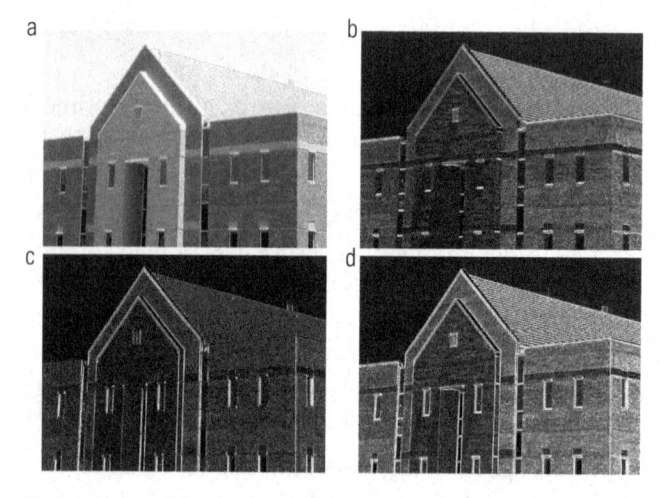

Sobel

Figura 10.16 (a) Imagem original com tamanho 834 × 1.114 pixels com valores de intensidade ajustados para o intervalo [0, 1]. (b) $|g_x|$, o componente do gradiente na direção *x*, obtido utilizando a máscara de Sobel na Figura 10.14(f) para filtrar a imagem. (c) $|g_y|$, obtida utilizando a máscara da Figura 10.14(g). (d) Imagem de gradiente, $|g_x| + |g_y|$.

A Figura 10.17 mostra a imagem do ângulo do gradiente calculado usando a Equação 10.2-11. Em geral, as imagens de ângulos não são tão úteis quanto as imagens de magnitude do gradiente para a detecção de bordas, mas complementam as informações extraídas de uma imagem usando a magnitude do gradiente. Por exemplo, as áreas de intensidade constante na Figura 10.16(a), como a borda frontal do telhado inclinado e as faixas superiores horizontais do muro da frente são constantes na Figura 10.17, indicando que a direção do vetor gradiente em todas as localizações de pixel nessas regiões é a mesma.

Como mostramos na Seção 10.2.6, as informações sobre o ângulo desempenham um papel fundamental de apoio na implementação do algoritmo de detecção de bordas de Canny, o método mais avançado de detecção de borda que já foi discutido neste capítulo.

A imagem original da Figura 10.16(a) tem uma resolução razoavelmente alta (834 × 1.114 pixels) e, à distância que a imagem foi registrada, a contribuição feita ao detalhe da imagem pela parede de tijolos é significativa. Esse nível fino de detalhamento muitas vezes é indesejável para a detecção de bordas, pois tende a agir como ruído, já que é realçado por cálculos derivativos e dificulta a detecção das principais bordas de uma imagem.* Uma maneira de reduzir o detalhamento fino é suavizar a imagem. A Figura 10.18 mostra a mesma sequência de imagens da Figura 10.16, mas com a imagem original suavizada primeiro utilizando um filtro de média 5 × 5 (ver Seção 3.5 sobre os filtros de suavização). A resposta de cada máscara mostra agora que quase não há contribuição dos tijolos, e que os resultados são dominados principalmente pelas bordas principais.

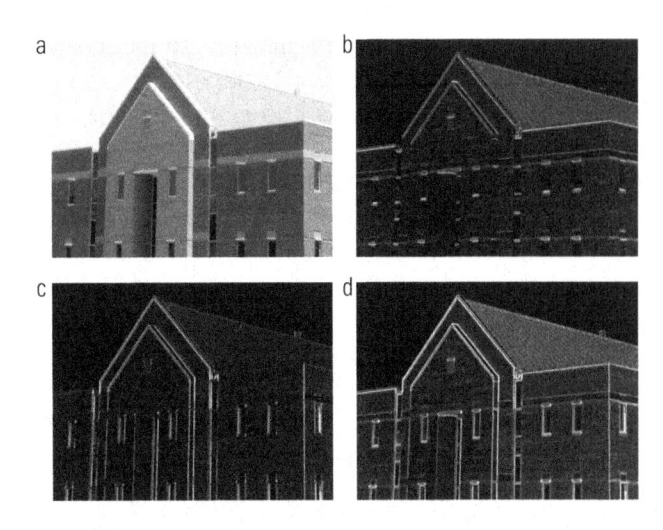

Figura 10.18 A mesma sequência da Figura 10.16, mas com a imagem original suavizada com um filtro de média 5 × 5 antes da detecção da borda.

Figura 10.17 Imagem do ângulo do gradiente calculado utilizando a Equação 10.2-11. As áreas de intensidade constante nesta imagem indicam que a direção do vetor gradiente é a mesma para todas as posições de pixel nessas regiões.

É evidente, a partir das figuras 10.16 e 10.18, que as máscaras horizontais e verticais de Sobel não fazem distinção entre as bordas orientadas na direção de ±45°. Se for importante destacar as bordas ao longo das direções diagonais, teríamos de usar uma das máscaras da Figura 10.15. As figuras 10.19(a) e (b) mostram o valor absoluto das respostas das máscaras de Sobel de 45° e −45°, respectivamente. A alta intensidade nas bordas diagonais obtida como resposta dessas máscaras é evidente nessas figuras. Ambas as máscaras diagonais têm uma resposta semelhante para bordas horizontais e verticais, mas, como esperado, sua resposta nessas direções é mais fraca que a resposta das máscaras horizontais e verticais, como discutido anteriormente.

Combinando o gradiente com a limiarização

Os resultados da Figura 10.18 mostram que a detecção de bordas pode ser mais seletiva suavizando a imagem antes do cálculo do gradiente. Outra abordagem que visa

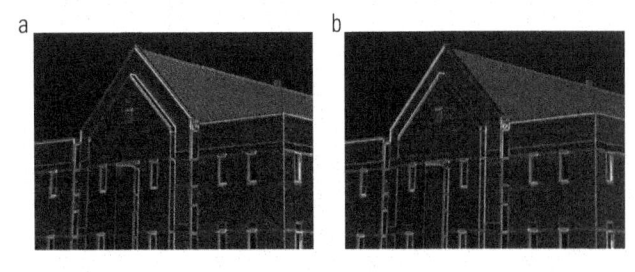

Figura 10.19 Detecção de borda diagonal. (a) Resultado do uso da máscara na Figura 10.15(c). (b) Resultado do uso da máscara na Figura 10.15(d). A imagem de entrada em ambos os casos foi a Figura 10.18(a).

---

* A intensidade máxima da borda (magnitude) de uma imagem suavizada diminui inversamente em função do tamanho da máscara de suavização (Exercício 10.13).

alcançar o mesmo objetivo é a limiarização da imagem gradiente. Por exemplo, a Figura 10.20(a) mostra a imagem gradiente da Figura 10.16(d) com uma limiarização, no sentido de que os pixels com valores iguais ou superiores a 33% do valor máximo da imagem gradiente são mostrados em branco, enquanto os pixels abaixo do limiar são mostrados em preto. Comparando essa imagem com a Figura 10.18(d), vemos que há menos bordas na imagem com o limiar determinado e que as bordas dessa imagem são muito mais acentuadas (ver, por exemplo, as bordas das telhas). Por outro lado, várias bordas, como a da linha de 45° que define o limite extremo do telhado, são discriminadas na imagem com o limiar estabelecido.

Quando o interesse consiste tanto em destacar as bordas principais quanto em manter a conectividade, a prática comum é o uso da suavização e da limiarização. A Figura 10.20(b) mostra o resultado da limiarização na Figura 10.18(d), que é o gradiente da imagem suavizada.* Esse resultado mostra uma redução do número de bordas quebradas; por exemplo, compare as bordas de 45° nas figuras 10.20(a) e (b). Evidentemente, as bordas cujos valores de intensidade foram intensamente atenuados em virtude do borramento (por exemplo, as bordas em forma de telhado) podem ser totalmente eliminadas pela limiarização. Voltaremos a esse problema das bordas quebradas na Seção 10.2.7.

10.2.6 Técnicas mais avançadas para detecção de bordas

Os métodos de detecção de bordas discutidos na seção anterior baseiam-se simplesmente na filtragem de uma imagem com uma ou mais máscaras, sem levar em consideração informantes referentes às características da borda ou ruído. Nesta seção, discutem-se técnicas mais avançadas que tentam melhorar os métodos simples de detecção de bordas tendo em conta fatores como ruído da imagem e a natureza das próprias bordas.

O detector de borda Marr-Hildreth

Uma das primeiras tentativas bem-sucedidas de incorporar análises mais sofisticadas no processo de busca das bordas é atribuída a Marr e Hildreth (1980). Os métodos de detecção de bordas até o momento baseavam-se no uso de pequenos operadores (como as máscaras de Sobel), como discutido na seção anterior.** Marr e Hildreth acreditavam que: (1) as mudanças de intensidade não são independentes da escala da imagem e, portanto, sua detecção requer o uso de operadores de diferentes tamanhos; e (2) que uma mudança súbita de intensidade dará origem a um pico ou um vale na primeira derivada ou, equivalentemente, a um cruzamento por zero da segunda derivada (como vimos na Figura 10.10).

Essas ideias sugerem que um operador usado para a detecção de bordas deve ter duas características principais. Em primeiro lugar, deve ser um operador diferencial capaz de computar uma aproximação digital da primeira ou segunda derivada em cada ponto na imagem. Em segundo lugar, deve ser capaz de ser "sintonizado" para agir em qualquer escala desejada, de modo que os grandes operadores possam ser usados para detectar bordas borradas, e os pequenos operadores, para detectar detalhes finos com foco nítido.

Marr e Hildreth argumentavam que o operador que cumpria essas condições de maneira mais satisfatória era o filtro $\nabla^2 G$, no qual, tal como definido na Seção 3.6.2, ∇^2 é o operador laplaciano, $(\partial^2/\partial x^2 + \partial^2/\partial y^2)$, e G é a função gaussiana 2-D***

$$G(x, y) = e^{-\frac{x^2+y^2}{2\sigma^2}} \qquad (10.2\text{-}21)$$

com desvio padrão σ (às vezes σ é chamado de *espaço constante*). Para encontrar uma expressão para $\nabla^2 G$, realizamos as diferenciações a seguir:

Figura 10.20 (a) Imagem obtida através da utilização do limiar na imagem apresentada na Figura 10.16(d), tendo sido escolhido 33% do valor do maior pixel da imagem como valor do limiar; este limiar foi alto o suficiente para eliminar a maioria das bordas dos tijolos na imagem gradiente. (b) Versão obtida pela utilização do limiar na imagem apresentada na Figura 10.18(d), tendo sido escolhido como limiar 33% do valor do maior pixel dessa imagem.

---

* O limiar utilizado para gerar a Figura 10.20(a) foi selecionado de modo que a maioria das pequenas bordas causadas pelos tijolos fossem eliminadas. Lembre-se que este era o objetivo inicial da suavização da imagem na Figura 10.16 antes de calcular o gradiente.

** Para se convencer de que a detecção de bordas não é independente da escala, considere, por exemplo, a borda em forma de telhado na Figura 10.8(c). Se a escala da imagem for reduzida, a borda vai parecer mais fina.

*** É habitual que a Equação 10.2-21 seja diferente da definição de uma PDF gaussiana 2-D pelo termo constante $1/2\pi\sigma^2$. Se uma expressão exata é desejada em uma determinada aplicação, então a constante de multiplicação pode ser anexada ao resultado final na Equação 10.2-23.

$$\nabla^2 G(x,y) = \frac{\partial^2 G(x,y)}{\partial x^2} + \frac{\partial^2 G(x,y)}{\partial y^2}$$

$$= \frac{\partial}{\partial x}\left[\frac{-x}{\sigma^2} e^{-\frac{x^2+y^2}{2\sigma^2}}\right] + \frac{\partial}{\partial y}\left[\frac{-y}{\sigma^2} e^{-\frac{x^2+y^2}{2\sigma^2}}\right]$$

$$= \left[\frac{x^2}{\sigma^4} - \frac{1}{\sigma^2}\right] e^{-\frac{x^2+y^2}{2\sigma^2}} + \left[\frac{y^2}{\sigma^4} - \frac{1}{\sigma^2}\right] e^{-\frac{x^2+y^2}{2\sigma^2}} \quad (10.2\text{-}22)$$

Juntando os termos teremos a expressão final:

$$\nabla^2 G(x,y) = \left[\frac{x^2+y^2-\sigma^2}{\sigma^4}\right] e^{-\frac{x^2+y^2}{2\sigma^2}} \quad (10.2\text{-}23)$$

Esta expressão é chamada de *laplaciano da gaussiana* (LoG).

As figuras 10.21(a) a (c) mostram um gráfico 3-D, uma imagem e uma seção transversal do negativo da função LoG (repare que o cruzamento por zero do LoG ocorre em $x^2 + y^2 = 2\sigma^2$, o qual define um círculo de raio $\sqrt{2}\sigma$ centrado na origem).* Por causa da forma ilustrada na Figura 10.21(a), a função de LoG por vezes é chamada de operador de *chapéu mexicano*. A Figura 10.21(d) apresenta uma máscara 5 × 5 que se aproxima da forma da Figura 10.21(a) (na prática, usamos o *negativo* dessa máscara). Essa aproximação não é a única. Seu objetivo é capturar a forma essencial da função LoG; em termos da Figura 10.21(a), isso significa um termo positivo e central rodeado por uma região adjacente negativa cujos valores aumentam em função da distância da origem, e uma região externa com zeros. Os coeficientes devem somar zero para que a resposta da máscara seja zero nas áreas de intensidade constante.

As máscaras de tamanho arbitrário podem ser geradas pela amostragem da Equação 10.2-23 e ajustando os coeficientes de modo que a soma seja zero. Uma abordagem mais eficaz para gerar um filtro LoG é realizar a amostragem da Equação 10.2-21 para o tamanho $n \times n$ desejado e, em seguida, fazer a convolução** do arranjo resultante com uma máscara laplaciana, como por exemplo a máscara da Figura 10.4(a). Já que fazer a convolução de uma imagem com uma máscara cuja soma dos coeficientes é zero produz um resultado cujos elemen-

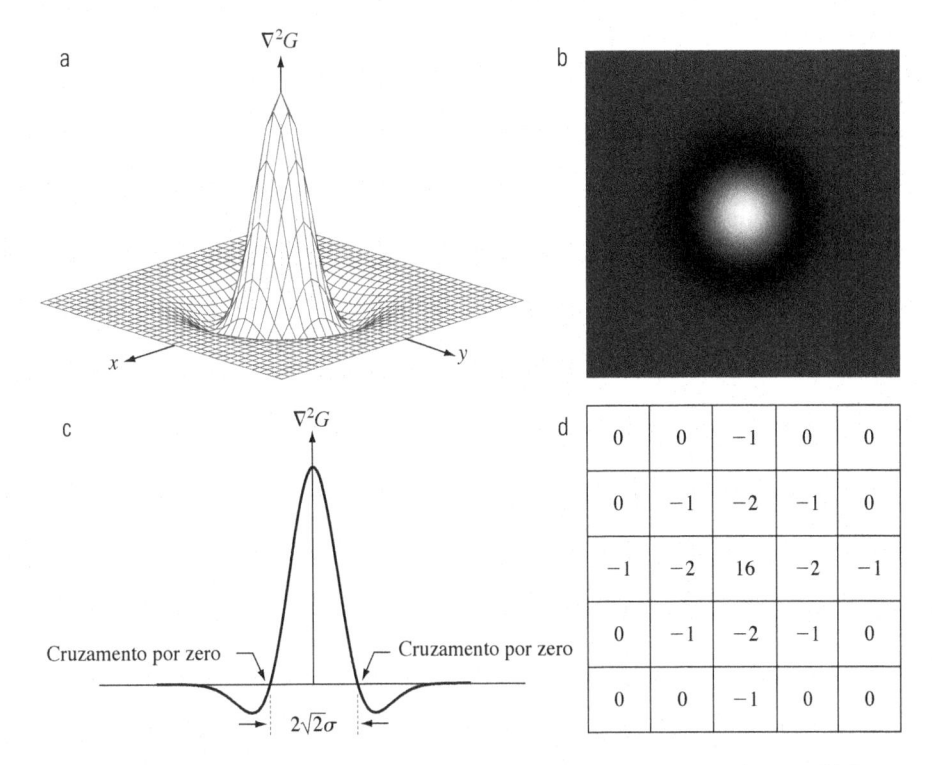

Figura 10.21 (a) Gráfico tridimensional do *negativo* do LoG. (b) Negativo do LoG exibido como uma imagem. (c) Seção transversal de (a) mostrando cruzamentos por zero. (d) Aproximação de máscara 5 × 5 para o formato em (a). Na prática, seria utilizado o negativo dessa máscara.

---

* Observe a semelhança entre a seção transversal na Figura 10.21(c) e o filtro passa-alta na Figura 4.37(d). Assim, podemos esperar que o LoG se comporte como um filtro passa-alta.

** O LoG é um filtro simétrico, por isso a filtragem espacial utilizando a correlação ou a convolução produz o mesmo resultado. Usamos a terminologia da convolução aqui para falar da filtragem linear visando à coerência com a literatura sobre o tema. Além disso, isto vai expor a você a terminologia que encontrará em outros contextos. É importante que você tenha em mente os comentários feitos no final da Seção 3.4.2 em relação a este tópico.

tos também somam zero (consulte os exercícios 3.16 e 10.14), esta abordagem satisfaz automaticamente a exigência de que a soma dos coeficientes do filtro LoG seja zero. Discutiremos a questão da seleção do tamanho do filtro LoG posteriormente nesta seção.

Existem duas ideias fundamentais por trás da escolha do operador $\nabla^2 G$. Primeiro, a parte gaussiana do operador borra a imagem, reduzindo a intensidade das estruturas (incluindo o ruído) em escalas muito menores que σ. Ao contrário do filtro de média na forma discutida na Seção 3.5 e utilizada na Figura 10.18, a função gaussiana é suave tanto nos domínios espacial quanto na frequência (ver Seção 4.8.3) e, por isso, é menos provável que introduza artefatos (por exemplo, o *ringing*) que não estejam na imagem original. A outra ideia tem a ver com ∇^2, a parte da segunda derivada do filtro. Apesar de as primeiras derivadas poderem ser usadas para detectar mudanças bruscas de intensidade, elas são operadores direcionais. O laplaciano, por outro lado, tem a importante vantagem de ser isotrópico (invariante com a rotação), o que não só corresponde às características do sistema visual humano [Marr (1982)], mas também responde igualmente às mudanças de intensidade em qualquer direção da máscara, evitando assim ter de usar várias máscaras para calcular a resposta mais intensas em qualquer ponto da imagem.

O algoritmo de Marr-Hildreth consiste na convolução do filtro LoG com uma imagem de entrada, $f(x, y)$,

$$g(x, y) = [\nabla^2 G(x, y)] \star f(x, y) \quad (10.2\text{-}24)$$

e, então, encontrar o cruzamento por zero de $g(x, y)$ para determinar a localização das bordas em $f(x, y)$. Já que estes são processos lineares, a Equação 10.2-24 também pode ser escrita como[*]

$$g(x, y) = \nabla^2[G(x, y) \star f(x, y)] \quad (10.2\text{-}25)$$

indicando que podemos primeiro suavizar a imagem com um filtro gaussiano e depois calcular o laplaciano do resultado. Essas duas equações apresentam resultados idênticos. O algoritmo de detecção de bordas de Marr-Hildreth pode ser resumido da seguinte forma:

1. Filtrar a imagem de entrada com um filtro $n \times n$ gaussiano passa-baixa obtido pela amostragem da Equação 10.2-21.
2. Calcular o laplaciano da imagem resultante da Etapa 1, utilizando, por exemplo, a máscara 3×3 na Figura 10.4(a). (Os passos 1 e 2 utilizam a Equação 10.2-25.)
3. Encontrar o cruzamento por zero da imagem obtida na Etapa 2.

Para especificar o tamanho do filtro gaussiano, lembre-se de que cerca de 99,7% do volume sob uma superfície gaussiana 2-D situa-se entre $\pm 3\sigma$ ao redor da média. Assim, como regra, o tamanho de um filtro discreto LoG $n \times n$ deve ser projetado de modo que n seja o menor inteiro ímpar maior ou igual a 6σ. Escolher uma máscara de filtro menor que isso tende a "truncar" a função LoG, e o grau de truncamento é inversamente proporcional ao tamanho da máscara; usar uma máscara maior faria pouca diferença no resultado.

Uma metodologia para encontrar o cruzamento por zero em qualquer pixel, p, da imagem filtrada, $g(x, y)$, é baseada no uso de uma vizinhança de 3×3 centrada em p. Um cruzamento por zero de p implica que os *sinais* de pelo menos dois de seus pixels vizinhos opostos devem ser diferentes. Há quatro casos para testar: esquerda/direita, acima/abaixo e as duas diagonais. Se os valores de $g(x, y)$ estiverem sendo comparados com um limiar (um método comum), então não somente os sinais dos vizinhos opostos devem ser diferentes, mas o valor absoluto da sua diferença numérica também deve ultrapassar o limiar antes de podermos chamar p de pixel cruzamento por zero. Ilustramos este método no Exemplo 10.7 a seguir.[**]

Os cruzamentos por zero são o elemento-chave do método de detecção de bordas de Marr-Hildreth. A abordagem discutida no parágrafo anterior é atrativa em razão de sua simplicidade de implementação e porque geralmente dá bons resultados. Se a precisão dos locais de cruzamento por zero encontrados usando este método for inadequada em uma aplicação específica, então a técnica proposta por Huertas e Medioni (1986) para encontrar os cruzamentos por zero com precisão de subpixel pode ser empregada.

Exemplo 10.7 Ilustração do método de detecção de bordas de Marr-Hildreth.

A Figura 10.22(a) mostra a imagem original do edifício utilizada anteriormente, e a Figura 10.22(b) é o resultado das etapas 1 e 2 do algoritmo de Marr-Hildreth, usando $\sigma = 4$ (cerca de 0,5% da menor dimensão da imagem) e $n = 25$ (o menor número inteiro ímpar maior ou igual a 6σ, como discutido anteriormente). Como na Figura 10.5, os tons de cin-

---

[*] Essa expressão é implementada no domínio espacial usando a Equação 3.4-2. Pode ser implementada também no domínio da frequência usando a Equação 4.7-1.

[**] Tentar encontrar o cruzamento por zero buscando as coordenadas (x, y), de forma que $g(x, y) = 0$ resulta em um resultado pouco prático em virtude do ruído e/ou das imprecisões computacionais.

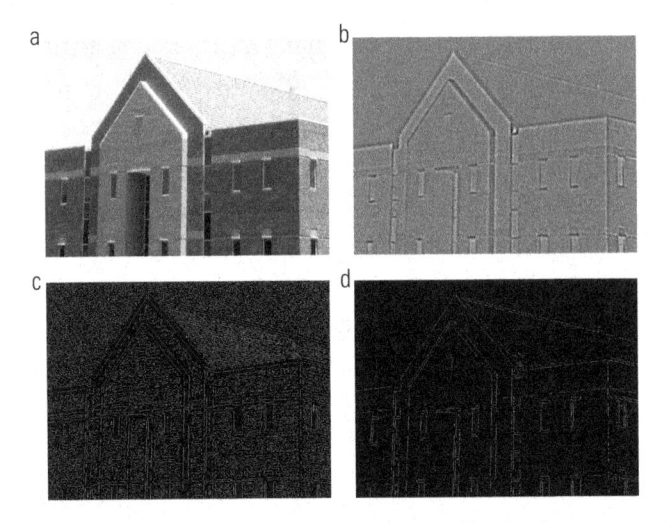

Figura 10.22 (a) Imagem original de tamanho 834 × 1.114 pixels com valores de intensidade ajustados para o intervalo [0, 1]. (b) Resultados das etapas 1 e 2 do algoritmo de Marr-Hildreth usando $\sigma = 4$ e $n = 25$. (c) Cruzamentos por zero de (b) utilizando o valor 0 como limiar (repare nas bordas parecidas com contornos fechados). (d) Cruzamentos por zero encontrados utilizando um limiar igual a 4% do maior valor de pixel encontrado em (b). Observe as bordas finas.

za na imagem são devidos ao ajuste de intensidade. A Figura 10.22(c) mostra os cruzamentos por zero obtidos utilizando o método da vizinhança 3 × 3 discutido acima, com um limiar de valor zero. Nota-se que todas as bordas formam caminhos fechados. Este efeito, conhecido como "espaguete", é uma séria desvantagem dese método que ocorre quando o valor 0 (zero) é utilizado como limiar (Exercício 10.15). Evitamos este problema utilizando um limiar positivo.

A Figura 10.22(d) mostra o resultado da utilização de um limiar próximo a 4% do valor máximo da imagem LoG. Repare que a maioria das bordas principais foi detectada facilmente e as características "irrelevantes", como as bordas produzidas pelos tijolos e as telhas, foram filtradas. Como mostraremos na próxima seção, este tipo de desempenho é praticamente impossível de obter usando as técnicas de detecção de bordas baseadas no gradiente discutidas na seção anterior. Outra consequência importante da utilização de cruzamentos por zero para a detecção de bordas é que as bordas resultantes são de 1 pixel de espessura. Essa propriedade simplifica as etapas subsequentes do processamento, como a conexão de bordas.

Um procedimento usado às vezes para levar em consideração o fato mencionado anteriormente de que as mudanças de intensidade são dependentes da escala é filtrar uma imagem com vários valores de σ. Os mapas de borda com os cruzamentos por zero resultantes são, então, combinados mantendo apenas as bordas que são comuns a todos os mapas. Esta abordagem pode produzir informações úteis, mas, em virtude de sua complexidade,

é usada na prática principalmente como uma ferramenta de desenvolvimento para selecionar um valor apropriado de σ para usar com um único filtro.

Marr e Hildreth (1980) observaram que é possível aproximar o filtro LoG da Equação 10.2-23 a uma diferença de gaussianas (DoG):*

$$\text{DoG}(x, y) = \frac{1}{2\pi\sigma_1^2} e^{-\frac{x^2+y^2}{2\sigma_1^2}} - \frac{1}{2\pi\sigma_2^2} e^{-\frac{x^2+y^2}{2\sigma_2^2}} \quad (10.2\text{-}26)$$

com $\sigma_1 > \sigma_2$. Os resultados experimentais sugerem que certos "canais" no sistema de visão humana são seletivos no que diz respeito à orientação e à frequência e podem ser modelados usando a Equação 10.2-26 com um raio de desvios padrão de 1,75:1. Marr e Hildreth sugeriram que a utilização da razão 1,6:1 mantém as características básicas dessas observações e também oferece uma aproximação de "engenharia" mais próxima da função LoG. Para fazer comparações significativas entre o LoG e o DoG, o valor de σ para LoG deve ser selecionado como na equação a seguir para que o LoG e o DoG tenham os mesmos cruzamentos por zero (Exercício 10.17):

$$\sigma^2 = \frac{\sigma_1^2 \sigma_2^2}{\sigma_1^2 - \sigma_2^2} \ln\left[\frac{\sigma_1^2}{\sigma_2^2}\right] \quad (10.2\text{-}27)$$

Embora o cruzamento por zero de LoG e DoG seja o mesmo quando o mesmo valor de σ é usado, suas escalas de amplitude serão diferentes. Podemos torná-las compatíveis ajustando ambas as funções para que tenham o mesmo valor na origem

Os perfis das figuras 10.23(a) e (b) foram gerados com taxas de desvio padrão de 1:1,75 e 1:1,6, respectivamente (por respeito à convenção, as curvas indicadas são invertidas, como na Figura 10.21). Os perfis LoG são mostrados como linhas sólidas, enquanto os perfis DoG são pontilhados. As curvas mostradas são perfis de intensidade que passa pelo centro dos arranjos LoG e DoG gerados pela amostra-

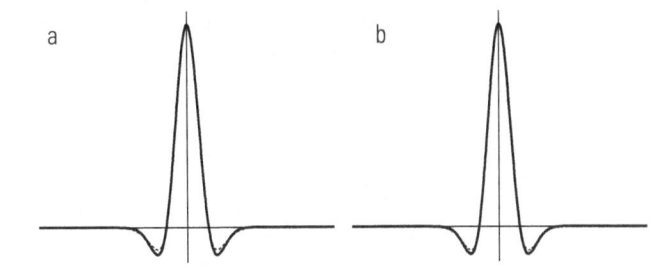

Figura 10.23 (a) Negativos dos perfis de LoG (sólida) e DoG (pontilhada) usando um desvio padrão de razão 1,75:1. (b) Perfis obtidos com uma proporção de 1,6:1.

---
* A diferença de gaussianas é um filtro passa-alta como foi discutido na Seção 4.7.4.

gem da Equação 10.2-23 (com a constante em 1/2 $\pi\sigma^2$ na frente) e a Equação 10.2-26, respectivamente. A amplitude de todas as curvas na origem foi normalizada para 1. Conforme a Figura 10.23(b) mostra, a razão 1:1,6 produz uma maior aproximação entre as funções LoG e DoG.

Tanto as operações de filtragem LoG quanto DoG podem ser aplicadas através das convoluções 1-D em vez de usar convoluções 2-D diretamente (Exercício 10.19). Para uma imagem de tamanho $M \times N$ e um filtro de tamanho $n \times n$, isso reduz o número de multiplicações e adições para cada convolução ser proporcional à n^2MN para as convoluções 2-D serem proporcionais a nMN para as convoluções 1-D. Essa diferença de execução é significativa. Por exemplo, se $n = 25$, uma implementação 1-D resulta em cerca de 12 vezes menos operações de multiplicação e adição do que no uso de uma convolução 2-D.

O detector de Bordas de Canny

Embora o algoritmo seja mais complexo, o desempenho do detector de bordas de Canny [Canny (1986)] discutido nesta seção é superior, em geral, aos detectores de borda discutidos até agora. A abordagem de Canny baseia-se em três objetivos básicos:

1. *Baixa taxa de erro.* Todas as bordas deverão ser encontradas e não deve haver respostas espúrias. Ou seja, as bordas detectadas devem ser o mais próximas possível das bordas verdadeiras.
2. *Os pontos de borda devem estar bem localizados.* As bordas detectadas devem ser o mais próximas possível das bordas verdadeiras. Isto é, a distância entre um ponto marcado como uma borda pelo detector e o centro da borda verdadeira deve ser mínima.
3. *Resposta de um único ponto de borda.* O detector deve retornar apenas um ponto para cada ponto de borda verdadeiro. Ou seja, o número de máximos locais em torno da borda verdadeira deve ser mínimo. Isso significa que o detector não deve identificar múltiplos pixels de borda em que apenas um único ponto de borda existe.

A essência do trabalho de Canny foi expressar os três critérios matematicamente e tentar encontrar soluções ótimas para essas formulações. Em geral, é difícil (ou impossível) encontrar uma solução fechada que satisfaça todos os objetivos anteriores. No entanto, usar a otimização numérica com bordas de degrau 1-D corrompidas por ruído branco* gaussiano aditivo levam à conclusão de que uma boa aproximação** para o detector ótimo de bordas de degrau é a *primeira derivada de uma gaussiana*:

$$\frac{d}{dx}e^{-\frac{x^2}{2\sigma^2}} = \frac{-x}{\sigma^2}e^{-\frac{x^2}{2\sigma^2}} \quad (10.2\text{-}28)$$

Generalizar este resultado para 2-D envolve reconhecer que a abordagem 1-D *ainda aplica* na direção do vetor normal à borda (ver Figura 10.12). Já que a direção da normal é desconhecida previamente, isto exigiria a aplicação do detector de borda 1-D em todas as direções possíveis. Esta tarefa pode ser feita suavizando primeiro a imagem com uma função gaussiana *circular* 2-D, calcular o gradiente do resultado e, em seguida, usar a magnitude do gradiente e a direção para estimar a intensidade da borda e a direção em cada ponto.

Digamos que $f(x, y)$ denota a imagem de entrada e $G(x, y)$ denota a função gaussiana:

$$G(x,y) = e^{-\frac{x^2+y^2}{2\sigma^2}} \quad (10.2\text{-}29)$$

Formamos uma imagem suavizada, $f_s(x, y)$, por convolução de G e f:

$$f_s(x, y) = G(x, y) \star f(x, y) \quad (10.2\text{-}30)$$

Esta operação é seguida pelo cálculo da magnitude e da direção (ângulo) do gradiente, como discutido na Seção 10.2.5:

$$M(x,y) = \sqrt{g_x^2 + g_y^2} \quad (10.2\text{-}31)$$

e

$$\alpha(x,y) = \operatorname{tg}^{-1}\left[\frac{g_y}{g_x}\right] \quad (10.2\text{-}32)$$

com $g_x = \partial f_s/\partial x$ e $g_y = \partial f_s/\partial y$. Qualquer um dos pares de máscara de filtragem apresentados na Figura 10.14 pode ser usado para obter g_x e g_y. A Equação 10.2-30 é implementada usando uma máscara gaussiana $n \times n$ cujo tamanho é discutido abaixo. Tenha em mente que $M(x, y)$ e $\alpha(x, y)$ são arranjos do mesmo tamanho que a imagem a partir da qual foram calculados.

Como ele é gerado utilizando o gradiente, $M(x, y)$ geralmente contém cristas largas em torno dos máximos locais (lembre-se da discussão na Seção 10.2.1 sobre as bordas obtidas com o gradiente). O próximo passo é afinar aquelas cristas. Um método que pode ser empregado é a utilização da *supressão dos não máximos*. Isso pode ser

---

* Lembre-se de que o *ruído branco* é um ruído com espectro de frequência contínuo e uniforme sobre uma banda de frequência específica. O ruído branco gaussiano é um ruído branco em que a distribuição dos valores de amplitude é gaussiana. Ruído branco gaussiano é uma boa aproximação para muitas situações do mundo real e gera modelos que podem ser acompanhados matematicamente. Ela tem a propriedade de que os valores são estatisticamente independentes.

** Canny (1986) demonstrou que o uso de uma aproximação gaussiana é apenas 20% pior do que usar a solução numérica otimizada. A diferença desta magnitude geralmente é imperceptível na maioria das aplicações.

feito de várias maneiras, mas a metodologia tem como essência especificar um número de orientações discretas da normal da borda (vetor gradiente). Por exemplo, em uma região 3 × 3 podemos definir quatro orientações* para uma borda que passa pelo ponto central da região: horizontal, vertical, +45° e −45°. A Figura 10.24(a) mostra a situação para as duas orientações possíveis de uma borda horizontal. Já que temos de quantizar em quatro valores todas as direções possíveis da borda, temos de definir uma série de direções sobre o que consideramos ser uma borda horizontal. Determinamos a direção da borda a partir da direção do vetor normal à borda, que é obtida diretamente a partir dos dados da imagem usando a Equação 10.2-32. Conforme a Figura 10.24(b) mostra, se a normal da borda no intervalo de −22,5° até 22,5° ou de −157,5° até 157,5°, chamamos a borda de borda horizontal. A Figura 10.24(c) mostra os intervalos do ângulo correspondentes às quatro direções em consideração.

Consideramos que d_1, d_2, d_3 e d_4 denotam as quatro direções básicas da borda discutidas para uma região 3 × 3: horizontal, −45°, vertical, e +45°, respectivamente. Podemos formular o seguinte esquema de supressão de não máximos de uma região 3 × 3 centrada em todos os pontos (x, y) de $\alpha(x, y)$:

1. Encontre a direção d_k que está mais perto de $\alpha(x, y)$.
2. Se o valor de $M(x, y)$ for inferior a pelo menos um dos seus dois vizinhos ao longo de d_k, deixe $g_N(x, y) = 0$ (supressão); caso contrário, deixe $g_N(x, y) = M(x, y)$

na qual $g_N(x, y)$ é imagem com supressão de não máximos. Por exemplo, com referência à Figura 10.24(a), deixando (x, y) em p_5 e assumindo uma borda horizontal até p_5, os pixels em que estaríamos interessados na Etapa 2 são p_2 e p_8. A Imagem $g_N(x, y)$ contém apenas as bordas afinadas; é igual a $M(x, y)$ com os pontos de borda não máximos suprimidos.

A operação final é a limiarização de $g_N(x, y)$ para reduzir os falsos pontos de borda. Na Seção 10.2.5 fizemos isso usando um único limiar em que todos os valores abaixo do limiar eram definidos como 0. Se definirmos um limiar muito baixo, haverá ainda algumas bordas falsas (chamadas *falsos positivos*). Se o limiar for muito elevado, então os pontos de borda válidos serão eliminados (*falsos negativos*). O algoritmo de Canny tenta melhorar essa situação utilizando a *limiarização por histerese*, que, como discutimos na Seção 10.3.6, usa dois limiares: um limiar baixo, T_L, e um limiar alto, T_H. Canny sugeriu que a razão do limiar alto para o baixo deve ser de dois ou três para um.

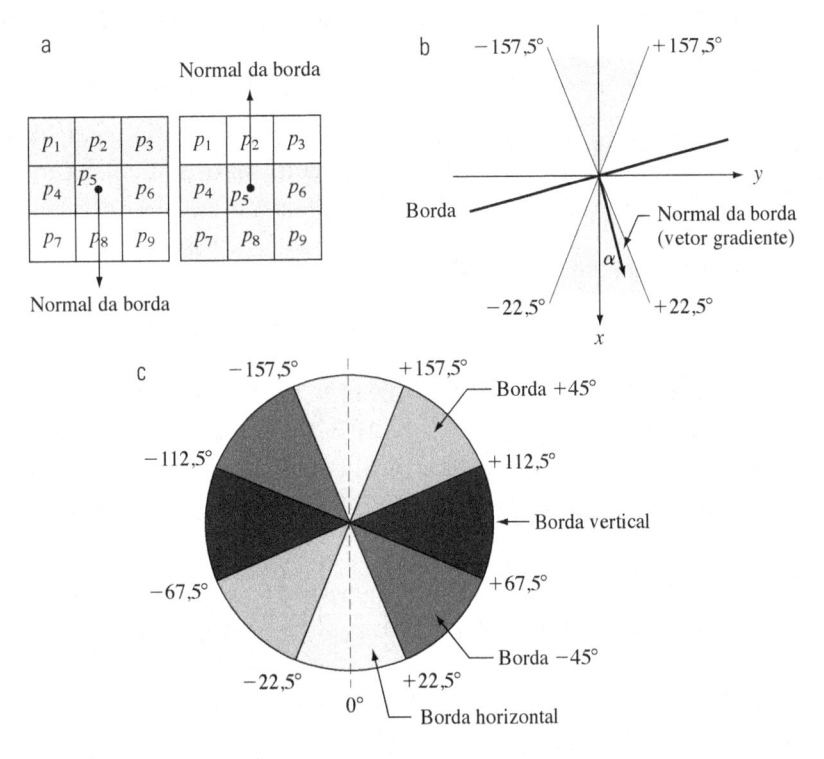

Figura 10.24 (a) Duas orientações possíveis de uma borda horizontal (em cinza) em uma vizinhança 3 × 3 (b) Intervalo de valores (em cinza) de α, a direção do ângulo da *normal da borda*, para uma borda horizontal. (c) Os intervalos de ângulo para os normais da borda para os quatro tipos de direções de borda em uma vizinhança 3 × 3. Cada direção da borda tem dois intervalos mostrados nos tons de cinza correspondentes.

---

* Leve em consideração que cada borda tem duas possíveis orientações. Por exemplo, uma borda cuja normal está orientada a 0° e uma borda cuja normal está orientada a 180° são a *mesma borda horizontal*.

Podemos visualizar a operação de limiarização como a criação de duas imagens adicionais

$$g_{NH}(x, y) = g_N(x, y) \geq T_H \quad (10.2\text{-}33)$$

e

$$g_{NL}(x, y) = g_N(x, y) \geq T_L \quad (10.2\text{-}34)$$

na qual, inicialmente, tanto $g_{NH}(x, y)$ e $g_{NL}(x, y)$ são definidos como 0. Após a limiarização, $g_{NH}(x, y)$ terá menos pixels zero que $g_{NL}(x, y)$ em geral, mas todos os pixels diferentes de zero em $g_{NH}(x, y)$ serão contidos em $g_{NL}(x, y)$ porque a última imagem é formada com um limiar mais baixo. Eliminamos de $g_{NL}(x, y)$ todos os pixels diferentes de zero de $g_{NH}(x, y)$ deixando

$$g_{NL}(x, y) = g_{NL}(x, y) - g_{NH}(x, y) \quad (10.2\text{-}35)$$

Os pixels diferentes de zero em $g_{NH}(x, y)$ e $g_{NL}(x, y)$ podem ser vistos como pixels de borda "fortes" e "fracos", respectivamente.

Após as operações de limiarização, todos os pixels fortes em $g_{NH}(x, y)$ são assumidos como pixels de borda válidos e são marcados como tal imediatamente. Dependendo do valor de T_H, as bordas em $g_{NH}(x, y)$ comumente apresentam falhas. As bordas mais longas são formadas por meio do seguinte procedimento:

(a) Localize o próximo pixel de borda a ser revisado, p, em $g_{NH}(x, y)$.

(b) Marque como pixels de borda válidos todos os pixels fracos em $g_{NL}(x, y)$ que estão conectados a p usando, por exemplo, a conectividade-8.

(c) Se todos os pixels diferentes de zero em $g_{NH}(x, y)$ foram revisados, vá para a Etapa d. Se não, volte para a Etapa a.

(d) Atribua zero a todos os pixels de $g_{NL}(x, y)$ que não foram marcados como pixels de borda válidos.

Ao final deste processo, a imagem final fornecida pelo algoritmo de Canny é formada atribuindo a $g_{NH}(x, y)$ todos os pixels de $g_{NL}(x, y)$ diferentes de zero.

Usamos duas imagens adicionais, $g_{NH}(x, y)$ e $g_{NL}(x, y)$ para simplificar a discussão. Na prática, a limiarização por histerese pode ser aplicada diretamente durante a supressão não máxima e a limiarização pode ser aplicada diretamente em $g_N(x, y)$, formando uma lista dos pixels fortes e dos pixels fracos conectados a eles.

Resumindo, o algoritmo de detecção de bordas de Canny é composto pelas seguintes etapas básicas:

1. Suavizar a imagem de entrada com um filtro gaussiano.

2. Calcular a magnitude do gradiente e os ângulos das imagens.

3. Aplicar a supressão não máxima na imagem da magnitude do gradiente.

4. Usar a dupla limiarização e a análise de conectividade para detectar e conectar as bordas.

Embora as bordas após a supressão não máxima sejam mais finas do que as bordas de gradiente originais, as bordas cuja espessura for maior que 1 pixel ainda podem permanecer. Para obter bordas de 1 pixel de espessura, é normal seguir a Etapa 4 utilizando o algoritmo de afinamento das bordas (ver Seção 9.5.5).

Como mencionado anteriormente, a suavização é realizada pela convolução da imagem de entrada com uma máscara gaussiana cujo tamanho, $n \times n$, deve ser estabelecido. Podemos usar a metodologia discutida na seção anterior a respeito do algoritmo Marr-Hildreth para determinar o valor de n. Ou seja, uma máscara de filtragem gerada pela amostragem da Equação 10.2-29, de modo que n seja o menor inteiro ímpar maior ou igual a 6σ que forneça essencialmente a capacidade de suavização "total" do filtro gaussiano. Se, por considerações de ordem prática, for necessária uma máscara de filtro menor, então o *tradeoff* suaviza menos para menores valores de n.

Alguns comentários finais sobre a implementação: como observado anteriormente na discussão do detector de borda de Marr-Hildreth, a função gaussiana 2-D descrita na Equação 10.2-29 é decomposta no produto de duas gaussianas 1-D. Assim, a Etapa 1 do algoritmo de Canny pode ser formulada como convoluções 1-D que operam nas linhas (colunas) de uma imagem, uma a cada vez, e depois trabalham nas colunas (linhas) do resultado. Além disso, se usarmos as aproximações das equações 10.2-12 e 10.2-13, também poderemos executar os cálculos do gradiente necessários para a Etapa 2 como convoluções 1-D (Exercício 10.20).

Exemplo 10.8 Ilustração do método de detecção de bordas de Canny.

A Figura 10.25(a) mostra a imagem do prédio já conhecida. Para fins de comparação, as figuras 10.25(b) e (c) mostram, respectivamente, os resultados obtidos antes tal como apresentado na Figura 10.20(b), utilizando o gradiente após a limiarização e a Figura 10.22(d), utilizando o detector de Marr-Hildreth. Lembre-se de que os parâmetros utilizados na geração dessas duas imagens foram selecionados para detectar as bordas principais em uma tentativa de

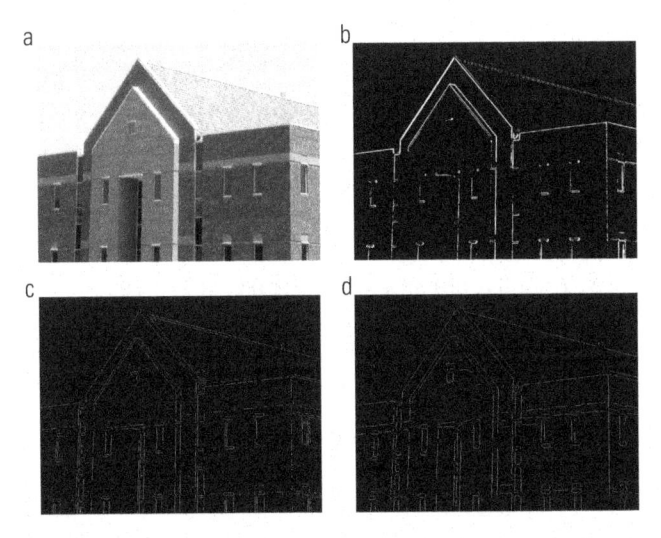

Figura 10.25 (a) Imagem original (834 × 1.114 pixels) com valores de intensidade ajustados para o intervalo [0, 1]. (b) Gradiente limiarizado da imagem suavizada. (c) Imagem obtida utilizando o algoritmo de Marr-Hildreth. (d) Imagem obtida utilizando o algoritmo de Canny. Repare na melhora significativa da imagem de Canny em comparação às outras duas.

reduzir as características "irrelevantes", como as bordas dos tijolos e das telhas.

A Figura 10.25(d) mostra o resultado obtido com o algoritmo de Canny usando os parâmetros $T_L = 0,04$, $T_H = 0,10$ (2,5 vezes o valor do limiar inferior), $\sigma = 4$ e uma máscara de tamanho 25 × 25, que corresponde ao menor número inteiro ímpar superior a 6σ. Esses parâmetros foram escolhidos de forma interativa para atingir os objetivos enunciados no parágrafo anterior para o gradiente e para as imagens Marr-Hildreth. Comparando a imagem de Canny com as outras duas imagens, vemos melhorias significativas no detalhe das bordas principais e, ao mesmo tempo, maior rejeição das características irrelevantes no resultado de Canny.*

Observe, por exemplo, que ambos os lados da linha de concreto que une os tijolos na parte superior da imagem foram detectados pelo algoritmo de Canny, enquanto o gradiente limiarizado perdeu ambas as bordas e a imagem de Marr-Hildreth contém apenas a borda superior. Em termos de filtragem de detalhes irrelevantes, a imagem de Canny não contém uma única borda das telhas, o que não acontece nas outras duas imagens. A qualidade das linhas em relação à continuidade, espessura e linearidade também é superior na imagem obtida pelo método proposto por Canny. Resultados como esses têm feito do algoritmo de Canny a ferramenta ideal para a detecção de bordas.

---

* Os valores do limiar aqui devem ser considerados apenas em termos relativos. A execução da maioria dos algoritmos envolve várias etapas de ajuste, como o ajuste do intervalo de valores da imagem de entrada para o intervalo [0, 1]. Diferentes esquemas de ajuste obviamente requerem diferentes valores de limiares daqueles utilizados neste exemplo.

Exemplo 10.9 Outra ilustração dos três principais métodos de detecção de borda discutidos nesta seção.

Como comparação adicional dos três principais métodos de detecção de bordas discutidos nesta seção, considere a Figura 10.26(a) que mostra uma tomografia computadorizada (512 ´ 512 pixels) do crânio. Nosso objetivo neste exemplo é extrair as bordas do contorno externo do cérebro (a região cinza na imagem), o contorno da região da coluna vertebral (mostrado diretamente atrás do nariz, em direção à frente do cérebro), e do contorno exterior da cabeça. Queremos gerar os contornos mais contínuos e finos possíveis, eliminando os detalhes de borda relacionados aos conteúdos cinza nos olhos e nas áreas do cérebro.

A Figura 10.26(b) mostra uma imagem gradiente limiarizada que foi suavizada primeiro com um filtro de média 5 × 5. O limiar necessário para alcançar o resultado exibido foi de 15% do pixel de maior valor da imagem gradiente. A Figura 10.26(c) mostra o resultado obtido com o algoritmo de detecção de borda de Marr-Hildreth com um limiar de 0,002, $\sigma = 3$ e uma máscara de tamanho 19 × 19 pixels. A Figura 10.26(d) foi obtida utilizando o algoritmo de Canny com $T_L = 0,05$, $T_H = 0,15$ (três vezes o valor do limiar inferior), $\sigma = 2$ e uma máscara de tamanho 13 × 13, que, como no caso de Marr-Hildreth, corresponde ao menor inteiro ímpar maior do que 6σ.

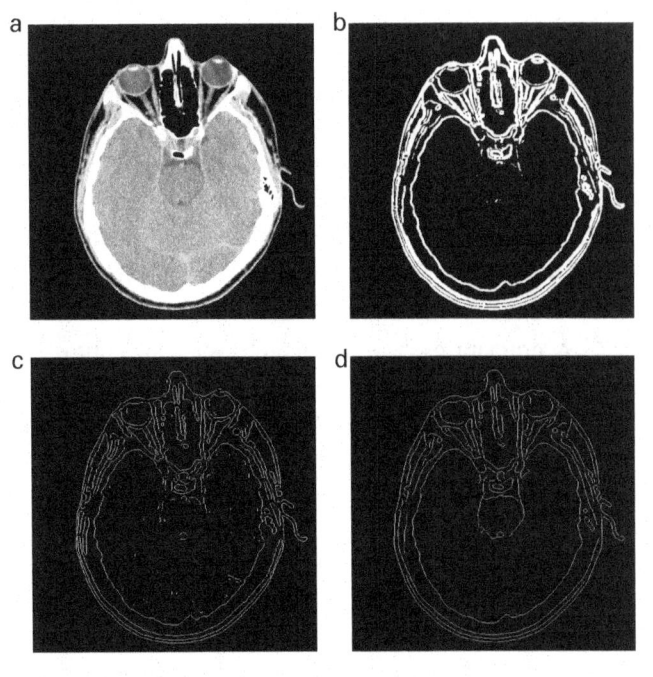

Figura 10.26 (a) Imagem original 512 × 512 de uma tomografia computadorizada (CT) de cabeça com valores de intensidade ajustados para o intervalo [0, 1]. (b) Gradiente limiarizado da imagem suavizada. (c) Imagem obtida utilizando o algoritmo de Marr-Hildreth. (d) Imagem obtida utilizando o algoritmo de Canny. (Imagem original: cortesia do Dr. David R. Pickens, Universidade de Vanderbilt.)

Os resultados da Figura 10.26 correspondem estreitamente aos resultados e conclusões do exemplo anterior em termos de qualidade da borda e capacidade de eliminar os detalhes irrelevantes. Veja também que o algoritmo de Canny foi o único procedimento capaz de produzir uma borda totalmente contínua na fronteira posterior do cérebro. Foi também o único procedimento capaz de encontrar os melhores contornos e eliminar todas as bordas associadas à matéria cinzenta encontrada na imagem original.

Como seria de esperar, o preço pago pela melhoria do desempenho do algoritmo de Canny é uma aplicação mais complexa do que as duas abordagens discutidas anteriormente e que também exige mais tempo de execução. Em algumas aplicações, como o processamento de imagem industrial em tempo real, os custos e os requisitos de velocidade geralmente obrigam ao uso de técnicas mais simples, principalmente a abordagem do gradiente limiarizado. Quando a qualidade da borda é o motivo principal, os algoritmos de Marr-Hildreth e de Canny, especialmente este último, oferecem alternativas de qualidade superior.

10.2.7 Ligação de bordas e detecção de fronteiras

Idealmente, a detecção de bordas deve produzir conjuntos de pixels que estão exclusivamente nas bordas. Na prática, esses pixels raramente caracterizam completamente as bordas por causa do ruído, quebras nas bordas em virtude da iluminação não uniforme e outros efeitos que introduzem descontinuidades espúrias nos valores de intensidade. Portanto, a detecção de bordas normalmente é seguida por algoritmos de ligação projetados para montar os pixels de borda nas bordas significativas e/ou nas regiões de fronteira. Nesta seção, discutem-se três abordagens fundamentais à ligação de bordas que são representativas das técnicas utilizadas na prática.

A primeira exige conhecimento sobre os pontos da borda em uma região local (por exemplo, uma vizinhança 3×3), a segunda requer que os pontos na fronteira de uma região sejam conhecidos e a terceira é uma abordagem global que trabalha com uma imagem de borda inteira.

Processamento local

Uma das abordagens mais simples para ligar os pontos da borda é analisar as características dos pixels em uma vizinhança pequena sobre cada ponto (x, y) declarados como ponto de borda por uma das técnicas discutidas na seção anterior. Todos os pontos que são semelhantes de acordo aos critérios predefinidos estão ligados, formando uma borda de pixels que apresentam propriedades comuns de acordo aos critérios estabelecidos.

As duas propriedades principais utilizadas para estabelecer a similaridade dos pixels de borda neste tipo de análise são: (1) a força (magnitude) e (2) a direção do vetor gradiente. A primeira propriedade baseia-se na Equação 10.2-10. Digamos que S_{xy} defina o conjunto de coordenadas de uma vizinhança centrada no ponto (x, y) de uma imagem. Um pixel de borda com coordenadas (s, t) em S_{xy} é similar em *magnitude* ao pixel em (x, y) se

$$|M(s, t) - M(x, y)| \leq E \qquad (10.2\text{-}36)$$

em que E é um limiar positivo.

O ângulo da direção do vetor gradiente é dado pela Equação 10.2-11. Um pixel de borda com coordenadas (s, t) em S_{xy} tem um *ângulo* similar em magnitude ao pixel em (x, y) se

$$|\alpha(s, t) - \alpha(x, y)| \leq A \qquad (10.2\text{-}37)$$

na qual A é um limiar de ângulo positivo. Conforme descrito na Seção 10.2.5, a direção da borda em (x, y) é *perpendicular* à direção do vetor gradiente naquele ponto.

Um pixel com coordenadas (s, t) em S_{xy} está ligado ao pixel (x, y) se tanto os critérios de magnitude quanto os de direção forem cumpridos. Este processo é repetido em cada ponto da imagem. Um registro dos pontos ligados deve ser mantido conforme o centro da vizinhança é movido de pixel em pixel. Um procedimento simples de registro é atribuir um diferente valor de intensidade para cada conjunto de pixels de borda ligados.

A formulação anterior é computacionalmente cara, pois todos os pixels vizinhos de cada ponto têm de ser examinados. Uma simplificação especialmente adequada para as aplicações em tempo real conta com as seguintes etapas:

1. Calcule a magnitude do gradiente e os arranjos do ângulo, $M(x, y)$ e (x, y), da imagem de entrada, $f(x, y)$.
2. Forme uma imagem binária, g, cujo valor em qualquer par de coordenadas (x, y) é dado por:

$$g(x, y) = \begin{cases} 1 & \text{se } M(x, y) > T_M \text{ E } \alpha(x, y) = A \pm T_A \\ 0 & \text{caso contrário} \end{cases}$$

na qual T_M é um limiar, A é a direção angular especificada e $\pm T_A$ define uma "faixa" de direções aceitáveis ao redor de A.

3. Percorra as linhas de g e preencha (marque como 1) todas as falhas (conjuntos de 0s) em cada linha que não excedam um tamanho estabelecido, K. Note-se que, por definição, uma falha é delimitada em ambas as extremidades por um ou mais 1s. As linhas

são processadas individualmente, sem memória entre elas.

4. Para detectar as falhas em qualquer outra direção, θ, gire g por este ângulo e aplique o procedimento de varredura horizontal descrito na Etapa 3. Gire o resultado novamente por $-\theta$ para voltar à inclinação original.

Quando o interesse reside na ligação de borda horizontal e vertical, a Etapa 4 torna-se um procedimento simples em que g é girada a 90°, faz-se uma varredura nas linhas e o resultado é rotacionado para a direção original. Esta é a aplicação mais frequentemente encontrada na prática e, como mostra o exemplo a seguir, pode render bons resultados. Em geral, a rotação da imagem é um processo computacionalmente caro e, por isso, quando é necessário fazer a ligação em diferentes direções angulares, é mais prático combinar as etapas 3 e 4 em um único procedimento de varredura radial.

■

Exemplo 10.10 Ligação de bordas usando o processamento local.

A Figura 10.27(a) mostra uma imagem da traseira de um veículo. O objetivo deste exemplo é ilustrar o uso do algoritmo anterior para encontrar retângulos cujos tamanhos façam deles candidatos adequados para serem placas de veículo. A formação desses retângulos pode ser realizada por meio da detecção de bordas fortes horizontais e verticais. A Figura 10.27(b) mostra a imagem de magnitude do gradiente, $M(x, y)$, e as figuras 10.27(c) e (d) mostram o resultado das etapas (3) e (4) do algoritmo obtido, fazendo com que T_M seja igual a 30% do valor máximo do gradiente, $A = 90°$,

$T_A = 45°$, e preenchendo todas as falhas de 25 pixels ou menos (aproximadamente 5% da largura da imagem). A utilização de uma ampla gama de direções angulares admissíveis era necessária para detectar os cantos arredondados do compartimento da placa do veículo, bem como das janelas traseiras do veículo. A Figura 10.27(e) é o resultado da lógica OU das duas imagens anteriores e a Figura 10.27(f) foi obtida afinando 10.27(e) com o procedimento de afinamento discutido na Seção 9.5.5. Conforme mostra a Figura 10.16(f), o retângulo correspondente à placa foi claramente detectado na imagem. Seria uma simples questão de isolar a placa de todos os retângulos da imagem utilizando o fato de que a razão entre a largura e a altura das placas dos veículos nos Estados Unidos tem uma proporção peculiar de 2:1.

■

Processamento regional

Muitas vezes, as localizações das regiões de interesse em uma imagem são conhecidas ou podem ser determinadas. Isto implica que está disponível um conhecimento da pertinência regional dos pixels na imagem da borda correspondente. Nessas situações, podemos usar técnicas para ligar pixels em uma base regional, sendo que o resultado desejado é uma aproximação para a fronteira da região. Uma abordagem deste tipo de processamento é a aproximação funcional, em que ajustamos uma curva 2-D em função dos pontos conhecidos. Normalmente, o interesse está nas técnicas de execução rápida que produzam uma aproximação às características essenciais da fronteira, como os pontos extremos e as concavidades. As aproximações poligonais são particularmente atraentes, pois podem capturar as características essenciais do formato de uma região mantendo a representação da fronteira (ou seja, os vértices do polígono) relativamente simples. Nesta seção, desenvolvemos e ilustramos um algoritmo apropriado para esta finalidade.

Antes de começar o algoritmo, discutimos a mecânica do processo por meio de um exemplo simples. A Figura 10.28 mostra um conjunto de pontos que representam uma curva aberta em que os pontos finais foram denominados como A e B. Estes dois pontos são, por definição, vértices do polígono.

Começamos pelo cálculo dos parâmetros de uma linha que passa pelos pontos A e B. Em seguida, calculamos a distância perpendicular de todos os outros pontos da curva até esta linha e selecionamos o ponto que produziu a maior distância (os empates são resolvidos arbitrariamente). Se esta distância for superior ao limiar fixado, T, o ponto correspondente, marcado com C, é declarado um vértice como apresentado na Figura 10.28(a).

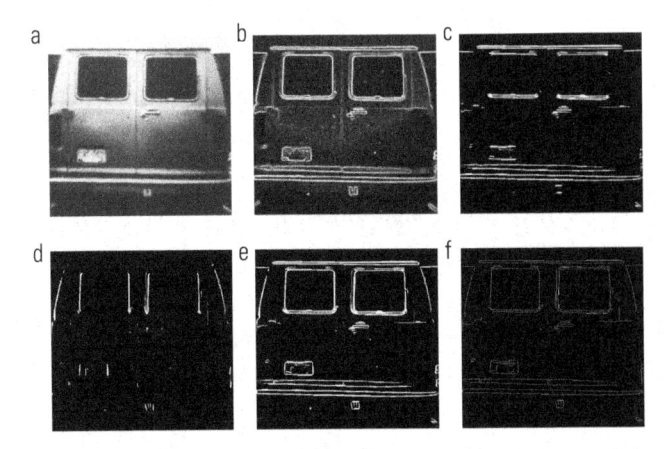

Figura 10.27 (a) Uma imagem 534 × 566 da traseira de um veículo. (b) Imagem da magnitude do gradiente. (c) Pixels de borda vinculados horizontalmente. (d) Pixels de borda vinculados verticalmente. (e) A lógica tipo OU (or) das duas imagens anteriores. (f) Resultado final obtido usando o afinamento morfológico. (Imagem original: cortesia do Perceptics Corporation.)

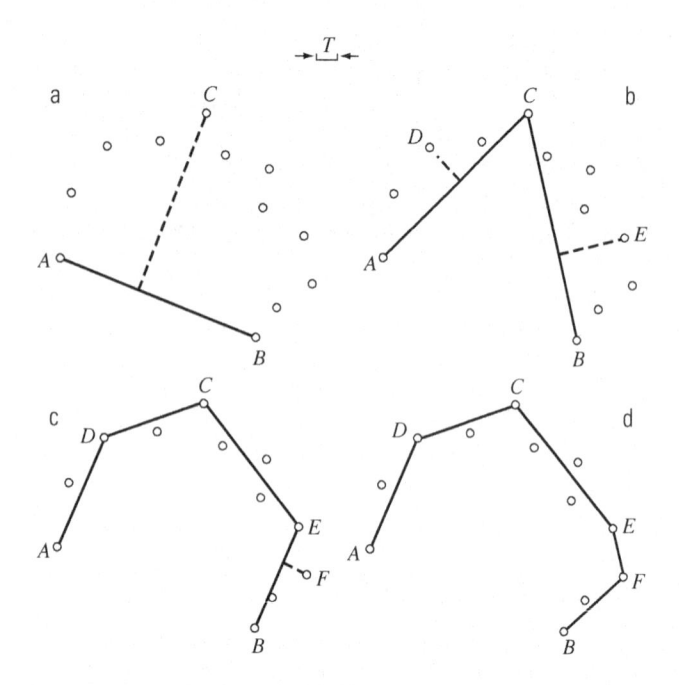

Figura 10.28 Ilustração do algoritmo de aproximação poligonal iterativa.

Os segmentos de reta de A para C e de C para B são, então, traçados e as distâncias de todos os pontos entre A e C até o segmento de reta $\overline{AC}$ são obtidos. O ponto correspondente à distância máxima é declarado como vértice, D, se a distância for superior a T; caso contrário, não se declaram novos vértices para esse segmento. Um procedimento semelhante é aplicado entre os pontos C e B. A Figura 10.28(b) mostra o resultado e a Figura 10.28(c) mostra o próximo passo. Este processo iterativo continua até que nenhum ponto satisfaça o teste do limiar. A Figura 10.28(d) mostra o resultado final que, como você pode ver, é uma aproximação razoável ao formato de uma curva cobrindo os pontos dados.

Dois requisitos importantes estão implícitos no processo que acabamos de ver. Em primeiro lugar, dois pontos de partida devem ser estabelecidos; em segundo lugar, todos os pontos devem ser ordenados (por exemplo, no sentido horário ou anti-horário). Quando um conjunto arbitrário de pontos 2-D não forma um caminho conexo (como é tipicamente o caso das bordas de imagens), nem sempre é óbvio que os pontos pertençam a um segmento de uma fronteira (curva aberta) ou à uma fronteira (curva fechada). Dado que os pontos estão ordenados, podemos inferir se estamos lidando com uma curva aberta ou fechada por meio da análise das distâncias entre pontos. Uma distância grande entre dois pontos consecutivos na sequência ordenada em relação à distância entre outros pontos conforme percorremos a sequência de pontos é uma boa indicação de que a curva é aberta. Os pontos finais são então utilizados para iniciar o procedimento. Se a separação entre os pontos tende a ser uniforme, então provavelmente estamos lidando com uma curva fechada. Neste caso, temos várias opções para selecionar os dois pontos de partida. Uma forma é escolher os pontos mais à direita e à esquerda do conjunto. Outra é encontrar os pontos extremos da curva (discutiremos uma maneira de fazer isso na Seção 11.2.1). Um algoritmo para encontrar um ajuste poligonal para curvas abertas e fechadas pode ser apresentado da seguinte forma:

1. Digamos que P seja uma sequência de pontos ordenados, distintos, de valor 1 em uma imagem binária. Especificamos dois pontos de partida, A e B. Estes são os dois vértices iniciais do polígono.*

2. Estabelecemos um limiar, T, e duas pilhas vazias, ABERTA e FECHADA.

3. Se os pontos em P correspondem a uma curva fechada, colocamos A em ABERTA e B em ABERTA e em FECHADA. Se os pontos correspondem a uma curva aberta, colocamos A em ABERTA e B em FECHADA.

4. Calculamos os parâmetros da reta que passa pelo último vértice em FECHADA e pelo último vértice em ABERTA.

5. Calculamos as distâncias em relação a reta calculada na Etapa 4 para todos os pontos em P cuja sequência os coloca entre os vértices da Etapa 4. Selecionamos o ponto, $V_{máx}$, com a distância máxima, $D_{máx}$ (os empates são resolvidos arbitrariamente).

6. Se $D_{máx} > T$, pomos $V_{máx}$ no final da pilha ABERTA como um novo vértice. Vá para a Etapa 4.

7. Se não, remova o último vértice de ABERTA e o insira como o último vértice de FECHADA.

8. Se ABERTA não estiver vazia, vamos para a Etapa 4.

9. Caso contrário, saímos. Os vértices em FECHADA são os vértices do ajuste poligonal dos pontos pertencentes a P.

A mecânica do algoritmo é ilustrada nos dois exemplos a seguir.

Exemplo 10.11 Ligação de borda usando uma aproximação poligonal.

Considere o conjunto de pontos, P, na Figura 10.29(a). Suponhamos que esses pontos pertencem a uma curva fechada, que eles estão ordenados no sentido horário (note que alguns pontos não são adjacentes) e que A e B são selecionadas para serem os pontos mais à esquerda e à direita

---
* Consulte a Seção 11.1.1 para um algoritmo que cria sequências ordenadas de pontos.

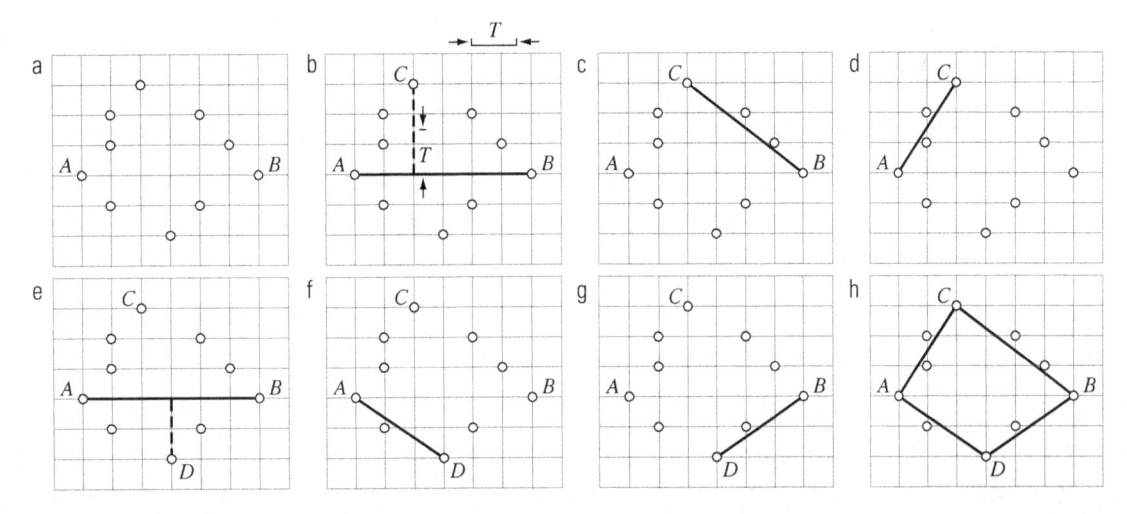

Figura 10.29 (a) Um conjunto de pontos no sentido horário (os pontos indicados como *A* e *B* foram escolhidos como os vértices iniciais). (b) A distância entre o ponto *C* e a reta que passa por *A* e *B*, além de ser a maior dentre as distâncias apresentadas por todos os pontos entre *A* e *B* em relação à reta, também passou no teste de limiar, então *C* é um novo vértice. (d) a (g) diversas etapas do algoritmo. (h) Os vértices finais, mostrados em conexão com linhas retas para formar um polígono. A Tabela 10.1 mostra os detalhes passo a passo.

de *P*, respectivamente. Estes são os vértices de partida, como mostra a Tabela 10.1. Selecione o primeiro ponto na sequência como o ponto mais à esquerda, *A*. a Figura 10.29(b) mostra o único ponto (identificado como *C*) no segmento de curva superior entre *A* e *B*, o que satisfez a Etapa 6 do algoritmo e, por isso, é designado como um novo vértice e adicionado aos vértices na pilha ABERTA. A segunda linha da Tabela 10.1 mostra *C* sendo detectado e a terceira linha mostra que está sendo adicionado como último vértice em ABERTA. O limiar, *T*, na Figura 10.29(b), é quase igual a 1,5 subdivisão da grade da figura.

Observe, na Figura 10.29(b), que há um ponto abaixo da linha *AB*, que também satisfaz a Etapa 6. No entanto, já que os pontos estão ordenados, apenas um subconjunto dos pontos entre estes dois vértices é detectado a cada vez. O outro ponto no segmento inferior será detectado mais tarde, como mostra a Figura 10.29(e). A estratégia é sempre seguir os pontos na ordem em que são dados.

Tabela 10.1 Detalhes passo a passo do procedimento apresentado no Exemplo 10.11.

FECHADA	ABERTA	Segmento de curva processado	Vértice gerado
B	B, A	–	A, B
B	B, A	(BA)	C
B	B, A, C	(BC)	–
B, C	B, A	(CA)	–
B, C, A	B	(AB)	D
B, C, A	B, D	(AD)	–
B, C, A, D	B	(DB)	–
B, C, A, D, B	Vazio	–	–

A Tabela 10.1 mostra as etapas que levaram à solução apresentada na Figura 10.29(h). Quatro vértices foram detectados e a figura os mostra conectados com segmentos de reta para formar um polígono e aproximar os pontos da fronteira. Repare que, na tabela, os vértices detectados, *B*, *C*, *A*, *D*, *B* estão no sentido anti-horário, embora os pontos fossem seguidos no sentido horário para gerar os vértices. Se a entrada tivesse sido uma curva aberta, os vértices estariam no sentido horário. A razão para a discrepância é a maneira como as pilhas ABERTA e FECHADA foram inicializadas. A diferença na qual a pilha FECHADA é formada por curvas fechadas e abertas também leva ao primeiro e ao último vértice em uma curva fechada que se repete. Isso é consistente com a forma como se poderia estabelecer a diferença entre os polígonos abertos e fechados conhecendo somente os vértices.

■

Exemplo 10.12 Aproximação poligonal de uma fronteira de imagem.

A Figura 10.30 mostra um exemplo mais prático do ajuste (aproximação) poligonal. A imagem de entrada na Figura 10.30(a) é uma imagem de raios X de tamanho 550 × 566 de um dente humano com intensidades ajustadas para o intervalo [0, 1]. O objetivo deste exemplo é extrair a fronteira dos dentes, um processo útil em áreas como a correspondência com um banco de dados para fins forenses. A Figura 10.30(b) é uma imagem gradiente obtida usando as máscaras de Sobel e com um limiar *T* estabelecido igual a 0,1 (10% da intensidade máxima). Como esperado para uma imagem de raios X, o ruído é alto; então, o primeiro passo é sua redução. Já que a imagem é binária, as técnicas morfológicas são adequadas para esta finalidade. A Figura 10.30(c) mostra o resultado da *filtragem de maioria,* que define um pixel como

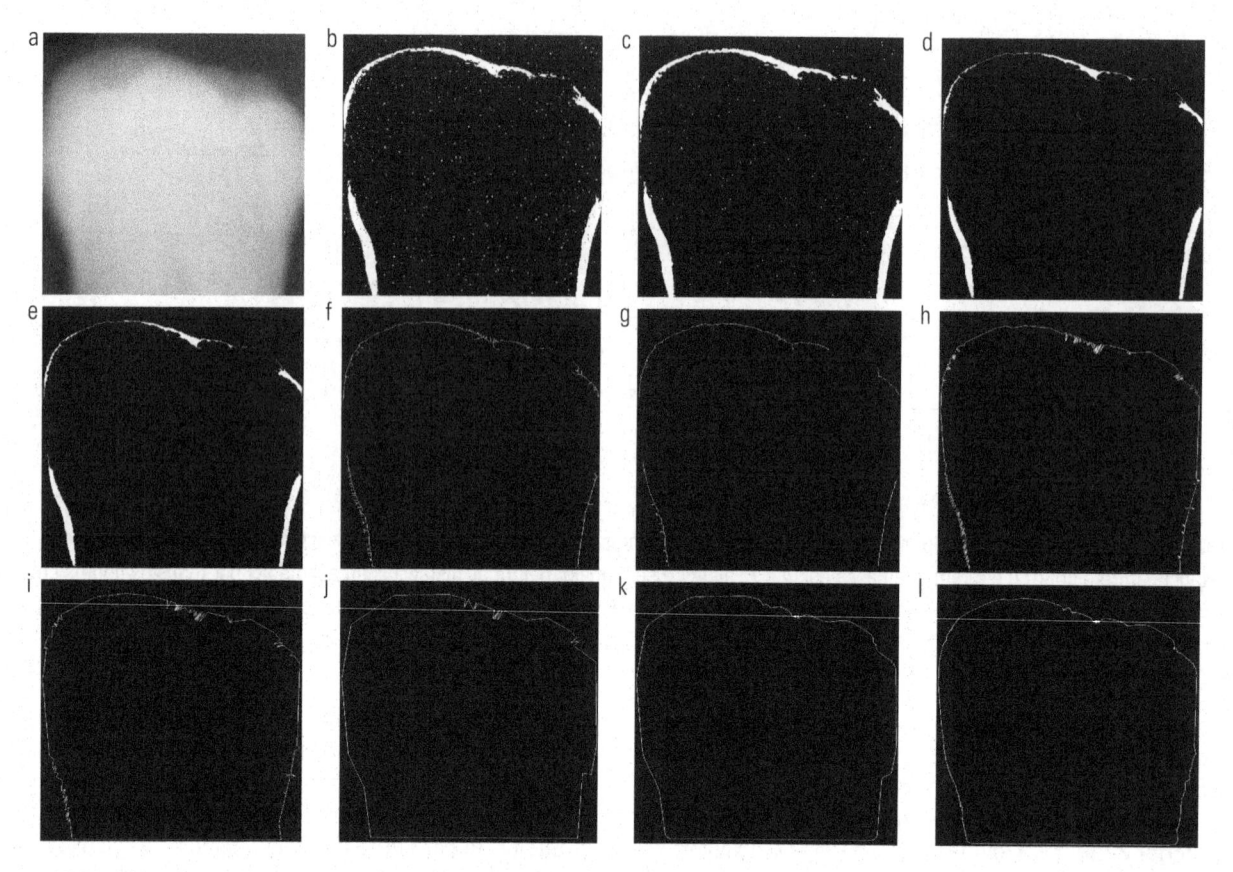

Figura 10.30 (a) Imagem original de raios X (550 × 566 pixels) de um dente humano. (b) Imagem gradiente. (c) Resultado *majority filtering*. (d) Resultado do afinamento morfológico. (e) Resultado de limpeza morfológica. (f) Esqueletização. (g) Redução de esporões. (h) a (j) Aproximação poligonal utilizando limiares de aproximadamente 0,5%, 1% e 2% da largura da imagem ($T = 3$, 6 e 12). (k) Fronteira em (j) suavizada com um filtro de média 1-D de tamanho 1 × 31 (aproximadamente 5% da largura da imagem). (l) Fronteira em (h) suavizada com o mesmo filtro.

sendo 1 se cinco ou mais pixels na sua vizinhança de 3 × 3 são 1 e define o pixel como 0 caso ocorra o oposto. Embora o ruído tenha sido reduzido, alguns pontos de ruído ainda são bem visíveis. A Figura 10.30(d) mostra o resultado do afinamento morfológico, que reduziu ainda mais os pontos de ruído isolados. Estes foram eliminados (Figura 10.30(e)), usando a filtragem morfológica da forma descrita no Exemplo 9.4. Neste ponto, a imagem é constituída por fronteiras espessas que podem ser afinadas obtendo o esqueleto morfológico, como a Figura 10.30(f) mostra. Finalmente, a Figura 10.30(g) mostra a última etapa no pré-processamento utilizando a redução de componentes parasitas (espúrios), como discutido na Seção 9.5.8.

Em seguida, aproximamos os pontos na Figura 10.30(g) para um polígono. As figuras 10.30(h) a (j) mostram o resultado do uso do algoritmo de aproximação poligonal com limiares iguais a 0,5%, 1% e 2% da largura da imagem (com valores de $T = 3$, 6 e 12). Os dois primeiros resultados são boas aproximações para a fronteira, mas o terceiro é ruim. O excessivo efeito de serrilhamento (*jaggies*) em todos os três casos indica claramente que é necessária a suavização das fronteiras.

As figuras 10.30(k) e (l) mostram o resultado da convolução de um filtro de média 1-D com as fronteiras em j e h, respectivamente. Foi utilizado como filtro um arranjo de 1 × 31 de 1s, correspondente a aproximadamente 5% da largura da imagem. Como esperado, o resultado na Figura 10.30(k) novamente é ruim em termos da preservação de importantes características de forma (por exemplo, o lado direito está severamente distorcido). Por outro lado, o resultado na Figura 10.30(l) mostra uma suavização significativa da fronteira e preservação razoável das características de forma. Por exemplo, o arredondamento do limite superior esquerdo e os detalhes do limite superior direito foram preservados com fidelidade razoável.

Os resultados obtidos no exemplo anterior são típicos do que pode ser alcançado com o algoritmo de aproximação poligonal discutido nesta seção. A vantagem deste algoritmo é que ele é fácil de implementar e produz resultados que, geralmente, são bastante aceitáveis. Na Seção 11.1.3, discutiremos um procedimento mais sofisticado capaz de render ajustes mais próximos calculando os polígonos de perímetro mínimo.

Transformação global usando a transformada de Hough

Os métodos discutidos nas duas seções anteriores são aplicáveis em situações em que o conhecimento sobre os pixels pertencentes a objetos individuais encontra-se parcialmente disponível. Por exemplo, na transformação regional, faz sentido vincular um determinado conjunto de pixels somente se soubermos que eles são parte da fronteira de uma região significativa. Muitas vezes temos de trabalhar com ambientes não estruturados em que tudo o que temos é uma imagem da borda e não sabemos nada sobre onde possam estar os objetos de interesse. Nessas situações, todos os pixels são candidatos para a ligação e, portanto, têm de ser aceitos ou eliminados com base em propriedades globais predefinidas. Nesta seção, desenvolveremos uma abordagem baseada no fato de os conjuntos de pixels estarem ou não nas curvas de um formato estabelecido. Uma vez detectadas, essas curvas formam as bordas ou fronteiras da região de interesse.

Tendo n pontos em uma imagem, suponhamos que queremos encontrar subconjuntos desses pontos que pertençam às linhas retas (retas). Uma possível solução é encontrar primeiro todas as retas determinadas por cada par de pontos e, em seguida, encontrar todos os subconjuntos de pontos que estejam próximos a essas retas em particular. Esta metodologia envolve encontrar $n(n-1)/2 \sim n^2$ retas e executar $(n)(n(n-1))\,2 \sim n^3$ comparações de pontos para todas as retas. Esta é uma tarefa computacionalmente proibitiva em todas as aplicações, menos naquelas mais triviais.

Hough (1962) propôs uma abordagem alternativa, comumente chamada de *transformada de Hough*. Considere um ponto (x_i, y_i) no plano xy e a equação geral de uma reta na forma inclinação–interseção, $y_i = ax_i + b$. Infinitamente muitas retas passam por (x_i, y_i), mas todas elas satisfazem a equação $y_i = ax_i + b$ para diferentes valores de a e b. Entretanto, escrever esta equação como $b = -x_i a + y_i$ e considerando o plano ab (também chamado *espaço de parâmetros*) produz a equação de uma *única* reta para um par fixo (x_i, y_i). Além disso, um segundo ponto (x_j, y_j) também tem uma reta no espaço de parâmetros associada a ele e, a não ser que sejam paralelos, esta reta cruza a reta associada à (x_i, y_i) em algum ponto (a', b'), em que a' é a inclinação e b' é a interseção da reta contendo *tanto* (x_i, y_i) quanto (x_j, y_j) no plano xy. Na verdade, *todos* os pontos nesta reta pertencem a retas no espaço de parâmetros que se cruzam em (a', b'). A Figura 10.31 ilustra os conceitos anteriores.

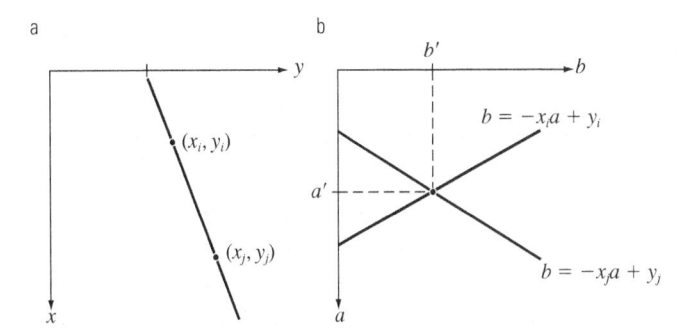

Figura 10.31 (a) Plano xy. (b) Espaço de parâmetros.

Em princípio, as retas do espaço de parâmetros que corresponda a todos os pontos (x_k, y_k) no plano xy podem ser traçadas e as retas principais nesse plano poderiam ser determinadas identificando os pontos no espaço de parâmetros nos quais uma grande quantidade de retas do espaço de parâmetros se intercepta. Uma dificuldade prática com essa abordagem, porém, é que a (inclinação de uma reta) se aproxima do infinito conforme a reta se aproxima da direção (inclinação) vertical. Uma maneira de contornar essa dificuldade é utilizar a representação normal de uma reta (em coordenadas polares):

$$x \cos \theta + y \,\text{sen}\, \theta = \rho \qquad (10.2\text{-}38)$$

A Figura 10.32(a) ilustra a interpretação geométrica dos parâmetros ρ e θ. Uma reta horizontal tem $\theta = 0°$, com ρ igual à interseção positiva de x. Da mesma forma, uma reta vertical que tem $\theta = 90°$, com ρ sendo igual à interseção positiva y, ou $\theta = -90°$, com ρ igual à interseção y negativa. Cada curva senoidal na Figura 10.32(b) representa a família de retas que passam por um determinado ponto (x_k, y_k) no plano xy. O ponto de interseção (ρ', θ') na Figura 10.32(b) corresponde à reta que passa tanto por (x_i, y_i) quanto por (x_j, y_j) na Figura 10.32(a).

A atratividade computacional da transformada de Hough surge da subdivisão do espaço de parâmetros $\rho\theta$ nas chamadas *células acumuladoras*, como a Figura 10.32(c) ilustra, sendo que $(\rho_{\text{mín}}, \rho_{\text{máx}})$ e $(\theta_{\text{mín}}, \theta_{\text{máx}})$ são os esperados intervalos de valores dos parâmetros: $-90° \leq \theta \leq 90°$ e $-D \leq \rho \leq D$, em que D é a distância máxima entre os cantos opostos de uma imagem. A célula nas coordenadas (i, j), com um valor de acumulador $A(i, j)$, corresponde ao quadrado associado às coordenadas do espaço de parâmetros (ρ_i, θ_j). Inicialmente, essas células são definidas como zero. Então, para cada ponto (x_k, y_k) do plano xy, deixamos que θ seja igual a cada valor de subdivisão permitido no eixo θ e calculamos o ρ correspondente utilizando a equação $\rho = x_k \cos\theta + y_k \,\text{sen}\,\theta$. Os valores ρ resultantes

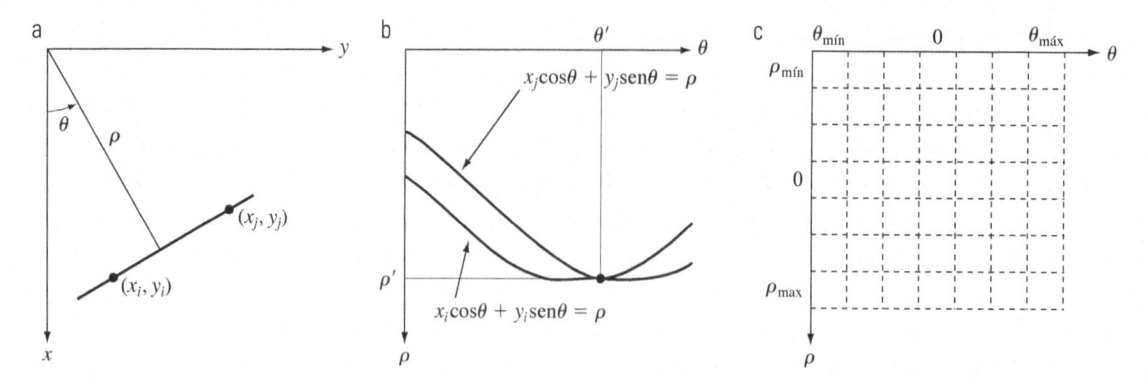

Figura 10.32 (a) (ρ, θ) Parametrização da reta no plano xy. (b) Curvas senoidais no plano $\rho\theta$; o ponto de interseção (ρ', θ') corresponde à reta que passa pelos pontos (x_i, y_i) e (x_j, y_j) no plano xy. (c) Divisão do plano $\rho\theta$ em células acumuladoras.

são arredondados para o valor de célula permitida mais próximo no eixo ρ. Se a escolha de θ_p resultar em ρ_q, então teremos $A(p, q) = A(p, q) + 1$. No final deste processo, um valor de P em $A(i, j)$ significa que os pontos P no plano xy encontram-se na reta $x\cos\theta_j + y\sin\theta_j = \rho_i$. O número de subdivisões no plano $\rho\theta$ determina a precisão da colinearidade desses pontos. Pode ser demonstrado (Exercício 10.24) que o número de cálculos no método que acabamos de discutir é linear com relação a n, que é o número de pontos que não pertencem ao fundo no plano xy.

■

Exemplo 10.13 Uma ilustração das propriedades básicas da transformada de Hough.

A Figura 10.33 ilustra a transformada de Hough baseada na Equação 10.2-38. A Figura 10.33(a) mostra uma imagem (101 × 101 pixels) com cinco pontos rotulados e a Figura 10.33(b) mostra cada um desses pontos mapeados no plano $\rho\theta$ com subdivisões de uma unidade para os eixos ρ e θ. O eixo θ varia de $\pm 90°$ e o eixo $\rho\theta$ de $\pm\sqrt{2}D$, em que D é a distância entre os cantos da imagem. Conforme mostra a Figura 10.33(b), cada curva tem um formato senoidal diferente. A linha horizontal resultante do mapeamento do ponto 1 é um caso especial de uma senoidal com amplitude zero.

Os pontos rotulados com A (para não ser confundidos com os valores do acumulador) e B na Figura 10.33(b) apresentam a propriedade de detecção de colinearidade da transformada de Hough.

O ponto A indica a interseção das curvas correspondentes aos pontos 1, 3 e 5 no plano da imagem xy. A posição do ponto A indica que esses três pontos estão em uma reta que passa pela origem ($\rho = 0$) e com inclinação de 45° (ver Figura 10.32(a)). Da mesma forma, as curvas que se cruzam no ponto B do espaço de parâmetros indicam que os pontos 2, 3 e 4 pertencem a uma linha reta orientada a –45° e cuja distância da origem é $\rho = 71$ (metade da distância da diagonal da origem da imagem até seu canto oposto, arredondado para o valor inteiro mais próximo). Finalmente, os pontos rotulados Q, R, e S na Figura 10.33(b) ilustram o fato de que

a transformada de Hough exibe uma relação de adjacência reflexiva nas bordas direita e esquerda do espaço de parâmetros. Esta propriedade é o resultado da maneira em que θ e ρ mudam de sinal à $\pm 90°$ da fronteira.

■

Embora o foco até o momento tenha sido nas linhas retas, a transformada de Hough é aplicável a qualquer função da forma $g(\mathbf{v}, \mathbf{c}) = 0$, na qual $\mathbf{v}$ é um vetor de coordenadas e $\mathbf{c}$ é um vetor de coeficientes. Por exemplo, pontos situados na circunferência

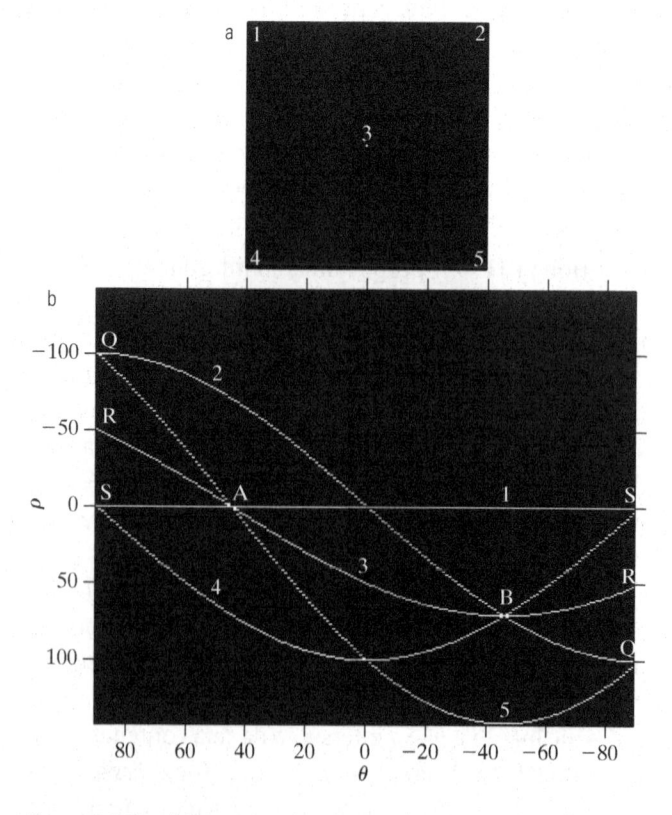

Figura 10.33 (a) Imagem com 101 × 101 pixels, contendo cinco pontos. (b) Espaço de parâmetros correspondente. (Os pontos em (a) foram ampliados para que fossem mais fáceis de visualizar).

$$(x - c_1)^2 + (y - c_2)^2 = c_3^2 \qquad (10.2\text{-}39)$$

podem ser detectados usando o método básico discutido anteriormente. A diferença é a presença de três parâmetros (c_1, c_2 e c_3), o que resulta em um espaço de parâmetros 3-D com células em formato de cubo e acumuladores da forma $A(i, j, k)$. O procedimento é incrementar c_1 e c_2, para então calcular c_3, que satisfaz a Equação 10.2-39 e atualizar a célula acumuladora associada ao trio (c_1, c_2, c_3). Claramente, a complexidade da transformada de Hough depende do número de coordenadas e coeficientes da representação funcional. Outras generalizações da transformada de Hough para detectar curvas sem nenhuma representação analítica simples são possíveis, como a aplicação da transformada nas imagens em tons de cinza. Várias referências que abordam essas extensões são incluídas no final deste capítulo.

Voltemos agora ao problema da vinculação de bordas. Uma abordagem baseada na transformada de Hough é a seguinte:

1. Obter uma imagem de borda *binária* usando qualquer uma das técnicas discutidas anteriormente nesta seção.
2. Especificar as subdivisões no plano $\rho\theta$.
3. Examinar a contagem das células acumuladoras para as concentrações elevadas de pixels.
4. Examinar a relação (principalmente as de continuidade) entre os pixels de uma célula escolhida.

A continuidade neste caso geralmente se baseia no cálculo da distância entre pixels desconexos correspondentes a uma determinada célula acumuladora. A falha em uma reta associada a uma determinada célula é preenchida se o comprimento da falha for menor que o limiar estabelecido. Repare que o simples fato de ser capaz de agrupar linhas a partir da direção é um conceito *global* aplicável em toda a imagem, sendo necessário apenas examinarmos os pixels associados às células acumuladoras específicas. Esta é uma vantagem significativa sobre os métodos discutidos nas duas seções anteriores. O exemplo a seguir ilustra esses conceitos.

Exemplo 10.14 Utilizando a transformada de Hough para a ligação das bordas.

A Figura 10.34(a) mostra uma imagem aérea de um aeroporto. O objetivo deste exemplo é usar a transformada de Hough para extrair as duas bordas da pista principal. Uma solução para tal problema pode ser do seu interesse, por exemplo, em aplicações que envolvam a navegação autônoma de veículos aéreos.

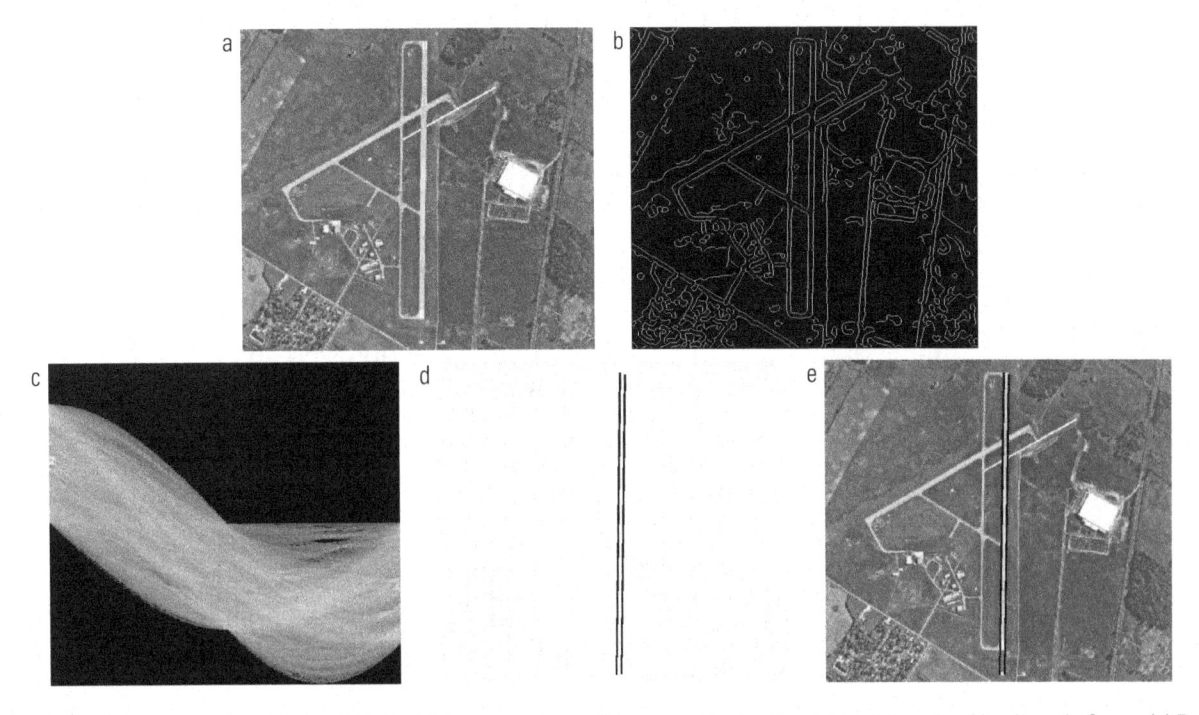

Figura 10.34 (a) Imagem aérea (502 × 564 pixels) de um aeroporto. (b) Imagem das bordas obtida utilizando o algoritmo de Canny. (c) Espaço de parâmetros de Hough (as caixas em destaque indicam os pontos relacionados com as linhas verticais longas). (d) As linhas no plano de imagem são correspondentes aos pontos destacados pelas caixas). (e) Linhas sobrepostas à imagem original.

O primeiro passo é obter uma imagem da borda. A Figura 10.34(b) mostra a imagem da borda obtida utilizando o algoritmo de Canny com os mesmos parâmetros e os procedimentos usados no Exemplo 10.9. Para efeitos de cálculo da transformada de Hough, resultados similares podem ser obtidos por meio de qualquer uma das técnicas de detecção de borda tratadas nas seções 10.2.5 e 10.2.6. A Figura 10.34(c) mostra o espaço de parâmetros de Hough obtido com incrementos de 1° para θ e 1 pixel para ρ.

A pista que nos interessa está orientada em aproximadamente 1° em relação à direção norte; por isso, selecionamos as células correspondentes a ±90° e que tivessem a maior contagem, pois as pistas são as linhas mais longas orientadas nessas direções. As pequenas caixas brancas nas bordas da Figura 10.34(c) destacam essas células. Como mencionado anteriormente em conexão com a Figura 10.33(b), a transformada de Hough mostra adjacência nas bordas. Outra maneira de interpretar essa propriedade é que uma linha orientada a +90° e uma linha orientada a −90° são equivalentes (ou seja, ambas são verticais). A Figura 10.34(d) mostra as linhas correspondentes às duas células do acumulador discutidas recentemente e a Figura 10.34(e) mostra as linhas sobrepostas na imagem original.

As linhas foram obtidas juntando todas as lacunas inferiores a 20% da altura da imagem (cerca de 100 pixels). Essas linhas correspondem claramente às bordas da pista de interesse.

Nota-se que o único conhecimento importante e necessário para resolver este problema foi saber a orientação da pista e a posição do observador em relação a ela. Em outras palavras, um veículo autônomo saberia que, se a pista de interesse fica orientada ao norte e a direção do veículo de transporte também é o norte, a pista deve aparecer verticalmente na imagem. Outras orientações relativas são tratadas de maneira semelhante. As orientações das pistas de todo o mundo estão disponíveis nos gráficos de voo e a direção da viagem é facilmente obtida usando o GPS (*global positioning system*). Esta informação também pode ser usada para calcular a distância entre o veículo e a pista, permitindo, assim, estimativas de parâmetros como o comprimento esperado das faixas em relação ao tamanho da imagem, como fizemos neste exemplo. ∎

10.3 Limiarização

Em virtude de suas propriedades intuitivas, a simplicidade de implementação e a velocidade computacional, a limiarização de imagens tem uma posição central nas aplicações de segmentação de imagem. A limiarização foi introduzida na Seção 3.1.1 e a usamos em várias discussões desde então. Nesta seção, discutiremos a limiarização de uma maneira mais formal e desenvolveremos técnicas que são consideravelmente mais gerais do que foi apresentado até agora.

10.3.1 Fundamentos

Na seção anterior, as regiões eram identificadas achando primeiro os segmentos de borda e, em seguida, tentando-se vincular os segmentos com as fronteiras. Nesta seção, discutem-se as técnicas de divisão de imagens diretamente em regiões com base nos valores de intensidade e/ou as propriedades desses valores.

As bases da limiarização de intensidade

Suponha que o histograma de intensidade na Figura 10.35(a) corresponda a uma imagem, $f(x, y)$, composta por objetos claros sobre um fundo escuro de tal forma que os pixels do objeto e do fundo tenham valores de intensidade agrupados em dois grupos dominantes (modos). Uma maneira óbvia de extrair os objetos do fundo é selecionar um limiar T, que separa estes modos. Então, qualquer ponto (x, y) na imagem em que $f(x, y) > T$ é chamado de *ponto do objeto*; caso contrário, o ponto é chamado *ponto de fundo*. Em outras palavras, a imagem segmentada, $g(x, y)$, é dada por

$$g(x, y) = \begin{cases} 1 & \text{se } f(x, y) > T \\ 0 & \text{se } f(x, y) \leq T \end{cases} \quad (10.3\text{-}1)$$

Embora sigamos a convenção de usar intensidade 0 para o fundo e 1 para o objeto, dois valores distintos quaisquer podem ser utilizados na Equação 10.3-1.

Quando T é uma constante aplicável a uma imagem inteira, o processo dado nesta equação é conhecido como *limiarização global*. Quando o valor de T muda ao longo da imagem, usamos o termo *limiarização variável*. O termo *limiarização local* ou *regional* às vezes é usado para denotar a limiarização variável na qual o valor de T em qualquer ponto (x, y) em uma imagem depende das propriedades de uma vizinhança de (x, y) (por exemplo, a intensidade média dos pixels da vizinhança).

Se T depende das coordenadas espaciais (x, y) como tal, então a limiarização variável muitas vezes é chamada de limiarização *dinâmica* ou *adaptativa*. O uso desses

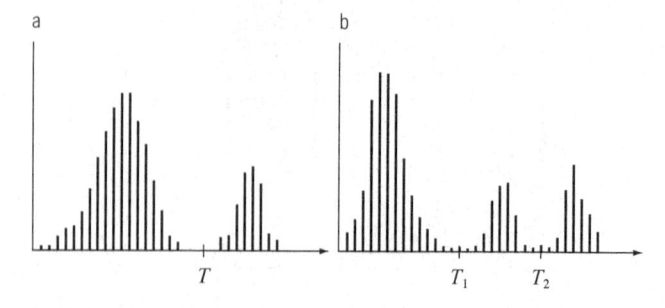

Figura 10.35 Histogramas de intensidade que podem ser divididos (a) por um limiar único e (b) por limiares duplos.

termos não é universal e é provável vê-los sendo utilizados indiferentemente na literatura de processamento de imagem.

A Figura 10.35(b) mostra um problema mais difícil de limiarização envolvendo um histograma com três modos dominantes que correspondem, por exemplo, a dois tipos de objetos claros sobre um fundo escuro. Aqui a *limiarização múltipla* classifica um ponto (x, y) como pertencente ao fundo se $f(x, y) = T_1$, para uma classe de objeto se $T_1 < f(x, y) \leq T_2$, e para a classe de outro objeto se $f(x, y) > T_2$

Ou seja, a imagem segmentada é dada por

$$g(x,y) = \begin{cases} a & \text{se } f(x,y) > T_2 \\ b & \text{se } T_1 < f(x,y) \leq T_2 \\ c & \text{se } f(x,y) \leq T_1 \end{cases} \quad (10.3\text{-}2)$$

na qual a, b e c são três valores quaisquer com diferentes níveis de intensidade. Discutiremos a limiarização dupla na Seção 10.3.6. Os problemas de segmentação que exigem mais do que dois limiares são difíceis (muitas vezes impossíveis) de resolver e os melhores resultados geralmente são obtidos por meio de métodos como a limiarização variável, como discutida na Seção 10.3.7, ou o aumento da região, como discutido na Seção 10.4.

Com base na discussão anterior, podemos inferir que o sucesso da limiarização de intensidade está diretamente relacionado com a largura e profundidade do(s) vale(s) que separa(m) os modos do histograma. Por sua vez, os principais fatores que afetam as propriedades do(s) vale(s) são: (1) a separação entre picos (quanto mais distantes forem os picos entre si, melhores as possibilidades de separação dos modos); (2) o índice de ruído da imagem (os modos ampliam com o aumento do ruído); (3) o tamanho relativo dos objetos e do fundo; (4) a uniformidade da fonte de iluminação; e (5) a uniformidade das propriedades de reflexão da imagem.

O papel do ruído na limiarização de imagens

Como ilustração de como o ruído afeta o histograma de uma imagem, considere a Figura 10.36(a). Esta imagem simples e sintética não tem ruído e, por isso, seu histograma consiste em dois modos na forma de picos (*spikes*), como mostra a Figura 10.36(d). Segmentar essa imagem em duas regiões é uma tarefa trivial envolvendo um limiar estabelecido em qualquer lugar entre os dois modos.

A Figura 10.36(b) mostra a imagem original corrompida pelo ruído gaussiano de média zero e desvio padrão de 10 níveis de intensidade. Embora os grupos correspondentes do histograma sejam amplos (Figura 10.36(e)), sua separação é grande o bastante para que a profundidade do vale entre eles seja suficiente para tornar os modos mais fáceis de separar. Um limite colocado no meio do caminho entre os dois picos faria um bom trabalho na segmentação da imagem. A Figura 10.36(c) mostra o resultado do corrompimento da imagem original com um ruído gaussiano de média zero e desvio padrão de 50 níveis de intensidade. Como mostra o histograma da Figura 10.36(f), a situação é muito mais séria

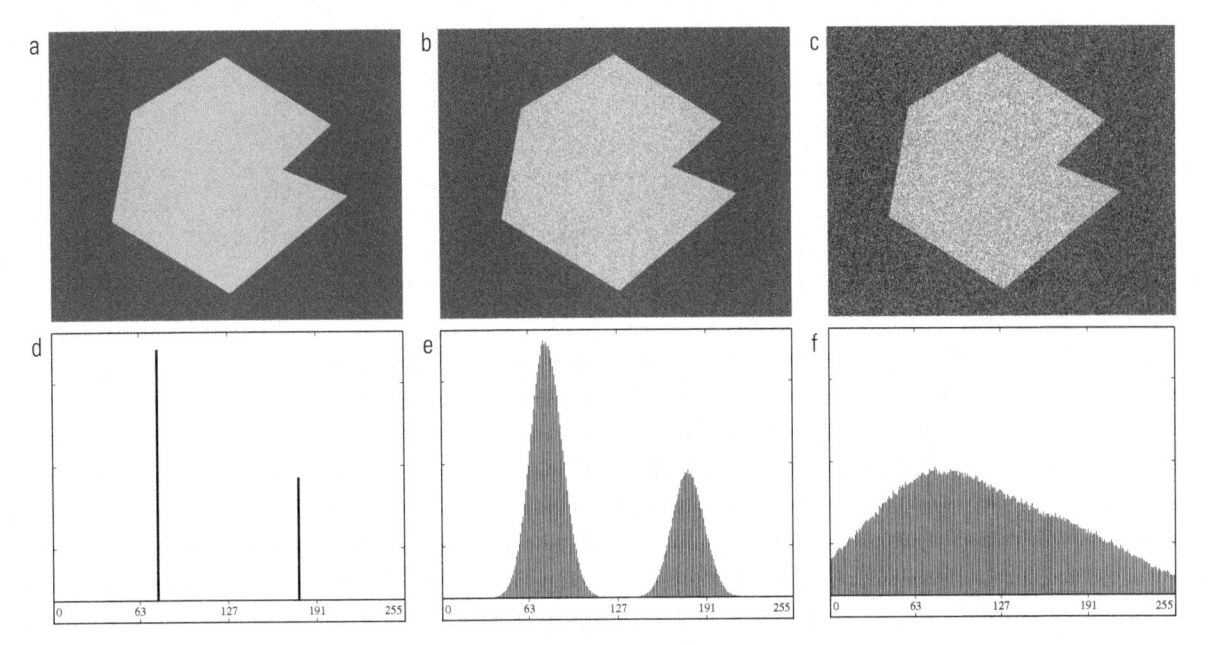

Figura 10.36 (a) Imagem de 8 bits livre de ruído. (b) Imagem com ruído gaussiano aditivo de média 0 e desvio padrão de 10 níveis de intensidade. (c) Imagem com ruído gaussiano aditivo de média 0 e desvio padrão de 50 níveis de intensidade. (d) a (f) Histogramas correspondentes.

agora, já que não há nenhuma maneira de diferenciar os dois modos. Sem processamento adicional (como os métodos discutidos nas seções 10.3.4 e 10.3.5), temos pouca esperança de encontrar um limiar adequado para segmentar a imagem.

O papel da iluminação e a refletância

A Figura 10.37 ilustra o efeito que a iluminação pode ter sobre o histograma de uma imagem. A Figura 10.37(a) é a versão ruidosa da imagem apresentada na Figura 10.36(b) e a Figura 10.37(d) mostra seu histograma. Como antes, essa imagem é muito fácil de segmentar com um único limiar. Podemos ilustrar os efeitos de iluminação não uniforme multiplicando a imagem na Figura 10.37(a) por uma função de intensidade variável como a rampa de intensidade na Figura 10.37(b), cujo histograma aparece na Figura 10.37(e).* A Figura 10.37(c) mostra o produto da imagem e este padrão de sombreamento. Como mostra a Figura 10.37(f), o vale profundo entre os picos foi corrompido até o ponto em que a separação dos modos sem processamento adicional (ver seções 10.3.4 e 10.3.5) não é mais possível. Resultados semelhantes seriam obtidos se a iluminação fosse perfeitamente uniforme, mas a refletância da imagem não o fosse, em razão, por exemplo, de variações naturais na superfície dos objetos e/ou do fundo.

O ponto fundamental no parágrafo anterior é que a iluminação e a refletância desempenham papel central no sucesso da segmentação de imagens utilizando a limiarização ou outras técnicas de segmentação. Portanto, o controle desses fatores, quando é possível fazê-lo, deve ser considerado o primeiro passo para a solução de um problema de segmentação. Há três abordagens básicas para o problema quando o controle sobre esses fatores não é possível. Um é corrigir diretamente o padrão de sombreamento. Por exemplo, a iluminação não uniforme (porém fixa) pode ser corrigida multiplicando a imagem pelo inverso do padrão, o que pode ser obtido adquirindo uma imagem de uma superfície plana de intensidade constante. A segunda abordagem é tentar corrigir o padrão global de sombreamento por meio do processamento, utilizando, por exemplo, a transformada *top-hat* introduzida na Seção 9.6.3. A terceira abordagem é a de "contornar" a falta de uniformidade utilizando limiarização variável, como discutido na Seção 10.3.7.

10.3.2 Limiarização global simples

Como observado na seção anterior, quando as distribuições de intensidade dos pixels de fundo e dos objetos são suficientemente diferentes, é possível utilizar um único limiar (*global*) aplicável a toda a imagem. Na maioria das aplicações, há uma variabilidade geralmente suficiente entre as imagens que, mesmo sendo a limiarização global uma abordagem adequada, um algoritmo capaz de calcular automaticamente o valor do limiar para cada

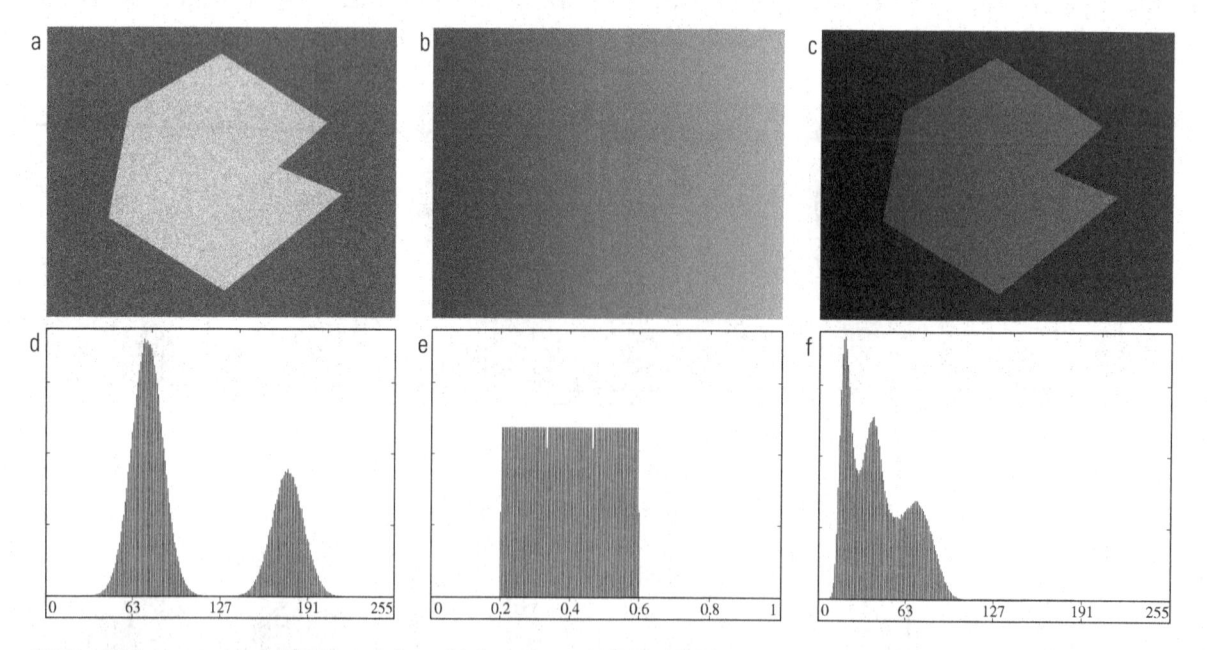

Figura 10.37 (a) Imagem ruidosa (b) Rampa de intensidade no intervalo [0,2, 0,6]. (c) Produto de (a) e (b). (d) a (f) Histogramas correspondentes.

---

* Em teoria, o histograma de uma imagem de declive é uniforme. Na prática, garantir a uniformidade perfeita depende do tamanho da imagem e do número de bits de intensidade. Por exemplo, uma imagem em declive de 256 níveis de 256×256 tem um histograma uniforme, mas uma imagem em declive de 256×257 com o mesmo número de intensidades, não.

imagem se faz necessário. O algoritmo iterativo apresentado a seguir pode ser utilizado para essa finalidade:

1. Selecionar uma estimativa inicial para o limiar global, T.
2. Segmentar a imagem usando T na Equação 10.3-1. Isso dará origem a dois grupos de pixels: G_1, composto por todos os pixels com valores de intensidade $> T$, e G_2, composto de pixels com valores $\leq T$.
3. Calcular os valores de intensidade média de m_1 e m_2 para os pixels em G_1 e G_2, respectivamente.
4. Calcular um novo valor de limiar:

$$T = \frac{1}{2}(m_1 + m_2)$$

5. Repita as etapas 2 a 4 até que a diferença entre os valores de T em iterações sucessivas seja menor que o parâmetro predefinido ΔT.

Este algoritmo simples funciona bem em situações em que há um vale razoavelmente claro entre os modos de histograma relacionados aos objetos e ao fundo. O parâmetro ΔT é usado para controlar o número de iterações em situações nas quais a velocidade é uma questão importante. Em geral, quanto maior for o ΔT, menor é o número de iterações que o algoritmo executará. O limiar inicial deve ser maior do que o mínimo e menor do que o máximo nível de intensidade na imagem (Exercício 10.28). A intensidade média da imagem é uma boa escolha inicial para T.

■
Exemplo 10.15 Limiarização global.

A Figura 10.38 mostra um exemplo de segmentação baseada na estimativa do limiar utilizando o algoritmo anterior. A Figura 10.38(a) é a imagem original e a Figura 10.38(b) é o histograma da imagem mostrando um vale bem nítido. A aplicação do algoritmo iterativo anterior resultou no limiar $T = 125,4$ após três iterações, começando com $T = m$ (a média de intensidade da imagem) e usando $\Delta T = 0$. A Figura 10.38(c) mostra o resultado obtido com $T = 125$. Como esperado, a partir da separação clara entre os modos no histograma, a segmentação entre o objeto e o fundo foi bastante eficaz.

■

O algoritmo anterior foi estabelecido em termos de limiarização sucessiva da imagem de entrada e calculando as médias em cada etapa, pois é mais intuitivo introduzi-lo dessa maneira. No entanto, é possível desenvolver um algoritmo mais eficiente se expressarmos todos os cálculos nos termos do histograma da imagem, que deve ser computado apenas uma vez (Exercício 10.26).

10.3.3 Limiarização global ótima utilizando o método de Otsu

A limiarização pode ser vista como um problema teórico de decisão estatística cujo objetivo é minimizar o erro médio incorrido na atribuição de pixels para dois ou mais grupos (também chamados de classes). Esse problema é conhecido por ter uma solução elegante de forma fechada conhecida como a regra de decisão Bayes (ver Seção 12.2.2). A solução é baseada em apenas dois parâmetros: a função densidade de probabilidade (PDF, de *probability density funcion*) dos níveis de intensidade de cada classe e a probabilidade de que cada classe ocorra em uma determinada aplicação. Infelizmente, estimar as PDFs não é uma questão simples, de modo que o problema geralmente é simplificado tornando viáveis as suposições sobre a forma das PDFs, como assumir que são funções gaussianas.

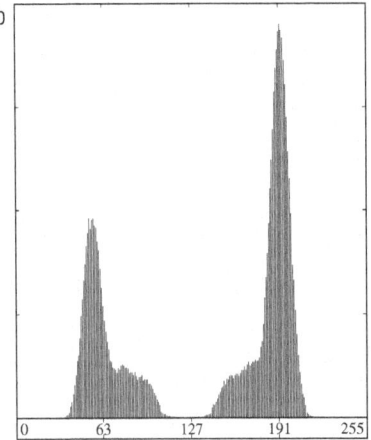

Figura 10.38 (a) Impressão digital ruidosa. (b) Histograma. (c) Segmentação resultante usando um limiar global (a moldura da imagem foi adicionada para maior clareza). (Original cortesia do National Institute of Standards and Technology.)

Mesmo com as simplificações, o processo de implementação de soluções utilizando essas suposições pode ser complexo e nem sempre adequado para aplicações práticas.

A abordagem discutida nesta seção, chamada *método de Otsu* [Otsu (1979)], é uma alternativa atraente. O método é ótimo no sentido de que maximiza a *variância entre classes*, uma medida bem conhecida utilizada na análise estatística discriminante. A ideia básica é que as classes com limiares bem estabelecidos devem ser distintas em relação aos valores de intensidade de seus pixels e, inversamente, que um limiar que oferece a melhor separação entre as classes em termos de valores de intensidade seria o melhor limiar (limiar ótimo). Além do componente ótimo, o método de Otsu tem a importante peculiaridade de se basear inteiramente em cálculos realizados no histograma de uma imagem, um arranjo 1-D obtido facilmente.

Digamos que $\{0, 1, 2, ..., L-16\}$ denote os L distintos níveis de intensidade em uma imagem digital de $M \times N$ pixels e digamos que n_i denote o número de pixels com intensidade i. O número total (MN) dos pixels da imagem é $MN = n_0 + n_1 + n_2 + ... + n_{L-1}$. O histograma normalizado (ver Seção 3.3) tem componentes $p_i = n_i/MN$, dos quais podemos ver que

$$\sum_{i=0}^{L-1} p_i = 1, \quad p_i \geq 0 \quad (10.3\text{-}3)$$

Agora, suponha que selecionemos um limiar $T(k) = k$, $0 < k < L - 1$ e que o usamos para estabelecer o limiar da imagem de entrada em duas classes, C_1 e C_2, em que C_1 está constituída por todos os pixels da imagem com valores de intensidade no intervalo $[0, k]$ e C_2 consiste dos pixels com valores no intervalo $[k + 1, L - 1]$. Usando este limiar, a probabilidade, $P_1(k)$, de que um pixel seja atribuído (ou seja, que seu limiar seja estabelecido) à classe C_1, é dada pela soma cumulativa

$$P_1(k) = \sum_{i=0}^{k} p_i \quad (10.3\text{-}4)$$

Visto de outra maneira, esta é a probabilidade de ocorrência da classe C_1. Por exemplo, se estabelecermos $k = 0$, a probabilidade de a classe C_1 ter pixels atribuídos a ela é zero. Do mesmo modo, a probabilidade de ocorrência da classe C_2 é

$$P_2(k) = \sum_{i=k+1}^{L-1} p_i = 1 - P_1(k) \quad (10.3\text{-}5)$$

Da Equação 3.3-18, o valor da intensidade média dos pixels atribuídos à classe C_1 é

$$m_1(k) = \sum_{i=0}^{k} iP(i/C_1)$$

$$= \sum_{i=0}^{k} iP(C_1/i)P(i)/P(C_i)$$

$$= \frac{1}{P_1(k)} \sum_{i=0}^{k} ip_i \quad (10.3\text{-}6)$$

na qual $P_1(k)$ é dada na Equação 10.3-4. O termo $P(i/C_1)$ na primeira linha da Equação 10.3-6 é a probabilidade do valor i, dado que i vem da classe C_1. A segunda linha da equação resulta da fórmula de Bayes:

$$P(A/B) = P(B/A)P(A)/P(B)$$

A terceira linha resulta do fato que $P(C_1/i)$, a probabilidade de C_1 dado i é 1, pois estamos lidando apenas com os valores de i da classe C_1. Além disso, $P(i)$ é a probabilidade do i-ésimo valor, que é simplesmente o i-ésimo componente do histograma, p_i. Finalmente, $P(C_1)$ é a probabilidade de classe C_1, a qual sabemos, a partir da Equação 10.3-4, que é igual a $P_1(k)$.

Similarmente, o valor da intensidade média dos pixels atribuídos à classe C_2 é

$$m_2(k) = \sum_{i=k+1}^{L-1} iP(i/C_2)$$

$$= \frac{1}{P_2(k)} \sum_{i=k+1}^{L-1} ip_i \quad (10.3\text{-}7)$$

A média acumulada (intensidade média) até o nível k é dada por

$$m(k) = \sum_{i=0}^{k} ip_i \quad (10.3\text{-}8)$$

e a intensidade média de toda a imagem (ou seja, a média *global*) é dada por

$$m_G = \sum_{i=0}^{L-1} ip_i \quad (10.3\text{-}9)$$

A validade das duas equações seguintes pode ser verificada pela substituição direta dos resultados anteriores:

$$P_1 m_1 + P_2 m_2 = m_G \quad (10.3\text{-}10)$$

e

$$P_1 + P_2 = 1 \quad (10.3\text{-}11)$$

sendo que omitimos as ks temporariamente em favor da clareza da notação.

A fim de avaliar a "qualidade" do limiar no nível k, usamos a métrica normalizada adimensional

$$\eta = \frac{\sigma_B^2}{\sigma_G^2} \quad (10.3\text{-}12)$$

sendo que σ_G^2 é a *variância global* (ou seja, a variância de intensidade de todos os pixels da imagem, conforme indicado na Equação 3.3-19),

$$\sigma_G^2 = \sum_{i=0}^{L-1}(i-m_G)^2 p_i \quad (10.3\text{-}13)$$

e σ_B^2 é a *variância entre classes*, definida como

$$\sigma_B^2 = P_1(m_1 - m_G)^2 + P_2(m_2 - m_G)^2 \quad (10.3\text{-}14)$$

Esta expressão também pode ser escrita como*

$$\sigma_B^2 = P_1 P_2 (m_1 - m_2)^2$$
$$= \frac{(m_G P_1 - m)^2}{P_1(1-P_1)} \quad (10.3\text{-}15)$$

em que m_G e m apresentam-se conforme mencionado anteriormente. A primeira linha desta equação é obtida a partir das equações 10.3-14, 10.3-10 e 10.3-11. A segunda linha vem das equações 10.3-5 até 10.3-9. Esta forma é um pouco mais eficiente computacionalmente pois a média global, m_G, é computada apenas uma vez; portanto, apenas dois parâmetros, m e P_1, devem ser computados para qualquer valor de k.

Vemos, a partir da primeira linha na Equação 10.3-15, que, quanto mais longe as duas médias m_1 e m_2 estiverem uma da outra, maior será σ_B^2, indicando que a variância entre classes é uma medida da *separabilidade* entre as classes. Já que σ_G^2 é uma constante, entendemos que η também é uma medida de separabilidade e maximizar essa métrica é equivalente à maximização de σ_B^2. O objetivo é, então, determinar o valor limiar, k, que maximiza a variância entre classes, tal como referido no início desta seção. Note que a Equação 10.3-12 assume implicitamente que $\sigma_G^2 > 0$. Esta variação pode ser zero somente quando todos os níveis de intensidade na imagem forem os mesmos, o que implica a existência de apenas uma classe de pixels. Isto, por sua vez, significa que $\eta = 0$ para uma imagem constante, já que a separabilidade de uma única classe a partir de si mesma é zero.

Retomando k, temos os resultados finais:

$$\eta(k) = \frac{\sigma_B^2(k)}{\sigma_G^2} \quad (10.3\text{-}16)$$

e

$$\sigma_B^2(k) = \frac{[m_G P_1(k) - m(k)]^2}{P_1(k)[1-P_1(k)]} \quad (10.3\text{-}17)$$

Então, o limiar ótimo é o valor, k^*, que maximiza $\sigma_B^2(k)$

$$\sigma_B^2(k*) = \max_{0 \leq k \leq L-1} \sigma_B^2(k) \quad (10.3\text{-}18)$$

Em outras palavras, para encontrar k^*, simplesmente avalie a equação 10.3-18 para todos os valores *inteiros* de k (de forma que a condição $0 < P_1(k) < 1$ permaneça) e selecione o valor de k que produz o máximo $\sigma_B^2(k)$. Se o máximo existir para mais de um valor de k, é habitual calcular a média dos diversos valores de k para os quais $\sigma_B^2(k)$ é máximo. Pode ser comprovado (Exercício 10.33) que sempre existe um máximo sujeito à condição de que $0 < P_1(k) < 1$. Avaliar as equações 10.3-17 e 10.3-18 para todos os valores de k é um procedimento relativamente barato em termos computacionais, pois o número máximo de valores inteiros que k pode ter é L.

Uma vez obtido k^*, a imagem de entrada $f(x, y)$ é segmentada como antes:

$$g(x,y) = \begin{cases} 1 & \text{se } f(x,y) > k* \\ 0 & \text{se } f(x,y) \leq k* \end{cases} \quad (10.3\text{-}19)$$

Para $x = 0, 1, 2,..., M - 1$ e $y = 0, 1, 2,..., N - 1$. Note que todas as quantidades requeridas para avaliar a Equação 10.3-17 são obtidas utilizando apenas o histograma de $f(x, y)$. Além do limiar global ótimo, outras informações sobre a imagem segmentada podem ser extraídas do histograma. Por exemplo, $P_1(k^*)$ e $P_2(k^*)$, as probabilidades de classes avaliadas no limiar ótimo indicam as parcelas das áreas ocupadas pelas classes (grupos de pixels) na imagem limiarizada. Do mesmo modo, as médias $m_1(k^*)$ e $m_2(k^*)$ são estimativas da intensidade média das classes na imagem original.

A métrica normalizada η, avaliada no valor do limiar ótimo $\eta(k^*)$, pode ser usada para obter uma estimativa quantitativa da separabilidade das classes, que, por sua vez, dá uma ideia da facilidade de limiarização de uma determinada imagem. Esta medida tem valores no intervalo**

$$0 \leq \eta(k^*) \leq 1 \quad (10.3\text{-}20)$$

O limite inferior é atingível apenas por imagens com um único e constante nível de intensidade, como mencionado anteriormente. O limite superior é atingível apenas por imagens de dois níveis de intensidade: 0 e $L - 1$ (Exercício 10.34).

---

* O segundo passo na Equação 10.3-15 só faz sentido se P_1 for maior que 0 e menor que 1, o que, vendo a Equação 10.3-11, implica que P_2 deve satisfazer a mesma condição.

** Embora nosso interesse seja o valor de η no limiar ótimo, k^*, esta desigualdade se mantém, em geral, para qualquer valor de k no intervalo $[0, L - 1]$.

O algoritmo de Otsu pode ser assim resumido:

1. Calcular o histograma normalizado da imagem de entrada. Designar os componentes do histograma como p_i, $i = 0, 1, 2, ..., L-1$.
2. Calcular as somas acumuladas, $P_1(k)$, para $k = 0, 1, 2, ..., L-1$, usando a Equação 10.3-4.
3. Calcular as médias acumuladas $m(k)$, para $k = 0, 1, 2, ..., L-1$, usando a Equação 10.3-8.
4. Calcular a intensidade média global, m_G, usando 10.3-9.
5. Calcular a variância entre classes, $\sigma_B^2(k)$, para $k = 0, 1, 2, ..., L-1$, usando a Equação 10.3-17.
6. Obter o limiar de Otsu, k^*, como o valor de k para o qual $\sigma_B^2(k)$ é máxima. Se a máxima não for única, obter k^* pela média dos valores de k que correspondem aos diversos valores máximos detectados.
7. Obter a medida de separabilidade, η^*, avaliando a Equação 10.3-16 em $k = k^*$.

O exemplo a seguir ilustra esses conceitos.

Exemplo 10.16 Limiarização global ótima usando o método de Otsu.

A Figura 10.39(a) mostra uma imagem de microscópio ótico de células polimerosomas e a Figura 10.39(b) mostra o seu histograma.* O objetivo deste exemplo é segmentar as moléculas do fundo. A Figura 10.39(c) é o resultado do uso do algoritmo básico de limiarização global desenvolvido na seção anterior. Já que o histograma não tem vales distintos e a diferença de intensidade entre o fundo e os objetos é pequena, o algoritmo não conseguiu alcançar a segmentação desejada. A Figura 10.39(d) mostra o resultado obtido pelo método de Otsu. Esse resultado, obviamente, é superior ao da Figura 10.39(c). O valor do limiar calculado pelo algoritmo básico foi de 169, enquanto o limiar calculado pelo método de Otsu era de 181, que está mais próximo das áreas mais claras na imagem que define as células. A medida de separabilidade η foi 0,467.

Como ponto de interesse, aplicando o método de Otsu para a imagem da impressão digital no Exemplo 10.15 resultou em um limiar igual a 125 e uma medida de separabilidade de 0,944. O limiar é idêntico ao valor (arredondado para o número inteiro mais próximo) obtido com o algoritmo básico. Isto não é inesperado, dada a natureza do histograma. Na verdade, a medida de separabilidade é elevada, principalmente em virtude da separação relativamente grande entre os modos e a profundidade do vale entre eles.

10.3.4 Usando a suavização da imagem para melhorar a limiarização global

Como observado na Figura 10.36, o ruído pode transformar um problema simples de limiarização em um problema sem solução. Quando o ruído não pode ser reduzido na fonte e a limiarização é o método de segmentação escolhido, uma técnica que muitas vezes melhora o desempenho é suavizar as imagens antes da limiarização. Ilustramos este método com um exemplo.

A Figura 10.40(a) é a imagem da Figura 10.36(c), a Figura 10.40(b) mostra um histograma e a Figura 10.40(c) é a imagem limiarizada utilizando o método de Otsu. Cada ponto preto na região branca e cada ponto branco na região preta é um erro do limiar, de modo que a segmentação foi muito malsucedida.

A Figura 10.40(d) mostra o resultado da suavização da imagem ruidosa com um filtro da média de $5 \cdot 5$ (o tamanho da imagem é $651 \cdot 814$ pixels), e a Figura 10.40(e) apresenta seu histograma. A melhora no formato do histograma em virtude da suavização é evidente e esperamos que a limiarização da imagem suavizada seja quase perfeita. Conforme a Figura 10.40(f) mostra, este foi realmente o caso. A ligeira distorção da fronteira entre o objeto e o fundo da imagem na imagem suavizada e segmentada foi causada pela indefinição da fronteira. Na verdade,

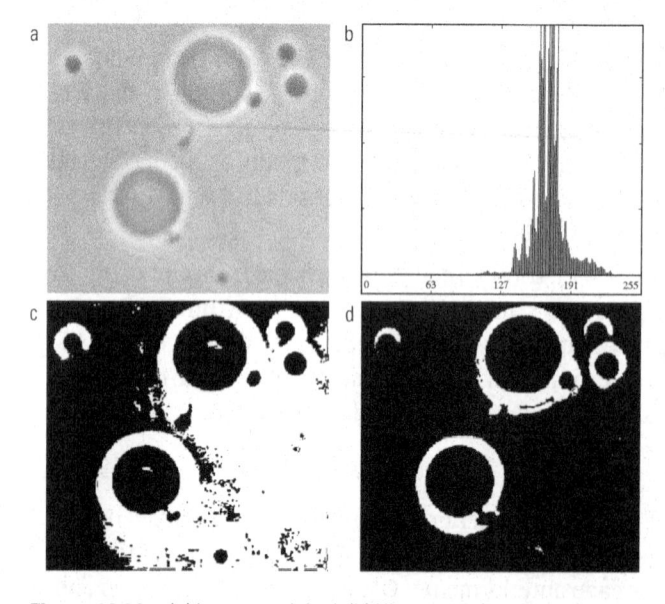

Figura 10.39 (a) Imagem original. (b) Histograma (os picos elevados foram cortados para realçar os detalhes nos valores mais baixos). (c) Resultado da segmentação utilizando o algoritmo global básico da Seção 10.3.2. (d) Resultado obtido pelo método de Otsu. (Imagem original: cortesia do Professor Daniel A. Hammer, da Universidade of Pennsylvania.)

---

* Os polimerosomas são células artificiais projetadas usando polímeros. As polimerosomas são invisíveis para o sistema imunológico humano e podem ser usadas, por exemplo, para levar medicamentos a regiões específicas do corpo.

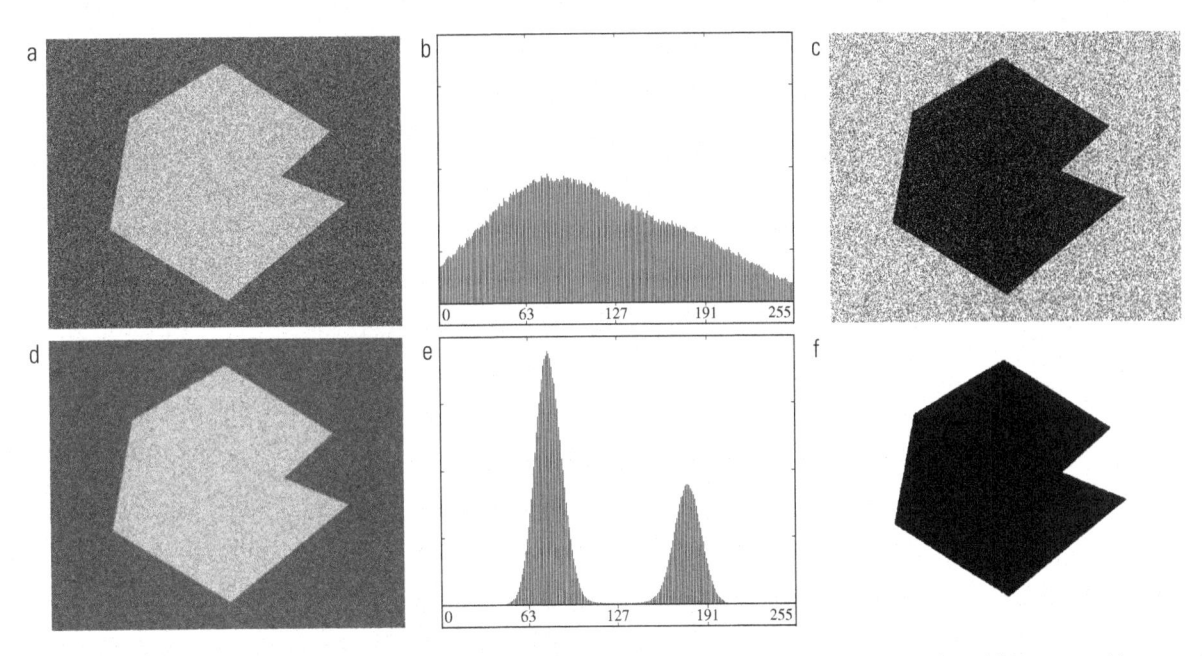

Figura 10.40 (a) Imagem ruidosa da Figura 10.36 e (b) seu histograma. (c) Resultado obtido pelo método de Otsu. (d) Imagem ruidosa suavizada usando uma máscara de média de tamanho 5 × 5 e (e) seu histograma. (f) Resultado da limiarização pelo método de Otsu.

quanto mais agressiva a suavização da imagem, mais erros nas fronteiras acontecerão no resultado segmentado.

Em seguida, consideraremos o efeito de reduzir o tamanho da região na Figura 10.40(a) em relação ao fundo. A Figura 10.41(a) mostra o resultado. O ruído nesta imagem é ruído gaussiano aditivo com média zero e desvio padrão de 10 níveis de intensidade (em oposição aos 50 do exemplo anterior). Conforme a Figura 10.41(b) mostra, o histograma não possui um vale claro; por isso, esperamos falhas de segmentação, um fato confirmado pelo resultado da Figura 10.41(c). A Figura 10.41(d) mostra a imagem suavizada por um filtro de média de 5 × 5 e a Figura 10.40(e) é o histograma correspondente. Como esperado, o efeito final foi a redução do espalhamento do histograma, mas a distribuição ainda é unimodal. Como vemos na Figura 10.40(f), a segmentação falhou novamente. O motivo para a falha pode ser atribuído ao fato de que a região é tão pequena que sua contribuição para o histograma é insignificante em comparação à intensidade da propagação causada pelo ruído. Em situações como

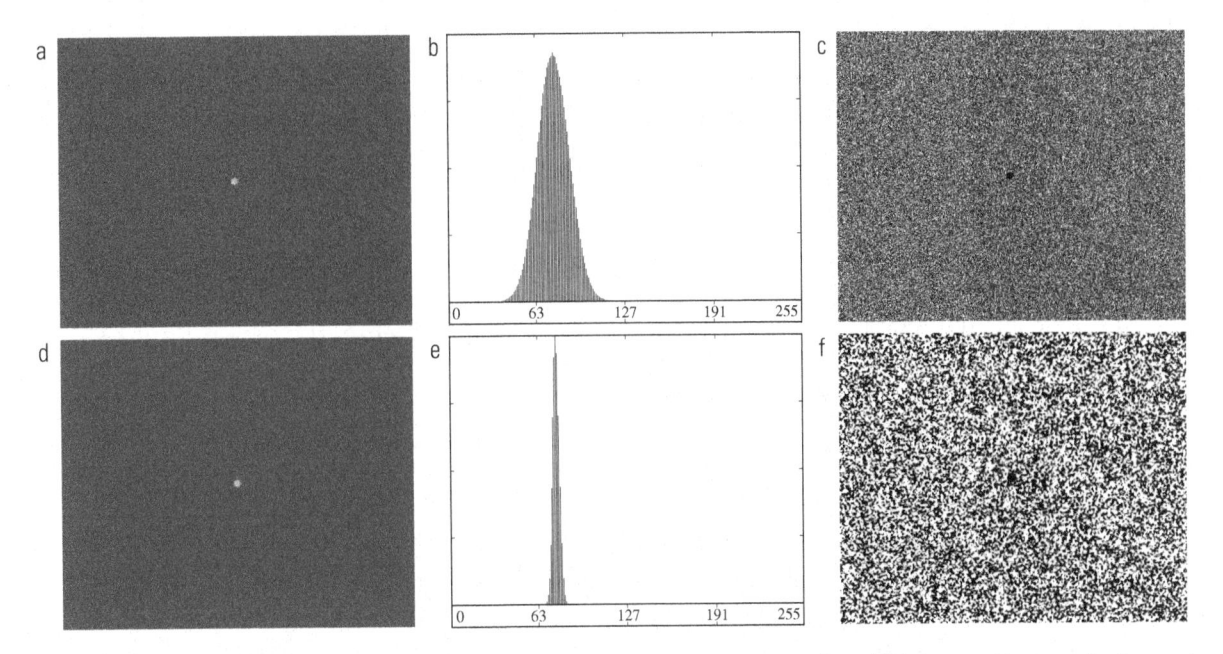

Figura 10.41 (a) Imagem ruidosa. (b) Seu histograma. (c) Resultado obtido pelo método de Otsu. (d) Imagem ruidosa suavizada usando uma máscara de média 5 × 5 e (e) seu histograma. (f) Resultado da limiarização pelo método de Otsu. A limiarização falhou em ambos os casos.

essa, o método discutido na seção seguinte tem mais chances de sucesso.

10.3.5 Usando as bordas para melhorar a limiarização global

Com base na discussão das últimas quatro seções, concluímos que as chances de seleção de um "bom" limiar melhoram consideravelmente se os picos do histograma forem altos, estreitos, simétricos e separados por vales profundos. Uma abordagem para melhorar o formato dos histogramas é considerar somente os pixels que estão dentro ou perto das bordas entre os objetos e o fundo. Uma melhoria imediata e óbvia é que os histogramas serão menos dependentes do tamanho relativo dos objetos e do fundo. Por exemplo, o histograma de uma imagem composta por um pequeno objeto, em uma grande área de fundo (ou vice-versa), seria dominado por um grande pico em virtude da alta concentração de um tipo específico de pixels. Vimos na seção anterior que isto pode levar ao fracasso da limiarização.

Se apenas os pixels dentro ou perto das bordas entre os objetos e o fundo forem utilizados, o histograma resultante terá picos de aproximadamente a mesma altura. Além disso, a probabilidade de que qualquer um desses pixels se encontre em um objeto seria quase a mesma que a probabilidade de que esteja no fundo, melhorando, assim, a simetria dos modos do histograma. Finalmente, como indicado no parágrafo seguinte, usar pixels que satisfaçam algumas medidas simples baseadas em operadores de gradiente e laplacianos leva a uma tendência de aprofundar o vale entre os picos do histograma.

A abordagem discutida assume que as bordas entre os objetos e o fundo são conhecidas. Esta informação não está disponível de forma clara durante a segmentação, já que encontrar uma divisão entre os objetos e o fundo é precisamente o que a segmentação faz. No entanto, com referência à discussão na Seção 10.2, uma indicação para saber se um pixel está dentro da borda pode ser obtida calculando seu gradiente ou seu laplaciano. Por exemplo, o valor médio do laplaciano é 0 na transição de uma borda (ver Figura 10.10), então os vales dos histogramas formados a partir dos pixels selecionados por um critério laplaciano podem ser povoados de forma espalhada. Esta propriedade tende a produzir os vales profundos desejáveis, como discutido anteriormente. Na prática, resultados comparáveis são obtidos utilizando as imagens gradiente ou laplacianas, sendo que estas últimas são favorecidas, pois são computacionalmente mais atraentes e também são detectores de bordas isotrópicos.

A discussão anterior é resumida no algoritmo seguinte, no qual $f(x, y)$ é a imagem de entrada:[*]

1. Calcular uma imagem de borda de $f(x, y)$, ora como a magnitude do gradiente, ora como o valor absoluto do laplaciano, usando qualquer um dos métodos discutidos na Seção 10.2.
2. Especificar um valor de limiar, T.
3. Limiarizar a imagem a partir da Etapa 1, utilizando o limiar estabelecido na Etapa 2 para produzir uma imagem binária, $g_T(x, y)$. Esta imagem é usada como uma imagem de máscara na etapa seguinte para selecionar os pixels de $f(x, y)$ que correspondem aos pixels "fortes" da borda.
4. Calcular um histograma utilizando apenas os pixels de $f(x, y)$, que correspondem aos endereços de pixel avaliados com o número 1 em $g_T(x, y)$.
5. Use o histograma da Etapa 4 para segmentar $f(x, y)$ globalmente, utilizando, por exemplo, o método de Otsu.

Se T é estabelecido no valor máximo da borda da imagem, então, de acordo com a Equação 10.3-1, $g_T(x, y)$ será composto só por 0s, o que implica que todos os pixels de $f(x, y)$ serão usados para calcular o histograma da imagem.[**] Neste caso, o algoritmo anterior torna-se a limiarização global em que o histograma da imagem original é utilizado sem qualquer modificação. É normal especificar o valor de T correspondente a um percentual, que normalmente é alto (por exemplo, mais de 90), de modo que poucos pixels da imagem gradiente/laplaciana serão usados no cálculo. Os seguintes exemplos ilustram os conceitos já discutidos. O primeiro exemplo usa o gradiente e o segundo usa o laplaciano. Resultados semelhantes podem ser obtidos em ambos os exemplos usando qualquer um dos métodos. A questão importante é gerar uma imagem derivativa adequada.

Exemplo 10.17 Usando a informação das bordas baseada no gradiente para melhorar a limiarização global.

As figuras 10.42(a) e (b) mostram a imagem e seu histograma da Figura 10.41. Vemos que essa imagem não pôde ser

---

[*] É possível modificar este algoritmo para que tanto a magnitude do gradiente quanto o valor absoluto das imagens laplacianas sejam utilizadas. Nesse caso, poderíamos especificar um limiar para cada imagem e formar a lógica OU dos dois resultados para obter a imagem marcadora. Esta abordagem é útil quando se deseja ter mais controle sobre os pontos que foram considerados como sendo pontos válidos da borda.

[**] O enésimo percentil é o menor número maior que $n\%$ dos números de um conjunto dado. Por exemplo, se você recebe um 95 em um teste e essa pontuação foi maior do que 85% dos demais alunos que participaram do exame, então você estaria no percentil 85 em relação aos resultados dos testes.

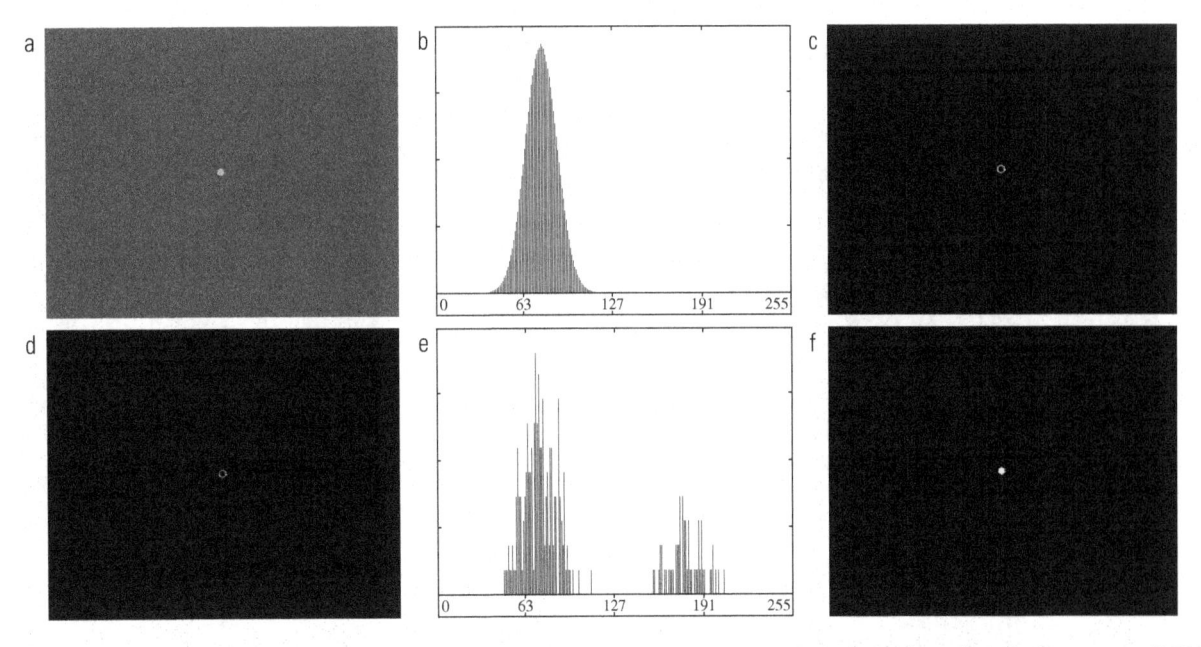

Figura 10.42 (a) Imagem ruidosa da Figura 10.41 e (b) seu histograma. (c) Imagem da magnitude do gradiente limiarizada no percentil 99,7. (d) Imagem formada como produto de (a) e (c). (e) Histograma dos pixels diferentes de zero na imagem em (d). (f) Resultado da segmentação da imagem (a) com o limiar de Otsu baseado no histograma de (e). O limiar foi de 134, que fica aproximadamente a meio caminho entre os picos no histograma.

segmentada por suavização seguida de limiarização. O objetivo deste exemplo é resolver o problema usando as informações da borda. A Figura 10.42(c) é a imagem da magnitude do gradiente limiarizada com percentil de 99,7. A Figura 10.42(d) é a imagem formada pela multiplicação desta imagem (máscara) pela imagem de entrada. A Figura 10.42(e) é o histograma dos elementos diferentes de zero na Figura 10.42(d). Repare que este histograma tem as características importantes discutidas anteriormente, ou seja, tem modos razoavelmente simétricos separados por um vale profundo. Assim, enquanto o histograma da imagem ruidosa original não oferecia nenhuma esperança para uma limiarização bem-sucedida, o histograma da Figura 10.42(e) indica que a limiarização do pequeno objeto em relação ao fundo é, de fato, possível. O resultado da Figura 10.42(f) mostra que este foi realmente o caso. Esta imagem foi obtida pelo método de Otsu para chegar a um limiar baseado no histograma da Figura 10.42(e) e, então, aplicar globalmente este limiar na imagem ruidosa apresentada na Figura 10.42(a). O resultado é quase perfeito.

■

■ **Exemplo 10.18** Usando a informação das bordas baseada no laplaciano para melhorar a limiarização global.

Neste exemplo, consideramos um problema mais complexo de limiarização. A Figura 10.43(a) mostra uma imagem de 8 bits de células de levedura na qual desejamos usar a limiarização global para obter as regiões correspondentes aos pontos claros. Como ponto de partida, a Figura 10.43(b) mostra o histograma da imagem e a Figura 10.43(c) é o resultado obtido por meio da aplicação direta do método de Otsu, usando o histograma mostrado. Vemos que o método de Otsu não conseguiu atingir o objetivo inicial de detectar os pontos claros e, embora o método seja capaz de isolar algumas das regiões das células, muitas das regiões segmentadas à direita não estão separadas. O limiar calculado pelo método de Otsu foi de 42 e a medida de separabilidade foi de 0,636.

A Figura 10.43(d) mostra a imagem $g_T(x, y)$ obtida pelo cálculo do valor absoluto da imagem laplaciana e a limiarização com T definido a 115 em uma escala de intensidade no intervalo [0, 255]. Este valor de T corresponde aproximadamente ao percentil 99,5 dos valores da imagem laplaciana absoluta; assim, a limiarização a este nível deve resultar em um conjunto de pixels reduzido, como mostra a Figura 10.43(d). Repare nesta imagem como os pontos se reúnem próximo às bordas das manchas claras, como esperado se levarmos em consideração a discussão anterior. A Figura 10.43(e) é o histograma dos pixels diferentes a zero no produto de (a) e (d). Finalmente a Figura 10.43(f) mostra o resultado da segmentação global da imagem original utilizando o método de Otsu baseado no histograma da Figura 10.43(e). Este resultado está de acordo com as localizações dos pontos claros na imagem. O limiar calculado pelo método de Otsu foi 115 e a medida de separabilidade foi de 0,762, sendo que ambos são superiores aos valores obtidos utilizando o histograma original.

Variando o percentil em que o limiar é fixado, podemos até melhorar a segmentação das regiões das células. Por exemplo, a Figura 10.44 mostra o resultado obtido utilizando o mesmo procedimento do parágrafo anterior, mas com o limite fixado em 55, que é aproximadamente 5% do valor máximo da imagem laplaciana absoluta. Este valor está no percentil 53,9 dos valores dessa imagem. Este resultado é claramente superior ao resultado da Figura 10.43(c) obtida pelo método de Otsu a partir do histograma da imagem original.

■

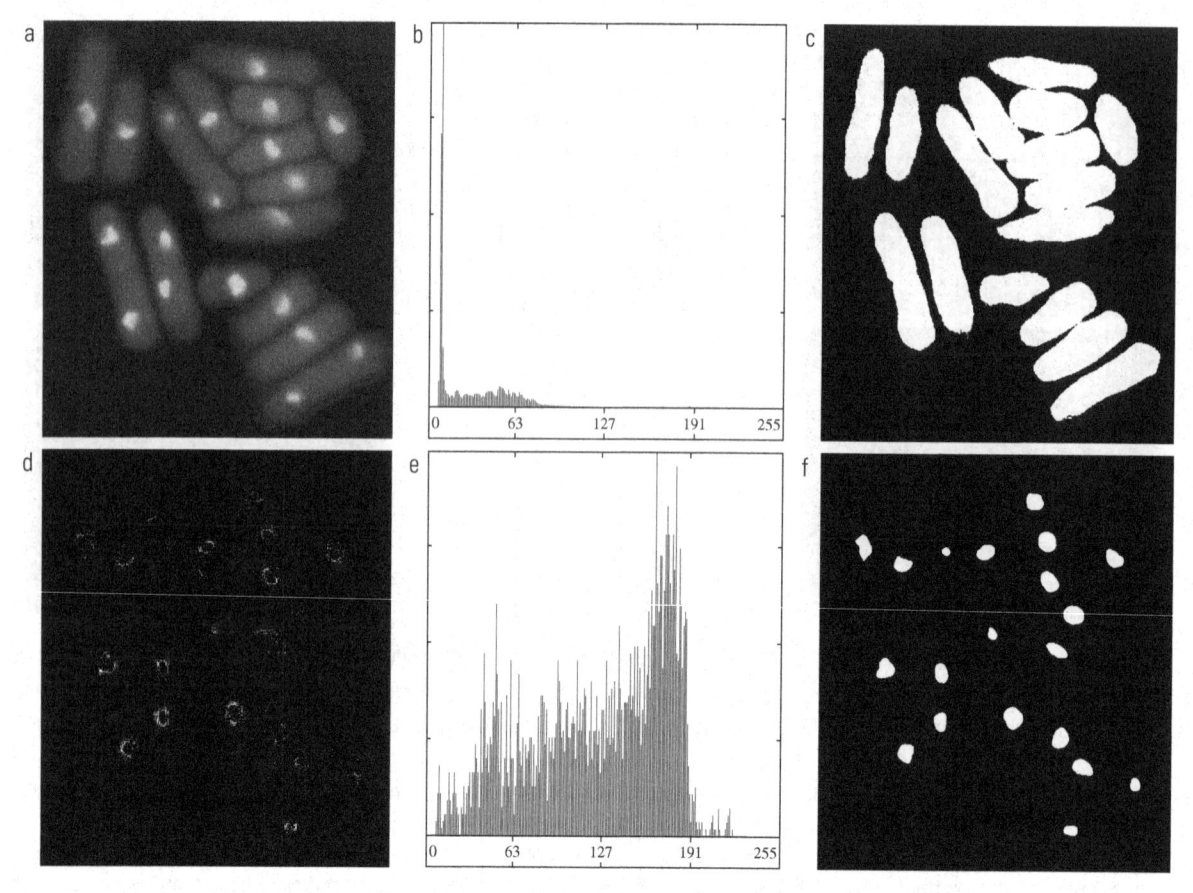

Figura 10.43 (a) Imagem das células de levedura. (b) Histograma de (a). (c) Segmentação de (a) com o método de Otsu, utilizando o histograma em (b). (d) Laplaciano absoluto limiarizado. (e) Histograma dos pixels diferentes de zero no produto de (a) e (d). (f) Imagem original limiarizada utilizando o método de Otsu baseado no histograma de (e). (Imagem original: cortesia da Professora Susan L. Forsburg, Universidade do Sul da Califórnia.)

10.3.6 Limiares múltiplos

Até agora, nossa atenção foi toda para a segmentação de imagens utilizando um único limiar global. O método de limiarização introduzido na Seção 10.3.3 pode ser estendido para um número arbitrário de limiares, em virtude da medida de separabilidade na qual se baseia também e que também se estende a um número arbitrário de classes [Fukunaga (1972)]. No caso das classes K, $C_1, C_2,...C_K$, a variância entre classes se generaliza pela expressão

$$\sigma_B^2 = \sum_{k=1}^{K} P_k(m_k - m_G)^2 \qquad (10.3\text{-}21)$$

na qual

$$P_k = \sum_{i \in C_k} p_i \qquad (10.3\text{-}22)$$

$$m_k = \frac{1}{P_k} \sum_{i \in C_k} i p_i \qquad (10.3\text{-}23)$$

e m_G é a média global dada na Equação 10.3-9. As classes K são separadas por $K-1$ limiares cujos valores, $k_1^*, k_2^*..., k_{k-1}^*$, são os valores que maximizam a Equação 10.3-21:

$$\sigma_B^2(k_1^*, k_2^*,...,k_{K-1}^*) = \max_{0<k_1<k_2<...k_{n-1}<L-1} \sigma_B^2(k_1, k_2,...k_{K-1}) \qquad (10.3\text{-}24)$$

Embora este resultado seja absolutamente geral, começa a perder o significado conforme o número de

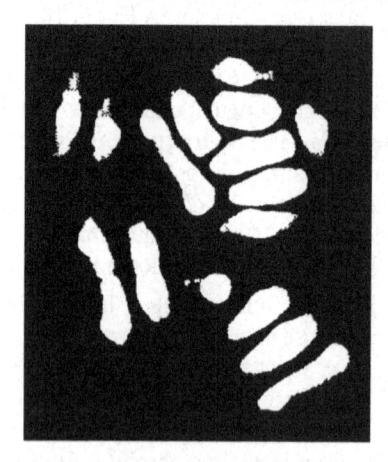

Figura 10.44 A imagem apresentada na Figura 10.43(a) segmentada utilizando o mesmo procedimento explicado nas figuras 10.43(d) a (f), mas usando um valor inferior para limiarizar a imagem laplaciana absoluta.

classes aumenta, uma vez que estamos lidando com apenas uma variável (intensidade). Na verdade, a variância entre classes geralmente é expressa em termos de múltiplas variáveis definidas como vetores [Fukunaga (1972)]. Na prática, utilizar a limiarização global múltipla é uma abordagem viável quando houver razões para crer que o problema pode ser resolvido de forma eficaz com dois limiares. As aplicações que requerem mais de dois limiares geralmente são resolvidas com mais do que apenas valores de intensidade. Ao invés disso, o caminho é usar descritores adicionais (por exemplo, cor) e o aplicativo é moldado como um problema de reconhecimento de padrões, como explicado na Seção 10.3.8.

Para as três classes de três intervalos de intensidade (que estão separadas por dois limites), a variância entre classes é dada por:*

$$\sigma_B^2 = P_1(m_1 - m_G)^2 + P_2(m_2 - m_G)^2 + P_3(m_3 - m_G)^2 \quad (10.3\text{-}25)$$

na qual

$$P_1 = \sum_{i=0}^{k_1} p_i$$
$$P_2 = \sum_{i=k_1+1}^{k_2} p_i$$
$$P_3 = \sum_{i=k_2+1}^{L-1} p_i \quad (10.3\text{-}26)$$

e

$$m_1 = \frac{1}{P_1} \sum_{i=0}^{k_1} i p_i$$
$$m_2 = \frac{1}{P_2} \sum_{i=k_1+1}^{k_2} i p_i$$
$$m_3 = \frac{1}{P_3} \sum_{i=k_2+1}^{L-1} i p_i \quad (10.3\text{-}27)$$

Como nas equações 10.3-10 e 10.3-11, as seguintes relações são visíveis:

$$P_1 m_1 + P_2 m_2 + P_3 m_3 = m_G \quad (10.3\text{-}28)$$

e

$$P_1 + P_2 + P_3 = 1 \quad (10.3\text{-}29)$$

Vemos que os termos P e m e, portanto σ_B^2, são funções de k_1 e k_2. Os dois valores de limiar ótimo, k_1^* e k_2^*, são os valores que maximizam $\sigma_B^2(k_1, k_2)$. Em outras palavras, como no caso de limiar único discutido na Seção 10.3.3, encontramos os limiares ótimos achando

---
* A limiarização com dois limiares às vezes é chamada de *histerese de limiarização*.

$$\sigma_B^2(k_1^*, k_2^*) = \max_{0 < k_1 < k_2 < L-1} \sigma_B^2(k_1, k_2) \quad (10.3\text{-}30)$$

O procedimento começa escolhendo o primeiro valor de k_1 (esse valor é 1 porque procurar um limiar de intensidade 0 não faz sentido; da mesma forma, lembremos que os valores de incremento são inteiros, pois estamos lidando com intensidades). Em seguida, k_2 é incrementado em todos os valores superiores a k_1 e inferiores a $L-1$ (ou seja, $k_2 = k_1 + 1, ..., L-2$). Então k_1 é incrementado para o valor seguinte e k_2 percorre novamente todos os valores superiores a k_1 e inferiores a $L-1$. Este procedimento é repetido até que $k_1 = L - 3$. O resultado desse processo é um arranjo 2-D, $\sigma_B^2(k_1, k_2)$, e o último passo é procurar o valor máximo nesse arranjo. Os valores de k_1 e k_2 correspondentes a esse máximo são os limiares ótimos k_1^* e k_2^*. Se houver vários máximos, os limiares finais serão definidos a partir da média dos k_1 e k_2 correspondentes. A imagem de um determinado limiar é, então, dada por

$$g(x, y) = \begin{cases} a & \text{se } f(x,y) \leq k_1^* \\ b & \text{se } k_1^* < f(x,y) \leq k_2^* \\ c & \text{se } f(x,y) > k_2^* \end{cases} \quad (10.3\text{-}31)$$

na qual a, b e c são três valores válidos quaisquer de intensidade.

Finalmente, notamos que a medida de separabilidade definida na Seção 10.3.3 para um limiar estende-se diretamente aos limiares múltiplos:

$$\eta(k_1^*, k_2^*) = \frac{\sigma_B^2(k_1^*, k_2^*)}{\sigma_G^2} \quad (10.3\text{-}32)$$

em que σ_G^2 é a variância total da imagem como apresentado na Equação 10.3-13.

■ **Exemplo 10.19** Limiarização global múltipla.

A Figura 10.45(a) mostra a imagem de um *iceberg*. O objetivo deste exemplo é segmentar a imagem em três regiões: o fundo escuro, a área iluminada do *iceberg* e a área sombreada. É evidente, a partir do histograma da imagem na Figura 10.45(b), que dois limiares são necessários para resolver este problema. O procedimento discutido anteriormente resultou nos limiares $k_1^* = 80$ e $k_2^* = 177$, que, analisando a Figura 10.45(b), vemos que estão próximos dos centros dos dois vales do histograma. A Figura 10.45(c) é o resultado da segmentação usando estes dois limiares na Equação 10.3-31. A medida de separabilidade foi de 0,954. A razão principal de este exemplo ter funcionado tão bem pode ser pelo histograma com seus três modos distintos separados por vales profundos razoavelmente amplos.

■

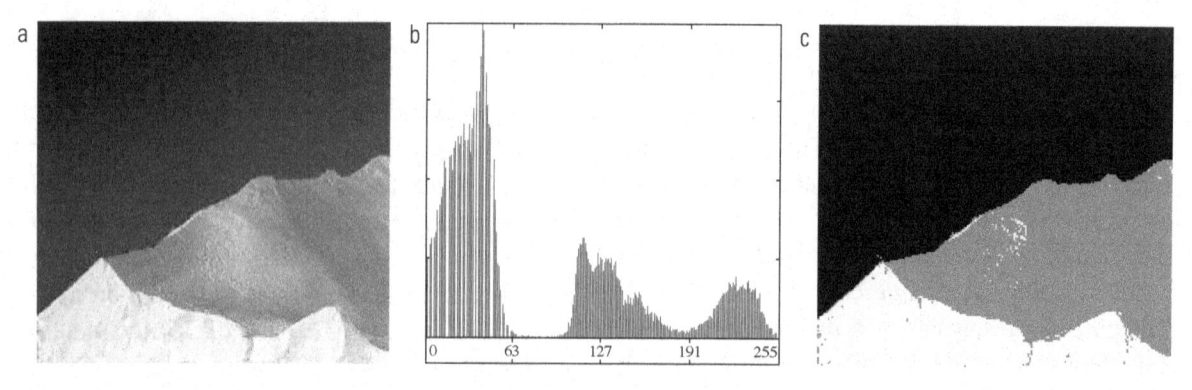

Figura 10.45 (a) Imagem de um *iceberg*. (b) Histograma. (c) Imagem segmentada em três regiões usando os limiares duplos de Otsu. (Imagem original: cortesia da Noaa.)

10.3.7 Limiarização variável

Como discutido na Seção 10.3.1, fatores como o ruído e a iluminação não uniforme possuem um papel importante no desempenho de um algoritmo de limiarização. Mostramos, nas seções 10.3.4 e 10.3.5, que a suavização da imagem e a utilização da informação da borda podem ajudar significativamente. No entanto, é frequente o caso em que este tipo de pré-processamento é impraticável ou simplesmente ineficiente em prover uma melhora da situação para fazer com que o problema possa ser resolvido por qualquer um dos métodos discutidos até agora. Em tais situações, o próximo nível de complexidade de limiarização envolve a limiarização variável. Nesta seção, discutiremos várias técnicas para a escolha dos limiares variáveis.

Particionamento da imagem

Uma das metodologias mais simples para a limiarização variável é subdividir uma imagem em retângulos que se sobrepõem. Essa abordagem é utilizada para compensar a não uniformidade de iluminação e/ou a refletância. Os retângulos escolhidos são suficientemente pequenos para que a iluminação de cada um seja o mais uniforme possível. Ilustramos este método com um exemplo.

Exemplo 10.20 Limiarização variável por meio de particionamento da imagem.

A Figura 10.46(a) mostra a imagem da Figura 10.37(c) e a Figura 10.46(b) mostra seu histograma. Ao discutir a Figura 10.37(c), concluímos que esta imagem não poderia

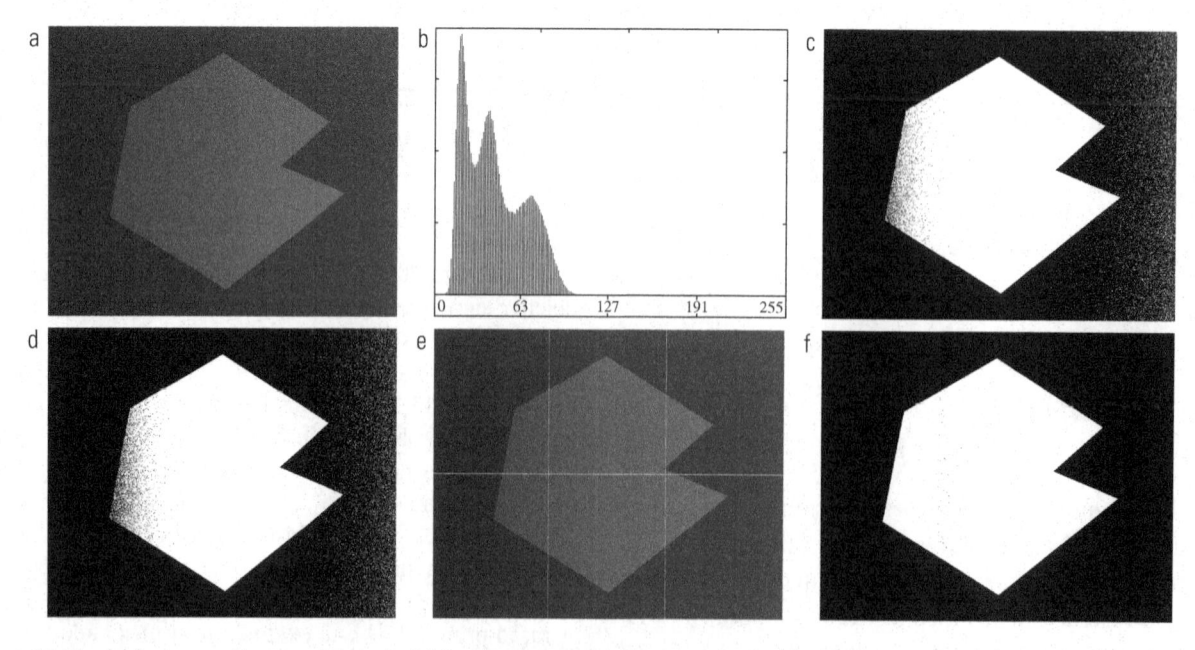

Figura 10.46 (a) Imagem ruidosa e sombreada. (b) Seu histograma. (c) Segmentação de (a) utilizando o algoritmo iterativo global da Seção 10.3.2. (d) Resultado obtido utilizando o método de Otsu. (e) Imagem subdividida em seis subimagens. (f) Resultado da aplicação do método de Otsu individualmente para cada subimagem.

ser segmentada com um limiar global, um fato confirmado pelas figuras 10.46(c) e (d), que mostram os resultados da segmentação da imagem usando o esquema iterativo discutido na Seção 10.3.2 e método de Otsu, respectivamente. Ambos os métodos produziram resultados semelhantes, em que inúmeros erros de segmentação são visíveis.

A Figura 10.46(e) mostra a imagem original dividida em seis regiões retangulares, e a Figura 10.46(f) é o resultado da aplicação do método global de Otsu para cada subimagem. Apesar de alguns erros na segmentação serem visíveis, a subdivisão da imagem produziu um resultado razoável em uma imagem que é muito difícil de segmentar. A razão da melhoria é explicada facilmente pela análise do histograma de cada subimagem. Como mostra a Figura 10.47, cada subimagem é caracterizada por um histograma bimodal, com um vale profundo entre os modos, um fato que sabemos levar a uma limiarização global eficaz.

A subdivisão da imagem geralmente funciona bem quando os objetos de interesse e o fundo ocupam regiões de tamanho razoavelmente comparável, como na Figura 10.46. Quando esse não for o caso, geralmente o método falha em virtude da probabilidade de as subdivisões conterem somente pixels de fundo ou de objeto. Embora esta situação possa ser resolvida usando técnicas adicionais para determinar quando uma subdivisão contém os dois tipos de pixels, a lógica necessária para abordar diferentes cenários pode ser complicada. Em tais situações, métodos como os discutidos no restante desta seção geralmente são preferíveis.

■

Limiarização variável baseada nas propriedades locais da imagem

Uma abordagem mais geral do que o método de subdivisão da imagem discutido na seção anterior é calcular um limiar para cada ponto, (x, y), da imagem com base em uma ou mais propriedades especificadas que são calculadas em sua vizinhança. Embora isso possa parecer um processo trabalhoso, os algoritmos modernos e o hardware permitem o processamento rápido da vizinhança, especialmente para as funções comuns, como as operações lógicas e aritméticas.

Ilustramos a abordagem básica de limiarização local usando o desvio padrão e a média dos pixels na vizinhança de cada ponto de uma imagem. Estes dois parâmetros são bastante úteis para a determinação de limiares locais, pois são descritores de contraste local e intensidade média. Digamos que σ_{xy} and m_{xy} denotam o desvio padrão e o valor médio do conjunto de pixels contidos em uma vizinhança, S_{xy}, centrado nas coordenadas (x, y) de uma imagem (veja a Seção 3.3.4 sobre cálculo da média local e desvio padrão). As seguintes são formas comuns de limiares variáveis locais:

$$T_{xy} = a\sigma_{xy} + bm_{xy} \qquad (10.3\text{-}33)$$

em que a e b são constantes não negativas, e

$$T_{xy} = a\sigma_{xy} + bm_G \qquad (10.3\text{-}34)$$

na qual m_G é a média global da imagem. A imagem segmentada é calculada como

$$g(x, y) = \begin{cases} 1 & \text{se } f(x, y) > T_{xy} \\ 0 & \text{se } f(x, y) \leq T_{xy} \end{cases} \quad (10.3\text{-}35)$$

sendo que $f(x, y)$ é a imagem de entrada. Esta equação é avaliada para todos os endereços de pixel da imagem e um limiar diferente é calculado para cada posição (x, y) utilizando os pixels da vizinhança S_{xy}.

Pode ser adicionado (com um modesto aumento no custo computacional) poder adicional à limiarização local usando propriedades baseadas nos parâmetros calculados a partir da vizinhança de (x, y):

$$g(x, y) = \begin{cases} 1 & \text{se } Q \text{ (parametro local) é verdadeiro} \\ 0 & \text{se } Q \text{ (parametro local) é falso} \end{cases} \quad (10.3\text{-}36)$$

sendo Q uma *propriedade* com base nos parâmetros calculados utilizando os pixels da vizinhança S_{xy}. Por exemplo, considere a seguinte propriedade, $Q(\sigma_{xy}, m_{xy})$, com base na média local e o desvio padrão:

$$Q(\sigma_{xy}, m_{xy}) = \begin{cases} \text{verdadeiro} & \text{se } f(x, y) > a\sigma_{xy} \text{ E } f(x, y) > bm_{xy} \\ \text{falso} & \text{caso contrário} \end{cases}$$

$$(10.3\text{-}37)$$

Note que a Equação 10.3-35 é um caso especial da Equação 10.3-36, obtida deixando que Q seja verdadeira se

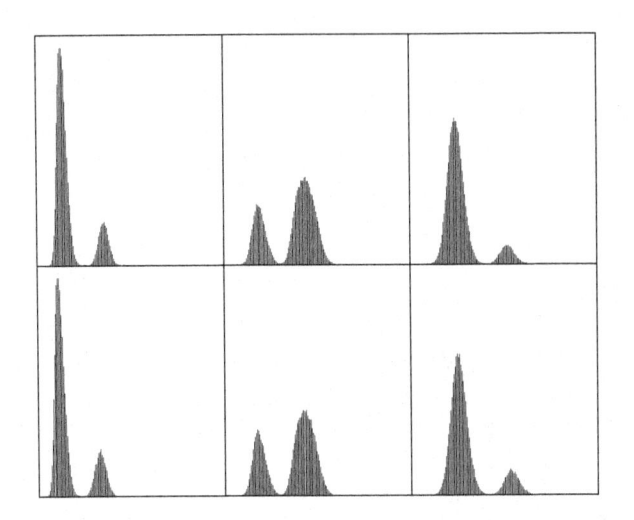

Figura 10.47 Histogramas das seis subimagens da Figura 10.46(e).

$f(x, y) > T_{xy}$ e falsa caso contrário. Neste caso, a propriedade baseia-se simplesmente na intensidade de um ponto.

Exemplo 10.21 Limiarização variável baseada nas propriedades locais da imagem.

A Figura 10.48(a) mostra a imagem de levedura do Exemplo 10.18. Esta imagem tem três níveis de intensidade predominantes e por isso é razoável supor que a dupla limiarização talvez seja um bom método de segmentação. A Figura 10.48(b) é o resultado da utilização do método de dupla limiarização explicado na Seção 10.3.6. Como mostra a figura, foi possível isolar as áreas claras do fundo, mas as regiões cinzas no meio do lado direito da imagem não foram segmentadas corretamente (lembre-se de que encontramos um problema semelhante com a Figura 10.43(c) no Exemplo 10.18). Para ilustrar o uso de limiarização local, calculamos o desvio padrão local σ_{xy} para todos (x, y) da imagem de entrada usando uma vizinhança do tamanho de 3 × 3. A Figura 10.48(c) mostra o resultado. Observe como as linhas exteriores fracas delineiam corretamente as fronteiras das células. Depois formamos uma propriedade como especificada na Equação 10.3-37, mas utilizamos a média global ao invés de m_{xy}. Escolher a média global geralmente produz melhores resultados quando o fundo é quase constante e todas as intensidades de objeto estão acima ou abaixo da intensidade do fundo. Os valores $a = 30$ e $b = 1,5$ foram utilizados para completar a especificação da propriedade (estes valores foram determinados experimentalmente, fato comum em aplicações como esta). A imagem foi segmentada depois usando a Equação 10.3-36. Conforme a Figura 10.48(d) mostra, o resultado é muito bom em relação aos dois tipos de regiões de intensidade predominantes na imagem de entrada. Note, em particular, que todas as regiões exteriores foram segmentadas corretamente e que a maior parte das regiões interiores, mais claras, foi isolada corretamente.

Usando médias de movimento

Um caso especial do método de limiarização local baseia-se no cálculo de uma média móvel ao longo das linhas de digitalização de uma imagem. Esta aplicação é muito útil no processamento de documentos, em que a velocidade é um requisito fundamental. A digitalização normalmente obedece a um padrão linha por linha em zigue-zague para reduzir o viés de iluminação. Digamos que z_{k+1} denota a intensidade do ponto encontrado na sequência de digitalização na Etapa $k + 1$. A média móvel (intensidade média) com este novo ponto é dada por*

$$m(k+1) = \frac{1}{n} \sum_{i=k+2-n}^{k+1} z_i$$
$$= m(k) + \frac{1}{n}(z_{k+1} - z_{k-n}) \quad (10.3\text{-}38)$$

na qual n determina o número de pontos utilizados no cálculo da média e $m(1) = z_1/n$. Este valor inicial não é rigorosamente correto porque a média de um único ponto é o valor do ponto em si. No entanto, usamos $m(1) = z_1/n$ para que cálculos especiais não sejam necessários quando a Equação 10.3-38 é executada pela primeira vez. Outra maneira de ver o problema é que este é o valor que obteríamos se a borda da imagem fosse preenchida com $n - 1$ zeros. O algoritmo é inicializado uma única vez e não em todas as linhas. Já que a média móvel é calculada para cada ponto da imagem, a segmentação é implementada usando a Equação 10.3-35 com $T_{xy} = bm_{xy}$, em que b é constante e m_{xy} é a média móvel da Equação 10.3-38 no ponto (x, y) na imagem de entrada.

Exemplo 10.22 Limiarização de documentos usando médias móveis.

A Figura 10.49(a) mostra uma imagem de texto escrito à mão sombreada por um padrão de intensidade. Esta forma de sombreamento de intensidade é típica das imagens

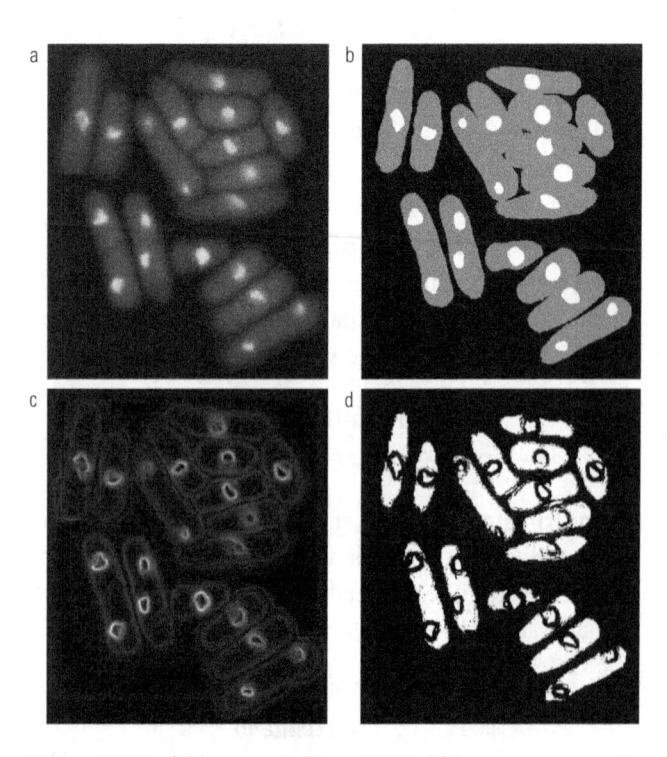

Figura 10.48 (a) Imagem da Figura 10.43. (b) Imagem segmentada usando a abordagem de limiarização dupla discutida na Seção 10.3.6. (c) Imagem dos desvios padrão locais. (d) Resultado obtido utilizando a limiarização local.

---

* A primeira expressão é válida para $k \geq n - 1$. Quando k é menor que $n - 1$, as médias são formadas com os pontos disponíveis. Da mesma forma, a segunda expressão é válida para $k \geq n + 1$.

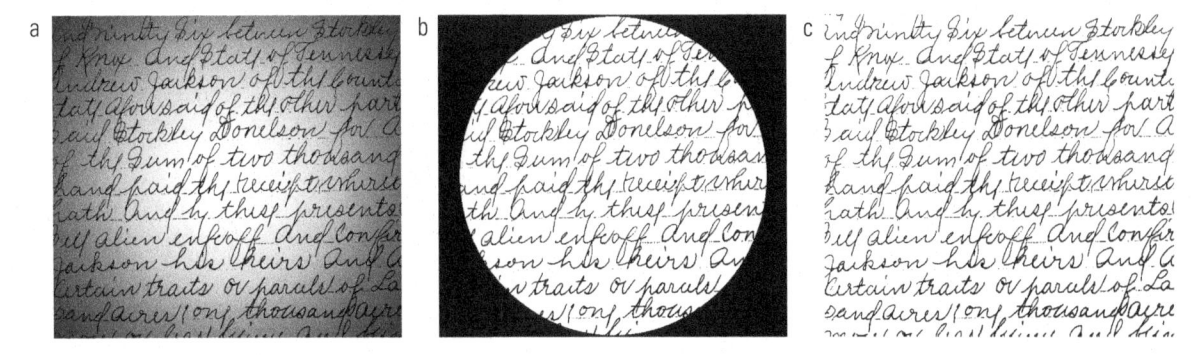

Figura 10.49 (a) Imagem de texto corrompido por sombreamento pontual. (b) Resultado da limiarização global pelo método de Otsu. (c) Resultado da limiarização local usando médias móveis.

obtidas com um flash fotográfico. A Figura 10.49(b) é o resultado da segmentação utilizando o método de limiarização global de Otsu. É esperado que a limiarização global não possa ultrapassar a variação da intensidade. A Figura 10.49(c) mostra uma segmentação bem-sucedida com limiarização local usando médias móveis. A regra básica é deixar n igual a 5 vezes a largura média do traço. Neste caso, a largura média era de 4 pixels, então temos $n = 20$ na Equação 10.3-38 e usamos $b = 0,5$.

Como outro exemplo da eficácia desta abordagem de segmentação, utilizamos os mesmos parâmetros no parágrafo anterior para segmentar a imagem na Figura 10.50(a), a qual está corrompida por uma variação de intensidade senoidal típica da variação que pode ocorrer quando o fornecimento de energia em um digitalizador de documentos não é o apropriado. As figuras 10.50(b) e c mostram resultados da segmentação comparáveis aos da Figura 10.49.

É interessante observar que os resultados de segmentação de sucesso foram obtidos em ambos os casos utilizando os mesmos valores para n e b, o que mostra a relativa robustez do método. Em geral, a limiarização baseada nas médias móveis funciona bem quando os objetos de interesse são pequenos (ou finos) em relação ao tamanho da imagem, uma condição que as imagens de texto digitado ou manuscrito possuem.

10.3.8 Limiarização baseada em diversas variáveis

Até agora, falamos apenas da limiarização baseada em uma única variável: intensidade dos tons de cinza. Em alguns casos, um sensor pode disponibilizar mais de uma variável para identificar cada pixel em uma imagem e, assim, permitir uma *limiarização multivariada*. Um exemplo notável é a imagem em cores, na qual os componentes vermelho (R), verde (G) e azul (B) são usados para formar uma imagem de cores composta (ver Capítulo 6). Neste caso, cada "pixel" é identificado por três valores e pode ser representado como um vetor 3-D, $\mathbf{z} = (z_1, z_2, z_3)^T$, cujos componentes são as cores RGB em um ponto. Estes pontos 3-D são frequentemente chamados de *voxels*, para denotar elementos *volumétricos* em oposição aos elementos de *imagem*.

Como discutido em detalhes na Seção 6.7, a limiarização multivariada pode ser vista como um cálculo de distância. Suponha que queiramos extrair de uma imagem colorida todas as regiões com uma faixa de cor específica: por exemplo, tons avermelhados. Vamos denotar a cor avermelhada média em que estamos interessados. Uma forma de segmentar uma imagem colorida com base neste parâmetro é calcular uma medida de distância, $D(\mathbf{z}, \mathbf{a})$, entre um ponto de cor arbitrária, $\mathbf{z}$ e a cor média, $\mathbf{a}$. Então, segmentamos a imagem de entrada da seguinte forma:

$$g = \begin{cases} 1 & \text{se } D(\mathbf{z},\mathbf{a}) < T \\ 0 & \text{caso contrário} \end{cases} \quad (10.3\text{-}39)$$

na qual T é um limiar e entende-se que o cálculo da distância é realizado em todas as coordenadas da imagem de entrada para gerar os correspondentes valores segmentados em g. Nota-se que as desigualdades nessa equação são o oposto das desigualdades que usamos na Equação 10.3-1 para a limiarização de uma única variável. A razão é que a equação $D(\mathbf{z}, \mathbf{a}) = T$ define um volume (ver Figura 6.43) e é mais intuitivo pensar nos valores dos pixels segmentados como se estivessem contidos dentro do volume e nos valores dos pixels de fundo como se estivessem contidos na superfície ou fora do volume. A Equação 10.3-39 se reduz à Equação 10.3-1, permitindo que $D(\mathbf{z}, \mathbf{a}) = -f(x, y)$.

Observe que a condição $f(x, y) > T$ basicamente diz que a distância euclidiana entre o valor de f e a origem da linha real excede o valor de T. Assim, a limiarização baseia-se no cálculo de uma medida de distância, e a forma da Equação 10.3-39 depende da medida utilizada. Se, em geral, $\mathbf{z}$ é vetor n-dimensional, sabemos, a partir da

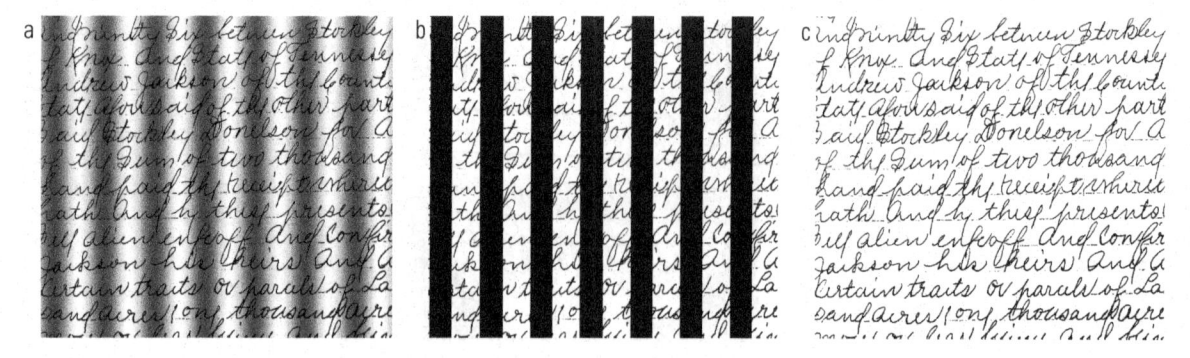

Figura 10.50 (a) Imagem de texto corrompida pelo sombreamento senoidal. (b) Resultado da limiarização global pelo método de Otsu. (c) Resultado da limiarização local usando médias móveis.

Seção 2.6.6, que a *distância euclidiana n*-dimensional é definida como

$$D(\mathbf{z},\mathbf{a}) = \|\mathbf{z}-\mathbf{a}\|$$
$$= \left[(\mathbf{z}-\mathbf{a})^T(\mathbf{z}-\mathbf{a})\right]^{\frac{1}{2}} \quad (10.3\text{-}40)$$

A equação $D(\mathbf{z}, \mathbf{a}) = T$ descreve uma esfera (chamada de hiperesfera) no espaço euclidiano *n*-dimensional (a Figura 6.43 mostra um exemplo de 3-D). Uma medida de distância mais poderosa é a chamada *distância de Mahalanobis*, definida como

$$D(\mathbf{z},\mathbf{a}) = \left[(\mathbf{z}-\mathbf{a})^T \mathbf{C}^{-1}(\mathbf{z}-\mathbf{a})\right]^{\frac{1}{2}} \quad (10.3\text{-}41)$$

na qual C é a matriz de covariância de **z**s, como discutido na Seção 12.2.2. $D(\mathbf{z}, \mathbf{a}) = T$ descreve uma hiperelipse *n*-dimensional (a Figura 6.43 mostra um exemplo 3-D). Esta expressão é reduzida à Equação 10.3-40 quando $\mathbf{C} = \mathbf{I}$, matriz identidade.

Oferecemos um exemplo detalhado na Seção 6.7 a respeito do uso dessas expressões. Discutimos também, na Seção 12.2, o problema de segmentar as regiões de uma imagem utilizando técnicas de reconhecimento de padrões baseadas em funções de decisão, o que pode ser visto como um problema multivariado de classes múltiplas.

10.4 Segmentação baseada na região

Como discutido na Seção 10.1,* o objetivo da segmentação é a divisão de uma imagem em regiões. Na Seção 10.2, abordamos este problema tentando encontrar fronteiras entre as regiões com base na descontinuidade dos níveis de intensidade, ao passo que, na Seção 10.3, a segmentação foi realizada por meio de limiares considerando a distribuição das propriedades dos pixels, como seus valores de intensidade ou cor. Nesta seção, discutimos técnicas de segmentação que estão baseadas em encontrar as regiões de forma direta.

10.4.1 Crescimento de região

Como o próprio nome indica, o crescimento de região é um procedimento que agrupa os pixels ou as sub-regiões em regiões maiores com base em critérios predefinidos para o crescimento. A abordagem básica é começar com um conjunto de pontos "semente" e, a partir deles, fazer as regiões crescerem anexando a cada semente aqueles pixels vizinhos que têm propriedades predefinidas semelhantes às das sementes (como os intervalos específicos de intensidade ou cor).

A seleção de um conjunto de um ou mais pontos de partida muitas vezes pode ser baseada na natureza do problema, como veremos mais tarde, no Exemplo 10.23. Quando uma informação *a priori* não estiver disponível, o procedimento é calcular em cada pixel o mesmo conjunto de propriedades que, em última análise, serão utilizadas para designar os pixels das regiões durante o processo de crescimento. Se o resultado desses cálculos mostrar conjuntos de valores, os pixels cujas propriedades os deixam perto do centroide desses aglomerados podem ser usados como sementes.

A seleção dos critérios de similaridade depende não só do problema em questão, mas também do tipo de dados da imagem disponível. Por exemplo, a análise em imagens de satélite do uso da terra depende fortemente do uso da cor. Este problema seria muito mais difícil ou mesmo impossível de resolver sem as informações inerentes disponíveis nas imagens coloridas. Quando as imagens são monocromáticas, a análise de região deve ser realizada com um conjunto de indicadores baseados nos níveis de intensidade e nas propriedades espaciais (como os momentos ou textura). Discutiremos os descritores úteis para a caracterização de região no Capítulo 11.

---
* Você deve revisar a terminologia introduzida na Seção 10.1 antes de prosseguir.

Usar apenas os descritores pode produzir resultados ilusórios se as propriedades de conectividade não forem utilizadas no processo de crescimento da região. Por exemplo, visualize um arranjo aleatório de pixels com apenas três valores de intensidade distintos. O agrupamento de pixels com o mesmo nível de intensidade para formar uma "região" sem levar em consideração a conectividade resultaria em uma segmentação sem sentido no contexto desta discussão.

Outro problema do crescimento de região é a formulação de uma regra de parada. O crescimento da região deve parar quando não houver mais pixels satisfazendo os critérios de inclusão na região referida. Critérios como os valores de intensidade, textura e cor são de natureza local e não levam em conta o "histórico" da região crescida. Critérios adicionais que aumentam o poder de um algoritmo de crescimento de região utilizam o conceito de tamanho, semelhança entre um pixel candidato e os pixels selecionados até o momento (como uma comparação entre a intensidade de um candidato e a intensidade média da região crescida) e o formato da região que está sofrendo o crescimento. O uso desse tipo de descritores é baseado na suposição de que um modelo de resultados esperados, pelo menos, está parcialmente disponível.

Digamos que: $f(x, y)$ denota um arranjo de imagem de entrada; $S(x, y)$ denota um arranjo contendo sementes com 1s indicando os pontos das sementes e 0s nas demais localizações; e Q que denota uma propriedade a ser aplicada em *cada* posição (x, y). Os arranjos f e S são considerados do mesmo tamanho. O algoritmo básico de crescimento da região baseia-se em conectividade-8 e pode ser estabelecido como segue.

1. Encontrar todos os componentes conectados em $S(x, y)$ e erodir cada componente conectado a um pixel; rotular todos os pixels encontrados com o número 1. Todos os outros pixels em S recebem 0.*
2. Formar uma imagem f_Q que, em um par de coordenadas (x, y), deixe $f_Q(x, y) = 1$ se a imagem de entrada satisfaz a propriedade determinada, Q, nessas coordenadas; caso contrário, deixe $f_Q(x, y) = 0$.
3. Digamos que g é uma imagem formada anexando a cada semente em S todos os pontos rotulados com o número 1 em f_Q que estão 8-conectados a essa semente.
4. Rotular cada componente conectado em g com uma diferente etiqueta de região (por exemplo, 1, 2, 3, ...). Esta é a imagem segmentada obtida pelo crescimento de região.

Ilustramos a mecânica deste algoritmo com um exemplo.

---
* Veja as seções 2.5.2 e 9.5.3 sobre os componentes conectados e a Seção 9.2.1 sobre a erosão.

Exemplo 10.23 Segmentação por crescimento da região.

A Figura 10.51(a) mostra uma imagem de raios X de 8 bits de uma solda (região escura horizontal), contendo várias fissuras e porosidades (regiões claras na direção horizontal passando através do centro da imagem). Ilustramos o uso do crescimento de região segmentando as regiões com defeito de solda. Essas regiões poderiam ser usadas em aplicações como a inspeção de solda, para inclusão em um banco de dados de estudos históricos, ou para controlar um sistema de soldagem automática.

A primeira etapa do processo é determinar os pontos-semente. A partir da física do problema, sabemos que as fissuras e as porosidades irão atenuar os raios X consideravelmente menos do que as soldas sólidas e, por isso, esperamos que as regiões que contenham esses tipos de defeitos sejam significativamente mais claras do que as outras partes da imagem de raios X. Podemos extrair os pontos-semente limiarizando a imagem original, utilizando um limiar fixado em um percentual elevado. A Figura 10.51(b) mostra o histograma da imagem e a Figura 10.51(c) mostra o resultado obtido com um determinado limiar de valor igual ao percentil 99,9 dos valores de intensidade na imagem, que, neste caso, foi igual a 254 (veja a Seção 10.3.5 a respeito dos percentis).

A Figura 10.51(d) mostra o resultado de erodir morfologicamente cada componente conexo na Figura 10.51(c) para um único ponto.

Em seguida, temos de especificar uma propriedade. Neste exemplo, estamos interessados em adicionar a cada semente todos os pixels que (a) sejam 8-conectados a essa semente e (b) sejam "semelhantes" a ela. Utilizando as diferenças de intensidade como uma medida de similaridade, nossa propriedade aplicada em cada posição (x, y) é

$$Q = \begin{cases} \text{VERDADEIRO} & \text{se a diferença absoluta} \\ & \text{das intensidades for} \\ & \text{entre o seed e o pixel} \\ & \text{de } (x, y) \text{ é } T \\ \text{FALSO} & \text{caso contrário} \end{cases}$$

na qual T é um limiar estabelecido. Embora esta propriedade esteja baseada em diferenças de intensidade e use um único limiar, poderíamos especificar esquemas mais complexos em que um limiar diferente é aplicado a cada pixel e outras propriedades além das diferenças são utilizadas. Neste caso, a propriedade anterior é suficiente para resolver o problema, como o resto deste exemplo mostra.

Do parágrafo anterior, sabemos que o menor valor de sementes é 255, pois a imagem foi limiarizada em 254. A Figura 10.51(e) mostra o valor absoluto da diferença entre as imagens nas figuras 10.51(a) e (c). A imagem na Figura

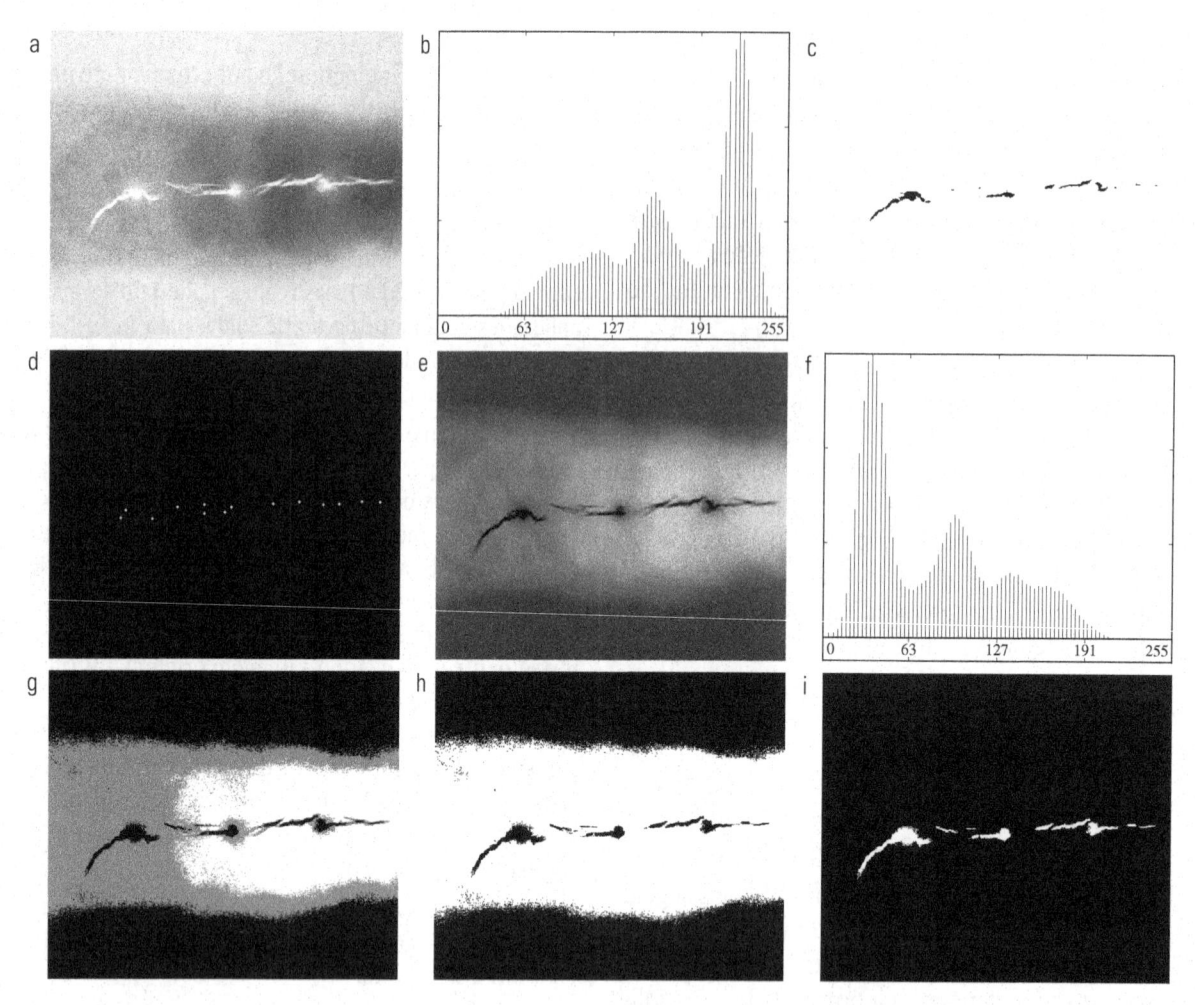

Figura 10.51 (a) Imagem de raios X de uma solda defeituosa. (b) Histograma. (c) Imagem inicial com as sementes. (d) Imagem final com as sementes (os pontos foram ampliados para maior clareza). (e) Valor absoluto da diferença entre (a) e (c). (f) Histograma de (e). (g) Imagem da diferença após uma limiarização utilizando limiares duplos. (h) Imagem da diferença limiarizada com o menor dos limiares duplos. (i) Resultado da segmentação obtido pela técnica de crescimento de região. (Imagem original: cortesia de X-TEK Systems, Ltd.)

10.51(e) contém todas as diferenças necessárias para calcular a propriedade em cada posição (x, y). A Figura 10.51(f) mostra o histograma correspondente. Precisamos de um limiar para usar na propriedade para estabelecer a similaridade. O histograma possui três modos principais, então podemos começar aplicando à imagem de diferença a técnica de limiarização dupla discutida na Seção 10.3.6. Os dois limiares resultantes neste caso foram $T_1 = 68$ e $T_2 = 126$, que correspondem aos vales do histograma. (Como uma breve explicação, segmentamos a imagem com estes dois limiares. O resultado na Figura 10.51(g) mostra que o problema de segmentar os defeitos não pode ser resolvido com limiares duplos, mesmo que estejam nos vales principais.)

A Figura 10.51(h) mostra o resultado da limiarização da imagem de diferença com apenas T_1. Os pontos pretos são os pixels para os quais a propriedade era VERDADEIRA; os outros não satisfizeram a propriedade. O resultado importante aqui é que os pontos nas regiões boas da solda não cumpriram a propriedade, então não serão incluídos no resultado final. Os pontos na região exterior serão considerados como candidatos pelo algoritmo de crescimento da região. No entanto, a Etapa 3 irá rejeitar os pontos exteriores, porque eles não estão 8-conectados às sementes. Na verdade, como a Figura 10.51(i) mostra, esta etapa resultou na segmentação correta, indicando que o uso da conectividade era uma exigência fundamental neste caso. Finalmente, observe que, na Etapa 4, foi utilizado o mesmo valor para todas as regiões encontradas pelo algoritmo. Neste caso, foi visualmente preferível fazê-lo assim.

10.4.2 Divisão e fusão de região

O processo discutido na última seção aumenta o tamanho das regiões a partir de um conjunto de pontos-semente. Uma alternativa é subdividir uma imagem inicialmente em um conjunto de regiões distintas e arbitrárias e, em seguida, fundir e/ou dividir as regiões em uma tentativa de satisfazer as condições de segmentação indicadas na Seção 10.1. Os princípios básicos da divisão e a fusão são discutidos a seguir.

Assuma que R representa a região da imagem inteira e selecione uma propriedade Q. Uma abordagem para segmentar R é dividi-la sucessivamente em regiões quadrantes cada vez menores de modo que, para qualquer região de R_i, $Q(R_i)$ = VERDADE. Começamos com a região inteira. Se $Q(R)$ = FALSO, podemos dividir a imagem em quadrantes. Se Q é FALSA para qualquer quadrante, temos de dividir esse quadrante em subquadrantes e assim por diante. Esta técnica de divisão em particular tem uma representação conveniente na forma dos chamados *quadtrees*, isto é, as árvores em que cada nó possui exatamente quatro descendentes, como mostra a Figura 10.52 (as imagens correspondentes aos nós de uma *quadtree* às vezes são chamados de quadrirregiões ou quadri-imagens). Repare que a raiz da árvore corresponde à imagem inteira e que cada nó corresponde à subdivisão de um nó em quatro nós descendentes. Neste caso, só R_4 continuou a ser subdividida.

Se só a divisão for usada, a partição final normalmente conterá regiões adjacentes com propriedades idênticas. Esta desvantagem pode ser sanada permitindo a fusão e a divisão. Satisfazer as restrições de segmentação apresentadas na Seção 10.1 requer a fusão só das regiões adjacentes cujos pixels combinados cumprem a propriedade Q.* Ou seja, duas regiões adjacentes R_j e R_k são fusionadas somente se $Q(R_j \cup R_k)$ = VERDADE.

A discussão anterior pode ser resumida pelo procedimento a seguir, no qual, em qualquer etapa, podemos

1. Dividir em quatro quadrantes separados qualquer região R_i para a qual $Q(R_i)$ = FALSO.
2. Quando não for possível continuar dividindo, fundir as regiões adjacentes R_j e R_k para as quais $Q(R_j \cup R_k)$ = VERDADE.
3. Parar quando a fusão não for mais possível.

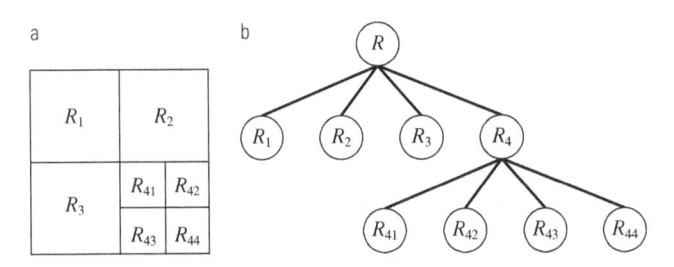

Figura 10.52 (a) Imagem particionada. (b) *Quadtree* correspondente. R representa toda a região da imagem.

* Veja a Seção 2.5.2 sobre a adjacência de regiões.

É normal especificar um tamanho mínimo de quadrirregião além do qual nenhuma divisão é realizada.

Numerosas variações do tema básico anterior são possíveis. Por exemplo, uma simplificação significativa ocorre se, na Etapa 2, permitimos a fusão entre as duas regiões adjacentes R_i e R_j, se cada um satisfaz a propriedade individualmente. Isso leva a um algoritmo muito mais simples (e rápido), porque o teste da propriedade é limitado a quadrirregiões individuais. Como mostra o exemplo a seguir, esta simplificação é, ainda, capaz de produzir bons resultados de segmentação.

Exemplo 10.24 Segmentação por divisão e fusão de regiões.

A Figura 10.53(a) mostra uma imagem de raio X de 566 × 566 pixels da Cygnus Loop. O objetivo deste exemplo é retirar da imagem (segmentar) o "anel" de matéria menos densa em torno do centro denso. A região de interesse tem algumas características óbvias que devem ajudar na sua segmentação. Primeiro, notamos que os dados nesta região têm uma natureza aleatória, indicando que seu desvio padrão deve ser maior que o desvio padrão do fundo (que é quase 0) e da grande região central, que está bastante suavizada. Da mesma forma, o valor médio (intensidade média) de uma região que contém os dados do anel externo deve ser maior que a média do fundo mais escuro e menor do que a média da região central grande e mais clara. Assim, devemos ser capazes de segmentar a região de interesse utilizando a propriedade que segue:

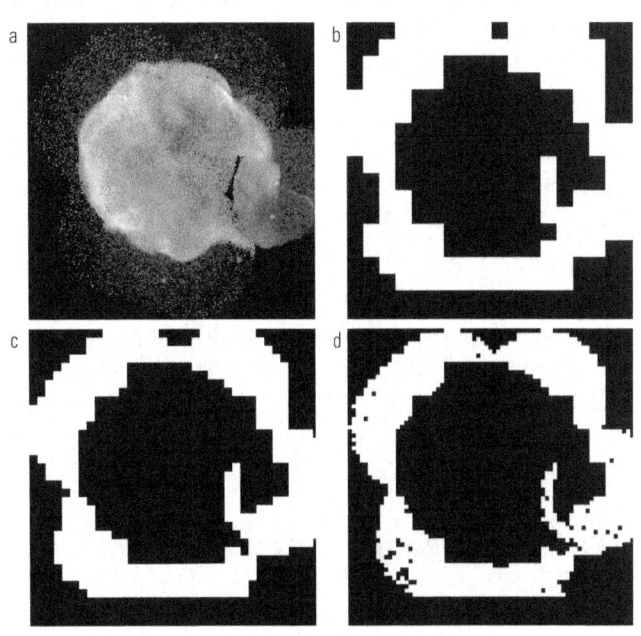

Figura 10.53 (a) Imagem da supernova Cygnus Loop, tomada na banda de raios X pelo telescópio Hubble da Nasa. (b) a (d) Resultados de limitar a menor quadrirregião permitida aos tamanhos de 32 × 32, 16 × 16, e 8 × 8 pixels, respectivamente. (Imagem original: cortesia da Nasa.)

$$Q = \begin{cases} \text{VERDADEIRO} & \text{se } \sigma > a \text{ E } 0 < m < b \\ \text{FALSO} & \text{caso contrário} \end{cases}$$

em que m e σ são a média e o desvio padrão dos pixels em uma quadrirregião, e a e b são constantes.

A análise de várias regiões na área externa de interesse revelou que a intensidade média dos pixels nessas regiões não era superior a 125 e o desvio padrão era sempre maior que 10. As figuras 10.53(b) até d mostram os resultados obtidos usando esses valores para a e b e variando o tamanho mínimo permitido para as quadrirregiões de 32 para 8. Os pixels em uma quadrirregião cujos pixels cumprem a propriedade devem ser brancos e todos os outros dessa região devem ser pretos.

O melhor resultado em termos de captar o formato da região externa foi obtido utilizando quadrirregiões de tamanho 16×16. Os quadrados pretos na Figura 10.53(d) são quadrirregiões de tamanho 8×8 cujos pixels não cumpriam a propriedade. Usar quadrirregiões menores levaria a um número crescente dessas regiões pretas. Usar regiões maiores do que a ilustrada aqui resulta em uma segmentação do tipo "bloco". Note que, em todos os casos, as regiões segmentadas (pixels brancos) separaram completamente a região interior, suavizada do fundo da imagem. Assim, a segmentação efetivamente dividiu a imagem em três áreas distintas que correspondem às três principais características na imagem: região do fundo, região densa e região espalhada. O uso de qualquer uma das regiões em branco na Figura 10.53 como uma máscara faria com que a tarefa de extrair essas regiões a partir da imagem original fosse relativamente simples (Exercício 10.40). Como no Exemplo 10.23, esses resultados não poderiam ter sido obtidos com segmentação baseada na borda ou no limiar.

Como utilizadas no exemplo anterior, as propriedades com base na média e no desvio padrão das intensidades de pixel em uma região tentam quantificar a *textura* da região (ver Seção 11.3.3 para uma discussão sobre a textura). O conceito de *segmentação de textura* baseia-se no uso de medidas de textura nas propriedades. Em outras palavras, podemos fazer uma segmentação de textura por qualquer um dos métodos discutidos nesta seção simplesmente especificando as propriedades com base no conteúdo de textura.

10.5 Segmentação usando *watersheds* morfológicas

Até agora discutimos a segmentação baseada em três conceitos principais: (a) detecção de bordas; (b) limiarização; e (c) crescimento de região. Cada uma dessas abordagens tem suas vantagens (por exemplo, a velocidade no caso da limiarização global) e desvantagens (por exemplo, a necessidade de pós-processamento, como ligação de bordas na segmentação baseada em bordas). Nesta seção, discutimos uma abordagem baseada no conceito das chamadas *watersheds morfológicas*. Como ficará evidente na discussão que se segue, a segmentação por *watersheds* incorpora muitos dos conceitos das outras três abordagens, e como tal, muitas vezes produz resultados de segmentação mais estáveis, incluindo as fronteiras de segmentação conectadas. Essa metodologia também fornece uma estrutura simples de trabalho para incorporar as restrições baseadas no conhecimento (veja a Figura 1.23) no processo de segmentação.

10.5.1 Apresentação

O conceito de *watershed* (bacias hidrográficas) baseia-se na visualização de uma imagem em três dimensões: duas coordenadas espaciais *versus* intensidade, como na Figura 2.18(a). Em uma interpretação "topográfica" como esta, consideram-se três tipos de pontos: (a) os pontos que pertencem a um mínimo regional; (b) pontos em que uma gota d'água, se despejada na localização de algum desses pontos, cairia quase que com certeza em um mínimo simples; e (c) pontos em que a água tem a mesma probabilidade de cair em mais de um mínimo desses. Para um mínimo regional específico, o conjunto de pontos que satisfaz a condição (b) é chamado de *bacia* hidrográfica, *catchment basin* ou *watershed* desse mínimo. Os pontos que satisfazem a condição (c) formam linhas de crista sobre a superfície topográfica e são denominados *linhas de divisão* ou *linhas de watershed*.

O principal objetivo dos algoritmos de segmentação baseados nesses conceitos é encontrar as linhas de *watershed*. A ideia básica é simples, como ilustrado pela seguinte analogia. Suponha que um orifício seja perfurado em cada mínimo regional e que a topografia inteira seja inundada de baixo para cima, deixando a água subir pelos orifícios a uma taxa uniforme. Quando a água acumulada nas diversas *watersheds* está prestes a se juntar, uma barragem é construída para impedir a fusão. A inundação acabará por chegar a uma fase em que apenas os topos das barragens são visíveis acima da linha d'água. Esses limites da barragem correspondem às linhas de divisão das *watersheds*. Portanto, são as fronteiras (conectadas) extraídas por um algoritmo de segmentação por *watershed*.

Essas ideias podem ser explicadas com o auxílio da Figura 10.54. A Figura 10.54(a) mostra uma imagem em níveis de cinza e a Figura 10.54(b) é a vista topográfica em que a altura das "montanhas" é proporcional

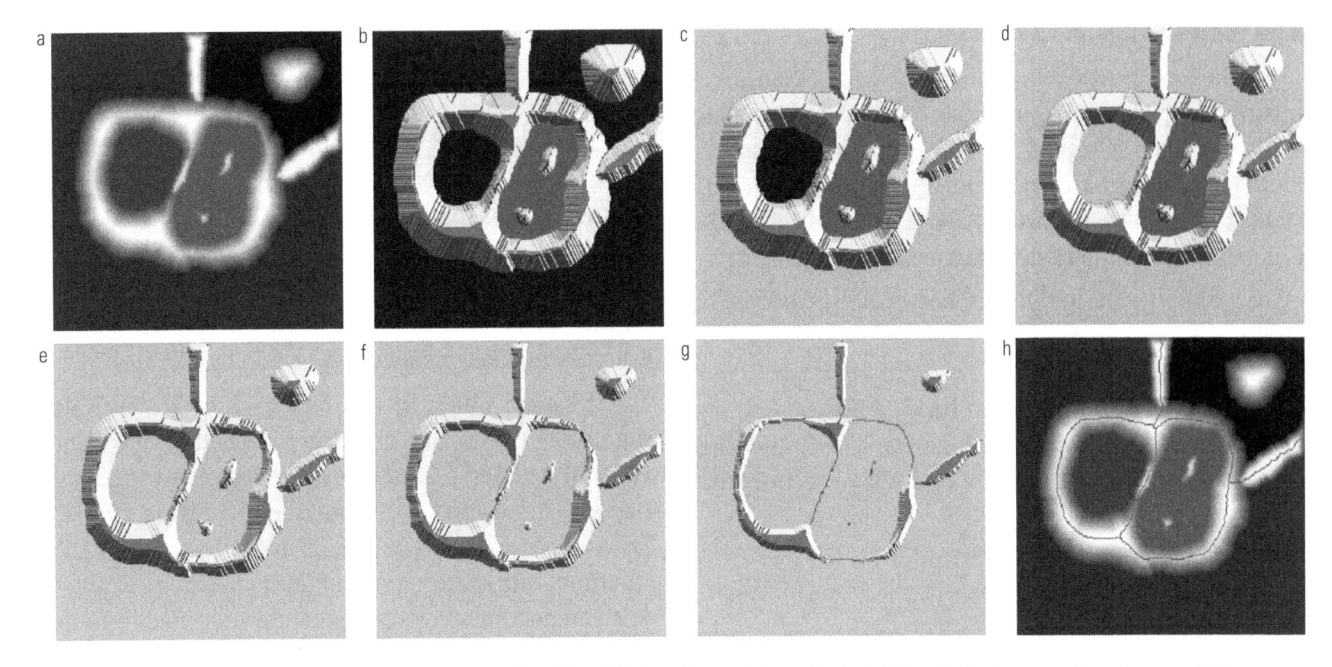

Figura 10.54 (a) Imagem original. (b) Vista topográfica. (c) a (d) Duas fases da inundação (e) Resultado de novas inundações. (f) Começo da fusão da água de duas *watersheds* (uma pequena barragem foi construída entre elas). (g) Barragens maiores. (h) Linhas finais da *watershed* (segmentação). (Imagem original: cortesia do Dr. S. Beucher, CMM/École des Mines de Paris.)

aos valores de intensidade na imagem de entrada. Para facilitar a interpretação, as partes de trás das estruturas estão sombreadas. Isso não deve ser confundido com valores de intensidade; só a topografia geral da representação tridimensional é de interesse. A fim de evitar que a água que sobe acabe por se derramar pelas bordas da imagem, podemos imaginar o perímetro da topografia inteira (imagem) sendo fechada por barragens mais altas do que a montanha mais alta possível, cujo valor é determinado pelo maior valor de intensidade possível na imagem de entrada.

Suponha que um orifício seja perfurado em cada mínimo regional [as áreas pretas na Figura 10.54(b)] e que a topografia inteira seja inundada de baixo para cima deixando a água subir pelos orifícios a uma taxa uniforme. A Figura 10.54(c) mostra a primeira fase de inundação na qual a "água", vista em cinza-claro, cobriu apenas as áreas que correspondem ao fundo muito escuro da imagem. Nas figuras 10.54(d) e (e), vemos que a água subiu agora até a primeira e segunda *watershed*, respectivamente. Enquanto a água continua subindo, eventualmente vai estourar uma das *watersheds* e irá para a outra. A primeira indicação disso é mostrada na Figura 10.54(f). Aqui, a água da *watershed* esquerda transbordou para a *watershed* do lado direito e uma barragem "curta" (composta por pixels únicos) foi construída para impedir que a água se juntasse nesse nível de inundação (os detalhes

de construção de barragens serão discutidos na seção a seguir). O efeito é mais pronunciado conforme a água continua subindo, como mostrado na Figura 10.54(g). Esta figura mostra uma barragem maior entre as duas *watersheds* e outra barragem na parte superior da *watershed* direita. Esta última barragem foi construída para evitar que a água dessa *watershed* se juntasse com a água das áreas correspondentes ao fundo. Este processo continua até atingir o nível máximo de inundação (correspondente ao maior valor de intensidade da imagem).

As barragens finais correspondem às linhas de *watershed*, que é o resultado desejado da segmentação. O resultado deste exemplo é mostrado na Figura 10.54(h) como as áreas mais escuras de 1 pixel de espessura sobrepostas na imagem original. Observe a importante propriedade de que as linhas de *watershed* formam caminhos conexos, produzindo fronteiras contínuas entre as regiões.

Uma das principais aplicações da segmentação por *watershed* é a extração de objetos quase uniformes (como se fosse uma gelatina) do fundo. As regiões caracterizadas por pequenas variações na intensidade têm pequenos valores de gradiente. Assim, é normal ver a segmentação da *watershed* aplicada ao gradiente de uma imagem e não à imagem como tal. Nesta formulação, os mínimos regionais das *watersheds* correlacionam-se bem com o pequeno valor do gradiente correspondente aos objetos de interesse.

10.5.2 Construção das barragens

Antes de prosseguir, vamos ver como realizar a construção de barragens ou linhas de *watershed* exigidas pelos algoritmos de segmentação de *watershed*. A construção de barragens é baseada nas imagens binárias, que são membros do espaço de inteiros 2-D Z^2 (ver Seção 2.4.2). A maneira mais simples de construir barragens separando os conjuntos de pontos binários é usar a dilatação morfológica (ver Seção 9.2.2).

As noções básicas de como construir barragens com dilatação são ilustradas na Figura 10.55. A Figura 10.55(a) mostra partes de duas *watersheds* na etapa de inundação $n-1$ e a Figura 10.55(b) mostra o resultado na próxima etapa de inundação, n. A água vazou de uma *watershed* para outra e, portanto, uma barragem deve ser construída para evitar que isso aconteça. Para sermos consistentes com a notação que introduziremos em breve, digamos que M_1 e M_2 denotam o conjunto de coordenadas dos pontos em dois mínimos regionais. Então, digamos que o conjunto de coordenadas dos pontos da *watershed* associados a estes dois mínimos na etapa $n-1$ de inundação será denotado por $C_{n-1}(M_1)$ e $C_{n-1}(M_2)$, respectivamente. Estas são as duas regiões cinza na Figura 10.55(a).

Digamos que $C[n-1]$ denota a união desses dois conjuntos. Há dois componentes conectados na Figura 10.55(a) (ver Seção 2.5.2 sobre componentes conectados) e apenas um componente conectado na Figura 10.55(b). Este componente conectado engloba os dois componentes anteriores que aparecem com linhas ponteadas. O fato de dois componentes conectados terem se tornado um *único* componente indica que a água entre as duas *watershed* juntou-se na etapa de inundação n. Digamos que o componente conectado seja q. Note-se que os dois componentes da etapa $n-1$ podem ser extraídos de q realizando a operação simples tipo E (AND) $q \cap C[n-1]$. Notamos também que todos os pontos pertencentes a uma *watershed* formam um único componente conectado.

Suponha que cada um dos componentes conectados apresentados na Figura 10.55(a) seja dilatado pelo elemento estruturante mostrado na Figura 10.55(c), sujeito a duas condições: (1) a dilatação deve se limitar a q (isto significa que o centro do elemento estruturante pode ser localizado apenas nos pontos em q durante a dilatação); e (2) a dilatação não pode ser realizada em pontos que façam com que os conjuntos dilatados se misturem (tornarem-se um único componente conectado). A Figura 10.55(d) mostra que uma primeira passagem de dilatação (em cinza-claro) ampliou a fronteira de cada componente conectado original. Note que a condição (1) foi cumprida por todos os pontos durante a dilatação e a condição (2) não se aplica a nenhum dos pontos durante o processo de dilatação; portanto, o limite de cada região foi ampliado de maneira uniforme.

Na segunda dilatação (em preto), vários pontos deixaram de cumprir a condição (1), enquanto cumpriam a condição (2), resultando no perímetro com descontinuidades mostrado na figura. Também é claro que somente os pontos em q que satisfazem as duas condições aqui analisadas descrevem o caminho de 1 pixel de espessura que aparece sombreado na Figura 10.55(d). Esse caminho constitui a barragem pretendida de separação na etapa n de inundação. A construção da barragem a esse

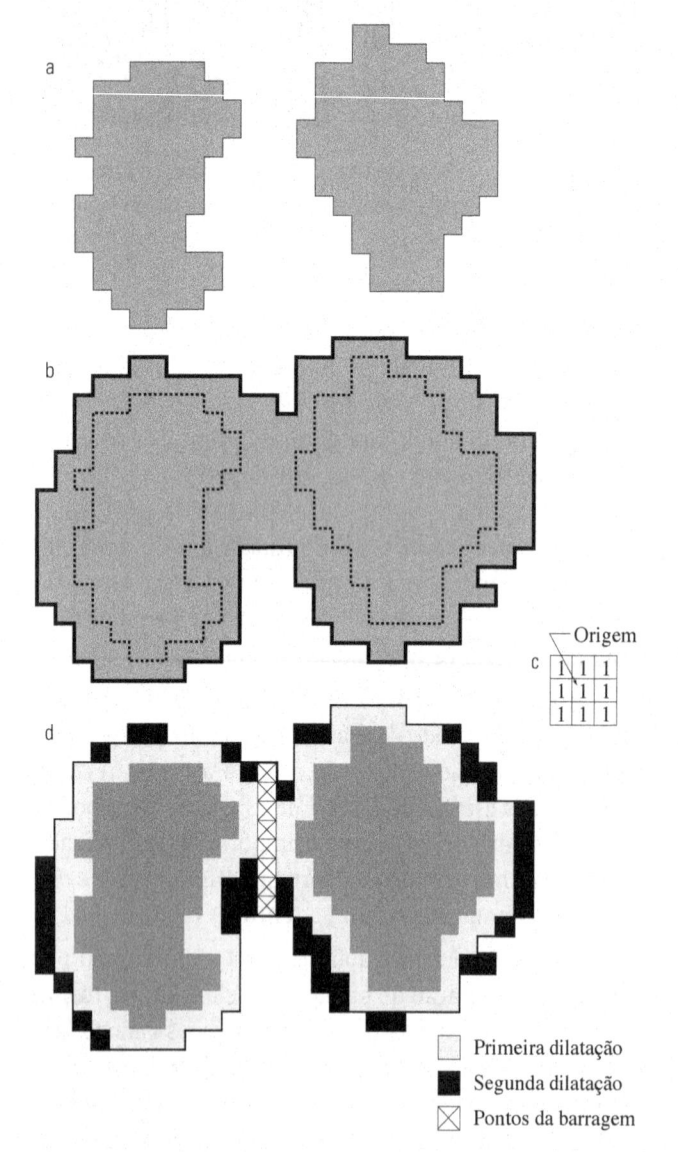

Figura 10.55 (a) Duas *watersheds* parcialmente inundadas na etapa $n-1$ de inundação. (b) A inundação na etapa n, mostrando que a água vazou entre as *watersheds*. (c) Elemento estruturante utilizado para a dilatação. (d) Resultado da dilatação e da construção de barragens.

nível de inundação é completada pela definição de todos os pontos no caminho recém-determinado para um valor superior ao valor máximo de intensidade da imagem. A altura de todas as barragens geralmente é estabelecida em 1, acrescido do valor máximo permitido na imagem. Isso irá evitar que a água saia da barragem concluída conforme o nível de inundação aumenta. É importante notar que as barragens construídas por este processo, que são as fronteiras da segmentação desejadas, são componentes conectados. Em outras palavras, esse método elimina os problemas de linhas de segmentação descontínuas.

Embora o procedimento descrito esteja baseado em um exemplo simples, o método utilizado para situações mais complexas é exatamente o mesmo, incluindo o uso do elemento estruturante simétrico de 3 × 3 mostrado na Figura 10.55(c).

10.5.3 Algoritmo de segmentação de *watersheds*

Digamos que $M_1, M_2, \ldots, M_R$ são conjuntos que denotam as *coordenadas* dos mínimos regionais de uma imagem $g(x, y)$. Como indicado no final da Seção 10.5.1, isto será uma típica imagem gradiente. Digamos que $C(M_i)$ é um conjunto que denota as coordenadas dos pontos na *watershed* associados com o mínimo regional M_i (lembre-se que os pontos de qualquer *watershed* formam um conjunto conexo). As notações min e máx serão utilizadas para designar os valores mínimo e máximo de $g(x, y)$. Finalmente, digamos que $T[n]$ representa o conjunto de coordenadas (s, t) para os quais $g(s, t) < n$. Isto é,

$$T[n] = \{(s, t)\,/\,g(s, t) < n\} \qquad (10.5\text{-}1)$$

Geometricamente, $T[n]$ é o conjunto de coordenadas dos pontos em $g(x, y)$ situados abaixo do plano $g(x, y) = n$.

A topografia será inundada em incrementos *inteiros* de inundação, de $n = \text{mín} + 1$ para $n = \text{máx} + 1$. Em qualquer etapa n do processo de inundação, o algoritmo precisa saber o número de pontos abaixo da profundidade de inundação. Conceitualmente, suponha que as coordenadas de $T[n]$ que estão abaixo do plano $g(x, y) = n$ foram "marcadas" com preto e todas as outras coordenadas foram marcadas em branco. Então, quando olhamos sob o plano xy em qualquer incremento n de inundações, vamos ver uma imagem binária na qual os pontos pretos correspondem a pontos na função que estão abaixo do plano $g(x, y) = n$. Esta interpretação é bastante útil para ajudar a esclarecer a discussão que se segue.

Digamos que $C_n(M_i)$ denota o conjunto de coordenadas dos pontos na *watershed* associados os mínimo M_i, que são inundados na etapa n. Com referência à discussão no parágrafo anterior, $C_n(M_i)$ pode ser visto como uma imagem binária dada por

$$C_n(M_i) = C(M_i) \cap T[n] \qquad (10.5\text{-}2)$$

Em outras palavras, $C_n(M_i) = 1$ na posição (x, y) se $(x, y) \in C(M_i)$ E $(x, y) \in T[n]$; caso contrário, $C_n(M_i) = 0$. A interpretação geométrica deste resultado é simples. Simplesmente estamos usando o operador E para isolar a parte da imagem binária em $T[n]$ associada com o mínimo regional M_i na fase n de inundação.

Em seguida, digamos que $C[n]$ indica a união das *watersheds* inundadas na etapa n:

$$C[n] = \bigcup_{i=1}^{R} C_n(M_i) \qquad (10.5\text{-}3)$$

Então $C[\text{máx} + 1]$ é a união de todas as *watersheds*:

$$C[\text{máx} + 1] = \bigcup_{i=1}^{R} C(M_i) \qquad (10.5\text{-}4)$$

Isso mostra (Exercício 10.41) que os elementos tanto em $C_n(M_i)$ quanto em $T[n]$ nunca são substituídos durante a execução do algoritmo e que o número de elementos desses dois conjuntos aumenta ou permanece igual conforme n aumenta. Assim, segue-se que $C[n-1]$ é um subconjunto de $C[n]$. Segundo as equações 10.5-2 e 10.5-3, $C[n]$ é um subconjunto de $T[n]$, então $C[n-1]$ é um subconjunto de $T[n]$. A partir disto, obtemos o importante resultado de que cada componente conectado de $C[n-1]$ está contido em exatamente um componente conectado de $T[n]$.

O algoritmo para encontrar as linhas de *watershed* é inicializado com $C[\text{mín} + 1] = T[\text{mín} + 1]$. O algoritmo prossegue recursivamente, calculando $C[n]$ a partir de $C[n-1]$. Um procedimento para a obtenção de $C[n]$ em $C[n-1]$ é o seguinte. Digamos que Q designa o conjunto de componentes conectados em $T[n]$. Então, para cada componente conectado $q \in Q[n]$, existem três possibilidades:

1. $q \cap C[n-1]$ está vazia.
2. $q \cap C[n-1]$ contêm um componente conectado em $C[n-1]$.
3. $q \cap C[n-1]$ contêm mais de um componente conectado em $C[n-1]$.

A construção de $C[n]$ a partir de $C[n-1]$ depende de em qual dessas três condições o problema se enquadra. A Condição 1 ocorre quando um novo mínimo é encontrado, em cujo caso o componente conectado q é incorporado a $C[n-1]$ para formar $C[n]$. A Condição 2 ocorre quando q fica dentro da *watershed* de algum mínimo regional, situação na qual q é incorporado à $C[n-1]$ para formar $C[n]$. A Condição 3 ocorre quando todas as cristas, ou parte delas, que separam duas ou mais *watersheds* são encontradas. Novas inundações fariam com que o nível de água nessas *watersheds* se misturasse. Assim, uma barragem (ou barragens, se mais de duas *watersheds* estão envolvidas) deve ser construída dentro de q para evitar o transbordamento entre as *watersheds*. Como explicado na seção anterior, uma barragem de um pixel de espessura pode ser construída quando necessário usando a dilatação $q \cap C[n-1]$ com um elemento estruturante 3 × 3 de 1s e restringindo a dilatação a q.

A eficiência do algoritmo é melhorada usando apenas valores de n que correspondam aos valores de intensidade existentes em $g(x, y)$, podemos determinar esses valores, bem como os valores mín e máx, a partir do histograma de $g(x, y)$.

Exemplo 10.25 Ilustração do algoritmo de segmentação de *watershed*.

Considere a imagem e seu gradiente nas figuras 10.56(a) e b, respectivamente. A aplicação do algoritmo de *watershed* descrito produziu linhas de *watershed* (caminhos brancos) da imagem gradiente como apresentado na Figura 10.56(c). Essas fronteiras de segmentação aparecem sobrepostas na imagem original da Figura 10.56(d). Como observado no início desta seção, as fronteiras de segmentação têm a importante propriedade de serem caminhos conectados.

10.5.4 O uso de marcadores

A aplicação direta do algoritmo de segmentação de *watershed* na forma discutida na seção anterior geralmente leva à super-segmentação em virtude do ruído e de outras irregularidades locais do gradiente. Como mostra a Figura 10.57, a super-segmentação pode ser grave o suficiente para tornar o resultado do algoritmo praticamente inútil. Neste caso, isso significa um grande número de regiões segmentadas. Uma solução prática para este problema é limitar o número de regiões permitidas incorporando uma fase de pré-processamento projetada para trazer conhecimento adicional ao processo de segmentação.

Uma abordagem utilizada para controlar a super-segmentação é baseada no conceito de marcadores. Um *marcador* é um componente conectado que pertence a uma imagem. Temos *marcadores* internos associados aos objetos de interesse e indicadores externos associados ao fundo. Um procedimento para selecionar o marcador é composto por duas etapas principais: (1) pré-processamento; e (2) definição de um conjunto de critérios que os marcadores devem satisfazer. Para ilustrar, veja novamente a Figura 10.57(a).

Parte do problema que levou ao resultado super-segmentado na Figura 10.57(b) é o grande número de mínimos potenciais. Em virtude de seu tamanho, muitos desses mínimos são apenas detalhes irrelevantes. Como já foi dito várias vezes em debates anteriores, um método eficaz para minimizar o efeito dos pequenos detalhes espaciais é filtrar a imagem com um filtro de suavização. Este é um esquema adequado de pré-processamento para este caso específico.

Suponha que definamos um *marcador interno* como (1) uma região cercada por pontos de maior "altitude", (2) de tal forma que os pontos da região formam um componente conectado e (3) na qual todos os pontos do

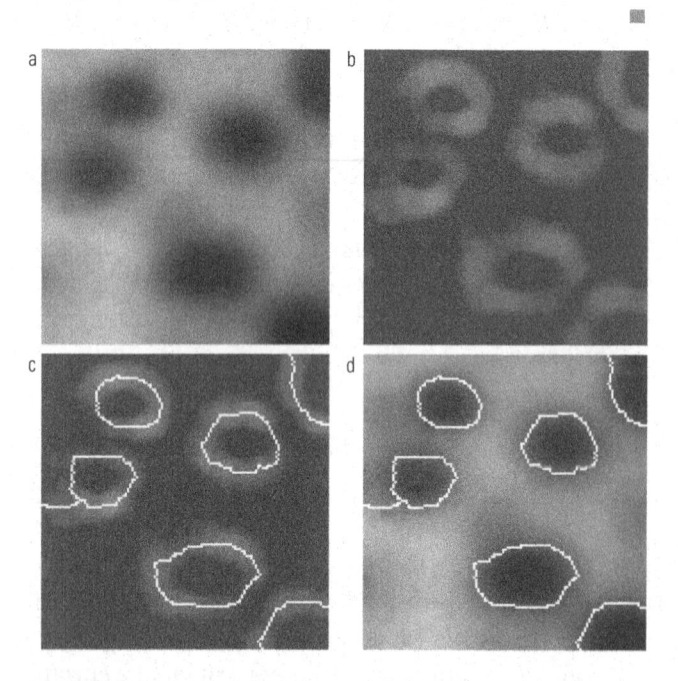

Figura 10.56 (a) Imagem de gotas. (b) Gradiente da imagem. (c) Linhas de *watershed*. (d) Linhas de *watershed* sobrepostas na imagem original. (Imagem original: cortesia do Dr. S. Beucher, CMM/École des Mines de Paris.)

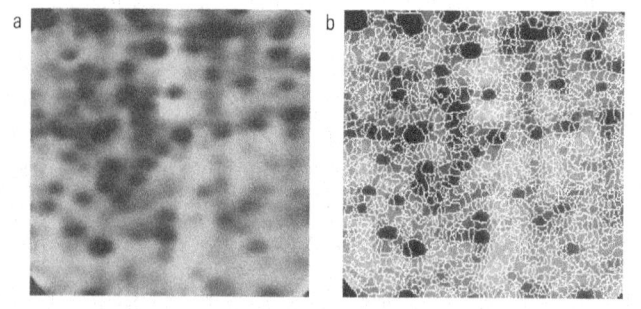

Figura 10.57 (a) Imagem eletroforese. (b) Resultado da aplicação do algoritmo de segmentação de *watershed* à imagem gradiente. A super-segmentação é evidente. (imagem original: cortesia do Dr. S. Beucher, CMM/École des Mines de Paris.)

componente conectado têm o mesmo valor de intensidade. Depois que a imagem foi suavizada, os marcadores internos decorrentes dessa definição são mostrados em cinza-claro, como se fossem pequenas manchas na Figura 10.58(a). Em seguida, o algoritmo de *watershed* é aplicado na imagem suavizada, sob a restrição de que esses marcadores internos sejam os únicos mínimos regionais permitidos.

A Figura 10.58(a) mostra as linhas de *watershed* resultantes. Estas linhas de *watershed* são definidas como marcadores externos. Note-se que os pontos ao longo da linha de *watershed* passam pelos pontos mais altos entre os marcadores vizinhos.

Os marcadores externos na Figura 10.58(a) efetivamente dividem a imagem em regiões, sendo que cada região contém um único marcador interno e parte do fundo. O problema então se reduz em dividir cada uma dessas regiões em dois: um objeto único e seu fundo. Podemos complementar esse simples problema com muitas das técnicas de segmentação discutidas anteriormente neste capítulo. Outra abordagem é simplesmente aplicar o algoritmo de segmentação de *watershed* a cada região individual. Em outras palavras, simplesmente tomamos o gradiente da imagem suavizada [como na Figura 10.56(b)] e, em seguida, restringimos o algoritmo para operar em uma única *watershed* que contém o marcador dessa região específica. O resultado obtido com esta abordagem é apresentado na Figura 10.58(b). A melhora sobre a imagem da Figura 10.57(b) é evidente.

A seleção dos marcadores pode variar desde procedimentos simples com base em valores de intensidade e conectividade, como foi ilustrado há pouco, até descrições mais complexas que envolvem tamanho, formato, localização, distâncias relativas, conteúdo da textura e assim por diante (veja o Capítulo 11 sobre os descritores).

O ponto é que a utilização dos marcadores traz um conhecimento *a priori* para apoiar o problema de segmentação. O leitor deve lembrar que os seres humanos colaboram com a segmentação e com as tarefas de alto nível na sua visão cotidiana usando um conhecimento *a priori*, e um dos mais conhecidos é o uso do contexto. Assim, o fato de a segmentação por *watershed* oferecer um ambiente que possa fazer um uso eficaz desse tipo de conhecimento é uma importante vantagem deste método.

10.6 O uso do movimento na segmentação

O movimento é uma informação poderosa usada pelos seres humanos e muitos outros animais para extrair os objetos ou as regiões de interesse a partir de um fundo cheio de detalhes irrelevantes. Nos aplicativos de imagem, o movimento surge de um deslocamento relativo entre o sistema de detecção e a cena que estamos vendo, como nas aplicações de robótica, na navegação autônoma e na análise de cenários dinâmicos. Nas seções seguintes, consideraremos o uso de movimento na segmentação tanto no domínio espacial como no domínio da frequência.

10.6.1 Técnicas no domínio do espaço

Abordagem básica

Uma das abordagens mais simples para a detecção de mudanças entre dois quadros de imagem $f(x, y, t_i)$ e $f(x, y, t_j)$, tomadas nos momentos t_i e t_j, respectivamente, é comparar as duas imagens pixel por pixel. Uma forma de fazer isso é criar uma imagem da diferença. Suponha que tenhamos uma imagem referência contendo apenas os componentes estacionários. Comparar esta imagem com uma imagem posterior da mesma cena, mas incluindo um objeto em movimento, resulta na diferença das duas imagens eliminando os elementos fixos, deixando apenas as entradas diferentes de zero que correspondem aos componentes não estacionários da imagem.

A imagem da diferença entre as duas imagens tomadas nos momentos t_i e t_j pode ser definida como

$$d_{ij}(x,y) = \begin{cases} 1 & \text{se } |f(x,y,t_i) - f(x,y,t_j)| > T \\ 0 & \text{caso contrário} \end{cases} \quad (10.6\text{-}1)$$

na qual T é um limiar estabelecido. Note-se que $d_{ij}(x, y)$ tem um valor de 1 nas coordenadas espaciais (x, y) apenas se a diferença de intensidade entre as duas imagens é sensivelmente diferente nessas coordenadas, conforme

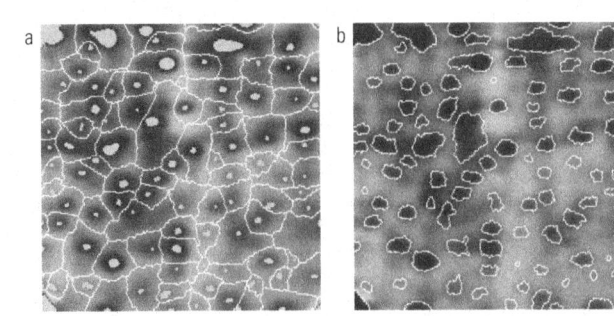

Figura 10.58 (a) Imagem que mostra os marcadores internos (regiões cinza-claras) e marcadores externos (linhas de *watershed*). (b) Resultado da segmentação. Repare na melhoria da Figura 10.57(b). (Imagem original: cortesia do Dr. S. Beucher, CMM/École des Mines de Paris.)

determinado pelo limite estabelecido T. Supõe-se que todas as imagens são do mesmo tamanho. Finalmente, observamos que os valores das coordenadas (x, y) na Equação 10.6-1 abrangem as dimensões destas imagens e, por isso, a imagem de diferença $d_{ij}(x, y)$ é do mesmo tamanho que as imagens da sequência.

No processamento de imagem dinâmica todos os pixels em $d_{ij}(x, y)$ com valor 1 são considerados como resultado do movimento do objeto. Esta abordagem é aplicável somente se as duas imagens são registradas espacialmente e se a iluminação é relativamente constante dentro dos limites estabelecidos por T. Na prática, entradas com valor de 1 em $d_{ij}(x, y)$ podem surgir em função do ruído. Normalmente, essas entradas são pontos isolados na imagem da diferença e uma abordagem simples para sua remoção é formar regiões 4-ou 8-conectadas de 1s em $d_{ij}(x, y)$ e, em seguida, ignorar qualquer região que tenha menos do que o número predeterminado de elementos. Embora possam ser ignorados objetos pequenos ou de movimento lento, esta abordagem aumenta as chances de que as entradas restantes na imagem de diferença realmente sejam resultado do movimento.

Diferenças acumulativas

Considere uma sequência de quadros de imagem $f(x, y, t_1), f(x, y, t_2),..., f(x, y, t_n)$ e digamos que $f(x, y, t_1)$ é a *imagem referência*. Uma *imagem de diferença acumulativa* (ADI, de *accumulative difference image*) é formada comparando esta imagem referência com todas as imagens subsequentes. Um contador para cada posição de pixel da imagem acumulativa é acrescido cada vez que a diferença ocorre nesse posição do pixel entre a referência e a imagem na sequência. Assim, quando o k-ésimo quadro está sendo comparado com a referência, a entrada em um determinado pixel da imagem acumulativa dá o número de vezes que ocorreu a diferença de intensidade nessa posição (como determinado por T na Equação 10.6-1) a partir do valor do pixel correspondente na imagem referência.

Considere três tipos de imagens de diferença cumulativa: *ADIs absoluta, positiva* e *negativa*. Assumindo que os valores de intensidade dos objetos em movimento são maiores do que o fundo, esses três tipos de ADIs são definidos da seguinte forma. Digamos que $R(x, y)$ denota uma imagem referência e, para simplificar a notação, digamos que k denota [símbolo], de modo que $f(x, y, k) = f(x, y t_k)$. Assumimos que $R(x, y) = f(x, y, 1)$. Então, para qualquer $k > 1$, e tendo em vista que os valores das ADIs são contagens, definimos as seguintes informações para todos os valores relevantes (x, y):

$$A_k(x,y) = \begin{cases} A_{k-1}(x,y)+1 & \text{se } |R(x,y)-f(x,y,k)| > T \\ A_{k-1}(x,y) & \text{caso contrário} \end{cases} \quad (10.6\text{-}2)$$

$$P_k(x,y) = \begin{cases} P_{k-1}(x,y)+1 & \text{se } [R(x,y)-f(x,y,k)] > T \\ P_{k-1}(x,y) & \text{caso contrário} \end{cases} \quad (10.6\text{-}3)$$

e

$$N_k(x,y) = \begin{cases} N_{k-1}(x,y)+1 & \text{se } [R(x,y)-f(x,y,k)] < -T \\ N_{k-1}(x,y) & \text{caso contrário} \end{cases} \quad (10.6\text{-}4)$$

na qual $A_k(x, t)$, $P_k(x, y)$, e $N_k(x, y)$ são as ADIs absoluta, positiva e negativa, respectivamente, após ser encontrar a k-ésima imagem da sequência.

Entende-se que estas ADIs começam com todos os valores zero (contador). Veja também que as ADIs são do mesmo tamanho que as imagens da sequência. Finalmente, observamos que a ordem das desigualdades e os sinais dos limiares nas equações 10.6-3 e 10.6-4 são invertidas se os valores de intensidade dos pixels de fundo forem maiores que os valores dos objetos em movimento.

Exemplo 10.26 Cálculo das imagens de diferença acumulativas absoluta, positiva e negativa.

A Figura 10.59 mostra as três ADIs exibidas como imagens de intensidade para um objeto retangular de dimensões 75 × 50 pixels que está se movendo na direção sudeste a uma velocidade de $5\sqrt{2}$ pixels por quadro. As imagens são do tamanho de 256 × 256 pixels. Notamos o seguinte: (1) a área diferente de zero na ADI positiva é igual ao tamanho do objeto em movimento. (2) A localização na ADI positiva corresponde à localização do objeto em movimento no quadro de referência. (3) O número de contagens na ADI positiva para de aumentar quando o objeto em movimento deslocou-se por completo em relação ao mesmo objeto no quadro de referência. (4) A ADI absoluta contém as regiões das ADI positivas e negativas. (5) A direção e a velocidade do objeto em movimento podem ser determinadas a partir das entradas das ADIs absoluta e negativa.

Estabelecer uma imagem referência

O essencial para o sucesso das técnicas discutidas nos dois pontos anteriores é ter uma imagem referência contra a qual as comparações subsequentes possam ser feitas.

A diferença entre duas imagens em um problema de imagem dinâmica tem a tendência de cancelar todos os componentes estacionários, deixando apenas os elemen-

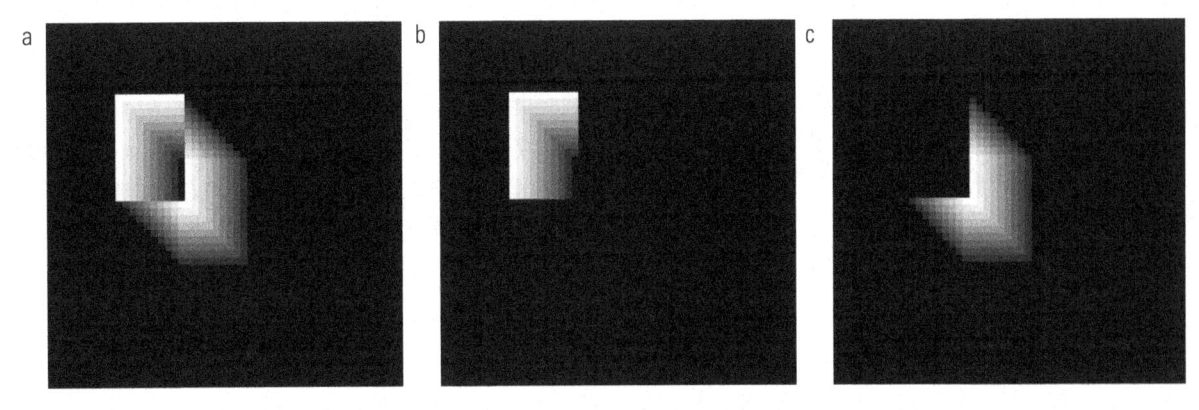

Figura 10.59 ADIs de um objeto retangular se movimentando na direção sudeste. (a) ADI absoluta. (b) ADI positiva. (c) ADI negativa.

tos de imagem que correspondem ao ruído e aos objetos em movimento.

Na prática, a obtenção de uma imagem referência apenas com elementos estacionários nem sempre é possível e construir uma referência a partir de um conjunto de imagens contendo um ou mais objetos em movimento é totalmente necessário. Isto atribui particularidades para situações que descrevem cenas muito carregadas ou em casos em que é necessária a atualização frequente. Um procedimento para gerar uma imagem referência é o seguinte. Considere a primeira imagem de sequência como a imagem referência. Quando um componente não estacionário muda completamente sua posição em relação ao quadro referência, o fundo correspondente no quadro atual pode ser repetido no local ocupado originalmente pelo objeto no quadro referência. Quando todos os objetos em movimento mudarem completamente suas posições originais, uma imagem referência contendo apenas os componentes fixos terá sido criada. O deslocamento do objeto pode ser estabelecido acompanhando as mudanças na ADI positiva, tal como indicado na seção anterior.

■
Exemplo 10.27 Construindo uma imagem referência.

As figuras 10.60(a) e (b) mostram dois quadros de imagem de um cruzamento de tráfego. A primeira imagem é considerada de referência e a segunda mostra a mesma cena algum tempo depois. O objetivo é eliminar os principais objetos em movimento na imagem referência, a fim de criar uma imagem estática. Embora existam outros pequenos objetos em movimento, o elemento em movimento principal é o automóvel no cruzamento da esquerda para a direita. Para fins ilustrativos, nos concentramos neste objeto. Ao acompanhar as mudanças na ADI positiva, é possível determinar a posição inicial de um objeto em movimento, como explicado anteriormente. Uma vez que a área ocupada por este objeto é identificada, o objeto pode ser removido da imagem por subtração. Ao olhar o quadro na sequência em que a ADI positiva parou de mudar, podemos copiar desta imagem a área anteriormente ocupada pelo objeto em movimento no quadro inicial. Esta área é, então, colada na imagem da qual o objeto foi cortado, restaurando assim o fundo dessa área. Se isto é feito para todos os objetos em movimento, o resultado é uma imagem referência só com componentes estáticos contra a qual podemos comparar os quadros subsequentes para detectar o movimento. O resultado da remoção do veículo em movimento é mostrado na Figura 10.60(c).

■

10.6.2 Técnicas no domínio da frequência

Nesta seção consideramos o problema de determinar o movimento através de uma formulação usando uma transformada de Fourier. Considere uma sequência $f(x, y, t)$, $t = 0,1,\ldots,K - 1$, de quadros de imagem digital K de tamanho $M \times N$ gerados por uma câmera fixa.

Figura 10.60 Construindo uma imagem referência estática. (a) e (b) Dois quadros em uma sequência. (c) Veículo retirado e (a) fundo restaurado da área correspondente em (b). (Jain e Jain.)

Começamos o desenvolvimento assumindo que todos os quadros têm um fundo homogêneo de intensidade zero. A exceção é um único objeto de 1 pixel de com intensidade única que está se movendo com velocidade constante. Suponha que para o quadro ($t = 0$), o objeto está na posição (x', y') e que o plano de imagem é projetado sobre o eixo x, isto é, as intensidades dos pixels são somadas entre as colunas da imagem. Esta operação gera um arranjo 1-D com M entradas iguais a zero, exceto em x', que é a coordenada x do objeto de um único ponto. Se agora multiplicarmos todos os elementos do arranjo 1-D pela quantidade de $exp[j2\pi a_1 x \Delta t]$ para $x = 0, 1, 2,...$, $M - 1$ e somarmos os resultados, obteremos o termo único $exp[j2\pi a_1 x' \Delta t]$. Neste formato, a_1 é um inteiro positivo e Δt é o intervalo de tempo entre os quadros.

Suponha que no quadro dois ($t = 1$) o objeto deslocou-se para as coordenadas ($x' + 1$, y'); isto é, moveu-se um pixel paralelo ao eixo x. Então, repetindo o procedimento de projeção discutido no parágrafo anterior, obtemos a soma $exp[j2\pi a_1(x'+1)\Delta t]$. Se o objeto continua se movendo a um pixel por quadro, em qualquer instante de tempo inteiro, t, o resultado é $exp[j2\pi a_1(x'+ t)\Delta t]$, que, utilizando a fórmula de Euler, pode ser expressa como

$$e^{j2\pi a_1(x'+t)\Delta t} = \cos[2\pi a_1(x'+t)\Delta t] + j\,\text{sen}[2\pi a_1(x'+t)\Delta t] \quad (10.6\text{-}5)$$

para $t = 0, 1, ..., K - 1$. Em outras palavras, este procedimento produz uma senoide complexa com frequência a_1. Se o objeto se mover V_1 pixels (na direção de x) entre quadros, a senoide teria a frequência $V_1 a_1$. já que t varia entre 0 e $K - 1$ em incrementos inteiros, restringir a_1 a valores inteiros faz com que a transformada discreta de Fourier da senoide complexa tenha dois picos, um localizado na frequência $V_1 a_1$ e outro na $K - V_1 a_1$. Este último pico é o resultado da simetria da transformada discreta de Fourier, como discutido na Seção 4.6.4 e pode ser ignorado. Assim, a busca pelos picos no espectro de Fourier produz $V_1 a_1$. A divisão desta quantidade por a_1 produz V_1, que é o componente de velocidade na direção x, como a taxa de quadros supostamente é conhecida. Um argumento semelhante produziria V_2, o componente da velocidade na direção y.

Uma sequência de quadros em que nenhum movimento ocorre produz termos exponenciais idênticos cuja transformada de Fourier será constituída por um único pico em uma frequência 0 (um termo dc único). Portanto, já que as operações discutidas até agora são lineares, o caso geral envolvendo um ou mais objetos se movendo em um fundo estático arbitrário teria uma transformada de Fourier com um pico em dc correspondente aos componentes estáticos da imagem e os picos em locais proporcionais às velocidades dos objetos.

Estes conceitos podem ser resumidos da seguinte forma. Para uma sequência de imagens digitais de tamanho $M \times N$, a soma ponderada das projeções sobre o eixo x em qualquer instante de tempo (inteiro) é

$$g_x(t,a_1) = \sum_{x=0}^{M-1}\sum_{y=0}^{N-1} f(x,y,t)\, e^{j2\pi a_1 x \Delta t}$$

$$t = 0,1, ..., K - 1 \quad (10.6\text{-}6)$$

Da mesma forma, a soma das projeções sobre o eixo y é

$$g_y(t,a_2) = \sum_{y=0}^{N-1}\sum_{x=0}^{M-1} f(x,y,t)\, e^{j2\pi a_2 y \Delta t}$$

$$t = 0,1, ..., K - 1 \quad (10.6\text{-}7)$$

na qual, como já observado, a_1 e a_2 são inteiros positivos.

As transformadas de Fourier 1-D das equações 10.6-6 e 10.6-7 são,

$$G_x(u_1,a_1) = \sum_{t=0}^{K-1} g_x(t,a_1)\, e^{-j2\pi u_1 t/K}$$

$$u_1 = 0,1, ..., K - 1 \quad (10.6\text{-}8)$$

e

$$G_y(u_2,a_2) = \sum_{t=0}^{K-1} g_y(t,a_2)\, e^{-j2\pi u_2 t/K}$$

$$u_2 = 0,1, ..., K - 1 \quad (10.6\text{-}9)$$

Na prática, o cálculo dessas transformações é realizado utilizando o algoritmo da FFT como discutido na Seção 4.11.

A relação entre frequência e velocidade é

$$u_1 = a_1 V_1 \quad (10.6\text{-}10)$$

e

$$u_2 = a_2 V_2 \quad (10.6\text{-}11)$$

Nesta formulação, a unidade de velocidade é em pixels por tempo de duração do quadro. Por exemplo, $V_1 = 10$ é interpretado como um movimento de 10 pixels em K quadros. Para os quadros que são tomados de forma uniforme, a velocidade física real depende da taxa de amostragem dos quadros e da distância entre os pixels. Assim, se $V_1 = 10$, $K = 30$, a taxa de amostragem dos quadros é de duas imagens por segundo e a distância entre os pixels é de 0,5 m, a velocidade real física na direção x é

$$V_1 = (10 \text{ pixels})(0,5 \text{ m/pixel})(2 \text{ frames/s})/(30 \text{ frames})$$
$$= 1,3 \text{ m/s}$$

O sinal do componente x de velocidade é obtido calculando

$$S_{1x} = \left.\frac{d^2 \text{Re}[g_x(t,a_1)]}{dt^2}\right|_{t=n} \quad (10.6\text{-}12)$$

e

$$S_{2x} = \left.\frac{d^2 \text{Im}[g_x(t,a_1)]}{dt^2}\right|_{t=n} \quad (10.6\text{-}13)$$

Já que g_x é senoidal, pode ser comprovado (Exercício 10.47) que S_{1x} e S_{2x} terão o mesmo sinal em um ponto arbitrário no tempo, n, se o componente de velocidade V_1 for positivo. Por outro lado, os sinais opostos em S_{1x} e S_{2x} indicam um componente negativo. Se S_{1x} ou S_{2x} for zero, podemos considerar o ponto mais próximo no tempo, $t = n \pm \Delta t$. O mesmo se aplica para o cálculo do sinal de V_2.

Exemplo 10.28 Detecção de um pequeno objeto em movimento por meio do domínio de frequência.

As figuras 10.61 até 10.64 ilustram a eficácia da abordagem mencionada. A Figura 10.61 mostra uma das sequências de 32 quadros das imagens Landsat, gerada adicionando ruído branco a uma imagem referência. A sequência contém um alvo em movimento sobreposto em 0,5 pixels por quadro na direção x e um pixel por quadro na direção y. O alvo, exibido no meio de um círculo na Figura 10.62, tem uma distribuição de intensidade gaussiana, espalhada em uma pequena área (nove pixels) e não é facilmente perceptível a olho nu. As figuras 10.63 e 10.64 mostram os resultados do cálculo das equações 10.6-8 e 10.6-9 com $a_1 = 6$ e $a_2 = 4$,

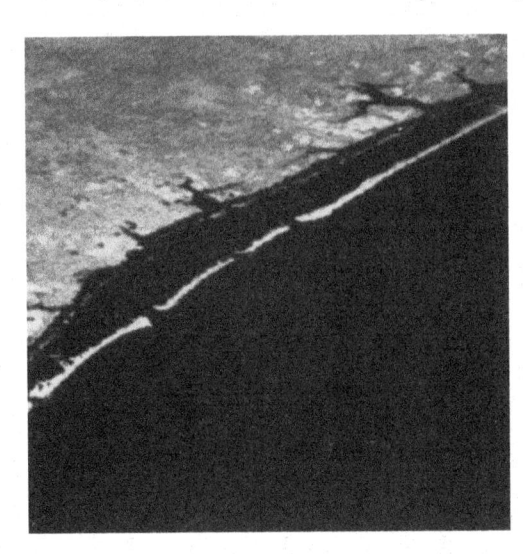

Figura 10.61 Quadro Landsat. (Cowart, Snyder, e Ruedger.)

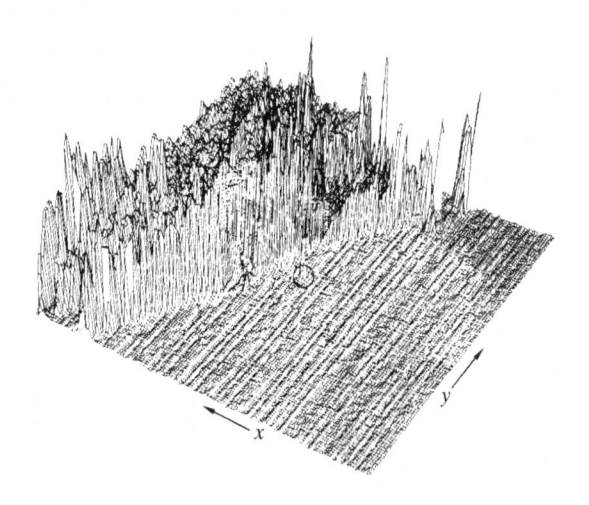

Figura 10.62 Gráfico de intensidade da imagem apresentada na Figura 10.61, com o alvo circundado. (Rajala, Riddle e Snyder.)

respectivamente. O pico em $u_1 = 3$ na Figura 10.63 produz, utilizando a Equação 10.6-10, $V_1 = 0,5$. Da mesma forma, o pico de $u_2 4 =$ na Figura 10.64 produz, utilizando a Equação 10.6-11, $V_2 = 1,0$.

Um guia para a seleção de a_1 e a_2 pode ser explicado com a ajuda das figuras 10.63 e 10.64. Por exemplo, suponha que tenhamos utilizado $a_2 = 15$ ao invés de $a_2 = 4$. Nesse caso, os picos na Figura 10.64 estariam agora em $a_2 = 15$ e 17, porque $V_2 = 1,0$, o que seria um resultado duplicado. Como discutido na Seção 4.5.4, a duplicação é causada pela subamostragem (há poucos quadros na presente discussão, já que o intervalo de u é determinado por K). Como $u = aV$, uma possibilidade é escolher a como o número inteiro mais próximo de $a = u_{máx}/V_{máx}$, em que $u_{máx}$ é a frequência máxima para que não ocorra *aliasing*. Essa limitação é definida por K, e $V_{máx}$ é a velocidade máxima esperada do objeto.

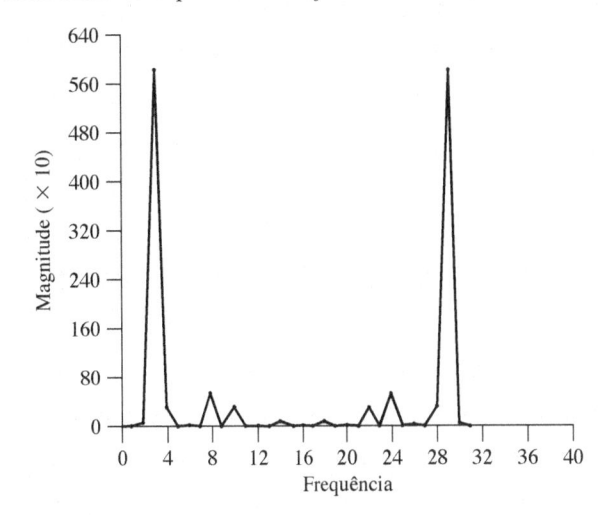

Figura 10.63 Espectro da Equação 10.6-8 mostrando um pico em $u_1 = 3$. (Rajala, Riddle e Snyder.)

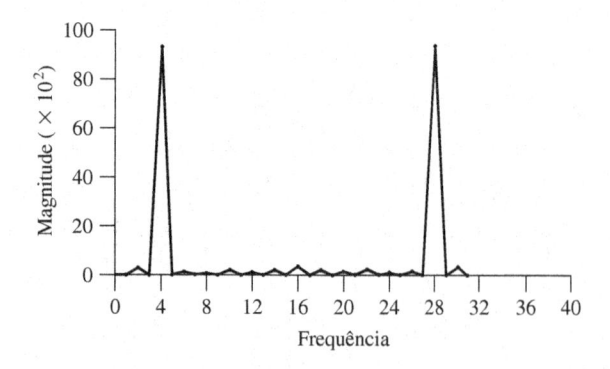

Figura 10.64 Espectro da Equação 10.6-9 mostrando um pico em $u_2 = 4$. (Rajala, Riddle e Snyder.)

Resumo

A segmentação de imagem é um estágio preliminar essencial para a maioria das aplicações de reconhecimento automático de padrões e de análise da cena. Como indicado pela gama de exemplos apresentados nas seções anteriores, a escolha de uma técnica de segmentação em detrimento de outra depende principalmente das características peculiares do problema a ser considerado. Os métodos discutidos neste capítulo, embora longe de serem exaustivos, são representativos das técnicas comumente utilizadas na prática.

As referências a seguir podem ser usadas como base para um estudo mais aprofundado do tema.

Referências e leituras complementares

Por causa de seu papel central no processamento autônomo de imagens, a segmentação é um tema tratado na maioria dos livros que tratam do processamento e análise de imagens e da visão computacional. Os livros a seguir fornecem leituras complementares para nosso entendimento deste tópico: Umbaugh (2005); Davies (2005); Gonzalez, Woods e Eddins (2004); Shapiro e Stockman (2001); Sonka et al. (1999); e Petrou e Bosdogianni (1999).

Trabalhos sobre o uso de máscaras para detectar as descontinuidades na intensidade da Seção 10.2 têm uma longa história. Várias máscaras foram propostas ao longo dos anos: Roberts (1965), Prewitt (1970), Kirsh (1971), Robinson (1976), Frei e Chen (1977) e Canny (1986). Um artigo de revisão feito por Fram e Deutsch (1975) contém numerosas máscaras e uma avaliação de seu desempenho.

No que diz respeito ao desempenho de máscaras, especialmente para detecção de borda, ainda é uma área de grande interesse, como exemplificado por Qian e Huang (1996), Wang et al. (1996), Heath et al. (1997, 1998) e Ando (2000). A detecção de bordas em imagens coloridas aumentou sua popularidade graças a algumas aplicações de detecção múltipla. Veja, por exemplo, Salinas, Abidi e Gonzalez (1996); Zugaj e Lattuati (1998); Mirmehdi e Petrou (2000) e Plataniotis e Venetsanopoulos (2000). A interação entre as características de imagem e o desempenho da máscara também é um tema de interesse atual, como exemplificado por Ziou (2001). Nossa apresentação das propriedades de cruzamento por zero do laplaciano baseia-se em um trabalho de Marr e Hildredth (1980) e no livro de Marr (1982). Veja também um artigo de Clark (1989) sobre a autenticação das bordas produzidas por algoritmos de cruzamento por zero. [As correções de alguns trechos do artigo de Clark foram feitas por Piech (1990)]. Conforme mencionado na Seção 10.2, o cruzamento por zero através do laplaciano de uma gaussiana é uma abordagem importante cujo desempenho relativo é ainda um tema ativo de pesquisa [Gunn (1998, 1999)]. Como o próprio nome sugere, o detector de bordas de Canny discutido na Seção 10.2.6 é obra de Canny (1986). Para um exemplo do trabalho sobre este assunto vinte anos depois, ver Zhang e Rockett (2006)

A transformada de Hough [Hough (1962)] é um método prático para vincular os pixels globalmente e detectar as curvas. Várias generalizações da transformada básica discutidas neste capítulo foram propostas ao longo dos anos. Por exemplo, Lo e Tsai (1995) discutem uma abordagem para a detecção de linhas grossas, Guil et al. (1995, 1997) tratam de implementações rápidas da transformada de Hough e da detecção de curvas primitivas, Daul at al. (1998) discutem outras generalizações para a detecção de arcos elípticos e Shapiro (1996) trata da aplicação da transformada de Hough em imagens em níveis de cinza.

Como mencionado no início da Seção 10.3, as técnicas de limiarização desfrutam de um elevado grau de popularidade pois são simples de implementar. Não é surpreendente que haja um número considerável de trabalhos na literatura sobre este tema. Uma boa apreciação da extensão desta literatura pode ser adquirida com os documentos de revisão feitos por Sahoo et al. (1988) e por Lee et al. (1990). Além das técnicas discutidas neste capítulo, outras abordagens utilizadas para lidar com os efeitos de iluminação e refletância (Seção 10.3.1) são ilustradas pelos trabalhos de Perez e Gonzalez (1987), Parker (1991), Murase e Nayar (1994), Bischsel (1998), Drew et al. (1999) e Toro e Funt (2007). Para uma leitura adicional sobre o material na Seção 10.3.2, consulte Jain et al. (1995).

Os primeiros trabalhos de limiarização global ótima (Seção 10.3.3) são exemplificados no artigo clássico de Chow e Kaneko (1972) (discutiremos este método na Seção 12.2.2, no contexto mais geral de reconhecimento de objetos). Embora sejam ótimas na teoria, as aplicações deste método na limiarização da intensidade são limitadas em decorrência da necessidade de estimar as funções densidade de probabilidade. A abordagem ótima que desenvolvemos na Seção 10.3.3, devido a Otsu (1979), ganhou muito mais aceitação pois combina excelente desempenho com simplicidade de implementação, precisando apenas de uma dos histogramas das imagens. A ideia básica da utilização de pré-processamento (seções 10.3.4 e 10.3.5) remonta a um antigo documento feito por White e Rohrer (1983) que combinou a limiarização, o gradiente e o laplaciano na solução de um problema de difícil segmentação. É interessante comparar as semelhanças fundamentais em termos de capacidade de segmentação de imagem entre os métodos discutidos nos últimos três artigos e os trabalhos sobre limiarização feitos quase vinte anos mais tarde por Cheriet et al. (1998), Sauvola e Pietikainen (2000), Liang et al. (2000) e Chan et al. (2000). Para uma leitura adicional sobre limiarização múltipla (Seção 10.3.6), consulte Yin e Chen (1997), Liao et al. (2001) e Zahara et al. (2005). Para uma leitura adicional sobre limiarização variável (Seção 10.3.7), consulte Parker (1997). Veja também Delon et al. (2007).

Veja Fu e Mui (1981), para um levantamento inicial sobre o tema da segmentação orientada pela região. A obra de Haddon e Boyce (1990) e de Pavlidis e Liow (1990) está entre os primeiros esforços para integrar as informações da região e da fronteira visando à segmentação. Uma nova abordagem ao crescimento da região proposta por Hojjatoleslami e Kittler (1998), também é de interesse. Para uma cobertura básica atual dos conceitos de segmentação orientada pela região, veja Shapiro e Stockman (2001) e Sonka et al. (1999).

A segmentação por *watershed* foi mostrada na Seção 10.5 como um conceito poderoso. As primeiras referências a falarem da segmentação por *watershed* foram Serra (1988), Beucher (1990) e Beucher e Meyer (1992). O artigo feito por Baccar et al. (1996) discute a segmentação baseada na fusão de dados morfológicos e as *watersheds*. O progresso dez anos depois é evidente em uma edição especial da *Pattern Recognition* (2000), inteiramente dedicada a este tema. Como indicado em nossa discussão na Seção 10.5, uma das questões fundamentais com as *watersheds* é o problema da super-segmentação. Os artigos de Najmanand e Schmitt (1996), Haris et al. (1998) e Bleau e Leon (2000) são ilustrativos das abordagens para lidar com este problema. Bieniek e Moga (2000) discutem um algoritmo de segmentação de *watersheds* baseado em componentes conectados.

O material na Seção 10.6.1 é de Jain, R. (1981). Veja também Jain, Kasturi e Schunck (1995). O material na Seção 10.6.2 é de Rajala, Riddle e Snyder (1983). Veja também os trabalhos de Shariat e Price (1990) e de Cumani et al. (1991). Os livros de Sonka et al. (1999), Shapiro e Stockman (2001), Snyder e Qi (2004) e Davies (2005) são leituras adicionais sobre a estimativa de movimento. Veja também Alexiadis e Sergiadis (2007).

Exercícios

*10.1 Prove a validade da Equação 10.2-1. (*Dica*: use uma expansão em série de Taylor e mantenha apenas os termos lineares).

*10.2 Uma imagem binária contém linhas retas orientadas horizontalmente, verticalmente, a 45° e a –45°. Estabeleça um conjunto de máscaras 3 × 3 que possam ser usadas para detectar interrupções de um pixel nessas linhas. Suponha que a intensidade das linhas e do fundo seja 1 e 0, respectivamente.

10.3 Proponha uma técnica para a detecção de falhas de tamanhos entre 1 e K pixels em segmentos de linha de uma imagem binária. Suponha que as linhas sejam de um pixel de espessura. Baseie sua técnica em uma análise de conectividade de oito vizinhos, ao invés de tentar construir máscaras para detectar as falhas.

10.4 Consulte a Figura 10.7 para responder às seguintes perguntas.

  *(a) Algumas das linhas que unem os preenchimentos e o elemento central na Figura 10.7(e) são linhas simples, enquanto outras são linhas duplas. Explique o porquê.

  (b) Proponha um método para eliminar os componentes na Figura 10.7(f) que não fazem parte da linha orientada a –45°.

10.5 Consulte os modelos de borda na Figura 10.8.

  *(a) Suponha que vamos calcular a magnitude do gradiente de cada um desses modelos usando os operadores de Prewitt da Figura 10.14. Esboce como ficaria um perfil horizontal que passa pelo centro de cada imagem de gradiente.

  (b) Esboce um perfil horizontal para cada imagem em ângulo correspondente.

  (*Nota*: responda esta pergunta sem gerar as imagens em ângulo e de gradiente. Basta fornecer esboços dos perfis que mostram o que poderíamos *esperar* da aparência dos perfis de magnitude e das imagens em ângulo)

10.6 Considere um perfil de intensidade horizontal no meio de uma imagem binária que contém uma borda em degrau que corre verticalmente através do centro da imagem. Desenhe como ficaria o perfil após a imagem ter sido borrada por uma máscara de média do tamanho $n \times n$, com coeficientes iguais a $1/n^2$. Por simplicidade, suponha que a imagem tenha sido ajustada para que seus níveis de intensidade fossem 0 à esquerda da borda e 1 à direita. Além disso, suponha que o tamanho da máscara seja muito menor do que a imagem, de modo que os efeitos no contorno da imagem não sejam uma preocupação próximo ao centro do perfil de intensidade horizontal.

*10.7 Suponha que tivéssemos usado os modelos de borda mostrados na figura a seguir, em vez do modelo em rampa usado na Figura 10.10. Esboce o gradiente e o laplaciano de cada perfil.

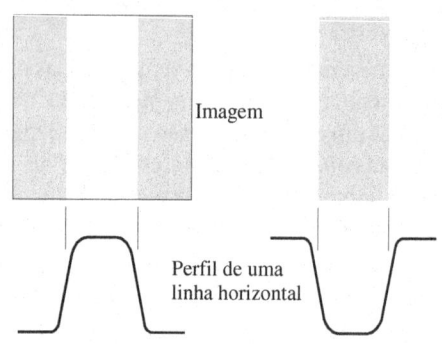

10.8 Consulte a Figura 10.14 para responder às seguintes perguntas.

(a) Suponha que as máscaras de Sobel sejam usadas para obter g_x e g_y. Mostre que, neste caso, a magnitude do gradiente calculada utilizando as equações 10.2-10 e 10.2-20 fornece resultados idênticos.

(b) Mostre que isso é verdade também para as máscaras de Prewitt.

*10.9 Mostre que as máscaras de Sobel e Prewitt nas figuras 10.14 e 10.15 oferecem resultados isotrópicos apenas para as bordas horizontais e verticais e para as bordas orientadas a ±45°, respectivamente.

10.10 Os resultados obtidos por uma única passagem de algumas máscaras 2-D em uma imagem podem ser alcançados também por duas passagens usando máscaras de 1-D. Por exemplo, o mesmo resultado de usar uma máscara de suavização 3×3 com coeficientes 1/9 pode ser obtido por uma passagem da máscara [1 1 1] na imagem. O resultado deste passo é seguido por uma passagem da máscara

$$\begin{bmatrix} 1 \\ 1 \\ 1 \end{bmatrix}$$

O resultado final é, então, dimensionado por 1/9. Mostre que a resposta das máscaras de Sobel (Figura 10.14) pode ser implementada de forma similar por uma passagem da *máscara de diferencial* [– 1 0 1] (ou o seu equivalente vertical), seguida pela máscara de *suavização* [1 2 1] (ou o seu equivalente vertical).

10.11 Os operadores de gradiente chamados de "bússola" de tamanho 3×3 são projetados para medir os gradientes de bordas orientadas em oito direções: E, NE, N, NW, W, SW, S e SE.

*(a) Mostre o formato destes oito operadores usando coeficientes de valor 0, 1 ou –1.

(b) Especifique a direção do vetor de gradiente de cada máscara, tendo em mente que a direção do gradiente é ortogonal à direção da borda.

10.12 O retângulo na imagem binária a seguir é de tamanho $m \times n$ pixels.

(a) Como ficaria a magnitude do gradiente desta imagem baseada na utilização da aproximação dada na Equação 10.2-20? Suponha que g_x e g_y sejam obtidos utilizando os operadores de Sobel. Mostre todas os valores de pixel diferentes e relevantes da imagem de gradiente.

(b) Esboce o histograma das *direções* das bordas calculadas utilizando a Equação 10.2-11. Seja preciso na classificação da altura de cada componente do histograma.

(c) Como ficaria o laplaciano desta imagem baseado na aproximação da Equação 10.2-7? Mostre todos os valores de pixel diferentes e relevantes da imagem laplaciana.

10.13 Suponha que uma imagem $f(x, y)$ seja convoluída com uma máscara de tamanho $n \times n$ (com coeficientes $1/n^2$) para produzir uma imagem suavizada $\bar{f}(x, y)$.

*(a) Crie uma expressão para a *força da borda* (magnitude da borda) da imagem suavizada em função do tamanho da máscara. Por questões de praticidade, suponha que n seja ímpar e que as bordas sejam obtidas utilizando as derivadas parciais

$$\partial \bar{f} / \partial x = \bar{f}(x+1, y) - \bar{f}(x, y) \text{ e}$$
$$\partial \bar{f} / \partial y = \bar{f}(x, y+1) - \bar{f}(x, y).$$

(b) Mostre que a relação entre a força máxima da borda da imagem suavizada e a força máxima da borda da imagem original é de $1/n$. Em outras palavras, a força da borda é inversamente proporcional ao tamanho da máscara de suavização.

10.14 Com referência à Equação 10.2-23:

*(a) Mostre que o valor médio do laplaciano de um operador gaussiano, $\nabla^2 G(x, y)$, é zero.

(b) Mostre que o valor médio de qualquer imagem convoluída com este operador também é zero. (*Dica*: considere resolver esse exercício no domínio da frequência, usando o teorema de convolução e o fato de que o valor médio de uma função é proporcional à sua transformada de Fourier medida na origem.)

(c) Seria verdadeiro em geral se (1) fosse utilizada a máscara da Figura 10.4(a) para calcular o laplaciano de um filtro passa-baixa gaussiano utilizando uma máscara laplaciana de tamanho 3×3, e (2) efetuasse a convolução deste resultado com qualquer imagem? Explique. (*Dica*: consulte o Exercício 3.16).

10.15 Consulte a Figura 10.22(c).

(a) Explique porque as bordas formam contornos fechados.

*(b) Será que o método de cruzamento por zero para encontrar a localização das bordas sempre resulta em contornos fechados? Explique.

10.16 Não é raro encontramos na literatura uma dedução do laplaciano de uma gaussiana (LoG), que começa com a expressão

$$G(r) = e^{-r^2/2\sigma^2}$$

na qual $r^2 = x^2 + y^2$. o LoG é, então, encontrado tomando a segunda derivada parcial:

$\nabla^2 G(r) = \partial^2 G/\partial r^2$. Finalmente, $x^2 + y^2$ é substituído por r^2 para obter o resultado (incorreto)

$$\nabla^2 G(x, y) = \left[\left(x^2 + y^2 - \sigma^2\right)/\sigma^4\right] \exp\left[-\left(x^2 + y^2\right)/2\sigma^2\right]$$

Derive este resultado e explique a razão da diferença entre esta expressão e a Equação 10.2-23.

10.17 (a) Derive a Equação 10.2-27.

(b) Considere que $k = \sigma_1/\sigma_2$ denote a razão de desvio-padrão discutida em relação à função DoG. Expresse a Equação 10.2-27 em termos de k e σ_2.

10.18 Suponha que G e f sejam arranjos discretos de tamanho $n \times n$ e $M \times N$, respectivamente.

*(a) Mostre que a convolução 2-D da função gaussiana $G(x, y)$ na Equação 10.2-21 com uma imagem $f(x, y)$ pode ser expressa como uma convolução 1-D ao longo das linhas (colunas) de $f(x, y)$, seguida por uma convolução 1-D ao longo das colunas (linhas) do resultado. (Veja a Seção 3.4.2 sobre a convolução discreta.)

(b) Crie uma expressão para a vantagem computacional de utilizar o método da convolução 1-D em (a) em oposição a efetuar uma convolução 2-D diretamente. Assuma que $G(x, y)$ seja amostrada para produzir um arranjo matricial de tamanho $n \times n$ e que $f(x, y)$ seja de tamanho $M \times N$. A vantagem computacional é a razão entre o número de multiplicações necessárias para a convolução 2-D e para a convolução 1-D.

*10.19 (a) Mostre que as etapas 1 e 2 do algoritmo Marr-Hildreth podem ser implementadas usando quatro convoluções 1-D. (*Dicas*: consulte o Exercício 10.18a e expresse o operador laplaciano como a soma das duas derivadas parciais, dadas pelas equações 10.2-5 e 10.2-6 e implemente cada derivada usando uma máscara 1-D, como no Exercício 10.10).

(b) Derive uma expressão para a vantagem computacional de utilizar o método da convolução 1-D em (a) em oposição à execução de uma convolução 2-D diretamente. Assuma que $G(x, y)$ seja amostrada para produzir um arranjo matricial de tamanho $n \times n$ e que $f(x, y)$ seja de tamanho $M \times N$. A vantagem computacional é a razão entre o número de multiplicações necessárias para a convolução 2-D e para a convolução 1-D (ver Exercício 10.18).

10.20 (a) Formule a Etapa 1 e o cálculo da imagem de magnitude do gradiente na Etapa 2 do algoritmo de Canny com convoluções 1-D em vez de 2-D.

(b) Qual é a vantagem computacional de usar o método da convolução 1-D em oposição à execução de uma convolução 2-D? Suponha que o filtro gaussiano 2-D na etapa 1 seja amostrado em um arranjo de tamanho $n \times n$ e a imagem de entrada seja de tamanho $M \times N$. Expresse a vantagem computacional como uma razão do número de multiplicações requeridas por cada método.

10.21 Consulte os três modelos de borda vertical e os perfis correspondentes na Figura 10.8.

*(a) Suponha que vamos calcular a magnitude do gradiente de cada um dos três modelos de borda usando as máscaras de Sobel. Esboce os perfis de intensidade horizontal das três imagens de gradiente.

*(b) Esboce os perfis de intensidade horizontal das três imagens laplacianas assumindo que o laplaciano é calculado utilizando a máscara 3×3 na Figura 10.4(a).

*(c) Repita o procedimento para uma imagem gerada utilizando apenas as duas primeiras etapas do detector de bordas de Marr-Hildreth.

(d) Repita o procedimento para as duas primeiras etapas do detector de bordas de Canny. Podemos ignorar as imagens em ângulo.

(e) Esboce o perfil horizontal das imagens em ângulo para o detector de bordas de Canny.

(*Nota*: responda a esta pergunta sem gerar as imagens. Basta fornecer esboços dos perfis que mostram o que poderíamos esperar da aparência dos perfis das imagens.)

10.22 Consulte a transformada de Hough discutida na Seção 10.2.7.

(a) Desenvolva um procedimento geral para a obtenção da representação normal de uma linha a partir do seu formato de interceptação de inclinação, $y = ax + b$.

*(b) Encontre a representação normal da linha $y = -2x + 1$.

*10.23 Consulte a transformada de Hough discutida na Seção 10.2.7.

(a) Explique porque o mapeamento de Hough do ponto 1 na Figura 10.33(a) é uma linha reta na Figura 10.33(b).

(b) Este é o único ponto que produziria esse resultado? Explique.

(c) Explique a relação de adjacência reflexiva ilustrada, por exemplo, pela curva rotulada Q na Figura 10.33(b).

10.24 Mostre que o número de operações necessárias para implementar a abordagem de células do acumulador discutida na Seção 10.2.7 é linear em n, que é o número de pontos no plano imagem (isto é, o plano xy) que não são do fundo.

10.25 Uma importante área de aplicação de técnicas de segmentação de imagem está no processamento de imagens resultantes dos eventos chamados "câmara de bolhas". Estas imagens surgem a partir de experiências em física de alta energia em que um feixe de partículas de propriedades conhecidas é dirigido para um alvo de núcleos conhecidos. Um caso típico é nos caminhos de entrada, onde qualquer uma delas, no caso de uma colisão, ramifica-se em caminhos secundários de partículas provenientes do ponto de colisão. Proponha uma metodologia de segmentação para detecção de todos os caminhos que contêm pelo menos 100 pixels e estão inclinados em qualquer uma das seguintes direções em relação à linha horizontal: ±25°, ±50°, e ±75°. O erro de estimação permitido em qualquer uma dessas seis direções é de ±5°. Para um caminho ser válido, deve ser de pelo menos 100 pixels de comprimento e não pode ter mais do que três falhas, e nenhuma falha pode exceder 10 pixels. Podemos assumir que as imagens foram pré-processadas de modo que são binárias e que todos os caminhos são de um pixel de largura, exceto no ponto de colisão de onde provêm. Seu procedimento deve ser capaz de diferenciar entre os caminhos que possuem a mesma direção, mas diferentes origens. (*Dica*: baseie-se na transformada de Hough.)

*10.26 Reafirme o algoritmo básico de limiarização global na Seção 10.3.2 para que ele use o histograma de uma imagem ao invés da própria imagem.

*10.27 Prove que o algoritmo básico de limiarização global na Seção 10.3.2 converge em um número finito de etapas. (*Dica*: use a formulação de histograma do Exercício 10.26).

10.28 Explique por que o limiar inicial no algoritmo básico de limiarização global na Seção 10.3.2 deve estar entre o valor mínimo e máximo da imagem. (*Dica*: construa um exemplo que mostre o algoritmo definindo um valor de limiar selecionado fora deste intervalo)

*10.29 O limiar obtido com o algoritmo básico de limiarização global na Seção 10.3.2 é independente do ponto de partida? Se sua resposta for sim, explique-a. Se sua resposta for não, mostre um exemplo.

10.30 Considere em ambos os casos a seguir que o valor do limiar durante a iteração está delimitado pelo intervalo aberto $(0, L-1)$.

*(a) Prove que, se o histograma de uma imagem é uniforme em todos os níveis possíveis de intensidade, o algoritmo básico de limiarização global na Seção 10.3.2 converge para a intensidade média da imagem, $(L-1)/2$.

(b) Prove que, se o histograma de uma imagem é bimodal, com modos idênticos que são simétricos em relação a suas médias, então o algoritmo básico global irá convergir a um ponto intermediário entre as médias dos modos.

10.31 Consulte o algoritmo de limiarização na Seção 10.3.2. Suponha que em um determinado problema o histograma seja bimodal, com modos que são curvas gaussianas da forma $A_1 \exp[-(z-m_1)^2/2\sigma_1^2]$ e $A_2 \exp[-(z-m_2)^2/2\sigma_2^2]$. Suponha que $m_1 > m_2$ e que o T inicial estão entre as intensidades máxima e mínima da imagem. Forneça as condições (em termos dos parâmetros dessas curvas) para as hipóteses a seguir serem verdadeiras quando o algoritmo converge:

(a) O limiar é igual a $(m_1 + m_2)/2$.

(b) O limiar está à esquerda de m_2.

(c) O limiar está no intervalo $(m_1 + m_2)/2 < T < m_1$.

Se não for possível que alguma dessas condições exista, mostre e explique o porquê.

*10.32 (a) Mostre como a primeira linha na Equação 10.3-15 decorre das equações 10.3-14, 10.3-10, e 10.3-11.

(b) Mostre como a segunda linha na Equação 10.3-15 decorre da primeira.

10.33 Mostre que o valor máximo da Equação 10.3-18 sempre existe para k no intervalo $0 \leq k \leq L-1$.

10.34 Em referência à Equação 10.3-20, crie um argumento que estabeleça que $0 \leq \eta(k) \leq 1$, para k no intervalo [inserir fórmula], em que o mínimo é possível apenas por meio de imagens com intensidade constante, e o máximo ocorre somente para as imagens de dois níveis com valores 0 e $L-1$.

*10.35 (a) Suponha que as intensidades de uma imagem $f(x, y)$ estejam no intervalo [0, 1] e que um limiar, T, segmenta apropriadamente a imagem em objeto e fundo. Mostre que o limiar $T' = 1 - T$ segmentará com sucesso o negativo de $f(x, y)$ nas mesmas regiões. O termo *negativo* é usado aqui no sentido definido na Seção 3.2.1.

(b) A função de transformação de intensidade em (a) que mapeia uma imagem no seu negativo é uma função linear com inclinação negativa. Estabeleça as condições que uma função de transformação de intensidade arbitrária deve satisfazer para que a possibilidade de segmentação da imagem original seja mantida em relação a um limiar T. Qual seria o valor do limiar após a transformação de intensidade?

10.36 Os objetos e o fundo da imagem mostrada têm uma intensidade média de 170 e 60, respectivamente, em uma escala de [0, 255]. A imagem está corrompida pelo ruído gaussiano com média 0 e o desvio padrão de 10 níveis de intensidade. Proponha um método de limiarização capaz de produzir uma taxa de segmentação correta de 90% ou mais. (Lembre-se que 99,7% da área de uma gaussiana está em um intervalo de $\pm 3\sigma$ em torno da média, sendo σ o desvio padrão.)

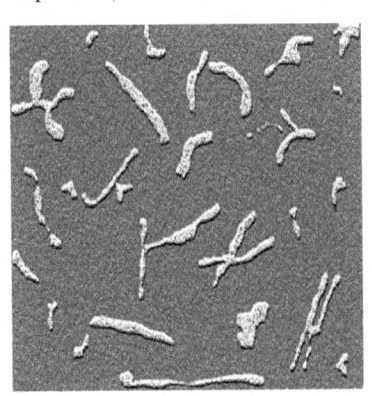

10.37 Consulte a imagem da rampa de intensidade na Figura 10.37(b) e o algoritmo de média de movimento discutido na Seção 10.3.7. Suponha que a imagem seja do tamanho 500 × 700 pixels e que seus valores mínimo e máximo sejam 0 e 1, nos quais os 0s estão contidos apenas na primeira coluna.

*(a) Qual seria o resultado de segmentar esta imagem com o algoritmo da média de movimento utilizando $b = 0$ e um valor arbitrário para n? Explique como deve ficar a imagem.

(b) Agora inverta a direção da rampa de modo que seu valor mais à esquerda seja 1 e o valor mais à direita seja 0 e repita (a).

(c) Repita (a), mas com $n = 2$ e $b = 1$.

(d) Repita (a), mas com $n = 100$ e $b = 1$.

10.38 Proponha um algoritmo de crescimento da região para segmentar a imagem no Exercício 10.36.

*10.39 Segmente a imagem mostrada usando o procedimento de divisão e fusão discutido na Seção 10.4.2. Considere que $Q(R_i)$ = VERDADEIRO se todos os pixels em R_i tiverem a mesma intensidade. Mostre o *quadtree* correspondente à sua segmentação.

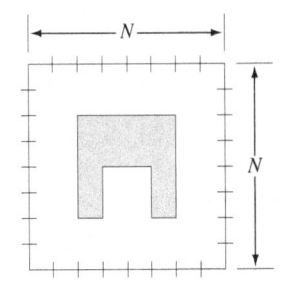

10.40 Considere a região de 1s resultante da segmentação das regiões espalhadas na imagem da Cygnus Loop no Exemplo 10.24. Proponha uma técnica para utilizar esta região como uma máscara para isolar os três principais componentes da imagem: (1) fundo (2), região interna mais densa e (3) região externa espalhada.

10.41 Consulte a discussão na Seção 10.5.3.

*(a) Mostre que os elementos de $C_n(M_i)$ e $T[n]$ nunca são substituídos durante a execução do algoritmo de segmentação por *watershed*.

(b) Mostre que o número de elementos nos conjuntos de $C_n(M_i)$ e $T[n]$ aumentam ou permanecem os mesmos conforme n aumenta.

10.42 As fronteiras ilustradas na Seção 10.5, obtidas utilizando o algoritmo de segmentação de *watershed* formam *loops* fechados (por exemplo, veja as figuras 10.56 e 10.58). Forneça um argumento que estabeleça se as fronteiras fechadas sempre resultam da aplicação deste algoritmo ou não.

*10.43 Forneça uma implementação passo a passo do processo de construção de barragens da seção transversal de intensidade unidimensional mostrada. Mostre um desenho da seção transversal em cada etapa, mostrando os níveis de "água" e as barragens construídas.

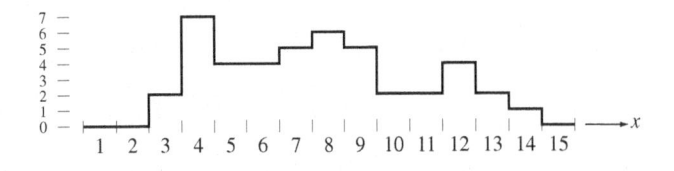

10.44 Como ficaria o negativo da imagem ADI na Figura 10.59(c) se ela fosse testada com T (em vez dos testes com $-T$) na Equação 10.6-4?

10.45 As seguintes afirmações são verdadeiras ou falsas? Explique a razão da sua resposta em cada uma delas.

*(a) As entradas diferentes de zero na ADI absoluta continuam a crescer em dimensão, já que o objeto está se movendo.

(b) As entradas diferentes de zero na ADI positiva sempre ocupam a mesma área, independentemente do movimento do objeto.

(c) As entradas diferentes de zero na ADI negativa continuam a crescer em dimensão, já que o objeto está se movendo.

10.46 Suponha que no Exemplo 10.28, o movimento ao longo do eixo x seja zero. O objeto agora só se move ao longo do eixo y em uma taxa de um pixel por quadro, para 32 quadros, e depois (instantaneamente) inverte a direção e se move exatamente na direção oposta em outros 32 quadros. Como ficariam as figuras 10.63 e 10.64 sob estas condições?

***10.47** Ofereça um argumento que demonstre que quando os sinais de S_{1x} e S_{2x} nas equações 10.6-12 e 10.6-13 são os mesmos, o componente de velocidade V_1 é positivo.

10.48 Uma indústria farmacêutica automatizada utiliza processamento de imagens para medir as formas dos comprimidos visando ao controle de qualidade. A fase de segmentação do sistema é baseada no método de Otsu. A velocidade das linhas de inspeção é tão alta que uma iluminação de flash de alta velocidade é necessária para "parar" o movimento. Quando são novas, as lâmpadas de iluminação projetam um padrão uniforme de luz. No entanto, conforme as luzes vão ficando velhas, o padrão de iluminação deteriora-se em função do tempo e do espaço de acordo com a equação

$$i(x,y) = A(t) - t^2 e^{-\left[(x-M/2)^2 + (y-N/2)^2\right]}$$

na qual $(M/2, N/2)$ é o centro da área de visualização e t é o tempo medido em incrementos de meses. As lâmpadas são experimentais e o comportamento de $A(t)$ não é totalmente compreendido pelo fabricante. Tudo o que se sabe é que, durante a vida útil das lâmpadas, $A(t)$ é sempre maior do que o componente negativo na equação, pois a iluminação não pode ser negativa. Foi observado que o algoritmo de Otsu funciona bem quando as luzes são novas e seu padrão de iluminação é quase constante ao longo de toda a imagem. No entanto, o desempenho da segmentação piora com o tempo. Sendo experimentais, as lâmpadas são extremamente caras, por isso você foi contratado como consultor para ajudar a resolver o problema computacionalmente e, assim, prolongar a vida útil das lâmpadas. Você tem a flexibilidade de instalar quaisquer marcadores especiais ou outras indicações visuais próximo às bordas da área de visualização das câmeras de imagem. Proponha uma solução com detalhes suficientes para que o gerente de engenharia possa compreender sua abordagem. (*Dica*: veja o modelo de imagem discutido na Seção 2.3.4 e considere o uso de um pequeno alvo de refletividade conhecida.)

10.49 A velocidade de uma bala em voo deve ser estimada usando técnicas de aquisição de imagem em alta velocidade. O método padrão envolve o uso de uma câmera de TV e um flash que expõe a cena por K segundos. A bala é de 2,5 cm de comprimento e 1 cm de largura e seu intervalo de velocidade é de 750 ± 250 m/s. A óptica da câmera produz uma imagem na qual a bala ocupa 10% da resolução horizontal de uma imagem digital de 256 × 256 pixels.

*(a) Determine o valor máximo de K que irá garantir que o borramento pelo movimento não ultrapasse um pixel.

(b) Determine o número mínimo de quadros por segundo que devem ser adquiridos de forma a garantir que pelo menos duas imagens completas da bala sejam obtidas durante o seu percurso através do campo de visão da câmera.

(c) Proponha um processo de segmentação para extrair automaticamente a bala de uma sequência de quadros.

(d) Proponha um método para determinar automaticamente a velocidade da bala.

Capítulo 11
Representação e descrição

> Bem, mas reflita; não temos nós reconhecido diversas vezes que os nomes dados corretamente são as aparências e as imagens das coisas que eles nomeiam?
> *Sócrates*

Apresentação

Depois de ter segmentado uma imagem em regiões usando métodos como os discutidos no Capítulo 10, o agregado de pixels segmentados resultante em geral é representado e descrito de forma adequada para o futuro processamento computacional. Basicamente, representar uma região envolve duas opções: (1) podemos representá-la em termos de suas características externas (sua fronteira) ou (2) em termos de suas características internas (os pixels que constituem a região). Escolher um esquema de representação, no entanto, é apenas parte da tarefa de tornar os dados úteis para um computador. A próxima tarefa é *descrever* a região com base na representação escolhida. Por exemplo, uma região pode ser *representada* pela sua fronteira e esta pode ser *descrita* por características como a sua extensão, a orientação da linha reta que une seus pontos extremos e o número de concavidades na fronteira.

Uma representação externa é escolhida quando o foco principal está nas características da forma. Uma representação interna é selecionada quando o foco principal está nas propriedades regionais, como cor e textura. Às vezes, pode ser necessário usar os dois tipos de representação. Em ambos os casos, as características selecionadas como descritores devem ser tão insensíveis quanto for possível às variações de tamanho, translação e rotação. Na maioria dos casos, os descritores discutidos neste capítulo satisfazem uma ou mais dessas propriedades.

11.1 Representação

As técnicas de segmentação discutidas no Capítulo 10 produzem dados primários em forma de pixels ao longo de uma fronteira ou pixels contidos em uma região. É prática comum utilizar esquemas que compactam os dados segmentados em representações que facilitam o cálculo dos descritores. Nesta seção, discutiremos várias abordagens de representação.

11.1.1 Seguidor de fronteira (contorno)

Vários dos algoritmos discutidos neste capítulo exigem que os pontos na fronteira de uma região estejam ordenados em sentido horário (ou anti-horário).[*] Começaremos então nossa discussão introduzindo um algoritmo seguidor de fronteira cuja saída é uma sequência *ordenada* de pontos. Assumimos (1) que estamos trabalhando com imagens binárias em que os pontos do objeto e do

---
[*] Será útil rever as seções 2.5.2 e 9.5.3 antes de prosseguir.

fundo estão marcados com 1 e 0, respectivamente, e (2) que as imagens foram preenchidas com uma fronteira de 0s para eliminar a possibilidade de um objeto se fundir com a borda da imagem. Por conveniência, podemos limitar a discussão para as regiões simples. A abordagem pode se estender a múltiplas regiões desconexas pelo processamento individual de cada uma.

Dada uma região binária R ou sua fronteira, um algoritmo para seguir a fronteira de R, ou qualquer fronteira, consiste das seguintes etapas:

1. Considere que o ponto de partida, b_0, seja o ponto *mais alto* e *mais à esquerda*[*] na imagem que esteja rotulada com valor 1. Denote por c_0 o vizinho a oeste de b_0 (veja a Figura 11.1(b)). Claramente, c_0 sempre é um ponto do fundo. Examine os vizinhos-8 de b_0, a partir de c_0, seguindo no sentido horário. Seja b_1 o *primeiro* vizinho encontrado cujo valor é 1 e seja c_1 o ponto (de fundo) imediatamente anterior a b_1 na sequência. Conserve a localização de b_0 e b_1 para utilizá-la na Etapa 5.
2. Considere que $b = b_1$ e $c = c_1$ [veja a Figura 11.1(c)].
3. Faça com que os vizinhos-8 de b, a partir de c e seguindo no sentido horário, sejam indicados por $n_1, n_2, ..., n_8$. Encontre o primeiro n_k rotulado com 1.
4. Considere que $b = n_k$ e $c = n_{k-1}$.
5. Repita as etapas 3 e 4 até que $b = b_0$ e o próximo ponto de fronteira encontrado seja b_1. A sequência de pontos b encontrados quando o algoritmo para constitui o conjunto de pontos de fronteira ordenados.

Note que c, na Etapa 4, é sempre um ponto de fundo porque n_k é o primeiro ponto com valor 1 encontrado na varredura feita em sentido horário. Esse algoritmo às vezes é chamado de *algoritmo de rastreamento de fronteira de Moore* em virtude do trabalho de Moore (1968). A regra de parada na Etapa 5 do algoritmo com frequência é definida de modo incorreto na literatura como uma parada na primeira vez que b_0 é encontrado novamente. Como você verá em breve, isso pode levar a resultados errados.

A Figura 11.1 mostra os primeiros passos do algoritmo seguidor de fronteira discutido agora. Pode-se verificar facilmente que continuar com esse procedimento produzirá a fronteira correta da Figura 11.1(e), cujos pontos são uma sequência ordenada no sentido horário.

Para analisar a necessidade da regra de parada como indicado na Etapa 5 do algoritmo, considere a fronteira na Figura 11.2. O segmento na parte superior da fronteira pode surgir, por exemplo, de uma remoção incompleta dos componentes parasitas (veja a Seção 9.5.8 sobre componentes parasitas). Começar no ponto mais alto e mais à esquerda produz as etapas mostradas. Vemos, na Figura 11.2(c), que o algoritmo voltou ao ponto de partida. Se o procedimento foi parado porque chegamos ao ponto de partida novamente, é evidente que o resto da fronteira não será encontrado. Usando a regra de parada na Etapa 5, o algoritmo pode continuar, e é simples mostrar que toda a fronteira na Figura 11.2 seria encontrada.

O algoritmo seguidor de fronteira funciona igualmente bem se a região, em vez de sua fronteira (como nas ilustrações precedentes), for fornecida. Ou seja, o procedimento extrai a *fronteira externa* de uma região binária. Se o objetivo é encontrar as fronteiras dos buracos em uma região (estes são chamados de *fronteiras internas* da região), uma abordagem simples é extrair os buracos (veja a Seção 9.5.9) e tratá-los como regiões de valor 1 em um fundo de 0s. Aplicar o algoritmo seguidor de fronteira nessas regiões leva à identificação das fronteiras internas da região original.

Poderíamos ter estabelecido o algoritmo com a mesma facilidade se o seguidor de fronteira fosse aplicado considerando o sentido anti-horário. Na verdade, você vai encontrar algoritmos formulados sobre a ideia de que os pontos de fronteira são ordenados nessa direção. Usamos ambas as direções indistintamente (mas de forma consistente) nas seções a seguir para ajudar o leitor a se familiarizar com ambas as abordagens.

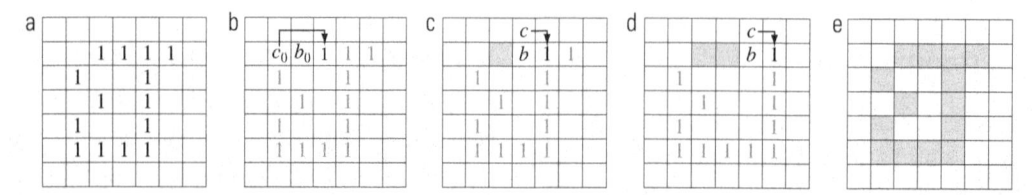

a b c d e

Figura 11.1 Ilustração dos primeiros passos do algoritmo seguidor de fronteira. O ponto a ser processado a seguir é indicado em preto, os pontos que ainda serão processados são cinza e os pontos encontrados pelo algoritmo são indicados como quadrados cinza.

---
[*] Como você verá mais adiante neste capítulo, o ponto mais alto e mais à esquerda em uma fronteira tem a propriedade importante de que uma aproximação poligonal dessa fronteira tem um vértice convexo naquele local. Além disso, os vizinhos à esquerda e ao norte do ponto são seguramente pontos do fundo. Estas propriedades criam um bom ponto "padrão", a partir do qual podem começar os algoritmos seguidores de fronteira.

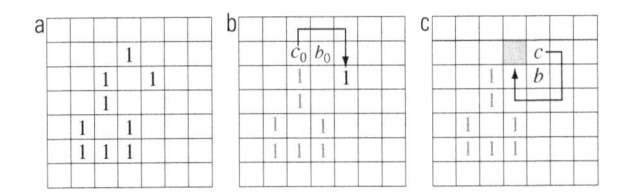

Figura 11.2 Ilustração de um resultado errôneo quando a regra de parada está configurada de tal forma que o seguidor de fronteira para quando o ponto de partida, b_0, é encontrado novamente.

11.1.2 Códigos da cadeia

Os códigos da cadeia (*chain codes*) são usados para representar uma fronteira por uma sequência conectada de segmentos de linhas retas de comprimento e direção específicos. Normalmente, esta representação baseia-se na conectividade 4 ou 8 dos segmentos. A *direção* de cada segmento é codificada usando um esquema de numeração, como na Figura 11.3. Um código de fronteira formado como uma sequência desses números direcionais é chamado de *código da cadeia de Freeman*.

As imagens digitais geralmente são obtidas e processadas no formato de uma grade com um espaçamento igual nas direções *x* e *y*; portanto, um código da cadeia pode ser gerado seguindo uma fronteira, por exemplo, em sentido horário, e atribuindo uma direção para os segmentos que conectam cada par de pixels. Esse método geralmente é inaceitável por dois motivos principais: (1) a cadeia resultante tende a ser bastante longa; e (2) as pequenas alterações ao longo da fronteira causadas por ruído ou por segmentação imperfeita causam alterações no código que podem não estar relacionadas com as principais características de forma da fronteira.

Uma metodologia frequentemente usada para contornar esses problemas consiste na reamostragem da fronteira, selecionando uma grade com espaçamento, como mostra a Figura 11.4(a). Então, conforme a fronteira é percorrida, um ponto na fronteira é atribuído a cada nó da grade maior, em função da proximidade da fronteira original para esse nó, como mostra a Figura 11.4(b). A fronteira reamostrada obtida dessa forma pode ser representada por um código de quatro ou de oito direções. A Figura 11.4(c) mostra os pontos aproximados de uma fronteira representados por um código da cadeia de oito direções. Converter um código de oito direções para um código de quatro e vice-versa é uma questão simples, (veja os exercícios 2.12 e 2.13). O ponto de partida na Figura 11.4(c) é (arbitrariamente) o ponto mais alto e mais à esquerda da fronteira, o que produz o código da cadeia 0766... 12. Como era de esperar, a exatidão da representação do código resultante depende do espaçamento da grade de amostragem.

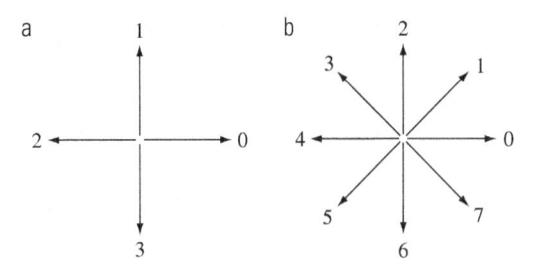

Figura 11.3 Números de direção para (a) código da cadeia de quatro direções; e (b) código da cadeia de oito direções.

O código da cadeia de uma fronteira depende do ponto inicial. No entanto, o código pode ser normalizado com relação ao ponto de partida usando um procedimento simples: nós simplesmente tratamos o código da cadeia como uma sequência circular de números que representam a direção e redefinimos o ponto de partida para que a sequência resultante dos números forme um inteiro de magnitude mínima. Nós também podemos normalizar a rotação (em ângulos que sejam múltiplos inteiros das direções na Figura 11.3), utilizando a *primeira diferença* do código da cadeia no lugar do próprio código em si. Essa diferença é obtida pela contagem do número de mudanças de direção (considerando o sentido anti-horário na Figura 11.3) que separam dois elementos adjacentes do

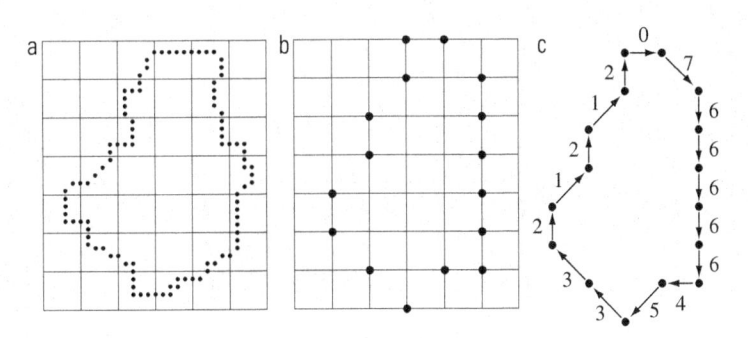

Figura 11.4 (a) Fronteira digital com a grade de reamostragem sobreposta. (b) Resultado da reamostragem. (c) Fronteira codificada utilizando código da cadeia de oito direções.

código. Por exemplo, a primeira diferença do código da cadeia de quatro direções 10103322 é 3133030. Se tratarmos o código como uma sequência circular para ser normalizado em relação ao ponto de partida, então o primeiro elemento da diferença é calculado considerando a transição entre o primeiro e o último componente da cadeia. Aqui, o resultado é 33133030. A normalização do tamanho pode ser feita alterando o tamanho da grade de reamostragem.

Essas normalizações serão exatas somente se as próprias fronteiras forem invariantes à rotação (de novo, em ângulos que são múltiplos inteiros das direções na Figura 11.3) e a mudança de escala, o que raramente acontece na prática. Por exemplo, o mesmo objeto digitalizado em duas orientações diferentes em geral apresentará formas diferentes de fronteira, com o grau de dissimilaridade proporcional à resolução da imagem. Esse efeito pode ser reduzido selecionando os elementos da cadeia que são longos em proporção à distância entre os pixels da imagem digitalizada e/ou orientando a grade de reamostragem ao longo dos eixos principais do objeto a ser codificado, como discutido na Seção 11.2.2, ou ao longo de seus autoeixos (*eigen axis*), como discutido na Seção 11.4.

Exemplo 11.1 Código da cadeia de Freeman e algumas de suas variações.

A Figura 11.5(a) mostra uma imagem em níveis de cinza de 8 bits, 570 × 570, de um círculo traçado sobre pequenos fragmentos brilhantes. O objetivo deste exemplo é obter o código da cadeia de Freeman, o número inteiro de magnitude mínima e a primeira diferença da fronteira externa do maior objeto na Figura 11.5(a). Já que o objeto de interesse está embutido sobre pequenos fragmentos, extrair sua fronteira resultará em uma curva ruidosa que pode não descrever apropriadamente a forma geral do objeto. A suavização é um processo de rotina quando se trabalha com fronteiras ruidosas. A Figura 11.5(b) mostra a imagem original suavizada com uma máscara de média de tamanho 9 × 9, e a Figura 11.5(c) é o resultado da limiarização dessa imagem com um limiar global obtido usando o método de Otsu. Note que o número de regiões foi reduzido para dois (um dos quais é um ponto), simplificando significativamente o problema.

A Figura 11.5(d) é a borda externa da maior região na Figura 11.5(c). Obter o código da cadeia desta fronteira resultaria diretamente em uma longa sequência com pequenas variações que não são representativas do formato da fronteira. Como já mencionado nesta seção, é habitual fazer uma reamostragem da fronteira antes de obter seu código da cadeia, a fim de reduzir a variabilidade. A Figura 11.5(e) é o

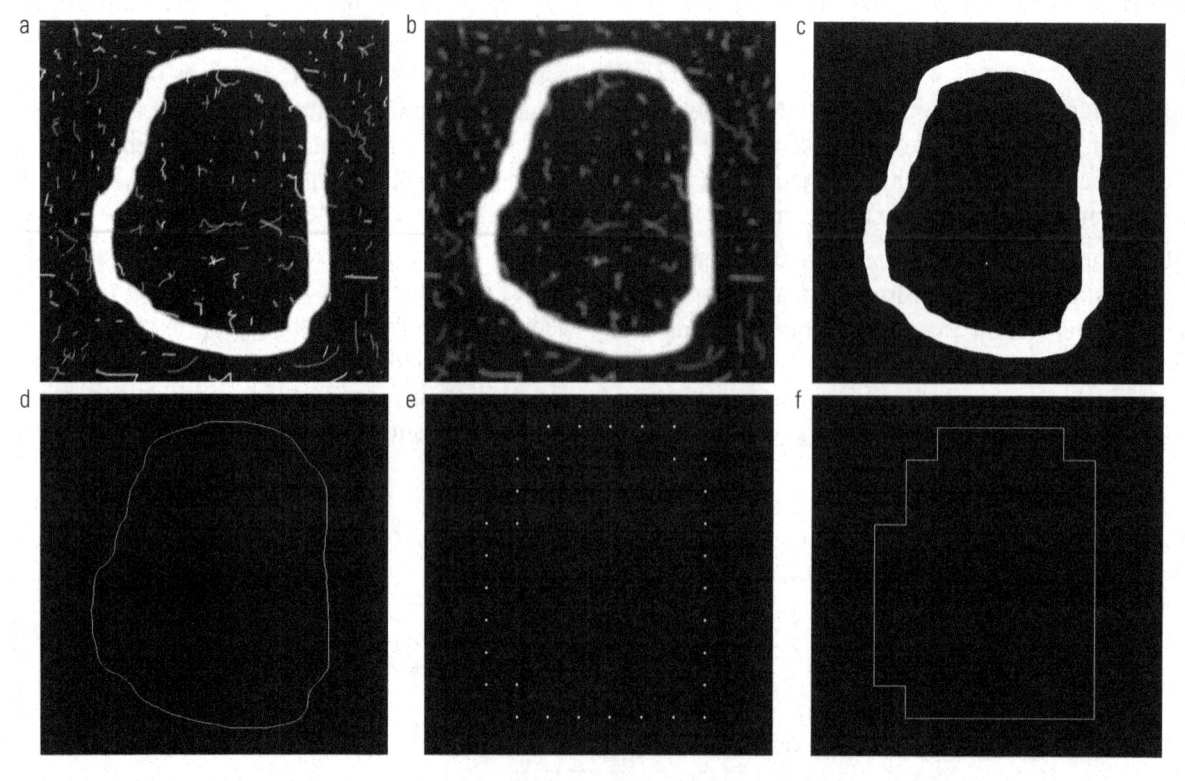

Figura 11.5 (a) Imagem ruidosa. (b) Imagem suavizada com uma máscara de média 9 × 9. (c) Imagem suavizada após a limiarização utilizando o método de Otsu. (d) Borda maior externa de (c). (e) Fronteira subamostrada (os pontos são mostrados ampliados para maior clareza). (f) Pontos conectados a partir de (e).

resultado da reamostragem da fronteira em uma grade com nós espaçados de 50 pixels de distância (aproximadamente 10% da largura da imagem) e a Figura 11.5(f) é o resultado de juntar os vértices resultantes com linhas retas. Esta simples aproximação manteve as principais características da fronteira original.

O código da cadeia de Freeman de oito direções da fronteira simplificada é

0 0 0 0 6 0 6 6 6 6 6 6 6 4 4 4 4 4 4 2 4 2 2 2 2 2 0 2 2 0 2

O ponto de partida da fronteira está nas coordenadas (2, 5) na grade subamostrada. Este é o ponto mais alto e mais à esquerda na Figura 11.5(f). O inteiro de magnitude mínima do código, neste caso, é o mesmo que o código da cadeia:

0 0 0 0 6 0 6 6 6 6 6 6 6 4 4 4 4 4 4 2 4 2 2 2 2 2 0 2 2 0 2

A primeira diferença para qualquer um dos códigos é

0 0 0 6 2 6 0 0 0 0 0 0 6 0 0 0 0 0 6 2 6 0 0 0 0 6 2 0 6 2 6

Usar qualquer um desses códigos para representar a fronteira provoca uma redução significativa na quantidade de dados necessários para armazenar a fronteira. Além disso, trabalhar com números de código oferece uma maneira unificada de analisar o formato de uma fronteira, como já discutimos na Seção 11.2. Finalmente, lembre-se de que a fronteira subamostrada pode ser recuperada a partir de qualquer um dos códigos anteriores.

11.1.3 Aproximações poligonais utilizando polígonos de perímetro mínimo

Uma fronteira digital pode ser aproximada com uma precisão arbitrária usando um polígono. Para uma fronteira fechada, a aproximação torna-se exata quando o número de segmentos do polígono é igual ao número de pontos na fronteira, de modo que cada par de pontos adjacentes define um segmento do polígono. O objetivo de uma aproximação poligonal é capturar a essência do formato em uma dada fronteira usando o menor número possível de segmentos. Esse problema em geral não é trivial e pode se transformar em uma busca constante e demorada. No entanto, as técnicas de aproximação de complexidade média são adequadas para tarefas de processamento de imagem. Entre elas, uma das mais poderosas é a que representa a fronteira por um *polígono de perímetro mínimo* (MPP, de *minimum-perimeter polygon*), tal como definido na discussão a seguir.

Fundamentação

Uma abordagem muito atrativa para a geração de um algoritmo para calcular os MPPs é cercar uma fronteira (Figura 11.6(a)) com um conjunto de células concatenadas, como na Figura 11.6(b). Imagine a fronteira como um elástico. Se permitirmos que o elástico encolha, ele encontrará seus limites nas paredes interiores e exteriores da região delimitadora definida pelas células. Finalmente, este encolhimento produz a forma de um polígono de perímetro mínimo (com relação a esse arranjo geométrico) que circunscreve a região delimitada pela faixa de células, como mostra a Figura 11.6(c). Observe, nesta figura, que todos os vértices do MPP coincidem com os cantos tanto da parede externa como da interna.

O tamanho das células determina a precisão da aproximação poligonal. No limite, se o tamanho de cada célula (quadrada) corresponde a um pixel na fronteira, o erro em cada célula entre a fronteira e a aproximação do MPP seria, no máximo, de $\sqrt{2}d$, em que d é a distância mínima possível entre os pixels (ou seja, a distância entre pixels estabelecida pela resolução da fronteira ori-

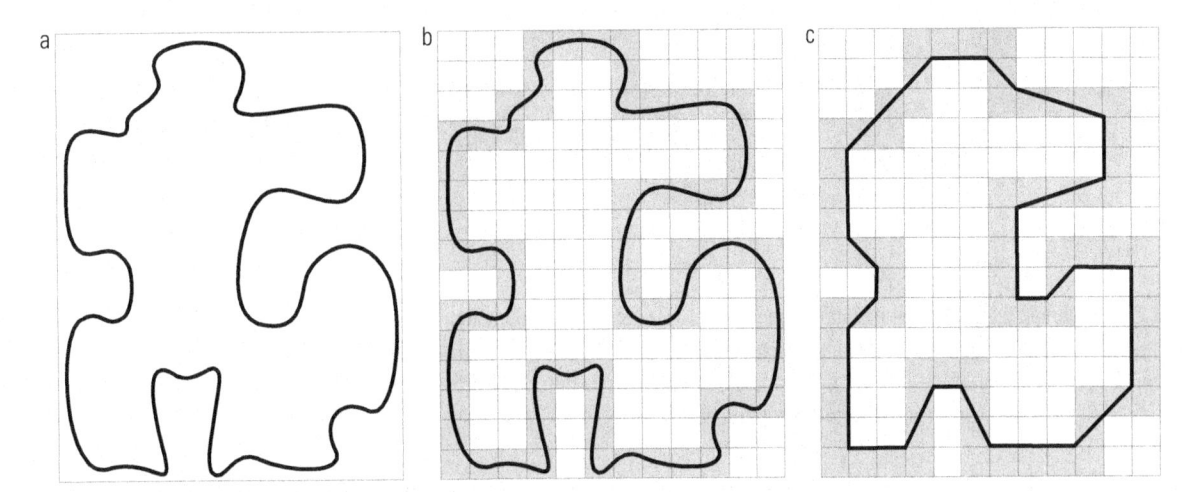

Figura 11.6 (a) Fronteira de um objeto (curva preta). (b) Fronteira cercada por células (em cinza). (c) Polígono de perímetro mínimo obtido quando é permitido que a fronteira se encolha. Os vértices do polígono são criados pelos cantos das paredes internas e externas da região cinza.

ginal amostrada). Esse erro pode ser reduzido pela metade obrigando cada célula na aproximação poligonal a se alinhar com o centro de seu pixel correspondente na fronteira original. O objetivo é usar o maior tamanho de célula possível que uma determinada aplicação possa aceitar, produzindo, então, MPPs com o menor número de vértices. Nosso objetivo nesta seção é formular um procedimento para encontrar estes vértices do MPP.

A abordagem utilizando células descrita previamente reduz o formato do objeto englobado pela fronteira original para a área circunscrita pela parede cinza na Figura 11.6(b). A Figura 11.7(a) mostra esse formato em cinza-escuro. Vemos que sua fronteira consiste de segmentos de linha reta 4-conectados. Suponha que percorremos essa fronteira no sentido *anti-horário*. Em cada etapa, enquanto a fronteira é percorrida, é encontrado um vértice *convexo* ou *côncavo*, e o ângulo de um vértice é um ângulo *interno* de uma fronteira 4-conectada. Os vértices convexos e côncavos são mostrados, respectivamente, como pontos brancos e pretos na Figura 11.7(b).[*] Observe que esses são os vértices da parede interna da região delimitada em cinza-claro na Figura 11.7(b) e que cada vértice côncavo (preto) na região cinza-escura tem um vértice "espelho" correspondente na parede cinza-clara, localizado na diagonal oposta ao vértice. A Figura 11.7(c) mostra os espelhos de todos os vértices côncavos, com o MPP da Figura 11.6(c) sobreposto como referência. Vemos que os vértices do MPP coincidem ou com os vértices convexos na parede interna (pontos brancos) ou com os espelhos dos vértices côncavos (pontos pretos) na parede externa. Uma análise rápida revelará que somente os vértices convexos da parede interna e os vértices côncavos da parede externa podem ser vértices do MPP. Assim, nosso algoritmo deve se concentrar apenas nesses vértices.

Algoritmo MPP

O conjunto de células que delimitam uma fronteira digital, descritos nos parágrafos anteriores, é chamado de *complexo celular*. Assumimos que essas fronteiras não apresentam autointerseção, o que leva a complexos celulares *simplesmente conectados*. Com base nesses pressupostos e deixando que *branco* (B) e *preto* (P) denotem vértices *convexos* e vértices *côncavos espelhados*, respectivamente, podemos fazer as seguintes afirmações:

1. O MPP delimitado por um complexo celular simplesmente conectado não apresenta autointerseção.
2. Todo vértice *convexo* do MPP é um vértice *B*, mas nem todo vértice *B* de uma fronteira é um vértice do MPP.
3. Todo vértice *côncavo espelhado* do MPP é um vértice *P*, mas nem todo vértice *P* de uma fronteira é um vértice do MPP.
4. Todos os vértices *P* estão no MPP ou fora dele e todos os vértices *B* estão no MPP ou dentro dele.

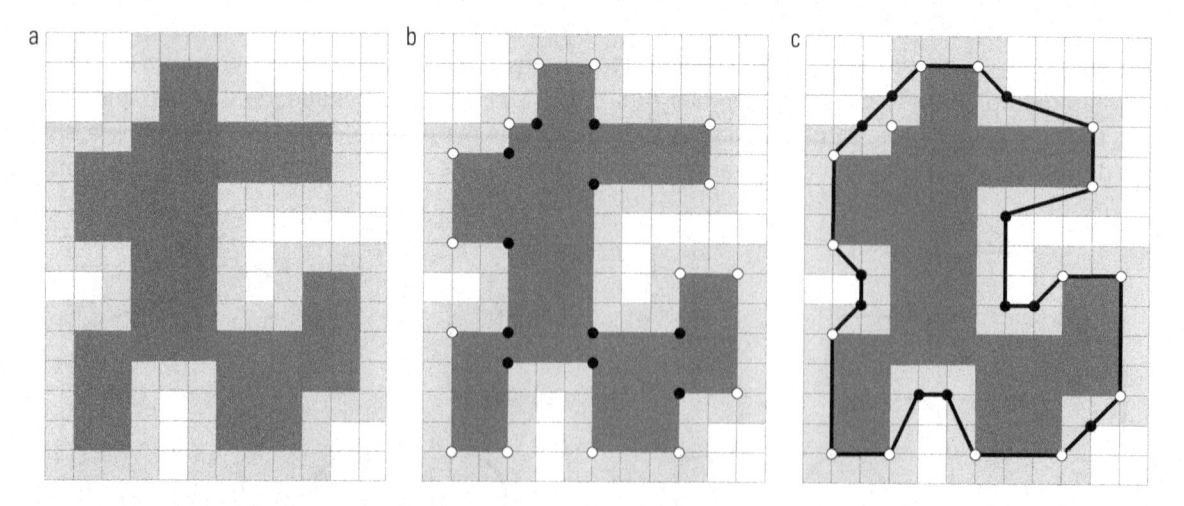

Figura 11.7 (a) Região (cinza-escura) resultante após englobar a fronteira original com as células (veja a Figura 11.6). (b) Vértices convexos (pontos brancos) e côncavos (pontos pretos) obtidos seguindo a fronteira da região cinza-escura no sentido anti-horário. (c) Vértices côncavos (pontos pretos) deslocados para suas localizações diagonais em espelho na parede externa da região delimitada; os vértices convexos não foram alterados. O MPP (fronteira preta) é sobreposto como referência.

---

[*] Um vértice convexo é o ponto central de um trio de pontos que definem um ângulo na faixa de $0° < \theta < 180°$; do mesmo modo, os ângulos de um vértice côncavo estão no intervalo $180° < \theta < 360°$. Um ângulo de 180° define um vértice degenerado (uma linha reta) que não pode ser um vértice do MPP. Ângulos iguais a 0° ou 360° fazem com que seja necessário refazer o caminho, uma condição inválida nesta discussão.

5. O vértice mais alto e mais à esquerda em uma sequência de vértices contidos em um complexo celular é sempre um vértice B do MPP.

Estas afirmações podem ser provadas formalmente [Sklansky et al. (1972); Sloboda et al. (1998); Klette e Rosenfeld (2004)]. No entanto, sua validade é evidente para os nossos propósitos (Figura 11.7), por isso não mostraremos aqui sua comprovação. Ao contrário dos ângulos dos vértices da região cinza-escura na Figura 11.7, os ângulos sustentados pelos vértices do MPP não são necessariamente múltiplos de 90°.

Na discussão que se segue, teremos de calcular a orientação dos trios de pontos. Considere o trio de pontos, (a, b, c), e que as coordenadas desses pontos são $a = (x_1, y_1)$, $b = (x_2, y_2)$ e $c = (x_3, y_3)$. Se arranjarmos esses pontos como as linhas da matriz

$$\mathbf{A} = \begin{bmatrix} x_1 & y_1 & 1 \\ x_2 & y_2 & 1 \\ x_3 & y_3 & 1 \end{bmatrix} \quad (11.1\text{-}1)$$

teremos, a partir da análise elementar de matrizes, que

$$\det(\mathbf{A}) = \begin{cases} > 0 & \text{se } (a, b, c) \text{ é uma sequência} \\ & \text{no sentido anti-horário} \\ = 0 & \text{se os pontos são colineares} \\ < 0 & \text{se } (a, b, c) \text{ é uma sequência} \\ & \text{no sentido horário} \end{cases}$$

$$(11.1\text{-}2)$$

sendo que $\det(\mathbf{A})$ é o determinante de $\mathbf{A}$. Considerando essa equação, o movimento no sentido anti-horário ou horário é em relação a um sistema de coordenadas destro (veja o rodapé na Seção 2.4.2). Por exemplo, utilizando este sistema de coordenadas de imagem (Figura 2.18),* em que a origem está no canto superior esquerdo, o eixo x positivo se estende verticalmente para baixo e o eixo y positivo se estende horizontalmente para a direita, a sequência $a = (3, 4)$, $b = (2, 3)$ e $c = (3, 2)$ está no sentido anti-horário e daria um $\det(\mathbf{A}) > 0$, quando substituída na Equação 11.1-2. É razoavelmente conveniente na hora de descrever o algoritmo definir

$$sinal(a, b, c) = \det(\mathbf{A}) \quad (11.1\text{-}3)$$

de modo que $sinal(a, b, c) > 0$ para uma sequência anti-horária, $sinal(a, b, c) < 0$ para uma sequência no sentido horário e $sinal(a, b, c) = 0$ quando os pontos são colineares. Geometricamente, $sinal(a, b, c) > 0$ indica que o ponto c está no lado positivo do par (a, b) (isto é, c está do lado positivo da linha que passa pelos pontos a e b). Se $sinal(a, b, c) < 0$, o ponto c está do lado negativo dessa linha. As equações 11.1-2 e 11.1-3 dão o mesmo resultado se a sequência (c, a, b) ou (b, c, a) for usada, porque a direção do caminho na sequência é o mesmo para (a, b, c). No entanto, a interpretação geométrica é diferente. Por exemplo, $sinal(c, a, b) > 0$ indica que o ponto b está do lado positivo da linha que passa através dos pontos c e a.

Para preparar os dados para o algoritmo MPP, formamos uma lista cujas linhas são as coordenadas de cada vértice e um elemento adicional que indica se o vértice é B ou P. É importante que os vértices côncavos sejam espelhados, como na Figura 11.7(c), que os vértices estejam em ordem sequencial** e que o primeiro vértice seja o vértice mais alto e mais à esquerda, que, como já vimos na propriedade 5, deve ser um vértice B do MPP. Considere que V_0 denote este vértice. Assumimos que os vértices estão dispostos no sentido anti-horário. O algoritmo para encontrar os MPPs usa dois pontos "rastreadores": um rastreador branco (B_R) e um preto (P_R). B_R rastreia ao longo dos vértices convexos (B) e P_R rastreia ao longo dos vértices côncavos espelhados (P). Estes dois pontos rastreadores, o último vértice do MPP encontrado e o vértice que está sendo examinado, são tudo o que precisamos para aplicar o procedimento.

O algoritmo começa definindo $B_R = P_R = V_0$ (lembre que V_0 é um vértice do MPP). Então, em qualquer etapa do algoritmo, V_L deve denotar o último vértice do MPP encontrado e V_k deve denotar o vértice atual que está sendo examinado. Uma de três condições pode existir entre V_L, V_k e os dois pontos rastreadores:

(a) V_k está do lado positivo da linha que passa através do par (V_L, B_R); ou seja, $sinal(V_L, B_R, V_k) > 0$.

(b) V_k está do lado negativo da linha que passa através do par (V_L, B_R) ou é colinear com ele; ou seja, $sinal(V_L, B_R, V_k) \leq 0$. Ao mesmo tempo, V_k fica no lado positivo da linha que passa através de (V_L, P_R) ou é colinear com ele; isto é, $sinal(V_L, P_R, V_k) \geq 0$.

(c) V_k está do lado negativo da linha que passa através do par (V_L, P_R); isto é, $sinal(V_L, P_R, V_k) < 0$.

---

* Considerando o sistema de coordenadas definido na Figura 2.18(b), quando se percorre a fronteira de um polígono em sentido anti-horário, todos os pontos à direita da direção do caminho percorrido estão *fora* do polígono. Todos os pontos à esquerda da direção do caminho estão *dentro* do polígono.

** Os vértices de uma fronteira podem ser ordenados rastreando a fronteira utilizando, por exemplo, o algoritmo descrito na Seção 11.1.1.

Se a condição (a) é verdadeira, o próximo vértice do MPP é B_R, e fazemos $V_L = B_R$; então reinicializamos o algoritmo definindo que $B_R = P_R = V_L$ e continuamos com o próximo vértice depois de V_L.

Se a condição (b) é verdadeira, V_k torna-se um *candidato* a vértice do MPP. Neste caso, definimos $B_R = V_k$ se V_k é convexo (ou seja, é um vértice B); caso contrário, fazemos $P_R = V_k$. Depois, continuamos com o próximo vértice da lista.

Se a condição (c) é verdadeira, o próximo vértice do MPP é P_R, e fazemos $V_L = P_R$; então reinicializamos o algoritmo definindo que $B_R = P_R = V_L$ e continuamos com o próximo vértice depois de V_L.

O algoritmo termina quando ele atinge o primeiro vértice novamente, e nesse momento sabemos que todos os vértices do polígono foram processados. Os vértices V_L encontrados pelo algoritmo são os vértices do MPP. Ficou comprovado que este algoritmo encontra todos os vértices do MPP de um polígono delimitado por um complexo celular simplesmente conectado [Sloboda et al. (1998); Klette e Rosenfeld (2004)].

Exemplo 11.2 Ilustração do algoritmo MPP.

Um exemplo manual vai ajudar a esclarecer os conceitos anteriores. Considere os vértices da Figura 11.7(c). Em nosso sistema de coordenadas de imagem, o ponto superior esquerdo da grade está nas coordenadas (0, 0). Partindo do princípio de que as divisões da grade são unitárias, as primeiras linhas da lista de vértices (no sentido anti-horário) são:

V_0	(1, 4)	B
V_1	(2, 3)	P
V_2	(3, 3)	B
V_3	(3, 2)	P
V_4	(4, 1)	B
V_5	(7, 1)	B
V_6	(8, 2)	P
V_7	(9, 2)	P

O primeiro elemento da lista é sempre nosso primeiro MPP; então, começamos fazendo $B_R = P_R = V_0 = V_L = (1, 4)$. O vértice seguinte é $V_1 = (2, 3)$. Calcular a função *sinal* dá $sinal(V_L, B_R, V_1) = 0$ e $sinal(V_L, P_R, V_1) = 0$, então a condição (b) é verdadeira. Fazemos $P_R = V_1 = (2, 3)$ porque V_1 é um vértice P (côncavo). B_R continua sem alterações. Nesse estágio, o rastreador B_R está em (1, 4), o rastreador P_R está em (2, 3) e V_L ainda está em (1, 4), já que nenhum novo vértice do MPP foi encontrado.

Em seguida, examinamos $V_2 = (3, 3)$. Os valores da função *sinal* são: $sinal(V_L, B_R, V_2) = 0$ e $sinal(V_L, P_R, V_2) = 1$, então a condição (b) do algoritmo é verdadeira novamente. Como V_2 é um vértice B (convexo), fazemos $B_R = V_2 = (3, 3)$. Nesse estágio, os rastreadores estão em $B_R = (3, 3)$ e $P_R = (2, 3)$; V_L permanece inalterado.

O vértice seguinte é $V_3 = (3, 2)$. Os valores da função *sinal* são $sinal(V_L, B_R, V_3) = -2$ e $sinal(V_L, P_R, V_3) = 0$, então a condição (b) é verdadeira novamente. Já que V_3 é um vértice P, atualizamos o rastreador preto, $P_R = (3, 2)$. O rastreador B_R permanece inalterado, assim como o V_L.

O vértice seguinte é $V_4 = (4, 1)$ e temos $sinal(V_L, B_R, V_4) = -3$ e $sinal(V_L, P_R, V_4) = 0$, então a condição (b) é verdadeira novamente. Como V_4 é um vértice branco, atualizamos o rastreador branco, $B_R = (4, 1)$. O rastreador preto B_R mantém-se em (3, 2), e V_L ainda está de volta em (1, 4).

O vértice seguinte é $V_5 = (7, 1)$ e $sinal(V_L, B_R, V_5) = 9$, então a condição (a) é verdadeira, e fazemos $V_L = B_R = (4, 1)$. Já que um novo vértice do MPP foi encontrado, reinicializamos o algoritmo definindo $B_R = P_R = V_L$ e começamos de novo, com o próximo vértice sendo o vértice após o V_L recém-encontrado. O próximo vértice é o V_5, por isso nós o analisamos novamente.

Com $V_5 = (7, 1)$ e os novos valores de V_L, B_R, e P_R, obtemos $sinal(V_L, B_R, V_5) = 0$ e $sinal(V_L, P_R, V_5) = 0$, então a condição (b) é verdadeira. Por conseguinte, fazemos $B_R = V_5 = (7, 1)$, porque V_5 é um vértice B.

O próximo vértice é $V_6 = (8, 2)$ e $sinal(V_L, B_R, V_6) = 3$, então a condição (a) é verdadeira. Assim, fazemos $V_L = B_R = (7, 1)$ e reinicializamos o algoritmo definindo $B_R = P_R = V_L$.

Por causa da reinicialização em (7, 1), o próximo vértice considerado é novamente o $V_6 = (8, 2)$. Continuando como antes com este e com os vértices restantes, obtemos os vértices do MPP na Figura 11.7(c). Como mencionado anteriormente, os vértices espelhados P em (2, 3), (3, 2) e na parte inferior direita de (13, 10), enquanto estiverem na fronteira do MPP, são colineares e, portanto, *não* são considerados vértices do MPP. Apropriadamente, o algoritmo não os detectou como tal.

Exemplo 11.3 Aplicando o algoritmo MPP.

A Figura 11.8(a) é uma imagem binária 566 × 566 de uma folha de uma árvore chamada *maple* e a Figura 11.8(b) é sua fronteira 8-conectada. A sequência nas figuras 11.8(c) a (i) mostra as representações MMP desta fronteira usando um complexo celular de células quadradas de tamanhos 2, 3, 4, 6, 8, 16 e 32, respectivamente (os vértices de cada figura foram conectados com linhas retas para formar uma fronteira fechada). A folha tem duas características principais: um caule e três lóbulos principais. O caule começa a desaparecer para tamanhos de célula superiores a 4 × 4, como mostra a Figura 11.8(f). Os três lóbulos principais estão razoavelmente bem conservados, mesmo para um tamanho de célula de 16 × 16, como mostra a Figura 11.8(h). No entanto, vemos na Figura 11.8(i) que, no mo-

Figura 11.8 (a) Imagem binária de 566 × 566. (b) Fronteira 8-conectada. (c) a (i), MPPs obtidos com células quadradas de tamanhos 2, 3, 4, 6, 8, 16 e 32, respectivamente (os vértices foram unidos por linhas retas para exibição). O número de pontos da fronteira em (b) é 1.900. O número de vértices de (c) a (i) são 206, 160, 127, 92, 66, 32 e 13, respectivamente.

mento em que o tamanho da célula é aumentado para 32 × 32, essa característica foi praticamente perdida.

O número de pontos na fronteira original (Figura 11.8(b)) é 1.900. O número de vértices nas figuras 11.8(c) a (i) são 206, 160, 127, 92, 66, 32 e 13, respectivamente. A Figura 11.8(e), que tem 127 vértices, manteve todas as características principais da fronteira original enquanto atingiu uma redução de dados de mais de 90%. Portanto, aqui vemos uma vantagem significativa dos MPPs ao representar uma fronteira. Outra vantagem importante é que os MPPs executam a suavização da fronteira. Como explicado na seção anterior, este é um requisito normalmente solicitado quando representamos uma fronteira por um código da cadeia.

11.1.4 Outras abordagens de aproximação poligonal

Às vezes, abordagens conceitualmente mais simples que o algoritmo MPP discutido na seção anterior podem ser utilizadas para aproximações poligonais. Nesta seção, discutiremos duas abordagens.

Técnicas de fusão

As técnicas de *fusão* (*merging*) baseadas no erro médio ou em outros critérios vêm sendo aplicadas para o problema da aproximação poligonal. Uma abordagem é fundir pontos ao longo de uma fronteira até que o mínimo erro quadrático do ajuste da linha para os pontos mesclados ultrapasse um limiar predefinido. Quando essa condição ocorre, os parâmetros da linha são armazenados, o erro é definido como 0 e o procedimento é repetido, fundindo novos pontos ao longo da fronteira até que o erro novamente exceda o limiar. Ao final do procedimento, as interseções dos segmentos de linha adjacentes formam os vértices do polígono. Uma das principais dificuldades com este método é que os vértices na aproximação resultante nem sempre correspondem às inflexões (como no caso dos cantos) na fronteira original, pois uma nova linha não começa até que o limiar de erro não seja ultrapassado. Se, por exemplo, uma linha reta longa estava sendo rastreada e tornou-se um canto, um número (dependendo do limiar) de pontos após esse canto seria absorvido antes que o limiar fosse ultrapassado. No entanto, a separação (discutida a seguir), juntamente com a fusão, pode ser usada para resolver esta dificuldade.

Técnicas de separação

Uma abordagem para a *separação* (*splitting*) do segmento de fronteira é subdividir um segmento sucessivamente em duas partes, até que um critério especificado seja alcançado. Por exemplo, um requisito pode ser que a distância máxima perpendicular de um segmento de fronteira até a linha que une seus dois pontos finais não exceda um limiar predefinido. Se isso acontecer, o ponto que estiver mais longe da linha torna-se um vértice, subdividindo assim o segmento inicial em dois subsegmentos. Essa abordagem tem a vantagem de encontrar pontos de inflexão acentuada. Para uma fronteira fechada, os melhores pontos de partida são geralmente os dois pontos mais distantes da fronteira. Por exemplo, a Figura 11.9(a) mostra a fronteira de um objeto e a Figura 11.9(b) mostra uma subdivisão dessa fronteira em relação a seus pontos mais distantes. O ponto marcado com *c* é o ponto mais distante (considerando a distância perpendicular) do segmento da fronteira superior até a linha *ab*. Do mesmo modo, o ponto *d* é o ponto mais distante no segmento inferior. A Figura 11.9(c) mostra o resultado da utilização do procedimento de separação com um limiar igual a 0,25 vez o comprimento da linha *ab*. Como nenhum ponto nos segmentos da nova fronteira tem uma distância perpendicular (até seu segmento de linha reta correspondente) que exceda esse limiar, o procedimento termina com o polígono da Figura 11.9(d).

11.1.5 Assinaturas

Uma assinatura é uma representação funcional 1-D de uma fronteira e pode ser gerada de várias maneiras. Uma das mais simples é dada pelo gráfico da distância da fronteira ao centroide em função do ângulo, como ilustrado na Figura 11.10. Independentemente da maneira como a assinatura é gerada, no entanto, a ideia básica é reduzir a representação da fronteira para uma função 1-D que seja presumivelmente mais fácil de descrever do que a fronteira 2-D original.

As assinaturas geradas pela abordagem descrita anteriormente são invariantes à translação, mas dependem da rotação e da escala. A normalização em relação à rotação pode ser alcançada encontrando uma maneira de selecionar o mesmo ponto de partida para gerar a assinatura, independente da orientação da forma. Uma maneira de fazer isso é selecionar o ponto de partida como o ponto mais distante do centroide, assumindo que este ponto é único para cada forma de interesse. Outra maneira é selecionar o ponto sobre o "autoeixo" (*eigen axis*) (veja a Seção 11.4) que estiver mais afastado do centroide. Esse método requer mais cálculos computacionais, mas é mais robusto porque a direção do autoeixo é determinada utilizando todos os pontos de contorno. Ainda outra maneira é obter o código da cadeia da fronteira e, em seguida, usar a abordagem discutida na Seção 11.1.2, assumindo que a codificação é suficientemente coesa para que a rotação não afete sua circularidade.

Com base nos pressupostos de uniformidade na escala em relação a ambos os eixos e que a amostragem é tomada em intervalos iguais de θ, as mudanças no tamanho de uma forma resultam em alterações nos valores de

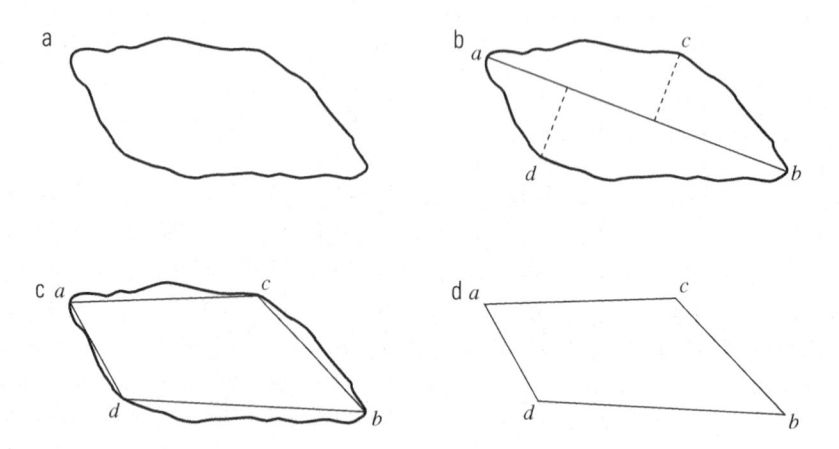

Figura 11.9 (a) Fronteira original. (b) Fronteira dividida em segmentos com base nos pontos extremos. (c) Junção dos vértices. (d) Polígono resultante.

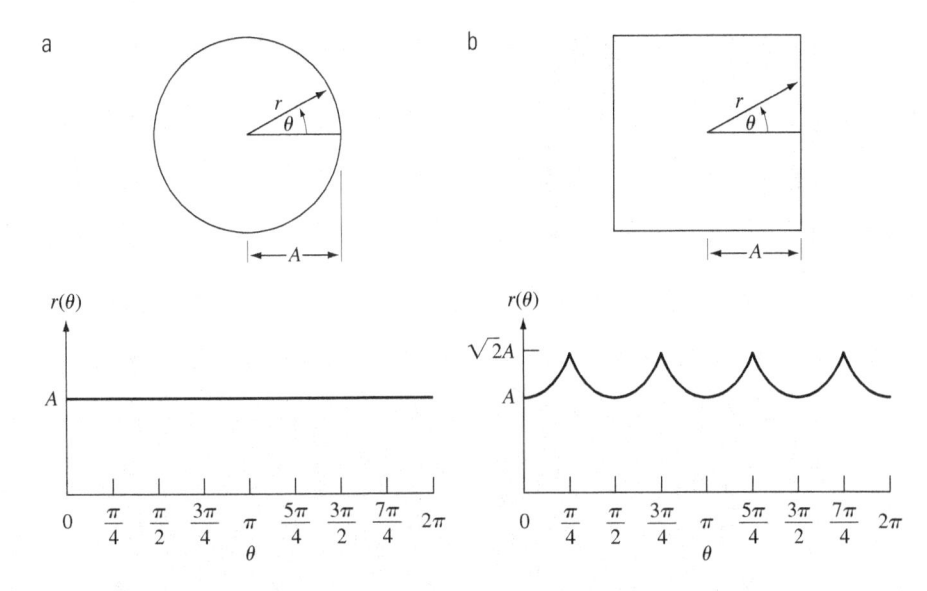

Figura 11.10 Assinaturas de distância em função do ângulo. Em (a), $r(\theta)$ é constante. Em (b), a assinatura consiste de repetições do padrão $r(\theta) = A \sec \theta$ para $0 \leq \theta \leq \pi/4$ e $r(\theta) = A \csc \theta$ para $\pi/4 < \theta \leq \pi/2$.

amplitude da assinatura correspondente. Uma maneira de normalizar é ajustar todas as funções para que sempre possam cobrir o mesmo intervalo de valores, por exemplo, [0, 1]. A principal vantagem desse método é a simplicidade, mas tem a desvantagem potencialmente grave de que o ajuste da função inteira depende apenas de dois valores: o mínimo e o máximo. Se os formatos são ruidosos, essa dependência pode ser uma fonte significativa de erro de objeto a objeto. Uma abordagem mais consistente (mas também mais intensa computacionalmente) é dividir cada amostra pela variância da assinatura, supondo que a variância não seja zero, como no caso da Figura 11.10(a) — ou tão pequena que crie dificuldades computacionais. O uso da variância produz um fator de mudança de escala variável inversamente proporcional às mudanças no tamanho e funciona de forma muito semelhante ao controle automático de ganho. Seja qual for o método utilizado, lembre-se que a ideia básica é remover a dependência ao tamanho preservando a forma fundamental da função.

A distância em função do ângulo não é a única maneira de gerar uma assinatura. Por exemplo, outra maneira de percorrer a fronteira é, para cada ponto ao longo dela, gerar um gráfico do ângulo entre uma linha tangente à fronteira neste ponto e uma linha de referência. A assinatura resultante, embora bastante diferente das curvas $r(\theta)$ da Figura 11.10, pode carregar informações sobre as características básicas do formato. Por exemplo, os segmentos horizontais na curva corresponderiam às linhas retas ao longo da fronteira porque o ângulo tangente seria constante nesse ponto. Uma variação dessa abordagem é usar a chamada *função de densidade de inclinação* como assinatura. Essa função é um histograma dos valores dos ângulos tangentes. Um vez que um histograma é uma medida de concentração de valores, a função de densidade de inclinação responde fortemente a seções da fronteira com valores constantes de ângulos tangentes (segmentos retos ou quase retos) e tem vales profundos em seções que produzem ângulos que variam rapidamente (cantos ou outras inflexões agudas).

Exemplo 11.4 Assinaturas de dois objetos simples.

As figuras 11.11(a) e (b) mostram dois objetos binários e as figuras 11.11(c) e (d) são suas fronteiras. As assinaturas $r(\theta)$ correspondentes nas figuras 11.11(e) e (f) variam de 0° a 360° em incrementos de 1°. O número de picos mais acentuados que aparecem nas assinaturas é suficiente para diferenciar entre os formatos dos dois objetos.

11.1.6 Segmentos de fronteira

A decomposição de uma fronteira em segmentos é um procedimento útil em algumas ocasiões. A decomposição reduz a complexidade da fronteira e, assim, simplifica o processo de descrição. Esta abordagem é particularmente atrativa quando a fronteira contém uma ou mais concavidades significativas que carregam a informação do formato. Neste caso, o uso do fecho convexo da região delimitada pela fronteira é uma ferramenta poderosa para a decomposição robusta da fronteira.

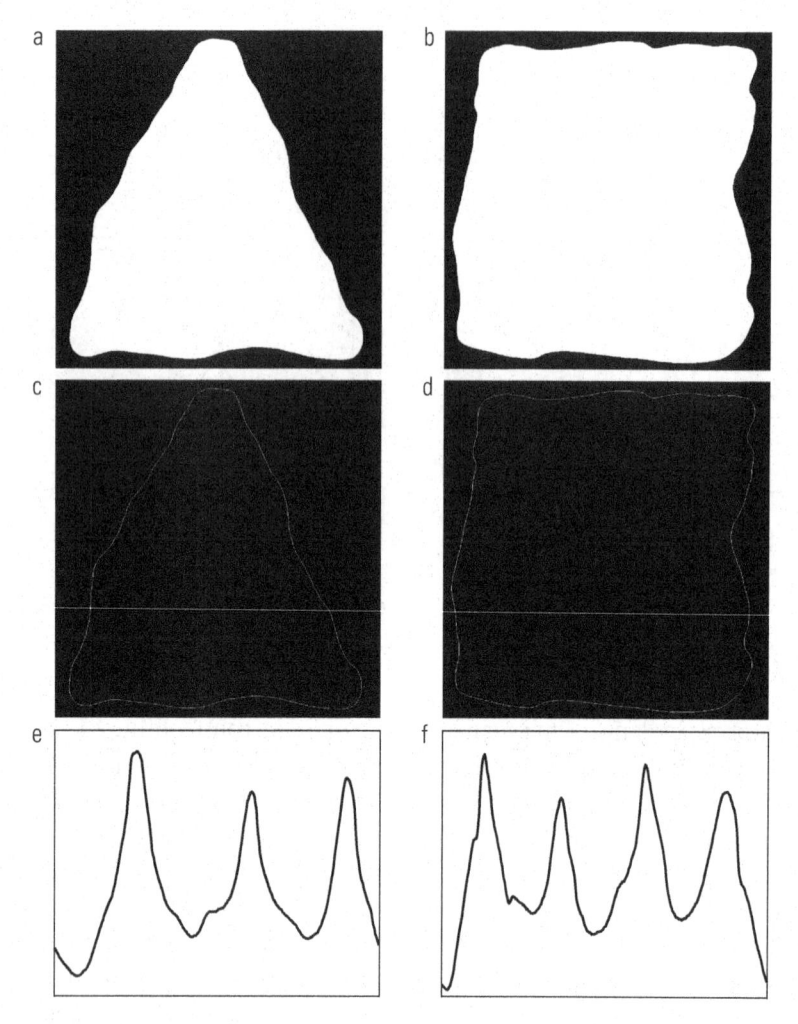

Figura 11.11 Duas regiões binárias, suas fronteiras externas e suas assinaturas $r(\theta)$ correspondentes. Os eixos horizontais em (e) e (f) correspondem a ângulos de 0° a 360°, com incrementos de 1°.

Conforme definido na Seção 9.5.4, o *fecho convexo H* de um conjunto arbitrário *S* é o menor conjunto convexo que contém *S*. A diferença de conjuntos $H - S$ é chamada de *deficiência convexa D* do conjunto *S*. Para ver como esses conceitos podem ser utilizados para fragmentar uma fronteira em segmentos significativos, considere a Figura 11.12(a), que mostra um objeto (conjunto *S*) e sua deficiência convexa (regiões sombreadas). A região de fronteira pode ser fragmentada seguindo o contorno de *S* e marcando os pontos em que uma transição é feita para dentro ou para fora de um componente da deficiência convexa. A Figura 11.12(b) mostra o resultado nesse caso. Note que, em princípio, esse esquema é independente do tamanho e da orientação da região.

Na prática, as fronteiras digitais tendem a ser irregulares por causa da digitalização, do ruído e das variações na segmentação. Esses efeitos em geral resultam em deficiências convexas que possuem pequenos componentes não significativos espalhados aleatoriamente ao longo da fronteira. Em vez de tentar eliminar essas irregularidades pelo pós-processamento, uma abordagem comum é suavizar a fronteira antes da fragmentação. Existem várias alternativas para isso. Uma delas é percorrer a fronteira substituindo as coordenadas de cada pixel pelas coordenadas médias de seus *k* vizinhos ao longo da fronteira. Essa abordagem funciona para pequenas irregularidades, mas é bastante demorada e de difícil controle. Grandes valores de *k* podem resultar em uma suavização excessiva, enquanto pequenos valores de *k* podem não ser suficientes em alguns segmentos da fronteira.

Uma técnica mais encorpada é usar uma aproximação poligonal antes de encontrar a deficiência convexa de uma região. A maioria das fronteiras digitais de interesse são polígonos simples (lembre-se da Seção 11.1.3, segundo a qual estes são polígonos sem autointerseção). Graham e Yao (1983) apresentam um algoritmo para encontrar o fecho convexo desses polígonos.

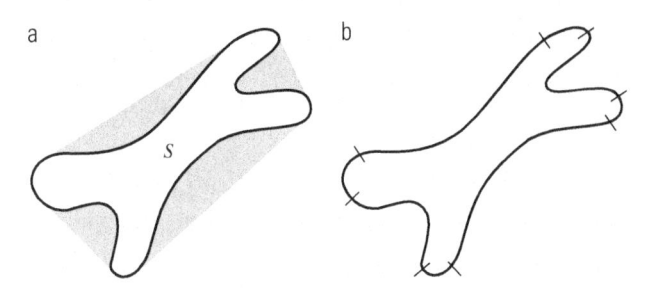

Figura 11.12 (a) Uma região, *S*, e sua deficiência convexa (sombreada). (b) Fronteira fragmentada.

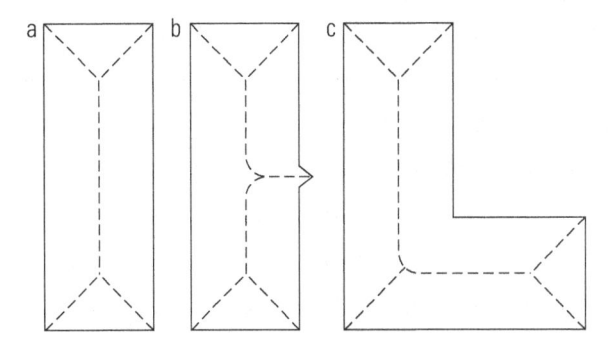

Figura 11.13 Eixos médios (tracejados) de três regiões simples.

Os conceitos de fecho convexo e sua deficiência são igualmente úteis para descrever uma região inteira ou apenas sua fronteira. Por exemplo, a descrição de uma região pode estar baseada em sua área e na área de sua deficiência convexa, no número de componentes na deficiência convexa, na posição relativa desses componentes e assim por diante. Lembre-se que um algoritmo morfológico para encontrar o fecho convexo foi desenvolvido na Seção 9.5.4. As referências citadas ao final deste capítulo contêm outras formulações.

11.1.7 Esqueletos

Uma abordagem importante para representar o formato estrutural de uma região plana é reduzi-la a um grafo. Esta redução pode ser realizada obtendo o *esqueleto* da região por meio de um algoritmo de afinamento (também chamado *algoritmo de esqueletização*). Os procedimentos de afinamento desempenham um papel central em uma ampla gama de problemas em processamento de imagens, que vai desde a inspeção automatizada de placas de circuito impresso até a contagem de fibras de asbesto em filtros de ar. Nós já discutimos na Seção 9.5.7 as noções básicas de esqueletização usando morfologia. No entanto, como observado naquela seção, o procedimento discutido não manteve o esqueleto conectado. O algoritmo desenvolvido aqui corrige esse problema.

O esqueleto de uma região pode ser definido pela transformada do eixo médio (MAT, de *medial axis transformation*), proposto por Blum (1967). A MAT de uma região R com borda B é definida da seguinte maneira: para cada ponto p em R, encontramos seu vizinho mais próximo em B. Se p tiver mais de um vizinho, diz-se que ele pertence ao *eixo médio* (esqueleto) de R. O conceito de "mais próximo" (e a MAT resultante) depende da definição de uma distância (veja a Seção 2.5.3). A Figura 11.13 mostra alguns exemplos usando a distância euclidiana. Os mesmos resultados seriam obtidos com o disco máximo da Seção 9.5.7.

A MAT de uma região tem uma definição intuitiva baseada no chamado "conceito de fogo na planície". Considere uma região da imagem como se fosse uma planície com grama uniforme e seca e imagine que há fogo ao longo de suas fronteiras. Todas as frentes de fogo avançam para dentro da região com a mesma velocidade. A MAT da região é o conjunto de pontos alcançado por mais de uma frente de fogo ao mesmo tempo.

Embora a MAT de uma região gere um esqueleto intuitivamente agradável, a aplicação direta dessa definição requer alto custo computacional. Sua implementação envolve potencialmente o cálculo da distância de cada ponto interno para cada ponto da fronteira de uma região. Vários algoritmos têm sido propostos para melhorar a eficiência computacional e, ao mesmo tempo, tentar produzir uma representação de eixo medial de uma região. Normalmente, estes são algoritmos de afinamento que eliminam iterativamente pontos da fronteira de uma região respeitando algumas restrições como: (1) não remover os pontos extremos, (2) não quebrar a conectividade e (3) não causar uma erosão excessiva da região.

Nesta seção, apresentamos um algoritmo para o afinamento de regiões binárias. Assume-se que os pontos da região possuam valor 1 e os pontos de fundo possuam valor 0. O método consiste na aplicação sucessiva de dois passos básicos aos pontos do contorno da região, sendo que, segundo a definição dada na Seção 2.5.2, um *ponto de contorno* é qualquer pixel de valor 1 que tenha pelo menos um vizinho de valor 0. Com referência à notação de vizinhança-8 na Figura 11.14, o Passo 1 *marca* um ponto de contorno p_1 para ser *excluído* se as seguintes condições forem satisfeitas:

(a) $2 \leq N(p_1) \leq 6$
(b) $T(p_1) = 1$
(c) $p_2 \cdot p_4 \cdot p_6 = 0$
(d) $p_4 \cdot p_6 \cdot p_8 = 0$ \hfill (11.1-4)

p_9	p_2	p_3
p_8	p_1	p_4
p_7	p_6	p_5

Figura 11.14 Arranjo de vizinhança usado pelo algoritmo de afinamento.

em que $N(p_1)$ é o número de vizinhos de p_1 que são diferentes de zero; ou seja,

$$N(p_1) = p_2 + p_3 + \ldots + p_8 + p_9 \qquad (11.1\text{-}5)$$

na qual p_i é 0 ou 1, e $T(p_1)$ é o número de transições 0-1 na sequência ordenada $p_2, p_3, \ldots, p_8, p_9, p_2$. Por exemplo, $N(p_1) = 4$ e $T(p_1) = 3$ na Figura 11.15.

No Passo 2, as condições (a) e (b) permanecem as mesmas, mas as condições (c) e (d) mudam para

(c′) $p_2 \cdot p_4 \cdot p_8 = 0$
(d′) $p_2 \cdot p_6 \cdot p_8 = 0$ $\qquad (11.1\text{-}6)$

O Passo 1 deve ser aplicado a cada pixel do contorno da região binária que está sendo considerada. Se uma ou mais das condições (a) a (d) for violada, o valor do ponto em questão não muda. Se todas as condições forem satisfeitas, o ponto é marcado para ser excluído. No entanto, o ponto não é eliminado até que todos os pontos de fronteira tenham sido processados. Este atraso impede a alteração da estrutura dos dados durante a execução do algoritmo. Após a aplicação do Passo 1 em todos os pontos do contorno, os que foram marcados serão apagados (alterados para 0). Em seguida, o Passo 2 é aplicado aos dados resultantes exatamente da mesma maneira como no Passo 1.

Assim, uma iteração do algoritmo de afinamento consiste em: (1) aplicação do Passo 1 para marcar os pontos do contorno para exclusão; (2) eliminar os pontos marcados; (3) aplicação do Passo 2 para marcar os pontos restantes do contorno para eliminação e (4) excluir os pontos marcados. Este procedimento básico é aplicado iterativamente até que não hajam mais pontos para serem apagados, o que finaliza o algoritmo, produzindo o esqueleto da região.

A condição (a) é violada quando o ponto de contorno p_1 tem apenas um ou sete vizinhos-8 de valor 1. Ter apenas um vizinho desses implica que p_1 é o ponto extremo de um segmento do esqueleto e, obviamente, não deve ser excluído. Apagar p_1, se ele possuir sete vizinhos como esses, levaria à erosão da região. A condição (b) é violada quando é aplicada a pontos em um trecho de 1 pixel de espessura. Por isso, esta condição impede a quebra de segmentos do esqueleto durante a operação de afinamento. As condições (c) e (d) são satisfeitas simultaneamente pelo conjunto mínimo de valores: ($p_4 = 0$ ou $p_6 = 0$) ou ($p_2 = 0$ e $p_8 = 0$). Assim, com referência ao arranjo de vizinhança da Figura 11.14, um ponto que satisfaz essas condições, bem como as condições (a) e (b), é um ponto de fronteira leste ou sul ou um ponto de canto a noroeste na fronteira. Em qualquer caso, p_1 não faz parte do esqueleto e deve ser removido. Da mesma forma, as condições (c′) e (d′) são satisfeitas simultaneamente pelo conjunto mínimo de valores a seguir: ($p_2 = 0$ ou $p_8 = 0$) ou ($p_4 = 0$ e $p_6 = 0$). Estes correspondem aos pontos de fronteira norte ou oeste, ou um ponto de canto a sudeste. Note que os pontos de canto a nordeste têm $p_2 = 0$ e $p_4 = 0$, e, assim, satisfazem as condições (c) e (d), bem como (c′) e (d′). O mesmo se aplica aos pontos de canto a sudoeste, que têm $p_6 = 0$ e $p_8 = 0$.

Exemplo 11.5 O esqueleto de uma região.

A Figura 11.16 mostra uma imagem segmentada de um osso da perna humana e, sobreposto, o esqueleto da região. Na maior parte da imagem, o esqueleto parece intuitivamente correto. Há duas ramificações no lado superior direito do osso; à primeira vista, seria de esperar que fosse uma única ramificação, como acontece no lado esquerdo. Note, entretanto, que o lado superior direito do osso é um pouco maior do que o lado esquerdo. Isso é o que causou que essa ramificação fosse criada pelo algoritmo. Esse tipo de comportamento imprevisível não é incomum em algoritmos de esqueletização.

11.2 Descritores de fronteira

Nesta seção, consideraremos várias abordagens para descrever a fronteira de uma região, e, na Seção 11.3, nos focaremos nos descritores regionais. Partes das seções 11.4 e 11.5 são aplicáveis tanto às fronteiras quanto às regiões.

0	0	1
1	p_1	0
1	0	1

Figura 11.15 Ilustração das condições (a) e (b) na Equação 11.1-4. Neste caso, $N(p_1) = 4$ e $T(p_1) = 3$.

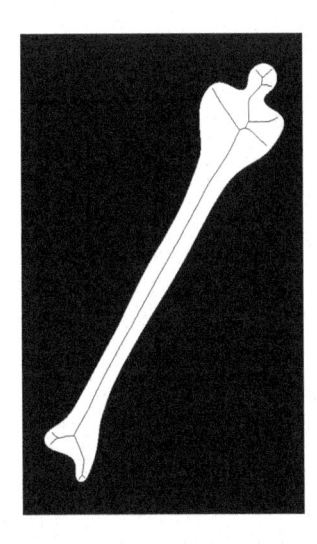

Figura 11.16 Osso da perna humana e o esqueleto sobreposto da região.

11.2.1 Alguns descritores simples

O *comprimento* de uma fronteira é um dos seus descritores mais simples. O número de pixels ao longo de uma fronteira dá uma aproximação básica de seu comprimento. Para uma curva representada pelo código da cadeia com espaçamento unitário em ambas as direções, o número de componentes verticais e horizontais mais $\sqrt{2}$ vezes o número de componentes diagonais dá o seu comprimento exato.

O *diâmetro* de uma fronteira B é definido como

$$\text{Diâm}(B) = \max_{i,j}\left[D(p_i, p_j)\right] \quad (11.2\text{-}1)$$

em que D é uma medida de distância (veja a Seção 2.5.3) e p_i e p_j são pontos na fronteira. O valor do diâmetro e da orientação de um segmento de linha conectando os dois pontos extremos que compõem o diâmetro (esta linha é chamada de *eixo maior* da fronteira) são descritores úteis de uma fronteira. O *eixo menor* de uma fronteira é definido como a linha perpendicular ao eixo maior e de comprimento tal que uma caixa que passa pelos quatro pontos exteriores de interseção da fronteira com os dois eixos envolve completamente a fronteira.* A caixa descrita anteriormente é chamada de *retângulo básico*, e a razão entre o eixo maior e o menor é chamada de *excentricidade* da fronteira. Isso também é um descritor útil.

A *curvatura* é definida como a taxa de mudança da inclinação. Em geral, a obtenção de medidas confiáveis de curvatura em um ponto de uma fronteira digital é difícil, pois essas fronteiras tendem a ser localmente "rugosas". No entanto, a utilização da diferença entre as inclinações de segmentos adjacentes da fronteira (que foram representados como segmentos de retas) como um descritor da curvatura no ponto de intersecção dos segmentos pode ser muito útil. Por exemplo, os vértices das fronteiras como os mostrados na Figura 11.6(c) são apropriados para descrições de curvatura. À medida que a fronteira é percorrida no sentido horário, um ponto de vértice p é considerado parte de um segmento *convexo* se a mudança na inclinação em p for não negativa; caso contrário, p é considerado parte de um segmento *côncavo*. A descrição de curvatura em um ponto pode ser adicionalmente refinada usando intervalos na mudança de inclinação. Por exemplo, p poderia ser parte de um segmento quase reto se a mudança for inferior a 10°, ou um ponto de *canto* se a alteração for superior a 90°. Estes descritores devem ser usados com cuidado, porque sua interpretação depende do comprimento de cada segmento individual em relação ao comprimento total da fronteira.

11.2.2 Números do formato

Conforme explicado na Seção 11.1.2, a primeira diferença de uma fronteira representada pelo código da cadeia depende do ponto de partida. O *número do formato* de tal fronteira, com base no código de quatro direções da Figura 11.3(a), é definido como a primeira diferença de menor magnitude. A ordem n de um número do formato é definida como o número de dígitos em sua representação. Além disso, n é par para uma fronteira fechada e seu valor limita o número de possíveis formatos diferentes. A Figura 11.17 mostra todas os formatos de ordem 4, 6 e 8, junto com suas representações pelo código da cadeia, primeiras diferenças e números do formato correspondentes. Note que a primeira diferença é calculada considerando o código da cadeia como uma sequência circular, conforme discutido na Seção 11.1.2. Embora a primeira diferença de um código da cadeia seja independente da rotação, em geral a fronteira codificada depende da orientação da grade. Uma forma de normalizar a orientação da grade é pelo alinhamento da grade do código da cadeia com os lados do retângulo básico definido na seção anterior.

Na prática, para uma ordem desejada do formato, encontramos o retângulo de ordem n, cuja excentricidade (definida na seção anterior) melhor se aproxima com a do retângulo básico e usamos este novo retângulo para determinar o tamanho da grade. Por exemplo, se $n = 12$, todos os retângulos de ordem 12 (isto é, aqueles cujo perímetro é 12) são 2×4, 3×3, e 1×5.

Se a excentricidade do retângulo 2×4 for a que mais bem se aproxima da excentricidade do retângulo bá-

---
* Não confunda esta definição de eixo maior e eixo menor com os autoeixos (*eigen axis*) definidos na Seção 11.4.

Ordem 4

Código da cadeia: 0 3 2 1
Diferença: 3 3 3 3
Número do formato: 3 3 3 3

Ordem 6

0 0 3 2 2 1
3 0 3 3 0 3
0 3 3 0 3 3

Ordem 8

Código da cadeia: 0 0 3 3 2 2 1 1   0 3 0 3 2 2 1 1   0 0 0 3 2 2 2 1
Diferença: 3 0 3 0 3 0 3 0   3 3 1 3 3 0 3 0   3 0 0 3 3 0 0 3
Número do formato: 0 3 0 3 0 3 0 3   0 3 0 3 3 1 3 3   0 0 3 3 0 0 3 3

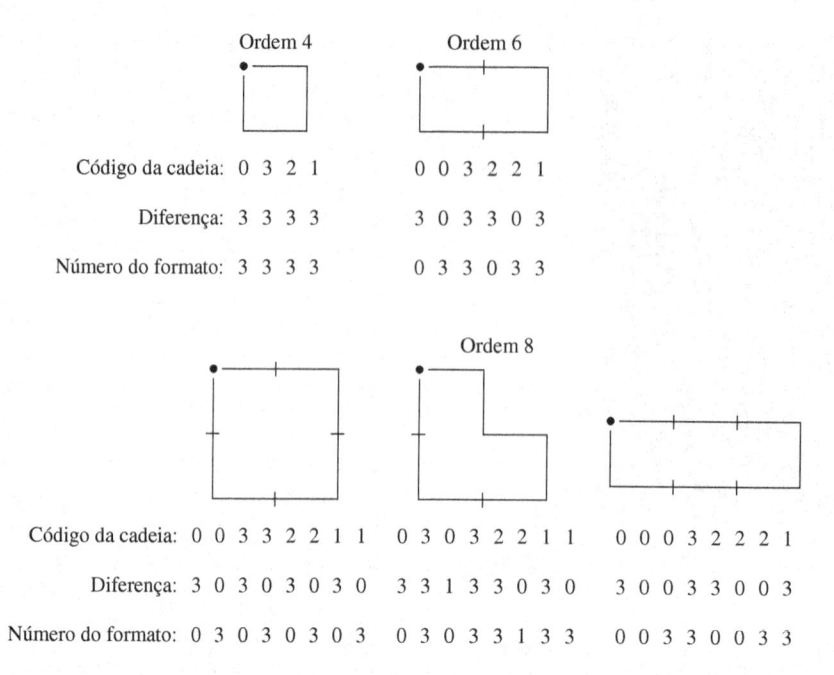

Figura 11.17 Todos os formatos de ordem 4, 6 e 8. As direções são da Figura 11.3(a) e o ponto preto indica o ponto de partida.

sico para uma dada fronteira, estabelecemos uma grade 2 × 4 centrada no retângulo básico e usamos o procedimento descrito na Seção 11.1.2 para obter o código da cadeia. O número do formato resulta da primeira diferença deste código. Embora a ordem do número do formato resultante geralmente seja igual a *n* em razão da maneira que o espaçamento da grade foi selecionado, as fronteiras com depressões semelhantes a esse espaçamento algumas vezes podem levar a números do formato de ordem superior a *n*. Neste caso, podemos especificar um retângulo de ordem menor que *n* e repetir o procedimento até que o número do formato resultante seja de ordem *n*.

Exemplo 11.6 Passos para calcular um número do formato.

Suponha que $n = 18$ seja especificado para a fronteira na Figura 11.18(a). Obter um número do formato dessa ordem exige seguir os passos que acabamos de discutir. O primeiro passo é encontrar o retângulo básico, como mostrado na Figura 11.18(b). O retângulo mais próximo de ordem 18 é um retângulo 3 × 6, exigindo a subdivisão do retângulo básico, como mostrado na Figura 11.18(c), e as direções do código da cadeia estão alinhadas com a grade resultante. O passo final é a obtenção do código da cadeia e a utilização de sua primeira diferença para calcular o número do formato, como mostrado na Figura 11.18(d).

11.2.3 Descritores de Fourier

A Figura 11.19 mostra uma fronteira digital de K pontos no plano *xy*. A partir de um ponto arbitrário (x_0, y_0), pares de coordenadas $(x_0, y_0), (x_1, y_1), (x_2, y_2), ..., (x_{K-1}, y_{K-1})$ são encontrados percorrendo a fronteira, por exemplo, no sentido anti-horário. Essas coordenadas podem ser expressas na forma $x(k) = x_k$ e $y(k) = y_k$. Com esta notação, a fronteira em si pode ser representada como a sequência de coordenadas $s(k) = [x(k), y(k)]$, para $k = 0, 1$,

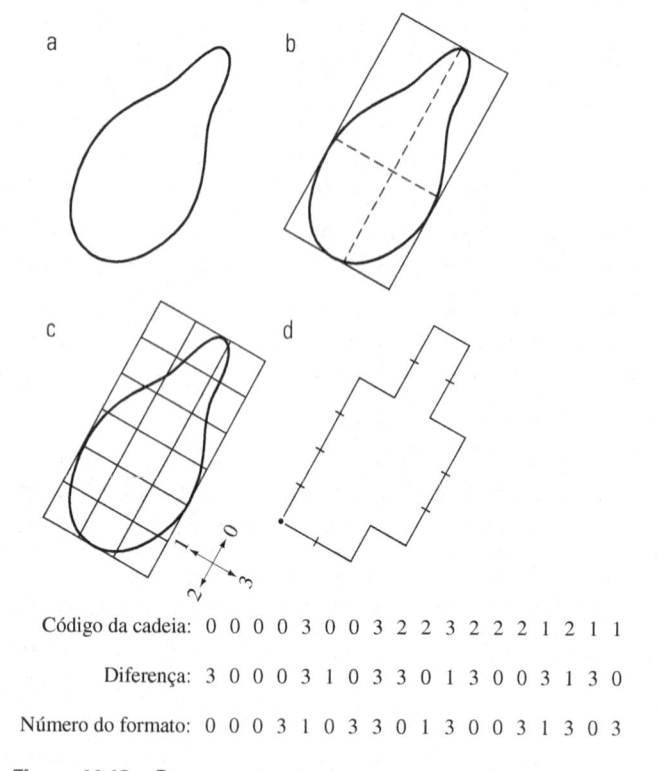

Código da cadeia: 0 0 0 0 3 0 0 3 2 2 3 2 2 2 1 2 1 1
Diferença: 3 0 0 0 3 1 0 3 3 0 1 3 0 0 3 1 3 0
Número do formato: 0 0 0 3 1 0 3 3 0 1 3 0 0 3 1 3 0 3

Figura 11.18 Etapas na geração de um número do formato.

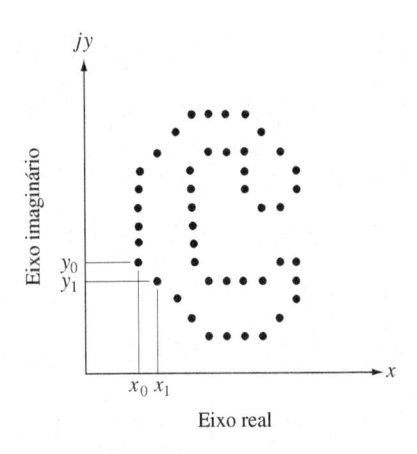

Figura 11.19 Uma fronteira digital e sua representação como uma sequência complexa. Os pontos (x_0, y_0) e (x_1, y_1) exibidos são (arbitrariamente) os dois primeiros pontos da sequência.

2,..., $K - 1$. Além disso, cada par de coordenadas pode ser tratado como um número complexo de modo que

$$s(k) = x(k) + jy(k) \quad (11.2\text{-}2)$$

para $k = 0, 1, 2,..., K - 1$. Ou seja, o eixo x é tratado como o eixo real e o eixo y como o eixo imaginário de uma sequência de números complexos. Embora a interpretação da sequência tenha sido reformulada, a natureza da fronteira em si não foi alterada. Evidentemente, essa representação tem uma grande vantagem: ela reduz um problema 2-D para um problema 1-D.

Da Equação 4.4-6, a transformada discreta de Fourier (DFT) de $s(k)$ é

$$a(u) = \sum_{k=0}^{K-1} s(k) e^{-j2\pi uk/K} \quad (11.2\text{-}3)$$

para $u = 0, 1, 2,..., K - 1$. Os coeficientes complexos $a(u)$ são chamados de *descritores de Fourier* da fronteira. A transformada inversa de Fourier desses coeficientes reconstrói $s(k)$. Isto é, a partir da Equação 4.4-7,

$$s(k) = \frac{1}{K} \sum_{u=0}^{K-1} a(u) e^{j2\pi uk/K} \quad (11.2\text{-}4)$$

para $k = 0, 1, 2,..., K - 1$. Suponha, entretanto, que, em vez de todos os coeficientes de Fourier, apenas os primeiros P coeficientes sejam usados. Isto é equivalente a definir $a(u) = 0$ para $u > P - 1$ na Equação 11.2-4. O resultado é a seguinte *aproximação* para $s(k)$:

$$\hat{s}(k) = \frac{1}{P} \sum_{u=0}^{P-1} a(u) e^{j2\pi uk/P} \quad (11.2\text{-}5)$$

para $k = 0, 1, 2,..., K - 1$. Embora apenas P termos sejam usados para obter cada componente de $\hat{s}(k)$, k ainda varia de 0 a $K - 1$. Ou seja, o *mesmo* número de pontos existe na fronteira aproximada, mas não são utilizados tantos termos na reconstrução de cada ponto. Lembre-se das discussões sobre a transformada de Fourier no Capítulo 4, que os componentes de alta frequência são responsáveis pelos detalhes finos, e os componentes de baixa frequência determinam a forma global da imagem. Assim, quanto menor P for ficando, mais detalhes são perdidos na fronteira, como mostra o exemplo a seguir.

Exemplo 11.7 Usando os descritores de Fourier.

A Figura 11.20(a) mostra a fronteira de um cromossomo humano com 2.868 pontos. Os 2.868 descritores de Fourier correspondentes foram obtidos para esta fronteira usando a Equação 11.2-3. O objetivo deste exemplo é examinar os efeitos da reconstrução da fronteira com base na redução do número de descritores de Fourier. A Figura 11.20(b) mostra a fronteira reconstruída usando a metade dos 2.868 descritores. É interessante notar que não há diferença perceptível entre essa fronteira e a original. As figuras 11.20(c) a (h) mostram as fronteiras reconstruídas com o número de descritores de Fourier sendo 10%, 5%, 2,5%, 1,25%, 0,63% e 0,28% de 2.868, respectivamente. Essas porcentagens são aproximadamente iguais a 286, 144, 72, 36, 18 e 8 descritores, respectivamente, sendo que os números foram arredondados para o inteiro par mais próximo. O ponto importante aqui é que 18 descritores, apenas seis décimos de um por cento dos 2.868 descritores originais, foram suficientes para manter as principais características do formato da fronteira original: quatro saliências longas e duas baías profundas. A Figura 11.20(h), obtida com oito descritores, é um resultado inaceitável porque as principais características foram perdidas. Outras reduções a 4 e 2 descritores resultariam em uma elipse e um círculo, respectivamente (Exercício 11.13).

Como mostra o exemplo anterior, poucos descritores de Fourier são suficientes para capturar a essência geral de uma fronteira. Essa propriedade é importante porque esses coeficientes carregam informações sobre o formato. Assim, eles podem ser usados como base para diferenciar entre diferentes formatos de fronteiras, como veremos no Capítulo 12.

Dissemos várias vezes que os descritores devem ser tão insensíveis quanto possível a translação, rotação e mudanças de escala. Nos casos em que os resultados dependem da ordem em que os pontos são processados, uma restrição adicional é que os descritores devem ser insensíveis ao ponto de partida. Os descritores de Fourier não são diretamente insensíveis a essas mudanças geométricas, mas as mudanças nestes parâmetros podem estar relacionadas a transformações simples dos descritores. Por exem-

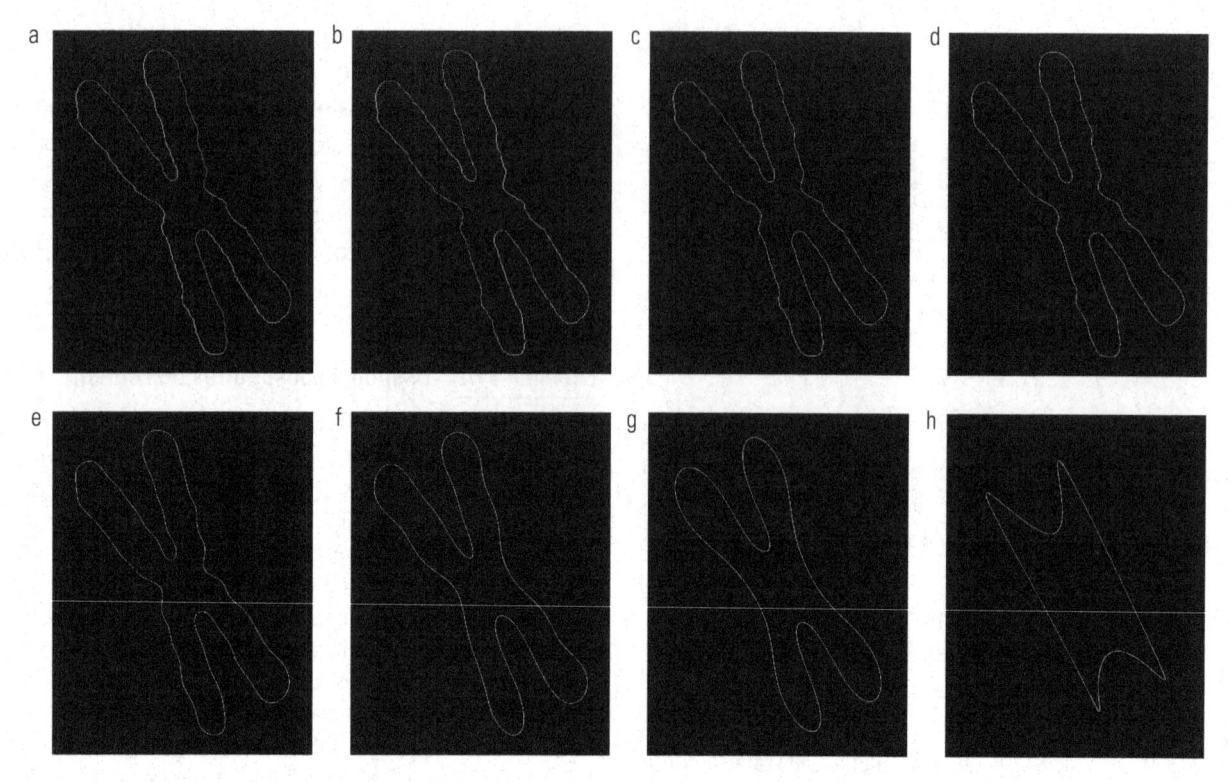

Figura 11.20 (a) Fronteira de um cromossomo humano (2.868 pontos). (b) a (h) Fronteiras reconstruídas usando 1.434, 286, 144, 72, 36, 18 e 8 descritores de Fourier, respectivamente. Estes números são aproximadamente 50%, 10%, 5%, 2,5%, 1,25%, 0,63% e 0,28% de 2.868, respectivamente.

plo, considere a rotação e lembre-se da análise matemática básica que a rotação de um ponto por um ângulo θ em torno da origem do plano complexo é obtido multiplicando o ponto por $e^{j\theta}$. Repetir essa operação para cada ponto de $s(k)$ rotaciona a sequência inteira em torno da origem. A sequência rotacionada é dada por $s(k)e^{j\theta}$, cujos descritores de Fourier são

$$a_r(u) = \sum_{k=0}^{K-1} s(k)e^{j\theta} e^{-j2\pi uk/K}$$
$$= a(u)e^{j\theta} \qquad (11.2\text{-}6)$$

para $u = 0, 1, 2,..., K - 1$. Assim, a rotação simplesmente afeta todos os coeficientes igualmente por um termo multiplicativo *constante* $e^{j\theta}$.

A Tabela 11.1 resume os descritores de Fourier para uma sequência $s(k)$ de uma fronteira que sofre rotação, translação, escala e mudanças no ponto de partida. O símbolo Δ_{xy} é definido como $\Delta_{xy} = \Delta x + j\Delta y$, então a notação $s_t(k) = s(k) + \Delta_{xy}$ indica a redefinição (translação) da sequência como

$$s_t(k) = [x(k) + \Delta x] + j[y(k) + \Delta y] \qquad (11.2\text{-}7)$$

Em outras palavras, a translação consiste na adição de um deslocamento constante para todas as coordenadas nas fronteiras. Note que a translação não tem efeito sobre os descritores, exceto para $u = 0$, que tem o impulso $\delta(u)$.* Finalmente, a expressão $s_p(k) = s(k - k_0)$ significa redefinir a sequência como

$$s_p = x(k - k_0) + jy(k - k_0) \qquad (11.2\text{-}8)$$

o que muda somente o ponto de partida da sequência de $k = 0$ para $k = k_0$. A última linha da Tabela 11.1 mostra

Tabela 11.1 Algumas propriedades básicas dos descritores de Fourier.

Transformação	Fronteira	Descritor de Fourier
Identidade	$s(k)$	$a(u)$
Rotação	$s_r(k) = s(k)e^{j\theta}$	$a_r(u) = a(u)e^{j\theta}$
Translação	$s_t(k) = s(k) + \Delta_{xy}$	$a_t(u) = a(u) + \Delta_{xy}\delta(u)$
Escala	$s_s(k) = \alpha s(k)$	$a_s(u) = \alpha a(u)$
Ponto de partida	$s_p(k) = s(k - k_0)$	$a_p(u) = a(u)e^{-j2\pi k_0 u/K}$

---

* Lembre-se, do Capítulo 4, que a transformada de Fourier de uma constante é um impulso localizado na origem. Lembre-se também que o impulso é zero em qualquer outro lugar.

que uma mudança no ponto de partida afeta todos os descritores de uma maneira diferente (mas conhecida), no sentido de que o termo que multiplica $a(u)$ depende de u.

11.2.4 Momentos estatísticos

O formato dos segmentos de fronteira (e das assinaturas) pode ser descrito quantitativamente usando momentos estatísticos, como média, variância e momentos de ordem superior. Para ver como isto pode ser feito, considere a Figura 11.21(a), que mostra o segmento de uma fronteira, e a Figura 11.21(b), que mostra o segmento representado como uma função 1-D $g(r)$ de uma variável arbitrária r.* Esta função é obtida conectando os dois pontos extremos do segmento e rotacionando o segmento de linha até ficar na horizontal. As coordenadas dos pontos são rotacionadas pelo mesmo ângulo.

Vamos tratar a amplitude de g como uma variável aleatória discreta v e formar um histograma de amplitude $p(v_i)$, $i = 0, 1, 2, ..., A - 1$, em que A é o número de incrementos discretos de amplitude em que dividimos a escala de amplitude. Em seguida, lembrando que $p(v_i)$ é uma estimativa da probabilidade de ocorrência do valor v_i, segue da Equação 3.3-17 que o n-ésimo momento de v em relação à sua média é

$$\mu_n(v) = \sum_{i=0}^{A-1}(v_i - m)^n p(v_i) \qquad (11.2\text{-}9)$$

sendo

$$m = \sum_{i=0}^{A-1} v_i p(v_i) \qquad (11.2\text{-}10)$$

A quantidade m é reconhecida como o valor médio ou a média de v e μ_2 como a sua variância. Geralmente, só os primeiros momentos são necessários para diferenciar entre as assinaturas de formatos claramente distintos.

Uma abordagem alternativa é normalizar $g(r)$ para que fique com área unitária e tratá-la como um histograma. Em outras palavras, $g(r_i)$ é agora tratada como a probabilidade de ocorrência do valor r_i. Neste caso, r é tratada como a variável aleatória e os momentos são

$$\mu_n(r) = \sum_{i=0}^{K-1}(r_i - m)^n g(r_i) \qquad (11.2\text{-}11)$$

sendo

$$m = \sum_{i=0}^{K-1} r_i g(r_i) \qquad (11.2\text{-}12)$$

Nessa notação, K é o número de pontos na fronteira, e $\mu_n(r)$ está diretamente relacionada ao formato de $g(r)$. Por exemplo, o segundo momento $\mu_2(r)$ mede o espalhamento da curva em torno da média de r e o terceiro momento $\mu_3(r)$ mede a sua simetria em relação à média.

Basicamente, o que fizemos foi reduzir a tarefa de descrição de fronteiras para a descrição de funções 1-D. Embora os momentos sejam de longe o método mais popular, não são os únicos descritores utilizados para esta finalidade. Por exemplo, outro método consiste em calcular a transformada discreta de Fourier 1-D, obtendo seu espectro e usando os primeiros q componentes do espectro para descrever $g(r)$. A vantagem dos momentos sobre as outras técnicas é que a implementação dos momentos é simples e eles também carregam uma interpretação "física" do formato da fronteira. A invariância desta abordagem em relação à rotação é clara a partir da Figura 11.21. A normalização do tamanho, se desejada, pode ser obtida pelo ajuste do intervalo de valores de g e r.

11.3 Descritores regionais

Nesta seção consideraremos várias abordagens para descrever as regiões de uma imagem. Tenha em mente que é uma prática comum o uso combinado dos descritores de fronteiras com os de regiões.

11.3.1 Alguns descritores simples

A *área* de uma região é definida como o número de pixels na região. O *perímetro* de uma região é o tamanho (comprimento) da sua fronteira. Embora a área e o perímetro sejam por vezes utilizados como descritores, eles são usados principalmente em situações em que o tamanho das regiões de interesse é invariante. A utilização mais frequente desses dois indicadores é na medida da *compacidade* de uma região, definida como (perímetro)^2/área. Um descritor um pouco diferente (por conta de um multiplicador escalar) da compacidade é a *razão de circularidade*, definida como a razão entre a área de uma região e a área de um círculo (a forma mais compacta) tendo o *mesmo* perímetro. A área de um círculo com perímetro P

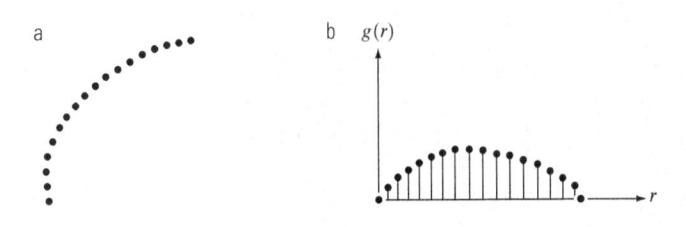

Figura 11.21 (a) Segmento de fronteira. (b) Representação como uma função 1-D.

---
* Consulte o site do livro para uma breve revisão (em inglês) sobre a teoria da probabilidade.

é $P^2/4\pi$. Portanto, a razão de circularidade, R_c, é dada pela expressão

$$R_c = \frac{4\pi A}{P^2} \quad (11.3\text{-}1)$$

sendo A a área da região em questão e P o comprimento de seu perímetro. O valor desta medida é 1 para uma região circular e $\pi/4$ para um quadrado. A compacidade é uma medida adimensional e, portanto, é invariante às mudanças uniformes de escala; é invariante também à orientação, ignorando, é claro, erros de cálculo que podem aparecer no redimensionamento e na rotação de uma região digital.

Outras medidas simples utilizadas como descritores regionais incluem a média e a mediana dos níveis de intensidade, os valores mínimo e máximo de intensidade e o número de pixels com valores acima e abaixo da média.

Exemplo 11.8 Usando cálculos da área para extrair informações das imagens.

Mesmo um simples descritor regional, como a área normalizada, pode ser bastante útil para extrair informações de imagens. Por exemplo, a Figura 11.22 mostra uma imagem de satélite das Américas obtida na faixa do infra-

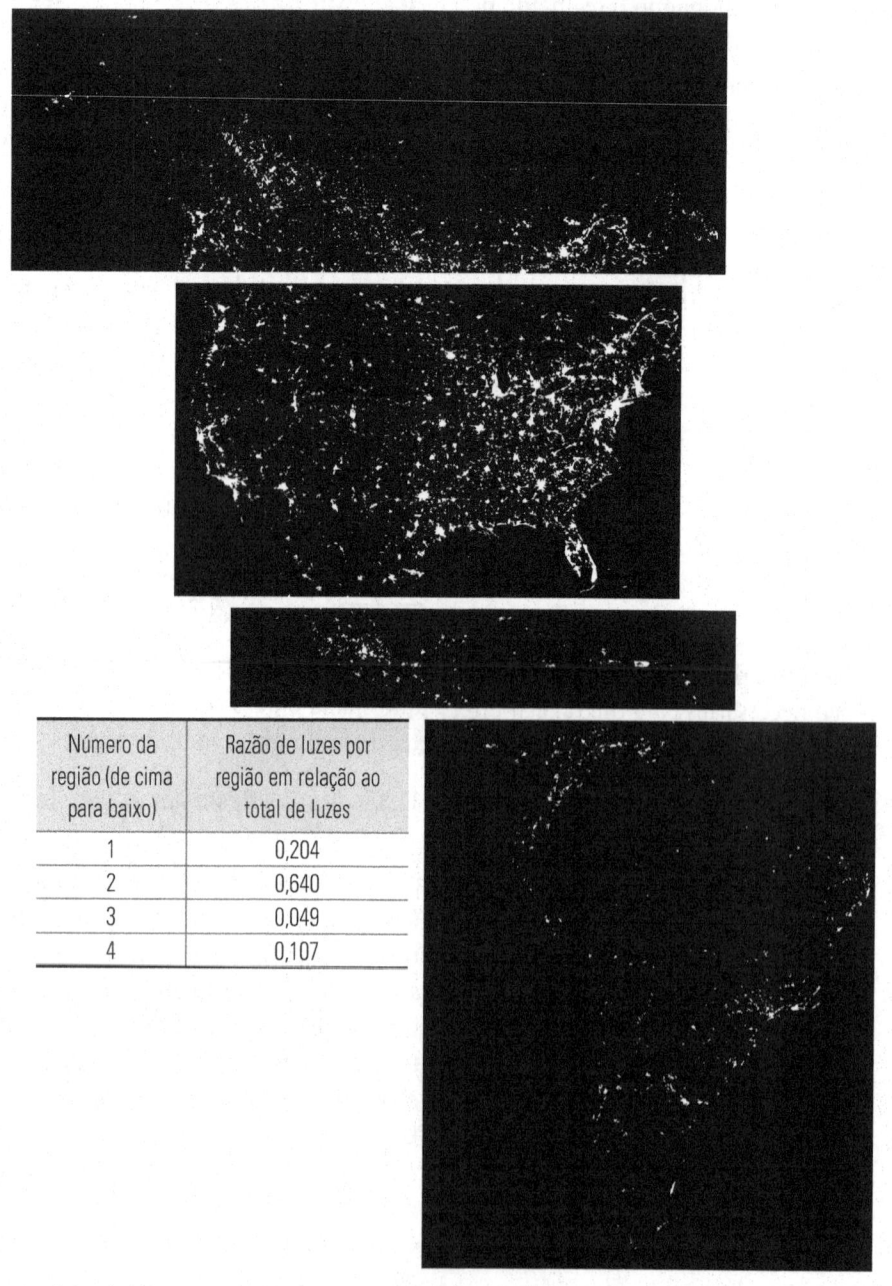

Número da região (de cima para baixo)	Razão de luzes por região em relação ao total de luzes
1	0,204
2	0,640
3	0,049
4	0,107

Figura 11.22 Imagens na faixa do infravermelho das Américas durante a noite. (Imagem original: cortesia da Noaa.)

vermelho. Como discutido na Seção 1.3.4, imagens como essas fornecem um inventário global dos assentamentos humanos. O sensor utilizado para obter essas imagens tem a capacidade de detectar emissões no espectro visível e no infravermelho próximo, como luzes, incêndios e erupções. A tabela ao lado das imagens mostra (por região, de cima para baixo) a relação entre a área ocupada pelo branco (luzes) e a área total de luz nas quatro regiões. Uma medida simples como essa pode dar, por exemplo, uma estimativa relativa por região da energia elétrica consumida. Os dados podem ser refinados normalizando-os em relação à massa de terra por região, ou em relação à densidade populacional, e assim por diante.

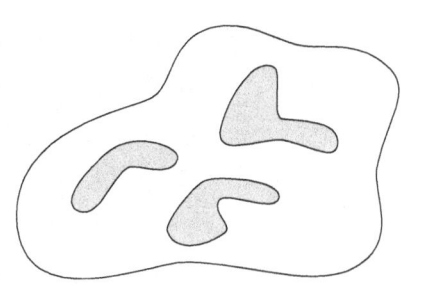

Figura 11.24 Região com três componentes conexos.

11.3.2 Descritores topológicos

As propriedades topológicas são úteis para a descrição global de regiões no plano da imagem. Definida de forma simples, a *topologia* é o estudo das propriedades de uma figura que não são afetadas por nenhuma deformação, desde que não ocorram cortes ou junções na figura (às vezes são chamadas de distorções de *folha de borracha*). Por exemplo, a Figura 11.23 mostra uma região com dois buracos. Assim, se um descritor topológico é definido pelo número de buracos na região, esta propriedade, obviamente, não será afetada por uma transformação de alongamento ou de rotação da imagem. Em geral, porém, o número de buracos pode mudar se a região for rasgada ou dobrada. Note que, uma vez que o ato de alongar uma figura afeta as distâncias, as propriedades topológicas não podem depender dessa noção de distância ou de quaisquer propriedades implicitamente baseadas no conceito de métrica de distância.

Outra propriedade topológica útil para a descrição de uma região é o número de componentes conexos. Um *componente conexo* de uma região foi definido na Seção 2.5.2. A Figura 11.24 mostra uma região com três componentes conexos. (Veja a Seção 9.5.3 sobre um algoritmo para calcular os componentes conexos.)

O número de buracos H e de componentes conexos C em uma figura pode ser usado para definir o *número de Euler E*:

$$E = C - H \qquad (11.3\text{-}2)$$

O número de Euler também é uma propriedade topológica. As regiões mostradas na Figura 11.25, por exemplo, têm números de Euler iguais a 0 e −1, respectivamente, porque o "A" possui um componente conexo e um orifício e o "B", um componente conexo, mas dois buracos.

As regiões representadas por segmentos de linhas retas (chamadas *redes poligonais*) têm uma interpretação particularmente simples em relação ao número de Euler. A Figura 11.26 mostra uma rede poligonal. Classificar as regiões internas de uma rede desse tipo em faces e buracos é uma tarefa importante em muitas ocasiões. Denotando-se o número de vértices por V, o número de arestas por Q e o número de faces por F, tem-se a seguinte relação, chamada de *fórmula de Euler*:

$$V - Q + F = C - H$$

que, em relação à Equação 11.3-2, é igual ao número de Euler:

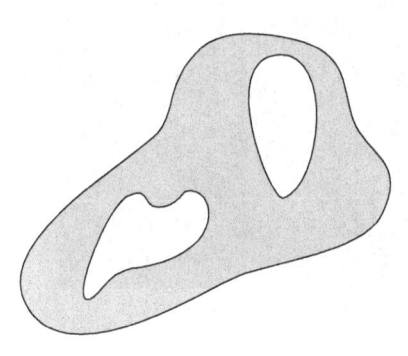

$$\begin{aligned} V - Q + F &= C - H \\ &= E \end{aligned} \qquad (11.3\text{-}3)$$

Figura 11.23 Região com dois buracos.

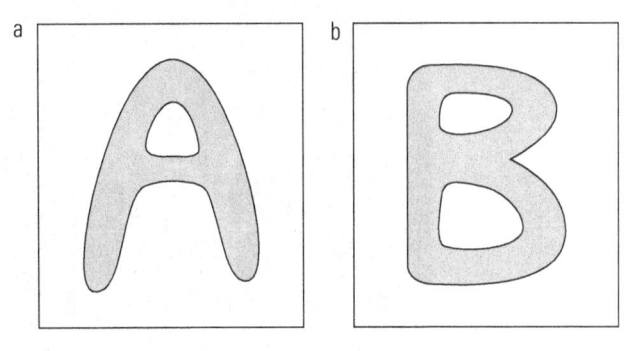

Figura 11.25 Regiões com números de Euler igual a 0 e −1, respectivamente.

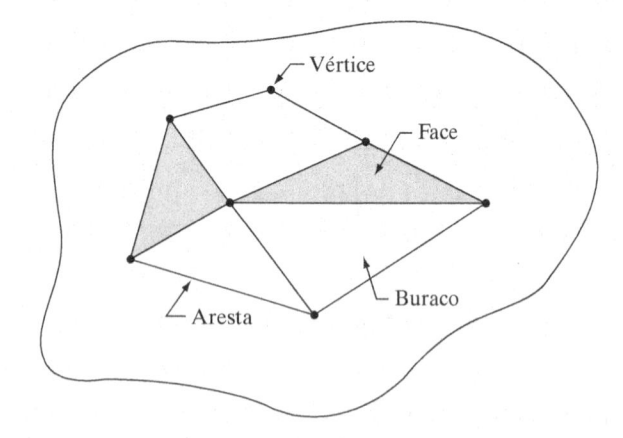

Figura 11.26 Uma região contendo uma rede poligonal.

A rede na Figura 11.26 tem 7 vértices, 11 arestas, 2 faces, 1 região conexa e 3 buracos; assim, o número de Euler é –2:

$$7 - 11 + 2 = 1 - 3 = -2$$

Os descritores topológicos fornecem uma característica adicional que muitas vezes é útil na caracterização de regiões em uma cena.

■

Exemplo 11.9 Uso de componentes conexos para extrair as características maiores de uma imagem segmentada.

A Figura 11.27(a) mostra uma imagem de 8 bits, 512 × 512, de Washington, D.C., obtidas por um satélite da Nasa. Esta imagem em particular está na banda do infravermelho próximo (veja a Figura 1.10 para mais detalhes). Suponha que queiramos segmentar o rio utilizando apenas essa imagem (em vez de usar várias imagens multiespectrais, o que simplificaria a tarefa). Uma vez que o rio é uma região escura e uniforme da imagem, a limiarização é uma abordagem óbvia para iniciar o processo. O resultado da limiarização dessa imagem com o maior valor de limiar possível antes de o rio se tornar uma região desconexa aparece na Figura 11.27(b). O limiar foi selecionado manualmente

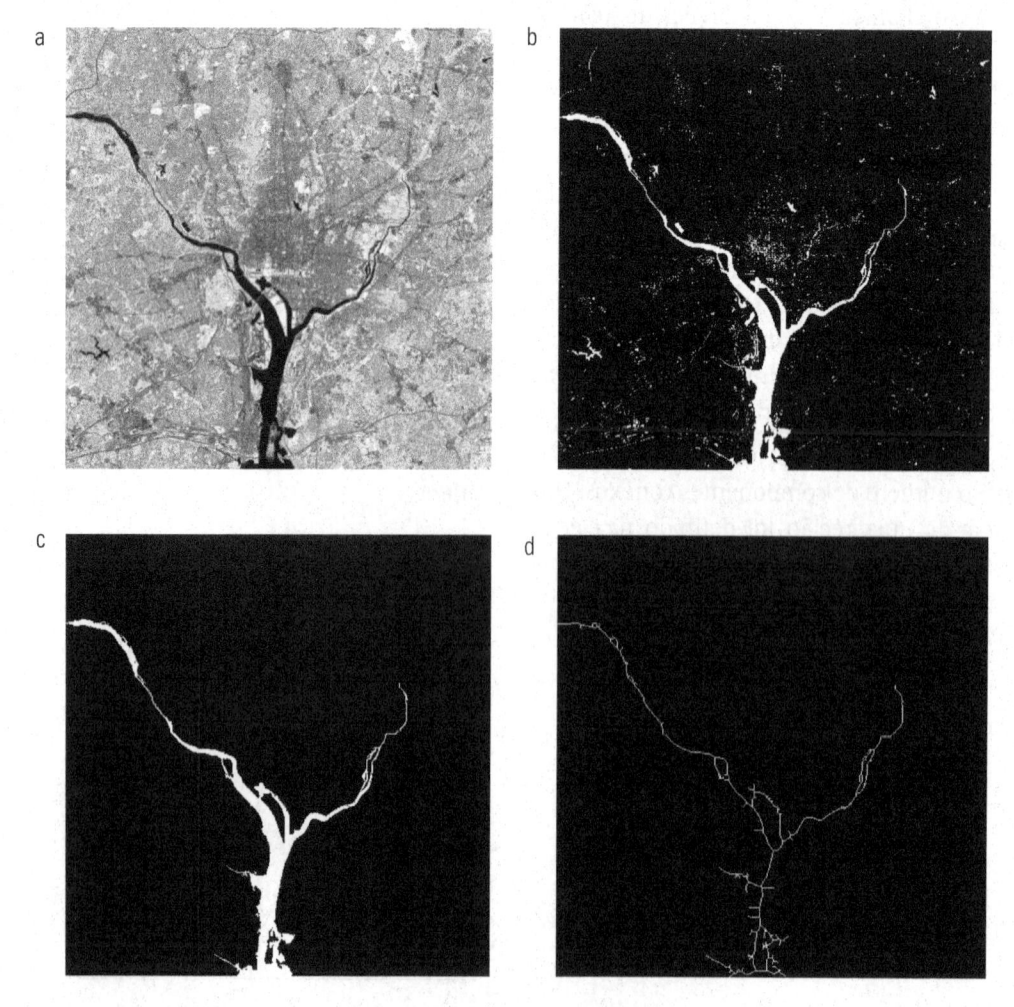

Figura 11.27 (a) Imagem na banda infravermelha da área de Washington, D.C. (b) Imagem limiarizada. (c) O maior componente conexo de (b). (d) Esqueleto de (c).

para ilustrar a ideia de que seria impossível, neste caso, segmentar o rio por si só sem que outras regiões da imagem aparecessem também no resultado limiarizado. O objetivo deste exemplo é ilustrar como os componentes conexos podem ser usados para "finalizar" a segmentação.

A imagem na Figura 11.27(b) possui 1.591 componentes conexos (obtidos utilizando conectividade-8) e seu número de Euler é 1.552, a partir do qual se deduz que o número de buracos é 39. A Figura 11.27(c) mostra o componente conexo com o maior número de elementos (8.479). Este é o resultado desejado, que já sabemos que não pode ser segmentado por si só a partir da imagem utilizando apenas a limiarização. Observe quão limpo é este resultado. Se quiséssemos realizar medidas, como o tamanho de cada ramificação do rio, poderíamos usar o esqueleto do componente conexo [Figura 11.27(d)] para fazer isso. Em outras palavras, o tamanho de cada ramificação no esqueleto seria uma aproximação razoavelmente próxima ao tamanho da ramificação do rio que ela representa.

11.3.3 Textura

Uma abordagem importante para a descrição de regiões é quantificar seu conteúdo de *textura*. Embora não haja uma definição formal de textura, intuitivamente esse descritor fornece medidas de propriedades como suavidade, rugosidade e regularidade (a Figura 11.28 mostra alguns exemplos). As três principais abordagens utilizadas no processamento de imagens para descrever a textura de uma região são a abordagem estatística, a estrutural e a espectral. As abordagens estatísticas produzem caracterizações das texturas como suave, rugosa, granulada e assim por diante. As técnicas estruturais lidam com arranjos de primitivas de imagens, como a descrição de textura baseada em linhas paralelas espaçadas regularmente. As técnicas espectrais estão baseadas em propriedades do espectro de Fourier e são usadas principalmente para detectar a periodicidade global em uma imagem pela identificação de picos de alta energia no espectro.

Abordagens estatísticas

Uma das abordagens mais simples para descrever uma textura é usar momentos estatísticos do histograma de intensidade de uma imagem ou de uma região. Seja z uma variável aleatória que denota intensidade e $p(z_i)$, $i = 0, 1, 2, \ldots, L-1$ o histograma correspondente, em que L é o número de níveis distintos de intensidade. Da Equação 3.3-17, o n-ésimo momento de z em torno da média é

$$\mu_n(z) = \sum_{i=0}^{L-1}(z_i - m)^n p(z_i) \qquad (11.3\text{-}4)$$

em que m é o valor médio de z (intensidade média):

$$m = \sum_{i=0}^{L-1} z_i p(z_i) \qquad (11.3\text{-}5)$$

Veja, na Equação 11.3-4, que $\mu_0 = 1$ e $\mu_1 = 0$. O segundo momento [a *variância* $\sigma^2(z) = \mu_2(z)$] é de particular importância na descrição de texturas. Ela fornece uma medida de contraste de intensidade que pode ser usada para estabelecer descritores de suavidade relativa. Por exemplo, a medida

$$R(z) = 1 - \frac{1}{1 + \sigma^2(z)} \qquad (11.3\text{-}6)$$

é 0 para as áreas de intensidade constante (a variância é zero se todos os pixels possuírem o mesmo nível de in-

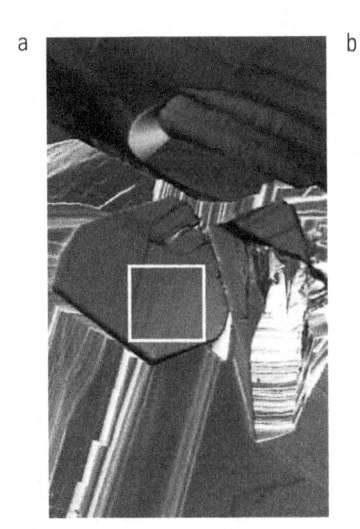

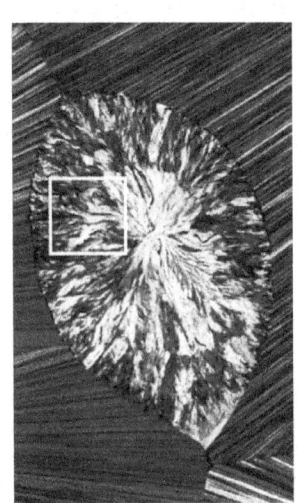

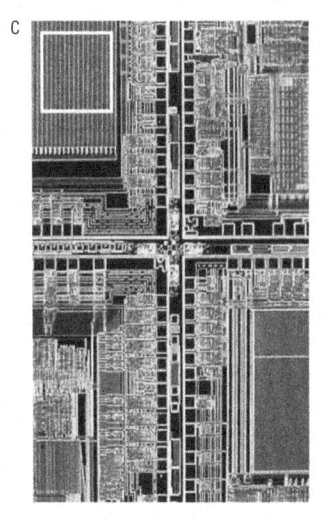

Figura 11.28 Os quadrados brancos marcam, da esquerda para a direita, texturas suaves, rugosas e regulares. Estas imagens são de um microscópio ótico de um supercondutor, do colesterol humano e de um microprocessador. (Imagem original: cortesia do dr. Michael W. Davidson, Universidade Estadual da Flórida.)

tensidade) e se aproxima de 1 para grandes valores de $\sigma^2(z)$. Como os valores de variância tendem a ser grandes para imagens em níveis de cinza com valores, por exemplo, no intervalo de 0 a 255, é uma boa ideia normalizar a variância para o intervalo [0, 1], para seu uso na Equação 11.3-6. Isto é feito simplesmente dividindo $\sigma^2(z)$ em $(L-1)^2$ na Equação 11.3-6. O desvio padrão, $\sigma(z)$, também é usado frequentemente como uma medida de textura porque os valores do desvio padrão tendem a ser mais intuitivos para muitas pessoas.

O terceiro momento,

$$\mu_3(z) = \sum_{i=0}^{L-1}(z_i - m)^3 p(z_i) \qquad (11.3\text{-}7)$$

é uma medida da assimetria do histograma, enquanto o quarto momento é uma medida de quão plano é o histograma. O quinto momento e os momentos mais elevados não estão relacionados tão facilmente com o formato do histograma, mas fornecem informação quantitativa adicional sobre o conteúdo da textura. Algumas medidas úteis adicionais de textura baseadas em histogramas incluem uma medida da "uniformidade", dada por

$$U(z) = \sum_{i=0}^{L-1} p^2(z_i) \qquad (11.3\text{-}8)$$

e uma medida da *entropia média*, que você deve lembrar da teoria básica da informação, é definida como

$$e(z) = -\sum_{i=0}^{L-1} p(z_i) \log_2 p(z_i) \qquad (11.3\text{-}9)$$

Já que os ps têm valores no intervalo [0, 1] e sua soma é igual a 1, a medida U é máxima para uma imagem em que todos os níveis de intensidade são iguais (uniformidade máxima) e diminui a partir daí. A entropia é uma medida de variabilidade e é 0 para uma imagem constante.

Exemplo 11.10 Medidas de textura baseadas em histogramas.

A Tabela 11.2 resume os valores das medidas precedentes para os três tipos de texturas destacados na Figura 11.28. A média apenas nos diz a intensidade média de cada região e só é útil como uma ideia aproximada da intensidade, não da textura propriamente dita. O desvio padrão é muito mais informativo; os números comprovam que a primeira textura apresenta bem menos variabilidade nos níveis de intensidade (é mais suave) do que as outras duas texturas. A textura rugosa aparece claramente nesta medida. Como esperado, os mesmos comentários se aplicam para R, porque mede essencialmente a mesma coisa que o desvio padrão. O terceiro momento geralmente é útil para determinar o grau de simetria dos histogramas e ver se possuem mais valores do lado esquerdo (valores negativos) ou do lado direito (valores positivos). Isto dá uma ideia aproximada de se os níveis de intensidade têm tendência para o lado escuro ou para o lado claro em torno da média. Em relação à textura, as informações obtidas a partir do terceiro momento são úteis apenas quando as variações entre as medidas são grandes. Observando a medida da uniformidade, voltamos a concluir que a primeira subimagem é mais suave (mais uniforme do que as demais) e que a imagem mais aleatória (menor uniformidade) corresponde à textura rugosa. Isso não é surpreendente. Finalmente, os valores de entropia estão na ordem inversa e, portanto, nos levam às mesmas conclusões em relação à medida de uniformidade. A primeira subimagem tem a menor variação nos níveis de intensidade, e a imagem rugosa, a maior variação. A textura regular está entre os dois extremos no que diz respeito a essas duas medidas.

As medidas de textura calculadas apenas a partir do histograma não possuem qualquer informação sobre a posição relativa dos pixels em relação a outros. Isso é importante para descrever a textura e uma maneira de incorporar esse tipo de informação no processo de análise de textura é considerar não apenas a distribuição de intensidades, mas também as *posições relativas* dos pixels em uma imagem.

Digamos que Q é um operador que define a posição de dois pixels um em relação ao outro, e consideremos uma imagem, f, com L níveis de intensidade possíveis. Digamos que **G** é uma matriz cujo elemento g_{ij} é o nú-

Tabela 11.2 Medidas de textura para as subimagens mostradas na Figura 11.28.

Textura	Média	Desvio padrão	R (normalizado)	Terceiro momento	Uniformidade	Entropia
Suave	82,64	11,79	0,002	−0,105	0,026	5,434
Rugosa	143,56	74,63	0,079	−0,151	0,005	7,783
Regular	99,72	33,73	0,017	0,750	0,013	6,674

mero de vezes que os pares de pixels com intensidades z_i e z_j ocorrem em f na posição definida por Q, em que $1 \leq i, j \leq L$.* Uma matriz formada desta maneira é chamada de *matriz de co-ocorrência em nível de cinza* (ou *intensidade*). Quando o significado é claro, **G** é chamado simplesmente de *matriz de co-ocorrência*.

A Figura 11.29 mostra um exemplo de como construir uma matriz de co-ocorrência usando $L = 8$ e um operador Q de posição definido como "um pixel imediatamente à direita" (ou seja, o vizinho de um pixel é definido como o pixel imediatamente à sua direita). O arranjo à esquerda é uma pequena imagem que está sendo analisada e o arranjo à direita é a matriz **G**. Vemos que o elemento (1, 1) de **G** é 1, porque há apenas uma ocorrência em f de um pixel com um valor de 1 com outro pixel avaliado com 1 imediatamente à sua direita. Da mesma forma, o elemento (6, 2) de **G** é 3, pois existem três ocorrências em f de um pixel com um valor de 6 e com um pixel de valor 2 imediatamente à sua direita. Os outros elementos de **G** são calculados da mesma forma. Se tivéssemos definido Q como, digamos, "um pixel à direita e um pixel acima", então a posição (1, 1) em **G** teria sido 0, porque não existem casos em f de pixels de valor 1 com outro pixel de valor 1 na posição especificada por Q. Por outro lado, as posições (1, 3), (1, 5) e (1, 7) em **G** seriam todas 1s, já que o valor de intensidade 1 ocorre em f com os vizinhos de valor 3, 5 e 7 na posição especificada por Q, um de cada vez. Como exercício, você deve calcular todos os elementos de **G** usando esta definição de Q.

O número de níveis de intensidade possíveis da imagem determina o tamanho da matriz **G**. Para uma imagem de 8 bits (256 níveis possíveis) **G** será de 256 × 256. Este não é um problema quando se trabalha com uma matriz, mas, como mostra o Exemplo 11.11, as matrizes de co-ocorrência, por vezes, são usadas em sequências. A fim de reduzir a carga computacional, uma metodologia utilizada com frequência é quantificar as intensidades em algumas faixas, a fim de manter sob controle o tamanho da matriz **G**. Por exemplo, no caso de 256 intensidades, podemos deixar os primeiros 32 níveis de intensidade iguais a 1, os próximos 32 iguais a 2 e assim por diante. Isso resultará em uma matriz de co-ocorrência de tamanho 8 × 8.

O número total, n, de pares de pixels que satisfazem Q é igual à soma dos elementos de **G** ($n = 30$ no exemplo anterior). Então, a quantidade

$$p_{ij} = g_{ij}/n$$

é uma estimativa da probabilidade que um par de pontos que satisfaçam Q tenham valores (z_i, z_j). Essas probabilidades estão no intervalo [0, 1] e sua soma é 1:

$$\sum_{i=1}^{K}\sum_{j=1}^{K} p_{ij} = 1$$

em que K é a dimensão da linha (ou coluna) da matriz quadrada **G**.

Já que **G** depende de Q, a presença de padrões de textura de intensidade pode ser detectada escolhendo um operador de posição adequado e analisando os elementos de **G**. Um conjunto útil de descritores para a caracterização do conteúdo de **G** é listado na Tabela 11.3. As quantidades usadas no descritor de correlação (segunda linha da tabela) são definidas da seguinte forma:

$$m_r = \sum_{i=1}^{K} i \sum_{j=1}^{K} p_{ij}$$

$$m_c = \sum_{j=1}^{K} j \sum_{i=1}^{K} p_{ij}$$

e

$$\sigma_r^2 = \sum_{i=1}^{K}(i - m_r)^2 \sum_{j=1}^{K} p_{ij}$$

$$\sigma_c^2 = \sum_{j=1}^{K}(j - m_c)^2 \sum_{i=1}^{K} p_{ij}$$

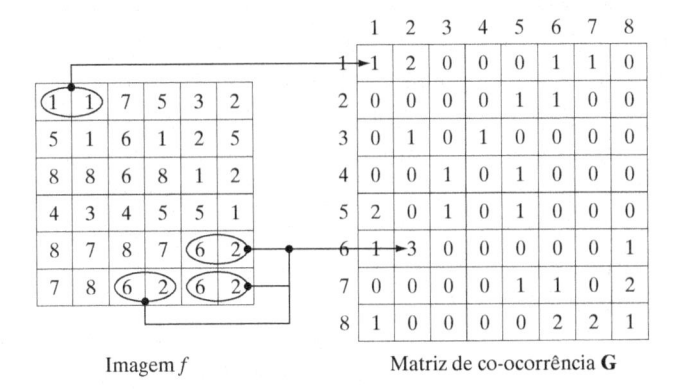

Figura 11.29 Como gerar uma matriz de co-ocorrência.

---

* Observe que estamos usando o intervalo de intensidade [1, L] em vez do habitual [0, $L - 1$]. Isso é feito para que os valores de intensidade correspondam com a indexação de matriz "tradicional" (ou seja, o valor de intensidade 1 corresponde aos índices da primeira linha e coluna de **G**).

Tabela 11.3 Descritores utilizados para a caracterização de matrizes de co-ocorrência de tamanho $K \times K$. O termo p_{ij} é o ij-ésimo termo de **G** dividido pela soma dos elementos de **G**.

Descritor	Explicação	Fórmula
Probabilidade máxima	Mede a resposta mais forte de **G**. O intervalo de valores é [0, 1].	$\max\limits_{i,j}(p_{ij})$
Correlação	Uma medida do quão correlacionado está um pixel com seu vizinho na imagem inteira. O intervalo de valores é de 1 a –1, correspondendo à correlação perfeita positiva e perfeita negativa. Esta medida não está definida se algum dos desvios padrão for zero.	$\sum\limits_{i=1}^{K}\sum\limits_{j=1}^{K}\dfrac{(i-m_r)(j-m_c)p_{ij}}{\sigma_r \sigma_c}$ $\sigma_r \neq 0; \sigma_c \neq 0$
Contraste	Uma medida do contraste de intensidade entre um pixel e seu vizinho em toda a imagem. O intervalo de valores é 0 (quando **G** é constante) a $(K-1)^2$.	$\sum\limits_{i=1}^{K}\sum\limits_{j=1}^{K}(i-j)^2 p_{ij}$
Uniformidade (também conhecida como Energia)	Uma medida de uniformidade no intervalo [0, 1]. A uniformidade é 1 para uma imagem constante.	$\sum\limits_{i=1}^{K}\sum\limits_{j=1}^{K} p_{ij}^2$
Homogeneidade	Mede a proximidade espacial da distribuição de elementos de **G** na diagonal. O intervalo de valores é [0, 1], com o máximo a ser atingido quando **G** é uma matriz diagonal.	$\sum\limits_{i=1}^{K}\sum\limits_{j=1}^{K}\dfrac{p_{ij}}{1+|i-j|}$
Entropia	Mede a aleatoriedade dos elementos de **G**. A entropia é 0 quando todos os p_{ij}s são 0 e é máxima quando todos os p_{ij}s são iguais. O valor máximo é $2\log_2 k$. (Veja a Equação 11.3-9 sobre entropia.)	$-\sum\limits_{i=1}^{K}\sum\limits_{j=1}^{K} p_{ij}\log_2 p_{ij}$

Se deixarmos

$$P(i) = \sum_{j=1}^{K} p_{ij}$$

e

$$P(j) = \sum_{i=1}^{K} p_{ij}$$

então a equação anterior pode ser escrita como

$$m_r = \sum_{i=1}^{K} i P(i)$$

$$m_c = \sum_{j=1}^{K} j P(j)$$

$$\sigma_r^2 = \sum_{i=1}^{K} (i - m_r)^2 P(i)$$

$$\sigma_c^2 = \sum_{j=1}^{K} (j - m_c)^2 P(j)$$

Em relação às equações 11.3-4, 11.3-5 e suas explicações, vemos que m_r está na forma de uma média calculada ao longo das linhas de **G** normalizada e m_c é uma média calculada ao longo das colunas. Da mesma forma, σ_r e σ_c estão na forma de desvios padrão (raiz quadrada das variâncias) calculados ao longo das linhas e colunas, respectivamente. Cada um desses termos é escalar, independentemente do tamanho de **G**.

Tenha em mente, ao estudar a Tabela 11.3, que os "vizinhos" estão relacionados com a forma em que Q é definido (ou seja, eles não têm necessariamente de ser adjacentes) e também que os p_{ij}s são apenas contagens normalizadas do número de vezes que os pixels apresentaram as intensidades z_i e z_j em f em relação à posição especificada em Q. Assim, o que estamos fazendo realmente aqui é tentar encontrar padrões (textura) nessas contagens.

■ **Exemplo 11.11** Usando descritores para caracterizar matrizes de co-ocorrência.

As figuras 11.30(a) a (c) mostram imagens que contêm padrões de pixels aleatórios, horizontalmente periódicos (seno) e misturados, respectivamente. Este exemplo tem dois objetivos: (1) mostrar valores dos descritores na Tabela 11.3 para as três matrizes de co-ocorrência, G_1, G_2, e G_3, que correspondem (de cima para baixo) a essas imagens; e

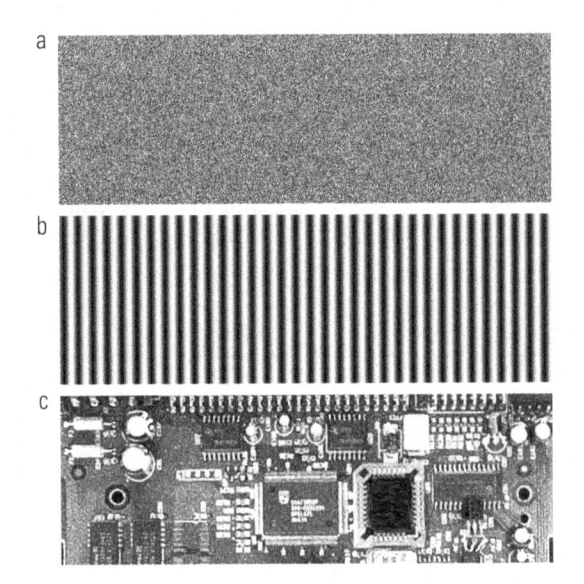

Figura 11.30 Imagens cujos pixels têm padrões de textura (a) aleatórios, (b) periódicos e (c) mistos. Cada imagem é de 263 × 800 pixels.

(2) ilustrar como as sequências de matrizes de co-ocorrência podem ser usadas para detectar padrões de textura em uma imagem.

A Figura 11.31 mostra matrizes de co-ocorrência G_1, G_2, e G_3, exibidas como imagens. Essas matrizes foram obtidas usando $L = 256$ e o operador de posição "um pixel imediatamente à direita". O valor nas coordenadas (i, j) nessas imagens é o número de vezes que os pares de pixels com intensidades z_i e z_j ocorrem em f na posição definida por Q, então não é surpreendente que a Figura 11.31(a) seja uma imagem aleatória, dada a natureza da imagem pela qual ela foi obtida.

A Figura 11.31(b) é mais interessante. A primeira característica evidente é a simetria sobre a diagonal principal. Em virtude da simetria da onda senoidal, o número de contagens para um par (z_i, z_j) é o mesmo que aquele do par (z_j, z_i), o qual produz uma matriz de co-ocorrências simétrica. Os elementos diferentes de zero em G_2 são escassos porque as diferenças de valor entre os pixels adjacentes horizontalmente em uma onda senoidal horizontal são relativamente pequenos. É bom lembrar, na hora da interpreta-

ção desses conceitos, que uma onda senoidal digitalizada é uma escada, cuja altura e largura de cada degrau dependem da frequência e do número de níveis de amplitude utilizados na representação da função.

A estrutura da matriz de co-ocorrência G_3 da Figura 11.31(c) é mais complexa. Valores de contagem altos também são agrupados ao longo da diagonal principal, mas sua distribuição é mais densa do que em G_2, uma propriedade que sugere uma imagem com variação rica em valores de intensidade, mas quase não há grandes variações de intensidade entre os pixels adjacentes. Examinando a Figura 11.30(c), vemos que existem grandes áreas caracterizadas por uma baixa variabilidade das intensidades. As transições de alta intensidade ocorrem nas fronteiras dos objetos, mas essas contagens são baixas em relação à contagem das transições de intensidade moderada nas grandes áreas e, por isso, acabam sendo ocultas pela possibilidade de a imagem mostrar, simultaneamente, valores altos e baixos, como discutimos no Capítulo 3.

As observações anteriores são qualitativas. Para quantificar o "conteúdo" das matrizes de co-ocorrência, precisamos de descritores como os apresentados na Tabela 11.3. A Tabela 11.4 mostra os valores desses descritores calculados para as três matrizes de co-ocorrência na Figura 11.31. Repare que, para usar esses descritores, as matrizes de co-ocorrência devem ser normalizadas dividindo-as pela soma de seus elementos, como discutido anteriormente. As entradas na Tabela 11.4 estão de acordo com o esperado a partir da análise visual das imagens da Figura 11.30 e suas correspondentes matrizes de co-ocorrência na Figura 11.31. Por exemplo, considere a coluna de Probabilidade máxima na Tabela 11.4. A maior probabilidade corresponde à terceira matriz de co-ocorrência, o que nos diz que essa matriz tem o maior número de contagens (maior número de pares de pixels na imagem relacionada às posições em Q) em relação às outras duas matrizes. Tal informação está de acordo com nossa análise anterior de G_3. A segunda coluna indica que a maior correlação corresponde a G_2, que, por sua vez, significa que as intensidades da segunda imagem estão altamente correlacionadas. A repetição do padrão senoidal na Figura 11.30(b) revela por que é assim. Repare que a correlação de G_1 é essencialmente zero, indicando que prati-

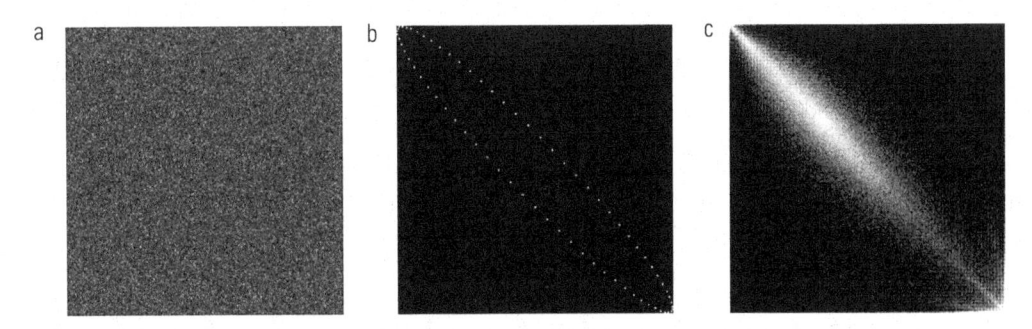

Figura 11.31 Matrizes de co-ocorrência 256 × 256, G_1, G_2 e G_3, correspondendo da esquerda para a direita às imagens na Figura 11.30.

Tabela 11.4 Descritores avaliados usando as matrizes de co-ocorrência indicadas na Figura 11.31.

Matriz de co-ocorrência normalizada	Descritor					
	Probabilidade máxima	Correlação	Contraste	Uniformidade	Homogeneidade	Entropia
G_1/n_1	0,00006	−0,0005	10.838	0,00002	0,0366	15,75
G_2/n_2	0,01500	0,9650	570	0,01230	0,0824	6,43
G_3/n_3	0,06860	0,8798	1.356	0,00480	0,2048	13,58

camente não há correlação entre os pixels adjacentes, uma característica de imagens aleatórias, como a imagem da Figura 11.30(a).

O descritor de contraste é o maior para G_1 e o menor para G_2. Assim, vemos que, quanto menos aleatória for uma imagem, menor será seu contraste. Podemos entender isso estudando as matrizes indicadas na Figura 11.31. Os termos $(i-j)^2$ são diferenças de inteiros para $1 \leq i, j \leq L$ e, por isso, são os mesmos para qualquer G. Portanto, as probabilidades nos elementos das matrizes de co-ocorrência normalizadas são os fatores que determinam o valor de contraste. Apesar de G_1 ter a menor probabilidade máxima, as outras duas matrizes têm muito mais probabilidades zero ou quase zero (as áreas escuras da Figura 11.31). Tendo em mente que a soma dos valores de G/n é 1, é fácil ver por que o descritor de contraste tende a aumentar como uma função da aleatoriedade.

Os três indicadores restantes são explicados de maneira semelhante. A uniformidade aumenta em função do quadrado dos valores das probabilidades. Assim, quanto menos aleatoriedade houver em uma imagem, maior será o descritor de uniformidade, como mostra a quinta coluna da Tabela 11.4. A homogeneidade mede a concentração de valores de G em relação à diagonal principal. Os valores do termo denominador $(1 + |i-j|)$ são as mesmas para todas as três matrizes de co-ocorrência e diminuem à medida que os valores de i e j se aproximam (ou seja, mais próximo da diagonal principal). Assim, a matriz com os maiores valores de probabilidades (termos numeradores) perto da diagonal principal terá um valor de homogeneidade mais elevado. Como discutimos anteriormente, essa matriz corresponderá às imagens com conteúdo "rico" em tons de cinza e áreas de valores de intensidade ligeiramente diferentes. As entradas na sexta coluna da Tabela 11.4 são consistentes com essa interpretação.

As entradas na última coluna da tabela são medidas de aleatoriedade em matrizes de co-ocorrência que, por sua vez, se traduzem em medidas de aleatoriedade nas imagens correspondentes. Como esperado, G_1 teve o valor mais elevado porque a imagem da qual foi derivado era totalmente aleatória. As outras duas entradas são autoexplicativas. Repare que a medida de entropia de G_1 está perto do máximo teórico de 16 ($2 \log_2 256 = 16$). A imagem na Figura 11.30(a) é composta de ruído uniforme, de modo que cada nível de intensidade tem quase a mesma probabilidade de ocorrência, que é a condição estabelecida na Tabela 11.3 para a entropia máxima.

Até agora, lidamos com imagens simples e suas matrizes de co-ocorrência. Suponha que queiramos "descobrir" (sem olhar para as imagens) se existem seções nessas imagens que contenham componentes repetitivos (ou seja, texturas periódicas). Uma maneira de alcançar esse objetivo é examinar o descritor de correlação para as sequências de matrizes de co-ocorrência, derivadas dessas imagens aumentando a distância entre os vizinhos. Como mencionado anteriormente, é habitual quando se trabalha com sequências de matrizes de co-ocorrência quantificar o número de intensidades a fim de reduzir o tamanho da matriz e a carga computacional correspondente. Os seguintes resultados foram obtidos com $L = 8$.

A Figura 11.32 mostra gráficos dos descritores de correlação como uma função do "offset" horizontal (isto é, a distância horizontal entre os vizinhos) de 1 (para pixels adjacentes) a 50. A Figura 11.32(a) mostra que todos os valores de correlação estão próximos de 0, indicando que esses padrões não foram encontrados na imagem aleatória. A forma da correlação na Figura 11.32(b) é uma clara indicação de que a imagem de entrada é senoidal na direção horizontal. Note que a função de correlação começa com um valor elevado e, em seguida, decai conforme a distância entre os vizinhos aumenta, e depois o ciclo se repete.

A Figura 11.32(c) mostra que o descritor de correlação associado à imagem da placa de circuitos diminui inicialmente, mas tem um pico forte para uma distância de deslocamento de 16 pixels. A análise da imagem na Figura 11.30(c) mostra que as juntas superiores de solda formam um padrão repetitivo de aproximadamente 16 pixels de distância (veja a Figura 11.33).* O próximo pico principal se encontra na posição 32, causado pelo mesmo padrão, mas a amplitude do pico é menor porque o número de repetições a esta distância é inferior a 16 pixels. Uma observação semelhante explica ainda o pico menor em um deslocamento de 48 pixels.

---

* Existem outros padrões repetitivos na imagem, mas eles foram obscurecidos pela quantização, que passou de 256 níveis de intensidade para apenas 8.

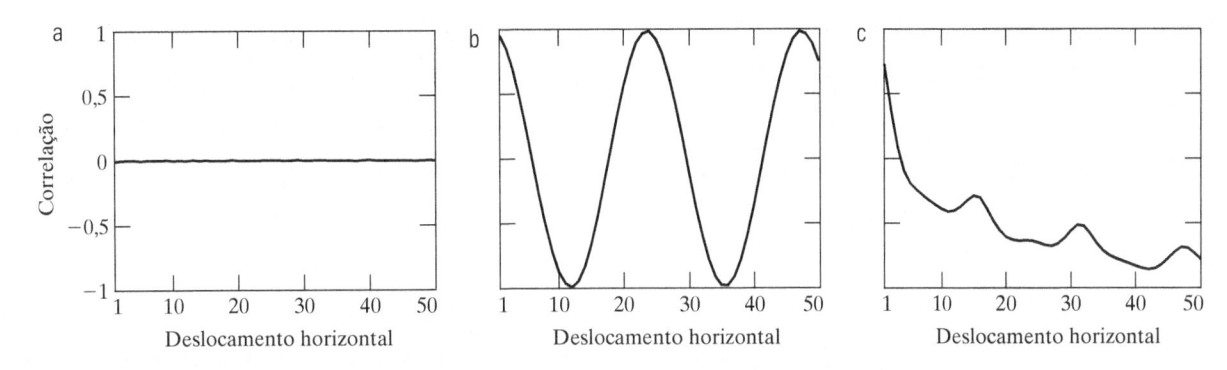

Figura 11.32 Valores do descritor de correlação como uma função do deslocamento (distância entre pixels "adjacentes") correspondente a (a) imagens ruidosas, (b) senoidais e (c) de circuito na Figura 11.30.

Abordagens estruturais

Como mencionado no início desta seção, uma segunda categoria de descrição de textura está baseada nos conceitos estruturais. Suponha que tenhamos uma regra da forma $S \to aS$, que indica que o símbolo S poderá ser rescrito como aS (por exemplo, três aplicações desta regra produziriam a cadeia $aaaS$). Se a representa um círculo (Figura 11.34(a)) e o significado de "círculos para a direita" é atribuído a uma *string* de caracteres do tipo aaa ..., então a regra $S \to aS$ permite a geração do padrão de textura mostrado na Figura 11.34(b).

Suponha, em seguida, que adicionamos algumas regras novas a esse esquema: $S \to bA$, $A \to cA$, $A \to c$, $A \to bS$, $S \to a$, onde a presença de um b significa "círculo abaixo", e a presença de c, "círculo à esquerda". Agora podemos gerar uma *string* de caracteres da forma *aaabccbaa* que corresponde a uma matriz 3×3 de círculos. Podemos gerar facilmente padrões de textura maiores, como os da Figura 11.34(c), da mesma forma. (Repare, entretanto, que estas regras também podem gerar estruturas não retangulares.)

A ideia básica na discussão anterior é que uma "primitiva de textura" simples pode ser usada para formar padrões de textura mais complexos por meio de algumas regras que limitam o número de combinações possíveis da(s) primitiva(s). Esses conceitos estão no cerne das descrições relacionais, um tema que tratamos com mais detalhes na Seção 11.5.

Abordagens espectrais

Como discutido na Seção 5.4, o espectro de Fourier é idealmente adaptado para a descrição da orientação de padrões 2-D periódicos ou quase periódicos em uma imagem. Esses padrões globais de textura são facilmente distinguíveis como concentrações de agrupamentos de alta energia no espectro. Aqui, vamos considerar três características do espectro de Fourier que são úteis para a descrição da textura: (1) picos no espectro fornecem a direção principal dos padrões de textura. (2) A localização dos picos no plano de frequências fornece o período espacial fundamental dos padrões. (3) A eliminação de quaisquer componentes periódicos através de filtragem deixa

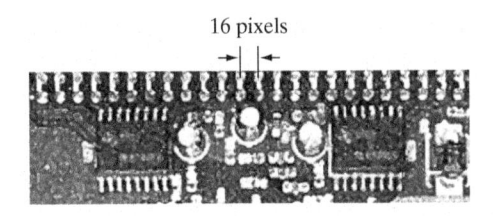

Figura 11.33 Uma seção ampliada da imagem de uma placa de circuito impresso mostrando a periodicidade dos componentes.

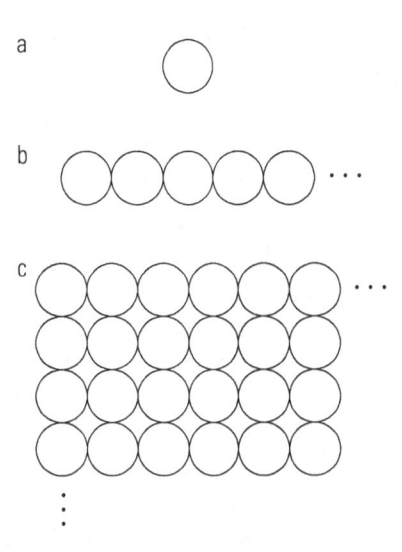

Figura 11.34 (a) Textura primitiva. (b) Padrão gerado pela regra $S \to aS$. (c) Padrão 2-D de textura gerado por esta e outras regras.

os elementos não periódicos na imagem, que podem ser descritos por meio de técnicas estatísticas. Lembre-se de que o espectro é simétrico em torno da origem e, por isso, somente a metade do plano de frequência deve ser considerada. Assim, para efeitos de análise, cada padrão periódico é associado a apenas um pico no espectro, em vez de dois.

A detecção e a interpretação das características do espectro mencionadas são frequentemente simplificadas expressando-se o espectro em coordenadas polares para produzir uma função $S(r, \theta)$, em que S é uma função de espectro e r e θ são variáveis nesse sistema de coordenadas. Para cada direção θ, $S(r, \theta)$ pode ser considerada uma função 1-D $S_\theta(r)$. Do mesmo modo, para cada frequência r, $S_r(\theta)$ é uma função 1-D. Analisar $S_\theta(r)$ para um valor fixo de θ produz o comportamento do espectro (como a presença de picos) ao longo de uma direção radial a partir da origem, enquanto a análise de $S_r(\theta)$ para um valor fixo de r produz o comportamento ao longo de um círculo centrado na origem.

Uma descrição mais global é obtida por meio da integração (soma de variáveis discretas) destas funções:

$$S(r) = \sum_{\theta=0}^{\pi} S_\theta(r) \qquad (11.3\text{-}10)$$

e

$$S(\theta) = \sum_{r=1}^{R_0} S_r(\theta) \qquad (11.3\text{-}11)$$

na qual R_0 é o raio de um círculo centrado na origem.

Os resultados das equações 11.3-10 e 11.3-11 constituem um par de valores $[S(r), S(\theta)]$ para *cada* par de coordenadas (r, θ). Variando essas coordenadas, podemos gerar duas funções 1-D, $S(r)$ e $S(\theta)$, que constituem descrições de energia espectral da textura para uma imagem inteira ou uma região estudada. Além disso, os descritores dessas funções podem ser calculados para uma caracterização quantitativa. Os descritores normalmente usados para este fim são a posição do valor mais alto, a média e a variância da amplitude e as variações axiais e a distância entre a média e o maior valor da função.

∎

Exemplo 11.12 Textura espectral

A Figura 11.35(a) mostra uma imagem que contém palitos de fósforo distribuídos de forma aleatória, e a Figura 11.35(b) mostra uma imagem em que esses objetos são organizados periodicamente. As figuras 11.35(c) e (d) mostram os espectros de Fourier correspondentes. Os agrupamentos periódicos de energia que se estendem quadrilateralmente em duas dimensões em ambos os espectros de Fourier devem-se à textura periódica do material rugoso de fundo sobre o qual se encontram os palitos de fósforo. Os outros componentes dominantes nos espectros da Figura 11.35(c) são causados pela orientação aleatória das bordas do objeto na Figura 11.35(a). Por outro lado, a energia principal na Figura 11.35(d) não associada com o fundo encontra-se ao longo do eixo horizontal, o que corresponde às fortes bordas verticais na Figura 11.35(b).

As figuras 11.36(a) e (b) são imagens de $S(r)$ e $S(\theta)$ para os palitos de fósforo aleatórios e de forma similar em (c) e (d) para os palitos ordenados. A imagem de $S(r)$ para os palitos aleatórios não apresenta fortes componentes periódicos (ou seja, não há picos dominantes no espectro além do pico na origem, que é o componente dc). Inversamente, a imagem de $S(r)$ para os palitos ordenados apresenta um pico forte próximo a $r = 15$ e um menor próximo a $r = 25$, correspondente à repetição periódica horizontal das regiões claras (palitos de fósforo) e escuras (fundo) na Figura 11.35(b). Do mesmo modo, a natureza aleatória dos agrupamentos de energia na Figura 11.35(c) é bastante evidente no gráfico de $S(\theta)$ apresentado na Figura 11.36(b). Em contrapartida, o gráfico na Figura 11.36(d) mostra fortes componentes de energia na região próxima à origem e em 90° e 180°. Isso é consistente com a distribuição de energia do espectro na Figura 11.35(d).

∎

11.3.4 Momentos invariantes

O *momento* 2-D de ordem $(p + q)$ de uma imagem digital $f(x, y)$ de tamanho $M \times N$ é definido como

$$m_{pq} = \sum_{x=0}^{M-1} \sum_{y=0}^{N-1} x^p y^q f(x, y) \qquad (11.3\text{-}12)$$

em que $p = 0, 1, 2, \ldots$ e $q = 0, 1, 2, \ldots$ são inteiros. O *momento central* correspondente de ordem $(p + q)$ é definido como

$$\mu_{pq} = \sum_{x=0}^{M-1} \sum_{y=0}^{N-1} (x - \bar{x})^p (y - \bar{y})^q f(x, y) \qquad (11.3\text{-}13)$$

para $p = 0, 1, 2, \ldots$ e $q = 0, 1, 2, \ldots$ sendo

$$\bar{x} = \frac{m_{10}}{m_{00}} \quad \text{e} \quad \bar{y} = \frac{m_{01}}{m_{00}} \qquad (11.3\text{-}14)$$

Os *momentos centrais normalizados*, chamados η_{pq}, são definidos como

$$\eta_{pq} = \frac{\mu_{pq}}{\mu_{00}^{\gamma}} \qquad (11.3\text{-}15)$$

sendo

$$\gamma = \frac{p+q}{2} + 1 \qquad (11.3\text{-}16)$$

para $p + q = 2, 3, \ldots$.

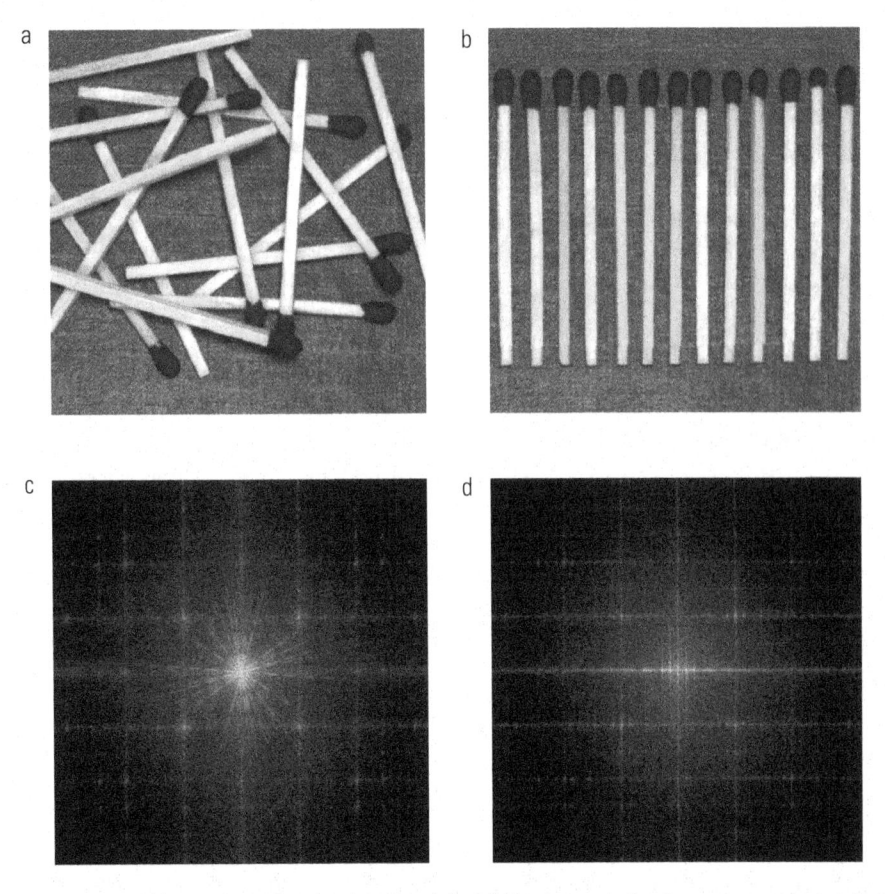

Figura 11.35 (a) e (b) Imagens de objetos aleatórios e ordenados. (c) e (d) Espectros de Fourier correspondentes. Todas as imagens são de 600 × 600 pixels.

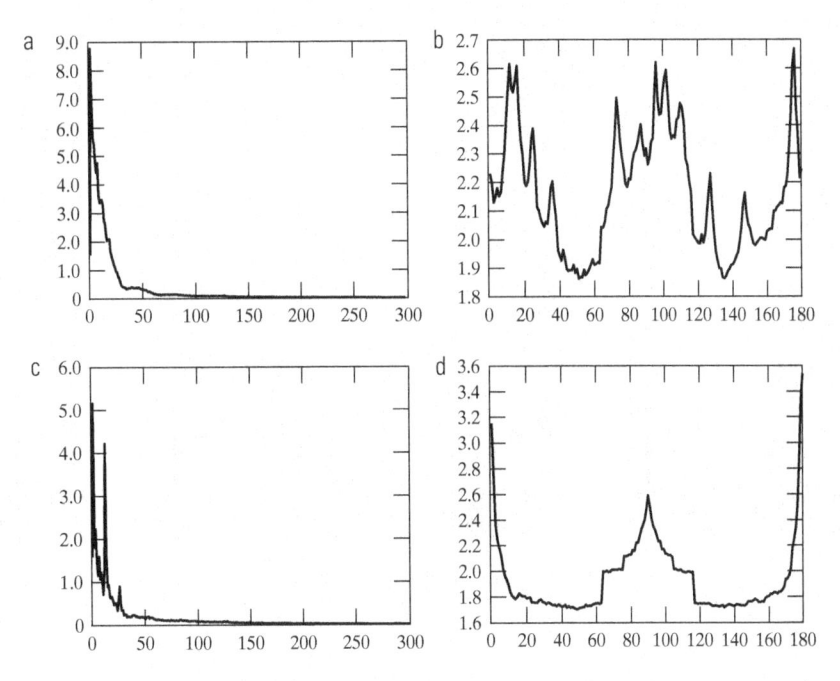

Figura 11.36 Gráficos de (a) $S(r)$ e (b) $S(\theta)$ para a Figura 11.35(a). (c) e (d) são gráficos de $S(r)$ e $S(\theta)$ para a Figura 11.35(b). Todos os eixos verticais são × 10^5.

Um conjunto de sete *momentos invariantes* pode ser derivado a partir dos segundo e terceiro momentos.*

$$\phi_1 = \eta_{20} + \eta_{02} \tag{11.3-17}$$

$$\phi_2 = (\eta_{20} - \eta_{02})^2 + 4\eta_{11}^2 \tag{11.3-18}$$

$$\phi_3 = (\eta_{30} - 3\eta_{12})^2 + (3\eta_{21} - \eta_{03})^2 \tag{11.3-19}$$

$$\phi_4 = (\eta_{30} + \eta_{12})^2 + (\eta_{21} - \eta_{03})^2 \tag{11.3-20}$$

$$\phi_5 = (\eta_{30} - 3\eta_{12})(\eta_{30} + \eta_{12})[(\eta_{30} + \eta_{12})^2$$
$$- 3(\eta_{21} + \eta_{03})^2] + (3\eta_{21} - \eta_{03})(\eta_{21} + \eta_{03})$$
$$[3(\eta_{30} + \eta_{12})^2 - (\eta_{21} + \eta_{03})^2] \tag{11.3-21}$$

$$\phi_6 = (\eta_{20} - \eta_{02})[(\eta_{30} + \eta_{12})^2 - (\eta_{21} + \eta_{03})^2]$$
$$+ 4\eta_{11}(\eta_{30} + \eta_{12})(\eta_{21} + \eta_{03}) \tag{11.3-22}$$

$$\phi_7 = (3\eta_{21} - \eta_{03})(\eta_{30} + \eta_{12})[(\eta_{30} + \eta_{12})^2$$
$$- 3(\eta_{21} + \eta_{03})^2] + (3\eta_{12} - \eta_{30})(\eta_{21} + \eta_{03})$$
$$[3(\eta_{30} + \eta_{12})^2 - (\eta_{21} + \eta_{03})^2] \tag{11.3-23}$$

Esse conjunto de momentos é invariante a translação, mudança de escala, espelhamento (com o sinal de menos) e rotação.

Exemplo 11.13 Momentos invariantes.

O objetivo deste exemplo é calcular e comparar os momentos invariantes apresentados anteriormente usando a imagem apresentada na Figura 11.37(a). O contorno preto (0) foi adicionado para fazer com que todas as imagens neste exemplo fossem do mesmo tamanho; os zeros não afetam o cálculo dos momentos invariantes. As figuras 11.37(b) até (f) mostram a imagem original transladada, redimensionada por 0,5 em ambas as dimensões espaciais, espelhada, rotacionada em 45° e em 90°, respectivamente. A Tabela 11.5 resume os valores dos sete momentos invariantes para essas seis imagens. Para reduzir o intervalo dinâmico e, assim, simplificar a interpretação, os valores apresentados são $sinal(\phi_i) \log_{10}(|\phi_i|)$. O valor absoluto é necessário, pois muitos dos valores são fracionados e/ou negativos; a função *sinal* preserva o sinal (o interesse aqui está na *invariância* e nos sinais relativos aos momentos e não em seus valores atuais). Os dois pontos fundamentais na Tabela 11.5 são: (1) a proximidade dos valores dos momentos, independente da trans-

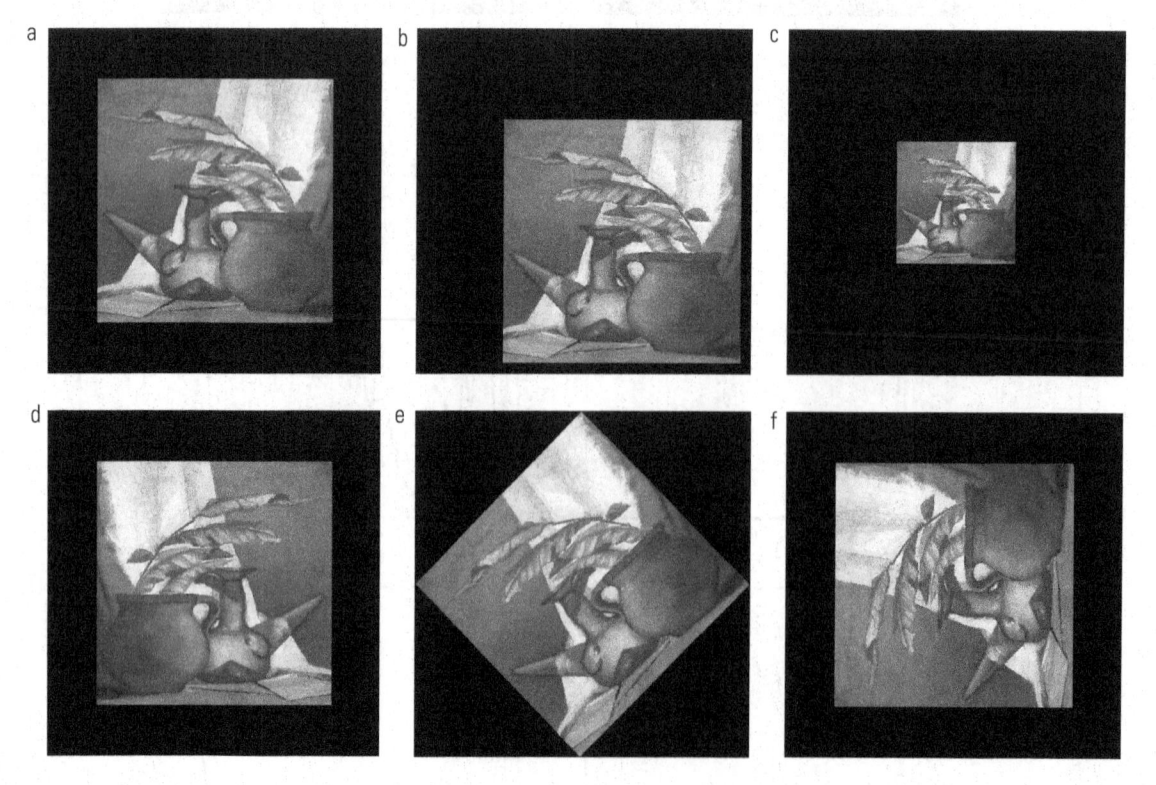

Figura 11.37 (a) Imagem original. (b) a (f) Imagens transladada, redimensionada por 0,5, espelhada, rotacionada em 45° e rotacionada em 90°, respectivamente.

---

* A derivação destes resultados envolve conceitos que estão além do escopo desta discussão. O livro de Bell (1965) e o artigo de Hu (1962) contêm discussões detalhadas desses conceitos. Para gerar momentos invariantes de ordem superior a 7, veja Flusser (2000). Os momentos invariantes podem ser generalizados para *n* dimensões [Mamistvalov (1998)].

Tabela 11.5 Momentos invariantes para as imagens da Figura 11.37.

Momento invariante	Imagem original	Transladada	Redimensionada por 0,5	Espelhada	Rotacionada em 45°	Rotacionada em 90°
ϕ_1	2,8662	2,8662	2,8664	2,8662	2,8661	2,8662
ϕ_2	7,1265	7,1265	7,1257	7,1265	7,1266	7,1265
ϕ_3	10,4109	10,4109	10,4047	10,4109	10,4115	10,4109
ϕ_4	10,3742	10,3742	10,3719	10,3742	10,3742	10,3742
ϕ_5	21,3674	21,3674	21,3924	21,3674	21,3663	21,3674
ϕ_6	13,9417	13,9417	13,9383	13,9417	13,9417	13,9417
ϕ_7	−20,7809	−20,7809	−20,7724	20,7809	−20,7813	−20,7809

lação, a mudança de escala, espelhamento e rotação; e (2) o fato de que o *sinal* de ϕ_7 é diferente para a imagem espelhada (uma propriedade utilizada na prática para detectar se uma imagem foi espelhada).

11.4 Utilização de componentes principais na descrição

O material discutido nesta seção é aplicável a fronteiras e regiões. Além disso, pode ser usado como base para descrever conjuntos de imagens que estão registrados espacialmente, mas cujos valores de pixels correspondentes são diferentes (por exemplo, as três imagens componentes de uma imagem RGB). Suponha que obtemos as três imagens que compõem uma imagem colorida neste padrão. As três imagens podem ser tratadas como uma unidade, expressando cada grupo de três pixels correspondentes como um vetor. Por exemplo, digamos que x_1, x_2 e x_3, respectivamente, serão os valores de um pixel em cada uma das três imagens que compõem o RGB. Estes três elementos podem ser expressos na forma de um vetor de *coluna* 3-D, **x**, em que*

$$\mathbf{x} = \begin{bmatrix} x_1 \\ x_2 \\ x_3 \end{bmatrix}$$

Este vetor representa *um* pixel comum em todas as três imagens. Se as imagens são de tamanho $M \times N$, haverá um total de $K = MN$ vetores 3-D depois de todos os pixels terem sido representados desta maneira. Se tivermos n imagens registradas, os vetores serão n-dimensionais:

$$\mathbf{x} = \begin{bmatrix} x_1 \\ x_2 \\ \vdots \\ x_n \end{bmatrix} \quad (11.4\text{-}1)$$

Ao longo desta seção, assumimos que todos os vetores são vetores coluna (isto é, matrizes de ordem $n \times 1$). Podemos escrevê-los em uma linha de texto simples, expressando-os como $\mathbf{x} = (x_1, x_2, ..., x_n)^T$, sendo que "$T$" indica transposta.

Podemos tratar os vetores como quantidades aleatórias, assim como fizemos quando construímos um histograma de intensidade. A única diferença é que, em vez de falar em quantidades como média e variância das variáveis aleatórias, agora falamos de *vetores médios* e *matrizes de covariância* dos vetores aleatórios. O vetor médio da população é definido como

$$\mathbf{m_x} = E\{\mathbf{x}\} \quad (11.4\text{-}2)$$

em que $E\{\cdot\}$ é o valor esperado do argumento e o subíndice denotado por **m** está associado à população dos **x** vetores. Lembre-se que o valor esperado de um vetor ou matriz é obtido tomando o valor esperado de cada elemento.

A *matriz de covariância* da população de vetores é definida como

$$\mathbf{C_x} = E\{(\mathbf{x} - \mathbf{m_x})(\mathbf{x} - \mathbf{m_x})^T\} \quad (11.4\text{-}3)$$

Como **x** é n-dimensional, $\mathbf{C_x}$ e $(\mathbf{x} - \mathbf{m_x})(\mathbf{x} - \mathbf{m_x})^T$ são matrizes de ordem $n \times n$. O elemento c_{ii} de $\mathbf{C_x}$ é a variância

---
* Consulte o site do livro para uma breve revisão sobre vetores e matrizes.

de x_i, o i-ésimo componente dos vetores **x** na população, e o elemento c_{ii} de **C**$_\mathbf{x}$ é a covariância* entre os elementos x_i e x_j desses vetores. A matriz **C**$_\mathbf{x}$ é real e simétrica. Se os elementos x_i e x_j não estão correlacionados, sua covariância é zero e, portanto, $c_{ij} = c_{ji} = 0$. Todas essas definições se reduzem a seus equivalentes unidimensionais familiares quando $n = 1$.

Para as amostras do vetor K de uma população aleatória, o vetor médio pode ser aproximado a partir das amostras usando a expressão de média bastante conhecida

$$\mathbf{m_x} = \frac{1}{K} \sum_{k=1}^{K} \mathbf{x}_k \quad (11.4\text{-}4)$$

Da mesma forma, expandindo o produto $(\mathbf{x} - \mathbf{m_x})(\mathbf{x} - \mathbf{m_x})^T$ e usando as equações 11.4-2 e 11.4-4, acharíamos que a matriz de covariância pode ser aproximada a partir das amostras como segue:

$$\mathbf{C_x} = \frac{1}{K} \sum_{k=1}^{K} \mathbf{x}_k \mathbf{x}_k^T - \mathbf{m_x} \mathbf{m_x}^T \quad (11.4\text{-}5)$$

■

Exemplo 11.14 Cálculo do vetor médio e da matriz de covariância.

Para ilustrar o funcionamento das equações 11.4-4 e 11.4-5, considere os quatro vetores $\mathbf{x}_1 = (0, 0, 0)^T$, $\mathbf{x}_2 = (1, 0, 0)^T$, $\mathbf{x}_3 = (1, 1, 0)^T$ e $\mathbf{x}_4 = (1, 0, 1)^T$. Aplicando a Equação 11.4-4, obtemos o vetor médio a seguir:

$$\mathbf{m_x} = \frac{1}{4} \begin{bmatrix} 3 \\ 1 \\ 1 \end{bmatrix}$$

Da mesma forma, usando a Equação 11.4-5, obtemos a matriz de covariância a seguir:

$$\mathbf{C_x} = \frac{1}{16} \begin{bmatrix} 3 & 1 & 1 \\ 1 & 3 & -1 \\ 1 & -1 & 3 \end{bmatrix}$$

Todos os elementos ao longo da diagonal principal são iguais, o que indica que os três componentes dos vetores na população têm a mesma variância. Além disso, os elementos x_1 e x_2, bem como x_1 e x_3, estão positivamente correlacionados; os elementos x_2 e x_3 estão negativamente correlacionados.

■

Já que **C**$_\mathbf{x}$ é real e simétrica, encontrar um conjunto de n autovetores ortonormais sempre é possível [Noble e Daniel (1988)]. Digamos que $\mathbf{e}_i$ e λ_i, $i = 1, 2,..., n$ sejam os autovetores e os autovalores correspondentes de **C**$_\mathbf{x}$,** ordenados (por conveniência) em ordem decrescente de forma que $\lambda_j \geq \lambda_{j+1}$ for $j = 1, 2,...n - 1$. Digamos que **A** é uma matriz cujas linhas são formadas por autovetores de **C**$_\mathbf{x}$, ordenados de modo que a primeira linha de **A** é o autovetor correspondente ao maior autovalor e a última linha é o autovetor correspondente ao menor autovalor.

Suponha que usemos **A** como uma matriz de transformação para mapear as **x**s em vetores denominados **y**s, como segue:

$$\mathbf{y} = \mathbf{A}(\mathbf{x} - \mathbf{m_x}) \quad (11.4\text{-}6)$$

Esta expressão é chamada de *transformada de Hotelling*,*** que, como será mostrado em breve, tem algumas propriedades interessantes e bastante úteis.

Não é difícil demonstrar que a média dos vetores **y** resultantes desta transformação é zero; isto é,

$$\mathbf{m_y} = E\{\mathbf{y}\} = \mathbf{0} \quad (11.4\text{-}7)$$

Como resultado da teoria da matriz básica, sabemos que a matriz de covariância dos **y**s é dada em termos de **A** e **C**$_\mathbf{x}$ pela expressão

$$\mathbf{C_y} = \mathbf{A} \mathbf{C_x} \mathbf{A}^T \quad (11.4\text{-}8)$$

Além disso, em virtude da maneira que **A** foi construída, **C**$_\mathbf{y}$ é uma matriz diagonal cujos elementos ao longo da diagonal principal são os autovalores de **C**$_\mathbf{x}$; isto é,

$$\mathbf{C_y} = \begin{bmatrix} \lambda_1 & & & 0 \\ & \lambda_2 & & \\ & & \ddots & \\ 0 & & & \lambda_n \end{bmatrix} \quad (11.4\text{-}9)$$

Os elementos fora da diagonal desta matriz de covariância são 0; portanto, os elementos dos vetores **y** não estão correlacionados. Tenha em mente que os λ_js são os autovalores de **C**$_\mathbf{x}$ e que os elementos ao longo da diagonal principal de uma matriz diagonal são os seus autovalores [Noble e Daniel (1988)]. Assim, **C**$_\mathbf{x}$ e **C**$_\mathbf{y}$ possuem os mesmos autovalores.

Outra propriedade importante da transformada de Hotelling tem a ver com a reconstrução de **x** a partir de **y**. Já que as linhas de **A** são vetores ortonormais, sabemos que $\mathbf{A}^{-1} = \mathbf{A}^T$ e qualquer vetor **x** pode ser recuperado a partir do **y** correspondente usando a expressão

$$\mathbf{x} = \mathbf{A}^T \mathbf{y} + \mathbf{m_x} \quad (11.4\text{-}10)$$

---

* Lembre-se que a variância de uma variável aleatória x com média m pode ser definida como $E\{(x - m)^2\}$. A covariância de duas variáveis aleatórias x_i e x_j é definida como $E\{(x_i - m_i)(x_j - m_j)\}$.

** Por definição, os autovetores e os autovalores de uma matriz $n \times n$, **C**, satisfazem a relação $\mathbf{Ce}_i = \lambda_i \mathbf{e}_i$, para $i = 1, 2,..., n$.

*** A transformada de Hotelling é a mesma que a transformada discreta *Karhunen-Loève* [Karhunen (1947)], e os dois nomes são utilizados sem distinção na literatura.

Suponha, no entanto, que, em vez de usar todos os autovetores de $\mathbf{C}_\mathbf{x}$, formamos a matriz $\mathbf{A}_x$ a partir dos k autovetores correspondentes aos k maiores autovalores, produzindo uma matriz de transformação de ordem $k \times n$. Os vetores $\mathbf{y}$ seriam, então, k dimensionais, e a reconstrução dada na Equação 11.4-10 não seria mais exata (isso é um tanto análogo ao procedimento utilizado na Seção 11.2.3 para descrever uma fronteira com poucos coeficientes de Fourier). O vetor reconstruído usando $\mathbf{A}_k$ é

$$\hat{\mathbf{x}} = \mathbf{A}_k^T \mathbf{y} + \mathbf{m}_\mathbf{x} \qquad (11.4\text{-}11)$$

Podemos ver que o erro quadrático médio entre $\mathbf{x}$ e $\hat{\mathbf{x}}$ é dado pela expressão

$$\begin{aligned} e_{ms} &= \sum_{j=1}^{n} \lambda_j - \sum_{j=1}^{k} \lambda_j \\ &= \sum_{j=k+1}^{n} \lambda_j \end{aligned} \qquad (11.4\text{-}12)$$

A primeira linha da Equação 11.4-12 indica que o erro é zero se $k = n$ (isto é, se todos os autovetores forem utilizados na transformação). Já que os λ_js diminuem monotonicamente, a Equação 11.4-12 também mostra que o erro pode ser minimizado pela seleção dos k autovetores associados aos maiores autovalores. Assim, a transformada de Hotelling é ótima no sentido de que minimiza o erro quadrático médio entre os vetores $\mathbf{x}$ e suas aproximações $\hat{\mathbf{x}}$. Em razão dessa ideia de usar os autovetores correspondentes aos maiores autovalores, a transformada de Hotelling também é conhecida como transformada de *componentes principais*.

Exemplo 11.15 Usando componentes principais para a descrição da imagem.

A Figura 11.38 mostra seis imagens multiespectrais de satélite correspondentes a seis bandas espectrais: azul visível (450-520 nm), verde visível (520-600 nm), vermelho visível (630-690 nm), infravermelho próximo (760-900 nm), infravermelho médio (1.550-1.750 nm) e infravermelho térmico (10.400-12.500 nm). O objetivo deste exemplo é ilustrar como utilizar os componentes principais para descrever a imagem.

Organizar as imagens como apresentadas na Figura 11.39 leva à formação de um vetor de seis elementos $\mathbf{x} =$

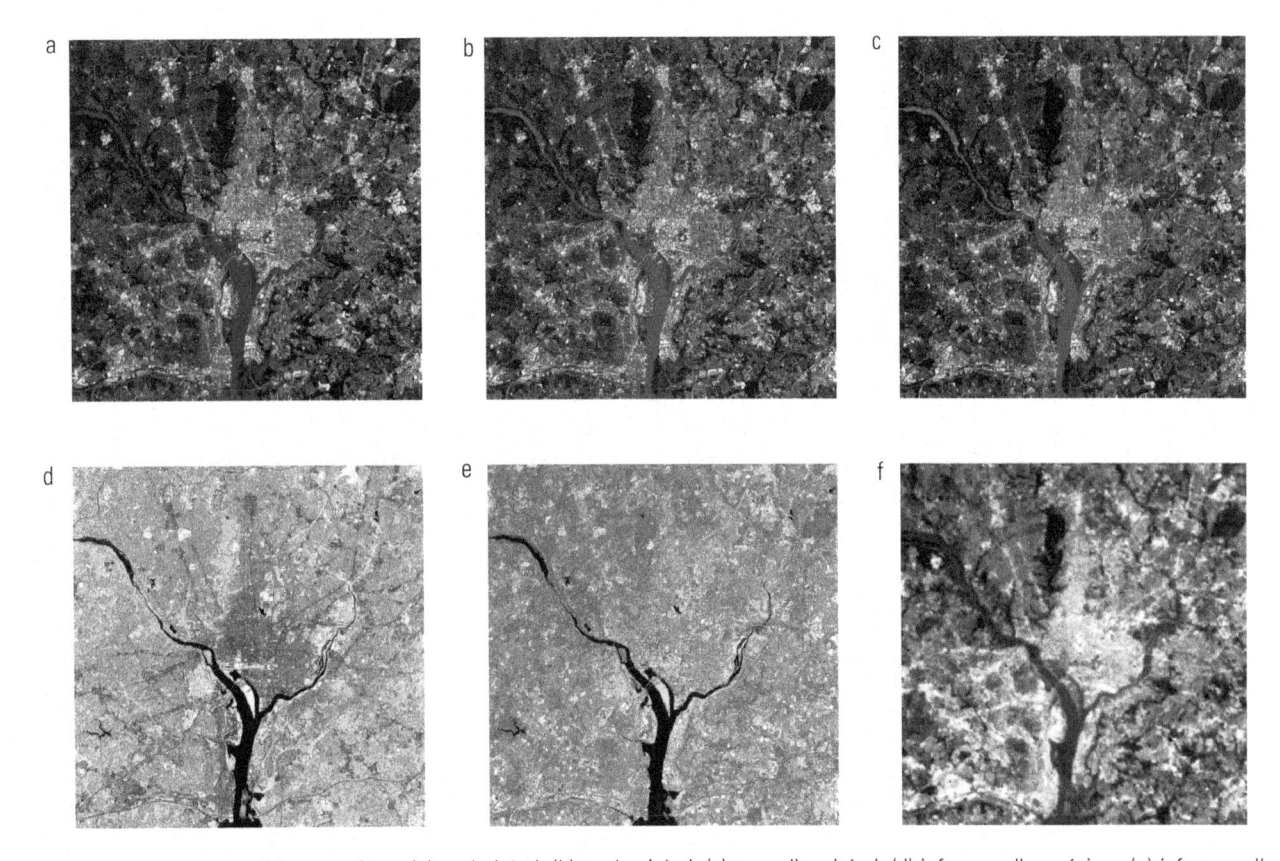

Figura 11.38 Imagens multiespectrais no (a) azul visível, (b) verde visível, (c) vermelho visível, (d) infravermelho próximo, (e) infravermelho médio e (f) infravermelho térmico. (Imagem original: cortesia da Nasa.)

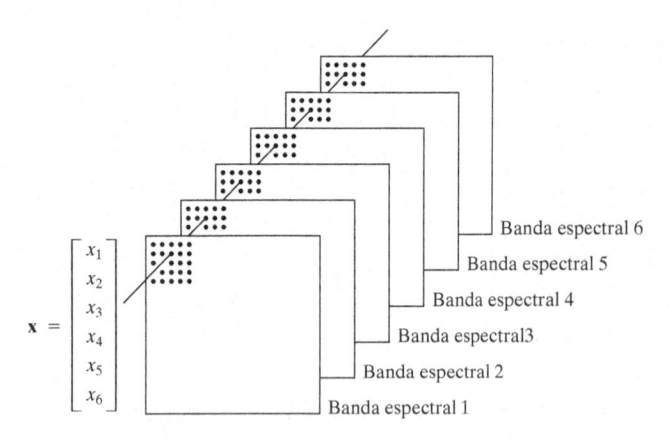

Figura 11.39 Formação de um vetor a partir dos pixels correspondentes em seis imagens.

$$\mathbf{x} = \begin{bmatrix} x_1 \\ x_2 \\ x_3 \\ x_4 \\ x_5 \\ x_6 \end{bmatrix}$$

Tabela 11.6 Autovalores da matriz de covariância obtidos a partir das imagens na Figura 11.38.

λ_1	λ_2	λ_3	λ_4	λ_5	λ_6
10.344	2.966	1.401	203	94	31

$(x_1, x_2, \ldots x_6)^T$ para cada conjunto de pixels correspondentes nas imagens, como discutido no início desta seção. As imagens apresentadas neste exemplo são de tamanho 564 × 564 pixels e a população era de $(564)^2 = 318.096$ vetores, dos quais o vetor médio, a matriz de covariância e os autovalores e autovetores correspondentes foram calculados. Os autovetores foram, então, usados como linhas da matriz **A** e um conjunto de vetores **y** foi obtido usando a Equação 11.4-6. Da mesma forma, utilizou-se a Equação 11.4-8 para obter

$\mathbf{C}_y$. A Tabela 11.6 mostra os autovalores desta matriz. Repare o predomínio dos dois primeiros autovalores.

Um conjunto de imagens de componentes principais foi gerado utilizando os vetores **y** mencionados no parágrafo anterior (as imagens são construídas a partir dos vetores aplicando a Figura 11.39 em sentido inverso). A Figura 11.40 mostra os resultados. A Figura 11.40(a) foi formada a partir do primeiro componente dos 318.096 vetores **y**, a Figura 11.40(b) a partir do segundo componente desses vetores e assim por diante; portanto, essas imagens são do mesmo tamanho que as imagens originais apresentadas na Figura 11.38. A característica mais evidente nas imagens de componentes principais é que uma parcela significativa do detalhe de contraste está contida nas duas primeiras imagens e diminui rapidamente a partir desse ponto. O motivo pode ser explicado pelos autovalores. Como a Tabela 11.6 mostra, os dois primeiros autovalores

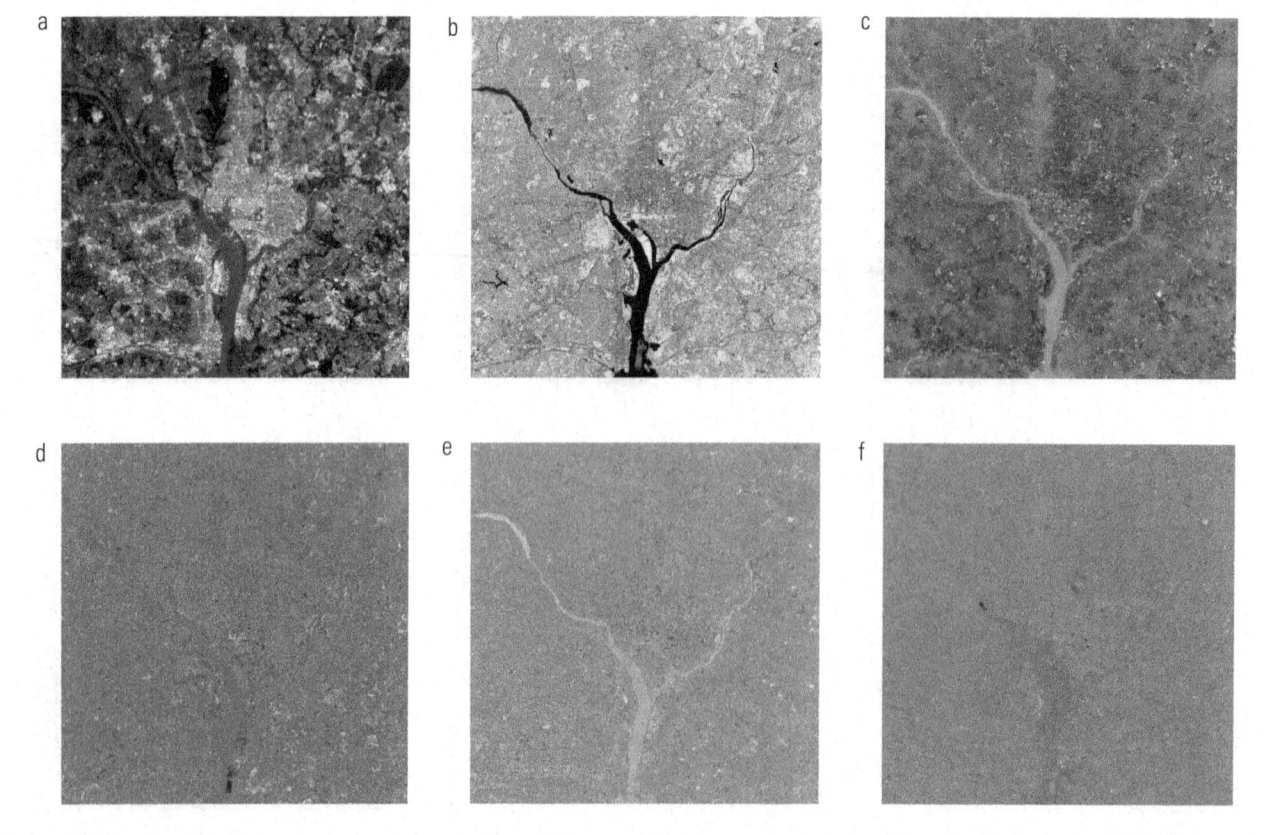

Figura 11.40 As seis imagens de componentes principais obtidas a partir dos vetores calculados utilizando a Equação 11.4-6. Os vetores são convertidos em imagens aplicando a Figura 11.39 em sentido inverso.

são muito maiores do que os outros. Já que os autovalores indicam as variações dos elementos dos vetores **y** e a variância é uma medida da intensidade do contraste, não é de surpreender que as imagens formadas a partir dos componentes do vetor correspondentes aos maiores autovalores apresentem o maior contraste. De fato, as duas primeiras imagens na Figura 11.40 são responsáveis por cerca de 89% da variância total. As outras quatro imagens têm detalhes de baixo contraste, uma vez que representam apenas os 11% restantes.

De acordo com as equações 11.4-11 e 11.4-12, se usarmos todos os autovetores da matriz **A**, poderíamos reconstruir as imagens originais (vetores) a partir das imagens de componentes principais (vetores) com erro zero entre a imagem original e a reconstruída.* Ou seja, a imagem original e a reconstruída seriam idênticas. Se o objetivo fosse armazenar e/ou transmitir as imagens de componentes principais e a matriz de transformação para a reconstrução posterior das imagens originais, não faria sentido armazenar e/ou transmitir todas as imagens de componentes principais, uma vez que não haveria ganho algum. Suponha-se, entretanto, que mantemos e/ou transmitimos apenas as duas imagens de componentes principais (que possuem a maioria dos detalhes de contraste). Haveria uma economia significativa de espaço para armazenamento e/ou transmissão (a matriz **A** seria do tamanho de 2 × 6, portanto, seu impacto seria insignificante).

A Figura 11.41 mostra os resultados da reconstrução das seis imagens multiespectrais, a partir das duas imagens de componentes principais correspondentes aos maiores autovalores. As cinco primeiras imagens são muito similares às originais apresentadas na Figura 11.38, mas isso não se aplica à sexta imagem. A razão é que a sexta imagem original está realmente borrada, mas as duas imagens de componentes principais utilizadas na reconstrução estão nítidas; por isso, o "detalhe" borrado acaba se perdendo. A Figura 11.42 mostra as diferenças entre a imagem original e a reconstruída. As imagens na Figura 11.42 foram realçadas para destacar as diferenças entre elas. Se fossem apresentadas sem o realce, as cinco primeiras imagens seriam quase que totalmente pretas. Como esperado, a sexta imagem diferença é a que apresenta a maior variabilidade.

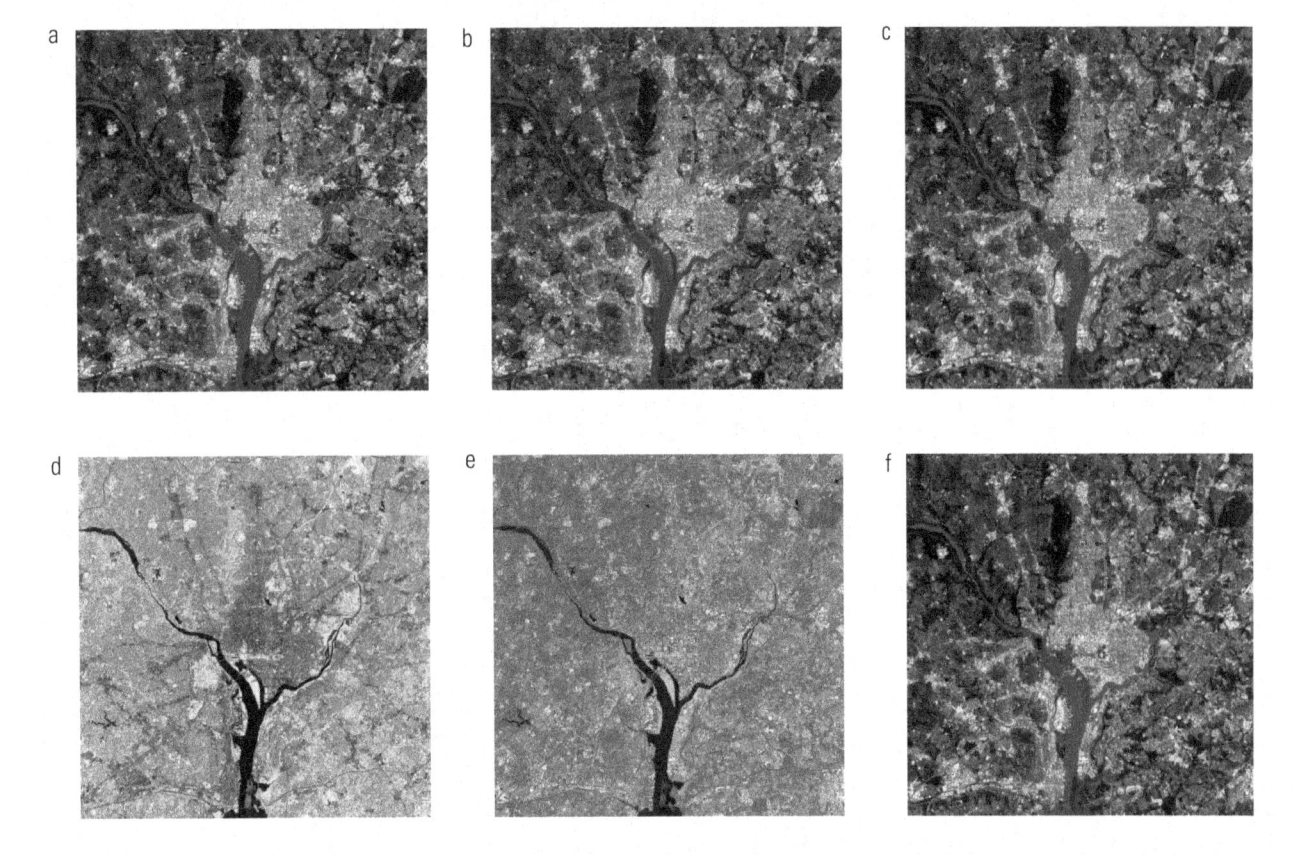

Figura 11.41 Imagens multiespectrais reconstruídas a partir das duas imagens de componentes principais correspondentes às duas imagens de componentes principais com os maiores autovalores (variância). Compare estas imagens com os originais na Figura 11.38.

---

* Ao se referir a imagens, usamos o termo "vetores" indiferentemente porque há uma correspondência um-para-um entre os dois no contexto presente.

a b c

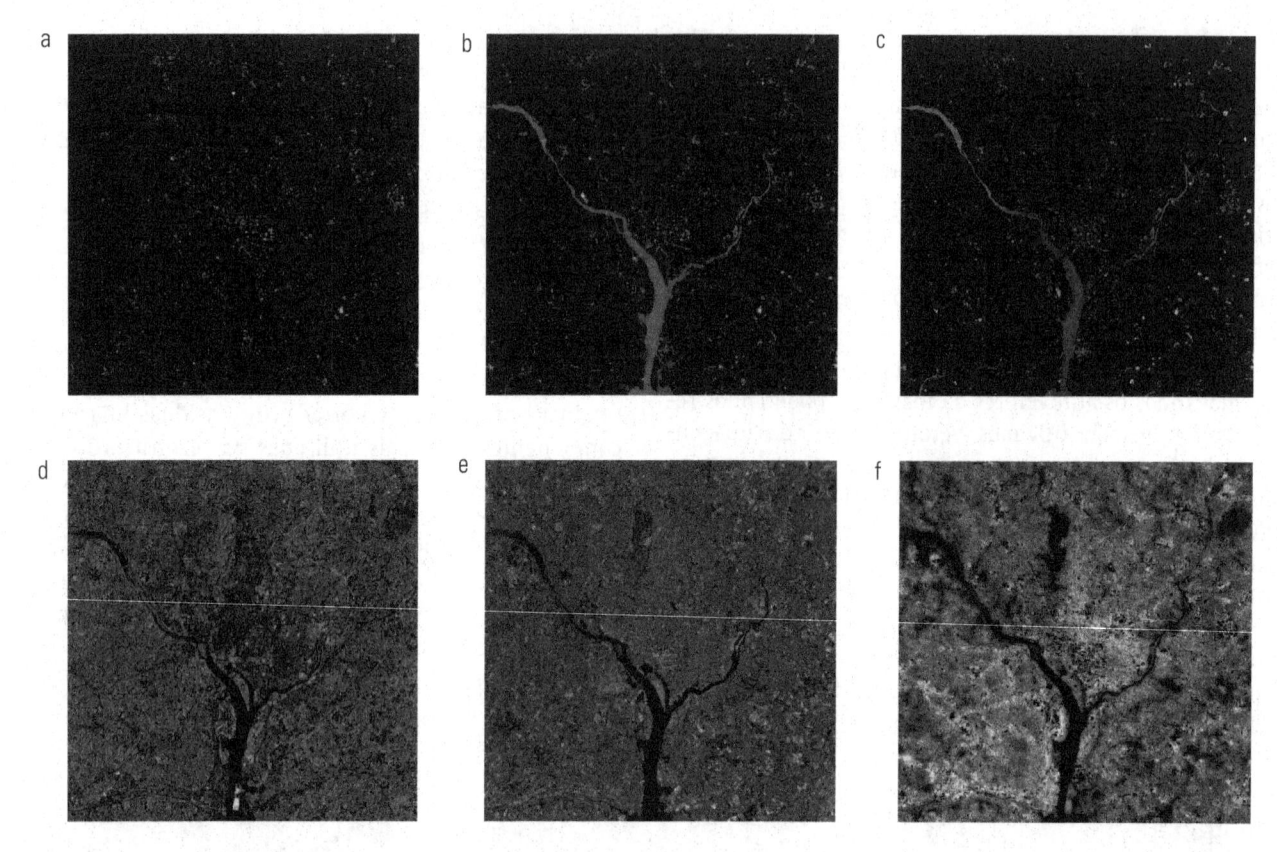

d e f

Figura 11.42 Diferenças entre a imagem original e as imagens reconstruídas. Para facilitar a visualização, todas as imagens de diferença foram realçadas ajustando-as para o intervalo [0, 255].

Exemplo 11.16 **Usando componentes principais para a normalização com relação às variações no tamanho, na translação e na rotação.**

Como mencionado anteriormente neste capítulo, a representação e a descrição devem ser tão independentes quanto possível no que diz respeito ao tamanho, à translação e à rotação. Os componentes principais fornecem uma maneira conveniente de normalizar as fronteiras e/ou regiões para as variações desses três parâmetros. Considere o objeto na Figura 11.43 e suponha que seu tamanho, localização e orientação (rotação) são valores arbitrários. Os pontos na região (ou na sua fronteira) podem ser tratados como vetores bidimensionais, $\mathbf{x} = (x_1, x_2)^T$, em que x_1 e x_2 são os valores das coordenadas de qualquer ponto ao longo dos eixos x_1 e x_2, respectivamente. Todos os pontos em uma região ou fronteira constituem uma população de vetores 2-D que podem ser usados para calcular a matriz de covariância $\mathbf{C}_x$ e o vetor médio $\mathbf{m}_x$, como antes. Um autovetor de $\mathbf{C}_x$ aponta na direção da variância máxima (espalhamento dos dados) da população, enquanto o segundo autovetor é perpendicular ao primeiro, como mostra a Figura 11.43(b). Em termos da presente discussão, a transformada principal de componentes na Equação 11.4-6 realiza duas coisas: (1) estabelece o centro do sistema de coordenadas transformadas no centro de gravidade (média) da população, porque $\mathbf{m}_x$ é subtraído de cada $\mathbf{x}$; e (2) as coordenadas $\mathbf{y}$ (vetores) que ele

gera são versões rotacionadas de $\mathbf{x}$, de forma que os dados se alinhem com os autovetores. Se definirmos um sistema de eixos (y_1, y_2), de forma que y_1 esteja ao longo do primeiro autovetor e y_2 ao longo do segundo, então a geometria que resulta é a ilustrada na Figura 11.43(c).* Isto é, as direções dos dados dominantes estão alinhadas com o sistema de eixos. O mesmo resultado será obtido independentemente do tamanho, translação ou rotação do objeto, desde que todos os pontos na região da fronteira passem pelas mesmas alterações. Se quiséssemos normalizar os dados transformados pelo tamanho, deveríamos dividir as coordenadas pelos autovalores correspondentes.

Observe, na Figura 11.43(c), que os pontos no sistema de eixos y podem ter valores tanto positivos quanto negativos. Para converter todas as coordenadas para valores positivos, basta subtrair o vetor $(y_{1\min}, y_{2\min})^T$ de todos os vetores $\mathbf{y}$. Para deslocar os pontos resultantes de modo que todos eles sejam maiores que 0, como na Figura 11.43(d), podemos acrescentar-lhes um vetor $(a, b)^T$ em que a e b são maiores que 0.

---

* O sistema do eixo y poderia estar em uma direção de 180° oposta ao sentido mostrado na Figura 11.43(c), dependendo da orientação do objeto original. Por exemplo, se o nariz do avião na Figura 11.43(a) apontasse na direção oposta, os autovetores resultantes apontariam para a esquerda e para baixo.

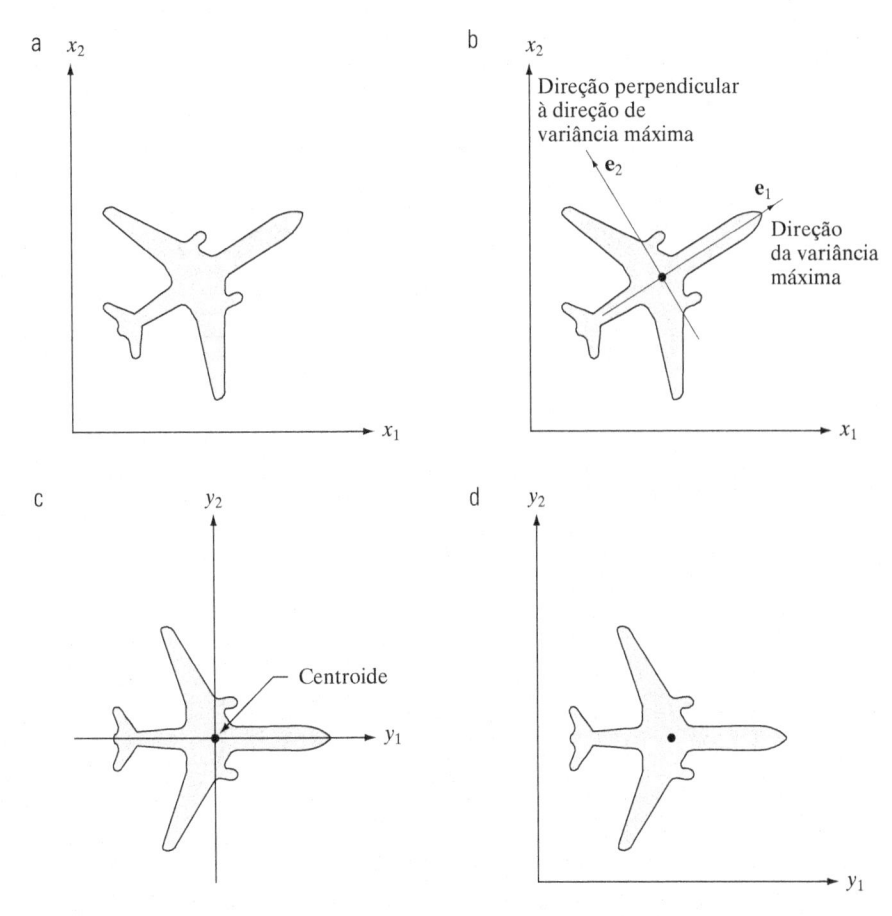

Figura 11.43 (a) Um objeto. (b) Objeto mostrando autovetores de sua matriz de covariância. (c) Objeto transformado a partir da Equação 11.4-6. (d) Objeto transladado para que todos os seus valores de coordenadas sejam maiores que 0.

Apesar de a discussão anterior ser simples em princípio, a mecânica é uma fonte comum de confusão. Assim, concluímos este exemplo com uma ilustração manual simples. A Figura 11.44(a) mostra quatro pontos com coordenadas (1, 1), (2, 4), (4, 2) e (5, 5). O vetor médio, a matriz de covariância e os autovetores normalizados (comprimento da unidade) dessa população são

$$\mathbf{m_x} = \begin{bmatrix} 3 \\ 3 \end{bmatrix}$$

$$\mathbf{C_x} = \begin{bmatrix} 3{,}333 & 2{,}00 \\ 2{,}00 & 3{,}333 \end{bmatrix}$$

e

$$\mathbf{e}_1 = \begin{bmatrix} 0{,}707 \\ 0{,}707 \end{bmatrix}, \quad \mathbf{e}_2 = \begin{bmatrix} -0{,}707 \\ 0{,}707 \end{bmatrix}$$

Os autovalores correspondentes são $\lambda_1 = 5{,}333$ e $\lambda_2 = 1{,}333$. A Figura 11.44(b) mostra os autovetores sobrepostos sobre os dados. Os pontos transformados ($\mathbf{y}$) são obtidos a partir da Equação 11.4-6: (−2,828; 0), (0; 1,414), (0; −1,414) e (2,828; 0). Estes pontos estão representados na Figura 11.44(c). Repare que eles estão alinhados com os eixos y e possuem valores fracionados. Ao trabalhar com imagens, os valores geralmente são inteiros, tornando-se necessário arredondar todas as frações para o inteiro mais próximo. A Figura 11.44(d) mostra os pontos já com os valores arredondados para o número inteiro mais próximo e sua nova localização, já com todos os valores de coordenadas inteiros e maiores que 0, como na figura original.

11.5 Descritores relacionais

Introduzimos na Seção 11.3.3 o conceito de rescrever as regras para descrever a textura. Nesta seção, vamos expandir esse conceito no contexto dos descritores relacionais. Estes se aplicam igualmente bem às fronteiras ou às regiões e seu principal objetivo é captar, rescrevendo regras básicas, os padrões repetitivos em uma fronteira ou uma região.

Considere a estrutura de escada simples mostrada na Figura 11.45(a). Suponha que esta estrutura tenha

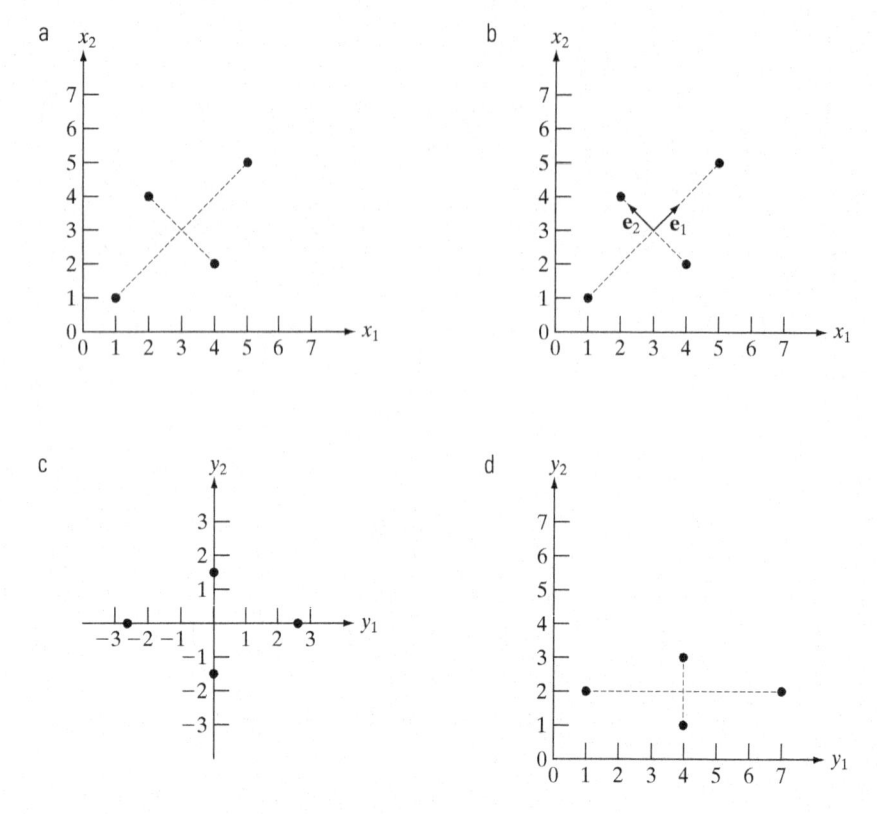

Figura 11.44 Um exemplo manual. (a) Pontos originais. (b) Autovetores da matriz de covariância dos pontos em (a). (c) Pontos transformados obtidos usando a Equação 11.4-6. (d) Pontos de (c), arredondados e transladados para que todos os valores das coordenadas sejam números inteiros maiores que 0. As linhas tracejadas foram incluídas para facilitar a visualização. Não fazem parte dos dados.

sido segmentada a partir de uma imagem e que queremos descrevê-la de alguma maneira formal. Ao definir os dois *elementos primitivos* a e b mostrados, podemos codificar a Figura 11.45(a) na forma mostrada na Figura 11.45(b). A propriedade mais óbvia da estrutura codificada é a capacidade de repetição dos elementos a e b. Portanto, uma abordagem simples de descrição é formular uma relação recursiva envolvendo esses elementos primitivos. Uma possibilidade é usar o método de *regras de rescrita*:

1. $S \to aA$,
2. $A \to bS$, e
3. $A \to b$,

no qual S e A são variáveis, e os elementos a e b são constantes correspondendo às primitivas definidas recentemente. A Regra 1 indica que S, chamado de *símbolo inicial*, pode ser substituído pela primitiva a e a variável A. Esta variável, por sua vez, pode ser substituída por b e S ou somente por b. Substituir A por bS leva de volta à primeira regra e o procedimento pode ser repetido. Substituir A por b termina o procedimento, uma vez que não restaram variáveis na expressão. A Figura 11.46 ilustra alguns exemplos de derivação dessas regras, sendo que os números abaixo das estruturas representam a ordem em que as regras 1, 2 e 3 foram aplicadas. A rela-

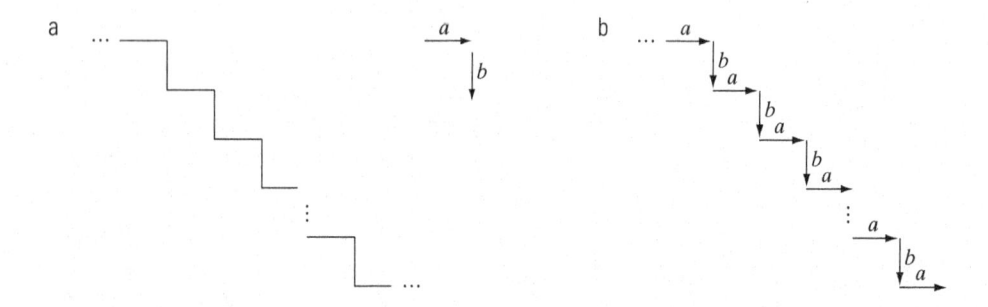

Figura 11.45 (a) Uma simples estrutura como uma escada. (b) Estrutura codificada.

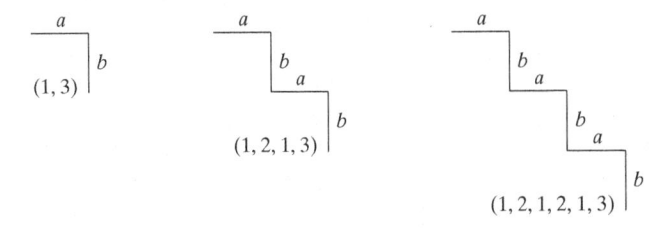

Figura 11.46 Exemplos de derivação das regras $S \rightarrow aA$, $A \rightarrow bS$ e $A \rightarrow b$.

ção entre *a* e *b* é mantida porque essas normas obrigam que *a* seja sempre seguido por um *b*. Notavelmente, essas três regras simples de rescrita podem ser usadas para gerar (ou descrever) um número infinito de estruturas semelhantes.

Já que os *strings* são estruturas 1-D, sua aplicação na descrição de imagens requer o estabelecimento de um método adequado para a redução de relações de posição 2-D para a forma 1-D. A maioria das aplicações de *strings* na descrição de imagens baseia-se na extração de segmentos de linhas conectados a partir dos objetos de interesse. Uma abordagem é seguir o contorno de um objeto e codificar o resultado com segmentos de direção e/ou tamanho específicos. A Figura 11.47 ilustra este procedimento.

Outra abordagem um pouco mais geral é descrever partes de uma imagem (pequenas regiões homogêneas, por exemplo) por segmentos de linha direcionados, que podem ser unidos de maneiras diferentes das conexões do tipo "cabeça à cauda". A Figura 11.48(a) ilustra essa metodologia e a Figura 11.48(b) mostra algumas operações típicas que podem ser definidas em primitivas abstraídas. A Figura 11.48(c) mostra um conjunto de primitivas específicas, composto por segmentos de linhas definidas em quatro direções, e a Figura 11.48(d) mostra a geração passo a passo de uma forma específica, em que (~*d*) indica a primitiva *d* com seu sentido invertido. Repare que cada estrutura composta tem uma única cabeça e uma única cauda. O resultado de interesse é a última *string*, que descreve a estrutura completa.

Descritores de *strings* são mais bem adaptados para aplicações em que a conectividade das primitivas pode ser expressa na forma "cabeça à cauda", ou alguma outra forma contínua. Às vezes, as regiões que são semelhantes em termos de textura ou outros descritores podem não ser contíguas e é necessário usar técnicas para descrever tais situações. Uma das abordagens mais úteis para fazer isso é utilizar descritores tipo árvore.

Uma *árvore T* é um conjunto finito de um ou mais nós para os quais

(a) há um único nó $ chamado *raiz*, e

(b) os nós restantes são divididos em *m* conjuntos disjuntos $T_1,...,T_m$, cada um, por sua vez, é uma árvore chamada *subárvore* de *T*.

A *fronteira da árvore* é o conjunto de nós na parte inferior da árvore (as *folhas*), tomados na ordem da esquerda para a direita. Por exemplo, a árvore da Figura 11.49 possui raiz $ e fronteira (folhas) *xy*.

Geralmente, dois tipos de informação em uma árvore são importantes: (1) informações sobre um nó armazenadas como um conjunto de palavras que descrevem aquele nó; e (2) informação que relaciona um nó com seus vizinhos, armazenadas como um conjunto de ponteiros para aqueles nós. Como utilizado na descrição da imagem, o primeiro tipo de informação identifica uma subestrutura da imagem (por exemplo, uma região ou um segmento de fronteira), enquanto o segundo tipo define a relação física dessa subestrutura com outras subestruturas. Por exemplo, a Figura 11.50(a) pode ser representada por uma árvore utilizando a relação "dentro de". Assim, se a raiz da árvore é chamada $, a Figura 11.50a mostra que o primeiro nível de complexidade envolve *a* e *c* dentro de $, a qual produz duas ramificações (galhos) a partir da raiz, como mostrado na Figura 11.50(b). O nível seguinte envolve *b* dentro de *a*, *d* e *e* dentro de *c*. Finalmente, *f* dentro de *e* completa a árvore.

Resumo

A representação e a descrição de objetos ou regiões que tenham sido segmentadas em uma imagem são passos preliminares na maioria dos sistemas de análise automática de imagens. Essas descrições, por exemplo, constituem a entrada para os métodos de reconhecimento de objetos desenvolvidos no capítulo seguinte. Como indicado pelo espectro de técnicas de descrição abordadas

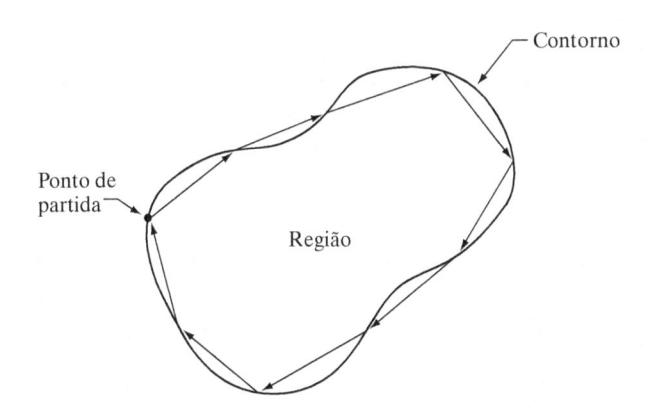

Figura 11.47 Codificando a fronteira de uma região com segmentos de linha orientados.

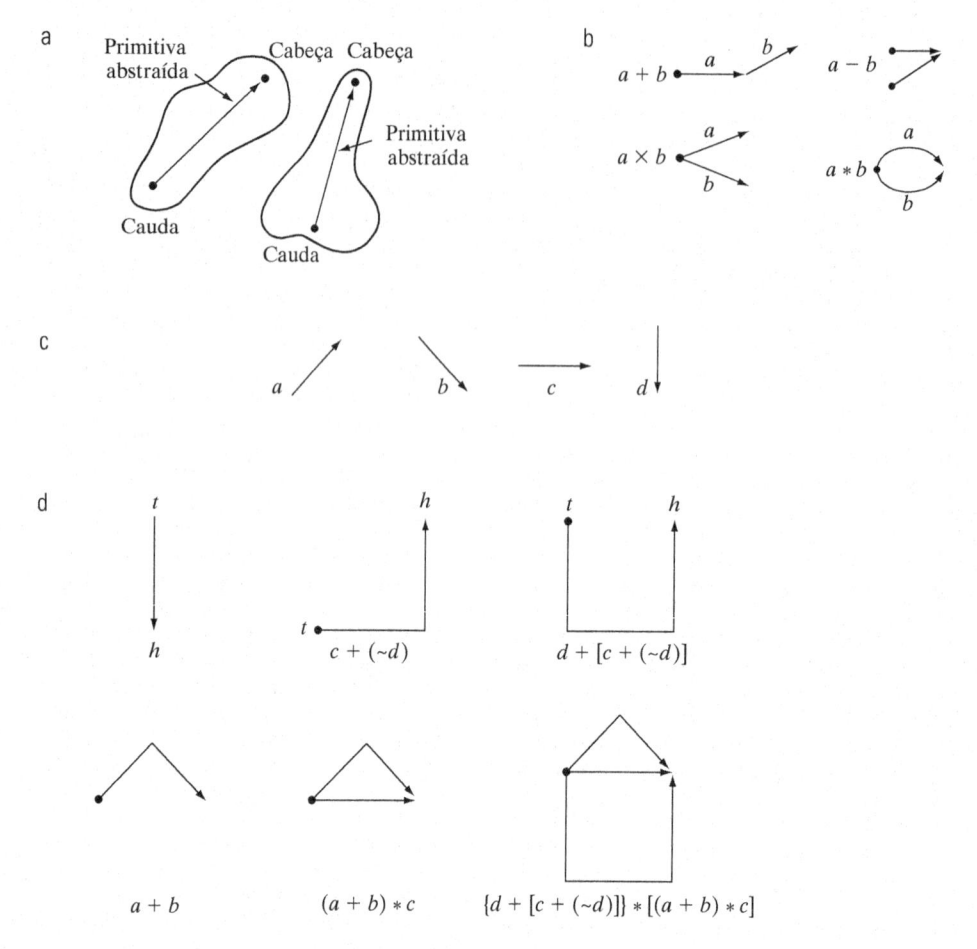

Figura 11.48 (a) Primitivas abstraídas. (b) Operações entre as primitivas. (c) Conjunto de primitivas específicas. (d) Etapas na construção de uma estrutura.

neste capítulo, a escolha de um método em detrimento de outro é determinada pelo problema em questão. O objetivo é escolher descritores que "capturem" as diferenças essenciais entre os objetos ou classes de objetos, mantendo a independência sempre que possível com respeito às mudanças na localização, no tamanho e na orientação.

Referências e leitura suplementar

O algoritmo de acompanhamento de fronteiras na Seção 11.1.1 foi inicialmente proposto por Moore (1968). A representação de código da cadeia discutida na Seção 11.1.2 foi proposta por Freeman (1961, 1974). Para o trabalho atual usando códigos da cadeia, consulte Bribiesca (1999), que também ampliou os códigos da cadeia para 3-D [Bribiesca (2000)]. Para uma discussão detalhada e para ver o algoritmo para calcular os polígonos de perímetro mínimo (Seção 11.1.3), consulte Klette e Rosenfeld (2004). Veja também Sloboda et al. (1998) e Coeurjolly e Klette (2004). Outros assuntos de interesse para o material na Seção 11.1.4 incluem o ajuste poligonal invariante [Voss e Suesse (1997)], métodos para avaliar

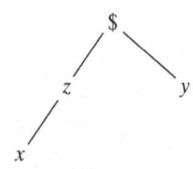

Figura 11.49 Uma árvore simples com raiz $ e fronteira xy (folhas).

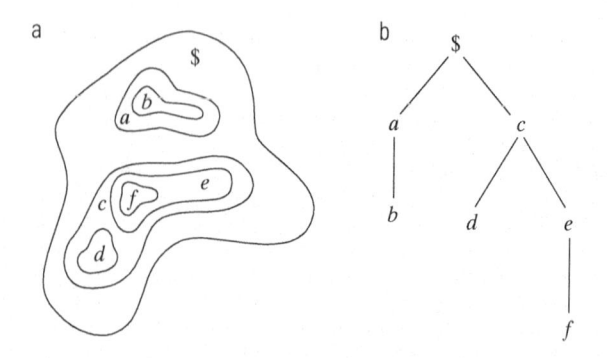

Figura 11.50 (a) Uma região composta simples. (b) Representação por árvore obtida pela utilização da relação "dentro de".

o desempenho de algoritmos de aproximação poligonal [Rosin (1997)], implementações genéricas [Huang e Sun (1999)] e velocidade computacional [Davis (1999)].

Referências para a discussão das assinaturas (Seção 11.1.5) podem ser encontradas em Ballard e Brown (1982) e Gupta e Srinath (1988). Veja Preparata e Shamos (1985) em relação às formulações fundamentais para encontrar o fecho convexo e a deficiência convexa (Seção 11.1.6). Veja também o artigo de Liu-Yu e Antipolis (1993). Katzir et al. (1994) discutem a detecção de curvas parcialmente ocluídas. Zimmer et al. (1997) discutem um algoritmo melhorado para calcular o fecho convexo e Latecki e Lakämper (1999) discutem uma regra de convexidade para a decomposição de formatos.

O algoritmo de esqueletização discutido na Seção 11.1.7 está baseado em Zhang e Suen (1984). Alguns comentários adicionais úteis sobre as propriedades e a aplicação deste algoritmo podem ser encontrados em um artigo de Lu e Wang (1986). Um documento feito por Jang e Chin (1990) oferece um vínculo interessante entre a discussão na Seção 11.1.7 e o conceito morfológico de afinamento introduzido na Seção 9.5.5. Para as abordagens de afinamento na presença de ruído, consulte Shi e Wong (1994) e Chen e Yu (1996). Shaked e Bruckstein (1998) discutem um algoritmo de poda útil para remover componentes parasitas de um esqueleto. A computação rápida da transformada do eixo médio é discutida por Sahni e Jenq (1992) e por Ferreira e Ubéda (1999). O estudo de Loncaric (1998) é interessante para muitas das abordagens discutidas na Seção 11.1.

Freeman e Shapira (1975) apresentam um algoritmo para encontrar o retângulo básico de uma curva fechada codificada com cadeia (Seção 11.2.1). A discussão sobre os números do formato na Seção 11.2.2 está baseada na obra de Bribiesca e Guzman (1980) e Bribiesca (1981). Para uma leitura adicional sobre os descritores de Fourier (Seção 11.2.3), consulte os documentos pioneiros de Zahn e Roskies (1972) e Persoon e Fu (1977). Veja também Aguado et al. (1998) e Sonka et al. (1999). Reddy e Chatterji (1996) discutem uma abordagem interessante usando o FFT para alcançar a invariância na translação, rotação e mudança de escala. O material na Seção 11.2.4 baseia-se na teoria da probabilidade elementar [ver, por exemplo, Peebles (1993) e Popoulis (1991)].

Para uma leitura adicional sobre a Seção 11.3.2, consulte Rosenfeld e Kak (1982) e Ballard e Brown (1982). Para uma excelente introdução à textura (Seção 11.3.3), consulte Haralick e Shapiro (1992). Para um estudo introdutório sobre textura, consulte Wechsler (1980). Os artigos feitos por Murino et al. (1998) e Garcia (1999) e a discussão de Shapiro e Stockman (2001) são representativas dos trabalhos em curso nesta área.

A abordagem de momentos invariantes, discutida na Seção 11.3.4, é de Hu (1962). Consulte também Bell (1965). Para se ter uma ideia da variedade de aplicações de momentos invariantes, consulte Hall (1979), a respeito do casamento de imagem e Cheung e Teoh (1999) sobre o uso de momentos para descrever a simetria. Os momentos invariantes foram generalizados para n dimensões por Mamistvalov (1998). Para gerar momentos de ordem arbitrária, consulte Flusser (2000).

Hotelling (1933) foi o primeiro a obter e publicar a metodologia que transforma variáveis discretas em coeficientes não correlacionados. Ele batizou esta técnica com o nome de *método de componentes principais*. Seu artigo oferece um entendimento claro do método e sua leitura vale a pena. A transformada de Hotelling foi redescoberta por Kramer e Mathews (1956) e por Huang e Schultheiss (1963). Os componentes principais são ainda uma ferramenta fundamental para a descrição de imagens e são utilizados em inúmeras aplicações, como mostram Weng e Swets (1996) e Duda, Heart e Stork (2001). As referências para o material na Seção 11.5 são de Gonzalez e Thomason (1978) e Fu (1982). Veja também Sonka et al. (1999). Para uma leitura adicional sobre os tópicos deste capítulo, mas focando na implementação, consulte Nixon e Aguado (2002) e Gonzalez, Woods e Eddins (2004).

Exercícios

11.1 *(a) Mostre que redefinir o ponto de partida de um código da cadeia, de modo que a sequência resultante dos números forma um número inteiro de magnitude mínima que faz com que o código seja independente do ponto inicial de partida da fronteira.

(b) Encontre o ponto de partida normalizado do código 11076765543322.

11.2 (a) Mostre que a primeira diferença de um código da cadeia o normaliza em relação à rotação, como explicado na Seção 11.1.2.

(b) Calcule a primeira diferença do código 0101030303323232212111.

11.3 *(a) Mostre que a abordagem de aproximação poligonal por elástico de borracha discutida na Seção 11.1.3 produz um polígono com perímetro mínimo.

(b) Mostre que, se cada célula corresponde a um pixel da fronteira, o erro máximo possível nesta célula é $\sqrt{2}d$, em que d é a mínima distância

11.4 Explique como o algoritmo MPP na Seção 11.1.3 se comportaria sob as seguintes condições:

  *(a) 1 pixel de largura, 1 pixel de indentações profundas.

  *(b) 1 pixel de largura, 2 pixels ou mais de indentações profundas.

  (c) 1 pixel de largura, 1 pixel de saliências longas.

  (d) 1 pixel de largura, n pixels de saliências longas.

11.5 *(a) Discuta o efeito sobre o polígono resultante se o limiar de erro for ajustado igual a zero no método de fusão discutido na Seção 11.1.4.

  (b) Qual seria o efeito no método de divisão?

11.6 * (a) Faça o gráfico da assinatura da fronteira de um quadrado usando o método de ângulo tangente discutido na Seção 11.1.5.

  (b) Repita o procedimento para a função densidade da inclinação.

Assuma que o quadrado está alinhado com o os eixos x e y e tome o eixo x como linha de referência. Comece pelo vértice mais próximo da origem.

11.7 Encontre uma expressão para a assinatura de cada uma das seguintes fronteiras e faça o gráfico das assinaturas.

  *(a) Um triângulo equilátero

  (b) Um retângulo

  (c) Uma elipse

11.8 Desenhe o eixo médio de

  *(a) Um círculo

  *(b) Um quadrado

  (c) Um retângulo

  (d) Um triângulo equilátero

11.9 Para cada uma das figuras apresentadas,

  *(a) discuta as medidas tomadas no ponto p pelo Passo 1 do algoritmo de esqueletização apresentado na Seção 11.1.7;

  (b) repita o procedimento no Passo 2 do algoritmo. Suponha que $p = 1$ em todos os casos.

1	1	0	0	0	0	0	1	0	1	1	0
1	p	0	1	p	0	1	p	1	0	p	1
1	1	0	0	0	0	0	1	0	0	0	0

11.10 Com referência ao algoritmo de esqueletização da Seção 11.1.7, como ficaria a figura exibida após

  *(a) uma passagem do Passo 1 do algoritmo?

  (b) uma passagem do Passo 2 (sobre o resultado do Passo 1 e não sobre a imagem original)?

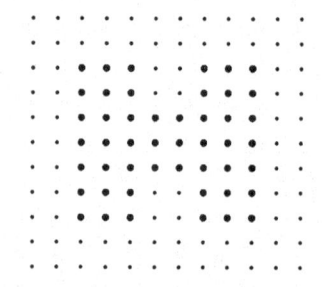

11.11 *(a) Qual é a ordem do número do formato para a figura indicada?

  (b) Obtenha o número do formato.

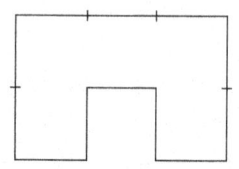

11.12 O processo discutido na Seção 11.2.3 para a utilização de descritores de Fourier consiste em expressar as coordenadas de um contorno como números complexos, tomando a DFT desses números e mantendo apenas alguns componentes da DFT como descritores da fronteira da forma. A DFT inversa é, então, uma aproximação do contorno original. Qual classe de contornos teria uma DFT composta de números reais e como deveria ser configurado o sistema de eixo na Figura 11.19 para obter esses números reais?

11.13 Comprove que, se você usar apenas dois descritores de Fourier ($u = 0$ e $u = 1$) para reconstruir uma fronteira com a Equação 11.2-5, o resultado será sempre um círculo. (*Dica*: use a representação paramétrica de um círculo no plano complexo e expresse a equação de um círculo em coordenadas polares.)

*11.14 Forneça o menor número de descritores de momentos necessários para diferenciar entre as assinaturas das figuras apresentados na Figura 11.10.

11.15 Dê dois formatos de fronteira que tenham a mesma média e os mesmos terceiros descritores de momento estatístico, mas diferentes segundos momentos.

*11.16 Proponha um conjunto de descritores capaz de diferenciar entre os formatos dos caracteres 0, 1, 8, 9 e X. (*Dica*: use descritores topológicos em conjunto com o fecho convexo.)

11.17 Considere uma imagem binária de tamanho 200×200 pixels, com uma faixa preta vertical que se estenda desde as colunas 1 até 99 e uma faixa branca vertical que se estenda desde a coluna 100 até a 200.

  (a) Obtenha a matriz de co-ocorrência desta imagem usando o operador de posição "um pixel para a direita".

  *(b) Normalize esta matriz de modo que seus elementos se tornem estimativas de probabilidade, conforme explicado na Seção 11.3.1.

(c) Use a sua matriz de (b) para calcular os seis descritores na Tabela 11.3.

11.18 Considere uma imagem do tipo tabuleiro de xadrez composta por quadrados alternados em preto e branco, cada um com tamanho $m \times m$. Forneça o operador de posição que produza uma matriz de co-ocorrência diagonal.

11.19 Obtenha a matriz de co-ocorrência em níveis de cinza de uma imagem 5×5 de um tabuleiro de xadrez que alterna entre 1s e 0s se

* **(a)** a posição do operador Q é definida como "um pixel à direita", e
* **(b)** a posição do operador Q é definida como "dois pixels à direita".

Suponha que o pixel superior esquerdo tem valor 0.

11.20 Prove a validade das equações 11.4-7, 11.4-8 e 11.4-9.

***11.21** Foi mencionado no Exemplo 11.13 que um trabalho respeitável poderia ser feito reconstruindo aproximações para as seis imagens originais usando apenas as duas imagens de componente principal associadas com os maiores autovalores. Qual seria o erro médio quadrático ao fazer isso? Expresse sua resposta como uma porcentagem do erro máximo possível.

11.22 Para um conjunto de imagens de tamanho 64×64, suponha que a matriz de covariância dada na Equação 11.4-9 acabe sendo a matriz identidade. Qual seria o erro médio quadrático entre as imagens originais e as reconstruídas usando a Equação 11.4-11 com apenas metade dos autovetores originais?

***11.23** Em quais condições você esperaria que os eixos principais de uma fronteira, definidos na Seção 11.2.1, fossem iguais aos autoeixos dessa mesma fronteira?

11.24 Ofereça uma relação espacial e uma representação de árvore correspondente para padrão de xadrez de quadrados pretos e brancos. Suponha que o elemento superior esquerdo seja preto e que a raiz da árvore corresponda a esse elemento. Sua árvore não pode ter mais do que dois galhos saindo de cada nó.

***11.25** Você foi contratado para projetar um sistema de processamento de imagem para detectar imperfeições no interior de algumas barras de plástico sólido. As barras são analisadas usando um sistema de imagens de raios X, que produz imagens de 8 bits de tamanho 512×512. Na ausência de imperfeições, as imagens parecem "brandas", tendo uma intensidade média de 100 e variância de 400. As imperfeições aparecem como regiões cheias de bolhas em que cerca de 70% dos pixels têm excursões na intensidade de 50 níveis de intensidade igual ou menor sobre uma média de 100. A barra é considerada defeituosa se essa região ocupa uma área superior a 20×20 pixels de tamanho. Proponha um sistema baseado em análise de textura.

11.26 Uma empresa que engarrafa uma variedade de produtos químicos industriais já ouviu falar do seu sucesso resolvendo os problemas de imagem e o convida para criar uma metodologia para detectar quando as garrafas estão vazias. As garrafas aparecem como na figura abaixo conforme se movem ao longo de uma linha transportadora depois de uma estação automática de preenchimento e vedação. Uma garrafa é considerada defeituosamente cheia quando o nível do líquido estiver abaixo do ponto médio entre a parte inferior do gargalo e o ombro da garrafa. O ombro é definido como a região da garrafa na qual os lados e a parte mais fina da garrafa se juntam. As garrafas estão se movendo, mas a empresa tem um sistema de imagem equipado com uma iluminação de flash dianteiro que para o movimento; assim, você terá imagens que se assemelham muito ao exemplo mostrado aqui. Com base no material que você estudou até o momento, proponha uma solução para a detecção de garrafas cujo volume do líquido não está correto. Estabeleça claramente todas as suposições que você fizer e que provavelmente terão um impacto na solução proposta.

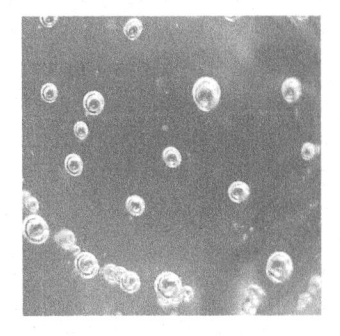

11.27 Depois de ouvir falar sobre o seu sucesso com o problema de engarrafamento, você é contatado por uma empresa de fluidos que pretende automatizar a contagem de bolhas em determinados processos visando ao controle de qualidade. A empresa resolveu o problema de imagem e pode obter imagens de 8 bits com 700×700 pixels, como a apresentada. Cada imagem representa uma área de 7 cm². A empresa pretende fazer duas coisas com cada imagem: (1) determinar a relação entre a área ocupada pelas bolhas e a área total da imagem; e (2) contar o número de bolhas distintas. Com base no material que você estudou até o momento, proponha uma solução para este problema. Em sua solução, certifique-se de indicar as dimensões físicas da menor bolha que sua solução pode detectar. Estabeleça claramente todas as suposições que você fizer e que provavelmente terão um impacto na solução proposta.

Capítulo 12
Reconhecimento de objetos

> Um dos aspectos mais interessantes do mundo é que ele pode ser considerado como se fosse feito de padrões.
> Um padrão é essencialmente um arranjo. Ele é caracterizado pela ordem dos elementos que o compõem, e não pela natureza intrínseca desses elementos.
> *Norbert Wiener*

Apresentação

Concluiremos nossa discussão sobre processamento digital de imagens com uma introdução às técnicas de reconhecimento de objetos. Como visto na Seção 1.1, definimos o escopo de abrangência do processamento digital de imagens para incluir o reconhecimento de regiões *individuais* de imagem, que neste capítulo serão chamadas de *objetos* ou *padrões*.

As metodologias de reconhecimento de padrões desenvolvidas aqui dividem-se em duas áreas principais: decisões teórica e estrutural. A primeira categoria tem a ver com padrões descritos utilizando descritores quantitativos, como comprimento, área e textura. A segunda categoria aborda os padrões cuja descrição é melhor se for feita por meio de descritores qualitativos, como os descritores relacionais discutidos na Seção 11.5.

Um conceito muito importante quando se fala de reconhecimento diz respeito à "aprendizagem" a partir dos padrões de amostra. As técnicas de aprendizagem tanto para a abordagem de decisão teórica quanto para a abordagem estrutural serão desenvolvidas e ilustradas nos parágrafos a seguir.

12.1 Padrões e classes de padrões

Um *padrão* é um *arranjo de descritores*, como os discutidos no Capítulo 11. O termo *característica* é usado frequentemente na literatura de reconhecimento de padrões para denotar um descritor. Uma *classe de padrões* é uma família de padrões que compartilham algumas propriedades comuns. As classes de padrões são indicadas como $\omega_1, \omega_2, ..., \omega_w$ onde W é o número de classes. O reconhecimento de padrões por máquina envolve técnicas de atribuição de padrões às suas respectivas classes de forma automática e com a menor intervenção humana possível.

Três arranjos de padrões comumente utilizados na prática são os vetores (para descrições quantitativas), as *strings* e as árvores (para as descrições estruturais). Os vetores de características (*feature vector* ou *pattern vector*) são representados por letras minúsculas em negrito, como **x**, **y**, e **z**, e assumem a forma

$$\mathbf{x} = \begin{bmatrix} x_1 \\ x_2 \\ \vdots \\ x_3 \end{bmatrix} \quad (12.1\text{-}1)$$

na qual cada componente, x_i, representa o i-ésimo descritor, e n é o número total desses descritores que estão associados ao padrão. Os vetores de características são representados na forma de colunas (ou seja, $n \times 1$ matrizes). Assim, um vetor de características pode ser expresso sob a forma apresentada na Equação 12.1-1 ou em sua forma equivalente

$\mathbf{x} = (x_1, x_2,..., x_n)^T$, na qual T indica a transposição. Você deve reconhecer essa notação da Seção 11.4.*

A natureza dos componentes de um vetor de características $\mathbf{x}$ depende da metodologia utilizada para descrever o padrão físico propriamente dito. Vamos ilustrar com um simples exemplo que dá uma noção da história na área de classificação de medidas. Em uma dissertação clássica, Fisher (1936) relatou o uso do que, para aquele momento, era uma nova técnica denominada *análise discriminante* (discutida na Seção 12.2) para reconhecer três tipos de flores íris (*Íris setosa, virgínica* e *versicolor*) medindo a largura e o comprimento das pétalas (Figura 12.1).

Em nossa terminologia atual, cada flor é *descrita* por duas medidas, o que leva a um vetor de características 2-D na forma

$$\mathbf{x} = \begin{bmatrix} x_1 \\ x_2 \end{bmatrix} \qquad (12.1\text{-}2)$$

sendo x_1 e x_2 o comprimento e a largura da pétala, respectivamente. As três classes de padrões para este caso, chamadas ω_1, ω_2 e ω_3, correspondem às variedades *setosa*, *virgínica* e *versicolor*, respectivamente.

Em virtude de as pétalas de flores variarem em largura e comprimento, os vetores de características que descrevem essas flores também irão variar, não apenas entre as diferentes classes, mas também dentro de cada classe. A Figura 12.1 mostra as medidas de comprimento e de largura para várias amostras de cada tipo de flor de íris. Após selecionar um conjunto de medidas (duas, neste caso), um vetor de características torna-se a completa representação de cada amostra física. Portanto, cada flor neste caso torna-se um ponto em um espaço euclidiano 2-D. Verificamos também que as medidas da largura e comprimento da pétala separaram a classe de *Íris setosa* das outras duas, mas não separaram com sucesso o tipo *virgínica* do tipo *versicolor*. Este resultado ilustra o clássico problema de *seleção de características*, no qual o grau de separabilidade entre as classes depende em boa parte da escolha dos descritores selecionados para uma aplicação. Falaremos muito mais sobre este assunto nas seções 12.2 e 12.3.

A Figura 12.2 mostra outro exemplo de geração de vetor de características. Aqui, estamos interessados em diferentes tipos de formatos ruidosos, como mostrado na Figura 12.2(a). Se decidirmos representar cada objeto pela sua assinatura (ver Seção 11.1.5), obteremos sinais unidimensionais do tipo que aparece na Figura 12.2(b). Suponha que decidamos descrever cada assinatura simplesmente usando a amplitude dos valores amostrados, ou seja, tomamos amostras da assinatura em determinados intervalos de θ, denotados por $\theta_1, \theta_2,..., \theta_n$. Então, poderemos formar vetores de características fazendo $x_1 = r(\theta_1)$, $x_2 = r(\theta_2)$,... $x_n = r(\theta_n)$. Esses vetores tornam-se pontos no espaço n-dimensional euclidiano e as classes de padrões podem ser entendidas como "nuvens" de n dimensões.

Em vez da utilização direta das amplitudes da assinatura, poderíamos calcular, por exemplo, os n primeiros momentos estatísticos de uma determinada assinatura (Seção 11.2.4) e usar esses descritores como componentes de cada vetor de características. De fato, deve estar evidente que os vetores de características podem ser gerados de muitas formas. Apresentaremos algumas delas ao longo deste capítulo. Por ora, o conceito-chave a ser lembrado é que a seleção dos descritores nos quais vai se basear cada componente de um vetor de características tem uma influência importante sobre o desempenho final do reconhecimento de objetos baseado na abordagem de vetor de características.

As técnicas que acabamos de descrever para gerar vetores de características produzem classes de padrões marcadas por informações quantitativas. Em algumas

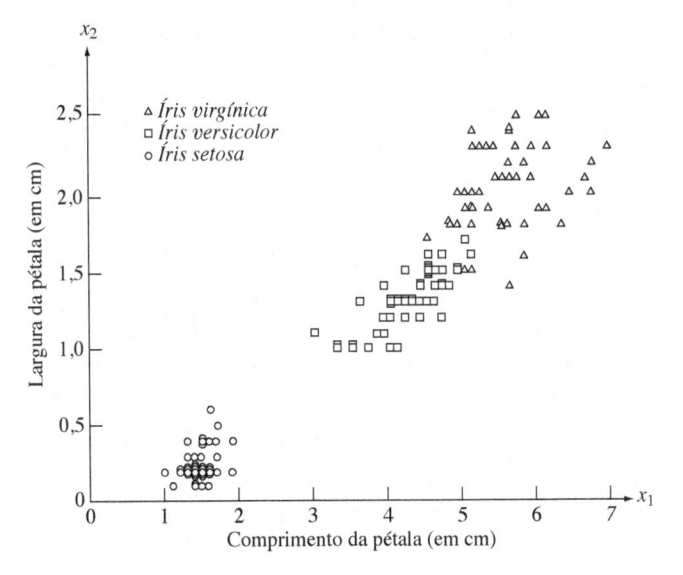

Figura 12.1 Três tipos de flores íris descritas por duas medidas.

* Consulte o site do livro para uma breve revisão sobre vetores e matrizes.

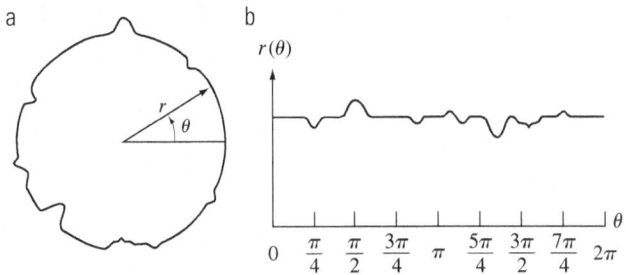

Figura 12.2 Um objeto ruidoso e sua assinatura correspondente.

aplicações, as características dos padrões são mais bem descritas por relações estruturais. Por exemplo, o reconhecimento de impressões digitais baseia-se nas relações entre características das impressões chamadas *minutiae*. Com o tamanho e a localização relativa, essas características são componentes primitivos que descrevem propriedades dos sulcos das impressões digitais, como terminações abruptas, ramificações, fusões e segmentos desconectados. Os problemas de reconhecimento desse tipo, em que não só as medidas quantitativas de cada característica, mas também as relações espaciais entre elas determinam as classes, geralmente são mais bem resolvidos usando abordagens estruturais. Este assunto foi introduzido na Seção 11.5. Abordaremos este tema brevemente no contexto dos descritores de padrões.

A Figura 12.3(a) mostra um padrão simples em forma de escada. Esse padrão pode ser amostrado e expressado em termos de um vetor de características, semelhante à abordagem utilizada na Figura 12.2. No entanto, a estrutura básica composta das repetições de dois elementos primitivos simples seria perdida neste método de descrição. Uma descrição mais significativa seria feita por meio da definição dos elementos *a* e *b* e deixando que o padrão fosse um *string* de símbolos $\omega = ...abababab...$, como apresentado na Figura 12.3(b). A estrutura dessa classe particular de padrões é capturada nessa representação requerendo-se que a conectividade seja definida como tipo cabeça-à-cauda, além de permitir apenas símbolos alternantes. Essa construção estrutural é aplicável a escadas de qualquer tamanho, mas exclui outros tipos de estruturas que poderiam ser geradas por outras combinações das primitivas *a* e *b*.

Representações por *strings* geram adequadamente padrões de objetos e outras entidades cujas estruturas baseiam-se em conectividade relativamente simples de primitivas, geralmente associadas à fronteira da forma. Uma abordagem mais poderosa para muitas aplicações é o uso de descrições por árvores, tal como definido na Seção 11.5. Basicamente, a maioria dos esquemas de organização hierárquica produz estruturas do tipo árvore. Por exemplo, a Figura 12.4 é uma imagem do satélite do centro de uma cidade com muitas construções e zonas residenciais ao redor desse eixo central. Vamos definir toda a área da imagem com o símbolo $. A representação por árvore (de cabeça para baixo) mostrada na Figura 12.5 foi obtida utilizando a relação estrutural "composto de". Portanto, a raiz da árvore representa a imagem inteira. O próximo nível indica que a imagem é composta por um centro e uma zona residencial. Esta, por sua vez, é composta por moradias, rodovias e shoppings. O nível seguinte descreve ainda mais as moradias e as rodovias. Podemos continuar esse tipo de subdivisão até atingir o limite de nossa capacidade para definir as diferentes regiões da imagem.

Nas seções seguintes, desenvolveremos as metodologias de reconhecimento de objetos descritas nas técnicas tratadas nos parágrafos anteriores.

12.2 Reconhecimento com base no método de decisão teórica

As abordagens da decisão teórica ao reconhecimento estão baseadas na utilização de uma *função de decisão* (ou *função discriminante*). Digamos que $\mathbf{x} = (x_1, x_2,..., x_n)^T$ representa um vetor de características n-dimensional, como já foi discutido ma Seção 12.1. Para W classes de

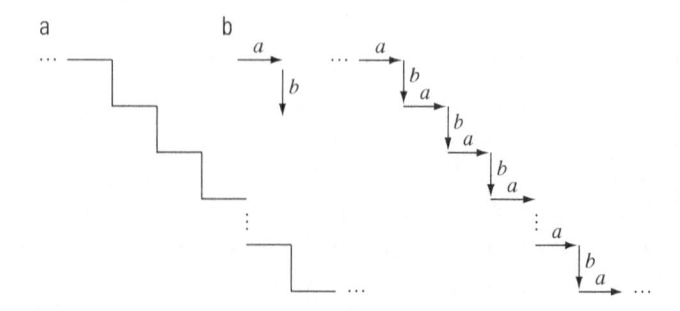

Figura 12.3 (a) Estrutura em forma de escada. (b) Estrutura codificada em termos das primitivas *a* e *b*, de modo a levar a uma representação por um *string* ...*ababab*...

Figura 12.4 Imagem de satélite do centro de uma cidade com seu grande número de construções (Washington, D.C.) e as zonas residenciais em volta. (Imagem original: cortesia da Nasa.)

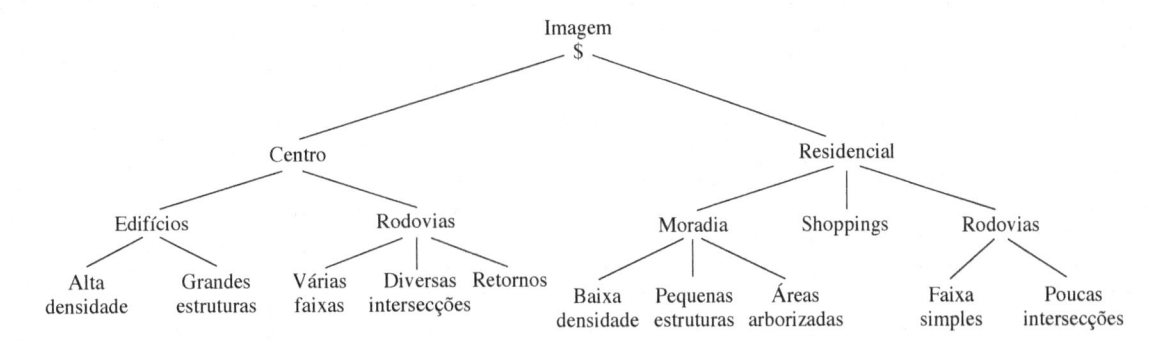

Figura 12.5 Uma descrição tipo árvore da imagem na Figura 12.4.

padrão $\omega_1, \omega_2,..., \omega_W$, o problema básico em reconhecimento de padrões por decisão teórica é encontrar W funções de decisão $d_1(\mathbf{x}), d_2(\mathbf{x}),..., d_W(\mathbf{x})$ com a propriedade que, se o padrão $\mathbf{x}$ pertence à classe ω_i, então

$$d_i(\mathbf{x}) > d_j(\mathbf{x}) \quad j = 1, 2,..., W; j \neq i \quad (12.2\text{-}1)$$

Em outras palavras, um padrão desconhecido $\mathbf{x}$ pertence à i-ésima classe de padrões se a substituição de $\mathbf{x}$ em todas as funções de decisão fizer com que $d_i(\mathbf{x})$ tenha o maior valor numérico. Empates são resolvidos arbitrariamente.

A *fronteira de decisão* que separa as classes ω_i e ω_j é dada pelos valores de $\mathbf{x}$ para os quais $d_i(\mathbf{x}) = d_j(\mathbf{x})$ ou, de forma equivalente, pelos valores de $\mathbf{x}$ para os quais

$$d_i(\mathbf{x}) - d_j(\mathbf{x}) = 0 \quad (12.2\text{-}2)$$

A prática comum consiste em identificar a fronteira de decisão entre duas classes pela função $d_{ij}(\mathbf{x}) = d_i(\mathbf{x}) - d_j(\mathbf{x}) = 0$. Portanto, $d_{ij}(\mathbf{x}) > 0$ para os padrões de classe ω_i, e $d_{ij}(\mathbf{x}) < 0$ para os padrões de classe ω_j. O objetivo principal da discussão nesta seção é desenvolver várias abordagens para encontrar funções de decisão que satisfaçam a Equação 12.2-1.

12.2.1 Casamento (*matching*)

As técnicas de reconhecimento baseadas no casamento representam cada classe usando um vetor de características protótipo. Um padrão desconhecido é atribuído à classe mais próxima em termos de uma métrica predefinida. A abordagem mais simples é o classificador de distância mínima, que, como seu nome indica, calcula a distância (euclidiana) entre o padrão desconhecido e cada um dos vetores protótipos. O método escolhe a menor distância para tomar uma decisão. Discutimos, também, uma abordagem baseada na correlação que pode ser formulada diretamente em termos de imagens e que é bastante intuitiva.

O classificador de distância mínima

Suponha que definamos que o protótipo de cada classe de padrões seja o vetor médio dos padrões dessa classe:

$$\mathbf{m}_j = \frac{1}{N_j} \sum_{\mathbf{x} \in \omega_j} \mathbf{x}_j \quad j = 1,2,...,W \quad (12.2\text{-}3)$$

na qual N_j é o número de vetores de características da classe ω_j, e a soma é realizada sobre esses vetores. Tal como antes, W é o número de classes de padrões. Uma maneira de determinar a pertinência de um vetor de características $\mathbf{x}$ desconhecido é associá-lo à classe de seu protótipo mais próximo, como explicamos anteriormente. Usar a distância euclidiana para determinar a proximidade reduz o problema para o cálculo das medidas de distância:

$$D_j(\mathbf{x}) = \|\mathbf{x} - \mathbf{m}_j\| \quad j = 1, 2,..., W \quad (12.2\text{-}4)$$

onde $\|\mathbf{a}\| = (\mathbf{a}^T \mathbf{a})^{1/2}$ é a norma euclidiana. Atribuímos, então, $\mathbf{x}$ à classe ω_i se $D_i(\mathbf{x})$ for a menor distância. Ou seja, a menor distância representa o melhor casamento nesta formulação. Não é difícil mostrar (Exercício 12.2) que selecionar a menor distância é equivalente à avaliação das funções

$$d_j(\mathbf{x}) = \mathbf{x}^T \mathbf{m}_j - \frac{1}{2} \mathbf{m}_j^T \mathbf{m}_j \quad j = 1,2,...,W \quad (12.2\text{-}5)$$

e a atribuir $\mathbf{x}$ à classe ω_i se $d_i(\mathbf{x})$ produzir o maior valor numérico. Esta formulação está de acordo com o conceito de função de decisão, como definido na Equação 12.2-1.

A partir das equações 12.2-2 e 12.2-5, pode-se ver que a fronteira de decisão entre as classes ω_i e ω_j para um classificador de distância mínima é

$$\begin{aligned} d_{ij}(\mathbf{x}) &= d_i(\mathbf{x}) - d_j(\mathbf{x}) \\ &= \mathbf{x}^T (\mathbf{m}_i - \mathbf{m}_j) - \frac{1}{2}(\mathbf{m}_i - \mathbf{m}_j)^T (\mathbf{m}_i + \mathbf{m}_j) = 0 \end{aligned}$$

$$(12.2\text{-}6)$$

A superfície dada pela Equação 12.2-6 é a bisseção perpendicular do segmento de reta entre $\mathbf{m}_i$ e $\mathbf{m}_j$ (veja Exercício 12.3). Para $n = 2$, a bisseção perpendicular é uma linha, para $n = 3$ é um plano, e para $n > 3$ é chamada de *hiperplano*.

Exemplo 12.1 Ilustração do classificador de distância mínima.

A Figura 12.6 mostra duas classes de padrões extraídas das amostras de íris apresentadas Figura 12.1. As duas classes, tanto a *Íris versicolor* quanto a *Íris setosa*, denotadas ω_1 e ω_2, respectivamente, possuem vetores médios de amostra $\mathbf{m}_1 = (4,3, 1,3)^T$ e $\mathbf{m}_2 = (1,5, 0,3)^T$. A partir da Equação 12.2-5, as funções de decisão são

$$d_1(\mathbf{x}) = \mathbf{x}^T \mathbf{m}_1 - \frac{1}{2} \mathbf{m}_1^T \mathbf{m}_1$$
$$= 4,3x_1 + 1,3x_2 - 10,1$$

e

$$d_2(\mathbf{x}) = \mathbf{x}^T \mathbf{m}_2 - \frac{1}{2} \mathbf{m}_2^T \mathbf{m}_2$$
$$= 1,5x_1 + 0,3x_2 - 1,17$$

da Equação 12.2-6, a equação da fronteira é

$$d_{12}(\mathbf{x}) = d_1(\mathbf{x}) - d_2(\mathbf{x})$$
$$= 2,8x_1 + 1,0x_2 - 8,9 = 0$$

A Figura 12.6 mostra um gráfico desse limite (repare que os eixos não estão na mesma escala). A substituição de qualquer vetor de características da classe ω_1 resultaria em $d_{12}(\mathbf{x}) > 0$. Por outro lado, qualquer padrão de classe ω_2 resultaria em $d_{12}(\mathbf{x}) < 0$. Em outras palavras, dado um padrão desconhecido que pertença a uma dessas duas classes, o sinal de $d_{12}(\mathbf{x})$ será suficiente para determinar a classe à qual o padrão pertence.

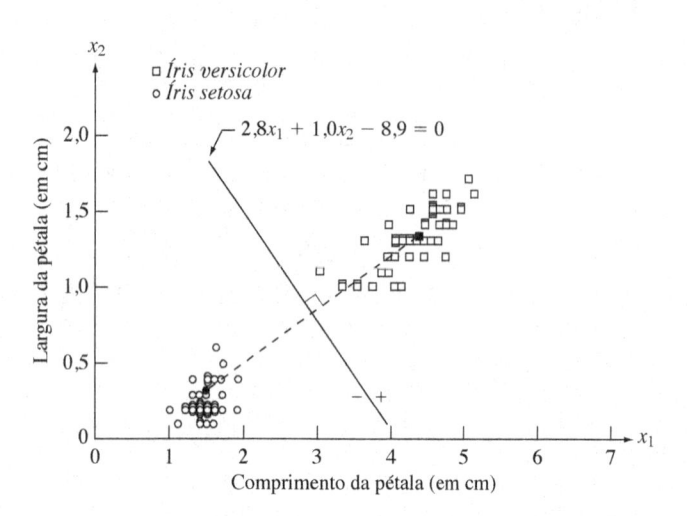

Figura 12.6 Fronteira de decisão do classificador de distância mínima para as classes de *Íris versicolor* e *Íris setosa*. O ponto e o quadrado escuros são as médias.

Na prática, o classificador de distância mínima funciona bem quando a distância entre as médias é grande em comparação com a dispersão ou a aleatoriedade de cada classe em relação a sua média. Na Seção 12.2.2, mostraremos que o classificador de distância mínima produz um desempenho ótimo (em termos de minimizar o erro médio de classificação) quando a distribuição de cada classe em torno de sua média encontra-se na forma de uma "hipernuvem" esférica no espaço n-dimensional de padrões.

A ocorrência simultânea de grandes separações entre as médias com relativamente pouca dispersão nas classes raramente ocorre na prática, a menos que o projetista do sistema controle a natureza da entrada de dados. Um excelente exemplo é fornecido pelos sistemas designados para ler as fontes de caracteres estilizados, como o já reconhecido conjunto de caracteres de fonte E-13B da American Banker's Association. Como aparece na Figura 12.7, este conjunto particular de fontes é composto por 14 caracteres que foram concebidos propositadamente sobre uma grade de 9 × 7 a fim de facilitar a leitura. Os caracteres geralmente são impressos com um tipo de tinta que contém finos grãos de material magnético. Antes de os caracteres serem lidos, a tinta é submetida a um campo magnético que enfatiza cada um deles para facilitar a detecção. Em outras palavras, o problema da segmentação é resolvido enfatizando-se, artificialmente, cada caracter.

Os caracteres são tipicamente digitalizados na direção horizontal por um cabeçote de leitura do tipo fenda (*single-slit*), que é mais estreito e mais alto que os caracteres propriamente. Conforme o cabeçote de leitura passa sobre o caractere, produz um sinal elétrico unidimensional (uma assinatura) condicionado a ser proporcional à razão de aumento ou diminuição da área do caractere sob o cabeçote. Por exemplo, considere a forma de onda associada ao número 0 na Figura 12.7. Conforme o cabeçote de leitura faz o movimento da esquerda para a direita, a área lida pelo cabeçote começa a aumentar, produzindo uma derivada positiva (uma razão positiva de mudança). Conforme o cabeçote começa a deixar o extremo esquerdo do 0, a área sob o cabeçote começa a diminuir gerando uma derivada negativa. Quando a cabeça está no meio do caractere, a área permanece praticamente constante, produzindo uma derivada zero. Esse padrão repete-se conforme o cabeçote atravessa a extremidade direita do caractere. O projeto da fonte garante que o sinal de cada caractere seja diferente de todos os outros. Garante também que os valores de pico e os zeros de cada sinal ocorram aproximadamente nas linhas verticais da grade de fundo sobre a qual os

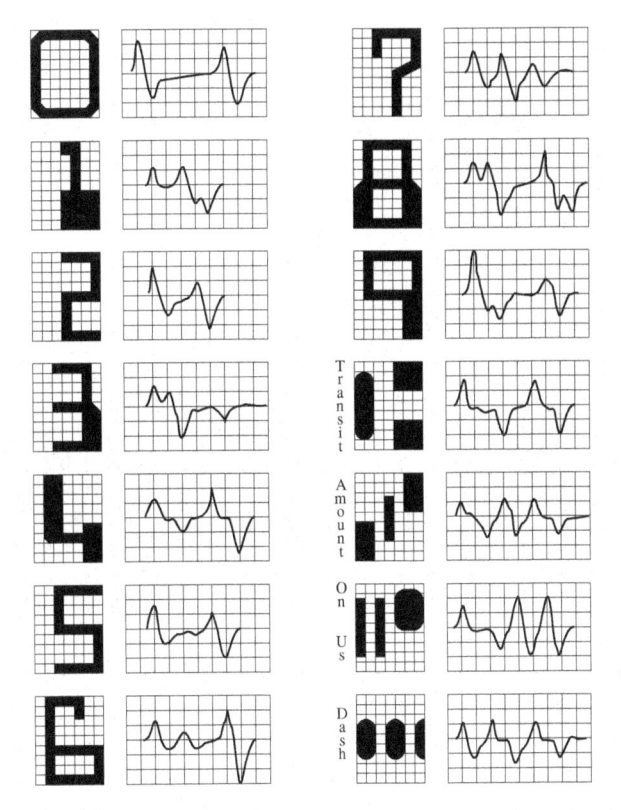

Figura 12.7 Conjunto de fontes de caracteres "American Banker's E-13B" e as formas de onda correspondentes.

caracteres são exibidos, como mostra a Figura 12.7. A fonte E-13B possui a propriedade de que a amostragem dos sinais apenas naqueles pontos carrega informação suficiente para sua correta classificação. A utilização da tinta magnetizada ajuda no fornecimento de sinais limpos, minimizando o espalhamento.

Projetar um classificador de distância mínima para essa aplicação é imediato. Simplesmente armazenamos os valores amostrados de cada sinal e fazemos com que cada conjunto de amostras seja representado como um vetor prototípico $\mathbf{m}_j$, $j = 1, 2, \ldots, 14$. Quando um caractere desconhecido estiver para ser classificado, deve-se varrê-lo da maneira descrita previamente, expressar as amostras de grade do sinal como um vetor, $\mathbf{x}$, e identificar sua classe selecionando o protótipo que leve ao valor da Equação 12.2-5. Podem se alcançar velocidades altas de classificação usando circuitos analógicos compostos por bancos de resistores (ver Exercício 12.4).

Casamento por correlação

Introduzimos a ideia básica da correlação espacial na Seção 3.4.2 e a utilizamos extensivamente para a filtragem espacial nessa mesma seção. Também mencionamos brevemente o teorema de correlação na Seção 4.6.7 e na Tabela 4.3. Da Equação 3.4-1, sabemos que a correlação de uma máscara $\omega(x, y)$ de tamanho $m \times n$, com uma imagem $f(x, y)$ pode ser expressa na forma

$$c(x, y) = \sum_s \sum_t \omega(s,t) f(x+s, y+t) \quad (12.2\text{-}7\text{a})$$

na qual os limites do somatório são tomados da região compartilhada por ω e f. Essa equação é avaliada para todos os valores das variáveis de deslocamento x e y, de modo que todos os elementos de ω possam percorrer cada pixel de f, sendo f maior que ω. Assim como a convolução espacial está relacionada à transformada de Fourier de funções por meio do teorema da convolução, a correlação espacial está relacionada à transformada das funções por meio do teorema de correlação:[*]

$$f(x,y) \star \omega(x,y) \Leftrightarrow F^*(u, v) W(u, v) \quad (12.2\text{-}7\text{b})$$

na qual ☆ indica a convolução espacial, e F^* é o complexo conjugado de F. A outra metade do teorema de correlação estabelecido na Tabela 4.3 não apresenta nenhum interesse nesta discussão. A Equação 12.2-7(b) consiste em duas transformadas de Fourier cuja interpretação é idêntica à discussão da Equação 4.6-24, exceto pelo fato de que usamos o complexo conjugado de uma das funções. A transformada inversa de Fourier da Equação 12.2-7(b) produz uma correlação bidimensional circular análoga à Equação 4.6-23, e as questões de preenchimento discutidas na Seção 4.6.6 a respeito da convolução também são aplicáveis à correlação.

Não vamos nos debruçar sobre nenhuma das equações anteriores, pois ambas são sensíveis às mudanças na escala de f e w. Em vez disso, utilizaremos o *coeficiente normalizado de correlação* descrito a seguir[**]

$$\gamma(x,y) = \frac{\sum_s \sum_t [\omega(s,t) - \bar{\omega}] \sum_s \sum_t [f(x+s, y+t) - \bar{f}_{xy}]}{\left\{ \sum_s \sum_t [\omega(s,t) - \bar{\omega}]^2 \sum_s \sum_t [f(x+s, y+t) - \bar{f}_{xy}^2] \right\}^{\frac{1}{2}}}$$

(12.2-8)

sendo que os limites do somatório são tomados da região compartilhada por $\bar{\omega}$ e f é o valor médio da máscara (calculado apenas uma vez), e $\bar{f}_{xy}$ é o valor médio de f na região que coincide com ω. Muitas vezes, ω é chamado de *template* e a correlação é chamada de *casamento do template*. Podemos observar que (Exercício 12.7) $\gamma(x, y)$ tem valores no intervalo $[-1, 1]$ e é, portanto, normalizado para as alterações nas amplitudes de ω e f. O valor máximo de $\gamma(x, y)$ ocorre

---

[*] Para sermos formais, devemos nos referir à correlação como *correlação cruzada* quando as funções são diferentes, e autocorrelação quando são iguais. No entanto, é habitual utilizarmos o termo genérico *correlação* quando se sabe que duas funções em uma determinada aplicação são iguais ou diferentes.

[**] Pode ser útil rever a Seção 3.4.2 a respeito do funcionamento da correlação espacial.

quando o ω normalizado e a região normalizada correspondente em f são idênticos. Isso indica uma *correlação máxima* (ou seja, o melhor casamento possível). O mínimo ocorre com as duas funções normalizadas que exibem a menor similaridade no sentido da Equação 12.2-8. O coeficiente de correlação não pode ser calculado usando a transformada de Fourier em virtude dos termos não lineares da equação (divisão e quadrados).

A Figura 12.8 ilustra os mecanismos do procedimento que acabamos de descrever. A fronteira em torno de f é o preenchimento necessário para a situação em que o centro de ω está na fronteira de f, como foi explicado na Seção 3.4.2. (No casamento de *templates*, os valores de correlação quando o centro do *template* ultrapassa a fronteira da imagem geralmente não são de interesse, e o preenchimento fica restrito à metade da largura da máscara.) Como de costume, vamos limitar a atenção aos *templates* de tamanho ímpar visando à conveniência notacional.

A Figura 12.8 mostra um *template* de tamanho $m \times n$ cujo centro está em uma posição arbitrária (x, y). A correlação neste momento é obtida com a aplicação da Equação 12.2-8. Em seguida, o centro do *template* é incrementado em um local adjacente, e o procedimento é repetido. O coeficiente de correlação completa $\gamma(x, y)$ é obtido deslocando o centro do *template* (isto é, incrementando x e y), de modo que o centro de ω passe por cada pixel de f. Ao final do procedimento, procuramos o máximo em $\gamma(x, y)$ para descobrir onde ocorreu o melhor casamento. É possível ter várias posições em $\gamma(x, y)$ com o mesmo valor máximo, indicando vários casamentos entre ω e f.

Exemplo 12.2 Casamento por correlação.

A Figura 12.9(a) mostra uma imagem de satélite com 913×913 pixels do furacão Andrew, na qual o olho da tempestade é claramente visível. Como exemplo da correlação, vamos encontrar a localização do melhor casamento

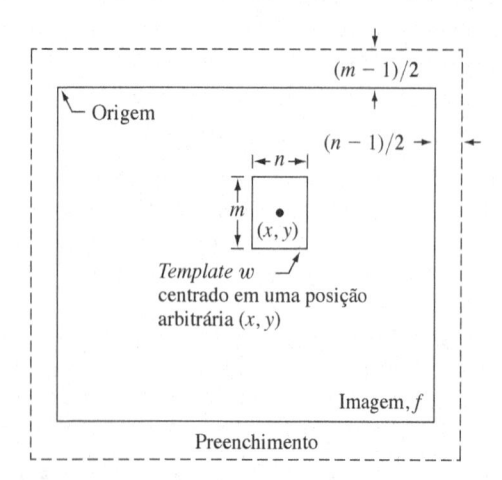

Figura 12.8 O funcionamento do casamento de *templates*.

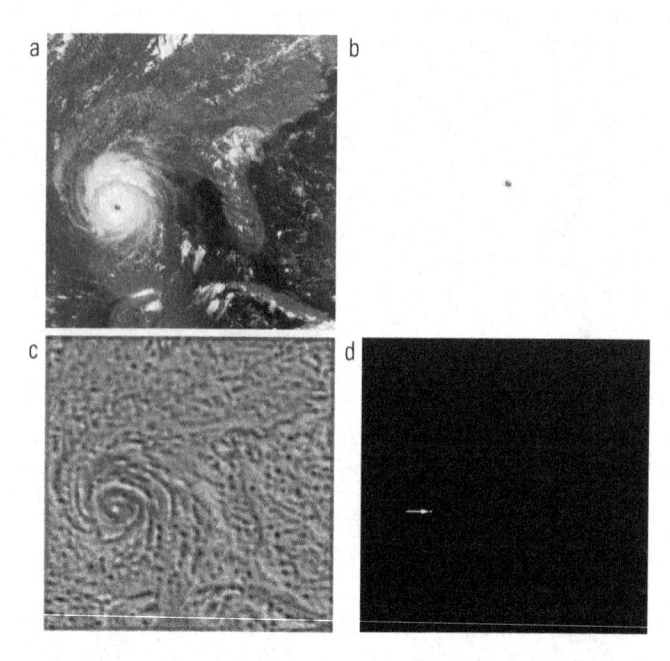

Figura 12.9 (a) Imagem de satélite do furacão Andrew, obtida em 24 de agosto de 1992. (b) *Template* do olho do furacão. (c) Coeficiente de correlação mostrado apresentado na forma de uma imagem (note o ponto mais brilhante). (d) Localização do melhor casamento. Este ponto é um único pixel, mas seu tamanho foi ampliado para que fosse mais fácil visualizá-lo. (Imagem original: cortesia da Noaa)

em (a) do *template* da Figura 12.9(b), que é uma pequena subimagem do olho da tempestade (31×31). A Figura 12.9(c) mostra o resultado do cálculo do coeficiente de correlação na Equação 12.2-8. O tamanho original da imagem era de 943×943 pixels em virtude do preenchimento (ver Figura 12.8), mas nós a recortamos e a deixamos do tamanho da imagem original para uma melhor visualização. A intensidade nessa imagem é proporcional ao valor da correlação, e todas as correlações negativas foram deixadas em 0 (preto) para simplificar a análise. O ponto mais brilhante da imagem de correlação aparece de forma clara perto do olho do furacão. A Figura 12.9(d) mostra como um ponto branco a localização da correlação máxima (nesse caso, houve um casamento único, cujo valor máximo era à 1), o que corresponde aproximadamente à localização do olho do furacão apresentada na Figura 12.9(a).

A discussão anterior mostra que é possível normalizar a correlação para as alterações nos valores de intensidade das funções a serem processadas. A normalização para o tamanho e a rotação é um problema mais complicado. A normalização para o tamanho implica um ajuste de escala que, conforme explicado nas seções 2.6.5 e 4.5.4, é o mesmo que fazer uma reamostragem da imagem. Para que a reamostragem faça sentido, o tamanho ao qual uma imagem deve ser redimensionada tem que ser conhecido. Em algumas situações, isso pode ser muito difícil, a menos que existam referências espaciais disponíveis. Por exemplo, em uma aplicação de sensoriamento remoto, se a geometria de visualização dos sensores de imagem for conhecida (o que normalmente é o caso), então saber a altitude do sensor em relação à área a ser fotografada pode ser suficiente para normalizar o tamanho da imagem, assumindo um ângulo fixo de visão.

A normalização por rotação exige também que o ângulo para o qual as imagens devem ser rotacionadas seja conhecido. Isso requer novamente a existência de referências espaciais. No exemplo de sensoriamento remoto anterior, a direção do voo pode ser suficiente para rotacionar as imagens de sensoriamento em uma orientação padrão. Em algumas situações, normalizar o tamanho e a orientação pode se tornar uma tarefa verdadeiramente desafiadora, que exige a detecção automática das características das imagens (como discutido no Capítulo 11), que podem ser utilizadas como pistas espaciais.

12.2.2 Classificadores estatísticos ótimos

Nesta seção, desenvolveremos uma abordagem probabilística para o reconhecimento. Como acontece na maioria das áreas que envolvem a medida e a interpretação de eventos físicos, considerações probabilísticas se tornam importantes no reconhecimento de padrões em virtude da aleatoriedade na qual as classes de padrões normalmente estão envolvidas. Conforme será mostrado na discussão a seguir, é possível derivar uma abordagem de classificação, que seja ótima no sentido de que, na média, seu uso leve à menor probabilidade de erros de classificação (ver Exercício 12.10).

Fundamentos

A probabilidade de um determinado padrão $\mathbf{x}$ pertencer a uma classe ω_i é denotada por $p(\omega_i/\mathbf{x})$. Se um classificador de padrões decidir que $\mathbf{x}$ pertence a ω_j quando, na verdade, ele pertence a ω_i, ele terá cometido uma perda denotada por L_{ij}. Uma vez que o padrão $\mathbf{x}$ pode pertencer a uma das classes W em consideração, a perda média incorrida na atribuição de $\mathbf{x}$ à classe ω_j é

$$\mathbf{r}_j(\mathbf{x}) = \sum_{k=1}^{W} L_{kj} \rho(\omega_k/\mathbf{x}) \qquad (12.2\text{-}9)$$

Essa equação é frequentemente chamada de *risco médio condicional* ou *perda* na terminologia da teoria da decisão.

A partir da teoria básica de probabilidades,* sabemos que $p(A/B) = [p(A)p(B/A)]/p(B)$. Usando essa expressão, escrevemos a Equação 12.2-9, na forma

$$r_j(\mathbf{x}) = \frac{1}{\rho(\mathbf{x})} \sum_{k=1}^{W} L_{kj} \rho(\mathbf{x}/\omega_k) P(\omega_k) \qquad (12.2\text{-}10)$$

---
*Consulte o site do livro para uma breve revisão sobre a teoria da probabilidade.

em que $p(\mathbf{x}/\omega_k)$ é a função densidade de probabilidade dos padrões da classe ω_k, e $P(\omega_k)$ é a probabilidade de ocorrência da classe ω_k (por vezes, essas probabilidades são chamadas de probabilidades *a priori*, ou *probabilidades prévias*). Uma vez que $1/p(\mathbf{x})$ é positivo e comum a todos os $r_j(\mathbf{x})$, $j = 1, 2, \ldots, W$, ele pode ser eliminado da Equação 12.2-10, sem afetar a ordem relativa dessas funções do menor ao maior valor. A expressão para a perda média se reduz então a

$$r_j(\mathbf{x}) = \sum_{k=1}^{W} L_{kj} \rho(\mathbf{x}/\omega_k) P(\omega_k) \qquad (12.2\text{-}11)$$

O classificador possui possíveis classes W para escolher a partir de qualquer dado padrão desconhecido. Se ele calcular $r_1(\mathbf{x}), r_2(\mathbf{x}), \ldots, r_W(\mathbf{x})$ para cada padrão $\mathbf{x}$ e atribuir o padrão à classe com a menor perda, a perda média total com respeito a todas as decisões será mínima. O classificador que minimiza a perda média total é chamado de *classificador bayesiano*. Assim, o classificador bayesiano atribui um padrão desconhecido $\mathbf{x}$ à classe ω_i se $r_i(\mathbf{x}) < r_j(\mathbf{x})$ para $j = 1, 2, \ldots, W; j \neq i$. Em outras palavras, $\mathbf{x}$ é atribuído à classe ω_i se

$$\sum_{k=1}^{W} L_{ki} \rho(\mathbf{x}/\omega_k) P(\omega_k) < \sum_{q=1}^{W} L_{qj} \rho(\mathbf{x}/\omega_q) P(\omega_q) \qquad (12.2\text{-}12)$$

para todo $j, j \neq i$. A "perda" para uma decisão correta geralmente recebe o valor zero, e a perda de qualquer decisão incorreta geralmente recebe o mesmo valor não nulo (digamos, 1). Sob essas condições, a função da perda fica

$$L_{ij} = 1 - \delta_{ij} \qquad (12.2\text{-}13)$$

onde $\delta_{ij} = 1$ se $i = j$, e $\delta_{ij} = 0$ se $i \neq j$. A Equação 12.2-13 indica uma perda de 1 unidade para as decisões incorretas e uma perda de zero para as decisões corretas. Substituindo a Equação 12.2-13 na Equação 12.2-11, temos

$$\begin{aligned} r_i(\mathbf{x}) &= \sum_{k=1}^{W} (1 - \delta_{kj}) p(\mathbf{x}/\omega_k) P(\omega_k) \\ &= \rho(\mathbf{x}) - p(\mathbf{x}/\omega_j) P(\omega_j) \end{aligned} \qquad (12.2\text{-}14)$$

O classificador bayesiano atribui, portanto, um padrão $\mathbf{x}$ a uma classe ω_i se, para todo $j \neq i$,

$$p(\mathbf{x}) - p(\mathbf{x}/\omega_i) P(\omega_i) < p(\mathbf{x}) - p(\mathbf{x}/\omega_j) P(\omega_j) \qquad (12.2\text{-}15)$$

ou, equivalentemente, se

$$p(\mathbf{x}/\omega_i) P(\omega_i) > p(\mathbf{x}/\omega_j) P(\omega_j)$$
$$j = 1, 2, \ldots, W; j \neq i \qquad (12.2\text{-}16)$$

Com referência à discussão que leva à Equação 12.2-1, vemos que o classificador bayesiano com funções de perda de 0-1 nada mais é do que o cálculo das funções de decisão na forma

$$d_j(\mathbf{x}) = p(\mathbf{x}/\omega_j)P(\omega_j) \quad j = 1, 2, \ldots, W \quad (12.2\text{-}17)$$

na qual um vetor de características **x** é atribuído à classe cuja função de decisão produz o maior valor numérico.

As funções de decisão dadas na Equação 12.2-17 são ótimas no sentido de minimizarem o erro médico de classificação. No entanto, para essa otimização se manter, as funções densidade de probabilidade dos padrões de cada classe, bem como a probabilidade de ocorrência de cada classe, devem ser conhecidas. Esta última restrição normalmente não é um problema. Por exemplo, se todas as classes puderem ocorrer com a mesma probabilidade, então $P(\omega_j) = 1/W$. Mesmo que essa relação não seja verdadeira, essas probabilidades em geral podem ser inferidas a partir do conhecimento prévio do problema. A estimativa das funções de densidade probabilística $p(\mathbf{x}/\omega_j)$ é outra questão. Se os vetores de características, **x**, são n-dimensionais, então $p(\mathbf{x}/\omega_j)$ é uma função de n variáveis, a qual, se sua forma não for conhecida, requer métodos da teoria da probabilidade multivariada para sua estimativa. Esses métodos são difíceis de serem aplicados na prática, especialmente se o número de padrões representativos de cada classe não for grande, ou se a forma das funções densidade de probabilidade não forem bem comportadas. Por essas razões, o uso do classificador bayesiano geralmente é baseado no pressuposto de uma expressão analítica para as várias funções densidade, seguidas da estimativa dos parâmetros das expressões a partir de amostra de cada classe. De longe, a forma mais predominantemente assumida para $p(\mathbf{x}/\omega_j)$ é a função densidade de probabilidade gaussiana. Quanto mais próxima da realidade for essa premissa, mais o classificador bayesiano se aproxima da perda média mínima de classificação.

Classificador bayesiano para classes gaussianas de padrões

Para começar, vamos considerar um problema 1-D ($n = 1$) envolvendo duas classes de padrões ($W = 2$) governadas por densidades gaussianas, com médias m_1 e m_2 e os desvios padrão de σ_1 e σ_2, respectivamente. Da Equação 12.2-17, temos que as funções bayesianas de decisão possuem a forma

$$d_j(x) = p(x/\omega_j)P(\omega_j)$$
$$= \frac{1}{\sqrt{2\pi}\sigma_j} e^{\frac{-(x-m_j)^2}{2\sigma_j^2}} P(\omega_j) \quad j = 1, 2 \quad (12.2\text{-}18)$$

na qual os padrões agora são escalares, denotados por x. A Figura 12.10 mostra o gráfico das funções de densidade de probabilidade para as duas classes. A fronteira entre as duas classes é um único ponto, chamado x_0 de forma que $d_1(x_0) = d_2(x_0)$. Se as duas classes têm a mesma probabili-

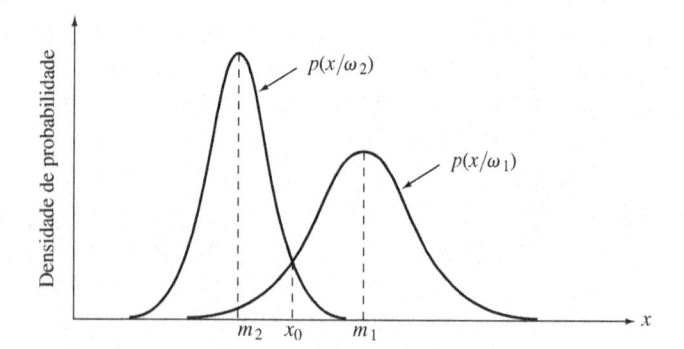

Figura 12.10 Funções densidade de probabilidade para duas classes de padrões unidimensionais. O ponto x_0 mostrado será a fronteira de decisão se as duas classes tiverem a mesma probabilidade de ocorrer.

dade de ocorrer, então $P(\omega_1) = P(\omega_2) = 1/2$, e a fronteira de decisão é o valor de x_0 para os quais $p(x_0/\omega_1) = p(x_0/\omega_2)$.* Esse ponto é a interseção das duas funções densidade de probabilidade, como mostrado na Figura 12.10. Qualquer padrão (ponto) à direita de x_0 é classificado como pertencente à classe ω_1. Da mesma forma, qualquer padrão à esquerda de x_0 é classificado como pertencente à classe ω_2. Quando as classes não tiverem a mesma probabilidade de ocorrer, x_0 se moverá para a esquerda se a classe ω_1 tiver mais probabilidades de ocorrer ou, por outro lado, para a direita, se a classe ω_2 tiver maior probabilidades de ocorrer. Esse resultado era esperado, uma vez que o classificador está tentando minimizar o erro de classificação. Por exemplo, no caso extremo, se uma classe ω_2 não ocorrer nunca, o classificador não deverá nunca cometer um erro atribuindo sempre os padrões à classe ω_1 (ou seja, x_0 deveria se mover para o infinito negativo).

No caso n-dimensional, a densidade gaussiana dos vetores na j-ésima classe de padrões tem a forma:*

$$p(\mathbf{x}/\omega_j) = \frac{1}{(2\pi)^{n/2} |\mathbf{C}_j|^{1/2}} e^{-\frac{1}{2}(\mathbf{x}-\mathbf{m}_j)^T \mathbf{C}_j^{-1}(\mathbf{x}-\mathbf{m}_j)}$$
$$(12.2\text{-}19)$$

sendo que cada densidade é completamente especificada pelo seu vetor médio $\mathbf{m}_j$ e a matriz de covariância $\mathbf{C}_j$, que são definidos como

$$\mathbf{m}_j = E_j\{\mathbf{x}\} \quad (12.2\text{-}20)$$

e

$$\mathbf{C}_j = E_j\{(\mathbf{x} - \mathbf{m}_j)(\mathbf{x} - \mathbf{m}_j)^T\} \quad (12.2\text{-}21)$$

sendo que $E_j\{\cdot\}$ denota o valor esperado do argumento sobre os padrões da classe ω_j. Na Equação 12.2-19, n é a dimensão dos vetores de características, e $|\mathbf{C}_j|$ é o determinante da matriz $\mathbf{C}_j$. A aproximação do valor esperado E_j pelo valor médio das quantidades em questão gera uma estimativa do vetor médio e da matriz de covariância:

---
* Veja os comentários no final desta seção em relação ao fato de o classificador bayesiano para uma variável ser uma função ótima de estabelecimento do limiar, como mencionado na Seção 10.3.3.

$$\mathbf{m}_j = \frac{1}{N_j} \sum_{\mathbf{x} \in \omega_j} \mathbf{x} \quad (12.2\text{-}22)$$

e

$$\mathbf{C}_j = \frac{1}{N_j} \sum_{\mathbf{x} \in \omega_j} \mathbf{x}\mathbf{x}^T - \mathbf{m}_j \mathbf{m}_j^T \quad (12.2\text{-}23)$$

sendo que N_j é o número de vetores de características da classe ω_j, e a soma é feita sobre esses vetores. Posteriormente nesta seção, veremos um exemplo de como utilizar essas duas expressões.

A matriz de covariância é simétrica e semidefinida positiva. Conforme explicado na Seção 11.4, o elemento diagonal c_{kk} é a variância do k-ésimo elemento dos vetores de características. O elemento c_{jk}, fora da diagonal, é a covariância entre x_j e x_k. A função densidade gaussiana multivariada reduz ao produto da densidade gaussiana univariada de cada elemento de $\mathbf{x}$ quando os elementos fora da diagonal da matriz de covariância forem zero. Isso acontece quando os elementos x_j e x_k do vetor não estão correlacionados.*

De acordo com a Equação 12.2-17, a função de decisão bayesiana para a classe ω_j é $d_j(\mathbf{x}) = p(\mathbf{x}/\omega_j)P(\omega_j)$. No entanto, em virtude da forma exponencial da densidade gaussiana, é mais conveniente trabalhar com o logaritmo natural da função de decisão. Em outras palavras, podemos utilizar a forma

$$d_j(\mathbf{x}) = \ln[p(\mathbf{x}/\omega_j)P(\omega_j)]$$
$$= \ln[p(\mathbf{x}/\omega_j) + \ln P(\omega_j)] \quad (12.2\text{-}24)$$

Essa expressão é equivalente à Equação 12.2-17, em termos de desempenho de classificação, uma vez que o logaritmo é uma função monotonicamente crescente. Em outras palavras, a *ordem* numérica das funções de decisão nas equações 12.2-17 e 12.2-24 é a mesma. Substituindo a Equação 12.2-19 na Equação 12.2-24, obtemos

$$d_j(\mathbf{x}) = \ln P(\omega_j) - \frac{n}{2} \ln 2\pi - \frac{1}{2}\ln|\mathbf{C}_j| -$$
$$\frac{1}{2}\left[(\mathbf{x} - \mathbf{m}_j)^T \mathbf{C}_j^{-1}(\mathbf{x} - \mathbf{m}_j)\right] \quad (12.2\text{-}25)$$

O termo $(n/2) \ln 2\pi$ é o mesmo para todas as classes, de modo que pode ser eliminado da Equação 12.2.25 que, então, fica

$$d_j(\mathbf{x}) = \ln P(\omega_j) - \frac{1}{2}\ln|\mathbf{C}_j| -$$
$$\frac{1}{2}\left[(\mathbf{x} - \mathbf{m}_j)^T \mathbf{C}_j^{-1}(\mathbf{x} - \mathbf{m}_j)\right] \quad (12.2\text{-}26)$$

para $j = 1, 2, \ldots, W$. A Equação 12.2-26 representa as funções de decisão bayesianas para classes de padrão gaussiano sob a condição de função de perda 0-1.

---
* Consulte o site do livro para uma breve revisão sobre vetores e matrizes.

As funções de decisão representadas na Equação 12.2-26 são hiperquádricas (funções quadráticas no espaço n-dimensional), uma vez que não existem termos de ordem maior que grau 2 para os componentes de $\mathbf{x}$ na equação. Fica claro, então, que o melhor que um classificador bayesiano pode fazer para os padrões gaussianos é estabelecer uma superfície de decisão de segunda ordem entre cada par de classes de padrões. Se as populações de padrões forem realmente gaussianas, no entanto, nenhuma outra superfície levará a uma perda média menor na classificação.

Se todas as matrizes de covariância são iguais, então $\mathbf{C}_j = \mathbf{C}$, para $j = 1, 2, \ldots, W$. Expandindo a Equação 12.2-26 e eliminando todos os termos independentes de j, obtemos

$$d_j(\mathbf{x}) = \ln P(\omega_j) + \mathbf{x}^T \mathbf{C}^{-1} \mathbf{m}_j - \frac{1}{2} \mathbf{m}_j^T \mathbf{C}^{-1} \mathbf{m}_j \quad (12.2\text{-}27)$$

que são funções de decisão linear (*hiperplanos*) para $j = 1, 2, \ldots, W$.

Se, além disso, $\mathbf{C} = \mathbf{I}$, sendo $\mathbf{I}$ a matriz identidade, e também $P(\omega_j) = 1/W$, para $j = 1, 2, \ldots, W$, então,

$$d_j(\mathbf{x}) = \mathbf{x}^T \mathbf{m}_j - \frac{1}{2} \mathbf{m}_j^T \mathbf{m}_j \quad j = 1, 2, \ldots, W \quad (12.2\text{-}28)$$

Essas são as funções de decisão para um classificador de distância mínima, conforme indicado na Equação 12.2-5. Assim, o classificador de distância mínima é ótimo no sentido bayesiano, se (1) as classes de padrões forem gaussianas, (2) todas as matrizes de covariância forem iguais à matriz identidade e (3) todas as classes tiverem a mesma probabilidade de ocorrer. As classes de padrões gaussianas que satisfazem essas condições são nuvens esféricas de forma idêntica em n dimensões (chamadas *hiperesferas*). O classificador de distância mínima estabelece um hiperplano entre cada par de classes, com a propriedade de que esse hiperplano seja um bissetor perpendicular ao segmento de reta entre o centros do par de hiperesferas. Em duas dimensões, as classes constituem regiões circulares, e as fronteiras tornam-se linhas que bisseccionam o segmento de reta entre os centros de cada par desses círculos.

■

Exemplo 12.3 Um classificador bayesiano para padrões tridimensionais.

A Figura 12.11 mostra um arranjo simples de duas classes de padrões em três dimensões. Usamos esses padrões para ilustrar o funcionamento da implementação de um classificador bayesiano, assumindo que os padrões de cada classe sejam amostras de uma distribuição gaussiana.

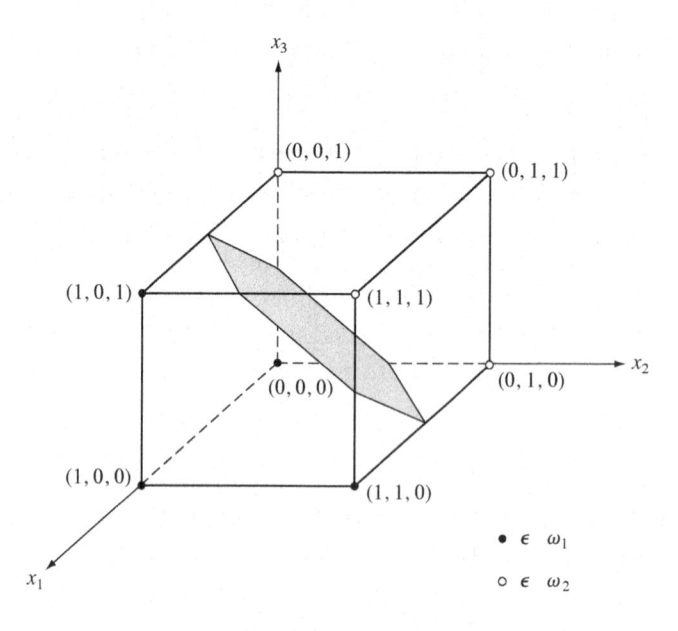

Figura 12.11 Duas classes de padrão simples e sua fronteira de decisão bayesiana (sombreada).

Aplicando a Equação 12.2-22 aos padrões da Figura 12.11, temos

$$\mathbf{m}_1 = \frac{1}{4}\begin{bmatrix} 3 \\ 1 \\ 1 \end{bmatrix} \quad \text{e} \quad \mathbf{m}_2 = \frac{1}{4}\begin{bmatrix} 1 \\ 3 \\ 3 \end{bmatrix}$$

Da mesma forma, aplicar a Equação 12.2-23 nas duas classes de padrões produz, por sua vez, duas matrizes de covariância, que neste caso são iguais:

$$\mathbf{C}_1 = \mathbf{C}_2 = \frac{1}{16}\begin{bmatrix} 3 & 1 & 1 \\ 1 & 3 & -1 \\ 1 & -1 & 3 \end{bmatrix}$$

Já que as matrizes de covariância são iguais, as funções de decisão bayesianas são dadas pela Equação 12.2-27. Se assumimos que $P(\omega_1) = P(\omega_2) = 1/2$, então a Equação 12.2-28 se aplica, fornecendo

$$d_j(\mathbf{x}) = \mathbf{x}^T \mathbf{C}^{-1} \mathbf{m}_j - \frac{1}{2}\mathbf{m}_j^T \mathbf{C}^{-1} \mathbf{m}_j$$

em que

$$\mathbf{C}^{-1} = \begin{bmatrix} 8 & -4 & -4 \\ -4 & 8 & 4 \\ -4 & 4 & 8 \end{bmatrix}$$

Realizar a expansão da matriz de vetores para $d_j(\mathbf{x})$ fornece as funções de decisão:

$$d_1(\mathbf{x}) = 4x_1 - 1{,}5 \quad \text{e} \quad d_2(\mathbf{x}) = -4x_1 + 8x_2 + 8x_3 - 5{,}5$$

A superfície de decisão que separa as duas classes é, então,

$$d_1(\mathbf{x}) - d_2(\mathbf{x}) = 8x_1 - 8x_2 - 8x_3 + 4 = 0$$

A Figura 12.11 mostra uma seção dessa superfície, na qual se nota que as duas classes foram separadas de forma eficaz.

Uma das aplicações de maior sucesso da metodologia de classificação bayesiana é a classificação de imagens de sensoriamento remoto geradas por *scanners* multiespectrais a bordo de aviões, satélites ou estações espaciais. Os volumosos dados de imagem gerados por essas plataformas fazem da classificação e análise automática de imagens uma tarefa de grande interesse em sensoriamento remoto. As aplicações de sensoriamento remoto são variadas, incluindo o uso da terra, inventário de colheitas, detecção de doenças em safras, aspectos florestais, monitoramento da qualidade da água e do ar, estudos geológicos, previsão do tempo e uma série de outras aplicações com importância ambiental. O exemplo a seguir mostra uma aplicação típica.

Exemplo 12.4 Classificação de dados multiespectrais utilizando um classificador bayesiano.

Conforme discutido nas seções 1.3.4 e 11.4, um *scanner* multiespectral responde às bandas selecionadas do espectro de energia eletromagnética, por exemplo, 0,45 – 0,52, 0,52 – 0,60, 0,63 – 0,69, e 0,76 – 0,90 mícrons. Esses intervalos encontram-se no azul visível, verde visível, vermelho visível e perto das bandas infravermelhas, respectivamente. Uma região no terreno assim digitalizado produz quatro imagens digitais da região, uma para cada banda. Se as imagens são registradas espacialmente, uma condição comum na prática, podem ser visualizadas como se estivessem alinhadas uma atrás da outra, como o mostra a Figura 12.12. Assim, tal como fizemos na Seção 11.4, todos os pontos no solo podem ser representados por um vetor de características de quatro elementos da forma $\mathbf{x} = (x^1, x^2, x^3, x^4)^T$, sendo que x_1 é um tom de azul, x_2 um tom de verde e assim por diante. Se as imagens forem de 512 × 512 pixels, cada bloco de quatro imagens multiespectrais pode ser representado por 266.144 (512 × 512) vetores de características de quatro dimensões. Como observado anteriormente, o classificador bayesiano para os padrões gaussianos requer estimativas do vetor médio e da matriz de covariância de cada classe. Em aplicações de sensoriamento remoto, essas estimativas são obtidas por meio do recolhimento de dados multiespectrais, cuja classe é conhecida em cada região de interesse. Os vetores resultantes são, então, utilizados para estimar os vetores médios necessários e as matrizes de covariância, como no Exemplo 12.3.

As figuras 12.13(a) a (d) mostram quatro imagens multiespectrais (512 × 512) da área de Washington, D.C., obtidas nas bandas mencionadas no parágrafo anterior. Estamos interessados em classificar os pixels da região compreendida pelas imagens em uma das três classes de padrões: água, desenvolvimento urbano ou vegetação. As máscaras da Figura 12.13(e) foram sobrepostas nas imagens para extrair amostras representativas das três classes. Metade das amostras foi usada para o treinamento (ou seja, para estimar os vetores médios e as matrizes de covariância), e a outra metade foi utilizada para testes independentes para avaliar o desempenho do classificador preliminar. As probabilidades *a priori*, $P(\omega_i)$, raramente são conhecidas em uma classificação de dados multiespectrais irrestrita. Então, vamos supor que elas sejam iguais: $P(\omega_i) = 1/3$, $i = 1, 2, 3$.

A Tabela 12.1 resume os resultados do reconhecimento obtidos com o treinamento e os conjuntos de dados independentes. O percentual de treinamento e vetores de ca-

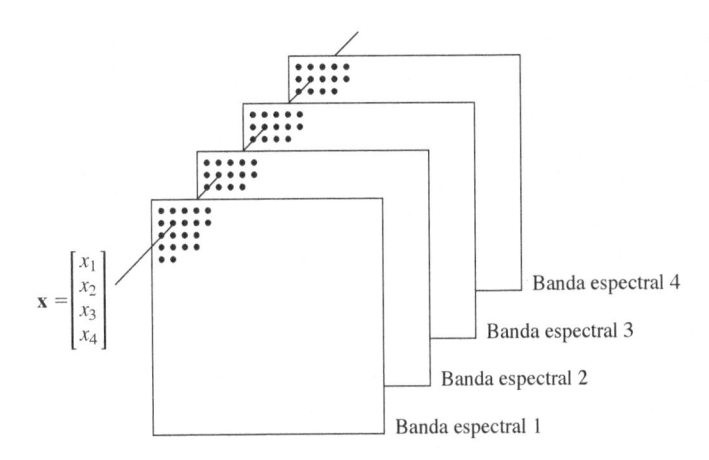

Figura 12.12 Formação de um vetor de características a partir de pixels registrados de quatro imagens digitais geradas por um *scanner* multiespectral.

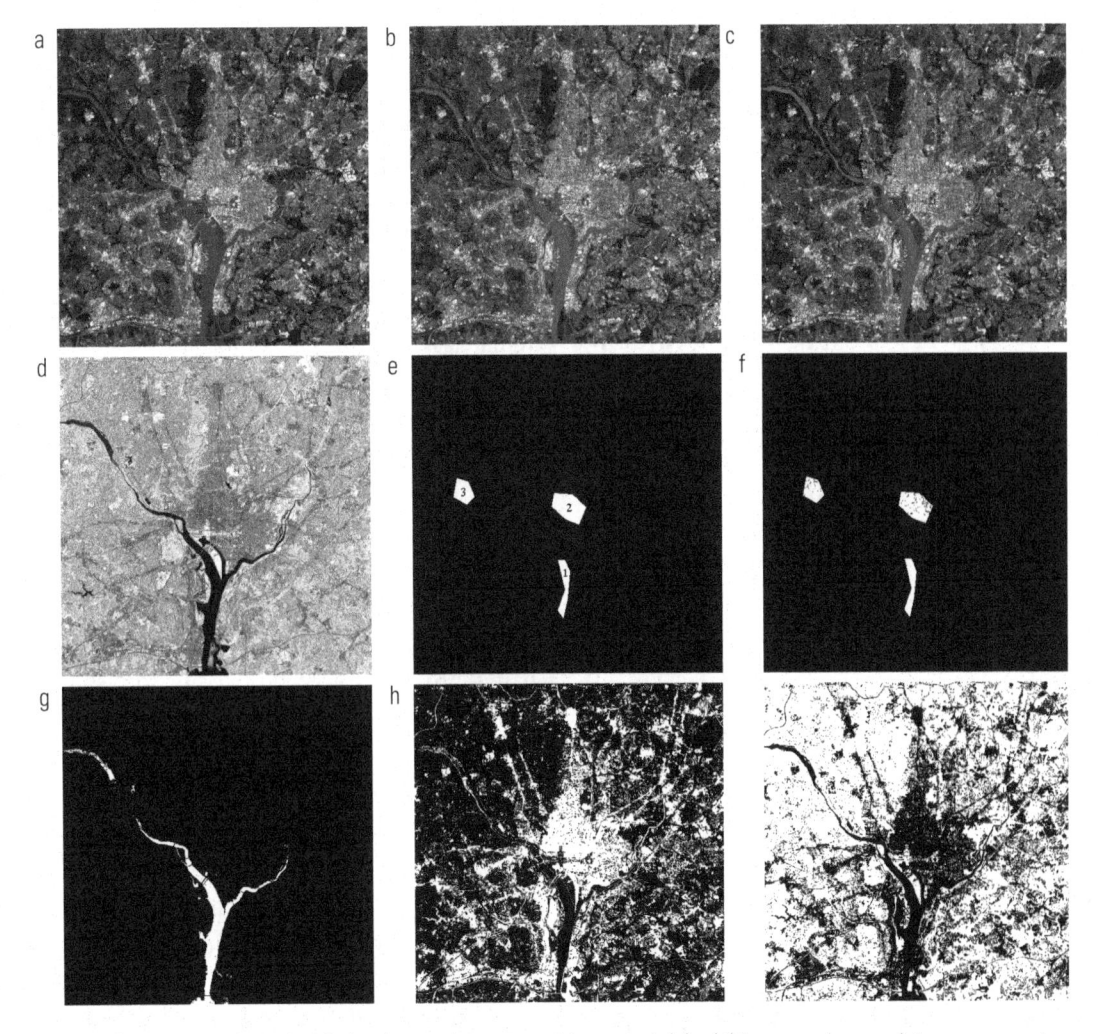

Figura 12.13 Classificação bayesiana dos dados de uma imagem multiespectral. (a) a (d) Imagens dos seguintes componentes espectrais de acordo com seus comprimentos de onda: azul visível, vermelho visível, verde visível e quase infravermelho. (e) Máscara mostrando regiões da amostra de água (1), desenvolvimento urbano (2), e da vegetação (3). (f) Resultados da classificação: os pontos pretos representam pontos classificados incorretamente. Os outros pontos (brancos) foram classificados corretamente. (g) Todos os pixels da imagem classificados como água (em branco). (h) Todas as imagens de pixels classificados como desenvolvimento urbano (em branco). (i) Todos os pixels da imagem classificados como vegetação (em branco).

Tabela 12.1 Classificação bayesiana dos dados de imagem multiespectral.

		Padrões de treinamento						Padrões independentes			
Classe	N° de amostras	Classificação por classes			Corretas (%)	Classe	N° de amostras	Classificação por classes			Corretas (%)
		1	2	3				1	2	3	
1	484	482	2	0	99,6	1	483	478	3	2	98,9
2	933	0	885	48	94,9	2	932	0	880	52	94,4
3	483	0	19	464	96,1	3	482	0	16	466	96,7

racterísticas independentes reconhecido corretamente era quase o mesmo para ambos os conjuntos de dados, indicando estabilidade na estimativa do parâmetro. O maior erro nesses casos ocorreu com os padrões da área urbana. Isso não é inesperado, já que a vegetação aparece lá também (note que nenhum dos padrões na vegetação ou nas áreas urbanas foi classificado erroneamente como água). A Figura 12.13(f) mostra, com pontos pretos, os padrões que foram classificados erroneamente e, com pontos brancos, os padrões que foram classificados corretamente. Não há pontos pretos visíveis na região 1, porque os 7 pontos classificados erroneamente estão muito perto da fronteira da região branca.

As figuras 12.13(g) a (i) são muito mais interessantes. Aqui, usamos os vetores médios e as matrizes de covariância obtidas a partir dos dados de treinamento para classificar *todos* os pixels da imagem em uma de três categorias. A Figura 12.13(g) mostra em branco todos os pixels classificados como água. Os pixels não classificados como água são mostrados em preto. Vemos que o classificador bayesiano fez um excelente trabalho ao determinar quais partes da imagem eram água. A Figura 12.13(h) mostra em branco todos os pixels classificados como desenvolvimento urbano; repare em como o sistema se saiu bem no reconhecimento de características urbanas como pontes e estradas. A Figura 12.13(i) mostra os pixels classificados como vegetação. A área do centro da Figura 12.13(h) apresenta uma alta concentração de pixels brancos no centro da cidade, com a diminuição da densidade em função da distância do centro da imagem. A Figura 12.13(i) mostra o efeito oposto, indicando a pouca vegetação em direção ao centro da imagem, onde o desenvolvimento urbano é muito maior.

Como vimos no início da Seção 10.3.3, o estabelecimento do limiar pode ser visto como um problema do classificador bayesiano, que atribui padrões a duas ou mais classes de maneira ótima. De fato, como mostra o problema anterior, a classificação pixel a pixel é realmente um problema de segmentação que divide uma imagem em dois ou mais tipos possíveis de região. Se apenas uma única variável (por exemplo, a intensidade) for usada, então a Equação 12.2-17 se tornará uma função ótima que também faz as partições da imagem com base na intensidade de seus pixels, como fizemos na Seção 10.3. Tenha em mente que a otimalidade exige que o PDF e a probabilidade *a priori* de cada classe sejam conhecidos. Como mencionamos anteriormente, estimar essas densidades não é tarefa trivial. Se devemos fazer suposições (por exemplo, como assumir as densidades gaussianas), então o grau de otimalidade alcançado na segmentação é proporcional a quão perto esses pressupostos estão da realidade.

12.2.3 Redes neurais

As metodologias discutidas nas últimas duas seções estão baseadas na utilização de amostras de padrões para estimar os parâmetros estatísticos de cada classe de padrões. O classificador de distância mínima é especificado completamente pelo vetor médio de cada classe. Da mesma forma, o classificador bayesiano para populações gaussianas é especificado completamente pelo vetor médio e pela matriz de covariância de cada classe. Os padrões (cuja classe é *conhecida*) utilizados para estimar esses parâmetros geralmente são chamados de *padrões de treinamento*, e um conjunto de tais padrões de cada classe é chamado de *conjunto de treinamento*. O processo pelo qual um conjunto de treinamento é utilizado para obter funções de decisão é chamado de *aprendizagem* ou *treinamento*.

Nas duas abordagens que acabamos de discutir, o treinamento é uma questão simples. Os padrões de treinamento de cada classe são utilizados para calcular os parâmetros da função de decisão correspondente a essa classe. Após os parâmetros em questão serem estimados, a estrutura do classificador será estabelecida, e seu desempenho futuro dependerá de quão bem as verdadeiras populações de padrões satisfazem os pressupostos estatísticos realizados na derivação do método de classificação utilizado.

As propriedades estatísticas das classes de padrões em um problema são frequentemente desconhecidas, ou não podem ser estimadas (lembremos da nossa breve discussão na seção anterior sobre a dificuldade de tratamento com estatística multivariada). Na prática, tais problemas de decisão teórica são mais fáceis de abordar com métodos que produzam diretamente as funções de decisão requeridas por meio do treinamento. Portanto, torna-se desnecessária a adoção de suposições sobre as funções densidade de probabilidade ou outras informações probabilísticas sobre as classes de padrões em consideração. Nesta seção, discutiremos várias abordagens que satisfazem este critério.

Fundamentos

A essência do material que se segue está na utilização de elementos básicos de computação não linear (chamados *neurônios*) organizados em redes, de maneira análoga à que se acredita que os neurônios estejam interconectados no cérebro. Os modelos resultantes recebem vários nomes, incluindo *redes neurais*, *neurocomputadores*, *modelos de processamento paralelo distribuído* (PDP, de *parallel distributed processing*), *sistemas neuromórficos*, *redes auto-adaptativas em camadas* e *modelos conexionistas*. Aqui, usamos o nome de *redes neurais*. Usamos essas redes como base para o desenvolvimento adaptativo dos coeficientes das funções de decisão por meio de sucessivas apresentações de conjuntos de padrões de treinamento.

O interesse em redes neurais remonta ao início dos anos 1940, como exemplificado pelo trabalho de McCulloch e Pitts (1943). Eles propuseram modelos de neurônios na forma de dispositivos de limiarização binária e algoritmos estocásticos envolvendo mudanças súbitas de 0-1 e 1-0 nos estados dos neurônios, como base para o modelamento dos sistemas neurais. Os trabalhos posteriores de Hebb (1949) basearam-se em modelos matemáticos que tentavam capturar o conceito de aprendizagem por reforço ou associação.

Em meados dos anos 1950 e início dos anos 1960, uma classe das chamadas *máquinas de aprendizagem* criadas por Rosenblatt (1959, 1962) causou empolgação entre os pesquisadores e profissionais da teoria de reconhecimento de padrões. A razão do grande interesse por essas máquinas chamadas *perceptrons* era o desenvolvimento de provas matemáticas mostrando que os *perceptrons*, quando treinados com conjuntos de treinamento linearmente separáveis (ou seja, conjuntos de treinamento separados por um hiperplano), iriam convergir para uma solução em um número finito de passos iterativos. A solução tomaria a forma de coeficientes de hiperplanos capazes de separar corretamente as classes representadas pelos padrões no conjunto de treinamento.

Infelizmente, as expectativas após a descoberta do que parecia ser um modelo teórico bem fundamentado de aprendizado logo foram frustradas com desapontamento. O *perceptron* básico e algumas de suas generalizações na época eram simplesmente inadequadas para a maioria das tarefas de reconhecimento de padrões de importância prática. Tentativas posteriores para estender o poder das máquinas emuladoras do *perceptron* considerando as múltiplas camadas desses dispositivos, embora conceitualmente atraentes, careciam de algoritmos de treinamento eficazes, como aqueles que tinham sido criados para o próprio *perceptron*. O estado da arte da área de máquinas de aprendizagem em meados da década de 1960 foi resumido por Nilsson (1965). Alguns anos mais tarde, Minsky e Papert (1969) apresentaram uma análise desanimadora das limitações das máquinas tipo *perceptron*. Essa opinião foi mantida até meados dos anos 1980, como evidenciado pelos comentários de Simon (1986). Nesse trabalho, publicado originalmente em francês em 1984, Simon descarta o *perceptron* sob o título *Nascimento e morte de um mito*.

Os resultados mais recentes apresentados por Rumelhart, Hinton e Williams (1986), relacionados com o desenvolvimento de novos algoritmos de treinamento para os *perceptrons* de múltiplas camadas, mudaram as coisas consideravelmente. O método básico deles, geralmente chamado de *regra generalizada delta para o aprendizado por retropropagação*, fornece um método de treinamento eficaz para as máquinas de múltiplas camadas. Apesar de esse algoritmo de treinamento não ter provado se consegue chegar a uma solução no sentido da prova análoga para o *perceptron* de camada única, a regra generalizada delta tem sido usada com sucesso em diversos problemas de interesse prático. Esse sucesso fez com que as máquinas de múltiplas camadas tipo *perceptron* fossem um dos principais modelos de redes neurais atualmente em uso.

***Perceptron* para duas classes de padrões**

Em sua forma mais básica, o *perceptron* aprende uma função de decisão linear que dicotomiza dois conjuntos de treinamento linearmente separáveis. A Figura 12.14(a) mostra esquematicamente o modelo de *perceptron* para duas classes de padrões. A resposta desse dispositivo básico é baseada em uma soma ponderada de suas entradas, isto é,

$$d(\mathbf{x}) = \sum_{i=1}^{n} \omega_i x_i + \omega_{n+1} \qquad (12.2\text{-}29)$$

que é uma função de decisão linear com relação aos componentes dos vetores de características. Os coeficientes $\omega_i, i = 1, 2, \ldots, n, n+1$, chamados *pesos*, modificam as entradas antes de serem somadas e introduzidas no elemento de limiarização. Nesse sentido, os pesos são análogos às sinapses no sistema neural humano. A função que mapeia a saída da soma na saída final do dispositivo algumas vezes é chamada de *função de ativação*.

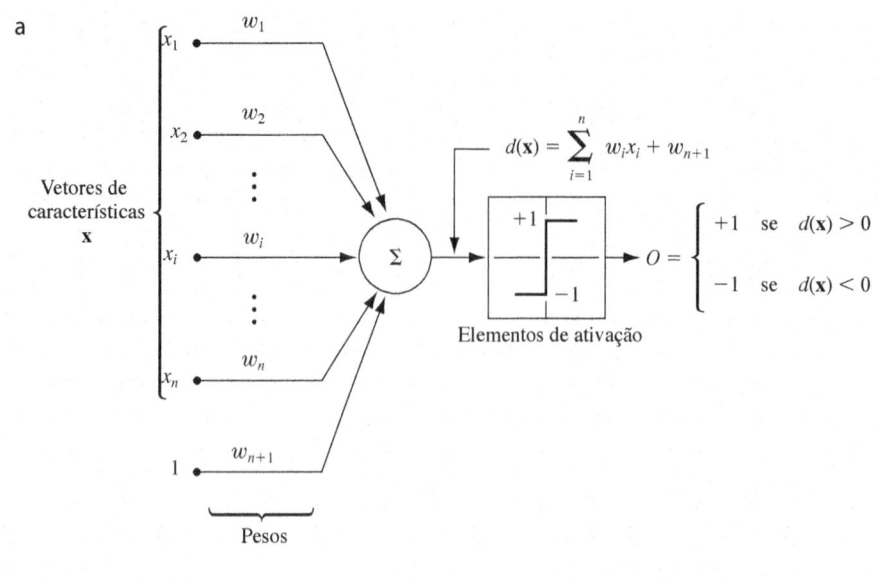

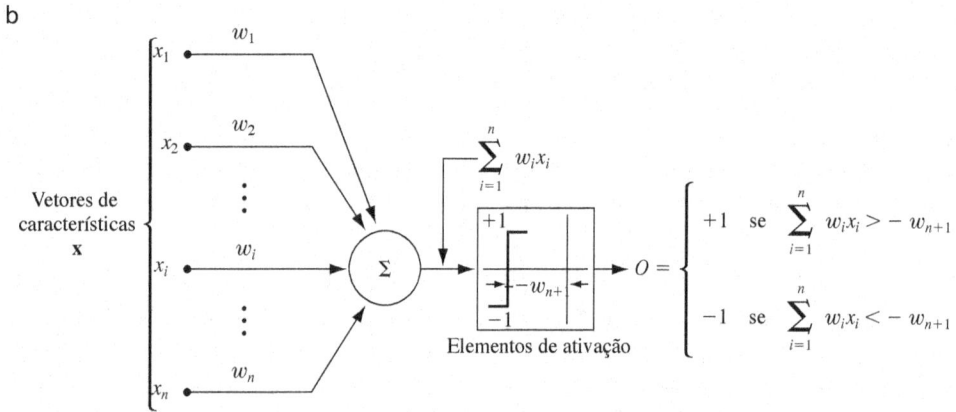

Figura 12.14 Duas representações equivalentes do modelo de *perceptron* para duas classes de padrões.

Quando $d(\mathbf{x}) > 0$, o elemento de limiarização faz com que a saída do *perceptron* seja $+1$, indicando que o padrão $\mathbf{x}$ foi reconhecido como pertencente à classe ω_1. O inverso é verdadeiro quando $d(\mathbf{x}) < 0$. Esse modo de operação está de acordo com as observações feitas anteriormente com respeito à Equação 12.2-2 sobre o uso de uma função de decisão simples para duas classes de padrões. Quando $d(\mathbf{x}) = 0$, $\mathbf{x}$ fica na superfície de decisão que separa as duas classes de padrões, resultando em uma condição indeterminada. A fronteira de decisão implementada pelo *perceptron* é obtida igualando-se a Equação 12.2-29 a zero:

$$d(\mathbf{x}) = \sum_{i=1}^{n} \omega_i x_i + \omega_{n+1} = 0 \quad (12.2\text{-}30)$$

ou

$$\omega_1 x_1 + \omega_2 x_2 + \cdots + \omega_n x_n + \omega_{n+1} = 0 \quad (12.2\text{-}31)$$

que é a equação de um hiperplano no espaço n-dimensional de padrões. Geometricamente, os primeiros n coeficientes estabelecem a orientação do hiperplano, enquanto o último coeficiente, ω_{n+1}, é proporcional à distância perpendicular da origem até o hiperplano. Assim, se $\omega_{n+1} = 0$, o hiperplano passa pela origem do espaço de padrões. Da mesma forma, se $\omega_j = 0$, o hiperplano é paralelo ao eixo x_j.

A saída do elemento de limiarização na Figura 12.14(a) depende do sinal de $d(\mathbf{x})$. Em vez de testar a função toda para determinar se é positiva ou negativa, poderíamos testar a parte do somatório da Equação 12.2-29 em relação ao termo ω_{n+1}, e a saída do sistema seria

$$O = \begin{cases} +1 & \text{se } \sum_{i=1}^{n} \omega_i x_i > -\omega_{n+1} \\ -1 & \text{se } \sum_{i=1}^{n} \omega_i x_i < -\omega_{n+1} \end{cases} \quad (12.2\text{-}32)$$

Essa implementação é equivalente à Figura 12.14(a) e aparece na Figura 12.14(b) — e a única diferença consiste no fato de a função limiar ser deslocada por um montante $-\omega_{n+1}$, e a entrada da unidade constante não estar mais presente. Voltaremos à equivalência dessas duas formulações mais adiante, quando falarmos da implementação de redes neurais de múltiplas camadas.

Outra formulação é frequentemente usada para aumentar os vetores de características acrescentando um elemento $(n+1)$, que é sempre igual a 1, independentemente da classe à qual pertença. Ou seja, um vetor de características aumentado **y** é criado a partir do vetor de características **x**, fazendo-se $y_i = x_i$, $i = 1, 2, ..., n$, e acrescentando o elemento adicional $y_{n+1} = 1$. A Equação 12.2-29, então, fica

$$d(\mathbf{y}) = \sum_{i=1}^{n+1} \omega_i x_i$$
$$= \mathbf{w}^T \mathbf{y} \qquad (12.2\text{-}33)$$

sendo que $\mathbf{y} = (y_1, y_2, ..., y_n, 1)^T$ é agora um *vetor de características aumentado*, e $\mathbf{w} = (\omega_1, \omega_2, ..., \omega_n, \omega_{n+1})^T$ é chamado de *vetor de pesos*. Essa expressão é geralmente mais conveniente em termos de notação. Independentemente da fórmula utilizada, porém, o principal problema é encontrar **w** usando um conjunto de treinamento de vetores de características para cada uma das duas classes.

Algoritmos de treinamento

Os algoritmos desenvolvidos na discussão a seguir são representativos das várias abordagens propostas ao longo dos anos para o treinamento de *perceptrons*.

Classes linearmente separáveis: um algoritmo simples e iterativo para obter um vetor de pesos solução para dois conjuntos de treinamento linearmente separáveis é apresentado a seguir. Partindo de dois conjuntos de treinamento de vetores de características aumentados pertencentes às classes de padrões ω_1 e ω_2, respectivamente, deixaremos que $\mathbf{w}(1)$ represente o vetor inicial de pesos, que pode ser escolhido arbitrariamente. Então, no k-ésimo passo iterativo, se $\mathbf{y}(k) \in \omega_1$ e $\mathbf{w}^T(k)\mathbf{y}(k) \leq 0$, substitua $\mathbf{w}(k)$ por

$$\mathbf{w}(k+1) = \mathbf{w}(k) + c\mathbf{y}(k) \qquad (12.2\text{-}34)$$

sendo c um incremento positivo de correção. Por outro lado, se $\mathbf{y}(k) \in \omega_2$ e $\mathbf{w}^T(k)\mathbf{y}(k) \geq 0$, substitua $\mathbf{w}(k)$ por

$$\mathbf{w}(k+1) = \mathbf{w}(k) - c\mathbf{y}(k) \qquad (12.2\text{-}35)$$

Caso contrário, deixe $\mathbf{w}(k)$ inalterado:

$$\mathbf{w}(k+1) = \mathbf{w}(k) \qquad (12.2\text{-}36)$$

Esse algoritmo faz uma alteração em **w** apenas se o padrão a ser considerado no k-ésimo passo da sequência de treinamento apresentar um erro de classificação. O incremento de correção c é assumido como positivo e, por ora, é considerado constante. Esse algoritmo, às vezes, é chamado de *regra de incremento fixo de correção*.

A convergência do algoritmo ocorre quando todo o conjunto de treinamento para ambas as classes passa pelos ciclos da máquina sem que ocorram erros. A regra de correção de aumento fixo converge em um número finito de etapas se os dois conjuntos de padrões de treinamento forem linearmente separáveis. Uma prova desse resultado, algumas vezes chamado de *teorema de treinamento do perceptron*, pode ser encontrada nos livros de Duda, Hart e Stork (2001); Tou e Gonzalez (1974); e Nilsson (1965).

Exemplo 12.5 Ilustração do algoritmo do *perceptron*

Considere os dois conjuntos de treinamento apresentados na Figura 12.15(a), cada um composto por dois padrões. O algoritmo de treinamento será bem-sucedido porque os dois conjuntos de treinamento são linearmente separáveis. Antes de o algoritmo ser aplicado, os padrões são aumentados, gerando o conjunto de treinamento $\{(0, 0, 1)^T, (0, 1, 1)^T\}$ para a classe ω_1 e $\{(1, 0, 1)^T, (1, 1, 1)^T\}$ para a classe ω_2. Deixando que $c = 1$, $\mathbf{w}(1) = \mathbf{0}$, e apresentando os padrões na ordem, obtemos a seguinte sequência de passos:

$$\mathbf{w}^T(1)\mathbf{y}(1) = [0,0,0]\begin{bmatrix}0\\0\\1\end{bmatrix} = 0 \quad \mathbf{w}(2) = \mathbf{w}(1) + \mathbf{y}(1) = \begin{bmatrix}0\\0\\1\end{bmatrix}$$

$$\mathbf{w}^T(2)\mathbf{y}(2) = [0,0,1]\begin{bmatrix}0\\1\\1\end{bmatrix} = 1 \quad \mathbf{w}(3) = \mathbf{w}(2) = \begin{bmatrix}0\\0\\1\end{bmatrix}$$

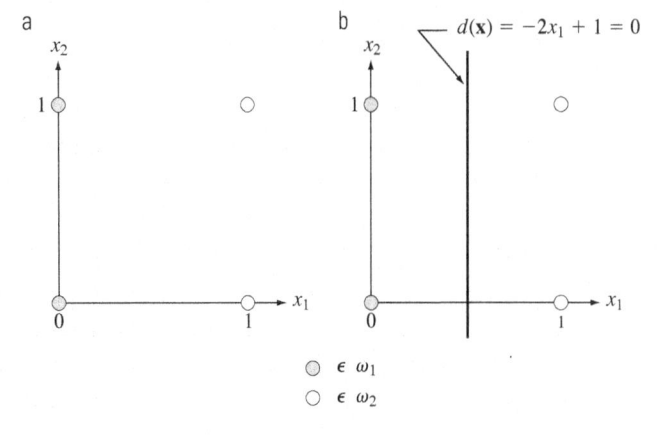

Figura 12.15 (a) Padrões pertencentes a duas classes. (b) Fronteira de decisão determinada por treinamento.

$$\mathbf{w}^T(3)\mathbf{y}(3) = [0,0,1]\begin{bmatrix}1\\0\\1\end{bmatrix} = 1 \quad \mathbf{w}(4) = \mathbf{w}(3) - \mathbf{y}(3) = \begin{bmatrix}-1\\0\\0\end{bmatrix}$$

$$\mathbf{w}^T(4)\mathbf{y}(4) = [-1,0,0]\begin{bmatrix}1\\1\\1\end{bmatrix} = -1 \quad \mathbf{w}(5) = \mathbf{w}(4) = \begin{bmatrix}-1\\0\\0\end{bmatrix}$$

nos quais as correções no vetor de peso foram feitas no primeiro e terceiro passos em virtude de classificações erradas, como indicado nas equações 12.2-34 e 12.2-35. Já que uma solução foi obtida somente quando o algoritmo produziu uma iteração sem nenhum tipo de erro em todos os padrões de treinamento, o conjunto de treinamento deve ser apresentado novamente. O processo de aprendizagem da máquina continua fazendo $\mathbf{y}(5) = \mathbf{y}(1)$, $\mathbf{y}(6) = \mathbf{y}(2)$, $\mathbf{y}(7) = \mathbf{y}(3)$, e $\mathbf{y}(8) = \mathbf{y}(4)$, e prosseguindo da mesma maneira. A convergência é atingida para $k = 14$, levando a uma solução $\mathbf{w}(14) = (-2, 0, 1)^T$. A função de decisão correspondente é $d(\mathbf{y}) = -2y_1 + 1$. Voltando ao espaço de padrões original fazendo $x_i = y_i$, produz $d(\mathbf{x}) = -2x_1 + 1$, que, quando definido como igual a zero, torna-se a equação da fronteira de decisão da Figura 12.15(b).

Classes não separáveis: na prática, classes de padrões linearmente separáveis são a exceção (pouco frequente), e não a regra. Portanto, uma quantidade significativa de pesquisas durante as décadas de 1960 e 1970 dedicou-se ao desenvolvimento de técnicas para lidar com as classes de padrões não separáveis. Com os recentes avanços no treinamento das redes neurais, muitos métodos utilizados para lidar com o comportamento dos elementos não separáveis tornaram-se apenas assuntos de interesse histórico. Um dos primeiros deles, no entanto, é diretamente relevante para este debate: a regra delta original. Conhecida como *regra delta de Widrow-Hoff*, ou *regra delta de mínimos quadrados* para o treinamento de *perceptrons*, o método minimiza o erro entre a resposta real e a desejada em cada passo do treinamento.

Considere a função critério

$$J(\mathbf{w}) = \frac{1}{2}(r - \mathbf{w}^T \mathbf{y})^2 \quad (12.2\text{-}37)$$

sendo r a resposta desejada (isto é, $r = +1$ se o vetor de características de treinamento aumentado $\mathbf{y}$ pertencer à classe ω_1, e $r = -1$ se $\mathbf{y}$ pertencer à classe ω_2). A tarefa consiste em ajustar $\mathbf{w}$ incrementalmente na direção do gradiente negativo de $J(\mathbf{w})$, a fim de buscar o mínimo dessa função, que ocorre quando $r = \mathbf{w}^T\mathbf{y}$, ou seja, o mínimo corresponde à classificação correta. Se $\mathbf{w}(k)$ representa o vetor de pesos no k-ésimo passo iterativo, um algoritmo geral de descida de gradiente pode ser escrito como:

$$\mathbf{w}(k+1) = \mathbf{w}(k) - \alpha\left[\frac{\partial J(\mathbf{w})}{\partial \mathbf{w}}\right]_{\mathbf{w}=\mathbf{w}(k)} \quad (12.2\text{-}38)$$

sendo $\mathbf{w}(k+1)$ o novo valor de $\mathbf{w}$, e $\alpha > 0$ a magnitude da correção. Da Equação 12.2-37,

$$\frac{\partial J(\mathbf{w})}{\partial \mathbf{w}} = -(r - \mathbf{w}^T\mathbf{y})\mathbf{y} \quad (12.2\text{-}39)$$

Substituindo esse resultado na Equação 12.2-38, obtemos

$$\mathbf{w}(k+1) = \mathbf{w}(k) + \alpha[r(k) - \mathbf{w}^T(k)\mathbf{y}(k)]\mathbf{y}(k) \quad (12.2\text{-}40)$$

com o vetor inicial de pesos, $\mathbf{w}(1)$, arbitrário.

Ao definir a variação (delta) no vetor de pesos como

$$\Delta\mathbf{w} = \mathbf{w}(k+1) - \mathbf{w}(k) \quad (12.2\text{-}41)$$

podemos representar a Equação 12.2-40 sob a forma do *algoritmo de correção delta*:

$$\Delta\mathbf{w} = \alpha e(k)\mathbf{y}(k) \quad (12.2\text{-}42)$$

no qual

$$e(k) = r(k) - \mathbf{w}^T(k)\mathbf{y}(k) \quad (12.2\text{-}43)$$

é o erro cometido com o vetor de pesos $\mathbf{w}(k)$ quando o padrão $\mathbf{y}(k)$ for apresentado.

A Equação 12.2-43 fornece o erro do vetor de pesos $\mathbf{w}(k)$. Se o modificarmos para $\mathbf{w}(k+1)$, mas deixarmos o mesmo padrão, o erro se tornará

$$e(k) = r(k) - \mathbf{w}^T(k+1)\mathbf{y}(k) \quad (12.2\text{-}44)$$

A mudança no erro é, então,

$$\begin{aligned}\Delta e(k) &= \left[r(k) - \mathbf{w}^T(k+1)\mathbf{y}(k)\right] - \left[r(k) - \mathbf{w}^T(k)\mathbf{y}(k)\right]\\ &= -\left[\mathbf{w}^T(k+1) - \mathbf{w}^T(k)\right]\mathbf{y}(k)\\ &= -\Delta\mathbf{w}^T\mathbf{y}(k)\end{aligned} \quad (12.2\text{-}45)$$

Mas $\Delta\mathbf{w} = \alpha e(k)\mathbf{y}(k)$, de modo que

$$\begin{aligned}\Delta e(k) &= -\alpha e(k)\mathbf{y}^T(k)\mathbf{y}(k)\\ &= -\alpha e(k)\|\mathbf{y}(k)\|^2\end{aligned} \quad (12.2\text{-}46)$$

Portanto, a mudança dos pesos reduz o erro por um fator $\alpha\|\mathbf{y}(k)\|^2$. O próximo padrão de entrada começa um novo ciclo de adaptação, reduzindo o próximo erro por um fator $\alpha\|\mathbf{y}(k+1)\|^2$, e assim por diante.

A escolha do α controla a estabilidade e a velocidade de convergência [Widrow e Stearns (1985)]. A estabilidade exige que $0 < \alpha < 2$. Um intervalo prático para α é $0,1 < \alpha < 1,0$. Embora a prova não seja mostrada aqui, o algoritmo da Equação 12.2-40 ou das equações

12.2-42 e 12.2-43 converge para uma solução que minimiza o erro médio quadrático em relação aos padrões do conjunto de treinamento. Quando as classes de padrões são separáveis, a solução dada pelo algoritmo discutido anteriormente (Widrow-Hoff) pode ou não produzir um hiperplano separador. Ou seja, uma solução de erro médio quadrático não implica uma solução no sentido do teorema de treinamento do *perceptron*. Essa incerteza é o preço que devemos pagar por usar um algoritmo que converge tanto para o caso separável quanto para o não separável nesta formulação específica.

Os dois algoritmos de treinamento do *perceptron* discutidos até o momento podem ser extrapolados para mais de duas classes e para funções de decisão não linear. Com base nos comentários históricos feitos anteriormente, explorar os algoritmos de treinamento de múltiplas classes aqui tem pouca relevância. Em vez disso, abordaremos o treinamento de múltiplas classes no contexto de redes neurais.

Redes neurais multicamadas *feedforward*

Nesta seção, focaremos as funções de decisão em problemas de reconhecimento de padrões multiclasses, independentemente de as classes serem ou não separáveis, e envolvendo arquiteturas que consistem em camadas de elementos computacionais como *perceptrons*.

Arquitetura básica: a Figura 12.16 mostra a arquitetura de um sistema do modelo de rede neural em consideração. Ele consiste em camadas de elementos computacionais estruturalmente idênticos (neurônios) dispostos de tal forma que a saída de cada neurônio em uma camada alimenta a entrada de cada neurônio na camada seguinte. O número de neurônios na primeira camada, chamada camada A, é de N_A. Muitas vezes, $N_A = n$, a dimensionalidade dos vetores de características de entrada. O número de neurônios na camada de saída, chamada camada Q, é N_Q. O número N_Q é igual a W, o número de classes de padrões que a rede neural foi treinada para reconhecer. A rede neural reconhece um vetor de características **x** como pertencente à classe ω_i se a i-ésima saída da rede é "alta", enquanto todas as outras saídas são "baixas", como é explicado no tópico seguinte.

Como apresentado na Figura 12.16, cada neurônio tem a mesma forma que o modelo *perceptron* discutido anteriormente (ver Figura 12.14), com a exceção de que

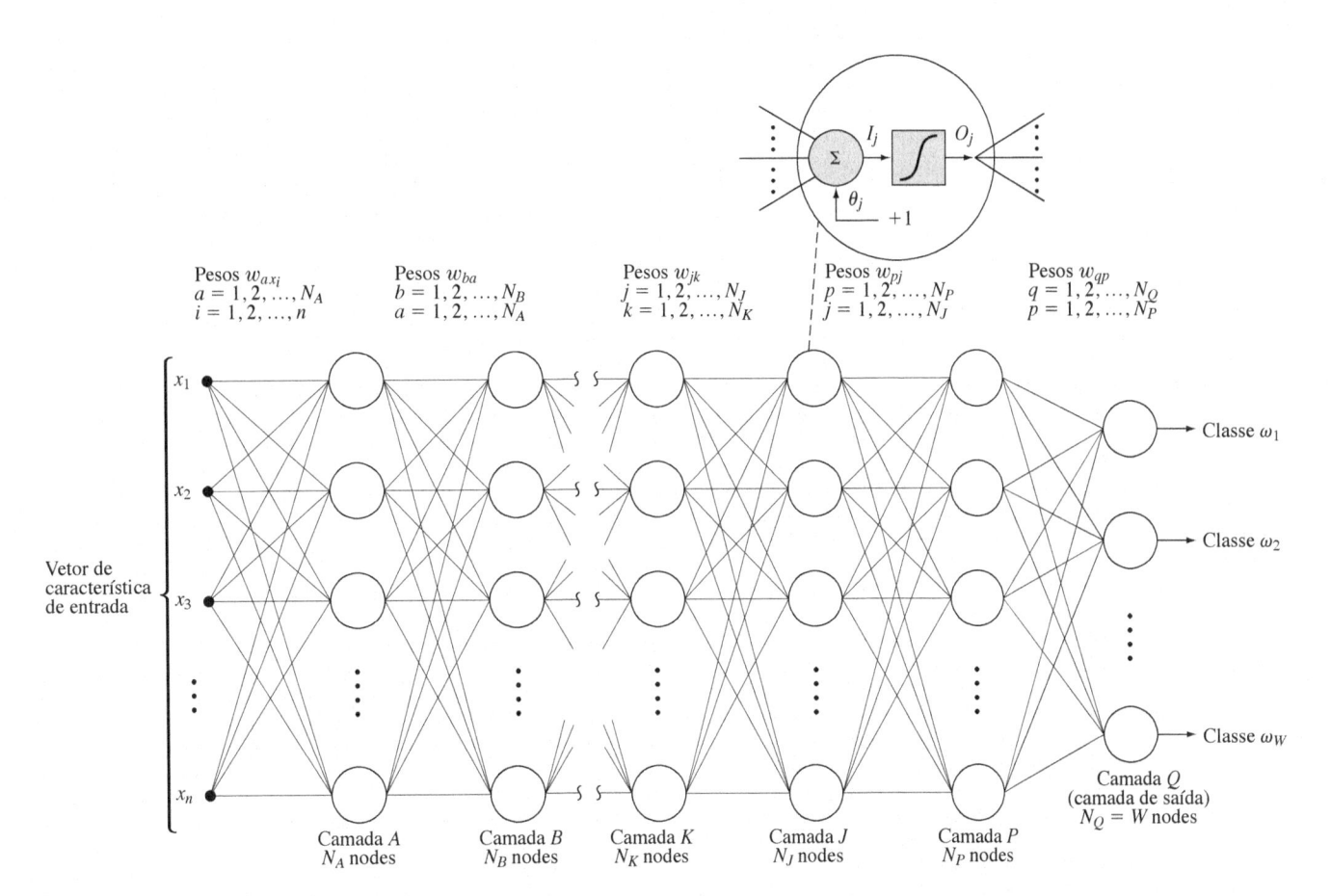

Figura 12.16 Modelo de redes neurais multicamadas *feedforward*. A figura em detalhe mostra a estrutura básica de cada neurônio da rede. O *offset*, θ_j, é tratado como outro peso.

a função de ativação por limiar foi substituída por uma função de ativação do tipo "sigmoide". A diferenciabilidade ao longo de todos os caminhos da rede neural é necessária para o desenvolvimento da regra de treinamento. A função de ativação sigmoide a seguir tem a requerida diferenciabilidade:

$$h_i(I_i) = \frac{1}{1+e^{-(I_j+\theta_j)/\theta_0}} \qquad (12.2\text{-}47)$$

na qual I_j, $j = 1, 2, \ldots, N_j$, representa a entrada do elemento de ativação de cada nó na camada J da rede, θ_j é um *offset*, e θ_0 controla o formato da função sigmoide.

A Equação 12.2-47 é traçada na Figura 12.17, com os limites para as respostas "alta" e "baixa" de cada neurônio. Portanto, quando essa função particular é usada, o sistema emite uma leitura alta para qualquer valor de I_j maior que θ_j. Da mesma forma, ele gera uma leitura baixa para qualquer valor de I_j menor que θ_j. Conforme apresentado na Figura 12.17, a função de ativação sigmoide é sempre positiva e pode atingir seus valores-limites de 0 e 1 apenas se a entrada para o elemento de ativação for infinitamente negativa ou positiva, respectivamente. Por essa razão, valores próximos a 0 e 1 (digamos, 0,05 e 0,95) definem os valores baixo e alto na saída dos neurônios da Figura 12.16. Em princípio, os diferentes tipos de funções de ativação poderiam ser utilizados para diferentes camadas ou até mesmo para diferentes neurônios na mesma camada da rede. Na prática, a abordagem comum consiste em usar a mesma forma de função de ativação em toda a rede.

Com referência à Figura 12.14(a), o *offset* θ_j mostrado na Figura 12.17 é análogo ao coeficiente de peso ω_{n+1} da discussão anterior sobre o *perceptron*. A implementação dessa função de limiar deslocada pode ser feita na forma da Figura 12.14(a), absorvendo-se o *offset* θ_j como um coeficiente adicional que modifica uma unidade de entrada constante para todos os elementos da rede. Para acompanhar a notação predominantemente encontrada na literatura, não mostraremos uma entrada constante de +1 separada em todos os elementos da Figura 12.16. Em vez disso, essa entrada e seus pesos de modificação θ_j serão partes integrantes dos elementos da rede. Como se observa no detalhe da Figura 12.16, existe um coeficiente desses para cada um dos nós N_j na camada J.

Na Figura 12.16, a entrada de cada nó em qualquer camada é a soma ponderada das saídas da camada anterior. Fazendo com que K denote a camada anterior a J (não há uma ordem alfabética implícita na Figura 12.16), tem-se que a entrada do elemento de ativação de cada neurônio na camada J, denotado por I_j, é:

$$I_j = \sum_{k=1}^{N_k} \omega_{jk} O_k \qquad (12.2\text{-}48)$$

para $j = 1, 2, \ldots, N_j$, e N_j é o número de neurônios da camada J, N_K é o número de neurônios da camada K, e ω_{jk} são os pesos que modificam as saídas O_k dos neurônios da camada K, antes de eles alimentarem os neurônios da camada J. As saídas da camada K são

$$O_k = h_k(I_k) \qquad (12.2\text{-}49)$$

para $k = 1, 2, \ldots, N_K$.

É importante chegar à compreensão clara da notação subscrita utilizada na Equação 12.2-48, pois iremos utilizá-la no restante desta seção. Primeiro, observe que I_j, $j = 1, 2, \ldots, N_j$, representa a entrada do elemento de ativação do j-ésimo nó na camada J. Portanto, I_1 representa a entrada do *elemento de ativação* do primeiro neurônio da camada J (mais acima), I_2 representa a entrada do elemento de ativação do segundo nó da camada J, e assim por diante. Há N_K entradas para cada nó da camada J, mas *cada* entrada individual pode ser ponderada de forma diferente. Portanto, as N_K entradas do primeiro nó da camada J são ponderadas pelos coeficientes ω_{1k}, $k = 1, 2, \ldots, N_k$; as entradas do segundo nó são ponderadas pelos coeficientes ω_{2k}, $k = 1, 2, \ldots, N_k$; e assim por diante. Portanto, um total de coeficientes $N_J \times N_K$ é necessário para especificar os pesos das saídas da camada K para alimentarem a camada J. Coeficientes N_J adicionais de *offset* θ_j são necessário para especificar completamente os nós na camada J.

A substituição da Equação 12.2-48 pela Equação 12.2-47 produz

$$h_i(I_i) = \frac{1}{1+e^{-\left(\sum_{k=1}^{N_k} \omega_{jk} O_k + \theta_j\right)/\theta_0}} \qquad (12.5\text{-}50)$$

que é a função de ativação utilizada no restante desta seção.

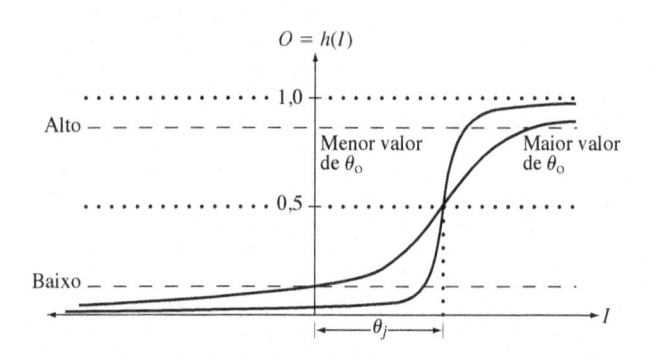

Figura 12.17 Função de ativação sigmoide da Equação 12.2-47.

Durante o treinamento, a adaptação dos neurônios na camada de saída é uma questão simples, pois a saída desejada de cada neurônio é conhecida. O principal problema no treinamento de uma rede multicamadas encontra-se no ajuste dos pesos nas chamadas *camadas ocultas*. Ou seja, nas outras diferentes da camada de saída.

Treinamento por retropropagação: começamos nos concentrando na camada de saída. O erro quadrático total entre as saídas desejadas, r_q, e as saídas reais, O_q, nos neurônios em uma camada (de saída) Q, é

$$E_Q = \frac{1}{2}\sum_{q=1}^{N_Q}(r_q - O_q)^2 \qquad (12.2\text{-}51)$$

na qual N_Q é o número de neurônios na camada de saída Q e o $\frac{1}{2}$ é utilizado por conveniência de notação para calcular a derivada mais tarde.

O objetivo é desenvolver uma regra de treinamento, similar à regra delta, que permita o ajuste dos pesos em cada uma das camadas de modo a tentar minimizar uma função de erro como mostrado na Equação 12.2-51. Como antes, ajustam-se os pesos proporcionalmente à derivada parcial do erro em relação aos pesos. Em outras palavras,

$$\Delta \omega_{qp} = -\alpha \frac{\partial E_Q}{\partial \omega_{qp}} \qquad (12.2\text{-}52)$$

sendo que a camada P precede a camada Q, $\Delta\omega_{qp}$ é definida na Equação 12.2-42 e α é um incremento positivo de correção.

O erro E_Q é uma função das saídas, O_q, que, por sua vez, são funções das entradas I_q. Usando a regra da cadeia, desenvolvemos a derivada parcial de E_Q como segue:

$$\frac{\partial E_Q}{\partial \omega_{qp}} = \frac{\partial E_Q}{\partial I_q}\frac{\partial I_q}{\partial \omega_{qp}} \qquad (12.2\text{-}53)$$

A partir da Equação 12.2-48,

$$\frac{\partial I_q}{\partial \omega_{qp}} = \frac{\partial}{\partial \omega_{qp}}\sum_{p=1}^{N_p}\partial \omega_{qp}O_p = O_p \qquad (12.2\text{-}54)$$

Substituindo as equações 12.2-53 e 12.2-54 na Equação 12.2-52, temos

$$\Delta\omega_{qp} = -\alpha\frac{\partial E_Q}{\partial I_q}O_p$$
$$= \alpha\delta_q O_p \qquad (12.2\text{-}55)$$

em que

$$\delta_q = -\frac{\partial E_Q}{\partial I_q} \qquad (12.2\text{-}56)$$

Para poder calcular $\partial E_Q / \partial I_q$, usamos a regra da cadeia para expressar a derivada parcial em termos de taxa de mudança de E_Q em relação a O_q e a taxa de mudança de O_q em relação a I_q. Isto é,

$$\delta_q = -\frac{\partial E_Q}{\partial I_q} = -\frac{\partial E_Q}{\partial O_q}\frac{\partial O_q}{\partial I_q} \qquad (12.2\text{-}57)$$

A partir da Equação 12.2-51,

$$\frac{\partial E_Q}{\partial O_q} = -(r_q - O_q) \qquad (12.2\text{-}58)$$

e, a partir da Equação 12.2-49,

$$\frac{\partial O_Q}{\partial I_q} = \frac{\partial}{\partial I_q}h_q(I_q) = h'_q(I_q) \qquad (12.2\text{-}59)$$

Substituindo as equações 12.2-58 e 12.2-59 na Equação 12.2-57, temos como resultado

$$\delta_q = (r_q - O_q)h'_q(I_q) \qquad (12.2\text{-}60)$$

que é proporcional à quantidade de erro $(r_q - O_q)$. A substituição das equações 12.2-56 a 12.2-58 na Equação 12.2-55 finalmente produz

$$\Delta\omega_{qp} = \alpha(r_q - O_q)h'_q(I_q)O_p$$
$$= \alpha\delta_q O_p \qquad (12.2\text{-}61)$$

Após ter especificado a função $h_q(I_q)$, todos os termos da Equação 12.2-61 serão conhecidos ou poderão ser observados na rede. Em outras palavras, mediante a apresentação de qualquer padrão de treinamento na entrada da rede, sabemos qual deve ser a resposta desejada, r_q, de cada nó de saída. O valor O_q de cada nó de saída pode ser observado como acontece com I_q, a entrada para os elementos de ativação da camada Q, e O_p, a saída dos nós na camada P. Assim sabemos como ajustar os pesos que modificam as ligações entre a última e a penúltima camadas na rede.

Continuando com nosso caminho para trás a partir da camada de saída, analisaremos agora o que acontece na camada P. A aplicação do mesmo procedimento leva a

$$\Delta\omega_{pj} = \alpha(r_p - O_p)h'_p(I_p)O_j$$
$$= \alpha\delta_p O_j \qquad (12.2\text{-}62)$$

sendo que o termo de erro é

$$\delta_p = (r_p - O_p)h'_p(I_p) \qquad (12.2\text{-}63)$$

Com exceção de r_p, todos os termos nas equações 12.2-62 e 12.2-63 são conhecidos ou podem ser observados na rede. Os termos r_p não fazem sentido em uma camada interna, pois não sabemos qual deveria ser a resposta de um nó interno em termos de pertinência de um padrão. Podemos especificar uma resposta r desejada apenas nas saídas da rede, onde ocorre a classificação final dos padrões. Se tivéssemos essas informações nos nós internos, não haveria necessidade de camadas adicionais. Portanto, temos de encontrar uma maneira de restabelecer δ_p em termos de quantidades que possam ser conhecidas ou observadas na rede.

Voltando à Equação 12.2-57, escrevemos o termo de erro da camada P como

$$\delta_p = -\frac{\partial E_p}{\partial I_p} = -\frac{\partial E_p}{\partial O_p}\frac{\partial O_p}{\partial I_p} \qquad (12.2\text{-}64)$$

O termo $\partial O_p/\partial I_p$ não apresenta dificuldades. Como antes, é

$$\frac{\partial O_p}{\partial I_p} = \frac{\partial h_p(I_p)}{\partial I_p} = h'_p(I_p) \qquad (12.2\text{-}65)$$

que é conhecido, uma vez que h_p é especificado, pois foi possível observar I_p. O termo que produziu r_p foi a derivada $\partial E_p/\partial O_p$, e por isso esse termo deve ser expresso de uma forma que não contenha r_p. Usando a regra da cadeia, podemos escrever a derivada como

$$\begin{aligned}\frac{\partial E_P}{\partial O_p} &= -\sum_{q=1}^{N_Q}\frac{\partial E_P}{\partial I_q}\frac{\partial I_q}{\partial O_p} = \sum_{q=1}^{N_Q}\left(\frac{\partial E_P}{\partial I_q}\right)\frac{\partial}{\partial O_p}\sum_{p=1}^{N_p}\omega_{qp}O_p\\ &= \sum_{q=1}^{N_Q}-\left(\frac{\partial E_P}{\partial I_q}\right)\omega_{qp}\\ &= \sum_{q=1}^{N_Q}\delta_q\omega_{qp} \qquad (12.2\text{-}66)\end{aligned}$$

sendo que o último passo segue da Equação 12.2-56. A substituição das equações 12.2-65 e 12.2-66 na Equação 12.2-64 produz a expressão desejada para δ_p:

$$\delta_p = h'_p(I_p)\sum_{q=1}^{N_Q}\delta_q\omega_{qp} \qquad (12.2\text{-}67)$$

O parâmetro δ_p pode ser calculado agora, uma vez que todos os seus termos são conhecidos. Assim, as equações 12.2-62 e 12.2-67 estabelecem completamente a regra de treinamento para a camada P. A importância da Equação 12.2-67 é que calcula δ_p a partir das quantidades δ_q e ω_{qp}, que são os termos computados na camada imediatamente posterior à camada P. Após o termo de erro e os pesos serem computados para a camada P, essas quantidades podem ser utilizadas da mesma forma para calcular o erro e os pesos para a camada imediatamente anterior à camada P. Em outras palavras, encontramos uma maneira de propagar o erro para trás na rede, começando com o erro na camada de saída.

Podemos resumir e generalizar o processo de treinamento da seguinte forma: para quaisquer camadas K e J, onde a camada K precede imediatamente a camada J, calcule os pesos ω_{jk} que modificam as conexões entre essas duas camadas, usando

$$\Delta\omega_{jk} = \alpha\delta_j O_k \qquad (12.2\text{-}68)$$

Se a camada J for a camada de saída, δ_j é

$$\delta_j = (r_j - O_j)h'_j(I_j) \qquad (12.2\text{-}69)$$

Se a camada J for uma camada interna, e P, a camada seguinte (à direita), então δ_j é dado por

$$\delta_j = h'_j(I_j)\sum_{p=1}^{N_P}\delta_p\omega_{jp} \qquad (12.2\text{-}70)$$

para $j = 1, 2, \ldots, N_j$. Usando a função de ativação na Equação 12.2-50 com $\theta_o = 1$, obtemos

$$h'_j(I_j) = O_j(1 - O_j) \qquad (12.2\text{-}71)$$

neste caso, as equações 12.2-69 e 12.2-70 assumem formas particularmente atraentes:

$$\delta_j = (r_j - O_j)\,O_j\,(1 - O_j) \qquad (12.2\text{-}72)$$

para a camada de saída e

$$\delta_j = O_j(1 - O_j)\sum_{p=1}^{N_P}\delta_p\omega_{jp} \qquad (12.2\text{-}73)$$

para as camadas internas. Em ambas as equações, 12.2-72 e 12.2-73, temos que $j = 1, 2, \ldots, N_j$.

As equações 12.2-68 até 12.2-70 constituem a regra delta generalizada para o treinamento da rede neural multicamada *feedforward* da Figura 12.16. O processo começa com um conjunto arbitrário de pesos (mas não com todos iguais) da rede. Em seguida, a aplicação da regra delta generalizada em qualquer passo iterativo envolve duas fases básicas. Na primeira, um vetor de treinamento é apresentado à rede e é propagado através das camadas da rede para computar a saída O_j para cada nó. As saídas O_q dos nós na camada de saída são, então, comparadas às respostas desejadas, r_p, para que os termos de erro δ_q sejam gerados. A segunda fase envolve um caminho de volta pela rede durante o qual o sinal de erro apropriado é passado para cada nó, e são feitas as mudanças correspondentes nos pesos. Este procedimento também é aplicado aos pesos de compensação (*bias weights*) θ_j. Conforme discutido anteriormente com algum detalhe, estes são tratados simplesmente como um peso adicional que modifica uma entrada unitária na junção de soma de cada nó da rede.

A prática comum consiste em acompanhar o erro de rede, bem como os erros associados aos padrões individuais. Em uma sessão de treinamento bem-sucedida, o erro da rede diminui com o número de iterações, e o procedimento converge para um conjunto estável de pesos que apresentam apenas pequenas flutuações com o treinamento adicional. A abordagem adotada para determinar se um padrão foi classificado corretamente durante o treinamento baseia-se em determinar se a resposta do nó na camada de saída, associada à classe de padrões da qual o padrão foi obtido, é alta, enquanto todos os outros nós apresentam resposta baixa, como foi definido anteriormente.

Uma vez que o sistema tenha sido treinado, ele passa a classificar os padrões utilizando os parâmetros estabelecidos durante a fase de treinamento. Em funcionamento normal, todas as operações de retroalimentação (*feedback*) são desligadas. Então, qualquer padrão de entrada é propagado pelas diversas camadas, e o padrão é classificado como pertencente à classe do nó de saída que apresentar uma resposta alta, enquanto todos os outros nós apresentam resposta baixa. Se mais de uma saída for rotulada como alta, ou se nenhuma das saídas o for, a opção é declarar um erro de classificação ou, simplesmente, atribuir o padrão à classe da resposta com o maior valor numérico.

Exemplo 12.6 Classificação de formatos usando uma rede neural.

Ilustraremos agora como uma rede neural do tipo apresentado na Figura 12.16 foi treinada para reconhecer os quatro formatos apresentados na Figura 12.18(a), bem como as versões ruidosas desses formatos, cujas amostras estão representadas na Figura 12.18(b).

Os vetores de padrões foram gerados por meio do cálculo das assinaturas normalizadas dos formatos (veja a Seção 11.1.3) e, em seguida, obtendo 48 amostras uniformemente espaçadas de cada assinatura. Os vetores quadragésimos octodimensionais resultantes formam as entradas da rede neural *feedforward* de três camadas que aparece na Figura 12.19. O número de neurônios na primeira camada foi escolhido para ser 48, correspondente à dimensionalidade dos vetores de características de entrada. Os quatro neurônios na terceira camada (saída) correspondem ao número de classes de padrões, e o número de neurônios na camada intermediária foi especificado heuristicamente como 26 (a média do número de neurônios nas camadas de entrada e de saída). Não há regras conhecidas para especificar o número de neurônios nas camadas internas de uma rede neural; de forma geral, esse número é baseado em experiências anteriores ou simplesmente é escolhido arbitrariamente e

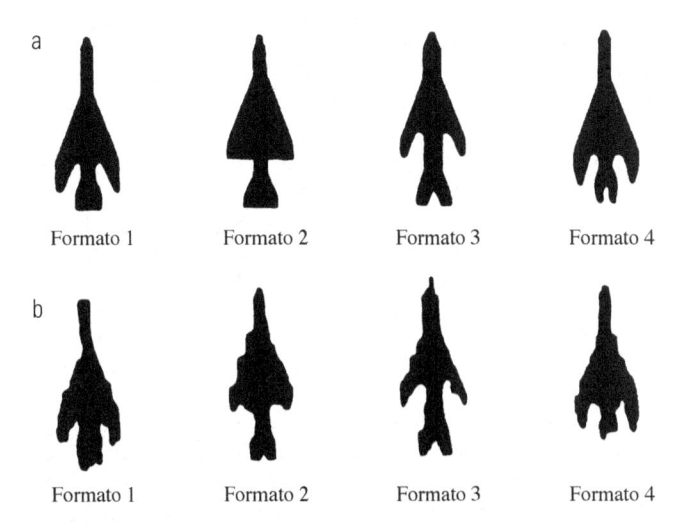

Figura 12.18 (a) Formatos de referência e (b) formatos ruidosos típicos usados no treinamento da rede neural da Figura 12.19. (Imagem original: cortesia do Dr. Lalit Gupta, Departamento ECE, Universidade do Sul de Illinois.)

refinado depois por meio de testes. Na camada de saída, os quatro nós de cima para baixo, neste caso, representam as classes ω_j, $j = 1, 2, 3, 4$, respectivamente. Uma vez que a estrutura da rede foi definida, as funções de ativação devem ser selecionadas para cada unidade e para cada camada. Todas as funções de ativação foram selecionadas para satisfazer à Equação 12.2-50 com $\theta_0 = 1$ para que, de acordo com nossa discussão anterior, as equações 12.2-72 e 12.2-73 possam ser aplicadas.

O processo de treinamento foi dividido em duas partes. Na primeira, os pesos foram inicializados como pequenos valores aleatórios com média zero, e a rede foi treinada com vetores de características correspondentes às amostras sem ruído, como os formatos apresentados na Figura 12.18(a). Os nós de saída foram monitorados durante o treinamento. A rede tinha, então, supostamente aprendido os formatos das quatro classes quando, para qualquer padrão de treinamento da classe ω_i, os elementos da camada de saída resultaram em $0_i \geq 0{,}95$ para $q = 1, 2, ..., N_Q$; $q \neq i$. Em outras palavras, para qualquer padrão de classe ω_i, a unidade de saída correspondente a essa classe deveria ser alta ($\geq 0{,}95$) e, simultaneamente, a saída de todos os outros nós deveria ser baixa ($\leq 0{,}05$).

A segunda parte do treinamento foi realizada com amostras ruidosas, geradas da seguinte maneira: cada pixel do contorno em um formato não ruidoso recebia uma probabilidade V de reter suas coordenadas originais no plano da imagem e uma probabilidade $R = 1 - V$ de ser aleatoriamente designado para as coordenadas de um de seus oito pixels vizinhos. O nível de ruído era aumentado diminuindo-se V (ou seja, aumentando-se R). Dois conjuntos de dados ruidosos foram gerados. O primeiro consistia em 100 padrões ruidosos de cada classe gerados alterando R entre 0,1 e 0,6, o que resultou em um total de 400 padrões. Esse conjunto, chamado de *conjunto de teste*, foi utilizado para estabelecer o desempenho do sistema após o treinamento.

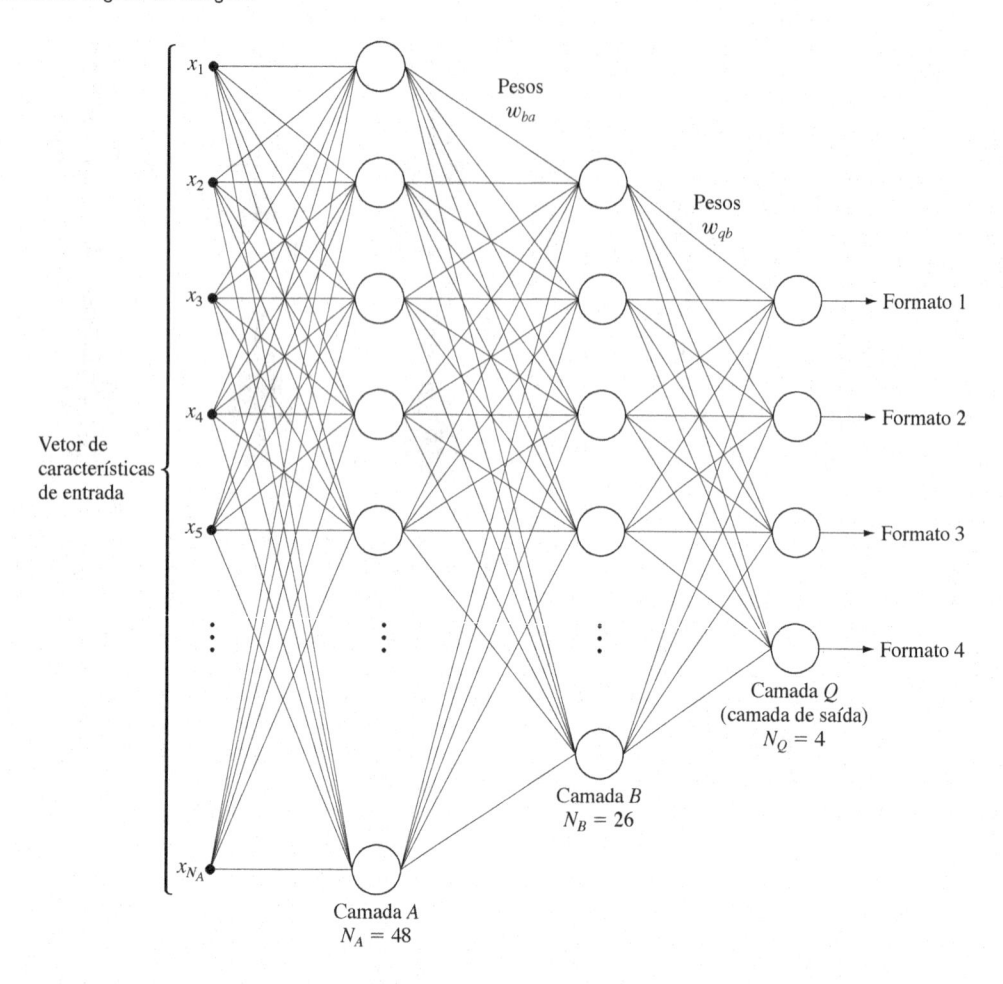

Figura 12.19 Rede neural de três camadas utilizada no reconhecimento dos três formatos da Figura 12.18 (Imagem original: cortesia do Dr. Lalit Gupta, Departamento ECE, Universidade do Sul de Illinois.)

Vários conjuntos com dados ruidosos foram gerados para treinar o sistema com dados ruidosos. O primeiro grupo consistia de 10 amostras de cada classe, geradas usando $R_t = 0$, no qual R_t denota um valor de R usado para gerar o conjunto de treinamento. Começando com os vetores de peso obtidos na primeira parte (sem ruído) do treinamento, o sistema prosseguiu em uma sequência de aprendizagem com o novo conjunto de dados. Já que $R_t = 0$ significa a ausência de ruído, esse "treinamento" repetido era de fato uma extensão do treinamento anterior, livre de ruído. Partindo dos pesos aprendidos dessa maneira, foi apresentado o conjunto de dados de teste à rede, o que levou aos resultados mostrados pela curva rotulada como $R_t = 0$ na Figura 12.20. O número de padrões classificados erroneamente, dividido pelo número total de padrões testados, fornece a probabilidade de erro de classificação, que é uma medida comumente utilizada para determinar o desempenho da rede neural.

Em seguida, começando com os vetores de peso aprendidos pela utilização dos dados gerados com $R_t = 0$, o sistema foi treinado novamente com um conjunto de dados ruidosos gerados com $R_t = 0,1$. O desempenho do reconhecimento foi então estabelecida pela nova utilização das amostras de teste no sistema com o novo conjunto de pesos. Observe a melhora significativa no desempenho. A Figura 12.20 mostra os resultados obtidos pela continuidade desse processo de treinamento e testes contínuos para $R_t = 0,2$, $0,3$ e $0,4$. Como esperado, se o sistema está aprendendo corretamente, a probabilidade de errar a classificação dos padrões a partir do conjunto de teste se reduz conforme o valor de R_t aumenta em razão de que o sistema ter sido treinado com dados mais ruidosos para valores maiores de R_t. A única exceção na Figura 12.20 é o resultado de $R_t = 0,4$. O motivo para essa exceção é o pequeno número de amostras utilizadas para treinar o sistema. Ou seja, a rede não foi capaz de se adaptar totalmente a grandes variações do formato em níveis de ruído mais elevados com o número de amostras utilizadas. Essa hipótese é comprovada pelos resultados na Figura 12.21, que mostram uma menor probabilidade de erro de classificação conforme o aumento do número de amostras de treinamento. A Figura 12.21 também mostra como referência a curva da Figura 12.20 para de $R_t = 0,3$.

Os resultados anteriores revelam que uma rede neural de três camadas foi capaz de aprender a reconhecer formatos corrompidos por ruído após uma fase modesta de treinamento. Mesmo quando treinado com dados livres de ruído ($R_t = 0$ na Figura 12.20), o sistema foi capaz de

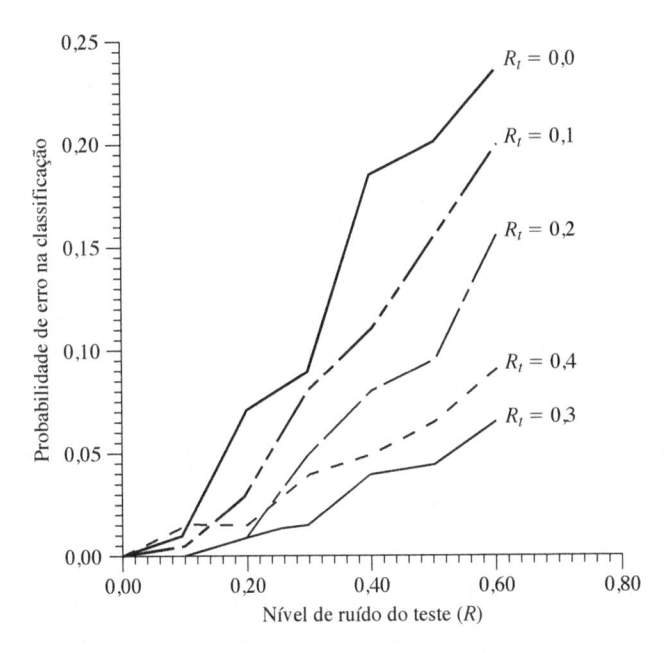

Figura 12.20 Desempenho da rede neural em função do nível de ruído. (Imagem original: cortesia do Dr. Lalit Gupta, Departamento ECE, Universidade do Sul de Illinois.)

atingir um nível de reconhecimento correto de cerca de 77%, quando testado com dados muito corrompidos pelo ruído ($R = 0,6$ na Figura 12.20). A taxa de reconhecimento sobre os mesmos dados aumentou para quase 99% quando o sistema foi treinado com dados mais ruidosos ($R_t = 0,3$ e 0,4). É importante notar que o sistema foi treinado aumentando seu poder de classificação com pequenas adições incrementais e sistemáticas de ruído. Quando a natureza do ruído for conhecida, esse método será ideal para melhorar as propriedades de estabilidade e convergência de uma rede neural durante a aprendizagem.

Complexidade das superfícies de decisão: já foi demonstrado que um *perceptron* de camada única implementa um hiperplano como superfície de decisão. Uma pergunta natural a essa altura é: Qual é a natureza das superfícies de decisão implementadas por uma rede multicamada, como a do modelo da Figura 12.16? Na discussão a seguir, fica claro que uma rede de três camadas é capaz de implementar de forma arbitrária superfícies complexas de decisão compostas por hiperplanos que se interceptam.

Como ponto de partida, considere a rede de duas camadas e duas entradas mostrada na Figura 12.22(a). Com duas entradas, os padrões são bidimensionais e, portanto, cada nó na primeira camada da rede implementa uma reta em um espaço bidimensional. Chamamos de 1 e 0, respectivamente, as saídas alta e baixa desses dois nós. Suponhamos que uma saída 1 indica que o vetor de entrada correspondente a um dado nó na primeira camada está do lado positivo da reta. Então, as possíveis combinações de resultados que alimentam o único nó na segunda camada são: (1, 1), (1, 0), (0, 1) e (0, 0). Se definirmos duas regiões, uma para a classe ω_1, que fica do lado positivo de ambas as retas, e outra para a classe ω_2, que fica em qualquer outro lugar, o nó de saída poderá classificar qualquer padrão de entrada como pertencente a uma dessas duas regiões simplesmente realizando uma operação lógica do tipo *E*. Em outras palavras, o nó de saída responde com um 1, indicando a classe ω_1, somente quando ambas as saídas da primeira camada forem 1. A operação *E* pode ser executada por um neurônio como já discutido, se θ_j é definido como um valor no intervalo semiaberto (1, 2]. Assim, se assumirmos 0 e 1 como respostas da primeira camada, a resposta do nó de saída será alta, indicando a classe ω_1 apenas se a soma realizada pelo nó neural sobre as duas saídas da primeira camada

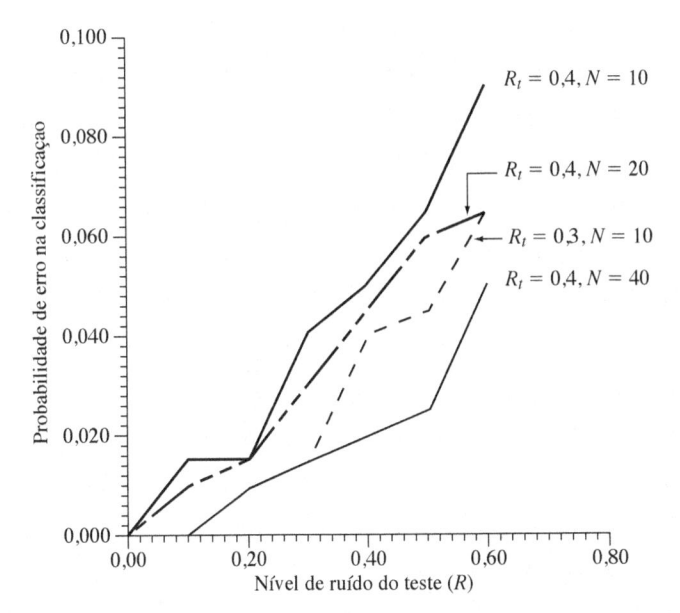

Figura 12.21 Melhoria no desempenho para $R_t = 0,4$, obtida pelo aumento do número de padrões de treinamento (a curva para $R_t = 0,3$ é apresentada como referência). (Imagem original: cortesia do Dr. Lalit Gupta, Departamento ECE, Universidade do Sul de Illinois.)

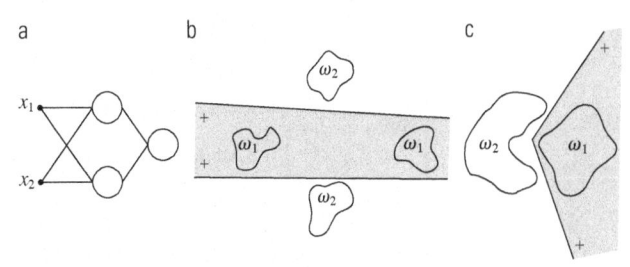

Figura 12.22 (a) Uma rede neural *feedforward* com duas camadas e duas entradas. (b) e (c) Exemplos de fronteiras de decisão que podem ser implementadas com esta rede.

for maior que 1. As figuras 12.22(b) e (c) mostram como a rede da Figura 12.22(a) pode separar em dois, com sucesso, duas classes de padrões que não poderiam ser separadas por uma única superfície linear.

Se o número de nós na primeira camada aumentar para três, a rede da Figura 12.22(a) vai implementar uma fronteira de decisão que consiste na interseção de três retas. A restrição de que a classe ω_1 fique do lado positivo de todas elas produz uma região convexa delimitada pelas três retas. Na verdade, uma região convexa arbitrária aberta ou fechada pode ser construída simplesmente aumentando o número de nós na primeira camada de uma rede neural de duas camadas.

O próximo passo lógico consiste em aumentar o número de camadas para três. Nesse caso, os nós da primeira camada implementam retas, como antes. Os nós da segunda camada executam então as operações lógicas do tipo E para formar regiões a partir das várias retas. Os nós da terceira camada atribuem a pertinência a diversas regiões. Por exemplo, suponha que a classe ω_1 seja formada por duas regiões distintas, cada uma das quais delimitada por um conjunto diferente de retas. Então, dois dos nós na segunda camada são para as regiões correspondentes à mesma classe de padrões. Um dos nós de saída deve ser capaz de sinalizar a presença dessa classe quando um dos dois nós da segunda camada responder fortemente. Assumindo que as condições de alta e baixa na segunda camada sejam indicadas por 1 e 0, respectivamente, esse recurso é obtido fazendo com que os nós de saída da rede executem a operação lógica OU. Em termos dos nós neurais da forma discutida anteriormente, fazemos isso definindo θ_j em um valor no intervalo semiaberto [0, 1). Então, sempre que pelo menos um dos nós na segunda camada associado a esse nó de saída responder fortemente (responder com 1), o nó correspondente na camada de saída responderá da mesma forma, indicando que o padrão sendo processado pertence à classe associada a esse nó.

A Figura 12.23 resume as observações anteriores. Repare na terceira linha que a complexidade das regiões de decisão implementadas por uma rede de três camadas é, em princípio, arbitrária. Na prática, geralmente surge uma dificuldade séria na estruturação da segunda camada para que responda corretamente às várias combinações associadas às classes particulares. A razão é que as retas não param simplesmente em sua interseção com outras retas, e, como resultado, podem ocorrer padrões da mesma classe em ambos os lados das retas no espaço de padrões. Em termos práticos, a segunda camada pode ter dificuldades para determinar quais retas devem ser incluídas na operação lógica E para uma determinada classe de padrões — ou pode mesmo ser uma tarefa impossível de realizar. A referência ao problema da operação lógica OU exclusivo na terceira coluna da Figura 12.23 lida com o fato de que, se os padrões de entrada eram binários, apenas quatro padrões diferentes poderiam ser construídos em duas dimensões. Se os padrões forem arranjados de

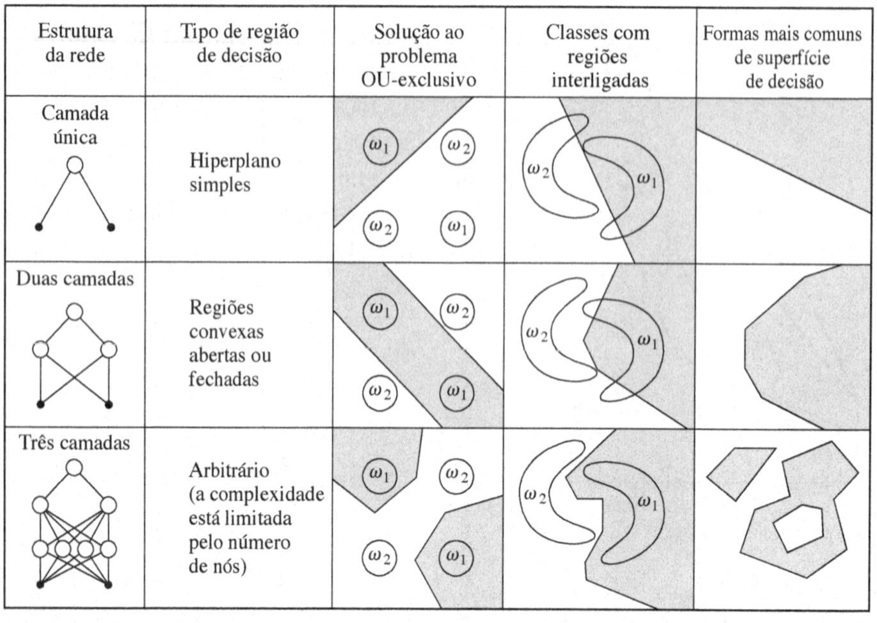

Estrutura da rede	Tipo de região de decisão	Solução ao problema OU-exclusivo	Classes com regiões interligadas	Formas mais comuns de superfície de decisão
Camada única	Hiperplano simples			
Duas camadas	Regiões convexas abertas ou fechadas			
Três camadas	Arbitrário (a complexidade está limitada pelo número de nós)			

Figura 12.23 Tipos de regiões de decisão que podem estar formadas por redes *feedforward* de uma ou várias camadas com uma e duas camadas de unidades ocultas e duas entradas. (Imagem original: cortesia de Lippman.)

maneira que a classe ω_1 consista dos padrões {(0, 1), (1, 0)}, e a classe ω_2 consista dos padrões {(0, 0), (1, 1)}, então a pertinência dos padrões nessas duas classes é dada pela função lógica OU exclusivo (X-OU), que só será 1 quando o valor de uma das duas variáveis for 1, e será 0 no caso contrário. Assim, um valor X-OU 1 indica padrões da classe ω_1, e um valor X-OU 0 indica que os padrões são da classe ω_2.

A discussão anterior é generalizada para n dimensões de maneira direta: em vez de retas, lidamos com hiperplanos. Uma rede de uma única camada implementa um único hiperplano. Uma rede de duas camadas implementa arbitrariamente regiões convexas constituídas por interseções de hiperplanos. Uma rede de três camadas implementa superfícies de decisão de complexidade arbitrária. O número de nós usados em cada camada determina a complexidade nos dois últimos casos. O número de classes no primeiro caso é limitado a dois. Nos outros dois casos, o número de classes é arbitrário porque o número de nós de saída pode ser selecionado para se ajustar ao problema em questão.

Considerando as observações anteriores, é lógico perguntar: Por que alguém estaria interessado em estudar redes neurais com mais de três camadas? Afinal, uma rede de três camadas pode implementar superfícies de decisão de complexidade arbitrária. A resposta está no método utilizado para treinar uma rede para utilizar apenas três camadas. A regra de treinamento para a rede na Figura 12.16 minimiza uma medida de erro, mas não diz nada sobre como associar grupos de hiperplanos com nós específicos na segunda camada de uma rede de três camadas do tipo discutido anteriormente. Na verdade, ainda não foi resolvido o problema de como realizar análises de compromisso entre o número de camadas e o número de nós em cada camada. Na prática, o compromisso geralmente é resolvido por tentativa e erro ou por uma experiência anterior com o domínio de um dado problema.

12.3 Métodos estruturais

As técnicas discutidas na Seção 12.2 tratam de padrões quantitativos, ignorando quaisquer relações estruturais inerentes à forma do padrão. Os métodos estruturais discutidos nessa seção, no entanto, procuram realizar o reconhecimento de padrões lançando mão precisamente desses tipos de relacionamento. Aqui, apresentaremos duas metodologias básicas para o reconhecimento de formatos de fronteiras com base nas representações de *strings*. As *strings* consistem na abordagem mais prática para o reconhecimento de padrões estruturais.

12.3.1 Casamento de números do formato

Um procedimento análogo ao conceito de distância mínima introduzido na Seção 12.2.1 para vetores de características pode ser formulado para a comparação de fronteiras de região que sejam descritas em termos de números do formato. Com referência à discussão na Seção 11.2.2, o *grau de similaridade k*, entre duas fronteiras de regiões (formatos) é definido como a maior ordem na qual seus números do formato ainda coincidem. Por exemplo, digamos que a e b denotem números de formas de fronteiras fechadas representadas por códigos da cadeia de 4 direções. Esses dois formatos têm um grau de similaridade k se:

$$s_j(a) = s_j(b) \quad \text{para } j = 4, 6, 8, ..., k$$

$$s_j(a) \neq s_j(b) \quad \text{para } j = k+2, k+4, ... \quad (12.3\text{-}1)$$

em que s indica o número do formato, e o subscrito indica a ordem. A *distância* entre os dois formatos, a e b, é definida como o inverso de seu grau de similaridade:

$$D(a,b) = \frac{1}{k} \quad (12.3\text{-}2)$$

A distância satisfaz as seguintes propriedades:

$$\begin{aligned} D(a,b) &\geq 0 \\ D(a,b) &= 0 \quad \text{se } a = b \\ D(a,b) &\leq \max[D(a,b), D(b,c)] \end{aligned} \quad (12.3\text{-}3)$$

Tanto k como D podem ser utilizados na comparação entre dois formatos. Se o grau de similaridade for usado, quanto maior for k, mais similares serão os formatos (note que k é infinito para formatos idênticos). O inverso será verdadeiro quando a medida de distância for usada.

Exemplo 12.7 Utilizando números do formato para comparar formatos.

Suponha que tenhamos um formato f e desejamos encontrar seu casamento mais próximo em um conjunto de outros cinco formatos diferentes (a, b, c, d, e), como mostrado na Figura 12.24(a). Esse problema é análogo a termos cinco formatos protótipos e tentarmos encontrar o melhor casamento para um determinado formato desconhecido. A busca pode ser visualizada com ajuda da árvore de similaridade mostrada na Figura 12.24(b). A raiz da árvore corresponde ao menor grau possível de similaridade que, para este exemplo, é 4. Suponha que os formatos sejam idênticos até o grau 8, com exceção do formato a, cujo grau de similaridade com relação a todos os outros formatos é 6. Descendo pela árvore, vemos que o formato d tem um grau de similaridade 8 em relação a todos os outros, e assim por diante. Os formatos f e c casam de maneira única, com um grau de similaridade maior que os outros dois formatos. No outro

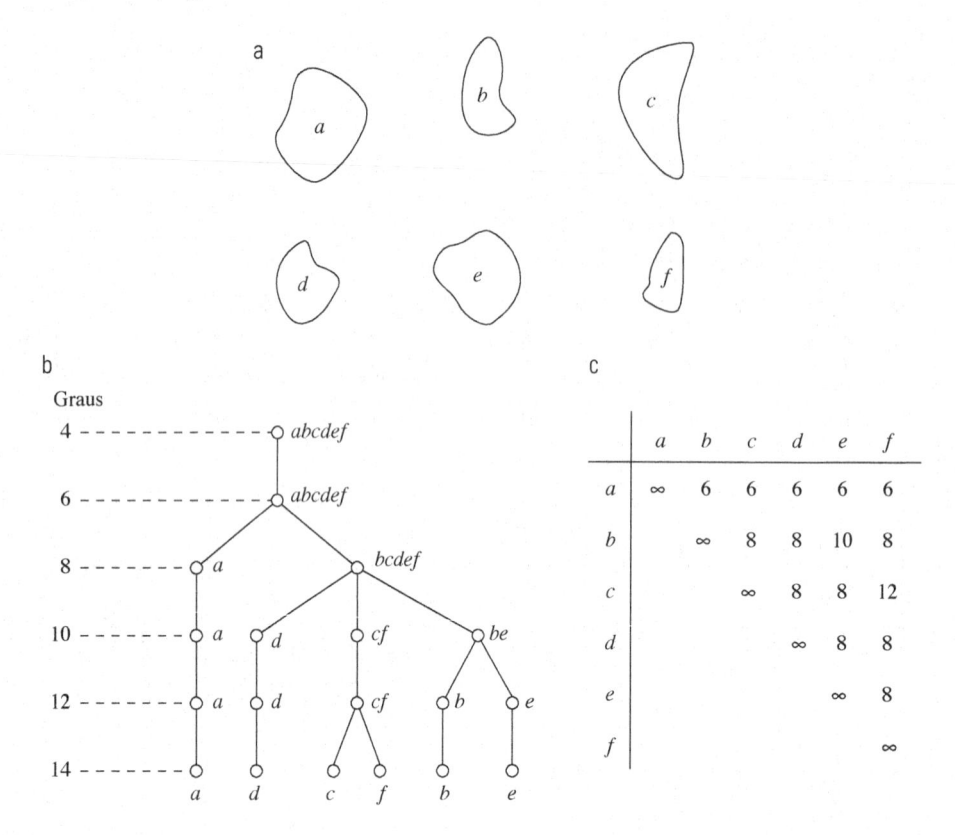

Figura 12.24 (a) Formatos. (b) Árvore de similaridade hipotética. (c) Matriz de similaridade. (Imagem original: Bribiesca e Guzman.)

extremo, se *a* tivesse sido um formato desconhecido, tudo o que poderíamos dizer usando este método é que *a* era similar a todos os outros formatos com grau de similaridade 6. A mesma informação pode ser resumida por meio de uma matriz de similaridade, como mostrado na Figura 12.24(c).

12.3.2 Casamento de *strings*

Suponha que duas fronteiras de região, *a* e *b*, sejam codificadas como *strings* (ver Seção 11.5) denotadas por $a_1 a_2 ... a_n$ e $b_1 b_2 ... b_m$, respectivamente. Seja α o número de casamentos entre duas *strings*, no qual um casamento ocorre na *k*-ésima posição se $a_k = b_k$. O número de símbolos que não casam é

$$\beta = \max(|a|, |b|) - \alpha \quad (12.3\text{-}4)$$

sendo |arg| o tamanho (número de símbolos) na representação da *string* do argumento. Pode ser demonstrado que $\beta = 0$ se, e somente se, *a* e *b* forem idênticas (ver Exercício 12.21).

Uma medida simples de similaridade entre *a* e *b* é a razão

$$R = \frac{\alpha}{\beta} = \frac{\alpha}{\max(|a|,|b|) - \alpha} \quad (12.3\text{-}5)$$

Assim, R é infinito para um casamento perfeito, e 0 quando nenhum dos símbolos entre *a* e *b* casarem ($\alpha = 0$ neste caso). Como o casamento é feito símbolo a símbolo, o ponto de partida em cada fronteira é importante em termos de redução do custo computacional. Qualquer método que normalize para o mesmo ponto de partida, ou para o próximo, é útil, desde que isso represente uma vantagem computacional em relação ao casamento por força bruta, que consiste em partir de pontos arbitrários em cada *string* seguido do deslocamento de uma das *strings* (com os últimos elementos voltando à primeira posição) e do cálculo da Equação 12.3-5 para cada deslocamento. O maior valor de R proporciona o melhor casamento.

Exemplo 12.8 Ilustração do casamento de *strings*.

As figuras 12.25(a) e (b) mostram exemplos de fronteira para uma de duas classes de objetos, que foram aproximadas por ajuste poligonal (ver Seção 11.1.3). As figuras 12.25(c) e (d) mostram as aproximações poligonais que correspondem às fronteiras indicadas nas figuras 12.25(a) e (b), respectivamente. Formaram-se as *strings* a partir dos polígonos calculando o ângulo interior, θ, entre os segmentos na medida em que cada polígono era percorrido no sentido horário. Os ângulos foram codificados em um de oito possíveis símbolos, correspondendo a incrementos de 45°, ou seja, $0° < \theta \leq 45°$; 2_2: $45° < \theta \leq 90°$; ... ; α_8: $315° < \theta \leq 360°$.

a

b

c

d

e

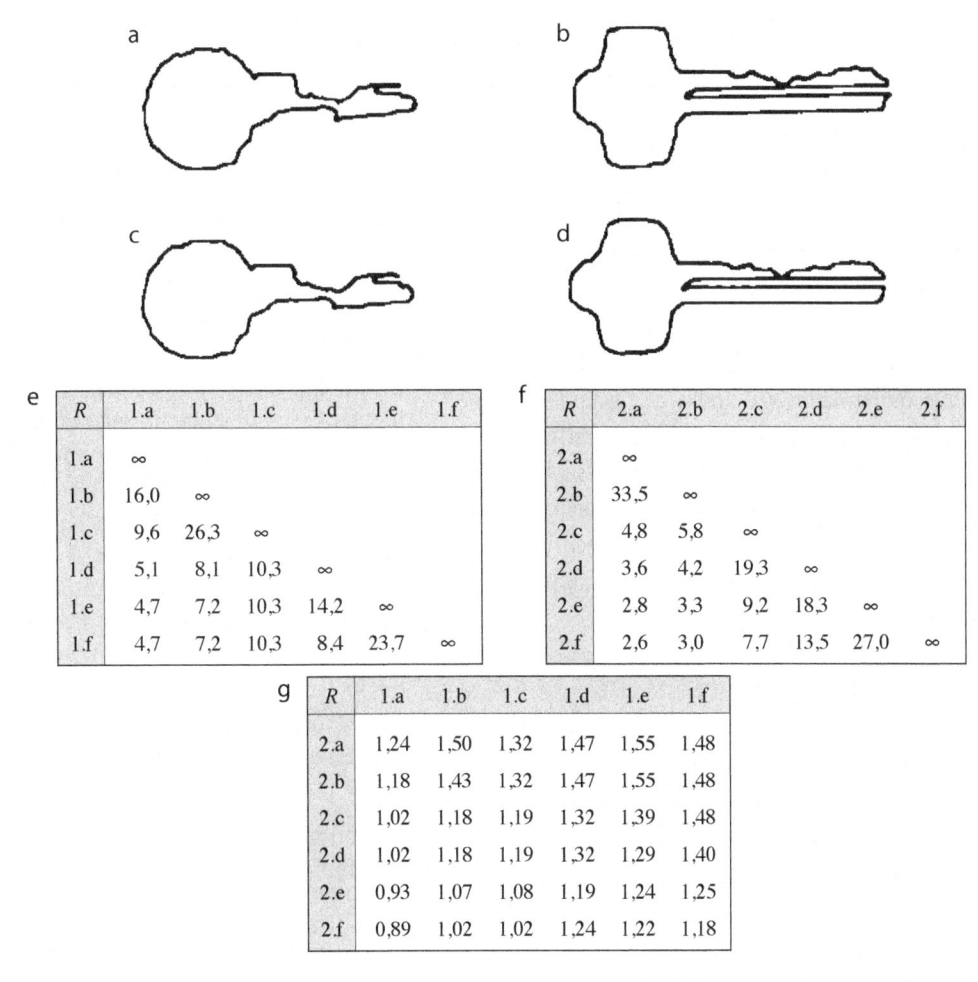

R	1.a	1.b	1.c	1.d	1.e	1.f
1.a	∞					
1.b	16,0	∞				
1.c	9,6	26,3	∞			
1.d	5,1	8,1	10,3	∞		
1.e	4,7	7,2	10,3	14,2	∞	
1.f	4,7	7,2	10,3	8,4	23,7	∞

f

R	2.a	2.b	2.c	2.d	2.e	2.f
2.a	∞					
2.b	33,5	∞				
2.c	4,8	5,8	∞			
2.d	3,6	4,2	19,3	∞		
2.e	2,8	3,3	9,2	18,3	∞	
2.f	2,6	3,0	7,7	13,5	27,0	∞

g

R	1.a	1.b	1.c	1.d	1.e	1.f
2.a	1,24	1,50	1,32	1,47	1,55	1,48
2.b	1,18	1,43	1,32	1,47	1,55	1,48
2.c	1,02	1,18	1,19	1,32	1,39	1,48
2.d	1,02	1,18	1,19	1,32	1,29	1,40
2.e	0,93	1,07	1,08	1,19	1,24	1,25
2.f	0,89	1,02	1,02	1,24	1,22	1,18

Figura 12.25 (a) e (b) Exemplos de fronteiras de duas classes diferentes de objetos; (c) e (d) suas aproximações poligonais correspondentes; (e) a (g) tabelas de *R*. (Imagem original: Sze e Yang.)

A Figura 12.25(e) mostra os resultados do cálculo da medida *R* para seis amostras do objeto 1 em relação a si mesmas. As entradas correspondem aos valores de *R* e, por exemplo, a notação 1.c refere-se à terceira *string* da classe de objetos 1. A Figura 12.25(f) mostra os resultados da comparação das *strings* da segunda classe de objeto em relação a si mesmas. Finalmente, a Figura 12.25(g) mostra uma tabela dos valores de *R* obtidos pela comparação das *strings* de uma classe em relação à outra. Note que, aqui, todos os valores de *R* são consideravelmente menores do que qualquer entrada nas duas tabelas anteriores, indicando que a medida *R* alcançou um grau elevado de discriminação entre as duas classes de objetos. Por exemplo, se a pertinência da *string* 1.a fosse desconhecida, o *menor* valor de *R* resultante da comparação entre essa *string* e as *strings* de amostra (protótipas) de classe 1 teria sido 4,7 (Figura 12.25(e)). Em contrapartida, o *maior* valor ao compará-la com as *strings* da classe 2 teria sido 1,24 (Figura 12.25(g)). Esse resultado poderia ter levado à conclusão de que a *string* 1.a pertence à classe de objetos 1. Essa abordagem de classificação é parecida com o classificador de distância mínima introduzido na Seção 12.2.1.

Resumo

A partir do Capítulo 9, nosso tratamento do processamento de imagens digitais começou uma transição dos processos cujas saídas eram imagens para os processos cujas saídas são características das imagens, no sentido definido na Seção 1.1. Embora o material no presente capítulo seja de natureza introdutória, os temas são fundamentais para o entendimento do estado da arte de reconhecimento de objetos. Como mencionado no início deste capítulo, o reconhecimento de objetos individuais é o lugar lógico para concluir este livro. Para ir além deste ponto, precisamos de conceitos que estão além do escopo que definimos, lá na Seção 1.4, para a nossa viagem. Concretamente, o próximo passo lógico seria o desenvolvimento de métodos de análise de imagens, cujo desenvolvimento apropriado requer conceitos de inteligência artificial.

Como foi mencionado nas seções 1.1 e 1.4, a inteligência artificial e algumas áreas que dela dependem, como a análise de cenários e a visão computacional, ainda estão em fase relativamente precoce de desenvolvimento prático. As soluções dos problemas de análise de imagens de hoje são caracterizadas por abordagens heurísticas. Embora essas abordagens sejam realmente variadas, a maioria delas partilha uma base importante de técnicas que são precisamente os métodos abordados neste livro.

Uma vez concluído o estudo do material nos últimos doze capítulos, você está agora em posição de entender as principais áreas envolvidas no processamento da imagem digital, tanto do ponto de vista teórico quanto do prático. Tomamos todos os cuidados em todas as discussões para estabelecer uma base sólida sobre a qual um estudo mais aprofundado desta e de outras áreas afins possa ser realizado. Dada a natureza específica dos problemas em muitas imagens, um entendimento claro dos princípios básicos aumenta significativamente as chances de chegar a uma solução de sucesso.

Referências e leituras suplementares

O material de fundo para as seções 12.1 a 12.2.2 são os livros de Theodoridis e Koutroumbas (2006), Duda, Hart e Stork (2001) e de Tou e Gonzalez (1974). O artigo de revisão é de Jain et al. (2000), e é interessante também. O livro de Principe et al. (1999) apresenta uma boa visão geral das redes neurais. Vale a pena comparar a edição especial da revista *IEEE Trans. Image Processing* (1998) com o número especial semelhante que saiu onze anos antes [*IEEE Computer* (1988)]. O material apresentado na Seção 12.2.3 é introdutório. Na verdade, o modelo de rede neural utilizado nessa discussão é apenas um dos inúmeros modelos propostos ao longo dos anos. Contudo, o modelo que discutimos é representativo e também é bastante utilizado no processamento de imagens. O exemplo do reconhecimento de formatos ruidosos foi adaptado de Gupta et al. (1990, 1994). O artigo de Gori e Scarselli (1998) discute o poder de classificação das redes neurais multicamada. Uma abordagem apresentada por Ueda (2000), baseada no uso de combinações lineares de redes neurais para alcançar o erro mínimo de classificação, é uma leitura adicional recomendável para esse contexto.

Para ler mais sobre o material da Seção 12.3.1, consulte Bribiesca e Guzman (1980). Sobre casamento de *strings*, veja Sze e Yang (1981), Oommen e Loke (1997), e Gdalyahu e Weinshall (1999). Referências adicionais sobre métodos estruturais de reconhecimento de padrões podem ser encontradas em Gonzalez e Thomason (1978), Fu (1982), Bunke e Sanfeliu (1990), Tanaka (1995), Vailaya et al. (1998), Aizaka e Nakamura (1999), e Jonk et al. (1999). Veja também o livro de Huang (2002).

Exercícios*

12.1 (a) Calcule as funções de decisão de um classificador de distância mínima para os padrões apresentados na Figura 12.1. Você pode obter os vetores médios necessários com uma (cuidadosa) inspeção.

(b) Desenhe as superfícies de decisão implementadas pelas funções de decisão em (a).

*12.2 Mostre que as equações 12.2-4 e 12.2-5 desempenham a mesma função em termos de classificação de padrões.

12.3 Mostre que a superfície dada pela Equação 12.2-6 é a bissetriz perpendicular ao segmento de reta que une os pontos n-dimensionais $\mathbf{m}_i$ e $\mathbf{m}_j$.

*12.4 Mostre como o classificador de distância mínima, discutido em conexão com a Figura 12.7, poderia ser implementado usando W bancos de resistores (W é o número de classes), uma junção da soma em cada banco (para correntes somatórias), e um seletor máximo capaz de selecionar o número máximo de entradas W, no qual as entradas são correntes.

12.5 Mostre que o coeficiente de correlação da Equação 12.2-8 tem valores no intervalo $[-1, 1]$. (*Dica*: expresse $\gamma = (x, y)$ na forma vetorial.)

*12.6 Uma experiência produz imagens binárias de gotas que são quase elípticas (ver figura a seguir). As gotas são de três tamanhos, com os valores médios dos eixos principais das elipses sendo (1,3, 0,7), (1,0, 0,5) e (0,75, 0,25). As dimensões desses eixos variam $\pm 10\%$ sobre os seus valores médios. Desenvolva um sistema de processamento de imagem que possa rejeitar as elipses incompletas ou superpostas e que possa classificar as elipses restantes em uma das três classes de tamanho possíveis. Mostre sua solução como um diagrama de blocos, dando detalhes específicos sobre o funcionamento de cada bloco. Resolva o problema de classificação utilizando um classificador de distância mínima, indicando de forma clara como você resolveria a obtenção de amostras de treinamento e como você poderia usar esses exemplos para treinar o classificador.

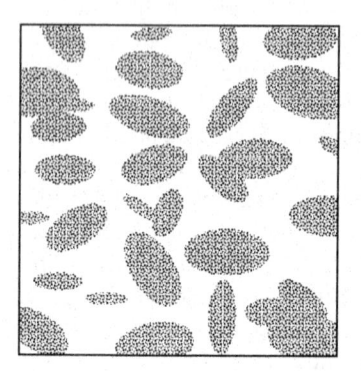

---

* Soluções detalhadas dos exercícios marcados com asterisco podem ser encontradas no site do livro. O site também contém sugestões de projetos baseados no material neste capítulo.

12.7 As classes de padrões a seguir têm funções densidade de probabilidade gaussiana: ω_1:$\{(0, 0)^T, (2, 0)^T, (2, 2)^T, (0, 2)^T\}$ e ω_2:$\{(4, 4)^T, (6, 4)^T, (6, 6)^T, (4, 6)^T\}$.

 (a) Assuma que $P(\omega_1) = P(\omega_2) = \frac{1}{2}$ e obtenha a equação da fronteira de decisão bayesiana entre essas duas classes.

 (b) Faça o desenho da fronteira.

*12.8 Repita o Exercício 12.7, mas desta vez use as classes de padrões a seguir: ω_1:$\{(-1, 0)^T, (0, -1)^T, (1, 0)^T, (0, 1)^T\}$ e ω_2:$\{(-2, 0)^T, (0, -2)^T, (2, 0)^T, (0, 2)^T\}$. Observe que essas classes não são separáveis linearmente.

12.9 Repita o Exercício 12.6, mas dessa vez use um classificador bayesiano (assuma densidades gaussianas). Indique de forma clara como você resolveria o problema de obtenção de amostras de treinamento e como poderia usar essas amostras para treinar o classificador.

*12.10 As funções de decisão bayesiana $d_j(\mathbf{x}) = p(\mathbf{x}/\omega_j) P(\omega_j)$, $j = 1, 2, ..., W$ foram derivadas usando uma função de perda 0-1. Prove que essas funções de decisão minimizam a probabilidade de erro. (*Dica*: a probabilidade de erro $p(e)$ é $1 - p(c)$, em que $p(c)$ é a probabilidade de estar correto. Para um vetor de características $\mathbf{x}$ pertencente à classe ω_i, $p(c/\mathbf{x}) = p(\omega_i/\mathbf{x})$. Encontre $p(c)$ e mostre que $p(c)$ é máximo [$p(e)$ é mínimo], quando $p(\omega_i/\mathbf{x}) P(\omega_i)$ é máximo.)

12.11 (a) Aplique o algoritmo do *perceptron* para as classes de padrões a seguir: ω_1:$\{(0, 0, 0)^T, (1, 0,0)^T, (1, 0, 1)^T, (1, 1, 0)^T\}$ e ω_2:$\{(0, 0, 1)^T, (0, 1, 1)^T, (0, 1, 0)^T, (1, 1, 1)^T\}$. Assuma que $c = 1$, e $\mathbf{w}(1) = (-1, -2, -2, 0)^T$.

 (b) Faça um esboço da superfície de decisão obtida em (a). Mostre as classes de padrões e indique o lado positivo da superfície.

*12.12 O algoritmo do *perceptron* dado nas equações 12.2-34 até 12.2-36 pode se expressar de forma mais concisa multiplicando os padrões da classe ω_2 por -1, caso em que os passos de correção do algoritmo se tornam $\mathbf{w}(k + 1) = \mathbf{w}(k)$ de outra forma. Esta é uma das várias formulações do algoritmo do perceptron que podem ser derivadas a partir da equação geral descendente do gradiente

$$\mathbf{w}(k+1) = \mathbf{w}(k) - c\left[\frac{\partial J(\mathbf{w}, \mathbf{y})}{\partial \mathbf{w}}\right]_{\mathbf{w}=\mathbf{w}(k)}$$

sendo que $c > 0$, $J(\mathbf{w},\mathbf{y})$ é uma função critério e a derivada parcial é avaliada em $\mathbf{w} = \mathbf{w}(k)$. Mostre que a formulação do algoritmo do *perceptron* pode ser obtida a partir desse procedimento geral descendente do gradiente, usando a função critério $J(\mathbf{w},\mathbf{y}) = \frac{1}{2}(|\mathbf{w}^T\mathbf{y}| - \mathbf{w}^T\mathbf{y})$, sendo $|arg|$ o valor absoluto do argumento. (*Nota*: a derivada parcial de $\mathbf{w}^T\mathbf{y}$ em relação a $\mathbf{w}$ é igual a $\mathbf{y}$.)

12.13 Prove que o algoritmo de treinamento da rede perceptron dado nas equações 12.2-34 até 12.2-36 converge em um número finito de passos se os conjuntos de padrões de treinamento forem linearmente separáveis. [*Dica*: multiplique os padrões da classe ω_2 por -1 e considere um limiar não negativo, T, de modo que o algoritmo de treinamento do *perceptron* (com $c = 1$) possa ser expresso como $\mathbf{w}(k + 1) = \mathbf{w}(k)$, se $\mathbf{w}^T(k)\mathbf{y}(k) > T$, e $\mathbf{w}(k + 1) = \mathbf{w}(k) + \mathbf{y}(k)$ de outra forma. Pode ser necessário utilizar a desigualdade de Cauchy-Schwartz: $\|\mathbf{a}\|^2\|\mathbf{b}\|^2 \geq (\mathbf{a}^T\mathbf{b})^2$.]

*12.14 Especifique a estrutura e os pesos de uma rede neural capaz de executar *exatamente* a mesma função de um classificador de distância mínima para duas classes de padrões no espaço n-dimensional.

12.15 Especifique a estrutura e os pesos de uma rede neural capaz de executar *exatamente* a mesma função de um classificador bayesiano para duas classes de padrões no espaço n-dimensional. As classes são gaussianas com diferentes médias, mas com as matrizes de covariância iguais.

*12.16 (a) Em quais condições as redes neurais dos exercícios 12.14 e 12.15 são idênticas?

 (b) A regra delta generalizada desenvolvida para as redes neurais multicamada *feedforward* produz a rede neural particular em (a) se treinada com um número suficientemente amplo de amostras?

12.17 Duas classes de padrões em duas dimensões são distribuídas de tal forma que os padrões da classe ω_1 se espalham aleatoriamente ao longo de um círculo de raio r_1. Da mesma forma, os padrões de classe ω_2 se espalham aleatoriamente ao longo de um círculo de raio r_2, no qual $r_2 = 2r_1$. Especifique a estrutura de uma rede neural com o número mínimo de camadas e nós necessários para classificar adequadamente os padrões dessas duas classes.

*12.18 Repita o Exercício 12.6, mas desta vez utilize uma rede neural. Indique de forma clara como você resolveria o problema de obtenção de amostras de treinamento e como poderia usar tais amostras para treinar o classificador. Selecione a rede neural mais simples possível que, em sua opinião, seja capaz de resolver o problema.

12.19 Mostre que a expressão $h'_j(I_j) = O_j(1 - O_j)$, dada na Equação 12.2-71, na qual $h'_j(I_j) = \partial h_j(I_j)/\partial I_j$ decorre da Equação 12.2-50 com $\theta_0 = 1$.

*12.20 Mostre que a medida da distância $D(A, B)$ da Equação 12.3-2 satisfaz as propriedades dadas na Equação 12.3-3.

12.21 Mostre que $\beta = \text{máx}(|a|, |b|) - \alpha$ na Equação 12.3-4 é 0 se, e somente se, a e b forem *strings* idênticas.

12.22 Uma fábrica produz pequenas bandeiras norte-americanas para eventos esportivos. A equipe de controle de qualidade observou que, durante os períodos de pico de produção, algumas máquinas de impressão têm uma tendência a pular (aleatoriamente) entre uma e três estrelas e uma ou duas faixas inteiras da bandeira. Fora esses erros, as bandeiras são perfeitas em todos os sentidos. Embora as bandeiras que contêm erros representem uma pequena porcentagem da produção total, o gerente da fábrica decide resolver o problema. Depois de muita investigação, ele conclui que o controle automático utilizando técnicas de processamento de imagem é a forma mais econômica de resolver o problema. As especificações básicas são as seguintes: as bandeiras têm aproximadamente 7,5 × 12,5 cm. Movem-se longitudinalmente na linha de produção (individualmente, mas com ±15° de variação na orientação) a aproximadamente 50 cm/s com uma separação entre bandeiras de aproximadamente 5 cm. Em todos os casos, "aproximadamente" significa ±5%. O gerente da fábrica o contrata para criar um sistema de processamento de imagem para cada linha de produção. Você é informado de que custo e simplicidade são parâmetros importantes para determinar a viabilidade de sua abordagem. Crie um sistema completo baseado no modelo da Figura 1.23. Documente sua solução (incluindo os pressupostos e as especificações) em um relatório breve (porém claro) dirigido ao gerente da fábrica.

Apêndice A — Tabelas de codificação para a compressão de imagens

Apresentação

Este apêndice contém tabelas de códigos para usar na compressão CCITT e JPEG. As tabelas A.1 e A.2 são tabelas de códigos Huffman modificados para a compressão CCITT de grupo 3 e 4. As tabelas entre A.3 e A.5 são para a codificação dos coeficientes JPEG DCT. Para mais informações sobre o uso destas tabelas, consulte as seções 8.2.5 e 8.2.8 do Capítulo 8.

Tabela A.1 Códigos de terminação CCITT.

Tamanho da sequência	Palavra-código branca	Palavra-código preta	Tamanho da sequência	Palavra-código branca	Palavra-código preta
0	00110101	0000110111	32	00011011	000001101010
1	000111	010	33	00010010	000001101011
2	0111	11	34	00010011	000011010010
3	1000	10	35	00010100	000011010011
4	1011	011	36	00010101	000011010100
5	1100	0011	37	00010110	000011010101
6	1110	0010	38	00010111	000011010110
7	1111	00011	39	00101000	000011010111
8	10011	000101	40	00101001	000001101100
9	10100	000100	41	00101010	000001101101
10	00111	0000100	42	00101011	000011011010
11	01000	0000101	43	00101100	000011011011
12	001000	0000111	44	00101101	000001010100
13	000011	00000100	45	00000100	000001010101
14	110100	00000111	46	00000101	000001010110
15	110101	000011000	47	00001010	000001010111
16	101010	0000010111	48	00001011	000001100100
17	101011	0000011000	49	01010010	000001100101
18	0100111	0000001000	50	01010011	000001010010
19	0001100	00001100111	51	01010100	000001010011
20	0001000	00001101000	52	01010101	000000100100
21	0010111	00001101100	53	00100100	000000110111

(continua)

Tabela A.1 (*continuação*)

Tamanho da sequência	Palavra--código branca	Palavra--código preta	Tamanho da sequência	Palavra--código branca	Palavra--código preta
22	0000011	00000110111	54	00100101	000000111000
23	0000100	00000101000	55	01011000	000000100111
24	0101000	00000010111	56	01011001	000000101000
25	0101011	00000011000	57	01011010	000001011000
26	0010011	000011001010	58	01011011	000001011001
27	0100100	000011001011	59	01001010	000000101011
28	0011000	000011001100	60	01001011	000000101100
29	00000010	000011001101	61	00110010	000001011010
30	00000011	000001101000	62	00110011	000001100110
31	00011010	000001101001	63	00110100	000001100111

Tabela A.2 Códigos de construção CCITT.

Tamanho da sequência	Palavra-código branca	Palavra-código preta	Tamanho da sequência	Palavra-código branca	Palavra-código preta
64	11011	0000001111	960	011010100	0000001110011
128	10010	000011001000	1024	011010101	0000001110100
192	010111	000011001001	1088	011010110	0000001110101
256	0110111	000001011011	1152	011010111	0000001110110
320	00110110	000000110011	1216	011011000	0000001110111
384	00110111	000000110100	1280	011011001	0000001010010
448	01100100	000000110101	1344	011011010	0000001010011
512	01100101	0000001101100	1408	011011011	0000001010100
576	01101000	0000001101101	1472	010011000	0000001010101
640	01100111	0000001001010	1536	010011001	0000001011010
704	011001100	0000001001011	1600	010011010	0000001011011
768	011001101	0000001001100	1664	011000	0000001100100
832	011010010	0000001001101	1728	010011011	0000001100101
896	011010011	0000001110010			
	Palavra-código			Palavra-código	
1792	00000001000		2240	000000010110	
1856	00000001100		2304	000000010111	
1920	00000001101		2368	000000011100	
1984	000000010010		2432	000000011101	
2048	000000010011		2496	000000011110	
2112	000000010100		2560	000000011111	
2176	000000010101				

Tabela A.3 Categorias de codificação dos coeficientes JPEG

Intervalo	Categoria de diferença DC	Categoria AC
0	0	N/A
−1, 1	1	1
−3, −2, 2, 3	2	2
−7,..., −4, 4,..., 7	3	3
−15,...,−8, 8,...,15	4	4
−31,..., −16, 16,..., 31	5	5
−63,..., −32, 32,..., 63	6	6
−127,..., −64, 64,..., 127	7	7
−255,..., −128, 128,..., 255	8	8
−511,..., −256, 256,..., 511	9	9
−1023,..., −512, 512,..., 1023	A	A
−2047,..., −1024, 1024,..., 2047	B	B
−4095,..., −2048, 2048,..., 4095	C	C
−8191,..., −4096, 4096,..., 8191	D	D
−16383,..., −8192, 8192,..., 16383	E	E
−32767,..., −16384, 16384,..., 32767	F	N/A

Tabela A.4 Códigos DC padrão JPEG (luminância).

Categoria	Código-base	Tamanho	Categoria	Código-base	Tamanho
0	010	3	6	1110	10
1	011	4	7	11110	12
2	100	5	8	111110	14
3	00	5	9	1111110	16
4	101	7	A	11111110	18
5	110	8	B	111111110	20

Tabela A.5 Códigos AC padrão JPEG (luminância).

Sequência/Categoria	Código-base	Tamanho	Sequência/Categoria	Código-base	Tamanho
0/0	1010 (= EOB)	4			
0/1	00	3	8/1	11111010	9
0/2	01	4	8/2	111111111000000	17
0/3	100	6	8/3	1111111110110111	19
0/4	1011	8	8/4	1111111110111000	20
0/5	11010	10	8/5	1111111110111001	21
0/6	111000	12	8/6	1111111110111010	22
0/7	1111000	14	8/7	1111111110111011	23
0/8	1111110110	18	8/8	1111111110111100	24
0/9	1111111110000010	25	8/9	1111111110111101	25
0/A	1111111110000011	26	8/A	1111111110111110	26
1/1	1100	5	9/1	111111000	10
1/2	111001	8	9/2	1111111110111111	18
1/3	1111001	10	9/3	1111111111000000	19
1/4	111110110	13	9/4	1111111111000001	20
1/5	11111110110	16	9/5	1111111111000010	21
1/6	1111111110000100	22	9/6	1111111111000011	22
1/7	1111111110000101	23	9/7	1111111111000100	23
1/8	1111111110000110	24	9/8	1111111111000101	24

(*continua*)

Tabela A.5 (*continuação*)

Sequência/Categoria	Código-base	Tamanho	Sequência/Categoria	Código-base	Tamanho
1/9	1111111110000111	25	9/9	1111111111000110	25
1/A	1111111110001000	26	9/A	1111111111000111	26
2/1	11011	6	A/1	111111001	10
2/2	11111000	10	A/2	1111111111001000	18
2/3	1111110111	13	A/3	1111111111001001	19
2/4	1111111110001001	20	A/4	1111111111001010	20
2/5	1111111110001010	21	A/5	1111111111001011	21
2/6	1111111110001011	22	A/6	1111111111001100	22
2/7	1111111110001100	23	A/7	1111111111001101	23
2/8	1111111110001101	24	A/8	1111111111001110	24
2/9	1111111110001110	25	A/9	1111111111001111	25
2/A	1111111110001111	26	A/A	1111111111010000	26
3/1	111010	7	B/1	111111010	10
3/2	111110111	11	B/2	1111111111010001	18
3/3	11111110111	14	B/3	1111111111010010	19
3/4	1111111110010000	20	B/4	1111111111010011	20
3/5	1111111110010001	21	B/5	1111111111010100	21
3/6	1111111110010010	22	B/6	1111111111010101	22
3/7	1111111110010011	23	B/7	1111111111010110	23
3/8	1111111110010100	24	B/8	1111111111010111	24
3/9	1111111110010101	25	B/9	1111111111011000	25
3/A	1111111110010110	26	B/A	1111111111011001	26
4/1	111011	7	C/1	1111111010	11
4/2	1111111000	12	C/2	1111111111011010	18
4/3	1111111110010111	19	C/3	1111111111011011	19
4/4	1111111110011000	20	C/4	1111111111011100	20
4/5	1111111110011001	21	C/5	1111111111011101	21
4/6	1111111110011010	22	C/6	1111111111011110	22
4/7	1111111110011011	23	C/7	1111111111011111	23
4/8	1111111110011100	24	C/8	1111111111100000	24
4/9	1111111110011101	25	C/9	1111111111100001	25
4/A	1111111110011110	26	C/A	1111111111100010	26
5/1	1111010	8	D/1	11111111010	12
5/2	1111111001	12	D/2	1111111111100011	18
5/3	1111111110011111	19	D/3	1111111111100100	19
5/4	1111111110100000	20	D/4	1111111111100101	20
5/5	1111111110100001	21	D/5	1111111111100110	21
5/6	1111111110100010	22	D/6	1111111111100111	22
5/7	1111111110100011	23	D/7	1111111111101000	23
5/8	1111111110100100	24	D/8	1111111111101001	24
5/9	1111111110100101	25	D/9	1111111111101010	25
5/A	1111111110100110	26	D/A	1111111111101011	26
6/1	1111011	8	E/1	111111110110	13
6/2	11111111000	13	E/2	1111111111101100	18
6/3	1111111110100111	19	E/3	1111111111101101	19
6/4	1111111110101000	20	E/4	1111111111101110	20
6/5	1111111110101001	21	E/5	1111111111101111	21
6/6	1111111110101010	22	E/6	1111111111110000	22
6/7	1111111110101011	23	E/7	1111111111110001	23

(*continua*)

Tabela A.5 (*continuação*)

Sequência/Categoria	Código-base	Tamanho	Sequência/Categoria	Código-base	Tamanho
6/8	1111111110101100	24	E/8	1111111111110010	24
6/9	1111111110101101	25	E/9	1111111111110011	25
6/A	1111111110101110	26	E/A	1111111111110100	26
7/1	11111001	9	**F/0**	**111111110111**	**12**
7/2	11111111001	13	F/1	1111111111110101	17
7/3	1111111110101111	19	F/2	1111111111110110	18
7/4	1111111110110000	20	F/3	1111111111110111	19
7/5	1111111110110001	21	F/4	1111111111111000	20
7/6	1111111110110010	22	F/5	1111111111111001	21
7/7	1111111110110011	23	F/6	1111111111111010	22
7/8	1111111110110100	24	F/7	1111111111111011	23
7/9	1111111110110101	25	F/8	1111111111111100	24
7/A	1111111110110110	26	F/9	1111111111111101	25
			F/A	1111111111111110	26

Bibliografia

Abidi, M. A. e Gonzalez, R. C. (eds.) [1992]. *Data Fusion in Robotics and Machine Intelligence*, Academic Press, Nova York.

Abidi, M. A., Eason, R. O., e Gonzalez, R. C. [1991]. "Autonomous Robotics Inspection and Manipulation Using Multisensor Feedback," *IEEE Computer*, v. 24, n. 4, p. 17–31.

Abramson, N. [1963]. *Information Theory and Coding*, McGraw-Hill, Nova York.

Adiv, G. [1985]. "Determining Three-Dimensional Motion and Structure from Optical Flow Generated by Several Moving Objects," *IEEE Trans. Pattern Anal. Mach. Intell.*, v. PAMI-7, n. 4, p. 384–401.

Aggarwal, J. K. e Badler, N. I. (eds.) [1980]. "Motion and Time-Varying Imagery," *IEEE Trans. Pattern Anal. Mach. Intell.*, Special Issue, v. PAMI-2, n. 6, p. 493–588.

Aguado, A. S., Nixon, M. S., e Montiel, M. M. [1998], "Parameterizing Arbitrary Shapes via Fourier Descriptors for Evidence-Gathering Extraction," *Computer Vision and Image Understanding*, v. 69, n. 2, p. 202–221.

Ahmed, N., Natarajan, T., and Rao, K. R. [1974]. "Discrete Cosine Transforms," *IEEE Trans. Comp.*, v. C-23, p. 90–93.

Ahmed, N. e Rao, K.R. [1975]. *Orthogonal Transforms for Digital Signal Processing*, Springer-Verlag, Nova York.

Aizaka, K. e Nakamura, A. [1999]. "Parsing of Two-Dimensional Images Represented by Quadtree Adjoining Grammars," *Pattern Recog.*, v. 32, n. 2, p. 277–294.

Alexiadis, D. S. e Sergiadis, G.D. [2007]. "Estimation of Multiple Accelerated Motions Using Chirp-Fourier Transforms and Clustering," *IEEE Trans. Image Proc.*, v. 16, n. 1, p. 142–152.

Alliney, S. [1993]. "Digital Analysis of Rotated Images," *IEEE Trans. Pattern Anal. Machine Intell.*, v. 15, n. 5, p. 499–504.

Ando, S. [2000]. "Consistent Gradient Operators," *IEEE Trans. Pattern Anal. Machine Intell.*, v. 22, n. 3, p. 252–265.

Andrews, H. C. [1970]. *Computer Techniques in Image Processing*, Academic Press, Nova York.

Andrews, H. C. e Hunt, B. R. [1977]. *Digital Image Restoration*, Prentice Hall, Englewood Cliffs, NJ.

Anelli, G., Broggi, A., e Destri, G. [1998]. "Decomposition of Arbitrarily-Shaped Morphological Structuring Elements Using Genetic Algorithms," *IEEE Trans. Pattern Anal. Machine Intell.*, v. 20, n. 2, p. 217–224.

Ang, P. H., Ruetz, P. A., e Auld, D. [1991]. "Video Compression Makes Big Gains," *IEEE Spectrum*, v. 28, n. 10, p. 16–19.

Antonini, M., Barlaud, M., Mathieu, P., e Daubechies, I. [1992]. "Image Coding Using Wavelet Transform," *IEEE Trans. Image Processing*, v. 1, n. 2, p. 205–220.

Ascher, R.N. e Nagy, G. [1974]. "A Means for Achieving a High Degree of Compaction on Scan-Digitized Printed Text," *IEEE Transactions on Comp.*, C-23:1174–1179.

Atchison, D.A. e Smith, G. [2000]. *Optics of the Human Eye*, Butterworth-Heinemann, Boston.

Baccar, M., Gee, L. A., Abidi, M. A., e Gonzalez, R. C. [1996]. "Segmentation of Range Images Via Data Fusion and Morphological Watersheds," *Pattern Recog.*, v. 29, n. 10, p. 1671–1685.

Bajcsy, R. e Lieberman, L. [1976]. "Texture Gradient as a Depth Cue," *Comput. Graph. Image Proc.*, v. 5, n. 1, p. 52–67.

Bakir, T. e Reeves, J. S. [2000]. "A Filter Design Method for Minimizing Ringing in a Region of Interest in MR Spectroscopic Images," *IEEE Trans. Medical Imaging*, v. 19, n. 6, p. 585–600.

Ballard, D. H. [1981]. "Generalizing the Hough Transform to Detect Arbitrary Shapes," *Pattern Recognition*, v. 13, n. 2, p. 111–122.

Ballard, D. H. e Brown, C. M. [1982]. *Computer Vision*, Prentice Hall, Englewood Cliffs, NJ.

Banham, M. R., Galatsanos, H. L., Gonzalez, H. L., e Katsaggelos, A.K. [1994]. "Multichannel Restoration of Single Channel Images Using a Wavelet-Based Subband Decomposition," *IEEE Trans. Image Processing*, v. 3, n. 6, p. 821–833.

Banham, M. R. e Katsaggelos, A. K. [1996]. "Spatially Adaptive Wavelet-Based Multiscale Image Restoration," *IEEE Trans. Image Processing*, v. 5, n. 5, p. 619–634.

Basart, J. P. e Gonzalez, R. C. [1992]. "Binary Morphology," in *Advances in Image Analysis*, Y. Mahdavieh and R. C. Gonzalez (eds.), SPIE Press, Bellingham, Wash., p. 277–305.

Basart, J. P., Chacklackal, M. S., and Gonzalez, R.C. [1992]. "Introduction to Gray-Scale Morphology," in *Advances in Image Analysis*, Y. Mahdavieh and R. C. Gonzalez (eds.), SPIE Press, Bellingham, Wash., p. 306–354.

Bates, R.H.T. e McDonnell, M.J. [1986]. *Image Restoration and Reconstruction*, Oxford University Press, Nova York.

Battle, G. [1987]. "A Block Spin Construction of Ondelettes. Part I: Lemarié Functions," *Commun. Math. Phys.*, v. 110, p. 601–615.

Battle, G. [1988]. "A Block Spin Construction of Ondelettes. Part II: the QFT Connection," *Commun. Math. Phys.*, v. 114, p. 93–102.

Baumert, L.D., Golomb, S.W., e Hall, M., Jr. [1962]. "Discovery of a Hadamard Matrix of Order 92," *Bull.Am. Math. Soc.*, v. 68, p. 237–238.

Baxes, G.A. [1994]. *Digital Image Processing: Principles and Applications*, John Wiley & Sons, Nova York.

Baylon, D. M. e Lim, J. S. [1990]. "Transform/Subband Analysis and Synthesis of Signals," *Tech. Report*, MIT Research Laboratory of Electronics, Cambridge.

Bell, E.T. [1965]. *Men of Mathematics*, Simon & Schuster, Nova York.

Bengtsson, A. e Eklundh, J.O. [1991]. "Shape Representation by Multiscale Contour Approximation," *IEEE Trans. Pattern Anal. Machine Intell.*, v. 13, n. 1, p. 85–93.

Benson, K. B. [1985]. *Television Engineering Handbook*, McGraw-Hill, Nova York.

Berger, T. [1971]. *Rate Distortion Theory*, Prentice Hall, Englewood Cliffs, NJ.

Beucher, S. [1990]. Doctoral Thesis, Centre de Morphologie Mathématique, École dês Mines de Paris, France.

Beucher, S. e Meyer, F. [1992]. "The Morphological Approach of Segmentation: The Watershed Transformation," in *Mathematical Morphology in Image Processing*, E. Dougherty (ed.), Marcel Dekker, Nova York.

Bezdek, J. C., et al. [2005]. *Fuzzy Models and Algorithms for Pattern Recognition and Image Processing*, Springer, Nova York.

Bhaskaran, V. e Konstantinos, K. [1997]. *Image and Video Compression Standards: Algorithms and Architectures*, Kluwer, Boston.

Bhatt, B., Birks, D., Hermreck, D. [1997]. "Digital Television: Making It Work," *IEEE Spectrum*, v. 34, n. 10, p. 19–28.

Biberman, L. M. [1973]. "Image Quality," In *Perception of Displayed Information*, Biberman, L. M. (ed.), Plenum Press, Nova York.

Bichsel, M. [1998]. "Analyzing a Scene's Picture Set under Varying Lighting," *Computer Vision and Image Understanding*, v. 71, n. 3, p. 271–280.

Bieniek, A. e Moga, A. [2000]. "An Efficient Watershed Algorithm Based on Connected Components," *Pattern Recog.*, v. 33, n. 6, p. 907–916.

Bisignani, W. T., Richards, G. P., e Whelan, J.W. [1966]. "The Improved Grey Scale and Coarse-Fine PCM Systems: Two New Digital TV Bandwidth Reduction Techniques," *Proc. IEEE*, v. 54, n. 3, p. 376–390.

Blahut, R. E. [1987]. *Principles and Practice of Information Theory*, Addison-Wesley, Reading, Mass.

Bleau, A. e Leon, L. J. [2000]. "Watershed-Based Segmentation and Region Merging," *Computer Vision and Image Understanding*, v. 77, n. 3, p. 317–370.

Blouke, M. M., Sampat, N., e Canosa, J. [2001]. *Sensors and Camera Systems for Scientific, Industrial, and Digital Photography Applications-II*, SPIE Press, Bellingham, Wash.

Blum, H. [1967]. "A Transformation for Extracting New Descriptors of Shape," In *Models for the Perception of Speech and Visual Form*, Wathen-Dunn, W. (ed.), MIT Press, Cambridge, Mass.

Blume, H. e Fand, A. [1989]. "Reversible and Irreversible Image Data Compression Using the S-Transform and Lempel-Ziv Coding," *Proc. SPIE Medical Imaging III: Image Capture and Display*, v. 1091, p. 2–18.

Boie, R. A. e Cox, I. J. [1992]. "An Analysis of Camera Noise," *IEEE Trans. Pattern Anal. Machine Intell.*, v. 14, n. 6, p. 671–674.

Born, M. e Wolf, E. [1999]. *Principles of Optics: Electromagnetic Theory of Propagation, Interference and Diffraction of Light*, 7th ed., Cambridge University Press, Cambridge, UK.

Boulgouris, N. V., Tzovaras, D., e Strintzis, M. G. [2001]. "Lossless Image Compression Based on Optimal Prediction, Adaptive Lifting, and Conditional Arithmetic Coding," *IEEE Trans. Image Processing*, v. 10, n. 1, p. 1–14.

Bouman, C. e Liu, B. [1991]. "Multiple Resolution Segmentation of Textured Images," *IEEE Trans. Pattern. Anal. Machine Intell.*, v. 13, n. 2, p. 99–113.

Boyd, J. E. e Meloche, J. [1998]. "Binary Restoration of Thin Objects in Multidimensional Imagery," *IEEE Trans. Pattern Anal. Machine Intell.*, v. 20, n. 6, p. 647–651.

Bracewell, R. N. [1995]. *Two-Dimensional Imaging*, Prentice Hall, Upper Saddle River, NJ.

Bracewell, R. N. [2000]. *The Fourier Transform and its Applications*, 3rd ed. McGraw-Hill, Nova York.

Brechet, L., Lucas, M., Doncarli, C., e Farnia, D. [2007]. "Compression of Biomedical Signals with Mother Wavelet Optimization and Best-Basis Wavelet Packet Selection," *IEEE Trans. on Biomedical Engineering*, in press.

Bribiesca, E. [1981]. "Arithmetic Operations Among Shapes Using Shape Numbers," *Pattern Recog.*, v. 13, n. 2, p. 123–138.

Bribiesca, E. [1999]. "A New Chain Code," *Pattern Recog.*, v. 32, n. 2, p. 235–251.

Bribiesca, E. [2000]. "A Chain Code for Representing 3-D Curves," *Pattern Recog.*, v. 33, n. 5, p. 755–765.

Bribiesca, E. e Guzman, A. [1980]. "How to Describe Pure Form and How to Measure Differences in Shape Using Shape Numbers," *Pattern Recog.*, v. 12, n. 2, p. 101–112.

Brigham, E. O. [1988]. *The Fast Fourier Transform and its Applications*, Prentice Hall, Upper Saddle River, NJ.

Brinkman, B. H., Manduca, A., e Robb, R. A. [1998]. "Optimized Homomorphic Unsharp Masking for MR Grayscale Inhomogeneity Correction," *IEEE Trans. Medical Imaging*, v. 17, n. 2, p. 161–171.

Brummer, M. E. [1991]. "Hough Transform Detection of the Longitudinal Fissure in Tomographic Head Images," *IEEE Trans. Biomed. Images*, v. 10, n. 1, p. 74–83.

Brzakovic, D., Patton, R., e Wang, R. [1991]. "Rule-Based Multi-Template Edge Detection," *Comput. Vision, Graphics, Image Proc: Graphical Models and Image Proc.*, v. 53, n. 3, p. 258–268.

Bunke, H. e Sanfeliu, A. (eds.) [1990]. *Syntactic and Structural Pattern Recognition: Theory and Applications*, World Scientific, Teaneck, NJ.

Burrus, C. S., Gopinath, R. A., e Guo, H. [1998]. *Introduction to Wavelets and Wavelet Transforms*, Prentice Hall, Upper Saddle River, NJ., p. 250–251.

Burt, P. J. e Adelson, E. H. [1983]. "The Laplacian Pyramid as a Compact Image Code," *IEEE Trans. Commun.*, v. COM-31, n. 4, p. 532–540.

Cameron, J. P. [2005]. *Sets, Logic, and Categories*, Springer, Nova York.

Campbell, J. D. [1969]. "Edge Structure and the Representation of Pictures," Ph.D. dissertation, Dept. of Elec. Eng., University of Missouri, Columbia.

Candy, J. C., Franke, M. A., Haskell, B. G., e Mounts, F. W. [1971]. "Transmitting Television as Clusters of Frame-to-Frame Differences," *Bell Sys. Tech. J.*, v. 50, p. 1889–1919.

Cannon, T. M. [1974]. "Digital Image Deblurring by Non-Linear Homomorphic Filtering," Ph.D. thesis, University of Utah.

Canny, J. [1986]. "A Computational Approach for Edge Detection," *IEEE Trans. Pattern Anal. Machine Intell.*, v. 8, n. 6, p. 679–698.

Carey, W. K., Chuang, D. B., e Hamami, S. S. [1999]. "Regularity-Preserving Image Interpolation," *IEEE Trans. Image Processing*, v. 8, n. 9, p. 1293–1299.

Caselles, V., Lisani, J.-L., Morel, J.-M., e Sapiro, G. [1999]. "Shape Preserving Local Histogram Modification," *IEEE Trans. Image Processing*, v. 8, n. 2, p. 220–230.

Castleman, K. R. [1996]. *Digital Image Processing*, 2nd ed. Prentice Hall, Upper Saddle River, NJ.

Centeno, J. A. S. e Haertel, V. [1997]. "An Adaptive Image Enhancement Algorithm," *Pattern Recog.*, v. 30, n. 7 p. 1183–1189.

Chan, R. C., Karl, W. C., e Lees, R. S. [2000]. "A New Model-Based Technique for Enhanced Small-Vessel Measurements in X-Ray Cine-Angiograms," *IEEE Trans. Medical Imaging*, v. 19, n. 3, p. 243–255.

Chandler, D. e Hemami, S. [2005]. "Dynamic Contrast-Based Quantization for Lossy Wavelet Image Compression," *IEEE Trans. Image Proc.*, v. 14, n. 4, p. 397–410.

Chang, S. G., Yu, B., e Vetterli, M. [2000]. "Spatially Adaptive Wavelet Thresholding with Context Modeling for Image Coding," *IEEE Trans. Image Processing*, v. 9, n. 9, p. 1522–1531.

Chang, S. K. [1989]. *Principles of Pictorial Information Systems Design*, Prentice Hall, Englewood Cliffs, NJ.

Chang, T. e Kuo, C.-C. J. [1993]. "Texture Analysis and Classification with Tree-Structures Wavelet Transforms," *IEEE Trans. Image Processing*, v. 2, n. 4, p. 429–441.

Champeney, D. C. [1987]. *A Handbook of Fourier Theorems*, Cambridge University Press, Nova York.

Chaudhuri, B. B. [1983]. "A Note on Fast Algorithms for Spatial Domain Techniques in Image Processing," *IEEE Trans. Syst. Man Cyb.*, v. SMC-13, n. 6, p. 1166–1169.

Chen, M. C. e Wilson, A. N. [2000]. "Motion-Vector Optimization of Control Grid Interpolation and Overlapped Block Motion Compensation Using Iterated Dynamic Programming," *IEEE Trans. Image Processing.*, v. 9, n. 7, p. 1145–1157.

Chen, Y.-S. e Yu, Y.-T. [1996]. "Thinning Approach for Noisy Digital Patterns," *Pattern Recog.*, v. 29, n. 11, p. 1847–1862.

Cheng, H. D. e Huijuan Xu, H. [2000]. "A Novel Fuzzy Logic Approach to Contrast Enhancement," *Pattern Recog.*, v. 33, n. 5, p. 809–819.

Cheriet, M., Said, J. N., e Suen, C. Y. [1998]. "A Recursive Thresholding Technique for Image Segmentation," *IEEE Trans. Image Processing*, v. 7, n. 6, p. 918–921.

Cheung, J., Ferris, D., e Kurz, L. [1997]. "On Classification of Multispectral Infrared Image Data," *IEEE Trans. Image Processing*, v. 6, n. 10, p. 1456–1464.

Cheung, K. K. T. e Teoh, E. K. [1999]. "Symmetry Detection by Generalized Complex (GC) Moments: A Closed-Form Solution," *IEEE Trans. Pattern Anal. Machine Intell.*, v. 21, n. 5, p. 466–476.

Chow, C. K. e Kaneko, T. [1972]. "Automatic Boundary Detection of the Left Ventricle from Cineangiograms," *Comp. and Biomed. Res.*, v. 5, p. 388–410.

Chu, C.-C. e Aggarwal, J. K. [1993]. "The Integration of Image Segmentation Maps Using Regions and Edge Information," *IEEE Trans. Pattern Anal. Machine Intell.*, v. 15, n. 12, p. 1241–1252.

CIE [1978]. *Uniform Color Spaces—Color Difference Equations—Psychometric Color Terms*, Commission Internationale de L'Eclairage, Publication N. 15, Supplement N. 2, Paris.

Clark, J. J. [1989]. "Authenticating Edges Produced by Zero-Crossing Algorithms," *IEEE Trans. Pattern Anal. Machine Intell.*, v. 12, n. 8, p. 830–831.

Clarke, R. J. [1985]. *Transform Coding of Images*, Academic Press, Nova York.

Cochran, W. T., Cooley, J. W., et al. [1967]. "What Is the Fast Fourier Transform?" *IEEE Trans. Audio and Electroacoustics*, v. AU-15, n. 2, p. 45–55.

Coeurjolly, D. e Klette, R. [2004]. "A Comparative Evaluation of Length Estimators of Digital Curves," *IEEE Trans. Pattern. Analysis Machine Int.*, v. 26, n. XX, p. 252–258.

Cohen, A. e Daubechies, I. [1992]. *A Stability Criterion for Biorthogonal Wavelet Bases and Their Related Subband Coding Schemes*, Technical Report, AT&T Bell Laboratories.

Cohen, A., Daubechies, I., e Feauveau, J.-C. [1992]. "Biorthogonal Bases of Compactly Supported Wavelets," *Commun. Pure and Appl. Math.*, v. 45, p. 485–560.

Coifman, R. R. e Wickerhauser, M. V. [1992]. "Entropy-Based Algorithms for Best Basis Selection," *IEEE Tran. Information Theory*, v. 38, n. 2, p. 713–718.

Coltuc, D., Bolon, P., e Chassery, J. M. [2006]. "Exact Histogram Specification," *IEEE Trans. Image Processing*, v. 15, n. 5, p. 1143–1152.

Cooley, J. W., Lewis, P. A. W., e Welch, P. D. [1967a]. "Historical Notes on the Fast Fourier Transform," *IEEE Trans. Audio and Electroacoustics*, v. AU-15, n. 2, p. 76–79.

Cooley, J. W., Lewis, P. A. W., e Welch, P. D. [1967b]. "Application of the Fast Fourier Transform to Computation of Fourier Integrals," *IEEE Trans. Audio and Electroacoustics*, v. AU-15, n. 2, p. 79–84.

Cooley, J. W., Lewis, P. A. W., e Welch, P. D. [1969]. "The Fast Fourier Transform and Its Applications," *IEEE Trans. Educ.*, v. E-12, n. 1. p. 27–34.

Cooley, J. W. e Tukey, J. W. [1965]. "An Algorithm for the Machine Calculation of Complex Fourier Series," *Math. of Comput.*, v. 19, p. 297–301.

Cornsweet, T. N. [1970]. *Visual Perception*, Academic Press, Nova York.

Cortelazzo, G. M., Lucchese, L., e Monti, C. M. [1999]. "Frequency Domain Analysis of General Planar Rigid Motion with Finite Duration," *J. Opt. Soc. Amer.-A. Optics, Image Science, and Vision*, v. 16, n. 6, p. 1238–1253.

Cowart, A. E., Snyder, W. E., e Ruedger, W. H. [1983]. "The Detection of Unresolved Targets Using the Hough Transform," *Comput. Vision Graph Image Proc.*, v. 21, p. 222–238.

Cox, I., Kilian, J., Leighton, F., e Shamoon, T. [1997]. "Secure Spread Spectrum Watermarking for Multimedia," *IEEE Trans. Image Proc.*, v. 6, n. 12, p. 1673–1687.

Cox, I., Miller, M., e Bloom, J. [2001]. *Digital Watermarking*, Morgan Kaufmann (Elsevier), Nova York.

Creath, K. e Wyant, J.C. [1992]."Moire and Fringe Patterns," in *Optical Shop Testing*, 2. ed., (D. Malacara, ed.), John Wiley & Sons, Nova York, p. 653–685.

Croisier, A., Esteban, D., e Galand, C. [1976]. "Perfect Channel Splitting by Use of Interpolation/Decimation/Tree Decomposition Techniques," *Int. Conf. On Inform. Sciences and Systems*, Patras, Greece, p. 443–446.

Cumani, A., Guiducci, A., e Grattoni, P. [1991]. "Image Description of Dynamic Scenes," *Pattern Recog.*, v. 24, n. 7, p. 661–674.

Cutrona, L. J. e Hall, W.D. [1968]."Some Considerations in Post-Facto Blur Removal," In *Evaluation of Motion-Degraded Images*, NASA Publ. SP-193, p. 139–148.

Danielson, G. C. e Lanczos, C. [1942]. "Some Improvements in Practical Fourier Analysis and Their Application to X-Ray Scattering from Liquids," *J. Franklin Institute*, v. 233, p. 365–380, 435–452.

Daubechies, I. [1988]. "Orthonormal Bases of Compactly Supported Wavelets," *Commun. On Pure and Appl. Math.*, v. 41, p. 909–996.

Daubechies, I. [1990]. "The Wavelet Transform, Time-Frequency Localization and Signal Analysis," *IEEE Transactions on Information Theory*, v. 36, n. 5, p. 961–1005.

Daubechies, I. [1992]. *Ten Lectures on Wavelets*, Society for Industrial and Applied Mathematics, Philadelphia, Pa.

Daubechies, I. [1993]. "Orthonormal Bases of Compactly Supported Wavelets II, Variations on a Theme," *SIAM J. Mathematical Analysis*, v. 24, n. 2, p. 499–519.

Daubechies, I. [1996]. "Where Do We Go from Here?—A Personal Point of View," *Proc. IEEE*, v. 84, n. 4, p. 510–513.

Daul, C., Graebling, P., e Hirsch, E. [1998]."From the Hough Transform to a New Approach for the Detection of and Approximation of Elliptical Arcs," *Computer Vision and Image Understanding*, v. 72, n. 3, p. 215–236.

Davies, E. R. [2005]. *Machine Vision: Theory, Algorithms, Practicalities*, Morgan Kaufmann, San Francisco.

Davis, L. S. [1982]. "Hierarchical Generalized Hough Transforms and Line-Segment Based Generalized Hough Transforms," *Pattern Recog.*, v. 15, n. 4, p. 277–285.

Davis, T. J. [1999]."Fast Decomposition of Digital Curves into Polygons Using the Haar Transform," *IEEE Trans. Pattern Anal. Machine Intell.*, v. 21, n. 8, p. 786–790.

Davisson, L. D. [1972]. "Rate-Distortion Theory and Application," *Proc. IEEE*, v. 60, p. 800–808.

Delaney, A. H. e Bresler, Y. [1995]. "Multiresolution Tomographic Reconstruction Using Wavelets," *IEEE Trans. Image Processing*, v. 4, n. 6, p. 799–813.

Delon, J., Desolneux, A., Lisani, J. L., e Petro, A.B. [2007]."A Nonparametric Approach for Histogram Segmentation," *IEEE Trans. Image Proc.*, v. 16, n. 1, p. 253–261.

Delp, E. J. e Mitchell, O. R. [1979]. "Image Truncation using Block Truncation Coding," *IEEE Trans. Comm.*, v. COM-27, p. 1335–1342.

Di Zenzo, S. [1986]. "A Note on the Gradient of a Multi-Image," *Computer Vision, Graphics, and Image Processing*, v. 33, p. 116–125.

Dijkstra, E. [1959]. "Note on Two Problems in Connection with Graphs," *Numerische Mathematik*, v. 1, p. 269–271.

Djeziri, S., Nouboud, F., e Plamondon, R. [1998]. "Extraction of Signatures from Check Background Based on a Filiformity Criterion," *IEEE Trans. Image Processing*, v. 7, n. 102, p. 1425–1438.

Dougherty, E. R. [1992]. *An Introduction to Morphological Image Processing*, SPIE Press, Bellingham, Wash.

Dougherty, E. R. (ed.) [2000]. *Random Processes for Image and Signal Processing*, IEEE Press, Nova York.

Dougherty. E. R. e Lotufo, R.A. [2003]. *Hands-on Morphological Image Processing*, SPIE Press, Bellingham, WA.

Drew, M. S., Wei, J., e Li, Z.-N. [1999]. "Illumination Invariant Image Retrieval and Video Segmentation," *Pattern Recog.*, v. 32, n. 8, p. 1369–1388.

Duda, R. O. e Hart, P. E. [1972]. "Use of the Hough Transformation to Detect Lines and Curves in Pictures," *Comm. ACM*, v. 15, n. 1, p. 11–15.

Duda, R. O, Hart, P. E., e Stork, D. G. [2001]. *Pattern Classification*, John Wiley & Sons, Nova York.

Dugelay, J., Roche, S., Rey, C., e Doerr, G. [2006]."Still-Image Watermarking Robust to Local Geometric Distortions," *IEEE Trans. Image Proc.*, v. 15, n. 9, p. 2831–2842.

Edelman, S. [1999]. *Representation and Recognition in Vision*, The MIT Press, Cambridge, Mass.

Elias, P. [1952]."Fourier Treatment of Optical Processes," *J. Opt. Soc. Am.*, v. 42, n. 2, p. 127–134.

Elliott, D. F. e Rao, K. R. [1983]. *Fast Transforms: Algorithms and Applications*, Academic Press, Nova York.

Eng, H.-L. e Ma, K.-K. [2001]. "Noise Adaptive Soft-Switching Median Filter," *IEEE Trans. Image Processing*, v. 10, n. 2, p. 242–251.

Eng, H.-L. e Ma, K.-K. [2006]. "A Switching Median Filter With Boundary Discriminitative Noise Detection for Extremely Corrupted Images," *IEEE Trans. Image Proc.*, v. 15, n. 6, p. 1506–1516.

Equitz, W. H. [1989]. "A New Vector Quantization Clustering Algorithm," *IEEE Trans. Acous. Speech Signal Processing*, v. ASSP-37, n. 10, p. 1568–1575.

Etienne, E.K. e Nachtegael, M. (eds.) [2000]. *Fuzzy Techniques in Image Processing*, Springer-Verlag, Nova York.

Evans, A.N. e Liu, X.U. [2006]."A Morphological Gradient Approach to Color Edge Detection," *IEEE Trans. Image Proc.*, v. 15, n. 6, p. 1454–1463.

Falconer, D.G. [1970]. "Image Enhancement and Film Grain Noise." *Opt. Acta*, v. 17, p. 693–705.

Fairchild, M.D. [1998]. *Color Appearance Models*, Addison-Wesley, Reading, Mass.

Federal Bureau of Investigation [1993]. *WSQ Gray-Scale Fingerprint Image Compression Specification*, IAFIS-IC-0110v2, Washington, D. C.

Felsen, L. B. e Marcuvitz, N. [1994]. *Radiation and Scattering of Waves*, IEEE Press, Nova York.

Ferreira, A. e Ubéda, S. [1999]. "Computing the Medial Axis Transform in Parallel with Eight Scan Operators," *IEEE Trans. Pattern Anal. Machine Intell.*, v. 21, n. 3, p. 277–282.

Fischler, M. A. [1980]. "Fast Algorithms for Two Maximal Distance Problems with Applications to Image Analysis," *Pattern Recog.*, v. 12, p. 35–40.

Fisher, R. A. [1936]. "The Use of Multiple Measurements in Taxonomic Problems," *Ann. Eugenics*, v. 7, Part 2, p. 179–188.

Flusser, J. [2000]. "On the Independence of Rotation Moment Invariants," *Pattern Recog.*, v. 33, p. 1405–1410.

Forsyth, D. F. e Ponce, J. [2002]. *Computer Vision—A Modern Approach*, Prentice Hall, Upper Saddle River, NJ.

Fortner, B. e Meyer, T. E. [1997]. *Number by Colors*, Springer-Verlag, Nova York.

Fox, E. A. [1991]."Advances in Interactive Digital Multimedia Systems," *Computer*, v. 24, n. 10, p. 9–21.

Fram, J. R. e Deutsch, E. S. [1975]. "On the Quantitative Evaluation of Edge Detection Schemes and Their Comparison with Human Performance," *IEEE Trans. Computers*, v. C-24, n. 6, p. 616–628.

Freeman, C. [1987]. *Imaging Sensors and Displays*, SPIE Press, Bellingham, Wash.

Freeman, H. [1961]. "On the Encoding of Arbitrary Geometric Configurations," *IEEE Trans. Elec. Computers*, v. EC-10, p. 260–268.

Freeman, H. [1974]. "Computer Processing of Line Drawings," *Comput. Surveys*, v. 6, p. 57–97.

Freeman, H. e Shapira, R. [1975]. "Determining the Minimum-Area Encasing Rectangle for an Arbitrary Closed Curve," *Comm. ACM*, v. 18, n. 7, p. 409–413.

Freeman, J. A. e Skapura, D. M. [1991]. *Neural Networks: Algorithms, Applications, and Programming Techniques*, Addison-Wesley, Reading, Mass.

Frei, W. e Chen, C.C. [1977]."Fast Boundary Detection: A Generalization and a New Algorithm," *IEEE Trans. Computers*, v. C-26, n. 10, p. 988–998.

Frendendall, G. L. e Behrend, W. L. [1960]. "Picture Quality—Procedures for Evaluating Subjective Effects of Interference," *Proc. IRE*, v. 48, p. 1030–1034.

Fu, K. S. [1982]. *Syntactic Pattern Recognition and Applications*, Prentice Hall, Englewood Cliffs, NJ.

Fu, K. S. e Bhargava, B. K. [1973]."Tree Systems for Syntactic Pattern Recognition," *IEEE Trans. Comput.*, v. C-22, n. 12, p. 1087–1099.

Fu, K. S., Gonzalez, R. C., e Lee, C. S. G. [1987]. *Robotics: Control, Sensing, Vision, and Intelligence*, McGraw-Hill, Nova York.

Fu, K. S. e Mui, J. K. [1981]. "A Survey of Image Segmentation," *Pattern Recog.*, v. 13, n. 1, p. 3–16.

Fukunaga, K. [1972]. *Introduction to Statistical Pattern Recognition*, Academic Press, Nova York.

Furht, B., Greenberg, J., e Westwater, R. [1997]. *Motion Estimation Algorithms for Video Compression*, Kluwer Academic Publishers, Boston.

Gallager, R. e Voorhis, D.V. [1975]. "Optimal Source Codes for Geometrically Distributed Integer Alphabets," *IEEE Trans. Inform. Theory*, v. IT-21, p. 228–230.

Gao, X., Sattar, F., e Vekateswarlu, R. [2007]. "Multiscale Corner Detection of Gray Level Images Based on Log-Gabor Wavelet Transform," *IEEE Trans. Circuits and Systems for Video Technology*.

Garcia, P. [1999]. "The Use of Boolean Model for Texture Analysis of Grey Images," *Computer Vision and Image Understanding*, v. 74, n. 3, p. 227–235.

Gdalyahu, Y. e Weinshall, D. [1999]. "Flexible Syntactic Matching of Curves and Its Application to Automated Hierarchical Classification of Silhouettes," *IEEE Trans. Pattern Anal. Machine Intell.*, v. 21, n. 12, p. 1312–1328.

Gegenfurtner, K. R. e Sharpe, L. T. (eds.) [1999]. *Color Vision: From Genes to Perception*, Cambridge University Press, Nova York.

Geladi, P. e Grahn, H. [1996]. *Multivariate Image Analysis*, John Wiley & Sons, Nova York.

Geman, D. e Reynolds, G. [1992]. "Constrained Restoration and the Recovery of Discontinuities," *IEEE Trans. Pattern Anal. Machine Intell.*, v. 14, n. 3, p. 367–383.

Gentleman, W. M. [1968]. "Matrix Multiplication and Fast Fourier Transformations," *Bell System Tech. J.*, v. 47, p. 1099–1103.

Gentleman, W. M. e Sande, G. [1966]. "Fast Fourier Transform for Fun and Profit," *Fall Joint Computer Conf.*, v. 29, p. 563–578, Spartan, Washington, D. C.

Gharavi, H. e Tabatabai, A. [1988]. "Sub-Band Coding of Monochrome and Color Images," *IEEE Trans. Circuits Sys.*, v. 35, n. 2, p. 207–214.

Giannakis, G. B. e Heath, R.W., Jr. [2000]. "Blind Identification of Multichannel FIR Blurs and Perfect Image Restoration," *IEEE Trans. Image Processing*, v. 9, n. 11, p. 1877–1896.

Giardina, C. R. e Dougherty, E. R. [1988]. *Morphological Methods in Image and Signal Processing*, Prentice Hall, Upper Saddle River, NJ.

Golomb, S. W. [1966]. "Run-Length Encodings," *IEEE Trans. Inform. Theory*, v. IT-12, p. 399–401.

Gonzalez, R. C. [1985]. "Computer Vision," in *Yearbook of Science and Technology*, McGraw-Hill, Nova York, p. 128–132.

Gonzalez, R. C. [1985]. "Industrial Computer Vision," in *Advances in Information Systems Science*, Tou, J.T. (ed.), Plenum, Nova York, p. 345–385.

Gonzalez, R. C. [1986]. "Image Enhancement and Restoration," in *Handbook of Pattern Recognition and Image Processing*, Young, T. Y., e Fu, K. S. (eds.), Academic Press, Nova York, p. 191–213.

Gonzalez, R. C., Edwards, J. J., e Thomason, M. G. [1976]. "An Algorithm for the Inference of Tree Grammars," *Int. J. Comput. Info. Sci.*, v. 5, n. 2, p. 145–163.

Gonzalez, R. C. e Fittes, B. A. [1977]. "Gray-Level Transformations for Interactive Image Enhancement," *Mechanism and Machine Theory*, v. 12, p. 111–122.

Gonzalez, R.C. e Safabakhsh, R. [1982]. "Computer Vision Techniques for Industrial Applications," *Computer*, v. 15, n. 12, p. 17–32.

Gonzalez, R. C. e Thomason, M. G. [1978]. *Syntactic Pattern Recognition: An Introduction*, Addison-Wesley, Reading, Mass.

Gonzalez, R. C. e Woods, R. E. [1992]. *Digital Image Processing*, Addison-Wesley, Reading, Mass.

Gonzalez, R. C. e Woods, R. E. [2002]. *Digital Image Processing*, 2. ed., Prentice Hall, Upper Saddle River, NJ.

Gonzalez, R. C., Woods, R. E., e Eddins, S. L. [2004]. *Digital Image Processing Using MATLAB*, Prentice Hall, Upper Saddle River, NJ.

Good, I. J. [1958]. "The Interaction Algorithm and Practical Fourier Analysis," *J. R. Stat. Soc. (Lond.)*, v. B20, p. 361–367; *Addendum*, v. 22, 1960, p. 372–375.

Goodson, K. J. e Lewis, P. H. [1990]. "A Knowledge-Based Line Recognition System," *Pattern Recog. Letters*, v. 11, n. 4, p. 295–304.

Gordon, I. E. [1997]. *Theories of Visual Perception*, 2. ed., John Wiley & Sons, New York.

Gori, M. e Scarselli, F. [1998]. "Are Multilayer Perceptrons Adequate for Pattern Recognition e Verification?" *IEEE Trans. Pattern Anal. Machine Intell.*, v. 20, n. 11, p. 1121–1132.

Goutsias, J., Vincent, L., e Bloomberg, D. S. (eds) [2000]. *Mathematical Morphology and Its Applications to Image and Signal Processing*, Kluwer Academic Publishers, Boston, Mass.

Graham, R. E. [1958]. "Predictive Quantizing of Television Signals," *IRE Wescon Conv. Rec.*, v. 2, pt. 2, p. 147–157.

Graham, R. L. e Yao, F. F. [1983]. "Finding the Convex Hull of a Simple Polygon," *J. Algorithms*, v. 4, p. 324–331.

Gray, R.M. [1984]. "Vector Quantization," *IEEE Trans. Acous. Speech Signal Processing*, v. ASSP-1, n. 2, p. 4–29.

Gröchenig, K. e Madych, W. R. [1992]. "Multiresolution Analysis, Haar Bases and Self-Similar Tilings of R^n," *IEEE Trans. Information Theory*, v. 38, n. 2, p. 556–568.

Grossman, A. e Morlet, J. [1984]. "Decomposition of Hardy Functions into Square Integrable Wavelets of Constant Shape," *SIAM J. Appl. Math.* v. 15, p. 723–736.

Guil, N., Villalba, J. e Zapata, E. L. [1995]. "A Fast Hough Transform for Segment Detection," *IEEE Trans. Image Processing*, v. 4, n. 11, p. 1541–1548.

Guil, N. e Zapata, E. L. [1997]. "Lower Order Circle and Ellipse Hough Transform," *Pattern Recog.*, v. 30, n. 10, p. 1729–1744.

Gunn, S. R. [1998]. "Edge Detection Error in the Discrete Laplacian of a Gaussian," *Proc. 1998 Int'l Conference on Image Processing*, v. II, p. 515–519.

Gunn, S. R. [1999]. "On the Discrete Representation of the Laplacian of a Gaussian," *Pattern Recog.*, v. 32, n. 8, p. 1463–1472.

Gupta, L., Mohammad, R. S., e Tammana, R. [1990]. "A Neural Network Approach to Robust Shape Classification," *Pattern Recog.*, v. 23, n. 6, p. 563–568.

Gupta, L. e Srinath, M. D. [1988]. "Invariant Planar Shape Recognition Using Dynamic Alignment," *Pattern Recog.*, v. 21, p. 235–239.

Gupta, L., Wang., J., Charles, A., e Kisatsky, P. [1994]. "Three-Layer Perceptron Based Classifiers for the Partial Shape Classification Problem," *Pattern Recog.*, v. 27, n. 1, p. 91–97.

Haar, A. [1910]. "Zur Theorie der Orthogonalen Funktionensysteme," *Math. Annal.*, v. 69, p. 331–371.

Habibi, A. [1971]. "Comparison of Nth Order DPCM Encoder with Linear Transformations and Block Quantization Techniques," *IEEE Trans. Comm. Tech.*, v. COM-19, n. 6, p. 948–956.

Habibi, A. [1974]. "Hybrid Coding of Pictorial Data," *IEEE Trans. Comm.*, v. COM-22, n. 5, p. 614–624.

Haddon, J. F. e Boyce, J. F. [1990]. "Image Segmentation by Unifying Region and Boundary Information," *IEEE Trans. Pattern Anal. Machine Intell.*, v. 12, n. 10, p. 929–948.

Hall, E. L. [1979]. *Computer Image Processing and Recognition*, Academic Press, Nova York.

Hamming, R. W. [1950]. "Error Detecting and Error Correcting Codes," *Bell Sys. Tech. J.*, v. 29, p. 147–160.

Hannah, I., Patel, D., e Davies, R. [1995]. "The Use of Variance and Entropy Thresholding Methods for Image Segmentation," *Pattern Recog.*, v. 28, n. 8, p. 1135–1143.

Haralick, R. M. e Lee, J. S. J. [1990]. "Context Dependent Edge Detection and Evaluation," *Pattern Recog.*, v. 23, n. 1–2, p. 1–20.

Haralick, R. M. e Shapiro, L. G. [1985]. "Survey: Image Segmentation," *Comput. Vision, Graphics, Image Proc.*, v. 29, p. 100–132.

Haralick, R. M. e Shapiro, L. G. [1992]. *Computer and Robot Vision*, v. 1 e 2, Addison-Wesley, Reading, Mass.

Haralick, R. M., Sternberg, S. R., e Zhuang, X. [1987]. "Image Analysis Using Mathematical Morphology," *IEEE Trans. Pattern Anal. Machine Intell.*, v. PAMI-9, n. 4, p. 532–550.

Haralick, R. M., Shanmugan, R., e Dinstein, I. [1973]. "Textural Features for Image Classification," *IEEE Trans Syst. Man Cyb.*, v. SMC-3, n. 6, p. 610–621.

Harikumar, G. e Bresler, Y. [1999]. "Perfect Blind Restoration of Images Blurred by Multiple Filters: Theory and Efficient Algorithms," *IEEE Trans. Image Processing*, v. 8, n. 2, p. 202–219.

Harmuth, H. F. [1970]. *Transmission of Information by Orthogonal Signals*, Springer-Verlag, Nova York.

Haris, K., Efstratiadis, S. N, Maglaveras, N., e Katsaggelos, A. K. [1998]. "Hybrid Image Segmentation Using Watersheds and Fast Region Merging," *IEEE Trans. Image Processing*, v. 7, n. 12, p. 1684–1699.

Hart, P. E., Nilsson, N. J., e Raphael, B. [1968]. "A Formal Basis for the Heuristic Determination of Minimum-Cost Paths," *IEEE Trans. Syst. Man Cyb*, v. SMC-4, p. 100–107.

Hartenstein, H., Ruhl, M., e Saupe, D. [2000]. "Region-Based Fractal Image Compression," *IEEE Trans. Image Processing*, v. 9, n. 7, p. 1171–1184.

Haskell, B. G. e Netravali, A. N. [1997]. *Digital Pictures: Representation, Compression, and Standards*, Perseus Publishing, Nova York.

Haykin, S. [1996]. *Adaptive Filter Theory*, Prentice Hall, Upper Saddle River, NJ.

Healy, D. J. e Mitchell, O. R. [1981]. "Digital Video Bandwidth Compression Using Block Truncation Coding," *IEEE Trans. Comm.*, v. COM-29, n. 12, p. 1809–1817.

Heath, M. D., Sarkar, S., Sanocki, T., e Bowyer, K. W. [1997]. "A Robust Visual Method for Assessing the Relative Performance of Edge-Detection Algorithms," *IEEE Trans. Pattern Anal. Machine Intell.*, v. 19, n. 12, p. 1338–1359.

Heath, M., Sarkar, S., Sanoki, T., e Bowyer, K. [1998]. "Comparison of Edge Detectors: A Methodology and Initial Study," *Computer Vision and Image Understanding*, v. 69, n. 1, p. 38–54.

Hebb, D. O. [1949]. *The Organization of Behavior: A Neuropsychological Theory*, John Wiley & Sons, Nova York.

Heijmans, H. J. A. M. e Goutsias, J. [2000]. "Nonlinear Multiresolution Signal Decomposition Schemes—Part II: Morphological Wavelets," *IEEE Trans. Image Processing*, v. 9, n. 11, p. 1897–1913.

Highnam, R. e Brady, M. [1997]. "Model-Based Image Enhancement of Far Infrared Images," *IEEE Trans. Pattern Anal. Machine Intell.*, v. 19, n. 4, p. 410–415.

Hojjatoleslami, S. A. e Kittler, J. [1998]. "Region Growing: A New Approach," *IEEE Trans. Image Processing*, v. 7, n. 7, p. 1079–1084.

Hong, Pi, Hung, Li, e Hua, Li [2006]. "A Novel Fractal Image Watermarking," *IEEE Trans. Multimedia*, v. 8, n. 3, p. 488–499.

Hoover, R. B. e Doty, F. [1996]. *Hard X-Ray/Gamma-Ray and Neutron Optics, Sensors, and Applications*, SPIE Press, Bellingham, Wash.

Horn, B. K. P. [1986]. *Robot Vision*, McGraw-Hill, Nova York.

Hotelling, H. [1933]. "Analysis of a Complex of Statistical Variables into Principal Components," *J. Educ. Psychol.*, v. 24, p. 417–441, 498–520.

Hough, P.V. C. [1962]. "Methods and Means for Recognizing Complex Patterns," U. S. Patent 3,069,654.

Hsu, C. C. e Huang, J. S. [1990]. "Partitioned Hough Transform for Ellipsoid Detection," *Pattern Recog.*, v. 23, n. 3–4, p. 275–282.

Hu. J. e Yan, H. [1997]. "Polygonal Approximation of Digital Curves Based on the Principles of Perceptual Organization," *Pattern Recog.*, v. 30, n. 5, p. 701–718.

Hu, M. K. [1962]."Visual Pattern Recognition by Moment Invariants," *IRE Trans. Info.Theory*, v. IT-8, p. 179–187.

Hu,Y.,Kwong, S., e Huang, J. [2006]."An Algorithm for Removable Visible Watermarking," *IEEE Trans. Circuits and Systems for Video Technology*, v. 16, n. 1, p. 129–133.

Huang, K.-Y. [2002]. *Syntactic Pattern Recognition for Seismic Oil Exploration*,World Scientific, Hackensack, NJ.

Huang, S.-C. e Sun, Y.-N. [1999]. "Polygonal Approximation Using Generic Algorithms," *Pattern Recog.*, v. 32, n. 8, p. 1409–1420.

Huang,T. S. [1965]."PCM Picture Transmission," *IEEE Spectrum*, v. 2, n. 12, p. 57–63.

Huang, T. S. [1966]. "Digital Picture Coding," *Proc. Natl. Electron. Conf.*, p. 793–797.

Huang, T. S., ed. [1975]. *Picture Processing and Digital Filtering*, Springer-Verlag, Nova York.

Huang,T. S. [1981]. *Image Sequence Analysis*, Springer-Verlag, Nova York.

Huang,T. S. e Hussian, A. B. S. [1972]. "Facsimile Coding by Skipping White," *IEEE Trans. Comm.*, v. COM-23, n. 12, p. 1452–1466.

Huang, T. S. e Tretiak, O. J. (eds.). [1972.] *Picture Bandwidth Compression*, Gordon and Breech, Nova York.

Huang, T. S.,Yang, G. T., e Tang, G.Y. [1979]. "A Fast Two-Dimensional Median Filtering Algorithm," *IEEE Trans. Acoust., Speech, Sig. Proc.*, v. ASSP-27, p. 13–18.

Huang, Y. e Schultheiss, P. M. [1963]. "Block Quantization of Correlated Gaussian Random Variables," *IEEE Trans. Commun. Syst.*, v. CS-11, p. 289–296.

Hubbard, B. B. [1998]. *The World According to Wavelets—The Story of a Mathematical Technique in the Making*, 2nd ed, A. K. Peters, Ltd.,Wellesley, Mass.

Hubel, D. H. [1988]. *Eye, Brain, and Vision*, Scientific Amer. Library,W. H. Freeman, Nova York.

Huertas,A. e Medione,G. [1986]. "Detection of Intensity Changes with Subpixel Accuracy using Laplacian-Gaussian Masks," *IEEE Trans. Pattern. Anal. Machine Intell.*, v. PAMI-8, n. 5, p. 651–664.

Huffman, D. A. [1952]. "A Method for the Construction of Minimum Redundancy Codes," *Proc. IRE*, v. 40, n. 10, p. 1098–1101.

Hufnagel, R. E. e Stanley, N. R. [1964]. "Modulation Transfer Function Associated with Image Transmission Through Turbulent Media," *J. Opt. Soc. Amer.*, v. 54, p. 52–61.

Hummel, R. A. [1974]. "Histogram Modification Techniques," Technical Report TR-329. F-44620–72C-0062, Computer Science Center, University of Maryland, College Park, Md.

Hunt, B. R. [1971]. "A Matrix Theory Proof of the Discrete Convolution Theorem," *IEEE Trans.Audio and Electroacoust.*, v.AU-19, n. 4, p. 285–288.

Hunt, B. R. [1973]. "The Application of Constrained Least Squares Estimation to Image Restoration by Digital Computer," *IEEE Trans. Comput.*, v. C-22, n. 9, p. 805–812.

Hunter, R. e Robinson, A. H. [1980]. "International Digital Facsimile Coding Standards," *Proc. IEEE*, v. 68, n. 7, p. 854–867.

Hurn, M. e Jennison,C. [1996]."An Extension of Geman and Reynolds' Approach to Constrained Restoration and the Recovery of Discontinuities," *IEEE Trans. Pattern Anal. Machine Intell.*, v. 18, n. 6, p. 657–662.

Hwang, H. e Haddad, R. A. [1995]. "Adaptive Median Filters: New Algorithms and Results," *IEEE Trans. Image Processing*, v. 4, n. 4, p. 499–502.

IEEE Computer [1974]. Special issue on digital image processing. v. 7, n. 5.

IEEE Computer [1988]. Special issue on artificial neural systems. v. 21, n. 3.

IEEE Trans. Circuits and Syst. [1975]. Special issue on digital filtering and image processing, v. CAS-2, p. 161–304.

IEEE Trans. Computers [1972]. Special issue on two-dimensional signal processing, v. C-21, n. 7.

IEEE Trans. Comm. [1981]. Special issue on picture communication systems, v. COM-29, n. 12.

IEEE Trans. on Image Processing [1994]. Special issue on image sequence compression, v. 3, n. 5.

IEEE Trans. on Image Processing [1996]. Special issue on vector quantization, v. 5, n. 2.

IEEE Trans. Image Processing [1996]. Special issue on nonlinear image processing, v. 5, n. 6.

IEEE Trans. Image Processing [1997]. Special issue on automatic target detection, v. 6, n. 1.

IEEE Trans. Image Processing [1997]. Special issue on color imaging, v. 6, n. 7.

IEEE Trans. Image Processing [1998]. Special issue on applications of neural networks to image processing, v. 7, n. 8.

IEEE Trans. Information Theory [1992]. Special issue on wavelet transforms and mulitresolution signal analysis, v. 11, n. 2, Part II.

IEEE Trans. Pattern Analysis and Machine Intelligence [1989]. Special issue on multiresolution processing, v. 11, n. 7.

IEEE Trans. Signal Processing [1993]. Special issue on wavelets and signal processing, v. 41, n. 12.

IES Lighting Handbook, 9th ed. [2000]. Illuminating Engineering Society Press, Nova York.

ISO/IEC [1999]. *ISO/IEC 14495-1:1999: Information technology—Lossless and near lossless compression of continuous-tone still images: Baseline.*

ISO/IEC JTC 1/SC 29/WG 1 [2000]. *ISO/IEC FCD 15444-1: Information technology—JPEG 2000 image coding system: Core coding system.*

Jähne,B. [1997]. *Digital Image Processing: Concepts, Algorithms, and Scientific Applications*, Springer-Verlag, Nova York.

Jähne, B. [2002]. *Digital Image Processing*, 5th ed., Springer, Nova York.

Jain,A. K. [1981]."Image Data Compression:A Review," *Proc.IEEE*, v. 69, p. 349–389.

Jain,A. K. [1989]. *Fundamentals of Digital Image Processing*, Prentice Hall, Englewood Cliffs, NJ.

Jain, A. K., Duin, R. P.W., e Mao, J. [2000]. "Statistical Pattern Recognition: A Review," *IEEE Trans. Pattern Anal. Machine Intell.*, v. 22, n. 1, p. 4–37.

Jain, J. R. e Jain, A. K. [1981]. "Displacement Measurement and Its Application in Interframe Image Coding," *IEEE Trans. Comm.*, v. COM-29, p. 1799–1808.

Jain, R. [1981]. "Dynamic Scene Analysis Using Pixel-Based Processes," *Computer*, v. 14, n. 8, p. 12–18.

Jain, R., Kasturi, R., e Schunk, B. [1995]. *Computer Vision*, McGraw-Hill, Nova York.

Jang,B.K. e Chin, R.T. [1990]."Analysis of Thinning Algorithms Using Mathematical Morphology," *IEEE Trans. Pattern Anal. Machine Intell.*, v. 12, n. 6, p. 541–551.

Jayant, N. S. (ed.) [1976].*Waveform Quantization and Coding*, IEEE Press, Nova York.

Jones, R. e Svalbe, I. [1994]. "Algorithms for the Decomposition of Gray-Scale Morphological Operations,"*IEEE Trans. Pattern Anal. Machine Intell.*, v. 16, n. 6, p. 581–588.

Jonk, A., van den Boomgaard, S., e Smeulders,A. [1999]. "Grammatical Inference of Dashed Lines," *Computer Vision and Image Understanding*, v. 74, n. 3, p. 212–226.

Kahaner,D.K. [1970]."Matrix Description of the Fast Fourier Transform," *IEEE Trans. Audio Electroacoustics*, v.AU-18, n. 4, p. 442–450.

Kak, A. C. e Slaney, M. [2001]. *Principles of Computerized Tomographic Imaging*, Society for Industrial and Applied Mathematics, Philadelphia, Pa.

Kamstra, L. e Heijmans, H.J.A.M. [2005]. "Reversible Data Embedding Into Images Using Wavelet Techniques and Sorting," *IEEE Trans. Image Processing*, v. 14, n. 12, p. 2082–2090.

Karhunen, K. [1947]. "Über Lineare Methoden in der Wahrscheinlichkeitsrechnung," *Ann. Acad. Sci. Fennicae*, Ser.A137. (Translated by I. Selin in "On Linear Methods in

Probability Theory." T-131, 1960,The RAND Corp., Santa Monica, Calif.)

Kasson, J. e Plouffe, W. [1992]. "An Analysis of Selected Computer Interchange Color Spaces," *ACM Trans. on Graphics*, v. 11, n. 4, p. 373–405.

Katzir, N., Lindenbaum, M., e Porat, M. [1994]. "Curve Segmentation Under Partial Occlusion," *IEEE Trans. Pattern Anal. Machine Intell.*, v. 16, n. 5, p. 513–519.

Kerre, E. E. e Nachtegael, M., eds. [2000]. *Fuzzy Techniques in Image Processing*, Springer-Verlag, Nova York.

Khanna, T. [1990]. *Foundations of Neural Networks*, Addison-Wesley, Reading, Mass.

Kim, C. [2005]. "Segmenting a Low-Depth-of-Filed Image Using Morphological Filters and Region Merging," *IEEE Trans. Image Proc.*, v. 14, n. 10, p. 1503–1511.

Kim, J. K., Park, J. M., Song, K. S., e Park, H.W. [1997]. "Adaptive Mammographic Image Enhancement Using First Derivative and Local Statistics," *IEEE Trans. Medical Imaging*, v. 16, n. 5, p. 495–502.

Kimme, C., Ballard,D. H., e Sklansky, J. [1975]."Finding Circles by an Array of Accumulators," *Comm.ACM*, v. 18, n. 2, p. 120–122.

Kirsch, R. [1971]. "Computer Determination of the Constituent Structure of Biological Images," *Comput. Biomed. Res.*, v. 4, p. 315–328.

Kiver,M. S. [1965]. *Color Television Fundamentals*, McGraw-Hill, Nova York.

Klette, R. e Rosenfeld, A. [2004]. *Digital Geometry—Geometric Methods for Digital Picture Analysis*, Morgan Kaufmann, San Francisco.

Klinger, A. [1976]. "Experiments in Picture Representation Using Regular Decomposition," *Comput. Graphics Image Proc.*, v. 5, p. 68–105.

Knowlton, K. [1980]. "Progressive Transmission of Gray-Scale and Binary Pictures by Simple, Efficient, and Lossless Encoding Schemes," *Proc. IEEE*, v. 68, n. 7, p. 885–896.

Kohler, R. J. e Howell, H. K. [1963]. "Photographic Image Enhancement by Superposition of Multiple Images," *Photogr. Sci. Eng.*, v. 7, n. 4, p. 241–245.

Kokaram, A. [1998]. *Motion Picture Restoration*, Springer-Verlag, Nova York.

Kokare, M., Biswas, P., e Chatterji, B. [2005]. "Texture Image Retrieval Using New Rotated Complex Wavelet Filters," *IEEE Trans. Systems, Man, Cybernetics, Part B*, v. 35, n. 6, p. 1168–1178.

Kramer, H. P. e Mathews, M. V. [1956]. "A Linear Coding for Transmitting a Set of Correlated Signals," *IRE Trans. Info. Theory*, v. IT-2, p. 41–46.

Langdon, G. C. e Rissanen, J. J. [1981]. "Compression of Black-White Images with Arithmetic Coding," *IEEE Trans. Comm.*, v. COM-29, n. 6, p. 858–867.

Lantuéjoul, C. [1980]. "Skeletonization in Quantitative Metallography," in *Issues of Digital Image Processing*, Haralick, R. M., e Simon, J.C. (eds.), Sijthoff and Noordhoff, Groningen, The Netherlands.

Latecki, L. J. e Lakämper, R. [1999]. "Convexity Rule for Shape Decomposition Based on Discrete Contour Evolution," *Computer Vision and Image Understanding*, v. 73, n. 3, p. 441–454.

Le Gall, D. e Tabatabai, A. [1988]. "Sub-Band Coding of Digital Images Using Symmetric Short Kernel Filters and Arithmetic Coding Techniques," *IEEE International Conference on Acoustics, Speech, and Signal Processing*, Nova York, p. 761–765.

Ledley, R. S. [1964]. "High-Speed Automatic Analysis of Biomedical Pictures," *Science*, v. 146, n. 3461, p. 216–223.

Lee, J.-S., Sun, Y.-N., e Chen, C.-H. [1995]. "Multiscale Corner Detection by Using Wavelet Transforms," *IEEE Trans. Image Processing*, v. 4, n. 1, p. 100–104.

Lee, S. U., Chung, S.Y., e Park, R. H. [1990]. "A Comparative Performance Study of Several Global Thresholding Techniques for Segmentation," *Comput. Vision, Graphics, Image Proc.*, v. 52, n. 2, p. 171–190.

Lehmann, T. M., Gönner, C., e Spitzer, K. [1999]. "Survey: Interpolation Methods in Medical Image Processing," *IEEE Trans. Medical Imaging*, v. 18, n. 11, p. 1049–1076.

Lema, M.D. e Mitchell, O. R. [1984]. "Absolute Moment Block Truncation Coding and Its Application to Color Images," *IEEE Trans. Comm.*, v. COM-32, n. 10, p. 1148–1157.

Levine, M.D. [1985]. *Vision in Man and Machine*, McGraw-Hill, Nova York.

Liang, K.-C. e Kuo, C.-C. J. [1991]. "Waveguide: A Joint Wavelet-Based Image Representation and Description System," *IEEE Trans. Image Processing*, v. 8, n. 11, p. 1619–1629.

Liang, Q., Wendelhag, J. W., e Gustavsson, T. [2000]. "A Multiscale Dynamic Programming Procedure for Boundary Detection in Ultrasonic Artery Images," *IEEE Trans. Medical Imaging*, v. 19, n. 2, p. 127–142.

Liao, P., Chen, T., e Chung, P. [2001]. "A Fast Algorithm for Multilevel Thresholding," *J. Inform. Sc. and Eng.*, v. 17, p. 713–727.

Lillesand, T. M. e Kiefer, R.W. [1999]. *Remote Sensing and Image Interpretation*, John Wiley & Sons, Nova York.

Lim, J. S. [1990]. *Two-Dimensional Signal and Image Processing*, Prentice Hall, Upper Saddle River, NJ.

Limb, J. O. e Rubinstein, C. B. [1978]. "On the Design of Quantizers for DPCM Coders: A Functional Relationship Between Visibility, Probability, and Masking," IEEE Trans. Comm., v. COM-26, p. 573–578.

Lindblad, T. e Kinser, J. M. [1998]. *Image Processing Using Pulse-Coupled Neural Networks*, Springer-Verlag, Nova York.

Linde, Y., Buzo, A., e Gray, R. M. [1980]. "An Algorithm for Vector Quantizer Design," *IEEE Trans. Comm.*, v. COM-28, n. 1, p. 84–95.

Lippmann, R. P. [1987]. "An Introduction to Computing with Neural Nets," *IEEE ASSP Magazine*, v. 4, p. 4–22.

Liu, J. e Yang, Y.-H. [1994]. "Multiresolution Color Image Segmentation," *IEEE Trans Pattern Anal. Machine Intell.*, v. 16, n. 7, p. 689–700.

Liu-Yu, S. e Antipolis, M. [1993]. "Description of Object Shapes by Apparent Boundary and Convex Hull," *Pattern Recog.*, v. 26, n. 1, p. 95–107.

Lo, R.-C. e Tsai, W.-H. [1995]. "Gray-Scale Hough Transform for Thick Line Detection in Gray-Scale Images," *Pattern Recog.*, v. 28, n. 5, p. 647–661.

Loncaric, S. [1998]. "A Survey of Shape Analysis Techniques," *Pattern Recog.*, v. 31, n. 8, p. 983–1010.

Lu, H. E. e Wang, P. S. P. [1986]. "A Comment on 'A Fast Parallel Algorithm for Thinning Digital Patterns,'" *Comm. ACM*, v. 29, n. 3, p. 239–242.

Lu, N. [1997]. *Fractal Imaging*, Academic Press, Nova York.

Lu, W.-S. e Antoniou, A. [1992]. "Two-Dimensional Digital Filters," Marcel Dekker, Nova York.

MacAdam, D. L. [1942]. "Visual Sensitivities to Color

MacAdam, D. L. [1942]. "Visual Sensitivities to Color Differences in Daylight," *J. Opt.Soc.Am.*, vol. 32, pp. 247–274.

MacAdam, D. P. [1970]. "Digital Image Restoration by Constrained Deconvolution," *J. Opt. Soc. Am.*, v. 60, p. 1617–1627.

Maki, A., Nordlund, P., e Eklundh, J.-O. [2000]. "Attentional Scene Segmentation: Integrating Depth and Motion," *Computer Vision and Image Understanding*, v. 78, no. 3, p. 351–373.

Malacara, D. [2001]. *Color Vision and Colorimetry: Theory and Applications*, SPIE Press, Bellingham, Wash.

Mallat, S. [1987]. "A Compact Multiresolution Representation: The Wavelet Model," *Proc. IEEE Computer Society Workshop on Computer Vision*, IEEE Computer Society Press, Washington, D. C., p. 2–7.

Mallat, S. [1989a]. "A Theory for Multiresolution Signal Decomposition: The Wavelet Representation," *IEEE Trans. Pattern Anal. Mach. Intell.*, v. PAMI-11, p. 674–693.

Mallat, S. [1989b]. "Multiresolution Approximation and Wavelet Orthonormal Bases of L2," *Trans. American Mathematical Society*, v. 315, p. 69–87.

Mallat, S. [1989c]. "Multifrequency Channel Decomposition of Images and Wavelet Models," *IEEE Trans. Acoustics, Speech, and Signal Processing*, v. 37, p. 2091–2110.

Mallat, S. [1998]. *A Wavelet Tour of Signal Processing*, Academic Press, Boston, Mass.

Mallat, S. [1999]. *A Wavelet Tour of Signal Processing*, 2nd ed., Academic Press, San Diego, Calif.

Mallot, A. H. [2000]. *Computational Vision*, The MIT Press, Cambridge, Mass.

Mamistvalov, A. [1998]. "n-Dimensional Moment Invariants and Conceptual Mathematical Theory of Recognition [of] n-Dimensional Solids," *IEEE Trans. Pattern Anal. Machine Intell.*, vol. 20, no. 8, pp. 819–831.

Manjunath, B., Salembier, P., e Sikora, T. [2001]. *Introduction to MPEG-7*, John Wiley & Sons, West Sussex, UK.

Maragos, P. [1987]. "Tutorial on Advances in Morphological Image Processing and Analysis," *Optical Engineering*, v. 26, n. 7, p. 623–632.

Marchand-Maillet, S. e Sharaiha, Y. M. [2000]. *Binary Digital Image Processing: A Discrete Approach*, Academic Press, Nova York.

Maren, A. J., Harston, C.T., and Pap, R.M. [1990]. *Handbook of Neural Computing Applications*, Academic Press, Nova York.

Marr, D. [1982]. *Vision*, Freeman, San Francisco.

Marr, D. e Hildreth, E. [1980]. "Theory of Edge Detection," *Proc. R. Soc. Lond.*, v. B207, p. 187–217.

Martelli, A. [1972]. "Edge Detection Using Heuristic Search Methods," *Comput. Graphics Image Proc.*, v. 1, p. 169–182.

Martelli, A. [1976]. "An Application of Heuristic Search Methods to Edge and Contour Detection," *Comm. ACM*, v. 19, n. 2, p. 73–83.

Martin, M. B. e Bell, A. E. [2001]. "New Image Compression Techniques Using Multiwavelets and Multiwavelet Packets," *IEEE Trans. on Image Proc.*, v. 10, n. 4, p. 500–510.

Mather, P. M. [1999]. *Computer Processing of Remotely Sensed Images: An Introduction*, John Wiley & Sons, Nova York.

Max, J. [1960]. "Quantizing for Minimum Distortion," *IRE Trans. Info. Theory*, v. IT-6, p. 7–12.

McClelland, J. L. e Rumelhart, D. E. (eds.) [1986]. *Parallel Distributed Processing: Explorations in the Microstructures of Cognition*, v. 2: *Psychological and Biological Models*, The MIT Press, Cambridge, Mass.

McCulloch, W. S. e Pitts, W. H. [1943]. "A Logical Calculus of the Ideas Imminent in Nervous Activity," *Bulletin of Mathematical Biophysics*, v. 5, pp. 115–133.

McFarlane, M. D. [1972]. "Digital Pictures Fifty Years Ago," *Proc. IEEE*, v. 60, n. 7, p. 768–770.

McGlamery, B. L. [1967]. "Restoration of Turbulence-Degraded Images," *J. Opt. Soc. Am.*, v. 57, n. 3, p. 293–297.

Meijering, H.W., Zuiderveld, K. J., e Viergever, M.A. [1999]. "Image Registration for Digital Subtraction Angiography," *Int. J. Comput. Vision*, v. 31, p. 227–246.

Meijering, E. H.W., Niessen, W. J., e Viergever, M.A. [1999]. "Retrospective Motion Correction in Digital Subtraction Angiography: A Review," *IEEE Trans. Medical Imaging*, v. 18, n. 1, p. 2–21.

Meijering, E.H.W., et al. [2001]. "Reduction of Patient Motion Artifacts in Digital Subtraction Angiography: Evaluation of a Fast and Fully Automatic Technique," *Radiology*, v. 219, p. 288–293.

Memon, N., Neuhoff, D. L., e Shende, S. [2000]. "An Analysis of Some Common Scanning Techniques for Lossless Image Coding," *IEEE Trans. Image Processing*, v. 9, n. 11, p. 1837–1848.

Mesarović, V. Z. [2000]. "Iterative Linear Minimum Mean-Square-Error Image Restoration from Partially Known Blur," *J. Opt. Soc. Amer.-A. Optics, Image Science, and Vision*, v. 17, n. 4, p. 711–723.

Meyer, Y. [1987]. "L'analyses par Ondelettes," *Pour la Science*.

Meyer, Y. [1990]. *Ondelettes et ope'rateurs*, Hermann, Paris.

Meyer, Y. (ed.) [1992a]. *Wavelets and Applications: Proceedings of the International Conference*, Marseille, France, Mason, Paris, e Springer-Verlag, Berlin.

Meyer, Y. (translated by D. H. Salinger) [1992b]. *Wavelets and Operators*, Cambridge University Press, Cambridge, UK.

Meyer, Y. (translated by R.D. Ryan) [1993]. *Wavelets: Algorithms and Applications*, Society for Industrial and Applied Mathematics, Philadelphia.

Meyer, F. G., Averbuch, A. Z., e Strömberg, J.-O. [2000]. "Fast Adaptive Wavelet Packet Image Compression," *IEEE Trans. Image Processing*, v. 9, n. 7, p. 792–800.

Meyer, F. e Beucher, S. [1990]. "Morphological Segmentation," *J. Visual Comm., and Image Representation*, v. 1, n. 1, p. 21–46.

Meyer, H., Rosdolsky, H. G., e Huang, T. S. [1973]. "Optimum Run Length Codes," *IEEE Trans. Comm.*, v. COM-22, n. 6, p. 826–835.

Minsky, M. e Papert, S. [1969]. *Perceptrons: An Introduction to Computational Geometry*, MIT Press, Cambridge, Mass.

Mirmehdi, M. e Petrou, M. [2000]. "Segmentation of Color Textures," *IEEE Trans. Pattern Anal. Machine Intell.*, v. 22, n. 2, p. 142–159.

Misiti, M., Misiti, Y., Oppenheim, G., e Poggi, J.-M. [1996]. *Wavelet Toolbox User's Guide*, The MathWorks, Inc., Natick, Mass.

Mitchell, D. P. e Netravali, A. N. [1988]. "Reconstruction Filters in Computer Graphics," *Comp. Graphics*, v. 22, n. 4, p. 221–228.

Mitchell, J., Pennebaker, W., Fogg, C., e LeGall, D. [1997]. *MPEG Video Compression Standard*, Chapman & Hall, Nova York.

Mitiche, A. [1994]. *Computational Analysis of Visual Motion*, Perseus Publishing, New York.

Mitra, S., Murthy, C., e Kundu, M. [1998]. "Technique for Fractal Image Compression Using Genetic Algorithm," *IEEE Transactions on Image Processing*, v. 7, n. 4, p. 586–593.

Mitra, S. K. e Sicuranza, G. L. (eds.) [2000]. *Nonlinear Image Processing*, Academic Press, Nova York.

Mohanty, S., et al. [1999]. "A Dual Watermarking Technique for Images," *Proc. 7th ACM International Multimedia Conference*, ACM-MM'99, Part 2, p. 49–51.

Moore, G. A. [1968]. "Automatic Scanning and Computer Processes for the Quantitative Analysis of Micrographs and Equivalent Subjects," in *Pictorial Pattern Recognition*, (G. C. Cheng et al., eds), p. 275–326, Thomson, Washington, D.C.

Mukherjee, D. e Mitra, S. [2003]. "Vector SPIHT for Embedded Wavelet Video and Image Coding," *IEEE Trans. Circuits and Systems for Video Technology*, v. 13, n. 3, p. 231–246.

Murase, H. e Nayar, S. K. [1994]. "Illumination Planning for Object Recognition Using Parametric Eigen Spaces," *IEEE Trans. Pattern Anal. Machine Intell.*, v. 16, n. 12, p. 1219–1227.

Murino, V., Ottonello, C., e Pagnan, S. [1998]. "Noisy Texture Classfication: A Higher-Order Statistical Approach," *Pattern Recog.*, v. 31, n. 4, p. 383–393.

Nagao, M. e Matsuyama, T. [1980]. *A Structural Analysis of Complex Aerial Photographs*, Plenum Press, Nova York.

Najman, L. e Schmitt, M. [1996]. "Geodesic Saliency of Watershed Contours and Hierarchical Segmentation," *IEEE Trans. Pattern Anal. Machine Intell.*, v. 18, n. 12, p. 1163–1173.

Narendra, P. M. e Fitch, R. C. [1981]. "Real-Time Adaptive Contrast Enhancement," *IEEE Trans. Pattern Anal. Mach. Intell.*, v. PAMI-3, n. 6, p. 655–661.

Netravali, A. N. [1977]. "On Quantizers for DPCM Coding of Picture Signals," *IEEE Trans. Info. Theory*, v. IT-23, n. 3, p. 360–370.

Netravali, A. N. e Limb, J. O. [1980]. "Picture Coding: A Review," *Proc. IEEE*, v. 68, n. 3, p. 366–406.

Nevatia, R. [1982]. *Machine Perception*, Prentice Hall, Upper Saddle River, NJ.

Ngan, K. N., Meier, T., e Chai, D. [1999]. *Advanced Video Coding: Principles and Techniques*, Elsevier, Boston.

Nie, Y. e Barner, K. E. [2006]. "The Fuzzy Transformation and Its Applications in Image Processing," IEEE Trans. Image Proc., v. 15, n. 4, p. 910–927.

Nilsson, N. J. [1965]. *Learning Machines: Foundations of Trainable Pattern-Classifying Systems*, McGraw-Hill, Nova York.

Nilsson, N. J. [1971]. *Problem Solving Methods in Artificial Intelligence*, McGraw-Hill, Nova York.

Nilsson, N. J. [1980]. *Principles of Artificial Intelligence*, Tioga, Palo Alto, Calif.

Nixon, M. e Aguado, A. [2002]. *Feature Extraction and Image Processing*, Newnes, Boston, MA.

Noble, B. e Daniel, J. W. [1988]. *Applied Linear Algebra*, 3rd ed., Prentice Hall, Upper Saddle River, NJ.

O'Connor, Y. Z. e Fessler, J. A. [2006]. "Fourier-Based Forward and Back-Projections in Iterative Fan-Beam Tomographic Image Reconstruction," *IEEE Trans. Med. Imag.*, v. 25, n. 5, p. 582–589.

Odegard, J. E., Gopinath, R. A., e Burrus, C. S. [1992]. "Optimal Wavelets for Signal Decomposition and the Existence of Scale-Limited Signals," *Proceedings of IEEE Int. Conf. On Signal Proc.*, ICASSP-92, San Francisco, CA, v. IV, 597–600.

Olkkonen, J. e Olkkonen, H. [2007]. Discrete Lattice Wavelet Transform, *IEEE Trans. Circuits and Systems II: Express Briefs*, v. 54, n. 1, p. 71–75.

Olson, C. F. [1999]. "Constrained Hough Transforms for Curve Detection," *Computer Vision and Image Understanding*, v. 73, n. 3, p. 329–345.

O'Neil, J. B. [1971]. "Entropy Coding in Speech and Television Differential PCM Systems," *IEEE Trans. Info. Theory*, v. IT-17, p. 758–761.

Oommen, R. J. e Loke, R. K. S. [1997]. "Pattern Recognition of Strings with Substitutions, Insertions, Deletions, and Generalized Transpositions," *Pattern Recog.*, v. 30, n. 5, p. 789–800.

Oppenheim, A. V. e Schafer, R. W. [1975]. *Digital Signal Processing*, Prentice Hall, Englewood Cliffs, NJ.

Oppenheim, A. V., Schafer, R. W., e Stockham, T. G., Jr. [1968]. "Nonlinear Filtering of Multiplied and Convolved Signals," *Proc. IEEE*, v. 56, n. 8, p. 1264–1291.

Oster, G. e Nishijima, Y. [1963]. "Moiré Patterns," *Scientific American*, v. 208, n. 5, p. 54–63.

Otsu, N. [1979]. "A Threshold Selection Method from Gray-Level Histograms," *IEEE Trans. Systems, Man, and Cybernetics*, v. 9, n. 1, p. 62–66.

Oyster, C. W. [1999]. *The Human Eye: Structure and Function*, Sinauer Associates, Sunderland, Mass.

Paez, M. D. e Glisson, T. H. [1972]. "Minimum Mean-Square-Error Quantization in Speech PCM and DPCM Systems," *IEEE Trans. Comm.*, v. COM-20, p. 225–230.

Pao, Y. H. [1989]. *Adaptive Pattern Recognition and Neural Networks*, Addison-Wesley, Reading, Mass.

Papamarkos, N. e Atsalakis, A. [2000]. "Gray-Level Reduction Using Local Spatial Features," *Computer Vision and Image Understanding*, v. 78, n. 3, p. 336–350.

Papoulis, A. [1991]. *Probability, Random Variables, and Stochastic Processes*, 3. ed., McGraw-Hill, Nova York.

Parhi, K. e Nishitani, T. [1999]. "Digital Signal Processing in Multimedia Systems," Chapter 18: *A Review of Watermarking Principles and Practices*, M. Miller, et al., p. 461–485, Marcel Dekker Inc., Nova York.

Park, H. e Chin, R. T. [1995]. "Decomposition of Arbitrarily-Shaped Morphological Structuring," *IEEE Trans. Pattern Anal. Machine Intell.*, v. 17, n. 1, p. 2–15.

Parker, J. R. [1991]. "Gray Level Thresholding in Badly Illuminated Images," *IEEE Trans. Pattern Anal. Machine Intell.*, v. 13, n. 8, p. 813–819.

Parker, J. R. [1997]. *Algorithms for Image Processing and Computer Vision*, John Wiley & Sons, Nova York.

Patrascu, V. [2004]. "Fuzzy Enhancement Method Using Logarithmic Model," *IEEEFuzz 04*, v. 3, p. 1431–1436.

Pattern Recognition [2000]. Special issue on mathematical morphology and nonlinear image processing, v. 33, n. 6, p. 875–1117.

Pavlidis, T. [1977]. *Structural Pattern Recognition*, Springer-Verlag, Nova York.

Pavlidis, T. [1982]. *Algorithms for Graphics and Image Processing*, Computer Science Press, Rockville, Md.

Pavlidis, T. e Liow, Y. T. [1990]. "Integrating Region Growing and Edge Detection," *IEEE Trans. Pattern Anal. Mach. Intell.*, v. 12, n. 3, p. 225–233.

Peebles, P. Z. [1993]. *Probability, Random Variables, and Random Signal Principles*, 3. ed., McGraw-Hill, Nova York.

Pennebaker, W. B. e Mitchell, J. L. [1992]. *JPEG: Still Image Data Compression Standard*, Van Nostrand Reinhold, Nova York.

Pennebaker, W. B., Mitchell, J. L., Langdon, G. G., Jr., e Arps, R. B. [1988]. "An Overview of the Basic Principles of the Q-coder Adaptive Binary Arithmetic Coder," *IBM J. Res. Dev.*, v. 32, n. 6, p. 717–726.

Perez, A. e Gonzalez, R. C. [1987]. "An Iterative Thresholding Algorithm for Image Segmentation," *IEEE Trans. Pattern Anal. Machine Intell.*, v. PAMI-9, n. 6, p. 742–751.

Perona, P. e Malik, J. [1990]. "Scale-Space and Edge Detection Using Anisotropic Diffusion," *IEEE Trans. Pattern Anal. Machine Intell.*, v. 12, n. 7, p. 629–639.

Persoon, E. e Fu, K. S. [1977]. "Shape Discrimination Using Fourier Descriptors," *IEEE Trans. Systems Man Cyb.*, v. SMC-7, n. 2, p. 170–179.

Petrou, M. e Bosdogianni, P. [1999]. *Image Processing: The Fundamentals*, John Wiley & Sons, UK.

Petrou, M. e Kittler, J. [1991]. "Optimal Edge Detector for Ramp Edges," *IEEE Trans. Pattern Anal. Machine Intell.*, v. 13, n. 5, p. 483–491.

Piech, M. A. [1990]. "Decomposing the Laplacian," *IEEE Trans. Pattern Anal. Machine Intell.*, v. 12, n. 8, p. 830–831.

Pitas, I. e Vanetsanopoulos, A. N. [1990]. *Nonlinear Digital Filters: Principles and Applications*, Kluwer Academic Publishers, Boston, Mass.

Plataniotis, K. N. e Venetsanopoulos, A. N. [2000]. *Color Image Processing and Applications*, Springer-Verlag, Nova York.

Pokorny, C. K. e Gerald, C. F. [1989]. *Computer Graphics: The Principles Behind the Art and Science*, Franklin, Beedle & Associates, Irvine, Calif.

Porco, C. C., West R. A., et al. [2004]. "Cassini Imaging Science: Instrument Characteristics and Anticipated Scientific Investigations at Saturn," *Space Science Reviews*, v. 115, p. 363–497.

Poynton, C. A. [1996]. *A Technical Introduction to Digital Video*, John Wiley & Sons, Nova York.

Prasad, L. e Iyengar, S. S. [1997]. *Wavelet Analysis with Applications to Image Processing*, CRC Press, Boca Raton, Fla.

Pratt, W. K. [2001]. *Digital Image Processing*, 3rd ed., John Wiley & Sons, Nova York.

Preparata, F. P. e Shamos, M. I. [1985]. *Computational Geometry: An Introduction*, Springer-Verlag, Nova York.

Preston, K. [1983]. "Cellular Logic Computers for Pattern Recognition," *Computer*, v. 16, n. 1, p. 36–47.

Prewitt, J. M. S. [1970]. "Object Enhancement and Extraction," in *Picture Processing and Psychopictorics*, Lipkin, B. S., e Rosenfeld, A. (eds.), Academic Press, Nova York.

Prince, J. L. e Links, J. M. [2006]. *Medical Imaging Signals and Systems*, Prentice Hall, Upper Saddle River, NJ.

Principe, J. C., Euliano, N. R., e Lefebre, W. C. [1999]. *Neural and Adaptive Systems: Fundamentals through Simulations*, John Wiley & Sons, Nova York.

Pritchard, D. H. [1977]. "U. S. Color Television Fundamentals—A Review," *IEEE Trans. Consumer Electronics*, v. CE-23, n. 4, p. 467–478.

Proc. IEEE [1967]. Special issue on redundancy reduction, v. 55, n. 3.

Proc. IEEE [1972]. Special issue on digital picture processing, v. 60, n. 7.

Proc. IEEE [1980]. Special issue on the encoding of graphics, v. 68, n. 7.

Proc. IEEE [1985]. Special issue on visual communication systems, v. 73, n. 2.

Qian, R. J. e Huang, T.S. [1996]. "Optimal Edge Detection in Two-Dimensional Images," *IEEE Trans. Image Processing*, v. 5, n. 7, p. 1215–1220.

Rabbani, M. e Jones, P.W. [1991]. *Digital Image Compression Techniques*, SPIE Press, Bellingham, Wash.

Rajala, S. A., Riddle, A. N., e Snyder, W. E. [1983]. "Application of One-Dimensional Fourier Transform for Tracking Moving Objects in Noisy Environments," *Comp., Vision, Image Proc.*, v. 21, p. 280–293.

Ramachandran, G.N. e Lakshminarayanan, A.V. [1971]. "Three Dimensional Reconstructions from Radiographs and Electron Micrographs: Application of Convolution Instead of Fourier Transforms," Proc. Nat. Acad. Sci., v. 68, p. 2236–2240.

Rane, S. e Sapiro, G. [2001]. "Evaluation of JPEG-LS, the New Lossless and Controlled-Lossy Still Image Compression Standard, for Compression of High-Resolution Elevation Data," *IEEE Trans. Geoscience and Remote Sensing*, v. 39, n. 10, p. 2298–2306.

Rangayyan, R. M. [2005]. *Biomedical Image Analysis*, CRC Press, Boca Raton, FL.

Reddy, B. S. e Chatterji, B.N. [1996]. "An FFT-Based Technique for Translation, Rotation, and Scale Invariant Image Registration," *IEEE Trans. Image Processing*, v. 5, n. 8, p. 1266–1271.

Regan, D. D. [2000]. *Human Perception of Objects: Early Visual Processing of Spatial Form Defined by Luminance, Color, Texture, Motion, and Binocular Disparity*, Sinauer Associates, Sunderland, Mass.

Rice, R. F. [1979]. "Some Practical Universal Noiseless Coding Techniques," *Tech. Rep. JPL-79-22*, Jet Propulsion Lab., Pasadena, CA.

Ritter, G. X. e Wilson, J. N. [2001]. *Handbook of Computer Vision Algorithms in Image Algebra*, CRC Press, Boca Raton, Fla.

Roberts, L. G. [1965]. "Machine Perception of Three-Dimensional Solids," in *Optical and Electro-Optical Information Processing*, Tippet, J. T. (ed.), MIT Press, Cambridge, Mass.

Robertson, A. R. [1977]. "The CIE 1976 Color Difference Formulae," *Color Res. Appl.*, v. 2, p. 7–11.

Robinson, G. S. [1976]. "Detection and Coding of Edges Using Directional Masks," University of Southern California, Image Processing Institute, Report n. 660.

Robinson, J.A. [1965]. "A Machine-Oriented Logic Based on the Resolution Principle," *J.ACM*, v. 12, n. 1, p. 23–41.

Robinson, J. [2006]. "Adaptive Prediction Trees for Image Compression," *IEEE Trans. Image Proc.*, v. 15, n. 8, p. 2131–2145.

Rock, I. [1984]. *Perception*, W. H. Freeman, Nova York.

Roese, J. A., Pratt, W. K., e Robinson, G. S. [1977]. "Interframe Cosine Transform Image Coding," *IEEE Trans. Comm.*, v. COM-25, p. 1329–1339.

Rosenblatt, F. [1959]. "Two Theorems of Statistical Separability in the Perceptron," In *Mechanisation of Thought Processes: Proc. of Symposium N. 10*, held at the National Physical Laboratory, November 1958, H.M. Stationery Office, London, v. 1, p. 421–456.

Rosenblatt, F. [1962]. *Principles of Neurodynamics: Perceptrons and the Theory of Brain Mechanisms*, Spartan, Washington, D.C.

Rosenfeld, A. (ed.) [1984]. *Multiresolution Image Processing and Analysis*, Springer-Verlag, Nova York.

Rosenfeld, A. [1999]. "Image Analysis and Computer Vision: 1998," *Computer Vision and Image Understanding*, v. 74, n. 1, p. 36–95.

Rosenfeld, A. [2000]. "Image Analysis and Computer Vision: 1999," *Computer Vision and Image Understanding*, v. 78, n. 2, p. 222–302.

Rosenfeld, A. e Kak, A. C. [1982]. *Digital Picture Processing*, v. 1 e 2, 2. ed., Academic Press, Nova York.

Rosin, P. L. [1997]. "Techniques for Assessing Polygonal Approximations of Curves," *IEEE Trans. Pattern Anal. Machine Intell.*, v. 19, n. 6, p. 659–666.

Rudnick, P. [1966]. "Note on the Calculation of Fourier Series," *Math. Comput.*, v. 20, p. 429–430.

Rumelhart, D. E., Hinton, G. E., e Williams, R. J. [1986]. "Learning Internal Representations by Error Propagation," In *Parallel Distributed Processing: Explorations in the Microstructures of Cognition, V. 1: Foundations*, Rumelhart, D. E., et al. (eds.), MIT Press, Cambridge, Mass., p. 318–362.

Rumelhart, D. E. e McClelland, J. L. (eds.) [1986]. *Parallel Distributed Processing: Explorations in the Microstructures of Cognition, V. 1: Foundations*, MIT Press, Cambridge, Mass.

Runge, C. [1903]. *Zeit. für Math., and Physik*, v. 48, p. 433.

Runge, C. [1905]. *Zeit. für Math., and Physik*, v. 53, p. 117.

Runge, C. e König, H. [1924]. "Die Grundlehren der Mathematischen Wissenschaften," *Vorlesungen über Numerisches Rechnen*, v. 11, Julius Springer, Berlin.

Russ, J. C. [1999]. *The Image Processing Handbook*, 3. ed., CRC Press, Boca Raton, Fla.

Russo F. e Ramponi, G. [1994]. "Edge Extraction by FIRE Operators," *Fuzz-IEEE '94*, v. 1, p. 249–243, IEEE Press, Nova York.

Sahni, S. e Jenq, J.-F. [1992]. "Serial and Parallel Algorithms for the Medial Axis Transform," *IEEE Trans. Pattern Anal. Machine Intell.*, v. 14, n. 12, p. 1218–1224.

Sahoo, S. S. P. K., Wong, A. K. C., e Chen, Y. C. [1988]. "Survey of Thresholding Techniques," *Computer Vision, Graphics and Image Processing*, v. 41, p. 233–260.

Saito, N. e Cunningham, M. A. [1990]. "Generalized E-Filter and its Application to Edge Detection," *IEEE Trans. Pattern Anal. Machine Intell.*, v. 12, n. 8, p. 814–817.

Sakrison, D. J. e Algazi, V. R. [1971]. "Comparison of Line-by-Line and Two-Dimensional Encoding of Random Images," *IEEE Trans. Info. Theory*, v. IT-17, n. 4, p. 386–398.

Salari, E. e Siy, P. [1984]. "The Ridge-Seeking Method for Obtaining the Skeleton of Digital Images," *IEEE Trans. Syst. Man Cyb.*, v. SMC-14, n. 3, p. 524–528.

Salinas, R. A., Abidi, M. A., e Gonzalez, R.C. [1996]. "Data Fusion: Color Edge Detection and Surface Reconstruction Through Regularization," *IEEE Trans. Industrial Electronics*, v. 43, n. 3, p. 355–363, 1996.

Sato, Y. [1992]. "Piecewise Linear Approximation of Plane Curves by Perimeter Optimization," *Pattern Recog.*, v. 25, n. 12, p. 1535–1543.

Sauvola, J. e Pietikainen, M. [2000]. "Adaptive Document Image Binarization," *Pattern Recog.*, v. 33, n. 2, p. 225–236.

Schalkoff, R. J. [1989]. *Digital Image Processing and Computer Vision*, John Wiley & Sons, Nova York.

Schonfeld, D. e Goutsias, J. [1991]. "Optimal Morphological Pattern Restoration from Noisy Binary Images," *IEEE Trans. Pattern Anal. Machine Intell.*, v. 13, n. 1, p. 14–29.

Schowengerdt, R. A. [1983]. *Techniques for Image Processing and Classification in Remote Sensing*, Academic Press, Nova York.

Schreiber, W. F. [1956]. "The Measurement of Third Order Probability Distributions of Television Signals," *IRE Trans. Info. Theory*, v. IT-2, p. 94–105.

Schreiber, W. F. [1967]. "Picture Coding," *Proc. IEEE* (Special issue on redundancy reduction), v. 55, p. 320–330.

Schreiber, W. F. e Knapp, C. F. [1958]. "TV Bandwidth Reduction by Digital Coding," *Proc. IRE National Convention*, pt. 4, p. 88–99.

Schwartz, J.W. e Barker, R. C. [1966]. "Bit-Plane Encoding: A Technique for Source Encoding," *IEEE Trans. Aerosp. Elec. Systems*, v. AES-2, n. 4, p. 385–392.

Selesnick, I., Baraniuk, R., e Kingsbury, N. [2005]. "The Dual-Tree Complex Wavelet Transform," *IEEE Signal Processing Magazine*, v. 22, n. 6, p. 123–151.

Serra, J. [1982]. *Image Analysis and Mathematical Morphology*, Academic Press, Nova York.

Serra, J. (ed.) [1988]. *Image Analysis and Mathematical Morphology*, v. 2, Academic Press, Nova York.

Sezan, M. I., Rabbani, M., e Jones, P.W. [1989]. "Progressive Transmission of Images Using a Prediction/Residual Encoding Approach," *Opt. Eng.*, v. 28, n. 5, p. 556–564.

Shack, R. V. [1964]. "The Influence of Image Motion and Shutter Operation on the Photographic Transfer Function," *Appl. Opt.*, v. 3, p. 1171–1181.

Shafarenko, L., Petrou, M., e Kittler, J. [1998]. "Histogram-Based Segmentation in a Perceptually Uniform Color Space," *IEEE Trans. Image Processing*, v. 7, n. 9, p. 1354–1358.

Shaked, D. e Bruckstein, A. M. [1998]. "Pruning Medial Axes," *Computer Vision and Image Understanding*, v. 69, n. 2, p. 156–169.

Shannon, C. E. [1948]. "A Mathematical Theory of Communication," *The Bell Sys.Tech. J.*, v. XXVII, n. 3, p. 379–423.

Shapiro, L. G. e Stockman, G. C. [2001]. *Computer Vision*, Prentice Hall, Upper Saddle River, NJ.

Shapiro, V. A. [1996]. "On the Hough Transform of Multi-Level Pictures," *Pattern Recog.*, v. 29, n. 4, p. 589–602.

Shariat, H. e Price, K. E. [1990]. "Motion Estimation with More Than Two Frames," *IEEE Trans. Pattern Anal. Machine Intell.*, v. 12, n. 5, p. 417–434.

Shepp, L.A. e Logan, B. F. [1974]. "The Fourier Reconstruction of a Head Section," *IEEE Trans. Nucl. Sci.*, v. NS-21, p. 21–43.

Sheppard, J. J., Jr., Stratton, R. H., e Gazley, C., Jr. [1969]. "Pseudocolor as a Means of Image Enhancement," *Am. J. Optom. Arch. Am. Acad. Optom.*, v. 46, p. 735–754.

Shi, F.Y. e Wong, W.-T. [1994]. "Fully Parallel Thinning with Tolerance to Boundary Noise," *Pattern Recog.*, v. 27, n. 12, p. 1677–1695.

Shih, F.Y. C. e Mitchell, O. R. [1989]. "Threshold Decomposition of Gray-Scale Morphology into Binary Morphology," *IEEE Trans. Pattern Anal. Machine Intell.*, v. 11, n. 1, p. 31–42.

Shirley, P. [2002]. *Fundamentals of Computer Graphics*, A. K. Peters, Natick, MA.

Sid-Ahmed, M. A. [1995]. *Image Processing: Theory, Algorithms, and Architectures*, McGraw-Hill, Nova York.

Sikora, T. [1997]. "MPEG Digital Video-Coding Standards," *IEEE Signal Processing*, v. 14, n. 5, p. 82–99.

Simon, J. C. [1986]. *Patterns and Operators: The Foundations of Data Representations*, McGraw-Hill, Nova York.

Sklansky, J., Chazin, R. L., e Hansen, B. J. [1972]. "Minimum-Perimeter Polygons of Digitized Silhouettes," *IEEE Trans. Comput.*, v. C-21, n. 3, p. 260–268.

Sloboda,F., Zatko,B., e Stoer, J. [1998]."On Approximation of Planar One-Dimensional Continua," in *Advances in Digital and Computational Geometry*, R. Klette, A. Rosenfeld, e F. Sloboda (eds.), Springer, Singapore, p. 113–160.

Smirnov,A. [1999]. *Processing of Multidimensional Signals*, Springer-Verlag, Nova York.

Smith, A. R. [1978]. "Color Gamut Transform Pairs," *Proc. SIGGRAPH '78*, published as *Computer Graphics*, v. 12, n. 3, p. 12–19.

Smith, J.O., III [2003]. *Mathematics of the Discrete Fourier Transform*, W3K Publishing, CCRMA, Stanford, CA. (Also available online at http://ccrma.stanford.edu/~jos/mdft).

Smith, M. J. T. e Barnwell, T. P. III [1984]. "A Procedure for Building Exact Reconstruction Filter Banks for Subband Coders," *Proc. IEEE Int. Conf. Acoust., Speech, and Signal Proc.*, San Diego, Calif.

Smith, M. J.T. e Barnwell,T. P. III [1986]."Exact Reconstruction Techniques for Tree-Structured Subband Coders," *IEEE Trans. On Acoust., Speech, and Signal Proc.*, v. 34,n. 3, p. 434–441.

Snyder, W. E. e Qi, Hairong [2004]. *Machine Vision*, Cambridge University Press, Nova York.

Sobel, I. E. [1970]. "Camera Models and Machine Perception," Ph.D. dissertation, Stanford University, Palo Alto, Calif.

Sonka, M., Hlavac, V., e Boyle, R. [1999]. *Image Processing, Analysis, and Machine Vision*, 2nd ed., PWS Publishing, Nova York.

Snyder, W. E. e Qi, Hairong [2004]. *Machine Vision*, Cambridge University Press, Nova York.

Soille, P. [2003]. *Morphological Image Analysis: Principles and Applications*, 2nd ed., Springer-Verlag, Nova York.

Solari, S. [1997]. *Digital Video and Audio Compression*, McGraw-Hill, Nova York.

Stark, H. (ed.) [1987]. *Image Recovery: Theory and Application*, Academic Press, New York.

Stark, J. A. [2000]. "Adaptive Image Contrast Enhancement Using Generalizations of Histogram Equalization," *IEEE Trans. Image Processing*, v. 9, n. 5, p. 889–896.

Stockham, T. G., Jr. [1972]. "Image Processing in the Context of a Visual Model," *Proc.IEEE*, v. 60, n. 7, p. 828–842.

Storer, J. A. e Reif, J. H., eds. [1991]. *Proceedings of DDC '91*, IEEE Computer Society Press, Los Alamitos, Calif.

Strang, G. e Nguyen, T. [1996]. *Wavelets and Filter Banks*, Wellesley-Cambridge Press,Wellesley, Mass.

Stumpff, K. [1939]. *Tafeln und Aufgaben zur Harmonischen Analyse und Periodogrammrechnung*, Julius Springer, Berlin.

Sussner, P. e Ritter,G.X. [1997]. "Decomposition of Gray-Scale Morphological Templates Using the Rank Method," *IEEE Trans. Pattern Anal. Machine Intell.*, v. 19, n. 6, p. 649–658.

Swets, D. L. e Weng, J. [1996]. "Using Discriminant Eigenfeatures for Image Retrieval," *IEEE Trans. Pattern Anal. Machine Intell.*, v. 18, n. 8, p. 1831–1836.

Symes, P.D. [2001]. *Video Compression Demystified*,McGraw-Hill, Nova York.

Sze, T. W. e Yang, Y. H. [1981]."A Simple Contour Matching Algorithm," *IEEE Trans.Pattern Anal. Mach. Intell.*, v. PAMI-3, n. 6, p. 676–678.

Tanaka, E. [1995]. "Theoretical Aspects of Syntactic Pattern Recognition," *Pattern Recog.*, v. 28, n. 7 p. 1053–1061.

Tanimoto, S. L. [1979]. "Image Transmission with Gross Information First," *Comput. Graphics Image Proc.*, v. 9, p. 72–76.

Tasto, M. e Wintz, P. A. [1971]. "Image Coding by Adaptive Block Quantization," *IEEE Trans. Comm.Tech.*, v. COM-19, p. 957–972.

Tasto, M. e Wintz, P. A. [1972]. "A Bound on the Rate-Distortion Function and Application to Images," *IEEE Trans. Info. Theory*, v. IT-18, p. 150–159.

Teh, C. H. e Chin, R. T. [1989]. "On the Detection of Dominant Points on Digital Curves," *IEEE Trans. Pattern Anal. Machine Intell.*, v. 11, n. 8, p. 859–872.

Theoridis, S. e Konstantinos, K. [2006]. *Pattern Recognition*, 3rd ed., Academic Press, Nova York.

Thévenaz, P. e Unser,M [2000]. "Optimization of Mutual Information for Multiresolution Image Registration," *IEEE Trans. Image Processing*, v. 9, n. 12, p. 2083–2099.

Thomas, L.H. [1963]. "Using a Computer to Solve Problems in Physics," *Application of Digital Computers*, Ginn, Boston.

Thomason, M. G. e Gonzalez, R. C. [1975]. "Syntactic Recognition of Imperfectly Specified Patterns," *IEEE Trans. Comput.*, v. C-24, n. 1, p. 93–96.

Thompson,W. B. (ed.) [1989]. Special issue on visual motion, *IEEE Trans. Pattern Anal.Machine Intell.*, v. 11, n. 5, p. 449–541.

Thompson,W.B. e Barnard, S.T. [1981]."Lower-Level Estimation and Interpretation of Visual Motion," *Computer*, v. 14, n. 8, p. 20–28.

Thorell, L. G. e Smith,W. J. [1990]. *Using Computer Color Effectively*, Prentice Hall, Upper Saddle River, NJ.

Tian, J. e Wells, R. O., Jr. [1995]. *Vanishing Moments and Wavelet Approximation*, Technical Report CML TR-9501, Computational Mathematics Lab., Rice University, Houston,Texas.

Tizhoosh, H. R. [2000]. "Fuzzy Image Enhancement: An Overview," in *Fuzzy Techniques in Image Processing*, E. Kerre e M. Nachtegael, eds., Springer-Verlag, Nova York.

Tomita, F., Shirai,Y., e Tsuji, S. [1982]. "Description of Texture by a Structural Analysis," *IEEE Trans. Pattern Anal. Mach. Intell.*, v. PAMI-4, n. 2, p. 183–191.

Topiwala, P. N. (ed.) [1998]. *Wavelet Image and Video Compression*, Kluwer Academic Publishers, Boston, Mass.

Toro, J. e Funt, B. [2007]. "A Multilinear Constraint on Dichromatic Planes for Illumination Estimation," *IEEE Trans. Image Proc.*, v. 16, n. 1, p. 92–97.

Tou, J. T. e Gonzalez, R. C. [1974]. *Pattern Recognition Principles*, Addison-Wesley, Reading, Mass.

Tourlakis, G. J. [2003]. *Lectures in Logic and Set Theory*, Cambridge University Press, Cambridge, UK.

Toussaint, G. T. [1982]. "Computational Geometric Problems in Pattern Recognition," In *Pattern Recognition Theory and Applications*, Kittler, J., Fu, K. S., e Pau, L. F. (eds.), Reidel, Nova York, p. 73–91.

Tsai, J.-C., Hsieh, C.-H, e Hsu, T.-C. [2000]. "A New Dynamic Finite-State Vector Quantization Algorithm for Image Compression," *IEEE Trans. Image Processing*, v. 9, n. 11, p. 1825–1836.

Tsujii, O., Freedman, M. T., e Mun, K. S. [1998]. "Anatomic Region-Based Dynamic Range Compression for Chest Radiographs Using Warping Transformation of Correlated Distribution," *IEEE Trans. Medical Imaging*, v. 17, n. 3, p. 407–418.

Udpikar,V.R. e Raina, J. P. [1987]."BTC Image Coding Using Vector Quantization," *IEEE Trans. Comm.*, v. COM-35, n. 3, p. 352–356.

Ueda, N. [2000]. "Optimal Linear Combination of Neural Networks for Improving Classification Performance," *IEEE Trans. Pattern Anal. Machine Intell.*, v. 22, n. 2, p. 207–215.

Ullman, S. [1981]. "Analysis of Visual Motion by Biological and Computer Systems," *IEEE Computer*, v. 14, n. 8, p. 57–69.

Umbaugh, S. E. [2005]. *Computer Imaging: Digital Image Analysis and Processing*, CRC Press, Boca Raton, FL.

Umeyama, S. [1988]. "An Eigendecomposition Approach to Weighted Graph Matching Problems," *IEEE Trans. Pattern Machine Intell.*, v. 10, n. 5, p. 695–703.

Unser, M. [1995]. "Texture Classification and Segmentation Using Wavelet Frames," *IEEE Trans. on Image Processing*, v. 4, n. 11, p. 1549–1560.

Unser, M., Aldroubi, A., e Eden, M. [1993]. "A Family of Polynomial Spline Wavelet Transforms," *Signal Proc.*, v. 30, n. 2, p. 141–162.

Unser, M., Aldroubi, A., e Eden, M. [1993]. "B-Spline Signal Processing, Parts I and II," *IEEE Trans. Signal Proc.*, v. 41, n. 2, p. 821–848.

Unser, M., Aldroubi, A., e Eden, M. [1995]. "Enlargement or Reduction of Digital Images with Minimum Loss of Information," *IEEE Trans. Image Processing*, v. 4, n. 5, p. 247–257.

Vaidyanathan, P. P. e Hoang, P.-Q. [1988]. "Lattice Structures for Optimal Design and Robust Implementaion of Two-Channel Perfect Reconstruction Filter Banks," *IEEE Trans. Acoust., Speech, and Signal Proc.*, v. 36, n. 1, p. 81–94.

Vailaya, A., Jain, A. e Zhang, H. J. [1998]. "On Image Classification: City Images vs. Landscapes," *Pattern Recog.*, v. 31, n. 12, p. 1921–1935.

Vetterli, M. [1986]. "Filter Banks Allowing Perfect Reconstruction," *Signal Proc.*, v. 10, n. 3, p. 219–244.

Vetterli, M. e Kovacevic, J. [1995]. *Wavelets and Subband Coding*, Prentice Hall, Englewood Cliffs, NJ.

Vincent, L. [1993]."Morphological Grayscale Reconstruction in Image Analysis:Applications and Efficient Algorithms," *IEEE Trans. Image Proc.*, v. 2. n. 2, p. 176–201.

Voss, K. e Suesse, H. [1997]. "Invariant Fitting of Planar Objects by Primitives," *IEEE Trans. Pattern Anal. Machine Intell.*, v. 19, n. 1, p. 80–84.

Vuylsteke, P. e Kittler, J. [1990]. "Edge-Labeling Using Dictionary-Based Relaxation," *IEEE Trans. Pattern Anal. Machine Intell.*, v. 12, n. 2, p. 165–181.

Walsh, J. W. T. [1958]. *Photometry*, Dover, Nova York.

Wang, D., Zhang, L.,Vincent, A., e Speranza, F. [2006]. "Curved Wavelet Transform for Image Coding," *IEEE Trans. Image Proc.*, v. 15, n. 8, p. 2413–2421.

Wang, G., Zhang, J., e Pan, G.-W. [1995]. "Solution of Inverse Problems in Image Processing by Wavelet Expansion," *IEEE Trans. Image Processing*, v. 4, n. 5, p. 579–593.

Wang,Y.-P., Lee, S. L., e Toraichi, K. [1999]."Multiscale Curvature-Based Shape Representation Using Wavelets," *IEEE Trans. Image Processing*, v. 8, n. 11, p. 1586–1592.

Wang, Z., Rao, K. R., e Ben-Arie, J. [1996]. "Optimal Ramp Edge Detection Using Expansion Matching," *IEEE Trans. Pattern Anal. Machine Intell.*, v. 18, n. 11, p. 1092–1097.

Watt, A. [1993]. *3D Computer Graphics*, 2nd ed., Addison-Wesley, Reading, Mass.

Wechsler [1980]. "Texture Analysis—A Survey," *Signal Proc.*, v. 2, p. 271–280.

Wei, D., Tian, J., Wells, R.O., Jr., e Burrus, C. S. [1998]. "A New Class of Biorthogonal Wavelet Systems for Image Transform Coding," *IEEE Trans. Image Processing*, v. 7, n. 7, p. 1000–1013.

Weinberger, M. J., Seroussi, G., e Sapiro, G. [2000]. "The LOCO-I Lossless Image Compression Algorithm: Principles and Standardization into JPEG-LS," *IEEE Trans. Image Processing*, v. 9, n. 8, p. 1309–1324.

Westenberg, M.A. e Roerdink, J. B. T. M. [2000]. "Frequency Domain Volume Rendering by the Wavelet X-Ray Transform," *IEEE Trans. Image Processing*, v. 9, n. 7, p. 1249–1261.

Weszka, J. S. [1978]. "A Survey of Threshold Selection Techniques," *Comput. Graphics Image Proc.*, v. 7, p. 259–265.

White, J. M. e Rohrer, G. D. [1983]. "Image Thresholding for Optical Character Recognition and Other Applications Requiring Character Image Extraction," *IBM J. Res. Devel.*, v. 27, n. 4, p. 400–411.

Widrow, B. [1962]. "Generalization and Information Storage in Networks of 'Adaline' Neurons," In *Self-Organizing Systems 1962*, Yovitz, M. C., et al. (eds.), Spartan, Washington, D. C., p. 435–461.

Widrow, B. e Hoff, M. E. [1960]. "Adaptive Switching Circuits," *1960 IRE WESCON Convention Record*, Part 4, p. 96–104.

Widrow, B. e Stearns, S. D. [1985]. *Adaptive Signal Processing*, Prentice Hall, Englewood Cliffs, NJ.

Wiener, N. [1942]. *Extrapolation, Interpolation, and Smoothing of Stationary Time Series*, the MIT Press, Cambridge, Mass.

Wilburn, J.B. [1998]. "Developments in Generalized Ranked-Order Filters," *J. Opt. Soc.Amer.-A. Optics, Image Science, and Vision*, v. 15, n. 5, p. 1084–1099.

Windyga, P. S. [2001]. "Fast Impulsive Noise Removal," *IEEE Trans. Image Processing*, v. 10, n. 1, p. 173–179.

Wintz, P. A. [1972]. "Transform Picture Coding," *Proc. IEEE*, v. 60, n. 7, p. 809–820.

Witten, I. H., Neal, R. M., e Cleary, J. G. [1987]. "Arithmetic Coding for Data Compression," *Comm.ACM*, v. 30, n. 6, p. 520–540.

Wolberg, G. [1990]. *Digital Image Warping*, IEEE Computer Society Press, Los Alamitos, CA.

Wolff, R. S. e Yaeger, L. [1993]. *Visualization of Natural Phenomena*, Springer-Verlag, Nova York.

Won, C. S. e Gray, R. M. [2004]. *Stochastic Image Processing*, Kluwer Academic/Plenum Publishers, Nova York.

Woods, J. W. e O'Neil, S. D. [1986]. "Subband Coding of Images," *IEEE Trans.Acous.Speech Signal Proc.*, v. ASSP-35, n. 5, p. 1278–1288.

Woods, R. E. e Gonzalez, R. C. [1981]. "Real-Time Digital Image Enhancement," *Proc. IEEE*, v. 69, n. 5, p. 643–654.

Xu, Y., Weaver, J.B., Healy, D. M., Jr., e Lu, J. [1994]. "Wavelet Transform Domain Filters: A Spatially Selective Noise Filtration Technique," *IEEE Trans. Image Processing*, v. 3, n. 6, p. 747–758.

Xu, R., Pattanaik, S., e Hughes, C. [2005]. "High-Dynamic-Range Still-Image Encoding in JPEG 2000," *IEEE Computer Graphics and Applications*, vol 25, n. 6, p. 57–64.

Yachida, M. [1983]. "Determining Velocity Maps by Spatio-Temporal Neighborhoods from Image Sequences," *Comput. Vis. Graph. Image Proc.*, v. 21, n. 2, p. 262–279.

Yamazaki, Y., Wakahara, Y., e Teramura, H. [1976]. "Digital Facsimile Equipment 'Quick-FAX' Using a New Redundancy Reduction Technique," *NTC '76*, p. 6.2-1–6.2-5.

Yan, Y. e Cosman, P. [2003]. "Fast and Memory Efficient Text Image Compression with JBIG2," *IEER Trans. Image Proc.*, v. 12, n. 8, p. 944–956.

Yang, X. e Ramchandran, K. [2000]. "Scalable Wavelet Video Coding Using Aliasing-Reduced Hierarchical Motion Compensation," *IEEE Trans. Image Processing*, v. 9, n. 5, p. 778–791.

Yates, F. [1937]. "The Design e Analysis of Factorial Experiments," Commonwealth Agricultural Bureaux, Farnam Royal, Burks, Inglaterra.

Yin, P. Y., Yin, L. H., e Chen, L. H. [1997]. "A Fast Iterative Scheme for Multilevel Thresholding Methods," *Signal Processing*, v. 60, p. 305–313.

Yitzhaky, Y., Lantzman, A., e Kopeika, N. S. [1998]. "Direct Method for Restoration of Motion Blurred Images," *J. Opt. Soc. Amer.-A. Optics, Image Science, and Vision*, v. 15, n. 6, p. 1512–1519.

You, J. e Bhattacharya, P. [2000]. "A Wavelet-Based Coarse-to-Fine Image Matching Scheme in a Parallel Virtual Machine Environment," *IEEE Trans. Image Processing*, v. 9, n. 9, p. 1547–1559.

Yu, D. e Yan, H. [2001]. "Reconstruction of Broken Handwritten Digits Based on Structural Morphology," *Pattern Recog.*, v. 34, n. 2, p. 235–254.

Yu, S. S. e Tsai, W. H. [1990]. "A New Thinning Algorithm for Gray-Scale Images," *Pattern Recog.*, v. 23, n. 10, p. 1067–1076.

Yuan, M. e Li, J. [1987]. "A Production System for LSI Chip Anatomizing," *Pattern Recog. Letters*, v. 5, n. 3, p. 227–232.

Zadeh, L. A. [1965]. "Fuzzy Sets," *Inform. and Control*, v. 8, p. 338–353.

Zadeh, L.A. [1973]. "Outline of New Approach to the Analysis of Complex Systems and Decision Processes," *IEEE Trans. Systems, Man, Cyb.*, v. SMC-3, n. 1, p. 28–44.

Zadeh, L. A. [1976]. "A Fuzzy-Algorithmic Approach to the Definition of Complex or Imprecise Concepts," *Int. J. Man-Machine Studies*, v. 8, p. 249–291.

Zahara, E., Shu-Kai, S., e Du-Ming, T. [2005]. "Optimal Multi-Thresholding Using a Hybrid Optimization Approach," *Pattern Recognition Letters*, v. 26, n. 8, p. 1082–1095.

Zahn, C. T. e Roskies, R. Z. [1972]. "Fourier Descriptors for Plane Closed Curves," *IEEE Trans. Comput.*, v. C-21, n. 3, p. 269–281.

Zhang, T.Y. e Suen, C.Y. [1984]. "A Fast Parallel Algorithm for Thinning Digital Patterns," *Comm.ACM*, v. 27, n. 3, p. 236–239.

Zhang, Y. e Rockett, P. I. [2006]. "The Bayesian Operating Point of the Canny Edge Detector," *IEEE Trans. Image Proc.*, v. 15, n. 11, p. 3409–3416.

Zhu, H., Chan F. H.Y., e Lam, F. K. [1999]. "Image Contrast Enhancement by Constrained Local Histogram Equalization," *Computer Vision and Image Understanding*, v. 73, n. 2, p. 281–290.

Zhu, P. e Chirlian, P. M. [1995]. "On Critical Point Detection of Digital Shapes," *IEEE Trans. Pattern Anal. Machine Intell.*, v. 17, n. 8, p. 737–748.

Zimmer, Y., Tepper, R., e Akselrod, S. [1997]. "An Improved Method to Compute the Convex Hull of a Shape in a Binary Image," *Pattern Recog.*, v. 30, n. 3, p. 397–402.

Ziou, D. [2001]. "The Influence of Edge Direction on the Estimation of Edge Contrast and Orientation," *Pattern Recog.*, v. 34, n. 4, p. 855–863.

Ziv, J. e Lempel, A. [1977]. "A Universal Algorithm for Sequential Data Compression," *IEEE Trans. Info. Theory*, v. IT-23, n. 3, p. 337–343.

Ziv, J. e Lempel, A. [1978]. "Compression of Individual Sequences Via Variable-Rate Coding," *IEEE Trans. Info. Theory*, v. IT-24, n. 5, p. 530–536.

Zucker, S.W. [1976]. "Region Growing: Childhood and Adolescence," *Comput. Graphics Image Proc.*, v. 5, p. 382–399.

Zugaj, D. e Lattuati, V. [1998]. "A New Approach of Color Images Segmentation Based on Fusing Region and Edge Segmentation Outputs," *Pattern Recog.*, v. 31, n. 2, p. 105–113.

Glossário Inglês-Português

Accumulative difference images	Imagens de diferenças acumulativas
Back propagation	Retropropagação
Background	Fundo
Blurring	Borramento
Bondary following	Seguidor de fronteira
Bondary	Fronteira
Border clearing	Limpeza de borda
Border roof	Borda em forma de telhado
Border	Contorno
Box filter	Filtro retangular
Chain code	Código da cadeia
Coarseness	Rugosidade
Compactness	Compacidade
Connected component	Componente conexo
Contrast stretching	Alargamento de contraste
Convex hull	Fecho convexo
Deblurring	Redução de borramento
Denoising	Redução de ruídos
Down-sampling	Subamostragem
Eccentricity	Excentricidade
Edge linking	Ligação de bordas
Edge	Borda
Enhancement	Realce
Feature	Característica
Filter mask	Máscara ou máscara de filtragem
Foreground	Frente
Frame	Quadro
Full-color	Colorido
Gap	Falha
Halftone	Meio-tom
Hole	Buraco
Hue	Matiz
Label	Rotular

Least Square Error	Mínimo erro quadrático
Least Square	Mínimos quadráticos
Matching	Casamento
Mean square error	Erro médio quadrático
Membership	Pertinência
Minimum mean square error	Erro médio quadrático mínimo
Over-sampling	Sobreamostragem
Padding	Preenchimento
Pattern Vector	Vetor de características
Raw data	Dados primários
Region growing	Crescimento de região
RMS (root mean square)	Raiz média quadrática
Run	Sequência
Scan	Varredura
Scanner	Digitalizador
Shape number	Número do formato
Shape	Formato ou forma
Sharpening	Aguçamento
Sharper	Nítido
Shear	Cisalhamento
Sifting	Peneiramento
Single-pixel operations	Operações ponto a ponto
Skeletonizing	Esqueletização
Snakes	Contorno ativo
Spikes	Picos
Split and merge	Divisão e fusão
Spur	Parasita
Stretching	Alargamento
Super-sampling	Superamostragem
Thinning	Afinamento
Threshold	Limiar
Thresholding	Limiarização
Under-sampling	Subamostragem
Unsharp mask	Máscara de nitidez
Unsharpness	Sem nitidez
Up-sampling	Superamostragem
Wavelet packet	Pacotes *wavelet*

Índice remissivo

A

Abertura. *Veja* Processamento morfológico de imagens
Aditividade, 47
Adjacência de pixels, 44-45
Afinamento. *Veja* Processamento morfológico de imagens
Agregação de conjuntos *fuzzy*, 119, 121
Aguçamento. *Veja* Filtragem
Ajuste
    coeficientes de, 321
    de Haar, 319
    funções de escala, 318-321, 333
    intensidade, 49-50
    separável 2-D, 333
Algoritmo de rastreamento de fronteira de Moore, 523-525
Algoritmo piramidal de Mallat, 327
Aliasing, 142-144, 148-152
    espacial, 148
    filtragem e, 141, 149
    interpolação de imagens e reamostragem e, 149-151
    padrões *moiré* e, 151-152
    temporal, 148
Amostragem, 34-44, 137-143, 145-146, 147-152. *Veja também* Quantização
    arranjo de sensores e, 33
    conceitos básicos, 34-35
    coordenadas espaciais (x, y) e, 34-44
    decimation, 151
    funções de duas variáveis (2-D), 147-152
    funções de uma variável, 137-143
    interpolação e, 42-44, 149-151
    intervalos, 145-146
    jaggies, 150
    padrões *moiré* de, 151-152
    reconstrução (recuperação), 143, 149-151
    representação de imagens digitais por, 35-38
    resolução de intensidade, 38-42
    resolução espacial, 38-42
    taxa de Nyquist, 140-141
    teorema, 140-141, 147-148
    teorema da amostragem, 140
    Transformada de Fourier e, 137-143, 147-152
Análise de discriminantes (decisão), 571-572, 570-571
Análise FWT, 328-331, 341
Análise multirresolução (MRA - *multiresolution analysis*), 317, 320-321
    requisitos para, 320-321
Ângulo de fase. *Veja* Transformada de Fourier, Transformada discreta de Fourier
Antialiasing, 143, 149
Aproximação poligonal, 527-531, 531-532
    polígonos de perímetro mínimo (MPP - *minimum-perimeter polygons*), 527-531
    técnicas de divisão, 532
    técnicas de mesclagem, 531-532
Árvores binárias, 338
Árvores de análise de subespaço, 339
Árvores de análise, pacotes wavelet, 338-341
Assinaturas, 532-533
Atrasos unitários, 310-311
Autocorrelação, 232

B

Bancos de filtro de síntese, 470, 499–500, 503–504
Bancos de filtros, 311-313
Bancos de filtros de análise, 312, 334-335
Banda de rádio, 12-13
Banda visível do espectro EM, 8-12, 27-29
Bandas de Mach, 26
Bandas temáticas, 8
Barreiras para *watersheds*, 508-509
Bayes
    classificação de, 576-580
    classificador de, 575
    fórmula, 490

função de decisão, 576-577
regra de decisão, 489
Biortogonalidade, 312-313
Bits, 19, 37-39
Borda. *Veja também* Detecção de bordas
    cor, 296-298
    cruzamento por zero, 104, 463, 472
    definição, 46
    direção, 465
    do tipo *roof*, 456, 463
    em degrau, 104, 458, 463
    em rampa, 104, 458, 463
    gradiente, 108, 297, 398, 444, 465
    ligação de bordas, 478-486
    limpeza, 439
    magnitude, 108, 465
    mapa, 469
    modelos, 462-466
    normal, 466
    normal unitária, 466
    operadores, 466
    realce, 102-110, 183-190, 444
    sensitividade ao ruído, 463-464
    tipos, 103-105, 458
    transformada wavelet e, 335, 337
Borda em rampa. *Veja* Borda
Bordas de telhado, 458, 462-463
Bordas em degrau. *Veja* Borda
Brilho, 25-26, 29, 260, 262
    adaptação dos olhos humanos, 25-26
    luz cromática e, 28, 260
    processamento de imagens coloridas e, 259, 262
    subjetivo, 25
Brilho subjetivo, 25

C

Campos aleatórios, 63
Capacidade de armazenamento para processamento de imagens, 19
Casamento, 570-575, 593-595
    método por classificador de distância mínima, 571-573
    números de formas, 593-594
    por blocos, 389-390
    por correlação, 573-575
    strings, 594-595
Casamento por blocos, 390
CAT. *Veja* Tomografia computadorizada
Catarata, 37
CCD, 24, 32, 38-39, 205, 257, 298
CCITT, 356
Cego(a)
    deconvolução, 227
    ponto, 23
Células/quadros de Heisenberg, 333
Chapéu mexicano
    operador, 471
    wavelet, 326
CIE (Commission Internationale de l'Eclairage), 261, 262-263, 286
Classe Gaussiana de padrões, 576-580
Classes linearmente separáveis, 583-584
Classes não separáveis, 584-585
Classificador de distância mínima, 570-571
Classificadores
    de bayesiano, 576-580
    distância mínima, 571-573
    estatística ótima, 575-580
    estrutural, 593-595
    probabilidade e, 575-576
    rede neural, 580-593
Codec, 355
Codificação aritmética, 362-364
Codificação baseada em símbolos, 369-372

Codificação de Huffman, 358-360
Codificação de Huffman modificada (MH - *modified Huffman*), 367
Codificação de Lempel-Ziv-Welch (LZW), 364-366
Codificação de LZW. *Veja* Codificação de Lempel-Ziv-Welch (LZW)
Codificação de planos de bits, 372-374
Codificação e código de Golomb, 360-362
Codificação em sub-bandas, 310-315
Codificação *N maiores*, 381
Codificação por transformada de bloco, 374-385
    alocação de bits para, 379-382
    compressão JPEG e, 382-385
    implementação de limiar, 381-382
    implementação zonal, 380-381
    seleção de transformada para, 374-378
    tamanho da subimagem e, 378-379
Codificação preditiva com perda, 395-396
    com perda, 395-396
    compensação de movimento e, 388-394
    erro de previsão para, 386, 396-398
    modulação delta (DM - *delta modulation*), 395-396
    modulação por código de pulso diferencial (DPCM - *differential pulse code modulation*), 396-398
    previsores ótimos para, 396-398
    quantização ótima em, 398-399
    sem perda, 386-388
Codificação preditiva sem perda, 386-388
Codificação preditiva, 386-399
Codificação READ (*relative element address designate*), 367-368
Codificação READ modificado (MR - *modified READ*), 367
Codificação READ modificado modificado (MMR - *modified modified READ*), 367
Codificação wavelet, 400-405
    Compressão JPEG-2000, 402-405
    projeto de quantizador para, 402
    seleção de nível de decomposição, 401
    seleção de wavelets para, 400
Codificação, 310-315, 349-351, 357, 358-405. *Veja também* Compressão
    baseada em símbolos, 369-372
    codificador de símbolos para, 356
    compressão da imagem e, 355
    de corrida (RLE - *run-length*), 366-367
    mapeador para, 355-356
    métodos de compressão de imagens, 357, 358-405
    quantizador para, 355-356
    redundância, 349-351
    sub-banda, 310-315
Codificador MQ, 363
Codificadores de símbolos, 356
Código. *Veja também* Compressão
    aritmético, 362-364
    binário natural, 350
    codificação Huffman modificado (MH - *modified Huffman*), 367
    composição CCITT, 600
    de blocos, 359
    de Golomb, 360-362
    de Huffman, 358-360
    de Rice, 362
    decodificável de modo único, 359
    gama de Elias, 362
    Gray, 372-373
    instantâneo, 359
    JPEG AC padrão, 601-603
    JPEG DC padrão, 601
    MMR (READ Modificado Modificado), 367-368
    MR (READ Modificado), 367
    palavras, 349
    READ (*relative element address designate*), 367
    símbolos, 527
    tamanho, 349

tamanho variável, 350
terminação CCITT, 599-600
unitário, 360
Código da cadeia de Freeman, 525-527
Código de corrida (RLE - *run-length*), 351, 366-369
Código de tamanho variável, 351, 358-360
Códigos de Golomb-Rice, 360
Códigos de Rice, 360
Códigos gama de Elias, 362
Códigos Golomb-exponencial, 362
Códigos unários, 361
Coeficientes de aproximação, 314, 323, 325
Coeficientes de detalhes (horizontais, verticais e diagonais), 314, 323, 325
Coeficientes tricromáticos, 262
Cofidicador Q, 363
Compensação de movimento, codificação preditiva e, 388-394
Componente conexo
  definição, 45
  descritores, 543-545
  extração de, 425-426, 452
  segmentação, 503, 508
Componentes de um sistema de processamento de imagens, 18-19
Compressão, 17, 301, 348-414
  AVS, 356, 358
  BMP, 356, 358, 366
  CCITT, 367-369
  codificação aritmética, 362-364
  codificação baseada em símbolos, 369-372
  codificação de Golomb, 360-362
  codificação de Huffman, 358-360
  codificação de Lempel-Ziv-Welch (LZW), 364-366
  codificação de planos de bits, 372-374
  codificação por transformada de bloco, 374-385
  codificação preditiva, 386-399
  codificação *run-length*, 366-369
  codificação wavelet, 399-405
  contêineres para, 356-357, 358
  critérios de fidelidade, 354-355
  de dados, 349. *Veja também* Compressão
  DV, 356, 357
  formatos de, 356-357, 358
  fundamento, 349-357
  GIF, 356, 358, 365
  HDV, 356, 358
  imagens coloridas, 301
  informações irrelevantes e, 349, 351-352
  JBIG, 356, 357
  JBIG2, 356, 357, 371-372
  JPEG, 382-385
  JPEG-2000, 402-405, 406
  mapeamento e, 351, 355-356
  medindo informações, 352-354
  métodos de, 357, 358-405
  modelos de, 355-356
  MPEG-4 AVC (ou H.264), 392-394
  padrões para, 356-358
  redundância de codificação, 349-351
  redundância espacial, 349, 351
  redundância temporal, 349, 351
  taxa de, 349
Compressão JPEG, 356, 357, 382-385, 402-405
  codificação por transformada de blocos para, 382-385
  codificação wavelet para, 402-405
  padrão JPEG-2000, 402-405
Compressão JPEG-2000, 356, 357, 402-405
  componentes, 402
  componentes de janelas (*tile*), 402-403
  quantização *derived* versus *expounded*, 404
  transformada irreversível de componentes, 402
  transformadas wavelet baseadas em *lifting*, 403
Compressão JPEG-LS, 356, 357, 363-364
Compressão PNG, 356, 358, 364
Compressão VC-1, 356, 358, 393
Compressão WMV9, 356, 358, 393
Conjunto conexo, 45
Conjunto nulo, 52
Conjunto vazio, 52
Conjuntos *fuzzy*, 54, 112-125
  agregação (agregado) de, 119, 121
  cor fuzzificada por, 116-122
  definições, 113-122
  defuzzificação de, 119-122
  filtragem espacial e, 122-125
  funções de pertinência (característica), 54, 112-116
  implicação de, 117-122
  operações de conjuntos, 54, 112-113
  princípios da teoria, 113-116
  transformações de intensidade e, 122-124
  uso de, 116-122, 122-124, 124-125

Contêineres para compressão de imagens, 356-357, 358
Contorno. *Veja* Borda, Fronteira
  externo, 45
  interno, 45
  seguidor de fronteira, 523-525
Contraste, 2, 37, 50, 62, 78, 122, 558-559. *Veja também* Realce
  alargamento de, 69, 74
  local, 499
  medida de, 545, 548
  meio de, 49, 76
  simultâneo, 26
Contraste simultâneo, 26-27
Convolução
  circular, 145, 160
  espacial discreta, 96-99
  filtro, 98-99
  integral, 227
  kernel, 98-99
  máscara, 98-99
  por filtragem digital, 310
  teorema, 137, 160, 165, 171-172, 227, 249-250, 519, 573
  variável contínua, 137
Coordenadas espaciais, 1, 34-35
Cor
  fundamentos, 259-260
  gama, 264
  modelos, 264-273
  RGB segura, 267
  segura do navegador, 267
  web segura, 267
Cores seguras, 266-268
Correção de sombreamento, 50-51, 445, 488, 500-501
Correlação
  casamento por, 573-575
  circular, 163
  coeficiente, 410, 573
  descritor, 547, 550
  espacial, 96-99
  teorema, 165
Critérios de fidelidade, 354-355
CT. *Veja* Tomografia computadorizada
Curvas de isopreferência, 41

D

Decimation, 150
Decodificação, 355, 356
  codificação de Huffman e, 359
  decodificador de símbolos para, 356
  descompressão de imagem e, 356
  mapeador inverso para, 355
Decomposição, 341-344, 401-402
  árvores em pacotes wavelet, 341-344
  segmentos de fronteira a partir da, 533-535
  seleção de níveis para codificação wavelet, 401-402
  wavelets e, 341-344, 401-402
Deficiência convexa, 426-428
Defuzzificação, 119-120, 122
Degradação. *Veja também* Restauração
Derivada. *Veja também* Gradiente, Laplaciano
  primeira ordem, 103-105, 456-457
  segunda ordem, 103-105, 456-457
Descrição, 536-563
  área, 541
  compacidade, 541-542
  componentes principais, 557
  diâmetro, 537
  excentricidade, 537
  fronteira, 536
  momentos estatísticos, 541
  momentos invariantes, 552, 554
  número de Euler, 543
  número do formato, 537
  perímetro, 541-542
  razão de circularidade, 541-542
  regional. *Veja* Descritores regionais
  relacionais, 562
  retângulo básico, 537
  textura, 545-552
  topológica, 543
Descrição de *strings*, 568-569, 595-596
Descritores de Fourier, 538-541
Descritores regionais
  área, 541
  compacidade e, 541-543
  componentes principais, 115
  conteúdo de textura de, 545-552
  contraste, 548-550

correlação, 548-550
descritores relacionais, 561
entropia, 546, 548
homogeneidade, 548, 550
invariantes de momento para, 552-555
matriz de co-ocorrência em nível de cinza, 547
número de Euler, 543
perímetro, 541
probabilidade máxima, 548-550
razão de circularidade para, 541-543
topológicos, 543-545
uniformidade, 548-550
Descritores topológicos, 543-545
Detecção de bordas, 296-298, 462-478
  baseada em wavelets, 337
  bordas em degrau, 457-458, 461-462
  bordas em forma de telhado ou *roof edge*, 456, 462-463
  bordas em rampa, 457-458, 462
  derivadas, 103-105, 456-457
  detecção, 478
  detector de bordas de Canny, 474-478
  detector de bordas de Marr-Hildreth, 470-474
  efeito espaguete, 472-473
  falso negativo, 475
  falso positivo, 475
  filtros espaciais e, 458
  gradiente, 108, 296, 398, 443, 464-470. *Veja também* Gradiente
  gradiente e limiarização, 469-470
  Laplaciano da Gaussiana (LoG - *Laplacian of a Gaussian*), 471
  ligação de bordas, 478-486
  limiarização por histerese, 475
  máscaras de Prewitt, 466-468, 517-518
  máscaras de Roberts, 108, 467
  máscaras de Sobel, 109-111, 466-468, 518-519
  modelos para, 462-464
  supressão não máxima, 476
Detecção de linhas, 459-462
Detecção de pontos. *Veja* Segmentação
Detector de bordas de Canny, 474-478
Detector de bordas de Marr-Hildreth, 470-474
Diagrama de cromaticidade, 262-264
Digital
  filtro. *Veja* Filtros
  imagem, definição de, 1
Digital Video Disks (DVDs), 349-350
Digitalizador, 18, 31
Dilatação. *Veja* Processamento morfológico de imagens
Distância *chessboard*, 46
Distância *city block*, 46
Distância de Mahalanobis, 502. *Veja também* Medidas de distância
Distorção de média absoluta (MAD - *mean absolute distortion*), 390
Domínio da frequência, 131-203, 513-515
  aliasing. *Veja* Aliasing
  amostragem. *Veja* Amostragem
  características adicionais, 166-167
  convolução. *Veja* Convolução
  espectro de Fourier, 158-160
  filtragem. *Veja* Filtragem no domínio da frequência
  impulso. *Veja* Impulso
  movimento na segmentação, 513-516
  propriedade de *sifting*. *Veja* Impulso
  série de Fourier, 131-132, 133
  transformada de Fourier. *Veja* Transformada de Fourier
  transformada discreta de Fourier (DFT - *discrete Fourier transform*). *Veja* Transformada discreta de Fourier
  transformada rápida de Fourier (FFT - *fast Fourier transform*). *Veja* Transformada discreta de Fourier
Domínio espacial
  convolução. *Veja* Convolução
  correlação. *Veja* Correlação
  correspondência no domínio da frequência, 171
  definição, 38
  diferença de transformadas de imagens, 60-61
  filtragem. *Veja* Filtragem espacial
  operações, 55-59
DPI, 38, 153, 369
Duplicação sucessiva, 197

E

Entropia, 352-352
Equação de dilatação, 321
Equação de refinamento, 321
Erosão. *Veja* Processamento morfológico de imagens
Erro de raiz quadrática média (SNR - *root mean square*), 233, 354-355

Erro médio quadrático (MSE - *mean square error*)
  filtragem no, 232-234
  medida, 232
Erros de previsão, 386
Escala
  geométrica. *Veja* Transformações geométricas
Escala de cinza, 28, 33. *Veja também* Intensidade
Espectro. *Veja* Transformada de Fourier, Transformada discreta de Fourier
Espectro de Fourier, 71, 135-136, 158-160
  ângulo de fase e, 158-160
  plotagem da frequência de, 135-136
  transformações logarítmicas e, 71
Espectro de frequência. *Veja também* Espectro
  codificação em sub-bandas, 469
  FWT, 328, 339
  pacotes wavelet, 340-341
Espectro de potência, 158, 232
Espectro eletromagnético (EM - *eletromagnetic*), 1, 5-12, 27-29
  banda de micro-ondas, 12-13, 28-29
  banda de rádio, 12-13, 29
  banda visível, 8-12, 28
  fonte de imagem do, 5-6
  geração de imagens no, 5-12
  importância do, 5
  luz e, 27-29
  raios gama, 6, 28-29
  raios X, 6-7, 28-29
  regiões infravermelhas, 8-12, 29
  unidades de, 28, 29
Espessamento. *Veja* Processamento morfológico de imagens
Esqueletos, 429-430, 535-536
Estimativa, 228-230
Estimativa da função de degradação, 227-230
Estimativa de movimento, 390-392
Estimativa imparcial, 92
Euclidiana
  distância, 59. *Veja também* Medidas de distância
  norma, 60
Expansões, 317-323, 323-324
  análise multirresolução (MRA - *multiresolution analysis*), 317, 320-321
  biortogonais, 318
  coeficientes de, 318
  funções de base das, 318
  funções de escala, 318-321
  funções wavelet para, 321-323
  ortonormais, 318
  redundantes, 318
  série, 317-318, 323-324
  séries wavelet, 323-324
Expansões de série, 317-319, 323-324

F

Faixa dinâmica, 37
Falso contorno, 39, 65, 78, 413
Fatiamento por planos de bits, 76-77
FAX, 367
Fechamento, 420-422, 441-443, 447
  morfologia em escala de cinza e, 441-443, 447
  operação morfológica de, 420-422
  reconstrução por, 447
Fecho convexo
  definição, 426
  extração, 426-428
  para descrição, 533-535
Filtradas por feixes paralelos
  retroprojeções, 246-247
Filtragem
  espacial. *Veja* Filtragem espacial
  frequência. *Veja* Filtragem no domínio da frequência
Filtragem de ênfase em alta frequência, 188-190
Filtragem de Wiener, 232-234
Filtragem digital de sinais, 310-312
Filtragem espacial, 68-130, 211-220
  adaptativa local, 217-218
  adaptativa mediana, 218-220
  aguçamento, 102-110
  combinação de métodos de realce, 110-112
  convolução e, 96-99
  correlação e, 96-99
  definição, 68
  estatística de ordem, 102, 213
  funcionamento da, 94
  fundamentos, 94-100
  linear, 94-102
  máscaras. *Veja* Filtros espaciais
  não linear, 94, 102, 211-220

redução de ruído por, 211-220
representação de vetor, 99
suavização, 100-102
técnicas fuzzy para, 112-125
Filtragem *high-boost*, 107-108, 188-190
Filtragem homomórfica, 190
Filtragem inversa, 230-232
Filtragem no domínio da frequência, 166-195. *Veja também* Filtragem espacial
  aguçamento, 184-192
  correspondência com filtragem espacial, 171-172, 176
  ênfase de alta frequência, 188
  filtro *box*, 136
  filtros Butterworth, 177-179, 186, 192-194, 220-222, 231-232
  filtros Gaussianos para, 168-169, 173-175, 179-181, 186-187, 192-194, 220-222
  filtros *high-boost*, 188
  filtros homomórficos, 190-192
  filtros ideais, 140-141, 148, 170, 176-177, 181, 184-186, 192, 220-222
  filtros *notch*, 192-195, 220-224
  filtros passa-alta para, 167, 184-187
  filtros passa-baixa, 141, 167, 176-184
  filtros passa-banda, 192-195, 220-224
  filtros rejeita-banda, 192-195, 220-224
  fundamentos, 167-171
  Laplaciano, 187-188
  máscara de nitidez, 188
  passos, 171
  suavização, 176-184
  unsharp masking, 188
Filtragem por mínimos quadrados com restrições, 235-237
Filtro de média
  alpha cortada, 214-216
  aritmética, 211
  contra-harmônica, 212
  geométrica, 211, 237-238
  harmônica, 211-212
Filtro de ponto médio, 214
Filtro de Ram-Lak, 247
Filtro Gaussiano
  espacial. *Veja* Filtragem espacial
  frequência. *Veja* Filtragem no domínio da frequência
Filtro ideal. *Veja* Filtragem no domínio da frequência
Filtro *min*, 102, 214
Filtros
  desconvolução, 227
  deslocamento de fase zero, 171
  domínio da frequência. *Veja* Filtragem no domínio da frequência
  espacial. *Veja também* Filtros espaciais, Filtragem espacial
  função de transferência, 167
  janela de Hamming, 248
  janela de Hann, 248
  kernels, 94. *Veja também* Filtros espaciais
  reconstrução, 141
  resposta ao impulso finita (FIR - *finite impulse response*), 172, 311
Filtros adaptativos. *Veja* Filtros espaciais
Filtros Butterworth
  aguçamento utilizando, 183-184
  notch, 192, 222
  passa-alta (BHPF), 186
  passa-baixa (BLPF), 177-179, 230-232
  passa-banda, 192, 221
  rejeita-banda, 192, 220
  suavização utilizando, 177-179
Filtros de deslocamento de fase zero, 170-171, 193-194
Filtros de estatística de ordem. *Veja* Filtros espaciais
Filtros de média. *Veja* Filtros espaciais
Filtros de mediana, 101-102, 214, 255
  adaptativos, 218-220
  atualização de, 129
Filtros de reconstrução perfeita, 312-313
Filtros de resposta ao impulso finita (FIR), 172, 311
Filtros espaciais. *Veja também* Filtragem espacial
  adaptativo de mediana, 218-220
  adaptativo local, 217-218
  aguçamento, 102-110
  alfa cortada, 214
  definição, 68
  estatísticas de ordem, 101-102, 213
  geração de, 99
  gradiente, 108
  high-boost, 107
  isotrópico, 105
  Laplaciano, 105-107
  máscara de nitidez, 107
  max, 102, 214
  média, 99

média aritmética, 211
média contra-harmônica, 212
média geométrica, 211
média harmônica, 211
média ponderada, 100
mediana, 101, 213
min, 102, 214
passa-baixa, 100
ponto médio, 214
representação vetorial, 99
Roberts, 109
Sobel, 109
suavização, 100-102, 211
unsharp masking, 107
Filtros isotrópicos, 105
Filtros *max*, 99, 214
Filtros *notch*. *Veja* Filtragem de domínio da frequência
Filtros passa-alta
  espacial. *Veja* Filtragem espacial
  frequência. *Veja* Filtragem no domínio da frequência
Filtros passa-baixa
  espacial. *Veja* Filtragem espacial
  frequência. *Veja* Filtragem no domínio da frequência
Filtros passa-banda, 192, 221, 255
Filtros rejeita-banda, 192, 220-221, 255
Filtros, digitais, 310-315
  bancos de filtros, 311-313
  Biortogonais (biortogonalidade), 313, 343-344
  coeficientes biortogonais de Cohen-Daubechies-Feauveau, 344
  coeficientes de Haar, 329
  coeficientes ortonormais 8-tap de Daubechies, 314
  coeficientes symlet (ortonormais de 4ª ordem), 335
  coeficientes, 310
  convolução e, 310
  FIR, 311
  JPEG-2000 irreversível, 97, 403
  modulação nos, 311
  ordem dos, 310
  ordem reversa nos, 311
  ortonormais, 313-314, 330, 335
  protótipos, 313
  reconstrução perfeita, 312
  resposta ao impulso finita, 311
  resposta ao impulso, 311
  sinal reverso nos, 311
  taps do filtro, 310
Fonte de memória zero, 352-353
Fontes de Markov, 354
Formatos de arquivo de imagem e contêineres de imagem, 356-358
Formatos para compressão de imagens, 356-357, 358
Fotoconversor, 29
Fotodiodo, 30
Fótons, 5, 28
Frame buffers, 19
Frente, 45, 53
Frequência de corte, 176
Fronteira. *Veja também* Contorno, Descritores regionais
  algoritmo de rastreamento de fronteira de Moore, 524
  aproximação poligonal, 527-532
  assinaturas, 532-533
  códigos da cadeia, 525
  curvatura da, 537
  decomposição da, 533-535
  definição, 45
  descrição, 536-541
  descritores de Fourier para, 538-541
  detecção da, para segmentação, 478-486
  diâmetro, 537
  excentricidade da, 537
  extração, 124, 424
  ligação de bordas e, 478-486
  momentos estatísticos de, 541
  números de formas de, 537-538
  pixels, 45-46
  representação, 523-536
  segmentos, 533-535
  seguidor de fronteira, 523-525
  tamanho, 537
Função de custo clássicas, 342
Função de decisão, 570
Função de espalhamento de ponto, 226
Função de modulação, 224
Função de ponderação, 224
Função densidade de probabilidade (PDF - *probability density function*), 80-82, 206-210, 575-580
  Erlang, 207
  estimativa de parâmetro, 210
  exponencial, 207

gama, 207
Gaussiana, 49, 206, 576
impulso, 101, 207
Rayleigh, 207
sal e pimenta, 101, 207
uniforme, 207
Função massa de probabilidade (PMF - *probability mass function*), 360
Funcionalmente completo, 53
Funções de banda limitada, 140-141, 147-148
Funções de base, 318, 375, 376-377
de Haar, 315
de Walsh-Hadamard, 375
expansão de série utilizando, 317-318
transformada discreta do cosseno, 376
Funções de pertinência (características), 54, 112-116
Funções de transformação linear por partes, 74-78
Funções wavelet, 321
características de tempo-frequência, 331-333
coeficientes de, 322
de Haar, 322
separáveis 2-D, 333
Fundo da imagem (background), 45, 53

G

Gama
correção, 73
ruído. *Veja* Ruído
Geração de imagem acústica, 13-14
Geração de imagens multiespectrais, 9, 59, 279-280, 544, 557-560, 578-580
Geração de imagens por raios gama, 6, 12, 30
Geração de imagens por ressonância magnética (MRI - *magnetic resonance imaging*), 12, 32, 58, 73, 242
Geração de imagens por ultrassom, 12, 29, 242, 254
Geração de imagens sintéticas, 13
Gradiente, 108-110, 296-298, 444, 464-470
aguçamento, 108-110
borda normal (vetor), 466
bordas, 110, 296-298
derivadas de primeira ordem, como, 108-110
detecção de bordas, 464-470
limiarização, combinada com, 469-470
morfologia em escala de cinza, 444
morfológico, 444
operadores de Prewitt, 467-468
operadores de Roberts, 108-109, 467-468
operadores de Sobel, 108-110, 467-468
operadores, 108-110, 296-298, 464-469
propriedades, 464-466
segmentação de cores, 296-298
Granulometria, 445-446

H

H.261, H.262, H.263 e H.264, 356-357, 392-394
Hertz (Hz), 27
Homogeneidade, 47, 226, 548

I

IEC, 356
Iluminação, 33, 488
correção, 50-51, 444, 498
modelo de imagens, 33, 190-191
não uniforme, 50-51, 444, 488, 498
segmentação e, 488
fonte, 29-33
padrão, 434, 608
luz estruturada, 17
resposta do olho à, 11, 23, 25
Ilusões de óptica, 26-27
Imagem
ampliação (*zoom*), 42, 56, 150
análise, 2
aquisição, 29-33
borrão, 228-230
cisalhamento. *Veja* Transformações geométricas
compressão. *Veja* Compressão
deconvolução, 227
elemento. *Veja* Pixel
escala. *Veja* Transformações geométricas
filtragem. *Veja* Filtragem
iluminação. *Veja* Iluminação
intensidade. *Veja* Intensidade
interpolação. *Veja* Interpolação
modelo de formação, 33, 190
morfologia. *Veja* Processamento morfológico de imagens
pixel. *Veja* Pixel
processamento de cores, 260-305
realce. *Veja* Realce
reamostragem, 42, 150, 408, 526
refletância, 33, 190
registro (registradas), 48, 58, 512, 555
restauração. *Veja* Restauração de imagens
rotação. *Veja* Transformações geométricas
segmentação. *Veja* Segmentação
sensores, 29-32
sensoriamento, 5-15, 29-32
translação. *Veja* Transformações geométricas
Imagem ativa, 50
Imagem de referência, 58-59, 511-513, 515
Imagens binárias, 46, 415-416
compressão de, 367, 371
fronteira de, 45
operações lógicas em, 53-54
operações morfológicas em, 415-437
segmentação e, 292-293, 459, 478, 509
seguidor de fronteira, 523-524
Imagens de base. *Veja* Funções de base
Imagens de diferenças acumulativas (ADI - *accumulative difference images*), 513
Imagens fractais, 15
Implementação da codificação por zonas, 380
Implicação em conjuntos *fuzzy*, 116-119, 121
Impulso
contínuo, 133-134, 146-147
discreto, 96-98, 146-147
propriedade de peneiramento (*sifting*) do, 133-134, 146-147, 310-311
resposta, 172, 226-228, 311, 314, 403
ruído, 101-102, 207-208
trem, 134, 136-137, 148
unitário discreto, 96-98, 134, 146-147
Impulso unitário. *Veja* Impulso
Impulso unitário discreto. *Veja* Impulso
Informações da imagem, 352-354
Infravermelho (infravermelha), 5, 8, 13, 28, 50, 260, 276, 279, 454, 543, 557, 579
Integração em grande escala (LSI - *large scale integration*), 3
Integração em muito-grande escala (VLSI - *very large scale integration*), 5
Integração em ultra-grande escala (ULSI - *ultra large scale integration*), 5
Integral de superposição, 226
Intensidade, 1, 28, 38-42
ajustada, 51
escala, 34
limiarização, 486-502
mapeamento, 55-57, 69-94, 282, 358
média, 91. *Veja também* Momentos
métodos probabilísticos, 62, 90-94
quantização, 34-35
técnicas *fuzzy*, 112, 122-124
transformações, 55, 68-94
variância, 91-92. *Veja também* Momentos
Interpolação, 42-44, 55-59, 143-144, 149-151, 307, 357, 392
bicúbica, 43
bilinear, 42
reamostragem (redução e ampliação – *zoom* e *shrink*) de imagens por, 42-44
vizinho mais próximo, 42-43
Intervalos de frequência, 145-146
ISO, 356
ITU-T, 356

J

Jaggies, 150-151
Janela de Hamming, 248
Janela de Hann, 248

L

Laplaciano
aguçamento com, 107, 188
ajuste, 106
combinado com gradiente, 110, 494
convolução utilizando, 519
cor, 292
cruzamento por zero, 104, 463, 472
da Gaussiana (LoG), 471, 519
decomposição, 519
definição, 105
domínio da frequência, 163, 187, 202
limiarização para, 459-460, 470, 494-496
operadores, 106
PDF, 388

pirâmide, 309-310
propriedade isotrópica, 129, 460
restauração para, 236
Limiar. *Veja também* Limiarização
básico, 70-486
codificação, 380, 382
combinado com borramento, 109
combinado com gradiente, 469, 494
combinado com Laplaciano, 495
cor, 294
de Bayes, 489, 576, 573-580
de Otsu, 445, 489, 495
global, 488
histerese, 476-496
local, 499-502
múltiplo, 476, 487, 496-498
multivariável, 294, 501-503
ótimo, 489
variável, 498
Limiarização, 70, 74, 337, 381-383, 469-470, 486-502
bordas utilizadas na, 494
de Bayes, 489, 576, 580-581
de Otsu, 445, 489, 495
função, 107, 115
fundamentos, 486
global, 486, 487-498
gradientes, combinados com, 469-470
hard, 337
iluminação, 488
implementação de codificação, 381-383
intensidade, 486-487
Laplaciano, combinado com, 495
local, 499-501
médias móveis, 500
medida de separabilidade, 492
múltiplos limiares, 495
multivariável, 294-295, 501-502
ótima, 489
ponto de objeto para, 486
refletância e, 488-489
ruído na, 487-488
segmentação e, 486-502
soft, 337
suavização na, 492
variável, 486, 498-502
Limiarização global. *Veja* Limiarização
Limiarização variável. *Veja* Limiarização
Linear
convolução. *Veja* Convolução
correlação. *Veja* Correlação
filtros espaciais, 94, 99
filtros FIR, 172
filtros no domínio da frequência, 161
máscaras, 98
movimento, 230, 241
operações, 47-48, 165, 225-227
sistema, 133, 204, 225-227
transformadas, 60
Linear, de posição invariante, 225-228
Luminância, luz cromática e, 29, 260
Luz, 27-29, 259-264. *Veja também* Espectro eletromagnético (EM)
absorção da, 260-261
acromática, 261
banda visível do espectro EM para, 27-29, 259-260
cor primária e secundária da, 261-262
cromática, 261
microscopia, 9
monocromática, 28
processamento de imagens coloridas e, 259-264
visão e. *Veja* Percepção visual
Luz acromática (monocromática), 28, 261
Luz cromática (colorida), 28-29, 260
Luz monocromática (acromática), 28, 262

M

Macroblocos, 389
Mapeador, 356-357
Mapeamento direto, 56
Mapeamento inverso, 57
Mapeamento, 55-57, 86-88, 351, 355-356. *Veja também* Mapeamento de intensidade
codificação (compressão) e, 355
decodificação (descompressão) e, 356
direto, 55-57
inverso, 57, 356
processamento de histograma e, 86-87, 87-88
Marca d'água em imagens digitais, 405-411
diagrama de blocos para, 406
razões para, 405

Marcadores
  limiarização, 494
  reconstrução morfológica para, 433-438, 447
  watersheds para, 510-511
Marcas d'água, 405-411
  ataques a, 408
  inserção e extração, 409-410
  invisíveis robustas, 408
  invisível frágil, 408
  LSB, 407
  marca d'água invisível, 408-409
  marca d'água visível, 405, 408
  privada (ou de chave restrita), 408
  pública (ou de chave não restrita), 408
  robusta invisível, 409
Marcas fiduciais, 61
Marcas *reseau*, 58
Máscaras. *Veja também* Filtros espaciais
  definição, 69
  função de mascaramento, 377
  limiar, 381
  máscara de nitidez e, 107-108
  unsharp masking e, 107-108
Matiz, processamento de imagens coloridas e, 261-263, 268-273
Matriz de autocorrelação, 397
Matriz de coocorrência, 547-551
Média da intensidade. *Veja* Momentos
Médias de movimento para limiarização, 500-501
Medidas de distância, 46, 59-60, 294-295, 501-502, 532, 537, 571-573, 577, 593
Método de Otsu. *Veja* Limiar, Limiarização
Microdensitômetro, 31
Mícron, 27
Micro-onda, 5, 12, 28, 276
Microscopia de fluorescência, 7-8
Microscopia eletrônica, 5, 13, 14, 29, 166
Microscópio eletrônico de transmissão (TEM – *transmission electron microscope*), 14
Microscópio eletrônico de varredura (SEM - *scanning electron microscope*), 14, 75, 93, 166
Minkowsky
  adição, 451
  subtração, 451
M-JPEG, 356, 358
Modalidades de geração de imagens, 6-15
Modelo de cores CMY, 265, 268
Modelo de cores HSI, 265, 268-273, 292-294
  conceito de planos, 269-270
  conversão a partir de RGB, 270-272
  conversão para RGB, 272-273
  manipulação de imagens, 273
  segmentação, 292-294
  uso, 268
Modelo de, 205
Modelos de cor RGB, 264-265, 265-268, 271-273, 294-296
  conceito de cubo, 265-268
  conversão a partir do formato HSI, 272-273
  conversão para o formato HSI, 270-272
  cores seguras, 266-268
  segmentação e, 294-296
Modelos de probabilidade, 363-364
Modelos de processamento distribuído paralelo (PDP - *parallel distributed processing*), 581
Modulação cruzada, 312
Modulação delta (DM - *delta modulation*), 395-396
Modulação por código de pulso diferencial (DPCM - *differential pulse code modulation*), 396-398
Modulação, 311
Momentos (métodos)
  Estatísticos (probabilísticos), 62, 541, 545, 566, 569
  invariantes, 552-555
Momentos estatísticos. *Veja* Momentos
Morfologia em escala de cinza, 437-449. *Veja também* Processamento morfológico de imagens
  abertura, 441-443, 447
  dilatação, 440-441, 447
  erosão, 440-441, 447
  fechamento, 441-443, 447
  gradiente, 444
  granulometria, 445-446
  reconstrução, 447-449
  segmentação de texturas, 446-447
  suavização, 443
  transformação *bottom-hat*, 444-445
  transformação *top-hat*, 444-445
Movimento na segmentação, 511-516
  imagens de diferenças acumulativas (ADI - *accumulative difference images*), 512
  imagens de referência, determinação de, 513
  técnicas espaciais para, 511-513
  técnicas no domínio da frequência para, 513-516
MPEG-1, MPEG-2, MPEG-4 (AVC), 356, 357, 393-394

N
Nanômetro, 27
Não linear
  filtragem, 94, 100-101, 108, 213, 217, 573
  operação, 47-48, 66
Negativo de imagem, 53, 55, 70-71
Nível de cinza, 1, 28, 33, 69. *Veja também* Intensidade
Números complexos, 133
Números de formas, 537-538, 593-594

O
Olho humano. *Veja* Percepção visual
Ondas de rádio, 5, 27-28
Operações aritméticas, 48-51
Operações com vetores, 59-60, 99, 280-281
  filtragem espacial, 99
  operações com matrizes e, 59-60
  processamento de imagens *full-color*, 280-281
Operações de arranjo matricial, 47
Operações de conjuntos, 50-53, 54, 415-417, 417-420, 420-422. *Veja também* Conjuntos fuzzy
  abertura, 420-422, 441-443
  clássicos, 54
  conceito fuzzy das, 54, 112-126
  dilatação, 418-420
  erosão, 417-418, 419-420
  fechamento, 420-423
  fundamentos, 51-53
  processamento morfológico de imagens e, 415-417, 417-420, 420-422
Operações de matriz, 36, 46-47, 59-60
  notação para pixels, 36
  operações de arranjo matricial *versus*, 46-47
  operações de vetor e, 59-60
Operações espaciais, 55-59
Operações lógicas, 53-54
Operações ponto a ponto, 55
Operadores de gradiente de Prewitt. *Veja* Filtros espaciais
Operadores de gradiente de Sobel. *Veja* Filtros espaciais
Operadores gradientes diagonais de Roberts, 108-109, 467
Ortonormalidade, 313

P
Pacotes wavelet, 338-345
  árvores de análise *subespaço*, 338
  funções de custo para escolha, 341-343
  representação de árvore binária, 338-343
Padrões, 569-598
  análise de discriminante (decisão) para, 569, 571
  casamento, 570-575, 593-595
  classe Gaussiana, 576-580
  classes linearmente separáveis, 583
  classes não separáveis, 584-585
  classificadores, 571-573, 575-580
  estrutura de classes e, 569-570
  geração de vetores para, 569
  perceptrons e, 581-583, 583-585
  reconhecimento de objetos e, 568-593
  reconhecimento e, 568-598
  reconhecimento multiclasses, 591-593
  redes neurais e, 585-591
  retropropagação e, 588-591
  superfícies de decisão e, 591-593
  treinamento (aprendizado), 580-593
Padrões de compressão da imagem, 356-358
Padrões *moiré* e, 151-152, 194
Padrões para a compressão de images, 356-357, 358
Pares de corrida, 351, 366
Pares de linha
  por mm, 38
  por unidade de distância, 38
Pares ordenados, 52. *Veja também* Produto cartesiano
PDF, 356, 358, 373
Pel. *Veja* Pixel
Percentil, 102, 214, 494-495
Percepção visual, 22-27, 259-264
  absorção da luz, 261
  adaptação ao brilho, 25
  bandas de Mach, 26
  brilho subjetivo, 25
  contraste simultâneo, 26
  discriminação entre mudanças, 22
  estrutura física do olho humano, 22-23
  formação da imagem no olho, 24-25
  ilusões de óptica, 27
  processamento de imagens coloridas e, 260-303
  razão de Weber, 25-26

Perceptrons, 581-585
Phantom de Shepp-Logan, 245
Pirâmide Gaussiana, 308
Pirâmide média, 308
Pirâmides de aproximação, 308-310
Pirâmides de imagens, 307-310
Pirâmides de subamostragem, 309
Pixel(s)
  adjacência de, 44
  caminho, 44
  conectividade, 44
  definição, 1, 36
  distância entre, 46
  interpolação. *Veja* Interpolação
  operação ponto a ponto, 55
  operações de arranjo matricial, 47
  operações de vizinhança, 55. *Veja também* Filtragem espacial
  por unidade de distância, 38
  relações entre, 44
  transformação. *Veja* Transformações de intensidade
  vizinhos de, 44
Pixels conexos, 45
Poda. *Veja* Processamento morfológico de imagens
Polígono de perímetro mínimo (MPP - *minimum-perimeter polygon*), 527-531
Pontos (pixels)
  por polegada (DPI, de *dots per inch*), 38, 153, 369
  por unidade de distância, 38
Pontos de controle (*tie points*), 58
Pontos em meio-tom (*halftone*), 152
Preenchimento de buracos, 424-425, 435, 438-439, 452
Previsor de pixel prévio, 387
Primeiro teorema de Shannon, 353
Princípio da incerteza de Heisenberg, 333
Probabilidade adaptativa dependente de contexto, 364-365
Processamento de histograma, 78-94, 288-290
  casamento, 84-90
  definição, 78-79
  especificação, 84-90
  estatísticas, uso de, 91-94
  função densidade de probabilidade (PDF - *probability density function*) para, 80-82
  global, 78-90
  local, 90-94
  normalizado, 78-79
  transformação de cores utilizando, 288-290
  transformação de intensidade, 79, 82
  transformação inversa, 80, 83
Processamento de imagens coloridas, 259-305
  "gradiente" de cores, 297
  aguçamento, 292
  coeficientes tricromáticos, 262
  compressão e, 301
  correções de cor, 286
  detecção de bordas, 296
  diagrama de cromaticidade, 263
  fatiamento de cores, 284-285
  fatiamento de intensidade, 274
  "gradiente" de cores, 297
  Modelo CMY, 265, 268
  Modelo CMYK, 265, 268
  modelo HSI, 265, 268-273
  modelo RGB, 264-265, 265-268
  modelos de, 264-273
  processamento de histograma, 288-289
  processamento de imagens coloridas, 259, 280-281
  pseudocores, 259, 274-280
  ruído no, 298-300
  segmentação, 294-298
  suavização no, 290-292
  transformação de intensidade para cor, 276
  transformações no, 281-290
Processamento de imagens em pseudocor, 259, 274-280
  fatiamento de intensidade para, 274-276
  imagens monocromáticas e, 277-280
  transformações de intensidade em cor, 276-277
  transformações de, 276
Processamento digital de imagens. *Veja também* Imagem
  definição, 1
  fundamentos, 22-67
  processamento de nível alto, 2
  passos, 15-18
  história, 2-5
  origens, 2-5
  áreas, 5-15
  sensores para, 16, 29-33
Processamento digital de sinais (DSP - *digital signal processing*), 310-312
Processamento estocástico de imagens, 63

Processamento morfológico de imagens, 415-453
  abertura, 420-422, 434, 438, 441-443
  afinamento, 428-429
  componentes conexos, 425-426
  correção de sombreamento, 445
  dilatação, 418-419, 433-434, 440-441
  elemento estruturante, 416
  erosão, 417-418, 433-434, 440-441
  escala de cinza, 437-449
  espessamento, 428-429
  esqueletos, 429-430. *Veja também* Esqueletos
  extração de fronteiras, 424
  fechamento, 420-422, 441-443
  fecho convexo, 426-428
  filtragem sequencial alternada, 443
  filtragem, 415, 418, 422, 443, 453
  gradiente, 444
  granulometria, 445
  imagens binárias, resumo, 437, 439
  limpeza de borda. *Veja* Reconstrução morfológica
  operações de conjuntos para, 51-53, 415-417
  poda, 430-433
  preenchimento de buracos, 424-425, 437-438
  preliminares, 415-417
  reconstrução. *Veja* Reconstrução morfológica
  reflexão de conjuntos em, 437
  segmentação textural, 446
  suavização, 443
  sumário de operações de, 437-439
  top-hat branco, 444
  top-hat preto, 444
  transformação *bottom-hat*, 444
  transformação *hit or miss*, 423-424
  transformações *top-hat*, 444, 447
  translação de conjuntos em, 416
Processamento multirresolução, 306-347
  análise multirresolução (MRA - *multiresolution analysis*), 317, 320-321
  codificação em sub-bandas, 310-315
  equação MRA, 320
  expansão de série, 317-319, 323-324
  expansões, 317-323
  funções de escala, 317, 319-321, 334
  pirâmides de imagem, 307-310
  teoria do, 306
  transformada de Haar, 315-317
  wavelets e, 307-347
Processamento ponto a ponto, 69-70
Produto cartesiano, 37, 117, 438
Programa de Satélites Meteorológicos e de Defesa (DMSP - *Defense Meteorological Satellite Program*), 9-10
Projeções, reconstrução de imagens a partir de, 238-254
Propriedade de cruzamento por zero, 104, 471-472, 470-473
Propriedade de *Sifting*. *Veja* Impulso

Q

Quadros bidirecionais (*B-frames*), 389
Quadros independentes (*I-frames*), 388-389
Quadros preditivos (*P-frame*), 399
Quantização, 34-44, 352, 355-356, 395-396, 398-399, 401-402. *Veja também* Amostragem
  codificação preditiva e, 395, 399-403
  interpolação e, 42-44
  mapeamento e, 351, 355-356
  ótima, 399-400
  projeto de codificação wavelet de, 401-402
  quantizador de Lloyd-Max, 399
  resolução de intensidade e, 38-42
  zona morta, 401
Quantizador de Lloyd-Max, 399
Quicktime, 356, 358

R

Radiância, luz cromática e, 28-29, 260
Radiografia em modo máscara, 49
Raios X, 6, 75, 102, 199, 212, 238, 240, 276, 426, 441, 443, 459, 481, 503, 505
Razão de Weber, 25-26
Realce
  adaptativo, 83, 217, 218
  aguçamento, 102-103, 183
  alargamento de contraste, 69, 74-75
  de contraste, 73, 83-84, 121-122, 189, 203
  definição, 15, 70, 132
  domínio da frequência, 167-195
  filtragem homomórfica, 190
  filtro de mediana, 101, 128, 213, 218, 255
  filtros de estatística de ordem, 101, 213
  filtros espaciais, 94-110
  local, 90, 93, 217-218

média de imagens, 48
métodos combinados, 110-112
processamento de histograma para, 78-94
suavização, 48, 100, 175
subtração de imagens, 49
técnicas *fuzzy* para, 122-125
transformações de intensidade, 70-78
Reamostragem. *Veja* Reamostragem de imagens
Reconhecimento, 17-18, 569-598
  análise discriminante, 569
  aprendizagem, 568
  casamento com números de formas, 593-594
  casamento de *strings*, 594
  casamento e, 571-575, 594-595
  classificador de Bayes, 575-580
  classificadores ótimos, 575-576
  classificadores para, 570-574, 575-580
  coeficiente de correlação, 574-575
  correlação, 573-575
  distância mínima, 570-571
  métodos estruturais para, 593-595
  métodos por decisão teórica para, 570-593
  padrões, 568-593
  redes neurais para, 580-593
  seleção de características, 569
Reconhecimento de objetos. *Veja* Padrões, Reconhecimento
Reconstrução, 141, 143, 238-254, 433-439, 447
  filtro de Ram-Lak, 247
  filtros, 141
  função, recuperação de uma, 143
  laminograma, 245
  morfológica em escala de cinza, 447-450
  morfológica, 433-437, 447-450
  phantom de Shepp-Logan, 245
  projeções, de, 238-254
  restauração de imagens por, 238-254
  retroprojeção, 239-241, 246-250, 250-254
  retroprojeções filtradas por feixes em formato de leque, 250-254
  retroprojeções filtradas por feixes paralelos, 246-250
  senograma, 244
  teorema da fatia de Fourier para, 246
  tomografia computadorizada (CT - *computed tomography*), 240-242
  transformada de Radon para, 242-245
Reconstrução morfológica, 433-437, 447-449
  abertura por, 434, 438, 447
  dilatação e erosão geodésica, 433-434 447
  dilatação pela, 434, 447
  erosão pela, 434, 447
  imagens em escala de cinza e, 447-449
  limpeza de borda e, 438-439
  preenchimento de buracos e, 438-439
  top-hat por, 447
Redes neurais, 580-593
Redes neurais multicamadas *feedforward*, 585-593
  algoritmos para, 583-585
  histórico, 581
  multicamadas *feedforward*, 539-593
  padrões de treinamento, 581
  perceptrons para, 581-583, 583-585
  processo de treinamento (aprendizado) para, 581-593
  superfícies de decisão, complexidade de, 591-593
  treinamento por retropropagação, 587-591
Redução. *Veja* Reamostragem de imagens
Redução de ruídos (*denoising*), 204, 337
Redundância, 349-351
  codificação, 349, 349-351
  dados relativos, 349
  espacial, 349, 349-351
  temporal, 349, 349-351
Redundância espacial, 349, 351
Redundância temporal, 349, 351
Refletância, 28, 33, 190-191, 488
Região
  crescimento de. *Veja* Segmentação baseada em regiões
  de interesse (ROI - *region of interest*), 50, 404, 425, 432, 506
  definição, 45
  descritores de. *Veja* Descrição
  divisão de. *Veja* Segmentação baseada em regiões
  quadtree, 505
Registro de imagens, 48, 58, 512, 555
Regra de incremento fixo de correção, 583
Regra delta de mínimos quadrados, 584
Relações sinal-ruído (SNR - *signal-to-noise ratios*), 232-233, 394
Representação, 17, 523-567
  aproximação poligonal, 527-531, 531-532
  assinaturas para, 532-533

códigos da cadeia para, 525-527
descrição e, 524-567
esqueletos, 535-536
segmentos de fronteira para, 533-535
seguidor de frointeira, 523-567
Resíduos de previsão, 388
  compensação de movimento, 388-394
  pirâmide, 308, 309
Resolução espacial, 37-38-42
Restauração, 16, 204-258
  deconvolução, 227
  deconvolução cega, 227
  degrações lineares, positivo-invariantes, 225-227
  degradação de uma imagem, 204, 205, 225-227, 227-230
  filtragem de domínio da frequência para redução de ruído, 220
  filtragem de mínimo erro médio quadrático, 232-235
  filtragem de Wiener, 232-234
  filtragem espacial para redução de ruído, 211-220
  filtragem inversa, 230-232
  filtragem por mínimos quadrados com restrições, 235-237
  filtro de equalização de espectro, 238
  filtro de média geométrica, 237-238
  filtro de mínimo erro quadrático, 232
  filtro de Wiener paramétrico, 238
  funções de degradação, estimativa, 227-230
  modelos de ruído para, 205-211
  reconstrução. *Veja* Reconstrução
  redução de ruído e, 211-220, 220-225
Retroprojeções, 239-240
  borramento com efeito de halo devido a, 239-240
  filtradas por feixes em formato de leque, 250-254
  filtradas por feixes paralelos, 246-250
  filtradas, 246-249, 250-254
Retroprojeções filtradas por feixes em formato de leque, 250-254
Ruído, 34, 37, 91
  bipolar, 207
  branco, 205, 234, 337, 474, 515
  data-drop-out, 207
  Erlang, 207
  espectro de potência, 232
  estimativa de parâmetros, 210
  exponencial, 207
  funções densidade de probabilidade (PDF - *probability density function*), 206-210
  gama, 207
  gaussiano, 49, 206
  imagens coloridas em, 298
  impulsivo, 101, 207
  modelos, 205
  periódico, 194, 208-210, 220
  propriedades espaciais e de frequência do, 205,206
  Rayleigh, 206
  redução, 48. *Veja também* Filtragem
  sal e pimenta, 101, 207
  spike, 207
  uniforme, 207
  unipolar, 207
Ruído branco. *Veja* Ruído
Ruído de Erlang (gama), 207
Ruído exponencial, 207
Ruído Gaussiano. *Veja* Ruído
Ruído granular, 396
Ruído Rayleigh. *Veja* Ruído
Ruído sal e pimenta. *Veja* Ruído

S

Satélite LANDSAT, 9, 515, 544
Saturação, 37, 195-262
Segmentação, 454-522
  baseada em bordas. *Veja* Detecção de bordas
  baseada em frequência, 513-516
  baseada em textura, 506
  cores, 292-298
  crescimento de regiões. *Veja* Segmentação baseada em regiões
  definição, 455
  detecção de linhas, 459
  detecção de pontos, 459
  fundamentos, 455-458
  limiarização. *Veja* Limiarização
  movimento e, 511-516
  watersheds. *Veja* Watersheds
Segmentação baseada em regiões, 502-506
  crescimento de regiões, 502-504
  divisão de regiões, 504-506
  regiões de mesclagem, 504-506
Seleção de características. *Veja* Descrição

Sensores, 18, 29-33, 35
  amostragem e quantização utilizando, 35
  aquisição e, 29-33
  arranjos, 32, 35
  componentes de aquisição de imagens para, 18
  modelo de formação de imagens para, 33
  resfriamento, 49
  único, 30
  varredura de linha, 31-32, 35
Sensoriamento remoto, 8, 348, 575, 578
Série de Fourier, 131-132, 133
Síntese FWT, 331
  análise de pacotes wavelet, 340
Sistema Bartlane de cabos, 2-3
Sistema *baseline* seqüencial, 382
SMPTE, 356
Sobrecarga de inclinação, 396
Software para geração de imagens, 18-19
Soma de distorções absolutas (SAD - *sum of absolute distortions*), 390
Suavização. *Veja* Filtragem
Subamostragem, 314-315
Subsistema *front-end*, 19
Superamostragem, 150
Superfícies de decisão, complexidade das, 591-593
Suporte compacto, 320
Symlets, 335

T

Taxa de bits, 356
Taxa de Nyquist, 140. *Veja também* Amostragem
Técnicas espaciais para o movimento na segmentação, 511-513
Televisão de alta definição (HD), 348
Televisão de definção padrão (SD - *standard definition*), 348-349
Teorema da codificação sem ruído, 353
Teorema da fatia de Fourier, 246
Teoria da informação, 352-354
Textura, 446-447, 506, 545-552
  abordagens espectrais à, 545-552
  abordagens estatísticas à, 551
  abordagens estruturais à, 551
  descrição pela, 545-552
  histograma de intensidade para, 545-546
  matriz de coocorrência para, 546-550
  morfologia em escala de cinza e, 446-447
  segmentação, 446-447, 506
Tie points (pontos de controle), 58
TIFF, 356, 358, 364
Tight frame, 318
Tiles (ou plano) de tempo-frequência, 331-332
tiling, 15, 333
Tokens, 369
Tomografia axial computadorizada (CAT - *computed axial tomography*). *Veja* Tomografia computadorizada
Tomografia computadorizada (CT - *computed tomography*), 4, 7, 39, 204, 238-254
Tomografia computadorizada por feixe de elétrons, 242
Tomografia por emissão de pósitrons (PET - *positron emission tomography*), 6, 32, 58, 191, 242, 254
Top-hat por reconstrução, 447
Transformação, 55-59, 68-130, 423-424, 444-446
  afim, 55-58
  bottom-hat, 444-446
  domínio na, 68
  espacial, 55, 68-112
  geométrica (*rubber sheet*), 55. *Veja* Transformações geométricas
  hit or miss, 423-424
  intensidade, 68-130
  kernels, 61
  morfologia em escala de cinza e, 444-446
  processamento morfológico de imagens e, 423-424
  rubber sheet, 55, 543
  top-hat por reconstrução, 447
  top-hat, 444-446
Transformação afim, 55-57. *Veja também* Transformações geométricas
Transformação do eixo medial (MAT - *medial axis transformation*), 535-536
Transformação *hit-or-miss*, 423-424
Transformação *top-hat*, 444-446
Transformações de cores, 281-290
  círculo de cores para, 283
  complementos, 283-284
  correções de cor e tom, 286-288
  fatiamento, 284-286
  formulação para, 281-283
  intervalo de tonalidade para, 287
  perfis para, 286-287
  processamento de histograma para, 288-290
  sistemas de gerenciamento de cores para, 286-288, 289
Transformações de intensidade, 70
  alargamento de contraste, 69, 74-75
  casamento de histogramas, 84-90
  equalização de histograma, 78-84
  especificação de histograma, 84-90
  fatiamento de nível de intensidade, 75
  fatiamento por planos de bits, 76-77
  gama, 71-72
  lei de potência, 71-72
  linear por partes, 74
  local, 90-94
  logarítimas, 71
  negativo, 70
Transformações de potência (gama), 71-74
Transformações geométricas, 55-59
  afins, 55
  cisalhamento, 57
  escala, 57
  identidade, 57
  pontos de controle, 58
  rotação, 57
  tie points, 58
  translação, 57
Transformações logarítmicas, 71
Transformações *rubber sheet*, 55-59
Transformada
  de Haar, 315-317
  de Hough, 483-486
  de Radon, 241-242, 245
  de Walsh-Hadamard (WHT - *Walsh-Hadamard transform*), 375-376
  discreta de cosseno (DCT - *discrete cosine transform*), 376. *Veja também* Compressão JPEG
Transformada de Fourier, 134-166
  amostragem e, 137-143, 147-152
  contínua, 134-147
  convolução. *Veja* Convolução
  discreta. *Veja* Transformada discreta de Fourier
  espectro de potência, 158
  história, 131-132, 200
  par, 60-61, 135-136, 137, 144, 147, 153, 573
  transformada Rápida de Fourier (FFT - *fast Fourier transform*). *Veja* transformada discreta de Fourier
Transformada discreta de Fourier (DFT - *discrete Fourier transform*)
  ângulo de fase, 158, 163-164
  bidimensional, 152-153
  convolução circular. *Veja* Convolução
  correlação circular. *Veja* Correlação
  derivação da, 133-139
  erro *wraparound*, 161-162
  espectro, 136, 147, 158, 164
  implementação, 195-199
  par, 1-D, 196
  periodicidade da, 154-155
  preenchimento com zeros, 162-163
  preenchimento, 162-163
  propriedades, 153, 163
  propriedades de simetria, 156
  representação polar, 164
  separabilidade, 164
  transformada rápida de Fourier (FFT - *fast Fourier transform*), 197-199
  valor médio, 158-159, 163
Transformada discreta de wavelet (DWT - *discrete wavelet transform*), 324-326, 333. *Veja também* Wavelets
Transformada inversa de Fourier. *Veja* Transformada de Fourier, Transformada discreta de Fourier
Transformada rápida de Fourier (FFT - *fast Fourier transform*). *Veja* Transformada discreta de Fourier
Transformada rápida de wavelet (FWT - *fast wavelet transform*), 327-335, 338-344
  banco de filtros de análise, 328-329, 334-335
  banco de filtros de síntese, 331-332, 334-335
  bidimensional, 333-336
  compressão da imagem utilizando, 399-406
  inversa, 330-331
  pacotes wavelet para, 338-344
  plano de tempo-frequência, 332
  processamento multirresolução utilizando, 327-333, 333-334
Transformada wavelet contínua (CWT - *continuous wavelet transform*), 326-327
  critérios de admissibilidade, 326
  escala e translação na, 326
Transformadas *bottom-hat*, 444-445

Transformadas, 60-62, 68, 241-242, 245, 315-317, 323-327, 311-338, 374-386
  codificação por transformada de bloco, 374-386
  componentes principais, 555-561
  cosseno discreto, 62, 357, 376
  de Haar, 62, 315-317
  de Hotelling, 556-561
  de Hough. *Veja* Transformada de Hough
  de Radon, 241, 242-246
  de Walsh-Hadamard, 62, 375
  domínios, 60-61, 68
  Fourier. *Veja* Transformada de Fourier
  imagem (linear 2-D), 60-62
  Karhunen-Loeve discreto, 556
  morfológicas. *Veja* Processamento morfológico de imagens
  par, 61
  seleção de, para codificação por transformada de blocos, 375-377
  slant, 62
  wavelet, 323-327, 333-339. *Veja também* Wavelets
Transformadas de imagens. *Veja* transformadas
Transformadas inversas. *Veja* Transformadas
Treinamento por retropropagação, 587-591

U

Ultravioleta, 7, 8, 28, 29
Unidade lógica e aritmética (ALU - *arithmetic logic unit*), 18-19
Unidades de medida, 27, 37, 38-39
  bits para armazenamento de imagens, 38-39
  espectro eletromagnético (EM - *electromagnetic*), 27, 37
  resolução de intensidade, 38-39
  resolução espacial, 38
Uniforme. *Veja* Ruído
Unsharp masking (máscara de nitidez), 107-108, 188-189
Upsampling, 308-309

V

Variância da intensidade. *Veja* Momentos
Variáveis espaciais, 35
Vetores de escala, 321
Vetores wavelet, 322
Visão escotópica, 23
Visão. *Veja também* Percepção visual
  computacional, 2-3, 5, 596
  humana, 22-27, 262, 473, 512
Vizinhança
  definição, 44
  operações, 55, 68-69, 94-110
Vizinho
  de um pixel, 44
  mais próximo, 42-43, 55-57, 143. *Veja também* Interpolação
  tipos, 44-45

W

Watersheds (morfológicas), 506-511
  algoritmo para, 509
  construção de barreiras para, 508
  incorporação de conhecimento nas, 506
  marcadores utilizados para, 510-511
  segmentação utilizando, 506
Wavelets, 16, 306-347
  chapéu mexicano, 327-332
  compressão, 399-401
  detecção de bordas, 337
  expansões de série, 323
  funções, 321-323
  JPEG-2000, 402-405
  pacotes, 338-344
  processamento multirresolução e, 306-347
  remoção de ruído, 336-337
  transformada rápida de wavelet (FWT - *fast wavelet transform*), 327-333
  transformada wavelet contínua (CWT - *continuous wavelet transform*), 326-327
  transformada wavelet discreta (DWT - *discrete wavelet transform*), 324-326, 333
  transformadas bidimensionais, 333-338
  transformadas unidimensionais, 324-326
  transformadas, 323-327, 333-338
Wavelets biortogonais de Cohen-Daubechies--Feauveau, 343-344

Z

Zonas mortas, 401
Zoom. *Veja* Ampliação de imagens

Sobre os autores

Rafael C. Gonzalez

R. C. Gonzalez formou-se pela Universidade de Miami em 1965, e tem mestrado e Ph.D. em engenharia elétrica pela Universidade da Florida, Gainesville, em 1967 e 1970, respectivamente. Tornou-se membro do Departamento de Engenharia Elétrica e Computação da Universidade do Tennessee, Knoxville (UTK), em 1970, onde passou a atuar como professor associado, em 1973, professor, em 1978, e professor com distinção, em serviços, em 1984. Atuou como presidente do conselho do departamento de 1994 a 1997. Atualmente é professor emérito da UTK.

Gonzalez é o fundador da Image & Pattern Analysis Laboratory e Robotics & Computer Vision Laboratory da Universidade do Tennessee. Ele também fundou a Perceptics Corporation, em 1982, e foi seu presidente até 1992. Os três últimos anos desse período foram passados sob um contrato de emprego em período integral com a Westinghouse Corporation, que adquiriu a empresa em 1989.

Sob a sua direção, a Perceptics obteve um grande sucesso em tecnologia de processamento de imagens, visão computacional e armazenamento em discos laser. Nos dez primeiros anos, a Perceptics lançou uma série de produtos inovadores, incluindo: o primeiro sistema de visão computacional comercial do mundo para leitura automática de placas de identificação de veículos em movimento; uma série de sistemas de arquivamento e processamento de imagens de grande escala, utilizados pela Marinha Americana em seis diferentes instalações de produção ao redor dos Estados Unidos, para inspeção de motores de mísseis no Trident II Submarine Program; a família líder de mercado das placas de aquisição de imagens para computadores Macintosh avançados; e uma linha de produtos de discos laser de um trilhão de bytes.

Ele é um consultor frequente para a indústria e o governo nas áreas de reconhecimento de padrões, processamento de imagens e aprendizagem automatizada. Suas honras acadêmicas nessas áreas incluem o prêmio Faculty Achievement Award da Faculdade de Engenharia da UTK, em 1977; o prêmio Chancellor's Research Scholar Award da UTK, em 1978; o prêmio Magnavox Engineering Professor Award em 1980; e o prêmio M.E. Brooks Distinguished Professor Award, em 1980. Em 1981, ele se tornou um IBM Professor na Universidade do Tennessee e, em 1984, foi nomeado professor com distinção em serviços pela mesma instituição. Ele foi agraciado com o prêmio Distinguished Alumnus Award pela Universidade de Miami, em 1985, com o prêmio Phi Kappa Phi Scholar Award, em 1986, e o prêmio Nathan W. Dougherty Award por excelência em engenharia da Universidade do Tennessee, em 1992.

Honras por suas realizações na indústria incluem o prêmio da IEEE Outstanding Engineer Award por desenvolvimento comercial no Tennessee, em 1987; o prêmio Albert Rose Nat'l Award por excelência em processamento de imagens para fins comerciais, em 1988; o prêmio B. Otto Wheeley Award por excelência em transferência tecnológica, em 1989; o prêmio Empreendedor do Ano pela Coopers and Lybrand, em 1989; o prêmio Outstanding Engineer Award da IEEE Region 3, em 1992; e o Prêmio Nacional da Automated Imaging Association por desenvolvimento tecnológico, em 1993.

Gonzalez é autor ou coautor de mais de cem artigos técnicos, dois livros editados e quatro livros-texto nas áreas de reconhecimento de padrões, processamento de imagens e robótica. Seus livros são utilizados em mais de mil universidades e instituições de pesquisa ao redor do mundo. Ele foi incluído nas prestigiadas listas da Marquis, Who's Who in America, Who's Who in Engineering, Who's Who in the World e em dez outras menções biográficas nacionais e internacionais. Ele tem participação em duas patentes americanas e atua como editor-associado do IEEE Transactions on Systems, Man and Cybernetics e International Journal of Computer and Information Sciences. Ele é membro de várias sociedades profissionais e honorárias, incluindo a Tau Beta Pi, Phi Kappa Phi, Eta Kappa Nu e Sigma Xi. Ele também é membro do IEEE.

Richard E. Woods

Richard E. Woods tem bacharelado, mestrado e Ph.D. em engenharia elétrica pela Universidade do Tennessee, Knoxville. Sua experiência profissional inclui desde empreendedorismo até áreas mais tradicionais, como acadêmica, consultoria, governamental e industrial. Mais recentemente, ele fundou a MedData Interactive, uma empresa de alta tecnologia especializada no desenvolvimento de sistemas computadorizados portáteis para aplicações médicas. Ele também é fundador e vice-presidente da Perceptics Corporation, na qual foi responsável pelo desenvolvimento de muitos produtos da empresa de análise quantitativa de imagens e de tomada autônoma de decisões.

Antes de fundar a Perceptics e a MedData, ele foi professor assistente de engenharia elétrica e ciência da computação da Universidade do Tennessee e, antes disso, engenheiro de aplicações computadorizadas na Union Carbide Corporation. Como consultor, tem participado no desenvolvimento de uma série de processadores digitais de aplicação especial para uma variedade de agências espaciais e militares, incluindo a Nasa, o Ballistic Missile Systems Command e o Oak Ridge National Laboratory.

Ele publicou inúmeros artigos relacionados ao processamento digital de sinais e é membro de várias sociedades profissionais, incluindo Tau Beta Pi, Phi Kappa Phi e o IEEE. Em 1986, foi agraciado com o prêmio Distinguished Engineering Alumnus pela University of Tennessee.